Mauerer
Linux Kernelarchitektur

Bleiben Sie einfach auf dem Laufenden:
www.hanser.de/newsletter
Sofort anmelden und Monat für Monat
die neuesten Infos und Updates erhalten.

Wolfgang Mauerer

Linux Kernelarchitektur

Konzepte, Strukturen und Algorithmen
von Kernel 2.6

Der Autor:
Wolfgang Mauerer, Donaustauf

Alle in diesem Buch enthaltenen Programme, Verfahren und Darstellungen wurden nach bestem Wissen erstellt und mit Sorgfalt getestet. Dennoch sind Fehler nicht ganz auszuschließen. Aus diesem Grund ist das im vorliegenden Buch enthaltene Programm-Material mit keiner Verpflichtung oder Garantie irgendeiner Art verbunden. Autor und Verlag übernehmen infolgedessen keine juristische Verantwortung und werden keine daraus folgende oder sonstige Haftung übernehmen, die auf irgendeine Art aus der Benutzung dieses Programm-Materials – oder Teilen davon – entsteht.

Ebenso übernehmen Verlag und Autor keine Gewähr dafür, dass beschriebene Verfahren frei von Schutzrechten Dritter sind. Die Wiedergabe von Gebrauchsnamen, Warenbezeichnungen usw. in diesem Buch berechtigt auch ohne besondere Kennzeichnung nicht zu der Annahme, dass solche Namen im Sinne der Warenzeichen- und Markenschutzverordnung als frei zu betrachten wären und daher von jedermann verwendet werden dürften.

Die abgedruckten Ausschnitte des Kerns unterliegen der GNU General Public License, Version 2, soweit dies in den Quellen selbst nicht anders angegeben ist.
Die Lizenz ist unter http://www.gnu.org/licenses/gpl.html abrufbar.

Bibliographische Information Der Deutschen Bibliothek:

Die Deutsche Bibliothek verzeichnet diese Publikation in der Deutschen Nationalbibliographie; detaillierte bibliographische Daten sind im Internet unter http://dnb.ddb.de abrufbar.

Dieses Werk ist urheberrechtlich geschützt.
Alle Rechte, auch die der Übersetzung, des Nachdrucks und der Vervielfältigung des Buches, oder Teilen daraus, vorbehalten. Kein Teil des Werkes darf ohne schriftliche Genehmigung des Verlages in irgendeiner Form (Druck, Fotokopie, Microfilm oder einem anderen Verfahren), auch nicht für Zwecke der Unterrichtsgestaltung, reproduziert oder unter Verwendung elektronischer Systeme verarbeitet, vervielfältigt oder verbreitet werden.

© 2004 Carl Hanser Verlag München Wien (www.hanser.de)
Lektorat: Margarete Metzger
Herstellung: Irene Weilhart
Satz: Wolfgang Mauerer; gesetzt aus der Minion 9,5/11,5 pt mit LaTeX 2_ε.
Datenbelichtung, Druck und Bindung: Kösel, Kempten
Printed in Germany

ISBN 3-446-22566-8

Inhaltsverzeichnis

1	**Einführung und Überblick**	**1**
1.1	Aufgaben des Kerns	2
1.2	Implementierungsstrategien	2
1.3	Bestandteile des Kernels	3
	1.3.1 Prozesse, Taskswitching und Scheduling	3
	1.3.2 Unix-Prozesse	4
	1.3.3 Aufbau des virtuellen Adressraums	6
	1.3.4 Privilegstufen	7
	1.3.5 Virtuelle und physikalische Adressräume	8
	1.3.6 Seitentabellen	9
	1.3.7 Systemaufrufe	13
	1.3.8 Gerätetreiber, Block- und Zeichengeräte	14
	1.3.9 Netzwerke	14
	1.3.10 Dateisysteme	14
	1.3.11 Module	15
	1.3.12 Caching	15
	1.3.13 Listenverwaltung	16
	1.3.14 Datentypen	17
2	**Prozessverwaltung**	**19**
2.1	Prozessprioritäten	20
2.2	Lebenszyklus eines Prozesses	22
	2.2.1 Präemptives Multitasking	23
2.3	Repräsentation von Prozessen	25
	2.3.1 Prozesstypen	29
	2.3.2 Prozessidentifikations-Nummern	30
	2.3.3 Das Tasknetzwerk	35
2.4	Systemaufrufe zur Prozessverwaltung	36
	2.4.1 Prozessverdoppelung	36
	2.4.2 Kernel-Threads	47
	2.4.3 Starten neuer Programme	49
	2.4.4 Prozesse beenden	52
2.5	Implementierung des Schedulers	52
	2.5.1 Prozess-Scheduling	52
	2.5.2 Datenstrukturen	53
	2.5.3 Priority Scheduling	57
2.6	Erweiterungen des Schedulers	65
	2.6.1 Echtzeitprozesse	65
	2.6.2 SMP-Scheduling	67
	2.6.3 Kernel-Präemption	68

3 Speicherverwaltung **71**
   3.1   Überblick 71
   3.2   Organisation nach dem (N)UMA-Modell 73
        3.2.1   Überblick 73
        3.2.2   Datenstrukturen 75
   3.3   Seitentabellen 83
        3.3.1   Datenstrukturen 84
        3.3.2   Einträge erzeugen und manipulieren 89
   3.4   Initialisierung der Speicherverwaltung 90
        3.4.1   Aufsetzen der Datenstrukturen 90
        3.4.2   Architektur-spezifisches Setup 96
        3.4.3   Speicherverwaltung während des Bootens 111
   3.5   Verwaltung des physikalischen Speichers 117
        3.5.1   Allokator-API 118
        3.5.2   Seiten reservieren 124
        3.5.3   Seiten zurückgeben 134
        3.5.4   Kernallokation unzusammenhängender Seiten 135
        3.5.5   Kernelmappings 142
   3.6   Der Slab-Allokator 147
        3.6.1   Speicherverwaltung im Kern 148
        3.6.2   Prinzip der Slab-Allokation 150
        3.6.3   Implementierung 154
        3.6.4   Allgemeine Caches 168
   3.7   Verwaltung des virtuellen Prozessspeichers 170
        3.7.1   Der virtuelle Prozess-Adressraum 171
        3.7.2   Datenstrukturen 174
        3.7.3   Operationen mit Regionen 177
        3.7.4   Adressräume 183
        3.7.5   Memory Mappings 184
        3.7.6   Reverse Mapping 190
        3.7.7   Verwaltung des Heaps 195
        3.7.8   Behandlung von Seitenfehlern 197
        3.7.9   Korrektur von Userspace-Seitenfehlern 202
        3.7.10 Kernel-Seitenfehler 207
        3.7.11 Daten kopieren zwischen Kernel- und Userspace 209
   3.8   Prozessorcache- und TLB-Steuerung 210

4 Interprozesskommunikation und Locking **215**
   4.1   Steuerungsmechanismen 215
        4.1.1   Race Conditions 216
        4.1.2   Critical Sections 217
   4.2   Locking-Mechanismen des Kerns 219
        4.2.1   Atomare Operationen 220
        4.2.2   Spinlocks 221
        4.2.3   Semaphoren 222
        4.2.4   Reader/Writer-Locks 224
        4.2.5   Das große Kernel-Lock 224

	4.3	System V-Interprozesskommunikation	225
		4.3.1 System V-Mechanismen	225
		4.3.2 Semaphoren	226
		4.3.3 Message Queues	233
		4.3.4 Shared Memory	237
	4.4	Andere IPC-Mechanismen	238
		4.4.1 Signale	238
		4.4.2 Pipes und Sockets	245

5 Gerätetreiber — 247

	5.1	IO-Architektur	247
		5.1.1 Erweiterungshardware	248
	5.2	Zugriff auf Erweiterungsgeräte	253
		5.2.1 Gerätespezialdateien	253
		5.2.2 Zeichen-, Block- und sonstige Geräte	253
		5.2.3 Gerätekontrolle mit Ioctls	255
	5.3	Treiberregistrierung	257
	5.4	Verbindung mit dem Dateisystem	259
		5.4.1 Gerätedatei-Elemente in Inoden	259
		5.4.2 Repräsentation von Major und Minor Number	261
		5.4.3 Standard-Dateioperationen	261
		5.4.4 Standardoperationen für Zeichengeräte	262
		5.4.5 Standardoperationen für Blockgeräte	262
	5.5	Treiberoperationen	263
		5.5.1 Zeichengeräte	263
		5.5.2 Blockgeräte	265
		5.5.3 Implementierung von Ioctls	282
	5.6	Ressourcen-Reservierung	283
		5.6.1 Ressourcenverwaltung	283
		5.6.2 IO-Memory	286
		5.6.3 IO-Ports	288
	5.7	Bussysteme	289
		5.7.1 Das allgemeine Driver Model	290
		5.7.2 Der PCI-Bus	294
		5.7.3 USB	303

6 Module — 313

	6.1	Module verwenden	314
		6.1.1 Einfügen und Entfernen	314
		6.1.2 Abhängigkeiten	317
		6.1.3 Automatisches Laden	319
		6.1.4 Abfragen von Moduleigenschaften	320
	6.2	Module einfügen und löschen	321
		6.2.1 Modulrepräsentation	322
		6.2.2 Abhängigkeiten und Referenzen	325
		6.2.3 Binärer Aufbau von Modulen	328
		6.2.4 Module einfügen	333
		6.2.5 Module entfernen	340

6.3 Automatisierung und Hotplugging 341
    6.3.1 Automatisches Laden mit kmod 341
    6.3.2 Hotplug 343
6.4 Versionskontrolle 344
    6.4.1 Checksummenverfahren 345
    6.4.2 Funktionen zur Versionskontrolle 348

7 Das virtuelle Dateisystem 351
7.1 Dateisystemtypen 352
7.2 Das Common File Model 353
    7.2.1 Inoden 354
    7.2.2 Verknüpfungen 355
    7.2.3 Programmierschnittstelle 356
    7.2.4 Dateien als Universalschnittstelle 357
7.3 Aufbau des VFS 358
    7.3.1 Strukturüberblick 358
    7.3.2 Inoden 360
    7.3.3 Prozesspezifische Informationen 365
    7.3.4 Dateioperationen 368
    7.3.5 Dentry-Cache 373
7.4 Arbeiten mit VFS-Objekten 377
    7.4.1 Dateisystemoperationen 377
    7.4.2 Dateioperationen 387
7.5 Standardfunktionen 395
    7.5.1 Generische Leseroutine 396
    7.5.2 Der nopage-Mechanismus 398

8 Dateisystemimplementierungen 401
8.1 Second Extended Filesystem 403
    8.1.1 Physikalischer Aufbau 404
    8.1.2 Datenstukturen 411
    8.1.3 Anlegen des Dateisystems 425
    8.1.4 Dateisystemaktionen 427
8.2 Third Extended Filesystem 446
    8.2.1 Konzepte 447
    8.2.2 Datenstrukturen 448
8.3 Das proc-Dateisystem 451
    8.3.1 Inhalt von /proc 451
    8.3.2 Datenstrukturen 458
    8.3.3 Initialisierung 462
    8.3.4 Einhängen des Dateisystems 464
    8.3.5 Verwaltung von /proc-Einträgen 466
    8.3.6 Informationen lesen und schreiben 471
    8.3.7 Taskbezogene Informationen 473
    8.3.8 Der System Control-Mechanismus 479

9	**Netzwerke**		**491**
	9.1	Verkettete Computer	492
	9.2	ISO/OSI- und TCP/IP-Referenzmodell	492
	9.3	Kommunikation über Sockets	496
		9.3.1 Anlegen eines Sockets	497
		9.3.2 Verwendung von Sockets	498
		9.3.3 Datagram-Sockets	503
	9.4	Das Schichtmodell der Netzwerkimplementierung	504
	9.5	Socketpuffer	506
		9.5.1 Datenverwaltung mit Socketpuffern	507
		9.5.2 Verwaltungsdaten eines Socketpuffers	508
	9.6	Datenübertragungsschicht	509
		9.6.1 Repräsentation von Netzwerkgeräten	510
		9.6.2 Empfangen von Paketen	513
		9.6.3 Senden von Paketen	517
	9.7	Vermittlungsschicht	517
		9.7.1 IPv4	518
		9.7.2 Empfangen von Paketen	520
		9.7.3 Lokale Auslieferung an die Transportschicht	521
		9.7.4 Paketweiterleitung	523
		9.7.5 Pakete senden	524
		9.7.6 Netfilter	527
		9.7.7 IPv6	532
	9.8	Transportschicht	534
		9.8.1 UDP	534
		9.8.2 TCP	536
	9.9	Anwendungsschicht	549
		9.9.1 Socket-Datenstrukturen	549
		9.9.2 Sockets und Dateien	552
		9.9.3 Der `socketcall`-Systemaufruf	553
		9.9.4 Sockets erzeugen	554
		9.9.5 Daten empfangen	555
		9.9.6 Daten versenden	556
10	**Systemaufrufe**		**557**
	10.1	Grundlagen der Systemprogrammierung	557
		10.1.1 Verfolgung von Systemaufrufen	558
		10.1.2 Unterstützte Standards	561
		10.1.3 Restarting system calls	562
	10.2	Vorhandene Systemaufrufe	564
	10.3	Realisierung von Systemaufrufen	569
		10.3.1 Struktur von Systemcalls	569
		10.3.2 Zugriffe auf den Userspace	576
		10.3.3 Systemcall-Tracing	577
		10.3.4 Systemaufrufe vom Kernel aus	585

11 Kernel-Aktivitäten und Zeitfluss ... 587
11.1 Interrupts ... 587
11.1.1 Interrupt-Typen ... 588
11.1.2 Hardware-IRQs ... 590
11.1.3 Bearbeiten von Interrupts ... 590
11.1.4 Initialisierung und Reservierung von IRQs ... 593
11.1.5 Abarbeiten von IRQs ... 600
11.2 Software-Interrupts ... 606
11.2.1 Starten der SoftIRQ-Verarbeitung ... 607
11.2.2 Der SoftIRQ-Daemon ... 608
11.3 Tasklets und Work Queues ... 609
11.3.1 Tasklets ... 610
11.4 Wait Queues und Completions ... 612
11.4.1 Wait Queues ... 612
11.4.2 Completions ... 615
11.4.3 Work Queues ... 616
11.5 Kerneltimer ... 617
11.5.1 Einsatz von Timern ... 617
11.5.2 Zeitdomänen ... 618
11.5.3 Der Timer-Interrupt ... 619
11.5.4 Datenstrukturen ... 621
11.5.5 Dynamische Timer ... 622
11.5.6 Aktivierung neuer Timer ... 627
11.5.7 Implementierung der timerbezogenen Systemaufrufe ... 627
11.5.8 Verwaltung der Prozesszeiten ... 628

12 Page- und Buffer-Cache ... 629
12.1 Struktur des Page-Caches ... 630
12.1.1 Verwalten und Finden gecacheter Seiten ... 631
12.1.2 Zurückschreiben modifizierter Daten ... 632
12.2 Der Buffer-Cache ... 633
12.3 Adressräume ... 635
12.3.1 Datenstrukturen ... 636
12.3.2 Seitenbäume ... 637
12.3.3 Operationen auf Adressräumen ... 640
12.4 Implementierung des Puffer-Caches ... 643
12.4.1 Datenstrukturen ... 643
12.4.2 Operationen ... 645
12.4.3 Zusammenspiel von Page und Buffer Cache ... 646
12.4.4 Eigenständige Puffer ... 651
12.4.5 Operationen mit ganzen Seiten ... 657

13 Datensynchronisation ... 659
13.1 pdflush ... 660
13.2 Starten eines neuen Threads ... 661
13.3 Thread-Initialisierung ... 661
13.4 Durchführen der Arbeit ... 663
13.5 Periodisches Zurückschreiben ... 664

13.6 Assoziierte Datenstrukturen 664
    13.6.1 Seitenstatus 664
    13.6.2 Writeback-Kontrolle 665
    13.6.3 Anpassbare Parameter 666
13.7 Zentrale Steuerung 667
13.8 Superblock-Synchronisation 669
13.9 Inoden-Synchronisation 670
13.10 Verstopfungen 674
13.11 Zurückschreiben unter Druck 677
13.12 Systemaufrufe zur Synchronisationskontrolle 679
13.13 Vollständige Synchronisierung 679
    13.13.1 Synchronisieren der Inoden 680
13.14 Synchronisieren einzelner Dateien 681
13.15 Synchronisieren von Memory Mappings 683

14 Swapping 685
14.1 Überblick 685
    14.1.1 Auslagerbare Seiten 686
    14.1.2 Page Thrashing 687
    14.1.3 Algorithmen zur Seitenersetzung 687
14.2 Swapping im Linux-Kernel 689
    14.2.1 Organisation des Swap-Bereichs 690
    14.2.2 Überprüfen der Speicherauslastung 691
    14.2.3 Auswahl auszulagernder Seiten 691
    14.2.4 Behandlung von Page Faults 692
    14.2.5 Verkleinern von Kernelcaches 692
14.3 Verwaltung von Swap-Bereichen 693
    14.3.1 Datenstrukturen 693
    14.3.2 Anlegen 698
    14.3.3 Aktivieren eines Swap-Bereichs 699
14.4 Der Swap-Cache 703
    14.4.1 Identifikation ausgelagerter Seiten 705
    14.4.2 Aufbau des Caches 707
    14.4.3 Einfügen neuer Seiten 709
    14.4.4 Suchen einer Seite 714
14.5 Zurückschreiben der Daten 715
14.6 Seitenauswahl – Swap Policy 716
    14.6.1 Überblick 717
    14.6.2 Datenstrukturen 719
    14.6.3 Verkleinern von Zonen 721
    14.6.4 Auffüllen der `inactive`-Liste 723
    14.6.5 Auslagern inaktiver Seiten 728
14.7 Behandlung von Page Faults 732
    14.7.1 Einlagern der Seite 732
    14.7.2 Lesen der Daten 734
    14.7.3 Swap-Readahead 735

14.8 Auslösen des Swappings 736
    14.8.1 Periodisches Auslagern mit `kswapd` 736
    14.8.2 Auslagern bei akuter Speicherknappheit 739
14.9 Verkleinern anderer Caches 741
    14.9.1 Datenstrukturen 742
    14.9.2 Registrieren und Entfernen von Shrinkern 742
    14.9.3 Cache-Verkleinerung 743

Literaturverzeichnis **745**

Index **747**

Symbole **755**

Folgende Anhänge sind online auf `http://www.linux-kernel.de` verfügbar:

A Architekturspezifisches

B Arbeiten mit dem Quellcode

C Anmerkungen zu C

D Systemstart

E Das ELF-Binärformat

Vorwort

> *UNIX is simple and coherent, but it takes a genius (or at any rate a programmer) to understand and appreciate the simplicity.*
>
> Dennis Ritchie

In der Tat zeichnet sich Unix durch ein einfaches, konsistentes und elegantes Design aus – einzigartige Eigenschaften, die es ihm ermöglichen, seit mehr als einem Vierteljahrhundert in den verschiedensten Implementierungen und Varianten die Welt der Computer wie kein anderes System zu beeinflussen. Hat aber Dennis Ritchie, Miterfinder von Unix in den Bell Labs, auch Recht mit der Bemerkung, dass ein Genie notwendig ist, um diese Einfachheit wirklich verstehen und würdigen zu können? Glücklicherweise nicht, denn immerhin relativiert er sich selbst, indem er hinzufügt, dass dies auch für Programmierer – und damit für (mehr oder weniger) normale Menschen – möglich ist. Die Bezeichnung „Genie" war wohl etwas enthusiastisch gewählt (welcher Erfinder ist schließlich nicht stolz auf sein Produkt?) – oder sollte ausdrücken, dass zunächst einige Anstrengung nötig ist, um die Verständnisschwelle zu überwinden, der anschließende Lohn dafür aber um so höher ausfällt.

Zugegebenermaßen ist es – für Unix wie auch für Linux – nicht immer einfach, die spärlich dokumentierten, anspruchsvollen und komplizierten Quellen des Kerns zu verstehen. Dafür aber um so bereichernder, denn die Einsichten und Erkenntnisse, die aus den Sourcen gezogen werden können, üben eine große Faszination aus, der man – einmal in ihren Bann gezogen – nur schwer entkommen kann. Dieses Buch soll dem Leser als Führer und Begleiter dienen, um den Weg durch den Kern zu ebnen und den Blick für seine Klarheit, Eleganz und nicht zuletzt die Ästhetik seiner Konzepte zu öffnen.

Einige Dinge sind zum Verständnis des Kerns nützlich: So sollte „C" nicht nur ein Buchstabe (und auch keine Fremdsprache), Betriebssysteme nicht nur ein Startknopf und (ein klein bisschen) Algorithmik kein chinesisches Fremdwort sein. „Computerarchitektur" in ihren Grundzügen sollte ebenfalls nicht nur aus dem Wissen darüber bestehen, wie man das schickste Gehäuse bastelt. Vom akademischen Standpunkt aus entspricht dies am ehesten den Vorlesungen „Systemprogrammierung" und „Algorithmik".

Sollte der Leser mit dem einen oder anderen dieser Gebiete nicht allzu tief vertraut sein: Kein Problem! Wenn tiefer gehende Kenntnisse über ein Thema nötig sind, die nicht direkt mit dem Kern zu tun haben, werden diese kurz erläutert; ebenso gibt der Text Hinweise auf Fachbücher zum Thema, mit deren Hilfe man sich die entsprechenden Grundlagen aneignen kann. Besonders gut gefallen (was natürlich nur eine subjektive Auswahl sein kann) haben dem Autor beispielsweise „Programmieren in C" von Kernighan und Ritchie [KR90], „Moderne Betriebssysteme" von Tanenbaum [TW92] zu den Grundlagen von Betriebssystemen im allgemeinen und Unix (Minix) im speziellen, „Advanced Programming in the Unix Environment" von Stevens [Ste92] über Userspace-Programmierung und „Computer Architecture" von Hennessy und Patterson [HPGA02] zu allgemeinen Grundlagen der Computerarchitektur. Alle genannten Bücher haben sich als Klassiker in der Literatur etabliert.

Auf der Website zum Buch (www.linux-kernel.de) findet sich ein Anhang mit Ausführungen über GCC-Erweiterungen und spezielle Aspekte von C, die im Kernel gerne verwendet werden, normalerweise aber selbst guten C-Programmierern nicht unbedingt geläufig sind. Ebenfalls angeboten werden Links auf herstellerspezifische Prozessordokumentationen, die viele für den Kernel relevante Informationen enthalten.

Niemand außer Linus Torvalds kann sagen, wann genau stabile Versionen des Kerns erscheinen, leider auch weder Autor noch Verlag. Es ist daher nicht einfach, den Erscheinungszeitpunkt so festzulegen, dass das Buch zum einen rechtzeitig für 2.6.0 zur Verfügung steht, zum anderen aber alle wichtigen Änderungen berücksichtigt werden können, die in der letzten Entwicklungsphase von 2.5 in die Quellen einfließen. Im Manuskript wurden Modifikationen berücksichtigt, die bis 2.6.0-test4 vorgenommen wurden. Da sich der Kern zu diesem Zeitpunkt bereits in der letzten Stabilisierungsphase befindet, werden aller Wahrscheinlichkeit nach keine grundlegenden Dinge mehr geändert werden, da der Weg zum endgültigen Release 2.6.0 nicht mehr weit ist.

Bei der Beschreibung der verschiedenen Komponenten, Teilsysteme und Bestandteile des Kerns steht das Anliegen im Vordergrund, den Text nicht mit unnötigen technischen Details zu überladen, da dies üblicherweise nicht das Verständnis fördert, sondern den Blick auf das Gesamtkonzept versperrt; ebenso sollte der Bezug zum Quelltext aber nie verlorengehen, weshalb verschiedene zentrale Passagen des Kerns abgedruckt sind, ohne das Buch zu einer bloßen Kopie der Kernelquellen werden zu lassen. Dies kann natürlich nicht die Arbeit mit den Quellen selbst ersetzen – am angenehmsten mit Hilfe eines Crossreferencers, wie er sich auch auf der Website zum Buch findet.

Interessanterweise ist Unix sehr gut dazu geeignet, Emotionen hervorzurufen (für welches andere Betriebssystem existiert schon ein eigenes Handbuch ([GWS94]) darüber, wie man es am besten hassen kann?), wenn es um die technischen Vor- und Nachteile gegenüber anderen Systemen geht. Dass manch internationalem Softwarekonzern in diesem Bereich vor allem eine Mischung aus abstrusen Anschuldigungen, Polemik und Unsicherheit einfällt, ist nicht unbedingt ein schlechtes Zeichen ... Natürlich (und nicht weiter erstaunlich) zählt sich der Autor zur Gruppe der Linux-Begeisterten, und wenn dieses Buch zumindest einen Teil dieser Begeisterung an den Leser vermitteln und übertragen kann, würde ihn dies sehr freuen.

Besonderer Dank gilt den Tausenden von Programmierern, die Linux im Laufe der Jahre durch ihre Arbeit – sowohl kommerziell finanziert wie aus privatem Antrieb oder wissenschaftlichem Interesse – zu dem gemacht haben, was es ist. Ohne sie gäbe es keinen Linux-Kernel, und damit auch nicht dieses Buch! Offensichtlich sind es aber zu viele Beteiligte, um sie auch nur ansatzweise beim Namen nennen zu können.

Für gewissenhaftes Korrekturlesen in knappen Zeiträumen und zahlreiche Verbesserungsvorschläge bedanke ich mich bei Dr. Rudolf Mauerer. Markus Diefenthaler hat detaillierte Kommentare zu einigen Kapiteln vorgelegt (und mich immer wieder daran erinnert, freie Software nicht mit Open Source zu verwechseln ...), Martin Schmid hat mich mit seinem HTML-Know-how bei der Erstellung der Website zum Buch unterstützt. Alle haben dazu beigetragen, die Qualität des Buches zu verbessern; sämtliche verbleibenden Fehler gehen natürlich einzig und allein auf mein Konto. Parts of this book were written during my sojourn at Imperial College, London. I'd like to express my sincere gratitude for the great time I've spent there, especially to Southwell Hall and the Physics Department.

Verbesserungsvorschläge, (konstruktive) Kritik oder Hinweise auf Fehler können gerne per eMail an `wm@linux-kernel.de` geschickt werden.

Donaustauf, im September 2003

Wolfgang Mauerer

1 Einführung und Überblick

Betriebssysteme zählen nicht nur zu den faszinierendsten Bestandteilen der Informatik, sondern werden mittlerweile auch in der breiten Öffentlichkeit kontrovers diskutiert.[1] Linux hat zu dieser Entwicklung einen großen Beitrag geleistet: Während es noch vor einem Jahrzehnt eine strenge Unterscheidung zwischen im Quelltext verfügbaren, aber relativ simplen Lehrsystemen und kommerziellen, mehr oder weniger leistungsfähigen Varianten gab, deren Sources ein gut gehütetes Industriegeheimnis waren, kann sich heute jeder die Quellen von Linux (oder anderer freier Systeme) aus dem Internet herunterladen und studieren.

Mittlerweile wird Linux auf vielen Millionen Rechnern eingesetzt, von Heim- und Profianwendern benutzt und für ein breites Aufgabenspektrum eingesetzt: Vom kleinsten Embedded-System in Armbanduhren bis hin zu massiv parallelen Großrechnern gibt es zahllose Möglichkeiten, Linux produktiv zu verwenden. Dies macht die Quellen so interessant: Ein gut eingeführtes, solides Konzept (Unix), vermischt mit interessanten, leistungsfähigen Innovationen und einer ausgeprägten Neigung für Probleme, die in akademischen Lehrsystemen nicht auftreten – genau das macht die Faszination von Linux aus.

In diesem Buch werden die zentralen Funktionen des Kerns beschrieben, die dahinter stehenden Strukturen erläutert und die Implementierung untersucht. Da es sich dabei um komplexe Themen handelt, setzen wir voraus, dass der Leser bereits einige Erfahrung mit Betriebssystemen und Programmierung (in C, der Sprache von Unix und Linux) gesammelt hat. Allgemeine Konzepte, die generelle Probleme von Betriebssystemen betreffen, werden wir nur kurz anschneiden, um mehr Platz für die Beschreibung der Umsetzung im Linux-Kern zu haben; Leser, die mit einem speziellen Punkt nicht vertraut sind, finden Erläuterungen zu den entsprechenden Grundlagen in einem der zahlreich vorhandenen allgemeinen Texte über Betriebssysteme, beispielsweise Tanenbaums hervorragende Einführungen ([TW92] und [Tan02b]) oder die zahlreichen anderen vorhandenen Texte. Kenntnisse in der Programmierung von C sind von Vorteil. Da der Kern viele fortgeschrittene Techniken von C und vor allem viele Spezialitäten und Besonderheiten des GNU-C-Compilers verwendet, werden wir in Anhang C, der von der Website zum Buch (www.linux-kernel.de) heruntergeladen werden kann, auf verschiedene Feinheiten von C eingehen, die auch guten Programmierern nicht unbedingt bekannt sind. Da Linux notwendigerweise sehr direkt mit der Hardware des Systems – vor allem dem Prozessor – interagieren muss, sind Grundkenntnisse bezüglich Rechnerstrukturen von Vorteil. Auch zu diesem Bereich gibt es viele hervorragende Einführungen; einige davon sind im Literaturverzeichnis zu finden. Wenn wir auf spezifischere Details eines Prozessors eingehen (in den meisten Fällen verwenden

---

1 Dieses Buch wird sich *nicht* an den ideologischen Diskussionen beteiligen, ob Linux als vollständiges Betriebssystem bezeichnet werden darf oder nicht, obwohl es sich eigentlich nur um einen Kernel handelt, der von anderen Komponenten abhängig ist, um produktiv verwendet werden zu können. Wenn die Rede von Linux als Betriebssystem ist, ohne explizit die Akronyme anderer beteiligter Projekte zu erwähnen (vor allem das GNU-Projekt, das entgegen seinem starken Anfangswiderstand gegen den Kern recht empfindlich reagiert, wenn die Bezeichnung „Linux" anstelle von GNU/Linux verwendet wird), soll dies nicht bedeuten, dass deren Arbeit nicht geschätzt und für wichtig empfunden würde, sondern hat schlicht und einfach praktische Gründe: Wo soll die Schranke bei der expliziten Nennung Beteiligter gezogen werden, ohne bei Wortwürmern wie GNU/IBM/RedHat/KDE/Linux zu landen? Falls der Leser dieser Fußnote gar keinen Sinn entnehmen kann, findet sich unter www.gnu.org/gnu/linux-and-gnu.html eine Zusammenfassung der Positionen des GNU-Projekts.

wir die IA-32-Architektur als Beispiel,[2] da diese Rechner den überwiegenden Teil der Maschinen ausmachen, auf denen Linux eingesetzt wird), werden wir die notwendigen Hardware-Details erläutern.

Dieses Kapitel soll einen Überblick zu den verschiedenen Bereichen des Kerns geben und die fundamentalen Zusammenhänge klar machen, bevor wir uns in den folgenden Kapiteln an die genaue Beschreibung der Teilsysteme wagen.

1.1 Aufgaben des Kerns

Rein technisch gesehen ist der Kern eine Vermittlerschicht zwischen Hard- und Software, die zum einen dazu dient, Wünsche der Applikationen an die Hardware weiterzuleiten, und zum anderen als Low-Level-Treiber die Geräte und Komponenten des Systems ansteuert. Dennoch sind auch andere Blickwinkel interessant, unter denen man den Kern betrachten kann:

- Der Kern kann als *erweiterte Maschine* gesehen werden, die aus Sicht der Anwendung einen Computer auf hohem Niveau abstrahiert: Während sich der Kern bei der Ansteuerung einer Festplatte beispielsweise darum kümmern muss, auf welchem Weg die Daten von der Platte in den Speicher kopiert werden, wo sich die Daten befinden, welche Kommandos auf welchem Weg an die Platte geschickt werden müssen etc., brauchen Applikationen nur den Befehl zu erteilen, *dass* Daten transferiert werden sollen. Ihnen ist egal, *wie* dies geschieht, denn die entsprechenden Details werden vom Kern abstrahiert. Anwendungsprogramme kommen nicht mit der Hardware selbst in Berührung, sondern nur mit dem Kern, der für sie die unterste Stufe in der Hierarchieebene ist, die sie kennen – und deshalb als virtuelle Maschine dient.

- Die Sicht auf den Kern als *Ressourcen-Manager* ist gerechtfertigt, wenn mehrere Programme gleichzeitig auf einem System laufen. Der Kern fungiert in diesem Fall als Instanz, der die vorhandenen Ressourcen – Rechenzeit, Plattenplatz, Netzwerkverbindungen etc. – unter den verschiedenen Prozessen des Systems verteilt und zugleich auf die Systemintegrität achtet.

- Ebenfalls möglich ist die Sicht auf den Kern als *Bibliothek*, die verschiedene systemnahe Kommandos bereitstellt. Bekanntlich werden *Systemaufrufe* verwendet, um Anfragen an den Computer zu stellen; mit Hilfe der C-Standardbibliothek erscheinen diese für Anwendungsprogramme als ganz normale Funktionen, die wie jede andere Funktion aufgerufen werden können.

1.2 Implementierungsstrategien

Derzeit gibt es im Wesentlichen zwei Paradigmen, an denen sich die Implementierung von Betriebssystemkernen orientiert:

- Monolithische Kerne
- Mikrokerne

Bei Mikrokernen werden nur die allerelementarsten Funktionen direkt im zentralen Kern – dem *Mikro*kern – implementiert, während die restlichen Teile in eigenständige Prozesse ausgelagert sind, die über klar definierte Kommunikationsschnittstellen mit dem zentralen Kern kom-

---

[2] Der Begriff „IA-32" fasst alle Intel-kompatiblen Maschinen wie Pentiums, Athlons etc. zusammen.

munizieren – beispielsweise die Speicherverwaltung[3], verschiedene Dateisysteme etc. Von einem theoretischen Standpunkt aus ist dies ein sehr eleganter Ansatz, da die einzelnen Bestandteile klar voneinander getrennt sind, was automatisch zur Verwendung „sauberer" Programmiertechniken zwingt. Auch die dynamische Erweiterbarkeit sowie die Möglichkeit zum Austausch wichtiger Komponenten zur Laufzeit sind Vorteile dieses Ansatzes. Wegen des zusätzlichen Rechenzeitaufwands, der aufgrund der umständlichen Kommunikation zwischen den Komponenten verrichtet werden muss, haben sich Mikrokerne allerdings noch nicht allzu sehr in der Praxis durchgesetzt, obwohl sie seit langer Zeit Gegenstand aktiver und vielfältiger Forschungsaktivitäten sind.

Monolithische Kerne sind das alternative, traditionelle Konzept: Hier wird der gesamte Code des Kerns – einschließlich all seiner Teilsysteme wie beispielsweise Speicherverwaltung, Dateisysteme oder Gerätetreiber – in einer einzigen Datei verpackt. Jede Funktion hat Zugriff auf alle anderen Teile des Kerns, was zu wild ineinander verschachteltem Quelltext führt, wenn die Programmierung nicht besonders umsichtig erfolgt. Da die Leistung monolithischer Kerne momentan immer noch wesentlich höher ist als die von Mikrokernen, wurde und ist Linux nach diesem Paradigma implementiert. Allerdings kommt eine wichtige Erweiterung zum Einsatz: *Module* mit Kernelcode, die während des laufenden Betriebs des Systems eingefügt oder entfernt werden können, erweitern den Kern dynamisch um alle möglichen Funktionalitäten und gleichen dadurch Nachteile gegenüber Mikrokernen aus.

1.3 Bestandteile des Kernels

In diesem Abschnitt wollen wir einen kurzen Überblick zu den verschiedenen Bestandteilen des Kerns geben und damit die Bereiche abstecken, die in den folgenden Kapiteln genauer untersucht werden. Obwohl Linux für einen monolithischen Ansatz erstaunlich gut strukturiert ist, lässt sich nicht vermeiden, dass die einzelnen Teile miteinander wechselwirken, gemeinsame Datenstrukturen verwenden und (aus Performance-Gründen) über mehr Funktionen miteinander kooperieren, als es bei einem streng aufgeteilten System notwendig wäre. In den folgenden Kapiteln lassen sich Bezüge zu anderen Teilen des Kerns (und daher zu anderen Kapiteln) nicht vermeiden, weshalb die einzelnen Komponenten hier kurz vorgestellt werden sollen, damit der Leser einen Überblick zu ihrer Aufgabe gewinnt und sie in das Gesamtkonzept einordnen kann.

1.3.1 Prozesse, Taskswitching und Scheduling

Laufende Applikationen, Server und andere Programme werden unter Unix traditionell als *Prozess* bezeichnet. Jedem Prozess ist ein Adressraum zugeordnet, der sich im *virtuellen Speicher* des Prozessors befindet. Die Adressräume der einzelnen Prozesse sind völlig unabhängig voneinander, weshalb sie gegenseitig nichts voneinander wissen – aus ihrer Sicht laufen sie alleine auf dem System. Wenn Prozesse miteinander kommunizieren wollen, um beispielsweise Daten auszutauschen, müssen dafür spezielle Mechanismen des Kerns eingesetzt werden.

Da Linux ein Multitasking-System ist, erlaubt es die (scheinbar) gleichzeitige Ausführung mehrerer Prozesse. Da nur so viele Prozesse wirklich gleichzeitig ausgeführt werden können, wie Prozessoren im System vorhanden sind (momentan ist die Anzahl bekanntlich überwiegend 1), schaltet der Kern in kurzen Abständen zwischen den Prozessen um, um für den Benutzer den

---

[3] Natürlich muss die rudimentärste Ebene der Speicherverwaltung, die die Kommunikation mit dem System selbst regelt, im Mikrokern durchgeführt werden; die Behandlung auf Systemaufrufebene wird allerdings in externen Servern implementiert.

Eindruck der Gleichzeitigkeit zu erreichen, da dieser die schnellen Wechsel nicht bemerkt. Dabei müssen zwei Problemkreise beachtet werden:

- Der Kern muss mit Hilfe des Prozessors die technischen Details des Wechsels beachten. Vor allem muss den einzelnen Prozessen der Eindruck vermittelt werden, dass ihnen der Prozessor immer zur Verfügung steht. Dies wird erreicht, indem alle zustandsabhängigen Elemente eines Prozesses gespeichert werden, bevor ihm der Prozessor entzogen und er dadurch in den Ruhezustand versetzt wird; bei einer späteren Reaktivierung wird der Zustand aus den gespeicherten Daten genau so wiederhergestellt, wie er beim Entziehen der Rechenzeit vorgefunden wurde. Das Umschalten zwischen zwei Prozessen wird als *task switch* oder *Taskwechsel* bezeichnet.

- Außerdem muss der Kernel entscheiden, *wie* die Rechenzeit unter den vorhandenen Prozessen verteilt werden soll. Wichtige Prozesse erhalten einen höheren Anteil an der Rechenzeit, während unwichtigere Prozesse entsprechend seltener laufen dürfen. Die Entscheidung, wann welcher Prozess wie lange laufen darf, wird als *scheduling* bezeichnet.

Zeitmessung

Der Kern muss an verschiedenen Stellen – beispielsweise beim Scheduling von Prozessen – Zeitdifferenzen messen können. Der Kern verwendet *Jiffies* als Zeitbasis: Eine globale Variable mit der Bezeichnung `jiffies` wird periodisch in konstanten Zeitabständen erhöht, wozu die verschiedenen Timer-Mechanismen der zugrunde liegenden Architekturen genutzt werden (jede Computerarchitektur bietet irgendeine Möglichkeit, um periodische Aktionen ausführen zu können, üblicherweise in Form eines Timer-Interrupts).

Je nach Architektur wird `jiffies` mit einer anderen Frequenz erhöht, die durch die zentrale Konstante `HZ` des Kerns vorgegeben wird. Üblicherweise wird einer der beiden Werte 1000 oder 100 dafür verwendet, was bedeutet, dass der Wert von `jiffies` 1000 bzw. 100 mal pro Sekunde inkrementiert wird.

1.3.2 Unix-Prozesse

Linux verwendet ein hierarchisches Schema, bei dem jeder Prozess von einem Elternprozess abhängig ist. Der Kernel startet das Programm `init` als ersten Prozess, von dem aus die weitere Initialisierung des Systems bis zur Bereitstellung des Login-Prompts oder (heutzutage weiter verbreitet) des Starts einer grafischen Login-Oberfläche erfolgt. `init` ist daher die Wurzel, von der alle Prozesse mehr oder weniger direkt abstammen, wie durch das `pstree`-Programm grafisch dargestellt wird. `init` steht am Anfang einer Baumstruktur, deren Äste sich immer weiter verzweigen:

```
wolfgang@meitner> pstree
init-+-aio/0
     |-atd
     |-automount
     |-crond
     |-events/0
     |-gdm-+-X
     |     `-gdm---sawfish
     |-httpd---6*[httpd]
     |-khubd
     |-klogd
     |-kseriod
```

1.3 Bestandteile des Kernels

```
|-ksoftirqd/0
|-kswapd0
|-lpd
|-6*[mingetty]
|-nmbd
|-2*[pdflush]
|-portmap
|-proftpd
|-reiserfs/0
|-rpc.statd
|-smbd
|-sshd
|-syslogd
|-xfs
|-xinetd
|-xterm---bash-+-mozilla---run-mozilla.sh---mozilla-bin---mozilla-bin---3*+
|               '-xterm---bash-+-emacs
|                              '-xterm---bash-+-acroread
|                                             |-bk---wish8.3
|                                             '-pstree
'-xterm---bash-+-xmixer
               '-xmms---xmms---4*[xmms]
```

Die Entstehung dieser Baumstruktur hängt eng mit der Art und Weise zusammen, wie neue Prozesse erzeugt werden. Unix verwendet dazu zwei Mechanismen, die man als *Fork* und *Exec* bezeichnet:

Fork erzeugt eine exakte Kopie des aktuellen Prozesses, die sich lediglich in der Identifikationsnummer PID (*process identification*) vom Elternprozess unterscheidet. Nach der Ausführung des Systemaufrufs existieren zwei Prozesse auf dem System, die die gleichen Handlungen ausführen. Der Speicherinhalt des Ausgangsprozesses wird dupliziert – zumindest aus Sicht des Programms. Linux verwendet eine als *copy on write* bekannte Technik, auf die wir bei der genaueren Beschreibung der Prozessverwaltung eingehen werden.

Ein mögliches Szenario für die Verwendung von `fork` ist beispielsweise das Öffnen eines zweiten Browserfensters durch den Benutzer: Wird die entsprechende Option selektiert, führt der Browser den Aufruf `fork` aus, um seinen Code zu duplizieren, und kann dann im Kindprozess die entsprechenden Maßnahmen zum Aufbau eines neuen Fensters etc. starten.

Exec dient dazu, ein neues Programm in einen bereits bestehenden Kontext zu laden und auszuführen. Die vom alten Programm belegten Speicherseiten werden gelöscht, ihr Inhalt wird mit den neuen Daten ersetzt. Danach beginnt die Ausführung des neuen Programms.

Threads

Prozesse sind nicht die einzige Form der Programmausführung, die der Kern unterstützt. Neben „schwergewichtigen Prozessen" – ein anderer Name für Unix-Prozesse im klassischen Sinn – existieren zusätzlich *Threads* (Fäden), die auch unter der Bezeichnung „leichtgewichtige Prozesse" bekannt sind. Ein Prozess kann aus mehreren Threads bestehen, die alle untereinander die gleichen Daten und Ressourcen teilen, aber auf unterschiedlichen Wegen durch den Programmcode laufen. In vielen modernen Sprachen – beispielsweise Java – ist das Thread-Konzept fest integriert. Vereinfacht kann man sich einen Prozess als Programm vorstellen, das abläuft, während ein Thread eine Funktion oder Routine des Programms ist, die parallel neben dem Hauptprogramm läuft. Dies ist beispielsweise bei Webbrowsern nützlich, die mehrere Bilder parallel laden wollen: Normalerweise müsste der Browser dazu mehrere `fork`- und `exec`-Operationen

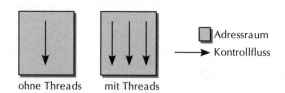

Abbildung 1.1: *Prozesse mit und ohne Threads*

ausführen, um parallele Instanzen zu erzeugen, die sich um das Laden der Bilder kümmern und die empfangenen Daten anschließend über irgendwelche Kommunikationsmechanismen dem Hauptprogramm zur Verfügung stellen. Die Situation wird durch Verwendung von Threads vereinfacht: Der Browser definiert in diesem Fall eine Routine zum Laden von Bildern, die mehrfach (mit unterschiedlichen Argumenten) als Thread gestartet wird. Da sich Threads und Hauptprogramm den gleichen Adressraum teilen, befinden sich die empfangenen Daten automatisch im Hauptprogramm, ohne irgendwelchen zusätzlichen Kommunikationsaufwand betreiben zu müssen. Abbildung 1.1 verdeutlicht den Unterschied zwischen einem Programm mit und ohne Threads.

Um Threads zu erzeugen, stellt Linux die `clone`-Methode bereit, die ähnlich wie `fork` arbeitet, aber eine genaue Kontrolle darüber ermöglicht, welche Ressourcen mit dem Elternprozess geteilt werden sollen und welche unabhängig für den Thread erzeugt werden.

1.3.3 Aufbau des virtuellen Adressraums

Da Speicherbereiche über Zeiger adressiert werden, gibt die Wortbreite eines Prozessors die Größe des maximal verwaltbaren Adressraums an: Auf 32-Bit-Systemen wie IA-32, PPC oder m68k sind dies 2^{32}) = 4GiB, während auf moderneren 64-Bit-Prozessoren wie Alpha, Sparc64, IA-64 oder AMD64 2^{64} Bytes verwaltet werden können. [4] In beiden Fällen ist dies üblicherweise wesentlich mehr, als tatsächlich an RAM-Speicher vorhanden ist,[5] weshalb der maximal ansprechbare Adressraum als *virtueller Adressraum* bezeichnet wird.

Linux spaltet den virtuellen Adressraum in zwei Abschnitte auf, die als Kernel- und Benutzeradressraum bezeichnet werden, wie Abbildung 1.2 auf der gegenüberliegenden Seite deutlich macht.

Jeder Benutzerprozess des Systems besitzt seinen eigenen virtuellen Adressbereich, der von 0 bis `TASK_SIZE` läuft, während der Bereich darüber (von `TASK_SIZE` bis 2^{32} bzw. 2^{64}) alleine dem Kernel vorbehalten ist – Benutzerprozesse dürfen darauf nicht zugreifen. `TASK_SIZE` ist eine Architektur-spezifische Konstante, die den Adressraum in einem bestimmten Verhältnis aufteilt – auf IA-32-Systemen wird der Split beispielsweise bei 3GiB durchgeführt, weshalb der virtuelle Benutzeradressraum für jeden Prozess 3GiB beträgt; dem Kernel steht 1GiB zur Verfügung, da die Gesamtgröße des virtuellen Adressraums 4GiB ist. Wir werden diese Werte in den folgenden Ausführungen verwenden, da sich die tatsächlichen Zahlen zwar je nach Architektur unterscheiden, nicht aber die generellen Konzepte.

Diese Aufteilung ist *unabhängig* davon, wie viel RAM-Speicher zur Verfügung steht: Durch die Virtualisierung des Adressraums denkt *jeder* Benutzerprozess, dass ihm 3GiB Speicher zur

---

[4] Wir verwenden in diesem Buch die Abkürzungen KiB, MiB und GiB als Größeneinheiten. Die ansonsten üblichen Einheiten KB, MB und GB sind für die Informatik eigentlich nicht geeignet, da sie dezimale Potenzen darstellen (10^3, 10^6 und 10^9), obwohl im binären Zahlensystem gearbeitet wird. Entsprechend steht KiB für 2^{10}, MiB für 2^{20} und GiB für 2^{30} Bytes.

[5] bzw. als auf 64-Bit-Prozesoren verwaltet werden kann, da diese normalerweise weniger Bits zur Verwaltung des physikalischen Adressraums verwenden, beispielsweise 42 oder 47.

1.3 Bestandteile des Kernels

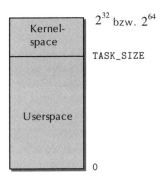

Abbildung 1.2: Aufspaltung des virtuellen Adressraums

Verfügung stehen. Die Benutzeradressräume der einzelnen Prozesse des Systems sind vollständig voneinander abgetrennt! Der Kerneladressraum, der sich am oberen Ende des virtuellen Adressraums befindet, ist immer gleich, unabhängig davon, welcher Prozess gerade ausgeführt wird.

1.3.4 Privilegstufen

Der Kern teilt den virtuellen Adressraum in zwei Abschnitte, um die einzelnen Prozesse des Systems voreinander schützen zu können: Jede moderne CPU bietet mehrere Privilegstufen an, in denen sich ein Prozess befinden kann. Jeder Stufe sind verschiedene Dinge verboten, unter anderem die Ausführung mancher Assembleranweisungen oder der Zugriff auf bestimmte Teile des virtuellen Adressraums. Die IA-32-Architektur verwendet beispielsweise ein System aus vier Privilegstufen, das man sich üblicherweise als Ringe vorstellt, bei denen die inneren Ebenen auf mehr, die äußeren Ebenen auf weniger Funktionen zugreifen können, wie Abbildung 1.3 zeigt.

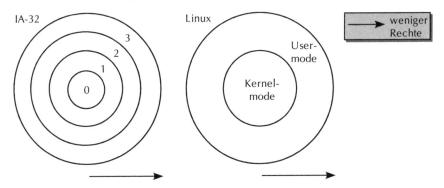

Abbildung 1.3: Ringsystem der Privilegstufen

Während die Intel-Variante zwischen vier verschiedenen Abstufungen unterscheidet, verwendet Linux nur zwei unterschiedliche Modi: Kernel- und Benutzermodus. Der wesentliche Unterschied zwischen beiden besteht darin, dass es im Benutzermodus verboten ist, auf den Speicherbereich oberhalb von TASK_SIZE zuzugreifen – also auf den Kerneladressraum. Benutzerprozesse können die darin enthaltenen Daten nicht manipulieren oder auslesen; ebenso wenig ist es ihnen möglich, darin gespeicherten Code auszuführen. Dies ist einzig und allein dem Kern selbst vorbehalten. Der Mechanismus verhindert, dass sich Prozesse untereinander stören, indem sie ihre Daten ungewünscht gegenseitig beeinflussen.

Der Wechsel vom Benutzer- in den Kernmodus wird mit einem speziellen Übergang vollzogen, der als *Systemaufruf* bezeichnet wird und ja nach System anders ausgeführt wird. Wenn ein normaler Prozess irgendwelche Aktionen durchführen möchte, die das gesamte System betreffen (beispielsweise die Manipulation von Zubehörgeräten), kann er dies nur, indem er mit Hilfe eines Systemaufrufs eine entsprechende Anfrage an den Kern stellt. Dieser prüft zunächst, ob dem Prozess die gewünschte Aktion überhaupt *gestattes* ist, und führt sie dann in seinem Auftrag aus. Anschließend wird wieder in den Benutzermodus zurückgeschaltet.

1.3.5 Virtuelle und physikalische Adressräume

Bereits *ein* virtueller Adressraum ist im Allgemeinen wesentlich größer als der tatsächlich vorhandene RAM-Speicher des Systems. Die Situation wird nicht besser, wenn *jedem* Prozess ein eigener virtueller Adressraum zur Verfügung steht. Kernel und Prozessor müssen sich daher Gedanken darüber machen, wie der tatsächlich vorhandene Speicher in die virtuellen Adressbereiche eingeblendet werden kann.

Das Mittel der Wahl sind Seitentabellen, mit deren Hilfe die Zuordnung zwischen *virtuellen* und *physikalischen* Adressen hergestellt wird: Während virtuelle Adressen auf den kombinierten Benutzer- und Kerneladressraum eines Prozesses bezogen sind, werden physikalische Adressen verwendet, um den tatsächlich vorhandenen RAM-Speicher zu adressieren. Dieses Prinzip wird in Abbildung 1.4 verdeutlicht.

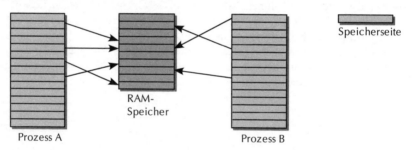

Abbildung 1.4: Virtuelle und physikalische Adressen

Die virtuellen Adressräume beider Prozesse, die in der Abbildung gezeigt sind, werden vom Kern in Abschnitte konstanter Größe unterteilt, die man als *Speicherseiten* bzw. *pages* bezeichnet. Auch der physikalisch vorhandene Speicher ist in gleich große Seiten unterteilt.

Die Pfeile in Abbildung 1.4 geben an, wie die Seiten der virtuellen Adressräume auf die physikalisch vorhandenen Seiten verteilt werden: Beispielsweise wird die virtuelle Speicherseite 1 von Prozess A auf die physikalische Seite 4 abgebildet, während Speicherseite 1 von B auf die zweite physikalische Seite abgebildet wird. Dies zeigt, dass virtuelle Adressen ihre Bedeutung von Prozess zu Prozess ändern.

Physikalische Seiten werden oft als *page frames* bezeichnet. Im Gegensatz dazu verwendet man die Bezeichnung *page* für Seiten des virtuellen Adressraums.

Die Abbildung zwischen virtuellen Adressräumen und dem physikalischen Speicher ermöglicht auch, die ansonsten strikte Trennung zwischen Prozessen aufzuheben: Im Beispiel findet sich eine physikalische Speicherseite, die explizit zwischen beiden Prozessen geteilt wird, indem Einträge aus beiden virtuellen Adressräumen (die sich dort allerdings an unterschiedlichen Positionen befinden) auf die Seite zeigen. Da der Kern die Zuordnung zwischen virtuellem und physikalischem Adressraum regelt, kann er genau einstellen, welche Speicherbereiche zwischen Prozessen geteilt werden sollen und welche nicht.

Die Abbildung zeigt auch, dass nicht alle Seiten der virtuellen Adressräume mit einer physikalischen Speicherseite verknüpft sind. Dies kann entweder dadurch verursacht sein, dass die Seiten nicht verwendet werden, oder dass die Daten noch nicht in der Speicher geladen wurden, weil sie noch nicht benötigt wurden. Ebenso ist möglich, dass die Seite auf die Festplatte ausgelagert wurde (Swapping) und erst bei Bedarf wieder eingelesen wird.

1.3.6 Seitentabellen

Um die Zuordnung zwischen physikalischem und virtuellem Adressraum herzustellen, werden Datenstrukturen verwendet, die man als *Seitentabellen* bzw. *page tables* bezeichnet. Die einfachste Methode, um diese zu implementieren, wäre ein Array, in dem für jede Speicherseite des virtuellen Adressraums ein Eintrag vorhanden ist, der auf die assoziierte physikalische Speicherseite verweist. Dabei ergibt sich allerdings ein Problem: Die IA-32-Architektur verwendet beispielsweise 4KiB große Seiten, was bei einem virtuellen Adressraum von 4GiB auf ein Array mit einer Million Einträgen führt! Da jeder Prozess eigene Seitentabellen benötigt, ist diese Vorgehensweise nicht durchführbar, da der gesamte RAM-Speicher des Systems alleine zur Darstellung der Seitentabellen benötigt würde.

Berücksichtigt man, dass die meisten Bereiche virtueller Adressräume nicht verwendet werden und daher auch nicht mit physikalischen Speicherseiten verknüpft sind, lässt sich ein wesentlich weniger speicherintensives Verfahren angeben, das aber den gleichen Zweck wie obiges Verfahren erfüllt: Mehrstufige Seitenübersetzung.

Um die Seitentabellen kleiner zu machen und nicht benötigte Bereiche vernachlässigen zu können, teilt der Kern jede virtuelle Adresse in vier Teile auf, wie Abbildung 1.5 zeigt (die Bitpositionen, an denen die Adresse aufgeteilt wird, unterscheiden sich je nach Architektur, was hier aber nicht relevant ist).

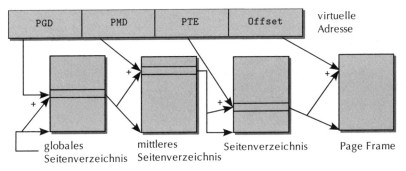

Abbildung 1.5: Aufteilung einer virtuellen Adresse

Der erste Teil der virtuellen Adresse wird als PGD-Abschnitt bezeichnet. Er wird als Index in ein Array verwendet, das für jeden Prozess genau einmal existiert und als *globales Seitenverzeichnis* (oder *global page directory*) bezeichnet wird. Seine Einträge sind Zeiger, die auf den Anfang weiterer Arrays zeigen, die man als *mittlere Seitenverzeichnisse* bezeichnet.

Nachdem über den PGD-Abschnitt und den Inhalt des globalen Seitenverzeichnisses das passende Array gefunden wurde, wird der PMD-Abschnitt als Index für das Array verwendet. Auch das mittlere Seitenverzeichnis setzt sich aus Zeigern zusammen, die auf weitere Arrays zeigen, die als *Seitentabelle* oder *Seitenverzeichnis* bezeichnet werden.

Der PTE-Abschnitt der virtuellen Adresse wird als Index in die Seitentabelle verwendet. Da die Einträge der Seitentabelle auf physikalische Speicherseiten zeigen, ist die Zuordnung zwischen virtueller und physikalischer Seite hergestellt.

Den letzten Abschnitt der virtuellen Adresse bezeichnet man als *Offset*. Er dient dazu, eine Byte-Position innerhalb der Speicherseite auszuwählen, schließlich zeigt jede Speicheradresse auf ein eindeutig festgelegtes Byte im Adressraum.

Die Besonderheit von Seitentabellen besteht darin, dass für nicht benötigte Abschnitte des virtuellen Adressraums keine mittleren Seitentabellen bzw. Seitentabellen angelegt werden müssen, was viel RAM-Speicher gegenüber dem Einsatz eines einzigen Arrays spart.

Natürlich hat die Methode auch einen Nachteil: Bei jedem Speicherzugriff muss zuerst die gezeigte Kette durchlaufen werden, um von der virtuellen auf die physikalische Adresse schließen zu können. Prozessoren versuchen, diesen Prozess auf zwei Arten zu beschleunigen:

- Ein spezieller Teil des Prozessors, der als Speicherverwaltungseinheit oder *memory management unit (MMU)* bezeichnet wird, ist für die Durchführung dieser Nachschlage-Operationen optimiert.

- Die bei der Übersetzung am häufigsten auftauchenden Adressen werden in einem schnellen Cache des Prozessors vorgehalten, der als *Translation Lookaside Buffer (TLB)* bezeichnet wird. Da die Daten für Adressen, die in diesem Cache enthalten sind, ohne Zugriff auf die Seitentabellen und damit den RAM-Speicher ermittelt werden können, geht die Übersetzung noch schneller vor sich.

Zusammenarbeit mit dem Prozessor

Die IA-32-Architektur verwendet ein nur zweistufiges Verfahren, um virtuelle in physikalische Adressen zu übersetzen: Das mittlere Seitenverzeichnis fällt weg, und die Einträge des globalen Seitenverzeichnisses zeigen unmittelbar auf die Seitentabellen selbst.

Da andere Prozessoren (Alpha, Sparc64, IA-64 etc.) aufgrund der Größe ihres Adressraums unbedingt ein dreistufiges Verfahren benötigen, muss der Architektur-abhängige Code des Kerns für zweistufige Prozessoren eine dritte Dummy-Stufe emulieren. Dadurch kann der restliche Code der Speicherverwaltung unabhängig vom verwendeten Prozessor implementiert werden. Aber auch die umgekehrte Richtung ist möglich, wenn auch bisher wesentlich seltener: Die AMD64-Architektur verwendet ein vierstufiges Verfahren, das vom Architektur-abhängigen Teil des Kerns auf drei Stufen abgebildet werden muss.

Memory Mappings

Speicherabbildungen oder *Memory Mappings* sind ein wichtiges Mittel zur Abstraktion, das an sehr vielen Stellen des Kerns verwendet wird und auch für Benutzeranwendungen zugänglich ist. Man versteht darunter die Einblendung von Daten aus irgendeiner Quelle in den virtuellen Adressraum eines Prozesses. Die Bereiche des Adressraums, in die die Einblendung erfolgt, können mit ganz normalen Methoden wie regulärer Speicher bearbeitet werden, allerdings werden die Änderungen automatisch auf die zugrunde liegende Datenquelle übertragen. Dies ermöglicht, identische Funktionen zur Bearbeitung völlig unterschiedlicher Dinge zu verwenden. Beispielsweise kann der Inhalt einer Datei in den Speicher eingeblendet werden: Der Prozess braucht nur den Inhalt des Speicherbereichs auszulesen, um auf den Inhalt der Datei zuzugreifen bzw. Änderungen in den Speicher zu schreiben, um den Dateiinhalt zu verändern; der Kern sorgt sich automatisch um die Umsetzung der Modifikationen in der Datei.

1.3 Bestandteile des Kernels

Mappings kommen aber auch direkt im Kern zum Einsatz, wenn Gerätetreiber implementiert werden: Die Ein- und Ausgabebereiche von Zubehörgeräten können in den virtuellen Adressraum gemappt werden; Schreib- und Leseoperationen auf diese Bereiche werden dann vom System auf die Geräte umgelenkt, was die Implementierung von Treibern wesentlich vereinfacht.

Vergabe von physikalischem Speicher

Bei der Vergabe von RAM-Speicher muss der Kern den Überblick behalten, welche Seiten bereits vergeben wurden und welche noch frei sind, um zu verhindern, dass zwei Prozesse die gleichen Bereiche im RAM verwenden. Da die Allokation und Rückgabe von Speicher ein sehr häufiger Prozess ist, muss sich der Kern zusätzlich darum kümmern, dass dies möglichst schnell abläuft. Aus Sicht des Kerns können nur ganze Speicherseiten vergeben werden; die Aufteilung des Speichers in kleinere Abschnitte wird an die Standardbibliothek im Userspace delegiert, die die vom Kern empfangenen Seiten in kleinere Bereiche aufteilt und den Speicher an die Prozesse weitergibt.

Das Buddy-System Wenn Systeme über längere Zeiträume laufen – mehrere Tage, Wochen oder gar Monate sind bei Servern keine Seltenheit – ergibt sich bei der Speicherverwaltung ein Problem, das als „Fragmentierung" bezeichnet wird: Durch häufige Vergabe und Rücknahme von Speicherseiten kann es vorkommen, dass zwar viele Speicherseiten im System frei, diese aber weit über den physikalischen Adressraum verstreut sind – mit anderen Worten: Es gibt keine großen, *zusammenhängenden* Speicherbereiche mehr, was aus Performance-Gründen aber wünschenswert ist. Um diesem Phänomen entgegenzuwirken, verwendet Linux einen relativ alten, aber dennoch sehr wirksamen Mechanismus, der als *Buddy*-System bezeichnet wird. Die freien Speicherbereiche des Systems werden dabei immer in zwei Partner zusammengefasst, die man als Buddies (Kumpel) bezeichnet. Die beiden Partner können unabhängig voneinander vergeben werden; werden aber beide gleichzeitig nicht verwendet, fasst der Kern sie zu einem großen Paar zusammen, das als Buddy der nächsten Stufe dient. Abbildung 1.6 auf der nächsten Seite demonstriert dies an einem Beispiel, das zunächst ein aus zwei 8 Seiten umfassenden Blöcken zusammengesetztes Buddy-Paar zeigt.

Alle Buddies einer Größe (1, 2, 4, 8, 16, ... Seiten) werden vom Kern in einer speziellen Liste verwaltet. So findet sich auch das Buddy-Paar mit zwei mal 8 (16) Seiten in dieser Liste.

Benötigt das System nun 8 Speicherseiten, bricht es den aus 16 Seiten bestehenden Bereich in beide Buddies auf. Während einer der beiden Blöcke an die Applikation übergeben wird, die den Speicher angefordert hat, werden die restlichen 8 Seiten in die Liste für 8-seitige Speicherbereiche gestellt.

Wenn die nächste Anforderung nur 2 zusammenhängende Speicherseiten benötigt, wird der Block aus 8 Blöcken in 2 Buddies aufgebrochen, die aus jeweils 4 Seiten bestehen. Einer der Viererblöcke wird in die Buddy-Listen zurückgestellt, während der andere nochmals in 2 Buddies aufgebrochen wird, die aus 2 Zweierblöcken bestehen: Einer davon kommt zurück ins Buddy-System, während der andere an die Applikation übergeben wird.

Wenn Speicher von der Applikation zurückgegeben wird, kann der Kern anhand der Adressen leicht erkennen, ob ein Buddy-Paar wieder komplett ist, und es zu einer größeren Einheit zusammenfassen, die wieder in die Buddy-Liste eingefügt wird – genau der umgekehrte Prozess, der bei der Zerlegung verwendet wird. Dadurch wird die Wahrscheinlichkeit vergrößert, dass umfangreiche Speicherbereiche zur Verfügung stehen.

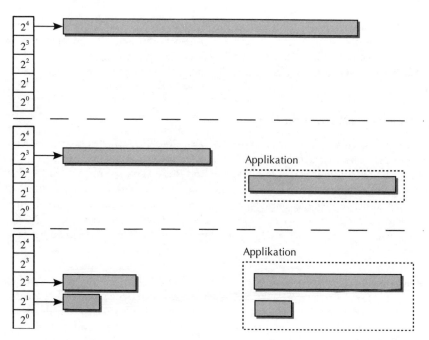

Abbildung 1.6: Das Buddy-System

Der Slab-Cache Auch der Kern selbst benötigt oft Speicherbereiche, die wesentlich kleiner als eine komplette Seite sind. Da er nicht auf die Funktionen der Standardbibliothek zurückgreifen kann, muss er sich eine eigene, zusätzliche Schicht der Speicherverwaltung definieren, die auf das Buddy-System aufsetzt und die von ihm gelieferte Seiten in kleinere Abschnitte unterteilt. Dazu wird ein Verfahren verwendet, das neben der Allokation auch gleichzeitig einen generischen Cache für häufig benötigte kleine Objekte implementiert und als *Slab Cache* bezeichnet wird. Das Subsystem kann auf zwei Arten zur Allokation von Speicher verwendet werden:

- Für häufig verwendete Objekte definiert sich der Kern einen eigenen Cache, der nur Instanzen des gewünschten Typs enthält. Jedes Mal, wenn eines dieser Objekte benötigt wird, kann es schnell dem Cache entnommen (und nach Ende seiner Verwendung auch wieder zurückgegeben) werden; der Slab-Cache kümmert sich automatisch um die Interaktion mit dem Buddy-System und fordert neue Speicherseiten an, wenn die bestehenden Caches erschöpft sind.

- Zur allgemeinen Allokation kleiner Speicherbereiche definiert der Kern einen Satz von Slab-Caches für verschiedene Objektgrößen, auf die der Kern über die gleichen Funktionen zugreifen kann, die aus der Userspace-Programmierung bekannt sind; sie verwenden lediglich ein vorgestelltes k, um ihre Zugehörigkeit zum Kern zu zeigen: `kmalloc` und `kfree`.

Swapping und Flushing

Durch *Swapping* kann der verfügbare RAM-Speicher des Systems virtuell vergrößert werden, indem Plattenplatz als Erweiterung verwendet wird: Selten gebrauchte Speicherseiten können auf die Festplatte geschrieben werden, wenn der Kern mehr RAM-Speicher benötigt; erst wenn die Daten wirklich benötigt werden, lagert der Kern diese wieder in den Speicher ein. Um dies für

Applikationen transparent durchführen zu können, wird das Konzept der *Seitenfehler* oder *Page Faults* verwendet: Ausgelagerte Seiten werden mit einem speziellen Eintrag in der Seitentabelle markiert. Greift ein Prozess auf eine solche Seite zu, löst der Prozessor einen Seitenfehler aus, den der Kern abgefängt. Dieser hat dann die Gelegenheit, die Daten von der Platte zu laden und wieder in den RAM-Speicher zu bringen. Anschließend wird der Benutzerprozess fortgesetzt. Da dieser von der Störung nichts mitbekommen hat, ist die Aus- und Einlagerung der Seite für ihn völlig unsichtbar.

Flushing wird eingesetzt, um modifizierte Mappings mit dem zugrunde liegenden Blockgerät zu synchronisieren (man bezeichnet es deswegen manchmal auch einfach als „Zurückschreiben von Daten"). Nachdem Daten geflusht wurden, kann die physikalische Speicherseite vom Kern ähnlich wie beim Swapping für andere Dinge verwendet werden, da in den Datenstrukturen des Kerns alle Informationen vorhanden sind, die benötigt werden, um die entsprechenden Daten gegebenenfalls wieder auf der Festplatte zu finden.

1.3.7 Systemaufrufe

Systemaufrufe oder *system calls* sind die klassische Methode, um Userspace-Prozesse mit dem Kernel zusammenarbeiten zu lassen. Der POSIX-Standard definiert einige Systemaufrufe und ihre Wirkung, die auf allen konformen Systemen implementiert werden, wozu auch Linux gehört. Traditionelle Systemaufrufe gliedern sich in verschiedene Kategorien:

Prozessmanagement Erzeugen neuer Tasks, Informationsabfrage, Debugging

Signale Senden von Signalen, Zeitzähler, Behandlungsmechanismen

Dateien Erzeugen, Öffnen und Schließen, Lesen und Schreiben in/von Dateien, Informations- und Statusabfrage

Verzeichnisse und Dateisystem Erzeugen, Löschen und Umbenennen von Verzeichnissen, Informationsabfrage, Links, Verzeichniswechsel

Schutzmechanismen Auslesen und Verändern von UIDs/GIDs

Zeitfunktionen Zeitfunktionen und statistische Informationen

Der Kernel ist bei all diesen Funktionen gefordert: Es ist nicht möglich, sie in einer normalen Benutzerbibliothek zu implementieren, da besondere Schutzmechanismen erforderlich sind, um Stabilität und/oder Sicherheit des Systems nicht zu gefährden. Außerdem müssen viele der Aufrufe auf kernelinterne Strukturen oder Funktionen zugreifen, um zu den gewünschten Daten oder Ergebnissen zu gelangen, was eine Implementierung im Userspace ebenfalls verhindert. Nach dem Aufruf eines Systemcalls muss der Prozessor die Privilegstufe ändern und vom User- in den Systemmodus wechseln. Hierzu gibt es unter Linux keine standardisierte Methode, da jede Hardwareplattform spezifische Mechanismen anbietet. Teilweise sind aber selbst auf einer Architektur je nach Prozessortyp unterschiedliche Vorgehensweisen implementiert: Während Linux auf IA32-Prozessoren einen speziellen Software-Interrupt zur Durchführung von Systemcalls verwendet, benutzt bereits die Software-Emulation zur Ausführung von Binärprogrammen anderer Unix-Systeme auf IA-32 (der iBCS-Emulator) ein davon abweichendes Verfahren.[6] Moderne Varianten von IA-32 besitzen außerdem zusätzlich eine eigene Assembler-Anweisung zur Durchführung

---

[6] Für Assembler-Liebhaber: Das `lcall7` bzw. `lcall27`-Gate.

von Systemaufrufen, die aber auf alten Systemen noch nicht existiert und daher auch nicht verwendet werden kann. Allen Varianten ist aber gemein, dass Systemaufrufe die einzige Möglichkeit für Benutzerprozesse darstellen, um kontrolliert vom Benutzer- in der Kernmodus zu wechseln und dort systemkritische Aufgaben zu delegieren.

1.3.8 Gerätetreiber, Block- und Zeichengeräte

Gerätetreiber werden verwendet, um mit den Zubehörgeräten des Systems zu kommunizieren, beispielsweise Festplatten, Floppies, Schnittstellen, Soundkarten etc. Der Zugriff darauf erfolgt nach dem klassischen Unix-Motto „*Alles ist eine Datei*" über Gerätespezialdateien, die sich üblicherweise im Verzeichnis /dev zu finden sind und wie normale Dateien von Programmen bearbeitet werden können. Aufgabe eines Gerätetreibers ist es, die Kommunikation einer Applikation über eine Gerätespezialdatei, d.h. das Lesen und Schreiben von Daten auf geeignete Weise an das Zubehörgerät zu übermitteln.

Zubehörgeräte fügen sich in eine der beiden folgenden großen Gruppen:

Zeichengeräte liefern einen kontinuierlichen Datenstrom, den eine Applikation der Reihe nach lesen kann; im Allgemeinen aber ist ein wahlfreier Zugriff, bei dem vorwärts und rückwärts gesprungen werden kann, nicht möglich. Dafür ermöglichen sie das Byte- bzw. zeichenweise Lesen und Schreiben von Daten. Modems sind beispielsweise klassische Zeichengeräte.

Blockgeräte erlauben, dass Anwendungen in den von ihnen gelieferten Daten hin- und herspringen und die Position frei wählen, von der sie Daten auslesen wollen. Festplatten sind beispielsweise Blockgeräte, da sich Anwendungen eine beliebige Position auf der Platte aussuchen können, von der sie Daten einlesen wollen. Zusätzlich können die Daten nur in Vielfachen von Block-Einheiten gelesen und geschrieben werden (üblicherweise 512 Bytes); eine zeichenweise Adressierung wie bei Zeichentreibern ist nicht möglich.

Die Programmierung von Treibern für Blockgeräte ist wesentlich komplizierter als die von Zeichentreibern, da umfangreiche Caching-Mechanismen zum Einsatz kommen, um die Leistung des Systems zu steigern.

1.3.9 Netzwerke

Netzwerkadapter werden ebenfalls durch Gerätetreiber gesteuert, nehmen aber eine Sonderstellung im Kern ein, da sie durch keine Gerätespezialdatei angesprochen werden können. Dies liegt daran, dass Daten bei der Netzwerk-Kommunikation in verschiedenen Protokollschichten verpackt werden, die beim Eintreffen von Daten vom Kern auseinander genommen und analysiert werden müssen, bevor die Nutzdaten an eine Applikationen übergeben werden können. Beim Senden von Daten muss der Kern diese erst in die verschiedenen Protokollschichten einpacken, bevor sie verschickt werden können.

Um die Arbeit mit Netzverbindungen aus Sicht von Applikationen dennoch über das Datei-Interface vonstatten gehen zu lassen, verwendet Linux die aus der BSD-Welt stammenden *Sockets*, die als Vermittler zwischen Applikation, Datei-Interface und Netzwerk-Implementierung des Kerns dienen.

1.3.10 Dateisysteme

Linux-Systeme bestehen aus vielen Tausend bis hin zu Millionen von Dateien, deren Daten auf Festplatten oder anderen Blockmedien (beispielsweise ZIP-Drives, Floppies, CD-ROMs etc.) gespeichert sind. Dazu werden hierarchische Dateisysteme verwendet, die nicht nur eine Sortierung des vorhandenen Datenbestands in Verzeichnisstrukturen erlauben, sondern auch andere Metainformationen (Eigentümer, Zugriffsrechte etc.) mit den eigentlichen Daten verknüpfen müssen. Dazu gibt es viele unterschiedliche Ansätze, die von Linux unterstützt werden: Die Standard-Dateisysteme Ext2 und Ext3, Reiserfs, XFS, VFAT (zur Kompatibilität mit DOS) und viele unzählige mehr. Die verwendeten Konzepte unterscheiden sich teilweise recht drastisch voneinander: Ext2 basiert auf Inoden, d.h. stellt für jede Datei eine eigene Struktur mit der Bezeichnung *Inode* auf der Platte bereit, in der nicht nur sämtliche Metainformationen, sondern auch Zeiger auf die assoziierten Datenblöcke gespeichert werden. Hierarchische Strukturen entstehen, indem Verzeichnisse als normale Dateien repräsentiert werden, in deren Datenanteil Zeiger auf die Inoden aller im Verzeichnis enthaltenen Dateien untergebracht sind. Reiserfs macht hingegen ausgiebig Gebrauch von Baumdatenstrukturen, um die gleichen Funktionalitäten zu erreichen.

Der Kern muss eine zusätzliche Schicht bereitstellen, die die Besonderheiten der verschiedenen Low-Level-Dateisysteme gegenüber der Anwendungsschicht (und auch für ihn selbst) abstrahiert. Diese wird als VFS (*virtual filesystem switch*) bezeichnet: Sie stellt sowohl eine Schnittstelle nach unten (die von allen Dateisystemen implementiert werden muss) wie auch nach oben (für Systemaufrufe, über die Benutzerprozesses letztendlich auf Dateisystem-Funktionalitäten zurückgreifen) bereit.

1.3.11 Module

Module werden verwendet, um Funktionalitäten dynamisch zur Laufzeit in den Kern einfügen zu können: Gerätetreiber, Dateisysteme, Netzwerkprotokolle – praktisch jeder Teilbereich[7] des Kerns kann modularisiert werden. Dadurch wird ein entscheidender Nachteil monolithischer Kerne gegenüber Mikrokernvarianten aufgehoben. Module können zur Laufzeit des Systems auch wieder aus dem Kern entfernt werden, was bei der Entwicklung neuer Kernelbestandteile recht nützlich ist.

Module sind im Prinzip nichts anderes als normale Programme, die aber nicht im Userspace, sondern im Kerneladressraum ausgeführt werden. Zusätzlich müssen sie bestimmte Abschnitte bereitstellen, die bei der Initialisierung (und Beendigung) des Moduls ausgeführt werden, um die von ihm bereitgestellten Funktionalitäten im Kern zu registrieren oder abzumelden. Ansonsten hat Modulcode die gleichen Rechte (und Pflichten!) wie normaler Kernelcode und kann auf alle Funktionen und Daten zugreifen, die fest einkompilierter Code verwendet.

Durch Module wird *Hotplugging* ermöglicht: Manche Busse (beispielsweise USB oder FireWire) erlauben, Geräte zur Laufzeit des Systems anzuschließen, ohne dass dafür ein Neustart erforderlich ist. Wenn das System erkannt hat, dass ein neues Gerät vorhanden ist, kann der benötigte Treiber automatisch in den Kern installiert werden, indem das passende Modul eingefügt wird.

Außerdem ermöglichen Module die Erstellung von Kernen, die Unterstützung für alle Geräte bieten, die der Kern ansprechen kann, ohne seinen Umfang unnötig aufzublähen: Nachdem die vorhandene Hardware erkannt wurde, werden nur die benötigten Module eingefügt; überflüssige Treiber gelangen nicht in den Kern.

1.3.12 Caching

Der Kern verwendet *Caches*, um die Leistung des Systems zu erhöhen: Von langsamen Blockgeräten gelesene Daten werden, werden einige Zeit im RAM-Speicher vorgehalten, auch wenn

---

[7] Bis auf die fundamentalen Dinge wie Speicherverwaltung, die das System immer benötigt.

man sie nicht mehr benötigt: Wenn eine Applikation das nächste Mal darauf zugreift, können die Daten aus dem schnellen RAM ohne Umweg über das langsame Blockgerät verwendet werden. Da der Zugriff auf Blockgeräte im Kern über seitenweise funktionierende Memory Mappings erfolgt, ist auch der Cache seitenweise organisiert (d.h. es werden immer komplette Speicherseiten gecachet), weshalb er als *Seitencache* oder *Page Cache* bezeichnet wird.

Wenn Daten gecachet werden sollen, die nicht seitenweise organisiert sind, wird der (wesentlich unwichtigere) *Puffercache* verwendet.

1.3.13 Listenverwaltung

Eine immer wiederkehrende Aufgabe in C-Programmen ist die Verwaltung doppelt verketteter Listen, auch der Kern stellt hier keine Ausnahme dar. In den folgenden Kapiteln werden wir daher häufig auf die Standard-Listenimplementierung des Kerns zu sprechen kommen, deren API wir hier kurz vorstellen.

Die Implementierung kann verwendet werden, um Datenstrukturen beliebiger Typen miteinander zu verknüpfen, sie ist explizit *nicht* typsicher. In den auf einer Liste aufzureihenden Datenstrukturen muss ein Element des Typs `list_head` vorhanden sein, das die Vorwärts- und Rückwärtsverknüpfungen aufnimmt:[8]

<list.h>
```
struct list_head {
        struct list_head *next, *prev;
};
```

Dies wird beispielsweise wie folgt in einer Datenstruktur plaziert:
```
struct task_struct {
    ...
    struct list_head run_list;
    ...
};
```

Als Ausgangspunkt für verkettete Listen dient ebenfalls eine Instanz von `list_head`, die normalerweise durch das Makro `LIST_HEAD(list_name)` deklariert und initialisiert wird. Dadurch erreicht der Kern, dass eine zyklische Liste entsteht, wie Abbildung 1.7 zeigt. Sie ermöglicht den Zugriff auf das erste und letzte Element einer Liste in $O(1)$, d.h. in immer gleicher, konstanter Zeit unabhängig von der Listengröße.

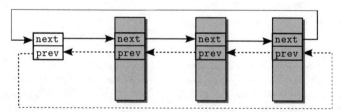

Abbildung 1.7: Doppelt verkettete Standardliste

`struct list_head` wird als *Listenelement* bezeichnet, wenn es in einer Datenstruktur untergebracht ist. Elemente, die als Ausgangspunkt für eine Liste dienen, bezeichnet man als *Listenkopf*.

Zur Manipulation und Bearbeitung von Listen werden einige Standardfunktionen bereitgestellt, die uns in den folgenden Kapitels ebenfalls immer wieder beggenen werden (die Argumente sind vom Datentyp `struct list_head`):

---

[8] Wenn eine Datenstruktur in mehreren Listen organisiert werden soll – was keine Seltenheit ist – werden einfach mehrere `list_head`-Elemente verwendet.

- `list_add(new, head)` fügt new direkt hinter das bereits vorhandene Element head ein.

- `list_add_tail(new, head)` fügt new vor das durch head angegebene Element ein. Wenn für head der Listenkopf angegeben wird, führt dies aufgrund der zyklischen Eigenschaft der Liste dazu, dass das neue Element dem Ende der Liste angefügt wird (daher auch der Name der Funktion).

- `list_del(entry)` entfernt einen Eintrag aus einer Liste.

- `list_empty(head)` prüft, ob eine Liste leer ist, d.h. ob sie keine Elemente enthält.

- `list_splice(list, head)` kombiniert zwei Listen, indem die Liste in list hinter dem head-Element einer bestehenden Liste eingefügt wird.

- Um ein Element einer Liste zu entnehmen, muss `list_entry` verwendet werden, das eine auf den ersten Blick etwas komplizierte Aufrufsyntax besitzt: `list_entry(ptr, type, member)`. ptr ist ein Zeiger auf die list_head-Instanz der betroffenen Datenstruktur, type ist ihr Typ und member der Elementname, der für das Listenelement verwendet wird. Um eine Instanz von task_struct einer Liste zu entnehmen, ist beispielsweise folgender Aufruf nötig:

```
struct task_struct = list_entry(ptr, struct task_struct, run_list)
```

Die explizite Angabe des Typs ist notwendig, da Listen *nicht* typsicher implementiert sind, während das Listenelement angegeben werden muss, um bei Datenstrukturen, die sich auf mehreren Listen befinden, die richtige herauszusuchen.[9]

- Um über alle Elemente einer Liste zu iterieren, muss `list_for_each(pos, head)` verwendet werden. pos gibt dabei die aktuelle Position in der Liste an, während head den Listenkopf spezifiziert:

```
struct list_head *p;

list_for_each(p, &list)
        if (condition)
                return list_entry(p, struct task_struct, run_list);
return NULL;
```

1.3.14 Datentypen

Der Kern definiert mit `typedef` verschiedene Datentypen, um von Architektur-spezifischen Besonderheiten unabhängig zu werden, die sich durch unterschiedliche Bitlängen der Standarddatentypen auf den einzelnen Prozessoren ergeben. Die Definitionen tragen Namen wie `sector_t` (zur Spezifikation einer Sektornummer auf einem Blockgerät), `pid_t` (zur Repräsentation einer Prozesskennzahl) etc. und werden vom Kern im Architektur-spezifischen Code so definiert, dass sichergestellt ist, dass sie den jeweils benötigten Wertebereich darstellen können. Da es normalerweise egal ist, auf welchen fundamentalen Datentyp die Definitionen zurückgeführt werden, gehen wir in den folgenden Kapiteln der Einfachheit halber nicht immer auf ihre genaue Definition ein, sondern verwenden die Datentypen ohne weitere Erklärung – schließlich handelt es

---

[9] Auch wenn sich nur ein Listenelement in der Struktur befindet, wird die Angabe verwendet, um durch Zeigerarithmetik die korrekte Anfangsadresse der Instanz zu ermitteln, die durch Typumwandlung in den benötigten Datentyp konvertiert wird. Im Anhang über C-Programmierung gehen wir genauer darauf ein.

sich um nichts anderes als um nicht-zusammengesetzte Standarddatentypen, die unter einem anderen Namen firmieren.

An manchen Stellen muss der Kern Variablen verwenden, die eine exakte, klar bestimmte Bitzahl besitzen – beispielsweise dann, wenn Datenstrukturen auf einer Festplatte zu speichern sind. Um die Daten zwischen verschiedenen Systemen austauschbar zu machen (beispielsweise auf Disketten), muss unabhängig von der internen Darstellung der Daten im Computer immer das gleiche externe Format verwendet werden.

Zu diesem Zweck definiert der Kern verschiedene Integer-Datentypen, die zum einen explizit angeben, ob sie vorzeichenbehaftet sind oder nicht, und zum anderen festlegen, aus *genau* wie vielen Bits sie bestehen. __s8 und __u8 sind beispielsweise 8-Bit-Ganzzahlen, die vorzeichenbehaftet (__s8) bzw. nicht-vorzeichenbehaftet (__u8) sind. Analog werden __u16 und __s16, __u32 und __s32 sowie __u64 und __s64 definiert.

Moderne Computer verwenden zur Zahlendarstellung eines der Formate *Big* oder *Little Endian*, die angeben, wie Werte gespeichert werden, die sich aus mehreren Bytes zusammensetzen: Während bei Big Endian das höchstwertige Byte an der niedrigsten Adresse steht und die Wertigkeit der Bytes mit steigender Speicheradresse abnimmt, speichert Little Endian das niedrigstwertige Byte an der niedrigsten Adresse; die Wertigkeit nimmt mit steigenden Speicheradressen zu (manche Architekturen wie Mips unterstützen auch beide Varianten). Der Kern stellt verschiedene Funktionen bzw. Makros bereit, die zwischen dem von der CPU verwendeten Format und einer bestimmen Darstellung konvertieren: `cpu_to_le64` konvertiert einen 64-Bit-Datentyp ins Little-Endian-Format, während `le64_to_cpu` die umgekehrte Konversion vornimmt (wenn die Architektur im Little Endian-Format arbeitet, sind die Routinen natürlich Nulloperationen, anderenfalls müssen die Bytepositionen entsprechend vertauscht werden). Konvertierungsroutinen werden für alle Kombinationen von 64, 32 und 16 Bits für Big und Little Endian bereitgestellt.

Eine Besonderheit, die in der normalen Userspace-Programmierung nicht vorkommt, sind per-CPU-Variablen. Sie werden mit `DEFINE_PER_CPU(name, type)` deklariert, wobei `name` den Variablennamen und `type` den Datentyp (beispielsweise `int[3]`, `struct hash` etc.) vorgibt. Auf Einprozessorsystemen verhält sich dies wie eine reguläre Variablen-Deklaration, während auf SMP-Systemen mit mehreren CPUs eine Instanz der Variable für jeden Prozessor angelegt wird. Die Instanz für einen Prozessor wird mit `get_cpu(name, cpu)` selektiert, wobei man für `cpu` üblicherweise `smp_processor_id()` verwendet, die die Kennzahl des gerade aktiven Prozessors liefert.

Die Verwendung CPU-spezifischer Variablen hat den Vorteil, dass sich die Daten eher im Cache eines Prozessors befinden und der Zugriff darauf schneller erfolgen kann; außerdem lassen sich durch dieses Konzept einige Kommunikationsprobleme vermeiden, die bei der Verwendung von Variablen entstehen würden, auf die alle CPUs eines Mehrprozessorsystems zugreifen können.

An vielen Stellen im Quellcode finden sich Zeiger, die mit __user markiert sind, die die Userspace-Programmierung ebenfalls nicht kennt. Der Kern verwendet dies, um Zeiger auf Bereiche im Benutzeradressraum zu kennzeichnen, die nicht direkt dereferenziert werden dürfen (warum dies so ist, werden wir in Kapitel 2 zeigen). Durch die explizite Markierung kann ein automatisches Checker-Tool eingesetzt werden, das sicherstellt, dass dies tatsächlich eingehalten wird.

2 Prozessverwaltung

Jedes moderne Betriebssystem besitzt die Fähigkeit, mehrere Prozesse gleichzeitig auszuführen – zumindest aus Sicht des Benutzers. Wenn nur ein Prozessor im System vorhanden ist, kann nur ein einziges Programm darauf laufen. Bei Mehrprozessorsystemen ist die Anzahl der wirklich parallel verarbeitbaren Prozesse durch die Anzahl der vorhandenen CPUs eingeschränkt.

Der Eindruck des *Multitaskings* – der Möglichkeit zur parallelen Ausführung mehrerer Operationen – wird von Kern und Prozessor realisiert, indem in kurzen Zeitintervallen zwischen den verschiedenen Anwendungen, die sich auf einem System befinden, hin- und hergeschaltet wird. Da die Laufphasen schnell aufeinander folgen, bemerkt der Benutzer die dazwischen liegenden Inaktivitätsphasen nicht und empfindet subjektiv, dass der Computer tatsächlich in der Lage wäre, mehrere Dinge simultan zu erledigen.

Diese Art der Systemverwaltung wirft einige Probleme auf, die vom Kern gelöst werden müssen. Die wichtigsten davon sind:

- Applikationen dürfen sich nicht gegenseitig beeinflussen, wenn dies nicht ausdrücklich gewünscht ist. Beispielsweise darf ein Fehler in Anwendung A nicht auf Anwendung B übergreifen. Da Linux ein Multiuser-System ist, auf dem mehrere Benutzer gleichzeitig arbeiten können, muss ebenfalls verboten werden, dass Programme den Speicher anderer Programme lesen oder gar verändern können – anderenfalls wäre es sehr leicht möglich, an private Daten eines Benutzers zu gelangen.

- Die vorhandene Rechenzeit muss möglichst fair zwischen den verschiedenen Applikationen aufgeteilt werden. Dabei muss beachtet werden, dass es wichtigere und weniger wichtige Programme gibt.

Während die erste Forderung – Speicherschutz – Gegenstand von Kapitel 3 („Speicherverwaltung") sein wird, beschäftigt sich dieses Kapitel mit den Methoden, die der Kern zur Aufteilung der CPU-Zeit und zum Hin- und Herschalten zwischen den einzelnen Prozessen verwendet. Die Aufgabe umfasst zwei Teile, die relativ unabhängig voneinander sind:

- Der Kern muss entscheiden, welchem Prozess wie viel Zeit zur Verfügung gestellt wird und wann auf einen anderen Prozess umgeschaltet werden soll. Dies führt unmittelbar zur Frage, *welcher* Prozess der nächste ist. Diese Entscheidungen sind nicht abhängig von der verwendeten Plattform.

- Beim Wechsel von Prozess A zu Prozess B muss der Kern dafür sorgen, dass die Ausführungsumgebung von B exakt identisch mit der Umgebung ist, die er besessen hat, als ihm der Prozessor entzogen wurde. Dies betrifft beispielsweise die Inhalte der Register des Prozessors und den Aufbau seines virtuellen Adressraums.

  Diese Aufgabe ist sehr stark vom verwendeten Prozessortyp abhängig.

Beide Aufgaben werden von einem Subsystem des Kerns erledigt, das man als „Scheduler" bezeichnet. Die Art und Weise, wie Rechenzeit vergeben wird, bezeichnet man als *Policy* des Schedulers, die streng vom *Taskswitch*-Mechanismus getrennt werden muss, der zum Umschalten (*switching*) zwischen den Prozessen benötigt wird.

2.1 Prozessprioritäten

Nicht alle Prozesse auf dem System sind gleich wichtig. Neben der Priorität eines Prozesses, die wohl jedem Leser bekannt ist, gibt es verschiedene Wichtigkeitsklassen, die unterschiedlichen Anforderungen genügen. Eine erste grobe Unterteilung liefert die Aufspaltung in Echtzeit- und Nicht-Echtzeit-Prozesse.

- *Harte Echtzeitprozesse* unterliegen strengen zeitlichen Grenzen, in denen die Ausführung bestimmter Arbeiten abgeschlossen werden muss. Wenn die Steuerbefehle eines Flugzeugs über einen Computer verarbeitet werden, müssen sie so schnell wie möglich – in einer garantierten Zeitspanne – weitergegeben werden: Wenn ein Pilot im Landeanflug das Flugzeug nach oben ziehen will, nützt es nichts, wenn der Befehl vom Computer erst einige Sekunden später weitergegeben wird: Der Flieger kann sich zu diesem Zeitpunkt bereits mit der Nase in der Erde befinden. Harte Echtzeitprozesse sind dadurch charakterisiert, dass ein zu spät vorliegendes Ergebnis nutzlos ist, weshalb sie ihre Verarbeitung unbedingt innerhalb eines vorgegebenen Zeitrahmens durchführen müssen.

  Linux unterstützt keine harte Echtzeit.[1]

- *Weiche Echtzeitprozesse* sind eine abgemilderte Form harter Echtzeitprozesse: Während auch hier ein Ergebnis so schnell wie möglich vorliegen soll, ist es zumindest kein Weltuntergang, wenn es ein bisschen später als erwartet eintrifft. Ein Beispiel für Echtzeitprozesse ist das Brennen von CDs: Die Daten müssen mit einer bestimmten Rate beim CD-Brenner eintreffen, da sie kontinuierlich auf das Medium geschrieben werden. Wenn die Last des Systems hoch ist, kann es natürlich vorkommen, dass der Datenfluss kurz unterbrochen wird, was aber nicht zum Absturz eines Flugzeugs,[2] sondern höchstens zu einer unbrauchbaren CD[3] führt. Dennoch sollte der Brennprozess immer dann die CPU des Systems erhalten, wenn er sie benötigt – vor allen anderen normalen Prozessen.

- *Reguläre Prozesse* machen den Großteil aller Prozesse des Systems aus: Sie sind an keine besonderen zeitlichen Vorgaben gebunden. Dennoch gibt es auch in dieser Klasse wichtigere und unwichtigere Prozesse, die durch Vergabe von *Prioritäten* untereinander abgestuft werden können.

  Beispielsweise muss ein langfristiger Compilerlauf nur eine sehr geringe Priorität besitzen, da es nichts ausmacht, wenn er hin und wieder für eine Sekunde nicht rechnen darf – der Benutzer wird es nicht bemerken. Hingegen sollten interaktive Applikationen so schnell wie möglich reagieren, nachdem ihnen der Benutzer ein Kommando erteilt hat, da eine eine Sekunde Pause bereits als sehr störend empfunden wird.

  Um die Rechenzeit so verteilen zu können, dass interaktive Applikationen wenn möglich bevorzugt werden (und zwar nicht mit der Gesamtrechenzeit, die zur Verfügung steht, sondern bezüglich der Geschwindigkeit, mit der eine nicht aktive Anwendung ausgewählt wird, wenn sie laufbereit wird), muss der Scheduler auch die Vergangenheit eines Prozesses betrachten, indem er untersucht, wie er von der ihm zur Verfügung gestellten Rechenzeit Gebrauch gemacht hat. Interaktive Prozesse tendieren dazu, häufig *nicht* aktiv zu sein, da sie auf Eingaben des Benutzers

---

[1] Es gibt allerdings angepasste Versionen wie RTLinux, die den Kern um diese Fähigkeit erweitern; wir werden hier aber nicht weiter darauf eingehen.
[2] Gesetzt den Fall, dass der Computer beispielsweise das Höhenruder steuert.
[3] Wenn der Computer kein Höhenruder, sondern einen CD-Brenner steuert.

2.1 Prozessprioritäten

warten. Ein Texteditor ist beispielsweise die meiste Zeit damit beschäftigt, auf Eingaben zu warten.[4] Der Scheduler nutzt diese Eigenschaft, um interaktive Prozesse zu erkennen und diese mit einer höheren „dynamischen Priorität" zu belegen, die garantiert, dass sie sofort ausgewählt werden, wenn sie arbeiten können. Dies erzeugt für den Benutzer das Gefühl, dass das System schnell und reaktiv ist – ein sehr wichtiges Kriterium für ein Betriebssystem im Desktop-Einsatz.

Modellhaft (und stark vereinfacht) kann man sich die Verteilung der Rechenzeit wie in Abbildung 2.1 vorstellen: Die Prozesse werden auf eine Zeitscheibe verteilt und erhalten unterschiedlich große Anteile, die ihrer relativen Wichtigkeit entsprechen. Der Zeitfluss im System entspricht dem Drehen des Rads, und die CPU wird durch einen „Abtaster" am Rand repräsentiert. Effekt: Wichtige Prozesse erhalten mehr Rechenzeit als unwichtige, obwohl jeder irgendwann einmal an die Reihe kommt.

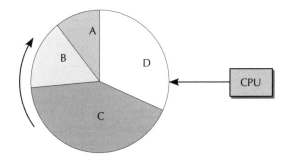

Abbildung 2.1: Aufteilung der Rechenzeit mit einer Zeitscheibe

In diesem als *präemptives Multitasking* bezeichneten Schema wird jedem Prozess eine bestimmte Zeitspanne zugeteilt, in der er laufen darf. Ist diese verstrichen, entzieht der Kernel dem Prozess die Kontrolle und lässt einen anderen Prozess ablaufen – unabhängig davon, was die letzte durchgeführte Aufgabe des vorher laufenden Prozesses war. Seine Ablaufumgebung[5] wird selbstverständlich gespeichert, so dass keine Ergebnisse verloren gehen und das Umfeld des Prozesses in genau denselben Zustand wie vorher versetzt werden kann, wenn er wieder an der Reihe ist). Je nach Wichtigkeit des Prozesses (also je nach der ihm zugewiesenen Priorität) ist die Zeitscheibe unterschiedlich lang. Abbildung 2.1 verdeutlicht dies, indem den einzelnen Prozessen unterschiedliche große Segmente aus dem gesamten Kreis zur Verfügung gestellt werden.

Dieses einfache Modell berücksichtigt einige wichtige Dinge nicht: Prozesse können zu bestimmten Zeitpunkten nicht in der Lage sein, ausgeführt zu werden, weil sie nichts zu tun haben! Da die Prozessorzeit so gut wie möglich genutzt werden soll, muss natürlich vermieden werden, solche Prozesse laufen zu lassen, was in Abbildung 2.1 noch nicht berücksichtigt wurde (die Grafik geht davon aus, dass alle Prozesse immer lauffähig sind). Ebenso unberücksichtigt ist die Tatsache, dass Linux drei verschiedene Scheduling-Klassen unterstützt (das eben gezeigte Schema und zwei Realtime-Scheduling-Klassen), was beim Taskwechsel ebenfalls berücksichtigt werden muss. Zudem besteht keine Möglichkeit, einen wichtigen Prozess, der ablaufbereit wurde, schnell zu selektieren und den aktuellen Prozess dadurch zu ersetzen.

Bevor wir uns mit der Scheduling-Implementierung im Kern beschäftigen können, ist es notwendig, einige Bemerkungen über die möglichen Zustände eines Prozesses anzubringen.

---

4 Auch sehr schnelle Tipper werden es kaum schaffen, mehrere hundert Zeichen in der Sekunde einzugeben, was ein typisches Zeitmaß für die hintereinander folgenden Scheduler-Aufrufe ist. Der Editor muss daher immer und immer wieder auf Eingaben des Benutzers warten.
5 Im Wesentlichen der Inhalt aller Register der CPU

2.2 Lebenszyklus eines Prozesses

Ein Prozess ist nicht die ganze Zeit ablaufbereit, weil er gelegentlich auf bestimmte Ergebnisse warten muss, die er aus externen, für ihn nicht kontrollierbaren Quellen erhält und ohne die er nicht weiterarbeiten kann – beispielsweise die Tastatureingabe des Benutzers in einem Editor.

Der Scheduler muss den Zustand jedes Prozesses im System kennen, da dies beim Wechsel zwischen verschiedenen Aufgaben berücksichtigt werden muss – es ist unsinnig, die CPU an Prozesse zu vergeben, die ohnehin nichts zu tun haben. Ebenso wichtig sind die Übergänge zwischen den einzelnen Zuständen, die ein Prozess durchlaufen kann: Wenn ein Prozess auf Daten eines Zubehörgerätes wartet, muss sich der Scheduler beispielsweise darum kümmern, den Prozess aus dem Wartezustand wieder in den normalen, ablauffähigen Zustand zu bringen, wenn die gewünschten Daten verfügbar sind.

Ein Prozess kann sich in drei verschiedenen Zuständen befinden:

Laufen Der Prozess wird gerade ausgeführt.

Warten Der Prozess kann prinzipiell ablaufen, darf dies aber nicht, da die CPU einem anderen Prozess zugewiesen ist. Der Scheduler kann den Prozess beim nächsten Taskswitch auswählen, wenn er möchte.

Blockiert Der Prozess ist blockiert und kann nicht ablaufen, weil er auf ein externes Ereignis wartet. Der Scheduler kann den Prozess beim nächsten Taskswitch *nicht* auswählen.

Das System speichert alle Prozesse in einer Prozessliste – unabhängig davon, ob sie gerade laufen, blockiert sind oder auf den Prozessor warten. Blockierte Prozesse sind allerdings speziell „markiert", damit sie der Scheduler als nicht ablauffähig erkennen kann (die genaue Implementierung werden wir in Abschnitt 2.3 besprechen). Außerdem existieren verschiedene Wartelisten, um blockierte Prozesse zusammenzufassen und zu einem geeigneten Zeitpunkt wieder aufwecken zu können – beispielsweise dann, wenn ein externes Ereignis eingetreten ist, auf das ein Prozess gewartet hat.

Abbildung 2.2 zeigt verschiedene Übergänge, die ein Prozess zwischen den gezeigten Zuständen ausführen kann.

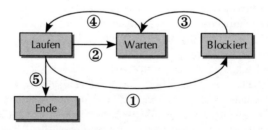

Abbildung 2.2: Übergänge zwischen den Prozesszuständen

Beginnen wir die Betrachtung der Übergänge mit einem lauffähigen Prozess in der Warteliste, der zwar ablaufbereit ist, aber nicht laufen darf, da die CPU einem anderen Prozess zugewiesen ist (Zustand „Warten"): Er verbleibt so lange in diesem Zustand, bis ihm der Scheduler Rechenzeit zuweist; sein Zustand wechselt dann zu „Laufen" (Pfad 4).

2.2 Lebenszyklus eines Prozesses

Wenn der Scheduler entscheidet, dem Prozess die CPU wieder zu entziehen – die möglichen Gründe hierfür werden wir gleich nennen –, erfolgt ein Übergang von „Laufen" zu „Warten" auf Pfad 2, worauf der Zyklus von vorne beginnt.[6]

Wenn der Prozess auf ein Ereignis warten muss, wechselt er auf Pfad 1 vom Zustand „Laufen" in den Zustand „Blockiert". Von diesem Zustand aus kann der Prozess nicht direkt in den Zustand Laufen zurückversetzt werden; erst nach Eintreten des Ereignisses, auf das er gewartet hat, wird er wieder in den Zustand „Warten" versetzt (Pfad 3) und tritt damit in den normalen Zyklus ein.

Wenn die Ausführung des Programms beendet wird (indem die Applikation beispielsweise durch den Benutzer geschlossen wird, wenn eine Berechnung ihr Ziel erreicht hat o.ä.), wechselt der Zustand auf Pfad 5 von „Laufen" zu „Ende".

Ein Sonderzustand, der in obiger Auflistung nicht berücksichtigt wurde, ist der „Zombie". Ein Prozess mit dieser Bezeichnung ist genau das, was sein Name vermuten lässt: tot, aber gewissermaßen doch noch am Leben. Tot ist der Prozess, weil seine Ressourcen (wie der von ihm verwendete RAM-Speicher, Verbindungen zu Peripheriegeräten etc.) bereits freigegeben wurden, weshalb er nicht mehr lauffähig ist – und es auch nie mehr sein wird. Noch am Leben ist der Prozess, weil sich sein Eintrag noch in der Prozesstabelle findet.

Wie gelangt man zu einem Zombie? Der Grund findet sich in der Struktur der Prozess-Erzeugung und -Vernichtung unter Unix: Ein Programm kann terminieren, wenn zwei Ereignisse eintreten: Zum einen muss es von einem anderen Prozess oder vom Benutzer getötet werden (was üblicherweise durch das Senden eines `SIGTERM`- oder `SIGKILL`-Signals erfolgt; äquivalent dazu ist allerdings auch die Situation, dass der Prozess regulär beendet wird); zum anderen muss der Elternprozess, von dem aus der Prozess gestartet wurde, den Systemaufruf (`wait4`) aufrufen oder bereits aufgerufen haben, wenn ein Kindprozess terminiert. Dies bestätigt dem Kernel, dass die Eltern vom Ableben des Kindes Notiz genommen haben. Der Systemaufruf gibt dem Kern die Möglichkeit, noch belegte Systemressourcen des Kindprozesses freizugeben.

Ein Zombie tritt auf, wenn nur die erste Bedingung (das Programm wird beendet), nicht aber die zweite (`wait4`) erfüllt ist: Zwischen Beendigung eines Prozesses und der Entfernung seiner Daten aus der Prozesstabelle erfolgt immer ein Wechsel in den Zombie-Status, der normalerweise nicht lange dauert. In einigen Fällen (wenn der Elternprozess beispielsweise fehlerhaft programmiert ist und keinen `wait`-Aufruf absetzt), kann sich ein Zombie fest in der Prozesstabelle einnisten und dort bis zum nächsten Reboot bestehen bleiben, was der Benutzer in der Ausgabe der Prozesstools wie `ps` oder `top` feststellen kann. Da die verbliebenen Daten aber nur sehr wenig Speicherplatz im Kern benötigen, ist dies nicht weiter tragisch.

2.2.1 Präemptives Multitasking

Die Struktur der Linux-Prozessverwaltung erfordert, dass die Zustände eines Prozesses noch um zwei weitere Möglichkeiten erweitert werden müssen: Benutzer- und Kernmodus. Dies spiegelt die Tatsache wider, dass alle modernen CPUs (mindestens) zwei verschiedene Ausführungsmodi besitzen, von denen einer mit unlimitierten Rechten ausgestattet ist, dem anderen aber verschiedene Beschränkungen auferlegt sind – beispielsweise kann in ihm der Zugriff auf gesperrte Speicherbereiche verboten sein. Diese Aufteilung ist eine wichtige Voraussetzung zur Erzeugung abgeriegelter „Käfige", in denen sich die vorhandenen Prozesse befinden und die ihnen verbieten, andere Teile des Systems zu stören.

---

[6] Genau genommen kann zwischen zwei verschiedenen „Blockiert"-Zuständen unterschieden werden, je nachdem, ob der Wartezustand durch Signale unterbrochen werden kann oder nicht. Dies ist hier noch nicht wichtig; bei genauerer Betrachtung der Implementierung werden wir allerdings auf diese Unterscheidung zurückgreifen müssen.

Normalerweise befindet sich ein Kern im Benutzermodus, in dem er nur auf seine eigenen Daten zugreifen darf und deshalb die anderen Applikationen des Systems nicht stören kann – er merkt nicht, dass es neben ihm noch andere Programme gibt.

Wenn ein Prozess auf Systemdaten oder -funktionen zugreifen will (wobei Letztere zur Verwaltung der unter allen Prozessen verteilten Ressourcen verwendet werden, beispielsweise Speicherplatz in Dateisystemen), muss er in den Kernmodus wechseln. Selbstverständlich ist dies nicht unkontrolliert möglich – anderenfalls wären alle aufgebauten Schutzmechanismen hinfällig –, sondern darf nur über klar definierte Wege vonstatten gehen. In Kapitel 1 wurde bereits kurz angesprochen, dass der dazu erforderliche Mechanismus als „Systemaufruf" bezeichnet wird. Kapitel 10 („Systemaufrufe") wird sich ausführlich mit der Implementierung von Systemaufrufen beschäftigen.

Eine zweite Möglichkeit, um vom Benutzer- in den Kernmodus zu wechseln, ist das Auftreten eines Interrupts – der Wechsel wird dadurch automatisch veranlasst. Im Gegensatz zu einem Systemaufruf, der von einer Benutzerapplikation absichtlich aufgerufen wird, treten Interrupts mehr oder weniger zufällig auf. Die zur Bearbeitung eines Interrupts notwendigen Aktionen haben in den meisten Fällen nichts mit dem Prozess zu tun, der vor dem Interrupt bearbeitet wurde,[7] weshalb sie von Linux so gehandhabt werden, dass der momentan laufende Prozess nichts davon bemerkt.

Das präemptive Scheduling-Modell des Kerns legt eine Hierarchie fest, die regelt, welche Prozess-Zustände von welchen andern Zuständen unterbrochen werden können:

- Normale Prozesse können immer unterbrochen werden – auch von anderen Prozessen des Systems. Wenn ein wichtiger Prozess lauffähig wird – beispielsweise ein Editor, der auf einen Tastendruck gewartet und diesen nun empfangen hat –, kann der Scheduler entscheiden, diesen Prozess unmittelbar aktiv zu machen, selbst wenn dem gerade laufenden Prozess noch Rechenzeit zur Verfügung steht. Diese Art der Präemption ist ein wesentlicher Garant für gute Interaktivität und niedrige Latenzzeiten des Systems.

- Befindet sich der Rechner im Kernmodus, in dem er einen Systemaufruf abarbeitet, kann ihm die Rechenzeit von keinem anderen Prozess des Systems entzogen werden. Der Scheduler muss warten, bis die Ausführung des Systemcalls beendet wurde, bevor er einen anderen Prozess auswählen kann. Allerdings kann er von einem Interrupt unterbrochen werden.[8]

- Interrupts können Prozesse im Benutzer- wie auch im Kernmodus unterbrechen. Sie besitzen die höchste Priorität, da sie unmittelbar nach ihrem Auftreten schnell bearbeitet werden können.

Während der Entwicklung von Kernel 2.6.02.5 wurde der Kern um eine Option erweitert, die als *Kernelpräemption* bezeichnet wird: Sie ermöglicht es, auch während der Ausführung von Systemaufrufen im Kernmodus (nicht während Interrupts) auf einen anderen Prozess zu wechseln, wenn dies dringend nötig ist.[9] Wir werden in Abschnitt 2.6.3 auf diese neue Technik eingehen.

---

7 Beispielsweise tritt ein Interrupt auf, wenn ein externes Blockgerät Daten in den RAM-Speicher übertragen hat. Diese Daten können aber für einen beliebigen Prozess bestimmt sein, der auf dem System läuft. Ebenso werden ankommende Netzwerkpakete durch einen Interrupt angekündigt; auch hier ist es eher unwahrscheinlich, dass das eingetroffene Paket für den momentan laufenden Prozess bestimmt ist.

8 Für wichtige Kernaktionen ist es möglich, fast alle Interrupts abzuschalten.

9 Obwohl sich der Kern bemüht, die Ausführung von Systemaufrufen so schnell wie möglich zu erledigen, kann die dafür benötigte Dauer für manche Anwendungen dennoch zu lang sein, wenn sie auf konstante Datenströme angewiesen sind. Kernpräemption kann diese Wartezeiten verringern und dadurch für einen „glatteren" Ablauf solcher Programme sorgen. Allerdings wird dies durch eine erhöhte Komplexität des Kerns erkauft, da

2.3 Repräsentation von Prozessen

Alle Algorithmen im Linux-Kern, die sich mit Prozessen und Programmen beschäftigen, sind um eine zentrale Datenstruktur herum aufgebaut, die unter der Bezeichnung `task_struct` in `include/sched.h` definiert ist. Es handelt sich um eine der zentralen Strukturen des Systems. Bevor wir uns mit der Implementierung des Schedulers beschäftigen können, muss daher zuerst untersucht werden, wie Linux die vorhandenen Prozesse verwaltet.

Die Taskstruktur enthält sehr viele Elemente, die den Prozess mit den Subsystemen des Kerns verknüpfen, auf die wir später eingehen werden. Es ist daher unvermeidlich, in den folgenden Ausführungen häufig Verweise auf spätere Kapitel anzugeben, da die Bedeutung mancher Einträge ohne genauere Kenntnisse darüber nicht erläutert werden kann.

Die Taskstruktur ist – etwas vereinfacht – wie folgt definiert:

```
struct task_struct {                                                     <sched.h>
        volatile long state;     /* -1 unrunnable, 0 runnable, >0 stopped */
        struct thread_info *thread_info;
        atomic_t usage;
        unsigned long flags;     /* per process flags, defined below */
        unsigned long ptrace;

        int lock_depth;          /* Lock depth */

        int prio, static_prio;
        struct list_head run_list;
        prio_array_t *array;

        unsigned long sleep_avg;
        unsigned long last_run;

        unsigned long policy;
        cpumask_t cpus_allowed;
        unsigned int time_slice, first_time_slice;

        struct list_head tasks;
        struct list_head ptrace_children;
        struct list_head ptrace_list;

        struct mm_struct *mm, *active_mm;
/* task state */
        struct linux_binfmt *binfmt;
        int exit_code, exit_signal;
        int pdeath_signal;       /* The signal sent when the parent dies */
        /* ??? */
        unsigned long personality;
        int did_exec:1;
        pid_t pid;
        pid_t pgrp;
        pid_t tty_old_pgrp;
        pid_t session;
        pid_t tgid;
        /* boolean value for session group leader */
        int leader;
        /* pointers to (original) parent process, youngest child, younger sibling,
         * older sibling, respectively. (p->father can be replaced with
         * p->parent->pid) */
        struct task_struct *real_parent; /* real parent process (when being debugged) */
        struct task_struct *parent;      /* parent process */
```

---

viele Datenstrukturen gegen konkurrierende Zugriffe geschützt werden müssen, was anderenfalls nicht notwendig ist.

```
        struct list_head children;      /* list of my children */
        struct list_head sibling;       /* linkage in my parent's children list */
        struct task_struct *group_leader;

        /* PID/PID hash table linkage. */
        struct pid_link pids[PIDTYPE_MAX];

        wait_queue_head_t wait_chldexit;     /* for wait4() */
        struct completion *vfork_done;       /* for vfork() */
        int __user *set_child_tid;           /* CLONE_CHILD_SETTID */
        int __user *clear_child_tid;         /* CLONE_CHILD_CLEARTID */

        unsigned long rt_priority;
        unsigned long it_real_value, it_prof_value, it_virt_value;
        unsigned long it_real_incr, it_prof_incr, it_virt_incr;
        struct timer_list real_timer;
        struct list_head posix_timers; /* POSIX.1b Interval Timers */
        unsigned long utime, stime, cutime, cstime;
        unsigned long nvcsw, nivcsw, cnvcsw, cnivcsw; /* context switch counts */
        u64 start_time;
        unsigned long min_flt, maj_flt, nswap, cmin_flt, cmaj_flt, cnswap;
/* process credentials */
        uid_t uid,euid,suid,fsuid;
        gid_t gid,egid,sgid,fsgid;
        int ngroups;
        gid_t    groups[NGROUPS];
        kernel_cap_t   cap_effective, cap_inheritable, cap_permitted;
        int keep_capabilities:1;
        struct user_struct *user;
/* limits */
        struct rlimit rlim[RLIM_NLIMITS];
        unsigned short used_math;
        char comm[16];
/* file system info */
        int link_count, total_link_count;
        struct tty_struct *tty; /* NULL if no tty */
        unsigned int locks; /* How many file locks are being held */
/* ipc stuff */
        struct sysv_sem sysvsem;
/* CPU-specific state of this task */
        struct thread_struct thread;
/* filesystem information */
        struct fs_struct *fs;
/* open file information */
        struct files_struct *files;
/* namespace */
        struct namespace *namespace;
/* signal handlers */
        struct signal_struct *signal;
        struct sighand_struct *sighand;

        sigset_t blocked, real_blocked;
        struct sigpending pending;

        unsigned long sas_ss_sp;
        size_t sas_ss_size;
        int (*notifier)(void *priv);
        void *notifier_data;
        sigset_t *notifier_mask;

        void *security;

/* Thread group tracking */
        u32 parent_exec_id;
```

2.3 Repräsentation von Prozessen

```
            u32 self_exec_id;
/* context-switch lock */
            spinlock_t switch_lock;

/* journalling filesystem info */
            void *journal_info;

/* VM state */
            struct reclaim_state *reclaim_state;

            struct dentry *proc_dentry;
            struct backing_dev_info *backing_dev_info;

            struct io_context *io_context;

            unsigned long ptrace_message;
            siginfo_t *last_siginfo; /* For ptrace use. */
};
```

Zugegebenermaßen ist die Informationsflut der Struktur nicht allzu leicht verdaulich. Der Inhalt kann allerdings in größere Abschnitte zerlegt werden, die jeweils einen spezifischen Aspekt eines Prozesses repräsentieren:

- Status- und Ausführungsinformationen wie anstehende Signale, Informationen zum verwendeten Binärformat (und eventuelle Emulationsinformationen für Binärformate anderer Systeme), Prozessidentifikationsnummer (PID), Pointer auf Eltern- und andere verwandte Prozesse, Prioritätskennzahlen und Zeitinformationen zum Programmablauf (beispielsweise Rechenzeit).

- Informationen zum belegten virtuellen Speicher.

- Prozesskennzahlen wie Benutzer- und Gruppenkennzahl, Capabilities[10] etc. Zur Abfrage (oder Modifikation) dieser Daten können Systemaufrufe verwendet werden, worauf wir bei der Beschreibung der spezifischen Subsysteme genauer eingehen werden.

- Verwendete Dateien: Neben der Binärdatei mit dem Programmcode müssen auch Dateisysteminformationen über alle vom Prozess bearbeiteten Dateien gespeichert werden.

- Thread-Informationen, die die CPU-spezifischen Laufzeitdaten des Prozesses festhalten (die restlichen Felder der Struktur sind von der verwendeten Hardware unabhängig).

- Informationen zur Interprozesskommunikation, die bei der Zusammenarbeit mit anderen Applikationen benötigt werden.

- Signalbehandlungsroutinen, mit denen der Prozess auf eingehende Signale reagieren kann.

`state` gibt den aktuellen Zustand eines Prozesses an und kann folgende Werte annehmen (dabei handelt es sich um Präprozessorkonstanten, die in <`sched.h`> definiert sind):

- `TASK_RUNNING` bedeutet, dass ein Task im lauffähigen Zustand ist. Dies bedeutet aber nicht, dass ihm auch wirklich eine CPU zugeteilt ist: Er kann auch darauf warten, vom Scheduler ausgewählt zu werden. Allerdings ist garantiert, dass der Prozess wirklich ablaufbereit ist und auf kein externes Ereignis wartet.

---

[10] Capabilities sind Sonderrechte, die einem Prozess eingeräumt werden können. Sie ermöglichen ihm die Durchführung bestimmter Operationen, die normalerweise nur von Root-Prozessen ausgeführt werden dürfen.

- **TASK_INTERRUPTIBLE** wird für einen schlafenden Prozess gesetzt, der auf irgendein Ereignis wartet. Wenn der Kern das Eintreten des Ereignisses an den Prozess signalisiert, wird er wieder in den Zustand **TASK_RUNNING** versetzt und darf weiterlaufen, sobald ihn der Scheduler auswählt.

- **TASK_UNINTERRUPTIBLE** wird für schlafende Prozesse verwendet, die auf Anweisung des Kerns selbst deaktiviert wurden. Sie dürfen nicht durch externe Signale aufgeweckt werden, sondern nur von Kern selbst.

- **TASK_STOPPED** zeigt an, dass der Prozess absichtlich angehalten wurde – beispielsweise von einem Debugger.

- **TASK_ZOMBIE** ist der weiter oben beschriebene Zombie-Zustand.

Linux stellt den *RLimit*-Mechanismus bereit, um Prozesse mit gezielten Beschränkungen bezüglich ihres Ressourcenverbrauchs belegen zu können. Dazu dient das rlim-Array in task_struct, dessen Elemente vom Typ struct rlimit sind:

<ressource.h>
```
struct rlimit {
    unsigned long   rlim_cur;
    unsigned long   rlim_max;
}
```

Die Definition ist sehr allgemein gehalten, um viele verschiedene Ressourcentypen in ihr unterbringen zu können:

- rlim_cur ist das gegenwärtig gesetzte Limit, das der Prozess beachten muss. Es wird auch als *soft limit* bezeichnet.

- rlim_max ist die maximale Obergrenze, auf die das Limit eingestellt werden kann; es wird daher auch als *hard limit* bezeichnet.

Der Systemaufruf setrlimit kann verwendet werden, um das gegenwärtige Limit hoch- oder herunter zu setzen. Allerdings darf der in rlim_max vorgegebene Wert dabei nicht überschritten werden. Zur Kontrolle der aktuellen Limits wird getrlimits verwendet.

Die beschränkbaren Ressourcen werden anhand ihrer Position im rlim-Array identifiziert, weshalb der Kern Präprozessorkonstanten definiert, die die Zuordnung zwischen Ressource und Position vorgeben. Tabelle 2.1 zeigt die möglichen Konstanten und deren Bedeutung (in den gängigen Lehrbüchern zur Systemprogrammierung finden sich weitergehende Erläuterungen darüber, wie man die verschiedenen Beschränkungen in der Praxis sinnvoll einsetzen kann).[11]

Da sich die Limits auf verschiedenste Teile des Kerns beziehen, muss der Kern die Einhaltung der Beschränkungen in den entsprechenden Subsystemen prüfen, weshalb wir in vielen anderen Kapiteln immer wieder auf Rlimit zurückkehren werden.

Wenn ein Ressourcentyp ohne Beschränkung verwendet werden darf (was für fast alle Ressourcen die Voreinstellung ist),[12] wird RLIM_INFINITY als Wert für rlim_max verwendet.

---

11 Achtung: Die numerischen Werte unterscheiden sich zwischen den verschiedenen Architekturen, da Linux um Binärkompatibilität mit den jeweils nativen Unix-Systemen bemüht ist.

12 Mit Ausnahme der Anzahl offener Dateien (RLIMIT_NOFILE, standardmäßig auf 1024 beschränkt), der Größe des Stacks (RLIMIT_STACK, standardweise beschränkt auf 8MiB) und der maximalen Prozessanzahl pro Benutzer (RLIMIT_NPROC), die auf max_threads/2 definiert wird. max_threads ist eine globale Variable, deren Wert angibt, wie viele Threads erzeugt werden können, so dass (bei minimal möglichem Speicherverbrauch eines Threads, auf IA-32-Systemen beispielsweise 2 Speicherseiten) ein Achtel des vorhandenen RAM-Speichers nur zur Verwaltung der Thread-Informationen verwendet wird.

2.3 Repräsentation von Prozessen

Tabelle 2.1: Prozessspezifische Ressourcenbeschränkungen

Konstante	Bedeutung
RLIMIT_CPU	Maximale Rechenzeit in Millisekunden.
RLIMIT_FSIZE	Maximale Dateigröße, die bearbeitet werden darf.
RLIMIT_DATA	Maximale Größe des Datensegments.
RLIMIT_STACK	Maximale Größe des (Usermode-)Stacks.
RLIMIT_CORE	Maximale Größe für core-Dateien.
RLIMIT_RSS	Maximaler Umfang des *Resident size set*, d.h. der physikalischen Speicherseiten, die ein Prozess verwendet. Wird momentan nicht benutzt.
RLIMIT_NPROC	Maximale Prozessanzahl (wird bezogen auf einen spezifischen Benutzer kontrolliert).
RLIMIT_NOFILE	Maximale Anzahl der bearbeiteten Dateien.
RLIMIT_MEMLOCK	Maximale Anzahl der Speicherseiten, die vor einer Auslagerung geschützt werden können.
RLIMIT_AS	Maximale Größe des virtuellen Adressraums, die von einem Prozess belegt werden darf.
RLIMIT_LOCKS	Maximale Anzahl von File-Locks.

Viele Mitgliedselemente der Struktur sind keine einfachen Variablen, sondern Zeiger auf andere Datenstrukturen, die in den folgenden Kapiteln betrachtet und besprochen werden. Auch im Laufe dieses Kapitels werden wir noch auf einige Elemente von task_struct eingehen, die für die Implementierung der Prozessverwaltung von Bedeutung sind.

2.3.1 Prozesstypen

Unter einem klassischen Unix-Prozess versteht man eine Applikation, die sich aus Binärcode, einem zeitlichen Ausführungsstrang (der Computer läuft auf einem einzigen Pfad durch den Code, andere Pfade werden nicht gleichzeitig ausgeführt) und einer Menge an Ressourcen, die der Applikation zugewiesen sind – beispielsweise Speicher, Dateien etc. zusammensetzt. Neue Prozesse können mit den Systemaufrufen fork und exec erzeugt werden:

- fork erzeugt eine identische Kopie des aktuellen Prozesses, die man als *Kindprozess* bezeichnet. Alle Ressourcen des alten Prozesses werden in geeigneter Weise kopiert, weshalb nach dem Systemaufruf zwei unabhängige Instanzen des Prozesses existieren, die keine Verbindung miteinander besitzen, aber beispielsweise den gleichen Satz offener Dateien, das gleiche Arbeitsverzeichnis, die gleichen Daten im Speicher (in einer jeweils eigenen Kopie) etc. besitzen.[13]

- exec ersetzt einen laufenden Prozess durch eine andere Applikation, die aus einer ausführbaren Binärdatei geladen wird. Mit anderen Worten: Es wird ein neues Programm geladen. Da exec selbst keinen neuen Prozess erzeugt, muss zur Erzeugung einer zusätzlichen Applikation auf dem System zuerst ein altes Programm mit fork verdoppelt und anschließend exec aufgerufen werden.

Neben diesem traditionellen Schema, das in allen Unix-Varianten bis hin zu den frühesten Vertretern zur Verfügung steht, existiert in Linux noch der clone-Systemaufruf. Er funktioniert im Prinzip wie fork; der erzeugte Prozess ist aber nicht unabhängig von seinem Elternprozess,

---

[13] Wir werden in Abschnitt 2.4.1 sehen, dass Linux den Copy-On-Write Mechanismus verwendet, um die Speicherseiten des geforkten Prozesses erst dann kopieren zu müssen, wenn der neue Prozess einen Schreibzugriff daraus ausführt – dies ist effizienter, als blind den kompletten Speicher direkt bei der Ausführung von fork zu kopieren. Die dazu benötigte Verknüpfung zwischen den Speicherseiten von Eltern- und Kindprozess ist allerdings nur dem Kern sichtbar und für die Anwendungen transparent.

sondern kann verschiedene Ressourcen mit ihm teilen. Dabei ist einstellbar, *welche* Ressourcen geteilt und welche kopiert werden sollen – beispielsweise die Daten im Speicher, die offenen Dateien oder die installierten Signalhandler des Elternprozesses.

clone wird verwendet, um *Threads* zu implementieren. Allerdings reicht der Systemaufruf selbst dazu nicht aus; zusätzlich sind Bibliotheken im Userspace erforderlich, die für eine vollständige Implementierung sorgen. Als Beispiel seien die *Linuxthreads-* oder die *New Generation Posix Threads*-Bibliothek genannt, auf die wir hier nicht weiter eingehen werden.

2.3.2 Prozessidentifikations-Nummern

Unix-Prozesse werden klassischerweise mit einer Kennzahl versehen, die sie im System eindeutig identifiziert; man bezeichnet diese Nummer als *process identification number* oder kurz *PID*. Jeder mit fork und auch clone erzeugte Prozess erhält vom Kern automatisch eine neue, eindeutige PID, die im pid-Element der task_struct festgehalten wird.

Kennzahlen eines Prozesses

Jeder Prozess wird neben der Pid durch weitere Kennzahlen charakterisiert:

- Alle Prozesse, die sich in einer Thread-Gruppe befinden (d.h. unterschiedliche Ausführungskontexte eines Prozesses, die durch Aufruf von clone mit gesetztem CLONE_THREAD entstanden sind, wie wir später noch sehen werden), besitzen eine einheitliche *Thread group ID* (TGID), die im tgid-Element der Taskstruktur gespeichert wird. Bei einem Prozess, der keine Threads verwendet, sind TGID und PID identisch.

- Der Hauptprozess einer Thread-Gruppe wird als *group leader* (Gruppenführer) bezeichnet; das group_leader-Element der Taskstrukturen aller gecloneten Threads zeigt auf die task_struct-Instanz des Gruppenführers.

- Ansonsten unabhängige Prozesse können (über den setpgrp-Systemaufruf) zu einer *Prozessgruppe* zusammengefasst werden. Die pgrp-Elemente ihrer Task-Strukturen besitzen alle den gleichen Wert, nämlich die PID des Prozessgruppenführers. Prozessgruppen ermöglichen es, Signale an alle Mitglieder der Gruppe zu senden, was für verschiedene Anwendungen der Systemprogrammierung hilfreich ist (wir wollen hier allerdings nicht genauer darauf eingehen, sondern verweisen auf die vorhandene Literatur zur Systemprogrammierung, beispielsweise [Ste92]).

- Mehrere Prozessgruppen können in einer Session zusammengefasst werden. Alle Prozesse in einer Session besitzen die gleiche Session-ID, die im session-Element der Taskstruktur festgehalten wird. Die SID kann mit Hilfe des Systemaufrufs setsid gesetzt werden. Sie wird bei der Terminalprogrammierung verwendet, wobei wir auch hier nicht auf die näheren Einzelheiten eingehen wollen.

Verwalten von Pids

Datenstrukturen Der Kern benötigt häufig eindeutige Pids, die einem Prozess zugewiesen werden und natürlich eindeutig sein müssen.[14]

---

[14] In den folgenden Abschnitten werden wir das Wort Pid verwenden, um damit *irgendeine* Kennzahl eines Prozesses zu bezeichnen. Um auf eine bestimmte Kennzahl zu verweisen, geben wir zusätzlich ihren Typ (beispielsweise TGID) an.

2.3 Repräsentation von Prozessen

Um die Allokation neuer Pids schnell erledigen zu können, existiert ein kleines Subsystem, das als *PID allocator* bezeichnet wird. Neben der Generierung neuer Pids erlaubt es auch, die Taskstruktur eines Prozesses anhand einer Pid und des Pid-Typs zu finden.

Um die Zuordnung zwischen `task_struct` und Pid herstellen zu können, wird ein Array verwendet, mit dessen Hilfe ein Hashverfahren implementiert wird:

```
static struct list_head *pid_hash[PIDTYPE_MAX];
```
kernel/pid.c

`list_head` ist ein Standarddatenelement des Kerns, das zur Erstellung doppelt verketteter Listen verwendet werden kann (Kapitel C beschreibt den Aufbau solcher Listen und stellt verschiedene Hilfsfunktionen vor, die zur Bearbeitung der Listen verwendet werden können).

`pid_hash` ist ein Array mit Zeigern auf `list_heads`, das aus `PIDTYPE_MAX`-Elementen besteht und für jeden möglichen PID-Typ des Kerns einen Eintrag bereitstellt:

```
enum pid_type                                                            <pid.h>
{
    PIDTYPE_PID,
    PIDTYPE_TGID,
    PIDTYPE_PGID,
    PIDTYPE_SID,
    PIDTYPE_MAX
};
```

Der Pid-Allokator kann dadurch nicht nur zur Generierung und Verwaltung klassischer PIDs, sondern auch für alle anderen Prozesskennzahlen verwendet werden.

Die Einträge von `pid_hash` zeigen auf Arrays aus `list_head`-Elementen, deren Umfang je nach RAM-Speicherausbau des Systems bestimmt wird – er reicht von minimal 16 bis hin zu maximal 4096 Elementen. Abbildung 2.3 verdeutlicht den Aufbau des Pid-Hashs.

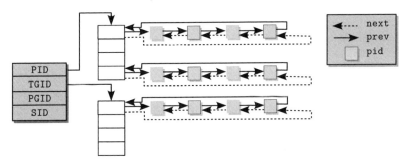

Abbildung 2.3: Hashtabelle zur Verknüpfung zwischen Pids und Taskstrukturen

Um die zu einer Pid gehörige `task_struct`-Instanz zu ermitteln, muss der Kern zunächst den passenden Slot in `pid_hash` wählen. Dies ist einfach, da jedem Pid-Typ genau ein Slot zugewiesen ist.

Anschließend wird ein Hashverfahren verwendet,[15] das die Pid auf eine Array-Position im `list_head`-Array abbildet. Da wesentlich weniger Array-Plätze zur Verfügung stehen, als Pids möglich sind, werden alle Pids, die auf die gleiche Position gehasht werden, in einer Überlaufliste verwaltet (Kapitel C geht auf allgemeine Eigenschaften von Hashes ein, wenn der Leser nicht damit vertraut ist). Als Überlaufelement definiert der Kern eine weitere Struktur mit der Bezeichnung `pid`:

---

[15] Multiplikatives Hashing mit einer Primzahl, die im Verhältnis des goldenen Schnitts zur größten in einem Maschinenwort darstellbaren Zahl steht. Details finden sich in [Knu97].

<pid.h>
```
struct pid
{
        int nr;
        atomic_t count;
        struct task_struct *task;
        struct list_head task_list;
        struct list_head hash_chain;
};
```

`nr` speichert die numerische Kennzahl der Pid und ist damit genau das, was man normalerweise unter der Pid selbst versteht. `count` ist der übliche Referenzzähler, der regelt, an wie vielen Stellen im Kern die Struktur verwendet wird.

Die anderen Elemente haben folgende Bedeutung:

- `task` ist ein Zeiger auf die `task_struct`-Instanz, zu der die Pid gehört.

- Die doppelt verkettete Liste `task_list` wird gebraucht, wenn eine PID für mehrere Prozesse verwendet wird. Zur Verknüpfung der beteiligten PID-Elemente wird eine zusätzliche Hilfsdatenstruktur benötigt, auf die wir gleich eingehen.

- `hash_chain` wird verwendet, um die Überlaufverknüpfung beim Hashen der `pid`-Instanzen im `pid_hash` zu realisieren.

Wenn eine Pid unter mehreren Prozessen des Systems geteilt werden soll, wird dennoch für jeden Prozess eine eigene `pid`-Instanz angelegt. Dies ist momentan nur bei Threads der Fall, die sich in einer Thread-Gruppe befinden und daher die gleiche TGID besitzen; jeder dieser Prozesse besitzt zur Verwaltung seiner TGID eine eigene Instanz von `pid`, deren `nr`-Element identisch ist.

Um die `pid`-Instanzen verknüpfen zu können, definiert der Kern eine Hilfsdatenstruktur mit folgendem Inhalt:

<pid.h>
```
struct pid_link
{
        struct list_head pid_chain;
        struct pid *pidptr;
        struct pid pid;
};
```

- `pid_chain` wird verwendet, um – ausgehend vom `task_list`-Element der `pid`-Instanz des Hauptprozesses – eine verkettete Liste zu erstellen, auf der `pid_link`-Elemente verknüpft werden. Für jedes Mitglied der Thread-Gruppe außer dem Gruppenführer selbst existiert eine Instanz von `pid_link` in der Liste.

- `pidptr` ist ein Zeiger auf die `pid`-Instanz des Threadgruppenführers.

- `pid` ist ein `pid`-Element, das in die `pid_link`-Instanz eingebettet ist – es handelt sich *nicht* um einen Zeiger darauf! Den Grund dafür werden wir gleich sehen.

Die `pid`-Instanz wird aus Bequemlichkeit in die `pid_link`-Struktur eingebettet: `struct pid` wird in der Taskstruktur nie direkt, sondern nur über `pid_link` verwendet:

<sched.h>
```
struct task_struct {
        ...
        struct pid_link pids[PIDTYPE_MAX];
        ...
};
```

2.3 Repräsentation von Prozessen

Funktionen Der Kern stellt einige Hilfsfunktionen bereit, die zur Manipulation oder zum Durchsuchen der eben vorgestellten Datenstrukturen verwendet werden.

Um die `pid`-Instanz zu finden, die zu einem vorgegebenen Tupel aus Pid-Nummer und -Kennzahl passt, muss `find_pid` verwendet werden. Die Funktion selektiert zunächst anhand des Pid-Typs den passenden Array-Eintrag aus `pid_hash`, berechnet die Hashkennzahl der Pid-Nummer und durchläuft die verkettete Liste aller Pids, die auf dieselbe Kennzahl gehasht werden – so lange, bis der passende Eintrag gefunden wurde (der anhand des `nr`-Elements von `pid` identifiziert werden kann).

Aufbauend auf dieser Funktion kann der Kern die zu einer PID Typ `PIDTYPE_PID` gehörende `task_struct`-Instanz finden:

kernel/pid.c
```
#define pid_task(elem, type) \
        list_entry(elem, struct task_struct, pids[type].pid_chain)

task_t *find_task_by_pid(int nr)
{
        struct pid *pid = find_pid(PIDTYPE_PID, nr);

        if (!pid)
                return NULL;
        return pid_task(pid->task_list.next, PIDTYPE_PID);
}
```

Da viele Prozess-spezifische Operationen (beispielsweise das Senden eines Signals über `kill`) ihren Zielprozess über seine Pid identifizieren, wird diese Funktion an vielen Stellen in den Kernelquellen benötigt.

`link_pid` wird verwendet, um eine bestehende `pid_link`-Instanz in die `task_list`-Liste einer `pid` einzufügen:[16]

kernel/pid.c
```
void link_pid(task_t *task, struct pid_link *link, struct pid *pid)
{
        atomic_inc(&pid->count);
        list_add_tail(&link->pid_chain, &pid->task_list);
        link->pidptr = pid;
}
```

Nachdem der Referenzzähler der Gruppenführer-PID mit `atomic_inc` erhöht wurde,[17] wird die Standardfunktion `list_add_tail` aufgerufen, die das Listenelement `link->pid_chain` an das Ende der Liste stellt, die von `pid->task_list` aufgespannt wird; das `link`-Element wird damit ans Ende der Liste plaziert.

Wenn ein Task mit einer Pid eines bestimmten Typs verbunden werden soll, muss `attach_pid` verwendet werden:

kernel/pid.c
```
int attach_pid(task_t *task, enum pid_type type, int nr)
```

Abbildung 2.4 auf der nächsten Seite zeigt das Codeflussdiagramm der Funktion.

Zunächst wird mit `find_pid` geprüft, ob die bearbeitete `pid`-Instanz bereits in der Hashtabelle des Systems enthalten und die Pid daher mit einem Task verknüpft ist. Wenn dies nicht der Fall ist, muss die Pid mit dem Task verbunden werden, wozu im Wesentlichen folgender Code notwendig ist:

---

16 Achtung: Das erste Element der Funktion, ein Zeiger auf die `task_struct` des einzugliedernden Prozesses, wird nicht verwendet!

17 `atomic_inc` erhöht den Wert einer Variablen um 1 und wirkt damit genauso wie der ++-Operator; allerdings wird der Vorgang atomar durchgeführt und kann durch keine anderen Operationen (beispielsweise auf Multiprozessorsystemen) unterbrochen werden. Dies dient der Vermeidung von Race Conditions, auf die wir in Kapitel 4 genauer eingehen werden.

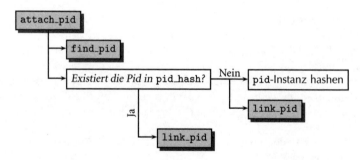

Abbildung 2.4: *Codeflussdiagramm für* attach_pid

kernel/pid.c
```
pid = &task->pids[type].pid;
pid->nr = nr;
atomic_set(&pid->count, 1);
pid->task = task;
list_add(&pid->hash_chain, &pid_hash[type][pid_hashfn(nr)]);
```

Wie das Codeflussdiagramm zeigt, muss die Taskstruktur des Prozesses (über das Element pids[type].pid_chain von task_struct) in die task_list der gefundenen pid-Instanz eingefügt werden:

kernel/pid.c
```
list_add_tail(&task->pids[type].pid_chain, &pid->task_list);
task->pids[type].pidptr = pid;
```

Erzeugen eindeutiger PIDs

Neben der Verwaltung von Pids muss sich der Kern auch darum kümmern, einen Mechanismus zur Verfügung zu stellen, der eindeutige, bislang noch nicht vergebene Pids generiert. Dabei können allerdings die Unterschiede zwischen den verschiedenen Pid-Typen ignoriert werden, da die Erzeugung eindeutiger Nummern ausschließlich für PIDs im klassischen Unix-Sinn nötig ist. Alle anderen Kennzahlen können von ihr abgeleitet werden, wie wir bei der Besprechung von fork und clone genauer sehen werden. Im Folgenden bezieht sich die Bezeichnung Pid daher wieder auf die klassische Unix-PID (PIDTYPE_PID) eines Prozesses.

Um den Überblick auf die vergebenen und freien Pids zu behalten, verwendet der Kern ein großes Bitmap, dessen Bits mit jeweils einer Pid identifiziert werden; der Wert der Pid ergibt sich aus der Position des Bits innerhalb des Bitmaps.

Die Suche nach einer noch nicht vergebenen Pid beschränkt sich dadurch im Wesentlichen auf die Suche nach dem ersten Bit mit Wert 0, das sich im Bitmap findet (dieses wird anschließend auf 1 gesetzt). Analog kann die Rückgabe einer Pid durch „Umklappen" des betroffenen Bits von 1 auf 0 realisiert werden. Die Operationen werden durch die Hilfsfunktionen

kernel/pid.c   `int alloc_pidmap(void)`

zum Reservieren und

kernel/pid.c   `void free_pidmap(int pid)`

zum Zurückgeben einer PID realisiert. Da ihre Implementierung nicht besonders interessant ist, wollen wir hier nicht näher darauf eingehen.

2.3.3 Das Tasknetzwerk

Neben den Beziehungen, die durch PID-Verknüpfungen entstehen, muss der Kern auch die „verwandtschaftlichen" Beziehungen verwalten, die aufgrund des Unix-Modells der Prozessfortpflanzung entstehen. Dabei wird folgende Terminologie verwendet:

- Wenn Prozess A forkt und dadurch einen Prozess B erzeugt, bezeichnet man A als *Eltern-* und B als *Kind*-Prozess (englisch: *parent* und *child process*).[18]

  Forkt B, um einen weiteren Prozess C zu erzeugen, bezeichnet man die Relation zwischen A und C manchmal als Enkel- und Großeltern-Relation.

- Wenn Prozess A mehrmals forkt und dadurch mehrere Kindprozesse $B_1, B_2, \ldots, B_n$ erzeugt, werden die B_i-Prozesse untereinander als Geschwister (*siblings*) bezeichnet.[19]

Abbildung 2.5 zeigt die möglichen Verwandtschaftsbeziehungen in einer grafischen Übersicht.

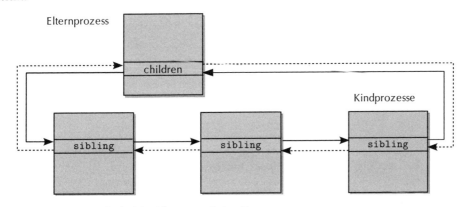

Abbildung 2.5: Verwandtschaftsbeziehungen zwischen Prozessen

In der Taskdatenstruktur `task_struct` werden zwei Listenköpfe bereitgestellt, die zur Realisierung des Netzwerks dienen:

- `children` ist der Listenkopf für die Liste, auf der alle Kind-Elemente des Prozesses aufgereiht werden.

- `siblings` wird verwendet, um die Geschwister untereinander zu verbinden.

Neue Kinder werden an den *Anfang* der `siblings`-Liste gestellt, weshalb die zeitliche Reihenfolge des `fork`ens rekonstruiert werden kann. Mit zwei Hilfsfunktionen kann das ältere bzw. jüngere Geschwister eines Prozesses ermittelt werden:

```
static inline struct task_struct *older_sibling(struct task_struct *p)
static inline struct task_struct *younger_sibling(struct task_struct *p)
```
kernel/sched.c

---

[18] Man beachte, dass ein Prozess nur einen Elternteil hat, was nicht mit der biologischen Verwendung der Begriffe übereinstimmt.

[19] englisch: *sibling* kann eigentlich Bruder *oder* Schwester bedeuten; wir verwenden hier allerdings die neutrale Bezeichnung Geschwister.

Beide brauchen nur die Standardfunktionen des Kerns zur Listenverarbeitung zu verwenden, um das vorhergehende bzw. nächste Element in der `sibling`-Liste des bearbeiteten Tasks zu finden, weshalb wir auf ihre Implementierung nicht eingehen werden.

Zur Ermittlung des ältesten Kinds eines Prozesses wird ebenfalls eine Hilfsfunktion zur Verfügung gestellt:

kernel/sched.c
```
static inline struct task_struct *eldest_child(struct task_struct *p)
```

Alle drei gezeigten Funktionen geben einen Nullzeiger zurück, wenn kein passender Prozess in der Verwandtschaft existiert (wenn ein Prozess beispielsweise keine fork-Operation ausgeführt hat, kann er auch keine Kindprozesse besitzen).

2.4 Systemaufrufe zur Prozessverwaltung

In diesem Abschnitt wollen wir die Implementierung der Systemaufruf(familien) fork und exec besprechen. Normalerweise werden sie von Applikationen nicht direkt verwendet, sondern über eine Zwischenschicht – die C-Standardbibliothek – aufgerufen, welche die Kommunikation mit dem Kern übernimmt.

Die Methoden zum Wechsel vom Benutzer- in den Kernmodus unterscheiden sich von Architektur zu Architektur; in Anhang A („Architekturspezifisches") werden wir genauer auf die Mechanismen eingehen, die zum Umschalten zwischen den beiden Modi verwendet werden und wie Parameter zwischen User- und Kernelspace ausgetauscht werden. Vorerst ist es ausreichend, den Kern als „Programmbibliothek" zu betrachten, die von der C-Standardbibliothek verwendet wird, wie bereits in Kapitel 1 kurz angesprochen wurde.

2.4.1 Prozessverdoppelung

Der klassische Unix-Systemaufruf zur Verdoppelung eines Prozesses ist fork. Allerdings ist dies nicht der einzige Aufruf, der von Linux zu diesem Zweck implementiert wird – genau gesagt gibt es drei verschiedene:

- fork ist der schwergewichtigste Aufruf, da er eine komplette Kopie des Elternprozesses anlegt, die anschließend als Kindprozess weiterläuft. Um die Kosten dieses Aufrufs etwas zu senken, verwendet Linux das *COW*-Verfahren, auf das wir gleich eingehen.

- vfork arbeitet ähnlich wie fork, legt aber keine Kopie der Daten des Elternprozesses an, sondern teilt die Daten unter beiden Prozessen auf, was viel Rechenzeit spart (wenn einer der Prozesse die Daten manipuliert, würde dies der andere Prozess automatisch bemerken).

    vfork ist für den Fall angelegt, dass der erzeugte Kindprozess unmittelbar anschließend den execve-Systemaufruf ausführt, um ein neues Programm zu laden.

    Außerdem garantiert der Kern, dass der Elternprozess nicht mehr ausgeführt wird, bis der Kindprozess entweder beendet wurde oder ein neues Programm gestartet hat.

    Die Kombination vfork mit anschließendem exec ist eine bevorzugte (da schnelle) Möglichkeit zum Starten neuer Programme.

- clone wird zur Erzeugung von Threads verwendet. Dabei kann genau eingestellt werden, welche Elemente zwischen Eltern- und Kindprozess geteilt und welche kopiert werden sollen.

Copy on Write

Um das Kopieren *aller* Daten des Elternprozesses bei der Ausführung von `fork` zu vermeiden, verwendet der Kern die *Copy-on-write*-Technik (COW), die ihm zu einer starken Beschleunigung verhilft. Sie beruht auf der Erkenntnis, dass Prozesse normalerweise nur einen geringen Teil ihrer Speicherseiten ausnutzen, während der Rest nur selten oder gar nicht verwendet wird.[20] Normalerweise müsste der Kern bei Aufruf von `fork` für den Kindprozess eine identische Kopie jeder Speicherseite des Elternprozesses anlegen, was aus zwei Gründen sehr schlecht ist:

- Es wird sehr viel RAM-Speicher verbraucht, bekanntlich eine knappe Ressource.
- Der Zeitaufwand zum Kopieren ist sehr hoch.

Diese Nachteile wirken sich noch schlechter aus, wenn die Applikation unmittelbar nach der Verdopplung ein neues Programm mit `exec` lädt, da dies den vorangegangenen Kopieraufwand völlig überflüssig macht – der Adressraum des Prozesses wird neu initialisiert und die kopierten Daten werden nicht mehr benötigt.

Der Kern kann dieses Problem umgehen, indem er einen Trick verwendet: Es wird nicht der komplette Adressraum des Prozesses kopiert, sondern lediglich dessen Seitentabellen (die die Verbindung zwischen virtuellem Adressraum und physikalischen Speicherseiten herstellen, wie in Kapitel 1 kurz erläutert wurde und in Kapitel 3 genauer untersucht werden wird). Die Adressräume von Eltern- und Kindprozess zeigen danach auf die gleichen physikalischen Speicherseiten.

Eltern- und Kindprozess sollen sich natürlich nicht gegenseitig ihren Speicher modifizieren dürfen,[21] weswegen in den Seitentabellen *beider* Prozesse vermerkt wird, dass auf die Seiten nur lesend zugegriffen werden soll – auch wenn es sich um Seiten handelt, die eigentlich beschreibbar sind.

Solange beide Prozesse nur lesend auf ihre Speicherseiten zugreifen, können die Daten problemlos zwischen beiden geteilt werden – schließlich wird nichts daran verändert.

Sobald einer der Prozesse versucht, auf die kopierten Seiten zu schreiben, stellt der Prozessor einen Zugriffsfehler fest, der an den Kern gemeldet wird (Fehler dieser Art werden als *Page Fault* bezeichnet). Daraufhin prüft der Kern anhand zusätzlicher Datenstrukturen der Speicherverwaltung (siehe Kapitel 3 („Speicherverwaltung")), ob auf die betroffene Seite wirklich nur lesend zugegriffen werden darf – in diesem Fall muss ein Segmentierungsfehler (*Segmentation Fault*) an den Prozess verschickt werden –, oder ob sich die Seite eigentlich im Lese- und Schreibmodus befindet.[22]

Anhand der Bedingung, dass die Seite sollte eigentlich beschreibbar sein sollte, der Seitentabellen-Eintrag aber auf „nur lesen") steht, erkennt der Kern, dass es sich um eine COW"0Seite handelt. Er legt deshalb eine Kopie der Seite an, die der Prozess nun exklusiv erhält – und deshalb auch für Schreibzugriffe verwenden darf. Allerdings werden wir erst in Kapitel 3 („Speicherverwaltung") genauer darauf eingehen, wie die Kopieroperation implementiert ist, da dazu umfangreiches Wissen über den Aufbau der Speicherverwaltung erforderlich ist.

Durch den COW-Mechanismus erreicht der Kern, dass das Kopieren der Speicherseiten so lange wie möglich hinausgezögert wird und – noch wichtiger – in vielen Fällen ganz verhindert werden kann, was einiges an Zeit spart.

---

20 Seiten, auf die der Prozess am häufigsten zugreift, bezeichnet man auch als *working set*.
21 Außer bei Speicherseiten, die explizit zwischen beiden Prozessen geteilt werden sollen.
22 Wie wir in Kapitel 3 zeigen werden, ist die tatsächliche Implementierung des Page Fault-Handlers etwas komplizierter, da noch einige andere Fälle berücksichtigt werden müssen, beispielsweise ausgelagerte Speicherseiten.

Durchführen der Systemaufrufe

Einsprungpunkt für die Systemaufrufe fork, vfork und clone sind die Funktionen sys_fork, sys_vfork und sys_clone. Sie sind Architektur-abhängig definiert, da sich die Parameterübergaben zwischen User- und Kernelspace auf den verschiedenen Architekturen unterscheiden (genaueres in Kapitel 10 („Systemaufrufe")). Aufgabe der genannten Funktionen ist es, die vom Userspace gelieferten Informationen aus den Registern des Prozessors zu extrahieren und anschließend die architektur*un*abhängige Funktion do_fork aufzurufen, die sich um die Durchführung der Prozessverdoppelung kümmert. Sie hat folgenden Prototyp:

kernel/fork.c
```
static struct task_struct *copy_process(unsigned long clone_flags,
        unsigned long stack_start, struct pt_regs *regs,
        unsigned long stack_size, int *parent_tidptr, int *child_tidptr)
```

Die Funktion benötigt folgende Argumente:

- Einen Flag-Satz (clone_flags), mit dessen Hilfe die Eigenschaften der Verdoppelung geregelt werden. Das niedrigwertige Byte dient dazu, die Nummer des Signals zu speichern, das an den Elternprozess verschickt wird, wenn der Kindprozess beendet wurde. Im höherwertigen Abschnitt lassen sich verschiedene Konstanten unterbringen, auf die wir weiter unten genauer eingehen.

- Die Startadresse des Usermode-Stacks (start_stack), der verwendet werden soll.

- Einen Zeiger auf den Registersatz, in dem die Aufrufparameter in Rohform enthalten sind (regs). Als Datentyp wird die Architektur-abhängig definierte Struktur struct pt_regs verwendet, in der alle Register in der Reihenfolge enthalten sind, wie sie bei der Durchführung eines Systemaufrufs auf dem Kernel-Stack gespeichert werden (nähere Informationen finden Sie in Kapitel A („Architekturspezifisches")).

- Die Größe des Usermode-Stacks (stack_size). Dieser Parameter wird momentan allerdings nur auf IA-64-Prozessoren verarbeitet.

- Zwei Zeiger auf Bereiche im Userspace (parent_tidptr und child_tidptr), die die TIDs des Eltern- bzw. Kindprozesses aufnehmen können. Sie werden für die Thread-Implementierung der NPTL-Bibliothek[23] gebraucht. Wir werden weiter unten auf ihre genaue Bedeutung eingehen.

Die Unterscheidung zwischen den verschiedenen fork-Varianten erfolgt vor allem über den Flag-Satz. Der klassische fork-Aufruf wird auf den meisten Architekturen[24] ähnlich wie auf IA-32-Prozessoren implementiert:

arch/i386/kernel/process.c
```
asmlinkage int sys_fork(struct pt_regs regs)
{
        struct task_struct *p;

        p = do_fork(SIGCHLD, regs.esp, &regs, 0, NULL, NULL);
        return IS_ERR(p) ? PTR_ERR(p) : p->pid;
}
```

---

23 *Native Posix Thread Library*
24 Eine Ausnahme bilden beispielsweise Sparc(64)-Rechner, die über sparc_do_fork an do_fork gelangen.

2.4 Systemaufrufe zur Prozessverwaltung

Als einziges Flag wird SIGCHLD verwendet: Dadurch wird die Nachricht vom Ende des Kindprozesses über das SIGCHLD-Signal an den Elternprozess geschickt. Zunächst wird für Eltern- und Kindprozess derselbe Stack verwendet (dessen Startadresse sich auf IA-32-Systemen im esp-Register befindet); durch den COW-Mechanismus wird allerdings eine Kopie für jeden Prozess angelegt, wenn er manipuliert und dadurch beschrieben wird.

Das Makro IS_ERR, das sich im gezeigten Codeausschnitt findet, unterscheidet zwischen regulären Zeigern und Fehlercodes.[25]

Wenn do_fork erfolgreich war, wird ein gültiger Zeiger auf die Taskstruktur des neu erzeugten Prozesses zurückgegeben, aus der die PID extrahiert wird. Diese wird als Resultatwert des Systemaufrufs an den Userspace weitergereicht. Anderenfalls wird der (negative) Fehlercode zurückgegeben.

Die Implementierung von sys_vfork unterscheidet sich nur unwesentlich von sys_fork; es werden lediglich andere Flags verwendet (zusätzlich wird CLONE_VFORK und CLONE_VM eingesetzt, auf deren Bedeutung wir gleich genauer eingehen werden).

Auch sys_clone ist ebenfalls ähnlich zu den bisher genannten Aufrufen implementiert. Allerdings wird do_fork darin wie folgt aufgerufen:

```
p = do_fork(clone_flags & ~CLONE_IDLETASK, newsp, &regs, 0,
            parent_tidptr, child_tidptr);
```
arch/i386/kernel/process.c

Die Clone-Flags sind nicht mehr fest eingestellt, sondern können als Parameter an den Systemaufruf übergeben werden. Außerdem wird nicht der Stack des Elternprozesses kopiert, sondern es kann eine neue Adresse (newsp) dafür angegeben werden (dies wird zur Erzeugung von Threads benötigt, die zwar den Adressraum mit dem Elternprozess teilen, aber einen eigenen Stack in diesem Adressraum verwenden). Zusätzlich werden zwei Zeiger in den Userspace (parent_tidptr und child_tidptr) angegeben, auf deren Bedeutung wir in Abschnitt 2.4.1 eingehen (sie dienen zur Kommunikation mit Thread-Bibliotheken im Userspace).

Implementierung von do_fork

Alle drei fork-Mechanismen landen in do_fork aus kernel/fork.c (eine architekturunabhängige Funktion!), deren Codeflussdiagramm in Abbildung 2.6 zu finden ist.

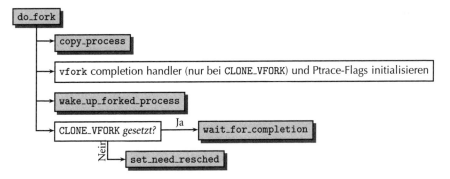

Abbildung 2.6: Codeflussdiagramm für do_fork

---

25 Wenn der Zeiger auf die obersten 1000 Bytes des virtuellen Adressraums verweist, verwendet der Kern den Wert des Zeigers als Fehlercode (da Adressen in diesem Bereich normalerweise nicht verwendet werden, ist dies eine legitime Vorgehensweise). Anderenfalls wird der Wert als Zeiger interpretiert.

do_fork beginnt mit einem Aufruf von copy_process, der die eigentliche Arbeit – das Erzeugen eines neuen Prozesses unter Wiederverwendung der Daten des Elternprozesses, die durch die Flags vorgegeben sind – übernimmt (wir werden gleich darauf zurückkommen). Nachdem der Kindprozess erzeugt ist, muss der Kern im Elternprozess noch folgende Abschlussarbeiten erledigen:

- Wenn der neue Prozess mit Ptrace verfolgt wird (siehe Kapitel 10 („Systemaufrufe")), wird ihm unmittelbar nach der Erzeugung das Signal SIGSTOP geschickt, um einem angehängten Debugger die Möglichkeit zu geben, seine Daten zu untersuchen.

- Der Kindprozess wird mit wake_up_forked_process aufgeweckt, d.h. sein Zustand wird auf TASK_RUNNING gesetzt und die Taskstruktur in die Daten des Schedulers eingefügt. Dies bedeutet allerdings nicht, dass der Kindprozess unmittelbar zu laufen beginnt, sondern lediglich, dass er vom Scheduler ausgewählt werden kann.

- Wenn der vfork-Mechanismus verwendet wurde, was der Kern am gesetzten CLONE_VFORK-Flag erkennen kann, muss der *Completion-Mechanismus* des Kindprozesses aktiviert werden. Dazu wird das vfork_done-Element seiner Taskstruktur verwendet: Mit Hilfe der Funktion wait_for_completion legt sich der Elternprozess auf dieser Variablen schlafen, bis der Kindprozess beendet wird. Bei der Beendigung eines Prozesses (oder äquivalent dazu: dem Starten einer neuen Applikation mit execve) ruft der Kern automatisch complete(vfork_done) auf. Dies bewirkt, dass alle darauf schlafenden Prozesse wieder aufgeweckt werden. In Kapitel 11 („Kernel-Aktivitäten und Zeitfluss") beschäftigen wir uns genauer mit der Implementierung des Completion-Mechanismus.

  Durch diese Vorgehensweise erreicht der Kern, dass der Elternprozess eines mit vfork geforkten Kinds so lange inaktiv ist, bis der Kindprozess entweder beendet ist oder einen neuen Prozess ausführt. Die zwischenzeitliche Inaktivität des Elternprozesses bewirkt, dass beide Prozesse sich nicht in die Quere kommen und gegenseitig ihre Adressräume manipulieren.

- Wenn nicht vfork verwendet wurde, ruft der Kern set_need_resched auf, um den Scheduler darauf hinzuweisen, dass die CPU dem Elternprozess bei nächster Gelegenheit entzogen werden soll. Dies bewirkt, dass der Kindprozess normalerweise vor dem Elternprozes zu arbeiten beginnt, was viel Kopieraufwand vermeiden kann – vor allem, wenn der Kindprozess nach fork ohnehin nur exec ausführt.

Kopieren des Prozesses

Die Hauptarbeit bei do_fork obliegt der Funktion copy_process, deren Codeflussdiagramm in Abbildung 2.7 auf der gegenüberliegenden Seite zu sehen ist.

Da der Kern viele Sonder- und Spezialfälle beachten muss, soll hier nur eine vereinfachte Version der Funktion besprochen werden, um aufgrund der zahlreichen Details nicht die wesentlichen Schritte aus den Augen zu verlieren.

Zunächst wird dup_task_struct verwendet, um eine identische Kopie der Taskstruktur des Elternprozesses zu erzeugen.[26] Gleichzeitig wird dabei aber auch der Kernelmode-Stack für den neuen Prozess alloziert, der in einer Union mit thread_info gespeichert wird:

---

[26] dup_task_struct ist eigentlich eine Architektur-unabhängige Funktion; allerdings verwendet der IA-64-Port eine eigene Variante davon. Grund dafür ist, dass der Port task_struct *und* task_info im Kernel-Stack unterbringen möchte.

2.4 Systemaufrufe zur Prozessverwaltung

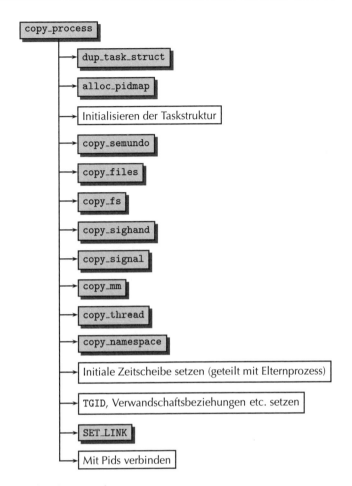

Abbildung 2.7: *Codeflussdiagramm für* `copy_process`

```
union thread_union {                                                    <sched.h>
      struct thread_info thread_info;
      unsigned long stack[INIT_THREAD_SIZE/sizeof(long)];
};
```

Auf den meisten Architekturen werden zwei Speicherseiten verwendet, um die beiden Elemente unterzubringen. Auf IA-32-Prozessoren ist die verfügbare Stackgröße des Kerns daher etwas kleiner als 8KiB, da ein gewisser Teil davon durch die `thread_info`-Instanz verbraucht wird.

Die Taskstruktur des Prozesses wird an irgendeiner Stelle im Kern-Speicher alloziert, die gerade frei ist (siehe Kapitel 3, in dem der dazu verwendete Slab-Allokator beschrieben wird). Ihr Inhalt wurde bereits gezeigt; zusätzlich finden sich in `thread_info` verschiedene Daten des Prozesses, auf die der Architektur-spezifische Assemblercode zugreifen muss. Obwohl die Struktur von Prozessor zu Prozessor unterschiedlich definiert wird, besitzt sie auf den meisten Systemen ungefähr folgenden Inhalt:

```
struct thread_info {                                                  <asm-arch/
      struct task_struct     *task;         /* main task structure */ thread_info.h>
      struct exec_domain     *exec_domain;  /* execution domain */
```

```
            unsigned long         flags;          /* low level flags */
            __u32                 cpu;            /* current CPU */
            __s32                 preempt_count;  /* 0 => preemptable, <0 => BUG */

            mm_segment_t          addr_limit;     /* thread address space */
            struct restart_block  restart_block;
    }
```

- `task` ist ein Zeiger auf die `task_struct`-Instanz des Prozesses.

- `exec_domain` wird zur Realisierung von *Execution Domains* verwendet, mit denen unterschiedliche ABIs[27] auf einem Maschinentyp implementiert werden können (beispielsweise 32-Bit-Applikationen auf einem AMD64-System im 64-Bit-Modus).

- `flags` kann verschiedene Prozess-spezifische Flags aufnehmen, wobei uns hier nur zwei interessieren:

    - `TIF_SIGPENDING` ist gesetzt, wenn noch nicht verarbeitete Signale auf den Prozess warten.

    - `TIF_NEED_RESCHED` zeigt an, dass der Prozess vom Scheduler gegen einen anderen ausgetauscht werden möchte/soll.

    Weitere mögliche Konstanten – teilweise hardwarespezifisch –, die allerdings selten verwendet werden, finden sich in `<asm-arch/thread_info.h>`.

- `cpu` gibt die Kennzahl der CPU an, auf der ein Prozess gerade ausgeführt wird (wichtig für Mehrprozessorsysteme – auf Einprozessorsystemen kann die CPU leicht ermittelt werden...).

- `preempt_count` ist ein Zähler, der zur Implementierung der Kernelpräemption benötigt wird, die wir in Abschnitt 2.6.3 besprechen.

- `addr_limit` gibt an, bis zu welcher Adresse ein Prozess den virtuellen Adressraum verwenden darf. Wie bereits festgestellt wurde, gibt es für normale Prozesse ein Limit, über das sie nicht hinausgehen dürfen, während Kernelthreads Zugriff auf den kompletten virtuellen Adressraum besitzen (dies bezieht sich *nicht* auf eine Beschränkung irgendeiner Art, wie viel RAM ein Prozess allozieren darf).

- `restart_block` wird zur Implementierung des Signalmechanismus benötigt (siehe Kapitel 4 („Interprozesskommunikation und Locking")).

`dup_task_struct` kopiert den Inhalt der `task_struct` und `thread_info`-Instanzen des Elternprozesses (der `thread_info`-Zeiger wird allerdings auf die neue `thread_info`-Instanz gesetzt). Dies bedeutet, dass die Taskstrukturen von Eltern- und Kindprozess absolut identisch sind, solange dies nicht von einem der folgenden Schritte explizit geändert wird!

Abbildung 2.8 auf der gegenüberliegenden Seite zeigt, wie `task_struct`, `thread_info` und der Kernelstack zusammenhängen.

In der Abbildung finden sich auch die beiden Symbole `current` und `current_thread_info`. Beide müssen auf jeder Architektur als Makro oder Funktion definiert werden. Sie haben folgende Bedeutung:

---

[27] ABI = *Application Binary Interface*.

2.4 Systemaufrufe zur Prozessverwaltung

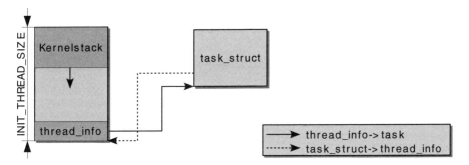

Abbildung 2.8: Zusammenhang zwischen `task_struct`*,* `thread_info` *und dem Kernelstack eines Prozesses*

- `current_thread_info` zeigt auf die `thread_info`-Instanz des gerade ausgeführten Prozesses. Die Adresse kann aus dem Stack-Pointer des Kerns ermittelt werden, da sich die Instanz immer am Anfang dieses Stacks befindet.[28] Da für jeden Prozess ein eigener KernelStack verwendet wird, ist die Zuordnung eindeutig.

- `current` gibt die Adresse der `task_struct`-Instanz des aktuellen Prozesses an; die Funktion wird in den Quellen sehr oft verwendet. Die gesuchte Adresse kann über `get_thread_info` ermittelt werden: `current = get_thread_info()->task`.

Zurück zu `copy_process`: Nachdem mit `alloc_pidmap`, die aus Abschnitt 2.3.2 bekannt ist, eine neue PID für den Prozess erzeugt wurde, muss der Kern verschiedene Elemente der Taskstruktur mit ihren Initialwerten belegen: Dazu zählen unter anderem

- die verschiedenen Listenelemente (`children`, `sibling`, `run_list`) – sie verweisen auf leere Listen.

- die Intervalltimer-Elemente (siehe Kapitel 11 („Kernel-Aktivitäten und Zeitfluss")). (`it_(real,virt,prof)_(value,incr)`).

- die Liste der wartenden Signale (`pending`), die in Kapitel 4 behandelt wird.

- die Startzeit des Prozesses, die mit `p->start_time = get_jiffies_64()` auf den aktuellen Jiffies-Wert gebracht wird.

Anschließend werden viele `copy`-Routinen aufgerufen, die sich damit beschäftigen, Ressourcen bestimmter Subsysteme des Kerns zu kopieren. Die gesetzten `CLONE`-Flags entscheiden dabei, welche Ressourcen kopiert und welche mit dem Elternprozess geteilt werden.

Wie wollen hier nicht im Detail auf die (wenig interessanten) Implementierungen der verschiedenen `copy`-Funktionen eingehen, sondern fassen nur ihre Wirkung zusammen:

- `copy_semundo` verwendet die System V-Semaphoren des Elternprozesses (EP) wieder, wenn `COPY_SYSVSEM` gesetzt ist. (siehe Kapitel 4 („Interprozesskommunikation und Locking")).

- `copy_files` verwendet die Dateideskriptoren des EP, wenn `CLONE_FILES` gesetzt ist. Anderenfalls wird eine neue `files`-Struktur erzeugt (siehe Kapitel 7), in der die gleichen Informationen wie im EP enthalten sind, die aber unabhängig davon modifiziert werden können.

---

28 Der Zeiger auf den Kernelstack wird in einem eigens dafür reservierten Register festgehalten, auf IA-32-Maschinen beispielsweise `ebx`.

- `copy_fs` verwendet den Dateisystemkontext (`task_struct->fs`) des EP, wenn `CLONE_FS` gesetzt ist. Es handelt sich dabei um eine Struktur des Typs `fs_struct`, in der unter anderem das Root- und aktuelle Arbeitsverzeichnis des Prozesses festgehalten werden (Kapitel 7 („Das virtuelle Dateisystem") wird genauer darauf eingehen).

- `copy_sighand` verwendet die Signalhandler des Elternprozesses (`task_struct->sighand`), wenn `CLONE_SIGHAND` oder `CLONE_THREAD` gesetzt ist. Kapitel 4 („Interprozesskommunikation und Locking") wird genauer auf die dabei verwendete Struktur `struct sighand_struct` eingehen.

- `copy_signal` verwendet den nicht Handler-spezifischen Teil der Signalverarbeitung (`task_struct->signal`, siehe Kapitel 4) zusammen mit dem Elternprozess, wenn `CLONE_THREAD` gesetzt ist.

- `copy_mm` bewirkt, dass Elternprozess und Kindprozess den gleichen Adressraum teilen, wenn `COPY_MM` gesetzt ist. In diesem Fall verwenden beide Prozesse die gleiche Instanz von `mm_struct` (siehe Kapitel 3 („Speicherverwaltung")), auf die `task_struct->mm` zeigt.

  Wenn `copy_mm` *nicht* gesetzt ist, bedeutet dies allerdings nicht, dass der komplette Adressraum des Elternprozesses kopiert wird. Der Kern legt zwar eine Kopie der Seitentabellen an, kopiert aber nicht den Inhalt der Speicherseiten selbst. Dies passiert (durch den weiter oben beschriebenen COW-Mechanismus) erst dann, wenn einer der beiden Prozesse schreibend auf eine betroffene Seite zugreift.

- `copy_namespace` hat eine besondere Aufrufsemantik: Es verwendet den Namensraum (`task_struct->namespace`, siehe Kapitel 2 („Prozessverwaltung")) des Elternprozesses dann, wenn `CLONE_NEWNS` *nicht* angegeben ist! Anderenfalls wird ein neuer Namensraum erzeugt.[29]

- `copy_thread` ist – im Gegensatz zu allen anderen hier genannten `copy`-Operationen – eine Architektur-spezifische Funktion, die die Thread-spezifischen Daten eines Prozesses kopiert. Achtung: „Thread-spezifisch" bezieht sich hier nicht auf irgendeines der `CLONE`-Flags oder auf die Tatsache, dass die Operation nur für Threads, nicht aber für vollständige Prozesse stattfindet, sondern gibt lediglich an, dass alle Daten erzeugt werden, die den Architektur-spezifischen Ausführungskontext ausmachen (der Begriff „Thread" wird im Kernel mehrdeutig verwendet).

  Im Wesentlichen geht es darum, die Elemente von `task_struct->thread` auszufüllen, wobei es sich um eine Struktur des Typs `thread_struct` handelt. Die Struktur ist Architektur-abhängig definiert und enthält alle Register (und einige andere Informationen), die der Kern bei der Low-level-Umschaltung zwischen zwei Tasks benötigt, um Prozesskontexte speichern und wiederherstellen zu können.

  Da genaue Kenntnisse über teilweise subtile Details der verschiedenen CPUs erforderlich sind, um den Aufbau der einzelnen `thread_struct`-Strukturen zu verstehen, wollen wir hier nicht näher darauf eingehen. In Kapitel A finden sich allerdings einige Anmerkungen zum Inhalt der Struktur auf verschiedenen Systemen.

„Wiederverwendung" einer Ressource des Elternprozesses bedeutet in allen Fällen, dass die entsprechenden Zeiger in der Taskstruktur von Kind- und Elternprozess auf die gleiche Instanz

---

[29] Dabei ist zu beachten, dass `CLONE_NEWNS` nie zusammen mit `CLONE_FS` angegeben werden darf, da dies eine sinnlose Kombination ist.

2.4 Systemaufrufe zur Prozessverwaltung

der Ressourcen-spezifischen Datenstruktur im Speicher weisen. Dabei muss der Referenzzähler der jeweiligen Instanz inkrementiert werden, um zu verhindern, dass der damit verbundene Speicherplatz zu früh freigegeben wird – er darf erst dann an die Speicherverwaltung zurückgegeben werden, wenn kein Prozess mehr die Struktur verwendet.

Generell ist also weniger Arbeit nötig, je weniger CLONE-Flags gesetzt werden. Allerdings werden dadurch auch mehr Möglichkeiten für Eltern- und Kindprozess eröffnet, sich durch gegenseitige Manipulation ihrer Datenstrukturen in die Quere kommen, was bei der Programmierung von Applikationen berücksichtigt werden muss.

Die verbleibende Rechenzeit des Elternprozesses wird gleichmäßig zwischen Eltern- und Kindprozess aufgeteilt:[30]

```
p->time_slice = (current->time_slice + 1) >> 1;                 kernel/fork.c
current->time_slice >>= 1;
p->last_run = jiffies;
```

`task_struct->time_slice` speichert die Anzahl der Zeitquanten, die ein Prozess noch laufen darf, bevor er vom Scheduler durch einen anderen ersetzt wird. Das Rechtsshiften einer Integer-Zahl um eine Bitposition entspricht einer Division durch 2. Leser, die mit der entsprechenden Notation nicht vertraut sind, finden in Anhang C („Anmerkungen zu C") einige Bemerkungen zu verschiedenen „Missbrauchsmöglichkeiten" von C, die der Kern häufig verwendet.

Anschließend werden die verschiedenen PID-Werte des Prozesses gesetzt und das Tasknetzwerk aufgebaut:

```
p->tgid = p->pid;                                               kernel/fork.c
p->group_leader = p;
INIT_LIST_HEAD(&p->ptrace_children);
INIT_LIST_HEAD(&p->ptrace_list);

/* CLONE_PARENT re-uses the old parent */
if (clone_flags & CLONE_PARENT)
        p->real_parent = current->real_parent;
else
        p->real_parent = current;
p->parent = p->real_parent;
```

Wenn das Flag CLONE_PARENT gesetzt ist, wird der neu erzeugte Prozess zu einem Sibling des normalerweise als Elternprozess fungierenden Prozesses.

Anschließend muss der neu erzeugte Task über die `children`-Liste mit seinem Elternprozess verbunden werden. Als Anschluss werden noch die in Abschnitt 2.3.2 beschriebenen Funktionen verwendet, um die Verknüpfungen der PID-Strukturen untereinander herzustellen:

```
attach_pid(p, PIDTYPE_PID, p->pid);                             kernel/fork.c
if (thread_group_leader(p)) {
        attach_pid(p, PIDTYPE_TGID, p->tgid);
        attach_pid(p, PIDTYPE_PGID, p->pgrp);
        attach_pid(p, PIDTYPE_SID, p->session);
} else
        link_pid(p, p->pids + PIDTYPE_TGID,
```

`thread_group_leader` prüft dabei nur, ob `pid` und `tgid` des neuen Prozesses identisch sind, da es sich dann um den Führer einer Thread-Gruppe handelt.

---

[30] Ein Sonderfall tritt ein, wenn der Elternprozess nur noch ein einziges Zeitquantum zur Verfügung hat. Da dies sehr selten ist, werden wir nicht darauf eingehen.

Besonderheiten bei der Erzeugung von Threads

Userspace-Thread-Bibliotheken verwenden den `clone`-Systemaufruf, wenn ein neuer Thread erzeugt werden soll, wobei bisher nicht besprochene Flags gesetzt werden können. Dies bewirkt einige Besonderheiten in `copy_process` (und den dabei aufgerufenen Funktionen), die im vorherigen Abschnitt der Einfachheit halber ausgelassen wurden. Dabei muss beachtet werden, dass die Unterschiede zwischen einem klassischen Prozess und einem Thread im Linux-Kernel relativ fließend sind, weshalb beide Begriffe oft synonym verwendet werden können (zusätzlich ist darauf zu achten, dass Thread außerdem oft die Architektur-abhängigen Teile eines Prozesses bezeichnet, wie bereits angesprochen wurde!). In diesem Abschnitt werden wir uns auf die Flags konzentrieren, die von Userspace-Thread-Bibliotheken (allen voran die NPTL) verwendet werden, um ihre Multithreading-Fähigkeiten zu implementieren:

- **CLONE_PARENT_SET** kopiert die PID des erzeugten Threads an eine beim Aufruf von `clone` angegebene Stelle im Userspace (`parent_tidptr`, der Zeiger wird an `clone` übergeben):[31]

kernel/fork.c
```
if (clone_flags & CLONE_PARENT_SETTID)
        put_user(p->pid, parent_tidptr);
```

Die Kopieroperation wird in `do_fork` ausgeführt, bevor die Taskstruktur des neuen Threads initialisiert und seine Daten mit den besprochenen `copy`-Operationen aufgesetzt werden.

- **CLONE_CHILD_SETTID** bewirkt zunächst, dass ein weiterer an `clone` übergebener Userspace-Zeiger (`child_tidptr`) während `clone` in der Taskstruktur des neu erzeugten Prozesses gespeichert wird:

kernel/fork.c
```
if (clone_flags & CLONE_CHILD_SETTID)
        p->set_child_tid = child_tidptr;
```

In der Funktion `schedule_tail`, die aufgerufen wird, wenn der neue Prozess das erste Mal zur Ausführung gelangt, wird die aktuelle PID an diese Speicherstelle kopiert:

kernel/schedule.c
```
asmlinkage void schedule_tail(task_t *prev)
{
        if (current->set_child_tid)
                put_user(current->pid, current->set_child_tid);
}
```

- **CLONE_CHILD_CLEARTID** hat in `copy_process` zunächst die Wirkung, dass der bereits angesprochene Userspace-Zeiger `child_tidptr` in der Taskstruktur gespeichert wird – diesmal aber in einem anderen Element:

kernel/fork.c
```
if (clone_flags & CLONE_CHILD_CLEARTID)
        p->clear_child_tid = child_tidptr;
```

Wenn der Prozess beendet wird,[32] wird die in `clear_child_tid` definierte Speicherstelle mit einer 0 belegt.[33]

2.4 Systemaufrufe zur Prozessverwaltung

```
        if (tsk->clear_child_tid && atomic_read(&mm->mm_users) > 1) {        kernel/fork.c
                u32 * tidptr = tsk->clear_child_tid;
                tsk->clear_child_tid = NULL;

                put_user(0, tidptr);
                sys_futex(tidptr, FUTEX_WAKE, 1, NULL);
        }
```

Außerdem wird mit `sys_futex` eine schnelle Userspace-Mutex verwendet, die Prozesse aufweckt, die auf dieses Ereignis (Ende des Threads) gewartet haben.

Mit Hilfe der genannten Flags kann vom Userspace aus kontrolliert werden, wie die Thread-Erzeugung und -Vernichtung im Kern abläuft. Mit CLONE_CHILD_SETTID und CLONE_PARENT_SETTID wird kontrolliert, wann ein Thread erzeugt wird, über CLONE_CHILD_CLEARTID wird die Information über das Ableben eines Threads vom Kern an den Userspace weitergereicht. Auf Mehrprozessorsystemen können diese Kontrollen sogar echt parallel durchgeführt werden.

Wenn CLONE_THREAD, das bereits aus dem vorhergehenden Abschnitt bekannt ist, gesetzt ist, werden TID und Gruppenführerschaft etwas anders gesetzt als im klassischen Fall. Beide werden in do_clone vom aktuellen Prozess (dem Elternprozess) übernommen:

```
        if (clone_flags & CLONE_THREAD) {                                    kernel/fork.c
                p->tgid = current->tgid;
                p->group_leader = current->group_leader;
        }
```

2.4.2 Kernel-Threads

Kernel-Threads sind Prozesse, die direkt vom Kern selbst gestartet werden. Sie lagern eine Funktion des Kerns in einen eigenen Prozess aus und führen diese dort „parallel" neben den restlichen Prozessen des Systems (und auch neben dem Kern selbst) aus.[34] Kernel-Threads werden häufig als *(kernel)daemon* bezeichnet. Man verwendet sie, um beispielsweise

- Veränderte Speicherseiten periodisch mit dem Blockgerät zu synchronisieren, von dem sie stammen (beispielsweise bei `mmap`-eingeblendeten Dateien).

- Speicherseiten in den Auslagerungsbereich zu schreiben, wenn sie nur selten benutzt werden.

- Aufgeschobenen Aufgaben zu verwalten.

- Transaktionsjournale für Dateisysteme zu realisieren.

---

31 `put_user` wird zum Kopieren von Daten zwischen Kernel- und Benutzerbereich des Adressraums verwendet, worauf wir in Kapitel 3 genauer eingehen.

32 Genauer: Wenn er seine Speicherverwaltungs-Datenstrukturen mit `mm_release` freigibt, was aber automatisch beim Beenden des Prozesses durchgeführt wird.

33 Die Bedingung `mm->mm_users > 1` bedeutet, dass die Speicherverwaltungsdatenstruktur noch von mindestens einem anderen Prozess des Systems verwendet werden muss, so dass es sich beim aktuellen Prozess um einen Thread im klassischen Sinn handelt (der seinen Adressraum von einem anderen Prozess übernimmt und nur einen eigenen Kontrollfluss besitzt).

34 Auf Multiprozessorsystemen geschieht dies echt parallel, bei nur einer CPU mit der durch den Scheduler simulierten Parallelität.

Grundsätzlich gibt es zwei Typen von Kernel-Threads:

- Typ 1: Der Thread wird gestartet und wartet dann so lange, bis er vom Kern die Aufforderung erhält, eine bestimmte Aktion durchzuführen.

- Typ 2: Nach dem Start läuft der Thread in periodischen Abständen immer wieder, untersucht die Auslastung einer bestimmten Ressource und handelt, wenn diese einen gesetzten Grenzwert unter- oder überschritten hat. Dieser Thread-Typ wird vom Kern für konstante Überwachungsaufgaben verwendet.

Zum Starten eines Kernel-Threads wird die Funktion `kernel_thread` verwendet, die zwar Architektur-spezifisch definiert ist, aber immer den gleichen Prototyp verwendet:

<asm-*arch*/processor.h>
```
int kernel_thread(int (*fn)(void *), void * arg, unsigned long flags)
```

Die über den `fn`-Zeiger übergebene Funktion wird im erzeugten Thread ausgeführt; ihr wird automatisch das in `arg` spezifizierte Argument übergeben.[35] In `flags` können CLONE-Flags angegeben werden.

`kernel_thread` kümmert sich zunächst darum, eine `pt_regs`-Instanz zu konstruieren, in der die Register mit passenden Werten belegt werden, wie es bei einem normalen `fork`-Systemaufruf der Fall wäre. Anschließend wird die bekannte Funktion `do_fork` aufgerufen:

arch/process.c
```
p = do_fork(flags | CLONE_VM | CLONE_UNTRACED, 0, &regs, 0, NULL, NULL);
```

Da Kernel-Threads vom Kern selbst erzeugt werden, sind zwei Besonderheiten zu beachten:

- Sie werden nicht im Benutzer, sondern im Supervisor-Modus der CPU ausgeführt (siehe Kapitel 1).

- Sie dürfen nur auf den Kernel-Teil des virtuellen Adressraums zugreifen (also alle Adressen oberhalb von `TASK_SIZE`), nicht aber auf den virtuellen Benutzerbereich.

Da ein Kernel-Thread im Gegensatz zu einem Usermode-Prozess keinen eigenen virtuellen Adressraum besitzt, ist das `mm`-Element seiner Taskstruktur ein Nullzeiger.

Der `pdflush`-Daemon, der sich um das Zurückschreiben dreckiger Speicherseiten auf die zugrunde liegenden Blockgeräte kümmert, wird beispielsweise wie folgt gestartet (in Kapitel 3 finden sich genauere Details über die Arbeit dieses Threads):

mm/pdflush.c
```
kernel_thread(pdflush, NULL, CLONE_KERNEL);
```

`CLONE_KERNEL` ist eine Abkürzung für die drei Flags `CLONE_FS` | `CLONE_FILES` | `CLONE_SIGHAND`.

Eine der ersten Aktionen der Arbeitsfunktion eines Kernel-Threads ist es, sich durch Aufruf von `daemonize` zu einem Daemon zu machen. Die Funktion erledigt folgendes:

- Alle Ressourcen des Benutzerprozesses, als dessen Kind der Kernel-Thread gestartet wurde, werden zurückgegeben (beispielsweise Speicherkontext, Dateideskriptoren etc.), da diese sonst bis zum Ende des Threads festgepinnt wären – was ungünstig ist, da Daemonen üblicherweise bis zum Herunterfahren des Systems laufen. Da jeder Daemon ohnehin nur im Adressbereich des Kerns arbeitet, braucht er diese Ressourcen auch nicht.

---

[35] Durch die Verwendung eines Arguments kann eine Funktion für verschiedene Zwecke eingesetzt werden, da sie je nach Argument unterscheiden kann, was zu tun ist.

- Der Empfang von Signalen wird blockiert.
- init wird als Elternprozess des Daemons eingesetzt.

Kernel-Threads tauchen ganz normal in der Prozessliste des Systems auf, werden aber bei der Ausgabe von ps in eckigen Klammern geschrieben, um sie von normalen Prozessen unterscheiden zu können:

```
wolfgang@meitner> ps fax
  PID TTY      STAT   TIME COMMAND
    1 ?        S      0:08 init [5]
    2 ?        SWN    0:00 [ksoftirqd/0]
    3 ?        SW<    0:00 [events/0]
    4 ?        SW     0:00 [khubd]
    5 ?        SW     0:00 [pdflush]
    6 ?        SW     0:00 [pdflush]
    7 ?        SW     0:00 [kswapd0]
    8 ?        SW<    0:00 [aio/0]
    9 ?        SW     0:00 [kseriod]
...
```

2.4.3 Starten neuer Programme

Der Start eines neuen Programms wird ausgeführt, indem ein bereits bestehendes Programm durch neuen Code ausgetauscht wird. Linux stellt den Systemaufruf execve bereit, um dies zu ermöglichen.[36]

Implementierung von execve

Einsprungpunkt des Systemaufrufs ist die Architektur-abhängige Funktion sys_execve, die die Arbeit aber schnell an die systemunabhängige Routine do_execve delegiert:

```
int do_execve(char * filename, char __user *__user *argv,           kernel/exec.c
              char __user *__user *envp, struct pt_regs * regs)
```

Neben dem Registersatz mit den Argumenten und dem Dateinamen der ausführbaren Datei (filename) werden Zeiger auf die Argumente und das Environment des Programms übergeben, die aus der Systemprogrammierung bekannt sind.[37]

Abbildung 2.9 auf der nächsten Seite zeigt das Codeflussdiagramm von do_execve.

Zunächst wird dem Scheduler mit sched_balance_exec die Möglichkeit gegeben, den Prozess (auf SMP-Systemen) auf eine andere CPU zu verlagern, um die Last gleichmäßiger unter den vorhandenen Prozessoren zu verteilen – da exec ohnehin eine kostspielige Angelegenheit ist, stellt dies eine gute Gelegenheit dar. Anschließend wird die auszuführende Datei geöffnet, d.h. der Kern findet – wie in Kapitel 7 („Das virtuelle Dateisystem") beschrieben – die zugehörigen Inode und erzeugt einen Filedeskriptor, über den die Datei angesprochen werden kann.

---

[36] In der C-Standardbibliothek existieren andere exec-Varianten mit unterschiedlichen Namen, die mit einem anderen Format für die Argumente arbeiten, aber letztendlich alle auf execve zurückführen. Man spricht daher oft (wovon wir in den vorhergehenden Abschnitten Gebrauch gemacht haben) von einem exec-Systemaufruf, wenn man sich auf irgendeine dieser Varianten bezieht.

[37] In argv finden sich alle Argumente, die dem Programm per Kommandozeile übergeben wurden (bei ls -l /usr/bin sind dies beispielsweise -l und /usr/bin). Das Environment beinhaltet alle Umgebungsvariablen, die zum Zeitpunkt der Programmausführung definiert sind; eine Liste davon kann in den meisten Shells mittels set ausgegeben werden.

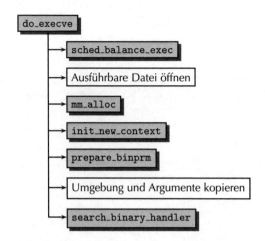

Abbildung 2.9: Codeflussdiagramm für do_execve

mm_alloc erzeugt eine neue Instanz von mm_struct, die zur Verwaltung des Prozessadressraums (siehe Kapitel 3 („Speicherverwaltung")) verwendet wird; init_new_context ist eine Architektur-spezifische Funktion, die die Instanz initialisiert.

Verschiedene Parameter des neuen Prozesses, die weiter unten an eine andere Funktion übergeben werden müssen (beispielsweise euid, egid, Argumentliste, Environment, Dateiname etc.). werden der Einnfachheit halber in einer Struktur des Typs linux_binprm zusammengefasst, auf die wir hier nicht näher eingehen wollen. prepare_binprm wird verwendet, um einige Werte des Elternprozesses zu übernehmen (vor allem die effektive uid und gid); die restlichen Daten werden anschließend manuell in die Struktur kopiert – beispielsweise die Argumentliste.

Linux unterstützt verschiedene Formate, in denen ausführbare Dateien organisiert sein können. Als Standardformat wird ELF (*executable and linkable format*) verwendet, auf dessen Aufbau wir in Anhang E genauer eingehen werden; alternativ sind aber auch die in Tabelle 2.2 gezeigten Varianten möglich (angegeben sind die Namen der entsprechenden linux_binfmt-Instanzen im Kern).

Auch wenn viele Binärformate auf mehreren Architekturen verwendet werden können (ELF wurde mit dem expliziten Ziel entworfen, so systemunabhängig wie möglich zu sein), bedeutet dies nicht, dass Programme in einem bestimmten Binärformat gleichzeitig auf mehreren Architekturen lauffähig sind: Die verwendeten Assembler-Anweisungen unterscheiden sich nach wie vor drastisch zwischen verschiedenen CPUs. Das Binärformat gibt nur vor, wie die unterschiedlichen Teile eines Programms – Daten, Code etc. – in der ausführbaren Datei wie auch im Speicher angeordnet werden.

search_binary_handler wird zum Abschluss von do_execve verwendet, um ein passendes Binärformat für die jeweilige Datei zu finden. Dies ist möglich, da jedes Format anhand spezieller Merkmale (üblicherweise eine „magische Kennzahl" am Anfang der Datei) erkannt werden kann. Der Binärformat-Handler ist selbst dafür verantwortlich, den alten Adressraum durch die Daten des neuen Programms zu ersetzen. Anhang E („Das ELF-Binärformat") geht genauer auf die Schritte ein, die dazu für das ELF-Format erforderlich sind.

Im Allgemeinen führt ein Binärformat-Handler folgende Aktionen aus:

- Freigeben aller Ressourcen, die vom alten Prozess verwendet wurden.

- Einblenden der Applikation in den virtuellen Adressraum. Folgende Abschnitte müssen be-

2.4 Systemaufrufe zur Prozessverwaltung

Tabelle 2.2: Von Linux unterstützte Binärformate

Name	Bedeutung
flat_format	Das Flat-Format wird auf embedded-CPUs verwendet, die keine MMU zur Speicherverwaltung besitzen. Um Platz zu sparen, können die Daten im Executable auch komprimiert werden (dies setzt zlib-Unterstützung im Kern voraus).
script_format	Dummy-Format, das zum Ausführen von Skripten über den She-Bang-Mechanismus verwendet wird. Anhand der ersten Zeile der Datei erkennt der Kern, welcher Interpreter verwendet werden soll, und startet die entsprechende Anwendung (beispielsweise Perl für #! /usr/bin/perl).
misc_format	Ebenfalls ein Dummy-Format, das zum Start von Applikationen verwendet wird, die einen externen Interpreter benötigen. Im Gegensatz zum #!-Mechanismus muss der Interpreter hier nicht explizit angegeben werden, sondern wird anhand besonderer Kennzeichen der Datei (Endung, Header etc) erkannt. Das Format wird beispielsweise verwendet, um Java-Bytecode auszuführen oder Windows-Programme mit wine laufen zu lassen.
elf_format	Maschinen- und architekturunabhängiges Format für 32- und 64-Bit. Standardformat unter Linux.
irix_format	ELF-Format mit Irix-spezifischen Besonderheiten.
som_format	HP-UX spezifisches Format, das auf PA-Risc-Rechnern verwendet wird.
aout_format	A.out ist das frühere Standardformat von Linux, das vor der ELF-Einführung verwendet wurde. Da es wesentlich unflexibler ist, wird es heute kaum mehr eingesetzt.

achtet werden (die angegebenen Variablen sind Elemente der Taskstruktur, sie werden vom Binärformat-Handler auf die richtigen Werte gesetzt):

- Das *Textsegment* enthält den ausführbaren Code des Programms. `start_code` und `end_code` geben den Bereich des Adressraums an, in dem er sich befindet.

- Die vorinitialisierten Daten (Variablen, die bereits zum Übersetzungszeitpunkt mit einem bestimmten Wert belegt wurden) finden sich zwischen `start_data` und `end_data`, sie werden aus dem korrespondierenden Abschnitt der ausführbaren Datei eingeblendet.

- Der zur dynamischen Speicherallokation verwendete *Heap* wird im virtuellen Adressraum plaziert; `start_brk` und `brk` geben seine Grenzen an.

- Die Position des Stacks wird durch `start_stack` festgelegt; er wächst automatisch nach unten.

- Die Programmargumente und das Environment werden in den virtuellen Adressraum eingeblendet und befinden sich zwischen `arg_start` und `arg_end` bzw. `env_start` und `env_end`.

■ Der Instruktionszeiger des Prozesses (und einige andere Architektur-spezifische Register) werden so gesetzt, dass die Hauptfunktion des Programms ausgeführt wird, wenn der Scheduler den Task auswählt.

Interpretation von Binärformaten

Jedes Binärformat wird im Linux-Kern durch eine Instanz folgender Datenstruktur repräsentiert (die etwas vereinfacht wiedergegeben wird):

```
struct linux_binfmt {                                                       <binfmts.h>
        struct linux_binfmt * next;
        int (*load_binary)(struct linux_binprm *, struct  pt_regs * regs);
        int (*load_shlib)(struct file *);
        int (*core_dump)(long signr, struct pt_regs * regs, struct file * file);
};
```

Jedes Binärformat muss drei Funktionen bereitstellen:

- `load_binary` wird zum Laden normaler Programme verwendet.

- `load_shlib` lädt eine *shared library*, also eine dynamische Bibliothek.

- `core_dump` wird verwendet, um im Falle eines Programmfehlers einen Speicherabzug zu schreiben, der von einem Debugger (beispielsweise `gdb`) analysiert werden kann, um nachträglich die Fehlerursache zu ermitteln.

Jedes Binärformat muss zunächst mit `register_binfmt` im Kern registriert werden. Die Funktion bewirkt, dass ein neues Binärformat in eine einfach verkettete Liste eingefügt wird, für die die globale Variable `formats` aus `fs/exec.c` als Listenkopf verwendet wird. Die `linux_binfmt`-Instanzen werden über ihr `next`-Element miteinander verknüpft.

2.4.4 Prozesse beenden

Wenn ein Prozess beendet werden soll, muss er dies mit Hilfe des `exit`-Systemaufrufs erledigen, der dem Kern die Möglichkeit gibt, die belegten Ressourcen plangemäß an das System zurückzugeben.[38] Einsprungpunkt für diesen Aufruf ist die Funktion `sys_exec`, die nur einen Fehlercode als Parameter benötigt, mit der der Prozess beendet werden soll. Sie ist architekturunabhängig in `kernel/exit.c` definiert. Ihre Implementierung ist nicht besonders interessant, da sie die Arbeit unmittelbar an `do_exec` delegiert.

Wir wollen die Implementierung hier nicht weiter betrachten, da sie im Wesentlichen aus dem Dekrementieren von Referenzzählern und dem Zurückgeben von Speicherbereichen an die Speicherverwaltung besteht, wenn ein Referenzzähler auf 0 gefallen ist und die entsprechende Struktur von keinem Prozess im System mehr gebraucht wird.

2.5 Implementierung des Schedulers

Für jeden Prozess befindet sich eine eindeutige Beschreibung im Speicher, die mit den anderen Prozessen durch mehrere Strukturen verknüpft ist: Dies ist die Ausgangssituation für den Scheduler, der zur Aufteilung der Rechenzeit zwischen den Programmen dient und daher für die Erzeugung des Anscheins einer gleichzeitigen Ausführung mehrerer Programme verantwortlich ist. Die Aufgabe teilt sich in zwei unterschiedliche Teile, wie bereits weiter oben besprochen wurde: Scheduling-Policy und Durchführung des Kontextwechsels.

2.5.1 Prozess-Scheduling

Der Kern muss eine Methode finden, um die Rechenzeit möglichst fair unter den einzelnen Prozessen zu verteilen, dabei aber auch unterschiedliche Prioritäten der verschiedenen Aufgaben beachten. Es gibt viele verschiedene Methoden, um dies zu bewerkstelligen. Alle besitzen ihre spezifischen Vor- und Nachteile, die hier nicht näher erläutert werden sollen (eine Übersicht zu möglichen Ansätzen ist beispielsweise in [Tan02b] zu finden). Wir sind vorrangig an der Lösung interessiert, die sich im Linux-Kernel findet.

---

[38] `exit` kann explizit vom Programmierer aufgerufen werden; der Compiler fügt aber automatisch einen entsprechenden Aufruf an das Ende der `main`-Funktion (bzw. der Hauptfunktion, die von der jeweiligen Sprache verwendet wird) an.

2.5 Implementierung des Schedulers

schedule ist die zentrale Anlaufstelle zum Verständnis der Scheduling-Operationen; sie wird in `kernel/sched.c` definiert und gehört zu einer der am häufigsten aufgerufenen Funktionen im Kernel-Code. Obwohl der von Linux verwendete Scheduling-Algorihmus prinzipiell nicht besonders kompliziert ist,[39] wird die Implementierung dennoch durch mehrere Faktoren etwas unübersichtlich gemacht:

- Auf Mehrprozessorsystemen sind einige (teilweise subtile) Details zu beachten, damit sich der Scheduler nicht selbst in die Quere kommt.

- Es wird nicht nur *Priority Scheduling* als Policy implementiert, sondern auch noch zwei weitere, durch den Posix-Standard geforderte Realtime-Policies für weiche Echtzeitprozesse.

- Um so gut wie möglich optimierten Assemblercode zu erzeugen, werden gotos verwendet, die im C-Code hin- und herspringen und dadurch allen Prinzipien der strukturierten Programmierung widersprechen.

Eine herausragende Eigenschaft des Schedulers von Linux ist die Tatsache, dass seine Laufzeit – d.h. die Zeit, die er benötigt, bis der nächste zu aktivierende Prozess gefunden wurde – nicht von der Anzahl der Prozesse abhängt, die sich im System befinden (wie dies erreicht wird, zeigen die folgenden Ausführungen). Man bezeichnet ihn deshalb häufig als $O(1)$-Scheduler, da $O(1)$ die mathematische Bezeichnung für einen Algorithmus ist, der nicht von der Länge seiner Eingabedaten (hier: Anzahl aller Prozesse) abhängt.

2.5.2 Datenstrukturen

Der Scheduler benutzt eine Reihe von Datenstrukturen, um die Prozesse des Systems sortieren und verwalten zu können. Die Funktionsweise des Schedulers ist eng mit dem Design dieser Datenstrukturen verknüpft.

Daten in der Taskstruktur

In der Taskstruktur jedes Prozesses finden sich einige Scheduling-relevante Elemente:

```
struct task_struct {                                                    <sched.h>
    ...
          int prio, static_prio;
          struct list_head run_list;
          prio_array_t *array;

          unsigned long sleep_avg;
          unsigned long last_run;

          unsigned long policy;
          unsigned long cpus_allowed;
          unsigned int time_slice, first_time_slice;
    ...
}
```

- `prio` gibt die dynamische, `static_prio` die statische Priorität eines Prozesses an.

- `run_list` ist ein Listenkopf, mit dessen Hilfe der Prozess in einer der verschiedenen Listen des Schedulers gehalten werden kann, die wir gleich vorstellen werden.

---

[39] Was ihn natürlich nicht daran hindert, dennoch robust und leistungsfähig zu sein – genau diese Qualitäten zeichnen einen guten Algorithmus aus.

- **array** zeigt auf das (ebenfalls gleich genauer definierte) Array, in dem alle Prozesse mit der gleichen dynamischen Priorität sortiert werden.

- **sleep_avg** gibt an, wie häufig und wie lange ein Task geschlafen hat. Prozesse, die viel schlafen, werden mit einer höheren dynamischen Priorität belohnt, da der Scheduler davon ausgeht, dass es sich um interaktive Prozesse handelt.

- **last_run** gibt den Zeitpunkt (in Jiffies) an, zu dem der Prozess zuletzt gelaufen ist.

- **policy** speichert die Scheduling-Policy, die für den Prozess angewandt wird. Linux unterstützt drei mögliche Werte: SCHED_NORMAL wird für normale Prozesse verwendet, auf die wir die folgende Beschreibung konzentrieren, während SCHED_RR und SCHED_FIFO zur Realisierung weicher Echtzeit verwendet werden. Abschnitt 2.6.1 geht genauer darauf ein.

- **cpus_allowed** ist ein Bitfeld, das auf Mehrprozessorsystemen verwendet wird, um die möglichen CPUs einzuschränken, auf denen der Prozess laufen darf.[40]

- **time_slice** gibt das verbleibende Zeitquantum des Prozesses an, in dem er die CPU verwenden darf.

- **first_time_slice** wird auf 1 gesetzt, wenn sich der Prozess in seinem ersten Time-Slice befindet, d.h. unmittelbar nach fork (anschließend ist der Wert immer 0). Der Scheduler verwendet diese Information, um die verbleibende Rechenzeit eines Kindprozesses an den Elternprozess zurückzugeben, wenn der Kindprozess innerhalb des ersten Time Slice mit exit beendet wird (ansonsten würde ein Prozess, der sehr viele kurzlebige Threads erzeugt, übermäßig bestraft werden).

Die statische Priorität eines Prozesses kann vom Userspace aus mit dem nice-Kommando gesetzt werden, das intern den nice-Systemaufruf verwendet.[41] Der Nice-Wert eines Prozesses beträgt zwischen −20 und +19 (beide Werte sind eingeschlossen). Niedrigere Werte stehen dabei für höhere Prioritäten. Dieser Bereich ist aus historischen Gründen vorgegeben.

Der Kern verwendet zur internen Darstellung der Prioritäten eine etwas leichter zu bearbeitende Skala, die von 0 bis einschließlich 139 reicht. Auch hier stehen niedrigere Werte für höhere Prioritäten. Der Abschnitt von 0 bis 99 ist für Echtzeitprozesse reserviert (die damit immer eine höhere Priorität als normale Prozesse besitzen), während der Nice-Bereich [−20, +19] auf den Bereich zwischen 100 und 139 abgebildet wird, wie Abbildung 2.10 zeigt.

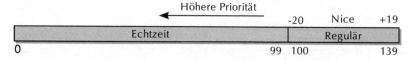

Abbildung 2.10: Prioritätenskala des Kerns

Zur Umrechnung zwischen den Darstellungen werden folgende Makros verwendet (MAX_RT_PRIO gibt die maximale Priorität von Echtzeitprozessen vor):

```
<sched.h>     #define MAX_RT_PRIO          100
```

---

40 Das Bitmap kann mit dem Systemaufruf sched_setaffinity eingestellt werden, auf den wir hier nicht weiter eingehen werden.

41 Ein alternativer Systemaufruf zum Setzen der Prozesspriorität ist setpriority. Er kann nicht nur die Priorität eines einzelnen Prozesses modifizieren, sondern auch die Prioritäten aller Threads in einer Thread-Gruppe manipulieren oder auf alle Prozesse eines bestimmten Benutzers (selektiert nach seiner UID) wirken.

2.5 Implementierung des Schedulers

```
#define NICE_TO_PRIO(nice)    (MAX_RT_PRIO + (nice) + 20)
#define PRIO_TO_NICE(prio)    ((prio) - MAX_RT_PRIO - 20)
```

Neben den Elementen, die in der Taskstruktur spezifisch für den Scheduler untergebracht sind, ist das bereits weiter oben angesprochene Flag TIF_NEED_RESCHED sehr wichtig: Wenn es beim aktiven Prozess gesetzt ist, weiß der Scheduler, dass der Task – freiwillig oder gezwungen – von der CPU entfernt und ein neuer Task ausgewählt werden soll.

Prozessverwaltung

Die zentrale Datenstruktur des Schedulers, mit deren Hilfe die aktiven Prozesse verwaltet werden, wird als *Runqueue* bezeichnet. Jede CPU des Systems besitzt ihre eigene Runqueue, und jeder aktive Prozess befindet sich in genau einer Runqueue. Es ist nicht möglich, einen Prozess auf mehreren CPUs gleichzeitig auszuführen.[42]

Die Runqueue dient als Ausgangspunkt zum Aufbau eines Netzwerks aus task_struct-Instanzen; die Protesse werden in drei Queues verwaltet:

- In der *active*-Queue (aktive Queue) befinden sich alle Prozesse, deren Zeitscheibe größer als Null ist, denen also noch Rechenzeit zur Verfügung steht.

- Ein Prozess wird auf die *expired* Queue (abgelaufene Queue) verlagert, nachdem sein Zeitquantum abgelaufen ist.

- Die *migration queue* wird auf SMP-Systemen benötigt, um Prozesse zwischen CPUs zu verlagern (Abschnitt 2.6.2 geht genauer darauf ein).

Die Prozesse werden sowohl auf der aktiven wie auf der abgelaufenen Queue nach ihren Prioritäten sortiert abgespeichert: Der Kern verwendet ein Array aus Listenköpfen, in dem für jede mögliche Prioritätsstufe (einschließlich der Echtzeit-Prioritäten insgesamt 140 Stück) genau ein Eintrag existiert. Alle Prozesse mit der gleichen Priorität werden – verknüpft über task_struct->runqueue – auf einer doppelt verketteten Liste gehalten.

Zusätzlich besitzt jede Queue ein Bitmap, in dem für jede mögliche Prioritätsstufe ein Bit vorhanden ist. Wenn es gesetzt ist, befindet sich in der zur jeweiligen Priorität gehörenden Prozessliste mindestens ein Prozess; wenn das Bit im Zustand 0 ist, ist die Liste leer.

Mit Hilfe dieser Datenstrukturen implementiert der Scheduler einen Algorithmus, der dem klassischen *Round Robin*-Verfahren (siehe beispielsweise [Tan02b]) stark ähnelt. Dazu werden zwei Funktionen benötigt:

- Die *periodische* Scheduling-Funktion wird in gleichmäßigen Zeitabständen aufgerufen. Sie verringert das verbleibende Zeitquantum des Prozesses und ruft den Hauptscheduler auf, wenn es auf 0 gefallen ist.

- Der Hauptscheduler durchsucht das Bitmap der aktiven Queue nach der Position, an der sich das erste gesetzte Bit befindet, wodurch er die Liste mit der höchsten Priorität ermittelt, in der sich ablaufbereite Prozesse befinden. Der erste Prozess in der Liste wird aktiviert und belegt nun die CPU.[43]

---

[42] Denoch können Threads, die vom gleichen Prozess stammen, auf verschiedenen Prozessoren ausgeführt werden – aus Sicht der Taskverwaltung besteht schließlich kein wesentlicher Unterschied zwischen einem Prozess und einem Thread.

[43] Wenn sich kein ablaufbereiter Prozess in der Runqueue befindet, wird der Idle-Task ausgeführt, der – wie sein Name sagt (*to idle* = „leer laufen") – nichts macht.

Eine Liste mit Prozessen gleicher Priorität wird so lange bearbeitet, bis die Zeitscheibe von allen auf 0 gefallen ist. Erst dann wendet sich der Scheduler den Listen mit Prozessen zu, die eine geringere Priorität besitzen; sie werden nach derselben Methode bearbeitet.

Der Hauptscheduler kann nicht nur durch den periodischen Scheduler aufgerufen werden, sondern auch an anderen Stellen im Kern, beispielsweise nach der Rückkehr von Systemaufrufen. Dies ermöglicht es, weniger wichtige Prozesse durch aktiv gewordene wichtigere zu ersetzen.

Betrachten wird dies anhand einer Situation, in der ein Compiler ein langes Programm übersetzt und der Benutzer gleichzeitig in einem Texteditor arbeitet: Der Compiler befindet sich die meiste Zeit im ablaufbereiten Zustand, während der Editor fast immer damit beschäftigt ist, auf Eingaben des Benutzers zu warten.

Nachdem das Ereignis „Tastendruck des Benutzers" eingetreten ist, wird der Editor auf die aktive Queue gesetzt, da er seinen Wartezustand beenden kann. Beim nächsten Aufruf des Schedulers wird das Bitmap der aktiven Queue durchsucht; da der Editor aufgrund seiner langen Wartezeit eine höhere dynamische Priorität als der Compiler besitzt, findet er sich in einer niedrigeren Queue als der Compiler – und wird daher aktiviert. Dabei spielt es keine Rolle, ob der Compiler sein Zeitquantum aufgebraucht hat oder nicht (natürlich wird seine verbleibende Zeit dann abgearbeitet, wenn er das nächste Mal vom Scheduler ausgewählt wird).

Wozu wird die expired-Queue verwendet? Jeder Prozess, der sein Zeitquantum aufgebraucht hat, wird auf die inaktive Queue verlagert.[44] Nach Berechnung seiner dynamischen Priorität wird er in die passende Liste der inaktiven Queue eingebaut, auch wird das zur Priorität der Liste gehörende Bit auf 1 gesetzt. Wenn *alle* Prozesse auf der aktiven Queue abgelaufen sind, muss der Kern deshalb nur die aktive mit der inaktiven Queue austauschen und kann mit dem Scheduling von vorne beginnen, ohne lange und umständliche Umsortierungen der Prozessliste vornehmen zu müssen. Der Austausch zwischen beiden Queues kann sehr schnell durchgeführt werden, da nur die Zeiger darauf vertauscht werden müssen.

Implementierung der Runqueue   Runqueues werden durch folgende (etwas vereinfachte) Datenstruktur implementiert:

kernel/sched.c
```
typedef struct runqueue runqueue_t;

struct runqueue {
    unsigned long nr_running;
    unsigned long expired_timestamp;
    task_t *curr, *idle;
    struct mm_struct *prev_mm;
    prio_array_t *active, *expired, arrays[2];
} ____cacheline_aligned;
```

- `nr_running` gibt die Anzahl ablaufbereiter Prozesse in der Queue an – unabhängig von ihrer Priorität oder Scheduling-Klasse.

- `expired_timestamp` gibt den Zeitpunkt (in Jiffies) an, zu dem das erste Mal nach Aktivierung der Queue ein Prozess daraus auf die expired-Queue gesetzt wurde. Die Bedeutung dieser Zeitangabe wird sich zeigen, wenn wir besprechen, wie der Scheduler interaktive Prozesse bevorzugen kann (siehe Seite 61).

- `curr` zeigt auf die Taskstruktur des momentan laufenden Prozesses.

- `idle` verweist auf die Taskstruktur des Idle-Prozesses, der aufgerufen wird, wenn kein anderer lauffähiger Prozess zur Verfügung steht.

---

44 Für interaktive Prozesse ist dies nicht ganz richtig, wie wir später sehen werden.

2.5 Implementierung des Schedulers

- `active` und `expired` sind Zeiger auf die aktive bzw. abgelaufene Queue.

- `arrays` wird verwendet, um den benötigten Speicherplatz für die beiden Queues zu schaffen. Dabei kann jede der beiden Arraypositionen sowohl als aktive wie auch als abgelaufene Queue verwendet werden; die Bedeutung wird durch die Zeiger `active` und `expired` bestimmt.

Achtung: Die Queues sind *in* die Runqueue integriert, werden also nicht in einem externen Speicherbereich angelegt.

Alle Runqueues des Systems werden im Array `runqueues` festgehalten, das für jede CPU des Systems ein Element enthält (auf Einprozessorsystemen gibt es entsprechend nur ein Element):

```
static struct runqueue runqueues[NR_CPUS] __cacheline_aligned;
```
kernel/sched.c

Außerdem definiert der Kern einige Bequemlichkeitsmakros, die selbsterklärend sind:

```
#define cpu_rq(cpu)         (runqueues + (cpu))
#define this_rq()           cpu_rq(smp_processor_id())
#define task_rq(p)          cpu_rq(task_cpu(p))
```
kernel/sched.c

Implementierung der Queues Die zur Implementierung der aktiven und abgelaufenen Queue verwendete Datenstruktur ist wie folgt definiert:

```
struct prio_array {
        int nr_active;
        unsigned long bitmap[BITMAP_SIZE];
        struct list_head queue[MAX_PRIO];
};
```
kernel/sched.c

Die Definition ist nicht sonderlich erstaunlich: `bitmap` ist das Prioritätsbitmap, in dem für jede Prioritätsstufe ein Biteintrag vorhanden ist,[45] während `queue` einen Listenkopf für jede mögliche Prioritätsstufe zur Verfügung stellt. `nr_active` gibt die Anzahl der Prozesse an, die sich insgesamt in der Queue befinden.

2.5.3 Priority Scheduling

Wie wir bereits erwähnt haben, bedient sich die Implementierung des Schedulers zweier Funktionen: des periodischen Schedulers und des Hauptschedulers. Sie verteilen die Rechenzeit gemäß der Prioritäten der vorhandenen Prozesse, weshalb man den Algorithmus als *Priority Scheduling* bezeichnet. Wir werden in diesem Abschnitt auf seine Implementierung eingehen.

Hilfsfunktionen

Bevor wir die zentralen Funktionen des Schedulers untersuchen können, müssen noch einige Hilfsfunktionen besprochen werden.

Berechnen der effektiven Priorität `effective_prio` wird verwendet, um die effektive Priorität eines Prozesses zu berechnen, die interaktiven Prozessen zu einer höheren und nichtinteraktiven Prozessen zu einer niedrigeren dynamischen Priorität verhilft:

---

[45] `BITMAP_SIZE` wird vom Kern so berechnet, dass die benötigte Bitanzahl durch mehrere hintereinander folgende `unsigned long`-Variablen erreicht wird.

kernel/sched.c
```
static int effective_prio(task_t *p)
{
        int bonus, prio;

        bonus = MAX_USER_PRIO*PRIO_BONUS_RATIO*p->sleep_avg/MAX_SLEEP_AVG/100 -
                        MAX_USER_PRIO*PRIO_BONUS_RATIO/100/2;

        prio = p->static_prio - bonus;
        if (prio < MAX_RT_PRIO)
                prio = MAX_RT_PRIO;
        if (prio > MAX_PRIO-1)
                prio = MAX_PRIO-1;
        return prio;
}
```

Die Formel zur Berechnung des Bonus ist etwas unübersichtlich, da sie durch zahlreiche Parameter des Schedulers beeinflusst wird. Ihr Sinn wird aber aus der linken Seite von Abbildung 2.11 gut ersichtlich: Anhand des `sleep_avg`-Wertes des Prozesses wird ein Bonuswert berechnet, der sich zwischen −5 und +5 befindet. Die Grafik zeigt die Situation für HZ=100, wo sich `sleep_avg` im Bereich zwischen 0 und 1000 befinden darf.

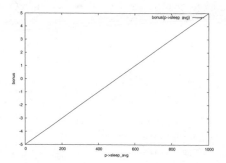 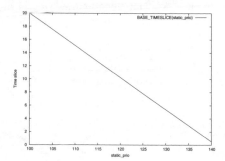

Abbildung 2.11: Bonus- und Prioritätsberechnung (HZ=100) im Scheduler

Da der `bonus`-Wert von `static_prio` subtrahiert wird, bedeuten höhere `bonus`-Werte eine verbesserte Priorität des Prozesses.

Wenn der `sleep_avg`-Wert eines Prozesses größer als 500 ist, was 5 Sekunden entspricht, wird seine Priorität verbessert, ansonsten verschlechtert (das Verhalten gegenüber der Echtzeit bleibt auch für andere HZ-Werte gleich). Ein Zeitraum von 5 Sekunden erscheint auf den ersten Blick zwar etwas lang, er wird aber von beinahe allen interaktiven Applikationen mühelos erreicht.

Aktivieren eines Prozesses Dies wird besonders deutlich, wenn man den Code betrachtet, der zur Aktivierung eines Tasks verwendet wird. Dabei wird ein bisher nicht ausführbarer Prozess in eine der Runqueues des Systems aufgenommen, wenn er in den Zustand TASK_RUNNING wechselt. Folgende Funktion ist dafür verantwortlich:

kernel/sched.c
```
#define MAX_SLEEP_AVG 10*HZ

static inline void activate_task(task_t *p, runqueue_t *rq)
{
        long sleep_time = jiffies - p->last_run - 1;
```

2.5 Implementierung des Schedulers

```
        if (sleep_time > 0) {
                int sleep_avg;
                sleep_avg = p->sleep_avg + sleep_time;

                if (sleep_avg > MAX_SLEEP_AVG)
                        sleep_avg = MAX_SLEEP_AVG;
                if (p->sleep_avg != sleep_avg) {
                        p->sleep_avg = sleep_avg;
                        p->prio = effective_prio(p);
                }
        }
        __activate_task(p, rq);
        return;
}
```

Der bisherige Wert von `sleep_avg` wird bei der Aktivierung des Prozesses übernommen; zusätzlich wird die Zeit hinzuaddiert, die der Prozess schlafend verbracht hat, seitdem er das letzte mal gelaufen ist. Um zu große `sleep_avg`-Werte zu vermeiden, werden sie auf den Maximalwert MAX_SLEEP_AVG beschränkt.

`sleep_avg` wird immer dann um 1 erniedrigt, wenn der Prozess ein Zeitquantum an CPU-Zeit verbraucht hat. Da beinahe alle interaktiven Applikationen hin und wieder für mehrere Sekunden auf den Benutzer warten müssen, wird ihr `sleep_avg`-Wert häufig bis zum Maximum aufgefüllt; die wenigen Zeitquanten, die die Applikation tatsächlich an CPU-Zeit benötigt, können den hohen Wert nicht verringern, weshalb sie beinahe immer den maximalen Bonus erhalten.

Nachdem die effektive Priorität aufgrund des neuen `sleep_avg`-Werts berechnet wurde, wird der Task mit `__activate_task` in eine Queue eingefügt, die sich der Funktion `enqueue_task` bedient.

Einfügen und Entfernen von Prozessen `enqueue_task` dient dazu, einen Prozess in eine Queue einzufügen:

```
static inline void enqueue_task(struct task_struct *p, prio_array_t *array)                 kernel/sched.c
{
        list_add_tail(&p->run_list, array->queue + p->prio);
        __set_bit(p->prio, array->bitmap);
        array->nr_active++;
        p->array = array;
}
```

Das zur Priorität des Prozesses passende Bit im Bitmap muss gesetzt werden, da die Liste nun nicht mehr leer ist. `list_add_tail` fügt den neuen Prozess ans Ende der Queue an, was bedeutet, dass alle anderen bereits in der Queue befindlichen Prozesse *vor* ihm bearbeitet werden.

Die analoge Funktion zum Entfernen eines Prozesses aus einer Queue muss beachten, dass das Prioritätsbit im Bitmap auf 0 gesetzt wird, wenn keine Prozesse mit entsprechender Priorität mehr in der Liste enthalten sind:

```
static inline void dequeue_task(struct task_struct *p, prio_array_t *array)                 kernel/sched.c
{
        array->nr_active--;
        list_del(&p->run_list);
        if (list_empty(array->queue + p->prio))
                __clear_bit(p->prio, array->bitmap);
}
```

Die Funktion wird vom Scheduler nicht direkt, sondern über folgendes Frontend aufgerufen, das zugleich die Statistiken der Runqueue aktualisiert und die Verbindung zwischen Taskstruktur und Prozessqueue aufhebt:

kernel/sched.c
```
static inline void deactivate_task(struct task_struct *p, runqueue_t *rq)
{
        nr_running_dec(rq);
        dequeue_task(p, p->array);
        p->array = NULL;
}
```

Berechnung der Zeitscheibe Um aus der *statischen* Priorität die Zeitscheibe eines Prozesses berechnen zu können (d.h. die Anzahl an Zeitquanten, die ihm zur Verfügung stehen), verwendet der Kern folgende Funktion:

kernel/sched.d
```
#define MIN_TIMESLICE           ( 10 * HZ / 1000)
#define MAX_TIMESLICE           (200 * HZ / 1000)
#define BASE_TIMESLICE(p) (MIN_TIMESLICE + \
        ((MAX_TIMESLICE - MIN_TIMESLICE) * \
        (MAX_PRIO-1-(p)->static_prio)/(MAX_USER_PRIO - 1)))

static inline unsigned int task_timeslice(task_t *p)
{
        return BASE_TIMESLICE(p);
}
```

Die Formel ist – auch wegen der mit Hilfe des Präprozessors einstellbaren Parameter – nicht unbedingt übersichtlich; Abbildung 2.11 zeigt den Zusammenhang beider Größen in einer grafischen Darstellung.

Der periodische Scheduler

scheduler_tick wird vom Kern automatisch mit Frequenz HZ aufgerufen (der zugrunde liegende Mechanismus periodischer Aktionen wird in Kapitel 11 besprochen). Die Funktion hat zwei Hauptaufgaben:

- Verwaltung der Scheduling-bezogenen Statistiken des Kerns, die sowohl auf das gesamte System wie auch auf den einzelnen Prozess bezogen sind. Da sich die Aktionen im Wesentlichen auf die Erhöhung von Zählern beziehen, wollen wir nicht weiter darauf eingehen.

- Aktivieren des Schedulers, wenn ein Prozess sein Zeitquantum verbraucht hat.

Die Implementierung sieht (vereinfacht) wie folgt aus:

kernel/sched.c
```
void scheduler_tick()
{
        int cpu = smp_processor_id();
        runqueue_t *rq = this_rq();
        task_t *p = current;

        /* Statistiken auf den neuesten Stand bringen */
        /* ... */

        if (p->sleep_avg)
                p->sleep_avg--;
```

2.5 Implementierung des Schedulers

Wenn der Prozess ein positives „Schlafguthaben" besitzt, wird der Wert um 1 verringert – schließlich hat er gerade ein Zeitquantum auf der CPU beansprucht.

Entsprechend wird auch sein noch zur Verfügung stehendes Zeitquantum um 1 verringert. Fällt dies daraufhin auf Null,[46] muss folgender Code ausgeführt werden:

```
if (!--p->time_slice) {                                              kernel/sched.c
        dequeue_task(p, rq->active);
        set_tsk_need_resched(p);
        p->prio = effective_prio(p);
        p->time_slice = task_timeslice(p);
        p->first_time_slice = 0;

        if (!TASK_INTERACTIVE(p) || EXPIRED_STARVING(rq)) {
                if (!rq->expired_timestamp)
                        rq->expired_timestamp = jiffies;
                enqueue_task(p, rq->expired);
        } else
                enqueue_task(p, rq->active);
}
```

Zunächst wird der Task aus der aktiven Queue entfernt, außerdem wird das Reschedule-Flag gesetzt und die dynamische Priorität sowie die zugehörige Zeitscheibe neu berechnet. Nachdem der Prozess an dieser Stelle seine initiale Zeitschcibe auf jeden Fall verbraucht hat, kann `first_time_slice` auf 0 gesetzt werden.

Normalerweise wird ein Task in die expired-Queue eingefügt, wenn er sein Zeitquantum verbraucht hat. Allerdings gibt es eine Ausnahme für stark interaktive Tasks, die direkt wieder in die aktive Queue plaziert werden: Damit stellt der Kern sicher, dass die Applikation sofort wieder laufen kann und nicht warten muss, bis alle Prozesse in der aktiven Quene ihr Zeitquantum überschritten haben, damit expired- und active-Queue miteinander vertauscht werden und der aktive Prozess wieder an die Reihe kommen kann.

`TASK_INTERACTIVE` bestimmt durch Vergleich zwischen statischer und dynamischer Priorität, ob ein Prozess interaktiv ist oder nicht:

```
#define SCALE(v1,v1_max,v2_max) \                                    kernel/sched.c
        (v1) * (v2_max) / (v1_max)

#define DELTA(p) \
        (SCALE(TASK_NICE(p), 40, MAX_USER_PRIO*PRIO_BONUS_RATIO/100) + \
                INTERACTIVE_DELTA)

#define TASK_INTERACTIVE(p) \
        ((p)->prio <= (p)->static_prio - DELTA(p))
```

Um zu verhindern, dass einige interaktive Task immer wieder in die aktive Queue eingefügt werden, während alle anderen Prozesse in der expired-Queue „verhungern", führt der Kern noch einen zusätzlichen Schutzmechanismus ein: Wenn der Zeitraum seit der Deaktivierung des ersten Prozesses zu lang wird,[47] werden auch interaktive Tasks in die expired-Queue eingefügt.

Als Test wird `EXPIRED_STARVING` verwendet, das vom oben erwähnten Wert `runqueue->expired_timestamp` Gebrauch macht:

---

[46] `!--p->time` liefert dann einen wahren Wert.
[47] Wie der Codeausschnitt von `scheduler_tick` zeigt, speichert der Kern den aktuellen Jiffies-Wert in `expired_timestamp`, wenn ein Prozess auf die expired-Queue verlagert wird und der Wert bislang noch mit 0 belegt ist. Beim Wechsel zwischen expired- und active--Queue wird das Element auf 0 initialisiert.

kernel/sched.c
```
#define STARVATION_LIMIT        (10*HZ)

#define EXPIRED_STARVING(rq) \
            (STARVATION_LIMIT && ((rq)->expired_timestamp && \
            (jiffies - (rq)->expired_timestamp >= \
                STARVATION_LIMIT * ((rq)->nr_running) + 1)))
```

Seit dem ersten Verlagern eines Prozesses auf die abgelaufene Queue darf nur ein bestimmter Zeitraum verstrichen sein, der von der Anzahl der aktiven Prozesse abhängt.

Der Hauptscheduler

Die Haupfunktion des Schedulers (`schedule`) wird an vielen Stellen im Kern direkt aufgerufen, wenn die CPU an einen anderen Prozess als den derzeit aktiven verlagert werden soll. Zusätzlich prüft der Kern nach der Rückkehr aus Systemaufrufen, ob das Reschedule-Flag des aktuellen Prozesses gesetzt ist – beispielsweise von `scheduler_tick`, wenn seine Zeitscheibe aufgebraucht ist – und ruft in diesem Fall ebenfalls `schedule` auf. Die Funktion kann deshalb davon ausgehen, dass der gerade aktive Task auf jeden Fall durch einen anderen ersetzt werden soll.

Zunächst ermittelt die Funktion die aktuelle Runqueue und speichert einen Zeiger auf die Taskstruktur des (noch) aktuellen Prozesses in `prev`. Da bald ein anderer Prozess laufen wird, wird der aktuelle Jiffies-Zeitwert im `last_run`-Feld des Tasks festgehalten:

kernel/sched.c
```
asmlinkage void schedule(void)
{
        task_t *prev, *next;
        runqueue_t *rq;
        prio_array_t *array;
        struct list_head *queue;
        int idx;

need_resched:
        prev = current;
        rq = this_rq();
        prev->last_run = jiffies;
```

Anschließend erfolgt eine Unterscheidung zwischen den Zuständen, in denen sich der aktuelle Prozess befindet:[48]

kernel/sched.c
```
        switch (prev->state) {
        case TASK_INTERRUPTIBLE:
                if (unlikely(signal_pending(prev))) {
                        prev->state = TASK_RUNNING;
                        break;
                }
        default:
                deactivate_task(prev, rq);
        case TASK_RUNNING:
                ;
        }
```

Bei einem schlafenden Prozess, dessen Schlaf durch Signale unterbrochen werden kann (`TASK_INTERRUPTIBLE`) prüft der Kern mittels `signal_pending` (siehe Kapitel 4), ob ein Signal vorhanden ist – in diesem Fall wird er wieder in den ablaufbereiten Zustand versetzt. In allen anderen Fällen (`TASK_UNINTERRUPTIBLE`, `TASK_STOPPED` etc.) wird der Task mit `deactivate_`

---

[48] Der aktuelle Prozess kann sich im Scheduler im Zustand `TASK_INTERRUPTIBLE` (anstatt `TASK_RUNNING`) befinden, wenn an anderer Stelle im Kern beispielsweise folgender häufig vorkommender Code ausgeführt wird: `set_current_state(TASK_INTERRUPTIBLE); schedule();`

2.5 Implementierung des Schedulers

`task` aus der Runqueue entfernt. Achtung: Aufgrund der Semantik des `case`-Befehls (siehe Anhang C („Anmerkungen zu C")) „fällt" der Code für `TASK_INTERRUPTIBLE`-Task zum `default`-Label durch, wenn kein Signal für den Prozess vorhanden ist, weshalb er in diesem Fall ebenfalls deaktiviert wird.

Ablaufbereite `TASK_RUNNING`-Prozesse werden natürlich nicht deaktiviert, sondern auf der Runqueue belassen.

Wenn kein ablaufbereiter Task in der Queue vorhanden ist, wählt der Scheduler den Idle-Task aus und springt zum Label `switch_tasks`, wo der Taskwechsel auf Hardwareebene durchgeführt wird:

```
pick_next_task:                                             kernel/sched.c
    if (unlikely(!rq->nr_running)) {
        next = rq->idle;
        rq->expired_timestamp = 0;
        goto switch_tasks;
    }
```

Anderenfalls muss ein Prozess ausgewählt werden, der als Nächstes die CPU erhält. Wenn *alle* Prozesse der aktiven Queue ihr Quantum verbraucht haben, müssen – wie bereits weiter oben angesprochen – die active- und expired-Queue ihre Rollen vertauschen:

```
    array = rq->active;                                     kernel/sched.c
    if (unlikely(!array->nr_active)) {
        /*
         * Switch the active and expired arrays.
         */
        rq->active = rq->expired;
        rq->expired = array;
        array = rq->active;
        rq->expired_timestamp = 0;
    }
```

Die Datenstrukturen des Schedulers machen es leicht, den nächsten Task zu finden:

```
    idx = sched_find_first_bit(array->bitmap);              kernel/sched.c
    queue = array->queue + idx;
    next = list_entry(queue->next, task_t, run_list);
```

`sched_find_first_bit` ist eine Architektur-spezifisch definierte Funktion, die das erste gesetzte Bit im Scheduler-Bitmap findet und daher die Prioritätsklasse festlegt, die als Nächstes ausgewählt wird. Die Funktion ist nicht in C implementiert, da die meisten Architekturen Assemblerbefehle anbieten, die diese Aufgabe sehr effizient erledigen.

Die Taskstruktur des nächsten Prozesses wird dem ersten Element der verketteten Liste entnommen, ein Zeiger darauf wird in der lokalen Variable `next` festgehalten.

Nachdem ein Prozess ausgewählt wurde, muss der Taskwechsel auf Hardwareebene vorbereitet und ausgeführt werden:

```
switch_tasks:                                               kernel/sched.c
    clear_tsk_need_resched(prev);

    if (likely(prev != next)) {
        rq->curr = next;

        prepare_arch_switch(rq, next);
        prev = context_switch(rq, prev, next);

        finish_task_switch(prev);
```

```
        }
        if (test_thread_flag(TIF_NEED_RESCHED))
            goto need_resched;
}
```

Wenn als nächster Task ein anderer Task als der aktuelle laufen soll, wird ein Kontextwechsel durchgeführt. `prepare_arch_switch` und `finish_task_switch` dienen dabei zur Vor- und Nachbereitung, während sich der zentrale Code in `context_switch` befindet (wir werden gleich auf die Bedeutung dieser Funktionen kommen). Sollte beim neuen Task das Reschedule-Bit gesetzt sein, springt der Scheduler an das weiter oben definierte Label. Die Suche nach einem neuen Prozess beginnt anschließend von vorne.

Der Fall `prev == next` (der aktuell laufende Prozess soll als nächster selektiert werden) ist selten, aber durchaus möglich: Wenn sich nur ein interaktiver Prozess in der Runqueue befindet, dessen letztes Zeitquantum abgelaufen ist, wird er – mit einer frischen Zeitscheibe versehen, wie wir weiter oben gezeigt haben – wieder in die active-Queue eingefügt. Da er der einzige Prozess in der Queue ist, wird er vom Scheduler wieder ausgewählt. In diesem Fall bleibt alles beim Alten, weshalb sich der Scheduler den Kontextwechsel sparen kann.

Durchführen des Kontextwechsels

Nachdem sich der Kernel für einen neuen Prozess entschieden hat, müssen die technischen Details des Multitaskings beachtet werden, die man unter der Bezeichnung „Kontextwechsel" zusammenfasst.

Unmittelbar vor dem Task-Switch bietet der Kern über den Hook `prepare_arch_switch` die Möglichkeit an, Architektur-spezifischen Code auszuführen, der den Wechsel vorbereitet. Die meisten unterstützten Architekturen (mit Ausnahme von IA-64 und Sparc) machen von dieser Möglichkeit allerdings keinen Gebrauch, da sie nicht benötigt wird.

Der eigentliche Kontextwechsel wird in `context_switch` durchgeführt. Die Funktion ruft zwei Prozessor-spezifische Funktionen auf:

- `switch_mm` wechselt den Memory-Kontext, der in `task_struct->mm` beschrieben ist. Je nach Prozessor ist dazu ein Neuladen der Seitentabellen, ein mehr oder weniger ausgedehntes Flushen der Translation Lookaside Buffer oder ein Versorgen der MMU-Einheit mit neuen Informationen nötig. Da alle Aktionen sehr tief auf Details der jeweiligen CPU zurückgreifen, wollen wir nicht näher auf die Implementierung eingehen.

- `switch_to` wechselt den Inhalt der Prozessorregister und den Kernelstack (da der virtuelle Benutzeradressraum bereits im ersten Schritt gewechselt wurde, braucht der Usermode-Stack nicht explizit gewechselt zu werden, da er sich darin befindet). Auch diese Aufgabe variiert extrem von Architektur zu Architektur und wird üblicherweise fast vollständig in Assembler codiert, weshalb wir ebenfalls nicht auf Implementierungsdetails eingehen wollen.

   Da der Inhalt der Register des Userspace-Prozesses bereits beim Eintritt in den Kernelmodus auf dem Kernelstack gesichert wurde (nähere Details finden sich in Kapitel 11 („Kernel-Aktivitäten und Zeitfluss")), braucht dies beim Kontextwechsel nicht separat berücksichtigt werden. Da jeder Prozess den Ablauf zunächst im Kernelmodus beginnt (nämlich an dem Punkt beim Scheduling, an dem die Kontrolle an einen anderen Prozess abgegeben wurde), werden die Registerinhalte beim Wiedereintritt in den Userspace automatisch mit Hilfe der Werte auf dem Kernelstack wiederhergestellt.

2.6 Erweiterungen des Schedulers

Da die Geschwindigkeit des Kontextwechsels ein wichtiger Faktor für die Leistung des Systems ist, verwendet der Kern einen Trick, um die benötigte Rechenzeit zu verringern: Gleitkommaregister (und andere erweiterte Register, die der Kern nicht verwendet, auf IA-32-Plattformen beispielsweise die SSE2-Register) werden nur dann gesichert, wenn sie von der Applikation tatsächlich verwendet wurden, und ebenfalls nur im Bedarfsfall wiederhergestellt. Man bezeichnet diese Vorgehensweise als *Lazy FPU*-Technik. Die Implementierung unterscheidet sich zwar zwischen den einzelnen Plattformen, da sie direkt in Assembler durchgeführt werden muss, das zugrunde liegende Prinzip ist aber in allen Fällen identisch. Zusätzlich muss in allen Fällen beachtet werden, dass der Inhalt der Gleitkommaregister *nicht* auf dem Stack des Prozesses, sondern in seiner Thread-Datenstruktur gespeichert wird. Wir wollen die Technik anhand eines Beispiels demonstrieren.

Der Einfachheit halber nehmen wir an, dass sich nur zwei Prozesse auf dem System befinden, die mit A und B bezeichnet werden. Zunächst läuft Prozess A, der Gleitkommaoperationen verwendet. Wenn der Scheduler auf B wechselt, wird der Inhalt der Gleitkommaregister von A daher in der Thread-Datenstruktur des Prozesses gesichert. Allerdings werden die Werte in den Gleitkommaregistern zunächst *nicht* mit den Werten für Prozess B belegt.

Wenn B während seiner Laufzeit keine Gleitkommaoperationen durchführt, findet A bei seiner nächsten Aktivierung bereits die passenden Werte in den Registern vor, die daher nicht neu gefüllt zu werden brauchen – der Kern kann sich deshalb die Neubelegung der Register sparen, was einen Zeitvorteil mit sich bringt.

Führt B während seiner Laufzeit doch Gleitkommaoperationen aus, meldet der Prozessor dies an den Kern, der dann die Register mit den entsprechenden Werten aus der Thread-Datenstruktur belegen kann. Da sowohl das Sichern wie auch das Wiederherstellen der Gleitkommaregister nur im Bedarfsfall durchgeführt wird, verschwendet der Kern keine Zeit mit diesen Operationen, wenn sie nicht benötigt werden.

2.6 Erweiterungen des Schedulers

2.6.1 Echtzeitprozesse

Bei der bisherigen Beschreibung des Schedulers wurde außer Acht gelassen, dass Linux – neben „normalen" Prozessen – noch zwei Echtzeitscheduling-Klassen unterstützt, wie es der POSIX-Standard verlangt. Durch die Struktur des Schedulers ist es möglich, Echtzeitprozesse mit erstaunlich wenigen Erweiterungen in den Kern zu integrieren – die Hauptscheduling-Funktion `schedule` muss beispielsweise nicht gegenüber der bisherigen Beschreibung erweitert werden!

Echtzeitprozesse können daran erkannt werden, dass sie eine *höhere* Priorität als normale Prozesse besitzen – entsprechend ist ihr `static_prio`-Wert immer *niedriger* als der normaler Prozesse, wie in Abbildung 2.10 auf Seite 54 auf Seite 54 gezeigt wurde. Das Makro `rt_task`, mit dem der Kern feststellen kann, ob es sich bei einem gegebenen Task um einen Echtzeitprozess handelt oder nicht, ist daher wie folgt definiert:

```
#define rt_task(p)        ((p)->prio < MAX_RT_PRIO)
```
kernel/sched.c

Echtzeitprozesse besitzen zwei Eigenschaften, die sie von normalen Prozessen unterscheiden:

- Sie unterliegen nicht dem Bonussystem, d.h. ihre statische Priorität ist immer gleich ihrer dynamischen Priorität. Dies wird sichergestellt, indem sich gleich zu Beginn von `effective_prio` folgender (weiter oben nicht gezeigter) Code befindet:

kernel/sched.c
```
              if (rt_task(p))
                      return p->prio;
```

- Wenn ein Echtzeitprozess im System existiert, der ablaufbereit ist, wird er vom Scheduler garantiert ausgewählt – es sei denn, dass sich ein anderer Echtzeitprozess mit höherer Priorität im System befindet.

Die beiden Echtzeitklassen unterscheiden sich wie folgt voneinander:

- *Round Robin*-Prozesse (SCHED_RR) besitzen eine Zeitscheibe, deren Wert wie bei normalen Prozessen verkleinert wird, wenn sie laufen. Wenn alle Zeitquanten aufgebraucht sind, wird der Wert wieder auf den Ausgangswert gesetzt, der Prozess wird allerdings an das Ende der Queue eingefügt. Dies bewirkt, dass mehrere SCHED_RR-Prozesse mit identischer Priorität immer der Reihe nach abgearbeitet werden.

- *First in, first out*-Prozesse (SCHED_FIFO) besitzen keine Zeitscheibe und dürfen so lange laufen, wie sie wollen, nachdem sie einmal ausgewählt wurden.

Es ist offensichtlich, dass das System mit schlecht programmierten Echtzeitprozessen in einen Zustand gebracht werden kann, wo es nicht mehr verwendbar ist – dazu genügt eine Endlosschleife, deren Schleifenkörper nie schläft. Daher ist bei der Erstellung von Echtzeitapplikationen besondere Vorsicht angesagt.

Um das gewünschte Scheduler-Verhalten zu erreichen, ist nur eine Änderung in scheduler_tick nötig:

kernel/sched.c
```
              if (unlikely(rt_task(p))) {
                      /*
                       * RR tasks need a special form of timeslice management.
                       * FIFO tasks have no timeslices.
                       */
                      if ((p->policy == SCHED_RR) && !--p->time_slice) {
                              p->time_slice = task_timeslice(p);
                              p->first_time_slice = 0;
                              set_tsk_need_resched(p);

                              /* put it at the end of the queue: */
                              dequeue_task(p, rq->active);
                              enqueue_task(p, rq->active);
                      }
                      goto out;
              }
```

Wenn der aktuelle Prozess ein FIFO-Echtzeitprozess ist, braucht die Funktion nicht aktiv zu werden und kann einfach an ihr Ende (Label) springen – FIFO-Task sollen schließlich laufen, solange sie wollen.

Bei Round-Robin-Prozessen wird die Zeitscheibe dekrementiert: Fällt diese auf 0, wird ihr Wert erneuert. dequeue_task gefolgt von enqueue_task bewirkt, dass der Prozess ans Ende der entsprechenden Queue eingefügt wird.

Um einen Prozess in einen Echtzeitprozess zu verwandeln, muss der Systemaufruf sched_setscheduler verwendet werden, auf den wir hier nicht weiter eingehen wollen, da er im Wesentlichen nur folgende einfachen Aufgaben erledigt:

- Entfernen des Prozesses aus seiner aktuellen Queue mit `deactivate_task`.
- Setzen der Echtzeitpriorität und der Schedulingklasse in der Taskdatenstruktur.
- Neuaktivieren des Tasks mit `__activate_task`.

Wenn der Prozess vorher in keiner Runqueue enthalten war, genügt es sogar, nur die Schedulingklasse und den neuen Prioritätswert zu setzen; das vorhergehende Deaktivieren und anschließende Aktivieren kann entfallen.

2.6.2 SMP-Scheduling

Auf Mehrprozessor-Systemen muss der Kern einige zusätzliche Punkte beachten, um für gutes Scheduling zu sorgen:

- Die vorhandene Last muss so gut wie möglich auf den vorhandenen Prozessoren verteilt werden. Es ist unsinnig, wenn ein Prozessor für drei laufende Applikationen verantwortlich ist, während sich ein anderer im Idle-Task langweilt.

- Die *Affinität* eines Tasks zu bestimmten Prozessoren des Systems muss einstellbar sein. Damit wird es beispielsweise möglich, eine rechenintensive Anwendung auf die ersten drei CPUs eines 4fach-Systems zu binden, während die restlichen (interaktiven) Prozesse auf der vierten CPU ablaufen.

- Der Kern muss eine Möglichkeit bereitstellen, um Prozesse von einer CPU zu einer anderen migrieren zu können. Dies muss aber wohlüberlegt angewandt werden, da es deutliche Performancenachteile mit sich bringen kann (CPU-Caches!).

Die Affinität eines Task zu bestimmten CPUs des Systems wird durch das `cpus_allowed`-Element der Taskstruktur festgelegt, das wir bereits weiter oben erwähnt haben. Linux stellt den Systemaufruf `sched_setaffinity` bereit, um die Zuordnung zu ändern.

Die periodische Scheduler-Funktion `scheduler_tick` ruft auf SMP-Systemen nach Durchführung der bereits bekannten Arbeiten die Funktion `rebalance_tick` auf, die eine gleichmäßige Verteilung der Last des Systems erreicht, indem die Prozessverteilung auf die vorhandenen CPUs geändert wird.

`rebalance_tick` delegiert den größten Teil ihrer Arbeit an eine Funktion mit dem bezeichnenden Namen `load_balance`, die im Wesentlichen zwei Aktionen durchführen muss:

- Bestimmen der am höchsten ausgelasteten Queue. Diese Aufgabe wird an `find_busiest_queue` delegiert, die für eine bestimmte Runqueue aufgerufen wird. Zunächst untersucht sie die Anzahl der laufbereiten Prozesse (`nr_running`) auf den Runqueues aller Prozessoren. Um statistische Ungenauigkeiten zu dämpfen, werden auch die Werte beachtet, die beim letzten Durchlauf von `find_busiest_queue` ermittelt wurden. Um diese Werte speichern zu können, ist in der `runqueue`-Struktur das bisher nicht beachtete Array `prev_cpu_load` vorhanden:

```
struct runqueue {                                        kernel/sched.c
...
        int prev_cpu_load[NR_CPUS];
....
}
```

Für die weiteren Untersuchungen wird der größere der beiden Werte der aktuellen Queue verwendet. Wir werden ihn im folgenden mit `nr_running` bezeichnen.

Die Queues aller Prozessoren (einschließlich des eben untersuchten) werden durchlaufen und für jede der kleinere der beiden Werte notiert; ein Vergleich aller notierten Werte untereinander liefert den größten, den wir mit `max_load` bezeichnen.

Ein Zeiger auf die am meisten ausgelasteste Queue wird nur dann zurückgegeben, wenn zwei Bedingungen zutreffen:

- In allen Queues findet sich mindestens ein laufbereiter Prozess.
- Der Unterschied zwischen der meistausgelasteten Queue und der aktuellen Queue beträgt mehr als 25%.

Anderenfalls liefert die Funktion einen Nullzeiger.

■ Wenn `find_busiest_queue` eine stark ausgelastete Queue gefunden hat, wird ein Task davon auf die akuelle Queue migriert. Dazu wird die Hilfsfunktion `pull_queue` verwendet, auf die wir nicht genauer eingehen wollen.

Bei Auswahl potentieller Migrationskandidaten muss der Kern darauf achten, dass der betroffene Prozess

- Nicht gerade läuft oder vor kurzem gelaufen ist, da dies die Vorteile der CPU-Caches zunichte macht, die gerade mit den Daten des Tasks gefüllt sind.
- Aufgrund seiner CPU-Affinität auf dem zur aktuellen Queue gehörenden Prozessor ausgeführt werden darf.

Die restlichen Scheduler-Funktionen sind ohnehin nur auf eine bestimmte Runqueue und damit auf einen einzigen Prozessor ausgerichtet. Weiteren Anpassungen für SMP-Systeme müssen daher nicht vorgenommen werden. Jede Runqueue kann unabhängig von den anderen Runqueues des Systems manipuliert werden. Dies wird sich sehr positiv auf die Performance des Schedulers aus.

Die Haupt-Schedulingfunktion `schedule` muss nur minimal modifiziert werden: Wenn auf der aktuellen CPU keine lauffähigen Prozesse vorhanden sind, wird im SMP-Fall eine Lastumverteilung mit `load_balance` durchgeführt, um eventuell Prozesse von anderen CPUs auf den aktuellen Prozessor ziehen zu können.

2.6.3 Kernel-Präemption

Wie bereits beschrieben wurde, wird der Scheduler vor der Rückkehr in den Benutzermodus nach Systemaufrufen oder an bestimmten designierten Stellen im Kern aufgerufen. Dies stellt sicher, dass der Kern im Gegensatz zu Benutzerprozessen nicht unterbrochen werden kann, wenn er dies nicht explizit möchte. Dieses Verhalten kann problematisch werden, wenn sich der Kern in einer relativ langen Operation befindet, was bei verschiedenen Dateisystem- oder Speicherbezogenen Aufgaben der Fall sein kann: Die Rechenzeit wird zu lange an einen Prozess vergeben, während andere zu lange nicht aufgerufen werden. Dies kann sich in einer schlechteren Latenzzeit des Systems manifestieren, die vom Benutzer subjektiv als „teigige" Reaktionen des Computers wahrgenommen werden. Bei Multimedia-Anwendungen, kann es außerdem zu optisch bzw. akkustisch bemerkbaren Aussetzern kommen, wenn sie zu lange keine Rechenzeit erhalten.

2.6 Erweiterungen des Schedulers

Diese Probleme können gelöst werden, indem der Kern mit Unterstützung für Kernel-Präemption kompiliert wird. Dies ermöglicht es, nicht nur Userspace-Applikationen, sondern auch den Kern selbst zu unterbrechen, um einen neuen Task auszuwählen.

Die Präemption des Kerns ist allerdings nicht so leicht möglich wie die von Userspace-Programmen: Wenn der Kern bestimmte Operationen nicht in einem Zug durchführen kann – beispielsweise die Manipulation von Datenstrukturen –, ist es möglich, dass *Race Conditions* auftreten, die das System in einen inkonsistenten Zustand bringen. Dabei handelt es sich um die gleichen Probleme, die sich auch auf Mehrprozessorsystemen ergeben, worauf wir in Kapitel 11 („Kernel-Aktivitäten und Zeitfluss") noch genauer eingehen.

Der Kern darf also nicht an beliebigen Stellen unterbrochen werden. Glücklicherweise sind diese Stellen bereits durch die SMP-Implementierung markiert, weshalb die entsprechenden Informationen zur Realisierung der Kern-Präemption weiterverwendet werden können.

Zur Überprüfung, ob sich der Kern momentan an einer Stelle befindet, an der er unterbrochen werden kann oder nicht, wird in der `thread_info`-Struktur ein Element mit der Bezeichnung `preempt_count` angelegt, dessen Wert über die beiden Makros `dec_preempt_count` und `inc_preemp_count` erniedrigt bzw. erhöht wird. Jedesmal, wenn der Kern einen wichtigen Bereich betritt, in dem Präemption verboten werden muss, wird `inc_preempt_count` aufgerufen. Beim Verlassen des Bereichs wird der Wert des *Präemptionszählers* `preempt_count` mit `dec_preempt_count` wieder um 1 erniedrigt. Da der Kern manche wichtigen Bereiche auf verschiedenen Wegen – vor allem auch ineinander verschachtelt – betreten kann, würde eine simple Boolesche Variable für `preempt_count` nicht ausreichen.

Die Aufrufe von `dec_` und `inc_preempt_count` sind in die Synchronisationsoperationen für SMP-Systeme integriert (siehe Kapitel 11). Sie finden sich ohnehin bereits an allen relevanten Stellen des Kerns, weshalb der Präemptions-Mechanismus optimal darauf aufbauen kann, indem er die bestehende Infrastruktur weiterverwendet.

`preempt_schedule` überprüft, ob der Kern momentan unterbrochen werden darf:

```
asmlinkage void preempt_schedule(void)                                  kernel/sched.c
{
        struct thread_info *ti = current_thread_info();

        if (unlikely(ti->preempt_count || irqs_disabled()))
                return;

        ti->preempt_count = PREEMPT_ACTIVE;
        schedule();
        ti->preempt_count = 0;
}
```

Wenn der Präemptionszähler größer 0 ist, darf der Kern nicht unterbrochen werden: Die Funktion wird unmittelbar beendet. Eine Präemption ist ebenfalls nicht möglich, wenn der Kern Interrupts abgeschaltet hat, da er dies ebenfalls nur dann macht, wenn er sich an einer wichtigen Stelle befindet, die in einem Stück verarbeitet werden muss (`irqs_disabled` prüft, ob Interrupts abgeschaltet sind oder nicht).

Vor dem Aufruf des Schedulers wird der Wert des Präemptionszählers auf `PREEMPT_ACTIVE` gesetzt. Der Wert dieser Präprozessorkonstante ist so hoch definiert, dass der Zähler ihn normalerweise nicht erreichen kann. Er dient als Hinweis für die `schedule`-Funktion, dass sie aufgrund einer Kern-Präemption und nicht auf dem normalen Pfad aufgerufen wurde.

Unmittelbar am Anfang von `schedule` findet sich ein Test, den wir weiter oben nicht berücksichtigt haben:

kernel/sched.c
```
void schedule() {
  ...
        prev->last_run = jiffies;

        if (unlikely(preempt_count() & PREEMPT_ACTIVE))
                goto pick_next_task;
  .....
}
```

Er stellt sicher, dass die Funktion unmittelbar mit der Auswahl des nächsten Prozesses beginnt, ohne sich mit der bereits besprochenen Unterscheidung zwischen verschiedenen Task-Zuständen aufhalten zu müssen.

`preempt_schedule` wird im C-Teil des Kerns nie direkt, sondern nur über das Makro `preempt_check_resched` aufgerufen. Dies stellt sicher, dass das Rescheduling-Flag gesetzt ist, was bedeutet, dass der gerade laufende Prozess abgelöst werden möchte. Das sollte so schnell wie möglich erledigt werden – und nicht erst beim nächsten Routineaufruf des Schedulers:

<preempt.h>
```
#define preempt_check_resched() \
do { \
        if (unlikely(test_thread_flag(TIF_NEED_RESCHED))) \
                preempt_schedule(); \
} while (0)
```

Dies ist allerdings nur eine Möglichkeit, um eine Kernel-Präemption herbeizuführen. Die weitaus wichtigere Variante findet sich bei der Bearbeitung des Timer-Interrupts, der mit Frequenz HZ immer wieder automatisch vom System aufgerufen wird. Wenn der Prozessor nach Bearbeitung des Interrupts in den Kernmodus zurückkehren würde (eine Rückkehr in den Benutzermodus ist davon nicht betroffen), prüfen die Architektur-spezifischen Assembler-Routinen, ob der Präemptionszähler gleich 0 und das Reschedule-Flag gesetzt ist – genau so, wie es in `preempt_schedule` der Fall ist. Treffen beide Bedingungen zu, wird der Scheduler – ebenfalls mit gesetzem PREEMPT_ENABLE-Wert – aufgerufen, um den Task ablösen zu können.

Ein Kern mit aktivierter Präemption kann Prozesse, die ihre Rechenzeit abgeben wollen, daher schneller ablösen als ein normaler Kern.

3 Speicherverwaltung

Die Speicherverwaltung ist einer der komplexesten, zugleich aber auch wichtigsten Teile des Kerns. Besonders ausgeprägt ist dabei die Notwendigkeit zur engen Kooperation zwischen Prozessor und Kernel, da die anfallenden Aufgaben nur in engem Zusammenspiel gelöst werden können. Dies wirft ein interessantes Problem auf, das auch an einigen anderen Stellen im Kern auftritt, wie wir in den späteren Kapiteln sehen werden: Wie können die speziellen, teilweise recht unterschiedlichen Eigenschaften der unterstützten Architekturen so abstrahiert werden, dass allgemeiner Code nicht für jede CPU separat implementiert werden muss, sondern allgemein gültig auf allen Prozessoren läuft? Der Kern löst dies durch Einführung einer zusätzlichen Abstraktionsebene, die im Fall der Speicherverwaltung als *virtuelles Speichermodell* bezeichnet wird: Die Architektur-spezifischen Teile des Kerns werden als Vermittler zwischen Prozessor und architekturunabhängigem Code eingesetzt, der die Besonderheiten der Plattform verdeckt.

In Kapitel 1 („Einführung und Überblick") wurde bereits ein kurzer Überblick zu den verschiedenen Techniken und Abstraktionen gegeben, die der Kern bei der Implementierung der Speicherverwaltung verwendet. In diesem Kapitel werden wir genauer untersuchen, wie dies technisch umgesetzt wird.

3.1 Überblick

Viele verschiedene Felder müssen bei der Implementierung der Speicherverwaltung berücksichtigt werden müssen:

- Die Verwaltung physikalischer Speicherseiten.
- Das Buddy-System zur Vergabe von Speicher in großen Blöcken.
- Den Slab-Allokator zur Vergabe kleinerer Speicherabschnitte.
- Der `vmalloc`-Mechanismus zur Allokation nicht zusammenhängender Speicherbereiche.
- Der Adressraum von Prozessen.

Bekanntlich wird der gesamte virtuelle Adressraum des Prozessors vom Linux-Kernel in zwei Teile aufgespalten: Der untere, größere davon steht Benutzerprozessen zur Verfügung, während der obere Teil dem Kern gehört. Während sich bei einem Kontextwechsel, der beim Umschalten zwischen zwei Benutzerprozessen durchgeführt wird, der untere Teil ändert, bleibt die Belegung des Kernel-Teils im virtuellen Adressraum immer gleich. Auf IA-32-Systemen wird die Trennung zwischen Benutzerprozessen und Kernel im Verhältnis 3 : 1 vorgenommen, was bei einem virtuellen Adressraum von 4GiB zu 3GiB für den Userspace und einem GiB für den Kernel führt.

Der vorhandene physikalische Speicher wird in den Adressraum des Kerns eingeblendet. Zugriffe mit virtuellen Adressen zwischen dem Anfang des Kernel-Adressraums, die die Größe des RAM-Speicher nicht überschreiten, werden dadurch *automatisch* mit physikalischen Page Frames verbunden. Dies ist praktisch, da Speicherallokationen im Kernelbereich bei diesem Schema immer im physikalischem RAM landen, bringt aber auch ein Problem mit sich: Der virtuelle

Adressraum des Kerns ist kleiner als der maximale theoretische Adressraum des Prozessors. Wenn physikalisch mehr RAM vorhanden ist, als in den Kerneladressraum eingeblendet werden kann, muss sich der Kern der Highmem-Methode bedienen, um den „überschüssigen" Speicher verwalten zu können. Auf IA-32-Systemen können bis zu 896MiB RAM direkt verwaltet werden; der darüber hinausgehende Ausbau (bis zu maximal 4GiB) kann nur mittels Highmem angesprochen werden.[1]

Auf 64-Bit-Maschinen wird der Highmem-Modus nicht verwendet, da der zur Verfügung stehende Adressraum gigantisch groß ist. Da genau diese Meinung noch vor wenigen Jahren über den 4GiB-Adressraum von 32-Bit-Systemen allgemein vertreten wurde, scheint es aber lediglich eine Frage der Zeit, bis man auch an die Grenzen von 64 Bit stößt, wenn auch nicht unmittelbar in den nächsten Jahren.

Achtung: Die Verwendung von HighMem-Seiten ist nur für den Kernel selbst problematisch, der sie mit Hilfe weiter unten behandelter Funktionen (`kmap` und `kunmap`) zuerst in seinen virtuellen Adressraum einblenden muss, bevor er sie verwenden kann – dies ist für normale Speicherseiten nicht erforderlich. Für Userspace-Prozesse macht es hingegen keinen Unterschied, ob HighMem- oder normale Seiten verwendet werden, da sie immer über Seitentabellen und nie direkt auf die Speicherseiten zugreifen.

Es gibt zwei Maschinentypen, die den physikalischen Speicher auf unterschiedlichen Wegen verwalten:

- UMA-Maschinen (*uniform memory access*) organisieren den verfügbaren Speicher zusammenhängend (mit eventuell kleinen Löchern dazwischen). Jeder Prozessor des Systems kann (im Fall eines symmetrischen Multiprozessor-Systems) gleich schnell auf jeden Bereich des Speichers zugreifen.

- Bei NUMA-Maschinen (non*uniform memory access*) handelt es sich immer um Mehrprozessormaschinen. Jedem Prozessor des Systems steht dabei lokaler RAM-Speicher zur Verfügung, auf den er besonders schnell zugreifen kann. Die Prozessoren sind durch einen Bus verbunden, der es ermöglicht, auch auf den lokalen Speicher anderer CPUs zuzugreifen – dies geschieht aber langsamer als Zugriffe auf den lokalen Speicher.

  Beispiele für Systeme dieser Art sind auf Alpha basierende WildFire-Server oder NUMA-Q-Maschinen von IBM.

Abbildung 3.1 auf der gegenüberliegenden Seite verdeutlicht den Unterschied zwischen beiden Ansätzen.

Ebenfalls ist eine Mischung aus beiden Maschinentypen möglich, die eine diskontinuierliche Speicheraufteilung besitzen: Es handelt sich dabei zwar eigentlich um UMA-Systeme, deren RAM-Speicher aber nicht zusammenhängend organisiert ist, sondern von größeren Löchern

---

[1] 4GiB ist die maximale Speichergröße, die auf 32-Bit-Systemen angesprochen werden kann ($2^{32} = 4$GiB). Durch einen Trick können moderne IA-32-Implementierungen – beginnend ab Pentium PRO – bis zu 64GiB Speicher verwalten, wenn der PAE-Modus aktiviert ist. PAE bedeutet *page address extension* und stellt zusätzliche Bits für Speicherzeiger zur Verfügung. Allerdings können nicht alle 64GiB gleichzeitig angesprochen werden, sondern nur Ausschnitte von jeweils 4GiB.

Da die meisten Datenstrukturen der Speicherverwaltung nur im Bereich zwischen 0 und 1GiB alloziert werden können, ergibt sich eine praktische Grenze für den maximalen Speicher, die geringer als 64GiB ist. Der exakte Wert variiert je nach Kernelkonfiguration; beispielsweise ist es möglich, die Allokation von Page-Table-Einträgen der dritten Stufe im Highmem-Bereich durchzuführen, was die normale Zone entlastet.

Da IA-32-Systeme mit einem Speicherausbau von mehr als 4GiB sehr selten sind und die verschiedenen aufkommenden 64-Bit-Architekturen dieses Problem ohnehin viel sauberer lösen, werden wir hier nicht weiter auf den zweiten Highmem-Modus eingehen.

3.2 Organisation nach dem (N)UMA-Modell

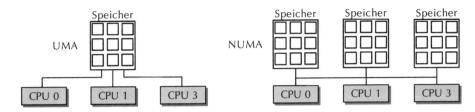

Abbildung 3.1: *UMA- und NUMA-Systeme*

durchzogen wird. Es ist hier oft günstig, Prinzipien der NUMA-Organisation anzuwenden, um Zugriffe auf den Speicher für den Kern leichter zu gestalten. In der Tat unterscheidet der Kernel zwischen zwei verschiedenen Konfigurationsoptionen (`DISCONTIG` und `HIGHMEM`). Da der Unterschied zwischen beiden sehr gering ist und beide Optionen häufig kombiniert auftreten, werden wir in den folgenden Ausführungen nicht allzu penibel zwischen ihnen unterscheiden.

3.2 Organisation nach dem (N)UMA-Modell

Bei der Speicherverwaltung gibt es besonders viele Unterschiede zwischen den unterstützten Architekturen, die der Kern durch intelligentes Design und eventuell eingeschobene Kompatibilitätsschichten so verdecken muss, dass sich allgemeiner Kernelcode nicht mit ihnen zu befassen braucht. Wie in Kapitel 1 besprochen wurde, ist ein wichtiger Punkt die unterschiedliche Anzahl an Indirektionsstufen, die für Seitentabellen verwendet wird. Der zweite zentrale Punkt ist die Aufteilung in NUMA- und UMA-Systeme.

Der Kern verwendet identische Datenstrukturen für Maschinen mit uniformem und nichtuniformem Speicherzugriff, um in den einzelnen Algorithmen nicht zwischen den verschiedenen Formen der Speicheranordnung unterscheiden zu müssen. Der Trick ist, dass auf UMA-Systemen eine einzige NUMA-Node eingeführt wird, mit deren Hilfe der komplette Speicher des Systems verwaltet wird. Den restlichen Teilen der Speicherverwaltung wird ein Pseudo-NUMA-System vorgegaukelt.

3.2.1 Überblick

Bevor wir die Datenstrukturen betrachten, die zur Organisation des vorhandenen Speichers im Kernel eingesetzt werden, müssen einige Begriffe angesprochen und präzisiert werden, da die Terminologie nicht immer leicht zu durchschauen ist. Dabei gehen wir zuerst von NUMA-Systemen aus; anschließend wird sich zeigen, dass die Reduktion auf UMA-Systeme eine sehr leichte Angelegenheit ist.

Abbildung 3.2 auf der nächsten Seite stellt die nachfolgend beschriebene Speicheraufteilung grafisch dar (die Situation ist etwas vereinfacht, wie sich bei der genauen Untersuchung der Datenstrukturen zeigen wird).

Zunächst wird der RAM-Speicher in *Noden* unterteilt. Mit jedem Prozessor des Systems ist eine Node verbunden; sie wird im Kern durch eine Instanz von `pg_data_t` repräsentiert (wir werden gleich genauer auf die Definition der angesprochenen Datenstrukturen eingehen).

Jede Node ist in einzelne *Zonen* unterteilt, die den Speicher weiter zergliedern. Beispielsweise gibt es Einschränkungen für den Speicherbereich, der für DMA-Operationen (mit ISA-Geräten) verwendet werden kann: Nur die ersten 16MiB sind dazu tauglich. Auch existiert der Highmem-Bereich, der nicht direkt eingeblendet werden kann. Dazwischen befindet sich der „normale"

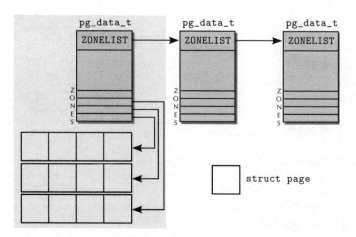

Abbildung 3.2: *Speicheraufteilung in NUMA-Systemen*

Speicherbereich, der universell verwendbar ist. Eine Node besteht deshalb aus bis zu drei Zonen, zu deren Unterscheidung der Kernel folgende Konstanten (in <mmzone.h>) einführt:

- ZONE_DMA für DMA-tauglichen Speicher.

- ZONE_NORMAL für normalen, direkt im Kernelsegment eingeblendeten Speicher.

- ZONE_HIGHMEM für physikalischen Speicher, der über das Kernelsegment hinausgeht.

Achtung: Nicht jede Node muss notwendigerweise alle drei Zonen aufweisen. Auf 64-Bit-Systemen existiert beispielsweise nie eine Highmem-Zone.

Zusätzlich steht MAX_NR_ZONES zur Verfügung, das die maximale Anzahl von Zonen innerhalb einer Node angibt. Es ist momentan entsprechend auf den Wert 3 definiert.

Jede Zone ist mit einem Array verknüpft, in dem die zur Zone gehörigen physikalischen Speicherseiten – im Kernel als *page frames* bezeichnet – organisiert sind. Für jede Speicherseite wird eine Instanz von struct page alloziert, in der die notwendigen Verwaltungsdaten festgehalten werden.

Die Noden werden auf einer einfach verketteten Liste gehalten, damit der Kern sie traversieren kann.

Aus Performancegründen versucht der Kern immer, Speicherallokationen eines Prozesses auf der NUMA-Node durchzuführen, die mit dem Prozessor verbunden ist, auf der er gerade läuft. Dies ist aber nicht immer möglich – beispielsweise kann die Node bereits voll belegt sein. Für solche Fälle stellt *jede* Node eine Fallback-Liste (durch struct zonelist) bereit, in der andere Noden (und die dazugehörigen Zonen) aufgelistet werden, die alternativ zur Speicherallokation herangezogen werden sollen. Je weiter hinten sich ein Eintrag in dieser Liste befindet, desto ungünstiger ist er.

Wie stellt sich die Situation auf UMA-Systemen dar? Hier gibt es nur eine einzige Node, alle anderen fallen weg. In der Abbildung ist dies der grau unterlegte Teil. Sonst braucht nichts geändert zu werden!

3.2.2 Datenstrukturen

Nachdem der Zusammenhang zwischen den Datenstrukturen erläutert wurde, die zur Speicherorganisation verwendet werden, wollen wir ihre genaue Definition untersuchen.

Nodenverwaltung

`pg_data_t` wird als Basiselement zur Repräsentation einer Node verwendet. Sie ist folgendermaßen definiert:

```
typedef struct pglist_data {                                         <mmzone.h>
        struct zone node_zones[MAX_NR_ZONES];
        struct zonelist node_zonelists[MAX_NR_ZONES];
        int nr_zones;
        struct page *node_mem_map;
        unsigned long *valid_addr_bitmap;
        struct bootmem_data *bdata;
        unsigned long node_start_pfn;
        unsigned long node_size;
        int node_id;
        struct pglist_data *pgdat_next;
        wait_queue_head_t       kswapd_wait;
} pg_data_t;
```

- `node_zones` ist ein Array, in dem sich die Datenstrukturen der in der Node enthaltenen Zonen finden.

- `node_zonelists` gibt alternative Noden und die darin enthaltenen Zonen in der Reihenfolge an, die zur Speicherallokation verwendet wird, wenn in der aktuellen Zone kein Platz mehr vorhanden ist.

- Die Anzahl unterschiedlicher Zonen, die sich in der Node befinden, wird in `nr_zones` festgehalten.

- `node_mem_map` ist ein Zeiger auf ein Array aus `page`-Instanzen, mit dem alle physikalischen Seiten der Node beschrieben werden. Das Array umfasst die Seiten aller in der Node enthaltenen Zonen.

- `valid_addr_bitmap` ist ein Array aus `long`-Elementen, das als Bitmap verwendet wird. Jede Bitposition steht für einen Seiteneintrag im `node_mem_map`-Array. Durch die einzelnen Bits wird geregelt, ob die Speicherseite tatsächlich benutzt werden kann. Das Bitmap ist erforderlich, da es auf einigen Maschinentypen Speicherseiten gibt, die nicht verwendet werden können (oder dürfen). Wenn es sich dabei nur um „kleine" Löcher handelt, ist dieser Mechanismus einfacher zu verwenden, als wenn mit Hilfe der NUMA-Strukturen der RAM-Speicher weiter aufgeteilt wird, um die Löcher explizit zu umgehen.

- Der Kern braucht während des Bootvorgangs bereits Speicher, bevor die Speicherverwaltung selbst initialisiert ist (auch zur Initialisierung der Speicherverwaltung ist die Reservierung von Speicher notwendig...). Um dieses Problem zu vermeiden, verwendet der Kern einen Boot-Memory-Allokator, der in Abschnitt 3.4.3 beschrieben ist. Die dabei verwendete Datenstruktur wird in `bdata` gespeichert und interessiert bis auf weiteres nicht.

- `node_start_pfn` ist die logische Startkennzahl des ersten Page Frames der NUMA-Node. Die Page Frames *aller* Noden des Systems werden laufend durchnummeriert, wobei jede Speicherseite eine global (nicht nur auf die Node bezogene) eindeutige Kennzahl erhält.

Im Falle eines UMA-Systems ist `node_start_pfn` immer 0, da nur eine einzige Node existiert, deren erste Seite stets die Kennzahl 0 trägt.

- `node_size` gibt die Anzahl der Speicherseiten an, die in einer Node zusammengefasst sind. Für UMA-Systeme ist dies die Anzahl aller Speicherseiten des Systems.

- `node_id` ist eine globale Kennzahl der Node. Alle NUMA-Noden des Systems werden von 0 beginnend nummeriert.

- `pgdat_next` verknüpft die Noden des Systems in einer einfach verketteten Liste, deren Ende wie üblich durch einen NULL-Zeiger kenntlich gemacht wird.

- `kswapd_wait` wird als Warteschlange für den Swap-Daemon verwendet, der beim Auslagern von Seiten aus der Zone benötigt wird, worauf Kapitel 14 („Swapping") genauer eingeht.

Die in Abbildung 3.2 auf Seite 74 gezeigte Verbindung zwischen der Node und den darin enthaltenen Zonen sowie der Fallback-Liste wird durch Arrays hergestellt, die sich am Anfang der Datenstruktur befinden. Achtung: Es handelt sich nicht wie üblich um Zeiger auf Arrays; die Arraydaten werden in der Nodenstruktur selbst untergebracht.

Die Zonen der Node finden sich in `node_zones[MAX_NR_ZONES]`. Das Array enthält stets drei Einträge, auch wenn die Node weniger Zonen enthält. In diesem Fall werden die restlichen Einträge mit NULL-Elementen aufgefüllt.

Speicherzonen

Zur Beschreibung einer Zone verwendet der Kernel die Struktur `zones`, die folgendermaßen definiert ist:

<mmzone.h>
```
struct zone {
        /* Commonly accessed fields: */
        spinlock_t              lock;
        unsigned long           free_pages;
        unsigned long           pages_min, pages_low, pages_high;

        ZONE_PADDING(_pad1_)

        spinlock_t              lru_lock;
        struct list_head        active_list;
        struct list_head        inactive_list;
        atomic_t                refill_counter;
        unsigned long           nr_active;
        unsigned long           nr_inactive;
        int                     all_unreclaimable; /* All pages pinned */
        unsigned long           pages_scanned;     /* since last reclaim */

        ZONE_PADDING(_pad2_)

        int prev_priority;

        /* free areas of different sizes */
        struct free_area        free_area[MAX_ORDER];

        wait_queue_head_t       * wait_table;
        unsigned long           wait_table_size;
        unsigned long           wait_table_bits;

        ZONE_PADDING(_pad3_)
```

3.2 Organisation nach dem (N)UMA-Modell

```
            struct per_cpu_pageset   pageset[NR_CPUS];

            /* Discontig memory support fields. */
            struct pglist_data       *zone_pgdat;
            struct page              *zone_mem_map;
            /* zone_start_pfn == zone_start_paddr >> PAGE_SHIFT */
            unsigned long            zone_start_pfn;

            /* rarely used fields: */
            char                     *name;
            unsigned long            spanned_pages;    /* total size, including holes */
            unsigned long            present_pages;    /* amount of memory (excluding holes) */
    } ____cacheline_maxaligned_in_smp;
```

Besonders auffällig an der Struktur ist, dass sie in vier Abschnitte gespalten wird, die durch ZONE_PADDING voneinander getrennt sind. Der Grund dafür: Zonenstrukturen werden sehr häufig benötigt. Auf Multiprozessorsystemen kommt es daher oft vor, dass verschiedene CPUs gleichzeitig auf Elemente der Struktur zugreifen wollen. Um zu verhindern, dass sie sich dabei gegenseitig in die Quere kommen, was zu zu verschiedenen Inkonsistenzen und daher Fehlern führen kann, werden Locks verwendet. Die beiden Spinlocks der Struktur – zone->lock und zone->lru_lock – werden sehr oft belegt, da der Kern sehr häufig auf die Struktur zugreift.[2]

Die Verarbeitung von Daten geht schneller vor sich, wenn sich sich in einem Cache der CPU befinden. Caches sind in Zeilen unterteilt, wobei jede Zeile für verschiedene Speicherbereiche verantwortlich ist. Um sicherzustellen, dass sich jedes Lock in einer eigenen Cache-Zeile befindet, fügt der Kern „Fülldaten" in die Struktur ein, die durch das (hier nicht weiter besprochene) Makro ZONE_PADDING erzeugt werden. Zusätzlich wird das Compiler-Schlüsselwort __cacheline_maxaligned_in_smp verwendet, um eine optimale Cache-Ausrichtung zu erreichen.

Auch die beiden unteren Abschnitte der Struktur sind mit Fülldaten voneinander getrennt. Da sich darin kein Lock befindet, geht es dem Kern hier vor allem darum, dass die Daten immer schnell in einer Cache-Zeile verfügbar sind, ohne langwierig aus dem RAM-Speicher geladen werden zu müssen. Da sich nicht allzu viele Instanzen von Zonenstrukturen im Kernelspeicher befinden, kann der Größenzuwachs durch die Füllstrukturen vernachlässigt werden.

Welche Bedeutung besitzen die Elemente der Struktur?

- **free_pages** gibt die Anzahl von Speicherseiten der Zone an, die momentan nicht benutzt werden.

- **pages_min**, **pages_low** und **pages_low** sind „Watermarks", die beim Auslagern von Seiten verwendet werden. Der Kern kann Speicherseiten auf die Festplatte schreiben, wenn nicht mehr genügend RAM-Speicher vorhanden ist. Die drei genannten Kenngrößen beeinflussen das Verhalten des Swapping-Daemons:

    - Wenn mehr als **pages_high** Seiten frei sind, ist die Zone in einem optimalen Zustand.
    - Sinkt die Anzahl freier Seiten unter **pages_low**, beginnt der Kern mit der Auslagerung von Seiten auf die Festplatte.
    - Beim Unterschreiten von **pages_min** wird der Auslagerungsdruck erhöht, da dringend freie Speicherseiten in der Zone gebraucht werden.

Kapitel 14 beschäftigt sich genauer mit dem Swapping-Mechanismus des Kerns. Auch bei der Beschreibung des Buddy-Systems in Abschnitt 3.5.2 werden die Watermarks ins Spiel kommen.

---

[2] Man bezeichnet die Locks daher als *hot spots,* sinngemäß etwa „heiße Punkte".

- Die Elemente des zweiten Abschnitts beschäftigen sich damit, die verwendeten Speicherseiten der Zone gemäß ihrer Aktivität zu katalogisieren. Unter einer „aktiven" Seite versteht der Kern eine Seite, auf die häufig zugegriffen wird, während bei einer inaktiven Seite genau das Gegenteil der Fall ist. Diese Unterscheidung ist wichtig, wenn Seiten ausgelagert werden müssen, da die häufig gebrauchten Seiten davon möglichst unberührt bleiben sollen, während die überflüssigen ohne großen Verlust ausgelagert werden können.

  Die beteiligten Elemente sind:

  - active_list sammelt die aktiven, inactive_list die inaktiven Seiten (page-Instanzen).

  - nr_inactive und nr_active sind Zähler, die angeben, wie viele Seiten sich auf jeder Liste befinden.

  - refill_counter wird beim Transfer bisher aktiver Seiten auf die inactive-Liste verwendet.

  - all_unreclaimable ist eine Boolesche Variable, die gesetzt wird, wenn sich eine Zone aus nicht-auslagerbaren Seiten zusammensetzt. Das Swapping-Daemon durchsucht Zonen dieser Art bei der Suche nach auslagerbaren Seiten nur sehr kurz, um seine Zeit nicht sinnlos zu vergeuden.[3]

  - pages_scanned gibt an, wie viele Seiten erfolglos untersucht wurden, seit eine Seite das letzte Mal ausgelagert werden konnte.

  - prev_priority speichert die Priorität, mit der die Zone beim letzten Suchlauf durchsucht werden musste, bis in try_to_free_pages genügend Speicherseiten befreit werden konnten (siehe Kapitel 13 („Datensynchronisation")). Wie wir ebenfalls in Kapitel 13 sehen werden, hängt die Entscheidung, ob gemappte Seiten ausgelagert werden sollen, von diesem Wert ab.

- free_area ist ein Array aus gleichnamigen Datenstrukturen, die zur Implementierung des Buddy-Systems verwendet wird. Jedes Array-Element steht für zusammenhängende Speicherbereiche fester Größe und setzt sich aus zwei Elementen zusammen: einer verketteten Liste der Speicherbereiche und einem Bitmap, mit dessen Hilfe belegte und unbelegte Bereiche unterschieden werden können.

  Abschnitt 3.5.2 wird genauer auf Implementierungsdetails des Buddy-Systems eingehen.

- wait_table, wait_table_bits und wait_table_size realisiert eine Warteschlange für Prozesse, die darauf warten, dass eine Seite frei wird.

- Der letzte Abschnitt von struct zone beginnt wiederum mit einem umfangreichen Array, das zur Implementierung CPU-spezifischer Hot'n-Cold-Page-Listen dient. Wir werden im nächsten Abschnitt auf die dazu verwendete Datenstruktur struct per_cpu_pageset eingehen.

- Die Verknüpfung zwischen einer Zone und der übergeordneten Node wird über zone_pgdat hergestellt, das auf die entsprechende Instanz von pg_list_data zeigt.

---

[3] Allerdings kann nicht völlig auf eine Durchsuchung verzichtet werden, da die Zone möglicherweise irgendwann wieder auslagerbare Seiten enthält. Trifft dies zu, wird all_unreclaimable auf 0 gesetzt; der kswapd-Daemon bearbeitet die Zone dann wieder ganz normal.

3.2 Organisation nach dem (N)UMA-Modell

- `zone_mem_map` zeigt auf ein Array, in dem eine `page`-Instanz für *jede* Speicherseite der Zone enthalten ist.

- `zone_start_pfn` ist die Kennzahl der ersten Speicherseite, die zur Zone gehört.

- Die restlichen drei Felder werden nur selten benutzt. Solche Elemente finden sich in allen Datenstrukturen immer am Ende der Definition.
  `name` ist ein String, in dem eine textuelle Bezeichnung für die Zone abgespeichert wird. Momentan stehen hierfür die drei Möglichkeiten `Normal`, `DMA` und `HighMem` zur Verfügung.
  `spanned_pages` gibt die Anzahl der Speicherseiten an, die die Zone umfasst. Allerdings müssen nicht alle davon nutzbar sein, da sich kleine Löcher in der Zone befinden können, wie bereits angesprochen wurde. Für die Anzahl der tatsächlich benutzbaren Seiten gibt es daher einen weiteren Zähler (`present_pages`), der aber in den meisten Fällen den gleichen Wert wie `spanned_pages` besitzt.

Hot-and-Cold-Seiten

Das `pageset`-Element von `struct zone` wird verwendet, um einen Hot-n-Cold-Allokator zu implementieren. Als „heiße" Seite (*hot*) bezeichnet der Kern eine Speicherseite, die sich in einem CPU-Cache befindet und auf deren Inhalt daher schneller zugegriffen werden kann, als wenn sich die Daten im RAM-Speicher befinden. Analog versteht man unter einer „kalten" Seite (*cold*) eine Seite, die in keinem Cache vorgehalten wird. Da auf Multiprozessorsystemen jeder Prozessor einen (bzw mehrere hintereinander geschaltete) eigene Caches besitzt, muss die Verwaltung für jede CPU separat erfolgen.

Achtung: Auch wenn eine Zone zu einer bestimmten NUMA-Node gehört und dadurch mit einem bestimmten Prozessor verbunden ist, können auch andere CPUs Speicherseiten aus dieser Zone in ihrem Cache haben – schließlich kann jeder Prozessor nach wie vor auf *alle* Speicherseiten des Systems zugreifen, wenn auch nicht gleich schnell. Die zonenspezifische Datenstruktur muss daher nicht nur den mit der zur Zone gehörigen NUMA-Node assoziierten Prozessor berücksichtigen, sondern auch alle anderen CPUs des Systems.

`pageset` ist ein Array, in dem so viele Einträge vorhanden sind, wie das System maximal CPUs aufnehmen kann:

```
struct zone {                                           <mmzone.h>
    ...
    struct per_cpu_pageset  pageset[NR_CPUS];
    ...
};
```

NR_CPUS ist eine Präprozessorkonstante, die zur Übersetzungszeit des Kerns festgelegt wird, aber konfiguriert werden kann. Während sie auf Einprozessorsystemen stets den Wert 1 besitzt, kann sie auf SMP-Systemen Werte zwischen 2 und 32 (bzw. 64 auf 64-Bit-Systemen) annehmen. Achtung: Der Wert gibt nicht die Anzahl der CPUs wieder, die in einem System tatsächlich vorhanden sind, sondern spezifiziert die maximale Prozessorzahl, die der Kern unterstützt.

Die Array-Elemente sind vom Typ `per_cpu_pageset`, der folgendermaßen definiert ist:

```
struct per_cpu_pageset {                                <mmzone.h>
    struct per_cpu_pages pcp[2];    /* 0: hot. 1: cold */
} ____cacheline_aligned_in_smp;
```

Die Struktur besteht aus einem Array mit zwei Einträgen, von denen der erste zur Verwaltung heißer und der zweite zur Verwaltung kalter Seiten verwendet wird. Die „Umverpackung" stellt sicher, dass jedes Array-Element von `pageset` eine eigene Cachezeile erhält.

Die eigentlichen Nutzdaten finden sich in `per_cpu_pages`:

<mmzone.h>
```
struct per_cpu_pages {
        int count;              /* number of pages in the list */
        int low;                /* low watermark, refill needed */
        int high;               /* high watermark, emptying needed */
        int batch;              /* chunk size for buddy add/remove */
        struct list_head list;  /* the list of pages */
};
```

Während `count` die Anzahl der Seiten zählt, die mit dem Element verbunden sind, sind `low` und `high` zwei Watermarks: Wenn der Wert von `count` unter den von `low` fällt, müssen neue Seiten „eingefüllt" werden, während sich für `count > high` zu viele Seiten in der Liste befinden.

`list` ist eine doppelt verkettete Liste, die die Prozessor-spezifischen Seiten aufreiht und mit den Standardmethoden der Listenimplementierung bearbeitet wird.

Die Per-CPU-Caches werden wenn möglich nicht mit einzelnen Seiten befüllt, sondern gleich mit einem ganzen Stapel davon. `batch` gibt den Richtwert vor, wie viele Seiten in einem Zug eingeführt werden sollen.

Abbildung 3.3 macht anhand eines grafischen Beispiels deutlich, wie die Datenstrukturen des Per-CPU-Caches auf einem Dualprozessorsystem belegt sind.

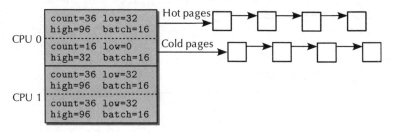

Abbildung 3.3: *Per-CPU-Cache auf einem Dualprozessorrechner*

Speicherseiten

Als kleinste Einheit bei der Beschreibung des Systemspeichers müssen die einzelnen Speicherseiten verwaltet werden. Für jede Seite, die sich im RAM-Speicher des Systems befindet, wird eine Instanz von `struct page` angelegt. Da der Speicher selbst bei Systemen mit moderatem RAM-Ausbau in *sehr* viele Seiten unterteilt wird, achten die Kernelprogrammierer genau darauf, die Struktur so klein wie möglich zu halten. In einem IA-32-System, das mit einer Standardseitengröße von 4KiB arbeitet, finden sich bei 384MiB Hauptspeicher bereits rund 100.000 Seiten!

Definition von `page`   Die Definition der Struktur lautet wie folgt:

<mm.h>
```
struct page {
        unsigned long flags;       /* atomic flags, some possibly
                                      &process'comment(updated asynchronously )*/
        atomic_t count;            /* Usage count, see below. */
        struct list_head list;     /* ->mapping has some page lists. */
        struct address_space *mapping; /* The inode (or ...) we belong to. */
```

3.2 Organisation nach dem (N)UMA-Modell

```
         unsigned long index;         /* Our offset within mapping. */
         struct list_head lru;        /* Pageout list, eg. active_list */

         union {
              struct pte_chain *chain;/* Reverse pte mapping pointer.
                                       * protected by PG_chainlock */
              pte_addr_t direct;
         } pte;
         unsigned long private;       /* mapping-private opaque data */

#if defined(WANT_PAGE_VIRTUAL)
         void *virtual;               /* Kernel virtual address (NULL if
                                       * not kmapped, ie highmem */
#endif
};
```

Jede Speicherseite wird durch diese Struktur in einem architekturunabhängigen Format beschrieben, das nicht vom verwendeten Prozessortyp abhängt.

Unglücklicherweise stellt die Seitenstruktur viele Elemente bereit, deren Bedeutung erst dann genau erklärt werden kann, wenn verschiedene andere Subsysteme des Kerns besprochen wurden. Der Inhalt der Struktur soll dennoch überblicksweise besprochen werden, auch wenn dies mit einigen „Vorwärtsvertröstungen" auf die folgenden Kapitel verbunden ist:

- `flags` speichert architekturunabhängige Flags, mit deren Hilfe der Zustand der Seite charakterisiert wird. Wir werden weiter unten auf die verschiedenen Möglichkeiten eingehen, mit denen diese Variable belegt werden kann.

- `count` ist ein Benutzungszähler, der angibt, an wie vielen Stellen im Kern die Seite verwendet wird. Wenn sein Wert auf 0 gesunken ist, weiß der Kern, dass die `page`-Instanz momentan nicht gebraucht wird und daher entfernt werden kann; besitzt `count` einen Wert größer 0, darf die Instanz unter keinen Umständen aus dem Speicher gelöscht werden. Leser, die mit dem Konzept von Referenzzählern nicht vertraut sind, finden in Anhang C einige Anmerkungen dazu.

- `list` ist ein Listenkopf, mit dessen Hilfe die Seite auf verschiedenen Listen gehalten werden kann. In den folgenden Kapiteln gehen wir auf viele Listen ein, in denen sich eine Speicherseite befinden kann.

- `mapping` gibt den Adressraum an, in dem sich eine Speicherseite befindet, während `index` der Index innerhalb des Mappings ist. Adressräume sind ein sehr allgemeines Konzept, das beispielsweise beim Einlesen einer Datei in den Speicher zum Einsatz kommt: Der Inhalt der Datei (die Daten) wird durch einen Adressraum mit den Bereichen im RAM-Speicher verbunden, in die er eingelesen werden soll.

- Zur Realisierung des Reverse-Mapping-Schemas wird das Element `pte` verwendet. Jede Seite ist durch dieses Schema mit allen Prozessen verbunden, von denen sie benutzt wird. Mehrere Prozesse können sich Seiten teilen, in denen beispielsweise der Code häufig verwendeter Bibliotheken wie der C-Standardbibliothek untergebracht wird.

  Da die Implementierung des Reverse Mappings eine komplexe Angelegenheit ist, wird sich Abschnitt 3.7.6 spezifisch mit den zugehörigen Datenstrukturen auseinander setzen.

- `private` ist ein Zeiger auf „private" Daten, der von der virtuellen Speicherverwaltung ignoriert wird. Er kann je nach Verwendung der Seite unterschiedlich eingesetzt werden. In den meisten Fällen wird er zur Verknüpfung der Seite mit Datenpuffern verwendet, worauf die folgenden Kapitel genauer eingehen.

- `virtual` wird für Seiten verwendet, die sich im HighMem-Bereich des Speichers befinden, also nicht direkt in den Kernelspeicher eingeblendet werden können. `virtual` nimmt in einem solchen Fall die *virtuelle* Adresse der Seite auf.

Wie die Präprozessor-Anweisung `#ifdef{WANT_PAGE_VIRTUAL}` zeigt, ist das `virtual`-Element nur dann Bestandteil von `struct page`, wenn die enstprechende Präprozessorkonstante definiert ist. Dies ist momentan nur bei Motorola m68k- und Sparc64-Prozessoren der Fall; alle anderen Architekturen verwenden ein abweichendes Schema, um virtuelle Seiten ansprechen zu können.

Kern dieser alternativen Implementierung ist eine Hashtabelle, mit deren Hilfe die Adresse aller Highmem-Seiten herausgefunden werden kann. Abschnitt 3.5.5 wird sich näher mit den entsprechenden Techniken beschäftigen.

Architektur-unabhängige Seitenflags Die unterschiedlichen Zustände einer Seite werden durch eine Reihe von Seitenflags charakterisiert, die als Bits im `flags`-Element von `struct page` gespeichert werden. Die Flags sind unabhängig von der verwendeten Architektur, können also keine prozessor- oder maschinenspezifischen Hinweise geben (diese werden in der Seitentabelle selbst untergebracht, wie wir weiter unten zeigen werden).

In `<page-flags.h>` werden nicht nur die einzelnen Flags mit Hilfe des Präprozessors definiert, sondern auch Makros erzeugt, die die Flags setzen, löschen und abfragen. Dabei hält sich der Kern an ein universelles Namensschema: Die Konstante `PG_locked` definiert beispielsweise die Bitposition in `flags`, die angibt, ob eine Seite gesperrt ist oder nicht. Folgende Makros stehen zu Manipulation des Bits zur Verfügung:

- `PageLocked` fragt ab, ob das Bit gesetzt ist.

- `SetPageLocked` setzt das `PG_locked`-Bit – unabhängig von seinem vorherigen Zustand.

- `TestSetPageLocked` setzt das Bit, gibt aber zusätzlich seinen alten Wert zurück.

- `ClearPageLocked` löscht das Bit, unabhängig von seinem vorherigen Zustand.

- `TestClearPageLocked` löscht das Bit und gibt den alten Wert zurück.

Für die anderen Seitenflags existiert ein identischer Satz an Makros, die die gezeigten Operationen mit dem jeweiligen Bit ausführen. Die Makros sind atomar implementiert: Obwohl sie zum Teil aus mehreren Anweisungen bestehen, sind sie durch Verwendung spezieller Prozessorbefehle so implementiert, dass sie wie eine einzige Anweisung wirken, d.h. nicht zwischendrin unterbrochen werden können, da dies zu Race Conditions führen würde (Kapitel 11 beschäftigt sich genauer mit der Entstehung und Vermeidung von Race Conditions).

Welche Seitenflags stehen zur Verfügung? Die folgende Liste zeigt die wichtigsten davon, auch wenn ihre genaue Bedeutung teilweise erst in den anschließenden Kapiteln klar gemacht werden kann:

- `PG_locked` gibt an, ob eine Seite gesperrt ist. Wenn das Bit gesetzt ist, dürfen andere Teile des Kerns nicht auf die Seite zugreifen, was zur Vermeidung von Race Conditions in der Speicherverwaltung gebraucht wird – beispielsweise beim Einlesen von Daten von der Festplatte in eine Speicherseite.

- **PG_error** wird gesetzt, wenn während einer I/O-Operation, in die die Seite verwickelt war, ein Fehler aufgetreten ist.

- **PG_referenced** und **PG_active** werden verwendet, um die Kontrolle darüber zu behalten, wie aktiv eine Speicherseite vom System verwendet wird. Diese Information ist wichtig, wenn das Swapping-Subsystem auswählen muss, welche Seite ausgelagert werden soll. Das Zusammenspiel der beiden Flags wird in Kapitel 14 genauer erläutert.

- **PG_uptodate** zeigt, dass die Daten einer Seite ohne Fehler von einem Blockgerät eingelesen wurden.

- **PG_dirty** wird gesetzt, wenn der Inhalt der Seite gegenüber den Daten auf der Festplatte modifiziert wurde. Da die Seite aus Performance-Gründen nicht unmittelbar nach jeder Änderung zurückgeschrieben wird, merkt sich der Kern mit Hilfe dieses Flags, an welchen Seiten Modifikationen vorgenommen wurden.

  Seiten, bei denen dieses Flag gesetzt wird, werden als *dreckig* bezeichnet (allgemein bedeutet der Begriff, dass Daten nicht zwischen RAM-Speicher und einem sekundären Speichermedium wie einer Festplatte nicht synchronisiert sind).

- **PG_lru** wird bei der Swapping-Implementierung verwendet. Der Kern verwendet zwei Least recently used-Listen,[4] um zwischen aktiven und inaktiven Seiten zu unterscheiden. Wenn sich die Seite auf einer dieser Listen befindet, ist das Bit gesetzt. Zusätzlich existiert **PG_active**, das gesetzt wird, wenn sich die Seite auf der Liste der aktiven Seiten befindet.

- **PG_highmem** zeigt, dass sich eine Seite im HighMem-Bereich befindet, der nicht permanent in den Kernelspeicher eingeblendet werden kann.

- **PG_private** muss gesetzt werden, wenn das `private`-Element der `page`-Struktur mit einem Wert ungleich NULL belegt ist.

- **PG_writeback** wird bei Seiten gesetzt, deren Inhalt gerade auf ein Blockgerät zurückgeschrieben wird.

- **PG_slab** ist in Seiten gesetzt, die Teil des Slab-Allokators sind, der in Abschnitt 3.6 besprochen wird.

- **PG_direct** wird verwendet, wenn das Reverse Mapping einer Seite nicht über eine Liste, sondern direkt erfolgt (Abschnitt 3.7.6 geht genau darauf ein, was diese Aussage bedeutet).

3.3 Seitentabellen

Um die Verwaltung großer Adressräume schnell und effizient implementieren zu können, werden Seitentabellen verwendet, die hierarchisch verknüpft sind. Das Funktionsprinzip dieses Ansatzes und die gegenüber einer linearen Adressierung entstehenden Vorteile wurden in Kapitel 1 besprochen. Hier werden wir genauer auf die technischen Aspekte der Implementierung eingehen.

Zur Erinnerung: Seitentabellen werden verwendet, um eine Verbindung zwischen den virtuellen Adressräumen von Benutzerprozessen und den physikalisch vorhandenen Speicherseiten

---

[4] Häufig benutzte Einträge finden sich bei diesem Listentyp automatisch an den vorderen Positionen, während inaktive Einträge immer weiter nach hinten rutschen.

(RAM, page frames) des Systems zu schaffen. Die bisher besprochenen Strukturen dienten dazu, die Struktur des RAM-Speichers (Aufteilung in Noden und Zonen) sowie Anzahl und Belegungsstatus der darin verfügbaren Speicherseiten zu beschreiben. Mit Hilfe von Seitentabellen kann jedem Prozess ein uniformer virtueller Adressraum zur Verfügung gestellt werden, der aus Sicht der Applikation als zusammenhängender Speicher betrachtet wird. Mit Hilfe von Seitentabellen werden die benutzten virtuellen Seiten in den RAM-Speicher abgebildet. Zusätzlich ermöglicht dies die Implementierung von Shared Memory (Speicher, der von mehreren Prozessen gleichzeitig verwendet wird) oder die Auslagerung von Seiten auf ein Blockgerät, um die effektiv verwendbare Speichermenge ohne zusätzliches physikalisches RAM zu vergrößern.

Die Speicherverwaltung des Kerns geht von der Grundannahme aus, dass Seitentabellen dreistufig implementiert sind – unabhängig davon, ob dies beim zugrunde liegenden Prozessor der Fall ist oder nicht. Das beste Beispiel, auf das dies Annahme *nicht* zutrifft, sind IA-32-Systeme: Die Architektur verwendet standardmäßig nur ein zweistufiges Paging-System,[5] weshalb die dritte Stufe vom Architektur-spezifischen Code emuliert werden muss.

Die Verwaltung der Seitentabellen gliedert sich in zwei Teile, einen Architektur-*ab*hängigen und einen Architektur-*un*abhängigen. Interessanterweise werden alle Datenstrukturen und auch beinahe alle Funktionen, die zu ihrer Manipulation verwendet werden, in Architektur-spezifischen Dateien definiert. Da sich die Prozessor-spezifischen Implementierungen teilweise sehr stark unterscheiden, was an den durchaus unterschiedlichen Konzepten der einzelnen CPUs liegt, wollen wir hier nicht näher auf Low-Level-Details eingehen, um die Beschreibung nicht ins Unendliche aufzublähen. Unter anderem ist zu ihrem Verständnis auch relativ umfangreiches Wissen über die einzelnen Prozessoren erforderlich, auf die hier nicht in jeder Einzelheit eingegangen werden kann. Die Hardware-Dokumentation umfasst nicht ohne Grund im Allgemeinen mehrere Bücher! Anhang A beschreibt die IA-32-Architektur etwas detaillierter. Ebenfalls wird zumindest überblicksweise die Architektur der wichtigsten anderen Prozessoren besprochen, die von Linux unterstützt werden.

Die Beschreibung von Datenstrukturen und Funktionen in den folgenden Abschnitten bezieht sich üblicherweise auf die Schnittstellen, die von den Architektur-abhängigen Dateien bereitgestellt werden. Die Definitionen finden sich in den Headerdateien `<asm-arch/page.h>` und `<asm-arch/pgtable.h>`, die im Folgenden als `page.h` und `pgtable.h` bezeichnet werden. Wenn wir uns auf Dinge beziehen, die nicht allgemein, sondern nur für eine spezielle Architektur gelten, wird dies gesondert bemerkt. Alle anderen Ausführungen gelten gleichermaßen für alle Architekturen, auch wenn die zugehörigen Strukturen Architektur-spezifisch definiert sind.

3.3.1 Datenstrukturen

In C wird der Datentyp `void*` verwendet, um einen Zeiger auf beliebige Byte-Stellen im Speicher angeben zu können. Die dazu verwendete Bitzahl unterscheidet sich je nach Architektur, wobei bei allen heute gängigen Prozessoren (und darunter fallen alle, auf denen Linux läuft) entweder 32 oder 64 Bits verwendet werden.

Die Kernelquellen gehen von der Annahme aus, dass `void*` und `unsigned long` die gleiche Bitzahl besitzen, weshalb sie ohne Informationsverlust durch Typecasts ineinander überführt werden können (Leser, die mit diesem Konzept der Programmiersprache C nicht vertraut sind, seien auf Anhang C verwiesen). Natürlich ist diese Annahme – formal als `sizeof(void*) == sizeof(unsigned long)` geschrieben – auf allen von Linux unterstützten Architekturen erfüllt.

---

5 Wenn die PAE-Erweiterungen nicht verwendet werden.

3.3 Seitentabellen

Anstelle von `void`-Zeigern verwendet die Speicherverwaltung gerne Variablen des Typs `unsigned long`, da diese etwas leichter handzuhaben und zu manipulieren sind. Technisch sind beide ansonsten völlig gleichwertig.

Aufteilung von Speicheradressen

Speicheradressen im virtuellen Speicher werden in vier Teile aufgespalten, wie es die Struktur der dreistufigen Seitentabellen erfordert (drei Tabelleneinträge zur Auswahl der Speicherseite und ein Index für die Position innerhalb der Seite). Nicht nur die Länge, sondern auch die Aufteilung der Adresse unterscheidet sich zwischen den einzelnen Architekturen. Der Kern definiert deshalb einige Makros, die zur Aufspaltung der Adresse in die einzelnen Bestandteile verwendet werden können.

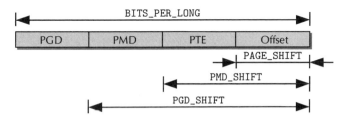

Abbildung 3.4: Gliederung einer virtuellen Adresse

Abbildung 3.4 zeigt, wie die Positionen der Adresselemente durch Bitshifts festgelegt ist: `BITS_PER_LONG` gibt an, wie viele Bits für eine `unsigned long`-Variable und damit auch für einen allgemeinen Zeiger in den virtuellen Adressraum verwendet werden.

Am Ende jedes Zeigers finden sich einige Bits, die die Position innerhalb der selektierten Speicherseite angeben. Die benötigte Bitzahl wird durch `PAGE_SHIFT` festgehalten.

`PMD_SHIFT` gibt an, wie viele Bits von einer Seite *und* einem Eintrag aus der letzten Stufe der Seitentabellen *zusammen* verbraucht werden. Die Angabe kann verwendet werden, um durch Subtraktion von `PAGE_SHIFT` zu ermitteln, wie viele Bits ein Eintrag in der letzten Hierarchiestufe der Seitentabelle benötigt. Wichtiger ist ie Tatsache, dass der Wert angibt, wie groß der Teiladressraum ist, der von einem Eintrag in der mittleren Seitentabelle verwaltet wird – nämlich $2^{\text{PMD\_SHIFT}}$ Bytes.

Analog ist `PGDIR_SHIFT` definiert, das die Bitlängen von `PAGE_OFFSET` und `PMD_SHIFT` mit der Bitanzahl eines Eintrags aus dem mittleren Seitenverzeichnis kombiniert. Der Wert gibt den binären Logarithmus der Größe des Teiladressraums an, der über einen Eintrag in der Basistabelle des Seitenverzeichnisses angesprochen werden kann.

Auch die Anzahl der Zeiger, die sich in den verschiedenen Verzeichnissen der Seitentabelle befinden können, werden durch Makrodefinitionen festgehalten. Während `PTRS_PER_PGD` die Anzahl der Einträge in der Basistabelle festlegt, gibt `PTRS_PER_PMD` die Anzahl in der mittleren und `PTRS_PER_PTE` die Anzahl in der Endtabelle an.

Achtung: Architekturen, die mit nur zweistufigen Seitentabellen arbeiten, definieren `PTRS_PER_PMD` auf 1. Dies spielt den restlichen Teilen des Kerns eine dreistufige Seitenübersetzung vor, obwohl nur zwei Stufen verwendet werden – das mittlere Seitenverzeichnis wird eliminiert, da es nur einen einzigen Eintrag besitzt.

Die Größen der Adressbereiche, die mit Zeigern von n Bit Länge angesprochen werden, beträgt 2^n Bytes. Um diese Werte nicht wiederholt berechnen zu müssen, definiert der Kern zusätzliche Makrovariablen, in denen die entsprechenden Ergebnisse festgehalten werden. Sie sind wie folgt definiert:

```
#define PAGE_SIZE    (1UL << PAGE_SHIFT)
#define PMD_SIZE     (1UL << PMD_SHIFT)
#define PGDIR_SIZE   (1UL << PGDIR_SHIFT)
```

Der Wert 2^n kann im Binärsystem leicht berechnet werden, indem ein Bit von Position 0 ausgehend um n Positionen nach links verschoben wird. Der Kern verwendet diesen „Trick" an vielen weiteren Stellen; Leser, die mit der Behandlung binärer Zahlen nicht vertraut sind, finden in Anhang C einige Erläuterungen dazu.

Nun fehlen noch Möglichkeiten, um die einzelnen Bestandteile aus einer gegebenen Adresse extrahieren zu können. Der Kern verwendet dazu Bitmasken, die wie folgt definiert sind:

```
#define PAGE_MASK    (~(PAGE_SIZE-1))
#define PMD_MASK     (~(PMD_SIZE-1))
#define PGDIR_MASK   (~(PGDIR_SIZE-1))
```

Die Bitmasken enthalten Nullen an genau den Stellen, die von der jeweiligen Größe belegt sind. Alle anderen Positionen sind Eins.

Format von Seitentabellen

Durch die bisherigen Definitionen ist zwar die Größe der Einträge in den Seitentabellen festgelegt, nicht aber ihre Struktur. Um diese zu repräsentieren, stellt der Kern drei verschiedene Datenstrukturen bereit, die in `page.h` definiert werden:

- `pgd_t` für Einträge des Basis-Verzeichnisses.

- `pmd_t` für Einträge aus dem mittleren Seitenverzeichnis.

- `pte_t` für direkte Seitentabellen-Einträge.

Zur Analyse von Seitentabellen-Einträgen gibt es einige Standardfunktionen, die in Abbildung 3.1 auf der gegenüberliegenden Seite zusammengefasst sind (je nach Architektur werden Teile davon als Makros und Teile als Inline-Funktionen implementiert, was wir aber im Folgenden nicht unterscheiden).

Wie funktionieren die `offset`-Funktionen? Betrachten wir dies am Beispiel von `pmd_offset`: Sie benötigt als Parameter einen Eintrag aus dem Basis-Seitenverzeichnis (`src_pgd`) zusammen mit einer Speicheradresse `address`. Zurückgeliefert wird ein Element aus einer der mittleren Seitentabellen:

```
src_pmd = pmd_offset(src_pgd, address);
```

`PAGE_ALIGN` ist eine weitere Standardfunktion, die von jeder Architektur definiert werden muss (üblicherweise in `page.h`). Sie erwartet eine Speicheradresse als Parameter und „rundet" die Adresse so auf, dass sie genau am Anfang der nächsten Speicherseite liegt. Wenn als Seitengröße 4096 verwendet wird, liefert das Makro immer ein ganzzahliges Vielfaches dieser Größe zurück: `PAGE_ALIGN(6000) = 8192 = 2 · 4096`, `PAGE_ALIGN(0x84590860) = 0x84591000 = 542097 · 4096`. Die Ausrichtung von Adressen an Seitengrenzen ist wichtig, wenn die Cache-Möglichkeiten des Prozessors optimal genutzt werden sollen.

Obwohl zur Darstellung von Einträgen in Seitentabellen C-Strukturen verwendet werden, bestehen sie meist aus nur einem einzigen Element – üblicherweise `unsigned long`. Dies zeigt das Beispiel der IA-32-Architektur:

include/asm-i386/
page.h
```
typedef struct { unsigned long pte_low; } pte_t;
typedef struct { unsigned long pmd; } pmd_t;
typedef struct { unsigned long pgd; } pgd_t;
```

3.3 Seitentabellen

Tabelle 3.1: Funktionen zur Analyse von Seitentabellen-Einträgen

Funktion	Beschreibung
pgd_val pmd_val pte_val pgprot_val	Wandeln eine Variable des Typs pte_t etc. in eine unsigned long-Zahl um.
__pgd __pmd __pte __pgprot	Sind die Umkehrung von pdg_val etc: Sie liefern ausgehend von einer unsigned long-Zahl eine Variable des Typs pdg_t etc.
pgd_index pmd_index pte_index	Liefern ausgehend von einem Speicherzeiger und einem Seitentabellen-Eintrag die Adresse der Tabelle der nächsten Stufe.
pgd_present pmd_present pte_present	Prüfen, ob das _PRESENT-Bit des entsprechenden Eintrags gesetzt ist. Dies ist genau dann der Fall, wenn sich die angesprochene Seite bzw. Seitentabelle im RAM-Speicher befindet.
pgd_none pmd_none pte_none	Sind die logische Umkehrung der xxx_present-Funktionen. Wenn sie einen wahren Wert zurückliefern, ist die gesuchte Seite *nicht* im RAM zu finden.
pgd_clear pmd_clear pte_clear	Löschen den übergebenen Seitentabellen-Eintrag. Dies wird normalerweise erreicht, indem er auf Null gesetzt wird.
pgd_bad pmd_bad	Prüfen, ob Einträge des mittleren bzw. das Basis-Seitenverzeichnisses ungültig sind. Sie werden zur Sicherheit in Funktionen verwendet, die Parameter von außen bekommen, bei denen sie sich nicht darauf verlassen können, dass sie gültig sind.
pmd_page pte_page	Geben die Adresse der page-Struktur zurück, in der sich die Daten über die Seite bzw. die Einträge der mittleren Seitentabellen befinden.

Es werden structs anstelle elementarer Typen verwendet, um sicherzustellen, dass der Inhalt von Seitentabellen-Elementen nur mit den zugehörigen Hilfsfunktionen und nie direkt bearbeitet wird, Außerdem können die Einträge aus mehreren elementaren Variablen konstruiert sein; in diesem Fall kommt der Kern ohnehin nicht an der Verwendung einer struct vorbei.[6]

Achtung: Die virtuelle Adresse wird in mehrere Abschnitte aufgespalten, die nach dem bekannten Schema als Index in die Seitentabelle verwendet werden. Notwendigerweise sind die einzelnen Teile daher kürzer als 32 Bit. Wie der Ausschnitt aus den Kernelquellen zeigt, verwendet der Kern (und damit auch der Prozessor) 32-Bit-Typen, um Einträge in den Seitentabellen (egal welcher Stufe) zu repräsentieren. Dies bedeutet, dass nicht alle Bits eines Tabelleneintrags benötigt werden, um die Nutzdaten – die Basisadresse der nächsten Tabelle – zu speichern. Die überschüssigen Bits werden verwendet, um zusätzliche Informationen festzuhalten. Anhang A liefert genauere Details über den Aufbau von Seitentabellen auf verschiedenen Architekturen.

CPU-spezifische Einträge

Jeder Endeintrag in der Seitentabelle liefert nicht nur einen Zeiger auf die Speicherstelle, in der sich die Seite befindet, sondern hält in den eben angesprochenen überschüssigen Bits zusätzliche Informationen über die Seite bereit. Die Daten sind zwar Prozessor-abhängig, stellen üblicherweise aber zumindest einige Informationen zur Zugriffskontrolle auf die Seite bereit. Folgende Elemente finden sich auf den meisten CPUs, die der Linux-Kernel unterstützt:

---

[6] IA-32-Prozessoren definieren pte_t bei Verwendung des PAE-Modus beispielsweise als typedef struct { unsigned long pte_low, pte_high; }. Da in diesem Modus mehr als 4GiB Speicher adressiert verwaltet werden können, reichen 32 Bit für Speicherzeiger nicht mehr aus.

- _PAGE_PRESENT gibt an, ob die virtuelle Seite im RAM-Speicher vorhanden ist. Dies muss nicht notwendigerweise der Fall sein, da Seiten in einen Swap-Bereich ausgelagert werden können, wie in Kapitel 1 angeschnitten wurde.

  Wenn die Seite nicht im Speicher vorhanden ist, ändert sich üblicherweise der Aufbau des Seitentabelleneintrags, da nun nicht mehr die Position der Seite im Speicher beschrieben wird; vielmehr müssen sich Informationen finden, um die ausgelagerte Seite identifizieren und wiederfinden zu können.

- _PAGE_ACCESSED wird bei jedem Zugriff auf die Seite automatisch vom Prozessor gesetzt. Der Kern kontrolliert das Feld regelmäßig, um festzustellen, wie stark eine Seite in Anspruch genommen wird (nur selten verwendete Seiten sind gute Auslagerungskandidaten, wenn es ans Swapping geht). Das Bit wird nicht nur nach Schreib-, sondern auch nach Lesezugriffen gesetzt.

- _PAGE_DIRTY zeigt an, ob die Seite „dreckig" ist oder nicht, d.h. ob ihr Inhalt modifiziert wurde.

- Wenn _PAGE_USER gesetzt ist, darf Userspace-Code auf die Seite zugreifen. Anderenfalls ist dies nur dem Kern (bzw. dann, wenn der Prozessor sich im Systemmodus befindet) erlaubt.

- _PAGE_READ und _PAGE_WRITE geben an, ob normale Benutzerprozesse die Seite lesen oder beschreiben dürfen.

  Seiten aus dem Kernelspeicher müssen mit einem Schreibschutz für Benutzerprozesse versehen werden.

  Selbst bei Speicherseiten, die zu Benutzerprozessen gehören, ist aber nicht immer sichergestellt, dass sie beschrieben werden dürfen, beispielsweise, wenn es sich um ausführbaren Code handelt, der nicht modifiziert werden sollte – weder absichtlich noch unabsichtlich.

Damit die Speicherverwaltung Zusatzbits in `pte_t`-Einträgen modifizieren kann, muss jede Architektur zwei Dinge bereitstellen: den Datentyp `__pgprot`, in dem die Zusatzbits gespeichert werden können, sowie die Funktion `pte_modify`, um die Bits modifizieren zu können. Zur Selektion des passenden Eintrags werden die eben angesprochenen Präprozessorsymbole verwendet.

Der Kern definiert ebenfalls einige Funktionen, die zum Abfragen bzw. Setzen des Architektur-abhängigen Status einer Speicherseite verwendet werden. Sie sind in Tabelle 3.2 zusammengefasst.

Die Funktionen treten immer in Dreiergruppen auf, die Setzen, Löschen und Abfragen eines bestimmten Attributes – beispielsweise der Schreibberechtigung für eine Seite – ermöglichen. Der Kern geht davon aus, dass der Zugriff auf die Daten einer Seite auf drei verschiedene Arten geregelt werden kann: Schreib-, Lese- und Ausführungszugriffe (ein Ausführungszugriff bezeichnet die Tatsache, dass Binärdaten von der Seite als Maschinencode zur Ausführung gebracht werden, wie es bei der normalen Programmexekution der Fall ist). Diese Annahme ist für einige CPUs allerdings etwas zu optimistisch: IA-32-Prozessoren stellen beispielsweise nur zwei unterschiedliche Kontrollmodi bereit, die nur Lese- und Schreibzugriffe berücksichtigen. Der Architektur-abhängige Code versucht in diesem Fall, die gewünschte Semantik so gut wie möglich nachzuahmen.

3.3 Seitentabellen

Tabelle 3.2: *Funktionen zur Bearbeitung des Architektur-abhängigen Zustands einer Speicherseite*

Funktion	Beschreibung
pte_read	Darf die Seite vom Userspace aus gelesen werden?
pte_write	Darf die Seite beschrieben werden?
pte_exec	Dürfen die Daten in der Seite als Binärcode ausgeführt werden?
pte_dirty	Ist die Seite dreckig, d.h. wurde ihr Inhalt modifiziert?
pte_young	Ist das Zugriffsbit (üblicherweise _PAGE_ACCESS) gesetzt?
pte_rdprotect	Entfernt die Leseberechtigung für die Seite
pte_wrprotect	Löscht die Schreibberechtigung auf die Seite
pte_exprotect	Entfernt die Berechtigung zur Ausführung der Binärdaten auf der Seite
pte_mkread	Setzt die Leseberechtigung
pte_mkwrite	Aktiviert die Schreibberechtigung
pte_mkexec	Erlaubt das Ausführen des Seiteninhalts
pte_mkdirty	Markiert die Seite als dreckig
pte_mkclean	„Säubert" die Seite, d.h löscht üblicherweise das _PAGE_DIRTY-Bit.
pte_mkyoung	Setzt das Accessed-Bit – auf den meisten Architekturen _PAGE_ACCESSED
pte_mkold	Löscht das Accessed-Bit

3.3.2 Einträge erzeugen und manipulieren

Tabelle 3.3 fasst alle Funktionen zusammen, die zur Erzeugung neuer Seitentabellen-Einträge verwendet werden können.

Tabelle 3.3: *Funktionen zur Erzeugung neuer Seitentabellen-Einträge*

Funktion	Beschreibung
mk_pte	Erzeugt einen Pte-Eintrag, wobei eine page-Instanz und die gewünschten Zugriffsberechtigungen der Seite als Parameter übergeben werden müssen.
pte_page	Liefert die Adresse der page-Instanz, die zu der vom Seitentabelleneintrag beschriebenen Seite gehört.
pgd_alloc pmd_alloc pte_alloc	Reservieren Speicherplatz und initialisieren ihn so, dass eine komplette Seitentabelle (und nicht nur ein einziger Eintrag) darin untergebracht werden kann.
pgd_free pmd_free pte_free	Geben den Speicherplatz frei, der von der Seitentabelle belegt wurde.
set_pgd set_pmd set_pte	Setzen den Wert eines Eintrags in einer Seitentabelle.

Die in der Tabelle gezeigten Funktionen müssen von allen Architekturen implementiert werden, um dem Speicherverwaltungscode Erzeugung und Vernichtung von Seitentabellen zu ermöglichen. Da die Erzeugung dieser Tabellen manchmal eine Performance-kritische Operation sein kann, implementieren einige Architekturen spezielle Caches dafür. Obwohl Aufbau und Struktur dieser Caches nicht von der Speicherverwaltung vorgegeben werden, ähnelt sich zumindest die Nomenklatur der einzelnen Implementierungen: xxx_alloc_one_fast wird verwendet, um eine Seitentabelle schnell aus dem Cache zu erzeugen (üblicherweise wird dafür ein eigener Slab-Cache angelegt, dessen Struktur in Abschnitt 3.6 besprochen wird). Wenn kein gecachtes Objekt vorhanden ist, muss mit Hilfe der Speicherverwaltung eine frische Seite reserviert werden, wozu get_pgd_slow, pmd_alloc_one und pte_alloc_one dienen. Achtung: Die meisten der hier genannten Funktionen werden – mit Ausnahme von pmd_alloc_one und pte_alloc_one – nur von Architektur-internem Code aufgerufen, wenn mit pgd_alloc etc. neue Seitentabellen erzeugt werden.

Die Funktionen führen in den meisten Fällen auf die Allokation einer kompletten Speicherseite zurück, wobei eventuell noch einige Adressumrechnungen oder Initialisierungsarbeiten vorgenommen werden müssen, die hier nicht genauer besprochen werden sollen.

3.4 Initialisierung der Speicherverwaltung

Der Begriff „Initialisierung" kann im Zusammenhang mit der Speicherverwaltung viele Bedeutungen haben: Auf vielen CPUs muss das Speichermodell explizit eingestellt werden, das für den Linux-Kernel geeignet ist,[7] der verfügbare Speicher muss erkannt und im Kern registriert werden, die Datenstrukturen der Speicherverwaltung müssen aufgebaut werden und vieles mehr. Da der Kern bereits dann Speicher benötigt, wenn die Speicherverwaltung noch nicht komplett initialisiert ist, wird zusätzlich eine simple Zusatzform der Speicherverwaltung verwendet, die nur während des Bootvorgangs aktiv ist und anschließend verworfen wird.

Da die Prozessor-spezifischen Anteile an der Speicherverwaltung-Initialisierung von vielen kleinen und subtilen Details der zugrunde liegenden Architektur Gebrauch machen, die kaum Erkenntnisse über Struktur und Aufbau des Kerns bringen, sondern eher Lehrstücke in Assemblerprogrammierung sind, wird sich dieser Abschnitt nur mit Initialisierungsarbeiten auf höherem Niveau auseinander setzen. Kernpunkt ist die Initialisierung der in Abschnitt 3.2.2 vorgestellten Datenstruktur `pgdata_t` und ihr untergeordneten Strukturen, da dies bereits in Maschinen-unabhängiger Weise erfolgt.

Die zuvor notwendigen Prozessor-spezifischen Operationen, auf die wir ohne tiefere Details eingehen werden, bestehen vor allem in der Untersuchung, wie viel Speicher insgesamt vorhanden ist und wie er sich auf die einzelnen Noden und Zonen des Systems verteilt.

3.4.1 Aufsetzen der Datenstrukturen

Die Initialisierung der Datenstrukturen wird aus der globalen Startroutine `start_kernel` angestoßen, die nach dem Laden des Kerns ausgeführt wird, um die verschiedenen Subsysteme funktionsfähig zu machen. Da die Speicherverwaltung ein sehr wichtiger Kernelbestandteil ist, wird sie praktisch unmittelbar nach dem Architektur-spezifischen Setup ausgeführt, das die technischen Details der Erkennung des vorhandenen Speichers und seiner Verteilung im System bereits abgeschlossen hat (Abschnitt 3.4.2 geht kurz auf die Implementierung der system*ab*hängigen Initialisierung auf IA-32-Systemen ein). Unter anderem wurde zu diesem Zeitpunkt bereits für jede Speichernode des Systems eine Instanz von `pgdat_t` erzeugt, in der sich Informationen darüber befinden, wie viel Speicher in jeder Node vorhanden ist und wie er sich auf die Zonen der Node verteilt. Über das Architektur-spezifische `NODE_DATA`-Makro, das auf allen Plattformen implementiert sein muss, kann die zu einer NUMA-Node gehörige `pgdat_t`-Instanz anhand ihrer Kennzahl abgefragt werden.

Voraussetzungen

IA-32-Systeme verwenden das Array `node_data`, das aus `pgdata_t`-Instanzen besteht (zur Erinnerung: `pgdata_t` ist ein `typedef` für `struct pglist_data`):

arch/i386/mm/
discontig.c
```
struct pglist_data *node_data[MAX_NUMNODES];
```

---

[7] Auf IA-32-Systemen beispielsweise durch Wechsel in den *Protected Mode*.

3.4 Initialisierung der Speicherverwaltung

Um die zu einer Node gehörigen Daten anhand ihrer Kennzahl ermitteln zu können, ist nur ein simples Makro erforderlich:

```
#define NODE_DATA(nid)      (node_data[nid])
```
<small>include/asm-i386/mmzone.h</small>

Die überwiegende Mehrzahl aller Rechner besitzt allerdings nur eine einzige Speichernode. Wie sieht die Situation dort aus? Um den Speicherverwaltungscode portabel zu halten, so dass er gleichermaßen auf UMA- wie auch NUMA-Systemen verwendet werden kann, definiert der Kern (in `mm/page_alloc.c`) eine einzelne Instanz von `pgdata_t`, die zur Verwaltung des kompletten Systemspeichers verwendet wird. Sie trägt die Bezeichnung `contig_page_data`. Wie der Pfad der Datei zeigt, handelt es sich dabei nicht um eine Prozessor-spezifische Implementierung; vielmehr halten sich die meisten Architekturen an dieses Schema. Die Implementierung von `NODE_DATA` wird nun noch einfacher:

```
#define NODE_DATA(nid)      (&contig_page_data)
```
<small><mmzone.h></small>

Das Makro besitzt zwar noch einen formalen Parameter zur Auswahl einer NUMA-Node, liefert aber immer die gleichen Daten zurück.

Ebenfalls kann sich der Kern darauf verlassen, dass der Architektur-abhängige Initialisierungscode die Variable `numnodes` auf die Anzahl der Noden gesetzt hat, die im System vorhanden sind. Auf UMA-Systemen findet sich hierfür der Wert 1, da nur eine (formale) Node vorhanden ist.

Präprozessor-Anweisungen werden zur Übersetzungszeit verwendet, um die korrekten Definitionen für die jeweilige Konfiguration auszuwählen.

Systemstart

Abbildung 3.5 zeigt ein Codeflussdiagramm für `start_kernel`, in dem nur die Funktionen der Systeminitialisierung berücksichtigt wurden, die sich mit der Speicherverwaltung beschäftigen.

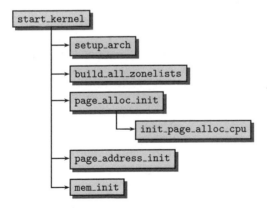

Abbildung 3.5: Kerninitialisierung aus Sicht der Speicherverwaltung

Wir werden die aufgerufenen Funktionen in den folgenden Abschnitten genauer besprechen. Überblicksweise haben sie folgende Aufgaben:

- `setup_arch` ist eine Architektur-spezifische Setup-Funktion, die unter anderem für die Initialisierung des Boot-Allokators verantwortlich ist.

- **build_all_zonelists** setzt die Noden- und Zonendatenstrukturen auf, worauf wir gleich genauer eingehen werden.

- **page_alloc_init** initialisiert Statistikdaten der Speicherverwaltung.

- **page_address_init** setzt eine Hashtabelle für Seiten auf, die für permanente Kernelmappings verwendet werden, die der Kern für die Einblendung hoher Speicherbereiche benötigt.

- **mem_init** ist eine weitere Architektur-spezifische Funktion, die den Bootmem-Allokator deaktiviert und den Übergang zu den eigentlichen Funktionen der Speicherverwaltung durchführt, worauf wir weiter unten genauer eingehen werden.

Noden- und Zoneninitialisierung

build_all_zonelists erstellt die Datenstrukturen, die zur Verwaltung von Noden und ihren Zonen benötigt werden. Interessanterweise kann sie durch die weiter oben vorgestellten Makros und Abstraktionsmechanismen unabhängig davon implementiert werden, ob sie auf einem NUMA- oder UMA-System läuft.

build_all_zonelists ist ein Frontend für build_zonelists, das einmal für jede NUMA-Node des Systems aufgerufen wird:

mm/page_alloc.c
```
void __init build_all_zonelists(void)
{
        int i;

        for(i = 0 ; i < numnodes ; i++)
                build_zonelists(NODE_DATA(i));
}
```

In numnodes findet sich die Anzahl der NUMA-Noden des Systems (im UMA-Fall ist diese gleich 1, weshalb build_zonelists nur ein einziges Mal aufgerufen wird, um die Zonenlisten für den kompletten Speicher zu erstellen). NUMA-Systeme müssen so oft auf die Funktion zurückgreifen, wie Noden vorhanden sind, wobei bei jedem Durchlauf die Zonendaten für eine andere Node erzeugt werden.

build_zonelists erwartet als Parameter einen Zeiger auf eine pgdat_t-Instanz, in der sich alle bereits vorhandenen Informationen über den Speicheraufbau der Node befinden und die verwendet wird, um die neu erstellten Datenstrukturen zu speichern. Aufgabe der Funktion ist es, eine Rangordnung zwischen den Zonen der gerade bearbeiteten Node und den anderen Noden des Systems zu erstellen, nach der die Speicherallozierung erfolgen soll. Dies ist wichtig, wenn in der gewünschten Zone der Node kein Speicherplatz mehr frei ist.

Betrachten wir ein Beispiel, in dem der Kern Highmem-Speicher allozieren will: Zuerst versucht er, einen freien Abschnitt passender Größe im Highmem-Bereich der aktuellen Node zu finden. Scheitert dies, so greift er auf den regulären Speicherbereich der Node zurück; erst wenn dort wiederum nichts mehr frei ist, versucht er, die Allokation im DMA-Bereich der Node durchzuführen. Wenn sich in keiner der drei lokalen Zonen ein freier Bereich finden lässt, greift der Kern auf andere Noden zurück, wobei berücksichtigt werden muss, dass sich die Ausweichnode so nahe wie möglich an der Primärnode befinden soll, um den Performance-Verlust durch Zugriff auf nichtlokalen Speicher so gering wie möglich zu halten.

Der Kern definiert eine Speicherhierarchie: Zuerst wird immer versucht, die Allokation mit möglichst „billigem" Speicher zu erfüllen, um dann bei Misserfolgen schrittweise auf die zugriffs- bzw. kapazitätsmäßig „teureren" Bereiche auszuweichen.

3.4 Initialisierung der Speicherverwaltung

Der hohe Speicherbereich ist am billigsten, da kein Teil des Kerns davon abhängig ist, Speicher aus gerade diesem Bereich zu erhalten. Es hat keinen negativen Einfluss auf den Kern, wenn der Highmem-Bereich voll ist, weshalb er als erster aufgefüllt wird.

Dies ist beim regulären Speicherbereich bereits anders: Viele Datenstrukturen des Kerns *müssen* in diesem Bereich untergebracht werden und können sich nicht im Highmem-Bereich befinden. Für den Kern ist es daher kritisch, wenn der reguläre Speicherbereich komplett aufgefüllt ist, weshalb Allokationen aus diesem Bereich erst dann vorgenommen werden, wenn der unwichtigere Highmem-Bereich erschöpft ist.

Am wertvollsten ist der DMA-Bereich, da er zur Datenübertragung zwischen Zubehörgeräten und dem System verwendet wird. Allokationen aus diesem Bereich sind daher der letzte Ausweg.

Ebenso definiert der Kern eine Rangordnung unter den alternativen Noden des Systems aus Sicht der aktuellen Speichernoden, mit deren Hilfe eine Ausweichnode ermittelt werden kann, wenn alle Zonen der aktuellen Node vollständig gefüllt sind.

Der Kern verwendet ein Array aus `zonelist`-Elementen in `pgdata_t`, um die beschriebene Hierarchie als Datenstruktur auszudrücken. Zur Erinnerung:

```
#define MAX_NR_ZONES            3                                        <mmzone.h>
typedef struct pglist_data {
    ...
        struct zonelist node_zonelists[MAX_NR_ZONES];
    ...
} pg_data_t;

struct zonelist {
        struct zone *zones[MAX_NUMNODES * MAX_NR_ZONES + 1]; // NULL delimited
};
```

Das Array `node_zonelists` stellt für jeden mögliche Zonentyp einen eigenen Eintrag bereit, in dem sich eine Fallback-Liste des Typs `zonelist` befindet, deren Aufbau wir in den folgenden Ausführungen besprechen wollen.

Da die Fallback-Liste jede Zone aus allen vorhandenen Noden berücksichtigen muss, besteht sie aus `MAX_NUMNODES * MAX_NZ_ZONES` Einträgen (plus einem weiteren Element für einen Nullzeiger, der das Ende der Liste markiert).

Die Erstellung Fallback-Hierarchie wird an `build_zonelists` delegiert, die die Datenstrukturen für je eine NUMA-Node erstellt. Dazu benötigt sie als Parameter einen Zeiger auf die jeweilige `pgdata_t`-Instanz.

Zunächst findet sich eine große äußere Schleife, die über alle Zonen der Node iteriert. Jeder Schleifendurchlauf sucht sich den Zoneneintrag für die i-te Zone aus dem `zonelist`-Array heraus, in dem die Fallback-Liste gespeichert wird:

```
static void __init build_zonelists(pg_data_t *pgdat)                    mm/page_alloc.c
{
        int i, j, k, node, local_node;

        local_node = pgdat->node_id;
        printk("Building zonelist for node : %d\n", local_node);
        for (i = 0; i <= MAX_NR_ZONES; i++) {
                struct zonelist *zonelist;

                zonelist = pgdat->node_zonelists + i;
                memset(zonelist, 0, sizeof(*zonelist));
    ...
}
```

Die Adressierung des Array-Elements von `node_zonelists` erfolgt dabei durch Zeigermanipulation, was in C völlig legale Praxis ist. Leser, die mit dieser Art der Notation nicht vertraut sind, finden in Anhang C einige Hinweise zum Zusammenhang zwischen Zeigern und Arrays, von denen die Kernelquellen gerne und oft verwendet machen. Der Eintrag wird danach (über `memset`) vollständig mit Nullen aufgefüllt.

Zuerst muss die Fallback-Ordnung innerhalb der lokalen Node definiert werden. Der Kern greift dazu auf die Hilfsfunktion `build_zonelist_node` zurück, die die Zonenliste für eine spezifische Node erstellt:

mm/page_alloc.c
```c
/* Builds allocation fallback zone lists. */
static int __init build_zonelists_node(pg_data_t *pgdat, struct zonelist *zonelist,
                        int j, int k)
{
    switch (k) {
        struct zone *zone;
    case ZONE_HIGHMEM:
        zone = pgdat->node_zones + ZONE_HIGHMEM;
        if (zone->present_pages) {
            zonelist->zones[j++] = zone;
        }
    case ZONE_NORMAL:
        zone = pgdat->node_zones + ZONE_NORMAL;
        if (zone->present_pages)
            zonelist->zones[j++] = zone;
    case ZONE_DMA:
        zone = pgdat->node_zones + ZONE_DMA;
        if (zone->present_pages)
            zonelist->zones[j++] = zone;
    }

    return j;
}
```

Die Einträge der Fallback-Liste werden anhand des Parameters `k` geordnet, der angibt, aus welcher Zone der Speicher bestenfalls entnommen werden soll. Er kann einen der Werte `ZONE_HIGHMEM`, `ZONE_NORMAL` oder `ZONE_DMA` besitzen. `j` zeigt auf die Position in der Fallback-Liste, ab der die Einträge beginnen sollen (vorerst können wir annehmen, dass `j = 0` gilt). Betrachten wir die Situation für `k = ZONE_HIGHMEM`: Hier ist gleich die erste Alternative der `switch`-Anweisung erfolgreich. Der Kern ermittelt den Zeiger auf die `zone`-Instanz für `ZONE_HIGHMEM` und fügt diesen in die nullte Stelle des Arrays `zonelist->zones` ein. Anschließend wird die Index-Position *j* um 1 erhöht

Achtung: Fallunterscheidungen werden in C nur dann verlassen, wenn ein explizites `break`-Statement angegeben wird! Die `switch`-Anweisung wird daher nun nicht verlassen; vielmehr werden auch noch die beiden anderen Einträge für `ZONE_NORMAL` und `ZONE_DMA` abgearbeitet, so dass sich an Array-Position 1 ein Zeiger auf die normale Zone und an Position 2 ein Zeiger auf die DMA-Zone der Node findet. Die Index-Position *j* besitzt anschließend den Wert 2 und wird als Ergebnis der Funktion zurückgegeben.

`build_zonelists` greift auf `build_zonelist_node` zurück, um zuerst die Fallback-Liste für die lokale Node zu erzeugen:

mm/page_alloc.c
```c
static void __init build_zonelists(pg_data_t *pgdat)
{
    ...
        j = 0;
        k = ZONE_NORMAL;
        if (i & __GFP_HIGHMEM)
```

3.4 Initialisierung der Speicherverwaltung

```
            k = ZONE_HIGHMEM;
            if (i & __GFP_DMA)
                k = ZONE_DMA;

            j = build_zonelists_node(pgdat, zonelist, j, k);
...
```

Abbildung 3.6 zeigt, wie die Fallback-Liste für Node 2 eines Systems sukzessive gefüllt wird. Auf dem Rechner sollen sich insgesamt 4 Noden befinden (`numnodes = 4`); außerdem gilt k = ZONE_HIGHMEM.

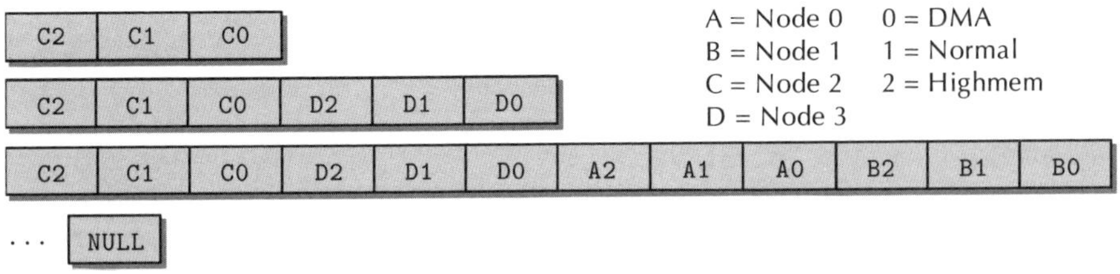

C2	C1	C0							
C2	C1	C0	D2	D1	D0				
C2	C1	C0	D2	D1	D0	A2	A1	A0	B2	B1	B0

A = Node 0   0 = DMA
B = Node 1   1 = Normal
C = Node 2   2 = Highmem
D = Node 3

... | NULL |

Abbildung 3.6: Sukzessives Auffüllen der Fallback-Liste

Nach dem ersten Schritt enthält die Liste als Allokationsziele zuerst die Highmem, dann die normale und schließlich die DMA-Zone der zweiten Node.

Anschließend muss der Kern ermitteln, in welcher Reihenfolge die Zonen der anderen Noden des Systems als Fallback-Ziele verwendet werden sollen:

```
static void __init build_zonelists(pg_data_t *pgdat)                       mm/page_alloc.c
{
    ...
            for (node = local_node + 1; node < numnodes; node++)
                j = build_zonelists_node(NODE_DATA(node), zonelist, j, k);

            for (node = 0; node < local_node; node++)
                j = build_zonelists_node(NODE_DATA(node), zonelist, j, k);

            zonelist->zones[j++] = NULL;
    }
}
```

Die erste Schleife iteriert der Reihe nach über alle Noden, die eine *höhere* Kennzahl als die gerade bearbeitete Node besitzen. Da im behandelten Beispiel vier Noden vorhanden sind, die die Kennzahlen 0, 1, 2 und 3 besitzen, bleibt nur Node Nummer 3 übrig. Die Fallback-Liste wird mit `build_zonelists_node` um die neuen Einträge erweitert. Nun kommt die Bedeutung von *j* ins Spiel: Nach Ermittlung der Fallback-Ziele innerhalb der lokalen Node besaß die Variable den Wert 3, der nun als Startposition für die neuen Einträge verwendet wird. Wenn Node Nummer 3 ebenfalls aus drei Zonen besteht, ergibt sich nach dem Aufruf von `build_zonelists` das im zweiten Schritt von Abbildung 3.6 gezeigte Bild.

Die zweite `for`-Schleife erzeugt anschließend die Einträge für alle Noden mit *niedrigeren* Kennzahlen als die aktuelle Node. In unserem Beispiel besitzen diese die Kennzahlen 0 und 1. Wenn auch in diesen Noden drei Zonen vorhanden sind, ergibt sich das im unteren Teil von Abbildung 3.6 gezeigte Bild für die Fallback-Liste.

Da die Zonenkonfiguration der verschiedenen Noden des Systems unterschiedlich sein kann, ist die Anzahl der Einträge in der Fallback-Liste nie genau bekannt. Der letzte Eintrag wird deshalb mit einem Nullzeiger belegt, um das Ende der Liste explizit zu kennzeichnen.

Der Kern wählt für eine beliebige Node m aus einer Gesamtzahl von N Noden immer die Reihenfolge $m, m+1, m+2, \ldots N, 0, 1, \ldots m-1$ für die Fallback-Noden. Dies stellt sicher, dass (beispielsweise gegenüber einer immer gleichbleibenden und von m unabhängigen Fallback-Liste) keine Node des Systems besonders stark belastet wird.

Abbildung 3.7 zeigt die fertig konstruierten Fallback-Listen der dritten Node auf einem 4-fach NUMA-System.

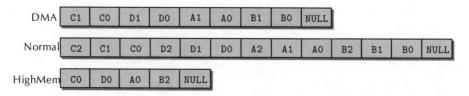

Abbildung 3.7: Fertige Fallback-Listen

Abschnitt 3.5.2 bespricht die Implementierung des Buddy-Systems, das auf die hier erzeugten Fallback-Listen zurückgreift.

3.4.2 Architektur-spezifisches Setup

Die Initialisierung der Speicherverwaltung auf IA-32-Systemen ist ein teilweise recht subtiles Unterfangen, das manchen historischen Stolperstein der Prozessorarchitektur berücksichtigen bzw. überwinden muss. Dazu zählt unter anderem das Umschalten des Prozessors vom Normalmodus in den *Protected Mode*, der die CPU erst richtig in die 32-Bit-Welt befördert – ein Erbe, das aus Zeiten stammt, in denen Kompatibilität mit 16-Bit-Prozessoren des Typs 8086 wichtig war. Ebenso ist das Paging nicht standardmäßig eingeschaltet, sondern muss erst manuell aktiviert werden, wozu einige Spielereien mit dem `cr0`-Register des Prozessors erforderlich sind. Diese feinen Details interessieren uns hier allerdings nicht; vielmehr verweisen wir auf die umfangreichen Referenzhandbücher.

Verteilung des Kernels im Speicher

Bevor wir die einzelnen Aktionen der Speicherinitialisierung besprechen, muss untersucht werden, wie die Situation im RAM aussieht, nachdem der Kern vom Bootloader in den Speicher gebracht wurde und der Assembler-Teil der Initialisierungsroutinen beendet ist. Abbildung 3.8 auf der gegenüberliegenden Seite zeigt die untersten Megabytes des physikalischen RAM-Speichers, in denen sich die verschiedenen Teile des Kernel-Images befinden.

Die Darstellung bezieht sich auf die ersten 8MiB des physikalisch vorhandenen Speichers. Die ersten 4096KiB davon – die erste Speicherseite – werden ausgelassen, da dieser Bereich oft vom BIOS belegt ist. Die darauffolgenden 640KiB sind zwar unbelegt, werden aber ebenfalls nicht zum Laden des Kerns verwendet. Der Grund dafür ist, dass sich unmittelbar nach diesem Speicherbereich ein reservierter Bereich des Systems befindet, in den verschiedene ROM-Bereiche eingeblendet werden, üblicherweise das Systembios und das Grafikkarten-ROM. Diese Bereiche können nicht beschrieben werden. Der Kern soll aber auf jeden Fall in einen zusammenhängenden Speicherbereich geladen werden, was nur für Kerne möglich wäre, die kleiner als 640KiB sind, wenn die Anfangsposition des RAM-Speichers als Startposition für das Kernelimage verwendet werden würde.

3.4 Initialisierung der Speicherverwaltung

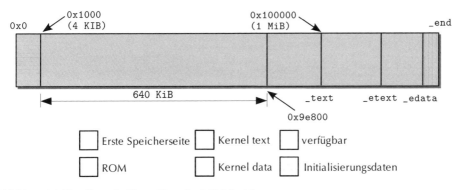

Abbildung 3.8: Verteilung des Linux-Kerns im RAM-Speicher

Um diesen Problemen zu entkommen, verwenden IA-32-Kerne 0x100000 als Startadresse, was dem Beginn des ersten Megabytes im RAM-Speicher entspricht. Dort findet sich genügend zusammenhängender Speicher, um den Kern vollständig unterzubringen.

Der vom Kern belegte Speicherplatz ist in mehrere Abschnitte aufgespalten, deren Grenzen durch verschiedene Variablen festgehalten werden:

- _text und _etext sind Start- und Endadresse des Textabschnitts. Darin befindet sich der kompilierte Code des Kerns.

- Der Datenabschnitt, in dem die meisten Variablen des Kerns aufgehoben werden, befindet sich im Abschnitt zwischen _etext und _edata.

- Initialisierungsdaten, die nach dem Booten des Kerns nicht mehr gebraucht werden, sind im letzten Abschnitt untergebracht, der von _edata bis _end reicht. Wenn die Initialisierung des Kerns beendet ist, werden diese Daten nicht mehr gebraucht und können aus dem Speicher entfernt werden, wodurch etwas mehr Platz für Applikationen zur Verfügung steht.[8]

Achtung: Die zur Festlegung der Grenzen verwendeten Variablen werden zwar im Quellcode des Kerns definiert (`arch/i386/kernel/setup.c`), dort aber mit keinem Wert belegt. Dies ist aus prinzipiellen Gründen unmöglich: Wie soll der Compiler bereits während der Übersetzung wissen, wie groß der fertige Kernel sein wird? Der genaue Wert kann erst beim Linken der Objektdateien ermittelt werden und wird daher nachträglich in die Binärdatei eingepatcht.[9]

Der genaue Wert ändert sich je nach Kernelkonfiguration, die zu unterschiedlichen Größen von Text- und Datenabschnitten führt – je nachdem, welche Teile des Kerns aktiviert wurden und welche nicht verwendet werden. Nur die Startadresse _text bleibt in allen Fällen gleich.

Bei jeder Kernübersetzung wird eine Datei `System.map` erzeugt, die sich im Basisverzeichnis der Quellen befinden – üblicherweise als `/usr/src/linux-2.6.x/System.map`. Neben den Adressen aller anderen (globalen) Variablen, Prozeduren und Funktionen, die im Kern definiert sind, finden sich hier auch die Werte der in Abbildung 3.8 gezeigten Konstanten:

---

[8] Genau genommen werden nicht alle Daten aus diesem Abschnitt entfernt, da er noch weitere „Unterabschnitte" enthält. Beispielsweise werden auch die CPU-spezifischen Variablen in diesem Bereich abgelegt, die man auf Multiprozessorsystemen verwendet. Da der Kern auf diese auch nach Ende des Bootvorgangs zugreifen muss, werden sie im Speicher belassen.

[9] Dieser Vorgang wird von `arch/arch/vmlinux.ld.S` geregelt, in der auch das Speicherlayout des Kerns definiert ist.

```
wolfgang@meitner> cat System.map
...
c0100000 A _text
...
c0381ecd A _etext
...
c04704e0 A _edata
...
c04c3f44 A _end
...
```

Achtung: Alle Werte sind mit dem Offset 0xC0000000 versehen, was bekanntlich die Startadresse des Kernel-Segments ist. Da der RAM-Speicher ab dieser Adresse als lineares Mapping in den virtuellen Adressraum eingeblendet wird, handelt es sich dabei um die virtuellen Adressen. Die entsprechenden physikalischen Adressen erhält man durch einfaches Subtrahieren von 0xC0000000.

/proc/iomem stellt ebenfalls einige Informationen bereit, die zeigen, in welche Abschnitte der RAM-Speicher aufgeteilt ist:

```
wolfgang@meitner> cat /proc/iomem
00000000-0009e7ff : System RAM
0009e800-0009ffff : reserved
000a0000-000bffff : Video RAM area
000c0000-000c7fff : Video ROM
000f0000-000fffff : System ROM
00100000-17ceffff : System RAM
  00100000-00381ecc : Kernel code
  00381ecd-004704df : Kernel data
...
```

Das Kernel-Image beginnt oberhalb des ersten Megabytes (0x00100000). Der Code umfasst ungefähr 2.5MiB, während der Datenabschnitt etwa 0.9MiB ausmacht.

Initialisierungsschritte

Welche systemspezifischen Schritte muss der Kern durchführen, nachdem er in den Speicher geladen und die Assemblerabschnitte der Initialisierung beendet wurden? Abbildung 3.9 zeigt ein Codeflussdiagramm, in dem die einzelnen Aktionen sind.

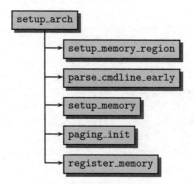

Abbildung 3.9: Codeflussdiagramm zur Speicherinitialisierung auf IA-32-Systemen

Die Abbildung gibt nur diejenigen Funktionsaufrufe wieder, die mit der Speicherverwaltung verknüpft sind; alle anderen sind hier nicht wichtig und werden außer Acht gelassen. setup_arch selbst wird von start_kernel aus aufgerufen, wie bereits in Abschnitt 3.4.1 bemerkt wurde.

3.4 Initialisierung der Speicherverwaltung

Als erster Schritt wird `setup_memory_region` aufgerufen, die eine Liste der vom System belegten bzw. frei verfügbaren Speicherregionen erstellt. Da sich die Art und Weise, wie diese Informationen eingeholt werden, zwischen den „Unterarchitekturen" der IA-32-Familie etwas unterscheidet,[10] stellt der Kern eine „doppelt" maschinenspezifische Funktion zur Verfügung.

Im Standardfall kann eine vom BIOS bereitgestellte Karte verwendet werden, in der die einzelnen Speicherregionen eingetragen sind. Achtung: Es handelt sich dabei nicht um Regionen im Sinne des NUMA-Konzepts, sondern um Bereiche, die beispielsweise vom System-ROM oder für ACPI-Funktionalitäten belegt werden! Beim Booten des Systems werden die gefundenen Bereiche angezeigt, wofür die Kernfunktion `print_memory_map` zuständig ist:

```
wolfgang@meitner> dmesg
...
BIOS-provided physical RAM map:
 BIOS-e820: 0000000000000000 - 000000000009e800 (usable)
 BIOS-e820: 000000000009e800 - 00000000000a0000 (reserved)
 BIOS-e820: 00000000000c0000 - 00000000000cc000 (reserved)
 BIOS-e820: 00000000000d8000 - 0000000000100000 (reserved)
 BIOS-e820: 0000000000100000 - 0000000017cf0000 (usable)
 BIOS-e820: 0000000017cf0000 - 0000000017cff000 (ACPI data)
 BIOS-e820: 0000000017cff000 - 0000000017d00000 (ACPI NVS)
 BIOS-e820: 0000000017d00000 - 0000000017e80000 (usable)
 BIOS-e820: 0000000017e80000 - 0000000018000000 (reserved)
 BIOS-e820: 00000000ff800000 - 00000000ffc00000 (reserved)
 BIOS-e820: 00000000fff00000 - 0000000100000000 (reserved)
...
```

Wenn die Daten nicht vom BIOS zur Verfügung gestellt werden, was auf einigen älteren Maschinen der Fall sein kann, erstellt der Kern selbst eine Tabelle, die den Speicher im Bereich zwischen 0 und 640 KiB sowie 1 MiB – end als benutzbar markiert.

Anschließend nimmt der Kern mit `parse_cmdline_early` eine Auswertung der Kommandozeile vor, die sich allerdings nur auf die Argumente `mem=XXX[KkmK]` und `memmap=XXX[KkmM]@XXX[KkmM]` konzentriert, womit der Administrator die Größe des vorhandenen Speichers manuell überschreiben bzw. Speicherbereiche manuell definieren kann, falls der Kern den falschen Wert ermittelt oder vom BIOS geliefert bekommt. Diese Option sollte allerdings ebenfalls nur mehr auf älteren Rechnern von Bedeutung sein. `highmem=` ermöglicht das Überschreiben des erkannten Werts für die Größe des HighMem-Speichers, der auf Maschinen mit sehr umfangreichem Speicherausbau auch verwendet werden kann, um die verfügbare RAM-Größe etwas einzuschränken – dies bringt manchmal Performance-Vorteile.

Der nächste, größere Schritt ist in `setup_memory` untergebracht, wovon es zwei Varianten gibt: Eine für UMA-Systeme (aus `arch/is86/kernel/setup.c`) und eine weitere für NUMA-Maschinen (aus `arch/i386/mm/discontig.c`). Auch wenn sich die Implementierungen unterscheiden, ist ihr Effekt in beiden Fällen identisch:

- Die Anzahl der verfügbaren physikalischen Speicherseiten (pro Node) wird ermittelt.

- Der Bootmem-Allokator wird initialisiert (Abschnitt 3.4.3 geht genauer auf seine Implementierung ein).

---

10 Neben „normalen" IA-32-Rechnern, die den überwiegenden Teil ausmachen, gibt es Sonderanfertigungen von Silicon Graphics und NCR, die zwar größtenteils aus Standardteilen und -komponenten bestehen, aber dennoch für manche Dinge einen etwas anderen Weg als der Rest gehen – unter anderem bei der Speichererkennung. Da die Maschinen entweder sehr alt (Voyager von NCR) oder nicht besonders weit verbreitet (Visual Workstation von SGI) sind, werden wir nicht weiter auf ihre jeweiligen Besonderheiten eingehen.

- Anschließend werden einige Speicherbereiche reserviert, unter anderem für die initiale RAM-Disk, die beim Ausführen der ersten Userspace-Prozesses benötigt wird.

`paging_init` initialisiert die Seitentabellen des Kerns und aktiviert das Paging, das auf IA-32-Maschinen nicht standardmäßig aktiviert ist.[11] Auch werden die `pgdat`-Instanzen der vorhandenen Noden des Systems – auf UMA-Maschinen bekanntlich nur `contig_page_data` – mit den bisher bekannten Informationen ausgefüllt. Abschnitt 3.4.2 wird auf die Implementierung dieser Funktion eingehen, da sie einige sehr wichtige Aktionen durchführt, die für das Speicherlayout von Bedeutung sind.

Die letzte Funktion, auf die `setup_arch` am Ende des Architektur-spezifischen Setups zurückgreift, ist `register_memory`. Sie ist dafür verantwortlich, um Speicherbereiche für Standardressourcen des Systems zu reservieren, die vom BIOS gemeldet wurden, beispielsweise ACPI-Tabellen.

Initialisierung des Pagings

`paging_init` ist für den Aufbau der Seitentabellen verantwortlich, die nur vom Kern verwendet werden können und im Userspace nicht zugänglich sind. Dies hat einschneidende Auswirkungen auf die Art und Weise, wie der Zugriff auf den Speicher zwischen normalen Applikationen und dem Kern selbst geregelt ist. Deshalb soll zuerst das anvisierte Ziel erläutert werden, bevor wir genauer auf die Implementierung der Funktion eingehen.

Wie in Kapitel 1 bemerkt wurde, teilt der Kern auf IA-32-Systemen den zur Verfügung stehenden virtuellen Adressraum von insgesamt 4GiB im Verhältnis 3 : 1 auf: Die unteren 3GiB stehen für Usermode-Applikationen zur Verfügung, während der Kern exklusiv auf das obere Gigabyte zugreifen kann. Während es für die Belegung des virtuellen Adressraums des Kerns gleichgültig ist, in welchem Kontext sich das System gerade befindet, besitzt jeder Prozess seinen eigenen spezifischen Adressraum.

Die wichtigsten Gründe für diese Aufspaltung sind:

- Wenn die Ausführung von einer Benutzerapplikation in den Kernmodus wechselt – das ist beispielsweise immer der Fall, wenn ein Systemaufruf verwendet wird oder der periodische Timer-Interrupt auftritt –, muss der Kern eine verlässliche Umgebung vorfinden, in die er eingebettet ist. Daher ist es unerlässlich, dem Kern einen Teil des Adressraums zuzuweisen.

- Die physikalischen Speicherseiten werden direkt an den Anfang des Kernel-Adressraums eingeblendet, damit der Kern direkt und ohne komplizierte Seitentabellen-Operationen auf sie zugreifen kann.

Würden die physikalischen Speicherseiten komplett in den für Userspace-Prozesse zugänglichen Adressraum eingeblendet, würde dies zu schwerwiegenden Sicherheitsproblemen führen, wenn mehrere Applikationen auf einem System laufen: Jede Anwendung könnte in diesem Fall beliebige Speicherbereiche eines anderen Prozesses auslesen und modifizieren, sofern sie sich im physikalischen RAM befinden. Das muss offensichtlich unbedingt vermieden werden.

Aufteilung des Adressraums Die reine Aufteilung der Adressräume im Verhältnis 3 : 1 gibt die Situation im Kern allerdings nur annäherungsweise wieder, da der Adressraum des Kerns selbst nochmals in verschiedene Abschnitte unterteilt ist. Abbildung 3.10 stellt die Situation grafisch dar.

---

11 Ohne explizite Aktivierung des Pagings werden alle Adressen linear interpretiert.

3.4 Initialisierung der Speicherverwaltung

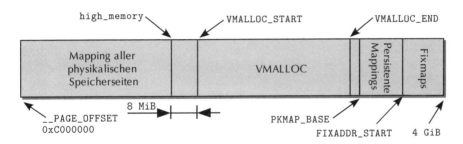

Abbildung 3.10: *Aufteilung des Kernel-Adressraums auf IA-32-Systemen*

Achtung: Die Abbildung gibt die Struktur der Seitentabelleneinträge wieder, die für die Verwaltung des vierten Gigabytes des virtuellen Adressraums verantwortlich ist. Es wird gezeigt, *zu welchem Zweck* welcher Bereich des *virtuellen* Adressraums verwendet wird; dies hat nichts mit der Belegung des physikalisch vorhandenen RAM-Speichers zu tun!

Der erste Abschnitt des Adressraums wird dazu verwendet, alle physikalischen Speicherseiten des Systems in den virtuellen Adressraum des Kerns einzublenden. Da dieser Adressraum bei einem Offset von 0xC0000000 beginnt – den vielfach genannten 3GiB –, entspricht jede virtuelle Adresse x der physikalischen Adresse $x - 0xC0000000$ – eine einfache lineare Verschiebung.

Wie die Abbildung zeigt, reicht der Bereich des *direkten Mappings* von 0xC0000000 bis zur Adresse high_memory, auf deren genauen Wert wir gleich eingehen werden. Wie in Kapitel 1 schon angedeutet, gibt es bei diesem Schema ein Problem: Da der virtuelle Adressraum des Kerns nur 1GiB umfasst, kann maximal nur ein GiB RAM-Speicher eingeblendet werden! Da der maximale Speicherausbau auf IA-32-Systemen (ohne PAE) bis zu 4GiB groß sein kann, stellt sich die Frage: Wohin mit dem restlichen Speicher?

Die schlechte Nachricht: Der Kern kann nicht den kompletten physikalischen Speicher auf einmal einblenden, wenn mehr als 896MiB vorhanden sind.[12] Dieser Wert ist sogar noch unter der bisher genannten maximalen Grenze von einem GiB, da sich der Kern die letzten 128MiB seines Adressraums für andere Zwecke reservieren muss, die gleich erläutert werden. Zusammengezählt ergeben diese 128MiB mit den 896MiB des direkten RAM-Mappings den kompletten virtuellen Kerneladressraum von 1024MiB = 1GiB. Um zwischen Speicherseiten zu unterscheiden, die direkt eingeblendet werden können oder nicht, verwendet der Kern die bereits häufiger aufgetretenen Abkürzungen „Normal" und „Highmem".

Um zwischen physikalischen und virtuellen Adressen umzurechnen (was letztendlich eine plattformabhängige Aufgabe ist), muss die Kernelportierung für jede Architektur zwei Makros bereitstellen:[13]

- __pa(vaddr) gibt die physikalische Adresse zurück, die mit der virtuellen Adresse vaddr assoziiert ist.

- __va(paddr) liefert die passende virtuelle Adresse zur physikalischen Adresse paddr.

---

12 Es gibt allerdings einen Kerneloption, die *zwei* 4GiB große Adressräume definiert, einen für den Kern und einen für jedes Userspace-Programm. Durch diesen Patch kann mehr Speicher direkt adressiert werden; allerdings werden Kontextwechsel zwischen Kernel- und Usermode dadurch verteuert. Da der Patch noch nicht Bestandteil der Standardquellen ist, werden wir nicht genauer darauf eingehen.

13 Der Kern stellt lediglich zwei Bedingungen an die Funktionen, die als Invarianten erhalten bleiben müssen: Zum einen muss $x_1 < x_2 \Rightarrow$ __va(x_1) < __va(x_2) (für beliebige physikalische Adressen x_i), zum anderen muss __va(__pa(x)) = x für beliebige Adressen x innerhalb des direkten Mappings gelten.

Beide Funktionen arbeiten sowohl mit void-Zeigern wie auch mit unsigned longs, da beide Datentypen gleichberechtigt zur Repräsentation von Speicheradressen verwendet werden können.

Wozu verwendet der Kern die letzten 128MiB seines Adressraums? Wie Abbildung 3.10 zeigt, gibt es drei Nutzer dafür:

- Im *vmalloc*-Bereich können virtuell zusammenhängende Speicherbereiche reserviert werden, die im physikalischen Speicher *nicht* zusammenhängen. Während dieser Mechanismus für Benutzerprozesse weit verbreitet ist, versucht der Kern, auseinander gerissene physikalische Adressen für sich selbst so gut wie möglich zu vermeiden. Dies gelingt normalerweise auch, da die meisten großen Speicherblöcke für den Kern beim Booten alloziert werden, wenn das RAM noch nicht fragmentiert ist. Allerdings kann es auf einem länger laufenden System zu Situationen kommen, bei denen der Kern physikalischen Speicherplatz benötigt, der in der erforderlichen Menge nicht kontinuierlich verfügbar ist – Paradebeispiel ist das dynamische Nachladen von Modulen.

- *Persistente Mappings* werden verwendet, um nicht permanent eingeblendete Seiten aus dem Highmem-Bereich in den Kern einblenden zu können. Abschnitt 3.5.5 wird dies genauer unter die Lupe nehmen.

- *Fixmaps* sind Einträge des virtuellen Adressraums, die mit einer festen, aber beliebig wählbaren Seite des physikalischen Adressraums verbunden sind. Im Gegensatz zu den direkt abgebildeten Seiten, die über eine feste Formel mit dem RAM-Speicher verbunden sind, kann die Zuordnung zwischen virtueller Fixmap-Adresse und der Position im RAM-Speicher frei vorgegeben werden, wird dann aber vom Kern immer eingehalten.

Die Aufteilung der einzelnen Bereiche wird durch die in Abbildung 3.10 gezeigten Konstanten geregelt, die allerdings je nach Konfiguration von Kern und System andere Werte besitzen. Die Grenze der direkten Mappings ist durch high_memory gegeben:

arch/i386/mm/ init.c
```
#ifdef CONFIG_HIGHMEM
        high_memory = (void *) __va(highstart_pfn * PAGE_SIZE);
#else
        high_memory = (void *) __va(max_low_pfn * PAGE_SIZE);
#endif
```

max_low_pfn gibt auf Rechnern mit weniger als 896MiB RAM die Anzahl der Speicherseiten an, die vorhanden sind. Zusätzlich ist der Wert nach oben auf die maximale Seitenanzahl beschränkt, die in 896MiB passen (die genaue Berechnung finden Sie in find_max_low_pfn). Wenn HighMem-Unterstützung aktiviert ist, gibt high_memory die Grenze zwischen beiden Speicherbereichen an, die sich immer bei 896MiB findet.

Zwischen der direkten Abbildung aller RAM-Seiten und dem Bereich für nicht zusammenhängende Allozierungen findet sich eine Lücke der Mindestgröße VMALLOC_OFFSET:

include/asm-i386/ pgtable.h
```
#define VMALLOC_OFFSET   (8*1024*1024)
```

Sinn dieser Lücke ist ein Schutzmechanismus, der gegen eventuelle Kernfehler absichern soll: Wenn auf Adressen zugegriffen wird, die *out of bound* liegen, d.h. unbeabsichtigterweise auf Speicherbereche zugreifen, die physikalisch nicht mehr vorhanden sind, geht der Zugriff ins Leere und liefert eine entsprechende Exception, die den Fehler anzeigt. Würde der vmalloc-Bereich unmittelbar hinter den direkten Mappings beginnen, wäre der Zugriff erfolgreich und der Fehler

3.4 Initialisierung der Speicherverwaltung

bliebe unbemerkt. Diese zusätzliche Absicherung sollte im stabilen Betrieb natürlich nie zum Einsatz kommen, hilft aber bei der Entwicklung neuer Kernel-Features, die noch nicht vollständig ausgereift sind.

`VMALLOC_START` und `VMALLOC_END` definieren Anfang und Ende des vmalloc-Bereichs, der für physikalisch unzusammenhängende Kernelmappings verwendet wird. Die Werte sind allerdings nicht direkt als Konstanten definiert, sondern hängen von einigen Parametern ab:

```
#define VMALLOC_START   (((unsigned long) high_memory + 2*VMALLOC_OFFSET-1) & \
                                        ~(VMALLOC_OFFSET-1))
#ifdef CONFIG_HIGHMEM
# define VMALLOC_END    (PKMAP_BASE-2*PAGE_SIZE)
#else
# define VMALLOC_END    (FIXADDR_START-2*PAGE_SIZE)
#endif
```

include/asm-i386/
pgtable.h

Die Startadresse des vmalloc-Bereich hängt davon ab, wie viel Speicher des virtuellen Adressraums zur direkten Abbildung von RAM verwendet wird. Ebenso berücksicht der Kern, dass sich eine Lücke von *mindestens* `VMALLOC_OFFSET` zwischen beiden Bereichen befindet und der vmalloc-Bereich auf einer durch `VMALLOC_OFFSET` teilbaren Adresse beginnt. Für verschiedene Speicherausbaustufen zwischen 128 und 135MiB ergibt dies die in Tabelle 3.4 gezeigten Offset-Werte.

Tabelle 3.4: `VMALLOC_OFFSET`-Werte für verschiedene RAM-Größen

Speicher (MiB)	Offset (MiB)
128	8
129	15
130	14
131	13
132	12
133	11
134	10
135	9

Das Ende das vmalloc-Bereichs hängt davon ab, ob die Highmem-Unterstützung aktiviert ist oder nicht. Je nachdem endet der Bereich entweder am Anfang der permanenten Kernelmappings oder des Fixmap-Bereichs, wobei zwei Speicherseiten Sicherheitsabstand gelassen werden.

Anfang und Ende der permanenten Kernelmappings werden folgendermaßen definiert:

```
#define PKMAP_BASE (0xff800000UL)
#define LAST_PKMAP 1024
```

include/asm-i386/
highmem.h

Während `PKMAP_BASE` die Startadresse festlegt, definiert `LAST_PKMAP` die *Anzahl* der Speicherseiten, die zur Aufnahme der Mappings verwendet wird.

Der letzte Speicherabschnitt wird von *Fix-Mappings* belegt. Dabei handelt es sich um Adressen, die auf eine *beliebige* Stelle im RAM-Speicher verweisen. Im Gegensatz zum direkten linearen Mapping, das direkt ab Start des vierten Gigabytes eingerichtet ist, ist bei diesen Mappings die Beziehung zwischen virtueller Adresse und Position im RAM-Speicher nicht fest vorgegeben, sondern kann beliebig festgelegt werden – auch wenn sie später nicht verändert werden kann. Der Fixmap-Bereich füllt den virtuellen Adressraum bis zu seinem oberen Ende aus:

```
#define FIXADDR_TOP     (0xffffff000UL)
#define __FIXADDR_SIZE  (__end_of_permanent_fixed_addresses << PAGE_SHIFT)
#define FIXADDR_START   (FIXADDR_TOP - __FIXADDR_SIZE)
```

include/asm-i386/
fixmap.h

Der Vorteil von Fixmap-Adressen besteht darin, dass die Adresse zur Übersetzungszeit wie eine Konstante wirkt, deren physikalische Adresse beim Booten des Kerns zugewiesen wird. Die Dereferenzierung solcher Adresse kann schneller durchgeführt werden, als wenn ein gewöhnlicher Zeiger verwendet wird. Außerdem stellt der Kern sicher, dass die Seitentabellen-Einträge von Fixmaps bei einem Kontextswitch nicht aus dem TLB geflusht werden und der Zugriff daher immer über schnellen Cache-Speicher erfolgt.

Für jede verwendete Fixmap-Adresse wird eine Konstante angelegt, die in der `enum`-Aufzählung `fixed_addresses` erscheinen muss:

include/asm-i386/
fixmap.h

```
enum fixed_addresses {
        FIX_HOLE,
        FIX_VSYSCALL,
#ifdef CONFIG_X86_LOCAL_APIC
        FIX_APIC_BASE,  /* local (CPU) APIC) -- required for SMP or not */
#endif
...
#ifdef CONFIG_HIGHMEM
        FIX_KMAP_BEGIN, /* reserved pte's for temporary kernel mappings */
        FIX_KMAP_END = FIX_KMAP_BEGIN+(KM_TYPE_NR*NR_CPUS)-1,
#endif
...
        FIX_WP_TEST,
        __end_of_fixed_addresses
};
```

Um die virtuelle Adresse einer Fixmap-Konstante zu berechnen, stellt der Kern die Funktion `fix_to_virt` bereit:

include/asm-i386/
fixmap.h

```
static inline unsigned long fix_to_virt(const unsigned int idx)
{
        if (idx >= __end_of_fixed_addresses)
                __this_fixmap_does_not_exist();

        return __fix_to_virt(idx);
}
```

Die `if`-Abfrage wird durch Optimierungsmechanismen des Compilers komplett entfernt – sonst hätten Fixmap-Adressen keinen Vorteil gegenüber normalen Zeigern. Formal wird überprüft, ob die gewünschte Fixmap-Adresse noch im gültigen Bereich liegt – `__end_of_fixed_adresses` legt als letztes Element von `fixed_addresses` die maximal mögliche Kennzahl fest. Greift der Kern auf eine ungültige Adresse zu, wird die Pseudofunktion `__this_fixmap_does_not_exist` aufgerufen, die allerdings nirgendwo definiert ist. Beim Linken des Kerns führt dies zu der Fehlermeldung, dass aufgrund undefinierter Symbole kein fertiges Image erzeugt werden kann, weshalb entsprechende Kernelfehler nicht erst zur Laufzeit, sondern bereits beim Kompilieren entdeckt werden.

Wenn eine gültige Fixmap-Adresse referenziert wird, liefert der Vergleich in der `if`-Abfrage einen positiven Wert. Da beide Vergleichsobjekte Konstanten sind, wird die Abfrage eliminiert, da sie nicht ausgeführt zu werden braucht.

`__fix_to_virt` ist als Makro definiert, das aufgrund der `inline`-Eigenschaft von `fix_to_virt` direkt an die Codestelle kopiert wird, an der die Abfrage der Fixmap-Adresse durchgeführt wurde. Seine Definition lautet wie folgt:

include/asm-i386/
fixmap.h

```
#define __fix_to_virt(x)        (FIXADDR_TOP - ((x) << PAGE_SHIFT))
```

Der Kern geht *von oben* beginnend (und nicht wie üblich von unten nach oben) *n* Speicherseiten zurück, um die virtuelle Adresse des *n*-ten Fixmap-Eintrags zu ermitteln. Da auch bei dieser

3.4 Initialisierung der Speicherverwaltung

Umrechnung nur Konstanten zum Einsatz kommen, kann der Compiler das Resultat bereits zur Übersetzungszeit berechnen. Die Adresse im RAM, an der sich die entsprechende virtuelle Adresse wiederfindet, ist durch die beschriebene Aufteilung noch nicht belegt.

Die Verbindung zwischen Fixmap-Adresse und physikalischer Speicherseite wird durch set_fixmap(fixmap, page_nr) und set_fixmap_nocache hergestellt, auf deren Implementierung wir nicht weiter eingehen wollen – sie verbinden lediglich den passenden Eintrag in den Seitentabellen mit einer Speicherseite im RAM. Im Gegensatz zu set_fixmap schaltet set_fixmap_nocache das Hardware-Caching für die betroffene Speicherseite ab, was in manchen Fällen erforderlich ist, auf die wir nicht weiter eingehen wollen.

Alternative Aufteilung Die Aufteilung des virtuellen Adressraums im Verhältnis 3 : 1 ist nicht die einzig mögliche Variante. Da sämtliche Grenzen in den Quellen durch Konstanten definiert sind, kann mit relativ geringem Aufwand eine andere Aufteilung gewählt werden. Für manche Zwecke kann es nützlich sein, den Adressraum symmetrisch aufzuteilen, wobei 2GiB für den Benutzeradressraum und 2GiB für den Kerneladressraum zur Verfügung stehen. __PAGE_OFFSET muss dazu entsprechend auf 0x80000000 anstelle des üblichen Standardwerts von 0xC0000000 gesetzt werden. Diese Aufteilung ist dann sinnvoll, wenn das System Aufgaben durchführen soll, die sehr viel Kernelspeicher, dafür aber weniger Speicher für die einzelnen Benutzerprozesse benötigt, was allerdings nicht allzu häufig der Fall ist. Da die Änderung der Aufteilung ein Neuübersetzen aller Userspace-Anwendungen notwendig macht, findet sich keine Option in den Konfigurationsanweisungen, um den Split zu realisieren, obwohl dies prinzipiell ohne größere Probleme möglich wäre.

Einrichten der Aufteilung paging_init wird während des Bootvorgangs aufgerufen, um die Aufteilung des virtuellen Adressraums nach dem eben beschriebenen Schema durchzuführen. Das Codeflussdiagramm der Funktion findet sich in Abbildung 3.11.

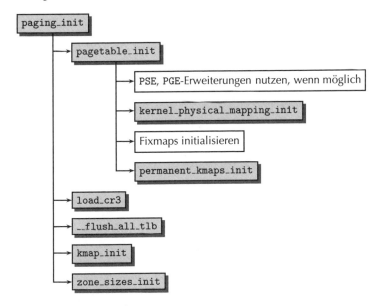

Abbildung 3.11: Codeflussdiagramm für paging_init

Zuerst werden mit `pagetable_init` die Seitentabellen des Systems initialisiert, wobei `swapper_pg_dir` als Grundlage verwendet wird (bisher wurde die Variable verwendet, um die provisorischen Daten aufzunehmen. Anschließend werden zwei Erweiterungen aktiviert, die auf allen modernen IA-32-Varianten vorhanden sind (lediglich einige sehr alte Pentium-Implementierungen unterstützen sie noch nicht):

- Unterstützung für große Speicherseiten. Anstelle der normalen Seitengröße von 4KiB besitzen besonders markierte Seiten 4MiB Umfang. Die Option wird für Kernelseiten verwendet, da diese nie ausgelagert werden – durch Erhöhung der Seitengröße werden weniger Seitentabelleneinträge benötigt, was sich positiv auf die Translation Lookaside Buffers auswirkt, die weniger mit den Daten des Kernels belastet werden.

- Kernel-Seiten werden wenn möglich mit einem weiteren Attribut (`_PAGE_GLOBAL`) versehen. Die TLB-Einträge solcher Seiten werden bei einem Kontextwechsel nicht aus den TLBs entfernt, was die Performance des Systems erhöht – schließlich sollen die Kerneldaten immer so schnell wie möglich verfügbar sein.

Das Einblenden der physikalischen Speicherseiten (bzw. der ersten 896MiB, wie eben besprochen wurde) in den virtuellen Adressraum ab `PAGE_OFFSET` erfolgt mit Hilfe von `kernel_physical_mapping_init`. Der Kern durchläuft dabei der Reihe nach alle relevanten Einträge der verschiedenen Seitenverzeichnisse und setzt die Zeiger auf die korrekten Werte.

Anschließend werden die Bereiche für Fixmap-Einträge und die permanenten Kernelmappings eingerichtet, was ebenfalls daraus hinausläuft, die Seitentabellen mit passenden Werten zu füllen.

Nachdem die Initialisierung der Seitentabellen mit `pagetable_init` abgeschlossen wurde, wird das Register `cr3` mit einem Zeiger auf das dabei verwendete Basis-Seitenverzeichnis `pg_swapper_dir` belegt. Die Operation ist notwendig, um die neuen Seitentabellen zu aktivieren: Die Neubelegung des Registers `cr3` bewirkt auf IA-32-Maschinen genau diesen Effekt (eigentlich wäre hier das Wort „Seiteneffekt" besser angebracht...).

Auch die TLB-Einträge müssen geflusht werden, da sie noch die Daten der Boot-Memory-Allokation enthalten: `_flush_all_tlb` erledigt das Gewünschte. Im Gegensatz zu TLB-Flushes bei Kontextwechseln werden in diesem Fall auch die mit einem `_PAGE_GLOBAL`-Bit versehenen Seiten geflusht.

`kmap_init` initialisiert die globale Variable `kmap_pte`. Der Kern speichert darin den Seitentabelleneintrag für den Bereich, der später verwendet wird, um Seiten aus der Highmem-Zone in den Adressraum des Kerns einzublenden.

`zone_sizes_init` schließt die Initialisierung des Adressraums ab und wird im nächsten Abschnitt genauer beschrieben, da es sich dabei um eine umfangreiche Routine handelt.

Einrichten der Zonenstrukturen Abbildung 3.12 auf der gegenüberliegenden Seite zeigt das Codeflussdiagramm, in dem der Ablauf beim Einrichten der Zonenstrukturen durch `zones_size_init` wiedergegeben wird.

Achtung: In den Kernelquellen existieren zwei unterschiedliche Varianten von `zone_sizes_init`, die je nachdem verwendet werden, ob `CONFIG_DISCONTIGMEM` aktiviert ist oder nicht (die passende Variante wird zur Übersetzungszeit mit Hilfe des Präprozessors ausgewählt). Die folgenden Ausführungen beschränken sich auf die Version für kontinuierlichen Speicher; die `DISCONTIGMEM`-Variante unterscheidet sich nicht allzusehr davon, weshalb sie hier nicht weiter besprochen werden soll.

3.4 Initialisierung der Speicherverwaltung

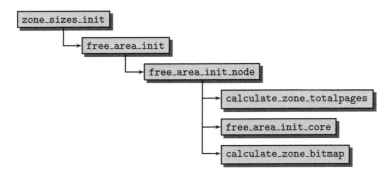

Abbildung 3.12: *Codeflussdiagramm für* zone_sizes_init

Zunächst wird ein Array erstellt, um die Seitenzahlen in den verschiedenen Speicherzonen festzuhalten:

```
void __init zone_sizes_init(void)                                    arch/i386/mm/
{                                                                    init.c
        unsigned long zones_size[MAX_NR_ZONES] = {0, 0, 0};
        unsigned int max_dma, high, low;

        max_dma = virt_to_phys((char *)MAX_DMA_ADDRESS) >> PAGE_SHIFT;
        low = max_low_pfn;
        high = highend_pfn;

        if (low < max_dma)
                zones_size[ZONE_DMA] = low;
        else {
                 zones_size[ZONE_DMA] = max_dma;
                 zones_size[ZONE_NORMAL] = low - max_dma;
#ifdef CONFIG_HIGHMEM
                 zones_size[ZONE_HIGHMEM] = high - low;
#endif
        }
        free_area_init(zones_size);
}
```

MAX_DMA_ADDRESS ist die höchste Speicheradresse, die für DMA-Operationen geeignet ist. Die Konstante wird mit Hilfe des Präprozessors als PAGE_OFFSET+0x1000000 definiert; die Umrechnung mit virt_to_phys liefert daher 0x1000000, was 16MiB entspricht. Das Rechtsshiften mit PAGE_SHIFT bewirkt effektiv eine Division durch die Seitengröße und ergibt die Seitenanzahl, die für DMA verwendet werden kann – 4096 Stück.

max_low_pfn und highend_pfn sind globale Konstanten, die die höchste Seitennummer im niedrigen ($\leq$ 896MiB bzw. hohen Speicherbereich angeben.

free_area_init ist ein Frontend für free_area_init_node, das die Funktion mit korrekten Parametern versorgt. Die Aufgabe von free_area_init_node ist die Initialisierung der Datenstrukturen einer Node; da auf UMA-Systemen nur eine Node existiert, wird die bereits bekannte Variable contig_page_data zur Repräsentation der Node verwendet.

Zunächst wird mit calculate_zone_totalpages die Gesamtanzahl von Sciten in der Node berechnet,[14] indem die Beiträge der einzelnen Zonen aufaddiert werden. Bei kontinuierlichem Speicher könnte dieser Schritt prinzipiell bereits in zones_size_init erfolgen; calculate_zone_totalpages berücksichtigt zusätzlich Löcher in der Zone und kann deshalb auch vom

---

[14] Achtung: Der Name calculate_zone_totalpages suggeriert, dass die Anzahl der Seiten in einer *Zone* und nicht in einer Node berechnet wird.

Codepfad für Systeme mit nichtkontinuierlichem Speicher verwendet werden, auf den wir hier wie bereits bemerkt nicht weiter eingehen. Die Anzahl der gefundenen Seiten wird für jede Node mit einer kurzen Meldung beim Booten des Systems aufgegeben, beispielsweise auf einem UMA-System mit 384MiB RAM:

```
wolfgang@meitner> dmesg
...
On node 0 totalpages: 97920
...
```

Die Hauptarbeit liegt bei `free_area_init_core`, die der Reihe nach über alle Zonen der Node iteriert:

mm/page_alloc.c
```
static void __init free_area_init_core(struct pglist_data *pgdat,
            unsigned long *zones_size, unsigned long *zholes_size)
{
    unsigned long i, j;
    const unsigned long zone_required_alignment = 1UL << (MAX_ORDER-1);
    int cpu, nid = pgdat->node_id;
    struct page *lmem_map = pgdat->node_mem_map;
    unsigned long zone_start_pfn = pgdat->node_start_pfn;
    ...
    for (j = 0; j < MAX_NR_ZONES; j++) {
        struct zone *zone = pgdat->node_zones + j;
        unsigned long mask;
        unsigned long size, realsize;
        unsigned long batch;

        zone_table[nid * MAX_NR_ZONES + j] = zone;
        realsize = size = zones_size[j];
        if (zholes_size)
            realsize -= zholes_size[j];

        zone->spanned_pages = size;
        zone->present_pages = realsize;
        zone->name = zone_names[j];
        zone->zone_pgdat = pgdat;
        zone->free_pages = 0;
    ...
    }
    ...
}
```

`zone_table` ist ein globales Array, das in `mm/page_alloc.c` definiert wird. Es enthält einen Eintrag für jede Zone aller Noden, in dem ein Zeiger auf die jeweilige `zone`-Instanz gespeichert wird.

Zunächst werden einige charakteristische Daten der Zone gesetzt, deren Bedeutung in Abschnitt 3.2.2 besprochen wurde. Achtung: Die Anzahl der freien Seiten (`free_pages`) wird momentan noch auf 0 festgelegt, was offensichtlich nicht mit der Realität übereinstimmt! Der korrekte Wert wird erst eingesetzt, wenn der Bootmem-Allokator deaktiviert wird und die normale Buddy-Allokation einsetzt. Die Bezeichnung der Zone, die in `zone->zone_name` gespeichert wird, wird aus `zone_names` übernommen. Dabei handelt es sich um ein globales Array, in dem die drei möglichen Zeichenketten statisch definiert sind:

mm/page_alloc.c
```
static char *zone_names[MAX_NR_ZONES] = { "DMA", "Normal", "HighMem" };
```

Danach werden der in Abschnitt 3.2.2 besprochene Hot-and-Cold-Cache initialisiert, wobei vor allem die Berechnung der „Watermarks" interessant ist. Durch sie wird die Optimalzahl an

3.4 Initialisierung der Speicherverwaltung

Speicherseiten festgelegt, mit denen der Cache gefüllt sein soll. Werden die Zahlen unter- bzw. überschritten, versucht der Kern, mehr Seiten in den Cache hineinzubringen oder die Anzahl zu reduzieren. Die Grenzwerte sind folgendermaßen belegt:

```
static void __init free_area_init_core(struct pglist_data *pgdat,         mm/page_alloc.c
                       unsigned long *zones_size, unsigned long *zholes_size)
{
...
        for (j = 0; j < MAX_NR_ZONES; j++) {
...
                batch = zone->present_pages / 1024;
                if (batch * PAGE_SIZE > 256 * 1024)
                        batch = (256 * 1024) / PAGE_SIZE;
                batch /= 4;             /* We effectively *= 4 below */
                if (batch < 1)
                        batch = 1;

                for (cpu = 0; cpu < NR_CPUS; cpu++) {
                        struct per_cpu_pages *pcp;

                        pcp = &zone->pageset[cpu].pcp[0];       /* hot */
                        pcp->count = 0;
                        pcp->low = 2 * batch;
                        pcp->high = 6 * batch;
                        pcp->batch = 1 * batch;
                        INIT_LIST_HEAD(&pcp->list);

                        pcp = &zone->pageset[cpu].pcp[1];       /* cold */
                        pcp->count = 0;
                        pcp->low = 0;
                        pcp->high = 2 * batch;
                        pcp->batch = 1 * batch;
                        INIT_LIST_HEAD(&pcp->list);
                }
...
        }
...
}
```

`batch` entspricht etwa 25% von einem Tausendstel der vorhandenen Speicherseiten der Zone. Da als Untergrenze für heiße Seiten `2*batch` und als Obergrenze `6*batch` eingesetzt wird, ergibt diese einen Idealwert von `4*batch` für die Anzahl der Seiten im Cache, was einem Tausendstel aller Zonenseiten entspricht. Da auf allen gängigen IA-32-Prozessoren der L2-Caches nicht größer als 1/4MiB ist, ist es wenig sinnvoll, mehr Speicher in Hot-n-cold-Cache zu halten, als in ein viertel MiB passt. Der Wert von `batch` wird entsprechend nach unten korrigiert, wenn auf Systemen mit viel Speicher ursprünglich ein größerer Wert berechnet wurde. Auch stellt der Kern sicher, dass auf Systemen mit wenig Speicher mindestens eine Speicherseite als untere Marke verwendet wird.

Da kalte Seiten, die sich nicht im Cache befinden, nur bei Performance-*un*kritischen Aktionen verwendet werden, die im Kern naturgemäß seltener sind als Performance-kritische, sind die Watermarks der cold-Liste etwas geringer: Die untere Grenze wird konstant auf 0 Seiten gesetzt, während der doppelte `batch`-Wert als obere Marke verwendet wird.

Die `pcp->batch`-Größe bestimmt, wie viele Seiten auf einmal verwendet werden sollen, wenn die Liste neu aufgefüllt werden muss – aus Performance-Gründen werden nicht nach und nach einzelne Seiten in die Liste eingehängt, sondern immer gleich ganze Schübe hinzugefügt. In beiden Fällen wird `1*batch` verwendet,

Die Seitenanzahl in den einzelnen Zonen wird anschließend zusammen mit den berechneten `batch`-Größen ausgegeben, wie aus den Boot-Logs ersichtlich ist:

```
wolfgang@meitner> dmesg
...
  DMA zone: 4096 pages, LIFO batch:1
  Normal zone: 93824 pages, LIFO batch:16
  HighMem zone: 0 pages, LIFO batch:1
...
```

Ein weiterer wichtiger Schritt ist die Berechnung der Watermarks für das *Zone Balancing*, das die Grenzen für die Aktivierung des Swappings festlegt (die technische Durchführung wird in Kapitel 14 („Swapping") besprochen):

mm/page_alloc.c
```
static void __init free_area_init_core(struct pglist_data *pgdat,
                    unsigned long *zones_size, unsigned long *zholes_size)
{
...
        for (j = 0; j < MAX_NR_ZONES; j++) {
...
                mask = (realsize / zone_balance_ratio[j]);
                if (mask < zone_balance_min[j])
                        mask = zone_balance_min[j];
                else if (mask > zone_balance_max[j])
                        mask = zone_balance_max[j];
                zone->pages_min = mask;
                zone->pages_low = mask*2;
                zone->pages_high = mask*3;
...
        }
...
}
```

Um die Grenzen berechnen zu können, sind einige zonenspezifische Hilfskonstanten erforderlich, die in Arrays gespeichert werden:

mm/page_alloc.c
```
static int zone_balance_ratio[MAX_NR_ZONES] __initdata = { 128, 128, 128, };
static int zone_balance_min[MAX_NR_ZONES]   __initdata = {  20 , 20, 20, };
static int zone_balance_max[MAX_NR_ZONES]   __initdata = { 255 , 255, 255, };
```

Um das Verhalten der Speicherverwaltung modifizieren zu können, sind die in `zone_balance_ratio` gespeicherten Werte über den Kernelparameter `memfrac` beim Booten justierbar.

Wie der Code zeigt, wird zuerst ein Grundwert (`mask`) errechnet, der sich durch Division der in der Zone vorhandenen Speicherseiten (`realsize`) durch den zonenspezifischen Wert `zone_balance_ratio[zone]`[15] ergibt. Anschließend stellt der Kern sicher, dass der errechnete Wert die durch `zone_balance_min` bzw. `zone_balance_max` vorgegebenen Grenzen nicht unter- bzw. überschreitet. Die Watermarks für die hohe, niedrige und niedrigste Anzahl freier Seiten einer Zone werden schließlich wie im Code gezeigt gesetzt.

Im letzten Schritt von `free_area_init_core` wird noch Speicherplatz für die Seitenbitmaps des Buddy-Systems reserviert, worauf Abschnitt 3.5.2 näher eingeht.

Das Codeflussdiagramm in Abbildung 3.12 auf Seite 107 zeigt, dass von `free_area_init_node` aus abschließend noch `calculate_zone_bitmap` aufgerufen wird. Die Funktion stellt sicher, dass genügend Speicherplatz für das Seitenbitmap der Zone reserviert wird, wozu noch der Bootmem-Allokator verwendet wird – der endgültige Kernallokator wurde noch nicht aktiviert, auch wenn nun bereits fast alle Vorbereitungen dafür abgeschlossen sind. Das Bitmap wird mit Nullen belegt und in `contig_page_data->valid_addr_bitmap` gespeichert.

---

15 Wenn der Administrator den Wert nicht über den genannten Kernelparameter ändert, wird allerdings die identische Standardeinstellung für alle Zonen verwendet. Auch die Minimal- und Maximalwerte werden zwar für alle Zonen separat verwaltet, besitzen aber momentan die gleiche Standardeinstellung.

3.4.3 Speicherverwaltung während des Bootens

Der Kern muss bereits während des Bootvorgangs Speicher reservieren, um verschiedene Datenstrukturen anlegen zu können – obwohl die eigentliche Speicherverwaltung noch nicht initialisiert ist. Um dieser Anforderung dennoch gerecht werden zu können, wird ein *Bootmem-Allokator* verwendet, der die Zuteilung von Speicher in der frühen Bootphase regelt.

Offensichtlich muss dazu ein möglichst simples System zum Einsatz kommen, dessen Augenmerk nicht auf Leistungsfähigkeit und Universalität, sondern vor allem auf Einfachheit liegt. Die Kernentwickler haben sich deshalb für die Implementierung eines *First-Fit*-Allokators entschieden, der die denkbar einfachste Möglichkeit zur Speicherverwaltung darstellt.

Zur Verwaltung der Seiten wird ein Bitmap verwendet, das (mindestens) so viele Bits zur Verfügung stellt, wie physikalische Speicherseiten im System vorhanden sind. Dabei steht der Bitwert 1 für eine belegte, 0 hingegen für eine unbelegte Seite.

Wenn Speicherplatz reserviert werden muss, beginnt der Allokator, das Bitmap Bit für Bit zu durchsuchen, bis eine Stelle mit genügend vielen zusammenhängenden Seiten gefunden wurde – die sprichwörtlich erstbeste Position (daher der Name First Fit) wird ausgewählt.

Da die Bitkette bei jeder Allokation von Anfang an durchsucht werden muss, ist das Verfahren nicht besonders leistungsfähig und kann nicht verwendet werden, um die Speicherverwaltung im voll initialisierten Kern zu übernehmen. Hierfür steht mit dem Buddy-System (zusammen mit dem Slab-Allokator) eine deutlich bessere Technik zur Verfügung, die in Kapitel 3.5.2 besprochen wird.

Datenstrukturen Auch der First Fit-Allokator muss einige Daten verwalten, wozu der Kern (für jede Node des Systems) eine Instanz der Struktur `bootmem_data` zur Verfügung stellt. Der für die Struktur benötigte Speicherplatz kann natürlich *nicht* dynamisch reserviert werden, sondern muss bereits zur Übersetzungszeit fest in den Kernel eingeplant werden. Auf UMA-Systemen ist dies Reservierung prozessorunabhängig implementiert (NUMA-Systeme verwenden Architektur-spezifische Lösungen, auf die wir hier nicht weiter eingehen wollen). Die Struktur hat folgenden Aufbau:

```
typedef struct bootmem_data {                        <bootmem.h>
        unsigned long node_boot_start;
        unsigned long node_low_pfn;
        void *node_bootmem_map;
        unsigned long last_offset;
        unsigned long last_pos;
        unsigned long last_success;
} bootmem_data_t;
```

Der Begriff „Seite" bezieht sich im Folgenden immer auf eine physikalische Speicherseite:

- `node_boot_start` speichert die Kennzahl der ersten Seite des Systems; für die meisten Architekturen findet sich hier eine Null.

- `node_low_pfn` ist die Kennzahl der letzten Seite des physikalischen Adressraums, der direkt verwaltet werden kann – also das Ende von `ZONE_NORMAL`.

- `node_bootmem_map` ist ein Zeiger auf den Speicherbereich, in dem das Allokationsbitmap untergebracht wird. Auf IA-32-Systemen wird hierzu der Speicherbereich verwendet, der unmittelbar auf das Kernelimage folgt; die passende Adresse findet sich in der Variablen `_end`, die beim Linken automatisch in das Kernelimage hineingepatcht wird.

- `last_pos` ist die Kennzahl der Speicherseite, die zuletzt alloziert wurde, während `last_offset` als Offset innerhalb der Seite verwendet wird, wenn der von ihr zur Verfügung gestellte Speicher nicht komplett angefordert wurde. Der Bootmem-Allokator kann deswegen (im Gegensatz zum Buddy-System) auch Speicherbereiche vergeben, die kleiner als eine komplette Seite sind.

- `last_success` gibt an, an welcher Stelle im Bitmap die Allokation das letzte Mal erfolgreich war, und wird als Startposition für neue Reservierungen verwendet. Dies beschleunigt den First-Fit-Algorithmus zwar etwas, macht ihn aber dennoch nicht zu einer wirklichen Alternative für ausgefeiltere Techniken.

Auf UMA-Systemen ist die einzig notwendige Instanz von `bootmem_t` unter der Bezeichnung `contig_bootmem_data` zu finden, die über das `bdata`-Element mit `contig_page_data` verbunden wird:

```
mm/page_alloc.c    static bootmem_data_t contig_bootmem_data;
                   struct pglist_data contig_page_data = { .bdata = &contig_bootmem_data };
```

Initialisierung Abbildung 3.13 zeigt das Codeflussdiagramm, in dem die einzelnen Schritte bei der Initialisierung des Bootmem-Allokators festgehalten sind (alle Aufrufe, die anderen Zwecken dienen, wurden nicht berücksichtigt).

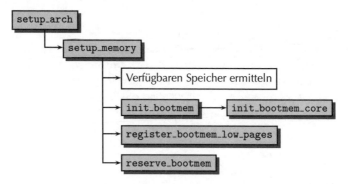

Abbildung 3.13: Initialisierung des Bootmem-Allokators

Über `setup_arch`, die als eine der ersten High-Level-Funktionen bei der Initialisierung des Systems aufgerufen wird, landet der Kern bei `setup_memory`. Dort muss zunächst die Anzahl der vorhandenen Speicherseiten festgestellt werden, wobei sich die Vorgehensweise zwischen den verschiedenen Architekturen deutlich unterscheidet. Das Resultat ist aber auf fast allen Architekturen identisch: In den globalen Variablen `max_low_pfn` und `max_pfn` findet sich die Kennzahl der höchsten einblendbaren bzw. überhaupt höchsten Seite. Der Kern meldet die gefundene Speichermenge in den Boot-Logs:

```
wolfgang@meitner> dmesg
...
382MB LOWMEM available.
...
```

Die nächste Funktion in der Reihe ist ebenfalls Architektur-abhängig: `init_bootmem`. Sie dient als Frontend für `init_bootmem_core`, die zur Initialisierung von `contig_bootmem_data` verwendet wird. Auch werden dabei alle Speicherseiten als reserviert markiert, da noch nicht

3.4 Initialisierung der Speicherverwaltung

klar ist, welche davon verwendet werden können und welche unbrauchbar sind, da sie entweder aus Architektur-gründen besonders behandelt werden müssen (Seite 0 auf IA-32-Systemen) oder bereits belegt sind – beispielsweise durch das Kernelimage.

Die Freigabe aller potentiell möglichen Speicherseiten erfolgt durch `register_bootmem_low_pages`, indem die entsprechenden Bits im Bitmap auf 0 gesetzt und die Seiten daher als nicht belegt markiert werden. IA-32-Systeme werden dabei vom BIOS unterstützt, von dem der Kern bereits früher in der Initialisierung eine Liste aller benutzbaren Bereiche erhalten hat. Anschließend wird `reserve_bootmem` zweimal aufgerufen, zum einen, um den für das Bitmap benötigten Speicher und zum anderen die nullte Seite[16] des Systems zu reservieren. Weitere (hier nicht wiedergegebene) Aufrufe von `reserve_bootmem` folgen, um je nach Konfiguration weitere Speicherbereiche zu reservieren – beispielsweise für ACPI-Daten.

Schnittstelle zum Kern Der Kern stellt verschiedene Funktionen zur Verfügung, mit denen während der Initialisierung Speicher reserviert werden kann. Auf UMA-Systemen handelt es sich dabei um folgende Funktionen:

- `alloc_bootmem(size)` und `alloc_bootmem_pages(size)` reservieren einen Speicherbereich der Größe `size` aus ZONE_NORMAL, wobei die Ausrichtung der Daten so erfolgt, dass der Speicherbereich entweder an einer für den L1-Cache optimalen Position oder an einer Seitengrenze beginnt. Achtung: Auch wenn die Bezeichnung `alloc_bootmem_pages` suggeriert, dass die gewünschte Größe in Seiteneinheiten angegeben wird, bezieht sich der Zusatz _pages nur auf die *Ausrichtung* der Daten!

- `alloc_bootmem_low` und `alloc_bootmem_low_pages` arbeiten ebenso wie die eben beschriebenen Funktionen, verwenden aber den niedrigen Speicherbereich (ZONE_DMA) als Quelle. Entsprechend sollen die Funktionen nur dann eingesetzt werden, wenn wirklich DMA-Speicher benötigt wird.

Für NUMA-Systeme gilt im Prinzip die gleiche API; den Funktionsnamen wird lediglich der Zusatz _node angehängt. Im Vergleich zu den UMA-Funktionen ist ein zusätzlicher Parameter nötig, der festlegt, welche Node zur Speicherreservierung verwendet werden soll.

Die genannten Funktionen sind allesamt Frontends für `__alloc_bootmem`, die die eigentliche Arbeit an `__alloc_bootmem_core` delegiert. Auf NUMA-Systemen wird `__alloc_bootmem_node` zur Implementierung der API-Funktionen verwendet, wobei die Arbeit ebenfalls bei `__alloc_bootmem_core` landet. Unabhängig von der Speicherkonfiguration des Systems wird im Endeffekt also immer die gleiche Methodik verwendet, um RAM-Speicher während des Bootvorgangs zu reservieren.

`__alloc_bootmem` benötigt drei Parameter, um eine Anforderung zu charakterisieren: `size` ist die Größe des gewünschten Speicherbereichs, `align` gibt die Ausrichtung der Daten an, und `goal` gibt die Startadresse vor, ab welcher der Speicher nach einem passenden freien Bereich durchsucht wird. Die Frontends verwenden die Funktion wie folgt:

```
#define alloc_bootmem(x) \                                          <bootmem.h>
        __alloc_bootmem((x), SMP_CACHE_BYTES, __pa(MAX_DMA_ADDRESS))
#define alloc_bootmem_low(x) \
        __alloc_bootmem((x), SMP_CACHE_BYTES, 0)
#define alloc_bootmem_pages(x) \
        __alloc_bootmem((x), PAGE_SIZE, __pa(MAX_DMA_ADDRESS))
```

---

16 Die von manchen BIOSen benötigt wird und daher nicht verwendet werden kann, wie weiter oben bereits angesprochen wurde.

```
#define alloc_bootmem_low_pages(x) \
        __alloc_bootmem((x), PAGE_SIZE, 0)
```

__alloc_bootmem besitzt den Prototyp

<bootmem.h>
```
void * __init __alloc_bootmem (unsigned long size, unsigned long align,
                               unsigned long goal);
```

Während die gewünschte Allokationsgröße (x) unverändert an __alloc_bootmem weitergereicht wird, gibt es zwei Möglichkeiten für die Ausrichtung im Speicher: SMP_CACHE_BYTES ordnet die Daten auf den meisten Architekturen so an, dass sie im L1-Cache optimal plaziert werden (trotz ihres Namens ist die Konstante natürlich auch auf Einzelprozessorsystemen definiert). PAGE_SIZE richtet die Daten an den Seitengrenzen aus. Während letzteres Alignment optimal ist, um eine oder mehrere komplette Speicherseiten zu allozieren, liefert Ersteres bessere Ergebnisse bei Teilallokationen.

Die Unterscheidung zwischen Low- und Normal-Memory erfolgt über die Startadresse: Für DMA-tauglichen Speicher beginnt die Suche ab Adresse 0, während Anforderungen nach regulärem Speicher mit RAM von MAX_DMA_ADDRESS aufwärts bearbeitet werden (__pa wird verwendet, um die Speicheradresse in eine Seitennummer umzurechnen).

__alloc_bootmem_core ist eine relativ umfangreiche Funktion, die nicht im Detail besprochen werden soll – schließlich wird im Wesentlichen nur der demonstrierte First-Fit-Algorithmus implementiert. Allerdings ist der Allokator so erweitert, dass nicht nur komplette Speicherseiten, sondern auch kleinere Abschnitte davon reserviert werden können.

Die Funktion führt (grob gesprochen) folgende Schritte durch:

■ Das Seitenbitmap wird von Position goal ab nach einem freien Bereich durchsucht, der die Allokation erfüllen kann.

■ Wenn die gefundene Seite direkt auf die zuletzt allozierte Seite folgt, die in bootmem_data->last_pos gespeichert ist, prüft der Kern anhand von bootmem_data->last_offset, ob die Allokation (einschließlich des Platzes, der für die Ausrichtung der Daten benötigt wird!) in der letzten Seite untergebracht oder zumindest vor dort begonnen werden kann.

■ Die Bits der neu allozierten Seiten im Blockbitmap werden auf 1 gesetzt; auch wird die Kennzahl der hintersten neu belegten Seite in bootmem_data->last_pos gespeichert. Wenn die Seite nicht komplett belegt ist, wird das entsprechende Offset in bootmem_data->last_offset festgehalten, anderenfalls wird der Wert auf 0 gesetzt.

Zur Speicherfreigabe stellt der Kern die Funktion free_bootmem bereit, die zwei Parameter verlangt: Startadresse und Größe des zu befreienden Bereichs. Die äquivalente Funktion auf NUMA-Systemen trägt erwartungsgemäß die Bezeichnung free_bootmem_node und erwartet einen zusätzlichen Parameter, der die bearbeitete Node festlegt. Beide Varianten greifen auf __free_bootmem_core zurück, die die eigentliche Arbeit erledigt.

Da der Bootmem-Allokator keine Informationen über die Bereiche aufbewahrt, in die eine Seite unterteilt ist, kann die Freigabe offensichtlich nur seitenweise erfolgen. Der Kern berechnet in __free_bootmem_core zuerst die betroffenen Seiten, die *vollständig* im Bereich enthalten sind, der befreit werden soll. Seiten, von denen nur Teilinhalte zurückgegeben werden sollen, werden nicht berücksichtigt. Um die Befreiung der Seite endgültig zu machen, werden die entsprechenden Einträge im Seitenbitmap auf 0 zurückgesetzt.

Diese Vorgehensweise birgt die Gefahr in sich, dass eine Speicherseite nicht befreit wird, wenn jeweils Teile ihres Inhalts in aufeinander folgenden Anforderungen zurückgegeben werden sollen:

3.4 Initialisierung der Speicherverwaltung

Wenn zuerst die erste Hälfte und irgendwann später die zweite Hälfte einer Seite befreit wird, hat der Allokator keine Möglichkeit, um festzustellen, dass die komplette Seite nicht mehr verwendet wird und daher eigentlich zurückgegeben werden kann: Sie bleibt ungerechtfertigterweise belegt. Allerdings ist dies kein allzu großes Problem, da free_bootmem nur sehr selten verwendet wird. Die meisten während der Systeminitialisierung allozierten Speicherbereiche werden für fundamentale Datenstrukturen verwendet, die über die komplette Kernlaufzeit hinweg gebraucht und daher nie zurückgegeben werden.

Abschalten des Bootmem-Allokators Wenn die Initialisierung des Systems so weit fortgeschritten ist, dass der Buddy-Allokator die Speicherverwaltung übernehmen kann, muss der Bootmem-Allokator deaktiviert werden – schließlich kann der Speicher nicht von zwei Allokatoren gleichzeitig bearbeitet werden. Dazu dient die Funktion free_all_bootmem auf UMA- und free_all_bootmem_node auf NUMA-Systemen. Beide werden von mem_init aufgerufen, das wiederum über die bereits oft angesprochene Initialisierungsfunktion setup_memory aufgerufen wird.

Zunächst wird das Seitenbitmap des Bootmem-Allokators durchlaufen und jede nicht belegte Seite freigegeben. Die Schnittstelle zum Buddy-System bildet die Funktion __free_pages, die für jede freigegebene Seite aufgerufen wird. Sie ermöglicht es, die Seiten in die Datenstrukturen des Buddy-Systems einzugliedern, wo sie als freie Seiten geführt und vergeben werden können.

Nachdem das Seitenbitmap durchgearbeitet wurde, muss noch der dafür benötigte Speicherplatz entfernt werden. Anschließend kann nur noch das Buddy-System zur Allozierung von Speicher verwendet werden.

Freigeben von Initialisierungsdaten Viele Codestücke und Datentabellen des Kerns werden nur in der Initialisierungsphase des Systems gebraucht. Beispielsweise ist es für fest eingebundene Treiber nicht erforderlich, dass Routinen im Kernelspeicher bleiben, die Datenstrukturen initialisieren – sie werden nicht mehr gebraucht, wenn die Strukturen erst einmal aufgestellt sind. Auch Hardwaredatenbanken, die Treiber zur Erkennung ihrer Geräte benötigen, werden nicht mehr benötigt, wenn die vorhandenen Geräte erst einmal identifiziert sind.[17]

Um Initialisierungsfunktionen und -daten auszeichnen zu können, stellt der Kern die beiden „Attribute" __init und __initcall bereit, die vor die jeweiligen Funktions- oder Datendeklarationen postiert werden müssen. Beispielsweise wird die Probing-Routine der (fiktiven...) Netzwerkkarte HyperTrichter nicht mehr gebraucht, wenn das System initialisiert ist:

```
int __init hypertrichter_probe(struct net_device *dev)
```

Das Attribut __init schiebt sich bei der Funktionsdeklaration zwischen Rückgabetyp und Name.

Ähnlich können Datenabschnitte als Initialisierungsdaten markiert werden. Beispielsweise braucht der fiktive Netzwerkkarten-Treiber einige Zeichenketten nur in der Initialisierungsphase des Systems; anschließend können sie verworfen werden:

```
static char search_msg[] __initdata = "%s: Looking for hypertrichter at address %x...";
static char stilllooking_msg[] __initdata = "still looking...";
static char found_msg[] __initdata = "found.\n";
static char notfound_msg[] __initdata = "not found (reason = %d)\n";
static char couldnot_msg[] __initdata = "%s: hypertrichter not found\n";
```

__init und __initdata sind mit normalen C-Mitteln nicht zu realisieren, weshalb der Kern einmal mehr auf Spezialanweisungen des GNU-Compilers zurückgreifen muss. Die generelle

---

17 Zumindest bei fest einkompilierten Daten und nicht Hotplug-fähigen Geräten. Wenn Geräte dynamisch ins System integriert werden können, darf die Datentabelle natürlich nicht verworfen werden, da sie später noch gebraucht werden könnte.

Idee zur Implementierung von Initialisierungsfunktionen besteht darin, die Daten in einem speziellen Abschnitt des Kernelimages unterzubringen, das komplett aus dem Speicher entfernt wird, nachdem der Bootvorgang abgeschlossen ist. Dazu werden folgende Makros definiert:

<init.h>
```
#define __init          __attribute__ ((__section__ (".init.text")))
#define __initdata      __attribute__ ((__section__ (".init.data")))
```

__attribute__ ist dabei ein spezielles Schlüsselwort von GNU C, das die Verwendung von Attributen erlaubt. Das Attribut __section__ wird verwendet, um den Compiler anzuweisen, die nachfolgenden Daten bzw. die nachfolgende Funktion in Abschnitte .init.data bzw. .init.text der Binärdatei zu schreiben (Anhang E („Das ELF-Binärformat") geht genauer auf die Struktur von ELF-Dateien ein, wenn der Leser damit nicht vertraut ist).

Das readelf-Tool kann verwendet werden, um die einzelnen Sektionen des Kernelimages sichtbar zu machen:

```
wolfgang@meitner> readelf --sections vmlinux
There are 32 section headers, starting at offset 0x342e708:

Section Headers:
  [Nr] Name         Type        Addr      Off    Size    ES Flg Lk Inf Al
  [ 0]              NULL        00000000  000000 000000  00      0   0  0
  [ 1] .text        PROGBITS    c0100000  001000 28bd34  00  AX  0   0 16
  [ 2] __ex_table   PROGBITS    c038bd40  28cd40 0010c8  00   A  0   0  4
  [ 3] .rodata      PROGBITS    c038ce20  28de20 065446  00   A  0   0 32
  [ 4] __ksymtab    PROGBITS    c03f2268  2f3268 0043f0  00  WA  0   0  4
...
  [14] .init.text   PROGBITS    c0460000  361000 023c20  00  AX  0   0 16
  [15] .init.data   PROGBITS    c0483c20  384c20 031fc0  00  WA  0   0 32
...
```

Um die Initialisierungsdaten aus dem Speicher befreien zu können, braucht der Kern nicht zu wissen, um was es sich dabei genau handelt – es ist völlig egal, welche Funktionen und Daten darin enthalten sind und welchen Zwecken sie dienen. Relevant sind lediglich die Speicheradressen, an der die Daten beginnen und enden.

Da diese Informationen zur Übersetzungszeit noch nicht feststehen, werden sie beim Linken des Kerns eingepatcht; diese Technik wurde bereits an anderen Stellen dieses Kapitels angesprochen. Der Kern definiert dazu das Variablenpaar __init_begin und __init_end, deren Bedeutung aus ihren Bezeichnungen ersichtlich ist.

free_initmem ist dafür verantwortlich, den so definierten Speicherbereich zu löschen und die Seiten an das Buddy-System zurückzugeben. Die Funktion wird ganz am Ende des Bootvorgangs aufgerufen, unmittelbar bevor mit init der erste richtige Prozess des Systems gestartet wird. In den Bootlogs findet sich eine Meldung, wie viel Speicher befreit werden konnte:

```
wolfgang@meitner> dmesg
...
Freeing unused kernel memory: 308k freed
...
```

Im Vergleich zu heute üblichen Hauptspeichergrößen sind die ungefähr befreiten 300KiB zwar nicht wirklich riesig, aber ein dennoch signifikanter Beitrag. Vor allem auf Handheld- oder Embedded-Systemen, die naturgemäß mit wenig Speicher ausgestattet sind, ist die Entfernung der Initialisierungsdaten wichtig.

3.5 Verwaltung des physikalischen Speichers

Nachdem die Initialisierung des Kerns abgeschlossen ist, erfolgt die Speicherverwaltung mit Hilfe des Buddy-Systems. Dabei handelt es sich um einen relativ einfachen, aber dennoch erstaunlich leistungsfähigen Algorithmus, der seit fast 40 Jahren bekannt ist. Er vereinigt zwei wichtige Eigenschaften eines guten Speicherallokators: Schnelligkeit und Effizienz der Speicherausnutzung.

Eine Instanz von `struct page` steht für jede physikalische Speicherseite des Systems zur Verfügung. Jede Speicherzone ist mit einer Instanz von `struct zone` verknüpft, in der sich das zentrale Array zur Verwaltung der Buddy-Daten findet:

```
struct zone {                                                  <mmzone.h>
...
        /*
         * free areas of different sizes
         */
        struct free_area        free_area[MAX_ORDER];
...
};
```

`free_area` ist eine Hilfsdatenstruktur, die bisher noch nicht gezeigt wurde. Sie ist folgendermaßen definiert:

```
struct free_area {                                             <mmzone.h>
        struct list_head        free_list;
        unsigned long           *map;
};
```

`map` ist ein Bitmap, das den Zustand der Buddy-Paare festhält, während `free_list` zur Verkettung von Seitenlisten dient. Wie in Kapitel 1 besprochen wurde, finden sich in den Seitenlisten zusammenhängende Speicherbereiche gleicher Größe. Die Verkettung erfolgt über eine doppelt verkettete Liste, die mit den Standardmitteln des Kerns bearbeitet werden kann.

Ein sehr wichtiger Begriff für Buddy-System ist die *Ordnung* oder *Order*, die die quantisierten Einheiten beschreibt, in denen Speicher alloziert werden kann. Die Größe eines Speicherbereichs beträgt 2^{order}, wobei `order` von 0 bis `MAX_ORDER` laufen kann. Der Wert dieser Konstante beträgt normalerweise 11, weshalb der größtmögliche Speicherbereich, der in einer einzigen Allokation angefordert werden kann, $2^{11} = 2048$ Seiten umfasst.[18]

Die Indizes der einzelnen Elemente des `free_area[]`-Arrays werden ebenfalls als Ordnungsparameter aufgefasst und geben an, wie viele Seiten in den zusammenhängenden Bereichen vorhanden sind, die sich auf einer gemeinsamen Liste befinden. Im nullten Array-Element werden Abschnitte mit einer Seite aufgereiht ($2^0 = 1$), das erste Array-Element reiht Seitenpaare auf ($2^1 = 2$), das dritte Element verwaltet Abschnitte aus 4 Seiten, ...

Wie wird die Verkettung der Seitenbereiche durchgeführt? Um keine neue Datenstruktur einführen zu müssen, die ohnehin physikalisch aneinanderhängende Seiten zusammenfasst – sonst würden sich die Seiten nicht in einem Block befinden –, wird das `list`-Element der *ersten* Speicherseite im Block verwendet, um die Blöcke in einer Liste zu halten. Abbildung 3.14 auf der nächsten Seite verdeutlicht dies grafisch.

Die Buddys müssen *nicht* miteinander verbunden werden, da es dazu keine Notwendigkeit gibt. Wenn ein Block bei der Allokation in zwei Blöcke der halben Größe aufgebrochen wird, fügt der Kern die nicht benutzte Hälfte automatisch in die Liste der nächstkleineren Blöcke ein. Sind

---

[18] Einige Systeme können auch abweichende Werte für `MAX_ORDER` definieren: IA-64-Prozessoren mit ihrem gigantischen Adressraum können mit `MAX_ORDER` = 16 arbeiten, während ARM-Systeme kleinere Werte verwenden.

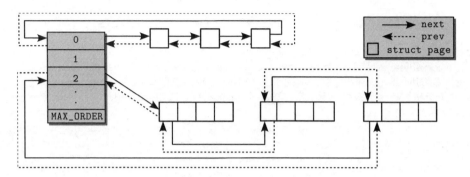

Abbildung 3.14: *Verkettung von Blöcken im Buddy-System*

beide Blöcke irgendwann später wieder unbelegt, nachdem Speicher freigegeben wurde, kann anhand ihrer Adressen automatisch ermittelt werden, ob es sich um Buddys handelt. Dieser geringe Verwaltungsaufwand ist ein sehr wichtiger Vorteil des Buddy-Systems.

Die Speicherverwaltung nach dem Buddy-System ist auf eine einzige lokale Zone konzentriert. Die Verbindung mit übergeordneten Strukturen – den anderen Zonen einer Node und den anderen Noden des Systems – ergibt sich erst durch die in 3.4.1 definierten Fallback-Listen, die zum Einsatz kommen, wenn der Wunsch nach Speicher nicht in der bevorzugten Zone oder Node befriedigt werden kann. Diese Beziehung wird in Abbildung 3.15 grafisch dargestellt.

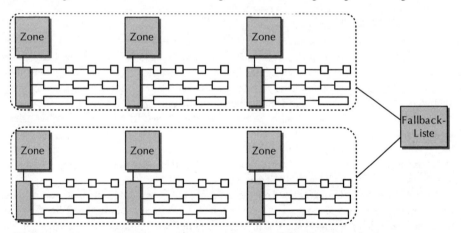

Abbildung 3.15: *Zusammenhang zwischen Buddy-System und Zonen/Noden des Speichers*

3.5.1 Allokator-API

Für die Schnittstelle zum Buddy-System ist es kein Unterschied, ob eine NUMA- oder UMA-Architektur verwendet wird, da sich die Aufrufsyntax zwischen beiden Fällen nicht unterscheidet. Allen Funktionen ist gemeinsam, dass nur ganzzahlige Zweierpotenzen von Seitenzahlen alloziert werden können. Deshalb wird *nicht* die gewünschte Speichergröße als Parameter angegeben, wie es aus der `malloc`-Funktion der C-Standardbibliothek oder dem Bootmem-Allokator bekannt ist; vielmehr muss die Ordnung der Allokation spezifiziert werden, woraufhin das Buddy-System 2^{order} Speicherseiten reserviert. Feinkörnigere Allokationen im Kern werden erst mit Hilfe des

3.5 Verwaltung des physikalischen Speichers

Slab-Allokators möglich, der auf dem Buddy-System aufbaut (Abschnitt 3.6 geht genauer darauf ein).

- `alloc_pages(mask, order)` alloziert 2^{order} Seiten und liefert eine Instanz von `struct page` zurück, die den Anfang des reservierten Blocks repräsentiert. `alloc_page(mask)` ist eine kürzere Schreibweise für `order = 0`, wenn nur eine einzige Seiten angefordert werden soll.

- `get_zeroed_page(mask)` alloziert eine Speicherseite und liefert eine `page`-Instanz, füllt die Seite aber mit Nullen auf (bei allen anderen Funktionen ist der Seiteninhalt nach der Allokation undefiniert).

- `__get_free_pages(mask, order)` und `__get_free_page(mask)` arbeiten wie die eben genannten Funktionen, geben aber die virtuelle Adresse des reservierten Speicherabschnitts anstelle einer `page`-Instanz zurück.

Schlägt die Allokation fehl, da nicht mehr genügend freier Speicher für die Anforderung vorhanden ist, liefern alle genannten Funktionen einen NULL-Zeiger bzw. die Adresse 0 als Ergebnis zurück. Der Kern muss daher nach *jeder* Allokation eine entsprechende Überprüfung des zurückgegebenen Resultats durchführen.

Neben den Funktionen des Buddy-Systems existieren im Kern noch einige weitere Funktionen, die ebenfalls mit der Speicherverwaltung befasst sind. Sie bauen auf Schichten auf, die das Buddy-System als Grundlage verwenden, gehören aber nicht zum Buddy-Allokator selbst. Zum einen handelt es sich dabei um `vmalloc` und `vmalloc_32`, die physikalisch nicht zusammenhängende Speicherbereiche mit Hilfe von Seitentabellen so in den Kerneladressraum einblenden können, dass sie zusammenhängend wirken. Zum anderen gibt es einen Satz von Funktionen des Typs `kmalloc`, die die Reservierung von Speicherbereichen ermöglichen, die kleiner als eine komplette Seite sind. Wir werden hier nicht weiter auf ihre Implementierung eingehen, sondern sie in späteren Abschnitten separat besprechen.

Um nicht mehr benötigte Speicherseiten an den Kern zurückzugeben, sind vier leicht unterschiedliche Funktionen definiert:

- `free_page(struct page*)` und `free_pages(struct page*, order)` geben eine bzw. 2^{order} Seiten an die Speicherverwaltung zurück, wobei der Start des gewünschten Speicherbereichs über einen Zeiger auf die erste `page`-Instanz des Bereichs ausgewählt wird.

- `__free_page(addr)` und `__free_pages(addr, order)` arbeiten wie die eben genannten Funktionen, verwenden aber eine virtuelle Speicheradresse anstelle einer `page`-Instanz zur Auswahl des Speicherbereichs, der zurückgegeben werden soll.

Allokationsmasken

Welche Bedeutung besitzt der `mask`-Parameter, der bei allen Funktionen angegeben werden muss? Wie aus Abschnitt 3.2.1 bekannt ist, unterteilt Linux den Speicher in Zonen verschiedener Bedeutung. Um bei der Speicherallokation angeben zu können, aus welcher Zone die Seiten entnommen werden sollen, stellt der Kern sog. Zonen-Modifikatoren oder *zone modifiers* zur Verfügung, die in den niederwertigen vier Bits einer Maske angegeben werden. Momentan sind allerdings nur zwei mögliche Werte definiert:

```
#define __GFP_DMA       0x01                                              <gfp.h>
#define __GFP_HIGHMEM   0x02
```

Beide Konstanten sind aus Abschnitt 3.4.1 bekannt, wo die Erstellung der Fallback-Listen besprochen wurde. Das Kürzel GFP steht für *get free pages*.

Interessanterweise gibt es keine Konstante __ZONE_NORMAL, obwohl die Hauptlast aller Allokationen in diese Zone geht. Warum? Wie Tabelle 3.5 zeigt, werden die Zonen-Modifikatoren auf eine Art und Weise interpretiert, die auf den ersten Blick etwas unintuitiv wirkt. Wenn sowohl __GFP_DMA und __GFP_HIGHMEM *nicht* gesetzt sind, wird zuerst ZONE_NORMAL und anschließend ZONE_DMA durchsucht. __GFP_HIGHMEM gesetzt und __GFP_DMA ungesetzt führt dazu, dass alle drei Zonen beginnend bei ZONE_HIGHMEM durchsucht werden. Wenn __GFP_DMA gesetzt ist, macht es für den Kern keinen Unterschied, ob __GFP_HIGHMEM gesetzt ist oder nicht: In beiden Fällen wird nur ZONE_DMA benutzt. Dies ist vernünftig, da die gleichzeitige Verwendung von __GFP_HIGHMEM und __GFP_DMA eigentlich unsinnig ist: Highmem-Speicher ist garantiert nie DMA-tauglich.

Tabelle 3.5: *Verbindung zwischen Zonenmodifikatoren und durchsuchten Zonen*

Modifier	Durchsuchte Zonen
leer	ZONE_NORMAL, ZONE_DMA
__GFP_DMA	ZONE_DMA
__GFP_DMA	__GFP_HIGHMEM & ZONE_DMA
__GFP_HIGHMEM	ZONE_HIGHMEM, ZONE_NORMAL, ZONE_DMA

Neben den Zonenmodifikatoren können noch einige Flags in der Maske gesetzt werden. Abbildung 3.16 zeigt die Aufteilung der Maske zusammen mit den verschiedenen Konstanten, die mit den Bitpositionen verknüpft sind.

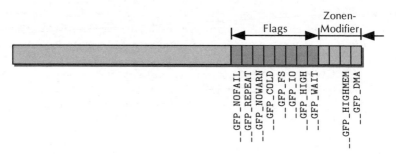

Abbildung 3.16: *Aufteilung einer GFP-Maske*

Die zusätzlichen Flags schränken die RAM-Abschnitte, aus denen Speicher alloziert werden kann, im Gegensatz zu den Zonenmodifikatoren *nicht* ein, verändern aber das Verhalten des Allokators – beispielsweise die Aggressivität, mit der nach freiem Speicher gesucht wird. In den Kernelquellen sind folgende Flags definiert:

```
<gfp.h>    /* Action modifiers - doesn't change the zoning */
           #define __GFP_WAIT     0x10    /* Can wait and reschedule? */
           #define __GFP_HIGH     0x20    /* Should access emergency pools? */
           #define __GFP_IO       0x40    /* Can start physical IO? */
           #define __GFP_FS       0x80    /* Can call down to low-level FS? */
           #define __GFP_COLD     0x100   /* Cache-cold page required */
           #define __GFP_NOWARN   0x200   /* Suppress page allocation failure warning */
           #define __GFP_REPEAT   0x400   /* Retry the allocation. Might fail */
           #define __GFP_NOFAIL   0x800   /* Retry for ever. Cannot fail */
```

3.5 Verwaltung des physikalischen Speichers

Die einzelnen Konstanten haben folgende Bedeutung:

- __GFP_WAIT signalisiert, dass die Speicheranforderung unterbrochen werden darf, d.h. dass der Scheduler während der Anforderung einen anderen Prozess wählen darf bzw. dass die Anforderung von einem wichtigeren Ereignis unterbrochen werden kann. Außerdem wird dem Allokator erlaubt, auf einer Warteschlange auf ein Ereignis zu warten (und den Prozess entsprechend schlafen zu lassen), bevor Speicher zurückgegeben wird.

- __GFP_HIGH wird gesetzt, wenn die Anforderung sehr wichtig ist, d.h. wenn der Kern den Speicher dringend benötigt. Das Flag wird immer dann verwendet, wenn ein Fehlschlagen der Allokation massive Folgen für den Kern mit sich bringen würde, die die Stabilität des Systems bis hin zum Absturz gefährden können.

  Achtung: __GFP_HIGH hat trotz der Namensähnlichkeit nichts mit __GFP_HIGHMEM zu tun und darf nicht damit verwechselt werden!

- __GFP_IO gibt an, dass der Kern I/O-Operationen durchführen kann, während versucht wird, frischen Speicherplatz zu finden. Konkret bedeutet dies Folgendes: Wenn der Kern während der Speicherallokation beginnt, Seiten auszulagern, dürfen diese nur dann auf die Festplatte geschrieben werden, wenn dieses Flag gesetzt ist.

- __GFP_FS erlaubt dem Kern, VFS-Operationen durchzuführen. Dies muss in den Schichten des Kerns vermieden werden, die mit dem VFS-Layer verknüpft sind, da eine Interaktion dieser Art zu endlosen rekursiven Aufrufen führen könnte.

- __GFP_COLD wird gesetzt, wenn eine „kalte" Seite alloziert werden soll, die sich *nicht* im CPU-Cache befindet.

- __GFP_NOWARN unterdrückt eine Fehlermeldung des Kerns, wenn eine Allokation fehlschlägt. Da dies nur in sehr seltenen Fällen sinnvoll ist, wird das Flag kaum verwendet.

- __GFP_REPEAT wiederholt eine fehlgeschlagene Allokation automatisch, hört aber nach einigen Versuchen damit auf. __GFP_NOFAIL wiederholt die Allokation ohne Beschränkung so lange, bis sie geglückt ist.

Da die Flags (fast) nie alleine, sondern untereinander kombiniert auftreten, definiert der Kern einige Gruppierungen, in denen die passenden Flags für verschiedene Standardsituationen zusammengefasst sind. Für Speicherallokationen außerhalb der Speicherverwaltung selbst sollte wann immer möglich eine der folgenden Gruppen verwendet werden (diese Forderung wird auch durch die Tatsache unterstrichen, dass die Namen der vordefinierten Gruppen nicht mit einem doppelten Underscore beginnen, was in den Kernelquellen als Konvention für interne Daten und Definitionen verwendet wird):

```
#define GFP_ATOMIC      (__GFP_HIGH)                                              <gfp.h>
#define GFP_NOIO        (__GFP_WAIT)
#define GFP_NOFS        (__GFP_WAIT | __GFP_IO)
#define GFP_KERNEL      (__GFP_WAIT | __GFP_IO | __GFP_FS)
#define GFP_USER        (__GFP_WAIT | __GFP_IO | __GFP_FS)
#define GFP_HIGHUSER    (__GFP_WAIT | __GFP_IO | __GFP_FS | __GFP_HIGHMEM)
#define GFP_DMA         __GFP_DMA
```

Die Bedeutung der ersten drei Varianten ist klar: GFP_ATOMIC wird für atomare Allokationen verwendet, die durch nichts unterbrochen werden sollen und zusätzlich auf die „Notreserven" an

Speicher zurückgreifen können. GFP_NOIO und GFP_NOFS schließen I/O-Operationen bzw. den Zugriff auf den VFS-Layer explizit aus, dürfen aber zusätzlich unterbrochen werden, da __GFP_WAIT gesetzt ist.

GFP_KERNEL und GFP_USER sind die Standardeinstellungen für Kernel- bzw. Benutzerallokationen, bei denen ein Fehlschlag nicht unmittelbar mit einer ernsten Bedrohung der Systemstabilität verbunden ist. GFP_KERNEL ist der absolute Spitzenreiter, was die Verwendungshäufigkeit in den Kernelquellen angeht.

GFP_HIGHUSER ist eine Erweiterung zu GFP_USER, die ebenfalls im Auftrag des Userspace verwendet wird; zusätzlich ist allerdings die Verwendung der hohen Speicherbereiche erlaubt, die nicht mehr direkt eingeblendet werden können. Da der Adressraum von Benutzerprozessen ohnehin immer über nichtlineare Seitentabellenzuordnungen organisiert ist, stellt es aber keinen Nachteil dar, wenn Highmem-Seiten verwendet werden.

GFP_DMA wird für DMA-Allokationen verwendet und ist momentan ein einfaches Synonym für __GFP_DMA.

Allokationsmakros

Durch Verwendung von Flags, Zonenmodifikatoren und den unterschiedlichen Allokationsfunktionen bietet der Kern ein sehr flexibles System für die Reservierung von Speicher an. Dennoch können alle Schnittstellenfunktionen auf eine einzige Basisfunktion (alloc_pages_node) zurückgeführt werden.

alloc_page und __get_free_page, die eine einzige Seite reservieren, sind mit Hilfe von Makros definiert:

<gfp.h>
```
#define alloc_page(gfp_mask) \
           alloc_pages_node(numa_node_id(), gfp_mask, 0)
...
#define __get_free_page(gfp_mask) \
           __get_free_pages((gfp_mask),0)
```

Ebenso schnell und einfach kann get_dma_pages implementiert werden, da nur das entsprechende Flag gesetzt werden muss:

<mm.h>
```
#define __get_dma_pages(gfp_mask, order) \
           __get_free_pages((gfp_mask) | GFP_DMA,(order))
```

Auch die Implementierung von get_zeroed_page ist nicht sonderlich schwierig: Zuerst wird mit Hilfe von alloc_pages eine Seite reserviert, deren Inhalt anschließend komplett mit Nullen aufgefüllt wird – dabei hilft die Standardfunktion clear_page, die von allen Architekturen implementiert werden muss.[19]

alloc_pages greift ebenfalls auf alloc_pages_node zurück:

<gfp.h>
```
#define alloc_pages(gfp_mask, order) \
           alloc_pages_node(numa_node_id(), gfp_mask, order)
```

__get_free_pages wiederum greift auf alloc_pages zurück:

mm/page_alloc.c
```
unsigned long __get_free_pages(unsigned int gfp_mask, unsigned int order)
{
```

---

19 Natürlich wäre das Auffüllen einer Seite mit Nullen auch mit generischem, prozessorunabhängigem Code möglich; allerdings stellen die meisten CPUs Spezialbefehle bereit, die die Aufgabe wesentlich schneller erledigen.

3.5 Verwaltung des physikalischen Speichers

```
        struct page * page;

        page = alloc_pages(gfp_mask, order);
        if (!page)
                return 0;
        return (unsigned long) page_address(page);
}
```

In diesem Fall wird eine richtige Funktion anstelle eines Makros verwendet, da die von alloc_pages zurückgegebene page-Instanz noch in eine Speicheradresse verwandelt werden muss. Zu diesem Zweck existiert die Hilfsfunktion page_address. Vorerst begnügen wir uns mit der Feststellung, dass die Funktion die lineare Speicheradresse einer Seite liefert, die zur übergebenen page-Instanz gehört. Da dies bei Highmem-Seiten problematisch ist, werden wir in Abschnitt 3.5.4 genauer auf die Details der Funktion eingehen.

Die Vereinheitlichung aller API-Funktionen auf eine gemeinsame Basisfunktion – alloc_pages – ist damit vollzogen! Abbildung 3.17 zeigt den Zusammenhang zwischen den verschiedenen Funktionen nochmals in einem grafischen Überblick.

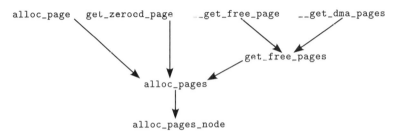

Abbildung 3.17: Zusammenhang zwischen den Allokationsfunktionen des Buddy-Systems

Als Bequemlichkeitsfunktionen werden page_cache_alloc und page_cache_alloc_cold definiert, die eine Cache-warme bzw. -kalte Seite liefern.

Auch die Funktionen zur Speicherrückgabe lassen sich auf eine zentrale Funktion (__free_pages) reduzieren, die mit unterschiedlichen Parametern aufgerufen wird:

```
#define __free_page(page) __free_pages((page), 0)                        <gfp.h>
#define free_page(addr) free_pages((addr),0)
```

Der Zusammenhang zwischen free_pages und __free_pages wird mit Hilfe einer Funktion anstelle eines Makros hergestellt, da die virtuelle Adresse erst in einen Zeiger auf struct page umgewandelt werden muss:

```
        void free_pages(unsigned long addr, unsigned int order)          mm/page_alloc.c
        {
                if (addr != 0) {
                        __free_pages(virt_to_page(addr), order);
                }
        }
```

virt_to_page wird verwendet, um virtuelle Speicheradressen in Zeiger auf page-Instanzen zu konvertieren. Prinzipiell handelt es sich dabei um die Umkehrung der eben vorgestellten Hilfsfunktion page_address.

Abbildung 3.18 auf der nächsten Seite fasst den Zusammenhang zwischen den verschiedenen Speicherrückgabe-Funktionen in einer grafischen Übersicht zusammen.

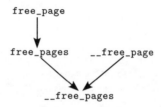

Abbildung 3.18: Zusammenhang zwischen den Release-Funktionen des Buddy-Systems

3.5.2 Seiten reservieren

Alle API-Funktionen des Buddy-Systems führen auf die `alloc_pages_node` zurück. Dabei handelt es sich allerdings erst um den „Vorhof" zur zentralen Implementierung des Buddy-Systems:

<gfp.h>
```
static inline struct page * alloc_pages_node(int nid, unsigned int gfp_mask,
                                             unsigned int order)
{
        if (unlikely(order >= MAX_ORDER))
                return NULL;

        return __alloc_pages(gfp_mask, order,
                NODE_DATA(nid)->node_zonelists + (gfp_mask & GFP_ZONEMASK));
}
```

Es wird nur eine simple Sicherheitsüberprüfung durchgeführt, die sicherstellt, dass kein zu großer Speicherbereich alloziert werden soll. Danach wird die Arbeit an `__alloc_pages` delegiert, die mit dem passenden Parametersatz versehen wird. Die Kernelquellen sprechen von dieser Funktion als „Herz des Buddy-Systems", da sich hier die essentiellen Dinge der Allokation abspielen.

Auswahl der Seiten

`__alloc_pages` ist eine sehr komplexe Funktion, deren Implementierung zu den eher umfangreichen Teilen des Kerns gehört. Die Komplexität ergibt sich aber vor allem dann, wenn nicht mehr genügend Speicher vorhanden ist, um die Anforderung zu erfüllen bzw. wenn sich der verfügbare Speicher langsam dem Ende zuneigt. Anderenfalls ist die Arbeit schnell beendet, wie der Anfang des Codes zeigt:

mm/page_alloc.c
```
struct page *
__alloc_pages(unsigned int gfp_mask, unsigned int order,
              struct zonelist *zonelist)
{
        const int wait = gfp_mask & __GFP_WAIT;
        unsigned long min;
        struct zone **zones, *classzone;
        struct page *page;
        int i;
        int cold;
        int do_retry;

        cold = 0;
        if (gfp_mask & __GFP_COLD)
                cold = 1;

        zones = zonelist->zones;  /* the list of zones suitable for gfp_mask */
        classzone = zones[0];
```

3.5 Verwaltung des physikalischen Speichers

```
        /* Go through the zonelist once, looking for a zone with enough free */
        min = 1UL << order;
        for (i = 0; zones[i] != NULL; i++) {
                struct zone *z = zones[i];

                min += z->pages_low;
                if (z->free_pages >= min ||
                                (!wait && z->free_pages >= z->pages_high)) {
                        page = buffered_rmqueue(z, order, cold);
                        if (page)
                                return page;
                }
                min += z->pages_low * sysctl_lower_zone_protection;
        }
    ...
}
```

Zuerst werden einige lokale Variablen initialisiert, die später gebraucht werden: `wait` gibt an, ob die Anforderung unterbrochen werden darf (wenn `__GFP_WAIT` in der Allokationsmaske gesetzt ist), und `cold` bestimmt, ob nicht-gecachete, kalte Seiten verwendet werden sollen. Der Code kann später direkt auf diese beiden Variablen zurückgreifen, ohne sie umständlich aus den Masken extrahieren zu müssen.

Der Funktion wird als Parameter ein Zeiger auf eine Fallback-Liste übergeben, die regelt, nach welcher Reihefolge die anderen Zonen (und Noden) des Systems durchsucht werden, wenn in der Wunschzone keine Seiten mehr frei sind; Aufbau und Bedeutung dieser Datenstruktur wurden in Abschnitt 3.4.1 ausführlich besprochen. Die Wunschzone ist in `zonelist->zones[0]` gespeichert und wird in der lokalen Variablen `classzone` festgehalten.

Die folgende `for`-Schleife macht ziemlich genau das, was man sich intuitiv als einfachste Möglichkeit vorstellt, nach einem passenden freien Speicherbereich zu suchen: Sie iteriert der Reihe nach über alle Zonen der Fallback-Liste. Bei jeder Zone prüft sie zuerst, ob genügend Seiten vorhanden sind, und versucht dann, einen zusammenhängenden Speicherplatz daraus zu entfernen. Ist eine dieser beiden Bedingungen nicht erfüllt – entweder sind nicht genügend Seiten frei oder die Nachfrage kann nicht mit *zusammenhängenden* Seiten erfüllt werden –, wird die nächste Zone in der Fallback-Liste nach demselben Schema bearbeitet.

Im einfachsten Fall läuft die Allokation eines frischen Speicherbereichs auf einen einzigen Aufruf von `buffered_rmqueue` (auf die Abschnitt 3.5.2 gleich genauer eingehen wird) hinaus, mit dem Seiten aus dem Buddy-System entfernt und eventuelle Überbleibsel wieder eingefügt werden!

Die Situation wird allerdings bereits komplizierter, wenn die Allokation nicht direkt aus der Wunschzone erfüllt werden kann, sondern auf eine der Fallback-Zonen ausgewichen werden muss. Neben der Beachtung zonenspezifischer Watermarks führt der Kern auch noch das Konzept des *inkrementellen Minimums* ein, das die „Ausblutung" der unteren, wertvolleren Zonen verhindern soll.

Zur Erinnerung: Die Watermarks für niedrige und hohe Seitenbestände in einer Zone sind in `zone->pages_low` und `zone->page_high` gespeichert. Wie der Quellcode zeigt, dürfen Seiten in ersten Durchlauf aus einer Zone nur dann entnommen werden, wenn *eine* der beiden folgenden Bedingungen erfüllt ist:

- Die Anzahl freier Seiten ist größer als das inkrementelle Minimum `min`.

- `wait` ist *nicht* gesetzt – die Allokation darf also nicht unterbrochen werden. In diesem Fall müssen zusätzlich noch mehr Seiten in der Zone frei sein, als der Watermark-Wert `zone->pages_high` vorgibt.

Das inkrementelle Minimum min wird zuerst auf 2^{order} gesetzt, um sicherzustellen, dass in den untersuchten Zonen auf jeden Fall so viele Seiten vorhanden sind, wie alloziert werden sollen. Bei jedem weiteren Durchlauf wird der Wert *vor* dem Allokationsversuch um das lokale Zonenminimum der gerade bearbeiteten Zone erhöht. Eine weitere Erhöhung erfolgt *nach* dem Allokationsversuch, wobei der Wert mit dem Kernelparameter sysctl_lower_zone_protection multipliziert wird. Standardmäßig ist dieser Wert allerdings auf 0 gesetzt, weshalb effektiv nur eine Erhöhung vor dem Allokationsversuch durchgeführt wird.[20]

Die beständige Erhöhung von min bewirkt, dass die Entnahme von Speicher aus Zonen um so schwieriger wird, je weiter hinten sie sich in der Fallback-Liste befinden: Dies stellt zum einen sicher, dass DMA-Zonen (die sich für jede Node ganz hinten auf der Fallback-Liste befinden) besonders gut geschützt sind, zum anderen wird die Speicherentnahme auf NUMA-Systemen immer mehr erschwert, je weiter eine Node sich von der Node des allozierenden Prozessors entfernt befindet, da diese weit hinten in den Fallback-Listen rangieren, weshalb der inkrementelle Minimum-Mechanismus eine hohe Mindestanforderung für die Anzahl freier Seiten stellt.

Die ersten Allokationsversuche waren noch nicht besonders aggressiv. Ein Scheitern bei allen Zonen bedeutet zwar, dass nicht mehr allzu viel freier Speicher vorhanden ist, verlangt aber vom Kern zunächst einmal eine nur moderat erhöhte Anstrengung, um an mehr Speicher zu gelangen (schwerere Geschütze werden später aufgefahren):

mm/page_alloc.c
```
/* we're somewhat low on memory, failed to find what we needed */
for (i = 0; zones[i] != NULL; i++)
    wakeup_kswapd(zones[i]);
```

Der Kern iteriert nochmals über alle Zonen der Fallback-Liste, wobei jedes Mal die Funktion wakeup_kswapd aufgerufen wird. Wie ihr Name vermuten lässt, weckt sie den kswapd-Daemon auf, der für die Auslagerung von Seiten verantwortlich ist. Da die Aufgaben des Swapping-Daemons komplex sind, werden wir sie in Kapitel 14 („Swapping") separat untersuchen; hier genügt die Feststellung, dass frischer Speicher beispielsweise durch Verkleinerung von Kernelcaches oder Auslagerung von Seiten gewonnen werden kann, was der Daemon veranlasst.

Nachdem die Swapping-Daemonen aufgeweckt wurden, startet der Kern nochmals einen Versuch, einen passenden Speicherbereich in einer der Zonen zu finden. Diesmal geht er aber etwas aggressiver vor:

mm/page_alloc.c
```
/* Go through the zonelist again, taking __GFP_HIGH into account */
min = 1UL << order;
for (i = 0; zones[i] != NULL; i++) {
    unsigned long local_min;
    struct zone *z = zones[i];

    local_min = z->pages_min;
    if (gfp_mask & __GFP_HIGH)
        local_min >>= 2;
    min += local_min;
    if (z->free_pages >= min ||
                (!wait && z->free_pages >= z->pages_high)) {
        page = buffered_rmqueue(z, order, cold);
        if (page)
            return page;
    }
    min += local_min * sysctl_lower_zone_protection;
}
```

---

[20] Der Wert kann entweder über den Sysctl-Mechanismus oder über das proc-Dateisystem (/proc/sys/vm/lower_zone_protection) gesetzt werden. Indem ein anderer Wert als 0 verwendet wird, können die unteren Speicherzonen zusätzlich geschützt werden (eine Verringerung des Schutzes ist nicht möglich, da der Parameter keine negativen Werte annehmen kann).

3.5 Verwaltung des physikalischen Speichers

Der gezeigte Code unterschiedet sich nur unwesentlich vom ersten Allokationsversuch, indem er über alle Zonen iteriert und prüft, ob mittlerweile genügend freie Seiten vorhanden sind. Dennoch gibt es eine kleine Änderung, die drastische Auswirkungen hat: Wenn das Flag __GFP_HIGH gesetzt ist – was signalisiert, dass der Allokation große Wichtigkeit eingeräumt werden soll –, wird als Zahl der Seiten, die zum inkrementellen Minimum hinzugefügt werden soll, der durch 4 dividierte Wert verwendet.[21] Dadurch wird die minimale Zahl der Seiten herabgesetzt, die in einer Zone enthalten sein müssen, damit sie zur Reservierung der Seiten verwendet werden kann. Der Preis, der bezahlt werden muss, ist eine stärkere Belastung der wertvollen niedrigen Zonen wie ZONE_DMA oder die Verwendung einer weiter entfernten RAM-Node auf NUMA-Systemen, was zu geringerer Performance führt. Ansonsten ist der Vorgang gegenüber der ersten Variante unverändert.

Hat sich noch kein Erfolg eingestellt, beginnt der Kern, drastischere Mittel einzusetzen: Er iteriert noch einmal über die Zonenliste, ignoriert dabei aber die Watermarks völlig:

```
                                                                             mm/page_alloc.c
rebalance:
        if ((current->flags & (PF_MEMALLOC | PF_MEMDIE)) && !in_interrupt()) {
                /* go through the zonelist yet again, ignoring mins */
                for (i = 0; zones[i] != NULL; i++) {
                        struct zone *z = zones[i];

                        page = buffered_rmqueue(z, order, cold);
                        if (page)
                                return page;
                }
                goto nopage;
        }
```

Der mit der erneuten Suche eingeschlagene Pfad wird als *slow path* bezeichnet, da ab nun die zeitaufwendigen Operationen beginnen. Wie obiger Ausschnitt aus den Kernelquellen zeigt, wird er nur eingeschlagen, wenn folgende Bedingungen *zugleich* erfüllt sind:

- Eines der beiden Flags PF_MEMALLOC oder PF_MEMDIE ist in den Statusflags des aktuellen Prozesses gesetzt.

  PF_MEMALLOC wird verwendet, um die Wichtigkeit des Prozesses für den Kern nochmals hervorzuheben: Wenn die Allokation für einen solchen Prozess fehlschlägt, ist die Stabilität des Systems akut in Gefahr. Um den Effekt aufrechtzuerhalten, darf das Flag natürlich nur sehr selten in den Kernelquellen verwendet werden.

  PF_MEMDIE wird im Zusammenhang mit dem OOM-Killer verwendet, um einem Prozess eine letzte Chance einzuräumen, der eigentlich bereits zum „Abschuss" freigegeben wurde. Wenn der Speicher doch noch alloziert werden kann, kann der Kern den Abschuss des Prozesses verhindern.

- Die Verarbeitung darf *nicht* im Interrupt-Kontext stattfinden. Da Interrupts so schnell wie möglich abgehandelt werden sollen, da das System in der Zwischenzeit blockiert ist, darf nicht noch mehr Zeit für einen weiteren Suchlauf vergeudet werden.

Findet sich auch in dieser Schleife kein passender Speicherbereich, springt der Kern in den nopage-Abschnitt der Funktion und bricht die Allokation an. Der Misserfolg wird durch einen Nullzeiger als Resultat an die aufrufenden Funktionen übermittelt.

---

[21] var >>= 2 ist eine Bitoperation, die für Ganzzahlen einer Division durch 4 entspricht.

Wurde der dritte Versuch nicht durchgeführt, kann der Kern noch einige Alternativtechniken versuchen, um an mehr Speicher zu gelangen. Voraussetzung dafür ist allerdings, dass das __GFP_ WAIT-Flag in der Allokationsmaske gesetzt ist, da die nachfolgenden Aktionen den Prozess zum Einschlafen bringen können. Anderenfalls wird die Allokation bereits an dieser Stelle abgebrochen:

mm/page_alloc.c
```
/* Atomic allocations - we can't balance anything */
if (!wait)
        goto nopage;
```

Über den Paging-Mechanismus steht eine bisher noch nicht genutzte Möglichkeit offen, selten gebrauchte Speicherseiten auf ein Blockmedium auszulagern, um so mehr Freiraum im RAM zu schaffen. Dabei handelt es sich allerdings um eine sehr zeitaufwendige Angelegenheit, weshalb der Kern voraussetzt, dass __GFP_WAIT gesetzt ist.

try_to_free_pages ist eine Hilfsfunktion des Kerns, die versucht, auslagerbare Seiten zu finden, die momentan nicht dringend gebraucht werden. Sie wird nun aufgerufen:

mm/page_alloc.c
```
current->flags |= PF_MEMALLOC;
try_to_free_pages(classzone, gfp_mask, order);
current->flags &= ~PF_MEMALLOC;
```

Der Aufruf wird von Code umrahmt, der das gerade angesprochene Flag PF_MEMALLOC setzt: Es kann nötig sein, dass try_to_free_pages für seine Arbeit selbst neuen Speicher allozieren muss. Da dieser zusätzliche Speicher gebraucht wird, um frischen Speicher zu erhalten (eine etwas paradoxe Situation), soll der Prozess ab nun natürlich höchste Priorität bei der Speicherverteilung genießen, was durch das Flag erreicht wird.

try_to_free_pages selbst ist eine komplexe und umfangreiche Funktion, auf deren Implementierung hier nicht weiter eingegangen werden soll; in Kapitel 14 („Swapping") findet sich eine detaillierte Beschreibung des zugrunde liegenden Mechanismus. Vorerst genügt es zu wissen, dass die Funktion Seiten auswählt, die in letzter Zeit nicht besonders aktiv verwendet wurden, und sie in den Auslagerungsbereich schreibt, wodurch frischer Speicher im RAM frei wird. Achtung: try_to_free_pages bearbeitet nur die Node, in der die vorgegebene Wunschzone enthalten ist. Alle anderen Noden des Systems bleiben unberührt.

Der nächste Schritt des Kerns besteht – schon beinahe langweilig – darin, nochmals über alle Zonen zu iterieren. Wir verzichten darauf, den Code wiederzugeben, da er unverändert der ersten gezeigten Schleife ganz am Anfang von __alloc_pages entspricht.

Was passiert, wenn auch dieser Versuch fehlschlägt? Nun beginnt die Größe der gewünschten Allokation eine Rolle zu spielen:

mm/page_alloc.c
```
do_retry = 0;
if (!(gfp_mask & __GFP_NORETRY)) {
        if ((order <= 3) || (gfp_mask & __GFP_REPEAT))
                do_retry = 1;
        if (gfp_mask & __GFP_NOFAIL)
                do_retry = 1;
}
if (do_retry) {
        blk_congestion_wait(WRITE, HZ/50);
        goto rebalance;
}

nopage:
        if (!(gfp_mask & __GFP_NOWARN)) {
                printk("%s: page allocation failure."
```

3.5 Verwaltung des physikalischen Speichers

```
                    " order:%d, mode:0x%x\n",
                    current->comm, order, gfp_mask);
        }
        return NULL;
}
```

Wenn es sich um eine kleine Allokation handelt, die weniger als $2^3 = 8$ Seiten umfasst, und außerdem das Flag __GFP_NORETRY gesetzt ist, gerät der Kern in eine Endlosschleife: Er springt an das weiter oben definierte Label `rebalance` zurück, das den *slow path* eingeleitet hat, und bleibt so lange darin gefangen, bis endlich ein passender Speicherbereich gefunden werden konnte – bei derart kleinen Reservierungen kann der Kern davon ausgehen, dass die Endlosschleife nicht allzu lange andauern wird. Vorher wartet der Kern mit `blk_congestion_wait` allerdings darauf, dass die Queues des Blocklayers entlastet werden (siehe Kapitel 5 („Gerätetreiber")), um eine Chance zum Auslagern von Speicherseiten zu ermöglichen.

Wenn die gewünschte Allokationsordnung größer als 3, aber das __GFP_NOFAIL-Flag gesetzt ist (d.h. die Allokation darf auf keinen Fall fehlschlagen), begibt sich der Kern ebenfalls in die beschriebene Endlosschleife.

Anderenfalls gibt der Kern nun auf: Nach Ausgabe einer Fehlermeldung für die Systemlogs (die nur dann unterbleibt, wenn __GFP_NOWARN gesetzt ist) wird ein Nullzeiger zurückgegeben, was dem aufrufenden Code signalisiert, dass nicht mehr genügend Speicher für seine Anforderung vorhanden ist.

Entfernen der selektierten Seiten

Nachdem der Kern eine passende Zone mit genügend freien Seiten für die Allokation ausgewählt hat, sind noch zwei Dinge zu erledigen: Zum einen muss geprüft werden, ob die Seiten auch *zusammenhängend* vorhanden sind, schließlich ist bisher nur bekannt, *wie viele* freie Seiten es gibt. Zum anderen muss der Speicherbereich nach Manier des Buddy-Systems aus den `free_lists` entfernt werden, was unter Umständen das Aufbrechen und Neu-Einordnen von Speicherregionen erforderlich macht.

Der Kern delegiert diese Arbeiten an `buffered_rmqueue`, wie im vorherigen Abschnitt angesprochen wurde. Das Codeflussdiagramm der Funktion findet sich in Abbildung 3.19 auf der nächsten Seite.

Wenn nur eine einzige Seite alloziert werden soll (`order == 0`), führt der Kern eine Optimierung durch: Die Seite wird nicht direkt dem Buddy-System, sondern aus dem CPU-spezifischen Seitencache entnommen, wozu die Liste der kalten Seiten verwendet wird (die benötigten Datenstrukturen wurden in Abschnitt 3.2.2 eingeführt):

```
static struct page *buffered_rmqueue(struct zone *zone, int order, int cold)        mm/page_alloc.c
{
        unsigned long flags;
        struct page *page = NULL;

        if (order == 0) {
                struct per_cpu_pages *pcp;

                pcp = &zone->pageset[get_cpu()].pcp[cold];
                if (pcp->count <= pcp->low)
                        pcp->count += rmqueue_bulk(zone, 0,
                                        pcp->batch, &pcp->list);
                if (pcp->count) {
                        page = list_entry(pcp->list.next, struct page, list);
                        list_del(&page->list);
                        pcp->count--;
```

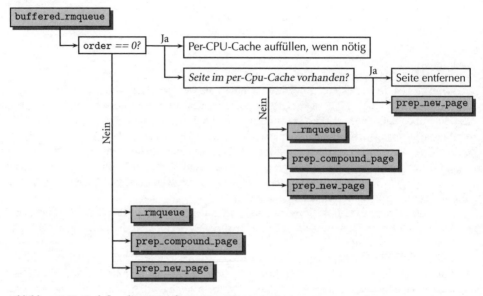

Abbildung 3.19: Codeflussdiagramm für `buffered_rmqueue`

```
        }
}
```

Nachdem die passende per-CPU-Liste für den aktuellen Prozessor ausgewählt wurde, nutzt der Kern die Gelegenheit, um den Füllzustand des Caches zu testen: Wenn die untere Wassermarke unterschritten ist, wird `rmqueue_bulk` zur Wiederbefüllung verwendet. Die hier nicht wiedergegebene Funktion entfernt Seiten aus dem normalen Buddy-System und fügt diese in den Cache ein.

Wenn mindestens eine Seite im Cache vorhanden ist, wird sie aus der verketteten Liste entnommen und weiterverarbeitet. Hält der Cache keine Seite bereit oder soll mehr als eine Seite alloziert werden, fährt der Kern wie folgt fort:

mm/page_alloc.c
```
if (page == NULL) {
        page = __rmqueue(zone, order);
        if (order && page)
                prep_compound_page(page, order);
}
```

`__rmqueue` wird verwendet, um einen passenden Seitenblock aus den Buddy-Listen der Zone auszuwählen. Die Funktion kümmert sich automatisch darum, größere Blöcke aufzuspalten und die Reste wieder in die Listen einzufügen, wenn dies notwendig sein sollte (wir werden gleich genauer auf ihre Implementierung eingehen). Achtung: Auch wenn in der Zone genügend freie Seiten vorhanden sind, um die Allokation erfüllen zu können, ist nicht sichergestellt, dass auch ein genügend großer *zusammenhängender* Bereich vorhanden ist. In diesem Fall wird ein NULL-Zeiger zurückgegeben.

Wenn die Allokation erfolgreich verlaufen ist und mehr als eine Einzelseite angefordert wurde, muss der Kern die Seiten noch zu einem „Seitenverbund" zusammenfügen, was an `prep_compound_page` delegiert wird. Wir werden weiter unten genauer auf ihre Implementierung eingehen.

3.5 Verwaltung des physikalischen Speichers

page ist nun im Erfolgsfall mit einem Zeiger auf `struct page` belegt, anderenfalls findet sich ein Nullzeiger. In beiden Fällen wird der Wert nun zurückgegeben; bei erfolgreicher Allokation müssen allerdings noch einige Dinge erledigt werden:

```
        if (page != NULL) {                                          mm/page_alloc.c
                mod_page_state(pgalloc, 1 << order);
                prep_new_page(page, order);
        }
        return page;
}
```

mod_page_state bringt die Seitenstatistik des Kern nach erfolgreicher Allokation auf den neuesten Stand. prep_new_page führt zunächst einige Sicherheitsüberprüfungen mit der Seite durch, um sicherzustellen, dass sie den Allokator in einwandfreiem Zustand verlässt, was vor allem bedeutet, dass die Seite nicht in bestehenden Mappings eingesetzt sein darf und keine falschen Flags gesetzt sein dürfen (normalerweise darf kein Fehler auftreten, da dies einen Kernelfehler an anderer Stelle implizieren würde). Außerdem setzt die Funktion folgende Standardflags, die bei jeder neuen Seite verwendet werden:

```
        page->flags &= ~(1 << PG_uptodate | 1 << PG_error |           mm/page_alloc.c
                         1 << PG_referenced | 1 << PG_arch_1 |
                         1 << PG_checked | 1 << PG_mappedtodisk);
```

Die Bedeutung der einzelnen Bits ist in Abschnitt 3.2.2 aufgeführt.

Zu guter Letzt müssen noch die Referenzzähler *aller* beteiligten page-Instanzen (und nicht nur der ersten Seite, die zur Weiterverarbeitung verwendet wird) auf den Ausgangswert 1 gesetzt werden.

Die Hilfsfunktion __rmqueue Um bis in den innersten Kern des Buddy-Systems vorzudringen, wird von Kern die Funktion __rmqueue verwendet, deren Aufgabe aus der vorhergehenden Beschreibung klar ist: Anhand der gewünschten Allokationsordnung und einer Zone, aus der die Seiten zu entnehmen sind, durchsucht sie die Seitenlisten so lange, bis ein passender zusammenhängender Speicherbereich gefunden werden konnte, wobei auch Buddys auseinandergebrochen werden können, wie in Kapitel 1 („Einführung und Überblick") beschrieben wurde. Die Implementierung der Funktion ist nicht besonders lang; im Wesentlichen besteht sie aus einer Schleife, die so lange in aufsteigender Richtung über die verschiedenen Seitenlisten der Zone iteriert, bis ein Eintrag gefunden wurde:

```
static struct page *__rmqueue(struct zone *zone, unsigned int order)       mm/page_alloc.c
{
        struct free_area * area;
        unsigned int current_order = order;
        struct list_head *head, *curr;
        struct page *page;
        unsigned int index;

        for (current_order=order; current_order < MAX_ORDER; ++current_order) {
                area = zone->free_area + current_order;
                head = &area->free_list;
                curr = head->next;

                if (list_empty(&area->free_list))
                        continue;

                page = list_entry(curr, struct page, list);
                list_del(curr);
```

```
            index = page - zone->zone_mem_map;
            if (current_order != MAX_ORDER-1)
                    MARK_USED(index, current_order, area);
            zone->free_pages -= 1UL << order;
            return expand(zone, page, index, order, current_order, area);
    }

    return NULL;
}
```

Die Suche beginnt beim Eintrag für die gewünschte Allokationsordnung, da kleinere Bereiche keinen Sinn ergeben – schließlich sollen die allozierten Seite zusammenhängen. Der Test nach einem passenden Speicherbereich fällt sehr einfach aus: Wenn ein Element in irgendeiner der untersuchten Listen vorhanden ist, kann es genommen werden, da mindestens so viele zusammenhängende Speicherseiten wie benötigt darin enthalten sind.

Nachdem ein Bereich selektiert wurde, muss seine Entnahme im Allokationsbitmap festgehalten werden, wozu das Makro MARK_USED dient. Dabei ist zu beachten, dass für jedes Buddy-Paar nur ein einziges Bit verwendet wird. Dies scheint auf den ersten Blick ungewöhnlich, da zwei Paare verwaltet werden sollen! Ein Bit genügt aber vollauf, wobei folgende Bedeutungen verwendet werden:

■ Ein *ungesetztes* Bit bedeutet, dass *beide* Teile des Buddys *zusammen* vergeben *oder* frei sind.

■ Ein *gesetztes* Bit signalisiert, dass *nur einer* der beiden Buddys frei ist.

Wenn ein Buddy-Partner entnommen wird, führt der Kern mit dem zugehörigen Bit in der Buddy-Liste eine logische NOT-Operation aus: Aus einer 1 wird eine 0 und umgekehrt. Die identische Vorgehensweise wird verwendet, wenn der Buddy-Partner wieder eingefügt wird: Nachdem der Speicherplatz an die free-Liste zurückgegeben wurde, wird das zugehörige Bit im Allokationsbitmap umgedreht. Findet sich eine 0, müssen beide Teile des Buddy-Paares vorhanden sein – schließlich wurde gerade eines eingefügt, weshalb die Liste nicht leer sein kann. Steht hingehen eine 1 im Bitmap, fehlt der Partner, und der neu eingefügte Speicherplatz steht alleine da.

Die Berechnung der korrekten Position im Allokationsbitmap geht etwas unübersichtlich vor sich. Zunächst wird die Position der ersten Seite des allozierten Speicherbereichs *innerhalb* der gerade bearbeiteten Zone berechnet und in der Variablen `index` gespeichert.

Aufgabe von MARK_USED ist es, die passende Position im zonenspezifischen Allokationsbitmap zu berechnen, wozu es als Angaben nur den Seitenindex innerhalb der Zone sowie die Ordnung des Speicherbereichs benötigt:

mm/page_alloc.c
```
#define MARK_USED(index, order, area) \
        __change_bit((index) >> (1+(order)), (area)->map)
```

Der korrekte Index wird berechnet, indem der lokale Seitenindex ganzzahlig durch $2^{1+\text{order}}$ geteilt wird. Da dies auf den ersten Blick nicht unbedingt offensichtlich ist, finden sich in Tabelle 3.6 die errechneten Positionen für gegebene Werte von `index` und `order`, an denen man sich die Korrektheit der Berechnung klarmachen kann.

Die Tabelle zeigt, wie zwei aufeinander folgenden Buddy-Paaren die gleiche Kennzahl im Allokationsbitmap zugeordnet wird. __change_bit, das in MARK_ACCESSED verwendet wird, dreht das Bit an der errechneten Position um.

Wenn ein Speicherbereich, der kleiner als die ausgewählte Liste zusammenhängender Seite ist, alloziert werden soll, muss diese nach den Prinzipien des Buddy-Systems in kleinere Abschnitte gespalten werden. Diese Aufgabe wird von der Funktion `expand` übernommen:

3.5 Verwaltung des physikalischen Speichers

Tabelle 3.6: *Indexpositionen im Allokationsbitmap für verschiedene Kombinationen von* `index` *und* `order`

Ordnung 0		Ordnung 5		Ordnung 8		Ordnung 11	
Index	Position	Index	Position	Index	Position	Index	Position
0	0	0	0	0	0	0	0
1	0	32	0	256	0	2048	0
2	1	64	1	512	1	4096	1
3	1	96	1	768	1	6144	1
4	2	128	2	1024	2	8192	2
5	2	160	2	1280	2	10240	2
6	3	192	3	1536	3	12288	3
7	3	224	3	1792	3	14336	3

```
                                                                    mm/page_alloc.c
static inline struct page *
expand(struct zone *zone, struct page *page,
       unsigned long index, int low, int high, struct free_area *area)
{
        unsigned long size = 1 << high;

        while (high > low) {
                area--;
                high--;
                size >>= 1;
                list_add(&page->list, &area->free_list);
                MARK_USED(index, high, area);
                index += size;
                page += size;
        }
        return page;
}
```

Die Funktion verwendet eine ganze Menge an Parametern, wobei die Bedeutung von `page`, `zone` und `area` offensichtlich ist. `index` gibt die Indexposition des Buddy-Paares im Allokationsbitmap an, `low` ist die gewünschte Allokationsordnung und `high` gibt die Ordnung an, aus der der gefundene Speicherplatz entnommen wurde.

Betrachten wir die Arbeit des Codes Schritt für Schritt, um zu verstehen, wie er funktioniert. Folgende Bedingungen sollen gelten: Ein Speicherbereich mit `order = 3` soll alloziert werden. Im RAM findet sich allerdings kein passender Bereich dieser Größe, weshalb der Kern auf einen Bereich mit `order = 5` ausweichen muss, der sich der Einfachheit halber an Position *index* = 0 befindet. Die Funktion wird daher mit diesen Parametern aufgerufen:

`expand(page,index=0,low=3,high=5,area)`

Abbildung 3.20 auf der nächsten Seite demonstriert die nachfolgend beschriebenen Schritte, die zum Aufspalten der Seite erforderlich sind (der vorherige Inhalt der `free_area`-Listen wird nicht gezeigt, nur die neu hinzugekommenen Seiten):

- Der Wert von `size` wird auf $2^{high} = 2^5 = 32$ initialisiert. Der allozierte Speicherbereich wurde mittels `MARK_USED` bereits in `__rmqueue` als benutzt markiert und aus der `free_area`-Liste entfernt, weshalb er in Abbildung 3.20 auf der nächsten Seite gestrichelt dargestellt ist.

- Im ersten Schleifendurchlauf wechselt der Kern auf die `free_area`-Liste mit den nächstkleineren Speichereinheiten, nämlich `area=4`. Analog verkleinert sich die Bereichsgröße auf `size=16` (berechnet durch `size >> 1`). Die vordere Hälfte des Ausgangsbereichs wird in die `free_area`-Liste für `order=4` eingefügt. Achtung: Nur die erste `page`-Instanz eines Speicherbereichs wird vom Buddy-System zur Verwaltung benötigt, die Größe des Speicherbereichs ergibt sich automatisch aus der Liste, in der sich die Seite befindet.

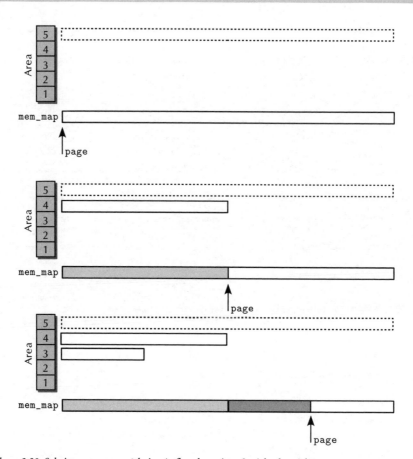

Abbildung 3.20: Schritte von **expand** beim Aufbrechen eines Speicherbereichs

- Der Index des hinteren Speicherbereichs mit **size = 16** kann berechnet werden, indem **size** zu **index** addiert wird, wodurch 16 Bitpositionen im Allokationsbitmap übersprungen werden. Da sich alle **page**-Instanzen linear hintereinander aufgereiht im Speicher befinden, muss der Zeiger auf **page** ebenfalls um 16 erhöht werden, um zur passenden **page**-Instanz zu gelangen. Die Position des **page**-Zeigers wird in Abbildung 3.20 durch einen Pfeil dargestellt.

- Der nächste Schleifendurchlauf gibt die erste Hälfte der verbliebenen 16 Einheiten auf die **free_area**-Liste mit **size=8**. Anschließend werden sowohl **index** wie auch **page** um 8 Einheiten erhöht. Da die Funktion nun bei der gewünschten Größeneinheit angelegt ist, kann der **page**-Zeiger als Resultat zurückgegeben werden. Aus der Abbildung ist ersichtlich, dass die letzten 8 Seiten des ursprünglich 32 Seiten großen Bereichs verwendet werden; alle anderen Teile finden sich in den passenden **free_area**-Listen des Buddy-Systems.

3.5.3 Seiten zurückgeben

__free_pages ist die Basisfunktion, mit deren Hilfe alle Funktionen der Kernel-API implementiert werden. Ihr Codeflussdiagramm ist in Abbildung 3.21 auf der gegenüberliegenden Seite zu finden.

3.5 Verwaltung des physikalischen Speichers 135

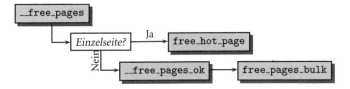

Abbildung 3.21: Codeflussdiagramm für `free_pages`

`__free_pages` unterscheidet zunächst, ob eine Einzelseite oder ein größerer zusammenhängender Bereich befreit werden soll. Wenn nur eine einzige Seite befreit wird, wird diese nicht ans Buddy-System zurückgegeben, sondern im per-CPU-Cache plaziert – in der `warm`-Liste für alle Seiten, die sich im Prozessorcache befinden. Der Kern stellt zu diesem Zweck die Hilfsfunktion `free_hot_page` bereit, die sich auf `free_hot_cold_page` beruft.

Wenn `free_hot_cold_page` feststellt, dass die Seitenanzahl des Prozessor-spezifischen Caches den durch `pcp->count` gesetzten Grenzwert überschritten hat, wird ein ganzes Seitenbündel – dessen Größe durch `pcp->batch` vorgegeben ist – an das Buddy-System zurückgegeben. Man bezeichnet diese Strategie als *lazy coalascing*. Mit ihrer Hilfe wird verhindert, dass durch die Rückgabe einer einzelnen Seite viele Vereinigungsoperationen des Buddy-Systems durchgeführt werden, die bei nachfolgenden Allokationen unmittelbar zur Aufspaltung führen und damit sinnlose Arbeit verursachen. Um die Seiten ins Buddy-System zurückzugeben, wird die Funktion `free_pages_bulk` verwendet.

Soll ein zusammenhängender Speicherbereich befreit werden, der mehr als eine Seite umfasst, wird die Arbeit von `free_pages` an `__free_pages_ok` delegiert. Nachdem die Seitenstatistik auf den neuesten Stand gebracht wurde und einige Sicherheitsüberprüfungen bezüglich der Seitenflags positiv verlaufen sind, wird `free_pages_bulk` aufgerufen:

```
static int free_pages_bulk(struct zone *zone, int count,                      mm/page_alloc.c
                           struct list_head *list, unsigned int order)
```

Die Funktion kann nicht nur einen einzigen Speicherbereich zurückgeben, sondern auch mit Listen von Bereichen arbeiten. Dieses Feature wird an dieser Stelle nicht benötigt; dennoch muss der Kern den betroffenen zurückzugebenden Speicherbereich in eine Liste mit einem einzigen Element verpacken, damit die formalen Forderungen der Funktion erfüllt sind. Für jedes Listenelement wird `__free_pages_bulk` aufgerufen. Sie ist der Kern der Rückgabekette: Der Speicherbereich wird in die passende `free_area`-Liste des Buddy-Systems eingefügt und das zugehörige Bit im Allokationsbitmap umgedreht. Wenn Buddy-Paare durch eine Rückgabe vollständig werden, kombiniert die Funktion sie zu einem zusammengehörigen Speicherbereich, der in die nächsthöhere `free_area`-Liste eingesetzt wird. Ein dadurch eventuell entstandenes weiteres Buddy-Paar wird ebenfalls zusammengefügt und nach oben transportiert; der Vorgang wird so lange wiederholt, bis alle möglichen Zusammenfügungen abgeschlossen und die Änderungen so weit wie möglich nach oben propagiert sind.

3.5.4 Kernallokation unzusammenhängender Seiten

Physikalisch zusammenhängende Mappings sind zwar aus den bereits angesprochenen Gründen optimal für den Kern, können aber nicht immer erfolgreich eingesetzt werden: Wenn eine größere Speichermenge alloziert werden soll, kann es passieren, dass diese nicht mehr zusammenhängend verfügbar ist. Im Userspace ist dies natürlich kein Problem, da normale Prozesse ohnehin darauf ausgerichtet sind, den Paging-Mechanismus des Prozessors zu verwenden, der dieses Problem automatisch löst, wenn auch auf Kosten der Geschwindigkeit und der TLBs.

Dieselbe Technik kann auch im Kernel angewendet werden. Wie in Abschnitt 3.4.2 besprochen wurde, reserviert der Kern ein Stück seines virtuellen Adressraums, um darin unzusammenhängende Mappings einrichten zu können.

Zur Erinnerung: Wie Abbildung 3.22 zeigt, findet sich – im Sicherheitsabstand von 8MiB nach dem direkten Mapping der ersten 892Mib RAM – eine Speicherzone, die zur Verwaltung nichtkontinuierlichen Speichers verwendet wird: Der Abschnitt hat alle Eigenschaften eines linearen Adressraums, die zugeordneten Speicherseiten können im RAM aber beliebig verstreut sein. Dies wird durch Modifikation der Seitentabellen des Kerns erreicht, die für diesen Bereich zuständig sind.

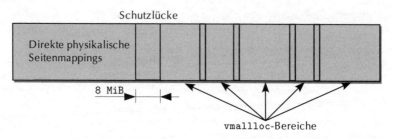

Abbildung 3.22: vmalloc-Bereich im virtuellen Adressraum des Kerns

Jeder vmalloc-Allokation wird ein eigenständiger Bereich zugewiesen, der durch eine Speicherseite von den anderen Bereichen separiert ist. Dies dient wie bei der Grenze zwischen direkten Mappings und dem vmalloc-Bereich als Schutz vor Fehlzugriffen im Speicher, die nur durch Kernelfehler entstehen und durch eine Fehlermeldung des Systems aufgedeckt werden sollen, anstelle unbemerkt Daten anderer Kernelteile zu überschreiben. Da die Trennung im virtuellen Adressraum erfolgt, werden keine kostbaren realen Speicherseiten dafür verschwendet.

Speicherreservierung mit vmalloc

vmalloc ist die Schnittstellenfunktion, die vom Kernelcode verwendet wird, um Speicher anzufordern, der physikalisch nicht unbedingt zusammenhängend, virtuell aber auf jeden Fall linear ist:

<vmalloc.h>   extern void *vmalloc(unsigned long size);

Es wird nur ein einziger Parameter benötigt, der die Größe des gewünschten Speicherbereichs angibt – im Gegensatz zu den bisher behandelten Funktionen werden aber Bytes und nicht Seiten als Größeneinheit verwendet, wie es aus der Userspace-Programmierung bekannt ist.

Das bekannteste Beispiel für die Verwendung von vmalloc ist die Modul-Implementierung der Kerns: Da Module zu jedem Zeitpunkt geladen werden können, ist – vor allem nach längerer Uptime des Systems – nicht garantiert, dass genügend zusammenhängender Speicher für die teilweise großen Moduldaten zur Verfügung steht. Dieses Problem lässt sich durch Verwendung von vmalloc umgehen, wenn noch so viel Speicher vorhanden ist, dass sich der benötigte Speicherplatz aus kleineren Stücken zusammensetzen lässt.

Aufrufe von vmalloc finden sich auch noch an rund 140 anderen Stellen des Kerns, vor allem in Geräte- und Soundtreibern.

Da für vmalloc verwendete Speicherseiten ohnehin aktiv in den Kerneladressraum eingeblendet werden müssen, liegt die Entscheidung nahe, bevorzugt Seiten aus ZONE_HIGHMEM für diesen Zweck zu verwenden. Der Kern schont dadurch die wertvolleren niedrigeren Zonen, erfährt

3.5 Verwaltung des physikalischen Speichers

aber keine zusätzlichen Nachteile. `vmalloc` ist daher (neben den Mapping-Funktionen, die in Abschnitt 3.5.5 besprochen werden) eine der wenigen Möglichkeiten des Kerns, Highmem-Seiten für seine Zwecke (und nicht für Userspace-Applikationen) einzusetzen.

Datenstrukturen Der Kern muss bei der Verwaltung des `vmalloc`-Bereichs im virtuellen Speicher den Überblick bewahren, welche Abschnitte bereits belegt sind und welche noch frei verwendet werden können. Zu diesem Zweck definiert er sich eine Datenstruktur, mit der alle belegten Abschnitte in einer verketteten Liste gehalten werden:[22]

```
struct vm_struct {                              <vmalloc.h>
    void            *addr;
    unsigned long   size;
    unsigned long   flags;
    struct page     **pages;
    unsigned int    nr_pages;
    unsigned long   phys_addr;
    struct vm_struct *next;
};
```

Für jeden Bereich, der mit `vmalloc` alloziert wird, existiert eine Instanz der Datenstruktur im Kernelspeicher. Ihre Elemente haben folgende Bedeutung:

- `addr` legt die Startadresse des allozierten Bereichs im virtuellen Adressraum fest, während `size` die Größe angibt. Mit Hilfe dieser Angaben kann ein vollständiger Belegungsplan des Vmalloc-Bereichs erstellt werden.

- `flags` speichert den – beinahe unvermeidlichen – Flag-Satz, der mit dem Speicherabschnitt verbunden ist. Er wird nur verwendet, um den Typ des Speicherbereichs festzulegen, wobei momentan drei verschiedene Werte möglich sind:

  - `VM_ALLOC` zeigt, dass der Bereich mittels `vmalloc` erzeugt wurde.
  - `VM_MAP` wird eingesetzt, wenn eine bestehende Sammlung von `pages` in den kontinuierlichen virtuellen Adressraum eingeblendet wurde.
  - `VM_IOREMAP` weist darauf hin, dass ein (beinahe) beliebiger physikalischer Speicherbereich in den `vmalloc`-Bereich eingeblendet wurde, wobei es sich um eine Architekturspezifische Operation handelt.

  Abschnitt 3.5.4 zeigt, wie die beiden letztgenannten Möglichkeiten genutzt werden.

- `pages` ist ein Zeiger auf ein Array aus `page`-Zeigern. Jedes Element steht für die `page`-Instanz einer physikalischen Speicherseite, die in den virtuellen Adressraum eingeblendet wird.

- `nr_pages` legt die Anzahl der Einträge in `pages` und damit die Anzahl der beteiligten Speicherseiten fest.

- `phys_addr` wird nur benötigt, wenn mit `ioremap` physikalische Speicherbereiche eingeblendet werden, die durch eine physikalische Adresse charakterisiert sind. Genau diese Angabe wird in `phys_addr` festgehalten.

---

[22] Achtung: Der Kern verwendet eine wichtige Datenstruktur mit der Bezeichnung `vm_area_struct`, um den Inhalt des virtuellen Adressraums eines Userspace-Prozesses zu verwalten. Trotz der namentlichen und funktionellen Ähnlichkeiten dürfen beide Strukturen aber nicht miteinander verwechselt werden!

■ next erlaubt dem Kern, alle im vmalloc-Bereich enthaltenen Abschnitte auf einer einfach verketteten Liste miteinander zu verknüpfen.

Abbildung 3.23 zeigt ein Beispiel, das die Verwendung der Struktur verdeutlicht. Es werden drei physikalische Speicherseiten hintereinander eingeblendet, die sich im Ram an den (fiktiven) Positionen 1023, 725 und 7311 finden. Im virtuellen vmalloc-Bereich sieht sie der Kern ab Position VMALLOC_START + 100 als kontinuierlichen Speicherbereich.

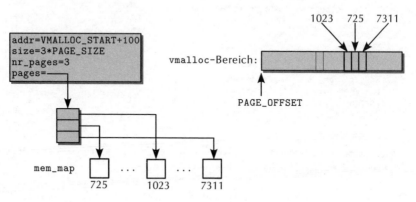

Abbildung 3.23: Einblenden physikalischer Seiten in den Vmalloc-Bereich

Erzeugen einer vm_area Bevor ein neuer virtueller Speicherbereich erzeugt werden kann, muss ein passender Platz gefunden werden, in dem er sich unterbringen lässt. Zur Verwaltung der bisher belegten Abschnitte im vmalloc-Bereich dient eine verkettete Liste, in der sich Instanzen von vm_area befinden. Die globale Variable vmlist, die in mm/vmalloc definiert wird, wird als Listenkopf verwendet:

mm/vmalloc.c
```
struct vm_struct *vmlist;
```

Der Kern stellt in mm/vmalloc die Hilfsfunktion get_vm_area bereit, die anhand der Größenangabe für den Bereich versucht, eine passende Stelle im virtuellen vmalloc-Raum zu finden.

Da zwischen alle vmalloc-Bereiche eine Speicherseite Sicherheitsabstand geschoben wird, vergrößert der Kern die Größenangabe size zuerst um den entsprechenden Betrag:

mm/vmalloc.c
```
struct vm_struct *get_vm_area(unsigned long size, unsigned long flags)
{
        struct vm_struct **p, *tmp, *area;
        unsigned long addr = VMALLOC_START;

        area = kmalloc(sizeof(*area), GFP_KERNEL);

        /*
         * We always allocate a guard page.
         */
        size += PAGE_SIZE;
...
```

Anschließend iteriert eine Schleife über alle Elemente der vmlist-Liste und versucht dabei, einen passenden Eintrag zu finden:

3.5 Verwaltung des physikalischen Speichers

```
        for (p = &vmlist; (tmp = *p) ;p = &tmp->next) {
            if ((size + addr) < addr)
                goto out;
            if (size + addr <= (unsigned long)tmp->addr)
                goto found;
            addr = tmp->size + (unsigned long)tmp->addr;
            if (addr > VMALLOC_END-size)
                goto out;
        }
```
mm/vmalloc.c

Wenn `size+addr` kleiner als die Startadresse des folgenden Bereichs (gespeichert in `tmp->addr`) ist, hat der Kern eine passende Stelle gefunden. Das neue Listenelement wird daraufhin mit passenden Werten initialisiert in die verkettete Liste `vmlist` eingefügt:

```
    found:
        area->next = *p;
        *p = area;

        area->flags = flags;
        area->addr = (void *)addr;
        area->size = size;
        area->pages = NULL;
        area->nr_pages = 0;
        area->phys_addr = 0;

        return area;
```
mm/vmalloc.c

Wenn kein passender Speicherbereich gefunden werden konnte, wird an NULL-Zeiger zurückgegeben, um den Misserfolg zu melden.

`remove_vm_area` existiert, um einen bestehenden Bereich aus dem `vmalloc`-Adressraum zu entfernen:

```
    struct vm_struct *remove_vm_area(void *addr)
```
mm/vmalloc.c

Die Funktion erwartet als Parameter die virtuelle Startadresse des Bereichs, der entfernt werden soll. Um den Bereich zu finden, muss der Kern die Listenelemente von `vmlist` der Reihe nach durchlaufen, bis eine Übereinstimmung auftritt. Die entdeckte `vm_area`-Instanz kann aus der Liste entfernt werden.

Allozieren eines Speicherbereichs Das Einrichten eines nicht-kontinuierlichen Speicherbereichs wird von `vmalloc` angestoßen. Dabei handelt es sich aber nur um eine Frontend-Funktion, die `__vmalloc` mit den passenden Parametern versorgt. Das zugehörige Codeflussdiagramm sehen Sie in Abbildung 3.5.4 auf Seite 135.

Die Implementierung umfasst drei Abschnitte: Zuerst wird mit `get_vm_area` ein passender Bereich im `vmalloc`-Adressraum gesucht. Anschließend werden einzelne Seiten aus dem physikalischen Speicher alloziert, die schließlich in den `vmalloc`-Bereich kontinuierlich eingeblendet werden – fertig ist die VM-Allokation.

Da der Code mit vielen langweiligen Sicherheitsüberprüfungen durchsetzt ist, soll er hier nicht komplett wiedergegeben werden. Interessant ist vor allem die Allokation des physikalischen Speicherbereichs (die Möglichkeit, dass nicht mehr genügend physikalische Speicherseiten vorhanden sind, wird außer Acht gelassen):

```
        for (i = 0; i < area->nr_pages; i++) {
            area->pages[i] = alloc_page(gfp_mask);
        }
```
mm/vmalloc.c

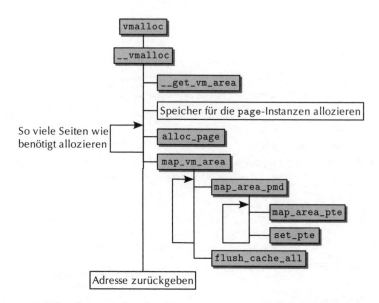

Abbildung 3.24: Codeflussdiagramm für __vmalloc

Der Speicherbereich wird dem Buddy-System entnommen, wobei gfp_mask auf GFP_KERNEL | _GFP_HIGHMEM gesetzt ist – der Kern weist die Speicherverwaltung an, die Seiten möglichst aus ZONE_HIGHMEM zu entnehmen. Die Gründe hierfür wurden bereits angesprochen.

Achtung: Die Allokation wird nicht auf einen Schlag durchgeführt, sondern seitenweise an das Buddy-System übergeben. Dies ist ein zentraler Punkt von vmalloc: Wenn sichergestellt wäre, dass die Allokation durch einen zusammenhängenden Bereich durchgeführt werden kann, braucht vmalloc nicht verwendet zu werden! Sinn und Zweck der Funktion ist es schließlich, die Möglichkeit zur Reservierung umfangreicher Speichermengen auch dann aufrechtzuerhalten, wenn dies durch die Fragmentierung des vorhandenen Speichers nicht mehr kontinuierlich möglich ist! Die Unterteilung der Allokation in die kleinstmöglichen Einheiten – also einzelne Seiten – stellt sicher, dass vmalloc auch bei fragmentiertem physikalischem Speicher noch funktioniert.

Um die verstreuten physikalischen Seiten zusammenhängend in den virtuellen vmalloc-Bereich einzublenden, verwendet der Kern map_vm_area. Die Funktion iteriert über die reservierten physikalischen Seiten und alloziert die benötigte Anzahl von Einträgen im mittleren Seitenverzeichnis und in den Seitentabellen selbst.

Einige Architekturen verlangen, dass die Prozessorcaches nach Modifikation der Seitentabellen geflusht werden, weshalb der Kern abschließend die Architektur-spezifisch definierte Funktion flush_cache_all aufruft. Je nach Prozessortyp finden sich hier die benötigten Low-Level Assembler-Anweisungen oder eine leere Prozedur, wenn der Prozessor nicht auf das Flushen des Caches angewiesen ist.

Alternative Einblendeverfahren

Neben vmalloc gibt es noch einige weitere Möglichkeiten, um virtuell kontinuierliche Mappings zu erzeugen. Alle basieren auf der eben besprochenen Funktion __vmalloc, weshalb hier nicht detaillierter auf ihre Durchführung eingegangen werden soll:

3.5 Verwaltung des physikalischen Speichers

- `vmalloc_32` arbeitet wie `vmalloc`, stellt aber sicher, dass der verwendete physikalische Speicher auf jeden Fall über reguläre 32-Bit-Zeiger angesprochen werden kann. Dies ist wichtig, wenn eine Architektur mehr Speicher adressieren kann, als es aufgrund ihrer Wortlänge eigentlich möglich wäre, was beispielsweise bei IA-32-Systemen mit aktivierter PAE-Erweiterung der Fall ist.

- `vmap` verwendet ein `page`-Array als Ausgangspunkt, um einen virtuell kontinuierlichen Speicherbereich zu erzeugen. Im Gegensatz zu `vmalloc` wird der physikalische Speicherplatz also nicht implizit alloziert, sondern muss der Funktion fix und fertig übergeben werden. Mappings dieser Art können durch den Flag-Wert `VM_MAP` in ihrer `vm_map`-Instanz erkannt werden.

- `ioremap` ist im Gegensatz zu allen bisher vorgestellten Mapping-Varianten eine Prozessor-spezifische Funktion, die auf allen Architekturen implementiert werden muss. Mit ihrer Hilfe kann ein Stück aus dem physikalischen Adressraum, der von den Bussen des Systems für I/O-Operationen verwendet wird, in den Adressraum des Kerns eingeblendet werden.

Die Funktion wird überwiegend in Gerätetreibern verwendet, die die zur Kommunikation mit ihren Zubehörgeräten verwendeten Adressbereiche dem restlichen Kernel (und natürlich auch sich selbst) zugänglich machen.

Speicher zurückgeben

Zwei Funktionen geben Speicher an den Kern zurück: `vfree` für Bereiche, die mit `vmalloc` und `vmalloc_32` alloziert wurden, und `vunmap` für Mappings, die über `vmap` oder `ioremap` eingerichtet wurden. Beide führen auf `__vunmap` zurück:

```
void __vunmap(void *addr, int deallocate_pages)                    mm/vmalloc.c
```

`addr` gibt die Startadresse des zu befreienden Bereichs an, während `deallocate_pages` festlegt, ob damit verbundene physikalische Speicherseiten an das Buddy-System zurückgegeben werden sollen. `vfree` setzt den Parameter auf 1, während er bei `vunmap` den Wert 0 besitzt, da in diesem Fall nur die Mappings entfernt, die zugehörigen physikalischen Seiten aber nicht an das Buddy-System zurückgegeben werden. Abbildung 3.25 zeigt das Codeflussdiagramm zu `__vunmap`.

Abbildung 3.25: Codeflussdiagramm zu `__vunmap`

Der Umfang des zu befreienden Bereichs muss nicht explizit angegeben werden, da er über die Informationen in `vmlist` herausgefunden werden kann. Erste Aufgabe von `__vunmap` ist es daher, diese Liste mit Hilfe von `remove_vm_area` zu durchlaufen und den zugehörigen Eintrag zu entfernen. Dies liefert zugleich die passende `vm_area`-Instanz.

Diese Daten werden von unmap_vm_area verwendet, um die nicht mehr benötigten Einträge aus den Seitentabellen zu entfernen. Wie beim Reservieren eines Speicherbereichs hangelt sich die Funktion durch die verschiedenen Hierarchieebenen der Seitenverwaltung, entfernt diesmal aber die beteiligten Einträge. Außerdem werden die Prozessorcaches auf den aktuellen Stand gebracht.

Wenn der __vunmap-Funktionsparameter deallocate_pages auf einen wahren Wert gesetzt ist (bei vfree), iteriert der Kern über alle Elemente von area->pages, in denen sich Zeiger auf die page-Instanzen der beteiligten physikalischen Speicherseiten befinden. Für jeden Eintrag wird __free_page aufgerufen, um die Seite wieder an das Buddy-System zurückzugeben.

Abschließend müssen noch die Datenstrukturen des Kerns zurückgegeben werden, die zur Verwaltung des Speicherbereichs verwendet wurden.

3.5.5 Kernelmappings

Obwohl die vmalloc-Familie verwendet werden kann, um Speicherseiten aus dem Highmem-Bereich in den Kern einzublenden, die im Kernelspace normalerweise nicht direkt sichtbar sind, ist dies nicht der eigentliche Zweck der Funktion. Dies muss hervorgehoben werden, da der Kern weitere Funktionen bereitstellt, die zum expliziten Einblenden von ZONE_HIGHMEM-Seiten in den Kernelspace dienen und nichts mit dem vmalloc-Mechanismus zu tun haben, was eine häufige Ursache für Konfusionen ist.

Permanente Kernelmappings

Wenn Highmem-Seiten über einen längeren Zeitraum hinweg in den Kernel-Adressraum eingeblendet werden sollen (als *persistentes Mapping*), muss die Funktion kmap verwendet werden. Mittels eines Zeigers auf page als Funktionsparameter wird die Seite festgelegt, die eingeblendet werden soll; die Funktion richtet ein Mapping ein, wenn dies erforderlich ist (d.h. wenn es sich wirklich um eine Highmem-Seite handelt), und gibt die Adresse der Daten zurück.

Wenn keine Highmem-Unterstützung aktiviert ist, ist die Aufgabe einfach: Da in diesem Fall alle Seiten direkt angesprochen werden können, muss nur die Adresse der Seite zurückgegeben werden – ein Mapping braucht nicht explizit eingerichtet zu werden.

Komplizierter wird es, wenn tatsächlich Highmem-Seiten vorhanden sind. Zunächst muss der Kern – wie auch schon bei vmalloc – eine Zuordnung zwischen Highmem-Seiten und den Adressen definieren, an denen sie eingeblendet sind; auch muss ein Bereich des virtuellen Adressraums reserviert werden, um die Seiten einblenden zu können, und zu guter Letzt darf der Kern nicht den Überblick darüber verlieren, welche Teile dieses virtuellen Bereichs bereits verwendet und welche noch frei sind.

Datenstrukturen Wie in Abschnitt 3.4.2 besprochen wurde, reserviert der Kern hinter dem vmalloc-Bereich eine Region, die bei PKMAP_BASE beginnt und bis FIXADDR_START reicht; sie wird zum Einblenden permanenter Mappings verwendet.

pkmap_count ist ein Integer-Array mit LAST_PKMAP Positionen, in dem für jede permanent einblendbare Seite ein Eintrag enthalten ist. Dabei handelt es sich um einen Benutzungszähler für die eingeblendeten Seiten, der allerdings mit einer etwas ungewöhnlichen Semantik belegt ist: Gezählt wird nicht die Anzahl der Benutzer im Kern, sondern die Anzahl der Benutzer plus 1. Wenn der Zähler den Wert 2 besitzt, wird die eingeblendete Seite an einer Stelle im Kern verwendet; der Zählerwert 5 weist auf 4 Benutzer hin, oder allgemein: Zählerstand n steht für $n-1$ Benutzer im Kern.

3.5 Verwaltung des physikalischen Speichers

Zählerstand 0 bedeutet wie bei einem klassischen Referenzzähler, dass die zugehörige Seite nicht verwendet wird. Zählerstand 1 hat eine besondere Bedeutung: Die zur Position gehörende Seite wurde zwar bereits eingeblendet, kann aber noch nicht verwendet werden, da der TLB der CPU noch nicht auf dem aktuellen Stand ist und der Zugriff daher fehlschlagen bzw. an eine falsche Adresse geleitet würde.

Um die Verbindung zwischen den `page`-Instanzen der physikalischen Seiten und ihrer Position im virtuellen Speicherbereich herstellen zu können, führt der Kern folgende Datenstruktur ein:

```
struct page_address_map {                                               mm/highmem.c
    struct page *page;
    void *virtual;
    struct list_head list;
};
```

Die Struktur wird verwendet, um die Abbildung `page`⟶`virtual` herzustellen, woher auch der Name der Struktur rührt. `page` speichert einen Zeiger auf die `page`-Instanz im globalen `mem_map`-Array, während `virtual` die zugewiesene Position im virtuellen Kerneladressraum angibt.

Um die vorhandenen Abbildungen leicht organisieren zu können, werden sie in einer Hashtabelle gehalten, wobei das `list`-Element zum Aufbau einer Überlaufkette bei Hashkollisionen dient.

Die Hashtabelle wird mit Hilfe des Arrays `page_address_htable` realisiert, auf das hier nicht weiter eingegangen werden soll. Als Hashfunktion dient `page_slot` aus `mm/highmen.c`, die anhand der `page`-Instanz die Adresse der Speicherseite ermittelt:

```
void *page_address(struct page *page)                                   mm/highmem.c
```

Abbildung 3.26 verdeutlicht das Zusammenspiel der genannten Datenstrukturen in einer Übersicht.

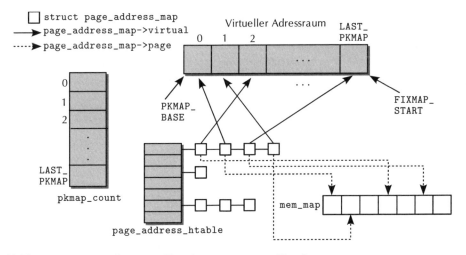

Abbildung 3.26: Datenstrukturen zur Verwaltung permanenter Mappings

Herausfinden von Seitenadressen page_address prüft zunächst, ob sich die übergebene page-Instanz im normalen oder Highmem-Speicher befindet. In ersterem Fall kann die Adresse der Seite anhand der Position von page im mem_map-Array berechnet werden. Für Highmem-Seiten wird die eben angesprochene Hashtabelle konsultiert, um die virtuelle Adresse herauszufinden.

Einrichten eines Mappings Um ein Mapping anhand eines page-Zeigers einzurichten, muss die Funktion kmap verwendet werden.[23] Dabei handelt es sich allerdings nur um ein Frontend, das zunächst testet, ob die gewünschte Seite wirklich im hohen Speicherbereich enthalten ist; sollte dies nicht der Fall sein, wird die von page_address gelieferte Adresse als Resultat zurückgegeben. Anderenfalls delegiert der Kern die Arbeit an kmap_high, die wie folgt definiert ist:

mm/highmem.c
```
void *kmap_high(struct page *page)
{
        unsigned long vaddr;

        vaddr = (unsigned long)page_address(page);
        if (!vaddr)
                vaddr = map_new_virtual(page);
        pkmap_count[PKMAP_NR(vaddr)]++;
        return (void*) vaddr;
}
```

Zunächst wird festgestellt, ob die Seite bereits eingeblendet ist, wozu die eben vorgestellte Funktion page_address verwendet wird. Liefert sie keine gültige Adresse zurück, muss die Seite mittels map_new_virtual neu eingeblendet werden. Die Funktion besteht im Wesentlichen aus folgenden Schritten:

- Das pkmap_count-Array wird von der letzten verwendeten Position ab (die in der globalen Variable last_pkmap_nr festgehalten wird) nach hinten hin durchsucht, bis eine freie Position gefunden wurde. Ist kein Platz mehr vorhanden, schläft die Funktion so lange, bis ein anderer Teil des Kerns ein Mapping aufgibt.

  Wenn der maximale Index von pkmap_count erreicht wird, beginnt die Suche bei Position 0. Zusätzlich wird in diesem Fall die Funktion flush_all_zero_pkmaps aufgerufen, die zum Flushen der Caches dient, wie wir gleich erläutern werden.

- Die Seitentabellen des Kerns werden so modifiziert, dass die Seite an der gewünschten Position eingeblendet wird. Allerdings wird der TLB nicht auf den neuesten Stand gebracht.

- Der Benutzungszähler für die neu belegte Position wird auf 1 gesetzt. Gemäß den obigen Ausführungen bedeutet dies, dass die Seite belegt ist, aber wegen der nun veralteten TLB-Einträgen nicht benutzt werden kann.

- set_page_address führt die Seite in die Datenstrukturen der permanenten Kernelmappings ein.

Die virtuelle Adresse der neu eingeblendeten Seite wird als Resultat der Funktion zurückgeliefert.

---

[23] Die Funktion findet sich nicht nur in arch/i386/mm/highmem.c, sondern mit identischer Definition auch in include/asm-ppc/highmem.h und include/asm-sparc/highmem.h.

3.5 Verwaltung des physikalischen Speichers

Ausblenden   Mit kmap eingeblendete Speicherseiten müssen über kunmap wieder ausgeblendet werden, wenn sie nicht mehr gebraucht werden. Die Funktion überprüft zunächst wie üblich, ob sich die angesprochene Seite (die über ihre page-Instanz identifiziert wird) tatsächlich im hohen Speicherbereich findet; trifft dies zu, wird die Arbeit an kunmap_high aus mm/highmem.c delegiert. Ihre Aufgabe besteht im Wesentlichen darin, den Zähler an der passenden Position im Array pkmap_count zu dekrementieren, weshalb wir hier nicht weiter auf sie eingehen wollen. Achtung: Der Zählerstand kann durch diesen Mechanismus nie kleiner als 1 werden, weshalb die damit assoziierte Seite nicht freigegeben wird! Verantwortlich dafür ist das oben angesprochene Extra-Inkrement des Benutzungszählers, das für die korrekte Behandlung der Prozessorcaches erforderlich ist.

Die bereits angesprochene Funktion flush_all_zero_pkmaps ist der Schlüssel zur endgültigen Freigabe eines Mappings (zur Erinnerung: sie wird immer dann aufgerufen, wenn die Suche nach einer freien Position in map_new_virtual von vorne beginnt). Sie besteht aus drei Schritten:

- flush_cache_all führt einen Flush auf allen Prozessorcaches aus, da sie die globale Seitentabelle des Kerns ändern wird.[24]

- pkmap_count wird vollständig durchlaufen. Einträge mit Zählerstand 1 werden auf 0 gesetzt; außerdem wird der zugehörige Eintrag aus der Seitentabelle gelöscht. Das Mapping ist dadurch endgültig entfernt.

- Zum Abschluss werden alle TLB-Einträge geflusht, die für den PKMAP-Bereich vorhanden sind.

Temporäre Kernelmappings

Die eben beschriebene Funktion kmap darf nicht in Interrupthandlern verwendet werden, da sie blockieren kann: Wenn keine freien Positionen im pkmap-Array vorhanden sind, legt sie sich schlafen, bis die Situation wieder besser ist. Der Kern stellt daher eine alternative Einblendefunktion bereit, die garantiert atomar abgearbeitet wird und daher in einem Zug abläuft; entsprechend trägt sie die Bezeichnung kmap_atomic. Ein bedeutender Vorteil von ihr ist, dass sie schneller als ein normales kmap ist; allerdings darf sie *nicht* in Code verwendet werden, der potentiell blockieren kann. Die Funktion ist daher vor allem für kurze Codeabschnitte geeignet, die schnell eine temporäre Speicherseite benötigen.

kmap_atomic ist Architektur-spezifisch für IA-32, PPC und Sparc32 definiert, die drei Implementierungen unterscheiden sich aber nur in kleinsten Details. Ihr Prototyp ist in allen Fällen identisch:

```
void *kmap_atomic(struct page *page, enum km_type type)
```

page ist ein Zeiger auf die Verwaltungsstruktur einer Highmem-Speicherseite, während type den Typ des gewünschten Mappings festlegt:[25]

```
enum km_type {
    KM_BOUNCE_READ,
    KM_SKB_SUNRPC_DATA,
```
<asm-*arch*/
kmap_types.h>

---

[24] Dabei handelt es sich um eine sehr kostspielige Operation, die allerdings auf vielen Prozessorarchitekturen glücklicherweise nicht notwendig ist. In diesem Fall ist die Operation als Nulloperation definiert, wie Abschnitt 3.8 zeigt.

[25] Der Inhalt der Struktur hängt von den jeweiligen Architekturen ab; da die Unterschiede aber nur unbedeutend sind, wollen wir hier nicht genauer darauf eingehen.

```
    ...
    KM_PTE0,
    KM_PTE1,
    ...
    KM_SOFTIRQ1,
    KM_TYPE_NR
};
```

Der auf Seite 103 besprochene Fixmap-Mechanismus stellt den notwendigen Speicherplatz im Adressraum des Kern bereit, um atomare Mappings einzurichten. Im Array `fixed_addresses` wird zwischen FIX_KMAP_BEGIN und FIX_KMAP_END ein Bereich, der zum Einblenden hoher Speicherseiten verwendet werden kann, eingerichtet. Die genaue Position wird anhand der gerade aktiven CPU und dem gewünschten Typ des Mappings berechnet:

```
idx = type + KM_TYPE_NR*smp_processor_id();
vaddr = __fix_to_virt(FIX_KMAP_BEGIN + idx);
```

Für jeden Prozessor des Systems existiert im Fixmap-Bereich ein „Fenster", in dem für jeden Mapping-Typ genau ein Eintrag vorhanden ist, wie Abbildung 3.27 zeigt (KM_TYPE_NR wird dabei nicht als eigener Typ verwendet, sondern zeigt nur, wie viele Einträge in km_type enthalten sind). Die Aufteilung macht klar, warum Funktionen nicht blockieren dürfen, wenn sie kmap_atomic verwenden: Ein anderer Prozess könnte hinter ihrem Rücken ein Mapping des gleichen Typs einrichten, wodurch die bestehenden Einträge überschrieben würden.

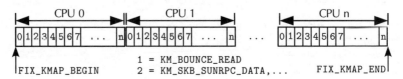

Abbildung 3.27: Einblenden hoher Speicherseiten über Fixmappings

Nachdem der passende Index über die angegebene Formel berechnet und die zugehörige Fixmap-Adresse herausgefunden wurde, muss der Kern nur noch die Seitentabellen entsprechend modifizieren und die TLBs flushen, um die Änderungen wirksam werden zu lassen.

Die Funktion kunmap_atomic blendet ein bestehendes atomares Mapping anhand seines Typs und der virtuellen Adresse aus dem virtuellen Speicher aus, wozu lediglich der entsprechende Eintrag in den Seitentabellen gelöscht werden muss.

Mapping-Funktionen auf Maschinen ohne Highmem

Viele Architekturen unterstützen keinen Highmem-Bereich, da sie ihn nicht benötigen – allen voran 64-Bit-Architekturen. Um die angesprochenen Funktionen dennoch immer verwenden zu können, ohne permanent zwischen Highmem- und Nicht-Highmem-Architekturen unterscheiden zu können, definiert der Kern einige Makros, die kompatible Funktionen im normalen Speicherbereich implementieren (sie werden auch verwendet, wenn die Highmem-Unterstützung auf potentiell Highmem-fähigen Rechnern deaktiviert ist):

<highmem.h>
```
#ifndef CONFIG_HIGHMEM
static inline void *kmap(struct page *page)
{
        return page_address(page);
}

#define kunmap(page) do { (void) (page); } while (0)
```

```
#define kmap_atomic(page, idx)    page_address(page)
#define kunmap_atomic(addr, idx)  do { } while (0)
#endif
```

3.6 Der Slab-Allokator

Jedem C-Programmierer sind `malloc` und alle verwandten Funktionen bekannt, die von der Standardbibliothek bereitgestellt werden. Sie dienen der Reservierung von Speicherbereichen, die sich im Bereich weniger Bytes bewegen können, und werden in den meisten Programmen sehr häufig verwendet.

Der Kern kann nicht auf die Funktionen der Standardbibliothek zurückgreifen, muss aber dennoch häufig Speicher allozieren. Die bisher vorgestellten Möglichkeiten des Buddy-Systems erlauben die seitenweise Reservierung von Speicher, was aber eine viel zu grobe Einteilung ist: Wenn Platz für einen String mit 10 Zeichen reserviert werden soll, ist die Verwendung einer kompletten Seite mit 4KiB oder mehr nicht nur pure Verschwendung, sondern absolut indiskutabel. Die offensichtliche Lösung ist, den in einer Seite vorhandenen Speicherplatz weiter zu unterteilen, um viele kleine Objekte darin unterbringen zu können.

Dazu müssen neue Verwaltungsmechanismen eingeführt werden, die zusätzlichen Aufwand für den Kern bedeuten. Um die Leistung des Systems durch diesen Zusatzaufwand so wenig wie möglich zu beeinflussen, soll die Implementierung des Verwaltungslayers zum einen so kompakt wie möglich sein, um nur einen geringen Eindruck in den Caches und TLBs des Prozessors zu hinterlassen; zum anderen muss der Kern auf Geschwindigkeit und optimale Ausnutzung des Speichers achten. Nicht nur Linux steht vor diesen Problemen, sondern alle anderen Unix-Derivate ebenso wie die restlichen Betriebssysteme. Im Laufe der Zeit wurden daher viele gute und schlechte Verfahren vorgeschlagen, die in der allgemeinen Betriebssystemliteratur (beispielsweise [Tan02b]) beschrieben werden.

Ein Verfahren hat sich in neuerer Zeit als sehr leistungsfähig erwiesen: Slab-Allokation. Es wurde von Jeff Bonwick, einem Sun-Mitarbeiter, für Solaris 2.4 erfunden und dort auch implementiert. Da er seine Vorgehensweise öffentlich dokumentiert hat ([Bon94]), konnte eine Variante seines Verfahrens auch für Linux implementiert werden.

Die Bereitstellung kleiner Speicherabschnitte ist nicht die einzige Aufgabe des Slab-Allokators: Aufgrund seiner Struktur dient er auch als *Cache* für Objekte, die häufig alloziert und wieder freigegeben werden. Durch Einrichten eines Slab-Caches hält der Kern einen Vorrat an Objekten bereit, die – wenn gewünscht, sogar gleich mit den Anfangswerten initialisiert – bei Bedarf abgegeben werden können. Beispielsweise muss der Kern relativ häufig neue Instanzen von `struct fs_struct` erzeugen, die zur Verwaltung der mit einem Prozess verknüpften Dateisystem-Daten dienen (siehe Kapitel 7 („Das virtuelle Dateisystem")). Ebenso häufig werden die von Instanzen dieses Typs belegten Speicherbereiche aber auch wieder zurückgegeben (wenn ein Prozess beendet wird) – oder mit anderen Worten: Der Kern tendiert dazu, Speicherbereiche der Größe `sizeof{fs_struct}` sehr oft zu reservieren und freizugeben. Der Slab-Allokator hält die zurückgegebenen Speicherbereiche in einer internen Liste vor und gibt sie nicht unmittelbar an das Buddy-System zurück; wenn eine neue Anforderung eine frische Instanz des Objekts benötigt, kann der eben zurückgegebene Bereich dafür verwendet werden. Neben der kurzen Bearbeitungszeit – der Kern braucht keinen Umweg über die Algorithmen des Buddy-Systems zu machen – gibt es noch einen weiteren Vorteil: da die Speicherbereiche noch „frisch" sind, ist die Wahrscheinlichkeit hoch, sie in einem der Prozessorcaches zu finden.

Neben diesen Vorzügen sprechen noch zwei weitere Punkte für den Slab-Allokator:

- Aufrufe des Buddy-Systems sind Operationen, die zwar keinen riesigen, aber dennoch beträchtlichen Einfluss auf die Daten- und Instruktionscaches des Systems haben. Je mehr der Kern diese Ressourcen unnütz verschwendet, desto weniger stehen sie für Userspace-Prozesse zur Verfügung. Der leichtgewichtigere Slab-Allokator vermeidet Rückgriffe auf das Buddy-System wann immer möglich und hilft dadurch, eine ungewollte „Verschmutzung" der Caches zu vermeiden.

- Daten, die in direkt vom Buddy-System gelieferten Seiten abgelegt werden, scharen sich immer um Adressen, die durch Zweierpotenzen teilbar sind (viele andere Allokationsverfahren, die Seiten in kleinere Abschnitte unterteilen, besitzen diese Eigenschaft ebenfalls). Das wirkt sich negativ auf die Auslastung der Prozessorcaches aus, da aufgrund der Adressverteilung manche Cachezeilen übermäßig frequentiert werden, während andere fast leerlaufen. Auf Multiprozessorsystemen kann dieser Nachteil noch drastischer ins Gewicht fallen, wenn unterschiedliche Speicheradressen auf unterschiedlichen Bussen transportiert werden, da manche Busse verstopft und andere nicht ausgelastet sind.

Der Slab-Allokator kann durch das „Färben" von Slabs (*slab colouring*)[26] erreichen, dass eine gleichmäßige Verteilung von Objekten erreicht und Caches dadurch uniform ausgelastet werden, wie wir weiter unten genauer zeigen.[27]

Woher stammt der Name *Slab*-Allokator? Die in jedem Cache verwalteten Objekte werden zu größeren Gruppen zusammengefasst, die eine oder mehrere zusammenhängende Speicherseiten umfassen. Diese Gruppe bezeichnet man als „Kachel" – englisch *slab*. Jeder Cache besteht aus mehreren solchen Kacheln.

3.6.1 Speicherverwaltung im Kern

Die allgemeinen Allokations- und Freigabefunktionen des Kerns besitzen ähnliche Namen wie ihre Äquivalente in der C-Standardbibliothek und werden auch genauso verwendet:

- `kmalloc(size, flags)` reserviert einen Speicherbereich, der `size` Bytes umfasst, und gibt einen `void`-Zeiger auf den Anfang des Bereichs zurück. Wenn nicht mehr genügend Speicher vorhanden ist – im Kern ein sehr unwahrscheinlicher Fall, der aber dennoch immer beachtet werden muss –, ist ein Nullzeiger das Resultat.

  Das `flags`-Argument wird verwendet, um den Bereich vorzugeben, aus dem der Speicher ausgewählt werden soll, wozu die aus Abschnitt 3.5.1 bekannten `GFP_`-Konstanten verwendet werden, beispielsweise `GFP_DMA` für einen DMA-tauglichen Speicherbereich.

- `kfree{*ptr}` gibt den Speicherbereich frei, auf den `*ptr` zeigt.

---

26 Achtung: Der Begriff „Farbe" (colour) wird im übertragenen Sinn verwendet. Er hat nichts mit einer Farbe an sich zu tun, sondern steht für ein bestimmtes Offset, um das die Objekte im Slab verschoben werden, um sie in eine andere Cachezeile zu bringen.

27 Achtung: Es ist positiv, wenn häufig gebrauchte Objekte des Kerns im Prozessorcache untergebracht werden können. Die Bemerkung des vorherigen Punktes, dass die großen Cache- und TLB-Footprints des Buddy-Systems nachteilig gegenüber dem Slab-Allokator sind, bezogen sich auf die Tatsache, dass eigentlich *unwichtige* Daten in den Prozessorcaches landen und wichtige verdrängt werden – ein Umstand, der natürlich vermieden werden soll.

3.6 Der Slab-Allokator

Im Gegensatz zur Userspace-Programmierung gibt es im Kern noch die Varianten `alloc_percpu` und `free_percpu`, die den gewünschten Speicherbereich für jede CPU des Systems (und *nicht* spezifisch für die gerade aktive CPU) reservieren bzw. freigeben.

`kmalloc` wird an vielen tausend Stellen in den Kernelquellen verwendet, das Muster ist aber immer das gleiche: Der mit `kmalloc` reservierte Speicherbereich wird mit Hilfe eines Typecasts in den korrekten Typ überführt und dann einer Zeigervariablen zugewiesen:

```
info = (struct cdrom_info *) kmalloc (sizeof (struct cdrom_info), GFP_KERNEL);
```
drivers/ide/ide-cd.c

Das Einrichten und Verwenden von Caches ist aus Programmierersicht nicht besonders schwierig. Zuerst muss mit `kmem_cache_create` ein passender Cache angelegt werden; danach können die darin enthaltenen Objekte mit `kmem_cache_alloc` und `kmem_cache_free` erzeugt und zurückgegeben werden. Die Interaktion mit dem Buddy-System zur Reservierung der benötigten Speicherseiten wird dabei automatisch vom Slab-Allokator übernommen.

Eine Liste aller aktiven Caches findet sich in `/proc/slabinfo` (die Ausgabe lässt aus Platzgründen einige unwichtige Spalten weg):[28]

```
wolfgang@meitner> cat /proc/slabinfo
slabinfo - version: 2.0
# name            <active_objs> <num_objs> <objsize> <objperslab> <pagesperslab> : <batchcount>
rpc_buffers              8           8      2048      2     1 : tunables    24
rpc_tasks                8          24       160     24     1 : tunables   120
rpc_inode_cache          0           0       384     10     1 : tunables    54
unix_sock               40          44       352     11     1 : tunables    54
...
mnt_cache               19          59        64     59     1 : tunables   120
inode_cache           2428        2436       320     12     1 : tunables    54
dentry_cache         10104       10104       160     24     1 : tunables   120
...
size-131072(DMA)         0           0    131072      1    32 : tunables     8
size-131072              0           0    131072      1    32 : tunables     8
size-65536(DMA)          0           0     65536      1    16 : tunables     8
size-65536               1           1     65536      1    16 : tunables     8
...
size-64(DMA)             0           0        64     59     1 : tunables   120
size-64               1180        1180        64     59     1 : tunables   120
size-32(DMA)             0           0        32    113     1 : tunables   120
size-32               1868        1921        32    113     1 : tunables   120
kmem_cache             132         132       116     33     1 : tunables   120
```

Neben einem String, der die einzelnen Caches identifiziert (und dafür sorgt, dass keine identischen Caches eingerichtet werden können), enthalten die Spalten der Datei der Reihe nach folgende Informationen:

- Anzahl der aktiven Objekte im Cache.
- Totale Anzahl der Objekte im Cache (unbenutzte und benutzte).
- Größe der verwalteten Objekte in Bytes.
- Anzahl der Objekte, die sich in einem Slab befinden.
- Seiten pro Slab.

---

[28] Wenn zur Übersetzungszeit die Option `CONFIG_DEBUG_SLAB` aktiviert wurde, werden noch mehr Informationen ausgegeben, die Statistiken über den Slab-Allokator präsentieren.

- Anzahl aktiver Slabs.

- Objektzahl, die alloziert wird, wenn der Kern entscheidet, einem Cache mehr Speicher zur Verfügung zu stellen (damit sich die dazu notwendige Interaktion mit dem Buddy-System auch lohnt, wird immer eine größere Speichermenge auf einmal alloziert). Der Wert wird auch als Blockgröße beim Verkleinern eines Caches verwendet.

Neben leicht identifizierbaren Cachebezeichnungen wie `unix_sock` (für Unix-Domain-Sockets, also Objekte des Typs `struct unix_sock`) existieren verschiedene Felder mit der Bezeichnung size-*size* und size-*size* (DMA). Sie bilden die Grundlage der `kmalloc`-Funktion, indem der Kern Slab-Caches für verschiedene Speichergrößen bereitstellt, die sich mit wenigen Ausnahmen in Zweierpotenz-Schritten zwischen $2^5 = 32$ und $131072 = 2^{17}$ bewegen. Für jede Größe stellt der Kern außerdem zwei Bereiche bereit, von denen einer aus normalem und der andere aus DMA-tauglichem Speicher besteht. Bei jedem Aufruf von `kmalloc` sucht der Kern den am besten passenden Cache aus und vergibt ein Objekt daraus, mit dem die Speicheranforderung so gut wie möglich erfüllt wird (wenn kein exakt passender Cache vorhanden ist, werden immer zu große, nie aber zu kleine Objekte vergeben).

Der weiter oben aufgeführte Unterschied zwischen Slab-Allokator und -Cache verschwindet in der Implementierung sehr schnell, weshalb beide Begriffe im Folgenden synonym verwendet werden. Abschnitt 3.6.4 geht genauer auf Details von `kmalloc` ein, nachdem die Implementierung des Slab-Allokators besprochen wurde.

3.6.2 Prinzip der Slab-Allokation

Der Slab-Allokator besteht aus einem eng verwobenen Netz von Daten- und Speicherstrukturen, die auf den ersten Blick nicht leicht zu überblicken sind. Es ist daher wichtig, zunächst eine Übersicht zum Zusammenhang der beteiligten Strukturen zu gewinnen, bevor die Implementierung genauer untersucht wird.

Grundsätzlich besteht der Slab-Cache aus zwei Komponenten, die in Abbildung 3.28 gezeigt werden: Einem Cache-Objekt, das die Verwaltungsdaten aufnimmt, und Slabs, in denen sich die verwalteten Nutzobjekte finden.

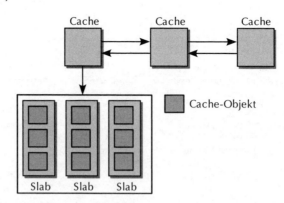

Abbildung 3.28: Komponenten des Slab-Allokators

Jeder Cache ist für genau einen Objekttyp zuständig, beispielsweise Instanzen von `struct unix_sock` oder die genannten allgemeinen Puffer. Die Anzahl von Slabs, die zu jedem Cache

3.6 Der Slab-Allokator

gehören, variiert mit der verwendeten Seitenanzahl, der Objektgröße und der Anzahl der verwalteten Objekte; Abschnitt 3.6.3 wird auf die genauen Details eingehen, nach denen die Größen berechnet werden.

Alle Caches des Systems werden außerdem auf einer doppelt verketteten Liste gehalten. Dies gibt dem Kern die Möglichkeit, alle Caches der Reihe nach zu traversieren, was beispielsweise bei der Verkleinerung des Cache-Speichers bei drohender Speicherknappheit notwendig ist.

Feinstruktur des Caches

Betrachtet man den Aufbau des Caches genauer, erscheinen weitere Details, die beachtet werden müssen. Abbildung 3.29 gibt einen Überblick zu den beteiligten Komponenten.

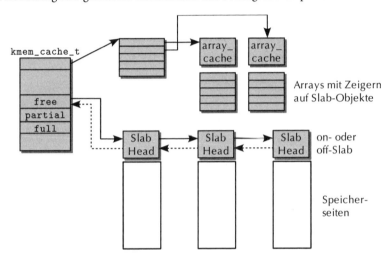

Abbildung 3.29: Feinstruktur eines Slab-Caches

Neben Verwaltungsdaten (wie der Anzahl freier und belegter Objekte oder Flagregistern) befinden sich zwei Elemente in der Cache-Struktur, die von besonderer Bedeutung sind:

- Ein Zeiger auf ein Array, mit dem die zuletzt freigegebenen Objekte spezifisch für jede CPU vorgehalten werden können.

- Drei Listenköpfe, auf denen Slabs aufgereiht werden: In der ersten Liste finden sich nur *komplett* (`full`) belegte Slabs, während die zweite *teilweise* (`partial`) belegte und die dritte vollständig *leere* (`free`) Slabs verwaltet.

Die Cache-Struktur zeigt auf ein Array, das ebenso viele Einträge enthält, wie Prozessoren im System vorhanden sind. Jedes Element ist ein Zeiger auf eine weitere Struktur, die als *Array-Cache* bezeichnet wird; dort finden sich die Verwaltungsdaten, die spezifisch für die jeweilige CPU des Systems (und nicht für den Cache als ganzen) gelten. Im Speicherbereich unmittelbar hinter den Verwaltungsdaten befindet sich ein Array mit Zeigern auf noch unbenutzte Objekte in den Slabs.

Die Prozessor-spezifischen Zeiger sind wichtig, um die CPU-Caches optimal auszunutzen: Sie werden im LIFO-Verfahren (last in, first out) verwendet, wenn Objekte zurück- bzw. ausgegeben werden. Der Kern geht dabei von der Annahme aus, dass sich ein eben zurückgegebenes Objekt noch im Cache befindet, und vergibt dies dabei so schnell wie möglich neu, d.h. bei der nächsten Anforderung. Erst wenn die per-CPU-Caches leer sind, werden unbenutzte Objekte aus den Slabs verwendet, um sie wieder aufzufüllen.

Insgesamt entsteht eine dreistufige Hierarchie bei der Allokation von Objekten, innerhalb derer sowohl der Allokationsaufwand wie auch der negative Einfluss der Operation auf Caches und TLBs steigt:

- CPU-spezifische Objekte im Prozessorcache.

- Unbenutzte Objekte aus einem bestehenden Slab.

- Unbenutzte Objekte, die aus einem neuen Slab stammen, der gerade über das Buddy-System reserviert wurde.

Feinstruktur von Slabs

Objekte werden in Slabs nicht kontinuierlich aufgereiht, sondern nach einem etwas komplizierteren Schema verteilt. Abbildung 3.30 zeigt die Details der Aufteilung.

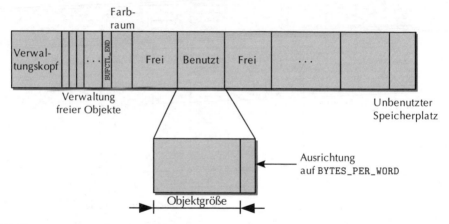

Abbildung 3.30: Feinstruktur eines Slabs

Zunächst wird für jedes Objekt nicht genau die Größe verwendet, die es besitzt; vielmehr wird sie so aufgerundet, dass sie ein Vielfaches von BYTES_PER_WORD beträgt – der Anzahl von Bytes, die zur Darstellung eines void-Zeigers benötigt werden. Auf 32-Bit-Prozessoren werden 4 Bytes benötigt, um einen void-Zeiger darzustellen. Für ein Objekt mit 6 Bytes werden deshalb $8 = 2 \cdot 4$ Bytes verwendet, Objekte mit 15 Bytes werden in $16 = 4 \cdot 4$ Bytes untergebracht. Die überschüssigen Bytes bezeichnet man als *Füllbytes*.

Die Verwendung von Füllbytes beschleunigt den Zugriff auf die Objekte in einem Slab: Speicherzugriffe werden auf fast allen Architekturen schneller, wenn sie auf ausgerichteten Adressen liegen. Dies wiegt den Nachteil des höheren Speicherbedarfs auf, den die Verwendung von Füllbytes nach sich zieht.

Am Anfang eines Slabs findet sich die Management-Struktur, in der alle Verwaltungsdaten (und auch das Listenelement zur Verknüpfung mit den Cache-Listen) untergebracht sind. Unmittelbar daran anschließend folgt ein Array, das für jedes Objekt im Slab einen Eintrag (eine Ganzzahl) bereitstellt. Die Einträge sind nur von Bedeutung, wenn das zugehörige Objekt *nicht* belegt ist; es gibt in diesem Fall den Index des nächsten freien Objekts an. Da die Kennzahl des

3.6 Der Slab-Allokator

freien Objekts mit der niedrigsten Kennzahl außerdem in der Management-Struktur am Anfang des Slabs gespeichert wird, kann der Kern leicht alle momentan verfügbaren Objekte herausfinden, ohne dabei auf verkettete Listen oder andere komplizierte Verknüpfungen zurückgreifen zu müssen.[29] Im letzten Array-Eintrag findet sich als Endmarkierung immer der Wert BUFCTL_END. Abbildung 3.31 macht die Situation anhand einer grafischen Veranschaulichung deutlich.

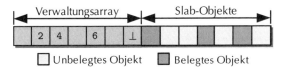

Abbildung 3.31: Verwaltung der freien Objekte in einem Slab

In den meisten Fällen ist die Größe des Slab-Bereichs (abzüglich des Management-Kopfs) nicht ganzzahlig durch die (eventuell aufgefüllte) Objektgröße teilbar. Dem Kern steht deshalb etwas überschüssiger Speicherplatz zur Verfügung, der verwendet wird, um dem Slab die bereits angesprochene „Farbe" in Form eines Offsets am Anfang zu geben. Die verschiedenen Slab-Mitglieder eines Caches erhalten dabei unterschiedliche Einrückungen, um die Daten in unterschiedliche Cache-Zeilen zu bringen, weshalb der freie Speicher am Anfang und Ende eines Slabs variiert. Bei der Berechnung der Einrückung muss der Kern noch weitere Alignment-Faktoren wie beispielsweise die Ausrichtung der Daten auf den L1-Cache berücksichtigen, worauf wir weiter unten genauer eingehen werden.

Die Positionierung der Verwaltungdaten kann sowohl auf dem Slab selbst wie auch in einem externen Speicherbereich erfolgen, der zusätzlich über `kmalloc` alloziert wurde.[30] Je nach Slab-Umfang und Größe der verwendeten Objekte ist eine der beiden Varianten für den Kern günstiger, wobei wir gleich genauer auf die Unterscheidungskriterien eingehen. Da der Slab-Header einen Zeiger auf den Beginn des Datenbereichs des Slabs enthält (unabhängig davon, ob er sich *on-* oder *off-slab* befindet), kann der Zusammenhang zwischen Verwaltungsdaten und Slab-Speicherplatz leicht hergestellt werden.

Abbildung 3.32 zeigt die Situation, wenn die Daten (im Gegensatz zu Abbildung 3.30 auf der gegenüberliegenden Seite) nicht auf dem Slab selbst, sondern in einem externen Speicherbereich positioniert werden.

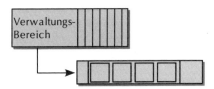

Abbildung 3.32: Slab mit externem (off-slab) Slab-Header

Zu guter Letzt braucht der Kern noch eine Möglichkeit, um von einem Objekt auf den Slab und damit auf den Cache schließen zu können, in dem es enthalten ist. Aus der physikalischen Speicheradresse eines Objekts ist es nicht schwierig, die zugehörige Seite und damit die passende

---

29 Die Original-Implementierung des Slab-Allokators im SunOS-Kernel verwendet eine verkettete Liste, um den Überblick über die freien Objekte zu behalten.
30 Dies erfordert natürlich besondere Vorsichtsmaßnahmen bei der Initialisierung der `kmalloc`-Caches, da hier `kmalloc` offensichtlich noch nicht aufgerufen werden darf. Wir werden weiter unten genauer auf dieses und andere *Chicken-and-Egg*-Probleme bei der Slab-Initialisierung eingehen.

page-Instanz im globalen mem_map=Array zu finden. Die page-Struktur enthält bekanntlich ein Element list, um die Seite in diversen Listen verwalten zu können; da dies für Seiten aus dem Slab-Cache nicht nötig ist, können die Zeiger zweckentfremdet werden:

- page->list.next zeigt auf die Verwaltungsstruktur des Caches, in dem sich die Seite befindet.

- page->list.prev verweist auf die Management-Struktur des Slabs, in dem sich die Seite befindet.

Um den *Hack value* dieser Konvention etwas zu senken, wird das Setzen bzw. Auslesen der Informationen hinter den Makros SET_PAGE_SLAB und GET_PAGE_SLAB bzw. _CACHE verborgen.

3.6.3 Implementierung

Der Aufbau des Slab-Allokators erfolgt durch einige Datenstrukturen, die das eben beschriebene Schema technisch umsetzen. Obwohl dies nicht weiter schwierig erscheint, ist der Code nicht immer leicht zu lesen und zu verstehen. Dies liegt vor allem daran, dass viele Manipulationen mit Speicherbereichen durchgeführt werden müssen, was durch Pointer-Arithmetik und Typecasting erreicht wird – ein Gebiet von C, das nicht unbedingt für seine Übersichtlichkeit und Klarheit bekannt ist. Außerdem ist der Code mit einer Vielzahl von Präprozessor-Anweisungen durchzogen, da das Slab-System mit einigen Debugging-Optionen versehen werden kann.[31] Dazu zählen:

- *Red Zoning* plaziert am Anfang und Ende jedes Objekts einen zusätzlichen Speicherbereich, der mit einem bekannten Bytemuster gefüllt wird. Wird dieses Muster durch Überschreiben verändert, sieht der Programmierer bei der Analyse des Kernelspeichers, dass sein Code auf Speicherbereiche zugreift, die ihm nicht gehören.

- *Object poisoning* füllt Objekte bei der Erzeugung eines Slabs und nach der Rückgabe eines Objekts mit einem bestimmten Muster. Wenn dieses Muster bei der Vergabe des Objekts verändert ist, weiß der Programmierer, dass unberechtigt auf den Speicherplatz zugegriffen wurde, obwohl er noch nicht vergeben war.

Wir werden die Beschreibung im Folgenden der Einfachheit halber auf den „puren" Slab-Allokator beschränken, der keinen Gebrauch von den genannten Möglichkeiten macht, um den Blick auf die wesentlichen Zusammenhänge nicht durch noch mehr kleine Details zu verschleiern.

Datenstrukturen

Jeden Cache repräsentiert eine Instanz der Struktur kmem_cache_s, die in mm/slab.c definiert wird. Da die Struktur in einer C- anstelle einer Headerdatei definiert ist, ist sie normalerweise nicht an anderen Stellen des Kerns sichtbar. Allerdings befindet sich in <slab.h> folgende typedef-Definition, die die Struktur auch anderen Teilen des Kerns zugänglich macht, sofern die Headerdatei eingebunden wird:

<slab.h>
```
typedef struct kmem_cache_s kmem_cache_t;
```

---

[31] Dazu muss zur Compile-Zeit die Konfigurationsoption CONFIG_DEBUG_SLAB gesetzt werden. Sie hat allerdings einen bedeutenden Einfluss auf die Performance des Allokators und macht ihn wesentlich langsamer.

3.6 Der Slab-Allokator

Achtung: Durch diese Methode ist der genaue Aufbau der Struktur für Kernelteile, die Slab-Caches verwenden, *nicht* sichtbar – nur die Tatsache, dass ein Cache vorhanden ist, wird nach außen getragen. Dies ist beabsichtigt, da der restliche Kernelcode auch nicht über den Aufbau Bescheid zu wissen braucht; es reicht, wenn Slab-Caches als Mechanismen zur effizienten Erzeugung und Rücknahme von Objekten eines bestimmten Typs betrachtet werden, auf die sich mit einem Satz standardisierter Funktionen zugreifen lässt.

Die Struktur besitzt folgenden Inhalt:

```
                                                                         mm/slab.c
struct kmem_cache_s {
/* 1) per-cpu data, touched during every alloc/free */
        struct array_cache      *array[NR_CPUS];
        unsigned int            batchcount;
        unsigned int            limit;
/* 2) touched by every alloc & free from the backend */
        struct kmem_list3       lists;
        unsigned int            objsize;
        unsigned int            flags;       /* constant flags */
        unsigned int            num;         /* # of objs per slab */
        unsigned int            free_limit;  /* upper limit of objects in the lists */

/* 3) cache_grow/shrink */
        unsigned int            gfporder;    /* order of pgs per slab (2^n) */
        unsigned int            gfpflags;    /* force GFP flags, e.g. GFP_DMA */

        size_t                  colour;      /* cache colouring range */
        unsigned int            colour_off;  /* colour offset */
        unsigned int            colour_next; /* cache colouring */
        kmem_cache_t            *slabp_cache;
        unsigned int            dflags;      /* dynamic flags */

        void (*ctor)(void *, kmem_cache_t *, unsigned long);  /* constructor func */
        void (*dtor)(void *, kmem_cache_t *, unsigned long);  /* de-constructor func */

/* 4) cache creation/removal */
        const char              *name;
        struct list_head        next;
};
```

Die Struktur ist umfangreich, lässt sich aber in vier Abschnitte unterteilen, wie auch die Kommentare in den Kernelquellen zeigen.[32]

Die ersten Elemente beschäftigen sich mit CPU-spezifischen Daten, auf die der Kern bei jeder Allokation zugreift. Sie wurden bereits in Abschnitt 3.30 kurz angesprochen:

- `array` ist ein Zeiger auf ein Array, das für jede CPU des Systems einen Eintrag besitzt. In jedem Eintrag findet sich ein weiterer Zeiger auf eine Instanz der Datenstruktur `array_cache`, auf die wir gleich eingehen werden.

- `batchcount` gibt an, wie viele Objekte aus den Slabs eines Caches entnommen und in die CPU-spezifische Liste eingefügt werden sollen, wenn diese leer ist. Außerdem regelt er, wie viele Objekte bei einer Cache-Vergrößerung neu alloziert werden.

- `limit` gibt die maximale Anzahl von Objekten an, die sich in einer CPU-spezifischen Liste befinden dürfen. Wird der Wert überschritten, gibt der Kern die in `batchcount` festgelegte Anzahl an die Slabs zurück (was bei einer Verkleinerung der Caches durch den Kern wiederum dazu führen kann, dass Speicherplatz von den Slabs ans Buddy-System zurückgegeben wird).

---

[32] Wenn Slab-Debugging aktiviert ist, befindet sich am Ende der Struktur noch ein fünfter Teil mit Statistikinformationen, die vom Kern gesammelt werden.

Für jeden Prozessor des Systems stellt der Kern eine Instanz von `array_cache` zur Verfügung, die wie folgt definiert ist:

mm/slab.c
```
struct array_cache {
       unsigned int avail;
       unsigned int limit;
       unsigned int batchcount;
       unsigned int touched;
};
```

`batchcount` und `limit` haben die eben angesprochene Bedeutung. Die Werte aus `kmem_cache_s` dienen als (normalerweise unverändert übernommene) Vorgabe für die Prozessor-spezifischen Werte, die bei der konkreten Durchführung einer Refill- oder Rückgabeoperation verwendet werden.

`avail` hält die Anzahl der momentan verfügbaren Elemente fest. `touched` wird auf 1 gesetzt, nachdem ein Element dem Cache entnommen wurde, während eine Verkleinerung des Cache bewirkt, dass `touched` den Wert 0 erhält. Der Kern kann so feststellen, ob seit der letzten Verkleinerung auf einen Cache zugegriffen wurde, was ein Indikator für seine Wichtigkeit ist.

Der zweite Abschnitt von `kmem_dev_s` enthält alle Variablen, die zur Verwaltung der Slabs notwendig sind und jedes Mal benötigt werden, wenn die Prozessor-spezifischen Caches aufzufüllen oder zu entleeren sind:

- `lists` fasst die drei Slablisten (komplett frei, partiell belegt und komplett voll) in einer eigenen Struktur zusammen, auf die wir gleich eingehen werden.

- `flags` ist ein Flagregister, in dem globale Eigenschaften des Caches festgelegt werden. Derzeit gibt es allerdings nur ein Flagbit: `CFLGS_OFF_SLAB` wird gesetzt, wenn sich die Management-Struktur nicht im Slab selbst, sondern in einem externen Speicherbereich befindet.

- `objsize` ist die Größe der Objekte, die sich im Cache befinden – einschließlich aller Füllbytes, die zur Ausrichtung hinzugefügt werden.

- `num` speichert, wie viele Objekte maximal in einen Slab passen.

- `free_limit` legt fest, wie viele freie Objekte sich maximal in einem Cache befinden dürfen, nachdem er verkleinert wurde (wenn während der normalen Operation kein Anlass zur Verkleinerung des Caches besteht, kann die Anzahl freier Objekte diesen Wert beliebig überschreiten).

Die Listenköpfe zur Verwaltung der Slab-Listen werden in einer eigenen Datenstruktur gespeichert, die folgendermaßen definiert ist:

mm/slab.c
```
struct kmem_list3 {
       struct list_head    slabs_partial;  /* partial list first, better asm code */
       struct list_head    slabs_full;
       struct list_head    slabs_free;
       unsigned long   free_objects;
       int             free_touched;
       unsigned long   next_reap;
};
```

Die Bedeutung der ersten drei Listenköpfe ist aus den Erläuterungen der vorhergehenden Abschnitte klar. `free_objects` gibt die Gesamtzahl freier Objekte in allen Slabs aus `slabs_partial` und `slabs_free` an.

3.6 Der Slab-Allokator

`free_touched` wird als Indikator verwendet, ob der Cache aktiv ist oder nicht: Wenn ein Objekt dem Cache entnommen wird, setzt der Kern den Wert der Variablen auf 1; beim Verkleinern des Caches wird der Wert wieder auf 0 zurückgesetzt. Der Kern verkleinert einen Cache allerdings nur, wenn `free_touched` *vorher* auf 0 gesetzt war, da der Einswert ein Zeichen dafür ist, dass ein anderer Teil des Kerns kurz zuvor aus diesem Cache Objekte entnommen hat und er daher besser nicht verkleinert werden sollte. Achtung: Im Gegensatz zum Prozessor-spezifischen `touched`-Element gilt diese Variable für den gesamten Cache!

`next_reap` wird verwendet, um ein Zeitintervall festzulegen, das der Kern zwischen zwei Versuchen, den Cache zu verkleinern, mindestens verstreichen lassen muss. Dies soll verhindern, dass die Performance des Systems unter häufigem Verkleinern und Vergrößern eines Caches leidet, was bei bestimmten Lastsituationen der Fall sein könnte.

Der dritte Abschnitt von `kmem_cache_s` enthält alle Variablen, die zum Vergrößern (und Verkleinern) des Caches verwendet werden:

- `gfporder` legt die Größe des Slab als binären Logarithmus der Seitenzahl fest – oder, anders ausgedrückt: Der Slab umfasst 2^{gfporder} Speicherseiten.

- Die drei `colour`-Elemente enthalten alle relevanten Daten für das Slab-Colouring.

  `colour` gibt die maximale Farbanzahl an, während `colour_next` die Farbe speichert, die für den Slab verwendet wird, den der Kern als Nächstes anlegt. `colour_off` ist die Offset-Einheit, die mit mit einem Farbwert multipliziert wird, um das absolute Offset zu erhalten.

  Beispiel: Wenn 5 verschiedene Farben möglich sind $(0, 1, 2, 3, 4)$ und die Offset-Einheit 8 Bytes beträgt, kann der Kern als Offset-Werte $0 \cdot 8 = 0, 1 \cdot 8 = 8, 2 \cdot 8 = 16, 3 \cdot 8 = 24$ und $4 \cdot 8 = 32$ Bytes verwenden.

  Abschnitt 3.6.3 geht genauer darauf ein, wie der Kern die möglichen Einstellungen für Slab-Farben berechnet.

- Wenn der Slab-Kopf außerhalb des Slabs gespeichert wird, zeigt `slabp_cache` auf denjenigen allgemeinen Cache, aus dem Speicherplatz dafür entnommen wird. Anderenfalls (wenn der Slab-Kopf on-slab ist) enthält der Wert einen Nullzeiger.

- `dflags` ist ein weiterer Flag-Satz, der die „dynamischen Eigenschaften" des Slabs charakterisieren soll. Allerdings sind momentan keine Flags definiert, die der Kern dafür verwenden kann.

- `ctor` und `dtor` sind Zeiger auf Konstruktur- und Destruktorfunktionen, die bei Erzeugung bzw. Rückgabe eines Objekts aufgerufen werden. Die Methodik ist aus objektorientierten Sprachen wie C++ und Java bekannt, die die entsprechende Funktionalität für alle Objekte bereitstellen.

  Der Kern macht von dieser Möglichkeit allerdings noch nicht allzu häufig Gebrauch, weshalb die Variablen in den meisten Fällen einen Nullzeiger enthalten.

Der vierte und letzte Teil von `kmem_cache_s` besteht aus zwei weiteren Elementen:

- `name` ist ein String, der einen Namen für den Cache in benutzerlesbarer Form enthält. Dieser wird beispielsweise verwendet, um die vorhandenen Caches in `/proc/slabinfo` aufzulisten.

- `next` ist ein Standardlistenelement, mit dessen Hilfe alle Slabs eines Caches aufgereiht werden.

Initialisierung

Die Initialisierung des Slab-Systems scheint auf den ersten Blick nicht besonders kompliziert zu sein, da das Buddy-System bereits vollständig aktiviert ist und der Kern auch sonst keinen besonderen Beschränkungen mehr unterliegt. Dennoch gibt es ein „Chicken-and-Egg"-Problem,[33] das aufgrund der Struktur des Slab-Allokators vorhanden ist:

Zur Initialisierung der Slab-Datenstrukturen braucht der Kern Speichermengen, die wesentlich kleiner als eine komplette Seite sind und deshalb am besten mit kmalloc alloziert werden. kmalloc funktioniert aber nur, wenn das Slab-System bereits aktiv ist!

Genauer betrachtet, liegt das Problem bei der Initialisierung der CPU-spezifischen Caches für kmalloc: Damit diese initialisiert werden können, muss kmalloc bereitstehen, um die benötigten Speicherbereiche reservieren zu können. kmalloc wird aber gerade erst initialisiert! Anders ausgedrückt: kmalloc kann erst initialisiert werden, nachdem kmalloc initialisiert wurde – was offensichtlich nicht zu erfüllen ist. Der Kern muss deshalb zu zusätzlichen Tricks greifen.

Der Slab-Allokator wird daher in drei Stufen initialisiert:

- kmem_cache_init legt den ersten Slab-Cache des Systems an, der verwendet wird, um Speicherplatz für Instanzen von kmem_cache_s zu erzeugen. Der Kern verwendet dafür im Wesentlichen statische Daten, die bereits zur Übersetzungszeit angelegt wurden; auch als CPU-spezifisches Array kommt eine statische Datenstruktur (initarray_cache) zum Einsatz. Die Bezeichnung dieses Caches ist cache_cache.

- kmem_cache_sizes_init initialisiert die allgemeinen Caches, die als Quelle für kmalloc verwendet werden. Dazu wird für jede Cache-Größe kmem_cache_init aufgerufen, die nur den bereits angelegten cache_cache-Cache benötigt – bis die CPU-spezifischen Caches initialisiert werden sollen. Dies geschieht mit kmalloc, was noch nicht möglich ist.

Der Kern verwendet zur Lösung dieses Problems die Variable g_cpucache_up, die sich in den drei Zuständen NONE, PARTIAL und FULL befinden kann und den Status der kmalloc-Initialisierung wiedergibt.

Zunächst befindet sich der Kern im Zustand NONE. Bei der Initialisierung des kleinsten kmalloc-Caches (der auf Maschinen mit 4KiB großen Speicherseiten Speicherabschnitte mit 32 und anderenfalls 64 Bytes bereitstellt) wird wieder eine statische Variable für die CPU-spezifischen Daten des Caches verwendet. Anschließend wird der Zustand in h_cpucache_up auf PARTIAL gesetzt, was bedeutet, dass kmalloc für Größen bis 32 (bzw. 64) Bytes einsatzbereit ist.

Die CPU-spezifischen Daten der restlichen kmalloc-Caches können nun mitkmalloc als Instanz von arraycache_init erzeugt werden, da nur der kleinste kmalloc-Bereich dafür benötigt wird:

mm/slab.c
```
struct arraycache_init {
        struct array_cache cache;
        void * entries[BOOT_CPUCACHE_ENTRIES];
};
```

---

[33] Als *Chicken-and-Egg-Probleme* werden Probleme bezeichnet, die aus zwei Teilen (A und B) bestehen: Um A initialisieren zu können, muss B vorhanden sein – um aber B zu initialisieren, muss A vorhanden sein! Anders gesagt: Wer war zuerst da – die Henne oder das Ei?

3.6 Der Slab-Allokator

■ `cpucache_init` schließt die Initialisierung des Slab-Allokators ab, indem die Liste aller bisher registrierten Caches durchlaufen und die CPU-Caches mit Hilfe von `kmalloc` in ihre endgültige Form gebracht werden. Der Status von `g_cpucache_up` ist nun FULL

Anlegen von Caches

Zum Anlegen eines neuen Slab-Caches muss `kmem_cache_create` verwendet werden, die einen umfangreichen Satz an Parametern verlangt:

```
kmem_cache_t *                                                        mm/slab.c
kmem_cache_create (const char *name, size_t size, size_t offset,
        unsigned long flags, void (*ctor)(void*, kmem_cache_t *, unsigned long),
        void (*dtor)(void*, kmem_cache_t *, unsigned long))
```

Neben einem benutzerlesbaren Namen `name`, der später in `/proc/slabinfo` erscheint, benötigt die Funktion die Größe der verwalteten Objekte in Bytes (`size`), ein zusätzliches Wunschoffset, das bei der Ausrichtung der Daten berücksichtigt wird (`offset`, in den allermeisten Fällen als 0 gewählt), einen Satz Flags in `flags` und Konstruktor/Destruktorfunktionen in `ctor dtor`.

Die Erstellung eines neuen Caches ist eine recht umfangreiche Aufgabe, wie das Codeflussdiagramm von `kmem_cache_create` in Abbildung 3.33 zeigt.

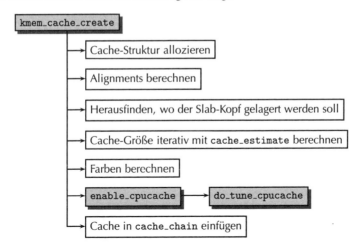

Abbildung 3.33: Codeflussdiagramm für `kmem_cache_create`

Nach einigen Parameterüberprüfungen, die sicherstellen, dass keine ungültigen Spezifikationen verwendet werden (beispielsweise eine Objektgröße, die weniger Bytes umfasst, als in einem Prozessorwort enthalten ist, ein Destruktor ohne Konstruktor etc.), wird eine neue Instanz von `kmem_cache_s` angelegt, wofür ein eigener Slab-Cache bereitgestellt wird.

Der erste wichtige Schritt ist die Berechnung der Alignments. Zunächst wird die Objektgröße so aufgerundet, dass es sich um ein Vielfaches der Wortgröße des verwendeten Prozessors handelt:

```
#define BYTES_PER_WORD      sizeof(void *)                            mm/slab.c

if (size & (BYTES_PER_WORD-1)) {
        size += (BYTES_PER_WORD-1);
```

```
            size &= ~(BYTES_PER_WORD-1);
            printk("%sForcing size word alignment - %s\n", func_nm, name);
    }
```

Die Ausrichtung der Objekte (in `align`) wird normalerweise ebenfalls an der Wortgröße der CPU orientiert. Ist allerdings das Flag `SLAB_HWCACHE_ALIGN` gesetzt, richtet der Kern die Daten nach dem L1-Cache aus (`L1_CACHE_BYTES` ist in der Prozessor-abhängigen Datei <`asm-arch/cache.h`> definiert):

mm/slab.c
```
    align = BYTES_PER_WORD;
    if (flags & SLAB_HWCACHE_ALIGN)
        align = L1_CACHE_BYTES;
```

Die Entscheidung, ob der Slab-Kopf on- oder off-slab gelagert wird (siehe Abschnitt 3.6.2), ist relativ einfach: Wenn die Objektgröße mehr als ein Achtel einer Speicherseite einnimmt, wird der Kopf ausgelagert, ansonsten direkt auf dem Slab gespeichert:

mm/slab.c
```
    if (size >= (PAGE_SIZE>>3))
            flags |= CFLGS_OFF_SLAB;
```

Durch explizites Setzen von `CFLGS_OFF_SLAB` beim Aufruf von `kmem_cache_create` kann festgelegt werden, dass der Slab-Header auch bei kleineren Objekten in einem externen Speicherbereich abgelegt wird.

Wenn die Objektgröße weniger als die Hälfte des Alignments beträgt, wird der Ausrichtungsfaktor immer wieder halbiert, so dass 2 (4, 8 etc.) Objekte in eine Cache-Zeile passen:

mm/slab.c
```
    if (flags & SLAB_HWCACHE_ALIGN) {
            /* Need to adjust size so that objs are cache aligned. */
            /* Small obj size, can get at least two per cache line. */
            while (size < align/2)
                    align /= 2;
            size = (size+align-1)&(~(align-1));
    }
```

Die letzte Zuweisung an `size` (die sich *nicht* mehr in der `while`-Schleife befindet) dient dazu, sicherzustellen, dass `size` ein Vielfaches des neuen Alignments, aber auf jeden Fall nicht kleiner als die berechnete Größe ist.

Bisher ist nur die Größe der Objekte festgelegt, nicht aber die Größe des Slabs. Der nächste Schritt versucht deshalb, eine passende Seitenanzahl zu finden, die einerseits nicht zu klein, aber auch nicht zu groß ist. Zu wenig Objekte auf einem Slab vergrößern den Verwaltungsaufwand und machen das Verfahren ineffizienter, während zu große Slab-Bereiche schlecht für das Buddy-System sind.

Der Kern versucht, die optimale Slab-Größe in einem iterativen Verfahren zu bestimmen: `cache_estimate` berechnet aufgrund der gegebenen Objektgröße die Anzahl der Objekte, den verschwendeten und den zum Colouring verwendbaren Speicherplatz für eine bestimmte Seitenzahl. Die Funktion wird in einer Schleife so lange aufgerufen, bis die Ergebnisse für den Kern zufrieden stellend sind.

`cache_estimate` findet durch systematisches Probieren eine Aufteilung des Slabs, die durch folgende Komponenten beschrieben werden kann: `size` ist die Objektgröße, `gfp_order` die Ordnung der Seitenallokation, `num` die Anzahl der Objekte auf dem Slab und `wastage` der mit dieser Zuordnung „verschwendete" Speicherplatz, der nicht für Nutzdaten verwendet wird (natürlich gilt immer `wastage` < `size`, da ansonsten noch ein weiteres Objekt im Slab plaziert werden könnte). `head` gibt an, wie viel Platz für den Slab-Kopf benötigt wird. Die Aufteilung genügt der Formel

3.6 Der Slab-Allokator

```
2<<gfp_order = head + num*size + wastage
```

Wenn der Slab-Kopf off-slab gespeichert wird, ist der Wert von `head` entsprechend 0, da der Kopf für die Slab-Belegung nicht berücksichtigt werden muss. Anderenfalls setzt er sich wie folgt zusammen:

```
head = sizeof(struct slab) + num*sizeof(kmem_bufctl_t)
```

Wie in Abschnitt 3.6.2 besprochen wurde, findet sich hinter jedem Slab-Kopf ein Array mit ebenso vielen Einträgen, wie Objekte im Slab enthalten sind. Mit seiner Hilfe kann der Kern die Position des nächsten freien Objekts finden. `kmem_bufctl_t` ist der dazu verwendete Datentyp, wobei es sich allerdings um nichts anderes als eine ordinäre `int`-Variable handelt, die durch `typedef` entsprechend abstrahiert wurde.

Die Objektanzahl `num` tritt bei der Berechnung der Kopfgröße auf, die benötigt wird, um die Anzahl der Objekte in einem Slab bestimmt zu können – ein weiteres Chicken-and-Egg-Problem. Der Kern löst dies, indem er durch systematisches Erhöhen der Objektzahl prüft, ob eine gegebene Konfiguration noch in den verfügbaren Speicherplatz passt oder nicht.

`cache_estimate` wird in einer `while`-Schleife immer wieder aufgerufen, wobei die zur Verfügung stehende `gfp_order` jedes Mal um 1 inkrementiert wird – die Slab-Größe wird dadurch immer auf das Doppelte erhöht, beginnend mit einer einzigen Speicherseite. Der Kern bricht die Schleife ab und ist mit dem Ergebnis zufrieden, wenn *eine* der folgenden Bedingungen erfüllt ist:

- `8*wastage` ist weniger als die Größe des Slabs, d.h. es wird weniger als 1/8 des Speicherplatzes verschwendet.

- `gfp_order` ist größer der in `slab_break_gfp_order` gespeicherte Wert *und* es finden mehr als 0 Objekte auf dem Slab Platz.[34]

- Der Management-Kopf wird off-slab gespeichert und die Anzahl der Objekte ist größer als der in `offslab_limit` gespeicherte Wert. `offslab_limit` gibt die maximale Anzahl von `kmem_bufctl_t`-Instanzen an, die zusammen mit einer Instanz von `struct slab` in einem mit `kmalloc` reservierbaren Speicherplatz untergebracht werden können. Wenn die Objektanzahl in einem Slab diesen Grenzwert überschreitet, ist es nicht mehr möglich, den dafür benötigten Speicherplatz zu reservieren, weshalb `gfp_order` um 1 erniedrigt, die Daten neu berechnet und die Schleife verlassen wird.

Die Größe des Slab-Kopfes wird noch so aufgerundet, dass sie optimal in den L1-Cache passt:

```
slab_size = L1_CACHE_ALIGN(cachep->num*sizeof(kmem_bufctl_t)+sizeof(struct slab));
```
mm/slab.c

Wenn so viel freier Speicherplatz vorhanden ist, dass der Slab-Kopf on-slab positioniert werden kann, obwohl er eigentlich off-slab gelagert werden soll, macht der Kern davon Gebrauch: Das Flag `CFLGS_OFF_SLAB` wird gelöscht und der Kopf entgegen der vorherigen Entscheidung oder Voreinstellung im Slab positioniert.

Die Berechnung des Slab-Colourings erfolgt durch diese Schritte:

```
offset += (align-1);
offset &= ~(align-1);
if (!offset)
        offset = L1_CACHE_BYTES;
cachep->colour_off = offset;
cachep->colour = left_over/offset;
```
mm/slab.c

---

[34] `slab_break_gfp_order` besitzt den Wert `BREAK_GFP_ORDER_LO = 1`, wenn die Maschine über weniger als 32 MiB Hauptspeicher verfügt, und anderenfalls den Wert `BREAK_GFP_ORDER_HI = 2`.

Die ersten beiden Zeilen stellen sicher, dass das vom Benutzer angegebene Offset ein Vielfaches des berechneten Alignments ist, da ansonsten die Wirkung der Objektausrichtung zunichte gemacht wird. Wenn ein Nulloffset angegeben wurde, was meistens der Fall ist, verwendet der Kern L1_CACHE_BYTES als Default-Offset.

Die Farbe des Slabs (d.h. die Anzahl der möglichen Offset-Werte) wird berechnet, indem der nicht belegte Speicherplatz auf dem Slab (left_over) ganzzahlig durch offset geteilt wird.

Für einen Cache, der 256 Bytes große Objekte verwaltet, die mit SLAB_HWCACHE_ALIGN an den Hardware-Cache ausgerichtet werden, kommt der Kern beispielsweise zu folgenden Ergebnissen:

- Es werden 15 Objekte in einem Slab verwaltet (num = 15).

- Eine Speicherseite wird verwendet (gfp_order = 0).

- Fünf Färben sind möglich (colour = 5), wobei für jede Farbe ein Offset von 32 Bytes verwendet wird (colour_off = 32).

- Der Slab-Kopf wird on-slab gelagert.

Nachdem die Aufteilung des Slabs erledigt ist, bleiben nur noch zwei Dinge zu erledigen:

- Die CPU-spezifischen Caches müssen erzeugt werden. Diese Aufgabe wird an enable_cpucache delegiert (Aufbau und Struktur dieser Caches sind aus Abschnitt 3.6.3 bekannt). Zunächst legt der Kern je nach Objektgröße fest, wie viele Objektzeiger im Cache gehalten werden:

$$0 < \text{size} \leq 256 : 248 \text{ Objekte}$$
$$256 < \text{size} \leq 1024 : 120 \text{ Objekte}$$
$$1024 < \text{size} \leq \text{PAGE\_SIZE} : 54 \text{ Objekte}$$
$$\text{PAGE\_SIZE} < \text{size} : 8 \text{ Objekte}$$

Die Allozierung des benötigten Speichers für jeden Prozessor – eine Instanz von array_cache sowie ein Array aus Zeigern auf Objekte mit der eben berechneten Elementzahl – und die Initialisierung der Datenstrukturen wird an do_tune_cpucache delegiert. Interessant ist dabei vor allem, dass das batchcount-Feld[35] immer auf die Hälfte der berechneten Objektzahl im Cache gesetzt wird.

- Um die Initialisierung zu beenden, wird die fertig initialisierte kmem_cache_s-Instanz in eine globale verkettete Liste eingefügt, deren Listenkopf unter der Bezeichnung cache_chain in mm/slab.c zu finden ist. Vorher traversiert der Kern die Liste und stellt sicher, dass sich nicht bereits ein Cache gleichen Namens im System befindet.

Objekte allozieren

kmem_cache_alloc wird verwendet, um Objekte aus einem spezifischen Cache zu entnehmen; wie alle Malloc-Funktionen liefert sie entweder einen Zeiger auf den reservierten Speicherbereich oder einen Null-Pointer, wenn die Allokation fehlgeschlagen ist. Die Funktion benötigt zwei Parameter: den Cache, aus dem das Objekt entnommen werden soll, und eine Flag-Variable, die die genaue Charakteristik der Allokation regelt:

---

[35] Zur Erinnerung: Damit wird die Anzahl von Objekten geregelt, die beim Auffüllen eines Caches auf einmal bearbeitet werden.

3.6 Der Slab-Allokator

```
void * kmem_cache_alloc (kmem_cache_t *cachep, int flags)
```
mm/slab.c

Für Flags können im Prinzip die aus Abschnitt 3.5.1 bekannten GFP_-Werte angegeben werden. Allerdings definiert der Slab-Allokator eigene Bezeichnungen, die mit SLAB_ anstelle von GFP_ beginnen. Auch wenn beide Definitionen momentan auf die gleichen Werte führen, sollten die SLAB_-Konstanten (beispielsweise SLAB_ATOMIC bevorzugt werden, um Portierungsarbeit zu vermeiden, wenn sich in einer künftigen Kernelversion doch Änderungen ergeben.[36]

Zusätzlich existiert das Flag SLAB_NO_GROW, für das es kein GFP-Äquivalent gibt: Es legt fest, dass der Cache *nicht* dynamisch vergrößert werden soll, wenn keine freien Objekte mehr darin enthalten sind. Wir werden in Abschnitt 3.6.3 darauf zurückkommen.

Wie das Codeflussdiagramm in Abbildung 3.34 zeigt, basiert kmem_cache_alloc auf der internen Funktion __cache_alloc, die die gleichen Parameter verwendet und ohne weitere Umstände aufgerufen wird (diese Struktur wurde gewählt, um die Implementierung von kmalloc und kmem_cache_alloc so schnell wie möglich zusammenzuführen, wie Abschnitt 3.6.4 zeigen wird).

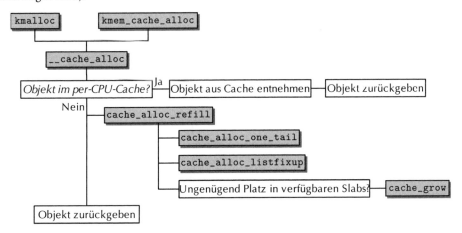

Abbildung 3.34: Codeflussdiagramm für kmem_cache_alloc

Aus der Abbildung ist ersichtlich, dass die Arbeit auf zwei Pfaden ablaufen kann: Der erste wird eingeschlagen, wenn sich freie Objekte im per-CPU-Cache befinden, er ist der häufigere und angenehmere. Sind hingegen alle Objekte verbraucht, muss der Cache neu aufgefüllt werden, was ungünstigenfalls erst durch Erzeugung eines neuen Slabs ermöglicht werden muss.

Auswahl eines gecacheten Objekts Folgender Code wird ausgeführt, wenn sich Objekte im per-CPU-Cache befinden:

```
ac = ac_data(cachep);
if (likely(ac->avail)) {
    ac->touched = 1;
    objp = ac_entry(ac)[--ac->avail];
}
```
mm/slab.c

cachep ist ein Zeiger auf die kmem_cache_t-Instanz des verwendeten Caches; das Makro ac_data liefert die zugehörige array_cache-Instanz für die momentan aktive CPU, indem es cachep->array[smp_processor_id()] zurückgibt.

---

[36] Momentan werden die GFP- anstelle der SLAB_-Konstanten allerdings noch an sehr vielen Stellen im Kernelcode verwendet.

ac_entry liefert einen Eintrag aus dem Objektzeiger-Array, das sich im Speicher unmittelbar hinter `array_cache` befindet, wie weiter oben besprochen wurde. Dazu ist etwas Zeigerarithmetik nötig:

mm/slab.c
```c
static inline void ** ac_entry(struct array_cache *ac)
{
        return (void**)(ac+1);
}
```

Der Zeiger ac wird *zuerst* um 1 erhöht, d.h. `sizeof(struct array_cache)` wird hinzuaddiert (der Compiler generiert automatisch den passenden Code). Dadurch landet der Zeiger unmittelbar *hinter* ac, wo sich das gewünschte Array befindet. Der Typecast verwandelt ac anschließend in einen Zeiger auf ein Array mit `void`-Pointern.

Die Selektion des Array-Elements erfolgt in der bekannten Array-Schreibweise, wobei der Zähler für die verfügbaren Objekte vorher um 1 dekrementiert werden muss (wenn beispielsweise noch 2 Objekte frei sind, muss der Kern die Array-Position 1 wählen; anschließend ist noch ein Element im Cache).

Auffüllen des per-CPU-Caches Die Arbeit wird umfangreicher, wenn keine Objekte mehr in der Prozessor-spezifischen Cache-Struktur vorhanden sind; die notwendigen Aktionen finden sich in `cache_alloc_refill`. Der Kern muss `array_cache->batchcount` unbenutzte Objekte finden, wobei er zunächst die Liste aller teilweise leeren Slabs (`partial`) durchläuft und alle freien Objekte daraus „entnimmt", indem er sie mit `cache_alloc_one_tail` als benutzt markiert und einen Zeiger darauf im per-CPU-Array speichert. `cache_alloc_tail` muss dabei die Speicherposition eines Objekts anhand seines Index herausfinden und das `free`-Element des Slabs auf die nächste freie Objektnummer setzen, wozu die Informationen des aus Abschnitt 3.6.2 bekannten `kmem_bufctl`-Arrays verwendet werden:

mm/slab.c
```c
static inline void * cache_alloc_one_tail (kmem_cache_t *cachep,
                                struct slab *slabp)
{
        void *objp;

        slabp->inuse++;
        objp = slabp->s_mem + slabp->free*cachep->objsize;
        slabp->free=slab_bufctl(slabp)[slabp->free];

        return objp;
}
```

`slab_bufctl` ist ein Makro, das einen Zeiger auf das `kmem_bufctl`-Array hinter `slabp` liefert und dazu den von `ac_entry` bekannten Trick verwendet. Achtung: Der Inhalt des `kmem_bufctl`-Arrays muss bei der Entnahme eines Objekts noch nicht verwendet werden, sondern erst bei der Rückgabe!

Nachdem alle Objekte entnommen wurden, kümmert sich `cache_alloc_listfixup` darum, den Slab von der `partial`- auf die `full`-Liste zu stellen, wenn alle Elemente des Slabs belegt sind.

Befinden sich in den teilweise gefüllten Slabs nicht genügend Elemente, greift der Kern auf die vollständig freien Slabs (`slabs_free`) zurück; die Vorgehensweise ändert sich dabei nicht. Wenn alle Elemente entnommen wurden, landet der Slab mit Hilfe von `cache_alloc_listfixup` auf der `slabs_full`-Liste, anderenfalls auf `slabs_partial`.

Wenn immer noch nicht genügend freie Objekte gefunden werden konnten, obwohl alle Slabs durchforstet wurden, muss der Cache mit `cache_grow` vergrößert werden. Dies ist eine kostspielige Operation, die im nächsten Abschnitt untersucht werden soll.

Vergrößern des Caches

Abbildung 3.35 zeigt das Codeflussdiagramm zu `cache_grow`.

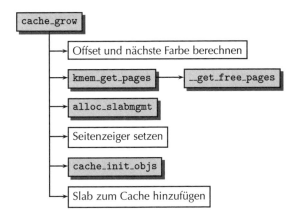

Abbildung 3.35: Codeflussdiagramm für `cache_grow`

Alle Argumente von `kmem_cache_alloc` werden an die Funktion als Parameter weitergereicht:

```
static int cache_grow (kmem_cache_t * cachep, int flags)                    mm/slab.c
```

Achtung: Wenn das Flag `SLAB_NO_GROW` gesetzt ist, bricht die Funktion gleich am Anfang ab und gibt 0 zurück, da der Cache in diesem Fall nicht wachsen darf.

Zunächst werden Farbe und Offset berechnet:

```
offset = cachep->colour_next;                                               mm/slab.c
cachep->colour_next++;
if (cachep->colour_next >= cachep->colour)
        cachep->colour_next = 0;
offset *= cachep->colour_off;
```

Wenn die maximale Farbzahl erreicht ist, beginnt der Kern die Zählung neu bei 0; dies führt automatisch zu einem Nulloffset.

Der benötigte Speicherplatz wird seitenweise über das Buddy-System alloziert, wozu die Hilfsfunktion `kmem_getpages` definiert ist. Ihr Zweck besteht lediglich darin, die aus Abschnitt 3.5.1 bekannte Funktion `__get_free_pages` mit den passenden Parametern aufzurufen.

Auch die Allokation des Management-Kopfs für den Slab ist nicht besonders aufregend: Die dafür zuständige Funktion `alloc_slabmgmt` reserviert den benötigten Platz mit `kmalloc`, wenn der Kopf off-slab gelagert wird; anderenfalls ist der Speicherplatz ohnehin bereits im Slab reserviert. In beiden Fällen werden noch die Elemente `colouroff`, `s_mem` und `inuse` der Slab-Datenstruktur mit den passenden Werten initialisiert.

Anschließend stellt der Kern die Verbindungen zwischen den Speicherseiten des Slabs und der Slab- bzw. Cache-Struktur her:

```
i = 1 << cachep->gfporder;                                                  mm/slab.c
page = virt_to_page(objp);
do {
        SET_PAGE_CACHE(page, cachep);
        SET_PAGE_SLAB(page, slabp);
```

```
            SetPageSlab(page);
            inc_page_state(nr_slab);
            page++;
    } while (--i);
```

SET_PAGE_CACHE und SET_PAGE_SLAB manipulieren (bzw. missbrauchen) das list-Element einer page-Instanz wie folgt:

mm/slab.c
```
#define SET_PAGE_CACHE(pg,x)   ((pg)->list.next = (struct list_head *)(x))
#define SET_PAGE_SLAB(pg,x)    ((pg)->list.prev = (struct list_head *)(x))
```

Außerdem wird auf jeder Seite das Bit PG_slab gesetzt, was zu Debugging-Zwecken verwendet werden kann (der Slab-Code braucht das Flag eigentlich nicht).

cache_init_objs initialisiert die Objekte des neuen Slabs, indem der Konstruktor für jedes davon aufgerufen wird. Außerdem wird die kmem_bufctl-Liste des Slabs initialisiert, indem an Array-Position i der Wert $i+1$ gespeichert wird – da der Slab noch komplett unbenutzt ist, ist das nächste freie Element immer das unmittelbar folgende. Das letzte Array-Element enthält konventionsgemäß die Konstante BUFCTL_END.

Der Slab ist nun komplett initialisiert und kann in die slabs_free-Liste des Caches eingefügt werden; außerdem wird die Anzahl der freien Elemente des Caches (cachep->free_objects) um die Anzahl der neu erzeugten Objekte erhöht.

Objekte freigeben

Wenn ein alloziertes Objekt nicht mehr benötigt wird, muss es mit kmem_cache_free an den Slab-Allokator zurückgegeben werden. Abbildung 3.36 zeigt das Codeflussdiagramm der Funktion.

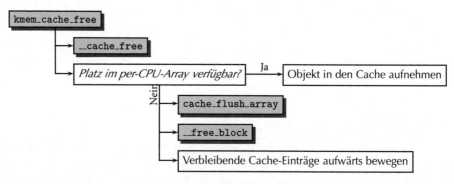

Abbildung 3.36: Codeflussdiagramm für kmem_cache_free

kmem_cache_free ruft unmittelbar __cache_free auf und gibt die Argumente unverändert weiter (auch hier ist der Grund dafür die Vermeidung von Code-Duplikationen bei der Implementierung von kfree, worauf Abschnitt 3.6.4 eingehen wird).

Wie bei der Allozierung gibt es je nach Zustand des per-CPU-Caches zwei Möglichkeiten für den Ablauf: Wenn die Anzahl der vorgehaltenen Objekte unterhalb des erlaubten Limit liegt, wird ein Zeiger auf das Objekt im Cache abgelegt:

mm/slab.c
```
if (likely(ac->avail < ac->limit)) {
        ac_entry(ac)[ac->avail++] = objp;
        return;
}
```

3.6 Der Slab-Allokator

Anderenfalls müssen einige Objekte (`array_cache->batchcount` gibt die genaue Anzahl an) vom Cache zurück in die Slabs „verschoben" werden, wozu die Array-Elemente mit den niedrigsten Kennzahlen verwendet werden – da der Cache nach dem LIFO-Prinzip implementiert ist, handelt es sich hierbei um die Objekte, die sich am längsten im Array befinden und deren Daten daher mit der geringsten Wahrscheinlichkeit im Prozessorcache lagern.

Die Implementierung wird an `cache_flusharray` delegiert. Die Funktion beruft sich auf `__free_block`, um die Objekte aus dem Cache in ihre Ausgangsslabs zu versetzen und schiebt die verbleibenden Objekte im Cache an den Anfang des Arrays. Beispiel: Wenn im Cache 30 Objekte Platz finden und `batchcount` 15 beträgt, werden die Objekte an den Positionen 0 – 14 zurück in die Slabs geschoben. Die verbleibenden Elemente mit den Kennzahlen 15 – 29 werden im Cache nach oben geschoben, so dass sie sich nun an Position 0 – 14 befinden.

Die Verschiebung von Objekten aus dem Cache zurück in die Slabs ist lehrreich, weshalb sich ein genauerer Blick auf `__free_block` lohnt. Die Funktion benötigt als Argumente die `kmem_cache_t`-Instanz des Caches, einen Zeiger auf ein Array, das aus Zeigern auf die Objekte im Cache besteht, sowie einen Integer, der die Anzahl der Objekte im Array angibt.

```
static inline void __free_block(kmem_cache_t *cachep, void **objpp,                    mm/slab.c
                                int nr_objects)
```

Die Funktion iteriert über alle Objekte in `objpp`, nachdem die Anzahl unbenutzter Objekte in der Cache-Datenstruktur auf den neuen Stand gebracht wurde.

```
cachep->lists.free_objects += nr_objects;                                              mm/slab.c

for (i = 0; i < nr_objects; i++) {
        void *objp = objpp[i];
        struct slab *slabp;
        unsigned int objnr;
...
```

Für jedes Objekt müssen folgende Operationen ausgeführt werden:

```
slabp = GET_PAGE_SLAB(virt_to_page(objp));                                             mm/slab.c
list_del(&slabp->list);
objnr = (objp - slabp->s_mem) / cachep->objsize;
slab_bufctl(slabp)[objnr] = slabp->free;
slabp->free = objnr;
slabp->inuse--;
```

Um herauszufinden, zu welchem Slab ein Objekt gehört, muss zunächst mit `virt_to_page` die Speicherseite ermittelt werden, in der sich das Objekt befindet. Anhand der Zeiger, die in `page->list` gespeichert werden, wird die Verbindung mit dem Slab hergestellt:

```
#define GET_PAGE_SLAB(pg)    ((struct slab *)(pg)->list.prev)                          mm/slab.c
```

Der Slab wird (temporär) aus den Listen des Caches entfernt. Danach berechnet der Kern die Kennzahl des Objekts im Slab und bringt die Free-Liste auf den neuesten Stand: Das erste Objekt, das für Allokationen verwendet werden soll, ist das eben entfernte; das nächste Objekt in der Liste ist das bisherige erste.

Anschließend wird der Slab wieder in die verketteten Listen des Caches eingefügt:

```
if (slabp->inuse == 0) {                                                               mm/slab.c
        if (cachep->lists.free_objects > cachep->free_limit) {
                cachep->lists.free_objects -= cachep->num;
                slab_destroy(cachep, slabp);
```

```
            } else {
                list_add(&slabp->list,
                    &list3_data_ptr(cachep, objp)->slabs_free);
            }
    } else {
        list_add_tail(&slabp->list,
            &list3_data_ptr(cachep, objp)->slabs_partial);
    }
```

Wenn nach dem Löschen alle Objekte im Slab unbenutzt sind (`slab->inuse == 0`), wird er normalerweise auf die `slabs_free`-Liste gestellt. Ausnahme: Die Anzahl der freien Objekte im Cache liegt oberhalb des vorgegebenen Limits `cachep->free_limit`. In diesem Fall wird der komplette Slab mit `slab_destroy` an das Buddy-System zurückgegeben.

Befinden sich sowohl benutzte wie auch unbenutzte Objekte auf dem Slab, wird er ans Ende der `slabs_partial`-Liste des Caches eingefügt.

Caches zerstören

Wenn ein kompletter Cache zerstört werden soll, in dem sich nur mehr unbenutzte Objekte befinden, muss die Funktion `kmem_cache_destroy` verwendet werden. Sie wird vor allem beim Entfernen von Modulen benötigt, die den von ihnen belegten Speicherplatz komplett zurückgeben wollen.[37]

Da die Implementierung keine neuen Erkenntnisse bringt, wollen wir sie hier nicht genauer betrachten, sondern nur die prinzipiellen Schritte aufführen, die zum Entfernen eines Caches notwendig sind:

- Die Slabs der `slabs_free`-Liste werden der Reihe nach durchlaufen. Für jeden Slab wird zuerst der Destruktor für jedes Objekt aufgerufen; anschließend wird der Speicherplatz des Slabs an das Buddy-System zurückgegeben.

- Das Speicherplatz für die per-CPU-Caches wird zurückgegeben.

- Der Eintrag aus der `cache_cache`-Liste wird entfernt.

3.6.4 Allgemeine Caches

Wenn nicht Objekte, sondern Speicher im klassischen Sinn alloziert und zurückgegeben werden soll, müssen die Funktionen `kmalloc` und `kfree` verwendet werden, die das Kernel-Analogon zu `malloc` und `free` aus der C-Standardbibliothek im Userspace sind.[38]

Es wurde bereits mehrfach erwähnt, dass `kmalloc` und `kfree` als Frontends für den Slab-Allokator implementiert sind und die Semantik von `malloc/free` so gut wie möglich nachahmen. Ihre Implementierung kann daher schnell abgehandelt werden.

---

[37] Dies ist aber nicht zwingend notwendig: Wenn sich ein Modul persistenten Speicher verschaffen will, der bestehen bleibt, bis das Modul nach dem Entfernen das nächste Mal geladen wird (Voraussetzung ist natürlich, dass das System nicht neu gestartet wird), kann es einen Cache bestehen lassen und die darin enthaltenen Daten nach seiner Wiederaktivierung weiter verwenden.

[38] Wenn man beginnt, `printk`, `kmalloc` und `kfree` in Userspace-Programmen zu verwenden, ist dies ein eindeutiges Zeichen dafür, dass man sich etwas zu häufig mit der Kernelprogrammierung beschäftigt hat...

3.6 Der Slab-Allokator

Implementierung von `kmalloc`

Basis von `kmalloc` ist ein Array, in dem Slab-Caches für Speicherbereiche verschiedener gestufter Größen zusammengefasst werden. Die Array-Einträge sind Instanzen der Datenstruktur `cache_sizes`, die folgendermaßen definiert ist:

```
struct cache_sizes {                                                <slab.h>
        size_t          cs_size;
        kmem_cache_t    *cs_cachep;
        kmem_cache_t    *cs_dmacachep;
}
```

`size` gibt die Größe des Speicherbereichs an, für die der Eintrag zuständig ist. Für jede Größe existieren zwei Slab-Caches, von denen einer DMA-tauglichen Speicher liefert.

Das statisch definierte Array `malloc_sizes` fasst die verfügbaren Größen zusammen, wobei im Wesentlichen Zweierpotenzen zwischen $2^5 = 32$ und $2^{17} = 131072$ verwendet werden. Je nach Seitengröße und Größe des L1-Caches werden noch Zwischengrößen eingeschoben, die sich als hilfreich oder effizient erwiesen haben:[39]

```                                                                 mm/slab.c
static struct cache_sizes malloc_sizes[] = {
#if PAGE_SIZE == 4096
        {     32,        NULL, NULL},
#endif
        {     64,        NULL, NULL},
#if L1_CACHE_BYTES < 64
        {     96,        NULL, NULL},
#endif
        {    128,        NULL, NULL},
#if L1_CACHE_BYTES < 128
        {    192,        NULL, NULL},
#endif
        {    256,        NULL, NULL},
        {    512,        NULL, NULL},
        {   1024,        NULL, NULL},
        {   2048,        NULL, NULL},
        {   4096,        NULL, NULL},
        {   8192,        NULL, NULL},
        {  16384,        NULL, NULL},
        {  32768,        NULL, NULL},
        {  65536,        NULL, NULL},
        { 131072,        NULL, NULL},
        {      0,        NULL, NULL}
};
```

Die Zeiger auf die entsprechenden Caches werden vorerst mit Nullzeigern belegt; erst bei der Initialisierung durch `kmem_cache_sizes_init` erhalten sie ihren richtigen Wert.

`kmalloc` aus `<slab.h>` prüft zunächst, ob eine Konstante als Speichergröße angegeben wurde, da in diesem Fall der benötigte Cache bereits statisch zur Übersetzungszeit ermittelt werden kann, was Geschwindigkeitsvorteile bringt. Anderenfalls wird `__kmalloc` aufgerufen, das den Cache mit passender Größe findet:

```                                                                 mm/slab.c
void * __kmalloc (size_t size, int flags)
{
        struct cache_sizes *csizep = malloc_sizes;
```

---

[39] Hier lassen wir die Möglichkeit außer Acht, dass auf v850- und m68k-Maschinen (ohne MMU) auch größere Bereiche in den `kmalloc`-Mechanismus aufgenommen werden können, wenn zur Übersetzungszeit die Option `CONFIG_LARGE_ALLOCS` gesetzt wird.

```
            for (; csizep->cs_size; csizep++) {
                    if (size > csizep->cs_size)
                            continue;

                    return __cache_alloc(flags & GFP_DMA ?
                            csizep->cs_dmacachep : csizep->cs_cachep, flags);
            }
            return NULL;
    }
```

Nachdem der passende Cache herausgefunden wurde, kann die Hauptarbeit an __cache_alloc delegiert werden.

Implementierung von kfree

Auch kfree ist nicht besonders schwer zu implementieren:

mm/slab.c
```
    void kfree (const void *objp)
    {
            kmem_cache_t *c;
            unsigned long flags;

            if (!objp)
                    return;
            c = GET_PAGE_CACHE(virt_to_page(objp));
            __cache_free(c, (void*)objp);
    }
```

Nachdem der zum Speicherzeiger gehörige Cache herausgefunden wurde, kann sich kfree auf die ebenfalls bereits besprochene Funktion __cache_free stützen, die die eigentliche Arbeit übernimmt.

3.7 Verwaltung des virtuellen Prozessspeichers

Alle bisher angesprochenen Methoden zur Speicherverwaltung waren entweder mit der Organisation des physikalischen Speichers oder der Verwaltung des virtuellen Kernel-Adressraums beschäftigt. In diesem Abschnitt werden zusätzlich die Methoden angesprochen, die der Kern zur Verwaltung des virtuellen *Benutzer*adressraums benötigt, was aus verschiedenen Gründen komplexer als die Verwaltung des Kernel-Adressraums ist:

- Jede Applikation besitzt ihren eigenen, von allen anderen Applikationen abgetrennten Adressraum.

- Vom riesigen linearen Adressraum jedes Userspace-Prozesses werden nur einige wenige Abschnitte tatsächlich benutzt, die weit voneinander entfernt sein können. Der Kern braucht Datenstrukturen, um diese lose verteilten Bereiche effizient zu verwalten.

- Nur der geringste Teil des Adressraums ist direkt mit physikalischen Speicherseiten verbunden. Selten benötigte Teile werden erst bei Bedarf mit Speicherseiten verknüpft.

- Der Kern vertraut sich selbst, Benutzerprozessen aber nicht: Deshalb werden mit jeder Operation, die Manipulationen am Benutzeradressraum vornimmt, verschiedene Überprüfungen durchgeführt, die sicherstellen, dass ein Programm nicht mehr Rechte erlangen kann, als ihm zustehen, um dadurch Stabilität und Sicherheit des Systems zu stören.

3.7 Verwaltung des virtuellen Prozessspeichers

■ Das aus Kapitel 2 („Prozessverwaltung") bekannte fork-exec-Modell, das unter Unix zur Erzeugung neuer Prozesse angewendet wird, ist nicht besonders leistungsfähig, wenn es sorglos implementiert wird. Der Kern muss deshalb besonderes Augenmerk darauf richten, die Verwaltung der Userspace-Adressräume mit einigen Tricks so effizient wie möglich zu gestalten.

Die meisten der nachfolgend besprochenen Ideen beruhen auf der Annahme, dass das System mit einer Speicherverwaltungseinheit (*memory management unit* – MMU) ausgestaltet ist, die die Verwendung von virtuellem Speicher ermöglicht. Dies ist bei allen „normalen" Prozessoren der Fall; jedoch wurden während der Entwicklung von Linux 2.5 drei Architekturen in die Kernquellen aufgenommen, bei denen dies nicht erfüllt ist: Nec V850E, H8300 und m68k-Varianten ohne MMU. Einige der im Folgenden untersuchten Funktionen sind auf diesen CPUs nicht vorhanden; die Schnittstelle nach außen liefert nur Fehlermeldungen zurück, da die zugrunde liegenden Mechanismen im Kern nicht implementiert sind – und auch nicht implementiert werden können, da die benötigte Unterstützung durch den Prozessor fehlt. Die folgenden Ausführungen orientieren sich ausschließlich an Maschinen mit MMU. Besonderheiten und Änderungen für MMU-lose Architekturen werden wir nicht berücksichtigen.

3.7.1 Der virtuelle Prozess-Adressraum

Der virtuelle Adressraum jedes Prozesses beginnt bei Adresse 0 und reicht bis zu TASK_SIZE – 1; darüber beginnt der Adressraum des Kerns. Für IA-32-Systeme mit 2^{32} = 4GiB Gesamtadressraum ist eine Aufteilung im Verhältnis 3 : 1 implementiert, wie wir bereits einige Male bemerkt haben: Der Kern erhält 1GiB, während *jedem* Userspace-Prozess 3GiB zur Verfügung stehen.

Ein für die Integrität des Systems besonders wichtiger Punkt: Benutzerprogramme dürfen nur auf den unteren Teil des Gesamtadressraums zugreifen, *nicht* aber auf den Kernelteil. Ebenso ist es nicht möglich, dass ein Benutzerprozess Teile des Adressraums eines anderen Prozesses ohne vorherige „Absprache" manipuliert, da diese für ihn gar nicht sichtbar sind.

Der virtuelle Adressraum des Kerns weist unabhängig vom gerade aktiven Benutzerprozess immer den gleichen Inhalt auf. Je nach Hardware wird dies dadurch erreicht, dass die Seitentabellen von Benutzerprozessen entweder so manipuliert werden, dass der obere Teil des virtuellen Adressraums immer identisch aussieht, oder dass der Prozessor selbst einen separaten Adressraum für den Kern bereitstellt, der über jedem Benutzeradressraum eingeblendet wird.

Im linearen Benutzeradressraum sind (unter anderem) folgende Dinge enthalten, wie Abbildung 3.37 auf der nächsten Seite klarmacht:

■ Der Binärcode des Programms, das gerade ausgeführt wird. Man bezeichnet diesen Code üblicherweise als *Text* und der Bereich im virtuellen Speicher, in dem er sich befindet, als *Textsegment*.[40]

■ Der Code von dynamischen Bibliotheken, die das Programm verwendet.

■ Der Heap, in dem globale Variablen und dynamisch erzeugte Daten gespeichert werden.

■ Der Stack, der zur Aufnahme lokaler Variablen verwendet und zur Implementierung von Funktions- und Prozeduraufrufen gebraucht wird.

---

40 Dabei handelt es sich allerdings *nicht* um ein Segment im Sinne eines Hardware-Segments, das wie ein separater Adressraum wirkt und von manchen Architekturen angeboten wird. Es ist lediglich der Bereich im linearen Adressraum gemeint, der zur Aufnahme der Daten verwendet wird.

- Abschnitte, in denen sich Umgebungsvariablen und Kommandozeilenargumente befinden.
- Memory Mappings, die den Inhalt von Daten- oder Gerätedateien in den virtuellen Adressraum abbilden.

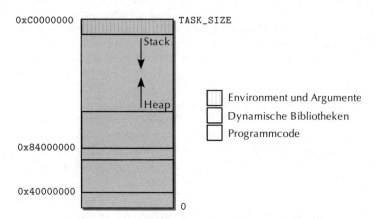

Abbildung 3.37: Zusammensetzung des linearen Prozessadressraums

Der virtuelle Adressraum ist aus vielen kleinen oder größeren Abschnitten zusammengesetzt, die unterschiedlichen Zwecken dienen und unterschiedlich behandelt werden müssen. Beispielsweise soll es in den meisten Fällen nicht erlaubt sein, das Textsegment zu modifizieren; dafür muss sein Inhalt ausgeführt werden dürfen. Der Inhalt einer Textdatei, die über ein Memory Mapping in den Adressraum eingeblendet wird, soll natürlich manipuliert werden dürfen; Ausführen dieses Bereiches ist nicht sinnvoll (schließlich handelt es sich bei den Daten nicht um Maschinencode) und soll daher verboten werden.

Da der virtuelle Adressraum aller Benutzerprozesse zusammengerechnet *wesentlich* größer als der zur Verfügung stehende RAM-Speicher ist, können nur die am häufigsten verwendeten Elemente mit einer physikalischen Speicherseite verbunden werden. Dies ist aber kein größeres Problem, da sich die meisten Programme nur auf einen sehr kleinen Teil dessen beschränken, was ihnen eigentlich zur Verfügung steht. Betrachten wir dies am Beispiel eines Texteditors, mit dem eine Datei manipuliert wird: Der Benutzer hält sich meistens nur am Ende des Textes auf, um an diesem zu arbeiten. Obwohl die komplette Datei in den Speicher eingeblendet ist, brauchen nur wenige Speicherseiten verwendet werden, um die Daten des Dateiendes bereitzuhalten; für den Anfang muss der Kern nur die Information im Adressraum hinterlassen, wo sich die Daten auf der Platte befinden bzw. mit welchen Methoden sie eingelesen werden können, wenn sie tatsächlich gebraucht werden.

Ähnlich ist es mit dem Textsegment, wovon nur ein geringer Teil immer gebraucht wird – im Fall des Texteditors wohl der Code, der für die zentralen Editierfunktionen verwendet wird. Andere Teile – beispielsweise das Hilfesystem, der obligatorische Web- und eMail-Client, der mittlerweile in jedes Programm integriert ist etc. – müssen erst dann geladen werden, wenn der Benutzer sie explizit verwendet.[41]

Der Kern muss Datenstrukturen bereitstellen, die eine Verbindung zwischen den Regionen des virtuellen Adressraums und den Stellen schaffen, wo die zugehörigen Daten zu finden sind.

---

41 Wir gehen hier davon aus, dass sich alle Programmteile in einer einzigen großen Binärdatei befinden. Natürlich ist es auch möglich, dass Programmteile erst auf Wunsch des Programms selbst nachgeladen werden, worauf wir hier aber nicht weiter eingehen wollen.

3.7 Verwaltung des virtuellen Prozessspeichers

Für eine eingeblendete Textdatei muss beispielsweise der virtuelle Speicherbereich mit dem Bereich auf der Festplatte verbunden werden, an dem das Dateisystem den Inhalt der Datei abgelegt hat. Dies wird in Abbildung 3.38 verdeutlicht.

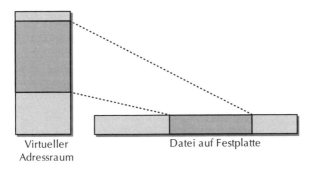

Abbildung 3.38: *Einblenden einer Datei in den virtuellen Speicher*

Natürlich ist die Situation etwas vereinfacht, da Dateidaten im Allgemeinen nicht kontinuierlich auf der Festplatte abgelegt werden, sondern auf mehrere Bereiche verteilt sind (Kapitel 8 („Dateisystemimplementierungen") geht auf diese Probleme genauer ein). Der Kern behilft sich mit der Datenstruktur `address_space`,[42] die einen Satz an Methoden bereitstellt, mit deren Hilfe die Daten von einem *Backing-Store* – beispielsweise einem Dateisystem – eingelesen werden können. `address_spaces` bilden deshalb eine Hilfsschicht, die eingeblendete Daten für die Speicherverwaltung als einen linear zusammenhängenden Bereich darstellen.

Das Allozieren und Füllen von Speicherseiten auf Bedarf wird als *Demand Loading* bezeichnet; die Durchführung beruht auf einem Zusammenspiel zwischen Prozessor und Kern, wobei verschiedene Datenstrukturen eingesetzt werden, wie Abbildung 3.39 auf der nächsten Seite demonstriert.

- Ein Prozess versucht, auf eine Speicheradresse zuzugreifen, die zwar im Benutzeradressraum enthalten ist, aber mit Hilfe der Seitentabellen nicht aufgelöst werden kann (es ist keine zugehörige Seite im RAM enthalten).

- Der Prozessor löst daraufhin einen Seitenfehler aus, der an den Kern weitergeleitet wird.

- Der Kern durchläuft die Datenstrukturen des Prozessadressraums, die für den Bereich verantwortlich sind, in denen der Fehler auftrat, um den passenden Backing Store zu finden oder festzustellen, dass der Zugriff wirklich fehlerhaft war.

- Eine physikalische Speicherseite wird alloziert und mit den benötigten Daten aus dem Backing Store versorgt.

- Die physikalische Speicherseite wird mit Hilfe der Seitentabellen in den Adressraum des Benutzerprozesses integriert und die Applikation fortgesetzt.

Diese Aktionen sind für Benutzerprozesse transparent, weshalb er nicht merkt, ob eine Seite tatsächlich vorhanden ist oder erst mittels Demand Paging angefordert werden musste.

---

[42] Unglücklicherweise sind die Bezeichnungen für den virtuellen Adressraum an sich und den Adressraum, der angibt, wie die Daten eingeblendet werden, identisch.

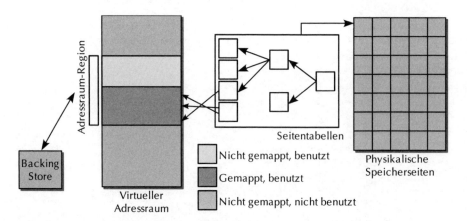

Abbildung 3.39: Zusammenspiel der Datenstrukturen beim Demand Paging

3.7.2 Datenstrukturen

Für jeden Prozess des Systems steht eine Instanz der Struktur `mm_struct` bereit, die über die Taskstruktur erreichbar ist. In ihr werden die Informationen festgehalten, die für den Prozess bezüglich der Speicherverwaltung vorhanden sind; unter anderem finden sich in ihre folgende Elemente, die zur Verwaltung aller Speicherregionen im virtuellen Adressraum eines Benutzerprozesses verwendet werden:

<sched.h>
```
struct mm_struct {
    struct vm_area_struct * mmap;           /* list of VMAs */
    struct rb_root mm_rb;
    struct vm_area_struct * mmap_cache;     /* last find_vma result */
    ...
}
```

Die Bedeutung dieser Einträge werden wir in den folgenden Abschnitten besprechen.

Bäume und Listen

Jede Region wird durch eine Instanz von `vm_area_struct` charakterisiert. Die vorhandenen Regionen eines Prozesses werden auf zwei Arten sortiert:

- Auf einer einfach verketteten Liste (`mm_struct->mmap` ist der Ausgangspunkt).
- In einem Red-Black-Tree, dessen Wurzelelement sich in `mm_rb` findet.

`mmap_cache` ist ein Cache für die zuletzt bearbeitete Region, dessen Bedeutung Abschnitt 3.7.3 klären wird.

Bei *Red-Black-Trees* handelt es sich um binäre Suchbäume, deren Knoten zusätzlich mit einer Farbe (Rot oder Schwarz) versehen sind. Sie besitzen alle Eigenschaften normaler Suchbäume (können also vor allem sehr effizient nach einem bestimmten Element durchsucht werden); die red-black-Eigenschaft erleichtert zusätzlich die Neubalancierung.[43] Anhang C geht genauer auf Aufbau, Eigenschaften und Implementierung von Red-Black-Trees ein, wenn diese dem Leser nicht geläufig sind.

---

[43] Alle wichtigen Baumoperationen (Einfügen, Löschen, Finden) können in $O(\log n)$ (bezogen auf die Größe des Baums) durchgeführt werden.

3.7 Verwaltung des virtuellen Prozessspeichers

Start- und Endadresse charakterisieren jede Region im virtuellen Benutzeradressraum. Auf der verketteten Liste werden die vorhandenen Regionen mit steigender Startadresse aufgereiht. Wenn sehr viele Regionen vorhanden sind, was bei datenintensiven Applikationen leicht der Fall sein kann, wird das Durchsuchen der Liste sehr ineffizient, um die zu einer bestimmten Adresse gehörige Region zu finden. Die einzelnen Instanzen von vm_area_struct werden daher zusätzlich in einem Red-Black-Tree verwaltet, der es wesentlich schneller ermöglicht, ein Element zu finden.

Um eine neue Region einzufügen, durchsucht der Kern zunächst den Red-Black-Tree nach der Region, die sich unmittelbar vor der neuen Region befindet. Mit ihrer Hilfe kann die neue Region sowohl in den RB-Tree wie auch in die lineare Liste eingefügt werden, ohne die Liste explizit durchlaufen zu müssen (Abschnitt 3.7.3 geht genauer auf den Algorithmus ein, den der Kern zum Einfügen neuer Regionen verwendet).

Darstellung von Regionen

Jede Region wird durch eine Instanz von vm_area_struct repräsentiert, die folgendermaßen definiert ist:

```
struct vm_area_struct {                                                    <mm.h>
    struct mm_struct * vm_mm;        /* The address space we belong to. */
    unsigned long vm_start;          /* Our start address within vm_mm. */
    unsigned long vm_end;            /* The first byte after our end address
                                        &process`comment(within vm`mm. )*/

    /* linked list of VM areas per task, sorted by address */
    struct vm_area_struct *vm_next;

    pgprot_t vm_page_prot;           /* Access permissions of this VMA. */
    unsigned long vm_flags;          /* Flags, listed below. */

    struct rb_node vm_rb;

    /*
     * For areas with an address space and backing store,
     * one of the address_space->i_mmap{,shared} lists,
     * for shm areas, the list of attaches, otherwise unused.
     */
    struct list_head shared;

    /* Function pointers to deal with this struct. */
    struct vm_operations_struct * vm_ops;

    /* Information about our backing store: */
    unsigned long vm_pgoff;          /* Offset (within vm_file) in PAGE_SIZE
                                        &process`comment(units, *not* PAGE`CACHE`SIZE )*/
    struct file * vm_file;           /* File we map to (can be NULL). */
    void * vm_private_data;          /* was vm_pte (shared mem) */
};
```

Die einzelnen Elemente haben folgende Bedeutung:

- vm_mm ist ein Rückzeiger auf die mm_struct-Instanz, zu der die Region gehört.

- vm_start und vm_end geben die virtuelle Start- und Endadresse der Region im Userspace an.

- Die lineare Verkettung aller vm_area_struct-Instanzen eines Prozesses erfolgt über vm_next, während die Einbindung in den Red-Black-Tree mit vm_rb durchgeführt wird.

- **vm_page_prot** speichert die Zugriffsberechtigungen für die Region, wozu die aus Abschnitt 3.3.1 bekannten Konstanten verwendet werden, die auch für Speicherseiten zum Einsatz kommen.

- **vm_flags** ist ein Flag-Satz, der zur Charakterisierung der Region verwendet wird. Wir werden gleich auf die möglichen Flags eingehen, die gesetzt werden können.

- Wenn eine Region Teil eines *shared mappings* ist, das zwischen mehreren Prozessen geteilt ist, verwaltet die „Quelle" der geteilten Daten eine Liste der betroffenen Regionen aller Prozesse, die am Sharing teilnehmen. **shared** dient als Listenelement dafür (Abschnitt 3.7.3 wird genauer darauf eingehen).

- **vm_ops** ist ein Zeiger auf eine Sammlung von Methoden, die verschiedene Standardoperationen mit der Region durchführen:

<mm.h>
```
struct vm_operations_struct {
        void (*open)(struct vm_area_struct * area);
        void (*close)(struct vm_area_struct * area);
        struct page * (*nopage)(struct vm_area_struct * area,
                        unsigned long address, int unused);
        int (*populate)(struct vm_area_struct * area, unsigned long address,
                        unsigned long len, unsigned long prot,
                        unsigned long pgoff, int nonblock);
};
```

  open und **close** werden aufgerufen, wenn eine Region eingefügt bzw. entfernt wird; normalerweise werden beide aber nicht verwendet und mit Nullzeigern belegt.

  nopage ist hingegen sehr wichtig: Wenn eine virtuelle Seite in einem Adressraum nicht vorhanden ist, verwendet der automatisch ausgelöste Page-Fault-Handler diese Funktion, um die entsprechenden Daten in eine physikalische Seite einzulesen, die in den Benutzeradressraum eingeblendet wird.

  populate wird verwendet, um bereits beim Einrichten eines Mappings alle Daten einzulesen (und dies nicht erst nach und nach durch den Demand-Paging-Mechanismus erledigen zu lassen). Dies wird nur durchgeführt, wenn das Flag `MAP_POPULATE` gesetzt ist.

  populate wird benötigt, um nichtlineare Mappings einzurichten.

- **vm_pgoffset** gibt ein Offset für ein Dateimapping an, wenn nicht der komplette Inhalt eingeblendet wird (in diesem Fall ist das Offset 0). Achtung: Der Wert wird nicht in Bytes, sondern in Vielfachen von `PAGE_SIZE` angegeben. Auf einem System mit 4KiB großen Seiten bedeutet ein Offset-Wert von 10 daher ein tatsächliches Offset von 40960 Bytes. Dies ist sinnvoll, da der Kern Einblendungen ohnehin nur in Einheiten ganzer Speicherseiten unterstützt und kleinere Abschnitte daher keinen Sinn ergeben würden.

- **vm_file** zeigt auf die `file`-Instanz, die eine eingeblendete Datei charakterisiert (wenn etwas anderes als eine Datei eingeblendet wird, findet sich hier ein Nullzeiger). Kapitel 7 wird genauer auf den Inhalt der `file`-Struktur eingehen.

- **vm_private_data** kann je nach Mapping-Typ verwendet werden, um private Daten zu speichern, die von den allgemeinen Speicherverwaltungsroutinen nicht manipuliert werden (der Kern stellt lediglich sicher, dass das Element beim Erzeugen einer neuen Region mit einem NULL-Pointer initialisiert wird). Momentan machen nur einige Sound- und Videotreiber von dieser Möglichkeit Gebrauch.

3.7 Verwaltung des virtuellen Prozessspeichers

In vm_flags können Flags gespeichert werden, die die Eigenschaften einer Region festlegen. Sie sind alle als Präprozessorkonstanten in <mm.h> definiert:

- VM_READ, VM_WRITE, VM_EXEC und VM_SHARED legen fest, ob der Seiteninhalt gelesen, beschrieben, ausgeführt oder zwischen mehreren Prozessen geteilt werden darf.

- VM_MAYREAD, VM_MAYWRITE, VM_MAYEXEC und VM_MAYSHARE bestimmen, ob die VM_*-Flags gesetzt werden dürfen.

- VM_GROWSDOWN und VM_GROWSUP legen fest, ob eine Region nach unten bzw. oben (also hin zu niedrigeren bzw. höheren virtuellen Adressen) erweitert werden darf. Da der Heap von unten nach oben wächst, wird in seiner Region VM_GROWSUP gesetzt, während der von oben nach unten wachsende Stack mit VM_GROWSDOW belegt wird.

- VM_SEQ_READ wird gesetzt, wenn die Region voraussichtlich sequentiell von vorne nach hinten gelesen wird, während VM_RAND_READ angibt, dass die Zugriffe eher zufällig verteilt sein werden. Beide Flags sind als „Tipp" für die Speicherverwaltung und den Blockgerätelayer gedacht, um ihre Optimierungen zu verbessern (beispielsweise Einlesen von Seiten im Voraus, wenn der Zugriff auf die Daten stark sequentiell ist. Kapitel 7 geht genauer auf diese Technik ein).

- Wenn VM_DONTCOPY gesetzt ist, wird die betroffene Region bei der Ausführung des fork-Systemaufrufs nicht kopiert.

- VM_DONTEXPAND verbietet, dass eine Region mit Hilfe des Systemaufrufs mremap vergrößert wird.

- VM_HUGETLB ist gesetzt, wenn die Region auf übergroßen Speicherseiten basiert, die von einigen Architekturen bereitgestellt werden.

- VM_ACCOUNT gibt an, ob der Bereich bei den Berechnungen für die *overcommit*-Features einbezogen werden soll, die Speicherallokationen auf verschiedene Weisen einschränken können (siehe Abschnitt 3.7.5).

3.7.3 Operationen mit Regionen

Der Kern stellt verschiedene Funktionen bereit, um die Regionen eines Prozesses manipulieren zu können. Erzeugen und Löschen von Regionen (sowie das Auffinden eines geeigneten Speicherplatzes für eine neue Region) sind Standardoperationen, die beim Einrichten bzw. Entfernen eines Mappings benötigt werden. Zusätzlich muss sich der Kern aber auch um einige Optimierungen bei der Verwaltung der Datenstrukturen kümmern, wie Abbildung 3.40 auf der nächsten Seite darstellt.

- Wenn eine neue Region unmittelbar vor oder hinter einer bereits bestehenden Region (und damit auch zwischen zwei bestehenden Region) eingesetzt wird, verschmilzt der Kern die beteiligten Datenstrukturen zu einer einzigen – natürlich *nur* unter der Voraussetzung, dass die Zugriffsrechte für alle beteiligten Regionen identisch sind und kontinuierliche Daten vom gleichen Backing Store eingeblendet werden.

- Wenn ein Abschnitt am Anfang oder Ende einer Region entfernt wird, muss die bestehende Datenstruktur entsprechend verkürzt werden.

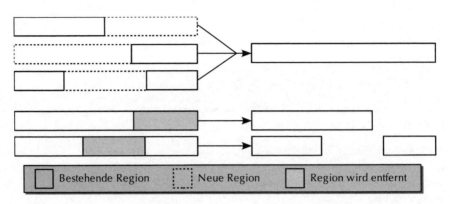

Abbildung 3.40: Operationen mit Regionen

- Wenn ein Abschnitt *innerhalb* einer Region entfernt wird, wird die bestehende Datenstruktur verkleinert und eine zusätzliche, neue Datenstruktur für die entstandene zweite Region angelegt.

Eine weitere wichtige Standardaufgabe ist die Suche nach einer Region, die zu einer gegebenen virtuellen Adresse im Userspace gehört. Die dafür zuständige Hilfsfunktion muss besprochen werden, bevor wir die eben genannten Optimierungen genauer erläutern können.

Verbindung virtueller Adressen mit einer Region

find_vma findet anhand einer virtuellen Adresse die erste Region im Benutzeradressraum heraus, deren Ende *hinter* der Adresse liegt, also die Bedingung addr < vm_area_struct->vm_end erfüllt. Als Parameter benötigt die Funktion neben der virtuellen Adresse addr auch einen Zeiger auf die mm_struct-Instanz des jeweiligen Prozesses, dessen Adressraum durchsucht werden soll:

mm/mmap.c
```
struct vm_area_struct * find_vma(struct mm_struct * mm, unsigned long addr)
{
        struct vm_area_struct *vma = NULL;

        if (mm) {
                /* Check the cache first. */
                /* (Cache hit rate is typically around 35%.) */
                vma = mm->mmap_cache;
                if (!(vma && vma->vm_end > addr && vma->vm_start <= addr)) {
                        struct rb_node * rb_node;

                        rb_node = mm->mm_rb.rb_node;
                        vma = NULL;

                        while (rb_node) {
                                struct vm_area_struct * vma_tmp;

                                vma_tmp = rb_entry(rb_node,
                                        struct vm_area_struct, vm_rb);

                                if (vma_tmp->vm_end > addr) {
                                        vma = vma_tmp;
                                        if (vma_tmp->vm_start <= addr)
                                                break;
                                        rb_node = rb_node->rb_left;
```

3.7 Verwaltung des virtuellen Prozessspeichers

```
                    } else
                         rb_node = rb_node->rb_right;
            }
            if (vma)
                mm->mmap_cache = vma;
        }
    }
    return vma;
}
```

Zunächst prüft der Kern, ob der zuletzt bearbeitete Bereich, der in `mm->mmap_cache` vorgehalten wird, die gesuchte Adresse enthält – d.h., ob sein Ende hinter der gesuchten Adresse und sein Anfang davor liegt. Ist dies der Fall, führt der Kern den `if`-Block nicht aus und gibt den Zeiger auf die Region direkt zurück.

Anderenfalls muss der Red-Black-Tree Schritt für Schritt durchsucht werden. `rb_node` ist dabei die Datenstruktur, die zur Repräsentation jedes Knotens im Baum verwendet wird; mit `rb_entry` können die „Nutzdaten" (in diesem Fall eine Instanz von `vm_area_struct`) daraus entfernt werden.

Das Wurzelelement des Baums findet sich in `mm->mm_rb.rb_node`. Wenn die Endadresse der damit verknüpften Region kleiner als die gesuchte Adresse und die Startadresse größer als die gesuchte Adresse ist, hat der Kern das passende Element gefunden und kann die `while`-Schleife verlassen, um einen Zeiger auf die `vm_area_struct`-Instanz zurückzugeben; anderenfalls wird die Suche beim

- **linken** Kind, wenn die Endadresse der aktuellen Region *hinter* der gesuchten Adresse liegt;
- **rechten** Kind, wenn die Endadresse der Region *vor* der gesuchten Adresse liegt

fortgesetzt.

Da die Wurzelelemente des Baums NULL-Zeiger als Kindelemente besitzen, kann der Kern leicht feststellen, wann die Suche abgebrochen und ein Nullpointer als Fehlermeldung zurückgegeben werden muss.

Konnte ein passender Bereich gefunden werden, wird ein Zeiger darauf im `mmap_cache` festgehalten, da die Wahrscheinlichkeit hoch ist, dass der nächste Aufruf von `find_vma` nach einer benachbarten Adresse sucht, die sich in der gleichen Region befindet.

`find_vma_intersection` ist eine weitere Hilfsfunktion, die feststellt, ob ein durch `start_addr` und `end_addr` charakterisiertes Intervall vollständig in einer bereits bestehenden Region liegt. Aufbauend auf `find_vma` kann sie leicht implementiert werden:

```
static inline                                                          <mm.h>
struct vm_area_struct * find_vma_intersection(struct mm_struct * mm,
                                 unsigned long start_addr,
                                 unsigned long end_addr)
{
        struct vm_area_struct * vma = find_vma(mm,start_addr);

        if (vma && end_addr <= vma->vm_start)
                vma = NULL;
        return vma;
}
```

Verschmelzen von Regionen

Wenn eine neue Region in den Adressraum eines Prozesses eingefügt wird, prüft der Kern, ob sie mit einer oder mehreren bereits vorhandenen Regionen verschmolzen werden kann, wie in Abbildung 3.40 auf der gegenüberliegenden Seite angeschnitten wurde.

vm_merge verschmilzt eine neue Region mit ihrer Umgebung, sofern dies möglich ist; sie benötigt dazu zahlreiche Parameter:

mm/mmap.c
```
static int vma_merge(struct mm_struct *mm, struct vm_area_struct *prev,
            struct rb_node *rb_parent, unsigned long addr,
            unsigned long end, unsigned long vm_flags,
            struct file *file, unsigned long pgoff)
```

mm ist die Adressraum-Instanz des betroffenen Prozesses; prev die Region, die sich unmittelbar *vor* der neu eingefügten Region befindet. rb_parent ist das Elternelement der Region im Red-Black-Suchbaum.

addr, end und vm_flags charakterisieren Start, Ende und Flags der neuen Region, wie aus ihren Bezeichnungen ersichtlich ist. Wenn die Region zu einem Datei-Mapping gehört, findet sich in file ein Zeiger auf die file-Instanz, die die Datei identifiziert, während pgoff das Offset des Mappings innerhalb der Dateidaten angibt.

Die Implementierung ist sehr geradlinig: Zunächst wird getestet, ob die Endadresse der vorhergehenden Region der Startadresse der neuen Region entspricht; ist dies der Fall, muss der Kern prüfen, ob die Flags der Region sowie die eingeblendete Datei für beide Regionen identisch sind und die Offsets von Dateieinblendungen so liegen, dass sich ein kontinuierlicher Bereich ergibt,[44] wozu die hier nicht näher besprochene Hilfsfunktion can_vma_merge_after verwendet wird.

Im Endeffekt reduziert sich die Arbeit beim Verbinden einer Region mit seiner Vorgängerregion auf folgenden kurzen Code:

mm/mmap.c
```
if (prev->vm_end == addr &&
            can_vma_merge_after(prev, vm_flags, file, pgoff))
        prev->vm_end = end;
```

Lediglich die Endadresse der vorhergehenden Region muss vergrößert werden, alle anderen Eigenschaften sind identisch!

Die Tests zur Verbindung der neu entstandenen, kombinierten Region mit der Nachfolgerregion laufen nach dem gleichen Schema ab. Wenn die Verbindung durchgeführt werden kann, muss anschließend allerdings noch die Datenstruktur der Nachfolgerregion entfernt werden, da sie nicht mehr benötigt wird, wofür __vm_unlink zuständig ist, die die betroffene vm_area_struct-Instanz aus dem Red-Black-Tree und dem Mmap-Cache löscht.

Außerdem existiert ein zweiter Fall, der berücksichtigt werden muss: Die Region kann nicht nicht mit dem Vorgänger, dafür aber mit dem Nachfolger verbunden werden. Hierzu reicht es aus, den von der Nachfolgeregion abgedeckten Bereich entsprechend zu vergrößern und das Offset des Datei-Mappings anzupassen (Achtung: prev wird hier „missbraucht", um auf die Nachfolgeregion zu zeigen):

mm/mmap.c
```
if (end == prev->vm_start) {
        prev->vm_start = addr;
        prev->vm_pgoff -= (end - addr) >> PAGE_SHIFT;
}
```

Regionen einfügen

insert_vm_struct ist die Standardfunktion der Kerns zum Einfügen neuer Regionen. Wie ihr Codeflussdiagramm in Abbildung 3.41 auf der gegenüberliegenden Seite zeigt, wird die Arbeit an zwei Hilfsfunktionen ausgelagert.

---

[44] Wenn zwei Datei-Mappings unmittelbar hintereinander liegen, diese aber nicht zusammenhängende Bereiche der Datei einblenden, können die Regionen nicht verbunden werden.

3.7 Verwaltung des virtuellen Prozessspeichers

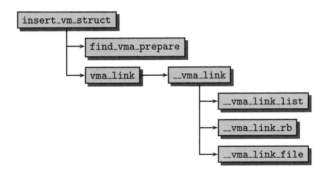

Abbildung 3.41: Codeflussdiagramm für insert_vm

Zunächst wird find_vma_prepare aufgerufen, die anhand der Startadresse der neuen Region sowie des betroffenen Adressraums mm_struct mehrere Informationen herausfindet:

- Die vm_area_struct-Instanz des vorhergehenden und nachfolgenden Adressraums.

- Die Elternnode im Red-Black-Tree, in der der Knoten für die neue Region untergebracht wird.

- Der Endknoten des Red-Black-Trees, der die Region selbst beherbergt.

Da C bekanntlich nur die Rückgabe einer einzigen Variable aus einer Funktion erlaubt, wird nur der Zeiger auf die Nachfolger-Region als direktes Resultat übertragen, die anderen Informationen werden über Zeigerargumente übermittelt.

Die ermittelten Informationen reichen aus, um die neue Region mit Hilfe von vma_link in die vorhandenen Datenstrukturen des Prozesses einzubinden. Die Funktion delegiert die Arbeit nach einigen Vorarbeiten und dem Belegen eines Spinlocks zum Schutz vor parallelen Zugriffen an __vma_link, die drei Einfügeoperationen vornimmt, wie das Codeflussdiagramm zeigt:

- __vma_link_list plaziert die neue Region in der linearen Liste aller Regionen des Prozesses, wozu lediglich die durch find_vma_prepare gefundene Vorgänger- und Nachfolgerregion benötigt wird.[45]

- __vma_link_rb setzt die neue Region in die Datenstrukturen des Red-Black-Trees, wie man aus ihrem Namen erkennen kann.

- Zuletzt wird __vma_link_file verwendet, um im Falle von Datei-Mappings die Verbindung zwischen dem betroffenen address_space und dem Mapping herzustellen (Abschnitt 3.7.4 wird genauer darauf eingehen).

Erzeugen von Regionen

Bevor eine neue Speicherregion in die Datenstrukturen eingefügt werden kann, muss der Kern herausfinden, an welcher Stelle im virtuellen Adressraum noch Platz für einen Abschnitt gegebener Größe ist. Dazu dient die Hilfsfunktion get_unmapped_area:

mm/mmap.c
```
get_unmapped_area(struct file *file, unsigned long addr, unsigned long len,
                  unsigned long pgoff, unsigned long flags)
```

Die Argumente sind anhand ihrer Bezeichnungen selbst erklärend.

Zuerst wird geprüft, ob das Mapping an einer festen Adressen eingerichtet werden soll, wozu das Flag MAP_FIXED gesetzt sein muss: In diesem Fall stellt der Kern nur sicher, dass die Adresse den Alignment-Forderungen (seitenweise) entspricht und sich das Intervall vollständig innerhalb des zur Verfügung stehenden Adressraums befindet.

Wenn kein Wunschbereich vorgegeben wurde, versucht der Kern, einen geeigneten Abschnitt im virtuellen Speicherbereich des Prozesses zu finden, wozu er arch_get_unmapped_area aufruft.[46]

Achtung: Trotz ihres Namens ist arch_get_unmapped_area als Architektur-*un*abhängige Funktion in mm/mmap.c implementiert. Es besteht allerdings die Möglichkeit, dass der Prozessor-spezifische Teil des Kerns die Präprozessorkonstante HAVE_ARCH_UNMAPPED_AREA definiert, um zu signalisieren, dass er eine eigene Implementierung der Funktion bereitstellen möchte. Beispielsweise machen Sparc(64), Alpha, AMD64 und PA-Risc von dieser Möglichkeit Gebrauch. Da alle Varianten der Funktion identische Prototypen besitzen, muss der Kern lediglich mit Hilfe von Präprozessor-Anweisungen sicherstellen, dass die richtige Variante kompiliert wird; eine Unterscheidung zur Laufzeit ist nicht erforderlich. Wie werden uns in den folgenden Ausführungen auf die Architektur-unabhängige Version beschränken.

Wenn eine Wunschadresse spezifiziert wurde, prüft der Kern, ob der Bereich mit einer bereits bestehenden Region überlappt. Wenn dies nicht der Fall ist, kann die Wunschadresse als Ziel zurückgegeben werden:

mm/mmap.c
```
if (addr) {
        addr = PAGE_ALIGN(addr);
        vma = find_vma(mm, addr);
        if (TASK_SIZE - len >= addr &&
            (!vma || addr + len <= vma->vm_start))
                return addr;
}
```

Anderenfalls muss der Kern versuchen, einen freien Bereich mit passender Größe zu finden, wobei er über die vorhandenen Regionen des Prozesses iteriert:

mm/mmap.c
```
int found_hole = 0;
addr = mm->free_area_cache;

for (vma = find_vma(mm, addr); ; vma = vma->vm_next) {
        if (TASK_SIZE - len < addr)
                return -ENOMEM;

        if (!found_hole && (!vma || addr < vma->vm_start)) {
                mm->free_area_cache = addr;
                found_hole = 1;
        }
        if (!vma || addr + len <= vma->vm_start)
```

---

[45] Wenn keine Vorgängerregion vorhanden ist, weil die neue Region die neue Startregion ist, oder weil für den jeweiligen Adressraum noch keine Regionen definiert sind, werden die Informationen aus dem Red-Black-Tree verwendet, um die Zeiger korrekt zu setzen.

[46] Wenn eine Datei eingeblendet wird, besteht die Möglichkeit, dass diese eine eigene Methode zur Suche eines freien Speicherbereichs über file_operations->get_unmapped_area bereitstellt; beispielsweise macht die Framebuffer-Implementierung (für ihre Gerätedateien!) davon Gebrauch. Da sich der Kern in den meisten Fällen aber auf die Standard-Implementierung beruft, soll der Fall spezifischer Routinen hier aber außer Acht gelassen werden.

```
                return addr;
            addr = vma->vm_end;
    }
```

Die Suche beginnt bei mm->free_area_cache, in der der Kern die Adresse des ersten Speicherlochs festhält, das bei der letzten Durchsuchung des virtuellen Benutzeradressraums gefunden wurde.

Wenn die Suche bis zum Ende des Benutzeradressraums (TASK_SIZE) durchgeführt wurde und kein passender Bereich gefunden werden konnte, gibt der Kern den Fehlerwert -ENOMEM zurück, der letztendlich bis in den Userspace weitergereicht wird und von der jeweiligen Anwendung entsprechend verarbeitet werden muss – es steht nicht mehr genügend Platz im virtuellen Adressraum zur Verfügung, um die Forderung zu erfüllen. Anderenfalls wird die virtuelle Startadresse des gefundenen Bereichs zurückgegeben.

3.7.4 Adressräume

Memory Mappings von Dateien kann man als Abbildung zwischen zwei verschiedenen Adressräumen betrachten, die zur Erleichterung der Arbeit von (System)programmierern eingerichtet werden: Ein Adressraum ist der virtuelle Speicher-Adressraum des Benutzerprozesses; beim anderen handelt es sich um den Adressraum, der vom Dateisystem aufgespannt wird.

Der Kern muss nach dem Einrichten eines Mappings eine Verbindung zwischen beiden Adressräumen herstellen, um die Kommunikation – in Form von Lese- und Schreibaufforderungen – zwischen ihnen zu ermöglichen. Zunächst dient dazu die aus Abschnitt 3.7.2 bekannte Struktur vm_operations_struct, die unter anderem eine Operation zum Einlesen von Seiten bereitstellt, die sich noch nicht im physikalischen Speicher befinden, obwohl ihr Inhalt dorthin eingeblendet wurde.

Die Operation enthält aber keinerlei Informationen darüber, um welchen Typ von Mapping es sich handelt und was seine genauen Eigenschaften sind. Aufgrund der vielfältigen Möglichkeiten von Datei-Mappings (reguläre Dateien auf verschiedenen Dateisystemtypen, Gerätespezialdateien etc.) reicht dies nicht aus; der Kern braucht eine genauere Charakterisierung des Adressraums der Datenquelle.

Zu diesem Zweck wird die Struktur address_space definiert, die bereits weiter oben kurz angeschnitten wurde. Sie enthält einige zusätzliche Informationen über ein Mapping; jedem Mapping ist über eine Kette von Verbindungen (genau: file->f_dentry->d_inode->i_mappping) eine Instanz von address_space zugeordnet (da einige der beteiligten Datenstrukturen erst in den folgenden Kapiteln erläutert werden, wollen wir hier nicht auf die genaueren Zusammenhänge eingehen, sondern uns mit der Feststellung begnügen, dass jedes Datei-Mapping eine zugehörige Instanz von address_space besitzt).

Auch die genaue Definition von struct address_space ist hier nicht weiter relevant; wir werden in Kapitel 12 („Page- und Buffer-Cache") genauer auf sie eingehen. Vorerst genügt es zu wissen, dass jeder Adressraum mit einem Satz an Adressraumoperationen versehen ist, die in Form von Funktionszeigern in folgender Struktur festgehalten werden (nur die wichtigsten Einträge sind wiedergegeben):

```
struct address_space_operations {                                    <fs.h>
        int (*writepage)(struct page *page, struct writeback_control *wbc);
        int (*readpage)(struct file *, struct page *);

        /* Set a page dirty */
        int (*set_page_dirty)(struct page *page);
```

```
              int (*readpages)(struct file *filp, struct address_space *mapping,
                   struct list_head *pages, unsigned nr_pages);
       };
```

Eine detailliertere Beschreibung der Struktur findet sich in ebenfalls in Kapitel 12.

- **readpage** wird verwendet, um eine einzelne Seite vom zugrunde liegenden Blockmedium in dem RAM-Speicher einzulesen, während **readpages** die gleiche Aufgabe für mehrere Seiten auf einmal erledigt.

- **writepage** schreibt den Inhalt einer Seite vom RAM-Speicher zurück an die passende Stelle eines Blockgeräts, um Änderungen permanent zu sichern.

- **set_page_dirty** teilt mit, dass der Inhalt einer Seite gegenüber den Ausgangsdaten auf dem Blockgerät verändert wurde.

Wie wird die Verbindung zwischen `vm_operations_struct` und `address_space` hergestellt? Ein statische Verknüpfung, die jeder Struktur eine Instanz der anderen Struktur zuordnet, existiert nicht. Allerdings sind beide durch die Standard-Implementierungen verbunden, die der Kern für `vm_operations_struct` anbietet und die von beinahe allen Dateisystemen verwendet wird:

mm/filemap.c
```
       static struct vm_operations_struct generic_file_vm_ops = {
              .nopage      = filemap_nopage,
              .populate    = filemap_populate,
       };
```

Sowohl `filemap_nopage` wie auch `filemap_populate` greifen in ihrer Implementierung auf die `readpage`-Methode des zugrunde liegenden Mappings zurück und verwenden daher das eben vorgestellte `address_space`-Konzept, wie wir bei ihrer genaueren Beschreibung in Kapitel 7 („Das virtuelle Dateisystem") feststellen werden.

3.7.5 Memory Mappings

Nachdem alle Datenstrukturen und Adressraumoperationen bekannt sind, die in Verbindung mit Memory Mappings stehen, soll in diesem Abschnitt die Interaktion zwischen Kern und Applikationen beim Einrichten von Mappings besprochen werden. Bekanntlich existiert in der C-Standardbibliothek die Funktion mmap, um ein Mapping zu installieren. Von Kernelseite werden zwei Systemaufrufe bereitgestellt: mmap und mmap2. Manche Architekturen implementieren beide Varianten (beispielsweise IA-64, AMD64 oder Sparc(64)), während auf anderen nur mmap2 (beispielsweise IA-32) oder mmap (beispielsweise AMD64) verwirklicht ist. Beide Varianten besitzen identische Parametersätze:

```
       asmlinkage unsigned long sys_mmap{2}(unsigned long addr, unsigned long len,
              unsigned long prot, unsigned long flags, unsigned long fd,
              unsigned long off)
```

Beide Aufrufe richten ein Mapping der Länge `len` an Position `pos` im virtuellen Benutzeradressraum ein, dessen Zugriffsberechtigungen in `prot` festgelegt werden; `flags` ist Flag-Satz, um einige Parameter einstellen zu können. Die bearbeitete Datei wird anhand ihres Dateideskriptors in `fd` festgelegt.

Der Unterschied zwischen mmap und mmap2 besteht in der Bedeutung des Offsets `off`. In beiden Fällen gibt es die Stelle in der Datei an, ab der die Einblendung erfolgen soll; für mmap wird die Position jedoch in Bytes angegeben, während `mmap2` Speicherseiten (`PAGE_SIZE`) als Einheit verwendet – dies ermöglicht das Einblenden von Dateiteilen auch dann, wenn die Datei größer als der zur Verfügung stehende Adressraum ist.

Üblicherweise stellt die C-Standardbibliothek nur eine einzige Funktion bereit, die von Anwendungen zur Erstellung von Memory Mappings verwendet wird. Intern wird der Aufruf dann auf den für die jeweilige Architektur passenden Systemcall umgesetzt.

Um ein Mapping zu entfernen, wird der Systemaufruf `munmap` verwendet. Da hierzu nur die virtuelle Adresse des Mappings, aber kein Dateioffset benötigt wird, besteht keine Notwendigkeit für einen zweiten Systemaufruf `munmap2`.

Erzeugen von Mappings

Die Aufrufsyntax für `mmap` und `mmap2` wurde bereits vorgestellt, weshalb hier nur noch kurz auf die wichtigsten Flags eingegangen werden soll, die gesetzt werden können:

- `MAP_FIXED` legt fest, dass keine andere Adresse als die angegebene für das Mapping verwendet werden darf. Ist das Flag nicht gesetzt, kann der Kern die Wunschadresse abändern, wenn dort beispielsweise bereits ein Mapping vorhanden ist (anderenfalls werden bestehende Mappings überschrieben).

- `MAP_SHARED` muss verwendet werden, wenn ein Objekt (normalerweise eine Datei) zwischen mehreren Prozesses geteilt werden soll.

- `MAP_PRIVATE` legt ein privates Mapping an, das vom Inhalt der Quelle entkoppelt wird – Schreibvorgänge in die eingeblendete Region beeinflussen nicht die Daten in der Datei.

- `MAP_ANONYMOUS` richtet ein *anonymes* Mapping ein, das mit keiner Datenquelle verbunden ist – die Parameter `fd` und `off` werden ignoriert. Diese Art von Mapping kann verwendet werden, um `malloc`-ähnlich Speicher für Applikationen zu allozieren.

Um die Zugriffsberechtigung in `prot` festzulegen, kann eine Kombination der Werte `PROT_EXEC`, `PROT_READ`, `PROT_WRITE` und `PROT_NONE` verwendet werden. Dabei muss beachtet werden, dass je nach verwendetem Prozessor nicht alle Kombinationen implementiert sind und die Region deshalb mehr Rechte erhalten kann, als eigentlich spezifiziert sind. Der Kern versucht zwar so gut wie möglich, den gewünschten Modus zu erreichen, kann aber nur sicherstellen, dass keine restriktiveren Zugriffsberechtigungen als die gewünschten eingestellt werden.

Der Einfachheit halber werden wir uns in der folgenden Beschreibung auf `sys_mmap2` beschränken. Die Funktion dient (gemäß der in Kapitel 10 („Systemaufrufe") besprochenen Konvention) als Einsprungpunkt für den `mmap2`-Systemaufruf, delegiert die Arbeit aber unmittelbar an `do_mmap2`. Dort versucht der Kern, anhand des Filedeskriptors die `file`-Instanz zu ermitteln, die alle charakteristischen Daten der bearbeiteten Datei enthält (wir werden die Datenstruktur in Kapitel 7 genauer vorstellen). Die restliche Arbeit wird an `do_mmap_pgoff` delegiert.

`do_mmap_pgoff` ist eine Architektur-*unabhängige* Funktion, die in `mm/mmap.c` definiert ist. Abbildung 3.42 auf der nächsten Seite zeigt das zugehörige Codeflussdiagramm.

Die Implementierung von `do_mmap_pgoff` ist rund 250 Zeilen lang, weshalb sie zu den umfangreichsten Funktionen gehört, die sich in den Kernelquellen finden. Dies ist zum einen darauf zurückzuführen, dass die Parameter der Benutzerapplikation sehr genau überprüft werden müssen; zum anderen müssen sehr viele Sonderfälle und Feinheiten beachtet werden. Da diese nicht zum generellen Verständnis des Mechanismus beitragen, werden wir uns hier auf eine

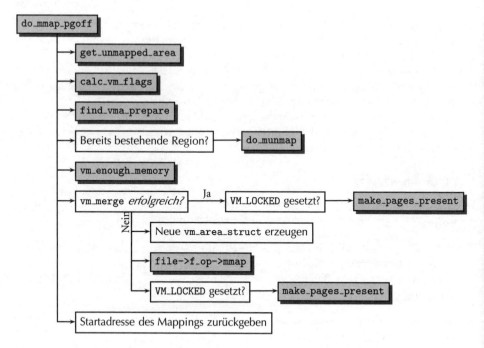

Abbildung 3.42: Codeflussdiagramm für `do_mmap_pgoff`

repräsentative Standardsituation – die Einblendung einer regulären Datei mit `MAP_SHARED` – beschränken, um die Beschreibung nicht allzusehr aufzublähen.

Zunächst wird mit der in Abschnitt 3.7.3 beschriebenen Funktion `get_unmapped_area` ein passender Bereich im virtuellen Adressraum gesucht, der für das Mapping geeignet ist (wie wir bereits festgestellt haben, kann die Applikation eine bevorzugte Adresse angeben, an der das Mapping erzeugt werden soll, anderenfalls entscheidet der Kern über die Adresse).

`calc_vm_flags` kombiniert die beim Aufruf des Systemcalls angegebenen Flags und Zugriffsberechtigungs-Konstanten in einem gemeinsamen Flag-Satz, der in den folgenden Operationen leichter verarbeitet werden kann (die `MAP_` und `PROT_`-Flags werden dabei in Flags mit Präfix `VM_` „verwandelt"):

mm/mmap.c
```
vm_flags = calc_vm_flags(prot,flags) | mm->def_flags |
           VM_MAYREAD | VM_MAYWRITE | VM_MAYEXEC;
```

Interessant ist vor allem, dass der Kern den Wert von `def_flags` in den Flag-Satz mit aufnimmt, der aus der `mm_struct`-Instanz des aktuell laufenden Prozesses entnommen wird. `def_flags` besitzt entweder den Wert 0 oder `VM_LOCK`. Ersterer bewirkt keine Änderung des resultierenden Flag-Satzes, während `VM_LOCK` dazu führt, dass die nachfolgenden eingeblendeten Speicherseiten nicht ausgelagert werden dürfen (die Implementierung des Swappings wird in Kapitel 14 („Swapping") genauer besprochen). Um den Wert von `def_flags` zu setzen, muss ein Prozess den (hier nicht weiter besprochenen) Systemaufruf `mlockall` verwenden, der über den beschrieben Mechanismus bewirkt, dass alle zukünftigen Mappings nicht mehr ausgelagert werden können, auch wenn dies beim Einrichten nicht explizit durch Setzen des Flags `VM_LOCK` angefordert wird.

Um die `vm_area_struct`-Instanzen des Vorgänger- und Nachfolgerbereichs sowie die Daten für den Eintrag im Red-Black-Tree zu finden, wird die aus Abschnitt 3.7.3 bekannte Funktion

3.7 Verwaltung des virtuellen Prozessspeichers

find_vma_prepare verwendet. Sollte sich an der Einblendestelle bereits ein Mapping befinden, wird diese mittels do_munmap (das im nächsten Abschnitt genauer beschrieben wird) ausgeblendet.

vm_enough_memory wird aufgerufen, wenn entweder das Flag MAP_NORESERVE nicht gesetzt ist oder der Kernelparameter sysctl_overcommit_memory[47] einen Wert größer als 1 besitzt (momentan ist dies nur dann der Fall, wenn striktes Overcommitting aktiviert wurde). Die Funktion entscheidet je nach Overcommit-Modus, ob der für die Operation benötigte Speicher zur Verfügung gestellt werden soll oder nicht; im Ablehnungsfall wird der Systemaufruf mit -ENOMEM beendet.

Eine weitere bekannte Funktion (vma_merge, siehe Abschnitt 3.7.3) wird verwendet, um das neue Mapping mit bereits bestehenden Einblendungen zu kombinieren, sofern dies möglich ist. Wenn es gelingt, kann der Kern die beiden folgenden Aktionen überspringen, die ansonsten ausgeführt werden müssen:

- Allozieren und Initialisieren einer neuen vm_area_struct-Instanz, die in die Listen/Baum-Datenstrukturen des Prozesses eingefügt wird.

- Einrichten des Mappings mit der dateispezifischen Funktion file->f_op->mmap. Die meisten Dateisysteme verwenden zu diesem Zweck generic_file_mmap, die lediglich das vm_ops Element des Mappings auf generic_file_vm_ops setzt:

```
vma->vm_ops = &generic_file_vm_ops;
```

Die Definition von generic_file_vm_ops wurde bereits in Abschnitt 3.7.4 auf Seite 184 gezeigt. Der zentrale Punkt liegt in filemap_nopage, da diese Funktion aufgerufen wird, wenn eine Applikation auf den eingeblendeten Bereich zugreift, die entsprechenden Daten sich aber noch nicht im RAM befinden. Mit Hilfe von Low-Level-Routinen des zugrunde liegenden Dateisystems kümmert sich filemap_nopage darum, die gewünschten Daten zu beschaffen und – transparent für die Applikation – in den RAM-Speicher einzulesen. Die eingeblendeten Daten werden also nicht direkt beim Anlegen des Mappings eingelesen, sondern erst dann, wenn sie wirklich benötigt werden!

Kapitel 7 („Das virtuelle Dateisystem") wird sich genauer mit der Implementierung von filemap_nopage auseinandersetzen.

Wenn VM_LOCKED gesetzt ist – was sowohl explizit mit Flags des Systemaufrufs wie implizit über den mlockall-Mechanismus geschehen kann –, ruft der Kern noch make_pages_present auf, die die Seiten des Mappings der Reihe nach durchläuft und für jede einen Page-Fault auslöst, um die Daten einzulesen. Dadurch geht der Performance-Vorteil des verzögerten Einlesens natürlich verloren; der Kern stellt aber sicher, dass sich die Seiten nach Einrichtung des

---

[47] sysctl_overcommit_memory kann entweder mit Hilfe des Sysctls vm.overcommit_memory oder des proc-Eintrags /proc/sys/vm/overcommit_memory eingestellt werden. Momentan gibt es drei verschiedene Overcommit-Möglichkeiten: 1 deaktiviert den Overcommit-Modus, eine Applikation darf also so viel Speicher allozieren, wie sie nur möchte. 0 bedeutet, dass heuristisches Overcommitting verwendet wird: Die Anzahl der verwendbaren Seiten wird bestimmt, indem die Zahl der Seiten im Page-Cache und im Swap-Bereich sowie die unbelegten Page Frames addiert werden; will eine Anforderung eine kleinere Anzahl an Seiten allozieren, wird ihr dies erlaubt. 2 steht für den strengsten Modus, der als striktes Overcommitting bezeichnet wird: Die erlaubte Seitenanzahl, die belegt werden darf, wird durch allowed = totalram_pages * sysctl_overcommit_ratio / 100; allowed += total_swap_pages berechnet, wobei sysctl_overcommit_ratio ein konfigurierbarer Kernparameter ist, der normalerweise auf 50 eingestellt ist. Wenn die Gesamtzahl belegter Seiten diesen Wert übersteigt, verweigert der Kern weitere Allokationen.

Mappings *immer* im Speicher befinden – wegen des Flags VM_LOCKED werden sie schließlich auch nicht mehr ausgelagert.

Als Abschluss des Systemaufrufs muss nur noch die Startadresse des neuen Mappings zurückgegeben werden.

Neben den beschriebenen Aktionen führt do_mmap_pgoff an verschiedenen Stellen Prüfungen durch, die wir nicht detaillierter erläutern wollen. Wenn eine von ihnen fehlschlägt, wird die Operation abgebrochen; der Systemaufruf kehrt mit einem Fehlercode in den Userspace zurück:

- *Accounting*: Der Kern führt Statistiken darüber, wie viele Seiten ein Prozess mit Mappings belegt. Da es möglich ist, die Ressourcen von Prozessen einzuschränken, muss immer sichergestellt werden, dass der erlaubte Wert nicht überschritten wird. Zusätzlich gibt es beispielsweise auch eine maximale Mapping-Zahl, die pro Prozess angelegt werden darf.

- Umfangreiche Sicherheits- und Plausibilitätsprüfungen müssen durchgeführt werden, um den Applikationen keine Möglichkeit zu geben, ungültige oder für die Stabilität des Systems gefährliche Parameter zu setzen. Beispielsweise können keine Mappings angelegt werden, die größer als der virtuelle Adressraum sind oder sich außerhalb dessen Grenzen befinden.

Entfernen von Mappings

Um ein bestehendes Mapping aus dem virtuellen Adressraum zu entfernen, muss der Systemaufruf munmap verwendet werden, der zwei Parameter benötigt – Startadresse und Länge des auszublendenen Bereichs. sys_unmap ist der Einsprungpunkt für den Systemaufruf; er delegiert seine Arbeit aber wie üblich an die Funktion do_munmap, die in mm_mmap.c definiert ist. (Nähere Informationen zur Implementierung zeigt das zugehörige Codeflussdiagramm in Abbildung 3.43).

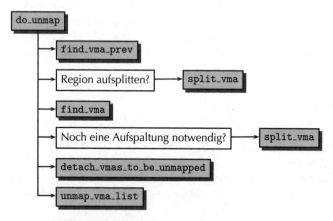

Abbildung 3.43: *Codeflussdiagramm für* do_munmap

Zunächst muss der Kern versuchen, die für die auszublendende Region zuständige vm_area_struct-Instanz zu finden, wozu er find_vma_prev verwendet. Die Funktion arbeitet genau so wie die in Abschnitt 3.7.3 besprochene find_vma, findet aber nicht nur die zur Adresse passende vm_area_struct, sondern gibt zusätzlich einen Zeiger auf die vorhergehende Region zurück.

Wenn die Startadresse des auszublendenden Bereichs nicht genau am Anfang der von find_vma_prev ermittelten Region liegt, wird nicht das komplette Mapping ausgeblendet, sondern nur ein Teil davon. Der Kern muss das vorhandene Mapping deshalb in mehrere Teile aufspalten.

3.7 Verwaltung des virtuellen Prozessspeichers

Zuerst wird der Vorderteil des Mappings abgespalten, der nicht ausgeblendet werden soll, wozu der Kern auf `split_vma` zurückgreift. Es handelt sich dabei um eine Hilfsfunktion, auf die wir nicht weiter eingehen wollen, da sie lediglich Standardoperationen mit bekannten Datenstrukturen durchführt: Im Wesentlichen wird eine neue Instanz von `vm_area_struct` alloziert und mit den Daten der alten Region gefüllt, wobei die Grenzen angepasst werden; die neue Region wird in die Datenstrukturen des Prozesses eingefügt.

Derselbe Vorgang wird für den hinteren Teil des Mappings wiederholt, wenn die alte Region nicht vollständig bis zu ihrem Ende ausgeblendet werden soll.

Anschließend erstellt der Kern mittels `detach_vmas_to_be_unmapped` eine Liste aller Regionen, die auszublenden sind. Da sich ein Ausblendevorgang möglicherweise über einen beliebigen Bereich des Adressraums erstreckt, können durchaus mehrere hintereinander liegende Regionen betroffen sein. Durch Abspalten der Bereiche am Anfang und Ende hat der Kern bereits sichergestellt, dass nur komplette Regionen betroffen sind.

`detach_vmas_to_be_unmapped` iteriert über die lineare Liste aller `vm_area_struct`-Instanzen, bis der komplette Bereich erfasst wurde. Das `vm_next`-Element der Strukturen wird hier kurzzeitig „missbraucht", um die zu entfernenden Regionen miteinander zu verknüpfen. Ebenso wird in der Funktion der Mmap-Cache auf `NULL` gesetzt und dadurch invalidiert.

Die letzten beiden Schritte bestehen darin, zuerst mit Hilfe von `unmap_region` alle Einträge aus den Seitentabellen zu entfernen, die zum Mapping gehören. Dabei muss der Kern auch darauf achten, die betreffenden Einträge aus dem Translation Lookaside Buffer zu entfernen bzw. ungültig zu machen. Anschließend wird der von den `vm_area_struct`-Instanzen belegte Speicherplatz freigegeben und das Mapping dadurch endgültig aus dem Kern entfernt.

Nichtlineare Mappings

Normale Mappings, wie wir sie eben demonstriert haben, blenden einen kontinuierlichen Ausschnitt aus einer Datei in einen ebenso kontinuierlichen Ausschnitt des virtuellen Speicherbereichs ein. Wenn verschiedene Bereiche einer Datei in anderer Sortierung in einen ansonsten zusammenhängenden Bereich des virtuellen Speichers eingeblendet werden sollen, müssen dafür normalerweise mehrere Mappings verwendet werden, was einen erhöhten Aufwand an Ressourcen (vor allem `vmas`) mit sich bringt. Eine einfachere Lösung, um dies zu erreichen,[48] sind nichtlineare Mappings, die während der Entwicklung von 2.5 eingeführt wurden. Der Kern stellt dafür einen eigenen Systemaufruf bereit:

```
long sys_remap_file_pages(unsigned long start, unsigned long size,         mm/fremap.c
        unsigned long __prot, unsigned long pgoff, unsigned long flags)
```

Der Aufruf ermöglicht, ein vorhandenes Mapping an Position `pgoff` im Unfang von `size` an die neue Position `start` im virtuellen Speicher zu verschieben. Wir wollen aus Platzgründen nicht näher auf die Implementierung eingehen, sondern bemerken nur, dass die Verschiebung des Adressbereichs nicht durch Erzeugen neuer `vmas`, sondern durch Manipulation der Seitentabellen des Prozesses realisiert wird. Dies erlaubt mehreren Prozessen, unterschiedliche Sichtweisen auf den gleichen Datenbestand zu gewinnen.

Wird ein nichtlineares Mapping ausgelagert, muss der Kern dafür sorgen, dass die Verschiebungen auch nach dem Einlagern wieder vorhanden sind. Die dazu benötigten Informationen werden in den Seitentabelleneinträgen der ausgelagerten Seiten gespeichert, was beim Einlagern berücksichtigt werden muss, wie wir weiter unten sehen werden.

---

[48] Auch wenn die Notwendigkeit hierfür auf den ersten Blick nur sehr gering scheint, gibt es doch verschiedene große Datenbanken, die Operationen dieser Art beispielsweise zur Darstellung von Datenbewegungen verwenden können.

3.7.6 Reverse Mapping

Die bisher behandelten Datenstrukturen ermöglichen dem Kern, eine Verbindung zwischen virtueller und physikalischer Adresse (über die Seitentabellen) und zwischen einer Speicherregion eines Prozesses und deren virtuellen Seitenadressen herzustellen; eine Verbindung zwischen physikalischen Speicherseiten und den Prozessen, zu denen die Seite gehört (oder genauer: zu den Seitentabelleneinträgen aller Prozesse, die die Seite verwenden), ist mit den bisher besprochenen Mitteln nicht möglich. Eine solche Verbindung ist aber notwendig, um beim Auslagern von Seiten (was in Kapitel 14 („Swapping") genauer behandelt wird) alle Prozesse auf den aktuellen Stand bringen zu können, die eine ausgelagerte Seite verwendet haben, da dies in ihren Seitentabellen vermerkt werden muss.

Um diese Verbindung herzustellen, verwendet der Kern einige weitere Datenstrukturen und Funktionen; man bezeichnet den Ansatz als *Reverse Mapping* (also in etwa „Rückwärtsabbildung").[49]

Da sich alle bisherigen Mapping-Aktionen nur mit virtuellen Seiten beschäftigt haben, war noch keine Notwendigkeit (und auch keine Möglichkeit) vorhanden, Rückwärtsabbildungen einzurichten. Dies wird erst dann notwendig, wenn wir in Abschnitt 3.7.8 besprechen, wie der Kern Seitenfehler behandelt und physikalische Seiten vergibt, die die Daten eines Mappings aufnehmen.

Datenstrukturen

}iSpeicher!Seiten Um den Overhead bei der Verwaltung von Rückwärtsabbildungen so gering wie möglich zu halten, muss der Kern möglichst schlanke Datenstrukturen verwenden. In der `page`-Struktur findet sich ein Element zu Realisierung des Reverse Mappings, wie in Abschnitt 3.2.2 bereits kurz angesprochen wurde:

```
<mm.h>    struct page {
          ....
                union {
                        struct pte_chain *chain;/* Reverse pte mapping pointer.
                                                * protected by PG_chainlock */
                        pte_addr_t direct;
                } pte;
          ...
          };
```

Es gibt zwei verschiedene Möglichkeiten, eine Rückwärtsabbildung einzurichten. Da nie beide zugleich aktiv sein können, kann eine `union` verwendet werden, um Speicherplatz zu sparen:

- Wenn die Seite von nur einem einzigen Prozess verwendet wird, reicht es aus, den Zeiger auf den betreffenden Seitentabellen-Eintrag direkt in der `page`-Instanz zu speichern – man bezeichnet solche Rückwärtsabbildungen daher auch als „direkt".

- Verwenden mehrere Prozesse die Speicherseite, baut der Kern eine Liste auf, in der alle Zeiger auf die betroffenen Seitentabellenelemente verwaltet werden. Dazu wird die Datenstruktur `pte_chain` verwendet, auf deren Inhalt wir in Kürze eingehen.

---

[49] Reverse Mappings wurden erst während der Entwicklung von Kernel 2.5 eingeführt, für 2.4 sind sie nur als separate Patches erhältlich, die sich aber nicht in den Standardquellen befinden. Das Auslagern geteilter Seiten war ohne diesen Mechanismus wesentlich komplizierter und ineffizienter, da die auszulagernde geteilte Seite so lange in einem speziellen Cache gehalten werden musste, bis der Kern für alle betroffenen Prozesse einzeln (und unabhängig voneinander) entschieden hatte, die Seite auszulagern.

3.7 Verwaltung des virtuellen Prozessspeichers

Um zwischen beiden Fällen unterscheiden zu können, setzt der Kern das Seitenflag PG_direct, wenn ein direktes Reverse Mapping eingesetzt wird.

pte_addr_t ist ein Zeiger auf die Adresse eines Seitentabelleneintrags, der normalerweise mit Hilfe von typedef auf den bereits bekannten Typ pte_t zurückgeführt wird:

```
typedef pte_t *pte_addr_t;
```

Auf Architekturen, die HighMem-Speicher verwenden *und* von der Möglichkeit Gebrauch machen, die Seitentabellen im hohen Speicher unterzubringen, kann diese Definition etwas anders lauten. Auf IA-32-Systemen, auf denen PAE aktiviert ist, genügt dem Kern beispielsweise ein 32-Bit-Zeiger nicht mehr, um die Seitentabelleneinträge adressieren zu können.

Wir wollen auf die entsprechenden Details allerdings nicht näher eingehen, sondern bemerken lediglich, dass der Kern zwei Hilfsfunktionen bereitstellt, um zwischen der pte_t und pte_addr_t-Darstellung wechseln zu können:

```
static inline pte_addr_t ptep_to_paddr(pte_t *ptep)
static inline pte_t *rmap_ptep_map(pte_addr_t pte_paddr)
```
include/asm-generic-rmap.h

Da die beiden Darstellungen normalerweise ohnehin äquivalent sind, beschränkt sich die Implementierung der Funktionen auf eine einfache Typumwandlung.

Die Definition von pte_chain ist ebenfalls sehr schlank gehalten:

```
#define NRPTE ((L1_CACHE_BYTES - sizeof(unsigned long))/sizeof(pte_addr_t))

struct pte_chain {
        unsigned long next_and_idx;
        pte_addr_t ptes[NRPTE];
} ____cacheline_aligned;
```
mm/rmap.c

Jede pte_chain ist im Wesentlichen ein Array, in dem in ptes[] Zeiger auf alle Seitentabelleneinträge gespeichert werden, die auf eine physikalische Seite verweisen (*keine* Zeiger auf die physikalische Seite selbst!). Da die Kapazität auf NRPTE Elemente beschränkt ist, können mehrere Instanzen von pte_chain hintereinander gehängt werden, wozu eine simple einfach verkettete Liste verwendet wird, die über next_and_idx verknüpft ist (der Kern macht hier von der Annahme Gebrauch, dass Zeiger immer auch in unsigned long-Variablen untergebracht werden können). Achtung: In der letzten pte_chain-Instanz wird next_and_idx nicht als Zeiger, sondern als Array-Index für ptes[] verwendet, der auf den nächsten leeren Eintrag verweist.

Abbildung 3.44 auf der nächsten Seite verdeutlicht die Situation an einem grafischen Beispiel.

Die Anzahl der Array-Elemente NRPTE wird so berechnet, dass jede pte_chain-Instanz genau eine L1-Cache-Zeile ausfüllt, wodurch die Cache-Hit-Rate beim Traversieren des Inhalts optimiert und die Performance des Kerns gesteigert wird.

Zur Allokation von pte_chain-Instanzen wird ein eigener Slab-Cache (pte_chain_cache) verwendet, der von einem zusätzlichen CPU-spezifischen Cache unterstützt wird, der jeweils genau eine Instanz von pte_chain puffert. Dieser zusätzliche Cache ist notwendig, da bei der Arbeit mit Reverse Mappings sehr oft eine einzelne Instanz von pte_chain alloziert werden muss, die unmittelbar darauf wieder unmodifiziert freigegeben wird, wie wir gleich sehen werden.

pte_chain_alloc und pte_chain_free verwendet man, um auf den Slab-Allokator mit integriertem Zusatzcache zuzugreifen, wobei wir nicht nicht detailliert auf ihre (nicht besonders interessante) Implementierung eingehen wollen.

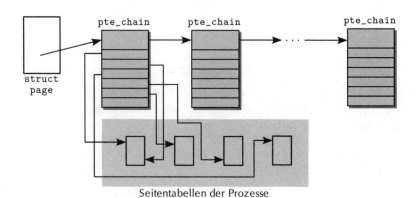

Abbildung 3.44: *Beispiel für eine Reverse Mapping-Kette*

Einrichten einer Rückwärtsabbildung

page_add_rmap ist dafür verantwortlich, die Abbildung zwischen einer physikalischen Speicherseite und einem Seitentabelleneintrag zu erstellen:

mm/rmap.c
```
struct pte_chain *
page_add_rmap(struct page *page, pte_t *ptep, struct pte_chain *pte_chain)
```

Die Funktion besitzt eine etwas ungewöhnliche Aufrufsemantik: Neben Zeigern auf die betroffene page-Instanz und dem Seitentabellen-Eintrag, zwischen denen die Rückwärtsabbildung eingerichtet werden soll, muss zusätzlich eine frische, unbenutzte Instanz von pte_chain bereitgestellt werden. Als Rückgabewert liefert page_add_rmap entweder den übergebenen pte_chain-Zeiger, wenn die Instanz *nicht* gebraucht wurde, oder einen NULL-Pointer, wenn die übergebene pte_chain weiterverwendet wurde (es wird gleich klar werden, wie der Kern die pte_chain-Instanz verarbeitet).

Bei der Einrichtung einer Abbildung lassen sich drei Fälle unterscheiden:

- Die Seite ist noch in keinem Reverse Mapping enthalten, weshalb ein direktes Mapping eingerichtet werden kann:

mm/rmap.c
```
if (page->pte.direct == 0) {
        page->pte.direct = pte_paddr;
        SetPageDirect(page);
        inc_page_state(nr_mapped);
        goto out;
}
```

Das Feld page->pte.direct wird mit der übergebenen Seitentabellenadresse ausgefüllt und das PG_direct-Flag gesetzt, um wie oben beschrieben festzulegen, dass die Seite ein direktes Mapping verwendet. Zusätzlich muss die Statistik der Speicherverwaltung auf den aktuellen Stand gebracht werden, indem die Anzahl der eingeblendeten Seiten um 1 erhöht wird.

- Die Seite verwendet bereits ein direktes Mapping:

mm/rmap.c
```
if (PageDirect(page)) {
        /* Convert a direct pointer into a pte_chain */
```

3.7 Verwaltung des virtuellen Prozessspeichers

```
            ClearPageDirect(page);
            pte_chain->ptes[NRPTE-1] = page->pte.direct;
            pte_chain->ptes[NRPTE-2] = pte_paddr;
            pte_chain->next_and_idx = pte_chain_encode(NULL, NRPTE-2);
            page->pte.direct = 0;
            page->pte.chain = pte_chain;
            pte_chain = NULL;        /* We consumed it */
            goto out;
    }
```

Da ein zweites Mapping hinzukommt, muss das bisherige direkte Mapping in eine `pte_chain`-Liste transformiert werden. Der Kern macht von der unbenutzten `pte_chain`-Instanz Gebrauch, die beim Aufruf von `page_add_rmap` übergeben werden muss. Nachdem das `PG_direct`-Flag gelöscht wurde, wird das `ptes`-Array von `pte_chain` von unten mit dem bestehenden und dem neu hinzugekommen Seitentabellen-Zeiger aufgefüllt; außerdem wird die `pte`-Union der `page` so manipuliert, dass sie nun auf die `pte_chain` zeigt und nicht mehr für eine direkte Rückwärtsabbildung verwendet wird. Mit Hilfe von `pte_chain_encode` wird der Array-Index `NRPTE-2` als letzter belegter Index gespeichert.

Gemäß der oben beschrieben Konvention wird `pte_chain` (das später als Rückgabewert verwendet wird) auf `NULL` gesetzt, um dem aufrufenden Code zu signalisieren, dass die Instanz verarbeitet wurde.

■ Der dritte Fall besteht darin, dass bereits eine `pte_chain`-Liste angelegt wurde, in die die neue Abbildung zu integrieren ist:

```
    cur_pte_chain = page->pte.chain;                                           mm/rmap.c
    if (cur_pte_chain->ptes[0]) {     /* It's full */
            pte_chain->next_and_idx = pte_chain_encode(cur_pte_chain,
                                                      NRPTE - 1);
            page->pte.chain = pte_chain;
            pte_chain->ptes[NRPTE-1] = pte_paddr;
            pte_chain = NULL;        /* We consumed it */
            goto out;
```

Wenn das `pte_chain`-Element bereits vollständig aufgefüllt ist,[50] fügt der Kern die übergebene frische `pte_chain`-Instanz *an den Anfang* der Liste ein – dadurch muss bei weiteren Einfügeoperationen nicht die komplette Liste durchlaufen werden, um nach freien Elementen zu suchen, sondern lediglich das erste Element geprüft werden. Der neue Seitentabellen-Zeiger wird an das Ende der neuen Tabelle gesetzt; `pte_chain` wird anschließend konventionsgemäß mit einem NULL-Zeiger belegt, da es verarbeitet wurde.

Wenn im aktuellen `pte_chain`-Element noch Plätze vorhanden sind, verwendet der Kern die Information in `next_and_idx`, um das nächste unbelegte Array-Element zu finden:

```
    cur_pte_chain->ptes[pte_chain_idx(cur_pte_chain) - 1] = pte_paddr;          mm/rmap.c
    cur_pte_chain->next_and_idx--;
```

Alle drei Codeabschnitte landen beim Label `out`, das entweder einen Null-Zeiger oder die Adresse der übergebenen `pte_chain`-Instanz zurückgibt.

---

50 Da das Array von unten nach oben aufgefüllt ist, kann der Kern dies leicht testen, indem er prüft, ob das Anfangselement 0 nicht mit einem Null-Zeiger belegt ist.

Ausnutzen der Rückwärtsabbildung

Um es vorwegzunehmen: Der eigentliche Nutzen des Reverse Mapping-Schemas wird erst in Kapitel 14 deutlich, wenn wir Implementierung des Swappings betrachten. Dort wird sich zeigen, dass der Kern die Funktion `try_to_unmap` definiert, die man verwendet, um eine bestimmte physikalische Speicherseite aus den Seitentabellen *aller* Prozesse zu löschen, von denen sie verwendet wird. Es ist offensichtlich, dass dies nur mit den Datenstrukturen möglich ist, die eben beschrieben wurden. Dennoch wird die Implementierung auch von vielen Details des Swap-Layers beeinflusst, weshalb hier nicht genauer auf die Durchführung von `try_to_unmap` eingegangen werden soll.

Eine weitere Hilfsfunktion, die auf den Datenstrukturen des Reverse Mapping-Schemas basiert, ist `page_referenced`: Sie zählt, von wie vielen Prozessen eine geteilte Speicherseite in letzter Zeit verwendet wurde.

Wie in Abschnitt 3.3.1 festgestellt wurde, kümmert sich die CPU des Systems (eventuell mit Hilfe des Kerns) darum, dass bei jedem Zugriff auf eine Speicherseite das Bit _PAGE_REFERENCED im Seitentabelleneintrag gesetzt wird. Die „Popularität" einer Seite kann deshalb ermittelt werden, indem der Kern in den Seitentabellen aller Prozesse, die auf die Seite zugreifen, prüft, wie viele von ihnen das Bit gesetzt haben.

Wenn ein direktes Reverse Mapping verwendet wird, ist die Operation sehr einfach, weshalb wir uns hier auf den interessanteren Fall einer vorhandenen `pte_chain` (d.h. mehrerer Mappings) beschränken. Der Kern iteriert über alle vorhandenen `pte_chain`-Instanzen, die mit der geprüften Seite (`page`) verbunden sind:

mm/rmap.c
```
int page_referenced(struct page * page)
{
        struct pte_chain * pc;
        int referenced =
...
        for (pc = page->pte.chain; pc; pc = pc->next) {
                int i;

                for (i = NRPTE-1; i >= 0; i--) {
                        pte_addr_t pte_paddr = pc->ptes[i];
                        pte_t *p;

                        if (!pte_paddr)
                                break;
                        p = rmap_ptep_map(pte_paddr);
                        if (ptep_test_and_clear_young(p))
                                referenced++;
                        rmap_ptep_unmap(p);
                        nr_chains++;
                }
        }
...
        return referenced;
}
```

Der Codeausschnitt ist ein schönes Beispiel für die Verwendung der rmap-Datenstrukturen und sollte anhand der vorhergehenden Erläuterungen leicht verständlich sein, sofern beachtet wird, dass `ptep_test_and_clear_young` prüft, ob _PAGE_ACCESSED gesetzt ist, und im Erfolgsfall einen wahren Wert zurückgibt.

3.7.7 Verwaltung des Heaps

Die Verwaltung des Heaps – dem Speicherbereich eines Prozesses, der zur dynamischen Allokation von Variablen und Daten verwendet wird – ist für Applikationsprogrammierer nicht direkt sichtbar, da sie sich auf verschiedene Hilfsfunktionen der Standardbibliothek (am wichtigsten: `malloc`) verlassen, um Speicherbereiche beliebiger Größe zu reservieren. Die Schnittstelle zwischen `malloc` und dem Kern ist klassischerweise der Systemaufruf `brk`, der zum Vergrößern/Verkleinern des Heaps verwendet wird; moderne Malloc-Implementierungen (wie beispielsweise die der GNU-Standardbibliothek) verwenden mittlerweile allerdings ein kombiniertes Verfahren, das neben `brk` auch mit anonymen Mappings arbeitet, da dies neben höherer Performance auch Vorteile bei der Rückgabe größerer Allokationen bringt.

Beim Heap handelt es sich um einen zusammenhängenden Speicherbereich, der von unten nach oben wächst, wenn er vergrößert wird. Da der Stack eines Prozesses von oben nach unten wächst, laufen beide aufeinander zu, wie Abbildung 3.45 zeigt.

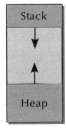

Abbildung 3.45: Heap und Stack eines Prozesses

In der bereits erwähnten Struktur `mm_struct` finden sich Start- und aktuelle Endadresse (`start_brk` und `brk`) des Heaps im virtuellen Adressraum:

```
struct mm_struct {                                                      <sched.h>
        unsigned long start_brk, brk, start_stack;
};
```

Der `brk`-Systemaufruf erwartet nur einen einzigen Parameter, der die neue Endadresse des Heaps im virtuellen Adressraum angibt und der natürlich auch kleiner als der bisherige Wert sein kann, wenn der Heap verkleinert werden soll:

```
asmlinkage unsigned long sys_brk(unsigned long brk)                     mm/mmap.c
```

Einsprungpunkt für die Implementierung von `brk` ist wie üblich die Funktion `sys_brk`. Ihr Codeflussdiagramm findet sich in Abbildung 3.46 auf der nächsten Seite.

Der `brk`-Mechanismus ist kein weiteres eigenständiges Konzept des Kerns, sondern wird auf der Basis anonymer Mappings realisiert, um den internen Aufwand zu verringern: Viele der in den vorhergehenden Abschnitten besprochenen Funktionen zur Verwaltung von Speicherabbildungen können deshalb bei der Implementierung von `sys_brk` wieder verwendet werden.

Die erste wichtige Aktion von `sys_brk` (nachdem sichergestellt wurde, dass die neue Wunschadresse für `brk` wirklich innerhalb des Heaps liegt) ist es, die Forderung auf Seitengröße auszurichten:

```
newbrk = PAGE_ALIGN(brk);                                               mm/mmap.c
oldbrk = PAGE_ALIGN(mm->brk);
```

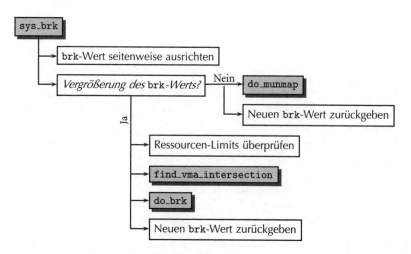

Abbildung 3.46: *Codeflussdiagramm für* sys_brk

Der gezeigte Code bewirkt, dass der neue (und sicherheitshalber auch der alte) Wert von brk Vielfache der Seitengröße des Systems sind. Mit anderen Worten ausgedrückt: Der Umfang einer Seite ist die kleinste Speichermenge, die mit brk reserviert werden kann.[51]

Wenn der Heap verkleinert werden soll, wird do_munmap aufgerufen, die bereits aus Abschnitt 3.7.5 bekannt ist:

mm/mmap.c
```
if (brk <= mm->brk) {
        if (!do_munmap(mm, newbrk, oldbrk-newbrk))
                goto set_brk;
        goto out;
}
```

Soll der Heap vergrößert werden, muss der Kern zunächst prüfen, ob dies mit dem für die Heap-Größe des Prozesses gesetzten Limit vereinbar ist. find_vma_intersection prüft anschließend, ob der vergrößerte Heap mit einem bestehenden Mapping des Prozesses kollidieren würde; ist dies der Fall, wird die Aktion abgebrochen:

mm/mmap.c
```
if (find_vma_intersection(mm, oldbrk, newbrk+PAGE_SIZE))
        goto out;
```

Anderenfalls wird die Arbeit an do_brk delegiert, die die Vergrößerung des Heaps tatsächlich durchführt. Unabhängig vom Verlauf der Funktion wird in allen Fällen der neue Wert von mm-> brk zurückgegeben, der größer, kleiner oder auch unverändert gegenüber dem alten Wert sein kann:

mm/mmap.c
```
if (do_brk(oldbrk, newbrk-oldbrk) != oldbrk)
        goto out;
set_brk:
    mm->brk = brk;
out:
    retval = mm->brk;
    return retval;
```

---

51 Dies macht es unumgänglich, im Userspace eine weitere Allokatorfunktion zwischenzuschalten, die die Aufteilung der Seite in kleinere Bereiche übernimmt. Dies ist Aufgabe der C-Standardbibliothek.

3.7 Verwaltung des virtuellen Prozessspeichers

do_brk braucht nicht extra behandelt zu werden, da es sich im Wesentlichen um eine vereinfachte Variante von do_mmap_pgoff handelt, die keine neuen Erkenntnisse bringt: Es wird ein anonymes Mapping im Benutzeradressraum eingerichtet, wobei allerdings einige Sicherheitsüberprüfungen und die Behandlung mancher Sonderfälle entfallen können, was sich positiv auf die Performance des Codes auswirkt.

3.7.8 Behandlung von Seitenfehlern

Die Verbindung zwischen virtuellem und physikalischem Speicher wird erst dann hergestellt, wenn die Daten eines Bereichs wirklich benötigt werden. Greift ein Prozess auf einen Teil des virtuellen Adressraums zu, der noch mit keiner Speicherseite verbunden ist, wird vom Prozessor automatisch ein Seitenfehler (*Page Fault*) ausgelöst, der vom Kern behandelt werden muss. Dabei handelt es sich um einen der wichtigsten (und auch komplexesten) Teile der Speicherverwaltung, da viele Einzelheiten beachtet werden müssen. Der Kern muss unter anderem folgende Dinge feststellen:

- Wurde der Seitenfehler durch einen Zugriff auf eine gültige Adresse aus dem Benutzeradressraum verursacht, oder hat die Applikation versucht, auf den geschützten Bereich des Kerns zuzugreifen?
- Existiert für die gewünschte Adresse ein Mapping?
- Welcher Mechanismus muss verwendet werden, um die Daten für den Bereich zu erhalten?

Abbildung 3.47 zeigt einen ersten Überblick, welche möglichen Pfade der Kern bei der Behandlung eines Seitenfehlers einschlagen kann.

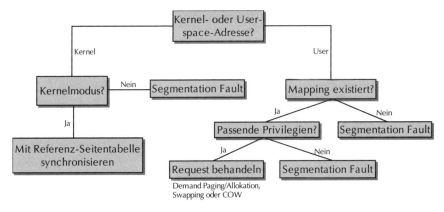

Abbildung 3.47: *Möglichkeiten zur Behandlung eines Seitenfehlers*

Wie sich weiter unten zeigen wird, sind die einzelnen Aktionen im Detail wesentlich komplizierter, da sich der Kern nicht nur gegen böswillige Zugriffe aus dem Userspace absichern muss, sondern auch viele kleine Details zu beachten hat und nicht zuletzt auch für eine gute Performance sorgen muss, um die Leistung des Systems durch die Behandlung von Seitenfehlern nicht unnötig zu verringern.

Die Implementierung der Page Fault-Behandlung unterscheidet sich zwischen den verschiedenen CPUs, auf denen der Kern läuft – da die Prozessoren unterschiedliche Konzepte zur Speicherverwaltung verwenden, unterscheiden sich auch die Details bei der Generierung von Seitenfehlern. Die Handlerroutinen im Kern finden sich dementsprechend in den Architektur-spezifischen Quellcode-Abschnitten.

Wir werden uns auf eine detaillierte Beschreibung der Vorgehensweise für die IA-32-Architektur beschränken: Die Implementierung auf den meisten anderen CPUs ist aber normalerweise zumindest ähnlich.

In arch/i386/kernel/entry.S findet sich eine Assembler-Routine als Einsprungpunkt für Seitenfehler, die allerdings direkt die C-Routine do_page_fault aus arch/i386/mm/fault.c aufruft (eine gleichnamige Routine findet sich in den Architektur-spezifischen Quellen der meisten CPUs[52]). Abbildung 3.48 zeigt das Codeflussdiagramm der umfangreichen Routine.

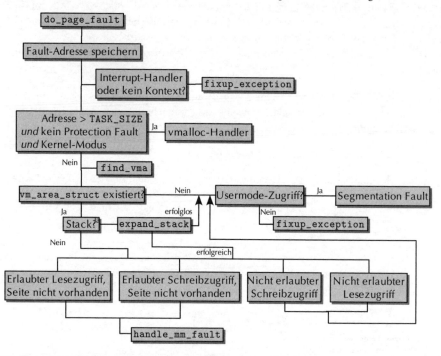

Abbildung 3.48: Codeflussdiagramm für do_page_fault auf IA-32-Prozessoren

Die Situation ist durchaus komplex, weshalb es notwendig ist, die Implementierung von do_page_fault genauer unter die Lupe zu nehmen.

Die Routine wird mit zwei Parametern versorgt: dem Registersatz, der zur Zeit des Faults aktiv war, und einem Fehlercode (long error_code), der genauere Aufschlüsse zur Ursache des Fault liefert. Momentan werden nur die ersten drei Bits von error_code verwendet, deren Bedeutung in Tabelle 3.7 zu finden ist.

arch/i386/mm/
fault.c
```
asmlinkage void do_page_fault(struct pt_regs *regs, unsigned long error_code)
{
        struct task_struct *tsk;
        struct mm_struct *mm;
```

---

[52] Wie üblich fallen die Sparc-Prozessoren aus der Reihe, dort heißt die Funktion do_sparc_fault (Sparc32), do_sun4c_fault (Sparc32 Typ sun4c) bzw. do_sparc64_fault (UltraSparc). Auf IA-64-Systemen wird ia64_do_page_fault verwendet.

3.7 Verwaltung des virtuellen Prozessspeichers

Tabelle 3.7: Bedeutung der Fehlercodes bei Page Faults auf IA-32

Bit	gesetzt (1)	nicht gesetzt (0)
0	Keine Seite im RAM vorhanden	Protection Fault (mangelhafte Zugriffsberechtigung)
1	Lesezugriff	Schreibzugriff
2	Privilegierter Kernmodus	Benutzermodus

```
struct vm_area_struct * vma;
unsigned long address;
unsigned long page;
int write;
siginfo_t info;

/* get the address */
__asm__("movl %%cr2,%0":"=r" (address));
```

Nachdem eine stattliche Anzahl von Variablen deklariert wurde, die später benötigt werden, kümmert sich der Kern zunächst darum, in `address` die Speicheradresse der Stelle festzuhalten, die den Fault ausgelöst hat.[53]

```
tsk = current;                                              arch/i386/mm/
if (address >= TASK_SIZE && !(error_code & 5))              fault.c
    goto vmalloc_fault;
```

Wenn sich die Adresse außerhalb des Benutzeradressraums befindet, handelt es sich um einen `vmalloc`-Fault; die Seitentabellen des Prozesses müssen deshalb mit den Informationen in der Master-Page-Table des Kerns synchronisiert werden. Dies ist natürlich nur erlaubt, wenn der Zugriff im Kernmodus erfolgt ist und der Fault auch nicht durch einen Zugriffsberechtigungsfehler ausgelöst wurde, d.h. weder Bit 0 noch Bit 2 des Fehlercodes dürfen gesetzt sein.[54]

Zur Synchronisation der Seitentabellen springt der Kern zum Label `vmalloc`. Der Code soll hier nicht im Detail gezeigt werden, da er lediglich den entsprechenden Eintrag aus der Seitentabelle von `init` – die auf IA-32 die Mastertabelle des Kerns ist – in die aktuelle Seitentabelle kopiert. Wird auch dort kein passender Eintrag gefunden, startet der Kern mit `fixup_exception` einen letzten Versuch, um den Fehler zu beheben, worauf wir gleich genauer eingehen werden.

Wenn der Fault während eines Interrupts (siehe Kapitel 11 („Kernel-Aktivitäten und Zeitfluss")) oder in einem Kernel-Thread (siehe ebenfalls Kapitel 11), der keinen eigenen Kontext und daher keine eigene Instanz von `mm_struct` besitzt, ausgelöst wurde, springt der Kern zum Label `no_context`:

```
mm = tsk->mm;                                               arch/i386/mm/
info.si_code = SEGV_MAPERR;                                 fault.c

if (in_atomic() || !mm)
    goto no_context;
...
no_context:
    /* Are we prepared to handle this kernel fault? */
    if (fixup_exception(regs))
        return;
```

Dies bewirkt ebenfalls den Aufruf von `fixup_exception`, auf die wir gleich genauer eingehen werden.

---
[53] Sie befindet sich für IA-32-Prozessoren im Register `CR2`, dessen Inhalt mit einer Assembler-Anweisung in `address` kopiert wird; die genauen Prozessor-spezifischen Details sollen uns hier allerdings nicht interessieren.
[54] Der Test `!(error_code &5)` prüft genau dies: Da $2^0 + 2^2 = 5$, darf weder Bit 0 *noch* Bit 2 gesetzt sein.

Wenn der Fault nicht in einem Interrupt oder ohne Kontext passiert ist, prüft der Kern, ob sich eine Region im Adressraum des Prozesses befindet, in der die Adresse des Fault liegt. Dazu wird die aus Abschnitt 3.7.3 bekannte Funktion find_vma verwendet:

arch/i386/mm/
fault.c
```
vma = find_vma(mm, address);
if (!vma)
        goto bad_area;
if (vma->vm_start <= address)
        goto good_area;
if (!(vma->vm_flags & VM_GROWSDOWN))
        goto bad_area;
if (expand_stack(vma, address))
        goto bad_area;

goto good_area;
```

good_area und bad_area sind Labels, die der Kern anspringt, nachdem er herausgefunden hat, ob es sich um eine gültige oder eine ungültige Adresse handelt.

Die Suche kann verschiedene Ergebnisse bringen:

- Es wird kein Bereich gefunden, dessen Endadresse hinter address liegt. Der Zugriff ist in diesem Fall ungültig.

- Die Fault-Adresse liegt innerhalb der gefundenen Region, weshalb der Zugriff gültig ist und der Seitenfehler vom Kern korrigiert werden muss.

- Es wurde eine Region gefunden, deren Endadresse hinter der Fault-Adresse liegt; die Fault-Adresse befindet sich aber *nicht* innerhalb der Region. Hierfür gibt es zwei Möglichkeiten:

  - Das VM_GROWSDOWN-Flag der Region ist gesetzt, d.h. es handelt sich um einen Stack, der von oben nach unten wächst. In diesem Fall wird expand_stack verwendet, um den Stack entsprechend wachsen zu lassen; gelingt dies, wird 0 als Resultat zurückgegeben(!), worauf der Kern die Bearbeitung bei good_area fortsetzt. Anderenfalls wird der Zugriff als ungültig gewertet.

  - Die gefundene Region ist kein Stack, der Zugriff also ungültig.

good_area folgt unmittelbar auf den eben beschriebenen Code:

arch/i386/mm/
fault.c
```
good_area:
        info.si_code = SEGV_ACCERR;
        write = 0;
        switch (error_code & 3) {
                default:            /* 3: write, present */
                /* fall through */
                case 2:             /* write, not present */
                        if (!(vma->vm_flags & VM_WRITE))
                                goto bad_area;
                        write++;
                        break;
                case 1:             /* read, present */
                        goto bad_area;
                case 0:             /* read, not present */
                        if (!(vma->vm_flags & (VM_READ | VM_EXEC)))
                                goto bad_area;
        }
```

3.7 Verwaltung des virtuellen Prozessspeichers

Das Vorhandensein eines Mappings für die Fault-Adresse bedeutet noch nicht, dass der Zugriff tatsächlich erlaubt ist! Der Kern muss die Zugriffsberechtigungen prüfen, wozu die Bits 0 und 1 (da $2^0 + 2^1 = 3$) untersucht werden. Folgende Fälle sind möglich:

- Bei einem Schreibzugriff (Bit 1 gesetzt, Fälle 3 und 2) muss VM_WRITE gesetzt sein. Andernfalls ist der Zugriff ungültig, die Bearbeitung wird bei bad_area fortgesetzt.

- Bei einem Lesezugriff auf eine vorhandene Seite (Fall 1) muss es sich um einen Berechtigungsfehler handeln, der von der Hardware erkannt wurde, weshalb die Ausführung bei bad_area fortgesetzt wird.

- Erfolgt ein Lesezugriff auf eine nicht vorhandene Seite, muss der Kern prüfen, ob VM_READ oder VM_EXEC gesetzt ist, damit der Zugriff gültig ist. Anderenfalls ist der Lesezugriff nicht erlaubt, der Kern springt zu bad_area.

Wenn sich der Kern nicht explizit zu einem Sprung nach bad_area entschieden hat, „fällt" er durch die case-Anweisung und trifft auf den unmittelbar folgenden Aufruf von handle_mm_fault, der für die Korrektur des Seitenfehlers (also dem Einlesen der benötigten Daten) verwendet wird:

```
switch (handle_mm_fault(mm, vma, address, write)) {
        case VM_FAULT_MINOR:
                tsk->min_flt++;
                break;
        case VM_FAULT_MAJOR:
                tsk->maj_flt++;
                break;
        case VM_FAULT_SIGBUS:
                goto do_sigbus;
        case VM_FAULT_OOM:
                goto out_of_memory;
}
return;
...
}
```
arch/i386/mm/fault.c

handle_mm_fault ist eine Architektur-*un*abhängige Routine, die sich für die passende Methode zur Korrektur des Faults entscheidet (Demand Paging, Swap-In etc.) und diese durchführt (wir werden in Abschnitt 3.7.9 genauer auf die verschiedenen Möglichkeiten und die Implementierung von handle_mm_fault eingehen).

Wenn das Einrichten der Seite geglückt ist, gibt die Routine entweder VM_FAULT_MINOR (die Daten befanden sich bereits im Speicher) oder VM_FAULT_MAJOR (die Daten müssten von einem Blockgerät eingelesen werden) zurück, was der Kern zum Anlass nimmt, um die Statistiken das Prozesses auf den neuesten Stand zu bringen.

Allerdings kann es beim Einrichten der Seite auch zu Fehlern kommen: Wenn kein physikalischer Speicher mehr vorhanden ist, um die Seite laden zu können, beendet der Kern den betroffenen Prozess gewaltsam, um wenigstens das System am Laufen zu halten. Wenn der eigentlich erlaubte Zugriff auf die Daten aus welchen Gründen auch immer scheitert – beispielsweise, wenn auf ein Mapping zugegriffen wird, das in der Zwischenzeit von einem anderen Prozess verkleinert wurde und deswegen an der betroffenen Stelle nicht mehr vorhanden ist –, wird das Signal SIGBUS an den Prozess geschickt.

3.7.9 Korrektur von Userspace-Seitenfehlern

Nachdem die Architektur-spezifische Analyse des Page Faults abgeschlossen ist und festgestellt wurde, dass der Fault an einer erlaubten Adresse ausgelöst wurde, untersucht der Kern, mit welcher Methode die benötigten Daten in den RAM-Speicher eingelesen werden müssen. Diese Aufgabe wird an `handle_mm_fault` delegiert, die nicht mehr von der zugrunde liegenden Architektur, sondern im Rahmen der virtuellen Speicherverwaltung völlig systemunabhängig implementiert ist. Ihr Codeflussdiagramm findet sich in Abbildung 3.49.

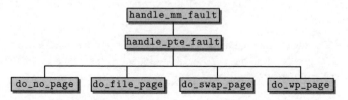

Abbildung 3.49: *Codeflussdiagramm für* `handle_mm_fault`

Nachdem der zur bearbeiteten virtuellen Seite gehörende Seitentabellen-Eintrag aus den Seitentabellen des betroffenen Prozesses extrahiert wurde, analysiert `handle_pte_fault` den Grund des Page Faults, wobei `entry` ein Zeiger auf das betroffene Seitentabellen-Element `pte_t` ist:

mm/memory.c
```
if (!pte_present(entry)) {
        if (pte_none(entry))
                return do_no_page(mm, vma, address, write_access, pte, pmd);
        if (pte_file(entry))
                return do_file_page(mm, vma, address, write_access, pte, pmd);
        return do_swap_page(mm, vma, address, pte, pmd, entry, write_access);
}
```

Wenn die Seite nicht im physikalischen Speicher vorhanden ist (`!pte_present(entry)`), sind drei Fälle zu unterscheiden:

- Wenn überhaupt kein Seitentabelleneintrag vorhanden ist (`page_none`), muss der Kern die Seite von Grund auf laden – dieser Mechanismus wird als *Demand Allocation* für anonyme Mappings und *Demand Paging* für dateibasierte Einblendungen bezeichnet.

- Wenn die Seite als nicht anwesend markiert ist, aber sich dennoch Informationen in der Seitentabelle befinden, wurde die Seite ausgelagert und muss daher aus einem der Swap-Bereiche des Systems gelesen werden (*Swap-In* bzw. *Demand Paging*).

- Bestandteile nichtlinearer Mappings, die ausgelagert wurden, können nicht über den Nopage-Mechanismus eingelesen, sondern müssen mit `populate` in den Speicher gebracht werden. Dies wird (von `do_file_page`) veranlasst, wenn _PAGE_FILE gesetzt ist, was mit `pte_file` geprüft werden kann.

Ein weiterer möglicher Fall ergibt sich, wenn die Region eigentlich Schreibberechtigung für die Seite erteilt, die Zugriffsmechanismen der Hardware aber *nicht* (weshalb der Fault ausgelöst wurde):

mm/memory.c
```
if (write_access) {
        if (!pte_write(entry))
                return do_wp_page(mm, vma, address, pte, pmd, entry);
}
```

do_wp_page kümmert sich darum, dass eine Kopie der Seite angelegt wird, die in die Seitentabellen des Prozesses eingefügt wird – und die vor allem auch hardware-seitig mit Schreibberechtigung versehen ist. Dieser Mechanismus wird als *copy on write* (COW) bezeichnet und wurde bereits in Kapitel 1 kurz angesprochen: Beim Forken eines Prozesses werden die Speicherseiten vorerst nicht kopiert, sondern als „nur Lesen"-Kopien in den Adressraum des Prozesses eingeblendet, um nicht zu viel Zeit mit dem (unnützen) Kopieren von Informationen zu verlieren. Erst wenn tatsächlich ein Schreibzugriff erfolgt, wird eine eigene Kopie der Seite für den Prozess eingerichtet.

Die nachfolgenden Abschnitte gehen genauer auf die Implementierung der do_*_page-Routinen zur Durchführung der Seitenfehler-Korrekturmechanismen ein. Ausgenommen davon ist das Einlagern von Seiten aus einem Swap-Bereich mit do_swap_page, auf das Kapitel 14 („Swapping") gesondert eingehen wird, da hierfür weitere Kenntnisse über Organisation und Aufbau des Swap-Layers notwendig sind.

Demand Allocation/Paging

Die bedarfsweise Allokation von Seiten wird an do_no_page delegiert, die in mm/memory.c definiert wird. Ihr Codeflussdiagramm befindet sich in Abbildung 3.50.

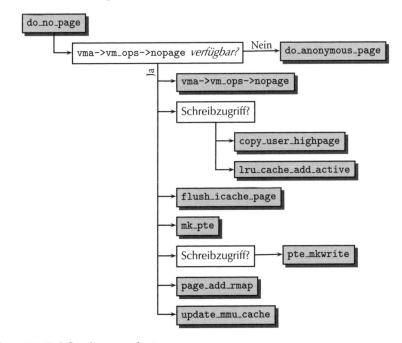

Abbildung 3.50: Codeflussdiagramm für do_no_page

Wie das Diagramm zeigt, behandelt die Routine zwei unterschiedliche Situationen des Nopage-Mechanismus: Anonyme Mappings und dateibasierte Abbildungen.

Ein anonymes Mapping erkennt man daran, dass vm->vm_ops->nopage ein NULL-Zeiger ist, d.h. dass keine spezielle Methode zur Allokation einer Seite vorhanden ist. In diesem Fall wird die Arbeit an do_anonymous_page delegiert, auf die wir gleich näher eingehen.

Anderenfalls ruft der Kern `vm->vm_ops->nopage` auf, die je nach Dateityp mit verschiedenen Funktionszeigern belegt ist; in den meisten Fällen findet sich jedoch `filemap_nopage`. Die Funktion macht ausführlich vom Seiten-Cache Gebrauch, um die Performance so hoch wie möglich zu halten, weshalb wir hier nicht näher auf ihre Implementierung eingehen wollen (die benötigten Mechanismen werden erst in Kapitel 12 („Page- und Buffer-Cache") vorgestellt, wo wir auch genauer auf die Funktion eingehen werden). Hier genügt es zu wissen, dass die Daten vom Backing Store in eine physikalische Speicherseite eingelesen werden. wozu der Kern Informationen aus dem bereits angesprochenen `address_space`-Objekt verwendet.

Wie kann der Kern – ausgehend von der betroffenen Region `vm_area_struct` – an die gewünschte Methode zum Einlesen der Seite gelangen?

- Das eingeblendete `file`-Objekt findet sich über `vm_area_struct->vm_file`.

- Aus dem `file`-Objekt lässt sich über den Dentry-Eintrag und die Inode (Kapitel 7 („Das virtuelle Dateisystem")) das Mapping selbst finden: `mapping = file->f_dentry->d_inode->i_mapping`.

- Jeder Adressraum ist mit speziellen Adressraumoperationen ausgestattet, aus denen die `readpage`-Methode entnommen werden kann: Die Daten werden mittels `mapping->a_ops->readpage(file, page)` aus der Datei in den RAM-Speicher des Systems transferiert.

Wenn nur lesend auf die Seite zugegriffen wird, legt der Kern zunächst ein geteiltes Mapping an: Dies bringt Geschwindigkeits- und Platzvorteile, wenn sich die Seite bereits im Page-Cache befindet, da die Daten für mehrere Prozesse verwendbar sind.

Handelt es sich um einen Schreibzugriff (und ist `VM_SHARED` nicht gesetzt), muss der Kern allerdings eine eigene Kopie der Seite für den Prozess anlegen, was (etwas vereinfacht) folgendermaßen funktioniert:

mm/memory.c
```
if (write_access && !(vma->vm_flags & VM_SHARED)) {
        struct page * page = alloc_page(GFP_HIGHUSER);
        copy_user_highpage(page, new_page, address);
        page_cache_release(new_page);
        lru_cache_add_active(page);
        new_page = page;
}
```

Nachdem eine neue Seite alloziert wurde – vorzugsweise im hohen Speicherbereich, der für Userspace-Seiten ohne Probleme verwendet werden kann –, wird mit `copy_user_highpage` eine Kopie der Daten angelegt (Abschnitt 3.7.11 geht auf die Routinen ein, die zum Kopieren von Daten zwischen Kernel- und Userspace verwendet werden müssen).

`new_page` zeigt auf die Seite, die entweder von einem Blockgerät eingelesen oder aus dem Page-Cache entnommen wurde; `page_cache_release` wird im Wesentlichen verwendet, um den Zugriffszähler darauf um 1 zu dekrementieren, da der Prozess nun eine eigene Kopie der Seite besitzt (wenn der Zugriffszähler auf 0 fällt, kann der Kern die Seite aus dem Speicher entfernen). Mit `lru_cache_add_active` wird die neue Seite in den Cache eingefügt. Kapitel 12 wird sich genauer mit den verwendeten Caching-Mechanismen beschäftigen.

Nachdem die Position der Seite bekannt ist, muss sie noch in die Seitentabelle des Prozesses integriert werden. Dazu wird zunächst sichergestellt, dass der Seiteninhalt im Userspace sichtbar wird, wozu die Caches mit `flush_icache_page` auf den aktuellen Stand gebracht werden müssen (die meisten Prozessoren benötigen dies allerdings nicht und definieren sie als leere Operation).

3.7 Verwaltung des virtuellen Prozessspeichers

Mit der aus Abschnitt 3.3.2 bekannten Funktion mk_pte wird ein Seitentabellen-Eintrag erzeugt, der normalerweise auf eine Nur-Lesen-Seite zeigt; wenn eine schreibbare Seite angelegt wurde, muss dies der Kern anschließend noch explizit mit pte_mkwrite einstellen.

page_add_rmap fügt die Seite in das Reverse Mapping-Subsystem ein, wie in Abschnitt 3.7.6 besprochen wurde. Abschließend muss auf einigen Architekturen noch der Cache der Speicherverwaltungseinheit mit update_mmu auf den neuesten Stand gebracht werden, um die Änderung in den Seitentabellen sichtbar werden zu lassen.

Anonyme Seiten

do_anonymous_page wird verwendet, um Seiten einzublenden, die nicht mit einer Datei als Backing Store verbunden sind. Wenn nur lesend auf die Seite zugegriffen werden soll, besteht ein großes Optimierungspotential für den Kern, da nur eine einzige leere Seite im System vorhanden sein muss, die zwischen allen Verbrauchern geteilt wird. Um auf diese Seite zugreifen zu können, muss jede Architektur das Makro ZERO_PAGE definieren, das einen Zeiger auf die page-Instanz der Nullseite liefert. Auf den meisten Prozessoren lautet die Definition sinngemäß:

```
extern unsigned long empty_zero_page[PAGE_SIZE/sizeof(unsigned long)];
#define ZERO_PAGE(vaddr) (virt_to_page(empty_zero_page))
```
<asm-*arch*/pgtable.h>

Die restliche Vorgehensweise unterscheidet sich nicht wesentlich von der Einblendung dateibasierter Daten: Wenn ein Schreibzugriff gewünscht ist, wird eine neue Seite im Highmem-Bereich angelegt, deren Inhalt komplett gelöscht wird; anschließend wird die Seite in die Seitentabellen des Prozesses eingefügt und die Caches/MMU auf den neuesten Stand gebracht. Allerdings verzichtet der Kern darauf, nur lesbare anonyme Mappings in den Rmap-Mechanismus einzugliedern, da dies offensichtlich sinnlos ist; lediglich beschreibbare anonyme Seiten findet ihren Weg dorthin.

Copy on write

Copy on Write wird in do_wp_page behandelt, deren Codeflussdiagramm sich in Abbildung 3.51 findet.

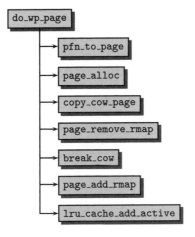

Abbildung 3.51: Codeflussdiagramm für do_wp_page

Wir betrachten hier eine etwas vereinfachte Version, in der mögliche Interferenzen mit dem Swap-Cache außer Acht gelassen werden, da diese die Situation verkomplizieren, ohne weitere Erkenntnisse über den eigentlichen Mechanismus zu bringen.

Zunächst findet der Kern anhand des Seitentabelleneintrags die Kennzahl der Seite heraus (pte_pfn), die mit pfn_to_pte in einen Zeiger auf die zugehörige page-Instanz umgewandelt wird. Dies ist möglich, da der COW-Mechanismus nur für Seiten aufgerufen werden kann, die sich tatsächlich im Speicher befinden (anderenfalls werden sie vorher durch einen der anderen Page Fault-Mechanismen automatisch geladen).

Anschließend wird mit page_alloc eine neue physikalische Speicherseite reserviert, in die die Daten der Ausgangsseite mit copy_cow_page hineinkopiert werden.[55]

Anschließend wird die Rückwärtsabbildung auf die nur lesbare Ausgangsseite entfernt und eine neue Rmap-Abbildung auf die kopierte Seite eingerichtet; ebenso wird die neu angelegte Seite in die Caches des Systems eingefügt:

mm/memory.c
```
page_remove_rmap(old_page, page_table);
break_cow(vma, new_page, address, page_table);
pte_chain = page_add_rmap(new_page, page_table, pte_chain);
lru_cache_add_active(new_page);
```

Der zwischenzeitliche Aufruf von break_cow kümmert sich um die auch von anderen Page Fault-Handlern bekannten Interaktionen mit den Prozessorcaches und fügt außerdem die neue Seite in die Seitentabelle des Prozesses ein (die Seite wird als dreckig und beschreibbar markiert):

mm/memory.c
```
static inline void break_cow(struct vm_area_struct * vma,
                             struct page * new_page, unsigned long address,
                             pte_t *page_table)
{
        invalidate_vcache(address, vma->vm_mm, new_page);
        flush_cache_page(vma, address);
        establish_pte(vma, address, page_table,
                      pte_mkwrite(pte_mkdirty(mk_pte(new_page, vma->vm_page_prot))));
```

Einlesen nichtlinearer Mappings

Die Page Fault-Behandlung für nichtlineare Mappings ist wesentlich kürzer als die bisher vorgestellten Methoden, wie das Codeflussdiagramm von do_file_page in Abbildung 3.52 zeigt.

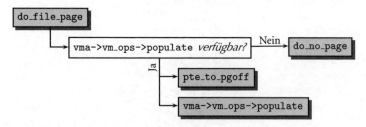

Abbildung 3.52: Codeflussdiagramm für do_file_page

---

[55] copy_cow_page prüft, ob die Ausgangsseite die leere Nullmapping-Seite ist; in diesem Fall muss der Inhalt der Zielseite lediglich gelöscht werden. Anderenfalls kommt copy_user_highpage zum Einsatz, um die Daten tatsächlich zu kopieren. Prinzipiell könnten beide Fälle natürlich mit copy_user_highpage erledigt werden; das Auffüllen mit Nullbytes ist aber effizienter als ein explizites Kopieren.

3.7 Verwaltung des virtuellen Prozessspeichers

Wenn das zugrunde liegende Dateisystem keine nichtlinearen Mappings unterstützt, d.h. wenn keine `populate`-Methode vorhanden ist, delegiert der Handler die Arbeit an `do_no_page`, die ein klassisches nichtlineares Mapping einrichtet. Der Prozess erhält auf diese Art und Weise die gleichen Daten, die das nichtlineare Mapping repräsentiert hat; allerdings ist die Ordnung in den Seitentabellen anders.

Stellt das zugrunde liegende Dateisystem eine `populate`-Methode bereit, dekodiert der Kern zuerst mit `pte_to_pgoff` die im Seitentabelleneintrag enthaltenen Informationen und verwendet anschließend `populate`, um die gewünschten Daten an die richtige Stelle einzulesen:

```
pgoff = pte_to_pgoff(*pte);                                              mm/memory.c
err = vma->vm_ops->populate(vma, address & PAGE_MASK, PAGE_SIZE,
                            vma->vm_page_prot, pgoff, 0);
```

3.7.10 Kernel-Seitenfehler

Page Faults können beim Zugriff auf den Kernel-Adressraum durch verschiedene Bedingungen ausgelöst werden:

- Ein Progammierfehler im Kern hat einen Zugriff auf eine falsche Adresse verursacht – es handelt sich also um einen echten Bug. Dies sollte in stabilen Versionen natürlich nie passieren,[56] kann aber vor allem in Entwicklerversionen durchaus vorkommen.

- Der Kern greift auf eine ungültige Adresse zu, die als Parameter eines Systemaufrufs aus dem Userspace übergeben wurde.

- Der Seitenfehler wurde durch Zugriff auf einen Bereich ausgelöst, der mit `vmalloc` alloziert wurde.

Während die beiden ersten Bedingungen echte Fehler sind, gegen die sich der Kern durch zusätzliche Prüfungen schützen muss, ist die `vmalloc`-Situation ein legitimer Grund für einen Seitenfehler, der korrigiert werden muss. Änderungen im `vmalloc`-Adressraum werden in der Tat erst dann in die Seitentabellen eines Prozesses übertragen, wenn ein entsprechender Seitenfehler aufgetreten ist: Die passenden Zugriffsinformationen müssen aus der Master-Page-Table kopiert werden. Da dies kein besonders schwieriges, dafür aber stark Architektur-abhängiges Unterfangen ist, werden wir hier nicht genauer darauf eingehen.

Der *Exception Fixup*-Mechanismus wird verwendet, um dem Kern einen letzten Ausweg bei der Behandlung von Page Faults zu geben, die nicht durch Zugriffe auf `vmalloc`-Bereiche ausgelöst wurden. An manchen Stellen bereitet sich der Kern darauf vor, fehlerhafte Zugriffe abzufangen, die einen legitimen Grund haben – beispielsweise beim Kopieren von Daten von Adressen aus Userspace-Adressen, die als Systemaufruf-Parameter übergeben wurden.

Das Kopieren wird durch einige zentrale Funktionen wie `copy_from_user` durchgeführt, auf die wir im nächsten Abschnitt genauer eingehen werden; an dieser Stelle ist nur wichtig, dass der Zugriff auf die fehlerhafte Adresse an nur wenigen Stellen im Kern erfolgen kann.

Beim Kopieren von Daten in oder aus dem Userspace kann es zu einem Seitenfehler kommen, wenn auf eine Adresse des virtuellen Adressraums zugegriffen werden soll, die nicht mit einer physikalischen Speicherseite verbunden ist. Dies ist bereits aus dem Usermode bekannt: Wenn eine Applikation auf eine entsprechende Adresse zugreift, liefert der Kern (durch den weiter oben besprochenen Demand Paging-Mechanismus) automatisch und transparent eine physikalische

---

[56] In der Tat kommen solche Fehler sehr sehr selten vor, schließlich ist Linux – wie wir sicherlich schon einige Male bemerkt haben – ein sehr stabiles System.

Speicherseite. Wenn der Zugriff im Kernmodus erfolgt, muss der Fehler ebenfalls korrigiert werden, wenn auch mit etwas anderen Mitteln.

Da bei jedem Seitenfehler neben dem Grund dafür auch die Adresse des gerade ausgeführten Codes wird, kann der Kern eine Liste aller gefährdeten Codebereiche erstellen, die eventuell unerlaubte Speicherzugriffe durchführen. Diese „Exception Table" wird beim Linken des Kernelimages erstellt und findet sich in der resultierenden Binärdatei zwischen den Grenzen _start_ exception_table und _end_exception_table. Jeder Eintrag entspricht einer Instanz von struct exception_table, die zwar Architektur-abhängig definiert ist, aber fast immer folgenden Aufbau besitzt:

<asm-*arch*/ uaccess.h>
```
struct exception_table_entry
{
        unsigned long insn, fixup;
};
```

insn gibt die Position im virtuellen Adressraum vor, an der der Kern den Fehler erwartet, und fixup ist die Codeadresse, an der die Ausführung fortgesetzt wird, wenn der Fehler aufgetreten ist.

Das Durchsuchen der Exception-Tables wird von fixup_exception durchgeführt. Die Funktion ist auf IA-32 wie folgt definiert:

arch/i386/mm/ extable.c
```
int fixup_exception(struct pt_regs *regs)
{
        const struct exception_table_entry *fixup;

        fixup = search_exception_tables(regs->eip);
        if (fixup) {
                regs->eip = fixup->fixup;
                return 1;
        }

        return 0;
}
```

regs->eip zeigt auf das Register EIP, das auf IA-32-Prozessoren die Adresse des Codeabschnitts enthält, von dem der Fault ausgelöst wurde. search_exception_tables durchsucht die Exception Table nach einem passenden Eintrag;[57] Wenn eine Fixup-Routine gefunden wurde, wird der Instruktionspointer auf die entsprechende Speicherstelle gesetzt; nachdem fixup_ exception mit return zurückgekehrt ist, führt der Kern die gefundene Funktion aus.

Was passiert, wenn keine Fixup-Routine vorhanden ist? In diesem Fall handelt es sich um einen echten Kernel-Fehler, der vom Code in do_page_fault bearbeitet wird, der auf den (erfolglosen) Aufruf von search_exception_table folgt und zu einem Kernel-Oops führt. Auf IA-32-Prozessoren sieht dies beispielsweise so aus:

arch/i386/mm/ fault.c
```
no_context:
        /* Are we prepared to handle this kernel fault? */
        if (fixup_exception(regs))
                return;

        if (address < PAGE_SIZE)
                printk(KERN_ALERT "Unable to handle kernel NULL pointer dereference");
        else
```

---

57 Genau genommen werden mehrere Tabellen durchsucht: Die Haupttabelle des Kerns und die von Modulen registrierten Zusatztabellen, die erst zur Laufzeit des Kerns nachgeladen wurden. Da die Mechanismen hierfür aber praktisch identisch sind, wollen wir nicht weiter zwischen beiden unterscheiden.

```
            printk(KERN_ALERT "Unable to handle kernel paging request");
    printk(" at virtual address %08lx\n",address);
    printk(" printing eip:\n");
    printk("%08lx\n", regs->eip);
    asm("movl %%cr3,%0":"=r" (page));
    page = ((unsigned long *) __va(page))[address >> 22];
    printk(KERN_ALERT "*pde = %08lx\n", page);

    die("Oops", regs, error_code);
    do_exit(SIGKILL);
```

Wenn auf eine virtuelle Adresse zwischen 0 und PAGE_SIZE - 1 zugegriffen wird, meldet der Kern eine ungültige NULL-Pointer-Dereferenzierung; anderenfalls wird der Benutzer darüber informiert, dass eine Paging-Anfrage im Kernelspeicher nicht erfüllt werden konnte – in beiden Fällen handelt es sich aber um Kernelfehler. Zusätzlich werden einige Informationen ausgegeben, die zum Debugging des Fehlers nützlich sein können und einige Hardware-spezifischen Daten liefern; die führt (unter anderem) noch zu einer Ausgabe der aktuellen Registerbelegung.

Danach wird der aktuelle Prozess mit SIGKILL beendet, um zu retten, was noch zu retten ist (in vielen Fällen wird das System nach einem Fehler dieser Art aber nicht mehr benutzbar sein).

3.7.11 Daten kopieren zwischen Kernel- und Userspace

Der Kern muss oft Daten vom User- in den Kernelspace kopieren, beispielsweise wenn umfangreiche Datenstrukturen bei Systemaufrufen indirekt über Zeiger übergeben werden. Umgekehrt tritt die Notwendigkeit auf, Daten vom Kernel- in den Userspace zu schreiben.

Dies lässt sich nicht einfach dadurch realisieren, indem Zeiger übergeben und dereferenziert werden, da zum einen Userspace-Programme nicht auf Kernadressen zugreifen müssen und zum anderen nicht sichergestellt ist, dass die zu einem Zeiger aus dem Userspace gehörende virtuelle Seite wirklich mit einer physikalischen Seite verbunden ist. Der Kern stellt deshalb einige Standardfunktionen bereit, die diese Besonderheiten beim Austausch von Daten zwischen Kernel- und Userspace berücksichtigen. Tabelle 3.8 fasst sie in einer Übersicht zusammen.

Tabelle 3.8: Standardfunktionen zum Datenaustausch zwischen User- und Kernelspace

Funktion	Bedeutung
copy_from_user(to, from, n) __copy_from_user	Kopiert einen String aus n Bytes von from (Userspace) nach to (Kernelspace).
get_user(type *to, type* ptr) __get_user	Liest eine einfache Variable (char, long, ...) von ptr nach to; je nach Pointertyp entscheidet sich der Kern automatisch dafür, 1, 2, 4 oder 8 Bytes zu übertragen.
strncopy_from_user(to, from, n) __strncopy_from_user	Kopiert einen nullterminierten String mit maximal n Zeichen von from (Userspace) nach to (Kernelspace).
put_user(type *from, type *to) __put_user	Kopiert einen einfachen Wert von from (Kernelspace) nach to (Userspace), wobei die passende Größe automatisch aus dem übergebenen Zeigertyp ermittelt wird.
copy_to_user(to, from, n) __copy_to_user	Kopiert n Bytes von from (Kernelspace) nach to (Userspace).

Einige zusätzliche Hilfsfunktionen zur Arbeit mit Strings aus dem Userspace, denen die gleichen Beschränkungen wie den Funktionen zum Kopieren von Daten auferlegt sind, sind in Tabelle 3.9 zusammengefasst.

Tabelle 3.9: Standardfunktionen zur String-Bearbeitung von Userspace-Daten

Funktion	Bedeutung
`clear_user(to, n)` `__clear_user`	Füllt die nächsten n Bytes hinter `to` mit Nullbytes auf.
`strlen_user(s)` `__strlen_user`	Stellt fest, wie viele Zeichen ein nullterminierter String im Userspace (einschließlich des Terminierungszeichens) umfasst.
`strnlen_user(s, n)` `__strnlen_user`	Stellt fest, aus wie vielen Zeichen ein nullterminierter String besteht, beschränkt die Suche aber auf maximal n Zeichen.

Achtung: Alle gezeigten Funktionen arbeiten nur dann korrekt, wenn sie auf Zeiger auf „einfache" Datentypen wie `char`, `int` etc. angewendet werden; sie funktionieren aufgrund der benötigten Zeigerarithmetik (und einige Optimierungen, die bei ihrer Implementierung verwendet werden) nicht für zusammengesetzte Datentypen oder Arrays. Wenn `structs` zwischen User- und Kernelspace ausgetauscht werden sollen, müssen die Daten zuerst kopiert und anschließend durch Typecasts in den richtigen Typ umgewandelt werden.

Wie die Tabellen zeigen, existieren von den meisten Funktionen zwei Varianten: Bei den Versionen *ohne* vorangestellte Unterstriche wird zusätzlich `access_user` aufgerufen, um einige Tests mit der Userspace-Adresse durchzuführen, die sich allerdings entsprechend den verschiedenen Architekturen unterscheiden. Die Tests können beispielsweise sicherstellen, dass ein Zeiger wirklich auf eine Stelle im Benutzersegment zeigt oder bei nicht im Speicher befindlichen Seiten mittels `handle_mm_fault` dafür sorgen, dass die Daten vor ihrer Bearbeitung eingelesen werden. Zusätzlich tritt bei allen Funktionen der vorher genannte Fixup-Mechanismus in Kraft, der Seitenfehler erkennt und korrigiert.

Die Implementierung der Funktionen erfolgt überwiegend in Assembler: Da sie oft aufgerufen werden, sind sie sehr Performance-kritisch. Aber auch der Exception-Code muss integriert werden, was nur über kompliziertere GNU-C-Konstruktionen zum Einbetten von Assembler- und Linker-Direktiven in den Code möglich ist. Wir werden deshalb nicht detaillierter auf die Implementierung der einzelnen Funktionen eingehen.

Während der Entwicklung von 2.5 wurde ein Checker-Tool in den Übersetzungsprozess integriert, das die Quellen analysiert und überprüft, ob Userspace-Zeiger ohne Verwendung der genannten Funktionen direkt dereferenziert werden. Um dem Tool mitzuteilen, welche Zeiger aus dem Userspace stammen, müssen diese mit dem Schlüsselwort `__user` gekennzeichnet werden, das ansonsten keine Bedeutung hat:

fs/open.c `asmlinkage long sys_chroot(const char __user * filename)`

3.8 Prozessorcache- und TLB-Steuerung

Caches sind kritisch für die Performance des gesamten Systems, weshalb der Kern versucht, sie so effektiv wie möglich zu nutzen. Dies wird vor allem durch geschicktes Ausrichten der Kerndaten im Speicher erreicht; auch eine wohlüberlegte Mischung zwischen normalen Funktionen und Inline-Definitionen bzw. Makros hilft, mehr Leistung aus dem Prozessor herauszuholen. Auch Compiler-Optimierungen, auf die Anhang C („Anmerkungen zu C") etwas genauer eingeht, tragen ihren Anteil dazu bei.

All diese Aktionen betreffen den Cache aber nur indirekt: Die Verwendung des korrekten Alignments für eine Datenstruktur *hat* zwar Auswirkungen auf den Cache, die aber nur implizit sichtbar werden: Eine aktive Kontrolle der Prozessorcaches ist dafür nicht erforderlich.

Dennoch stellt der Kern einige Befehle bereit, die verwendet werden können, um aktiv auf Cache und TLB des Prozessors einzuwirken. Sie sind allerdings nicht zur Effizienzsteigerung des

3.8 Prozessorcache- und TLB-Steuerung

Systems gedacht, sondern sollen den Cache*inhalt* in einem konsistenten Zustand halten und das Auftreten falscher, nicht mehr aktueller Einträge verhindern. Wird beispielsweise ein Mapping aus dem Adressraum eines Prozesses entfernt, muss der Kern dafür sorgen, dass auch die entsprechenden Einträge aus den TLBs entfernt werden. Wenn später andere Daten an die Stelle des gelöschten Mappings treten, würde ein verbliebener Eintrag im TLB eine Lese- oder Schreiboperation an die virtuelle Adresse auf die falsche Position im physikalischen Speicher umleiten.

Die Hardware-Implementierung von Caches und TLBs unterscheidet sich deutlich je nach Architektur, die der Kern unterstützt. Der Kern muss sich deshalb eine Sichtweise auf TLBs und Caches schaffen, die die unterschiedlichen Ansätze so gut wie möglich unter einen Hut bringt, ohne die tatsächlichen Eigenschaften aus dem Auge zu verlieren:

- Die Bedeutung von *Translation Lookaside Buffer* wird so abstrahiert, dass es sich um einen Mechanismus handelt, der die Übersetzung einer virtuellen in eine physikalische Adresse ermöglicht.[58]

- Unter einem *Cache* versteht der Kern einen Mechanismus, um anhand der *virtuellen* Adresse schnell auf Daten zugreifen zu können, ohne eine Anfrage an den RAM-Speicher stellen zu müssen. Eine explizite Unterscheidung zwischen Daten- und Instruktionscaches gibt es nicht immer; der Architektur-spezifische Code ist dafür selbst verantwortlich, wenn seine Caches nach dieser Unterteilung organisiert sind.

Nicht jeder Prozessortyp muss jede Steuerungsfunktion implementieren, die der Kern definiert. Wenn sie nicht benötigt wird, kann der entsprechende Aufruf einfach durch eine leere Operation (`do {} while (0)`) ersetzt werden, die vom Compiler wegoptimiert wird. Dies ist besonders häufig bei den Cache-bezogenen Operationen der Fall, da der Kern wie eben davon ausgeht, dass die Adressierung nach virtuellen Adressen erfolgt. Die dadurch entstehenden Probleme treten bei physikalisch organisierten Caches nicht auf, weshalb die Cache-Kontroll-Funktionen normalerweise nicht implementiert werden müssen.

Folgende Funktionen müssen von jedem CPU-spezifischen Teil des Kerns bereitgestellt werden (wenn auch nur als leere Operation), um die TLBs bzw. Caches steuern zu können:[59]

- `flush_tlb_all` und `flush_cache_all` flushen den *kompletten* TLB bzw Cache. Dies wird nur benötigt, wenn die Seitentabellen des Kerns (und nicht eines Userspace-Prozesses) manipuliert werden, da sich eine solche Änderung nicht nur auf alle Prozesse, sondern auch auf alle Prozessoren des Systems auswirkt.

- `flush_tlb_mm(struct mm_struct *mm)` und `flush_cache_mm` flushen alle TLB- bzw. Cache-Einträge, die zum Adressraum mm gehören.

- `flush_tlb_range(struct vm_area_struct *vma, unsigned long start, unsigned long end)` und `flush_cache_range(vma, start, end)` entfernen alle Einträge aus TLB bzw. Cache, die sich im Adressbereich vma->vm_mm zwischen den virtuellen Adressen start und end befinden.

- `flush_tlb_page(struct vm_area_struct *vma, unsigned long page)` und `flush_cache_page(vma, page)` entfernen alle Einträge aus TLB und Cache, deren

---

[58] Dabei ist es irrelevant, ob TLBs die einzige Hardware-Möglichkeit sind, um dies zu erledigen, oder ob es noch andere Wege (Seitentabellen) gibt.

[59] Die folgende Beschreibung orientiert sich an der Dokumentation von David Miller [Mil], die in den Kernelquellen verbreitet wird.

virtuelle Adressen im einem Intervall liegen, das bei `page` beginnt und `PAGE_SIZE` Bytes umfasst.

- `flush_tlb_pgtables(struct mm_struct *mm, unsigned long start, unsigned long end)` entfernt die Einträge für die Seitentabellen aus dem TLB, die sich um den virtuellen Adressbereich zwischen `start` und `end` aus `mm` kümmern. Achtung: Die Funktion manipuliert nicht die Seitentabellen selbst, sondern wirkt nur auf Architekturen, die Teile dieser Tabellen im TLB cachen.

- `update_mmu_cache(struct vm_area_struct *vma, unsigned long address, pte_t pte)` wird nach der Behandlung eines Seitenfehlers aufgerufen. Sie fügt die Information in die Speicherverwaltungseinheit des Prozessors, so dass der Eintrag an der virtuellen Adresse `address` durch den Seitentabelleneintrag `pte` beschrieben wird.

  Die Funktion wird nur benötigt, wenn eine externe MMU vorhanden ist. Normalerweise ist diese in den Prozessor integriert, MIPS-Prozessoren stellen aber beispielsweise externe MMUs bereit.

Der Kern verzichtet auf eine Unterscheidung zwischen Daten- und Instruktionscache. Sollte dies notwendig werden, kann der Prozessor-spezifische Code anhand des `VM_EXEC`-Flags in `vm_area_struct->flags` feststellen, ob es sich um Daten oder Instruktionen handelt.

Die `flush_cache_`- und `flush_tlb_`-Funktionen treten sehr häufig paarweise auf, beispielsweise wenn der Adressraum eines Prozesses mittels `fork` dupliziert wird:

kernel/fork.c
```
flush_cache_mm(current->mm);
...
Seitentabellen manipulieren
...
flush_tlb_mm(current->mm);
```

Die Reihenfolge der Operation – zuerst wird der Cache geflusht, anschließend wird eine Manipulation im Speicher vorgenommen und zuletzt werden die TLBs geflusht – ist aus zwei Gründen wichtig:

- Wäre die Reihenfolge umgekehrt, könnte beim Mehrprozessorbetrieb eine andere CPU falsche Angaben aus der Prozesstabelle übernehmen, nachdem die TLBs geflusht wurden, die Angaben aber noch nicht eingestellt sind.

- Manche Architekturen verlangen, dass sich beim Flushen des Caches Transformationvorschriften „virtuell nach physikalisch" im TLB befinden (man bezeichnet Caches mit dieser Eigenschaft als *strikt*). `flush_tlb_mm` muss *nach* `flush_cache_mm` ausgeführt werden, um dies zu garantieren.

Einige Kontrollfunktionen beziehen sich spezifisch auf Daten (`flush_dcache_...`) oder Instruktions-Caches (`flush_icache_...`):

- `flush_dcache_page(struct page *page)` hilft bei der Vermeidung von Alias-Problemen, die entstehen, wenn in einem Cache mehrere Einträge (mit unterschiedlichen virtuellen Adressen) vorhanden sein können, die auf die gleiche Seite im Speicher zeigen. Die Funktion wird immer dann aufgerufen, wenn der Kern auf eine Seite im Page-Cache schreibt oder wenn er Daten von einer Seite lesen will, die auch in den Userspace eingeblendet ist. Jeder Architektur, bei der Alias-Probleme auftreten können, wird mit dieser Routine eine Möglichkeit gegeben, sie zu verhindern.

- `flush_icache_range(unsigned long start, unsigned long end)` wird dann aufgerufen, wenn der Kern Daten in den Kernelspeicher (zwischen `start` und `end`) schreibt, die später ausgeführt werden sollen. Standardbeispiel dafür ist das Einfügen eines Moduls in den Kern: Die Binärdaten werden zuerst ins RAM kopiert und später ausgeführt. `flush_icache_range` stellt sicher, dass sich Daten- und Instruktionscaches nicht gegenseitig behindern, wenn der Cache getrennt implementiert ist.

- `flush_icache_user_range(*vma, *page, addr, len)` ist eine Spezialfunktion für den Ptrace-Mechanismus, die benötigt wird, um Änderungen am Adressraum eines verfolgten Prozesses zu propagieren.

Auf die genauen Details der Implementierung von Cache- und TLB-Steuerungsfunktionen soll und kann hier nicht eingegangen werden, da dieses Thema durchaus geeignet ist, ein weiteres Buch zu füllen – zu viel Wissen über die genaue Struktur des zugrunde liegenden Prozessors (und die teilweise subtilen Probleme, die es zu beachten gilt) ist erforderlich, um die Einzelheiten zu verstehen.

4 Interprozesskommunikation und Locking

Linux besitzt als Multitasking-System die Fähigkeit, mehrere Prozesse gleichzeitig ablaufen zu lassen. Normalerweise müssen die einzelnen Prozesse so gut wie möglich voneinander getrennt werden, um sich nicht gegenseitig beeinflussen zu können: Dies ist sowohl für den Schutz von Daten wie auch für die Stabilität des Systems essentiell. Dennoch gibt es verschiedene Situationen, in denen Anwendungen untereinander kommunizieren müssen, beispielsweise:

- wenn Daten, die ein Prozess produziert hat, an ein anderes Programm weitergereicht werden sollen.
- wenn Daten gemeinsam verwendet werden sollen.
- wenn Prozesse aufeinander warten müssen.
- wenn die Verwendung von Ressourcen koordiniert werden muss.

Diese Probleme können mit einigen klassischen Techniken gelöst werden, die bereits in System V eingeführt wurden und sich bis heute bewährt haben, weshalb sie auch in Linux implementiert werden. Da nicht nur Userspace-Applikationen, sondern auch der Kern selbst – vor allem auf Mehrprozessorsystemen – mit Problemen dieser Art zu kämpfen hat, gibt es auch verschiedene kerninterne Mechanismen, um diese in den Griff zu bekommen.

Wenn mehrere Prozesse eine Ressource gemeinsam verwenden, kann es leicht dazu kommen, dass sie sich gegenseitig stören, was vermieden werden muss. Der Kern stellt deshalb neben den Mechanismen zum Teilen von Daten auch Möglichkeiten bereit, um den Zugriff darauf zu koordinieren. Auch hier dienen aus System V übernommene Mechanismen, die der Kern verwendet.

Ressourcen müssen nicht nur in Userspace-Applikationen, sondern in besonderem Maße auch im Kern selbst geschützt werden: Auf SMP-Maschinen können sich die einzelnen Prozessoren gleichzeitig im Kernmodus befinden und dort potentiell alle Datenstrukturen manipulieren, die es gibt. Um zu verhindern, dass sich die CPUs gegenseitig in die Quere kommen, müssen viele Bereiche des Kern durch Schlösser (*Locks*) geschützt werden, die nur einem einzigen Prozessor zugleich den Zugriff darauf erlauben.

4.1 Steuerungsmechanismen

Bevor wir die verschiedenen Möglichkeiten beschreiben, die der Kern zur Durchführung von Interprozesskommunikation (*IPC*) und Datensynchronisation bereitstellt, soll kurz auf die verschiedenen Möglichkeiten eingegangen werden, mit denen sich kommunizierende Prozesse in die Quere kommen können – und wie dies vermieden werden kann. Wir werden nur auf die zentralen und elementaren Punkte eingehen; wesentlich ausführlichere Erläuterungen mit vielen Beispielen und der Beschreibung zahlreicher klassischer Probleme finden sich in den allgemeinen Lehrbüchern über Betriebsysteme, die im Anhang aufgelistet sind.

4.1.1 Race Conditions

Betrachten wir ein Beispielsystem, das über zwei Schnittstellen Daten von einem externen Gerät einliest: In unregelmäßigen Abständen treffen über beide Schnittstellen unabhängig voneinander Pakete mit Daten ein, die jeweils in einer eigenen Datei gespeichert werden. Um die Reihenfolge des Eintreffens festzuhalten, erhält jede Datei eine Zahl am Ende ihres Namens, mit dem die „Seriennummer" eines Paketes beschrieben wird. Eine typische Sequenz von Dateinamen nach diesem Schema ist `mess1.dat`, `mess2.dat`, `mess3.dat`,... Um die Arbeit beider Prozesse zu erleichtern, wird eine gesonderte Variable verwendet, die sich in einer zwischen beiden Prozessen geteilten Speicherseite befindet und die die nächste unbenutzte Seriennummer angibt (der Einfachheit halber werden wir diese Variable in den folgenden Ausführungen mit `count` bezeichnen).

Wenn ein Paket eingetroffen ist, muss der Prozess einige Aktionen durchführen, um die Daten korrekt zu speichern:

1. Einlesen der Daten von der Schnittstelle.

2. Öffnen einer Datei mit Seriennummer `count`.

3. Erhöhen der Seriennummer um 1.

4. Schreiben der Daten und Schließen der Datei.

Warum sollten bei diesem System Fehler auftreten? Wenn sich jeder Prozess brav an diese Vorgehensweise hält und die Statusvariable an der passenden Stellen erhöht, sollte dieses Verfahren offensichtlich nicht nur mit zwei, sondern sogar mit beliebig vielen Prozessen korrekt arbeiten.

In der Tat: In den meisten Fällen *wird* das angegebene Rezept auch korrekt arbeiten und keine Probleme verursachen, genau das ist der schwierige Punkt bei der verteilten Programmierung. Unter bestimmten Umständen kann es doch vorkommen, dass das Verfahren nicht mehr korrekt funktioniert. Dazu konstruieren wir einen fatalen Zufall, wobei wir die Prozesse, die Daten von den Schnittstellen einlesen, als Prozess 1 und Prozess 2 bezeichnen.

Das Szenario beginnt damit, dass bereits eine bestimmte Anzahl von Dateien mit Messwerten vorhanden ist, willkürlicherweise 12 Stück. Der Wert von `counter` beträgt daher 13.[1]

Prozess 1 empfängt Daten von der Schnittstelle, da gerade ein neuer Block angekommen ist. Pflichtgemäß öffnet er eine Datei mit Seriennummer 13, wenn der Scheduler aktiviert wird, und entscheidet, dass Prozess bereits genügend Rechenzeit verbraucht hat und daher durch einen anderen ersetzt werden muss. Dazu wählt er Prozess 2 aus. Achtung: Zu diesem Zeitpunkt hat Prozess 1 den Wert von `counter` bereits ausgelesen, ihn aber noch nicht erhöht.

Nachdem Prozess 2 zu laufen begonnen hat, empfängt auch er Daten von seiner Schnittstelle und beginnt mit den üblichen Schritten, um sie zu speichern. Prozess 2 liest dazu den Wert von `counter` aus, erhöht ihn auf 14, öffnet eine Datei mit Seriennummer 13, schreibt die Daten hinein und beendet seine Ausführung.

Irgendwann kommt Prozess 1 wieder an die Reihe und setzt sein vorher unterbrochenes Programm fort: Er erhöht den Wert von `counter` um 1, von 14 auf 15. Anschließend schreibt er seine Daten in die bereits vorher geöffnete Datei mit Seriennummer 13 – und überschreibt damit die bereits vorhandenen Daten von Prozess 2.

Durch diesen Zufall ist nicht nur ein Datensatz verloren, zusätzlich wird auch die Seriennummer (14) nicht verwendet.

---

[1] Das kann offensichtlich nichts Gutes bedeuten ...

Ein Versuch, den Programmablauf zur Vermeidung dieses Fehlers zu verändern, besteht in einer Modifikation der einzelnen Schritte nach dem Empfang von Daten: Beispielsweise könnten die Prozesse den Wert von counter unmittelbar nach dem Einlesen seines Wertes erhöhen, ohne vorher eine Datei zu öffnen. Betrachtet man Vorschläge dieser Art aber genauer, wird man schnell feststellen, dass zu allen Varianten eine Situation konstruiert werden kann, die zu einem fatalen Fehler führt. Auch für unseren neuen Vorschlag kann die entsprechende Situation schnell konstruiert werden: Man braucht den Scheduleraufruf nur zwischen dem Auslesen von counter und der Erhöhung seines Wert erfolgen zu lassen, um zu einer Inkonsistenz zu gelangen.

Allgemein werden Situationen, in denen sich mehrere Prozesse gegenseitig beim Zugriff auf Ressourcen stören, als *Race Conditions* bezeichnet. Sie sind die Hauptschwierigkeit bei der Programmierung verteilter Applikationen, da sie üblicherweise nicht durch systematisches Probieren und Testen herausgefunden werden, sondern nur durch sorgsame Lektüre des Quellcodes (zusammen mit einem sehr guten Überblick darüber, welche verschiedenen Wege der Code einschlagen kann) und einer gehörigen Portion Intuition entdeckt und eliminiert werden können.

Offensichtlich ist die Wahrscheinlichkeit gering, dass die zur Erzeugung einer Race Condition benötigte Situation eintritt. Es stellt sich die Fragen, ob der – teilweise recht hohe – Aufwand notwendig ist, um den Code davor zu schützen.

In einigen Umgebungen (man denke nur an die elektronische Steuerung von Flugzeugen, die Überwachung lebenswichtiger Maschinen oder die Kontrolle gefährlicher Einrichtungen) kann eine Race Condition im wahrsten Sinne des Wortes tödlich sein. Aber auch bei normalen Softwareprojekten ist die Absicherung gegen solche Situationen ein wesentliches Element, das zur Qualität des Programms und damit zur Zufriedenheit des Benutzers beiträgt: Bei der Verbesserung der Mehrprozessorunterstützung im Linux-Kern wurde sehr viel Arbeitsaufwand investiert, um die gefährlichen Punkte aufzuspüren und zu schützen. Unkontrollierte Abstürze und nicht nachvollziehbare Fehler, die ohne entsprechende Schutzmechanismen auftreten können, sind – selbst wenn die Wahrscheinlichkeit dafür gering ist – inakzeptabel.

4.1.2 Critical Sections

Der Kern des beschriebenen Problems lässt sich auf folgenden Punkt reduzieren: Ein Prozess wurde an einer Stelle unterbrochen, an der er kontinuierlich hätte laufen müssen, um seine Arbeit korrekt zu verrichten. Eine mögliche Lösungsstrategie ist daher, den relevanten Codeabschnitt so zu markieren, dass er vom Scheduler nicht mehr unterbrochen werden kann. Obwohl dieser Ansatz prinzipiell funktionieren würde, birgt er einige Probleme in sich: Ein fehlerhaftes Programm könnten unter Umständen den so markierten Codebereich nie mehr verlassen und dadurch die komplette Rechenzeit an sich reißen, was den Computer für alle Benutzer und Prozesse unverwendbar macht. Wir schließen diesen Weg deshalb auf der Stelle aus.[2]

Die Lösung des Problems verlangt nicht unbedingt, dass der kritische Codeabschnitt nicht unterbrochen wird: Ein Prozess kann in einem kritischen Abschnitt unterbrochen werden, *solange kein anderer Prozess diesen Abschnitt betritt*. Durch dieses strikte Verbot wird verhindert, dass relevante Werte von mehreren Prozessen gleichzeitig verändert werden können. Man bezeichnet dieses Prinzip als *gegenseitigen Ausschluss* oder *Mutual Exclusion*: Nur ein einziger Prozess darf eine kritische Region im Programmcode gleichzeitig betreten.

Die prinzipiellen Möglichkeiten, um ein solches Ausschlussverfahren realisieren zu können, sind (unabhängig von der technischen Implementierung) vielseitig. Sie sollten aber alle einige

---

[2] Der Kernel selbst kann (und muss) sich dennoch das Recht nehmen, Interrupts an einigen Stellen abzuschalten und sich dadurch von externen oder periodischen Ereignissen völlig abzuschotten. Für Benutzerprozesse ist dies allerdings nicht möglich.

gemeinsame Eigenschaften besitzen, die die Funktionsweise des Prinzips unter verschiedenen Bedingungen garantieren: Das Verfahren darf weder von der *Anzahl* noch von der *Geschwindigkeit* der vorhandenen Prozessoren abhängig sein, um seine Funktion zu gewährleisten. Wäre dies der Fall (und die Lösung damit nur auf einem Computersystem mit einer bestimmten Hardwarekonfiguration verfügbar), ist die Lösung ziemlich sinnlos, da sie den Fehler nicht allgemein vermeiden kann – und genau hierauf kommt es uns an. Des Weiteren sollte man die Möglichkeit vermeiden, dass sich Prozesse gegenseitig blockieren und damit die Ausführung auf immer und ewig zum Stillstand kommen lassen. Obwohl letztere Eigenschaft ein wünschenswertes Ziel wäre, kann die technische Lösung dies leider nicht immer garantieren, wie wir weiter unten sehen werden – der Programmierer selbst muss oft zusätzliche Denkarbeit zur Vermeidung dieses Problems verwenden.

Welche Prinzipien stehen zur Durchführung eines gegenseitigen Ausschlussverfahrens zur Verfügung? In der bisherigen Geschichte von Multitasking- und Mehrbenutzersystemen wurde eine Vielzahl unterschiedlicher Lösungen entwickelt, die alle ihre spezifischen Vor- und Nachteile besitzen. Der Wert mancher Vorschläge ist eher akademischer Natur, andere haben sich in einigen Betriebssystemen auch in der Praxis durchgesetzt – und eine (sehr einfache) Lösung findet sich heute in praktisch jedem System, weshalb wir hier näher auf sie eingehen wollen.

Semaphoren

Semaphoren wurden bereits 1965 von E. W. Dijkstra erfunden. Sie bieten eine auf den ersten Blick erstaunlich einfache Lösungsmöglichkeit für alle möglichen IPC-Probleme; ihr Einsatz in der Praxis erfordert dennoch einige Erfahrung, Intuition und Umsicht.

Prinzipiell handelt es sich bei einer Semaphore um nichts anderes als eine besonders geschützte Variable, die sowohl positive als auch negative ganze Zahlen darstellen kann; als Ausgangswert wird 1 verwendet.

Zur Manipulation der Semaphore sind zwei Standardoperationen definiert, die man als **up** und **down** bezeichnet. Sie werden verwendet, um das Betreten und Verlassen von kritischen Coderegionen zu regeln, wobei wir voraussetzen, dass beide konkurrierenden Prozesse gleichberechtigt auf die Semaphore zugreifen können.

Will einer der beiden Prozesse den kritischen Abschnitt betreten, führt er die Funktion **down** aus. Diese erniedrigt den Wert der Semaphore um 1, setzt ihn also auf 0 und führt den gefährlichen Abschnitt aus. Wenn es mit den darin enthaltenen Aktionen fertig ist, wird die Funktion **up** ausgeführt, die den Wert der Semaphore wieder auf 1 zurücksetzt, also um einen Zählerschritt erhöht. Die Besonderheit von Semaphoren liegt in zwei Eigenschaften:

- Versucht ein zweiter Prozess, den kritischen Abschnitt zu betreten, muss auch er zuerst eine **down**-Operation auf die Semaphore ausführen. Da sich bereits ein Prozess im kritischen Abschnitt befindet, trägt die Semaphore den Wert 0. Dies veranlasst den Prozess, auf der Semaphore zu „schlafen": Er wartet so lange, bis der andere Prozess den Abschnitt verlassen hat.

Besonders wichtig bei der Implementierung der **down**-Operation ist, dass sie aus Sicht der Anwendung wie *ein elementarer Schritt* behandelt wird: Sie kann nicht durch einen Scheduleraufruf unterbrochen werden, was die vorher beschriebenen Race Conditions unmöglich macht: Abfragen der Variable und Verändern ihres Werts sind zwar aus Kernelsicht zwei unterschiedliche Aktionen, zählen aber für den Benutzer als atomare Einheit.

Schläft ein Prozess auf einer Semaphore ein, wird er vom Kernel in den Blockiert-Zustand versetzt und zusätzlich auf einer Warteliste mit allen auf der Semaphore wartenden Prozessen eingetragen.

- Wenn ein Prozess den kritischen Code verlassen hat, führt er die Operation up aus. Diese erhöht nicht nur den Wert der Semaphore (auf 1), sondern wählt auch einen darauf schlafenden Prozess aus, der nun gefahrlos die Ausführung des kritischen Codes beginnen kann, wobei er allerdings zuerst seine bereits begonnene down-Operation zu Ende führt, die den Wert der Semaphore wieder auf 0 erniedrigt.

Diese Vorgehensweise ist nicht ohne spezielle Unterstützung durch den Kernel möglich, da eine Userspace-Bibliothek die Ununterbrechbarkeit der down-Operation nicht garantieren kann. Bevor wir auf die Implementierung der entsprechenden Funktionalitäten eingehen, müssen allerdings die Mechanismen besprochen werden, die der Kern selbst zum Schützen kritischer Abschnitte verwendet, da sie als Basis für die an Benutzerprogramme exportierten Möglichkeiten dienen.

4.2 Locking-Mechanismen des Kerns

Der Kern benötigt keine expliziten Mechanismen zur verteilten Verwendung von Speicherbereichen, da er ohnehin ohne Einschränkung auf den kompletten Adressraum zugreifen darf. Dies bringt auf Mehrprozessorsystemen (oder äquivalent: auf Einprozessorsystemen mit aktivierter Kernpräemption, siehe Kapitel 2 („Prozessverwaltung")) einige Probleme mit sich: Wenn sich mehrere Prozessoren gleichzeitig im Kernmodus befinden, können sie simultan auf dieselbe Datenstruktur zugreifen, was genau die in den vorhergehenden Abschnitten beschriebenen Probleme verursacht.

In der ersten SMP-fähigen Version des Kerns wurde dieses Problem sehr einfach gelöst: Es war immer nur einem Prozessor erlaubt, sich im Kernmodus zu befinden, wodurch automatisch der unabgeglichene, parallele Zugriff auf Daten verhindert wird. Leider ist diese Methode offensichtlich nicht sehr effizient, weshalb sie schnell wieder fallen gelassen wurde.

Mittlerweile verwendet der Kern ein fein gestricktes Netz aus verschiedenen Locks, die zum expliziten Schutz einzelner Datenstrukturen verwendet werden: Manipuliert Prozessor A eine Datenstruktur X, darf ein zweiter Prozessor B alle möglichen Aktionen im Kern ausführen – nur X darf von ihm nicht manipuliert werden.

Zu diesem Zweck stellt der Kern verschiedene Locking-Möglichkeiten bereit, die für die unterschiedlichen Verwendungsmuster von Kerneldaten optimiert sind:

- *Atomare Operationen* sind die einfachsten Locking-Operationen. Sie garantieren, dass eine einfache Operation – beispielsweise Inkrementieren eines Zählers – atomar durchgeführt wird und durch nichts unterbrochen werden kann, auch wenn sich die Operation aus mehreren Assembleranweisungen zusammensetzt.

- *Spinlocks* werden von allen Locking-Möglichkeiten am häufigsten verwendet. Sie sind zum Schutz von Abschnitten gedacht, die nur kurzzeitig gegen den Zugriff anderer Prozessoren geschützt werden sollen. Wenn der Kern auf die Freigabe eines Spinlocks wartet, prüft er immer wieder, ob er das Lock belegen kann, ohne sich zwischenzeitlich schlafen zu legen (*busy waiting*). Dies ist für längere Wartezeiten natürlich nicht sehr effizient.

- *Semaphoren* werden im klassischen Sinn implementiert: Wenn der Kern auf die Freigabe einer Semaphore wartet, legt er sich schlafen, bis er aufgeweckt wird. Erst dann versucht er erneut, die Semaphore zu belegen.

- *Reader/Writer-Locks* sind Locks, die zwischen zwei verschiedenen Zugriffsarten auf Datenstrukturen unterscheiden: Beliebig viele Prozessoren dürfen gleichzeitig *lesend* auf eine Datenstruktur zugreifen. Wenn die Datenstruktur manipuliert werden soll, wird aber sichergestellt, dass sie nur von einer einzigen CPU verwendet wird, wobei sie in der Zwischenzeit natürlich auch nicht gelesen werden darf.

In den folgenden Abschnitten werden wir genauer auf Verwendung und Implementierung dieser Möglichkeiten eingehen.

4.2.1 Atomare Operationen

Der Kern definiert den Datentyp `atomic_t` (aus `<asm-`*arch*`/atomic.h>`), der als Basis für atomare Operationen mit Integer-Zählern dient – Operationen, die aus Sicht des Kerns so durchgeführt werden, als wenn sie aus einer einzigen Assembler-Anweisung bestünden. Die Notwendigkeit von Operationen dieser Art kann man sich leicht an einem kurzen Beispiel klarmachen, in dem ein Zähler um 1 erhöht werden soll. Auf Assemblerebene wird dies üblicherweise in drei Schritten durchgeführt:

- Kopieren des Wert vom Speicher in ein Prozessorregister.

- Inkrementieren des Werts.

- Zurückschreiben der Daten vom Register in den Speicher.

Wenn dieselbe Operation gleichzeitig auf einem zweiten Prozessor durchgeführt wird, kann ein Problem auftreten: Beide Prozessoren lesen den Wert simultan aus dem Speicher (und erhalten beispielsweise 4), inkrementieren ihn auf 5 und schreiben den neuen Wert zurück. Korrekterweise sollte sich aber 6 im Speicher befinden, da der Zähler zweimal inkrementiert wurde!

Alle Prozessoren, die vom Kern unterstützt werden, stellen Möglichkeiten bereit, um Operationen dieser Art atomar ausführen zu können. Dies wird normalerweise durch spezielle Lock-Anweisungen erreicht, die verhindern, dass die anderen Prozessoren des Systems arbeiten, bis der aktuelle Prozessor die nächste Aktion beendet hat (oder irgendeinen äquivalenten Mechanismus bereitstellen, der denselben Effekt hat).[3]

Um plattformunabhängigen Kernelteilen die Verwendung atomarer Operationen zu ermöglichen, muss der Architektur-spezifische Code die in Tabelle 4.1 gezeigten Operationen bereitstellen, die Variablen des Typs `atomic_t` manipulieren. Da sie auf manchen Systemen wesentlich langsamer als die normalen C-Operationen sind, sollten sie aber nur dann verwendet werden, wenn es wirklich nötig ist.

Da die Implementierung der Operationen nur mit genauer Kenntnis der Assemblermöglichkeiten der einzelnen CPUs verständlich ist, wollen wir hier nicht näher darauf eingehen (jede Prozessorarchitektur bietet aber spezielle Funktionen an, um dies zu ermöglichen).

Achtung: Es ist nicht möglich, klassische und atomare Operationen zu mischen: Die in Tabelle 4.1 gezeigten Operationen funktionieren *nicht* mit normalen Datentypen wie `int` oder `long`, während die Standardoperatoren wie ++ auch nicht mit `atomic_t`-Variablen arbeiten. Zusätzlich muss beachtet werden, dass atomare Variablen nur mit Hilfe des Makros `ATOMIC_INIT` initialisiert werden dürfen. Da die atomaren Datentypen letztendlich mit normalen C-Typen implementiert werden, kapselt der Kern eine Standardvariable in eine Struktur, die nicht mehr mit normalen Operatoren wie ++ bearbeitet werden kann:

4.2 Locking-Mechanismen des Kerns

Tabelle 4.1: Atomare Operationen

Operation	Wirkung
`atomic_read(atomic_t *v)`	Lesen des Wert der atomaren Variable.
`atomic_set(atomic_t *v, int i)`	*v* auf den Wert *i* setzen.
`atomic_add(int i, atomic_t *v)`	*i* zu *v* hinzufügen.
`atomic_sub(int i, atomic_t *v)`	*i* von *v* abziehen.
`atomic_sub_and_test(int i, atomic_t *v)`	*i* von *v* abziehen. Wenn das Ergebnis 0 ist, wird ein wahrer Wert zurückgegeben, ansonsten `false`.
`atomic_inc(atomic_t *v)`	*v* um eins erniedrigen.
`atomic_inc_and_test(atomic_t *v)`	*v* um eins erhöhen. Wenn das Resultat 0 ist, wird `true`, ansonsten `false` zurückgegeben.
`atomic_dec(atomic_t *v)`	*v* um eins erniedrigen.
`atomic_dec_and_test(atomic_t *v)`	*v* um eins erniedrigen. Wenn das Resultat 0 ist, wird `true` zurückgegeben, ansonsten `false`
`atomic_add_negative(int i, atomic_t *v)`	*i* zu *v* hinzufügen. Wenn das Resultat kleiner 0 ist, wird `true` zurückgegeben, ansonsten `false`.

```
typedef struct { volatile int counter; } atomic_t;
```
<asm-*arch*/
atomic.h>

Wenn der Kern ohne SMP-Unterstützung übersetzt wurde, werden die gezeigten Operationen wie bei normalen Variablen implementiert (lediglich die Kapselung von `atomic_t` wird beachtet), da sie nicht von anderen Prozessoren gestört werden können.

Für SMP-Systeme stellt der Kern den Datentyp `local_t` bereit, der atomare Operationen *auf einer CPU* ermöglicht. Zur Modifikation von Variablen dieser Art stellt der Kern die gleichen Funktionen wie beim `atomic_t`-Datentyp bereit, es muss lediglich `atomic` durch `local` ersetzt werden.

4.2.2 Spinlocks

Spinlocks werden verwendet, um kurze Codeabschnitte zu schützen, die nur aus wenigen C-Anweisungen bestehen und entsprechend schnell ausgeführt und wieder verlassen werden. Die meisten Datenstrukturen des Kerns sind mit einem eigenen Spinlock bestückt, das gehalten werden muss, wenn kritische Elemente in der Struktur bearbeitet werden.[4]

Zur Realisierung von Spinlocks wird die Datenstruktur `spinlock_t` definiert, die mit `spin_lock` und `spin_unlock` manipulierbar ist.[5] Da die Implementierung auch hier praktisch vollständig in (notwendigerweise stark Architektur-abhängigem) Assembler durchgeführt wird, wollen wir nicht weiter darauf eingehen.

Spinlocks werden wie folgt verwendet:[6]

```
spinlock_t lock = SPIN_LOCK_UNLOCKED;
...
spin_lock(&lock);
/* Kritischer Abschnitt */
spin_unlock(&lock);
```

---

3 Auf IA-32-Systemen heißt die benötigte Anweisung tatsächlich `lock`.
4 Obwohl Spinlocks in den Kernelquellen omnipräsent sind, werden sie in den meisten Codeausschnitten dieses Buchs weggelassen, da sie keine wesentlichen Erkenntnisse über die Funktionsweise des Kerns bringen, den Code aber unübersichtlicher und schlechter lesbar machen und außerdem die Beschreibung unnötig aufblähen.
5 Es existieren noch einige andere Spinlock-Operationen: `spin_lock_irqsave` belegt nicht nur das Spinlock, sondern deaktiviert auch die Interrupts auf der lokalen CPU, `spin_lock_bh` deaktiviert zusätzlich Soft-IRQs (siehe Kapitel 11). Spinlocks, die mit diesen Operationen belegt wurden, müssen mit ihrem passenden Gegenstück freigegeben werden, also `spin_unlock_bh` bzw. `spin_unlock_irqsave`.
6 `SPIN_LOCK_UNLOCKED` muss zur Initialisierung des Spinlocks in den nicht-belegten Zustand verwendet werden.

spin_lock muss zwei Fälle beachten:

- Wenn lock nicht belegt ist, wird es für den aktuellen Prozessor reserviert. Andere Prozessoren dürfen nicht mehr in den darauf folgenden Bereich eindringen.

- Wenn lock bereits von einem anderen Prozessor belegt ist, begibt sich spin_lock in eine Endlosschleife, die ständig prüft, ob lock (mit spin_unlock) freigegeben wurde (daher auch die Bezeichnung *spin*lock). Wenn dies schließlich der Fall ist, wird lock belegt und die kritische Region betreten.

spin_lock ist als atomare Operation definiert, um Race Conditions beim Belegen eines Spinlocks zu verhindern.

Zwei Punkte müssen bei der Verwendung von Spinlocks beachtet werden:

- Wenn ein Lock belegt wurde, aber nicht mehr freigegeben wird, macht dies das System unbenutzbar: Alle Prozessoren – einschließlich dessen, der das Lock belegt hat – geraten früher oder später an einen Punkt, an dem sie wieder in die kritische Stelle eintreten müssen. Sie treten in die Endlosschleife ein, um auf die Freigabe des Locks zu warten, die aber nie erfolgt.

- Spinlocks sollten auf keinen Fall über einen längeren Zeitraum gehalten werden, da alle Prozessoren, die auf die Freigabe des Locks warten, nicht mehr für andere, produktive Zwecke verwendet werden können (dies ist bei Semaphoren anders, wie wir gleich sehen werden).

Auf einem Einprozessorsystem werden Spinlocks als leere Operationen definiert, da der kritische Bereich hier nicht von mehreren CPUs gleichzeitig betreten werden kann. Dies gilt allerdings *nicht*, wenn Kernpräemption aktiviert ist: Wenn der Kern innerhalb einer kritischen Region unterbrochen wird, diese aber anschließend im Kontext eines anderen Prozesses wieder betritt, hat dies genau dieselben Auswirkungen, wie wenn zwei Prozessoren auf einem SMP-System die kritische Region tatsächlich simultan abarbeiten. Dies wird durch den einfachen Trick verhindert, dass die Möglichkeit zur Kernpräemption deaktiviert wird, wenn sich der Kern in einer durch ein Spinlock geschützten kritischen Region befindet.[7]

4.2.3 Semaphoren

Semaphoren, die im Kernel verwendet werden, sind durch folgende Struktur definiert (Userspace-Semaphoren werden unterschiedlich realisiert, wie Abschnitt 4.3.2 zeigen wird):

<asm-*arch*/semaphore.h>
```
struct semaphore {
        atomic_t count;
        int sleepers;
        wait_queue_head_t wait;
}
```

Die Definition der Struktur erfolgt zwar in einer Architektur-abhängigen Headerdatei; die meisten Architekturen verwenden aber den gezeigten Aufbau.

- count gibt an, wie viele Prozesse sich gleichzeitig im kritischen Bereich befinden dürfen, der von der Semaphore geschützt wird. In den meisten Fällen wird count == 1 verwendet (Semaphoren dieses Typs werden auch als *Mutex* bezeichnet, da man sie zur Implementierung des gegenseitigen Ausschlusses – *mutual exclusion* – benützt).

---

[7] Wenn ein Einprozessorkern mit aktivierter Kernpräemption übersetzt wird, ist spin_lock (im Wesentlichen) äquivalent zu preempt_disable, spin_unlock zu preempt_enable.

4.2 Locking-Mechanismen des Kerns

- **sleepers** gibt die Anzahl der Prozesse an, die momentan darauf warten, in den kritischen Bereich eintreten zu dürfen. Im Gegensatz zu Spinlocks werden wartende Prozesse in den Schlafzustand versetzt und erst dann wieder aufgeweckt, wenn die Semaphore frei ist, weshalb die betroffene CPU in der Zwischenzeit andere Aufgaben erledigen kann.

- **wait** wird zur Realisierung einer Warteschlange verwendet, auf der die Taskstrukturen aller Prozesse aufgereiht werden, die auf der Semaphore schlafen (Kapitel 11 („Kernel-Aktivitäten und Zeitfluss") geht genauer auf die zugrunde liegenden Mechanismen ein).

Im Gegensatz zu Spinlocks sind Semaphoren dafür geeignet, längere kritische Bereiche gegen parallele Zugriffe zu schützen. Allerdings sollten sie wegen des hohen Aufwands, der mit dem Schlafenlegen und Aufwecken von Prozessen verbunden ist, nicht zum Schutz kurzer Bereiche eingesetzt werden.

Semaphoren werden (in Form von Mutexes) normalerweise wie folgt verwendet (DECLARE_MUTEX ist ein Makro, das die Semaphore mit count = 1 initialisiert und dadurch zur Mutex macht):

```
DECLARE_MUTEX(mutex)
...
down(&mutex);
/* Kritischer Bereich */
up(&mutex);
```

Beim Betreten des kritischen Bereichs mit **down** wird der Benutzungszähler dekrementiert; wenn er auf 0 gefallen ist, darf kein anderer Prozess mehr den Bereich betreten.

Wenn eine bereits belegte Semaphore mit **down** belegt werden soll, wird der aktuelle Prozess schlafen gelegt und in die Wait Queue eingefügt, die mit der Semaphore verbunden ist. Der Prozess wird dabei in den Zustand TASK_UNINTERRUPTIBLE versetzt, kann also keine Signale empfangen, während er darauf wartet, die kritische Region betreten zu können.

up muss aufgerufen werden, wenn die kritische Region verlassen wird. Die Routine kümmert sich darum, einen der Prozesse aufzuwecken, die auf der Semaphore schlafen: Er darf den kritischen Abschnitt betreten, alle anderen schlafen weiter.

Neben **down** gibt es noch zwei andere Operationen, die zum Reservieren einer Semaphore verwendet werden können (im Gegensatz zu Spinlocks gibt es aber nur eine up-Funktion zum Verlassen des von einer Semaphore geschützten Bereichs, die in allen Fällen verwendet wird):

- **down_interruptible** arbeitet wie **down**, versetzt den Task aber in den Zustand TASK_INTERRUPTIBLE, wenn die Semaphore nicht belegt werden konnte. Der Prozess kann daher während seines Schlafs von Signalen aufgeweckt werden.[8]

- **down_trylock** versucht, eine Semaphore zu belegen. Wenn dies nicht gelingt, legt sich der Prozess nicht schlafen, um auf die Semaphore zu warten, sondern setzt seine Ausführung ganz normal fort. Beide Möglichkeiten können durch den Rückgabewert unterschieden werden: Wenn die Semaphore belegt wurde, liefert die Funktion einen falschen, ansonsten einen wahren Wert.

Neben Mutex-Variablen, die nur im Kernel verwendet werden können, bietet Linux zusätzlich sogenannte *Futexes* an (*fast userspace mutex*), die aus einer Kombination von Kernel- und

---

[8] Wenn die Semaphore belegt werden konnte, gibt die Funktion 0 als Resultatwert zurück; wenn der Prozess durch ein Signal unterbrochen wurde, ohne die Semaphore belegen zu können, wird -EINTR als Resultat geliefert.

Usermode bestehen. Sie stellen die Mutex-Funktionalität für Userspace-Prozesse bereit, wobei besonders darauf geachtet wird, dass sie möglichst effizient und schnell manipuliert und verwendet werden können. Aus Platzgründen wollen wir allerdings nicht weiter auf ihre Implementierung eingehen, zumal sie für den Kernel selbst nicht besonders wichtig sind.

4.2.4 Reader/Writer-Locks

Die bisher gezeigten Mechanismen haben einen Nachteil: Sie unterscheiden nicht zwischen den Fällen, in denen die Datenstruktur nur gelesen, und solchen, in denen die Datenstruktur aktiv manipuliert wird. Normalerweise können beliebig viele Prozesse parallel lesend auf eine Datenstruktur zugreifen, während lediglich bei Schreib- und Manipulationsoperationen sichergestellt sein muss, dass ein Task exklusiven Zugriff auf die Struktur besitzt.

Der Kern stellt daher zusätzliche Versionen von Semaphoren und Spinlocks bereit, die diesen Umstand berücksichtigen und entsprechend als *Reader/Writer*-Semaphoren bzw. Reader/Writer-Spinlocks bezeichnet werden.

Für Read/Write-Spinlocks wird der Datentyp `rwlock_t` definiert. Das Lock muss auf unterschiedliche Arten belegt werden, um zwischen Lese- und Schreibzugriffen zu unterscheiden:

- `read_lock` und `read_lock` müssen vor bzw. hinter einer kritischen Region ausgeführt werden, auf die der Prozess lesend zugreifen möchte. Der Kern erlaubt, dass sich beliebig viele Leseprozesse gleichzeitig in der kritischen Region aufhalten.

- `write_lock` und `write_unlock` werden für Schreibzugriffe verwendet. Der Kern stellt sicher, dass sich nur ein einziger Schreiber (und kein Leser) gleichzeitig in der Region befindet.

Zusätzlich stehen auch die `_irq`_`irqsave`-Varianten zur Verfügung, die wie bei normalen Spinlocks beschrieben arbeiten.

Read/Write-Semaphoren werden analog verwendet: Als Datenstruktur kommt `struct rw_semaphore` zum Einsatz, während `down_read` und `up_read` zum lesenden Betreten des kritischen Bereichs verwendet werden. Schreibzugriffe verwenden `down_write` und `up_write`. Zusätzlich stehen für alle Befehle noch die `_trylock`-Varianten zur Verfügung, die wie weiter oben beschrieben arbeiten.

4.2.5 Das große Kernel-Lock

Aus früheren Zeiten steht noch die Möglichkeit zur Verfügung, den kompletten Kern zu sperren, um sicherzustellen, dass sich keine anderen Prozessoren parallel im Kernmodus befinden dürfen. Man bezeichnet das zugehörige Lock als großes Kernel-Lock bzw. *big kernel lock*, am häufigsten findet sich aber die Abkürzung *BKL*.

Um dem kompletten Kern zu sperren, wird `lock_kernel` verwendet; `unlock_kernel` ist das passende Gegenstück.

Eine Besonderheit des BKL ist, dass die Lock-Tiefe mitgezählt wird. Dies bedeutet, dass `lock_kernel` auch dann noch aufgerufen werden kann, wenn der Kern bereits gesperrt wurde. Die Entsperroperation `unlock_kernel` muss genauso oft aufgerufen werden, bevor der Kern entsperrt wird und von anderen Prozessoren betreten werden darf.

Obwohl das BKL noch an über 250 Stellen im Kern verwendet wird, handelt es sich um ein veraltetes Konzept, dessen Nutzung ausgerottet werden soll – ein erklärtes Ziel der Kernentwickler. Dies ist notwendig, da das BKL eine Performance- und skalierungsmäßige Katastrophe ist.

Neuer Code darf das Lock auf keinen Fall verwenden, sondern muss von den weiter oben vorgestellten feinkörnigeren Möglichkeiten Gebrauch machen. Allerdings wird es durchaus noch einige Jahre dauern, bis das BKL komplett verschwunden ist.

4.3 System V-Interprozesskommunikation

Linux verwendet die mit System V eingeführten Mechanismen, um Interprozesskommunikation und -synchronisierung für Benutzerprozesse verfügbar zu machen. Über Systemaufrufe werden verschiedene Routinen zur Verfügung gestellt, damit Benutzerbibliotheken (üblicherweise die C-Standardbibliothek) die benötigen Operationen realisieren können.

Neben Semaphoren gibt es im SysV-Schema der Interprozesskommunikation die Möglichkeit, Nachrichten auszutauschen und Speicherbereiche nach einem kontrollierten Schema zwischen Prozessen zu verteilen, worauf wir ebenfalls eingehen werden.[9]

4.3.1 System V-Mechanismen

Bei den drei IPC-Mechanismen von System V-Unix (Semaphoren, Message Queues und Shared Memory) handelt es sich um drei durchaus unterschiedliche Konzepte. Dennoch haben sie etwas gemein: Alle drei verwenden systemweite Ressourcen, die von mehreren Prozessen gleichzeitig benutzt werden können. Dies scheint für IPC-Mechanismen logisch, ist aber dennoch nicht selbstverständlich: Man hätte die Mechanismen auch so einrichten können, dass lediglich mehrere Threads in einem Programm oder eine durch forken entstandene Struktur auf gemeinsame SysV-Objekte zugreifen können.

Damit verschiedene, ansonsten unabhängige Prozesse auf die einzelnen SysV-Elemente zugreifen können, müssen diese eindeutig im System identifizierbar sein. Dazu wird eine Kennzahl verwendet, die jeder IPC-Struktur beim Anlegen zugeordnet wird. Jedes Programm, das Kenntnis von dieser magischen Nummer besitzt, kann auf die entsprechenden Strukturen zugreifen. Wenn unabhängige Applikationen miteinander kommunizieren sollen, wird diese Nummer üblicherweise fest in die einzelnen Programme einkompiliert. Eine andere Möglichkeit ist die dynamische Erzeugung einer magischen Nummer, die garantiert eindeutig ist (die kann bei einer statisch vorgegebenen Nummer natürlich nicht garantiert werden), wofür die Standardbibliothek einige Funktionen zur Verfügung stellt (wir gehen auf die entsprechenden Möglichkeiten allerdings nicht detaillierter ein, sondern verweisen auf die entsprechenden Handbücher zur Systemprogrammierung).

Zum Zugriff auf IPC-Objekte wird ein Privilegsystem verwendet, das dem System beim Dateizugriff nachempfunden ist: Jedes Objekt besitzt eine Benutzer- und Gruppenidentifikation, die sich danach richtet, unter welcher UID/GID das Programm läuft, mit dem das IPC-Objekt erzeugt wurde. Bei der Initialisierung können Lese- und Schreibberechtigungen vergeben werden, die – ebenso wie bei normalen Dateien – den Zugriff für drei verschiedene Klassen regeln: Eigentümer, Gruppe und andere Benutzer. Alle gängigen Systemprogrammierungs-Handbücher beschreiben die notwendige Vorgehensweise genau.

Um eine Semaphore zu erzeugen, die alle möglichen Zugriffsprivilegien gewährt (Eigentümer, Gruppe und alle anderen Benutzer dürfen sowohl lesend als auch schreibend darauf zugreifen), ist der Kenncode 0666 erforderlich.

---

[9] Der POSIX-Standard hat mittlerweile ähnliche Strukturen in einer modernisierten Form eingeführt. Da die meisten Anwendungen allerdings noch SysV-Mechanismen verwenden, werden wir nicht darauf eingehen.

4.3.2 Semaphoren

sem/sem.c dient zusammen mit der Headerdatei <sem.h> zur Implementierung von Semaphoren nach System V. Die darin implementierten Semaphoren besitzen allerdings keinen Bezug zu den weiter oben vorgestellten Kernelsemaphoren.

Verwendung von System V-Semaphoren

Das System-V-Interface zur Benutzung von Semaphoren ist alles andere als intuitiv, da der Semaphorenbegriff gegenüber der eigentlichen Definition deutlich erweitert wurde. Semaphoren werden nicht mehr wie eine einfache Variable betrachtet, mit der vordefinierte Operationen atomar durchgeführt werden können; vielmehr versteht man unter System V-Semaphore einen ganzen Satz aus einfachen Semaphoren, mit denen nicht nur eine, sondern gleich mehrere Operationen zugleich durchgeführt werden können (die aus Benutzersicht dennoch atomar erscheinen). Natürlich ist es möglich, einen Semaphorensatz mit nur einer elementaren Semaphore anzufordern und Funktionen zu definieren, die das Verhalten einfacher Operationen nachahmen. Das folgende Beispielprogramm zeigt, wie Semaphoren verwendet werden:

```c
#include<stdio.h>
#include<sys/types.h>
#include<sys/ipc.h>
#include<sys/sem.h>

#define SEMKEY 1234L       /* Kennzahl */
#define PERMS  0666        /* Zugriffserlaubnis: rwrwrw */

struct sembuf op_down[1] = { 0, -1 , 0 };
struct sembuf op_up[1] = { 0, 1 , 0 };

int semid = -1;   /* Kennzahl der Semaphore */
int res;          /* Resultat der Semaphorenoperationen */

void init_sem() {
  /* Testen, ob die Semaphore bereits angelegt wurde */
  semid = semget(SEMKEY, 0, IPC_CREAT | PERMS);
  if (semid < 0) {
    printf("Anlegen der Semaphore\n");

    semid = semget(SEMKEY, 1, IPC_CREAT | PERMS);
    if (semid < 0) {
      printf("Anlegen der Semaphore gescheitert!\n");
      exit(-1);
    }

    /* mit 1 initialisieren */
    res = semctl(semid, 0, SETVAL, 1);
  }
}

void down() {
  /* Down-Operation ausfuehren */
  res = semop(semid, &op_down[0], 1);
}

void up() {
  /* Up-Operation ausfuehren */
  res = semop(semid, &op_up[0], 1);
}
```

```
int main(){
  init_sem();
  /* Normaler Programmcode. */

  printf("Vor dem kritischen Code\n");
  down();
  /* Kritischer Code */
  printf("Im kritischen Code\n");
  sleep(10);
  up();

  /* Weiterer Programmcode */
  return 0;
}
```

In `main` wird zunächst eine neue Semaphore angelegt, die eine fest definierte magische Zahl (1234) verwendet, um im System identifiziert zu werden. Da das Programm mehrfach parallel ablaufen soll, muss getestet werden, ob eine entsprechende Semaphore bereits existiert; wenn dies nicht der Fall ist, wird sie angelegt. Dazu wird der Systemaufruf `semget` verwendet, der einen Semaphorensatz reserviert. Er benötigt die magische Kennzahl (`SEMKEY`), die Anzahl der Semaphoren im Satz (1) sowie die gewünschten Zugriffsprivilegien als Parameter. Das Beispiel legt einen Semaphorensatz an, der nur eine einzige elementare Semaphore enthält; die Zugriffsprivilegien geben an, dass jeder Benutzer sowohl lesend als auch schreibend auf die Semaphore zugreifen darf.[10] Anschließend wird der Wert der elementaren Semaphore im Semaphorensatz auf 1 initialisiert. Dies geschieht durch Verwendung des Systemaufrufs `semctl`. Die Variable `semid` ist eine Kennzahl, die die Semaphore im Kernel identifiziert (und mit Hilfe der magischen Zahl von jedem anderen Programm erhalten werden kann), 0 legt fest, dass wir die elementare Semaphore mit Kennzahl 0 in unserem Semaphorensatz manipulieren wollen (da wir einen Satz mit nur einer Semaphore angelegt haben, ist dies auch die einzige vorhandene). `SETVAL, 1` ist offensichtlich: Der Wert der Semaphore soll auf 1 gesetzt werden.[11]

Die bekannten Operationen `up` und `down` werden durch gleichnamige Prozeduren implementiert. Dabei ist vor allem interessant, wie der Semaphorenwert im SysV-Schema verändert wird: Die Durchführung einer Operation erfolgt über den Systemaufruf `semop`; zur Identifizierung der gewünschten Semaphore wird wie üblich die Variable `semid` verwendet. Interessant sind die beiden letzten Argumente: Eines ist ein Zeiger auf ein Array mit `sembuf`-Elementen, dessen Einträge jeweils eine Semaphorenoperation darstellen; die Anzahl der Operationen im Array wird durch ein Ganzzahl-Argument festgelegt, da der Kern die Operationsanzahl ansonsten nicht feststellen kann.

Ein Eintrag im `sembuf`-Array setzt sich aus drei Elementen zusammen, die folgende Bedeutung haben:

1. Der erste Eintrag dient zur Auswahl der elementaren Semaphore im Semaphorensatz.

2. Der zweite Eintrag spezifiziert die gewünschte Aktion: 0 wartet, bis die Semaphore den Wert 0 erreicht hat, eine positive Zahl erhöht den Inhalt der Semaphore um den entsprechenden Wert (und entspricht der Freigabe einer Ressource, der Prozess kann bei dieser Aktion also nicht einschlafen), während eine negative Zahl zur Anforderung von Ressourcen verwendet wird: Wenn der Betrag der Zahl kleiner als der Absolutbetrag der Semaphore ist, wird sein (absoluter) Wert vom aktuellen Semaphorenwert abgezogen, ohne auf der Semaphore einzu-

---

10 `IPC_CREAT` ist eine Systemkonstante, die über eine „Oder"-Operation an die Zugriffszahl kombiniert werden muss und angibt, dass eine neue Semaphore angelegt werden soll.
11 Fehlerabfragen werden im Beispielprogramm der Einfachheit halber nicht verwendet.

schlafen; anderenfalls blockiert der Prozess so lange, bis der Semaphorenwert auf einen Wert gestiegen ist, der die Durchführung der gewünschten Operation erlaubt.

3. Der dritte Eintrag ist ein Flag, mit dessen Hilfe das genaue Verhalten der Aktion feingesteuert werden kann und das uns nicht weiter interessiert.

Durch Verwendung von 1 und -1 als Zahlargumente kann das Verhalten einer elementaren Semaphore simuliert werden. down versucht, den Semaphorenzähler um 1 zu erniedrigen (und schläft ein, wenn der Semaphorenwert 0 ist), während up den Semaphorenwert um 1 erhöht und daher dem Freigeben einer Ressource entspricht.

Das Ausführen des Codes liefert folgendes Resultat:

```
wolfgang@meitner> ./sema
Anlegen der Semaphore
Vor dem kritischen Code
Im kritischen Code
```

Das Programm legt die Semaphore an, betritt den kritischen Code und wartet darin 10 Sekunden. Vor dem Eintritt in den Bereich wird eine down-Operation ausgeführt, die den Semaphorenwert auf 0 erniedrigt. Wird innerhalb der Wartezeitspanne ein zweiter Prozess gestartet, kann er nicht in den kritischen Bereich eintreten:

```
wolfgang@meitner> ./sema
Vor dem kritischen Code
```

Der Versuch, den kritischen Bereich zu betreten, führt zu einer down-Operation, die den Semaphorenwert um 1 erniedrigen möchte. Da der aktuelle Wert 0 ist, scheitert die Aktion: Der Prozess schläft auf der Semaphore ein. Erst wenn der zuerst gestartete Prozess die Ressource durch eine up-Operation wieder freigegeben hat (und der Semaphorenwert wieder 1 ist), wird der Schlafzustand des zweiten Prozesses beendet: Er kann den Semaphorenwert erniedrigen und in den kritischen Code eintreten.

Datenstrukturen

Der Kern verwendet einige Datenstrukturen, die den aktuellen Zustand aller registrierten Semaphoren beschreiben und ein Netzwerk untereinander bilden. Neben der eigentlichen Verwaltung der Semaphoren mit ihren Eigenschaften (Wert, Schreib- und Leseberechtigungen etc.) muss auch ein Zusammenhang zwischen den wartenden Prozessen und der Semaphore hergestellt werden, indem eine Warteliste verwendet wird.

Ausgangspunkt für die Verwaltung der Semaphoren ist die globale Variable sem_ids, bei der es sich um eine Instanz folgender Struktur handelt:

ipc/util.h
```
struct ipc_ids {
        int size;
        int in_use;
        int max_id;
        unsigned short seq;
        unsigned short seq_max;
        struct semaphore sem;
        struct ipc_id* entries;
};
```

Die ersten drei Elemente geben allgemeine Informationen über den Status *aller* Semaphoren im Kern an:

- `size` gibt die momentane Maximalzahl gleichzeitig verwendbarer Semaphoren an.

- `in_use` hält fest, wie viele Semaphoren gerade verwendet werden.

- `max_id` ist die höchste Array-Position (kernelinterne Identifikationsnummer), die bei der Verwaltung aller registrierten Semaphoren verwendet wird (die genaue Bedeutung wird gleich klar werden).

`sem` ist ebenfalls eine Kernelsemaphore, die bei der Implementierung von Semaphorenoperationen verwendet wird und sicherstellt, dass diese im Userspace ohne Möglichkeit von Race Conditions ablaufen.

Das wichtigste Element der Tabelle ist `entries`: Dabei handelt es sich um einen Zeiger auf ein Array, das aus `ipc_id`-Instanzen zusammengesetzt ist. Für jede Semaphore, die im System existiert, gibt es *genau einen* Eintrag, dessen Typ wie folgt definiert ist:

```
struct ipc_id {                                                    ipc/util.h
        struct kern_ipc_perm* p;
};
```

Die Struktur besteht aus nur einem Eintrag, einem Zeiger auf eine andere Struktur des Typs `kern_ipc_perm`. Warum wird eine Struktur verwendet, die nur eine einzige Mitgliedsvariable besitzt? Dies wäre in der Tat sinnlos. Allerdings werden wir gleich zeigen, dass im `entries`-Array Elemente gespeichert werden, die mehr Informationen als nur ein einziges Element bereitstellen, aber durch eine Typumwandlung gewonnen werden müssen.

Die Elemente von `kern_ipc_perm` dienen dazu, Informationen über den Besitzer der Semaphore sowie über die Zugriffsprivilegien sowie Informationen über den „Besitzer" der Semaphore zu speichern:

```
struct kern_ipc_perm                                               <ipc.h>
{
        key_t           key;
        uid_t           uid;
        gid_t           gid;
        uid_t           cuid;
        gid_t           cgid;
        mode_t          mode;
        unsigned long   seq;
};
```

Die Struktur kann nicht nur für Semaphoren, sondern auch für andere IPC-Mechanismen verwendet werden, weshalb sie in diesem Kapitel noch einige Male auftauchen wird.

- `key` speichert die magische Kennzahl, die von Benutzerprogrammen verwendet wird, um die Semaphore zu identifizieren (und darf nicht mit der kernelinternen Kennzahl verwechselt werden, die zur Durchführung der Semaphorenoperationen verwendet wird!).

- `uid` und `gid` geben Benutzer- und Gruppenkennzahl des Eigentümers an, während `cuid` und `cgid` die gleichen Daten für den Prozess speichern, der die Semaphore erzeugt hat.

- `seq` ist eine laufende Zahl, die bei der Reservierung einer Semaphore vergeben wird.

- `mode` speichert die Bitmaske, die die Zugriffsberechtigung im Benutzer/Gruppe/Andere-Schema angibt.

Die bisherigen Datenstrukturen machen es noch nicht möglich, einen Zusammenhang zwischen einer Semaphore und den auf ihr schlafenden Prozessen herzustellen. Dies wird durch die Taskstruktur `task_struct` ermöglicht:

<sched.h>
```
struct task_struct {
    ...
        struct sysv_sem sysvsem;
    ...
};
```

Die Datenstruktur `ssv_sem` wird verwendet, um zwei andere Elemente zu kapseln:

<sem.h>
```
struct sysv_sem {
    struct sem_undo_list *undo_list;
    struct sem_queue *sleep_list;
};
```

`undo_list` wird verwendet, um Semaphoren-Manipulationen zu ermöglichen, die sich rückgängig machen lassen: Die Informationen können verwendet werden, wenn ein Prozess abstürzt, nachdem er eine Semaphore verändert hat, um sie wieder in den Zustand zurück zu versetzen, in dem sie sich vor der Manipulation befunden hat. Der Mechanismus hilft, wenn der abgestürzte Prozess Änderungen vorgenommen hat, nach denen auf der Semaphore wartende Prozesse nicht mehr aufgeweckt werden können: Durch Rückgängigmachen dieser Aktionen (mit Hilfe der Informationen in der Undo-Liste) kann die Semaphore wieder in einen konsistenten Zustand gebracht werden, was Deadlocks verhindert. Wir wollen allerdings nicht auf genauere Details eingehen.

`sem_queue` wird verwendet, um eine Semaphore mit allen schlafenden Prozessen zu verbinden, die eine Semaphorenoperation ausführen wollen, dies aber momentan nicht dürfen. Anders ausgedrückt handelt es sich bei jeder Instanz der Datenstruktur um einen Eintrag aus der Liste der noch anstehenden Operationen:

<sem.h>
```
struct sem_queue {
    struct sem_queue *      next;       /* next entry in the queue */
    struct sem_queue **     prev;       /* previous entry in the queue */
    struct task_struct*     sleeper;    /* this process */
    struct sem_undo *       undo;       /* undo structure */
    int                     pid;        /* process id of requesting process */
    int                     status;     /* completion status of operation */
    struct sem_array *      sma;        /* semaphore array for operations */
    int                     id;         /* internal sem id */
    struct sembuf *         sops;       /* array of pending operations */
    int                     nsops;      /* number of operations */
    int                     alter;      /* operation will alter semaphore */
};
```

Zu jeder Semaphore existiert genau eine Warteschlange, die alle schlafenden Prozesse verwaltet, die mit der Semaphore verbunden sind. Allerdings wird die Liste nicht mit Standardmitteln des Kerns, sondern über die Zeiger `next` und `prev` manuell realisiert.

- `sleeper` ist ein Zeiger auf die Taskstruktur des Prozesses, der darauf wartet, eine Operation mit der Semaphore ausführen zu dürfen.

- `pid` gibt die Pid des wartenden Prozesses an.

- Die kernelinterne Semaphorenkennzahl wird in `id` festgehalten.

4.3 System V-Interprozesskommunikation

- **sops** ist ein Zeiger auf ein Array, in dem die Operationen festgehalten werden, die der Prozess mit der Semaphore durchführen will (zur Beschreibung der Operationen wird eine weitere Datenstruktur verwendet, auf die wir gleich eingehen). Die Operationsanzahl (d.h. die Größe des Arrays) wird in **sops** festgelegt.

- **alter** gibt an, ob die Operationen den Wert der Semaphore verändern oder nicht (eine Statusabfrage lässt den Wert beispielsweise unverändert).

In **sma** ist ein Zeiger auf eine Instanz der Datenstruktur gespeichert, mit deren Hilfe der Zustand der elementaren Semaphoren verwaltet wird:

```
struct sem_array {                                              <sem.h>
        struct kern_ipc_perm    sem_perm;      /* permissions .. see ipc.h */
        time_t                  sem_otime;     /* last semop time */
        time_t                  sem_ctime;     /* last change time */
        struct sem              *sem_base;     /* ptr to first semaphore in array */
        struct sem_queue        *sem_pending;  /* pending operations to be processed */
        struct sem_queue        **sem_pending_last; /* last pending operation */
        struct sem_undo         *undo;         /* undo requests on this array */
        unsigned long           sem_nsems;     /* no. of semaphores in array */
};
```

Für jeden Semaphorensatz existiert genau eine Instanz dieser Datenstruktur im System, mit deren Hilfe alle elementaren Semaphoren verwaltet werden, aus denen sich der Satz zusammensetzt.

- Die Zugriffsrechte der Semaphore werden in **sem_perm** des bereits bekannten Typs **kern_ipc_perm** festgehalten. Diese muss sich am Anfang der Struktur befinden, da dies einen Trick mit dem zur Verwaltung aller Semaphorensätze verwendeten Arrays **entries** ermöglicht: Da die einzelnen Elemente auf Bereiche zeigen, in denen nicht nur Speicher für **kern_ipc_perm**, sondern gleich genügend für **sem_array** reserviert wurde, kann der Kern durch Typecasts zwischen beiden Darstellungen wechseln.

- **sem_nsems** legt die Anzahl elementarer Semaphoren fest, die sich in einer Benutzersemaphore befinden.

- **sem_base** ist ein Array, dessen Einträge jeweils eine elementare Semaphore charakterisieren. Neben dem aktuellen Semaphorenwert wird darin die Pid des Prozesses festgehalten, der zuletzt darauf zugegriffen hat:

```
struct sem {                                    <sem.h>
        int     semval;         /* current value */
        int     sempid;         /* pid of last operation */
};
```

- **sem_otime** gibt den Zeitpunkt in Jiffies an, an dem zuletzt auf die Semaphore zugegriffen wurde (dazu zählt beispielsweise auch die Abfrage von Informationen), während **sem_ctime** den Zeitpunkt angibt, zu dem der Semaphorenwert zuletzt manipuliert wurde.

- **sem_pending** zeigt auf eine verkettete Liste, in der die noch nicht ausgeführten Semaphorenoperationen festgehalten werden. Die Liste setzt sich aus Instanzen von **sem_queue** zusammen. **sem_pending_last** wird verwendet, um schnell auf das letzte Element der Liste zugreifen zu können, während **sem_pending** auf ihren Anfang verweist.

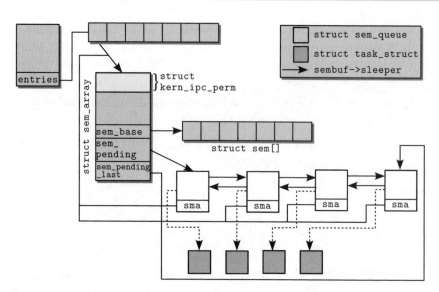

Abbildung 4.1: Zusammenspiel der Semaphoren-Datenstrukturen

Um die Verknüpfungen zwischen den beteiligten Datenstrukturen zu bewahren, findet sich in Abbildung 4.1 eine Übersicht zu ihrem Zusammenspiel.

Ausgehend von der globalen Variable `sem_ids`, gelangt der Kern über deren `entries`-Eintrag zum Array, in dem die registrierten Semaphoren anhand ihrer kernelinternen Kennzahl organisiert sind. Durch Typumwandlung können die Einträge von `kern_ipc_perm` in eine Instanz des Typs `sem_array` umgewandelt werden. Der aktuelle Zustand der Semaphore wird durch Verknüpfung mit zwei weiteren Strukturen charakterisiert:

- Durch eine verkettete Liste aus `sem_queue`-Instanzen werden die noch anstehenden Operationen verwaltet. Die Prozesse, die schlafend auf die Ausführung der Operationen warten, können ebenfalls daraus ermittelt werden.

- Ein Array aus Instanzen von `struct sem` dient dazu, die Werte der elementaren Semaphoren des Satzes zu speichern.

Nicht gezeigt sind die Informationen zur Verwaltung von Undo-Operationen, da diese nicht sonderlich interessant sind und die Situation nur unnötig verkomplizieren würden.

Die Verwendung von `kern_ipc_perm` als erstes Element der Datenstruktur zur Verwaltung der vorhandenen IPC-Objekte wird nicht nur für Semaphoren, sondern auch für Message Queues und Shared Memory-Objekte verwendet. Sie ermöglicht dem Kern, in allen drei Fällen den gleichen Code zur Überprüfung der Zugriffsrechte zu verwenden.

Jedes `sem_queue`-Element enthält einen Zeiger auf ein Array aus `sem_ops`-Instanzen, die die Operationen im Details beschreiben, die mit der Semaphore durchgeführt werden sollen (da mit einem `semctl`-Aufruf mehrere Operationen mit den elementaren Semaphoren durchgeführt werden können, die sich in einem Semaphorensatz befinden, wird ein Array aus `sem_ops`-Instanzen verwendet):

```
<sem.h>    struct sembuf {
               unsigned short   sem_num;    /* semaphore index in array */
               short            sem_op;     /* semaphore operation */
```

```
        short        sem_flg;       /* operation flags */
};
```

Die Definition weckt Erinnerungen an den Beispielcode, der auf Seite 226 vorgestellt wurde: Es handelt sich genau um die im Programm verwendete Datenstruktur, mit der eine Operation auf einer elementaren Semaphore beschrieben wurde. Neben der Kennzahl der elementaren Semaphore im Semaphorensatz (`sem_num`) werden die gewünschte Operation (`sem_op`) und einige Kontrollflags (`sem_flg`) gespeichert.

Implementierung der Systemaufrufe

Alle Operationen mit Semaphoren werden über einen einzigen Systemaufruf erledigt, der die Bezeichnung `ipc` trägt. Er wird nicht nur für Semaphoren verwendet, sondern kommt auch bei der Manipulation von Message Queues und Shared Memory zum Einsatz. Anhand seines ersten Parameters wird die eigentliche Arbeit im Multiplex-Verfahren an andere Funktionen delegiert, die die eigentliche Arbeit übernehmen. Für Semaphoren sind dies:

- SEMCTL führt eine Scmaphoren-Operation durch und und wird in `sys_semctl` implementiert.

- SEMGET liest Eigenschaften einer Semaphore aus; `sys_semget` ist die zugehörige Implementierung.

- SEMOP und SEMTIMEOP sind für Erhöhung bzw. Erniedrigung des Semaphorenwerts verantwortlich, wobei mit zweiter Variante ein zusätzlicher Timeout spezifiziert werden kann.

Die Verwendung eines einzigen Systemaufrufs, der nur zur Verteilung von Arbeit an andere Funktionen verwendet wird, ist ein historisches Erbe aus früheren Zeiten. Manche Architekturen, auf die der Kern erst später portiert wurde (beispielsweise IA-64 oder AMD64), verzichten auf die Implementierung des Multiplexers `ipc`, und verwenden die genannten „Unterfunktionen" direkt als Systemaufrufe.

4.3.3 Message Queues

Eine weitere Möglichkeit der Kommunikation zwischen zwei Prozessen ist der Versand von Nachrichten. Dies wird durch den Message-Queue-Mechanismus ermöglicht, der ebenfalls nach dem Vorbild von System V implementiert ist. Zwischen Message Queues und Semaphoren existieren einige strukturelle Gemeinsamkeiten, was die verwendeten Datenstrukturen angeht.

Das Funktionsprinzip von Messages Queues ist relativ einfach, wie Abbildung 4.2 zeigt.

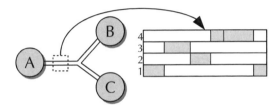

Abbildung 4.2: Funktionsprinzip von System V-Message Queues

Ein Prozess, der üblicherweise als *Sender* bezeichnet wird, produziert Nachrichten und schreibt diese in eine Warteschlange, während ein oder mehrere andere Prozesse (logischerweise als *Empfänger* bezeichnet) diese aus der Warteschlange auslesen. Die einzelnen Nachrichtenelemente enthalten neben den eigentlichen Nutzdaten eine (positive) Kennzahl, die zur Realisierung mehrerer Ebenen innerhalb einer Message Queue verwendet werden kann: Der Empfänger kann sich die Nachrichten anhand der Kennzahl aussuchen (und sich beispielsweise entscheiden, nur Nachrichten mit Kennzahl 1 oder mit einer Kennzahl kleiner 5 zu akzeptieren). Der Kern löscht eine Nachricht aus der Queue, nachdem sie gelesen wurde: Auch wenn mehrere Prozesse auf einem Kanal lauschen, kann jede Nachricht nur von einem gelesen werden.

Die Nachrichten mit gleicher Kennzahl werden in FIFO-Reihenfolge abgearbeitet (*First In, First Out*): Nachrichten, die zuerst in die Warteschlange gestellt wurden, werden auch als Erstes aus der Warteschlange herausgelesen. Wegen der Möglichkeit, Nachrichten selektiv zu lesen, gilt die FIFO-Eigenschaft allerdings nicht, wenn alle Nachrichten in einer Queue betrachtet werden!

Achtung: Sender und Empfänger müssen nicht gleichzeitig laufen, um über Message Queues kommunizieren zu können. Ein Senderprozess kann beispielsweise eine Queue eröffnen, Nachrichten hineinschreiben und seine Arbeit beenden. Ein Empfängerprozess, der nach dem Ende des Senders aufgerufen wird, kann dennoch auf die Queue zugreifen und die für ihn relevanten Nachrichten (anhand der Kennzahl) auslesen. Die Nachrichten werden in der Zwischenzeit vom Kern vorgehalten.

Auch Message Queues werden mit einem Netzwerk von Datenstrukturen implementiert, das einige Ähnlichkeiten zu den bereits bekannten Strukturen aufweist. Ausgangspunkt ist die globale Variable `msg_ids`:

ipc/msg.c
```
static struct ipc_ids msg_ids;
```

Als Ausgangselement wird derselbe Datentyp verwendet, der bereits bei Semaphoren zum Einsatz gekommen ist! Da jede Message Queue mit einer kernelinternen Kennzahl versehen ist, werden die Array-Elemente von `msg_ids.entries` dazu verwendet, Zeiger auf die Datenstrukturen zu speichern, die zur Verwaltung der einzelnen Queues eingesetzt werden. Nominell zeigen alle Elemente auf Instanzen des Typs `ipc_perm`, durch Typumwandlung ergibt sich aber (wie bei Semaphoren auch) ein anderer Datentyp, in diesem Fall `struct msg_queue`. Die Struktur ist wie folgt definiert:

ipc/msg.c
```
struct msg_queue {
    struct kern_ipc_perm q_perm;
    time_t q_stime;             /* last msgsnd time */
    time_t q_rtime;             /* last msgrcv time */
    time_t q_ctime;             /* last change time */
    unsigned long q_cbytes;     /* current number of bytes on queue */
    unsigned long q_qnum;       /* number of messages in queue */
    unsigned long q_qbytes;     /* max number of bytes on queue */
    pid_t q_lspid;              /* pid of last msgsnd */
    pid_t q_lrpid;              /* last receive pid */

    struct list_head q_messages;
    struct list_head q_receivers;
    struct list_head q_senders;
};
```

Neben den Permissions, die den Zugriff auf die Queue regeln, enthält die Struktur einige Statusinformationen:

- `q_stime`, `q_rtime` und `q_ctime` geben die letzte Sende-, Empfangs- und Manipulationszeit (wenn Eigenschaften der Queue verändert werden) an.

4.3 System V-Interprozesskommunikation

- `q_cbytes` gibt an, wie viele Bytes die Nachrichten in der Warteschlange momentan verbrauchen.

- `q_qbytes` legt fest, wie viele Bytes an Nachrichten sich maximal in der Queue befinden dürfen.

- Die Anzahl von Nachrichten in der Queue befindet sich in `q_num`.

- `q_lspid` ist die Pid des letzten Senderprozesses, während `q_lrpid` die Pid des letzten Empfängers angibt.

Drei Standardlisten des Kerns werden verwendet, um schlafende Sender (`q_senders`), schlafende Empfänger (`q_receivers`) und die Nachrichten selbst (`q_messages`) zu verwalten. Als Listenelemente werden jeweils eigene Datenstrukturen verwendet.

Jede Nachricht in `q_messages` wird in einer Instanz von `msg_msg` gekapselt:

```
struct msg_msg {                                            ipc/msg.c
        struct list_head m_list;
        long m_type;
        int m_ts;            /* message text size */
        struct msg_msgseg* next;
        /* the actual message follows immediately */
};
```

`m_list` wird als Listenelement verwendet, um die einzelnen Nachrichten zu verketten, während die anderen Elemente zur Verwaltung der Nachricht selbst dienen:

- `m_type` gibt den Typ der Nachricht an und wird wie beschrieben verwendet, um mehrere Ebenen pro Queue zu ermöglichen.

- `m_ts` gibt den Umfang der Nachricht in Bytes an.

- `next` wird benötigt, um lange Nachrichten zu speichern, die mehr als eine Speicherseite benötigen.

Es gibt kein explizites Feld, in dem die Nachricht selbst gespeichert werden kann: Da für jede Nachricht immer (mindestens) eine Speicherseite reserviert wird, in deren Anfang die `msg_msg`-Instanz untergebracht wird, kann der verbleibende Speicherplatz verwendet werden, um den Nachrichtentext selbst zu speichern, wie Abbildung 4.3 demonstriert.

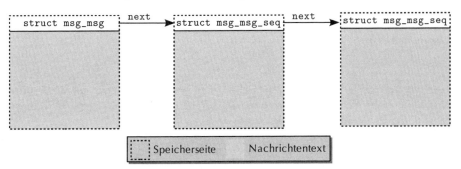

Abbildung 4.3: Verwaltung einer IPC-Nachricht im Speicher

Die maximale Bytezahl, die in einer `msg_msg`-Seite für den Nachrichtentext zur Verfügung steht, kann berechnet werden, indem die Größe der Struktur von der Größe einer Speicherseite subtrahiert wird:

<msg.h>
```
#define DATALEN_MSG     (PAGE_SIZE-sizeof(struct msg_msg))
```

Längere Nachrichten müssen auf mehrere Seiten verteilt werden, wozu der `next`-Zeiger verwendet wird. Dieser zeigt auf eine Instanz von `msg_msgseq`, die ebenfalls am Beginn einer Speicherseite plaziert wird, wie Abbildung 4.3 auf der vorherigen Seite zeigt. Sie ist wie folgt definiert:

ipc/msg.c
```
struct msg_msgseg {
        struct msg_msgseg* next;
        /* the next part of the message follows immediately */
};
```

Auch hier folgt der Nachrichtentext unmittelbar auf die Instanz der Datenstruktur. Das `next`-Element wird verwendet, um die Nachrichten auf beliebig viele Seite verteilen zu können.

Sowohl Sender- wie auch Empfängerprozesse können bei der Kommunikation über Message Queues einschlafen: Sender, wenn sie versuchen, eine Nachricht in eine Queue zu schreiben, deren Kapazitätsmaximum bereits erreicht ist, und Empfänger, die eine Nachricht abholen wollen, obwohl noch keine eingetroffen ist.

Schlafende Sender werden auf der `q_senders`-Liste von `msg_queue` aufgereiht, wobei folgende Datenstruktur verwendet wird:

ipc/msg.c
```
struct msg_sender {
        struct list_head list;
        struct task_struct* tsk;
};
```

`list` wird als Listenelement verwendet, während `tsk` als Zeiger auf die enstprechende Taskstruktur verwendet wird. Da der Sendeprozess während des Systemaufrufs zum Versenden der Nachricht (`sys_msgsnd`[12]) einschläft und den Sendevorgang direkt nach dem Aufwecken automatisch wiederholt, sind keine zusätzlichen Informationen nötig.

Die Datenstruktur, mit der Empfängerprozesse auf der `q_receivers`-Liste gehalten werden, ist etwas umfangreicher:

ipc/msg.c
```
struct msg_receiver {
        struct list_head r_list;
        struct task_struct* r_tsk;

        int r_mode;
        long r_msgtype;
        long r_maxsize;

        struct msg_msg* volatile r_msg;
};
```

Neben einem Zeiger auf die betroffene Taskstruktur werden die Kenndaten der erwarteten Nachricht (vor allem der Nachrichtentyp `r_msgtype`) und ein Zeiger auf eine `msg_msg`-Instanz gespeichert, in die die Daten kopiert werden, wenn sie verfügbar sind.

Abbildung 4.4 auf der gegenüberliegenden Seite fasst das Zusammenspiel der Message Queue-Datenstrukturen in einem Überblick zusammen (die Liste der schlafenden Sender wird der Übersichtlichkeit halber vernachlässigt).

---

12 Der auf den meisten Plattformen über den bereits angesprochenen Multiplexer `ipc` aktiviert wird.

4.3 System V-Interprozesskommunikation

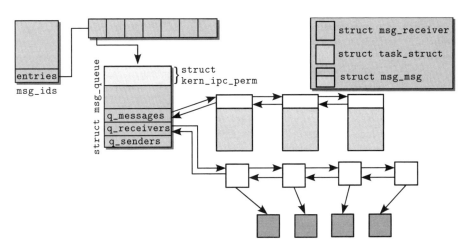

Abbildung 4.4: *Datenstrukturen für System V-Message Queues*

4.3.4 Shared Memory

Auch die Implementierung des letzten SysV-IPC-Konzepts, *Shared Memory*, verwendet aus Benutzer- und Kernelsicht ähnliche Strukturen wie die bisher besprochenen Mechanismen. Die essentiellen Dinge unterscheiden sich nicht von Semaphoren und Message Queues:

- Applikationen fordern ein verteiltes IPC-Objekt an, auf das man über eine gemeinsame magische Kennzahl (und eine kernelinterne ID) zugreifen kann.

- Über ein Privilegsystem kann der Zugriff auf den Speicher eingeschränkt werden.

- Systemaufrufe werden zur Allozierung und Belegung von Speicher verwendet, der mit dem IPC-Objekt verknüpft ist und auf den alle Prozesse mit der entsprechenden Berechtigung zugreifen können.

Auch die kernelseitige Implementierung unterscheidet sich nicht wesentlich von den bisher vorgestellten Konzepten, weshalb wir uns mit einer kurzen Beschreibung der in Abbildung 4.5 gezeigten Datenstruktur zufrieden geben.

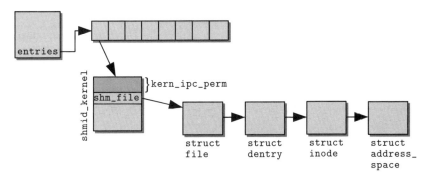

Abbildung 4.5: *Datenstrukturen für System V-Shared Memory*

Auch hier wird (zur leichteren Verwaltung der Zugriffsrechte auf das IPC-Objekt) eine Kombination von `kern_ipc_perm` und `shmid_kernel` verwendet, die im `entries`-Array der globalen Variable `smd_ids` gespeichert wird. Zu jedem Shared Memory-Objekt wird eine Pseudodatei angelegt, die über `shm_file` mit der jeweiligen Instanz von `shmid_kernel` verbunden wird. Über die Zeigerkette `shm_file->f_dentry->d_inode->i_mapping` kann der Kern auf das Adressraum-Objekt (`struct address_space`) zugreifen, das zum Einrichten anonymer Mappings verwendet werden kann, wie in Kapitel 3 („Speicherverwaltung") beschrieben wird. Die Seitentabellen der beteiligten Prozesse werden so eingestellt, dass jeder auf die mit der Region verknüpften Bereichen zugreifen kann.

4.4 Andere IPC-Mechanismen

Neben den IPC-Mechanismen, die aus System V-Unix übernommen wurden, gibt es noch einige weitere klassische Möglichkeiten, um Nachrichten und Daten zwischen Prozessen austauschen zu können. Im Gegensatz zu den hauptsächlich für Applikationsprogrammierer interessanten SysV-Möglichkeiten kennt praktisch jeder Benutzer, der schon einmal mit der Shell gearbeitet hat, die hier vorgestellten Varianten: Signale und Pipes.

4.4.1 Signale

Da Signale ein noch älteres Kommunikationsmittel als die SysV-Mechanismen sind, bieten sie weniger Möglichkeiten, sind in vielen Fällen aber dennoch ein nicht nur ausreichendes, sondern sehr gutes Mittel zum Zweck. Der vordergründige Mechanismus sollte klar sein, weshalb wir hier nicht lange auf ihn eingehen: Über das `kill`-Kommando kann ein Signal an einen bestimmten Prozess gesendet werden, der über seine Pid identifiziert wird; die Signalnummer wird über `-s sig` angegeben und ist eine positive Zahl, die je nach Prozessortyp unterschiedliche maximale Größen erreichen kann. Zwei Varianten dieses Befehls werden am häufigsten verwendet: `kill` ohne Angabe einer Signalnummer sendet einem Prozess die höfliche Aufforderung, sich zu beenden (und kann von ihm ignoriert werden), während `kill -9` die Unterschrift auf seinem Erschießungsbefehl ist (und daher zu seinem sicheren Tod führt).

Während auf 32-Bit-Systemen früher nur maximal 32 verschiedene Signale verarbeitet werden konnten, wurde diese Beschränkung mittlerweile aufgehoben: Auch 32-Bit-Systeme unterstützen nun mehr als 32 Signale, wie man obiger Liste entnehmen kann. Allerdings sind die „klassischen" Signale allesamt in den ersten 32 Positionen untergebracht. Anschließend finden sich neue Signale, die im Zusammenhang mit Echtzeitprozessen verwendet werden.

Um ein Signal verarbeiten zu können, muss ein Prozess eine Handlerroutine installieren, die aufgerufen wird, wenn das entsprechende Signal an den Prozess geschickt wird (allerdings gibt es einige Signale wie `SIGKILL`, deren Verhalten nicht überschrieben werden darf). Wenn keine explizite Handlerroutine installiert wird, setzt der Kern dafür eine Default-Implementierung ein.

Signale bringen einige Besonderheiten mit sich, die immer im Hinterkopf behalten werden müssen: Ein Prozess kann entscheiden, bestimmte Signale zu *blockieren* (gelegentlich wird dies auch als *Maskieren* von Signalen bezeichnet). Ist dies der Fall, wird ein entsprechendes an den Prozess gesendetes Signal nicht betrachtet, sondern erst dann abgearbeitet, wenn sich der Prozess dazu entschlossen hat, die Blockade aufzuheben. Es ist also nicht garantiert, dass ein abgesendetes Signal von einem Prozess unmittelbar wahrgenommen wird! Wenn ein Signal blockiert ist, hält der Kernel eine *Pending*-Liste bereit, in der Signale „in der Schwebe" gehalten werden können. Wird das gleiche blockierte Signal zwei- oder mehrfach hintereinander an den Prozess gesandt, wird nur eine einzige Nachricht darüber gespeichert: Unabhängig von der Anzahl der versandten Signale erhält der Prozess nach dem Entblockieren nur eine Nachricht.

Der SIGKILL-Signal kann weder blockiert noch mit einer programmeigenen Handlerfunktion belegt werden. Da das Signal als letzte Notmaßnahme verwendet wird, um einen wild gewordenen Prozess loszuwerden und ihn aus dem System zu entfernen, darf man sein Verhalten nicht überschreiben, da man sich sonst dieser Möglichkeit beraubt. Dies steht im Kontrast zum Signal SIGTERM, das sehr wohl mit einem benutzerdefinierten Signalhandler belegt werden kann – schließlich ist das Signal lediglich eine höfliche Aufforderung an den Prozess, seine Arbeit doch bitte so bald wie möglich einzustellen. Wird ein Handler für dieses Signal installiert, besitzt das Programm beispielsweise noch die Möglichkeit, nicht gespeicherte Daten zu sichern oder den Benutzer in einem Dialog zu fragen, ob das Programm wirklich beenden will. Bei SIGKILL sind diese Chancen nicht mehr vorhanden, da der Kern dem Prozess ein unmittelbares und jähes Ende setzt.

Ein wichtiger Sonderstatus wird dem init-Prozess zugebilligt: Der Kernel ignoriert an ihn gesendete SIGKILL-Signale. Da der Prozess von besonderer Wichtigkeit für das ganze System ist, darf er nicht abgeschossen und dadurch gewaltsam beendet werden – auch nicht aus Versehen.

Implementierung von Signalhandlern

Um eine neue Handlerfunktion zu installieren, muss der sigaction-Systemaufruf verwendet werden.

```
#include<signal.h>
#include<stdio.h>

/* Handlerfunktion */
void handler(int sig) {
  printf("Signal empfangen: %u\n", sig);
};

int main(void) {
  struct sigaction sa;
  int count;

  /* Initialisieren der Signalhandler-Struktur */
  sa.sa_handler = handler;
  sigemptyset(&sa.sa_mask);
  sa.sa_flags = 0;

  /* Belegen des SIGTERM-Signals mit einer neuen Handlerfunktion */
  sigaction(SIGTERM, &sa, NULL);

  sigprocmask(&sa.sa_mask); /* Alle Signale akzeptieren */
  /* Blockieren und Warten, bis ein Signal eintrifft */
  while (1) {
    sigsuspend(&sa.sa_mask);
    printf("loop\n");
  }

  return 0;
};
```

Für alle Signale, die mit keiner benutzerspezifischen Handlerfunktion belegt sind, installiert der Kernel automatisch vordefinierte Funktionen, die sich um die relevanten Fälle kümmern und vernünftige Standardoperationen bereitstellen.

Das zur Beschreibung des neuen Handlers verwendete Feld des Typs sigaction ist zwar plattformabhängig definiert, besitzt aber auf allen Architekturen praktisch den gleichen Inhalt:

<asm-*arch*/ signal.h>
```
struct sigaction {
    __sighandler_t sa_handler;
    unsigned long sa_flags;
    sigset_t sa_mask;                  /* mask last for extensibility */
};
```

- **sa_handler** ist ein Zeiger auf die Handlerfunktion, die vom Kernel beim Eintreffen eines Signals aufgerufen wird.

- **sa_mask** beinhaltet eine Bitmaske, die für jedes im System verfügbare Signal genau ein Bit enthält, und wird verwendet, um andere Signale während der Abarbeitung der Handlerroutine zu sperren. Nach Ausführung der Handlerfunktion setzt der Kernel die Liste der blockierten Signale wieder auf den Wert zurück, den sie vor Ausführung des Signals besessen hatte.

- **sa_flags** gibt zusätzliche Flags an, die das Verhalten des Signalhandlers beeinflussen können und in den verschiedenen Handbüchern zur Systemprogrammierung dokumentiert sind.

Funktionen, die als Signalhandler fungieren, besitzen folgenden Prototyp:

<asm-*arch*/ signal.h>
```
typedef void (*__sighandler_t)(int);
```

Der Parameter wird mit der Kennzahl des empfangenen Signals belegt, weshalb dieselbe Handlerfunktion für mehrere Signale installiert werden kann.[13]

Die Installation des Signalhandlers wird mit Hilfe des Systemaufrufs `sigaction` vorgenommen, der (in unserem Beispiel) den Default-Handler für SIGTERM durch die benutzerdefinierte Funktion `handler` ersetzt.

Prozesse können eine globale Maske setzen, die angibt, welche Signale während der Abarbeitung des Handlers blockiert werden sollen. Dazu wird eine Bitkette verwendet, die ein Signal mit Hilfe des Bitwerts 0 als nicht blockiert und mit 1 als blockiert ausweist. Das Beispielprogramm setzt alle Bitpositionen auf 0 und erlaubt daher, während der Abarbeitung des Handlers alle Signale anzunehmen, die von außen an den Prozess herangetragen werden.

Der letzte Schritt des Programms besteht darin, auf ein Signal zu warten, wozu der Systemaufruf `sigsuspend` verwendet wird: Der Prozess wird in den Blockiert-Zustand versetzt (siehe Kapitel 2 („Prozessverwaltung")) und schläft so lange, bis er von einem eintreffenden Signal wieder aufgeweckt wird, wonach er sich aber (durch die `while`-Schleife bedingt) unmittelbar wieder schlafen legt. Um die Behandlung des Signals muss sich der Hauptcode nicht kümmern, da dies automatisch vom Kernel im Zusammenspiel mit der Handlerfunktion erledigt wird.[14]

Wird mit `kill` das SIGTERM-Signal an den Prozess geschickt, wird dieser nicht wie sonst üblich beendet, sondern gibt die Nummer des empfangenen Signals (15) aus und läuft weiter, da das Signal wie gewünscht an die benutzerdefinierte Handlerroutine und nicht an die Default-Implementierung des Kerns geleitet wurde.

---

13 Es existiert noch eine weitere Variante für Handlerfunktion, die für POSIX-Signale verwendet wird und mit der etwas mehr Informationen übermittelt werden können. Sie wird für Posix-Echtzeitsignale verwendet, auf die wir aber nicht näher eingehen.

14 Die gezeigte Vorgehensweise ist ein gutes Beispiel, wie mit Hilfe von Signalen die schlechte Praxis des *busy waiting* vermieden werden kann: Statt eine leere Schleife wieder und wieder auszuführen, um auf das Eintreffen eines Signals zu warten (was sinnlos Prozessorzeit verschwendet, da der Prozess bei dieser Vorgehensweise immer läuft), kann sich das Programm gemütlich dem Nichtstun widmen, ohne den Prozessor zu belasten – der Kernel weckt den Prozess beim Eintreffen des Signals automatisch wieder auf und kann die Rechenzeit dazwischen für andere Dinge nützen.

Implementierung der Signalverarbeitung

Alle Signal-relevanten Daten werden mit Hilfe einer verknüpften Datenstruktur verwaltet, die sich aus einigen C-Strukturen zusammensetzt. Einstiegspunkt ist die Taskstruktur `task_struct`, die verschiedene signalrelevante Felder enthält:

```
struct task_struct {                                                  <sched.h>
    ...
    /* signal handlers */
        struct signal_struct *signal;
        struct sighand_struct *sighand;

        sigset_t blocked;
        struct sigpending pending;

        unsigned long sas_ss_sp;
        size_t sas_ss_size;
    ...
};
```

Die Signalverarbeitung erfolgt zwar im Kern, allerdings werden die installierten Signalhandler im Benutzermodus ausgeführt – anderenfalls wäre es sehr leicht, böswilligen oder fehlerhaften Code in den Kern einzuführen und damit die Sicherheitsmechanismen des Systems zu untergraben. Normalerweise verwenden Signalhandler den Usermode-Stack des jeweiligen Prozesses. Posix fordert allerdings (mit Hilfe des `sigaltstack`-Systemaufrufs) die Möglichkeit, Signalhandler auf einem eigens dafür eingerichteten Stack ablaufen zu lassen. Adresse und Größe dieses zusätzlichen Stacks (der von der Benutzerapplikation explizit alloziert werden muss) werden in `sas_ss_sp` bzw. `sas_ss_size` festgehalten.[15]

Um die Informationen über die installierten Signalhandler zu verwalten, wird das `sighand`-Element verwendet, das folgende Struktur besitzt:

```
struct sighand_struct {                                               <sched.h>
    atomic_t              count;
    struct k_sigaction    action[_NSIG];
};
```

`count` wird verwendet, um die Anzahl der Prozesse zu speichern, die die Instanz untereinander aufteilen: Wie in Kapitel 2 beschrieben wird, kann bei der `clone`-Operation eingestellt werden, dass Eltern- und Kindprozess dieselben Signalhandler verwenden, weshalb die Datenstruktur nicht kopiert zu werden braucht, sondern von beiden verwendet werden kann.

Die installierten Signalhandler werden im Array `action` festgehalten, das _NSIG Elemente besitzt. _NSIG gibt an, wie viele unterschiedliche Signale verarbeitet werden können. Auf den meisten Plattformen ist er auf 64 definiert, allerdings gibt es auch Ausnahmen (beispielsweise Mips64), die 128 Signale unterstützen.

In jedem Element findet sich eine Instanz der Struktur `k_sigaction`, die die Eigenschaften eines Signals aus Sicht des Kerns wiedergibt. Auf einigen Plattformen besitzt der Kern etwas mehr Informationen über Signalhandler, als für Userspace-Applikationen zur Verfügung steht. Normalerweise besteht `k_sigaction` aber aus nur einem einzigen Element, das die bereits bekannte Struktur `sigaction` einschließt:

```
struct k_sigaction {                                                  <asm-arch/
    struct sigaction sa;                                              signal.h>
};
```

---

[15] Signalhandler, die diesen Zusatzstack verwenden sollen, müssen mit dem Flag `SA_ONSTACK` installiert werden. Da dieser Mechanismus allerdings nur selten gebraucht wird, wollen wir nicht weiter darauf eingehen.

Wenn keine benutzerdefinierte Handlerroutine für ein Signal installiert wurde und statt dessen die Default-Routine verwendet werden soll, ist das Flag sa.sa_handler auf SIG_DFLT gesetzt. In diesem Fall verwendet der Kern je nach Signaltyp eine der vier Standardaktionen:

Ignorieren Nichts passiert.

Terminieren Beendet den Prozess bzw. die Prozessgruppe.

Anhalten Der Prozess wird in den TASK_STOPPED-Zustand versetzt.

Coredumpen Ein Speicherabzug des Adressraums wird erstellt und in eine Core-Datei geschrieben, die beispielsweise von einem Debugger verarbeitet werden kann.

Tabelle 4.2 zeigt, welche Signale mit welchem Default-Handler belegt sind.

Tabelle 4.2: Default-Aktionen für Standardsignale

Aktion	Signale
Ignorieren	SIGCHLD, SIGWINCH, SIGURG
Terminieren	SIGHUP, SIGINT, SIGKILL, SIGUSR1, SIGUSR2, SIGALRM, SIGTERM, SIGVTALRM, SIGPROF, SIGPOLL, SIGIO, SIGPWR und alle Echteit-Signale.
Anhalten	SIGSTOP, SIGTSTP, SIGTTIN, SIGTTOU
Coredumpen	SIGQUIT, SIGILL, SIGTRAP, SIGABRT, SIGGIOT, SIGBUS, SIGFPE, SIGSEGV, SIGXCPU, SIGXFSZ, SIGSYS, SIGUNUSED

Alle blockierten Signale werden durch das blocked-Element der Taskstruktur definiert. Der dafür verwendete Datentyp sigset_t ist eine Bitmaske, in der (mindestens) so viele Positionen enthalten sein müssen, wie Signale unterstützt werden. Der Kern verwendet zu diesem Zweck ein Array aus unsigned longs, dessen Umfang über _NSIG und _NSIG_BPW (die die Anzahl von Bits pro Word angibt) berechnet wird:

<asm-*arch*/signal.h>
```
#define _NSIG         64
#define _NSIG_BPW     32
#define _NSIG_WORDS   (_NSIG / _NSIG_BPW)

typedef struct {
        unsigned long sig[_NSIG_WORDS];
} sigset_t;
```

pending ist das letzte Element der Taskstruktur, das für die Signalbehandlung relevant ist: Mit seiner Hilfe wird eine verkettete Liste aufgebaut, in der alle ausgelösten Signale gespeichert werden, die der Kern noch bearbeiten muss. Dazu wird folgende Datenstruktur eingesetzt:

<signal.h>
```
struct sigpending {
        struct list_head list;
        sigset_t signal;
};
```

list wird verwendet, um alle anstehenden Signale in einer doppelt verketteten Standardliste zu verwalten, während signal mit der eben definierten Bitmaske die Kennzahlen aller Signale angibt, die noch verarbeitet werden müssen. Als Listenelemente werden Instanzen des Typs sigqueue verwendet:

<signal.h>
```
struct sigqueue {
        struct list_head list;
        siginfo_t info;
};
```

Die einzelnen Einträge werden über list miteinander verkettet. Eine weitere Datenstruktur (siginfo_t) gibt genauere Informationen über die Signale an, die auf ihre Bearbeitung warten:

```
typedef struct siginfo {                                        <asm-generic/
        int si_signo;                                           siginfo.h>
        int si_errno;
        int si_code;

        union {
          /* Signalspezifische Informationen */
          struct { ...} _kill;
          struct { ... } _timer;     /* POSIX.1b timers */
          struct { ... } _rt;        /* POSIX.1b signals */
          struct { ... } _sigchld;
          struct { ... } _sigfault;  /* SIGILL, SIGFPE, SIGSEGV, SIGBUS */
          struct { ... } _sigpoll;
        } _sifields;
} siginfo_t;
```

- si_signo enthält die Kennzahl des Signals.

- si_errno hat einen Wert ungleich 0, wenn das Signal durch einen Fehler ausgelöst wurde, andernfalls ist er gleich 0.

- si_code liefert genauere Aufschlüsse über die Herkunft des Signals, wobei uns hier nur die Unterscheidung zwischen Benutzer (SI_USER) und kernelgeneriertem Signal (SI_KERNEL) interessiert.

- Zusätzliche Informationen, die der Kern zur Bearbeitung einiger Signale benötigt, werden in der Union _sifield untergebracht. Beispielsweise wird in _sigfault die Adresse der Instruktion im Benutzeradressraum festgehalten, die das Signal verursacht hat.

Da sehr viele Datenstrukturen zum Einsatz kommen, findet sich in Abbildung 4.6 ein Überblick zu den Beziehungen, über die sie verknüpft sind.

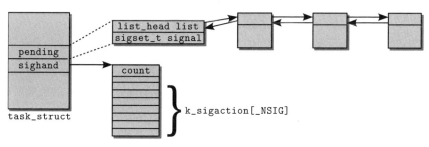

Abbildung 4.6: Datenstrukturen zur Signalverwaltung

Implementierung der Signalverarbeitung

Abbildung 4.3 auf der nächsten Seite zeigt eine Übersicht der wichtigsten Systemaufrufe, die vom Kern für die Implementierung der Signalverarbeitung verwendet werden. In der Praxis gibt es noch einige Aufrufe mehr, die zum Teil aus historischen Gründen vorhanden sind, zum Teil aber auch, um mit den verschiedenen Standards – vor allem Posix – kompatibel zu sein.

Tabelle 4.3: Einige signalrelevante Systemaufrufe

Systemaufruf	Funktion
`kill`	Signal an alle Prozesse einer Prozessgruppe versenden.
`tkill`	Signal an einen einzigen Prozess versenden.
`sigpending`	Überprüfen, ob noch nicht bearbeitete Signale vorliegen.
`sigprocmask`	Bitmaske der blockierten Signale manipulieren.
`sigsuspend`	Schlafen, bis ein bestimmtes Signal eintrifft.

Obwohl der Signalmechanismus recht simpel erscheint, wird die Implementierung durch viele Feinheiten und Details verkompliziert, die beachtet werden müssen. Da diese keine wichtigen Erkenntnisse über die Struktur der Implementierung liefern, werden wir nicht detaillierter auf spezielle Sonderfälle eingehen, sondern nur die Kernmechanismen beschreiben.

Signale versenden `kill` und `tkill` werden verwendet, um – entgegen ihrem Namen – ein beliebiges Signal an eine Prozessgruppe bzw. einen einzelnen Prozess zu verschicken. Da beide Funktionen im Wesentlichen identisch sind,[16] wollen wir uns mit `sys_tkill` beschäftigen, deren Codeflussdiagramm in Abbildung 4.7 zu sehen ist.

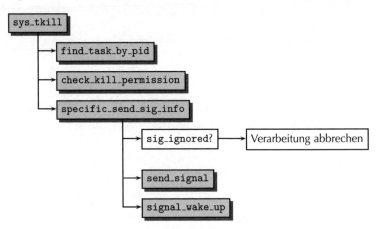

Abbildung 4.7: Codeflussdiagramm für `sys_tkill`

Nachdem die Taskstruktur des Zielprozesses mit `find_task_by_pid` gefunden wurde, überprüft der Kern, ob die passenden Rechte zum Absenden des Signals vorhanden sind; diese Aufgabe wird an `check_kill_permission` delegiert, die folgende Abfrage verwendet:

kernel/signal.c
```
    if (((unsigned long)info != 1 && (unsigned long)info != 2 && SI_FROMUSER(info))
       && ((sig != SIGCONT) || (current->session != t->session))
       && (current->euid ^ t->suid) && (current->euid ^ t->uid)
       && (current->uid ^ t->suid) && (current->uid ^ t->uid) && !capable(CAP_KILL))
             return -EPERM
```

---

[16] `sys_kill` verschickt das Signal an mehrere Prozesse, die je nach Form der übergebenen Pid interpretiert werden:

- `pid > 0` verschickt das Signal an den Prozess mit der angegebenen Pid.
- `pid = 0` schickt das Signal an alle Mitglieder der Prozessgruppe des Tasks, der das Signal verschickt hat.
- `pid = −1` verschickt das Signal an alle Prozesse mit `pid > 1`.
- `pid = −pgrp < −1` verschickt das Signal an alle Mitglieder der Prozessgruppe `pgrp`.

4.4 Andere IPC-Mechanismen

Die restliche Signalverarbeitung wird an `specific_send_sig_info` delegiert:

- Wenn das Signal blockiert ist, was mit `sig_ignored` geprüft werden kann, wird die Verarbeitung unmittelbar abgebrochen, um nicht noch mehr Zeit zu vergeuden.

- `send_signal` erzeugt eine neue `sigqueue`-Instanz (`sigqueue_cachep` verwendet wird), die mit den Daten des Signals ausgefüllt und in die Sigpending-Liste des Zielprozesses eingefügt wird.

- Wenn das Signal erfolgreich ausgeliefert wurde und nicht blockiert ist, wird der Prozess mit `signal_wake_up` aufgeweckt, um vom Scheduler selektiert werden zu können. Außerdem wird das Flag `TIF_SIGPENDING` gesetzt, über das der Kern erkennen kann, dass Signale an den Prozess ausgeliefert werden müssen.

Achtung: Das Signal ist nach diesen Aktionen zwar verschickt, der Signalhandler wurde aber noch nicht ausgelöst. Wie es dazu kommt, beschreibt der nächste Abschnitt.

Verarbeiten der Signalqueue Die Verarbeitung der Signalqueue wird nicht durch einen Systemaufruf ausgelöst, sondern vom Kern bei jedem Wechsel vom Kern- in den Benutzermodus angestoßen, wie in Kapitel 11 („Kernel-Aktivitäten und Zeitfluss") bemerkt wird.[17] Da die Verarbeitung im Assemblercode von `entry.S` angestoßen wird, ist die Umsetzung natürlich sehr Architektur-spezifisch. Die ausgeführten Aktionen bewirken bei allen Architekturen, dass im Endeffekt die Funktion `do_signal` ausgeführt wird, die zwar ebenfalls plattformspezifisch ist, sich aber auf allen Architekturen recht ähnlich verhält:

- Mit `get_signal_to_deliver` werden alle Informationen über das Signal eingeholt, das als Nächstes ausgeliefert werden soll. Außerdem entfernt die Funktion das Signal aus der weiter oben besprochenen Prozess-spezifischen Warteliste.

- `handle_signal` manipuliert den Usermode-Stack des Prozesses so, dass nach der Umschaltung vom Kernel- in den Benutzermodus nicht der normale Programmcode, sondern der Signalhandler ausgeführt wird. Diese komplizierte Vorgehensweise ist notwendig, da die Handler-Funktion nicht im Kernmodus ausgeführt werden darf.

  Außerdem wird der Stack so präpariert, dass nach dem Ende der Handlerfunktion der Systemaufruf `sigreturn` ausgeführt wird. Die Routine kümmert sich darum, den Kontext des Prozesses wieder so herzustellen, dass beim nächsten Wechsel in den Benutzermodus die Ausführung der Applikation wiederaufgenommen wird.

Abbildung 4.8 auf der nächsten Seite verdeutlicht den zeitlichen Fluss und die verschiedenen Wechsel zwischen Benutzer- und Kernmodus bei der Ausführung eines Signalhandlers.

4.4.2 Pipes und Sockets

Pipes und Sockets sind populäre Mittel zur Interprozesskommunikation. Wir werden hier allerdings nur einen Überblick zur Funktionsweise der beiden Konzepte geben, da beide heftigen Gebrauch von anderen Subsystemen des Kerns machen: Pipes verwenden Objekte des virtuellen

---

[17] Da dieser Wechsel nicht nur nach der Ausführung von Systemaufrufen, sondern auch bei jedem Tick des Timer-Interrupts erfolgt, wird garantiert, dass Signale wirklich abgearbeitet werden und nicht „hängen bleiben" können.

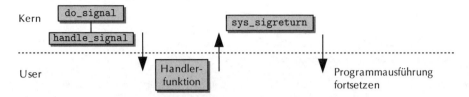

Abbildung 4.8: *Ausführung eines Signalhandlers*

Dateisystems, während Sockets von diversen Netzwerkfunktionalitäten, aber auch vom virtuellen Dateisystem Gebrauch machen.

Shellbenutzer kennen Pipes aus Kommandoketten wie

`wolfgang@meitner> prog | ghostscript | lpr -`

die Ausgaben eines Prozesses als Eingabe für einen weiteren Prozess verwenden, wobei der Datentransport von einer Pipe übernommen wird. Wie der Name sagt, versteht man unter einer Pipe eine Verbindung, die zum Datenaustausch verwendet wird: Ein Prozess schreibt an einer Seite Daten hinein, ein anderer nimmt sie auf der anderen Seite wieder heraus und verarbeitet sie weiter. Mehrere Prozesse können über eine Pipekette verbunden werden: Die einzelnen Stücke werden zusammengesteckt und bilden immer längere Röhren.

Wenn Pipes über die Shell erzeugt werden, lässt sich immer ein lesender und ein schreibender Prozess identifizieren. Um eine Pipe zu erzeugen, muss eine Applikation den `pipe`-Systemaufruf ausführen, der zwei Dateideskriptoren zurückliefert: einen für das lesende und den anderen für das schreibende Ende. Da beide Deskriptoren im gleichen Prozess existieren, kann sich dieser vorerst nur selbst Nachrichten schicken, was nicht unbedingt praktisch ist.

Pipes existieren als Datenobjekt im Adressraum des Prozesses – und werden beibehalten, wenn sich ein Prozess mit `fork` oder `clone` verdoppelt. Von genau dieser Eigenschaft machen Programme Gebrauch: Nachdem der Kindprozess mit Hilfe des `exec`-Systemaufrufs durch ein anderes Programm ersetzt wurde, besteht eine Kommunikationsverbindung zwischen zwei verschiedenen Applikationen (damit die Dateideskriptoren beim Aufruf von `exec` nicht geschlossen werden, müssen die Pipe-Deskriptoren entweder auf die Standardkanäle gelegt oder der `dup`-Systemaufruf verwendet werden).

Sockets sind ebenfalls Objekte, die nach ihrer Initialisierung im Kern einen Dateideskriptor zurückgeben und anschließend wie normale Dateien behandelt werden können. Allerdings lassen sie sich im Gegensatz zu Pipes nicht nur bidirektional verwenden, sondern dienen zur Kommunikation zwischen entfernten Rechnern, die nur über ein Netzwerk zu erreichen sind (nichtsdestotrotz können Sockets aber auch bei der Kommunikation zwischen zwei Prozessen auf dem lokalen System verwendet werden).

Die Socket-Implementierung zählt zu den eher komplexeren Bestandteilen des Kerns, da umfangreiche Abstraktionsmechanismen notwendig sind, um die Details der Kommunikation zu verbergen: Aus Benutzersicht ist es kein großer Unterschied, ob zwei lokale Prozesse auf dem gleichen Rechner oder Applikationen, die auf verschiedenen Computern in unterschiedlichen Kontinenten laufen, miteinander kommunizieren. Kapitel 9 („Netzwerke") wird genauer auf die Implementierung dieses erstaunlichen Mechanismus eingehen.

5 Gerätetreiber

Gerätetreiber sind ein wichtiger Teil des Kerns, da die Leistungsfähigkeit eines Betriebssystems von vielen Benutzern vor allem an der Tatsache gemessen wird, für wie viele Zubehörgeräte Treiber vorhanden sind und wie gut ihre Funktionen unterstützt werden. Ein großer Teil der Kernelquellen ist deshalb mit der Implementierung von Gerätetreibern beschäftigt.

Gerätetreiber bauen auf vielen verschiedenen Mechanismen auf, die der zentrale Kern für sie zur Verfügung stellt (Treiber werden deshalb auch gerne als „Anwendung" des Kerns gesehen). Die immense Zahl der vorhandenen Treiber im Linux-Kern macht es unmöglich, alle (oder auch nur wenige davon) im Detail zu besprechen. Dies ist aber auch nicht notwendig: Weil sich die Strukturen von Gerätetreibern immer sehr ähnlich sind – unabhängig vom angesteuerten Gerät –, genügt es, sich auf einige zentrale Punkte zu beschränken, die in allen Treibern beachtet werden müssen. Damit beschäftigen wir uns in in diesem Kapitel.

5.1 IO-Architektur

Üblicherweise wird die Kommunikation mit Zubehörgeräten als Ein- und Ausgabe bzw. *Input* und *Output* bezeichnet, weshalb in der Literatur gerne die Abkürzungen E/A bzw. I/O verwendet werden. Bei der I/O-Implementierung für Zubehörgeräte muss der Kern zwei Problemkreise beachten: Zum einen muss die Hardware angesteuert werden, wozu je nach Typ und Modell des Gerätes verschiedene spezifische Methoden verwendet werden; zum anderen muss der Kernel Möglichkeiten zur Verfügung stellen, die Benutzerapplikationen und Systemtools den Zugriff auf die vorhandenen Geräte erlaubt, wobei ein möglichst einheitliches Schema bereitgestellt werden muss, um den Programmieraufwand in Grenzen zu halten und die Interoperabilität einer Applikation mit vielen unterschiedlichen Hardwareansätzen zu gewährleisten.

Die Kommunikation mit einem Zubehörgerät läuft über verschiedene Schichten ab, wie Abbildung 5.1 verdeutlicht.

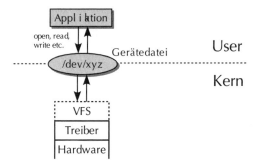

Abbildung 5.1: Schichtenmodell bei der Ansteuerung von Zubehörgeräten

Der Zugriff auf jedes einzelne Gerät erfolgt über Abstraktionslayer, die in einer hierarchischen Ordnung zusammengefügt sind. Am Ende der Rangfolge steht das über ein Bussystem mit anderen Geräten und der CPU des Systems verbundene Gerät selbst. Dieser Weg wird verwendet, um die Kommunikation mit dem Kernel durchzuführen.

Bevor wir uns an die nähere Untersuchung der relevanten Algorithmen und Strukturen im Linux-Kernel machen, soll ein kurzer Überblick zur allgemeinen Funktionsweise von Erweiterungshardware gegeben werden. Genauere Details finden sich in Hardware-spezifischen Büchern wie beispielsweise [MD03].

5.1.1 Erweiterungshardware

Hardware kann auf verschiedenen Wegen ins System gelangen, wobei interne Steckkarten für das Motherboard oder externe Verbindungen zu den beliebtesten Methoden zählen. Natürlich ist es auch möglich, Erweiterungen direkt auf dem Systemboard unterzubringen; diese Methode hat sich in den letzten Jahren immer weiter verbreitet: Während es noch zu Zeiten des 80386 durchaus üblich war, den Festplattencontroller als Form einer Erweiterungskarte in einem speziellen Slot der Hauptplatine unterzubringen, sind heutzutage Serverboards keine Seltenheit mehr, auf denen Netzwerk, USB, SCSI, Grafikkarte und viele weitere Dinge direkt und ohne platzintensive Steckkarten untergebracht sind. Dieser Trend zur Miniaturisierung wird auch von den vielen Handhelds und Minilaptops weiter vorangetrieben, die immer größere Verbreitung finden. Für den Kernel bedeutet es in den meisten Fällen keinen Unterschied, *wie* ein Zubehörgerät mit dem restlichen System verbunden ist, da die entstehenden Besonderheiten von der Hardware abstrahiert werden.

Bussysteme

Auch wenn die Erweiterungsmöglichkeiten breit gestreut sind – sie reichen von CD-Schreibern über Modems und ISDN-Karten hin zu Kameras und Soundkarten –, besitzen sie dennoch alle ein gemeinsames Charakteristikum: Sie sind nicht direkt mit der CPU verbunden, sondern werden zuerst an einen *Bus* angebunden, der Kommunikationsaufgaben zwischen Gerät und Prozessor sowie zwischen einzelnen Geräten untereinander übernimmt. Möglichkeiten zur Realisierung solcher Busse gibt es viele,[1] und Linux unterstützt auch eine ganze Reihe davon. Einige bekannte Vertreter sind:

PCI steht für *Peripheral Component Interconnect* und ist auf vielen Architekturen der Hauptbus des Systems, weshalb wir uns weiter unten noch genauer mit seinen Besonderheiten und der Implementierung im Kernel beschäftigen werden. PCI-Geräte werden in Steckplätze auf die Hauptplatine des Computers eingebracht; moderne Varianten des Busses unterstützen auch Hotplugging, wodurch das Anbringen und Entfernen von Geräten im laufenden Computerbetrieb machbar wird (diese Möglichkeit wird bisher zwar nur selten genutzt, Unterstützung dafür ist aber in den Kernelquellen enthalten). PCI erreicht maximale Transfergeschwindigkeiten von einigen hundert Megabyte pro Sekunde und kann dadurch ein weites Anwendungsfeld abdecken.

ISA steht für *Industrial Standard Architecture* und ist ein alter, aber dennoch (leider) immer noch verbreiteter Bus: Da er von der elektronischen Seite gesehen sehr einfach gestrickt ist, macht er es für Hobby-Elektroniker oder kleine Firmen sehr leicht, Zusatzhardware zu entwerfen

---

[1] Genau genommen werden Busse nicht nur zur Kommunikation mit Zubehörgeräten, sondern auch zum Datenaustausch mit elementaren Systemkomponenten wie dem RAM-Speicher verwendet. Da Busse dieser Art aber ein reines Hardwareproblem- und Elektronikproblem sind, um das sich die Software und damit der Kernel nicht kümmern müssen, wollen wir uns hier nicht weiter damit beschäftigen.

und zu fertigen. Dies war bei der Einführung des Busses durch IBM in der Frühzeit des PCs durchaus beabsichtigt, führte aber im Laufe der Zeit immer häufiger zu Problemen, weshalb der Bus schließlich von fortschrittlicheren Systemen abgelöst wurde. ISA ist sehr stark an die Eigenheiten der IA32-Architektur (beziehungsweise seiner Vorgänger) gebunden, kann aber auch im Zusammenspiel mit anderen Prozessoren verwendet werden.

SBus ist ein recht fortschrittlicher Bus, der allerdings bereits einige Jahre auf dem Buckel hat. Er wurde von SUN als nicht hardwaregebundener Bus erfunden, konnte sich aber auf anderen Architekturen nicht durchsetzen. Auch wenn neuere UltraSparc-basierte Modelle von SUN immer mehr zu PCI tendieren, spielt der Bus auf älteren SparcStations eine wichtige Rolle, weshalb er von Linux unterstützt wird.

IEEE1394 ist ein offenbar nicht Marketing-kompatibler Name, weshalb der Bus von einigen Herstellern als *FireWire*, von anderen als *I.link* bezeichnet wird. Nichtsdestotrotz bietet er einge sehr interessante technische Eigenschaften, wozu vor allem die von Grund auf eingeplante Hotplug-Fähigkeit und die sehr hohen möglichen Transferraten zählen. Bei IEEE1394 handelt es sich um einen externen Bus, der vor allem bei Laptops der höheren Preisklasse gerne zur Bereitstellung einer High-Speed-Erweiterungsmöglichkeit verwendet wird.

USB (*Universal Serial Bus*) ist ebenfalls ein externer Bus mit einer sehr großen Verbreitung und Marktakzeptanz. Auch hier liegt das Hauptaugenmerk auf der Hotplug-Fähigkeit samt der Möglichkeit zur automatischen, einfachen Erkennung neuer Hardware, wobei die maximal möglichen Geschwindigkeiten eher moderat sind, aber für Geräte wie CD-Brenner, Tastaturen oder Mäuse dennoch ausreichen.[2] Die Topologie eines USB-Systems ist ungewöhnlich, da die Geräte nicht in einer einzigen Kette, sondern in einer Baumstruktur aufgeteilt sind, was sich auch bei der Adressierung der vorhandenen Geräte im Kernel bemerkbar macht. Als Knotenpunkte werden *USB-Hubs* verwendet, die Anschlussmöglichkeiten für weitere Geräte (und zusätzliche Hubs) bereitstellen. Ein weiterer ungewöhnlicher Punkt von USB ist die Möglichkeit zur Reservierung einer festen Bandbreite für einzelne Geräte, was bei der Realisierung eines gleichmäßigen Datenstroms eine wichtige Rolle spielt.

SCSI steht für *Small Computer System Interface* und wurde früher gerne als *Bus für Profis* bezeichnet, was wohl auch den hohen Preisen für entsprechende Zusatzgeräte zu verdanken ist. Da SCSI einen hohen Datendurchsatz erlaubt, wird es vor allem in Serversystemen der unterschiedlichsten Prozessorarchitekturen verwendet, um Festplatten anzusprechen. Aufgrund der im Vergleich zu anderen Bussen recht komplizierten elektrischen Vorgehensweise beim Einbau (jede SCSI-Kette muss durch Endstücke terminiert werden, um zu funktionieren) ist die Verbreitung in Arbeitsplatzrechnern eher gering.

Parallele und Serielle Schnittstellen sind in den meisten Architekturen unabhängig von ihrem restlichen Design vorhanden. Es handelt sich dabei um äußerst einfache, sehr langsame Verbindungen zur Außenwelt, die seit ewigen Zeiten vorhanden sind. Sie werden verwendet, um langsame Geräte wie Drucker, Modems oder Tastaturen anzusteuern, die keine sonderlich hohen Leistungsanforderungen an das System stellen.

Unabhängig von der verwendeten Prozessorarchitektur existiert auf einem System üblicherweise nicht nur ein einziger Bus, sondern eine Mischung aus mehreren Varianten: In aktuellen PC-Designs finden sich üblicherweise zwei PCI-Busse, die durch so genannten Brücken (*Bridges*)

---

[2] Eine neue Version der Busspezifikation (2.0) sorgt für wesentlich höhere Maximalgeschwindigkeiten.

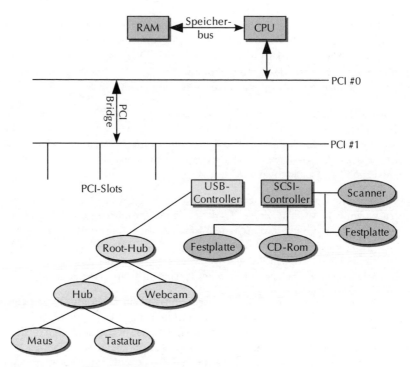

Abbildung 5.2: Verknüpfung unterschiedlicher Busse

miteinander verbunden sind; ebenso ist aus Kompatibilitätsgründen manchmal noch ein ISA-Bus (meist mit nur einem Steckplatz) integriert. Manche Busse wie USB oder FireWire können nicht als Hauptbusse betrieben werden, sondern benötigen immer einen weiteren Systembus, über den die Daten an den Prozessor weitergeleitet werden. Abbildung 5.2 zeigt, wie verschiedene Busse in einem System zusammenspielen.

Interaktion mit den Zusatzgeräten

I/O-Ports Um mit der im System angeschlossenen Hardware kommunizieren zu können, gibt es mehrere Möglichkeiten. Eine davon sind IO-Ports, wie sie sich auf IA-32 und vielen anderen Architekturen finden. Der Kernel kann bei diesem Ansatz Daten an einen IO-Controller schicken, die aufgrund ihrer eindeutigen Portnummer an ein angeschlossenes Gerät weitergeleitet und dort verarbeitet werden. Zur Verwaltung aller IO-Adressen verwendet man einen separaten, virtuellen Adressraum, der vom Prozessor verwaltet wird, wobei allerdings Unterstützung durch die restliche Hardware des Systems vorhanden sein muss. Achtung: Der IO-Adressraum hängt normalerweise *nicht* mit dem normalen Speicherbereich des Systems zusammen.[3]

Es gibt unterschiedliche Arten von Ports: Manche können nur ausgelesen oder nur beschrieben werden, während normalerweise bidirektionaler Betrieb möglich ist, Daten also in beiden Richtungen zwischen Prozessor (und damit Applikation bzw. Kernel) und Zusatzgerät ausgetauscht werden können.

Auf IA-32-Architekturen setzt sich der Portadressraum aus 2^{16}, also ungefähr 64.000 verschiedenen 8-Bit-Adressen zusammen, die über Zahlen von 0 bis 0xFFFFH eindeutig identifiziert

---

[3] Da Ports auch in den Speicher gemappt werden können, führt dies oft zu Konfusionen.

5.1 IO-Architektur

werden. Jeder der dadurch entstehenden Ports ist entweder leer oder von einem Gerät belegt. Mehrere Zusatzgeräte können sich nicht einen gleichen Port teilen.

8 Bit sind angesichts der heutigen Technik nicht gerade viel, wenn es um den Austausch von Daten mit externen Einheiten geht. Deswegen ist es möglich, zwei direkt aufeinander folgende 8-Bit-Ports kombiniert als einen 16-Bit-Ports zu betrachten; auch können zwei aufeinander folgende 16-Bit-Ports (und damit letztendlich 4 aufeinander folgende 8-Bit-Ports) als 32-Bit-Ports betrachtet werden. Der Prozessor stellt entsprechende Assembleranweisungen zur Verfügung, um Aus- und Eingabeoperationen durchführen zu können.

Jeder Prozessortyp implementiert den Zugriff auf seine Ports unterschiedlich, weshalb der Kernel einen entsprechenden Abstraktionslayer zur Verfügung stellen muss. Es werden Befehle wie `outb` (zum Schreiben eines Bytes), `outw` (zum Schreiben eines Words) oder `inb` (zum Einlesen eines Bytes) zur Verfügung gestellt, die in <`asm-arch/io.h`> implementiert werden. Da es sich dabei um sehr Prozessor-spezifische Definitionen handelt, wollen wir nicht näher darauf eingehen.[4]

I/O Memory Mapping Viele Geräte müssen aus Sicht des Programmierers ähnlich wie RAM-Speicher angesprochen werden, weshalb moderne Prozessoren die Möglichkeit des *Memory Mappings* (Einblenden in den virtuellen Adressraum) für IO-Ports bereitstellen. Dabei werden die Portadressen eines bestimmten Zubehörgeräts in den normalen Speicherbereich eingeblendet und können mit allen Anweisungen manipuliert werden, die auch zur Bearbeitung von regulärem Speicher verwendet werden. Grafikkarten verwenden üblicherweise diese Art der Operation, da umfangreiche Bilddaten leichter mit normalen Prozessorbefehlen als mit den speziellen Portbefehlen bearbeitet werden können. Auch Systembusse wie PCI werden gerne über eingeblendete IO-Adressen angesprochen.

Um mit Memory Mappings arbeiten zu können, müssen IO-Ports (mit Prozessor-spezifischen Routinen) in den regulären Speicherbereich des Systems eingeblendet werden. Da die benötigten Vorgehensweisen auch hier wieder stark von den zugrunde liegenden Architekturen abhängen, stellt der Kernel wiederum eine kleine Abstraktionsschicht zur Verfügung, die im Wesentlichen aus den Befehlen `ioremap` und `iounmap` zum Ein- und Ausblenden von IO-Bereichen besteht, auf deren Implementierung wir aber nicht genauer eingehen wollen.

Polling und Interrupts Neben der technischen Durchführung von Zugriffen auf Peripheriegeräte gibt es noch eine andere Frage: Wie kann das System feststellen, ob und wann auslesbare Daten von einem Gerät anstehen? Es gibt dazu zwei Möglichkeiten: Polling und Interrupts.

Polling ist die weniger schöne Alternative. Die Strategie ist sehr einfach: Das Gerät wird immer wieder abgefragt, ob Daten vorhanden sind – so lange, bis es endlich so weit ist und der Prozessor Daten ins restliche System übermitteln kann. Dass dies keine sonderlich Ressourcen-schonende Idee ist, ist klar: Sehr viel Laufzeit des Systems wird nur dazu verbraucht, um den Status eines Zubehörgeräts zu überprüfen, ohne sich um wichtigere Aufgaben kümmern zu können.

Interrupts oder *Unterbrechungen* sind die bessere Alternative: Jede CPU stellt verschiedene *Interruptlinien* zur Verfügung, die auf die einzelnen Geräte des Systems verteilt werden (es ist auch möglich, dass sich mehrere Geräte einen gemeinsamen Interrupt teilen, darauf kommen wir aber später zurück). Jeder Interrupt wird durch eine eindeutige Kennzahl identifiziert; auch stellt der Kernel für jeden verwendeten Interrupt eine so genannte *Service-Routine* bereit.

---

[4] Nichtsdestotrotz ist die Implementierung der IO-Funktionen für IA-32-Prozessoren zumindest in einem gewissen Sinn interessant, da in `include/asm-i386/io.h` wirklich jede Gemeinheit ausgenutzt wird, die beim Schreiben von Präprozessorcode verwendet werden kann.

Interrupts unterbrechen die normale Arbeit des Systems und ziehen die Aufmerksamkeit auf sich. Ein Zusatzgerät löst einen Interrupt aus, wenn Daten zur Verfügung stehen, die vom Kernel oder (indirekt) von einem Anwendungsprogramm verarbeitet werden sollen. Das System muss sich bei dieser Methode nicht darum kümmern, andauernd zu überprüfen, ob neue Daten vorhanden sind, da es automatisch vom Zubehörgerät darüber informiert wird.

Da die Interrupt-Behandlung und -implementierung ein komplexes Feld ist, wird Kapitel 11 („Kernel-Aktivitäten und Zeitfluss") genauer auf die entsprechenden Details eingehen.

Gerätekontrolle über Busse

Nicht alle Geräte werden direkt über IO-Anweisungen angesteuert, sondern müssen über ein Bussystem kontrolliert werden. Dabei gibt es je nach verwendetem Bus und eingesetzten Geräten viele verschiedene Möglichkeiten, wie dies im Detail durchzuführen ist, weshalb wir hier nicht auf spezifische Genauigkeiten eingehen werden. Dennoch gilt es, einige grundlegende Unterschiede zwischen den verschiedenen Ansätzen zu beachten.

Nicht alle Geräteklassen können an alle Bussysteme angeschlossen werden: So ist es beispielsweise möglich, Festplatten oder CD-Brenner an eine SCSI-Schnittstelle anzuschließen, während dies mit Grafikkarten nicht möglich ist. Diese können dafür in PCI-Slots untergebracht werden. Festplatten müssen dafür über den Umweg einer anderen Schnittstelle (üblicherweise IDE) mit dem PCI-Bus verbunden werden.

Man bezeichnet die unterschiedlichen Busarten als *System-* bzw. *Erweiterungsbus*, wobei wir auf die technischen Details nicht eingehen wollen. Für den Kernel (und dadurch bei der Programmierung von Gerätetreibern) sind die Differenzen der Hardware-Implementierung nicht wichtig; lediglich die Art und Weise, wie die Busse und die daran angeschlossenen Peripheriegeräte angesprochen werden, ist relevant.

Beim Systembus – für viele Prozessortypen und Systemarchitekturen ein PCI-Bus – werden IO-Anweisungen und Memory-Mappings verwendet, um mit dem Bus selbst und den daran angeschlossenen Geräten zu kommunizieren. Zusätzlich stellt der Kernel verschiedene Befehle für Gerätetreiber zu Verfügung, die spezielle Funktionen des Busses – beispielsweise das Abfragen einer Liste aller vorhandenen Geräte, das Auslesen oder Setzen von Konfigurationsinformationen in einem standardisierten Format etc. – zur Verfügung, die plattformunabhängig arbeiten und die Treiberentwicklung vereinfachen, da der Code ohne Modifikationen auf verschiedenen Plattformen verwendet werden kann.

Erweiterungsbusse wie USB, IEEE1394 oder SCSI kommunizieren über ein klar definiertes Busprotokoll mit den angeschlossenen Geräten, um Daten oder Kommandos auszutauschen. Während der Kernel mit dem Bus selbst über IO-Anweisungen oder Memory Mappings kommuniziert,[5] stellt er plattformunabhängige Routinen zur Verfügung, mit deren Hilfe die Buskommunikation mit den angeschlossenen Geräten erfolgen kann.

Die Kommunikation mit den am Bus angeschlossenen Geräten muss nicht zwingend im Kernelspace in Form eines Gerätetreibers erfolgen, sondern kann in manchen Fällen auch vom Userspace aus implementiert werden. Musterbeispiel sind SCSI-Brenner, die üblicherweise vom `cdrecord`-Tool angesprochen werden, das die dazu benötigten SCSI-Kommandos generiert und mit Hilfe des Kernels über den SCSI-Bus an das entsprechende Gerät verschickt und die davon generierten Rückmeldungen und Reaktionen verarbeitet.

---

5 Die Busse werden oft als Einsteckkarte realisiert, die sich in einem PCI-Slot befindet und entsprechend angesteuert werden muss.

5.2 Zugriff auf Erweiterungsgeräte

Zum Zugriff auf Erweiterungsgeräte werden spezielle Dateien verwendet, die nicht mit einem Datenbereich auf der Festplatte oder irgend einem anderen Speichermedium verbunden sind, sondern die Verknüpfung mit einem Gerätetreiber herstellen und damit die Kommunikation mit einem Erweiterungsgerät ermöglichen. Von Seiten der Applikation sind die Unterschiede zur Bearbeitung einer Datei gering: Gerätespezialdateien werden mit genau denselben Bibliotheksfunktionen manipuliert, die für normale Dateien zum Einsatz kommen. Zur bequemeren Handhabung steht allerdings noch eine Anzahl zusätzlicher Kommandos zur Verfügung, die mit normalen Dateien nicht mögliche Aktionen durchführen.

5.2.1 Gerätespezialdateien

Betrachten wir die Vorgehensweise am Beispiel eines Modems, das an der seriellen Schnittstelle angeschlossen ist. Die entsprechende Spezialdatei trägt den Namen `/dev/ttyS0`, wobei die Identifizierung allerdings nicht über den Dateinamen, sondern mit Hilfe der Major- und Minor-Number der Gerätedatei erfolgt, die im Dateisystem als spezielle Attribute verwaltet werden.

Um Daten in eine Gerätespezialdatei zu schreiben oder Ergebnisse auszulesen, können normale Systemtools verwendet werden, mit denen man sonst Dateien bearbeitet. Beispielsweise schickt

```
wolfgang@meitner> echo "ATZ" > /dev/ttyS0
```

einen Initialisierungsstring an ein Modem. das an der ersten seriellen Schnittstelle angeschlossen ist.

5.2.2 Zeichen-, Block- und sonstige Geräte

Die Art und Weise, wie Daten zwischen Zusatzgeräten und dem Rest des Systems ausgetauscht werden, lässt sich in mehrere Kategorien unterteilen: Während manche Geräte besser für einen zeichenweisen Austausch geeignet sind, da keine größeren Datenmengen übertragen werden, lassen sich andere besser ansteuern, wenn Informationsblöcke mit einer festen, großen Anzahl Bytes übertragen werden. Der Kernel unterscheidet zwischen Zeichen- und Blockgeräten: Während sich in der ersten Kategorie serielle Schnittstellen oder Textkonsolen befinden, handelt es sich bei Blockgeräten u. a. um Festplatten, CD-ROM-Geräte oder Ähnliches.

Identifikation von Gerätespezialdateien

Beide Typen werden anhand der Eigenschaften ihrer Gerätespezialdateien unterschieden. Betrachten wir einige Mitglieder des `/dev`-Verzeichnisses:

```
wolfgang@meitner> ls -l /dev/hda{a,b,c} /dev/ttyS{0,1,2}
brw-rw----   1 root     disk        3,    0 Mar 24  2001 /dev/hda
brw-rw----   1 root     disk        3,   64 Mar 24  2001 /dev/hdb
brw-rw----   1 root     disk       22,    0 Mar 24  2001 /dev/hdc
crw-r--r--   1 root     uucp        4,   64 May  8 18:52 /dev/ttyS0
crw-r--r--   1 root     uucp        4,   65 Mar 24  2001 /dev/ttyS1
crw-r--r--   1 root     uucp        4,   66 Mar 24  2001 /dev/ttyS2
```

In vielen Punkten unterscheidet sich die Ausgabe nicht von normalen Dateien, vor allem was die Zugriffsberechtigungen betrifft. Zwei wichtige Unterschiede gibt es allerdings:

- Der erste Buchstabe der Zugriffsberechtigung ist entweder b oder c, wobei zwischen Block- (*block*) und Zeichengeräten (*character*) unterschieden wird.

- Anstelle der Dateigröße sind zwei Zahlen angegeben, die man als *major* und *minor number* bezeichnet. Beide zusammen bilden eine eindeutige Kennziffer, mit deren Hilfe der Kernel den passenden Gerätetreiber finden kann.

Achtung: Gerätedateien erhalten einen Namen, da Benutzer (und deshalb letztendlich Menschen) sich symbolische Bezeichnungen besser merken können als Nummern. Die eigentliche Funktionalität einer Gerätespezialdatei wird aber *nicht* durch ihren Namen, sondern ausschließlich auf Major und Minor Number erzeugt. Auch das Verzeichnis, in dem sich die Dateien befinden, spielt keine Rolle.[6]. mknod wird verwendet, um Gerätespezialdateien zu erzeugen; die Verwendung des Tools ist in der Standardliteratur zur Systemverwaltung beschrieben.

Der Kernel nutzt Major und Minor Number, um auf den passenden Treiber schließen zu können. Die Aufteilung in zwei Zahlen ist durch die allgemeine Struktur eines Gerätetreibers bedingt: Zum einen können sich mehrere Geräte des gleichen Typs im System befinden, die von einem einzigen Gerätetreiber verwaltet werden (es wäre schließlich unsinnig, den gleichen Code mehrfach in den Kernel zu laden). Zum anderen können Geräte der gleichen Kategorie dadurch zusammengefasst und daher auf logische Art und Weise in die Datenstrukturen des Kerns eingefügt werden.

Die Major Number wird verwendet, um den Gerätetreiber an sich anzusprechen. Beispielsweise verwendet der erste IDE-Controller, an dem sich die Platten hda und hdb befinden, die Major Number 3, wie aus obigem Beispiel ersichtlich ist. Die einzelnen Geräte des Treibers, d.h. primäre und sekundäre Platte, werden durch die Minor Number gekennzeichnet, die sich für beide unterscheidet: hda besitzt 0 als Minor Number, während für hdb 64 verwendet wird. Warum befindet sich zwischen beiden Zahlen eine so große Lücke? Betrachten wir die restlichen Dateien des /dev-Verzeichnisses, die sich auf die hda-Platte beziehen:

```
wolfgang@meitner> ls -l /dev/hda*
brw-rw----   1 root     disk       3,   0 Mar 24  2001 /dev/hda
brw-rw----   1 root     disk       3,   1 Mar 24  2001 /dev/hda1
brw-rw----   1 root     disk       3,   2 Mar 24  2001 /dev/hda2
brw-rw----   1 root     disk       3,   3 Mar 24  2001 /dev/hda3
brw-rw----   1 root     disk       3,   4 Mar 24  2001 /dev/hda4
brw-rw----   1 root     disk       3,   5 Mar 24  2001 /dev/hda5
brw-rw----   1 root     disk       3,   6 Mar 24  2001 /dev/hda6
brw-rw----   1 root     disk       3,   7 Mar 24  2001 /dev/hda7
brw-rw----   1 root     disk       3,   8 Mar 24  2001 /dev/hda8
brw-rw----   1 root     disk       3,   9 Mar 24  2001 /dev/hda9
...
```

Wie dem Leser sicherlich bekannt ist, können die einzelnen *Partitionen* einer Platte über die Spezialgerätedateien /dev/hda1, /dev/hda2 usw. angesprochen werden, während sich /dev/hda auf die *komplette* Platte bezieht. Damit der Treiber zwischen den einzelnen Varianten unterscheiden kann, werden fortlaufende Minor Numbers zur Identifikation von Partitionen verwendet.

Wenn wir die Major-Nummer für den zweiten IDE-Controller betrachten, an dem die Platten hdc und hdd angeschlossen sind, stellen wir fest, dass es sich dabei um 22 handelt! Ein einziger Treiber kann deshalb auch mehrere Major Numbers für sich reservieren.

Die demonstrierte Aufteilung gilt auch für zeichenorientierte Geräte, die ebenfalls durch eine Major und Minor Number repräsentiert werden. Der Treiber für die serielle Schnittstelle belegt

---

6   Natürlich hat sich dennoch ein Standard eingebürgert, nach dem die Dateien benannt werden.

5.2 Zugriff auf Erweiterungsgeräte

beispielsweise die Major Number 4, während die einzelnen Schnittstellen durch die Minor Number charakterisiert werden, die von 64 an aufwärts läuft.

Achtung: Jede Major Number ist *sowohl* an ein Block- als auch an ein Zeichengerät vergeben. Die Information zur Selektion des korrekten Treibers ist daher nur eindeutig, wenn neben der Zahl auch noch der Typ des Geräts (block oder char) angegeben wird!

Während die Vergabe von Major-Nummern in der Anfangszeit von Linux sehr locker gehandhabt wurde (aufgrund der kleinen Zahl vorhandener Treiber war dies auch kein besonderes Problem), wird dies heute durch eine mehr oder weniger offizielle Organisation geregelt, die sich um die Zuteilung von Major- und Minor-Nummern an neue Treiber kümmert. Treiber, die nicht in dieser Liste registrierte Major-Nummern zur Identifizierung ihrer Geräte verwenden, können und werden nicht in die Standard-Distribution der Kernelquellen aufgenommen.

Die aktuelle Liste ist unter `http://www.lanana.org` erhältlich; die etwas seltsam klingende URL steht für *Linux assigned name and numbers authority*. Ebenso ist in der Standard-Distribtion der Kernelquellen die Datei `Documentation/devices.txt` enthalten, die die zum Zeitpunkt der Kernel-Releases aktuellen Daten enthält.

5.2.3 Gerätekontrolle mit Ioctls

Auch wenn sich zeichen- und blockorientierte Geräte in den meisten Fällen schön in die Strukturen des Dateisystems und damit in die zugrunde liegende Unix-Philosophie „alles ist eine Datei" einfügen, gibt es dennoch verschiedene Aufgaben, die mit reinen Ein- und Ausgabebefehlen nur sehr unkomfortabel gelöst werden können. Dabei handelt es sich um die Kontrolle gerätespezifischer Funktionen und Eigenheiten, die sich nicht in ein allgemeines Dateischema pressen lassen; Musterbeispiel ist das Einstellen der Konfiguration eines Geräts.

Natürlich ist es möglich, solche Aufgaben auch über generische `read`- und `write`-Funktionen durchzuführen, indem „magische" Zeichenketten mit besonderen Bedeutungen definiert werden. Beispielsweise kann dies für ein Diskettenlaufwerk verwendet werden, um den softwaremäßigen Auswurf seiner Medien zu unterstützen. Der Gerätetreiber könnte den an das Gerät gehenden Datenstrom überwachen und beim Auftreten des String `floppy: eject` die Diskette aus dem Laufwerk werfen. Ebenso lassen sich Spezialcodes für andere Aufgaben definieren.

Diese Methode bringt einen offensichtlichen Nachteil mit sich: Was passiert, wenn eine Textdatei auf Diskette geschrieben wird, in der die genannte Zeichenkette im Inhalt auftaucht (weil es sich beispielsweise um die Anleitung zum Diskettenlaufwerk handelt)? Der Treiber würde die Diskette auswerfen, ohne dass dies vom Benutzer wirklich beabsichtigt wäre – eine sehr ärgerliche Situation. Natürlich kann dies vermieden werden, indem Userspace-Applikationen die zu übertragenden Daten zuerst auf die entsprechende Sequenz prüfen und diese gegebenenfalls entsprechend maskieren (wobei dazu natürlich ebenfalls eine entsprechende Methodik definiert werden muss); dies ist aber nicht nur zeit- und ressourcenaufwendig, sondern auch weder besonders elegant noch durchdacht.[7]

Der Kernel muss daher eine Möglichkeit bereitstellen, um spezielle Eigenschaften von Geräten nutzbar machen zu können, ohne dabei auf normale Lese- und Schreibbefehle zurückzugreifen. Eine entsprechende Möglichkeit ist die Einführung spezieller Systemaufrufe, was aber unter Kernel-Entwicklern nicht sehr gerne gesehen wird und daher nur für wenige, dafür aber um so weiter verbreitete Geräte zugelassen wird. Die Methode der Wahl hört auf den Namen *IOCTL*,

---

[7] Einige Treiber machen – überwiegend aus historischen Gründen – dennoch von dieser Methode Gebrauch. Vor allem bei Terminals ist es sehr verbreitet, bestimmte übertragene Steuerzeichen zur Steuerung von Geräteeigenschaften wie Textfarbe, Cursorposition etc. zu verwenden.

was für *input output control interface* steht und dementsprechend eine allgemeine Schnittstelle zur Konfiguration und Kontrolle spezieller Geräteeigenschaften bereitstellt.

Ioctls werden durch eine spezielle Methode implementiert, die bei der Bearbeitung einer Datei verwendet werden kann: Während sie bei Gerätedateien eine besondere Wirkung hat, bleibt sie bei normalen Dateien ohne Effekt. Kapitel 7 („Das virtuelle Dateisystem") geht genauer darauf ein, wie sich die Implementierung in das Schema des virtuellen Dateisystems fügt; hier genügt es zu wissen, dass jeder Gerätetreiber eine Ioctl-Routine definieren kann, mit deren Hilfe Steuerungsdaten getrennt vom eigentlichen Ein/Ausgabekanal übertragen werden können.

Wie werden IOCTLs aus Benutzer- bzw. Programmierersicht verwendet? Die Standardbibliothek stellt die `ioctl`-Funktion bereit, die verwendet wird, um ein Ioctl-Kommando mittels eines speziellen Codes an eine geöffnete Datei zu leiten. Ihre Implementierung beruht auf dem `ioctl`-Systemaufruf, der im Kern von `sys_ioctl` bearbeitet wird (Kapitel 10 („Systemaufrufe") geht genauer auf die Implementierung von Systemaufrufen ein):

fs/ioctl.c
```
asmlinkage long sys_ioctl(unsigned int fd, unsigned int cmd, unsigned long arg)
```

Der Ioctl-Code (`cmd`) wird in Form einer mehr oder weniger gut lesbaren Präprozessorkonstante an eine geöffnete Datei übergeben, die anhand ihres Dateideskriptors (`fd`) identifiziert wird. Ein dritter Parameter (`arg`) dient zur Übergabe weiterer Informationen (in den zahlreichen Handbüchern zur Systemprogrammierung finden sich detaillierte Tabellen aller vom Kernel unterstützten Ioctls und ihrer möglichen Parameter). Ioctls ermöglichen es beispielsweise sehr einfach, die CD aus einem CD-Laufwerk auszuwerfen:

```
#include<stdio.h>
#include<fcntl.h>
#include<unistd.h>
#include<linux/cdrom.h>

int main() {
  int drive, result;

  /* CD-Rom Geraetedatei oeffnen */
  drive = open("/dev/cdrom", O_RDONLY | O_NONBLOCK);

  /* Ioctl zum Auswerfen ausfuehren */
  result = ioctl(drive, CDROMEJECT, 0);

  printf("Result: %u", result);
  close(drive);
  return 0;
}
```

Nachdem die Gerätespezialdatei `/dev/cdrom` (die üblicherweise ein symbolischer Link auf eine andere Datei wie `/dev/hdc` ist) geöffnet wurde, wird über die `ioctl`-Funktion der Standardbibliothek der Code zum Auswerfen des Mediums an das Laufwerk geschickt, der in der symbolischen Konstante `CDROMEJECT` aus `<cdrom.h>` verpackt ist. Da es sich um eine einfache Operation handelt, werden keine weiteren Informationen benötigt, der dritte Parameter von `ioctl` wird daher nicht verwendet bzw. auf 0 gesetzt.

Abschnitt 5.5.3 geht genauer auf die kernelseitige Implementierung von Ioctls ein.

Netzwerkkarten und andere Geräte

Zeichen- und blockorientierte Geräte sind nicht die einzigen Gerätekategorien, die vom Kernel verwaltet werden. Netzwerkkarten nehmen eine Sonderstellung im Kernel ein, da sie nicht in dieses Schema passen (Kapitel 9 („Netzwerke") bespricht ausführlich, warum dies so ist). Dies ist unter anderem dadurch erkennbar, dass es für Netzwerkkarten keine Gerätespezialdateien gibt! Benutzerprogramme müssen Sockets verwenden, um mit Netzwerkkarten kommunizieren zu können, wobei es sich um einen Abstraktionslayer handelt, unter dessen Dach alle vorhandenen Netzwerkkarten abstrahiert werden. Der Zugriff erfolgt mit Hilfe des speziellen Systemaufrufs `socketcall`, der von den netzwerkbezogenen Funktionen der Standardbibliothek verwendet wird, um die notwendige Kommunikation und Interaktion mit dem Kernel durchzuführen.

Neben Netzwerkkarten finden sich auch für einige andere Geräte des Systems keine Gerätespezialdateien, da der Zugriff darauf entweder über einen eigens dafür definierten Systemaufruf oder gar nicht aus dem Userspace heraus erfolgt. Ein Beispiel für letztere Kategorie sind beispielsweise alle Erweiterungsbusse wie USB oder SCSI: Diese werden zwar durch einen Gerätetreiber angesteuert, die entsprechenden Funktionalitäten aber nur innerhalb des Kernels zur Verfügung gestellt (eine USB-Erweiterungskarte besitzt entsprechend keine Gerätespezialdatei, über die sie angesprochen werden kann). Erst untergeordnete Gerätetreiber stellen Funktionen zur Verfügung, die in den Userspace exportiert werden.

5.3 Treiberregistrierung

Treiber müssen im Kern registriert werden, bevor sie ihre Arbeit aufnehmen können. Dies muss durch eine dynamische Prozedur erfolgen, um das nachträgliche Hinzufügen von Treibern in den Kern zu ermöglichen – beispielsweise wenn ein entsprechendes Modul eingefügt wird. Je nach Gerätetyp werden vom Kernel Listen verwaltet, in denen sich die momentan unterstützten Geräte befinden (Achtung: Nicht für jedes potentiell unterstützte Gerät muss auch wirklich Hardware vorhanden sein). Geräte werden zu zwei verschiedenen Zeitpunkten im System registriert:

- Fest einkompilierte Treiber werden während des Bootens registriert.

- Modulare Treiber werden registriert, wenn das Modul eingefügt wird.

Obwohl die gleichen Dateioperationen für alle Blockgeräte verwendet werden, muss der Kern dennoch auf die Unterschiede zwischen den einzelnen Treibern Rücksicht nehmen. Diese werden in der Struktur `block_device_operations` abstrahiert:

```
truct block_device_operations
        int (*open) (struct inode *, struct file *);
        int (*release) (struct inode *, struct file *);
        int (*ioctl) (struct inode *, struct file *, unsigned, unsigned long);
        int (*check_media_change) (kdev_t);
        int (*revalidate) (kdev_t);
        struct module *owner;
;
```

`open`, `release` und `ioctl` haben die gleiche Bedeutung wie die entsprechenden Funktionen aus `file_operations` und werden zum Öffnen respektive Schließen bzw. zum Senden spezieller Kommandos an ein Blockgerät verwendet. Achtung: Die Funktionen werden nicht direkt vom VFS-Code aufgerufen, sondern indirekt von den Operationen, die in den Standarddatei-Operationen für Blockgeräte enthalten sind.

Die restlichen Elemente aus `block_device_operations` stellen die nur bei Blockgeräten vorhandenen Möglichkeiten bereit:

- `check_media_change` überprüft, ob das Speichermedium gewechselt wurde, was bei Geräten wie Disketten- oder ZIP-Laufwerken möglich ist (Festplatten unterstützen diese Funktion üblicherweise nicht, da ihr Medium nicht ausgewechselt werden kann...). Die Routine ist zur internen Verwendung im Kernel vorgesehen, um Konsistenzschäden aufgrund unbedachter Benutzerinteraktion zu vermeiden: Wenn eine Diskette aus dem Laufwerk entfernt wird, ohne vorher geunmountet zu werden, ist der Verlust von Daten vorprogrammiert, wenn keine zwischenzeitliche Synchronisierung der Daten im Cache mit dem Inhalt der Diskette stattgefunden hat. Schlimmer ist allerdings der Fall, in dem der Benutzer zuerst eine Diskette mit noch nicht zurückgeschriebenen Änderungen entfernt und dann eine neue Diskette einlegt, auf der sich ein anderer (unterschiedlicher) Inhalt befindet: Durch das früher oder später erfolgende Zurückschreiben würde auch der Inhalt der neuen Diskette zerstört oder zumindest erheblich beeinträchtigt werden, was unbedingt verhindert werden muss – es genügt schließlich schon der Datenverlust auf der ersten Diskette. Durch Kontrollaufrufe von `check_media_change` an den richtigen Stellen im Code kann der Kernel diese Möglichkeit ausschließen.

- `revalidate` wird verwendet, um das Gerät – wie der Name andeutet – zu revalidieren. Dies ist momentan nur notwendig, wenn ein Medium entfernt und ein neues eingesetzt wurde, ohne wie eben beschrieben ein ordentliches Unmounten und Einhängen durchzuführen.

Im `owner`-Feld wird ein Zeiger gespeichert, der auf eine Modulstruktur im Speicher verweist (Inhalt und Bedeutung der Struktur werden in Kapitel 6 („Module") beschrieben). Dies ergibt nur dann einen Sinn, wenn der Treiber auch als Modul implementiert wurde, anderenfalls befindet sich hier ein Nullzeiger.

Registrierungsprozeduren

Der Kern stellt zwei Prozeduren bereit, die zum Registrieren von Zeichen- bzw. Blockgeräten verwendet werden. Die einzelnen Geräte werden auf einer Hashtabelle (`bdev_map` bzw. `cdev_map`) verwaltet, die nach der Major Number indiziert wird, deren Struktur uns aber nicht weiter interessiert:

fs/char_dev.c
```
int register_chrdev(unsigned int major, const char *name,
                    struct file_operations *fops)
```

drivers/block/genhd.c
```
int register_blkdev(unsigned int major, const char *name)
```

Beide benötigen als Parameter eine Major Number, die das Gerät identifiziert, und einen Namen. Bei Zeichengeräten wird zusätzlich ein Zeiger auf Dateioperationen verlangt, in dem sich alle zur Interaktion mit dem Gerät benötigten Funktionen finden.

Wenn eine Major Number ungleich 0 angegeben wurde, wird eine Instanz von `char_device_struct` bzw. `block_major_name` erzeugt und in die Hashtabelle eingefügt. Wenn 0 als Major Number angegeben wurde, sucht der Kern die höchste noch nicht vergebene Major Number im Bereich zwischen `MAX_PROBE_HASH` und 1, verwendet diese und gibt sie als Resultat zurück.

Blockgeräte gleichen sich sehr stark, weshalb alle die gleichen Dateioperationen zur Interaktion mit der Gerätedatei verwenden, bei der Registrierung fällt daher (im Vergleich zu Zeichentreibern) das dritte Argument weg. Allerdings genügt es für Blockgeräte *nicht*, dass diese alleine mit `register_blkdev` registriert werden; der Treiber muss zusätzlich Informationen über die Partitionierung (wie sie von Festplatten bekannt ist) und einige andere Informationen im System hinterlegen. Dazu wird entweder `add_disk` oder `blk_register_region` verwendet, die dem System ermöglichen, später an gerätespezifische `gendisk`-Instanzen zu gelangen, die zum einen Informationen über die Partitionierung des Geräts, zum anderen Methoden zum Low-Level-Zugriff darauf speichern. Wir werden weiter unten genauer auf die zusätzlich notwendigen Datenstrukturen eingehen.

Device Filesystem

Die offizielle Zuweisung von Major und Minor Numbers durch eine Verwaltungsinstanz (LANANA) löst zwar das Problem der unkontrollierten Auffüllung des Namensraums in /dev, kuriert aber offensichtlich nur Symptome, ohne das Problem an der Wurzel zu packen. Üblicherweise benutzt ein System nur einen winzigen Bruchteil aller Zubehörgeräte, die von Kernel über Gerätespezialdateien angesprochen werden können. Offensichtlich sind daher die meisten dieser Dateien überflüssig.

Der Kernel stellt eine alternative Möglichkeit zur Verfügung, mit deren Hilfe Gerätedateien intelligenter verwaltet werden können. Unter der Bezeichnung *devfs* (*device filesystem*, Gerätedateisystem) kann ein virtuelles Dateisystem in das System integriert werden, das anstelle der statischen Einträge in /dev dynamisch erzeugte Dateien setzt. Gerätetreiber benötigen bei diesem Ansatz keine festen Major Numbers mehr, über die sie vom Userspace aus angesprochen werden und unter denen sie sich beim Kernel registrieren müssen; vielmehr erfolgt die Charakterisierung eines Treibers nun nach seinem Namen im devfs, während Major und Minor Number bei der Registrierung automatisch vom Kernel erzeugt werden.

Auch die Registrierung von Treibern wird etwas vereinfacht, da nur noch eine gemeinsame Funktion zum Anlegen neuer Block- und Zeichengeräte zur Verfügung steht; sie findet sich unter der Bezeichnung `devfs_register` in der Datei fs/devfs/base.c. Über Funktionsparameter kann nicht nur der Typ des Gerätetreibers, sondern auch eine Vielzahl von Flags zum Feintuning der Gerätedatei verwendet werden, auf die wir hier aber nicht genauer eingehen wollen.

Auch wenn das Device Filesystem gegenüber dem bisherigen statischen Ansatz viele Vorteile bietet, hat er in der breiten Distributionswelt noch keine starke Verbreitung gefunden. Dies liegt zum einen daran, dass noch nicht alle verfügbaren Treiber die neue Registrierungsschnittstelle unterstützen, zum anderen wird eine größere Verbreitung durch einige noch bestehende Inkompatibilitäten zu Userspace-Programmen verhindert.

5.4 Verbindung mit dem Dateisystem

Gerätespezialdateien werden bis auf wenige Unterschiede wie reguläre Dateien behandelt, was ihre Bearbeitung mit Standardfunktionen betrifft. Sie werden im virtuellen Dateisystem verwaltet, das in Kapitel 7 („Das virtuelle Dateisystem") detaillierter besprochen wird. Der Zugriff auf reguläre Dateien und Gerätespezialdateien verläuft über eine absolut identische Schnittstelle.

5.4.1 Gerätedatei-Elemente in Inoden

Jede Datei im virtuellen Dateisystem wird mit genau einer Inode assoziiert, die ihre Eigenschaften verwaltet. Da die Inoden-Datenstruktur sehr umfangreich ist, soll sie hier nicht vollständig wiedergegeben werden; wir beschränken uns auf die für Gerätetreiber relevanten Elemente:

```
struct inode {                                      <fs.h>
    ...
        umode_t              i_mode;
        kdev_t               i_rdev;
        struct block_device  *i_bdev;
```

```
            struct cdev            *i_cdev;
            ...
            struct file_operations *i_fop;
    };
```

- Um das Gerät, mit dem eine Gerätespezialdatei verbunden ist, eindeutig identifizieren zu können, speichert der Kern zum einen den Typ (block- bzw. zeichenorientiert) in `i_mode` sowie die Major und Minor Number in `i_rdev`. Beide Angaben werden kernelintern in einer einzigen Variable kombiniert, die den Typ `kdev_t` besitzt.

- `i_fop` ist eine Sammlung von Dateioperationen wie Öffnen, Lesen und Schreiben, die vom virtuellen Dateisystem zur Zusammenarbeit mit dem Blockgerät verwendet werden (die genaue Definition der Struktur findet sich in Kapitel 7).

- `i_bdev` ist ein Zeiger auf eine `block_device`-Instanz, die das Blockgerät genauer charakterisiert. Wir wollen hier nur eine vereinfachte Variante betrachten, in der nur die zentralen Elemente wiedergegeben sind:

<fs.h>
```
    struct block_device {
            struct list_head   bd_hash;
            struct inode *     bd_inode;
            dev_t              bd_dev;        /* not a kdev_t - it's a search key */
            unsigned           bd_block_size;
            struct gendisk *   bd_disk;
    };
```

Alle `block_device`-Instanzen des Systems werden in der globalen Hashtabelle `bdev_hashtable` gehasht, wobei `bd_dev` als Suchschlüssel verwendet wird (die Variable ist eine eindeutige Kennzahl für das Gerät, die sich allerdings vom bereits angesprochenen Typ `kdev_t` unterscheidet, wie wir gleich genauer sehen werden). Die Standardfunktion `bdget` kann verwendet werden, um eine `block_device`-Instanz anhand der Gerätekennzahl eines Blockgeräts zu erhalten.

`bd_inode` verbindet die `block_device`-Instanz mit der Inode, die das Blockgerät repräsentiert, während `bd_block_size` die Blockgröße angibt, die zum Datentransfer verwendet wird.

`bd_disk` ist ein Abstraktionsmechanismus für partitionierbare Geräte, die in Teilbereiche aufgespalten werden können; diese Vorgehensweise ist von Festplatten gut bekannt. `gendisk` wird zur Verwaltung der Partitionierungsdaten verwendet und weiter unten genauer besprochen,

- `i_cdev` zeigt auf eine Struktur, die das mit der Inode verbundene Zeichengerät genauer charakterisiert. Vor allem findet sich darin ein Zeiger auf die Dateioperationen `file_operations`, die bei der Registrierung des Geräts angegeben wurden.

Vor dem erstmaligen Öffnen besitzen alle Gerätespezialdateien identische `f_op`-Zeiger, die je nach Gerätetyp (block- oder zeichenorientiert) auf `def_chr_fops` bzw. `def_blk_fops` zeigen. Diese werden vom virtuellen Dateisystem zur Kommunikation mit dem Userspace verwendet und dürfen *nicht* mit den gerätespezifischen `file_operations` verwechselt werden, die bei der Registrierung angegeben wurden!

5.4.2 Repräsentation von Major und Minor Number

Aus historischen Gründen gibt es zwei verschiedene Möglichkeiten, um Major und Minor Number eines Geräts in einem kombinierten Datentyp zu verwalten. Userspace-Programme verwenden dev_t, eine Ganzzahl mit 16 Bits (also üblicherweise unsigned short), während kernelintern der Datentyp kdev_t zum Einsatz kommt. Da dev_t im Verhältnis 1 : 1 zwischen Major und Minor Number aufgespalten ist, stehen für jede Angabe 8 Bits zur Verfügung, weshalb genau 256 Major Numbers mit jeweils 256 Minors möglich sind. Dies ist auf modernen, größeren Systemen zu wenig – man denke nur an SCSI-Storage Arrays, die aus sehr vielen Festplatten zusammengesetzt sind.

Kernelintern wird daher eine abgekapselte Darstellung verwendet, deren Definition vom Userspace und dem größten Teil der Quellen abgekapselt ist und nur über Makros bearbeitet werden darf:

```
typedef struct {                                                    <kdev_t.h>
        unsigned short value;
} kdev_t;
```

Die Kapselung in einer struct wird verwendet, damit die Verwendung von Makros zur Manipulation des Werts erzwungen wird. Auch wenn momentan ebenfalls unsigned short verwendet wird, weshalb der kdev_t-Raum nicht größer als der dev_t-Raum ist, sind die Planungen für kdev_t aus 32 Bits (mit Aufspaltung 20 : 12) bereits relativ abgeschlossen.

Um zwischen den dev_t- und kdev_t-Darstellungen wechseln zu können, stellt der Kern folgende Funktionen bzw. Makros bereit, die in <kdev_t.h> definiert sind:

- **MAJOR** und **MINOR** extrahieren die Major- bzw. Minor Number aus einem kdev_t.
- **MKDEV(major, minor)** erzeugt einen kdev_t aus Major- und Minor Number.
- **to_kdev_t** konvertiert dev_t (bzw. int) nach kdev_t.
- **kdev_t_to_nr** konvertiert kdev_t nach dev_t (bzw. int).

5.4.3 Standard-Dateioperationen

Beim Öffnen einer Gerätespezialdatei wird von den verschiedenen Dateisystem-Implementierungen die Funktion init_special_inode verwendet, um die Inode für eine Block- bzw. Zeichengerätespezialdatei zu erzeugen:[8]

```
    void init_special_inode(struct inode *inode, umode_t mode, dev_t rdev)      fs/inode.c
    {
            inode->i_mode = mode;
            if (S_ISCHR(mode)) {
                    inode->i_fop = &def_chr_fops;
                    inode->i_rdev = to_kdev_t(rdev);
            } else if (S_ISBLK(mode)) {
                    inode->i_fop = &def_blk_fops;
                    inode->i_rdev = to_kdev_t(rdev);
            }
            else
                    printk(KERN_DEBUG "init_special_inode: bogus i_mode (%o)\n",
                            mode);
    }
```

---

[8] Der Einfachheit halber wurden die Fälle weggelassen, in denen Inoden für Sockets oder Fifos erzeugt werden, da dies hier nicht relevant ist.

Das zugrunde liegende Dateisystem muss – neben dem Gerätetyp (Block oder Zeichen), der in mode übergeben wird – vor allem die Major und Minor Number des Geräts liefern. Die Daten werden im Userspace-Format dev_t angegeben und müssen daher in einen kdev_t konvertiert werden. Ja nach Gerätetyp wird die Inode mit unterschiedlichen Dateioperationen versorgt.

5.4.4 Standardoperationen für Zeichengeräte

Die Situation bei Zeichengeräten ist zu Beginn sehr übersichtlich, da nur eine einzige Dateioperation zur Verfügung gestellt wird:

fs/devices.c
```
static struct file_operations def_chr_fops = {
       open:           chrdev_open,
};
```

Da sich die vorhandenen Zeichengeräte stark voneinander unterscheiden, kann der Kernel von Grund auf nicht mehr Operationen zur Verfügung stellen, da für jede Spezialdatei ein unterschiedlicher, extra angepasster Satz verwendet wird. Die Hauptaufgabe der chrdev_open-Funktion besteht daher darin, die noch fehlenden Funktionszeiger passend zum geöffneten Gerät in die Struktur einzufüllen, um tatsächlich sinnvolle Operationen mit der Spezialdatei und dadurch die Manipulation des Geräts zu ermöglichen.

5.4.5 Standardoperationen für Blockgeräte

Blockgeräte sind einem wesentlich universelleren Schema unterworfen, weshalb der Kernel bereits von Anfang an eine bedeutend größere Anzahl von Operationen zur Verfügung stellen kann, die in einer allgemeinen Struktur mit der Bezeichnung blk_fops zusammengefasst sind:

fs/block_dev.c
```
struct file_operations def_blk_fops = {
       .open           = blkdev_open,
       .release        = blkdev_close,
       .llseek         = block_llseek,
       .read           = generic_file_read,
       .write          = blkdev_file_write,
       .aio_read       = generic_file_aio_read,
       .aio_write      = blkdev_file_aio_write,
       .mmap           = generic_file_mmap,
       .fsync          = block_fsync,
       .ioctl          = blkdev_ioctl,
       .readv          = generic_file_readv,
       .writev         = generic_file_writev,
       .sendfile       = generic_file_sendfile,
};
```

Die Lese- und Schreibroutinen sind durch allgemeine Kernelroutinen belegt. Dadurch werden die allgemein im Kernel vorhandenen Caches automatisch für Blockgeräte verwendet. Achtung: file_operations darf nicht mit block_device_operations verwendet werden, obwohl beide einen ähnlichen Aufbau besitzen. Während file_operations vom VFS-Layer zur Kommunikation mit dem Userspace verwendet wird, machen die darin enthaltenen Routinen von den Funktionen aus block_device_operations Gebrauch, um die Kommunikation mit dem Blockgerät umzusetzen. Während die block_device_operations spezifisch für jedes Blockgerät implementiert werden müssen, um dessen Eigenschaften zu abstrahieren, können darauf aufbauend die gleichen file_operations für alle Blockgeräte verwendet werden.

Im Gegensatz zu Zeichengeräten werden Blockgeräte mit den bisher angesprochenen Datenstrukturen noch nicht vollständig beschrieben. Der Grund dafür: Der Zugriff auf Blockgeräte erfolgt nicht bei jeder Anfrage, sondern wird durch ein raffiniertes und komplexes System von Caches und Request-Listen effizienter gestaltet. Während die Caches hauptsächlich von allgemeinem Kernelcode betrieben werden, muss die Verwaltung der Request-Listen vom Blockgerätelayer selbst übernommen werden. Bei der genauen Besprechung der möglichen Operationen von Blockgerätetreibern werden wir daher auf weitere Strukturen stoßen, die zum Management der Request-Queue dienen, die zum Sammeln und Ordnen von Anweisungen an das entsprechende Gerät zur Verfügung steht.

5.5 Treiberoperationen

5.5.1 Zeichengeräte

Nicht nur die Hardware von Zeichengeräten ist üblicherweise einfach gehalten, auch die passenden Treiber können relativ leicht implementiert werden.

Da sich in den Dateioperationen für Zeichengeräte zunächst nur eine einzige Methode zum Öffnen der Gerätespezialdatei findet (was auch die logisch erste Aktion bei der Verwendung eines Treibers ist), müssen wir diese zuerst untersuchen.

Öffnen von Gerätedateien

chrdev_open aus `fs/devices.c` ist die generische Funktion zum Öffnen von Zeichengeräten; Abbildung 5.3 zeigt das zugehörige Codeflussdiagramm.

Abbildung 5.3: Codeflussdiagramm für chrdev_open

get_chrfops kümmert sich zunächst darum, die passende `file_operations`-Struktur für das jeweilige Gerät herauszufinden. Dies ist keine besonders schwierige Aufgabe, da die entsprechenden Daten anhand der Major und Minor Number aus der Hashtabelle gelesen werden können, die bereits bei der Registrierung angelegt wurde. Sie wird in die `file`-Instanz eingesetzt, die die Gerätespezialdatei repräsentiert (und mit ihrer Inode verknüpft ist).

Anschließend wird die (nun gerätespezifische) open-Methode der neuen `file_operations` aufgerufen, die die erforderlichen Initialisierungsarbeiten am Gerät vornehmen kann (manche Zubehörgeräte benötigen vor der ersten Benutzung beispielsweise Handshakes, in denen die genauen Details des Weiteren Betriebs festgelegt werden). Ebenso kann die Funktion verwendet werden, um Anpassungen an den Datenstrukturen vorzunehmen, die für eine spezifische Minor Number notwendig sind.

Betrachten wir dies am Beispiel des Zeichengeräts mit Major Number 1. Nach dem Lanana-Standard besitzt dieses Gerät 10 verschiedene Minor-Numbers, mit denen unterschiedliche Funktionen zur Verfügung gestellt werden; alle beziehen sich aber auf Speicherzugriffe. Tabelle 5.1 fasst einige Minor Numbers mit den zugeordneten Dateinamen und Funktionen zusammen.

Einige Geräte werden dem Leser sicherlich bekannt vorkommen, vor allem das `/dev/null`-Gerät wird häufig benötigt. Ohne auf die genauen Details der einzelnen Minors einzugehen, wird

Tabelle 5.1: *Minor Numbers für Major 1 (Speicherzugriff)*

Minor	Datei	Beschreibung
1	/dev/mem	Physikalischer Speicher
2	/dev/kmem	Virtueller Kerneladressraum
3	/dev/null	Mülleimer (Allesschlucker-Device)
4	/dev/port	Zugriff auf I/O-Ports
5	/dev/zero	Quelle für Nullbytes
8	/dev/random	Nichtdeterministischer Zufallszahlengenerator

bereits aus deren Beschreibung ersichtlich, dass sich die implementierten Funktionalitäten durchaus stark voneinander unterscheiden, auch wenn sich alle um die große Obergruppe des Speicherzugriffs scharen. Es ist daher nicht weiter verwunderlich, dass in der file_operations-Struktur des chrdevs-Eintrags wieder nur ein einziger Funktionszeiger definiert wird: open zeigt nach dem Öffnen einer dieser Dateien auf memory_open.

Die Prozedur ist in drivers/char/mem.c definiert und realisiert einen Dispatcher, der anhand der Minor-Number zwischen den einzelnen Geräten unterscheidet und die passenden file_operations einsetzt. Abbildung 5.4 zeigt, wie sich die Dateioperationen beim Öffnen ändern.

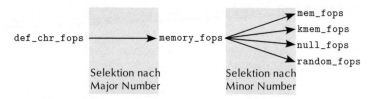

Abbildung 5.4: *Dateioperationen beim Öffnen von Speichergeräten*

Die Funktionen nähern sich den Besonderheiten des Geräts schrittweise an: Während zuerst nur die allgemeine Prozedur zum Öffnen zeichenorientierter Geräte bekannt ist, kann diese durch eine Spezialprozedur zum Öffnen der speicherbezogenen Gerätespezialdateien ersetzt werden. Ja nach gewählter Minor Number werden die Funktionszeiger danach wieder weiter verfeinert. Die Endprodukte verwenden nicht notwendigerweise identische Funktionen, wie man am Beispiel von null_fops (für /dev/null) und random_fops (für /dev/random) sieht:

drivers/char/mem.c
```
static struct file_operations null_fops = {
    .llseek     = null_lseek,
    .read       = read_null,
    .write      = write_null,
};
```

drivers/char/random.c
```
struct file_operations random_fops = {
    .read       = random_read,
    .write      = random_write,
    .poll       = random_poll,
    .ioctl      = random_ioctl,
};
```

Die Vorgehensweise ist auch bei anderen Gerätetypen identisch: Zunächst wird anhand der Major Number ein spezifischer Satz an Dateioperationen installiert, der später durch andere Operationen ersetzt werden kann, die nach Minor Number ausgewählt wurden.

Lesen und Schreiben

Die eigentliche Arbeit mit Zeichengerätedateien, bei denen Daten hineingeschrieben oder herausgelesen werden, ist aufgrund der bisher erzeugten Verknüpfungen zwischen virtuellem Dateisystem und Gerätetreibercode keine sonderlich aufregende Aufgabe: Durch Aufruf der entsprechenden Lese- und Schreiboperationen der Standardbibliothek werden über die in Kapitel 7 behandelten Systemaufrufe schließlich die relevanten Operationen der file_operations-Struktur aufgerufen, vor allem read und write. Die spezifische Implementierung dieser Methoden unterscheidet sich je nach verwendetem Gerät und lässt sich nicht weiter verallgemeinern.

Die eben angesprochenen Memory-Devices haben es leicht, da sie sich nicht um die Interaktion mit real existierenden Zubehörgeräten kümmern müssen, sondern lediglich andere Funktionen des Kerns verwenden, um ihre Aufgabe zu erfüllen.

Das /dev/null-Device verwendet beispielsweise die Prozeduren read_null und write_null, um Schreiben und Lesen für die Allesfresserdatei zu realisieren. Ein Blick in die Kernelquellen bestätigt, dass die Implementierung dieser Funktionen wirklich *sehr* einfach ist:

```
static ssize_t read_null(struct file * file, char * buf,
                         size_t count, loff_t *ppos)
{
        return 0;
}

static ssize_t write_null(struct file * file, const char * buf,
                          size_t count, loff_t *ppos)
{
        return count;
}
```
drivers/char/mem.c

Lesen aus dem Null-Device liefert nichts zurück, was einfach realisiert werden kann: Es wird lediglich mitgeteilt, dass ein 0 Byte langer Datenstrom zurückgegeben wurde. Hineingeschriebene Daten werden einfach ignoriert, dennoch wird immer ein erfolgreicher Schreibvorgang für Daten jeder Länge gemeldet.

5.5.2 Blockgeräte

Blockgeräte sind die zweite große Gruppe von Zusatzgeräten, die über das VFS-Interface des Kerns unterstützt werden. Die Situation für Treiber ist leider etwas komplizierter und unübersichtlicher, als es bei Zeichengeräten der Fall ist, was durch verschiedene Umstände bedingt wird. Vor allem handelt es sich dabei um die permanente Geschwindigkeitsorientierung, die sich beim Design des Blockgerätelayers bemerkbar macht, aber auch die Arbeitsweise von Blockgeräten an sich und die historische Entwicklung der Blockgeräteschicht leisten ihren Beitrag.

Blockgeräte unterscheiden sich vor allem in drei Punkten fundamental von Zeichengeräten:

- Der Zugriff auf Daten kann an beliebigen Positionen erfolgen. Dies kann, muss aber bei Zeichengeräten nicht so sein.

- Daten werden stets in Blöcken fester Größe übertragen. Auch wenn nur ein Byte angefordert wird, muss der Gerätetreiber immer einen kompletten Block aus dem Gerät auslesen. Zeichengeräte können hingegen wirklich einzelne Bytes zurückliefern.

- Zugriffe auf Blockgeräte werden massiv gecached, d.h. einmal eingelesene Daten werden im Speicher vorgehalten und von dort entnommen, wenn sie nochmals gelesen werden. Ebenfalls werden Schreibvorgänge durch Caches verzögert.

Dies ergibt bei Zeichengeräten (wie beispielsweise Tastaturen) keinen Sinn: Jeder Lesevorgang muss durch echte Interaktion mit dem Gerät erfüllt werden.

Zwei Wörter werden im Folgenden immer wieder verwendet: Block und Sektor. Während es sich bei einem *Block* um eine Bytefolge einer bestimmten Größe handelt, die zur Aufnahme von Transferdaten zwischen Kernel und Gerät verwendet wird und softwaremäßig auf verschiedene Werte eingestellt werden kann, ist ein *Sektor* eine hardwaremäßig fixierte Einheit, die die kleinstmögliche Datenmenge angibt, die von einem Gerät überhaupt transferiert werden kann. Ein Block ist nichts anderes als eine Reihe hintereinander gefügter Sektoren, weshalb die Blockgröße stets ein ganzzahliges Vielfaches der Sektorgröße sein muss. Da es sich um eine Hardware-spezifische Konstante handelt, werden Sektoren außerdem verwendet, um die Position eines Datenblocks auf einem Gerät eindeutig angeben zu können. Der Kern sieht jedes Blockgerät als eine lineare Liste von Sektoren bzw. Blöcken, die durch Ganzzahlen nummeriert werden.

Beinahe alle heute verbreiteten Blockgeräte verwenden 512 Bytes als Sektorgröße, was zu Blockgrößen von 512, 1024, 2048 oder 4096 führt. Dabei ist zu berücksichtigen, dass die maximale Blockgröße durch die Größe einer Speicherseite der jeweiligen Architektur festgelegt ist: Während auf IA32-Systemen Blockgrößen mit mehr als 4096 Bytes nicht möglich sind, da eine Speicherseite 4096 Bytes umfasst, können IA-64- oder Alpha-Systeme beispielsweise auch Blöcke mit 8192 Bytes verarbeiten.

Die Wählbarkeit der Blockgröße bringt für viele Anwendungen von Blockgeräten Vorteile mit sich, wie wir unter anderem bei der Implementierung von Dateisystemen sehen werden: Diese können die Festplatte in Blöcke unterschiedlicher Größe unterteilen, wodurch die Leistung für Situationen mit vielen kleinen oder wenigen großen Dateien optimiert werden kann. Da es dem Dateisystem möglich ist, die Transferblockgröße an die im Dateisystem verwendete Blockgröße anzupassen, kann die Implementierung dadurch entsprechend vereinfacht werden.

Neben der eigentlichen Ansteuerung von Blockgeräten muss der Blockgerätelayer noch weitere Aufgaben erfüllen, die der Performance-Steigerung dienen und für alle im System vorhandenen Blockgeräte verwendet werden. Dabei handelt es sich zum einen um die Implementierung von *read ahead*-Algorithmen, die Daten spekulativ im Voraus von einem Blockgerät lesen, wenn der Kernel davon ausgehen kann, dass sie in Kürze von einem Anwendungsprogramm benötigt werden.

Um die im Voraus eingelesenen Daten behalten zu können, selbst wenn diese nicht unmittelbar benötigt werden, muss die Blockgeräteschicht Puffer und Caches bereitstellen. Diese sind allerdings nicht nur für Read-Ahead-Daten notwendig, sondern werden auch zum Speichern häufig benötigter Daten von Blockgeräten verwendet.

Die Liste aller Optimierungen und Tricks, die der Kernel bei der Ansteuerung von Blockgeräten durchführt, ist sehr umfangreich. Wir werden in diesem Kapitel nicht auf jedes Detail eingehen, da das Feld einfach zu umfangreich und unübersichtlich ist. Wesentlich wichtiger ist es, die verschiedenen Komponenten des Blockgerätelayers herauszuarbeiten und ihr Zusammenspiel zu demonstrieren.

Repräsentation von Blockgeräten

Blockgeräte besitzen einen Satz charakteristischer Eigenschaften, die der Kernel als Buchhalter verwalten muss. Um die Kommunikation mit Geräten dieser Art möglichst effektiv zu gestalten, verwendet der Kern ein *Request Queue Management*,[9] das es gestattet, Anforderungen zum Lesen oder Schreiben von Datenblöcken zu puffern und neu zu ordnen. Ebenso werden die Ergebnisse

---

9 *Request Queue* (engl.) = Anforderungsqueue.

5.5 Treiberoperationen

von Requests in Caches vorgehalten, um das mehrfache Lesen von Daten effizient durchführen zu können. Dies ist sowohl dann sinnvoll, wenn ein Prozess mehrfach auf die gleiche Stelle einer Datei zugreift, wie wenn mehrere unterschiedliche Prozesse parallel (auch zeitversetzt) auf die gleichen Daten zugreifen.

Um diese Aufgaben erledigen zu können, wird ein umfangreiches Netzwerk aus Datenstrukturen verwendet, das wir zuerst besprechen wollen. Abbildung 5.5 zeigt einen Überblick zu den verschiedenen Elementen des Blocklayers.

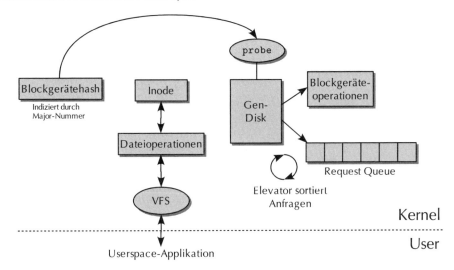

Abbildung 5.5: Überblick zum Blockgerätelayer

Das `blk_devs`-Array ist bereits aus den vorhergehenden Ausführungen bekannt und wird verwendet, um alle blockorientierten Geräte zusammen mit ihren spezifischen Prozeduren zusammenzufassen. Im Gegensatz zum Zeichengerätelayer stellt die Blockgeräteschicht ein weiteres globales Array zur Verfügung, das ebenfalls nach Major Numbers indiziert wird und zur Verwaltung der einzelnen gerätespezifischen Request Queues dient. In den Kernelquellen wird dafür die globale Variable `blk_dev` verwendet, die in `drivers/block/ll_rw_blk.c` definiert wird und den Ausgangspunkt für den größten Teil der Komplexität des Blockgerätelayers darstellt. Wie in Abbildung 5.5 ersichtlich wird, befinden sich in den einzelnen Array-Einträgen (in vereinfachter Darstellung) Zeiger auf verschiedene Strukturen und Prozeduren, von denen folgende Elemente besonders wichtig sind:

- Eine Warteschlange (Queue), in der Requests an das Gerät gespeichert werden – sowohl Lese- wie auch Schreiboperationen.

- Funktionszeiger auf die verwendete IO-Scheduler-Implementierung, die das Umordnen von Requests ermöglicht.

- Charakteristische Daten wie Sektor- und Blockgröße oder Kapazität des Geräts.

- Die *generic harddisk*-Abstraktion `genhd`, die für jedes Gerät zur Verfügung steht und sowohl Partitionierungsdaten wie auch Zeiger auf Low-Level-Operationen speichert.

Jedes Blockgerät muss eine `probe`-Funktion bereitstellen, die bei der Registrierung entweder direkt mit `register_blkdev_range` oder indirekt über das gleich genauer besprochene `gendisk`-Objekt mit `add_disk` im Kern registriert wird. Die Funktion wird vom Dateisystemcode aufgerufen, um das passende `gendisk`-Objekt zu finden.

Lese- und Schreiboperationen auf Blockgeräte führen nicht direkt zur Ausführung der entsprechenden Operation, sondern werden zuerst gesammelt und zu einem späteren Zeitpunkt in einer Art konzertierten Aktion an das Gerät übermittelt. Aus diesem Grund werden in der `file_operations`-Struktur für die entsprechenden Gerätespezialdateien auch keine speziellen Funktionen zur Ausführung der Lese- und Schreiboperationen verwendet; vielmehr findet man allgemeine Varianten wie `generic_read_file` und `generic_write_file`, die in Kapitel 7 („Das virtuelle Dateisystem") genauer besprochen werden.

Bemerkenswert ist, dass *ausschließlich* generische Funktionen zum Einsatz kommen; dies unterscheidet Blockgeräte wesentlich von den Zeichengeräten, wo diese Funktionen durch treiberspezifische Varianten repräsentiert werden. Die gesamten Hardware-spezifischen Details werden beim Ausführen von Requests erledigt, alle anderen Funktionen arbeiten mit einer abstrahierten Queue und erhalten ihre Ergebnisse aus Puffern und Caches, die eine Interaktion mit dem zugrunde liegenden Gerät erst dann durchführen, wenn es wirklich notwendig wird. Der Weg vom `read`- oder `write`-Systemaufruf zur eigentlichen Kommunikation mit dem Zusatzgerät ist daher sehr umfangreich und komplex.

Blockgeräte öffnen

Beim Öffnen der Gerätedatei eines Blockgeräts durch eine Benutzerapplikation ruft das virtuelle Dateisystem die `open`-Funktion der `file_operations`-Struktur auf und landet dadurch in `blkdev_open`. Abbildung 5.6 zeigt das zugehörige Codeflussdiagramm.

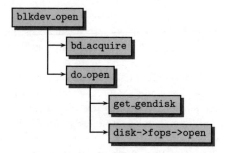

Abbildung 5.6: Codeflussdiagramm für `blkdev_open`

Zunächst wird anhand der bei der Registrierung übergebenen Daten eine `bdev`-Instanz für das Blockgerät erzeugt, die in den weiter oben angesprochenen Cache eingefügt wird (wenn sich darin bereits eine passende Instanz findet, braucht keine neue erzeugt zu werden). Die weitere Arbeit wird an `do_open` delegiert, die zwei wichtige Schritte durchführt:

- `get_gendisk` ruft die `probe`-Funktion der Gerätedatei auf, um an die passende Instanz von `struct gendisk` zu gelangen. Darin finden sich die gerätespezifischen `block_device_operations`, die zur weiteren Arbeit mit dem Gerät verwendet werden.

- Über `disk->fops->open` wird die für das Gerät zugeschnittene `open`-Funktion aufgerufen, die Hardware-spezifische Initialisierungsarbeiten übernimmt.

Verwendete Datenstrukturen

Generische Harddisks Die Abstraktion einer generischen, partitionierbaren Harddisk wird im Kern durch folgende Datenstruktur repräsentiert:

```
struct gendisk {                                        <genhd.h>
        int major;                  /* major number of driver */
        int first_minor;
        int minors;
        char disk_name[16];         /* name of major driver */
        struct hd_struct **part;    /* [indexed by minor] */
        struct block_device_operations *fops;
        struct request_queue *queue;
        void *private_data;
        sector_t capacity;
        int flags;
};
```

- `major` gibt die Major-Nummer des Treibers an, während `first_minor` und `minors` den Bereich festlegen, in dem sich Minor Numbers befinden dürfen (jede Partition erhält bekanntlich eine eigene Minor Number).

- `disk_name` ist der Name des Treibers

- `part` ist ein Array, das aus Zeigern auf `hd_struct` besteht, dessen Definition wir gleich wiedergeben werden. Für jede Partition der Disk existiert genau ein Eintrag.

- `fops` ist ein Zeiger auf die bereits bekannten gerätespezifischen Funktionen.

- `queue` wird zur Verwaltung von Request Queues benötigt, worauf wir weiter unten genauer eingehen werden.

- `private_data` ist ein Zeiger auf private Daten des Treibers, der von den allgemeinen Funktionen des Blocklayers nicht modifiziert wird.

- `capacity` gibt die Kapazität der Disk in Sektoren an.

Für jede Partition steht eine Instanz von `hd_struct` zur Verfügung, die die Eckdaten der Partition innerhalb des Geräts wiedergibt:

```
struct hd_struct {                                      <genhd.h>
        sector_t start_sect;
        sector_t nr_sects;
};
```

`start_sect` und `nr_sects` legen Startsektor und Umfang der Partition auf dem Blockgerät fest, wodurch sie eindeutig charakterisiert ist (einige andere Elemente, die zu Statistikzwecken verwendet werden, haben wir der Einfachheit halber außer Acht gelassen).

Das `parts`-Array wird von verschiedenen Routinen aufgefüllt, die die Partitionsstruktur einer Harddisk untersuchen, wenn diese registriert wird. Der Kernel unterstützt viele verschiedene Paritionierungsverfahren, um mit den meisten anderen Systemen auf vielen Architekturen koexistieren zu können. Da die entsprechenden Details nur darin bestehen, die Informationen von der Platte zu lesen und zu analysieren, wollen wir nicht weiter auf ihre Implementierung eingehen.

Request Queues Lese- und Schreibanforderungen an Blockgeräte werden in einer Warteschlange gesammelt, die als *Request Queue* bezeichnet wird. In der `gendisk`-Struktur findet sich ein Zeiger auf die gerätespezifische Queue, die durch folgenden Datentyp repräsentiert wird:

<blkdev.h>
```
struct request_queue
{
        struct list_head        queue_head;
        struct list_head        *last_merge;
        elevator_t              elevator;
        struct request_list     rq;             /* Queue request freelists */

        request_fn_proc         *request_fn;
        merge_request_fn        *back_merge_fn;
        merge_request_fn        *front_merge_fn;
        merge_requests_fn       *merge_requests_fn;
        make_request_fn         *make_request_fn;
        prep_rq_fn              *prep_rq_fn;
        unplug_fn               *unplug_fn;

        /*
         * Auto-unplugging state
         */
        struct timer_list       unplug_timer;
        int                     unplug_thresh;  /* After this many requests */
        unsigned long           unplug_delay;   /* After this many jiffies */
        struct work_struct      unplug_work;

        struct backing_dev_info backing_dev_info;

        /* queue needs bounce pages for pages above this limit */
        unsigned long           bounce_pfn;
        int                     bounce_gfp;

        struct list_head        plug_list;

        unsigned long           queue_flags;

        /* queue settings */
        unsigned long           nr_requests;    /* Max # of requests */
        unsigned short          max_sectors;
        unsigned short          max_phys_segments;
        unsigned short          max_hw_segments;
        unsigned short          hardsect_size;
        unsigned int            max_segment_size;

        unsigned long           seg_boundary_mask;

        wait_queue_head_t       queue_wait;
};
```

`queue_head` ist der zentrale Listenkopf, mit dessen Hilfe eine doppelt verkettete Liste aller Anfragen aufgebaut wird – die einzelnen Elemente tragen den weiter unten besprochenen Datentyp `request` und stehen für jeweils eine Anfrage an das Blockgerät, mit der entweder Daten angefordert oder ausgelesen werden. Durch Umsortieren der Liste (der Kern stellt dafür mehrere Algorithmen zur Verfügung, die die Aufgabe des IO-Schedulers erfüllen – wir werden weiter unten genauer darauf eingehen) erreicht der Kern, dass Anforderungen sinnvoller angeordnet werden, um bessere Ein/Ausgabeleistungen zu erreichen. Für die Art und Weise, wie Anfragen umsortiert werden, gibt es mehrere Möglichkeiten, weshalb das Element `elevator`[10] die notwendigen Funktionen in Form von Funktionszeigern zusammenfasst.

---

10 Diese Bezeichnung ist etwas verwirrend, da keiner der im Kern verwendeten Algorithmen die klassische Elevator-Technik implementiert.

5.5 Treiberoperationen

rq dient als Cache für `request`-Instanzen. `struct request_list` wird als Datentyp verwendet; er stellt neben dem Cache selbst noch zwei Zähler bereit, die festhalten, wie viele Ein- und Ausgaberequests ausgegeben wurden.

Im nächsten Block der Struktur findet sich eine ganze Reihe von Funktionszeigern, die den zentralen Punkt bei der Verarbeitung von Requests bilden. Parametrisierung und Rückgabetyp der Funktion werden durch `typedef`-Makros festgelegt (`struct bio` wird zur Verwaltung der übertragenen Daten verwendet; wir werden weiter unten genauer auf sie eingehen):

```
typedef int (merge_request_fn) (request_queue_t *, struct request *,    <blkdev.h>
                                struct bio *);
typedef int (merge_requests_fn) (request_queue_t *, struct request *,
                                 struct request *);
typedef void (request_fn_proc) (request_queue_t *q);
typedef int (make_request_fn) (request_queue_t *q, struct bio *bio);
typedef int (prep_rq_fn) (request_queue_t *, struct request *);
typedef void (unplug_fn) (void *q);
```

Der Kern bietet Standard-Implementierungen für diese Funktionen an, die für die meisten Gerätetreiber verwendet werden können. `request_fn` muss allerdings von jedem Treiber selbst implementiert werden, da sie den Hauptverbindungspunkt zwischen dem Request Queue-Management und der Low-Level-Funktionalität des jeweiligen Geräts darstellt – sie wird aufgerufen, wenn der Kernel die Abarbeitung aller in der aktuellen Queue befindlichen Einträge und damit die Ausführung der wartenden Schreib- und Leseoperationen erreichen will.

Die anderen Funktionen dienen zur Verwaltung der Request Queue und haben folgende Bedeutung:

- `back_merge_fn` und `front_merge_fn` fügen einen neuen Request an das Ende der Warteschlange bzw. stellen ihn vor das bisherige erste Element.

- `merge_requests_fn` kombiniert zwei Requests zu einer einzigen neuen Anforderung. Dies ist nützlich, wenn zwei hintereinander liegende Bereiche durch zwei (oder mehr) Requests eingelesen werden sollen, was in einem einzigen Durchgang effektiver erledigt werden kann.

- `prep_rq_fn` stellt eine Funktion zur Vorbereitung eines Requests bereit, die aber von den meisten Treibern nicht verwendet und daher auf `NULL` gesetzt wird. Wenn sie implementiert wird, generiert sie die benötigten Hardware-Kommandos zur Durchführung eines Requests bereits, bevor die Anfrage abgeschickt wird.

- `request_fn` ist die Standardschnittstelle zum Einfügen eines neuen Requests in die Warteschlange. Die Funktion kümmert sich (mit Hilfe des IO-Schedulers) um die passende Position innerhalb der Queue und greift zum eigentlichen Einfügen auf die vorher genannten Funktionen zurück.

- `make_request_fn` wird zum Erzeugen neuer Anfragen verwendet. Die Standard-Implementierung des Kerns für diese Funktion fügt den Request in die Request-Liste ein, wie wir weiter unten sehen werden. Wenn sich genügend Anfragen auf der Liste gesammelt haben, wird die treiberspezifische `request_fn` verwendet, um die Abfragen gebündelt abzuarbeiten.

Da es bei manchen Geräten (beispielsweise Ramdisks) sinnvoll ist, keine Warteschlange zu verwenden, da Zugriffe auf die Daten in beliebiger Reihenfolge ohne Performance-Nachteile durchgeführt werden können, erlaubt der Kern auch, dass Gerätetreiber eigene `make_request_fn`-Funktionen definieren. Diese Praxis ist allerdings eher selten.

Request Queues können blockiert werden, wenn das System überlastet ist: Neue Anforderungen werden so lange nicht bearbeitet, bis die Blockade der Queue aufgehoben wurde (man bezeichnet dies als *Queue plugging*). Die `unplug_`-Elemente werden zur Realisierung eines Timermechanismus verwendet, der eine gepluggte Queue nach Ablauf einer bestimmten Zeitspanne automatisch entblockiert. `unplug_fn` wird verwendet, um den Blockadezustand aufzuheben.

`queue_flags` wird verwendet, um den internen Zustand der Queue mit Hilfe von Flags zu regeln.

Im letzten Abschnitt der `request_list`-Struktur finden sich einige Angaben, die das verwaltete Blockgerät genauer charakterisieren und dessen Hardware-spezifischen Einstellungen wiedergeben. Dabei handelt es sich stets um einfache Zahlenwerte; die Bedeutung der einzelnen Elemente ist in Tabelle 5.2 zusammengefasst.

Tabelle 5.2: Hardware-Charakteristika einer Request-Queue

Element	Bedeutung
`max_sectors`	Gibt die maximale Anzahl von Sektoren an, die das Gerät in einem einzigen Request verarbeiten kann, wobei die Sektorgröße des jeweiligen Geräts (`hardsect_size`) als Größeneinheit verwendet wird.
`max_segment_size`	Maximale Segmentgröße (in Bytes) für einen einzelnen Request.
`max_phys_segments`	Gibt die maximale Anzahl nichtkontinuierlicher Segmente für Scatter-Gather-Requests an, mit deren Hilfe unzusammenhängende Daten transportiert werden.
`max_hw_segments`	Wie `max_phys_segments`, berücksichtigt aber eventuelle Umblendungen, die von einer (eventuell vorhandenen) IO-MMU vorgenommen werden können. Die Konstante gibt die maximale Anzahl von Adresse/Länge-Paaren an, die der Treiber an das Gerät übermitteln kann.
`hardsect_size`	Gibt die physikalische Sektorgröße an, mit der das Gerät arbeitet. In beinahe allen Fällen findet sich hierfür der Wert 512, nur wenige, sehr aktuelle Geräte verwenden davon abweichende Einstellungen.

`seg_boundary_mask` wird als Maske verwendet, um bestimmte Speicherstellen als untauglich für Transfers zu markieren (manche Geräte haben beispielsweise Probleme, wenn Daten über 4MiB-Grenzen im Speicher transferiert werden sollen).

`queue_wait` wird als Warteschlange für Prozesse verwendet, die auf die Fertigstellung einer Operation der Queue warten.

`nr_requests` legt schließlich fest, wie viele Anfragen maximal mit einer Queue verbunden werden dürfen, worauf wir in Kapitel 13 („Datensynchronisation") nochmals zurückkommen werden.

Aufbau von Requests

Der Kern stellt eine eigene Datenstruktur zur Verfügung, um eine Anfrage an ein Blockgerät zu charakterisieren:

```
<blkdev.h>    struct request {
                    struct list_head queuelist;
                    unsigned long flags;

                    sector_t sector;                    /* next sector to submit */
                    unsigned long nr_sectors;           /* no. of sectors left to submit */
                    unsigned int current_nr_sectors;

                    sector_t hard_sector;               /* next sector to complete */
                    unsigned long hard_nr_sectors;      /* no. of sectors left to complete */
```

```
        unsigned int hard_cur_sectors;  /* no. of sectors left to complete in the current segment */

        unsigned short nr_cbio_segments;
        unsigned long nr_cbio_sectors;

        struct bio *cbio;               /* next bio to submit */
        struct bio *bio;                /* next unfinished bio to complete */
        struct bio *biotail;

        void *elevator_private;

        int rq_status;    /* should split this into a few status bits */
        struct gendisk *rq_disk;
        int errors;
        unsigned long start_time;

        unsigned short nr_phys_segments;
        unsigned short nr_hw_segments;

        int ref_count;
        request_queue_t *q;
        struct request_list *rl;

        struct completion *waiting;

        /* when request is used as a packet command carrier */
        unsigned int cmd_len;
        unsigned char cmd[16];
};
```

flags wird verwendet, um die Anfrage genauer zu charakterisieren. Das Element wird bitweise interpretiert, wobei für jede Bitposition eine symbolische Konstante zur Verfügung steht:

```
enum rq_flag_bits {                                                            <blkdev.h>
        __REQ_RW,          /* not set, read. set, write */
        __REQ_RW_AHEAD,    /* READA */
        __REQ_SOFTBARRIER, /* may not be passed by ioscheduler */
        __REQ_HARDBARRIER, /* may not be passed by drive either */
        __REQ_CMD,         /* is a regular fs rw request */
        __REQ_NOMERGE,     /* don't touch this for merging */
        __REQ_STARTED,     /* drive already may have started this one */
        __REQ_DONTPREP,    /* don't call prep for this one */
        __REQ_QUEUED,      /* uses queueing */

        /* for ATA/ATAPI devices */
        __REQ_PC,          /* packet command (special) */
        __REQ_BLOCK_PC,    /* queued down pc from block layer */
        __REQ_SENSE,       /* sense retrival */

        __REQ_FAILED,      /* set if the request failed */
        __REQ_QUIET,       /* don't worry about errors */
        __REQ_SPECIAL,     /* driver suplied command */
        __REQ_DRIVE_CMD,
        ...
        __REQ_NR_BITS,     /* stops here */
};
```

Besonders wichtig ist __REQ_RW, da dies die Richtung des Datentransfers angibt. Wenn das Bit gesetzt ist, werden Daten geschrieben, andernfalls gelesen. Die restlichen Bits werden verwendet, um gerätespezifische Spezialkommandos zu senden, Barrieren einzubauen[11] oder Kontrollcodes zu übermitteln.

---

11 Wenn ein Gerät in einer Anforderungskette auf eine Barriere trifft, müssen alle noch ausstehenden Requests fertig bearbeitet werden, bevor irgendwelche anderen Aktionen ausgeführt werden dürfen.

`rq_disk` ist ein Zeiger auf die `gendisk`-Instanz des Geräts. Mit seiner Hilfe legt man fest, zu welchem Gerät eine Anfrage gehört.

Um die genaue Position der zu übertragenden Daten angeben zu können, gibt es zwei Elemente in der Struktur:

- `sector` gibt den Startsektor an, von dem ab der Datentransfer begonnen werden soll.

- `current_nr_sectors` gibt an, wie viele Sektoren momentan übertragen werden.

- `nr_sectors` legt fest, wie viele Sektoranforderungen noch ausstehen.

`hard_sector`, `hard_cur_sectors` und `hard_nr_sectors` haben die gleiche Bedeutung, beziehen sich allerdings auf die tatsächliche Hardware und nicht auf ein virtuelles Gerät. Normalerweise besitzen beide Variablensammlungen den gleichen Wert; es kann aber zu Unterschieden kommen, wenn RAID oder der logische Volume Manager zum Einsatz kommen, die mehrere physikalische Geräte zu einem einzigen virtuellen kombinieren.

`queue_list` dient dazu, mehrere Requests auf einer Request-Liste (oder auch anderen Listen) aufzureihen.

Für Scatter-Gather-Operationen geben `nr_phys_segments` bzw. `nr_hw_segments` an, aus wie vielen Segmenten sich eine Anfrage zusammensetzt bzw. wie viele Segmente verwendet werden, nachdem eine eventuelle Umordnung durch eine IO-MMU erfolgt ist.

Zur Übertragung der Daten zwischen System und Gerät werden BIOs verwendet, auf deren Definition wir gleich genauer eingehen:

- `cbio` zeigt auf die BIO-Instanz, die als Nächstes übermittelt werden soll.

- `bio` gibt die aktuelle, noch nicht fertig übertragene BIO-Instanz an.

- Da in einem Request eine Liste von BIOs verwendet werden kann, zeigt `biotail` auf die letzte Anforderung.

`nr_cbio_segments` bzw. `nr_cbio_sectors` geben an, wie viele Segmente bzw. Sektoren noch übermittelt werden müssen.

`q` und `rl` werden als Rückzeiger verwendet, um feststellen zu können, zu welcher Request Queue eine Anforderung gehört bzw. aus welcher Request-Liste sie erzeugt wurde.

BIOs

Bevor wir die genaue Definition von BIOs wiedergeben, sollen zunächst ihre grundlegenden Prinzipien besprochen werden, die in Abbildung 5.7 veranschaulicht sind.

Die zentrale Verwaltungsstruktur `bio` ist mit einem Vektor verbunden, dessen einzelne Einträge auf jeweils genau eine Speicherseite (Achtung: *Nicht* die Adresse im Speicher, sondern die zur Seite gehörige `page`-Instanz!) zeigen. Diese Seiten werden verwendet, um Daten vom Gerät zu empfangen oder an das Gerät zu senden. Achtung: Es ist explizit möglich, Highmem-Seiten zu verwenden, die nicht direkt in den Kernel eingeblendet sind und daher auch nicht über virtuelle Kerneladressen angesprochen werden können. Dies ist von Vorteil, wenn Daten direkt an Userspace-Applikationen kopiert werden sollen, die über ihre Seitentabellen auf die Highmen-Seiten zugreifen können.

Die Speicherseiten können, müssen aber nicht zusammenhängend organisiert sein, was die Implementierung von Scatter-Gather-Operationen erleichtert.

5.5 Treiberoperationen

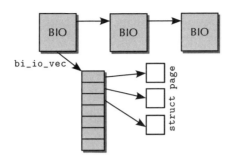

Abbildung 5.7: Struktur von BIOs

BIOs besitzen in den Kernelquellen folgende Struktur:

```
struct bio {                                                              <bio.h>
        sector_t                bi_sector;
        struct bio              *bi_next;         /* request queue link */
        struct block_device     *bi_bdev;

        unsigned short          bi_vcnt;          /* how many bio_vec's */

        unsigned short          bi_phys_segments;
        unsigned short          bi_hw_segments;

        unsigned int            bi_size;          /* residual I/O count */

        struct bio_vec          *bi_io_vec;       /* the actual vec list */

        bio_end_io_t            *bi_end_io;

        void                    *bi_private;

        bio_destructor_t        *bi_destructor;   /* destructor */
};
```

- **bi_sector** gibt den Startsektor des Transfers an.

- **bi_next** fasst mehrere BIOs in einer einfach verketteten Liste zusammen, die zu einem Request gehören.

- **bi_bdev** ist ein Zeiger auf die Blockgerätedatenstruktur des Geräts, zu dem die Anforderung gehört.

- **bi_phys_segments** und **bi_hw_segments** geben an, aus wie vielen Segmenten sich ein Transfer vor bzw. nach der Umschreibung durch die IO-MMU zusammensetzt.

- **bi_size** gibt die Gesamtgröße der Anforderung in Bytes an.

- **bi_io_vec** ist ein Zeiger auf die I/O-Vektoren, während **bi_vcnt** die Anzahl der Einträge im Array wiedergibt. Die einzelnen Arrayelemente weisen folgende Struktur auf:

```
struct bio_vec {                                                          <bio.h>
        struct page     *bv_page;
        unsigned int    bv_len;
        unsigned int    bv_offset;
};
```

bv_page zeigt auf die page-Instanz der Speicherseite, die für den Datentransfer verwendet wird. bv_offset gibt den Offset innerhalb der Seite an; da normalerweise Seitengrenzen als Grenzen für I/O-Operationen verwendet werden, ist dieser Wert üblicherweise 0.

len spezifiziert, wie viele Bytes der Seite für die Daten verwendet werden, wenn nicht die komplette Seite ausgenutzt wird.

- bi_private wird vom generischen Bio-Code nicht modifiziert und kann für treiberspezifische Informationen verwendet werden.

- bi_destructor verweist auf eine Destruktorfunktion, die aufgerufen wird, bevor eine bio-Instanz aus dem Speicher entfernt wird.

- bi_end_io muss vom Gerätetreiber aufgerufen werden, wenn der Transfer mit der Hardware beendet ist. Dies gibt dem restlichen Blocklayer die Möglichkeit, Aufräumarbeiten zu erledigen oder schlafende Prozesse aufzuwecken, die auf das Ende der Anforderung warten.

Durchführen von Requests

In diesem Abschnitt soll der Mechanismus besprochen werden, den der Kern bereitstellt, um Datenanfragen an ein Gerät zu stellen. Damit verbunden ist das Puffern und Umordnen von Anfragen, um beispielsweise Seek-Bewegungen bei Plattenköpfen zu vermeiden oder durch Bündelung von Operationen zu einer höheren Leistung zu gelangen. „Nach unten" schließt sich die Operation des Gerätetreibers, der mit der spezifischen Hardware interagieren muss, um die Anforderungen abzuarbeiten; „nach oben" fügt sich der allgemeine Code des virtuellen Dateisystems, der letztendlich mit Gerätedateien und insofern mit Benutzerapplikationen oder anderen Teilen des Kerns verbunden ist. Wie wir in den Kapiteln 12 („Page- und Buffer-Cache") und 7 („Das virtuelle Dateisystem") sehen werden, setzt der Kern Caches ein, um einmal gelesene Daten von Blockgeräten im Speicher vorzuhalten und diese wiederverwenden zu können, wenn die gleiche Anfrage mehrfach gestellt wird. Dies interessiert uns an dieser Stelle nicht: Wir wollen untersuchen, wie der Kern vorgeht, nachdem er sich entschieden hat, eine physikalische Anfrage an ein Gerät zu stellen, um Daten zu schreiben oder zu lesen.

Um Anfragen auszuführen, muss der Kernel zwei Schritte durchführen:

- Konstruktion einer bio-Instanz, die die Anforderung beschreibt, und Einbetten dieser Instanz in einen Request, der in einer Request Queue gespeichert wird.

- Abarbeiten der Request Queue und Ausführen der Aktionen, die durch den bio beschrieben werden.

Das Ausfüllen einer neuen bio-Instanz ist keine besonders interessante Aufgabe, da im Wesentlichen die gewünschten Stellen auf einem Blockgerät eingefüllt werden müssen; ebenso müssen Page Frames bereitgestellt werden, um die beteiligten Daten aufzunehmen bzw. zu übermitteln. Wir wollen hier nicht weiter auf Details eingehen.

Nachdem ein Bio erzeugt wurde, muss mit make_request_fn ein neuer Request erzeugt werden, der in die Request Queue eingefügt wird.[12] Zum Ausführen der Anfragen wird request_fn verwendet.

In drivers/block/ll_rw_blk.c sind die Implementierungen dieser Aktionen gesammelt. Der etwas seltsame Dateiname ist eine Abkürzung für *low level read write handling for block devices*.

---

12 Oder die Anfrage irgendwo anders speichern, wenn der Treiber die Default-Implementierung explizit durch eine eigene Funktion ausgetauscht hat.

5.5 Treiberoperationen

Erzeugen von Requests   submit_bio ist die zentrale Funktion, die aufgrund einer übergebenen bio-Instanz eine neue Anfrage erzeugt und diese mittels make_request_fn in der Request Queue des Treibers plaziert (im Folgenden werden wir den Fall außer Acht lassen, dass Treiber auf die Verwendung von Queues verzichten oder diese selbst implementieren). Abbildung 5.8 zeigt das zugehörige Codeflussdiagramm.

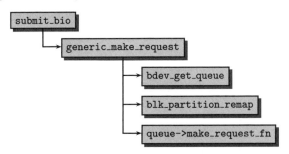

Abbildung 5.8: Codeflussdiagramm für submit_bio

Die Funktion wird an verschiedenen Stellen des Kerns aufgerufen, wenn physikalische Datentransfers initiiert werden sollen. submit_bio selbst bringt lediglich die Statistiken des Kerns auf den neuesten Stand; die eigentliche Arbeit wird an generic_make_request delegiert. Nachdem einige Sicherheitsüberprüfungen durchgeführt wurden (beispielsweise wird getestet, ob die Anforderung über die physikalischen Grenzen des Geräts hinausgeht), werden drei Schritte benötigt:

- Die Request Queue des Blockgeräts, auf das sich die Anforderung bezieht, wird mit bdev_get_queue ermittelt.

- Wenn das Gerät partitioniert ist, wird die Anforderung mit blk_partition_remap so umgeschrieben, dass der korrekte Bereich gelesen bzw. beschrieben wird. Dies ermöglicht dem restlichen Kern, einzelne Partitionen wie nichtpartitionierte eigenständige Geräte zu behandeln. Beginnt eine Partition ab Sektor n und geht der Zugriff auf Sektor m innerhalb der Partition, muss eine Anfrage auf Sektor m+n des Blockgeräts erzeugt werden. Das korrekte Offset für die jeweilige Partition findet sich im parts-Array der gendisk-Instanz, die zur jeweiligen Queue gehört.

- q->make_request_fn generiert anhand des bios einen request der an den Gerätetreiber weitergereicht wird. Für die meisten Geräte wird zu diesem Zweck die Standardfunktion __make_request des Kerns verwendet.

Abbildung 5.9 auf der nächsten Seite zeigt das Codeflussdiagramm von __make_request.

Mit Hilfe der Funktion elv_merge wird die Funktion elevator_merge_fn des elevator-Elements aufgerufen, das mit der Request-Queue verknüpft ist (Abschnitt 5.5.2 geht auf die Implementierung von IO-Schedulern ein). Der Kern stellt zwar mehrere Alternativen bereit, die meisten Treiber greifen aber auf den standardmäßig verwendeten *Anticipatory*-Scheduler zurück, der as_merge als Merge-Funktion verwendet. Hier interessiert nur das Ergebnis, das von der Funktion zurückgegeben wird. Zum einen wird ein Zeiger auf die Position in der Request-Liste geliefert, an der der neue Request eingefügt werden soll. Zusätzlich schreibt der IO-Scheduler vor, ob bzw. wie die Anfrage mit einer bereits bestehenden Anfrage vereinigt werden soll:

- ELEVATOR_BACK_MERGE bzw. ELEVATOR_FRONT_MERGE veranlassen, dass die neue Anforderung mit dem Element kombiniert wird, das sich an der gefundenen Position in der Request-

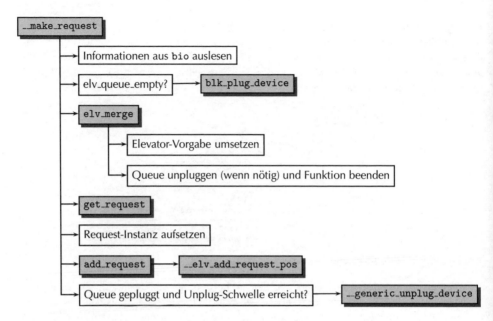

Abbildung 5.9: Codeflussdiagramm für __make_request

Liste befindet. Bei ELEVATOR_BACK_MERGE werden die neuen Daten hinter, ansonsten vor die Daten der bestehenden Anfrage eingefügt.

Das bestehende Element wird so modifiziert, dass ein kombinierter Request entsteht, der alle gewünschten Bereiche abdeckt.

- ELEVATOR_NO_MERGE stellt fest, dass die Anforderung nicht mit bereits vorhandenen Elementen der Request Queue kombiniert werden kann und deshalb alleine eingefügt wird.

Wenn die Anfrage mit einer bestehenden Anfrage verbunden werden konnte, muss der Kern nur die Queue unpluggen, wenn dies nötig ist (dies führt zur Abarbeitung aller anstehenden Aufträge, wie wir gleich sehen werden), und kann die Funktion beenden. add_request fügt den Request nach Update einiger Kernelstatistiken mit __elv_add_request_pos in die Request-Liste ein (diese führt auf die IO-Scheduler-spezifische Funktion elevator_add_req_fn), wobei die Position durch den weiter oben durchgeführten IO-Scheduler-Aufruf gewählt wird.

Als letzter Schritt wird getestet, ob die Queue gerade gepluggt ist und – wenn dies der Fall ist – ob sich in der Queue so viele Anfragen befinden, dass sie in einem Block abgearbeitet werden sollen. Dieser Mechanismus dient zur Performance-Steigerung des Blocklayers und soll nun erläutert werden.

Queue Plugging Aus Sicht der Performance-Optimierung ist es jedoch wünschenswert, mehrere Einzelrequests umzuordnen und in größere Einheiten zu überführen, um den Datentransfer zu optimieren. Dies funktioniert allerdings nur dann, wenn sich auch mehrere Requests in der Warteschlange befinden, die miteinander kombiniert werden können! Der Kern muss deshalb immer erst einige Anforderungen in der Warteschlange sammeln, bevor er diese blockweise verarbeitet; Möglichkeiten zum Merging ergeben sich dabei automatisch.

Um die Abarbeitung von Requests künstlich zu blockieren, verwendet der Kern *Queue Plugging*. Eine Request Queue kann sich in zwei Zuständen befinden: frei und gepluggt. Wenn sie frei

5.5 Treiberoperationen

ist, werden die darauf wartenden Anfragen abgearbeitet, während anderenfalls neue Anfragen nur aufgereiht werden. Alle gepluggten Warteschlangen werden (mit `request_queue->plug_list` als Listenelement) auf der globalen Liste `blk_plug_list` aufgereiht. Wenn `plug_list` *keine* leere Liste ist, weiß der Kern, dass die jeweilige Queue gepluggt ist (um dies zu testen, wird das Makro `blk_queue_plugged` bereitgestellt).

Wir haben bei der Beschreibung von `__make_request` bereits bemerkt, dass der Kern am Ende der Funktion testet, ob die Queue gepluggt ist:

```
if (blk_queue_plugged(q)) {
        int nr_queued = q->rq.count[0] + q->rq.count[1];

        if (nr_queued == q->unplug_thresh)
                __generic_unplug_device(q);
}
```
drivers/block/ll_rw_blk.c

Wenn die Anzahl der Lese- und Schreibanforderungen (gespeichert im `count`-Array der Requestliste `rq`), die momentan vorgehalten werden, dem durch `unplug_thresh` spezifizierten Schwellenwert entspricht, wird `__generic_unplug_device` aufgerufen, um das Plugging aufzulösen und die wartenden Anforderungen zu verarbeiten. Die Funktion muss drei Aktionen durchführen:

- Löschen des in `unplug_timer` gespeicherten Timers, der nach einer bestimmten Zeitspanne für ein automatisches Unpluggen der Queue sorgt.

- Entfernen der Queue aus der `blk_plug_list`-Liste.

- Ausführen von `request_fn`, um die wartenden Anfragen abzuarbeiten.

`blk_plug_device` wird verwendet, um eine Request Queue in den Plugged-Zustand zu versetzen. Sie fügt die Queue zunächst auf die globale `blk_plug_list` ein und setzt anschließend den Unplug-Timer auf die `request_queue->unplug_delay` Jiffies in der Zukunft liegende Zeit, wo eine Funktion aufgerufen wird, die die Queue automatisch unpluggt und die wartenden Anfragen bearbeitet.

Wenn wichtige I/O-Operationen anstehen, kann der Kern das Plugging auch manuell aufheben, was beispielsweise sicherstellt, dass wichtige Leseoperationen sofort durchgeführt werden, wenn die Daten gebraucht werden.

Ausführen von Requests Die gerätespezifische `request_fn`-Funktion wird aufgerufen, wenn die in der Request Queue wartenden Anfragen abgearbeitet werden sollen. Da dies eine sehr Hardware-spezifische Aufgabe ist, kann der Kern hier keine Default-Implementierung bereitstellen, sondern verwendet immer die Methode, die bei der Registrierung einer Queue mit `blk_dev_init` übergeben wird.

Dennoch verfügt die `request`-Funktion in den meisten Gerätetreibern über eine ähnliche Struktur, die wir im Folgenden beschreiben wollen. Dabei gehen wir von einer Situation aus, in der sich mehrere Anfragen im der Request Queue befinden.

`sample_request` ist eine Hardware-unabhängige Beispielroutine für `request_fn`, die die prinzipiellen Schritte aller Treiber demonstriert:

```
void sample_request (request_queue_t *q) {
        int status;
        struct request *req;

        while ((req = elv_next_request(q)) != NULL) {
```

```
            if (!blk_fs_request(req)) {
                end_request(req, 0);
                continue;
            }

            status = perform_sample_transfer(req);
                end_request(req, status);
        }
    }
```

Der Grundaufbau der Strategie-Funktion ist einfach: elv_next_request wird – in eine while-Schleife eingebettet – verwendet, um die Anforderungen der Reihe nach aus der Queue auszulesen. Der eigentliche Transfer wird mit perform_sample_transfer durchgeführt. end_request ist eine Standardfunktion des Kerns, die verwendet wird, um die Anfrage aus der Request Queue zu löschen, die Statistiken des Kerns auf den aktuellen Stand zu bringen und Completions (siehe Kapitel 4 („Interprozesskommunikation und Locking")) auszuführen, die eventuell in request->completion warten. Außerdem wird die BIO-spezifische Funktion bi_end_io aufgerufen, die vom Kern je nach Verwendungszweck des BIOs mit einer Aufräumroutine belegt werden kann.

Da mit BIOs nicht nur Datentransfers möglich sind, sondern beispielsweise auch Diagnoseinformationen übertragen werden können, muss der Treiber mit blk_fs_request prüfen, ob es sich wirklich um einen Datentransfer handelt – alle anderen Typen werden der Einfachheit halber nicht behandelt.

Da die Hardware-spezifischen Aktionen in echten Treibern üblicherweise in separate Funktionen aufgelagert werden, um den Code übersichtlich zu halten, haben wir auch bei unserer Beispielstrategiefunktion diesen Weg gewählt. Die Hardware-spezifischen Funktionen, die sich in einem echten Treiber befinden müssten, sind in perform_sample_transfer durch Kommentare ersetzt:

```
int perform_transfer(request *req) {
  switch(req->cmd) {
  case READ:
    /* Hardwarespezifisches Lesen der Daten durchfuehren */
    break;
  case WRITE:
    /* Hardwarespezifisches Schreiben der Daten durchfuehren */
    break;
  default:
    return -EFAULT;
  }
}
```

Anhand des cmd-Feldes des Requests wird festgestellt, ob es sich um einen Lese- oder Schreibauftrag handelt; ja nachdem können die entsprechenden Schritte eingeleitet werden, die beim Transfer zwischen System und Hardware erfolgen müssen.

IO-Scheduling

Im Kernel werden die verschiedenen Algorithmen, die zum Scheduling bzw. Umordnen von IO-Operationen verwendet werden, als *IO-Scheduler* (im Vergleich zum normalen Prozess-Scheduler oder den zum Traffic Shaping verwendeten Paket-Schedulern im Netzwerkbereich) bezeichnet. Eine Sammlung von Funktionen, die in folgender Datenstruktur zusammengefasst werden, repräsentiert sie:[13]

---

13 Der Kern definiert zusätzlich typedef struct elevator_s elevator_t.

5.5 Treiberoperationen

```
struct elevator_s                                                        <elevator.h>
{
        elevator_merge_fn *elevator_merge_fn;
        elevator_merged_fn *elevator_merged_fn;
        elevator_merge_req_fn *elevator_merge_req_fn;

        elevator_next_req_fn *elevator_next_req_fn;
        elevator_add_req_fn *elevator_add_req_fn;
        elevator_remove_req_fn *elevator_remove_req_fn;

        elevator_queue_empty_fn *elevator_queue_empty_fn;

        elevator_request_list_fn *elevator_former_req_fn;
        elevator_request_list_fn *elevator_latter_req_fn;

        elevator_set_req_fn *elevator_set_req_fn;
        elevator_put_req_fn *elevator_put_req_fn;

        elevator_init_fn *elevator_init_fn;
        elevator_exit_fn *elevator_exit_fn;
};
```

Der IO-Scheduler ist nicht nur für die Umordnung von Anforderungen, sondern auch für das komplette Management der Request Queue verantwortlich:

- `elevator_merge_fn` prüft, ob eine neue Anfrage mit einer bestehenden Anfrage verbunden werden kann, wie weiter oben beschrieben wurde. Außerdem gibt es an, an welcher Stelle der Request Queue eine Anfrage eingefügt wird.

- `elevator_merge_req_fn` wird verwendet, um zwei Requests zu einem einzigen zu kombinieren, während `elevator_merged_fn` aufgerufen wird, *nachdem* zwei Requests miteinander kombiniert wurden (die Funktion kann Aufräumarbeiten übernehmen oder durch den Merge überflüssig gewordene Verwaltungsdaten des IO-Scheduler an das System zurückgeben).

- `elevator_next_req_fn` liefert die nächste Anfrage einer Request Queue, die vom Gerätetreiber verarbeitet werden soll.

- `elevator_add_req_fn` und `elevator_remove_req_fn` dienen dem Einfügen bzw. Entfernen eines Requests in die Request Queue.

- `elevator_queue_empty_fn` prüft, ob sich abarbeitbare Requests in der Queue befinden oder nicht.

- `elevator_former_req_fn` bzw. `elevator_latter_req_fn` ermitteln die Vorgänger- bzw. Nachfolger-Anfrage zu einem gegebenen Request, was beim Merging nützlich ist.

- `elevator_set_req_fn` und `elevator_put_req_fn` werden aufgerufen, wenn ein neuer Request instantiiert bzw. an die Speicherverwaltung zurückgegeben wird (die Anfragen sind zu diesem Zeitpunkt noch nicht bzw. nicht mehr mit irgendeiner Queue verbunden oder komplett ausgefüllt). Die Funktionen geben dem IO-Scheduler die Gelegenheit, Verwaltungsdatenstrukturen zu allozieren und zu initialisieren bzw. zurückzugeben.

- `elevator_init_fn` und `elevator_exit_fn` werden aufgerufen, wenn eine Queue initialisiert bzw. zurückgegeben wird, besitzen also die Wirkung eines Konstruktors bzw. Destruktors.

Momentan werden im Kern zwei Standard-I/O-Scheduler implementiert (allerdings ist es möglich, dass Gerätetreiber spezifische Funktionen davon für ihre Zwecke überschreiben oder einen völlig eigenen Scheduler realisieren):

- elevator_noop ist ein sehr einfacher IO-Scheduler, der eingehende Requests der Reihe nach in die Queue einfügt, um sie auf einer „first come, first served"-Basis zu verarbeiten. Anfragen werden zwar miteinander kombiniert, aber nicht umsortiert. Der Noop-IO-Scheduler (*no operation*) wird von nur wenigen Treibern verwendet.

- iosched_deadline[14] verfolgt zwei Ziele: Zum einen soll die Anzahl Disk-Seeks (d.h. Bewegungen der Schreib/Leseköpfe) so gering wie möglich gehalten werden, zum anderen wird (bestmöglich) garantiert, dass Anfragen nach einer gewissen Zeit bearbeitet werden. Zur Realisierung letzterer Forderung wird der Timer-Mechanismus des Kerns verwendet, der ein „Verfallsdatum" für die einzelnen Anfragen realisiert; die Umordnung der Anfragen zur Minimierung der Seeks erfolgt mit Hilfe umfangreicher Datenstrukturen (Red-Black-Trees und verkettete Listen), mit deren Hilfe die vorhandenen Anfragen analysiert umgeordnet werden können, ohne allzu viel Zeit zu verlieren.

- as_iosched implementiert den *Anticipatory Scheduler*, der – seinem Namen entsprechend – das Verhalten eines Prozesses so gut wie möglich vorhersehen soll. Dies ist natürlich kein leichtes Ziel ... Der Scheduler verwendet dazu vor allem die Annahme, dass Leseanfragen voneinander abhängen: Wenn eine Applikation eine Leseanfrage an den Kern stellt, kann man davon ausgehen, dass innerhalb einer gewissen Zeitspanne eine weitere Anfrage erfolgen wird. Dies wird dann wichtig, wenn die Leseanfrage in einer Periode erfolgt, in der die Platte mit Schreiboperationen beschäftigt ist: Um gute Interaktivität zu gewährleisten, werden die Schreiboperationen aufgeschoben und die Leseoperation bevorzugt. Wird das Schreiben unmittelbar danach wieder aufgenommen, führt dies zu einer Seek-Operation des Plattenkopfs, die allerdings durch einen wenig später eintreffenden neuen Read-Request wieder zunichte gemacht wird. In diesem Fall ist es besser, den Plattenkopf nach Ausführung der ersten Leseanforderung in der gleichen Position zu belassen und eine kurze Zeit auf die nächste Leseanforderung zu warten; erst dann, wenn diese nicht eintrifft, nimmt der Kern die Schreiboperationen wieder auf.

Aus Platzgründen wollen wir nicht auf genauere Implementierungsdetails der einzelnen Scheduler eingehen, wobei jedoch bemerkt werden sollte, dass der Deadline-Scheduler wesentlich unkomplizierter als der Anticipatory-Scheduler ist, in den meisten Fällen aber eine praktisch identische Leistung liefert.

5.5.3 Implementierung von Ioctls

Ioctls ermöglichen die Verwendung gerätespezifischer Spezialfunktionen, auf die nicht durch normale Lese- oder Schreiboperationen zugegriffen werden kann. Dies wird durch den ioctl-Systemaufruf implementiert, der mit regulären Dateien verwendet werden kann (eine detaillierte Beschreibung seiner Verwendung findet sich in den zahlreichen Handbüchern zur Systemprogrammierung).

Wie üblich befindet sich die Implementierung des Systemaufrufs in sys_ioctl; Abbildung 5.10 auf der gegenüberliegenden Seite zeigt das zugehörige Codeflussdiagramm.

---

[14] Der Deadline-Scheduler war fast bis zum Ende der Entwicklung von 2.5, mittlerweile ist aber der Anticipatory Scheduler die Default-Variante.

5.6 Ressourcen-Reservierung

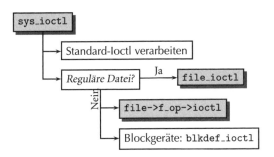

Abbildung 5.10: Codeflussdiagramm für `sys_ioctl`

Der gewünschte Ioctl wird mittels einer übergebenen Konstante spezifiziert, wozu üblicherweise symbolische Präprozessorkonstanten verwendet werden.

Nachdem der Kern getestet hat, ob eines der Standard-Ioctls angewendet wurde, die für jede Datei des Systems unabhängig von ihrem Typ verwendet werden können (beispielsweise ob der Dateideskriptor bei der Ausführung von exec geschlossen werden soll oder nicht, siehe Kapitel 2 („Prozessverwaltung")), müssen zwei Fälle unterschieden werden:

- Für reguläre Dateien wird `file_ioctl` aufgerufen. Die Funktion testet zunächst einige Standard-Ioctls für diesen Dateityp (beispielsweise FIGETBSZ, um die von der Datei verwendete Blockgröße abzufragen), die immer implementiert sind. Anschließend wird die dateispezifische `ioctl`-Funktion aus den `file_operations` aufgerufen, sofern diese existiert, um den Ioctl zu bearbeiten (reguläre Dateien stellen aber üblicherweise keine `ioctl`-Funktion bereit, weshalb der Systemaufruf einen Fehlercode zurückgibt).

- Für nicht-reguläre Dateien wird unmittelbar die dateispezifische `ioctl`-Methode aufgerufen; für Blockgerätedateien handelt es sich dabei um `blkdev_ioctl`.

Auch `blkdec_ioctl` implementiert zunächst einige Ioctls, die für alle Blockgeräte vorhanden sein müssen, beispielsweise die Aufforderung zum Neu-Einlesen der Partitionierungsdaten oder die Ermittlung der Gesamtgröße des Geräts. Anschließend werden die gerätespezifischen Ioctls verarbeitet, indem die `ioctl`-Methode aus den `file_operations` der `gendisk`-Instanz aufgerufen werden. Hier findet sich die Implementierung treiberspezifischer Kommandos, beispielsweise zum Auswerfen des Mediums bei CD-ROMs.

5.6 Ressourcen-Reservierung

IO-Ports und *IO-Memory* sind zwei konzeptionelle Möglichkeiten, die für die Kommunikation zwischen Gerätetreiber und Gerät zur Verfügung stehen. Damit sich die verschiedenen Treiber nicht in die Quere kommen, müssen Ports bzw. IO-Speicherbereiche *reserviert* werden, bevor ein sie von einem Treiber verwendet werden. Dies verhindert, dass mehrere Gerätetreiber auf die gleichen Ressourcen zugreifen, ohne etwas davon zu wissen.

5.6.1 Ressourcenverwaltung

Baum-Datenstrukturen

Linux stellt ein allgemein gehaltenes Framework bereit, das den Aufbau von Datenstrukturen im Speicher ermöglicht, die die in einem System vorhandenen Ressourcen beschreiben können und dem Kernelcode zur Verwaltung und Vergabe dienen. Herzstück bildet eine Struktur mit dem bezeichnenden Namen `resource`, die folgendermaßen definiert ist:

<ioport.h>
```
struct resource {
        const char *name;
        unsigned long start, end;
        unsigned long flags;
        struct resource *parent, *sibling, *child;
};
```

Um die Ressource mit einem mehr oder weniger aussagekräftigen Namen bezeichnen zu können, wird in `name` eine Zeichenkette gespeichert. Sie ist für den Kernel selbst ohne Bedeutung, wird aber verwendet, wenn eine Ressourcenliste (im `proc`-Dateisystem) lesbar ausgegeben wird.

Die Ressource selbst wird durch drei Parameter gekennzeichnet: `start` und `end` geben einen allgemeinen Bereich vor, der durch nicht vorzeichenbehaftete `long`-Zahlen markiert wird; auch wenn der Inhalt der beiden Zahlen natürlich theoretisch beliebig interpretiert werden kann, steht er üblicherweise für einen Abschnitt aus einem Adressraum. `flags` ermöglicht die genauere Charakterisierung der Ressource und ihres momentanen Zustands.

Besonders interessant sind drei Zeiger auf andere `resource`-Strukturen: Sie ermöglichen die Erstellung einer baumartigen Hierarchie, da sich diese oft in einer solchen Anordnung beschreiben lassen, wie wir gleich sehen werden.

Abbildung 5.11 zeigt, wie die *Parent*, *Child* und *Sibling*-Zeiger in einer Baumstruktur verwendet werden (die Situation erinnert an das in Kapitel 2 („Prozessverwaltung") besprochene Prozessnetzwerk).

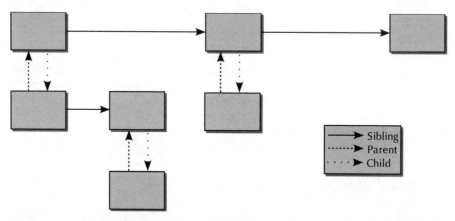

Abbildung 5.11: Verwaltung von Ressourcen in einer Baumstruktur

parent ist das Eltern- und *child* das Kindelement, während *sibling* für Geschwister steht. Die Regeln zur Verknüpfung der Elemente sind einfach:

- Jedes Kind-Element besitzt *genau ein* Elternelement.

- Ein Elternelement kann beliebig viele Kindelemente besitzen.

- Alle Kindelemente eines gemeinsamen Elternelements sind auf der Sibling-Liste miteinander verknüpft.

5.6 Ressourcen-Reservierung

Bei der Repräsentation der Datenstruktur im Speicher müssen folgende Punkte beachtet werden:

- Auch wenn es von jedem Kind-Element einen Zeiger zurück auf das Elternelement gibt, existiert nur ein einziger Zeiger vom Elternelement auf das erste Kindelement: Alle weiteren Kinder lassen sich über die Sibling-Liste rekonstruieren.

- Der Zeiger auf das Elternelement kann auch NULL sein; in diesem Fall gibt es kein übergeordnetes Element.

Wie kann diese hierarchische Struktur für Gerätetreiber eingesetzt werden? Betrachten wir das Beispiel eines Systembusses, in dem sich eine Netzwerkkarte befindet, die *zwei* verschiedene Ausgänge unterstützt, wobei jedem ein spezieller Speicherbereich zur Ein- und Ausgabe von Daten zugewiesen wird. Auch der Bus selbst verfügt über einen I/O-Speicherbereich, aus dem sich die Netzwerkkarte die benötigten Stücke herausnimmt.

Das Schema fügt sich perfekt in die Baumsituation ein: Als Wurzelelement (d.h. das oberste Elternelement) wird der Speicherbereich des Busses selbst verwendet, der beispielsweise den (fiktiven) Bereich zwischen 0 und 1000 belegt. Die Netzwerkkarte beansprucht den Speicherbereich zwischen 100 und 199 für sich und ist ein Kind des Wurzelelements, d.h. des Busses. Die Kindelemente der Netzwerkkarte repräsentieren die jeweiligen Netzwerkausgänge, denen der IO-Bereich zwischen 100 und 149 sowie 150 und 199 zugewiesen wurde. Der anfänglich große Ressourcenbereich wird durch immer weitere Aufteilung in kleinere Portionen zerlegt, die jeweils einer Schicht eines Abstraktionsmodells entsprechen. Durch Verwendung von Kindelementen kann der Raum in immer kleiner und spezifischer werdende Abschnitte partitioniert werden.

Anfordern und Freigeben von Ressourcen

Um die sichere Verwendung von Ressourcen – welcher Art auch immer – garantieren zu können, muss der Kernel einen Mechanismus einführen, mit dessen Hilfe sie alloziert und auch wieder freigegeben werden können: Wenn eine Ressource bereits belegt ist, darf sie von keinem anderen Treiber verwendet werden.

Das Eintragen bzw. Entfernen von Einträgen aus einem Ressourcenbaum ist nichts anderes als die Anforderung oder Freigabe einer Ressource.[15]

Anforderung Zur Anforderung eines Ressourcenbereichs wird vom Kernel die Funktion __request_region bereitgestellt[16]. Die Funktion erwartet eine Reihe von Parametern: Neben einem Zeiger auf das Elternelement wird die Start- und Endadresse des Ressourcenbereichs sowie eine Zeichenkette zur Benennung des Bereichs übergeben:

```
static struct resource * __request_resource(struct resource *root,
                            struct resource *new)
```
kernel/ressource.c

---

[15] Hierbei ist allerdings zu beachten, dass viele Systemressourcen auch ohne Reservierung angesprochen werden *könnten*: Prozessoren stellen üblicherweise bis auf wenige Ausnahmen keine Möglichkeit bereit, um die Reservierung von Ressourcen zu erzwingen. Die Verwendung der hier gezeigten Funktionen kann also nur durch den Wunsch nach sauberer Programmierung erzwungen werden; ein Umgehen der Reservierungen wäre in den meisten Fällen aber dennoch möglich.

[16] In den Kernelquellen finden sich noch weitere Funktionen zur Allozierung von Ressourcen, die aber nur aus Kompatibilitätsgründen vorhanden sind und in neuem Code nicht mehr verwendet werden sollten. Darüberhinaus gibt es Funktionen, die Ressourcen einer bestimmten Größe *suchen* können, wodurch noch freie Bereiche automatisch ausgefüllt werden. Wir werden auf diese erweiterten Möglichkeiten nicht eingehen, da sie nur an wenigen Stellen des Kerns benutzt werden.

Die Arbeit der Funktion besteht vor allem darin, eine `request`-Instanz zu allozieren und diese mit den übergebenen Daten auszufüllen; auch werden Überprüfungen auf offensichtliche Fehler durchgeführt, die die Anforderung sinnlos machen und daher zum Abbruch der Aktion führen (beispielsweise wenn die Startadresse größer als die Endadresse ist). Die Hauptarbeit wird an __request_resource delegiert: Die bereits vorhandenen Ressourcen werden der Reihe nach durchsucht, um die neue Ressource an der richtigen Stelle einzubauen oder vorhandene Konflikte mit bereits vergebenen Bereichen aufzudecken. Dazu wird die Kette der Siblings durchlaufen; ist der gewünschte Ressourcenbereich noch frei, wird die neue `resource`-Instanz eingebaut (die Ressource ist dadurch reserviert); anderenfalls scheitert die Reservierung.

Achtung: Die Kindelemente eines gegebenen Elternelements werden nur auf einer Sibling-Ebene durchlaufen; der Kernel führt keine Suche in die Tiefe durch, d.h. er verfolgt die Liste aller Kindelemente nicht weiter nach unten.

Wenn eine Ressource nicht reserviert werden kann, bedeutet dies für den Treiber automatisch, dass sie belegt und und daher nicht verwendet werden darf.

Freigabe Zur Freigabe einer bereits belegten Ressource wird die Funktion __release_region bereitgestellt:

kernel/ressource.c
```
void __release_region(struct resource *parent, unsigned long start, unsigned long n)
```

Die Vorgehensweise ist offensichtlich: Durch Angabe eines Elternelements sowie der Startadresse und der Länge des Bereichs wird die Ressource eindeutig beschrieben. Der Kernel muss die Liste aller Kinddatenstrukturen durchlaufen, um ein Element mit der entsprechenden Charakteristik zu finden und dieses aus der Liste herauszunehmen und die damit assoziierte Datenstruktur aus dem Speicher zu entfernen.

5.6.2 IO-Memory

Eine der wichtigsten Anwendungen des Ressourcen-Konzepts findet sich bei der Aufteilung des IO-Speichers, da dies (mit Ausnahme von IA-32, wo IO-Ports eine besonders hohe Bedeutung beigemessen wird) auf allen Plattformen die Hauptmöglichkeit zur Kommunikation mit Zusatzgeräten ist.

Als IO-Memory werden nicht nur die Speicherbereiche betrachtet, die unmittelbar zur Kommunikation mit Erweiterungsgeräten verwendet werden; auch der reguläre im System vorhandene RAM- und ROM-Speicher findet sich in der Ressourcenliste, die mit Hilfe der Datei `iomem` im proc-Dateisystems angezeigt werden kann:

```
wolfgang@meitner> cat /proc/iomem
00000000-0009e7ff : System RAM
0009e800-0009ffff : reserved
000a0000-000bffff : Video RAM area
000c0000-000c7fff : Video ROM
000f0000-000fffff : System ROM
00100000-07cefff : System RAM
  00100000-002a1eb9 : Kernel code
  002a1eba-0030cabf : Kernel data
07cf0000-07cefff : ACPI Tables
07cf0000-07cefff : ACPI Tables
07cff000-07cfffff : ACPI Non-volatile Storage
...
f4000000-f407ffff : Intel Corp. 82815 CGC [Chipset Graphics Controller]
f4100000-f41fffff : PCI Bus #01
  f4100000-f4100fff : Intel Corp. 82820 (ICH2) Chipset Ethernet Controller
```

5.6 Ressourcen-Reservierung

```
f4100000-f4100fff : eepro100
f4101000-f41017ff : PCI device 104c:8021 (Texas Instruments)
...
```

Alle belegten IO-Memory-Adressen werden in einem Ressourcenbaum verwaltet, der die globale Kernelvariable `iomem_resource` als Wurzelelement verwendet. Jede Einrückungsstufe in der Textdarstellung bedeutet eine Kindebene. Alle Einträge mit der gleichen Einrückungsstufe sind Geschwister und folglich als Siblings verknüpft. Abbildung 5.12 zeigt die Teile der Datenstrukturen im Speicher, aus denen die Informationen im `proc`-Dateisystem gewonnen werden.

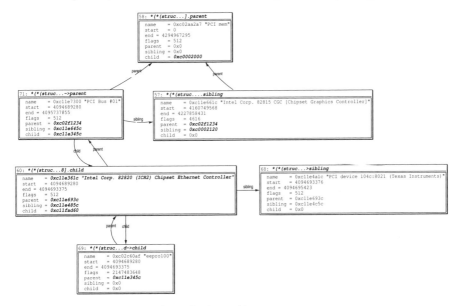

Abbildung 5.12: Belegte Ressourcen einer PCI-Netzwerkkarte

Dennoch ist die Reservierung des Speicherbereichs nicht die einzige Maßnahme, die bei der Verwendung von IO-Memory nötig ist: Je nach verwendetem Bussystem und Prozessortyp kann es erforderlich sein, den Adressraum eines Erweiterungsgeräts erst in den Adressraum des Kernels einzublenden, bevor darauf zugegriffen werden kann (man bezeichnet dies als *Software-IO-Mapping*). Dies wird erreicht, indem die Seitentabellen des Systems entsprechend eingerichtet werden, wozu der Kernel die Funktion `ioremap` zur Verfügung stellt, die Architektur-spezifisch definiert ist und sich an verschiedenen Stellen der Kernelquellen befindet. Zum Aufheben eines Mappings existiert die ebenfalls Architektur-spezifische Funktion `iounmap`.

Die Implementierung erfordert teilweise recht längliche und unübersichtliche Manipulationen der Prozesstabellen, weshalb wir hier nicht im Detail darauf eingehen wollen, zumal sie sich auch von System zu System stark unterscheidet und für das Verständnis von Gerätetreibern keine allzu große Rolle spielt. Entscheidend ist lediglich der Punkt, dass – allgemein gesagt – eine physikalische Adresse in den virtuellen Adressraum des Prozessors eingeblendet wird, um vom Kernel nutzbar zu sein. Auf Gerätetreiber angewandt, bedeutet dies konkret, dass der Adressraum eines Erweiterungsbusses in den Adressraum der CPU eingeblendet wird, um anschließend über normale Speicherzugriffsfunktionen manipuliert werden zu können.

Achtung: Auch nach dem Einblenden von I/O-Bereichen ist es auf manchen Plattformen notwendig, nicht über direkte Zeigerdereferenzierungen, sondern mit speziellen Methoden auf die einzelnen Speicherbereiche zuzugreifen. Abbildung 5.3 zeigt die dazu bereitgestellten Funktionen, die auf allen Plattformen (meistens in <asm-*arch*/io.h>) definiert sind. Auch wenn sie auf einigen Architekturen nur auf eine simple Zeigerdereferenzierung hinauslaufen, da keine weitergehenden Schritte zur Kommunikation mit den I/O-Bereichen notwendig sind (beispielsweise IA-32), sollten sie von portablen Treibern immer verwendet werden.

Tabelle 5.3: *Funktionen zum Zugriff auf I/O-Speicherbereiche*

Funktion	Bedeutung
readb(addr) readw(addr) readl(addr)	Auslesen eines Bytes, Words oder Longs von der angegebenen I/O-Adresse addr.
writeb(val, addr) writew(val, addr) writel(val, addr)	Schreiben eines durch val gegebenen Byte-, Word- oder Long-Werts an die I/O-Speicherstelle addr.
memcpy_fromio(dest, src, num)	num Bytes von der I/O-Adresse src nach dest im normalen Adressraum verschieben.
memcpy_toio(dst, src, nun)	num Bytes von dst im normalen Adressraum an Position dest im I/O-Bereich kopieren.
memset_io(addr, value, count)	count Bytes ab Position addr mit value füllen.

5.6.3 IO-Ports

IO-Ports sind vor allem in der IA-32-Welt eine verbreitete Möglichkeit, um mit Geräten und Bussen zu kommunizieren. Ebenso wie beim IO-Memory muss auch bei der Arbeit mit Ports zuerst eine Registrierung des gewünschten Bereiches erfolgen, bevor ein Treiber mit gutem Gewissen darauf zugreifen kann – auch hier ist eine Kontrolle durch den Prozessor leider nicht möglich.

ioport_resource aus <ioport.h> dient als Wurzelelement für einen Ressourcenbaum. Die Datei ioports im proc-Dateisystem ermöglicht einen Blick auf die reservierten Portadressen:

```
wolfgang@meitner> cat /proc/ioports
0000-001f : dma1
0020-003f : pic1
0040-005f : timer
0060-006f : keyboard
...
0170-0177 : ide1
...
0378-037a : parport0
03c0-03df : vga+
...
0cf8-0cff : PCI conf1
1800-180f : Intel Corp. 82820 820 (Camino 2) Chipset IDE U100 (-M)
  1800-1807 : ide0
  1808-180f : ide1
1810-181f : Intel Corp. 82820 820 (Camino 2) Chipset SMBus
1820-183f : Intel Corp. 82820 820 (Camino 2) Chipset USB (Hub A)
...
3000-3fff : PCI Bus #01
  3000-303f : Intel Corp. 82820 (ICH2) Chipset Ethernet Controller
    3000-303f : eepro100
```

Auch hier verwendet der Kern Einrückungen, um die Eltern-Kind- bzw. Geschwister-Abhängigkeiten wiederzugeben. Die Liste wurde auf dem gleichen System erzeugt wie die weiter oben wiedergegebenen IO-Speicherbereiche; interessant ist, dass neben den Standardsystemkomponenten wie Tastatur oder Timerbaustein auch einige aus dem IO-Mapping bereits bekannte

Geräte auftauchen, beispielsweise der Ethernet-Controller – allerdings spricht nichts dagegen, dass ein Gerät sowohl über Ports wie auch über IO-Memory angesprochen werden kann.

Der Zugriff auf Ports muss üblicherweise durch spezielle Prozessorbefehle auf Assemblerebene erfolgen, weshalb der Kernel entsprechende Makros bereitstellt, die für den Treiberprogrammierer eine systemunabhängige Schnittstelle bereitstellen. Tabelle 5.4 fasst sie zusammen.

Tabelle 5.4: Funktionen zum Zugriff auf IO-Ports

Funktion	Bedeutung
`insb(port, addr, num)` `insl(port, addr, num)` `insw(port, addr, num)`	Lesen `num` Bytes, Words oder Longs von Port `port` an die Adresse `addr` des regulären Adressraums ein.
`outsb(port, addr, num)` `outsb(port, addr, num)` `outsb(port, addr, num)`	Schreiben `num` Bytes, Words oder Longs von der virtuellen Adresse `addr` an den Port `port`.

Achtung: Auf Architekturen, die an sich keine Ports kennen, werden die Funktionen (üblicherweise mit Hilfe eines Zugriffs auf „normalen" IO-Speicher) dennoch definiert und implementiert, um die Entwicklung eines Treibers für verschiedene Architekturen zu erleichtern.

5.7 Bussysteme

Während Erweiterungsgeräte von Gerätetreibern angesprochen werden, die nur über einen festen Satz von Schnittstellen mit dem restlichen Code kommunizieren und die zentralen Quellen nicht beeinflussen, muss sich der Kern zusätzlich um eine fundamentalere Aufgabe kümmern: Die Art und Weise, *wie* die Geräte über Busse an das restliche System angebunden sind.

Bustreiber sind wesentlich stärker mit dem zentralen Kernelcode verbunden, als es ein Treiber für ein spezifisches Gerät sein könnte; außerdem gibt es keine standardisierte Schnittstelle, über die ein Bustreiber seine Funktionen und Möglichkeiten an assoziierte Treiber bereitstellt, da sich die verwendeten Hardwaretechniken zwischen den verschiedenen Bussystemen stark voneinander unterscheiden. Dies bedeutet allerdings nicht, dass der Code zur Verwaltung der verschiedenen Busse keinerlei Gemeinsamkeiten aufweist: Ähnliche Busse verwenden auch ähnliche Konzepte, und mit dem allgemeinen *Driver Model* wurde zusätzlich eine Schnittstelle geschaffen, mit der alle im System vorhandenen Busse in einer Sammlung zentraler Datenstrukturen verwaltet und teilweise auch auf einen kleinsten gemeinsamen Nenner gebracht werden können.

Da der Kernel eine Vielzahl von Bussen unterstützt, die manchmal auf mehreren, manchmal aber auch nur auf einer einzigen Hardwareplattform Verwendung finden, können wir nicht alle Varianten im Detail besprechen. Wir beschränken uns auf eine genauere Betrachtung des PCI-Busses, da es sich dabei um ein mehr oder weniger modernes Design handelt, das alle gängigen und zentralen Elemente eines leistungsfähigen Systembusses besitzt und auch auf den meisten von Linux unterstützten Architekturen eingesetzt wird. Wir werden auch den weit verbreiteten und systemunabhängigen USB-Bus für externe Zusatzgeräte besprechen.[17]

---

[17] Dass es sich dabei um einen Bus im klassischen Sinne handelt, kann durchaus bestritten werden, da USB nicht die Funktionalitäten eines *System*busses bereitstellen, sondern immer noch auf einen zusätzlichen Verteilermechanismus „im Computer" angewiesen ist. Wir stellen uns hier aber nicht auf den Standpunkt der Systematiker, sondern folgen dem Weg der Pragmatiker und kümmern uns nicht weiter um dieses Detail.

5.7.1 Das allgemeine Driver Model

Auch wenn sich Aufbau und Struktur moderner Bussysteme in vielen Details unterscheiden, gibt es dennoch viele Gemeinsamkeiten, die sich auch in den Datenstrukturen des Kerns niedergeschlagen haben. Viele Elemente wurden bei jedem Bus (und auch bei den assoziierten Gerätedatenstrukturen) wiederholt. Während der Entwicklung von 2.6 wurde ein allgemeines Treibermodell (*device model*) in den Kern aufgenommen, um dieser unnötigen Duplikation entgegenzuwirken: Eigenschaften, die bei allen Bussen vorkommen, werden in spezielle Datenstrukturen gepackt, die mit den busspezifischen Elementen verbunden und über allgemeine Methoden bearbeitet werden können.

Objektverwaltung

Eng mit dem Treibermodell verbunden ist ein Mechanismus zur Verwaltung von Kernobjekten, da auch in diesem Bereich viel Code immer wieder dupliziert wird – beispielsweise auf dem Gebiet der Referenzzählung, die für die meisten größeren Datenstrukturen des Kerns durchgeführt wird. Bevor wir genauer auf das Device Model eingehen können, müssen wir uns zunächst mit dem `kobject`-Mechanismus beschäftigen, der sich um folgende Punkte kümmert:[18]

- Referenzzählung

- Verwaltung von Listen (Sets) von Objekten

- Locking von Sets

- Export von Objekteigenschaften in den Userspace (über das `sysfs`-Dateisystem)

Als Grundlage wird folgende Datenstruktur verwendet, die in andere Datenstrukturen eingebettet wird:

<kobject.h>
```
struct kobject {
        char                    name[KOBJ_NAME_LEN];
        atomic_t                refcount;
        struct list_head        entry;
        struct kobject          * parent;
        struct kset             * kset;
        struct kobj_type        * ktype;
        struct dentry           * dentry;
};
```

Achtung: `kobjects` werden nicht über einen Zeiger mit einer anderen Datenstruktur verbunden, sondern direkt darin eingebettet:

```
struct sample {
...
        struct kobject kobj;
...
};
```

Dies zeigt an, dass die Elemente von `kobject` elementarer Bestandteil der umfassenden Datenstruktur sind. Die einzelnen Mitglieder haben folgende Bedeutung:

- `name` ist ein textueller Bezeichner, der über `sysfs` in den Userspace exportiert wird.

---

[18] Die Beschreibung des `kobject`-Mechanismus orientiert sich an der Dokumentation [Moca], die den Kernelquellen beiliegt.

5.7 Bussysteme

- `refcount` implementiert den Referenzzähler, mit dessen Hilfe der Kern verwaltet, wie viele Stellen im Kern die Datenstruktur benötigen. Wenn der Wert auf 0 gefallen ist, kann der belegte Speicherplatz wieder an die Speicherverwaltung zurückgegeben werden.

- `entry` ist ein Standardlistenelement, das verwendet wird, um mehrere `kobjects` in einer Liste (die in diesem Fall als Set bezeichnet wird) zusammenzufassen.

- `kset` wird benötigt, wenn ein Objekt gemeinsam mit anderen Objekten in einer Sammlung zusammengefasst ist.

- `parent` ist ein Zeiger auf das Elternelement, der ermöglicht, eine hierarchische Struktur zwischen `kobjects` zu definieren.

- `kobj_type` stellt genauere Informationen über die Datenstruktur bereit, in der ein `kobject` eingebettet ist. Am wichtigsten ist hierbei die Destruktorfunktion, die die Ressourcen der einbettenden Datenstruktur zurückgibt.

- `dentry` dient als Zeiger auf die Dentry-Instanz (siehe Kapitel 7 („Das virtuelle Dateisystem")), die den Verzeichniseintrag im `sysfs`-Dateisystem repräsentiert.

Tabelle 5.5 fasst die Standardoperationen zusammen, die vom Kern zur Manipulation von `kobject`-Instanzen bereitgestellt werden (die sich natürlich üblicherweise in andere Objekte eingebettet finden). Da ihre Implementierung keine besonderen Erkenntnisse mit sich bringt, wollen wie nicht weiter darauf eingehen.

Tabelle 5.5: Standardmethoden zur Bearbeitung von `kobjects`

Funktion	Bedeutung
`kobject_get, kobject_put`	Inkrementieren bzw. Dekrementieren des Referenzzählers eines `kobjects`.
`kobject_(un)register`	Registrieren bzw. Entfernen von `obj` aus einer Hierarchie (das Objekt wird in das eventuell vorhandene Set des Elternelements eingefügt und ein passender Eintrag im `sysfs`-Dateisystem wird angelegt).
`kobject_init`	Initialisiert ein `kobject`, d.h. setzt den Referenzzähler auf den Ausgangswert und initialisiert die enthaltenen Listenelemente.
`kobject_cleanup`	Gibt die belegten Ressourcen frei, wenn ein `kobject` (und deshalb natürlich auch das einbettende Objekt) nicht mehr benötigt wird.

Repräsentation von Geräten

Um allgemeine Geräteeigenschaften zu repräsentieren, die bei praktisch allen vorhandenen Bustypen auftreten,[19] stellt das Driver Model eine spezielle Datenstruktur bereit, die in die busspezifischen Datenstrukturen eingebette wird – wie auch bei den eben vorgestellten `kobjects` nicht über eine Referenz, sondern direkt. Sie ist (etwas vereinfacht) folgendermaßen definiert:

---

[19] Zumindest besitzen Geräte aller halbwegs modernen Busse die betrachteten Eigenschaften, und auch neue Busentwürfe werden davon wohl nicht abweichen. Ältere Busse, die sich nicht an das Modell halten, werden als Ausnahmen angesehen.

<device.h>
```
struct device {
        struct list_head node;          /* node in sibling list */
        struct list_head bus_list;      /* node in bus's list */
        struct list_head driver_list;
        struct list_head children;
        struct device    * parent;

        struct kobject kobj;
        char    bus_id[BUS_ID_SIZE];    /* position on parent bus */

        struct bus_type * bus;          /* type of bus device is on */
        struct device_driver *driver;   /* which driver has allocated this
                                           &process`comment(device )*/
        void            *driver_data;   /* data private to the driver */

        void    (*release)(struct device * dev);
};
```

- Das eingebettete kobject dient zur Verwaltung allgemeiner Objekteigenschaften, wie gerade besprochen wurde.

- Verschiedene Elemente werden verwendet, um hierarchische Beziehungen zwischen Geräten aufbauen zu können: children dient als Ausgangspunkt einer verketteten Liste, auf der alle untergeordneten Geräte des gegebenen Geräts aufgereiht sind; befindet sich das Gerät selbst auf einer solchen Liste, wird node als Listenelement verwendet. parent zeigt in diesem Fall auf die device-Instanz des Elternelements.

- Da ein Gerätetreiber mehr als ein Gerät bedienen kann (beispielsweise, wenn zwei gleiche Karten im System eingebaut sind), wird driver_list als Listenelement verwendet, um die device-Instanzen aller verwalteten Geräte zusammenhalten zu können. driver zeigt auf die Datenstruktur des Gerätetreibers (näheres dazu etwas später), der das Gerät verwaltet.

- bus_id gibt die Postion des Geräts in seinem Bus in eindeutiger Weise an, wobei sich das konkret verwendete Format zwischen den verschiedenen Bustypen unterscheidet. Die Position von Geräten in einem PCI-Bus wird beispielsweise durch eine Zeichenkette der Form <Bus Nummer>:<Slot Nummer>.<Funktionsnummer> eindeutig festgelegt.

- bus ist ein Zeiger auf die Instanz der Datenstruktur des Busses (näheres dazu weiter unten), auf dem sich der Gerät befindet.

- driver_data ist ein privates Element des Treibers, das vom generischen Code nicht modifiziert wird.

- release ist eine Destruktorfunktion, die die belegten Ressourcen an den Kern zurückgibt, wenn das Gerät (bzw. die device-Instanz) nicht mehr verwendet wird.

Der Kern stellt die Standardfunktion device_register bereit, um ein neues Gerät in die Datenstrukturen des Kerns einzufügen. Zur Referenzzählung wird das Funktionenpaar device_get und device_put verwendet.

Auch für Gerätetreiber stellt das allgemeine Driver Model eine eigene Datenstruktur zur Verfügung:

<driver.h>
```
struct device_driver {
        char                    * name;
        struct bus_type         * bus;
```

```
        struct kobject          kobj;
        struct list_head        devices;

        int             (*probe)        (struct device * dev);
        int             (*remove)       (struct device * dev);
        void            (*shutdown)     (struct device * dev);
        int             (*suspend)      (struct device * dev, u32 state, u32 level);
        int             (*resume)       (struct device * dev, u32 level);
};
```

Wie üblich wird ein `kobject` zur Verwaltung allgemeiner Objekteigenschaften verwendet. Die anderen Elemente haben folgende Bedeutung:

- **name** verweist auf einen Textstring, der den Treiber eindeutig identifiziert.

- **bus** zeigt auf ein Objekt, das den Bus repräsentiert und busspezifische Operationen bereitstellt; wir werden gleich genauer darauf eingehen.

- **device** ist das Ausgangselement für eine Standardliste, auf der die `device`-Instanzen aller Geräte aufgereiht werden, die der Treiber verwaltet.

- **probe** ist eine Funktion, die überprüft, ob ein Gerät im System vorhanden ist, für das sich der Gerätetreiber zuständig fühlt.

- **remove** wird aufgerufen, wenn ein Gerät aus dem System entfernt wird.

- **shutdown**, **suspend** und **resume** werden für das Power-Management verwendet, worauf wir nicht näher eingehen werden.

Um einen Treiber im System zu registrieren, stellt der Kern die Standardfunktion `driver_register` bereit.

Repräsentation von Bussen

Das allgemeine Driver Model ist nicht nur für die Repräsentation von Geräten, sondern auch von Bussen zuständig, wozu eine weitere Datenstruktur definiert wird:

```
struct bus_type {                                                                  <device.h>
        char                    * name;

        struct kset             drivers;
        struct kset             devices;

        int                     (*match)(struct device * dev, struct device_driver * drv);
        struct device *         (*add)   (struct device * parent, char * bus_id);
        int                     (*hotplug) (struct device *dev, char **envp,
                                            int num_envp, char *buffer, int buffer_size);
        int                     (*suspend)(struct device * dev, u32 state);
        int                     (*resume)(struct device * dev);
};
```

- **name** ist eine textuelle Bezeichnung für den Bus.

- Aller Geräte und Treiber, die mit dem Bus verbunden sind, werden als Sets über die beiden Einträge **drivers** und **devices** verwaltet.

▪ `match` verweist auf eine Funktion, die versucht, einen passenden Treiber für ein Gerät zu finden.

▪ `add` wird verwendet, um einen Bus auf ein neues Gerät hinzuweisen, das ins System eingefügt wurde.

▪ `hotplug` wird bei der Implementierung des Hotplug-Mechanismus (der automatischen Konfiguration zur Laufzeit neu hinzugekommener Geräte) verwendet, worauf wir in Kapitel 6 („Module") genauer eingehen werden.

▪ `suspend` und `resume` sind auch hier Funktionen des Power-Managements, auf die wir nicht näher eingehen wollen.

5.7.2 Der PCI-Bus

PCI steht für *peripheral component interconnect* und wurde von Intel als Standardbus entworfen, der sich (ausnahmsweise) nicht nur durch eine geschickte Marketingstrategie, sondern auch durch technische Qualität schnell zu einem sehr beliebten Bus bei Komponenten- und Architekturherstellern entwickelt hat. Er wurde geplant, um eine der schlimmsten Plagen zu vernichten, die jemals über die (Programmierer)-Welt hereingebrochen ist: den ISA-Bus.[20] Um die in diesem Design enthaltenen Mängel ein für alle Mal zu kompensieren, wurden folgende Ziele gesteckt:

▪ Unterstützung hoher Transferbandbreiten, um auch Multimedia-Anwendungen mit breiten Datenströmen gerecht zu werden.

▪ Einfache und leicht automatisierbare Konfiguration der angeschlossenen Zusatzgeräte.

▪ Plattformunabhängigkeit, d.h. keine Bindung an einen speziellen Prozessortyp oder eine bestimmte Systemplattform.

Von der PCI-Spezifikation existieren verschiedene Versionen, wobei graduell Erweiterungen für neuere Techniken implementiert wurden – eines der letzten großen „Updates" ist beispielsweise die Unterstützung für das Hotplugging von Geräten, das die Entnahme bzw. das Einführen neuer Geräte im laufenden Betrieb des Systems ermöglicht.

Wegen der Prozessorunabhängigkeit der PCI-Spezifikation wird der Bus nicht nur auf IA-32-Systemen (und deren mehr oder weniger direkten Nachfolgern IA-64 und AMD64) verwendet, sondern ist auch in anderen, teilweise recht komplementären Architekturen wie PowerPC, Alpha oder SPARC eingebaut – wohl auch durch den Druck gerechtfertigt, in den Genuss der billigen und zahllos vorhandenen Erweiterungskarten zu kommen, die für den Bus produziert werden.

---

20 ISA steht für *industrial standard architecture* und wurde durch eine große Vereinigung von Hardware-Herstellern als Alternative zu den Versuchen von IBM entworfen, die Herstellung von Erweiterungsgeräten mittels des patentierten und nicht frei zugänglichen Microchannels zu unterbinden. Das System ist allerdings sehr einfach gestrickt, um die leichte Herstellung von Erweiterungskarten zu erlauben; es ist beispielsweise so simpel, dass es selbst Hobbyelektronikern mit nichtprofessionellen Ambitionen die leichte Herstellung von Erweiterungshardware ermöglicht. Auch bei modernen Designs praktisch unmöglich ist. Auch bei der Programmierung des Busses und beim Ansprechen durch Gerätetreiber finden sich gravierende Mängel, die teilweise durch die völlig unterschiedliche Situation der damaligen Computertechnik bedingt, zum anderen aber auch auf nicht wirklich zukunftsweisendes Design zurückzuführen sind.

Aufbau eines PCI-Systems

Bevor wir die PCI-Implementierung des Kerns besprechen, sollen zunächst einige prinzipielle Grundlagen des Busses erläutert werden, wobei wir aber nur die allerwichtigsten Punkte besprechen. Wesentlich genauere und detailliertere Erläuterungen finden sich in den entsprechenden Lehrbüchern zur Hardwaretechnik, beispielsweise [BH01].

Kennzeichnung von Geräten Jedes Gerät, das sich in einem der PCI-Busse des Systems befindet, wird durch einen Satz von drei Kennzahlen eindeutig identifiziert:

- Die Busnummer (*bus number*) gibt die Kennzahl des Busses wieder, dem das Gerät zugeordnet ist, wobei die Nummerierung wie üblich bei 0 beginnt. Die PCI-Spezifikation erlaubt eine maximale Zahl von 255 Bussen pro System.

- Die Gerätenummer (*device number*) ist die Kennzahl, die innerhalb eines Busses gültig ist. Maximal 32 Geräte können sich auf einem Bus befinden. Geräte auf unterschiedlichen Bussen können die gleiche Gerätekennzahl besitzen.

- Mit Hilfe der Funktionsnummer (*function number*) können Geräte realisiert werden, die mehr als ein Erweiterungsgerät im klassischen Sinne auf einer Steckkarte realisieren. Beispielsweise können aus Platzgründen zwei Netzwerkkarten auf nur einer Steckkarte untergebracht werden, wobei die einzelnen Schnittstellen durch unterschiedliche Funktionsnummern voneinander getrennt werden. In Laptops werden gerne Multifunktionschipsätze verwendet, die mit dem PCI-Bus verbunden sind und eine ganze Reihe von Erweiterungen (IDE-Controller, USB-Controller, Modem, Netzwerk etc.) auf kleinstem Platz integrieren, die ebenfalls nur mittels der Funktionsnummer auseinander gehalten werden können. Die maximale Zahl von Funktionseinheiten auf einem Gerät ist durch den Standard auf 8 festgelegt.

Jedes Gerät kann durch eine 16 Bit lange Zahl eindeutig identifiziert werden, wobei 8 Bit für die Busnumer, 5 für die Gerätenummer und 3 für die Funktionsnummer verwendet werden. Treiber selbst brauchen sich mit dieser äußerst kompakten Notation nicht herumzuschlagen, da der Kernel ein Netzwerk von Datenstrukturen aufbaut, das dieselben Informationen enthält, aber aus C-Sicht wesentlich einfacher zu handhaben ist.

Adressräume Um mit PCI-Geräten kommunizieren zu können, gibt es drei Adressräume:

- Der I/O-Raum wird durch 32 Bit beschrieben und stellt daher maximal 4 GB an Portadressen zur Verfügung, die zur Kommunikation mit dem Gerät verwendet werden können.

- Für den Datenraum werden je nach Prozessortyp 32 oder 64 Bytes verwendet, wobei Letztere natürlich nur auf CPUs mit entsprechenden Wortbreiten unterstutzt werden. Die im System vorhandenen Geräte werden auf die beiden Speicherbereiche aufgeteilt und erhalten somit in beiden Fällen eindeutige Adressen.

- Der Konfigurationsraum enthält genaue Informationen über Typ und Charakteristika der einzelnen Geräte, wodurch die Notwendigkeit des gefährlichen Autoprobings[21] verhindert wird.

---

[21] Der „automatischen Erkennung" von Geräten, indem Daten an verschiedene Adressen geschickt und die Antwort des Systems abgewartet wird, um daraus die vorhandenen Karten erkennen zu können. Diese Methode war auch eines der zahlreichen Übel des ISA-Busses.

Die Adressräume werden je nach Prozessortyp an verschiedenen Stellen in den virtuellen Speicherraum des Systems eingeblendet, wodurch der Kernel und die Gerätetreiber auf die entsprechenden Ressourcen zugreifen können.

Konfigurationsinformationen Im Gegensatz zu vielen seiner Vorgänger ist der PCI-Bus ein jumperfreies System, d.h. die vorhandenen Erweiterungsgeräte können vollständig über Software-Mittel und ohne Eingreifen des Benutzers so konfiguriert werden, dass ein reibungsfreier Betrieb sichergestellt ist.[22] Um dies zu ermöglichen, besitzt jedes PCI-Gerät einen 256 Byte langen Konfigurationsraum, in dem sich die charakteristischen Informationen über das Gerät, seine speziellen Eigenschaften und seine besonderen Anforderungen befinden. Auch wenn 256 Bytes im Vergleich zu den heutigen Speicherausbaustufen auf den ersten Blick verschwindend gering erscheint, können doch eine ganze Menge Informationen untergebracht werden, wie Abbildung 5.13 zeigt, in der der (durch den Standard festgelegte) Aufbau des Konfigurationsraums wiedergegeben ist.

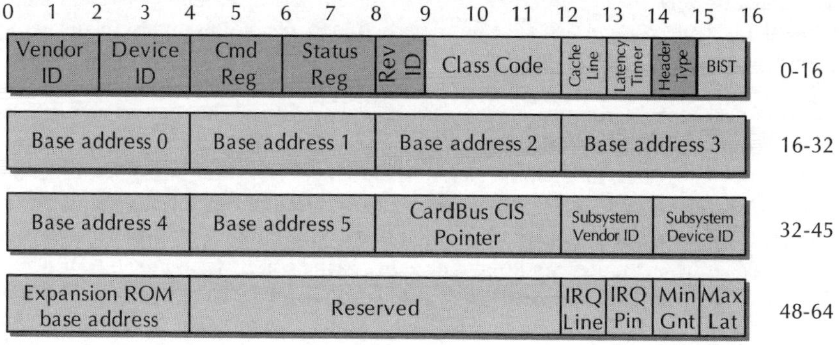

0	1	2	3	4	5	6	7	8	9	10	11	12	13	14	15	16	
Vendor ID		Device ID		Cmd Reg		Status Reg		Rev ID	Class Code			Cache Line	Latency Timer	Header Type	BIST	0-16
Base address 0				Base address 1				Base address 2				Base address 3				16-32
Base address 4				Base address 5				CardBus CIS Pointer				Subsystem Vendor ID		Subsystem Device ID		32-45
Expansion ROM base address				Reserved								IRQ Line	IRQ Pin	Min Gnt	Max Lat	48-64

Abbildung 5.13: Aufbau des PCI-Konfigurationsraums

Achtung: Auch wenn die Struktur zwingend 256 Bytes umfassen muss, ist nur die Bedeutung der ersten 64 Bytes durch den Standard eindeutig festgelegt. Der restliche Platz darf vom Gerät für beliebige Zwecke verwendet werden und dient üblicherweise zum Austausch zusätzlicher Informationen zwischen Gerät und Treiber, deren Struktur in der Hardware-Dokumentation festgelegt ist (oder zumindest sein sollte). Des Weiteren werden auch nicht alle Angaben innerhalb der ersten 64 zwingend benötigt; einige davon sind nur optional und können auch mit Nullen aufgefüllt werden, wenn sie von einem Gerät nicht benötigt werden. Die mandatorisch erforderlichen Größen sind in der Abbildung durch farbliche Kennzeichnung zusätzlich hervorgehoben.

Um Hersteller und Gerätetyp eindeutig identifizieren zu können, werden die Felder *Vendor* und *Device ID* verwendet. Während die erste Zahl von der PCI Special Interest Group (einem Industriekonsortium) vergeben werden muss, um eine eindeutige Zuordnung an einzelne Firmen zu gewährleisten,[23] können die Geräteidentifikationsnummern von den Herstellern frei gewählt werden – sie sind selbst dafür verantwortlich, dass es in ihrem Adressraum keine Überschneidungen gibt. Beide Angaben zusammen werden oft als *Signatur* eines Geräts bezeichnet, da mit ihrer Hilfe eine eindeutige Identifikation möglich ist. Zwei weitere Felder mit ähnlicher Bezeichnung – *subsystem vendor* und *device id* – können zusätzlich verwendet werden, um generische Interfaces genauer zu beschreiben. Die *Revision ID* ermöglicht die Unterscheidung zwischen verschiedenen

---

[22] Sicher erinnern sich einige Leser noch an das weit verbreitete ISA-Spiel, mehrere zumeist miserabel dokumentierte Karten durch manuelle Anpassung der verwendeten Ressourcen über Steckschalter zum Laufen zu bewegen.
[23] Intel besitzt die Kennung 0x8086...

Revisionen eines Geräts, wodurch ein Gerätetreiber beispielsweise bekannte Hardwarefehler in alten Versionen umgehen oder Features ausnutzen kann, die erst ab einer bestimmten Revision vorhanden sind.

Um die Geräte in verschiedene Funktionsklassen zu unterteilen, existiert das Feld *Class Code*, das in zwei Untergruppen aufgeteilt wird: Die ersten 8 Bits werden zur groben Identifikation der Gruppe verwendet, während die restlichen 16 Bits eine etwas feinere Aufteilung ermöglichen. Einige Gruppen zusammen mit ihren Untergruppen (für beide werden die Namen der entsprechenden Konstanten aus `<pci_ids.h>` angegeben) lauten beispielsweise:

- Massenspeicher (`PCI_BASE_CLASS_STORAGE`)
    - SCSI-Controller (`PCI_CLASS_STORAGE_SCSI`)
    - IDE-Controller (`PCI_CLASS_STORAGE_IDE`)
    - RAID-Controller (zur Kombination mehrerer Plattenlaufwerke) (`PCI_CLASS_STORAGE_RAID`)
- Netzwerk (`PCI_BASE_CLASS_NETWORK`)
    - Ethernet (`PCI_BASE_NETWORK_ETHERNET`)
    - FDDI (`PCI_BASE_NETWORK_FDDI`)
- Systemkomponenten (`PCI_BASE_CLASS_SYSTEM`)
    - DMA-Controller (`PCI_CLASS_SYSTEM_DMA`)
    - Echtzeituhr (*real time clock*, `PCI_CLASS_SYSTEM_RTC`)

Die 6 Basisadressen-Felder bestehen aus jeweils 32 Bits und werden benutzt, um die Adressen zur Kommunikation zwischen PCI-Gerät und dem restlichen System festzulegen (wenn es sich um ein 64-Bit-Gerät handelt, was auf Systemen wie Alpha oder Sparc64 vorkommen kann, werden immer zwei Basisadressenfelder zusammengefasst, um die Position Speicher beschreiben zu können, was die Anzahl der möglichen Basisadressen auf 3 halbiert). Von den restlichen Feldern ist aus Sicht des Kerns nur noch die IRQ-Nummer von Bedeutung, die eine Zahl zwischen 0 und 255 aufnehmen kann, um die Kennzahl des vom Gerät verwendeten Interrupts festzulegen. Der Wert 0 signalisiert, dass das Gerät keine Interrupts verwendet.

Achtung: Auch wenn der PCI-Standard bis zu 255 verschiedene Interruptnummern unterstützt, ist die tatsächlich benutzbare Anzahl meistens durch die verwendete Architektur beschränkt. Erst Verfahren wie das in Kapitel 4 („Interprozesskommunikation und Locking") besprochene Interrupt-Sharing ermöglichen auf solchen Systemen die Verwendung von mehr Geräten, als IRQ-Linien vorhanden sind.

Da die restlichen Felder nicht von der Software, sondern nur von der Hardware gebraucht werden, wollen wir auf ihre Bedeutung nicht weiter eingehen.

Realisierung im Kernel

Der Kern stellt für PCI-Treiber ein umfangreiches Framework bereit, das sich grob in zwei Kategorien aufteilen lässt:

- Initialisierung des PCI-Systems (und ja nach System auch noch Vergabe von Ressourcen) zusammen mit der Bereitstellung entsprechender Datenstrukturen, die Inhalt und Fähigkeiten der einzelnen Busse bzw. Geräte wiedergeben und leicht manipulierbar machen.

- Standardisierte Funktionsschnittstellen, die den Zugriff auf alle Möglichkeiten von PCI ermöglichen.

Da sich die Initialisierung des PCI-Systems zwischen den einzelnen Systemtypen teilweise deutlich unterscheidet (IA-32-Rechner vergeben mit Hilfe des BIOS beim Booten alle relevanten PCI-Ressourcen selbst, so dass sich der Kernel nur mehr ins gemachte Nest setzen muss, während dies auf Alpha-Rechnern mangels eines BIOS (oder eines passenden Äquivalents) manuell durch den Kernel selbst erledigt werden muss), wollen wir bei der Beschreibung der relevanten Datenstrukturen im Kernelspeicher zunächst davon ausgehen, dass alle PCI-Geräte und Busse bereits fertig initialisiert sind.

Datenstrukturen Zur Verwaltung der PCI-Strukturen des Systems stellt der Kernel einige Datenstrukturen bereit, die in <pci.h> definiert und untereinander über ein Netzwerk an Zeigern miteinander verbunden sind. Bevor wir uns die Definitionen genauer betrachten, wollen wir einen Überblick zu den vorhandenen Elementen geben:

- Die einzelnen Busses des Systems werden durch Instanzen von pci_bus repräsentiert.

- Die Struktur pci_dev wird für einzelne Geräte, Karten oder Funktionseinheiten zur Verfügung gestellt.

- Jeder Treiber wird durch eine Instanz von pci_driver charakterisiert.

Der Kernel stellt zwei globale Listenköpfe list_head bereit, die als Ausgangspunkte für das Netzwerk der PCI-Datenstrukturen dienen (beide werden in <pci.h> definiert):

- In pci_root_buses werden alle PCI-Busse des Systems aufgelistet. Sie dient als Ausgangspunkt, um beim Durchlaufen der Datenstrukturen „nach unten" alle Geräte zu finden, die mit den einzelnen Bussen verbunden sind.

- pci_devices verkettet alle im System vorhandenen PCI-Geräte, ohne die Busstruktur explizit zu berücksichtigen. Dies ist von Vorteil, wenn ein Treiber alle Geräte nach von ihm unterstützten Examplaren durchsuchen will, da die Topologie hier nicht von Bedeutung ist (natürlich kann man über die vielfältigen Verknüpfungen zwischen den PCI-Datenstrukturen auch von einem Gerät auf den zugehörigen Bus schließen, wie wir gleich sehen werden).

Repräsentation von Bussen Jeder PCI-Bus wird durch eine Instanz der Datenstruktur pci_bus im Speicher repräsentiert, die folgendermaßen definiert ist:

<pci.h>
```
#define PCI_BUS_NUM_RESOURCES 4

struct pci_bus {
        struct list_head node;          /* node in list of buses */
        struct pci_bus   *parent;       /* parent bus this bridge is on */
        struct list_head children;      /* list of child buses */
        struct list_head devices;       /* list of devices on this bus */
        struct pci_dev   *self;         /* bridge device as seen by parent */
        struct resource  *resource[PCI_BUS_NUM_RESOURCES];
                                        /* address space routed to this bus */

        struct pci_ops   *ops;          /* configuration access functions */
        void             *sysdata;      /* hook for sys-specific extension */
```

```
           struct proc_dir_entry *procdir;  /* directory entry in /proc/bus/pci */

           unsigned char    number;      /* bus number */
           unsigned char    primary;     /* number of primary bridge */
           unsigned char    secondary;   /* number of secondary bridge */
           unsigned char    subordinate; /* max number of subordinate buses */

           char             name[48];

           struct device   * dev;
   };
```

Die Struktur teilt sich in verschiedene funktionale Abschnitte, die bereits anhand der Formatierung des Quellcodes sichtbar werden.

An erster Stelle finden sich alle Elemente, die die Verknüpfung mit den anderen PCI-Datenstrukturen herstellen: `node` ist ein Listenelement, mit dessen Hilfe alle Busse auf der angesprochenen globalen Liste gehalten werden können. `parent` ein Zeiger auf die Datenstruktur des übergeordneten Busses. Während nur ein einziger übergeordneter Bus existieren kann, müssen die untergeordneten Busse in einer verketteten Liste verwaltet werden, wozu `children` als Listenkopf verwendet wird.

Alle angeschlossenen Geräte werden ebenfalls in einer verketteten Liste verwaltet, für die `devices` als Listenkopf dient.

Bis auf Bus 0 des Systems können alle Busse nur über eine PCI-Brücke angesprochen werden, die wie ein ganz normales PCI-Gerät arbeitet. Jeder Bus enthält mittels des `self`-Elements einen Zeiger auf eine `pci_dev`-Instanz, mit deren Hilfe die Brücke beschrieben wird.

Das `ressource`-Array dient schließlich zur Aufnahme der vom Bus belegten Adressbereiche im virtuellen Speicher, wobei jedes Element eine Instanz der weiter oben besprochenen Struktur `ressource` enthält. Da das Array vier Einträge besitzt, kann ein Bus ebenso viele unterschiedliche Adressräume zur Kommunikation mit dem restlichen System für sich reservieren, wobei die Dimension des Arrays natürlich im Einklang mit dem PCI-Standard gewählt wurde. Das erste Element enthält den für IO-Ports verwendeten Adressbereich, während sich der IO-Memory-Speicherbereich stets im zweiten Element befindet.

Der zweite Block enthält zunächst eine größere Anzahl von Funktionszeigern, die im `ops`-Element konzentriert sind: Es handelt sich dabei um eine Sammlung von Funktionen, die zum Zugriff auf den Konfigurationsraum verwendet werden und die wir weiter unten noch genauer betrachten. Das `sysdata`-Element ermöglicht die Verknüpfung der Busstruktur mit Hardware- und damit Treiber-spezifischen Funktionen, wobei der Kernel diese Möglichkeit nur selten nutzt. `procdir` stellt schließlich eine Schnittstelle zum `proc`-Dateisystem bereit, um über `/proc/bus/pci` Informationen über die einzelnen Busse in den Userspace exportieren zu können.

Der nächste Block enthält numerische Informationen: Während `number` eine Kennnummer speichert, die die einzelnen Busse des Systems der Reihe nach durchnummeriert und damit eindeutig voneinander unterscheidet, liefert `subordinate` die maximale Anzahl untergeordneter Busse, die der jeweilige Bus besitzen kann. Das `name`-Feld ermöglicht die Zuweisung einer textuellen Beschreibung für den Bus (z.B. in der Form `PCI Bus #01`), die aber auch leer sein kann.

An letzter Stelle der Struktur befindet sich das Element `dev`, das als Zeiger auf eine `device`-Instanz die Verbindung zum allgemeinen Device Model herstellt.

Bei der Initialisierung des PCI-Subsystems wird eine Liste aller im System vorhandenen Busse aufgebaut, die auf zwei verschiedene Weisen miteinander verknüpft sind. Die erste davon ist eine lineare Kette, die von der bereits angesprochenen globalen Variablen `root_buses` ausgeht und alle Busse des Systems enthält. Als Listenkopf wird das `node`-Element verwendet.

Die zweidimensionale topologische Struktur der PCI-Busse in Form eines Baumes wird erst durch die Strukturmitglieder `parent` und `children` erzeugt.

Geräteverwaltung Als zentrale Datenstruktur zur Repräsentation einzelner PCI-Geräte des Systems wird `struct pci_dev` verwendet, die wir in diesem Abschnitt beschreiben wollen. Achtung: Der Begriff *Gerät* steht für den Kernel in diesem Zusammenhang nicht nur für Erweiterungskarten, sondern umfasst auch PCI-Bridges, die zur Verbindung von Bussen untereinander verwendet werden:[24]

```
<pci.h>    struct pci_dev {
               struct list_head global_list;    /* node in list of all PCI devices */
               struct list_head bus_list;       /* node in per-bus list */
               struct pci_bus   *bus;           /* bus this device is on */
               struct pci_bus   *subordinate;   /* bus this device bridges to */

               void             *sysdata;       /* hook for sys-specific extension */
               struct proc_dir_entry *procent;  /* device entry in /proc/bus/pci */

               unsigned int     devfn;          /* encoded device & function index */
               unsigned short   vendor;
               unsigned short   device;
               unsigned short   subsystem_vendor;
               unsigned short   subsystem_device;
               unsigned int     class;          /* 3 bytes: (base,sub,prog-if) */
               u8               hdr_type;       /* PCI header type ('multi' flag masked out) */
               u8               rom_base_reg;   /* which config register controls the ROM */

               struct pci_driver *driver;       /* which driver has allocated this device */
               struct device    dev;            /* Generic device interface */

               unsigned int     irq;
               struct resource  resource[DEVICE_COUNT_RESOURCE]; /* I/O and memory regions + expansion ROMs */
               struct resource  dma_resource[DEVICE_COUNT_DMA];
               char             slot_name[8];   /* slot name */
           };
```

Die ersten Elemente der Struktur sind der Realisierung von Verknüpfungen über Listen oder Bäume gewidmet: `global_list` und `bus_list` sind zwei Listenköpfe, die das Gerät in die globale (mit `pci_devices` als Listenkopf) bzw. busspezifische (mit `pci_bus->devices` als Listenkopf) Liste aller Geräte einsortieren.

Zur Rückwärtsverknüpfung zwischen Gerät und Bus wird das `bus`-Element verwendet, das einen Zeiger auf die jeweilige `pci_bus`-Instanz enthält, der das Gerät zugeordnet ist. Eine zweite Verknüpfung auf einen Bus wird in `subordinate` gespeichert, die allerdings nur dann mit einem gültigen Wert belegt ist (anderenfalls wird ein Nullzeiger verwendet), wenn es sich bei dem repräsentierten Gerät um eine PCI-to-PCI-Bridge handelt, die zwei PCI-Busse miteinander verbindet: `subordinate` wird in diesem Fall verwendet, um auf die Datenstruktur des „untergeordneten" PCI-Bus zu zeigen.

Die nächsten beiden Elemente sind weniger interessant, sondern dienen zur Unterbringung treiberspezifischer Daten (`sysdata`) bzw. der Verwaltung des `proc`-Eintrags für das Gerät (`procentry`). Auch der darauf folgende Block bringt keine großen Überraschungen: Alle Elemente zwischen `devfn` und `rom_base_reg` speichern lediglich verschiedene Daten aus dem PCI-Konfigurationsraum ab, die bereits weiter oben angesprochen wurden. Sie werden bei der

---

[24] Dabei können nicht nur PCI-Busse mit PCI-Bussen verbunden werden. Es gibt (auf älteren Systemen) beispielsweise auch Bridges von PCI nach ISA.

Initialisierung des Systems mit den Daten gefüllt, die aus der Hardware ausgelesen werden. Sie brauchen für darauffolgende Operationen nicht mehr aus dem Konfigurationsraum geholt werden, sondern können einfach und schnell aus der Datenstruktur ermittelt werden.

`driver` zeigt auf den Treiber, der zur Verwaltung des Geräts eingesetzt wird; auf die dazu verwendete Datenstruktur `struct pci_driver` werden wir gleich genauer eingehen. Jeder PCI-Treiber wird durch eine Instanz dieser Datenstruktur eindeutig beschrieben. Natürlich darf auch bei PCI-Geräten die Verbindung zum allgemeinen *device model* nicht fehlen, die durch das `dev`-Element hergestellt wird.

Im letzten Abschnitt der `pci_dev`-Struktur werden nochmals einige Fakten über das Gerät zusammengetragen, die vom restlichen Code verwendet werden können (und auch sollen), ohne den Inhalt des Konfigurationsraums explizit auslesen zu müssen:

- `irq` gibt die Kennzahl des Interrupts an, den das Gerät verwendet.

- `slot_name` ist ein String, der Bus und Slot identifiziert, in denen sich die Karte befindet. Bus und Slot werden durch einen Doppelpunkt voneinander getrennt, während ein Punkt Gerät und Funktionseinheit separiert. 01:02.0 steht beispielsweise für die nullte Funktionseinheit des zweiten Geräts im Bus Nummer 1 – wobei natürlich beachtet werden muss, dass die Nummerierung stets bei 0 beginnt.

- `ressource dma_ressource` sind Arrays, in denen die `ressource`-Instanzen der vom Treiber belegten Ressourcen (für I/O-Memory bzw. DMA-Memory) festgehalten werden.

Treiberfunktionen Die dritte und letzte fundamentale Datenstruktur, die den PCI-Layer aufbaut, trägt die Bezeichnung `pci_driver`. Sie wird zur Realisierung von PCI-Treibern verwendet und stellt die Schnittstelle zwischen generischem Kernelcode und dem Low-Level-Hardwaretreiber für ein bestimmtes Gerät dar. Jeder PCI-Treiber muss seine Funktionen in diese Schnittstelle verpacken, damit der Kernel die vorhandenen Treiber konsistent ansprechen kann.

Die Struktur ist wie folgt definiert (wir vernachlässigen der Einfachheit halber die Einträge, die zur Implementierung des Power-Managements benötigt werden):

```
struct pci_driver {                                              <pci.h>
    char *name;
    const struct pci_device_id *id_table;    /* must be non-NULL for probe to be called */
    int    (*probe)  (struct pci_dev *dev,
                      const struct pci_device_id *id);  /* New device inserted */
    void (*remove) (struct pci_dev *dev);    /* Device removed (NULL if not a hot-plug capable driver) */

    struct device_driver    driver;
};
```

Die Bedeutung der beiden ersten Elemente ist offensichtlich: Während `name` ein textueller Identifier für das Gerät ist (hierzu wird gerne der Name des Moduls verwendet, in dem der Treiber implementiert ist), stellt `driver` die Verbindung zum allgemeinen Device Model her.

Der wichtigste Punkt der PCI-Treiberstruktur ist aber die Unterstützung für das Erkennen, Installieren und Entfernen von Geräten. Dazu gibt es zwei Funktionszeiger: `probe` dient zum Testen, ob ein PCI-Gerät von diesem Treiber unterstützt wird (dieser Vorgang wird als *Probing* bezeichnet, daher der Name des Funktionszeigers), während `remove` dem Entfernen eines Geräts dient. Das Entfernen von PCI-Geräten ist nur dann sinnvoll, wenn das System Hotplugging unterstützt, was in den meisten Fällen aber nicht zutrifft.

Ein Treiber muss wissen, für welche Geräte er zuständig ist. Um die unterstützten Devices eindeutig zu charakterisieren, werden die weiter oben besprochenen (Sub)Device- und (Sub)Vendor-Kennzahlen verwendet, um eine Liste zusammenzustellen, mit deren Hilfe der Kernel alle Geräte erkennen kann, die vom Treiber abgedeckt werden. Zur Realisierung der Liste wird eine weitere Datenstruktur mit der Bezeichnung pci_device_id verwendet, die eine sehr große Bedeutung im PCI-Subsystem besitzt und die wir gleich näher erörtern. Da ein einzelner Treiber verschiedene (mehr oder weniger kompatible) Geräte unterstützen kann, ermöglicht der Kernel die Angabe einer ganzen Suchliste von Device-IDs.

Registrieren eines Treibers Die Registrierung eines PCI-Treibers kann mittels zweier Kernelfunktionen durchgeführt werden: pci_register_driver wird für fest in den Kern einkompilierte Treiber verwendet, während pci_module_init die passende Wahl für Module ist, wie der Name bereits erkennen lässt. Auch die Modulvariante greift intern auf pci_register_driver zurück.

Beide Funktionen sind recht einfach gestrickt: Ihre Aufgabe besteht im Wesentlichen im zusätzlichen Ausfüllen einiger Felder einer bereits mit allen relevanten Funktionen ausgefüllten pci_device-Instanz, die an den allgemeinen Gerätelayer mittels driver_register weitergegeben wird, dessen Funktionsweise weiter oben besprochen wurde.

Interessanter als der Registrierungsprozess ist das Ausfüllen der pci_device-Struktur in den einzelnen Treibern, da hier nicht nur die eben genannten Funktionen festgelegt werden, die die Schnittstellen zwischen Treiber und allgemeinem Kernelcode bilden, sondern auch eine Liste mit allen Geräten angelegt wird, die anhand ihrer (Sub)Device- und (Sub)-Vendor-IDs als für den Treiber geeignet charakterisiert werden.

Wie bereits angedeutet wurde, kommt hier der Datenstruktur pci_device_id eine entscheidende Rolle zu. Sie ist folgendermaßen definiert:

<mod_devicetable.h>
```
struct pci_device_id {
        __u32 vendor, device;           /* Vendor and device ID or PCI_ANY_ID*/
        __u32 subvendor, subdevice;     /* Subsystem ID's or PCI_ANY_ID */
        __u32 class, class_mask;        /* (class,subclass,prog-if) triplet */
        unsigned long driver_data;      /* Data private to the driver */
};
```

Die Elemente der Struktur sind anhand ihrer Bezeichnungen bereits aus der Erläuterung des PCI-Konfigurationsraums bekannt. Durch die Angabe spezifischer Konstanten kann sich ein Treiber auf einen genau spezifizierten Chipsatz/Gerät beziehen; class_mask ermöglicht es zusätzlich, verschiedene Klassen anhand einer Bitmaske zu filtern.

In vielen Fällen ist es aber weder notwendig noch wünschenswert, nur genau *ein einziges* Gerät zu beschreiben: Bei einer größeren Anzahl unterstützter kompatibler Geräte würde dies schnell in endlose Deklarationslisten in den Treiberquellen ausarten, die nicht nur unschön zu lesen sind, sondern auch den handfesten Nachteil haben, dass ein an und für sich kompatibles Gerät nicht erkannt wird, weil es sich nicht in der Liste der unterstützten Geräte befindet. Der Kernel stellt zu diesem Zweck die Wildcard-Konstante PCI_ANY_ID bereit, die auf jeden beliebigen Identifier eines PCI-Geräts passt. Betrachten wir ihre Verwendung am folgenden Beispiel, das im eepro100-Treiber verwendet wird (es handelt sich dabei um einen sehr verbreiteten Netzwerkkarten-Chipsatz von Intel):

drivers/net/e100/e100_main.c
```
static struct pci_device_id e100_id_table[] __devinitdata = {
        {0x8086, 0x1229, PCI_ANY_ID, PCI_ANY_ID, 0, 0, },
        {0x8086, 0x2449, PCI_ANY_ID, PCI_ANY_ID, 0, 0, },
        {0x8086, 0x1059, PCI_ANY_ID, PCI_ANY_ID, 0, 0, },
```

```
            {0x8086, 0x1209, PCI_ANY_ID, PCI_ANY_ID, 0, 0, },
            {0x8086, 0x1029, PCI_ANY_ID, PCI_ANY_ID, 0, 0, },
    ...
            {0x8086, 0x1054, PCI_ANY_ID, PCI_ANY_ID, 0, 0, },
            {0x8086, 0x1055, PCI_ANY_ID, PCI_ANY_ID, 0, 0, },
            {0x8086, 0x2459, PCI_ANY_ID, PCI_ANY_ID, 0, 0, },
            {0x8086, 0x245D, PCI_ANY_ID, PCI_ANY_ID, 0, 0, },
            {0,}  /* This has to be the last entry*/
    };
```

Jeder in geschweifte Klammern gepackte Abschnitt entspricht einem Eintrag in der Tabelle, die einzelnen Elemente des Eintrags werden dabei in der Reihenfolge angegeben, wie sie in `pci_device_id` definiert sind.

`0x8086` ist die Vendor-ID für Intel, den Hersteller des Chipsatzes (der Treiber hätte auch die Präprozessorkonstante `PCI_VENDOR_ID_INTEL` verwenden können, die auf denselben Wert definiert ist). Für jeden Array-Eintrag wird eine bestimmte Gerätekennzahl verwendet, die alle derzeit auf dem Markt befindlichen Varianten berücksichtigt. Subvendor und Subdevice sind nicht von Bedeutung, weshalb sie mit `PCI_ANY_ID` belegt werden: Jeder beliebiger Unterhersteller bzw. jedes beliebige Untergerät wird dadurch als gültig erkannt.

Zum Vergleich der Daten eines PCI-Geräts mit den Daten aus einer ID-Tabelle stellt der Kernel die Funktion `pci_match_device` bereit, die anhand der gegebenen ID-Tabelle einer `pci_dev`-Instanz ermittelt, ob das Gerät in der Tabelle enthalten ist:

```
const struct pci_device_id * pci_match_device(const struct pci_device_id *ids,       drivers/pci/
                                              const struct pci_dev *dev)              pci-driver.c
```

Eine Übereinstimmung wird genau dann festgestellt, wenn alle Elemente zwischen einem Eintrag der ID-Tabelle und Gerätekonfiguration übereinstimmen. Enthält ein Feld der ID-Tabelle den speziellen Eintrag `PCI_ANY_ID`, wird *jeder* Wert im entsprechenden Feld der `pci_device`-Instanz als Übereinstimmung gewertet.

5.7.3 USB

Features und Funktionsweise

USB entstand Ende der 90er Jahre des mittlerweile letzten Jahrhunderts, um als externer Bus die immer breiter werdenden Anforderungsspektren von PCs befriedigen zu können und Lösungen zu ermöglichen, die im Zusammenhang mit neuen Formen von Computern wie beispielsweise Handhelds oder anderen Kleinstrechnern gefordert werden. Als universeller externer Bus – USB steht für *Universal Serial Bus* – entfaltet er seine Vorteile vor allem für Geräte, die kleine bis mittlere Übertragungsleistungen benötigen, wozu beispielsweise Mäuse, Webcams, Tastaturen etc. zählen. Es ist aber auch möglich, bandbreitenintensivere Geräte wie externe Festplatten, CD-ROMs und -Brenner usw. an einem USB-Bus zu betreiben. Die maximal mögliche Übertragungsrate von 12MBit/s[25] setzt allerdings dennoch eine deutliche Grenze nach oben.

Beim Entwurf des Busses wurde besonderes Augenmerk auf die leichte Bedienbarkeit durch (Computer-unerfahrene) Endnutzer gelegt, weshalb Hotplugging und die damit verbundene transparente Installation von Treibern Kernelemente des Designs sind. Im Gegensatz zu den bisher noch kaum verfügbaren PCI-Hotplug-Karten und den aufgrund ihres hohen Preises ebenfalls nicht allzu weit verbreiteten PCMCIA/PC-Cards ist USB der erste Bus, der die Hotplugging-Fähigkeiten des Kernels im Praxisbetrieb umfangreich verwendet.

---

[25] Dieser Wert gilt für USB 1.1. Weiterentwickelte Versionen des Standard bieten auch höhere Übertragungsraten bis zu 480MBit/s, sind zur Zeit allerdings noch nicht besonders stark verbreitet.

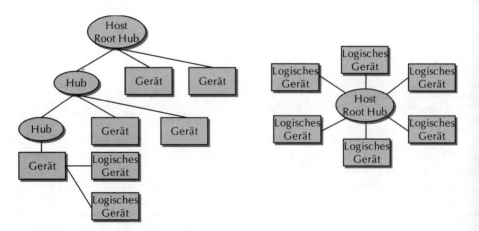

Abbildung 5.14: Topologie eines USB-Systems

Bisher existieren drei verschiedene Versionen des USB-Standards: Die Initialversion 1.0 mit ihrer Nachfolgeversion 1.1 sind die bisher bedeutendsten Varianten, da sich ein Großteil der vorhandenen Hardware nach diesem Standard richtet. Die neuere Version 2.0 dient vor allem dazu, die Geschwindigkeitsnachteile von USB gegenüber anderen externen Bussen (vor allem FireWire) aufzuheben, ist aber noch nicht sonderlich weit verbreitet. Kernelseitige Unterstützung ist für beide Varianten des Protokolls vorhanden, wobei der Support für Version 1.1 vor allem auf der Endgerätetreiberseite wesentlich umfangreicher ist. Wir wollen uns in den folgenden Ausführungen daher vor allem auf diese Version des Standards konzentrieren.

Welche Besonderheiten bietet USB gegenüber anderen Bussen? Neben der bereits genannten starken Fixierung auf Einfachheit der Bedienung für den Endbenutzer ist vor allem die ausgeprägte topologische Struktur zu nennen, nach der die angeschlossenen Geräte sortiert werden und die an Netzwerkstrukturen erinnert: Von einem einzigen Root-Controller aus werden die Geräte über Hubs als Zwischenstellen baumartig angeschlossen, wie Abbildung 5.14 verdeutlicht. Bis zu 127 Endgeräte können nach dieser Methode an ein System angeschlossen werden.

Ein Gerät wird nie direkt mit dem Host-Controller, sondern immer zuerst mit einem Hub verbunden. Damit aus Sicht der Treiber ein einheitliches Bild entsteht, wird der Root-Controller vom Kernel durch eine kleine Emulationsschicht ersetzt, die ihn dem restlichen System als virtuellen Hub präsentiert, was die Situation für die Entwicklung von Treibern vereinfacht.

Achtung: Auch wenn die vorhandenen Geräte in einem USB-System physikalisch in einer Baumstruktur angeordnet sind, ist dies nur für bestimmte Teile des USB-Subsystems relevant. Die spezifischen Treiber für Endgeräte brauchen sich nicht darum zu kümmern, ob ein Gerät direkt mit dem Root-Hub verbunden ist oder über 5 weitere Hubs mit der Buswurzel in Verbindung steht: Jedes Gerät am Bus wird mit einer eindeutigen Nummer versehen, die zur Kommunikation verwendet wird, weshalb die Geräte aus Sicht eines USB-Treibers allesamt *direkt* mit dem Root-Hub verbunden sind. Der rechte Teil von Abbildung 5.14 zeigt die logische Sicht auf die Struktur, wie sie sich einem Gerätetreiber präsentiert.

USB ist explizit nicht von einer speziellen Prozessor- bzw. Systemarchitektur abhängig, sondern kann prinzipiell auf allen Plattformen verwendet werden – wenn auch die PC-Plattform zweifellos wie üblich den Löwenanteil bei der Verbreitung des Busses ausmacht. Da USB-Schnittstellen auch in Form von PCI-Einsteckkarten bereitgestellt werden (die Standardform ist die Verwendung eines auf dem Motherboard fixierten Chips, der über eine Bridge an den PCI-Systembus angebunden ist), können automatisch alle Architekturen mit Unterstützung für PCI-Karten (also vor allem Sparc64, Alpha etc.) von USB Gebrauch machen.

5.7 Bussysteme

Etwas Vorsicht ist bei der Verwendung des Begriffs „Gerät" im Zusammenhang mit USB geboten, da sich hinter der Bezeichnung eine weitere Aufspaltung in drei weitere Ebenen verbirgt:

- Als *Gerät* (oder *device*) wird alles bezeichnet, was der Benutzer in den USB-Bus einstecken kann – also beispielsweise eine Videokamera mit integriertem Mikrofon oder Ähnliches. Wie das Beispiel bereits andeutet, kann ein Gerät aus mehreren Funktionseinheiten zusammengesetzt sein, die auch von unterschiedlichen Treibern angesteuert werden können.

- Jedes Gerät setzt sich aus einem oder mehreren *Konfigurationen* zusammen, die globale Charakteristika des Geräts regeln. Beispielsweise kann ein Gerät zwei Interfaces bereitstellen, von denen eines verwendet wird, wenn die Stromversorgung über den Bus erfolgt, während das andere zum Einsatz kommt, wenn eine externe Stromquelle vorhanden ist.

- Jede Konfiguration besteht wiederum aus einem oder mehreren *Interfaces*, die unterschiedliche Einstellmöglichkeiten regeln. Beim Beispiel der Videokamera sind drei verschiedene Interfaces denkbar: Nur Mikrofon aktiviert, nur Kamera aktiviert oder beide Geräte aktiviert. Je nach gewähltem Interface können sich beispielsweise die Bandbreitenanforderungen des Geräts ändern.

- Jedes Interface bietet schließlich einen oder mehrere *Endpunkte* (*end points*) an, die durch einen Treiber kontrolliert werden. Dabei ist es möglich, dass ein Treiber alle Endpunkte eines Geräts kontrolliert, es kann aber auch für jeden Endpunkt ein unterschiedlicher Treiber verwendet werden. Die Endpunkte in unserem Beispiel sind die bildgebende Videoeinheit sowie das Mikrofon. Ein weiteres verbreitetes Beispiel für ein Gerät mit zwei unterschiedlichen Endpunkten sind USB-Tastaturen, in denen ein USB-Hub zum Anschluss weiterer Geräte integriert ist (ein Hub ist schließlich auch ein spezielles USB-Gerät).

Alle USB-Geräte werden in verschiedene Kategorien eingeordnet, was sich auch in der Aufspaltung des Quellcodes für die einzelnen Treiber in den Kernelquellen widerspiegelt. Unter `drivers/usb/` finden sich einige weitere Unterverzeichnisse mit folgendem Inhalt:

- `image` für grafik- oder videoorientierte Geräte wie digitale Kameras, Scanner etc.

- `input` für Ein- und Ausgabegeräte zur Kommunikation mit dem Computerbenutzer. Neben den klassischen Vertretern Tastatur und Maus sind hier Touchscreens, Datenhandschuhe u. dgl. möglich.

- `media` für Multimediageräte, die gerade in den letzten Jahren einen sehr großen Anteil an der PC-Benutzung ausmachen und daher in entsprechender Vielfalt vorhanden sind.

- `net` für Netzwerkkarten, die über USB an den Computer angeschlossen sind und daher auch oft als „Adapter" zwischen Ethernet und USB bezeichnet werden.

- `storage` für alle Massenspeichergeräte wie Festplatten oder dergleichen.

- `class` nimmt alle Treiber auf, die Geräte einer der für USB definierten Standardklassen unterstützen.

- `core` enthält Treiber für Hostadapter, an die eine USB-Chain angeschlossen wird.

Die Treiberquellen kommen grob gesprochen aus drei Bereichen: *Standardgeräte*, die – unabhängig vom jeweiligen Hersteller – durch immer den gleichen Treiber unterstützt werden können (Tastaturen, Mäuse etc.); *herstellerspezifische* Hardware wie MP3-Player oder andere Gadgets, die einen speziellen Treiber benötigen, sowie Treiber für *Host-Adapter*, die über ein anderes Bussystem (üblicherweise PCI) mit dem restlichen System verbunden sind und die Verbindung (auch physikalisch) zur USB-Gerätekette herstellen.

Der USB-Standard definiert vier verschiedene Übertragungsmodi, die für verschiedene Zwecke eingesetzt werden und vom Kernel explizit berücksichtigt werden müssen:

- Kontrolltransfers *(control transfers)* dienen zur Übertragung von Steuerinformationen, die (im Wesentlichen) zur initialen Konfiguration des Geräts verwendet werden. Diese Art der Kommunikation benötigt nur eine geringe Bandbreite, muss aber zuverlässig und sicher erfolgen. Die verschiedenen Befehle werden anhand vordefinierter numerischer Tokens übertragen, denen symbolische Namen wie GET_STATUS, SET_INTERFACE etc. zugewiesen wurden und im USB-Standard dokumentiert sind. In den Kernelquellen finden sie sich allesamt in <usb.h> wieder, wo sie – zur Vermeidung von Namespace-Problemen mit dem Präfix USQ_REQ_ versehen – als Präprozessorkonstanten definiert werden. Der Standard schreibt eine Minimalmenge an Kommandos vor, die von jedem Gerät verstanden werden muss; die Hersteller sind jedoch frei, beliebige weitere gerätespezifische Kommandos hinzuzufügen, die dann vom jeweiligen Treiber beachtet und verwendet werden müssen.

- Massentransfers *bulk transfers* senden einzelne Datenpakete, die die komplette Busbandbreite aufbrauchen können. Die Datenübertragung verläuft in diesem Modus mit vom Bus garantierter Sicherheit, d.h. abgeschickte Daten erreichen in jedem Fall ohne Modifikation ihr Ziel.[26] Geräte wie Scanner oder Massenspeichererweiterungen verwenden diesen Modus.

- *Interrupt transfers* arbeiten ähnlich wie bulk transfers, werden aber in periodischen Abständen wiederholt. Die Länge dieser Intervalle kann vom Treiber (innerhalb bestimmter Grenzen) frei festgelegt werden. Dieser Übertragungsmodus wird gerne von Netzwerkkarten und ähnlichen Geräten verwendet.

- Eine gewisse Sonderstellung nehmen *isochronous transfers* ein, die die einzige Möglichkeit zur Einrichtung einer nicht zuverlässigen Übertragung sind, zum Ausgleich aber mit einer vorher festgelegten, fixierten Bandbreite arbeiten (in gewissem Sinne kann dieser Modus mit der in Kapitel 9 besprochenen Datagrammtechnik bei Netzwerken verglichen werden). Die Anwendung dieses Transfermodus ist dann sinnvoll, wenn es auf die Existenz eines kontinuierlichen Datenstromes ankommt, bei dem der gelegentliche Ausfall einiger Daten nicht allzu sehr schmerzt. Die klassische Anwendung für diesen Modus sind Webcams, die dauernd veränderliche Videodaten über den USB-Bus versenden.

Verwaltung von Treibern

Die Implementierung des USB-Subsystems im Kernel gestaltet sich in zwei Schichten:

- Ein Hostadapter-Treiber muss für den Hostadapter zur Verfügung gestellt werden, der eine Anschlussmöglichkeit für die USB-Chain bietet und die elektrische Kommunikation mit den abgeschlossenen Geräten übernimmt, selbst aber an einen anderen Systembus angeschlossen ist (dazu stehen im Moment drei verschiedene Typen zur Verfügung, die als OHCI, EHCI und

---

26 Hier wird natürlich von Hardwarefehlern oder anderen Einwirkungen „höherer Gewalt" abgesehen.

UHCI bezeichnet werden und alle am Markt befindlichen unterschiedlichen Controllertypen abdecken).

- Gerätetreiber zur Kommunikation mit den einzelnen USB-Geräten durchführen und ihre Funktionalitäten in die entsprechenden anderen Schichten des Kerns bzw. den Userspace exportieren. Diese Treiber verwenden ein standardisiertes Interface zur Interaktion mit den Host Controllern, weshalb der verwendete Controllertyp für den USB-Treiber keine Rolle spielt (eine andere Vorgehensweise wäre aus offensichtlichen Gründen äußerst unpraktisch, da in diesem Fall für jedes USB-Gerät mehrere verschiedene Treiber entwickelt werden müssten, die sich je nach Host-Controller unterscheiden).

Wir werden uns mit der Struktur und Funktionsweise von USB-Treibern auseinander setzen und den Host-Controller lediglich als transparente Schnittstelle betrachten, ohne genauer auf seine Implementierung einzugehen.

Obwohl Struktur und Aufbau des USB-Subsystems sehr nahe an den USB-Standard angelehnt sind, was sowohl den Inhalt der verwendeten Datenstrukturen wie auch die Benennung von Bezeichnungen und Konstanten betrifft, gibt es einige diffizile Punkte, die bei der Entwicklung eines USB-Treibers in der Praxis beachtet werden müssen. Um die folgenden Ausführungen nicht zu sehr in die Länge zu ziehen, beschränken wir uns hier auf den essentiellen Kern des USB-Subsystems, weshalb die nun präsentierten Datenstrukturen immer um ihre weniger relevanten Elemente „erleichtert" werden. Wenn die Struktur des Subsystems klar geworden ist, fällt es nicht allzu schwer, die entsprechenden Details in den Kernelquellen selbst zu untersuchen.

Vier Hauptprobleme bilden den Kern des USB-Subsystems:

- Registrierung und Verwaltung der vorhandenen Gerätetreiber.

- Finden eines passenden Treibers für ein USB-Gerät und Durchführung von Initialisierung und Konfiguration.

- Repräsentation des Gerätebaumes im Kernelspeicher.

- Kommunikation mit dem Gerät (Austausch von Daten).

Zu jedem Punkt dieser Liste existieren einige Datenstrukturen, die wir nun untersuchen werden.

Ausgangspunkt bei der Zusammenarbeit zwischen USB-Gerätetreiber und dem restlichen Kernel (also vor allem dem USB-Layer) ist die Struktur usb_driver:

```
struct usb_driver {                                              <usb.h>
        struct module *owner;
        const char *name;

        int (*probe) (struct usb_interface *intf,
                      const struct usb_device_id *id);
        void (*disconnect) (struct usb_interface *intf);
        int (*ioctl) (struct usb_interface *intf, unsigned int code, void *buf);

        const struct usb_device_id *id_table;
        struct device_driver driver;
};
```

Die Felder name und owner werden zu den üblichen Verwaltungszwecken verwendet: Während Ersteres eine eindeutige Bezeichnung für den Treiber innerhalb des Kerns ist (normalerweise wird der Dateiname des Moduls verwendet), bietet owner eine Verknüpfung zwischen usb_driver und der module-Struktur, wenn der Treiber als Modul in den Kern eingefügt wurde. driver wird wie üblich verwendet, um die Verbindung zum allgemeinen Device Model herzustellen.

Besonders interessant sind die Funktionszeiger probe und disconnect, die zusammen mit id_table das Rückgrat der Hotplugging-Fähigkeiten des USB-Subsystems bilden. Nachdem der Hostadapter entdeckt hat, dass ein neues Gerät eingesteckt wurde, wird ein als *Probing* bezeichneter Vorgang eingeleitet, der nach einem passenden Gerätetreiber sucht.

Der Kern traversiert dazu alle Elemente des Gerätebaumes und versucht festzustellen, ob sich ein Treiber dafür interessiert oder nicht. Voraussetzung hierfür ist natürlich, dass dem Gerät noch kein Treiber zugewiesen wurde; in diesem Fall wird es einfach übersprungen.

Zunächst durchsucht der Kern die Liste aller unterstützten Geräte des Treibers, die in dessen id_table-Liste zu finden sind. Da USB-Geräte (ebenso wie PCI-Geräte) durch verschiedene Kennzahlen eindeutig identifiziert werden können, ist dies eine bereits bekannte Vorgehensweise. Nur wenn eine Übereinstimmung zwischen Gerät und Tabelle gefunden wurde, wird die treiberspezifische probe-Funktion aufgerufen, die weitere Tests und Initialisierungsarbeiten vornehmen kann.

Wenn sich zwischen der ID des geprüften Geräts und der Liste der Treibers keine Übereinstimmung ergibt, kann der Kernel gleich zum nächsten Treiber springen und braucht die in probe gespeicherte Funktion erst gar nicht aufzurufen.

Die ID-Tabelle setzt sich aus mehreren Instanzen folgender Struktur zusammen, die ein USB-Gerät anhand einiger Kennzahlen beschreiben:

<mod_devicetable.h>
```
struct usb_device_id {
        /* which fields to match against? */
        __u16           match_flags;

        /* Used for product specific matches; range is inclusive */
        __u16           idVendor;
        __u16           idProduct;
        __u16           bcdDevice_lo;
        __u16           bcdDevice_hi;

        /* Used for device class matches */
        __u8            bDeviceClass;
        __u8            bDeviceSubClass;
        __u8            bDeviceProtocol;

        /* Used for interface class matches */
        __u8            bInterfaceClass;
        __u8            bInterfaceSubClass;
        __u8            bInterfaceProtocol;
};
```

Mit Hilfe von match_flags kann eingestellt werden, welche Felder der Struktur mit den Angaben des Geräts verglichen werden sollen, wozu verschiedene Präprozessorkonstanten definiert sind: Beispielsweise wählt USB_DEVICE_ID_MATCH_VENDOR aus, dass das idVendor-Feld überprüft werden soll, während USB_DEVICE_ID_MATCH_DEV_PROTOCOL den Kern veranlasst, das Protokollfeld zu prüfen. Da die Bedeutung der einzelnen Elemente von usb_device_id ansonsten intuitiv klar sein sollte, werden wir nicht genauer darauf eingehen.

Die Verbindung zwischen Treiber und Gerät wird nicht nur hergestellt, wenn ein neues Gerät ins System eingefügt wird, sondern auch immer beim Laden eines neuen Treibers. Die Vorgehensweise ist hier genau so wie eben beschrieben. Ausgangspunkt hierfür ist die Routine usb_register, die zur Registrierung eines neuen USB-Treibers verwendet werden muss.

Die `probe`- und `remove`-Funktionen arbeiten mit Interfaces, die durch eine eigene Datenstruktur `usb_interface` beschrieben werden. Da diese (neben einigen Charakteristika des Interfaces) im Wesentlichen Zeiger auf das assoziierte Gerät, den Treiber und die USB-Klasse enthalten, in der sich das Interface befindet, wollen wir nicht detaillierter auf die Definition der Datenstruktur eingehen.

Repräsentation des Gerätebaumes

Um den Gerätebaum aller USB-Devices zusammen mit den verschiedenen Geräteeigenschaften im Kernel repräsentieren zu können, ist eine weitere Datenstruktur notwendig:

```
struct usb_device {                                                         <usb.h>
        int                 devnum;           /* Address on USB bus */
        char                devpath [16];     /* Use in messages: /port/port/... */
        enum usb_device_state    state;       /* configured, not attached, etc */
        enum usb_device_speed    speed;       /* high/full/low (or error) */

        struct usb_device *parent;            /* our hub, unless we're the root */
        struct usb_bus *bus;                  /* Bus we're part of */

        struct device dev;                    /* Generic device interface */

        struct usb_device_descriptor descriptor;/* Descriptor */
        struct usb_host_config *config;       /* All of the configs */
        struct usb_host_config *actconfig;/* the active configuration */

        struct dentry *usbfs_dentry;          /* usbfs dentry entry for the device */

        int maxchild;                         /* Number of ports if hub */
        struct usb_device *children[USB_MAXCHILDREN];
};
```

- `devnum` hält die (global im gesamten USB-Tree) eindeutige Kennnummer des Geräts fest, während `state` und `speed` den Zustand (angeschlossen, konfiguriert etc.) und die Geschwindigkeit des Geräte festhalten. Der Standard definiert für die Geschwindigkeit drei mögliche Werte: `USB_SPEED_LOW` und `USB_SPEED_FULL` für USB 1.1 und `USB_SPEED_HIGH` für USB 2.0.

- `devpath` wird verwendet, um die Position des Geräts in der Topologie des USB-Baums festzuhalten: Die Port-Kennzahlen aller Hubs, die traversiert werden müssen, um vom Wurzelelement an das Gerät zu gelangen, werden in den einzelnen Array-Einträge festgehalten.

- `parent` verweist auf die Datenstruktur des Hubs, an den das Gerät angeschlossen ist, während `bus` auf die entsprechende Busdatenstruktur zeigt. Beide Felder geben deshalb Informationen über den topologischen Aufbau der USB-Kette.

- `dev` wird verwendet, um die Verbindung zum allgemeinen Device Model herzustellen.

- `descriptor` fasst die charakteristischen Daten, die ein USB-Gerät beschreiben, in einer weiteren Datenstruktur zusammen, auf deren Inhalt wir allerdings nicht genauer eingehen wollen (dort finden sich Dinge wie Hersteller- und Produkt-ID, Geräteklasse etc.).

- `actconfig` verweist auf die aktuelle Konfiguration des Geräts, während `config` alle möglichen Alternativen auflistet.

- `usbfs_entry` dient zur Verknüpfung mit dem USB-Dateisystem, das normalerweise unter /proc/bus/usb gemountet wird und den Zugriff auf die Geräte vom Userspace aus ermöglicht.

- Wenn es sich beim aktuellen Gerät um einen Hub handelt, sind zwei weitere Elemente von Bedeutung: `maxchild` gibt an, wie viele Ports der Hub besitzt, d.h. wie viele Geräte angeschlossen werden können, während in `children` Zeiger auf deren `usb_device`-Instanzen gesammelt werden. Die Elemente halten die topologische Struktur des USB-Baums fest.

Achtung: Auch wenn wir bisher immer vom *einem* USB-Gerätebaum gesprochen haben, kann es vorkommen, dass sich mehrere solcher Bäume (die kein gemeinsames Wurzelelement besitzen) im Kernelspeicher befinden. Dies ist der Fall, wenn ein Computer mehrere USB-Hostcontroller besitzt. Die Wurzelemente aller Busse werden auf einer eigenen Liste aufgereiht, die den Namen `usb_bus_list` trägt und in `drivers/usb/core/hcd.c` definiert wird.

Die auf der Busliste gespeicherten Elemente werden durch folgende Datenstruktur repräsentiert:

<usb.h>
```
struct usb_bus {
    int busnum;                      /* Bus number (in order of reg) */
    char *bus_name;                  /* stable id (PCI slot_name etc) */

    struct usb_devmap devmap;        /* device address allocation map */
    struct usb_operations *op;       /* Operations (specific to the HC) */
    struct usb_device *root_hub;     /* Root hub */
    struct list_head bus_list;       /* list of busses */

    struct dentry *dentry;           /* usbfs dentry entry for the bus */
};
```

Die Datenstruktur mit zwei Elementen, die den Bus eindeutig identifizieren: `busnum` ist eine Integer-Kennzahl, die in der Reihefolge der Registrierung von Bussen vergeben wird, während `bus_name` ein Zeiger auf einen kurzen String ist, der eine eindeutige textuelle Auszeichnung enthält.

Da nicht nur Geräte, sondern auch Busse selbst im bereits angesprochenen USB-Filesystem auftauchen, muss auch `usb_bus` einen Zeiger auf eine `dentry`-Instanz enthalten, um die notwendige Verbindung zum virtuellen Dateisystem herzustellen.

Der mittlere Block in der Datenstruktur enthält die interessantesten Daten, die zum einen Verknüpfungen zwischen den vorhandenen Bussen untereinander als auch mit den angeschlossenen Geräte herstellen, zum anderen eine standardisierte Verbindung zu den darunter liegenden Hostcontrollern ermöglichen und diese damit aus Sicht des restlichen USB-Layers abstrahieren:

- `bus_list` ist ein Listenelement, mit dessen Hilfe alle vorhandenen `usb_bus`-Instanzen auf einer verketteten Liste verwaltet werden.

- `root_hub` ist ein Zeiger auf die Datenstruktur des (virtuellen) Root-Hubs, der das Wurzelelement für den Gerätebaum des Busses darstellt.

- `devmap` ist eine Bitmap-Liste mit (mindestens) 128 Bit Länge, die verwendet wird, um den Überblick behalten zu können, welche USB-Kennzahlen bereits vergeben und welche noch frei sind. (Zur Erinnerung: Jedes USB-Gerät an einem Bus wird nach dem Einstecken mit einer eindeutigen Integer-Kennzahl versehen; der Standard legt die maximale Anzahl von Geräten auf einem Bus auf 128 fest. Der verwendete Strukturtyp `usb_devnum` ist nichts anderes als ein Array aus `unsigned long`-Elementen, das keinen anderen Zweck erfüllt, als die Verfügbarkeit von mindestens 128 aufeinander folgenden Bits sicherzustellen.

5.7 Bussysteme

op ist ein Zeiger auf eine Instanz der Datenstruktur `usb_operations`, die die Schnittstelle zwischen USB-Treibern und dem Hostcontroller des Busses darstellt. Ihr Zweck ist die Bereitstellung von Funktionszeigern, die die von den Hostcontrollern bereitgestellten Funktionalitäten in ein universelles Schema verpacken, das die Hardware-spezifischen Besonderheiten und die unterschiedlichen Betriebsarten dieser Controller abstrahiert. Dank dieser Schnittstelle stellt es für einen USB-Gerätetreiber keinen Unterschied dar, ob er mit einem Controller der Sorte UHCI, OHCI oder EHCI zusammenarbeitet.

Das wichtigste Element der Struktur (neben Funktionen zur Allokation und Deallokation von Geräten) ist die Methode `submit_urb`:

```
struct usb_operations {                                             drivers/usb/core/
...                                                                 hcd.h
        int (*submit_urb) (struct urb *urb, int mem_flags);
...
};
```

Die Funktion wird verwendet, um einen URB an die darunter liegende Controller-Hardware zu übergeben. URB steht für *USB request block* – Anforderungsblock – und dient dazu, Daten für alle möglichen Transfers (isochron, Transfer etc.) mit USB-Geräten auszutauschen.

Das Konzept der Verwendung von URBs zur Durchführung von Kommunikation und Datenaustausch mit USB-Geräten wurde nicht von Anfang an verwendet. In früheren Varianten des USB-Subsystems gab es verschiedene Schnittstellen für jede Transferart, was die Programmierung von Gerätetreibern nicht unbedingt erleichterte. Da in diesem alten Ansatz auch die Implementierung isosynchroner Transfers mit sehr vielen Fehlern behaftet war, wurde von einer Gruppe Kernelentwickler nicht nur der Treiber für den damals verwendeten Hostadapter von Grund auf neu geschrieben, sondern auch das Design des gesamten USB-Layers gleich von Grund auf umgekrempelt.[27] URBs weisen eine Besonderheit auf, die im Linux-Kernel einen großen Seltenheitswert besitzt: Ihr Design wurde von der USB-Implementierung des in Linuxkreisen ansonsten nicht wirklich beliebten MS-Windows abgekupfert! Natürlich unterscheiden sich beide Ansätze in einigen Details, das grobe Konzept ist aber dennoch in beiden Systemen identisch. Außerdem versteht sich von selbst, dass in die Linux-Implementierung wesentlich weniger Bugs eingebaut wurden als in die Windows-Variante...

Der genaue Aufbau von URBs ist für unsere Zwecke nicht sonderlich interessant, weshalb wir auf eine genaue Untersuchung der assoziierten Struktur `struct urb` der Einfachheit halber verzichten wollen. Vor allem die vielen Bezüge zu Details und Differenzen zwischen den einzelnen Transfertypen machen die Struktur nicht ohne genauere Kenntnisse der USB-Datenübertragung verständlich, was jedoch außerhalb des Rahmens dieses Buches liegt.

USB-Gerätetreiber kommen ohnehin nur selten direkt mit `urb`-Instanzen in Berührung, sondern können auf einen ganzen Satz von Makros und Hilfsfunktionen zurückgreifen, die das Ausfüllen von URBs für Requests und das Auslesen der zurückgesandten Daten erleichtern. Da aber auch hierfür tieferes Wissen über den Betrieb von USB-Geräte erforderlich ist, wollen wir nicht genauer darauf eingehen.

---

[27] Die Autoren des neuen Layers bezeichnen diesen Rewrite in Anspielung auf das Entstehungsdatum der Patches scherzhaft als „USB-Oktober-Revolution"...

6 Module

Module sind eine effiziente Möglichkeit, um den Linux-Kern dynamisch um Gerätetreiber, Dateisysteme und andere Komponenten zu erweitern, ohne einen neuen Kern übersetzen oder das System neu starten zu müssen. Sie heben viele Beschränkungen auf, die vor allem von Anhängern der Mikrokernel-Fraktion immer wieder als Argumente gegen monolithische Architekturen angeführt werden, allen voran das Fehlen dynamischer Erweiterbarkeit. In diesem Kapitel werden wir untersuchen, wie der Kern mit Modulen interagiert, d.h. wie sie geladen und entladen werden und wie der Kern erkennt, welche Abhängigkeiten zwischen verschiedenen Modulen bestehen. Dies macht es erforderlich, auch auf den Aufbau von Modul-Binärdateien (bzw. deren ELF-Struktur) einzugehen. Module bringen viele Vorteile,[1] von denen vor allem folgende herausgehoben werden müssen:

- Distributoren können durch Verwendung von Modulen eine umfangreiche Sammlung von Treibern vorkompilieren, ohne die Größe des Kernelimages bis ins Unendliche aufzublähen: Nach einer automatisch durchgeführten Hardware-Erkennung oder nach entsprechender Befragung des Benutzers wählt die Installationsroutine die passenden Module aus und fügt sie in den Kern ein.

    Dies ermöglicht auch unerfahrenen Benutzern, Treiber für alle Geräte des Systems zu installieren, ohne einen neuen Kern übersetzen zu müssen, und ist damit ein wesentlicher Schritt (wenn nicht sogar eine Voraussetzung) hin zu einer breiten Akzeptanz von Linux-Systemen.

- Kernentwickler können experimentellen Code in Module verpacken, die sich nach jeder Änderung entladen und wieder neu einfügen lassen. Dies ermöglicht ein schnelles Testen neuer Features, ohne jedes Mal das System neu starten zu müssen.[2]

Auch lizenzrechtliche Fragen können mit Hilfe von Modulen gelöst werden: Bekanntlich steht der Quelltext des Linux-Kernels unter der GNU General Public License (Version 2), bei der es sich um eine der ersten und auch am weitesten verbreiteten Open-Source-Lizenzen[3] handelt. Ein wesentliches Problem ist die Tatsache, dass viele Hardwarehersteller aus diversen Gründen – seien diese nun gerechtfertigt und vernünftig oder auch nicht – die zur Ansteuerung ihrer Zusatzgeräte benötigte Dokumentation geheim halten bzw. nur gegen die Unterzeichnung eines „non disclosure agreements" herausgeben, in dem sich die Treiberentwickler verpflichten müssen, den Quellcode mit den aus der Dokumentation verwerteten Informationen ebenfalls geheim zu halten und nicht an die Öffentlichkeit gelangen zu lassen. Dies schließt aus, dass der Treiber in die offiziellen Kernelquellen gelangen kann, deren Quellcode schließlich immer offengelegt ist.

Durch die Verwendung binärer Module, die nur in kompilierter Form, nicht aber im Quellcode weitergegeben werden, kann dieses Problem gelöst werden – zumindest in technischer Hinsicht: Die Ansteuerung proprietärer Hardware ist über diesen Ansatz möglich. Glücklich darüber

---
1 Und auch einige Nachteile. Diese sind aber so gering, dass sie praktisch nicht ins Gewicht fallen.
2 Wenn man zwischendurch nicht das System gecrasht hat, was bei der Treiberentwicklung durchaus vorkommen kann...
3 Um den Einwänden von Lizenzpuristen vorzubeugen: Natürlich steht die GPL nicht nur für Open Source, sondern vor allem auch für freie Software. Da die Details aber rechtlicher und nicht technischer Natur sind, wollen wir sie hier außer Acht lassen.

sind die meisten Kernelentwickler natürlich nicht, denn die Verwendung offener Quellen bringt viele Vorteile mit sich, der mittlerweile omnipräsente Erfolg des Linux-Kerns ist sicherlich ein Paradebeispiel dafür.

Module fügen sich beinahe nahtlos in den Kernel ein, wie Abbildung 6.1 veranschaulicht: Der Modulcode kann Funktionen exportieren, die von anderen Kernelmodulen (und auch von fest einkompiliertem Kernelcode) verwendet werden können; die Verbindung zwischen dem Modul und den restlichen Teilen des Kernels kann natürlich wieder gelöst werden, wenn der Code entladen werden soll; die technischen Details werden wir in den folgenden Abschnitten besprechen.

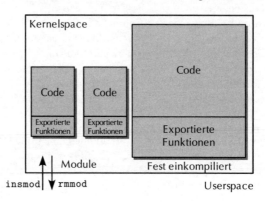

Abbildung 6.1: Module im Kernel

6.1 Module verwenden

Um Module einfügen und entfernen zu können, existieren einige Systemaufrufe, die normalerweise mit den Tools aus dem `modutils`-Paket angesprochen werden, das auf praktisch jedem System installiert ist.[4]

6.1.1 Einfügen und Entfernen

Das Einfügen von Modulen in einen laufenden Kernel kann aus Benutzersicht durch zwei verschiedene Systemprogramme erfolgen: `modprobe` und `insmod`. Während Ersteres Abhängigkeiten zwischen einzelnen Modulen berücksichtigt, die entstehen, wenn ein Modul von Funktionen eines oder mehrerer Partnermodule abhängt, kann `insmod` nur ein einziges Modul in den Kernel laden, das nur von bereits im Kernel befindlichem Code abhängen darf, sei dieser von Modulen dynamisch erzeugt oder fest einkompiliert.

Auch `modprobe` greift intern auf `insmod` zurück, nachdem es die für das gewünschte Modul zusätzlich benötigten Module festgestellt hat. Bevor wir darauf eingehen, wie dies implementiert wird, soll zunächst die Funktionsweise von `insmod` beschrieben werden, auf dem die Arbeit mit Modulen im Userspace aufbaut.

Die beim Laden eines Moduls notwendigen Aktionen weisen starke Ähnlichkeiten mit dem Linken eines Applikationsprogramms mit `ld` bzw. der Verwendung dynamischer Bibliotheken

---

4 Achtung: Da während der Entwicklung von Kernel 2.5 die Modul-Implementierung von Grund auf erneuert wurde, hat sich auch die Schnittstelle in den Userspace geändert, weshalb neue `modutils` verwendet werden müssen.

6.1 Module verwenden

mit `ld.so` auf. Äußerlich betrachtet sind Module nichts anderes als ganz normale relozierbare Objektdateien, wie ein `file`-Aufruf schnell bestätigt:

```
wolfgang@meitner> file vfat.ko
vfat.ko: ELF 32-bit LSB relocatable, Intel 80386, version 1, not stripped
```

Es handelt sich natürlich weder um eine ausführbare Datei noch um eine Programmbibliothek, wie man sie von der Systemprogrammierung her gewohnt ist; der prinzipielle Aufbau der binären Moduldatei richtet sich dennoch nach dem gleichen Schema, das auch für diese Zwecke verwendet wird.

Die Ausgabe des `file`-Kommandos weist die Moduldatei als *relocatable* aus; der Begriff ist aus der Userspace-Programmierung bekannt: Verschiebbare (*relocatable*) Dateien enthalten keine Funktionsreferenzen auf absolute Adressen, sondern verweisen lediglich auf *relative* Ziele innerhalb des Codes und können daher an beliebige Offsets im Speicher geladen werden, sofern die Adressen vom dynamischen Linker `ld.so` entsprechend angepasst werden. Bei Kernelmodulen ist dies nicht anders, Adressen werden auch hier nicht in absoluten, sondern in relativen Einheiten angegeben. Allerdings übernimmt nicht der dynamische Lader, sondern der Kern selbst die Durchführung der Relokation.

Während das Laden eines Moduls in früheren Kernversionen (bis 2.6.02.4) in einem mehrstufigen Prozess durchgeführt werden musste (Reservieren von Speicherplatz im Kern, anschließende Relozierung der Daten im Userspace und Kopieren des modifizierten Binärcodes in den Kern), wird mittlerweile nur mehr ein Systemaufruf verwendet, der die Bezeichnung `init_module` trägt und alle Arbeiten im Kern selbst durchführt.

Bei der Bearbeitung des Systemaufrufs wird zuerst der Modulcode vom Kern aus in den Kernelspeicher kopiert; anschließend erfolgt die Relozierung und die Auflösung bislang undefinierter Referenzen im Modul. Diese entstehen, da das Modul Funktionen verwendet, die fest in den Kern einkompiliert sind und deren Adresse zur Übersetzungszeit noch nicht bekannt ist.

Behandlung unaufgelöster Referenzen

Um mit den restlichen Teilen des Kerns zusammenarbeiten zu können, müssen Module von Funktionen Gebrauch machen, die vom Kern bereitgestellt werden. Dabei kann es sich um allgemeine Hilfsfunktionen wie `printk` oder `kmalloc` handeln, die von beinahe jedem Kernteil gebraucht werden; ebenso müssen aber auch spezifischere Funktionen verwendet werden, die mit der Funktionalität des Moduls zusammenhängen. Das `ramfs`-Modul ermöglicht es, ein Dateisystem im Speicher bereitzustellen (was man üblicherweise als Ramdisk bezeichnet), und muss daher – wie jeder andere Code, der zur Implementierung von Dateisystemen verwendet wird – die Funktion `register_filesystem` aufrufen, um sich selbst in der Liste aller vorhandenen Dateisysteme im Kernel einzutragen. Ebenso verwendet das Modul (unter anderem) die im Kernelcode vorhandenen Standardfunktionen `generic_file_read` und `generic_file_write`, auf die die meisten Dateisysteme des Kerns zurückgreifen.

Bei der Verwendung von Bibliotheken im Userspace tritt eine ähnliche Situation auf: Programme greifen auf Funktionen zurück, die in einer externen Bibliothek definiert sind, indem sie Referenzen darauf in ihrem eigenen Binärcode speichern, nicht aber die Implementierung der Funktion selbst (anstelle von Funktionen können natürlich auch andere Symboltypen wie beispielsweise globale Variablen auftauchen). Die Auflösung der Referenzen erfolgt für statische Bibliotheken beim Linken des Programms (mit `ld`) und für dynamische Bibliotheken beim Laden der Binärdatei (mit Hilfe von `ld.so`).

Das nm-Tool kann benutzt werden, um eine Liste aller externen Funktionen zu erzeugen, die sich in einem Modul (bzw. in jeder beliebigen Objektdatei) befinden. Folgendes Beispiel zeigt einige Funktionen, die im ramfs-Modul verwendet werden, aber als externe Referenzen gekennzeichnet sind:[5]

```
wolfgang@meitner> nm ramfs.o
     U generic_file_read
     U generic_file_write
     ...
     U printk
     ...
     U register_filesystem
     ...
```

Es ist klar, dass diese Funktionen im Kernel-Basiscode definiert sind und sich daher bereits im Speicher befinden; wie können aber die passenden Adressen herausgefunden werden, die zum Auflösen der Referenz verwendet werden sollen? Der Kernel stellt dazu eine Liste aller exportierten Funktionen bereit, in der die Speicheradressen zusammen mit den entsprechenden Funktionsnamen angeboten werden und auf die man über das proc-Dateisystem zugreifen kann, wozu die Datei /proc/kallsyms dient:[6]

```
wolfgang@meitner> cat /proc/kallsyms | grep printk
c0120240 T printk
```

Die im vorigen Beispiel gezeigten Funktionsreferenzen können mit folgenden Informationen, die allesamt in der Symboltabelle des Kerns enthalten sind, vollständig aufgelöst werden:

```
c0119290 printk
c0129fc0 generic_file_read
c012b7b0 generic_file_write
c0139340 register_filesystem
```

Die in der Symboltabelle enthaltenen Informationen unterscheiden sich verständlicherweise nicht nur je nach Konfiguration des Kerns, sondern sind auch von Prozessor zu Prozessor unterschiedlich. In diesem Beispiel wurde ein IA-32-System verwendet, was man auch daran sehen kann, dass sich alle Adressen über 0xc0000000 befinden – ab dieser Stelle wird der Kernelcode auf dieser Architektur in den virtuellen Speicher eingeblendet. Durchsucht man die Symboltabelle beispielsweise auf einer Alpha-CPU, bietet sich folgendes Bild:

```
fffffc0000324aa0 printk
fffffc000033f400 generic_file_read
fffffc00003407e0 generic_file_write
fffffc0000376d20 register_filesystem
```

Die Adressen sind nicht nur länger (schließlich verwenden Alphas eine Wortlänge von 64 Bit), sondern zeigen logischerweise auch auf andere Adressen. Da der Kernel hier ab Adresse 0xfffffc0000000000 (siehe include/asm-alpha/page.h) in den virtuellen Adressraum eingeblendet wird, befinden sich alle Kernelfunktionen oberhalb dieser Adresse.

---

5 Das U in der Ausgabe steht für *unresolved,* also eine nicht aufgelöste Referenz.
6 Achtung: Da die Referenzauflösung im Kern selbst und nicht im Userspace erfolgt, steht diese Datei zwar zu Informationszwecken zur Verfügung, wird aber von den Module-Utilities nicht verwendet..

6.1.2 Abhängigkeiten

Ein Modul kann auch von einem oder mehreren anderen Modulen abhängen. Betrachten wir die Situation beim vfat-Modul, das vom fat-Modul abhängig ist, da sich in Letzterem einige Funktionen finden, die sich zwischen beiden Varianten des Dateisystems nicht unterscheiden.[7] Aus Sicht der Objektdatei vfat.o bedeutet dies nichts anderes, als dass sich Codereferenzen auf Funktionen befinden, die in fat.o definiert sind. Die Vorteile dieser Vorgehensweise liegen klar auf der Hand: Da sich der Code zur Behandlung eines VFAT-Dateisystems von dem zur Behandlung eines FAT-Dateisystems nur in wenigen Routinen unterscheidet, kann ein Großteil des Codes von beiden Modulen verwendet werden, was nicht nur zu einem verringerten Platzbedarf im Hauptspeicher des Systems führt, sondern auch den Quellcode kleiner, übersichtlicher und leichter wartbar macht.

Das nm-Tool macht die Situation deutlich:

```
wolfgang@meitner> nm vfat.o
...
         U fat_add_entries
         U fat_attach
...
wolfgang@meitner> nm fat.o
...
00002cf0 T fat_add_entries
000032a0 T fat_attach
...
```

Zwei Exemplare wurden herausgegriffen: fat_add_entries und fat_attach (fat stellt daneben noch viele andere Funktionen bereit, die von vfat verwendet werden). Wie man der nm-Ausgabe entnehmen kann, sind die beiden Funktionen im vfat-Modul als unaufgelöste Referenzen aufgeführt, während sie in fat.o zusammen mit ihren (noch nicht relozierten) Adressen in der Objektdatei erscheinen.

Es ergibt natürlich keinen Sinn, diese Adressen in den Objektcode von vfat.ko einzupatchen, da sich die Funktionen nach der Relozierung von fat.ko an einer völlig anderen Stelle im Speicher befinden werden. Vielmehr sind jene Adressen interessant, die die Funktionen *nach* dem Einfügen des fat-Moduls besitzen. Diese Informationen werden über /proc/kallsyms in den Userspace exportiert, finden sich aber auch direkt im Kern: Sowohl für den fest kompilierten Teil des Kerns wie auch alle nachträglich eingefügten Module existieren ein Array, dessen Einträge die Zuordnung zwischen einem Symbol und dessen Adresse im virtuellen Adressraum vornehmen.

Folgende Punkte sind beim Einfügen von Modulen in den Kern relevant:

- Die Symbolliste der vom Kernel bereitgestellten Funktionen kann beim Laden von Modulen dynamisch erweitert werden. Wie wir weiter unten sehen werden, können Module genau bestimmen, welche Funktionen aus ihrem Code für die Allgemeinheit freigegeben werden sollen und welche nur intern verwendet werden dürfen.

- Die Reihenfolge des Einfügens von Modulen in den Kernel ist wichtig, wenn Abhängigkeiten unter ihnen bestehen. Versucht man beispielsweise, das vfat-Modul zu laden, bevor sich fat im Kernel befindet, scheitert dies, da die Adressen einiger Funktionen nicht aufgelöst werden können, weshalb der Code nicht funktionieren würde.

---

[7] Bekanntlich handelt es sich bei FAT (*file allocation table*) um das sehr einfache Dateisystem, das von MS-DOS verwendet wurde und auch heute noch gerne für Disketten benutzt wird; vfat ist eine (minimale) Erweiterung, die zwar einen absolut identischen Grundaufbau besitzt, aber Dateinamen mit einer Länge von bis zu 255 Zeichen zulässt und diese nicht mehr auf das alte 8+3-Schema beschränkt.

Abhängigkeiten zwischen Modulen können die Situation beim dynamischen Erweitern des Kernels sehr kompliziert machen, wenn der Benutzer nicht die spezifische Struktur der Abhängigkeit zwischen den Modulen kennt. Während dies in unserem Beispiel zumindest für interessierte und technisch kompetente Anwender noch kein Problem darstellt, kann es bei komplexeren Abhängigkeiten durchaus mühselig sein, die korrekte Reihenfolge beim Laden der Module zu finden. Es muss daher eine Möglichkeit bereitgestellt werden, die die Abhängigkeiten zwischen Modulen automatisch analysiert.

Zur Berechnung der Abhängigkeiten zwischen den Modulen eines Systems wird das Tool depmod verwendet, das sich in der modutils-Standard-Tool-Sammlung befindet. Das Programm wird üblicherweise bei jedem Systemstart oder nach der Installation neuer Module ausgeführt; die gefundenen Abhängigkeiten werden in einer Liste gespeichert. Standardmäßig wird sie in die Datei /lib/modules/*version*/modules.dep geschrieben. Das Format ist unkompliziert: Zuerst wird der Name der Binärdatei des Moduls vermerkt, dahinter befinden sich die Dateinamen aller Module, die Code bereitstellen, der zur korrekten Operation des erstgenannten Moduls benötigt wird. Der Eintrag für das vfat-Modul lautet daher folgendermaßen:

```
wolfgang@meitner> cat modules.dep | grep vfat
/lib/modules/2.6.0/kernel/fs/vfat/vfat.ko: /lib/modules/2.6.0/kernel/fs/fat/fat.ko
```

Diese Informationen werden von modprobe verarbeitet, das zum Einfügen von Modulen in den Kern verwendet wird, wenn die vorhandenen Abhängigkeiten automatisch aufgelöst werden sollen. Die Strategie ist einfach: modprobe liest den Inhalt der Dependency-Datei ein, sucht die Zeile, in der das gewünschte Modul beschrieben wird, und bildet eine Liste der vorausgesetzten Module. Da auch diese wiederum von anderen Modulen abhängig sein können, werden ihre Einträge in der Abhängigkeitsdatei gesucht und überprüft; dies wird so lange fortgeführt, bis die Namen aller benötigten Module bekannt sind. Das eigentliche Einfügen aller beteiligten Module in den Kern wird an das insmod-Tool delegiert.[8]

Die interessanteste Frage steht allerdings noch offen: Wie können die Abhängigkeiten zwischen den Modulen erkannt werden? Um dieses Problem zu lösen, macht depmod von keinen Gebrauch von speziellen Eigenschaften eines Kernelmoduls, sondern verwendet lediglich die weiter oben gezeigten Informationen, die mit nm nicht nur aus Modulen, sondern auch aus normalen ausführbaren Dateien bzw. Bibliotheken ausgelesen werden können.

depmod analysiert den Binärcode aller vorhandenen Module, erstellt für jedes eine Liste, in der sich alle definierten Symbole und alle unaufgelösten Referenzen befinden, und vergleicht diese Listen anschließend miteinander: Wenn Modul A ein Symbol beinhaltet, das in Modul B als unaufgelöste Referenz zu finden ist, bedeutet dies, dass B von A abhängig ist – und wird in der genannten Abhängigkeitsdatei mit einem Eintrag der Form B: A gewürdigt. Die meisten Symbole, auf die sich Module beziehen, werden nicht in anderen Modulen, sondern im Kernel selbst definiert. Bei der Installation von Modulen wird deshalb (ebenfalls mit Hilfe von depmod) die Datei /lib/modules/*version*/System.map erzeugt, in der alle vom Kern exportierten Symbole aufgelistet sind. Wenn sich ein unaufgelöstes Symbol eines Moduls in dieser Datei befindet, ist alles in Ordnung, da es beim Laden des Moduls automatisch aufgelöst werden wird. Lässt sich das Symbol weder in der Datei noch in einem anderen Modul finden, darf das Modul nicht in den Kern eingefügt werden, da es sich auf externe Funktionen bezieht, die nirgends implementiert werden.

---

[8] Natürlich muss auch noch der Fall geprüft werden, ob sich ein Modul bereits im Kernel befindet – es braucht dann logischerweise nicht mehr eingefügt zu werden.

6.1.3 Automatisches Laden

Der Anstoß zum Laden eines Moduls geht meistens vom Userspace aus, entweder durch den Benutzer selbst oder in Gestalt automatisierter Skripte. Um größere Flexibilität im Umgang mit Modulen zu erreichen und ihre Transparenz weiter voranzutreiben, kann aber auch der Kern selbst Module anfordern.

Wo liegt der Haken? Es ist zwar für den Kernel nicht schwer, den Binärcode einzufügen, wenn er erst einmal Zugriff darauf hat; ohne weitere Hilfe aus dem Userspace ist es allerdings nicht möglich: Die Binärdatei muss im Filesystem lokalisiert und Abhängigkeiten müssen aufgelöst werden. Da sich dies deutlich leichter im User- als im Kernelspace erledigen lässt, verfügt der Kern über einen Hilfsdaemon mit der Bezeichnung kmod, an den diese Aufgaben delegiert sind.

Betrachten wir ein Szenario, das die Vorteile des Kern-angeregten Ladens von Modulen zeigt: Das VFAT-Dateisystem soll nur als Modul vorhanden und nicht fest in den Kernel integriert sein. Führt der Benutzer das Kommando zum Einhängen einer Diskette aus:

```
wolfgang@meitner> mount -t vfat /dev/fd0 /mnt/floppy
```

bevor das `vfat`-Modul in den Kern geladen wurde, würde normalerweise eine Fehlermeldung zurückgegeben, die darauf hinweist, dass das entsprechende Dateisystem nicht unterstützt wird, weil es nicht im Kernel registriert ist. Dies ist aber in der Praxis nicht der Fall: Die Diskette kann anstandslos eingehängt werden, auch wenn das Modul nicht geladen ist; nach Beendigung des `mount`-Aufrufs finden sich die benötigten Module im Kernel!

Wie ist dies möglich? Der Kernel hat bei der Abarbeitung des `mount`-Systemaufrufs festgestellt, dass sich über das gewünschte Dateisystem – vfat – keine Informationen in seinen Datenstrukturen befinden. Er versucht daher nun, das entsprechende Modul nachzuladen, wozu die Funktion `request_module` verwendet wird, deren genauen Aufbau wir in Abschnitt 6.3.1 weiter unten besprechen werden. Diese verwendet den `kmod`-Daemon, um das `modprobe`-Tool zu starten, das das `vfat`-Modul in der gewohnten Art und Weise einfügt. Der Kernel verlässt sich also auf eine Applikation im Benutzerspace, die wiederum Kernelfunktionen verwendet, um das Modul einzufügen, wie Abbildung 6.2 verdeutlicht.

Abbildung 6.2: Automatisches Laden von Modulen

Nach getaner Arbeit versucht der Kern nochmals, Informationen über das gewünschte Dateisystem herauszufinden, die nach dem Aufruf von `modprobe` nun auch in seinen Datenstrukturen enthalten sind, sofern das Modul tatsächlich existiert – anderenfalls wird der Systemaufruf mit einem entsprechenden Fehlercode beendet.

Aufrufe von `request_module` finden sich an vielen Stellen, die über die ganzen Kernelquellen verteilt sind; mit ihrer Hilfe versucht der Kernel, die als Module ausgelagerten Funktionalitäten so transparent wie möglich zugänglich zu machen, indem der Code bei Bedarf automatisch und ohne Interaktion des Benutzers eingefügt wird.

Achtung: Es können Situationen auftreten, in denen nicht eindeutig festzulegen ist, welches Modul benötigt wird, um die gewünschten Funktionalitäten bereitzustellen. Wenn ein USB-Treiber nachgeladen werden soll, stehen dem Kernel mehrere Alternativen zur Verfügung (OHCI, UHCI oder JHCI), von denen je nach vorhandener Hardware eine benutzt werden muss. Wie soll er sich entscheiden? Da dies nicht eindeutig automatisierbar ist, wird ein Trick verwendet: Der Kernel fordert in diesem Fall ein Modul mit einer *allgemeinen* Bezeichnung an, die im Falle von USB auf `usb-controller` festgelegt ist. Natürlich existiert kein Modul dieses Namens; in der Datei `/etc/modules.conf` kann allerdings festgelegt werden, durch welches Modul die Forderung nach einem USB-Treiber erfüllt wird: `alias usb-controller usb-ohci` gibt an, dass `modprobe usb-ohci` ausgeführt werden soll, wenn der Kernel das Modul `usb-controller` verlangt.

6.1.4 Abfragen von Moduleigenschaften

Eine zusätzliche Informationsquelle sind textuelle Beschreibungen, die Sinn und Verwendung eines Moduls angeben und direkt in der Binärdatei gespeichert sind. Man kann sie mit Hilfe des `modinfo`-Tools aus der `modutils`-Distribution abfragen. Es werden Daten aus unterschiedlichen Bereichen gespeichert:

- Autor des Treibers, üblicherweise zusammen mit einer eMail-Adresse. Diese Information ist (neben der persönlichen Befriedigung des Entwicklers) vor allem für Bugreports nützlich.

- Eine kurze Beschreibung der Treiberfunktion.

- Konfigurationsparameter, die dem Modul übergeben werden können; eventuell zusammen mit einer Beschreibung der genaueren Bedeutung der Parameter.

- Die Bezeichnung des unterstützten Geräts (beispielsweise `fd` für Diskettenlaufwerke).

- Die Lizenz, unter der das Modul vertrieben wird.

Zur Aufnahme einer Liste unterschiedlicher Gerätetypen, die von einem Treiber unterstützt werden, ist ebenfalls eine eigene Liste in den Modulinformationen vorgesehen.

Die Abfrage über das `modinfo`-Tool ist nicht schwierig, wie folgendes Beispiel zeigt:

```
wolfgang@meitner> /sbin/modinfo 8139too
author:         Jeff Garzik <jgarzik@pobox.com>
description:    RealTek RTL-8139 Fast Ethernet driver
license:        GPL
parm:           debug:8139too bitmapped message enable number
parm:           multicast_filter_limit:8139too max # of filtered mcast addresses
parm:           max_interrupt_work:8139too maximum events handled per interrupt
parm:           media:8139too: Bits 4+9: force full duplex, bit 5: 100Mbps
parm:           full_duplex:8139too: Force full duplex for board(s) (1)
vermagic:       2.6.0 preempt PENTIUMIII gcc-3.2
depends:        crc32,mii
alias:          pci:v000010ECd00008139sv*sd*bc*sc*i*
alias:          pci:v000010ECd00008138sv*sd*bc*sc*i*
alias:          pci:v00001113d00001211sv*sd*bc*sc*i*
....
```

Es besteht von Seiten der Kernels kein Zwang, diese Informationen in jedem Modul bereitzustellen, auch wenn sich dies für ein gut programmiertes Modul gehört und von den Kernelentwicklern bei neuen Treibern berücksichtigt werden sollte. Dennoch stellen viele ältere Module nicht alle Felder bereit, vor allem die mehr oder weniger ausführlichen Beschreibungen zu den möglichen Parametern werden gerne weggelassen. In den meisten Fällen sind aber wenigstens ein kurzer Beschreibungsstring, der Name des (Haupt)autors sowie ein Vermerk auf die Software-Lizenz vorhanden, unter der der Treiber vertrieben wird.

Wie können diese Zusatzinformationen in der binären Moduldatei untergebracht werden? In jeder Binärdatei, die das ELF-Format verwendet (siehe Anhang E („Das ELF-Binärformat")) finden sich verschiedene Abschnitte, die die binären Daten in verschiedenen Kategorien – technisch als *sections* bezeichnet – organisieren. Um die Informationen über das Modul aufzunehmen, führt der Kernel eine weitere Sektion ein, die die Bezeichnung .modinfo trägt. Wie wir weiter unten sehen werden, verläuft dies für den Modulprogrammierer relativ transparent, da ein Satz einfacher Makros bereitgestellt wird, die die Daten in die Binärdatei einfügen. Natürlich verändert sich das Verhalten des Codes durch das Vorhandensein dieser Zusatzinformationen nicht, da die .modinfo-Abschnitte von allen Programmen, die mit dem Modul zu tun haben und nicht an den Zusatzinformationen interessiert sind, ignoriert werden.

Warum werden Informationen über die verwendete Modullizenz in der Binärdatei gespeichert? Der Grund dafür ist (leider) keine technische Notwendigkeit irgendeiner Art, sondern hat rechtliche Gründe: Da der Kernelquellcode der GNU GPL untersteht, bestehen verschiedene rechtliche Probleme bei der Verwendung von Modulen, die lediglich im Binärcode vertrieben werden. Die GPL ist in dieser Hinsicht eine etwas schwierig zu interpretierende Lizenz,[9] weshalb wir hier nicht näher auf die juristischen Implikationen eingehen wollen – dies soll besser den Rechtsabteilungen großer Softwarehersteller überlassen bleiben. Es genügt zu wissen, dass solche Module nur die Kernelfunktionen verwenden dürfen, die explizit dafür vorgesehen sind (im Gegensatz dazu gibt es auch Funktionen, die explizit nur für GPL-kompatible Module bereitgestellt werden). Dieser Standardsatz reicht völlig aus, um Standardtreiber zu programmieren – wenn das Modul allerdings tiefer in die Feinheiten des Kern eintauchen will, muss es andere Funktionen verwenden, was bei manchen Lizenzen aus rechtlichen Gründen verboten ist. Das modprobe-Tool muss diese Situation beim Einsetzen neuer Module berücksichtigen, weshalb es die Lizenzen beim Einsetzen überprüft und die Erfüllung juristisch nicht legaler Linkaktionen verweigert.

Die meisten Entwickler (und auch Anwender) sind nicht sonderlich glücklich, wenn ein Hersteller seine Treiber als Binärmodul vertreibt: Dies macht es nicht nur schwierig, im Kernel auftretende Fehler zu debuggen, sondern hat auch Auswirkungen auf die Entwicklung des Treibers, da man immer auf den Hersteller angewiesen ist, wenn es um die Beseitigung von Fehlern oder die Implementierung neuer Funktionen geht. Wir wollen uns hier nicht mit den vielfältigen Auswirkungen beschäftigen, sondern verweisen auf zahllose Diskussionen, die in den verschiedensten Kanälen des Internets (und nicht zuletzt auch auf der Kernel-Mailingliste) stattgefunden haben, stattfinden und in Zukunft sicher immer wieder aufflammen werden.

6.2 Module einfügen und löschen

Die Schnittstelle zwischen den Userspace-Tools und der Modul-Implementierung des Kerns bilden zwei Systemaufrufe:

- init_module fügt ein neues Modul in den Kern ein. Das Userspace-Tool braucht nur die Binärdaten zu liefern, sämtliche weiteren Schritte (vor allem Relokation und Symbollauflösung) werden im Kern selbst durchgeführt.

- delete_module entfernt ein Modul aus dem Kern. Voraussetzung dafür ist natürlich, dass der Code nicht mehr verwendet wird und dass keine anderen Module auf Funktionen zurückgreifen, die vom gewählten Modul exportiert werden.

---

9 Manche Programmierer sind der Ansicht, dass es mehr Interpretationen der GPL gibt als Programme, die unter ihr vertrieben werden.

Außerdem existiert die Kernelfunktion `request_module` (*kein* Systemaufruf), die zum Nachladen von Modulen von Kernelseite verwendet wird. Neben dem Nachladen von Modulen wird sie auch zur Realisierung der Hotplug-Fähigkeiten benötigt.

6.2.1 Modulrepräsentation

Bevor wir genauer auf die Implementierung der modulbezogenen Funktionen eingehen können, muss geklärt werden, wie Module (und ihre Eigenschaften) im Kern repräsentiert werden. Dazu wird wie üblich ein Satz an Datenstrukturen definiert.

Die wichtigste Struktur trägt bezeichnenderweise den Namen `module`; für jedes Modul, das sich im Kern befindet, wird eine Instanz davon alloziert. Sie ist folgendermaßen definiert:

```
<module.h>    struct module
              {
                    enum module_state state;

                    struct list_head list;              /* Member of list of modules */
                    char name[MODULE_NAME_LEN];         /* Unique handle for this module */

                    /* Exported symbols */
                    const struct kernel_symbol *syms;
                    unsigned int num_syms;
                    const unsigned long *crcs;

                    /* GPL-only exported symbols. */
                    const struct kernel_symbol *gpl_syms;
                    unsigned int num_gpl_syms;
                    const unsigned long *gpl_crcs;

                    /* Exception table */
                    unsigned int num_exentries;
                    const struct exception_table_entry *extable;

                    int (*init)(void);                  /* Startup function. */
                    void *module_init;

                    void *module_core;   /* actual code + data, vfree'd on unload. */

                    /* Here are the sizes of the init and core sections */
                    unsigned long init_size, core_size;

                    struct mod_arch_specific arch;      /* Arch-specific module values */

                    int license_gplok;                  /* Am I GPL-compatible */

              #ifdef CONFIG_MODULE_UNLOAD
                    struct module_ref ref[NR_CPUS];     /* Reference counts */
                    struct list_head modules_which_use_me; /* What modules depend on me? */
                    struct task_struct *waiter;
                    void (*exit)(void);                 /* Destruction function. */
              #endif

              #ifdef CONFIG_KALLSYMS
                    /* We keep the symbol and string tables for kallsyms. */
                    Elf_Sym *symtab;
                    unsigned long num_symtab;
                    char *strtab;
              #endif

                    char *args;  /* Command line arguments */
              };
```

Wie der Quellcode-Ausschnitt zeigt, hängt die Definition der Struktur von den Konfigurationseinstellungen des Kerns ab:

- **KALLSYMS** ist eine Debugging-Option, die eine Liste *aller* Symbole im Speicher hält, die im Kern selbst und den nachgeladenen Modulen definiert werden (ansonsten werden nur die exportierten Funktionen gespeichert). Dies ist nützlich, wenn Oops-Dumps des Kerns nicht nur hexazimale Zahlen ausgeben, sondern die Namen der betroffenen Funktionen nennen sollen.

- Im Gegensatz zu allen Kernelversionen vor 2.5 muss die Fähigkeit zum Entladen von Modulen mittlerweile explizit konfiguriert werden. Die dafür notwendigen Zusatzinformationen werden nur dann in der Moduldatenstruktur berücksichtigt, wenn die Konfigurationsoption **MODULE_UNLOAD** aktiviert ist.

Andere Konfigurationsoptionen, die im Zusammenhang mit Modulen auftreten, ohne die Definition von `struct module` zu verändern, sind:

- **MODVERSIONS** aktiviert die Versionskontrolle, mit deren Hilfe verhindert werden kann, dass ein veraltetes Modul in den Kern geladen wird, dessen Schnittstellendefinitionen nicht mehr mit der aktuellen Version übereinstimmen. Abschnitt 6.4 geht genauer darauf ein.

- **MODULE_FORCE_UNLOAD** ermöglicht es, Module gewaltsam aus dem Kern zu entfernen, selbst wenn noch Referenzen darauf bestehen oder der Code von anderen Modulen verwendet wird. Diese Brachialmethode wird im normalen Betrieb nie benötigt, kann aber während der Entwicklung nützlich sein.

Die Elemente von `struct module` haben folgende Bedeutung:

- `state` gibt den aktuellen Zustand des Moduls an, der einen der Werte aus `module_state` annehmen kann:

```
enum module_state                                        <module.h>
{
        MODULE_STATE_LIVE,
        MODULE_STATE_COMING,
        MODULE_STATE_GOING,
};
```

Der Status während des Ladevorgangs ist `MODULE_STATE_COMING`, während im normalen Betrieb (d.h. nach Abschluss aller Initialisierungsarbeiten) `MODULE_STATE_LIVE` aktiv ist – ein aktives Modul wird deshalb auch gerne als „live" bezeichnet. Der Status `MODULE_STATE_GOING` ist aktiv, während ein Modul entfernt wird.

- `list` ist ein Standard-Listenelement, mit dessen Hilfe der Kern alle geladenen Module auf einer doppelt verketteten Liste hält. Als Listenkopf wird die globale Variable `modules` verwendet, die in `kernel/module.c` definiert wird.

- `name` gibt den Namen des Moduls an; die Bezeichnung muss eindeutig sein, da sie beispielsweise beim Entfernen von Modulen zur Selektion des passenden Moduls verwendet wird. Normalerweise findet sich in diesem Element der Name der Binärdatei ohne das Dateisuffix `.ko` – im Fall des VFAT-Dateisystems also beispielsweise `vfat`.

- **syms**, **num_syms** und **crc** werden zur Verwaltung der Symbole eingesetzt, die vom Modul exportiert werden. **syms** ist ein Array aus **num_syms** Einträgen des Typs **kernel_symbol**, der zur Zuordnung zwischen Bezeichnern (**name**) und Speicheradressen (**value**) dient:

<module.h>
```
struct kernel_symbol
{
        unsigned long value;
        const char *name;
};
```

  crcs ist ebenfalls ein Array mit **num_syms** Einträgen, in denen Prüfsummen für die exportierten Symbole gespeichert werden, die man zur Implementierung der Versionskontrolle benötigt (siehe Abschnitt 6.4).

- Der Kern muss beim Exportieren von Symbolen zwei Kategorien einrichten: Symbole, die von allen Modulen unabhängig von ihrer Lizenz und solche, die nur von GPL- und kompatibel lizensierten Modulen benutzt werden dürfen. Deshalb gibt es die Elemente **gpl_syms**, **num_gpl_syms** und **gpl_crcs**, die die gleiche Bedeutung wie die eben besprochenen Einträge besitzen, allerdings zur Verwaltung der Symbole dienen, die nur von GPL-kompatiblen Modulen verwendet werden dürfen.

- Wenn ein Modul neue Exceptions definiert (siehe Kapitel 3 („Speicherverwaltung")), wird ihre Beschreibung im Array **extable** untergebracht. **num_exentries** gibt die Anzahl der Einträge im Array an.

- **init** ist ein Zeiger auf eine Funktion, die bei der Initialisierung des Moduls aufgerufen wird.

- Die Binärdaten eines Moduls werden in zwei Teile gespalten: Initialisierungs- und Coreteil. In Ersterem befindet sich alles, was nach Beendigung des Ladevorgangs entfernt werden kann (beispielsweise die Initialisierungsfunktionen), während der Core-Teil alle Daten enthält, die im laufenden Betrieb erforderlich sind. Die Startadresse des Initialisierungsteils wird in **module_init** festgehalten und umfasst **init_size** Bytes, während der Core-Bereich von **module_core** und **core_size** charakterisiert wird.

- **arch** ist ein Prozessor-spezifischer Hook, der je nach System mit unterschiedlichen Zusatzdaten gefüllt werden kann, die zum Betrieb von Modulen benötigt werden. Die meisten Architekturen benötigen keine Zusatzinformationen und definieren **struct mod_arch_specific** daher als leere Struktur, die vom Compiler wegoptimiert wird.

- **license_gplok** ist eine Boolesche Variable, die angibt, ob die Lizenz des Moduls mit der GPL verträglich ist, d.h. ob GPL-exportierte Funktionen verwendet werden dürfen oder nicht.

- **module_ref** wird zur Referenzzählung verwendet: Für jede CPU des Systems existiert ein Eintrag im Array, der angibt, an wie vielen anderen Stellen des Systems das Modul genutzt wird. Der Datentyp **module_ref**, der für die einzelnen Arrayelemente verwendet wird, enthält nur einen Eintrag, der allerdings am L1-Cache ausgerichtet werden soll:

<mm.h>
```
struct module_ref
{
        atomic_t count;
} ____cacheline_aligned;
```

6.2 Module einfügen und löschen

Der Kern stellt die Funktionen `try_module_get` und `module_put` bereit, um den Referenzzähler zu erhöhen bzw. zu erniedrigen.

- `modules_which_use_me` wird als Listenelement in den Datenstrukturen verwendet, die die Abhängigkeit der Module im Kern untereinander beschreiben. Abschnitt 6.2.2 geht genauer darauf ein.

- `waiter` ist ein Zeiger auf die Taskstruktur des Prozesses, der das Entladen des Moduls veranlasst hat und nun wartet, bis die Aktion abgeschlossen ist.

- `exit` ist der Gegenpart zu `init`: ein Zeiger auf eine Funktion, die beim Entfernen eines Moduls aufgerufen wird, um modulspezifische Aufräumarbeiten (beispielsweise die Rückgabe reservierter Speicherbereiche) durchzuführen.

- `symtab`, `num_symtab` und `strtab` werden verwendet, um Informationen über *alle* Symbole des Moduls (nicht nur die explizit exportierten) festzuhalten.

- `args` ist ein Zeiger auf die Kommandozeilenargumente, die dem Modul beim Laden übergeben wurden.

6.2.2 Abhängigkeiten und Referenzen

Zwischen zwei Modulen A und B besteht eine Beziehung, wenn B Funktionen verwendet, die von A bereitgestellt werden. Dazu gibt es zwei unterschiedliche Sichtweisen:

- B hängt von A ab. B kann nur geladen werden, wenn sich A bereits im Kernelspeicher befindet.

- A referenziert B, d.h. B kann nur dann aus dem Kern entfernt werden, wenn A entfernt wurde – bzw. wenn alle anderen Module verschwunden sind, die B referenzieren. Im Kern wird eine Beziehung dieser Art als *A uses B* bezeichnet.

Um diese Abhängigkeiten korrekt verwalten zu können, muss der Kern eine weitere Datenstruktur einführen:

```
struct module_use                                       kernel/modules.c
{
        struct list_head list;
        struct module *module_which_uses;
};
```

Das Abhängigkeitsnetzwerk wird zusammen mit dem `modules_which_use_me`-Element der `module`-Datenstruktur aufgebaut: Für jedes Modul A, das Funktionen aus B benutzt, wird eine neue Instanz von `module_use` angelegt, die in die `modules_which_use_me`-Liste von B eingefügt wird. `module_which_uses` zeigt dabei auf die `module`-Instanz von A. Der Kern kann über diese Informationen leicht herausfinden, von welchen anderen Modulen des Kerns ein gegebenes Modul verwendet wird.

Da der beschriebene Zusammenhang auf den ersten Blick etwas unübersichtlich ist, finden Sie in Abbildung 6.3 auf der nächsten Seite ein grafisches Beispiel, das die Situation verdeutlicht.

Für das Beispiel wurden einige Module des Netfiler-Pakets ausgewählt. In der Dependency-Datei `modules.dep` finden sich folgende Abhängigkeiten, die nach dem Übersetzen der Module entdeckt wurden:[10]

---
[10] Die Dateinamen werden nicht mit ihrer vollen Pfadangabe wiedergegeben, wie es in `modules.dep` der Fall ist, um die Übersichtlichkeit zu erhöhen.

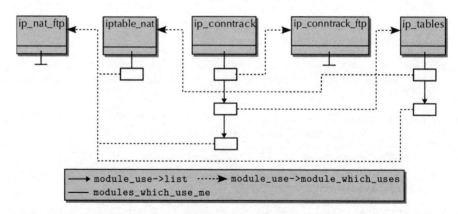

Abbildung 6.3: Datenstrukturen zur Verwaltung von Abhängigkeiten zwischen Modulen

```
ip_tables.ko:
iptable_nat.ko:         ip_conntrack.ko     ip_tables.ko
ip_nat_ftp.ko:          iptable_nat.ko      ip_tables.ko    ip_conntrack.ko
ip_conntrack.ko:
ip_conntrack_ftp.ko:    ip_conntrack.ko
```

ip_nat_ftp und ip_conntrack_ftp hängen zwar von einigen anderen Modulen ab, besitzen aber selbst keine Module, die *von ihnen* abhängen, weshalb das modules_which_use_me-Element ihrer module-Instanz ein Nullzeiger ist.

ip_tables besitzt selbst keine Abhängigkeiten von anderen Modulen und kann deshalb alleine in den Kern geladen werden. Dafür gibt es zwei Module, die von ip_tables abhängen: iptable_nat und ip_nat_ftp. Für jedes wird eine Instanz von module_use angelegt, die in der Liste des modules_which_use_me-Elements von ip_tables aufgereiht werden. Ihre module_which_use-Zeiger verweisen auf ip_nat_ftp bzw. iptable_nat, wie die Abbildung zeigt.

Gleich drei Module hängen von ip_conntrack ab, weshalb in seiner modules_which_use_me-Liste drei Instanzen von module_use enthalten sind, die Zeiger auf iptable_nat, ip_nat_ftp und ip_conntrack_ftp speichern.

Achtung: Die Datenstrukturen des Kerns geben nur wieder, welche anderen Module von einem gegebenen Modul abhängig sind – sie können nur schlecht[11] verwendet werden, um herauszufinden, welche Module bereits im Kern anwesend sein müssen, bevor ein gegebenes neues Modul geladen werden kann. Dies ist aber auch nicht notwendig, da es genügt, wenn die Information im Userspace vorhanden ist – was dank modules.dep auch in der Tat zutrifft.

Wenn ein Modul geladen werden soll, für das nicht alle Symbole aufgelöst werden können, weil als Abhängigkeiten benötigte Module nicht vorhanden sind, wird vom Kern ein Fehlercode zurückgegeben und das Laden des Moduls abgebrochen; es werden aber keine Anstrengungen unternommen, um die benötigten Module von Kernelseite aus nachzuladen. Diese Aufgabe obliegt vollständig dem Userspace-Tool modprobe.

Um die gezeigten Module in den Kern zu bringen, sind nur zwei Aufrufe von modprobe notwendig:

```
wolfgang@meitner> /sbin/modprobe ip_nat_ftp
wolfgang@meitner> /sbin/modprobe ip_conntrack_ftp
```

---

11 Zumindest nicht, ohne die Liste aller Module zu durchlaufen und darin enthaltene Informationen neu zu analysieren.

6.2 Module einfügen und löschen

Beim Einfügen von `ip_nat_ftp` werden `ip_conntrack`, `ip_tables` und `iptable_nat` automatisch eingefügt, da sie in `modules.dep` als notwendige Voraussetzungen aufgelistet werden. Das anschließende Einfügen von `ip_conntrack_ftp` kann ohne explizite Auflösung von Abhängigkeiten durchgeführt werden, da das benötigte `ip_conntrack`-Modul bereits beim Laden von `ip_nat_ftp` automatisch in den Kern eingefügt wurde.

Manipulation der Datenstrukturen

Um testen zu können, ob Modul A ein anderes Modul B benötigt, stellt der Kern die Funktion `already_uses` zur Verfügung:

```
/* Does a already use b? */                                kernel/module.c
static int already_uses(struct module *a, struct module *b)
{
        struct module_use *use;

        list_for_each_entry(use, &b->modules_which_use_me, list) {
                if (use->module_which_uses == a) {
                        return 1;
                }
        }
        return 0;
}
```

Wenn A von B abhängig ist, muss sich in der `modules_which_use_me`-Liste von B ein Zeiger auf die `module`-Instanz von A befinden, weshalb der Kern die Liste Schritt für Schritt durchläuft und die in `module_which_uses` gespeicherten Zeiger überprüft. Wenn ein passender Eintrag gefunden wurde – d.h. wenn die Abhängigkeit wirklich besteht –, wird 1 zurückgegeben, ansonsten endet die Funktion mit der Rückgabe von 0.

Um die Verbindung zwischen A und B herzustellen – Modul A benötigt Modul B, um korrekt arbeiten zu können –, wird `use_module` verwendet, das wie folgt implementiert ist:

```
/* Module a uses b */                                      kernel/module.c
static int use_module(struct module *a, struct module *b)
{
        struct module_use *use;
        if (b == NULL || already_uses(a, b)) return 1;

        if (!strong_try_module_get(b))
                return 0;

        use = kmalloc(sizeof(*use), GFP_ATOMIC);
        if (!use) {
                printk("%s: out of memory loading\n", a->name);
                module_put(b);
                return 0;
        }

        use->module_which_uses = a;
        list_add(&use->list, &b->modules_which_use_me);
        return 1;
}
```

Zunächst wird mit `already_uses` geprüft, ob die Relation nicht bereits hergestellt ist; wenn dies der Fall ist, kann die Funktion unmittelbar zurückkehren (ein NULL-Zeiger als abhängiges Modul wird ebenfalls so gewertet, dass die Beziehung bereits erfüllt ist). Anderenfalls wird der Referenzzähler von B erhöht, so dass es nicht mehr entladen werden kann – schließlich besteht A auf seiner Anwesenheit. Das dazu verwendete `strong_try_module_get` ist ein Wrapper um die bereits erwähnte Funktion `try_module_get`, der den Fall einschließt, dass das Modul gerade am Laden ist:

kernel/module.c
```
static inline int strong_try_module_get(struct module *mod)
{
        if (mod && mod->state == MODULE_STATE_COMING)
                return 0;
        return try_module_get(mod);
}
```

Die Herstellung der Beziehung ist nicht weiter kompliziert: Eine neue Instanz von `module_use` wird angelegt, deren `module_which_uses`-Zeiger auf die Modulinstanz von A gesetzt wird. Die neue `module_use`-Instanz wird in die `list`-Liste von B eingefügt.

6.2.3 Binärer Aufbau von Modulen

Module verwenden das ELF-Binärformat, das mit einigen zusätzlichen Sektionen versehen wird, die in normalen Programmen oder Bibliotheken nicht vorkommen. Neben einigen compilergenerierten Abschnitten, die für unsere Zwecke nicht relevant sind,[12] setzt sich ein Modul aus folgenden ELF-Sektionen zusammen:[13]

- Die Sektionen `__ksymtab` und `__ksymtab_gpl` enthalten eine Symboltabelle mit allen Symbolen, die vom Modul exportiert werden. Während die Symbole aus der erstgenannten Sektion von allen Kernelteilen unabhängig von der Lizenz verwendet werden dürfen, können Symbole aus `__kysmtab_gpl` nur von GPL-kompatiblen Teilen benutzt werden.

- `__kcrctab` und `__kcrctab_gpl` enthalten Checksummen für alle (GPL-)exportierten Funktionen des Moduls. In `__versions` befinden sich die Checksummen für *alle* Referenzen, die das Modul aus externen Quellen verwendet. Achtung: Die genannten Sektionen werden nur angelegt, wenn das Versionskontroll-Feature bei der Konfiguration des Kerns aktiviert wurde.

  Abschnitt 6.4 geht genauer darauf ein, wie Versionsinformationen generiert und verwendet werden.

- `__param` speichert die Informationen darüber, mit welchen Parametern ein Modul versorgt werden kann.

- `__ex_table` wird verwendet, um neue Einträge für die Exception-Table des Kerns zu definieren, wenn der Modulcode diesen Mechanismus benötigt.

- In `.modinfo` werden die Namen aller anderen Module gespeichert, die sich im Kern befinden müssen, bevor das Modul geladen werden kann – mit anderen Worten: die Bezeichnungen aller Module, von denen das gegebene Modul abhängt.

  Außerdem kann jedes Modul individuelle Informationen unterbringen, die mit dem Userspace-Tool `modinfo` abgefragt werden können, vor allem der Name des Autors, eine Beschreibung des Moduls, Informationen über die Lizenz oder eine Auflistung der Parameter.

---

12 Hauptsächlich Relokationssektionen

13 `readelf -S module.ko` kann verwendet werden, um alle in einem Modulobjekt enthaltenen Sektionen aufzulisten.

- `.exit.text` enthält Code (und eventuell auch Daten), die beim Entfernen des Moduls aus dem Kern benötigt werden. Diese Informationen werden nicht im normalen Textsegment untergebracht, damit der Kern darauf verzichten kann, sie in den Speicher zu laden, wenn die Möglichkeit zum Entfernen von Modulen in der Kernelkonfiguration nicht aktiviert wurde.

- Die Initalisierungsfunktionen (und -daten) werden in `.init.text` gespeichert. Sie werden in einer gesonderten Sektion untergebracht, da man sie nach Fertigstellung des Initialisierungsvorgangs nicht mehr benötigt und daher aus dem Speicher entfernen kann.

- `.gnu.linkonce.this` stellt eine Instanz von `struct module` bereit, in der der Name des Moduls (`name`) sowie Zeiger auf die Initialisierungs- und Cleanup-Funktion (`init` und `cleanup`) in der Binärdatei gespeichert werden. Der Kern erkennt anhand dieser Sektion, ob eine gegebene Binärdatei tatsächlich ein Modul ist oder nicht. Fehlt sie, wird das Laden der Datei verweigert.

Einige der genannten Sektionen können erst erzeugt werden, nachdem das Modul selbst und eventuell auch alle anderen Module des Kerns übersetzt wurden – beispielsweise die Sektion, in der alle Abhängigkeiten des Moduls aufgelistet sind: Da keine expliziten Abhängigkeitsinformationen im Quellcode angegeben sind, muss der Kern diese durch Analyse nicht aufgelöster Referenzen des betroffenen Moduls und exportierter Symbole aller anderen Module erstellen.

Zur Erzeugung von Modulen wird daher eine mehrstufige Strategie verwendet:

- Zunächst werden alle am Quellcode eines Moduls beteiligten C-Dateien in normale `.o`-Objektdateien übersetzt.

- Nachdem die Objektdateien für alle Module erzeugt wurden, kann der Kern diese analysieren. Die dabei gefundenen zusätzlichen Informationen (beispielsweise über Modulabhängigkeiten) werden in einer separaten Datei gespeichert, die ebenfalls in eine Binärdatei übersetzt wird.

- Die beiden Binärdateien werden zusammengebunden und erzeugen so das endgültige Modul.

Anhang B geht genauer auf den Build-Prozess des Kerns ein und nimmt sich auch der Problematik beim Übersetzen von Modulen an.

Initialisierungs- und Cleanup-Funktionen

Die Initialisierungs- und Cleanup-Funktionen eines Moduls werden mit Hilfe der in der Sektion `.gnu.linkonce.module` enthaltenen `module`-Instanz gespeichert, die folgendermaßen definiert wird:[14]

```
extern struct module __this_module;                                    </module.h>
#ifdef KBUILD_MODNAME
struct module __this_module
__attribute__((section(".gnu.linkonce.this_module"))) = {
        .name = __stringify(KBUILD_MODNAME),
        .init = init_module,
#ifdef CONFIG_MODULE_UNLOAD
        .exit = cleanup_module,
#endif
};
#endif /* KBUILD_MODNAME */
```

[14] Die `attribute`-Direktive des Gnu-C-Compilers wird verwendet, um die Daten in der gewünschten Sektion zu plazieren. Anhang C beschreibt einige weitere Anwendungsmöglichkeiten für diese Direktive.

KBUILD_MODNAME enthält den Namen des Moduls und wird nur dann definiert, wenn der Code als Modul übersetzt wird. Soll der Code fest in den Kern eingebunden werden, wird kein __this_module-Objekt erzeugt, da man in diesem Fall keines benötigt.

Um die Init- und Exit-Funktionen festzulegen, werden die Makros module_init und module_exit aus <init.h> verwendet.[15] In jedem Modul befindet sich Code folgender Art, der die Init/Exit-Funktionen festlegt:[16]

```
#ifdef MODULE
static int __init xyz_init(void) {
  /* Initialisierungcode */
}

static void __exit xyz_cleanup (void) {
  /* Cleanup-Code */
}

module_init(xyz_init);
module_exit(xyz_exit);
#endif
```

Die Präfixe __init und __exit dienen dazu, die beiden Funktionen in den richtigen Sektionen des Binärcodes zu plazieren:

<init.h>
```
#define __init      __attribute__ ((__section__ (".init.text")))
#define __initdata  __attribute__ ((__section__ (".init.data")))

#define __exit      __attribute__ ((__section__(".exit.text")))
#define __exitdata  __attribute__ ((__section__(".exit.data")))
```

Die data-Varianten werden verwendet, um Daten (im Gegensatz zu Funktionen) in die .init- bzw. .exit-Sektion zu bringen.

Exportieren von Symbolen

Der Kern stellt zwei Makros bereit, um Symbole zu exportieren, wobei zwischen allgemeinen Symbolen und solchen, die nur von GPL-kompatiblem Code verwendet werden dürfen, unterschieden wird: EXPORT_SYMBOL und EXPORT_SYMBOL_GPL. Auch hier besteht die Aufgabe darin, die Symbole in der passenden Sektion des Binärimages eines Moduls unterzubringen:

<module.h>
```
/* For every exported symbol, place a struct in the __ksymtab section */
#define __EXPORT_SYMBOL(sym, sec)                               \
        __CRC_SYMBOL(sym, sec)                                  \
        static const char __kstrtab_##sym[]                     \
        __attribute__((section("__ksymtab_strings")))           \
        = MODULE_SYMBOL_PREFIX #sym;                            \
        static const struct kernel_symbol __ksymtab_##sym       \
        __attribute__((section("__ksymtab" sec), unused))       \
        = { (unsigned long)&sym, __kstrtab_##sym }

#define EXPORT_SYMBOL(sym)                                      \
        __EXPORT_SYMBOL(sym, "")
```

---

15 Die Makros definieren Funktionen init_module und exit_module, die als Alias – eine Erweiterung des GCC – auf die eigentlichen Initialisierungs- und Cleanup-Funktionen angelegt werden. Durch diesen Trick kann der Kern immer die gleichen Namen verwenden, um sich auf die Funktionen zu beziehen; Programmierer können diese jedoch beliebig benennen.

16 Wenn der Code nicht als Modul übersetzt wird, wandeln module_init bzw. module_exit die Funktionen in reguläre Init/Exitcalls um.

```
#define EXPORT_SYMBOL_GPL(sym)                             \
    __EXPORT_SYMBOL(sym, "_gpl")
#endif
```

Die Definition ist auf den ersten Blick sehr unübersichtlich, weshalb wir ihre Wirkung anhand eines Beispiels erläutern wollen. Folgender Code:

```
EXPORT_SYMBOL(get_rms)
/*************************************************/
EXPORT_SYMBOL_GPL(no_free_beer)
```

wird nach Bearbeitung durch den Präprozessor (etwas verschönert dargestellt) zu

```
static const char __kstrtab_get_rms[]
    __attribute__((section("__ksymtab_strings"))) = "get_rms";

static const struct kernel_symbol __ksymtab_get_rms
    __attribute__((section("__ksymtab"), unused)) =
        { (unsigned long)&get_rms, __kstrtab_get_rms }

/*************************************************/

static const char __kstrtab_no_free_beer[]
    __attribute__((section("__ksymtab_strings"))) = "no_free_beer";

static const struct kernel_symbol __ksymtab_no_free_beer
    __attribute__((section("__ksymtab_gpl"), unused)) =
        { (unsigned long)&no_free_beer, __kstrtab_no_free_beer }
```

Für jedes exportierte Symbol werden zwei Codeabschnitte erzeugt, die folgenden Zweck erfüllen:

- In der Sektion __ksymtab_strings wird __kstrtab_*function* als statisch definierte Variable gespeichert. Als Wert besitzt sie eine Zeichenkette, die dem Namen der Funktion (*function*) entspricht.

- In der Sektion __ksymtab (bzw __kstrtab_gpl) wird eine kernel_symbol-Instanz gespeichert, die sich aus einem Zeiger auf die exportierte Funktion und einem Zeiger auf den eben angelegten Eintrag in der Stringtabelle zusammensetzt.

Dies ermöglicht dem Kern, anhand des als String gegebenen Funktionsnamens die passende Codeadresse herauszufinden, was bei der Auflösung von Referenzen benötigt wird, die wir in Abschnitt 6.2.4 besprechen.

MODULE_SYMBOL_PREFIX kann verwendet werden, um alle exportierten Symbole eines Moduls mit einem Präfix zu versehen, da dies auf manchen Architekturen notwendig ist (die überwiegende Mehrzahl definiert allerdings einen leeren String als Präfix).

__CRC_SYMBOL kommt zum Einsatz, wenn die Versionskontrolle des Kerns für exportierte Funktionen aktiviert ist, worauf Abschnitt 6.4 genauer eingehen wird; anderenfalls ist es als leerer String definiert, wie wir hier der Einfachheit halber angenommen haben.

Allgemeine Modul-Informationen

In der .modinfo-Sektion eines Moduls finden sich einige allgemeine Informationen, die mit MODULE_INFO gesetzt werden können:

```
#define MODULE_INFO(tag, info) __MODULE_INFO(tag, tag, info)          <module.h>
#define __MODULE_INFO(tag, name, info)                         \
static const char __module_cat(name,__LINE__)[]                \
    __attribute__((section(".modinfo"),unused)) = __stringify(tag) "=" info
```

Neben diesem allgemeinen Makro, das Einträge der Form `tag = info` erzeugt, gibt es verschiedene Makros, die Einträge mit vordefinierten Bedeutungen anlegen und die im Folgenden besprochen werden.

Modullizenz Die Lizenz eines Moduls wird mit `MODULE_LICENSE` gesetzt:

<module.h>
```
#define MODULE_LICENSE(_license) MODULE_INFO(license, _license)
```

Die technische Umsetzung ist nicht besonders spannend. Interessanter ist die Frage, welche Lizenztypen vom Kern als GPL-kompatibel eingestuft werden:

- `GPL` und `GPLv2` stehen für die GNU Public License in ihrer zweiten Version, wobei bei ersterer Definition auch eine eventuell später folgende Version der Lizenz eingesetzt werden darf, die zur Zeit noch nicht existiert.

- `GPL and additional rights` muss verwendet werden, wenn die GPL um zusätzliche Klauseln erweitert wurde, die mit der Definition freier Software kompatibel sein müssen.

- `Dual BSD/GPL` bzw. `Dual MPL/GPL` wird für Module verwendet, deren Quellen unter einer dualen Lizenz (GPL kombiniert mit der Berkeley- bzw. Mozilla-Lizenz) stehen.

- Proprietäre Module (bzw. Module, deren Lizenz nicht mit der GPL kompatibel sind), müssen `Proprietary` verwenden.

- Wenn keine explizite Lizenz angegeben wird, wird `unspecified` verwendet.

Autor und Beschreibung In jedem Modul sollte eine kurze Information zum Autor (wenn möglich mit eMail-Adresse) und eine Beschreibung der Aufgabe des Moduls enthalten sein:

<module.h>
```
#define MODULE_AUTHOR(_author) MODULE_INFO(author, _author)
#define MODULE_DESCRIPTION(_description) MODULE_INFO(description, _description)
```

Alternative Namen `MODULE_ALIAS(alias)` wird verwendet, um einem Modul neben seinem eigentlichen Namen auch andere Bezeichnungen (`alias`) zu geben, unter denen es im Userspace ansprechbar sein soll. Dieser Mechanismus ermöglicht beispielsweise, zwischen alternativen Treibern zu unterscheiden, von denen nur einer verwendet werden kann, die aber nach außen hin alle die gleiche Funktionalität implementieren.

Elementare Versionskontrolle Einige unverzichtbare Versionskontroll-Angaben werden immer in der `.modinfo`-Sektion gespeichert, unabhängig davon, ob das Versionskontroll-Feature aktiviert wurde oder nicht. Dies dient dazu, zwischen verschiedenen Kernkonfigurationen zu unterscheiden, die drastische Auswirkungen auf den gesamten Code haben und daher jeweils einen eigenen Satz an Modulen benötigen. Bei der zweiten Phase der Modulübersetzung wird folgender Code in jedes Modul gelinkt:

scripts/modpost.c
```
MODULE_INFO(vermagic, VERMAGIC_STRING);
```

`VERMAGIC_STRING` ist eine Zeichenkette, die die zentralen Eckpunkt der Kernkonfiguration wiedergibt:

```
#define VERMAGIC_STRING                                    \        <vermagic.h>
        UTS_RELEASE " "                                    \
        MODULE_VERMAGIC_SMP MODULE_VERMAGIC_PREEMPT         \
        MODULE_ARCH_VERMAGIC                               \
        "gcc-" __stringify(__GNUC__) "." __stringify(__GNUC_MINOR__)
```

Eine Kopie von `VERMAGIC_STRING` wird sowohl im Kern selbst wie auch in jedem Modul gespeichert; ein Modul darf nur geladen werden, wenn beide Varianten übereinstimmen. Dies bewirkt, dass folgende Punkte zwischen Modul und Kern identisch sein müssen:

- die SMP-Konfiguration (aktiviert oder nicht).
- die Präemptions-Konfiguration (aktiviert oder nicht).
- die verwendete Compiler-Version.
- eine Architektur-spezifische Konstante.

Als Architektur-spezifische Konstante wird auf IA-32-Systemen der Prozessortyp eingesetzt, da hier teilweise recht unterschiedliche Features zur Verfügung stehen: Ein Modul, das mit speziellen Optimierungen für Pentium4-CPUs übersetzt wurde, kann beispielsweise nicht in einen Athlon-Kernel eingefügt werden.

Die Version des Kerns wird zwar gespeichert, aber beim Vergleich ignoriert: Module unterschiedlicher Kernelversionen, deren restlicher Versionsstring übereinstimmt, können anstandslos geladen werden, beispielsweise Module von 2.6.0 in einen Kern mit Version 2.6.10.

6.2.4 Module einfügen

Der Systemaufruf `init_module` ist die Schnittstelle zwischen Userspace und Kern, die zum Laden eines neuen Moduls verwendet wird:

```
asmlinkage long                                                    kernel/module.c
sys_init_module(void __user *umod, unsigned long len, const char __user *uargs)
```

Der Aufruf benötigt drei Parameter: einen Zeiger auf den Bereich im Benutzeradressraum, in dem sich der Binärcode des Moduls befindet (`umod`), dessen Länge (`len`) sowie einen Zeiger auf eine Zeichenkette, in der die Modulparameter angegeben werden. Aus Sicht des Userspace ist des Einfügen eines Moduls sehr einfach, da lediglich dessen Binärcode einzulesen und der Systemaufruf zu verwenden ist.

Implementierung des Systemaufrufs

Abbildung 6.4 auf der nächsten Seite zeigt das Codeflussdiagramm für `sys_init_module`.

Die Binärdaten werden mit `load_module` in den Kerneladressraum transferiert; außerdem werden alle benötigten Relokationen und Referenzauflösungen durchgeführt, die Argumente in eine leicht zu analysierende Form gebracht (in Form einer Tabelle von `kernel_param`-Instanzen) und eine Instanz der `module`-Datenstruktur aufgesetzt, die alle notwendigen Informationen über das Modul enthält.

Anschließend muss auf manchen CPU-Typen der I-Cache geflusht werden, um die Änderungen des Adressraums sichtbar zu machen, wie in Kapitel 3 („Speicherverwaltung") beschrieben wird. Nachdem die in `load_module` angelegte `module`-Instanz in die globale `modules`-Liste eingefügt wurde, muss der Kern nur noch die Initialisierungsfunktion des Moduls aufrufen und anschließend den Speicher zurückgeben, der von den Intialisierungsdaten belegt wurde.

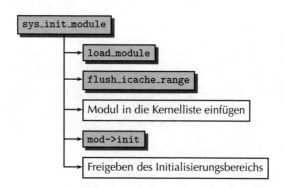

Abbildung 6.4: *Codeflussdiagramm für* sys_init_module

Laden des Moduls

Die wirklichen Schwierigkeiten entstehen bei der Implementierung von load_module. Es handelt sich dabei um eine sehr umfangreiche Funktion (mit beinahe 300 Zeilen), die folgende Aufgaben übernehmen muss:

- Die Moduldaten (und die Argumente) werden vom Userspace in einen *temporären* Speicherplatz im Kerneladressraum kopiert; die relativen Adressen der ELF-Sektionen werden durch absolute Adressen des temporären Image ersetzt.

- Die Positionen der (optionalen) Sektionen werden gesucht.

- Es wird sichergestellt, dass Versionskontrollstring und Definition von `struct module` zwischen Kernel und Modul übereinstimmen.

- Die vorhandenen Sektionen werden auf ihre endgültigen Positionen im Speicher verteilt.

- Symbole werden reloziert und Referenzen aufgelöst. Dabei werden Versionskontrollinformationen beachtet, die eventuell mit den Symbolen des Moduls verknüpft sind.

- Die Argumente des Moduls werden verarbeitet.

load_module ist das Herzstück des Modulladers, weshalb wir genauer auf die wichtigsten Codeabschnitte eingehen wollen. Achtung: Die folgenden Ausführungen beziehen sich oft auf Besonderheiten des ELF-Formats; auch werden die dafür vom Kern zur Verfügung gestellten Datenstrukturen häufig verwendet. Anhang E bespricht beide Punkte im Detail.

kernel/module.c
```
static struct module *load_module(void __user *umod,
                        unsigned long len,
                        const char __user *uargs)
    Elf_Ehdr *hdr;
    Elf_Shdr *sechdrs;
    char *secstrings, *args, *modmagic, *strtab = NULL;
    unsigned int i, symindex = 0, strindex = 0, setupindex, exindex,
            exportindex, modindex, obsparmindex, infoindex, gplindex,
            crcindex, gplcrcindex, versindex;
    long arglen;
    struct module *mod;

    copy_from_user(hdr, umod, len);

    sechdrs = (void *)hdr + hdr->e_shoff;
    secstrings = (void *)hdr + sechdrs[hdr->e_shstrndx].sh_offset;
```

6.2 Module einfügen und löschen

Nachdem eine ganze Menge Variablen definiert wurden, lädt der Kern die Binärdaten des Moduls in den Kernelspeicher, wozu `copy_from_user` verwendet wird (auf die Wiedergabe der Fehlerbehandlung haben wir verzichtet und werden dies auch in den folgenden Abschnitten tun, um die Beschreibung nicht unnötig aufzublähen).

`hdr` zeigt anschließend auf die Startadresse der Binärdaten, d.h. auf den ELF-Header des Moduls.

`sechdrs` und `secstring` werden so eingestellt, dass sie auf die Positionen im Speicher zeigen, an denen sich die Informationen über die vorhandenen ELF-Sektionen sowie die Stringtabelle mit den Sektionsnamen befinden. Der *relative* Wert im ELF-Header wird mit der *absoluten* Adresse des Moduls im Kernel-Adressraum zusammenaddiert, um die korrekte Position zu ermitteln (diese Vorgehensweise wird noch häufiger auftauchen).

Umschreiben der Sektionsadressen Anschließend werden die Adressen aller Sektionen im Binärcode auf absolute Werte des temporären Bereichs umgeschrieben:[17]

```
for (i = 1; i < hdr->e_shnum; i++) {                          kernel/module.c
        /* Mark all sections sh_addr with their address in the
           &process·comment(temporary image. )*/
        sechdrs[i].sh_addr = (size_t)hdr + sechdrs[i].sh_offset;

        /* Internal symbols and strings. */
        if (sechdrs[i].sh_type == SHT_SYMTAB) {
                symindex = i;
                strindex = sechdrs[i].sh_link;
                strtab = (char *)hdr + sechdrs[strindex].sh_offset;
}
```

Die Iteration über alle Sektionen wird benutzt, um die Position der Symboltabelle (die einzige Sektion, deren Typ `SHT_SYMTAB` ist) und der assoziierten Symbol-Stringtabelle zu finden, deren Sektion über das Link-Feature von ELF mit der Symboltabelle verknüpft ist.

Finden der Sektionsadressen In der Sektion `.gnu.linkconce.this_module` befindet sich eine Instanz von `struct module` (`find_sec` ist eine Hilfsfunktion, die den Index einer ELF-Sektion anhand ihres Namens findet):

```
modindex = find_sec(hdr, sechdrs, secstrings, ".gnu.linkonce.this_module");   module/kernel.c
mod = (void *)sechdrs[modindex].sh_addr;
```

`mod` zeigt nun auf eine Instanz von `struct module`, in der der Name sowie die Zeiger auf Initialisierungs- und Cleanup-Funktion belegt, die restlichen Elemente aber noch mit `NULL` bzw. 0 initialisiert sind.

`find_sec` wird ebenfalls verwendet, um die Indexpositionen der restlichen Modulsektionen zu finden (sie werden in den oben definierten Variablen *section*index festgehalten):

```
exportindex = find_sec(hdr, sechdrs, secstrings, "__ksymtab");                kernel/module.c
gplindex = find_sec(hdr, sechdrs, secstrings, "__ksymtab_gpl");
...
versindex = find_sec(hdr, sechdrs, secstrings, "__versions");
infoindex = find_sec(hdr, sechdrs, secstrings, ".modinfo");
```

---

[17] `e_shnum` gibt die Anzahl der vorhandenen Sektionen an, `sh_addr` ist die Adresse einer Sektion und `sh_offset` die Kennzahl der Sektion in der Sektionstabelle, wie Anhang E ausführlich beschreibt.

Anschließend ruft der Modullader die Architektur-spezifische Funktion `mod_frob_arch_sections` auf, die von manchen Architekturen genutzt wird, um den Inhalt der einzelnen Sektionen zu manipulieren. Da dies in den meisten Fällen nicht benötigt wird (die Funktion wird entsprechend als Nulloperation definiert), wollen wir hier nicht weiter darauf eingehen.

Organisation der Daten im Speicher `layout_sections` wird verwendet, um zu entscheiden, welche Sektionen des Moduls an welche Position in den Speicher geladen bzw. von ihrer temporären Adresse kopiert werden müssen. Die Sektionen werden auf zwei Abschnitte verteilt: *Core* und *Init*. Während sich in ersterem alle Codeabschnitte befinden, die während der gesamten Laufzeit des Moduls benötigt werden, plaziert der Kern alle Initialisierungsdaten und -funktionen in einem separaten Teil, der nach Ende des Ladevorgangs entfernt wird.

Modulsektionen werden nur dann in die endgültige Speicherposition transferiert, wenn das Flag `SHF_ALLOC` in ihrem Header gesetzt ist.[18] Beispielsweise ist dieses Flag bei Sektionen mit Debugging-Informationen (die bei Verwendung des `gcc`-Schalters `-g` entstehen) nicht gesetzt, da diese Daten nicht im Speicher vorhanden sein müssen, sondern wenn nötig aus der Binärdatei gelesen werden.

`layout_sections` prüft, ob im Namen einer Sektion der String `.init` enthalten ist, um zwischen Initialisierungs- und regulärem Code unterscheiden zu können; je nachdem bezieht sich die Startposition der Sektion auf die Core- oder auf die Init-Sektion.

Das Ergebnis von `layout_sections` wird über folgende Elemente mitgeteilt:

- `sh_entsize` in der ELF-Sektionsdatenstruktur, von der für jede Sektion eine Instanz vorhanden ist, gibt die relative Position der Sektion im Core- bzw. Initalisierungsbereich an. Wenn eine Sektion nicht geladen werden soll, wird der Wert auf `0UL` gesetzt.

  Um später zwischen Initialisierungs- und Core-Sektionen unterscheiden zu können, wird die relative Position aller Init-Module mit der Maske `INIT_OFFSET_MASK` (definiert durch (`1UL << (BITS_PER_LONG-1)`)) verknüpft.

- Die Größe aller zu ladenden Abschnitte wird in den Elementen `core_size` bzw. `init_size` der Moduldatenstruktur aufsummiert.

Transferieren der Daten Nachdem die Aufteilung der Sektionen im Speicher klar ist, wird der benötigte Speicherplatz reserviert und mit Nullbytes initialisiert:

kernel/module.c
```
ptr = module_alloc(mod->core_size);
memset(ptr, 0, mod->core_size);
mod->module_core = ptr;

ptr = module_alloc(mod->init_size);
memset(ptr, 0, mod->init_size);
mod->module_init = ptr;
```

`module_alloc` ist eine Architektur-spezifische Funktion zur Allokation des Modulspeicherplatzes, die in den meisten Fällen durch einen unmittelbaren Aufruf der aus Kapitel 3 bekannten Funktion `vmalloc` implementiert wird – also in dem Speicherbereich des Kerns, der über Seitentabellen und nicht direkt eingeblendet wird.

Die Daten aller Sektionen des Typs `SHF_ALLOC` werden anschließend in ihren endgültigen Speicherbereich kopiert, wozu die von `layout_sections` ermittelten Informationen verwendet

---

[18] Dies ist nicht ganz richtig, da der Kern zusätzlich eine bestimmte Reihenfolge zwischen den verschiedenen Sektionen definiert, die anhand ihrer Flags festgelegt wird. Wir wollen hier aber nicht genauer darauf eingehen.

6.2 Module einfügen und löschen

werden; die `sh_addr`-Elemente jeder Sektion werden ebenfalls auf die endgültige Position der Sektion gesetzt (bisher zeigten sie auf die Sektionsposition im temporären Modulbereich).

Abfragen der Modullizenz Technisch unbedeutend, aber rechtlich wichtig: Die Lizenz des Moduls kann nun aus der `.modinfo`-Sektion ermittelt und in der Moduldatenstruktur gesetzt werden:

```
        set_license(mod, get_modinfo(sechdrs, infoindex, "license"));            kernel/module.c
```

`set_license` überprüft, ob die verwendete Lizenz GPL-kompatibel ist (indem ihr Name mit den in Abschnitt 6.2.3 genannten Strings verglichen wird):

```
        static void set_license(struct module *mod, const char *license)         kernel/module.c
        {
                if (!license)
                        license = "unspecified";

                mod->license_gplok = license_is_gpl_compatible(license);
                if (!mod->license_gplok) {
                        printk(KERN_WARNING "%s: module license '%s' taints kernel.\n",
                                mod->name, license);
                        tainted |= TAINT_PROPRIETARY_MODULE;
                }
        }
```

Wenn keine Kompatibilität zur GPL festgestellt wurde, wird das Flag `TAINT_PROPRIETARY_MODULE` in der globalen Variablen `taint` gesetzt.[19]

Auflösung der Referenzen und Relozierung Der nächste Schritt besteht darin, die Symbole des Moduls weiterzuverarbeiten. Dieser Schritt wird an die Hilfsfunktion `simplify_symbols` delegiert, die über alle Symbole der Symboltabelle iteriert:[20]

```
        static int simplify_symbols(Elf_Shdr *sechdrs,                           kernel/module.c
                                    unsigned int symindex,
                                    const char *strtab,
                                    unsigned int versindex,
                                    struct module *mod)
        {
                Elf_Sym *sym = (void *)sechdrs[symindex].sh_addr;

                unsigned int i, n = sechdrs[symindex].sh_size / sizeof(Elf_Sym);
                int ret = 0;

                for (i = 1; i < n; i++) {
                        switch (sym[i].st_shndx) {
```

Unterschiedliche Symboltypen erfordern eine unterschiedliche Behandlung. Am leichtesten wird die Arbeit für absolut definierte Symbole, da hier nichts unternommen werden muss:

```
                        case SHN_ABS:                                            kernel/module.c
                                /* Don't need to do anything */
                                break;
```

Undefinierte Symbole sind aufzulösen (wir gehen weiter unten auf die dazu verwendete Funktion `resolve_symbol` ein, die die passende Adresse für ein gegebenes Symbol liefert):

---

19 Mit Hilfe dieser globalen Variablen wird beispielsweise eine Warnmeldung darüber ausgegeben, dass proprietäre Module im Kern vorhanden waren, wenn es zu einem Kernelfehler mit anschließendem Registerdump kommt.
20 Man ermittelt die Symbolanzahl, indem man die Größe der Symboltabelle durch die Größe eines Eintrags dividiert.

```
              case SHN_UNDEF:
                  sym[i].st_value
                      = resolve_symbol(sechdrs, versindex,
                                  strtab + sym[i].st_name, mod);

                  /* Ok if resolved. */
                  if (sym[i].st_value != 0)
                      break;
                  /* Ok if weak. */
                  if (ELF_ST_BIND(sym[i].st_info) == STB_WEAK)
                      break;

                  printk(KERN_WARNING "%s: Unknown symbol %s\n",
                              mod->name, strtab + sym[i].st_name);
                  ret = -ENOENT;
                  break;
```

Wenn das Symbol nicht aufgelöst werden konnte, da keine passende Definition vorhanden ist, gibt `resolve_symbol` 0 zurück. Dies ist nur dann in Ordnung, wenn das Symbol als *weak* definiert ist (siehe Anhang E); anderenfalls lässt sich das Modul nicht einfügen, da es sich auf nicht existente Symbole beruft.

Alle anderen Symbole werden aufgelöst, indem ihr Wert in der Symboltabelle des Moduls nachgeschlagen wird:

```
              default:
                  sym[i].st_value
                      = (unsigned long)
                        (sechdrs[sym[i].st_shndx].sh_addr
                          + sym[i].st_value);
                  break;
              }
          }

          return ret;
      }
```

Der nächste Schritt beim Laden eines Moduls besteht darin, die Tabelle der (GPL)-exportierten Symbole in den Kern zu bringen, indem die Elemente `num_syms`, `syms` und `crcindex` (bzw. ihre GPL-äquivalente) auf die passenden Speicherstellen der Binärdaten gesetzt werden:

```
      od->num_syms = sechdrs[exportindex].sh_size / sizeof(*mod->syms);
      mod->syms = (void *)sechdrs[exportindex].sh_addr;
      if (crcindex)
              mod->crcs = (void *)sechdrs[crcindex].sh_addr;
      mod->num_gpl_syms = sechdrs[gplindex].sh_size / sizeof(*mod->gpl_syms);
      mod->gpl_syms = (void *)sechdrs[gplindex].sh_addr;
      if (gplcrcindex)
              mod->gpl_crcs = (void *)sechdrs[gplcrcindex].sh_addr;
```

Anschließend werden die Relozierungen durchgeführt, wobei der Kern ein weiteres Mal über alle Sektionen des Moduls iteriert. Je nach Sektionstyp (SHT_REL oder SHT_RELA) wird `apply_relocate` oder `apply_relocate_add` aufgerufen, um die Relokation durchzuführen. Je nach Prozessortyp existiert meist nur eine Art der Relokation (allgemeine Relokation oder Add-Relokation, siehe Kapitel E), wobei wir auf die tatsächliche Durchführung der Relokation nicht eingehen wollen, da diese mit ziemlich vielen Architektur-spezifischen Feinheiten beladen ist.

Mit `module_finalize` wird anschließend ein weiterer Architektur-spezifischer Hook angeboten, der es den einzelnen Implementierungen erlaubt, systemspezifische Abschlussarbeiten durchzuführen. Auf IA-32-Systemen werden beispielsweise einige langsame Assembleranweisungen alter Prozessortypen durch neuere, schnellere ersetzt, wenn dies möglich ist.

Die Parameterverarbeitung erfolgt durch `parse_args`, das die übergebene Zeichenkette des Typs `foo=bar,bar2 baz=fuz wiz` in ein Array aus `kernel_param`-Instanzen umwandelt; ein Zeiger darauf wird im `args`-Element der Moduldatenstruktur gespeichert und kann von der Initialisierungsfunktion des Moduls verarbeitet werden.

Als letzten Schritt muss `load_module` den temporären Speicherplatz wieder freigeben, der für die initiale Kopie des Binärcodes verwendet wurde.

Auflösen von Referenzen

`resolve_symbol` wird zum Auflösen einer undefinierten Symbolreferenz verwendet. Es handelt sich zunächst um eine Wrapperfunktion, wie das Codeflussdiagramm in Abbildung 6.5 zeigt.

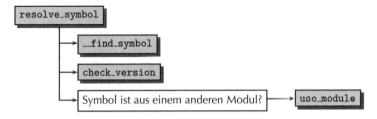

Abbildung 6.5: Codeflussdiagramm für `resolve_symbol`

Die eigentliche Auflösung des Symbols wird in `__find_symbol` erledigt. Der Kern durchläuft dazu zunächst alle Symbole, die fest in den Kern einkompiliert sind:

```
static unsigned long __find_symbol(const char *name,                    kernel/module.c
                                    struct module **owner,
                                    const unsigned long **crc,
                                    int gplok)
{
        struct module *mod;
        unsigned int i;

        *owner = NULL;
        for (i = 0; __start___ksymtab+i < __stop___ksymtab; i++) {
                if (strcmp(__start___ksymtab[i].name, name) == 0) {
                        *crc = symversion(__start___kcrctab, i);
                        return __start___ksymtab[i].value;
                }
        }
```

`symversion` ist ein Hilfsmakro, das bei aktivierter `MODVERSIONS`-Option den entsprechenden Eintrag aus der CRC-Tabelle extrahiert oder anderenfalls 0 zurückgibt.

Wenn `gplok` auf 1 gesetzt ist, weil das Modul eine GPL-kompatible Lizenz verwendet, werden anschließend die GPL-Symbole des Kerns durchsucht, die sich zwischen `__start___ksymtab_gpl` und `__stop___kysmtab_gpl` befinden, wenn in den allgemein zugänglichen Symbolen keine passende Information gefunden werden konnte.

Ist die Suche immer noch erfolglos, werden die exportierten Symbole der bereits geladenen Module durchsucht:

kernel/module.c
```
            list_for_each_entry(mod, &modules, list) {
                    *owner = mod;
                    for (i = 0; i < mod->num_syms; i++)
                            if (strcmp(mod->syms[i].name, name) == 0) {
                                    *crc = symversion(mod->crcs, i);
                                    return mod->syms[i].value;
                            }
            }
```

Jedes Modul speichert seine exportierten Symbole im Array mod->syms, das denselben Aufbau wie das Symbolarray des Kerns besitzt.

Wenn das Modul GPL-kompatibel ist, werden anschließend noch alle GPL-exportierten Symbole der Module durchsucht, was genauso abläuft wie die gezeigte Suche, aber mod->gpl_syms als Datenbasis verwendet.

Achtung: Wenn ein Symbol mit Hilfe eines anderen Moduls aufgelöst wird, setzt der Kern den owner-Parameter von __find_symbol auf dessen Moduldatenstruktur.

Konnte der Kern das Symbol nicht auflösen, wird 0 zurückgegeben:

Wenn __find_symbol erfolgreich war, prüft der Kern zunächst mit check_version, ob die Checksummen übereinstimmen (wir werden die Funktion in Abschnitt 6.4 besprechen). Stammt das verwendete Symbol aus einem anderen Modul, wird mit Hilfe der bereits bekannten Funktion use_module eine Abhängigkeit zwischen beiden Modulen hergestellt, die verhindert, dass das referenzierte Modul entfernt werden kann, solange das eben geladene Symbol noch im Speicher ist.

6.2.5 Module entfernen

Die Entfernung eines Moduls aus der Kernel läuft wesentlich einfacher ab als das Einfügen, wie das Codeflussdiagramm von sys_delete_module in Abbildung 6.6 zeigt.

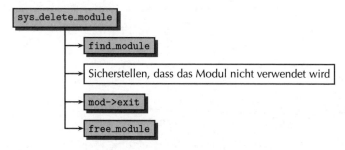

Abbildung 6.6: *Codeflussdiagramm für* sys_delete_module

Der Systemaufruf identifiziert ein Modul anhand seines Namens, der als Parameter übergeben werden muss:[21]

kernel/module.c
```
asmlinkage long
  sys_delete_module(const char __user *name_user, unsigned int flags)
```

Zunächst muss der Kern die passende module-Instanz finden, indem er mit find_module die Liste aller registrierten Module durchläuft.

---

21 Neben dem Namen können auch zwei Flags übergeben werden: O_TRUNC gibt an, dass das Modul auch „gewaltsam" aus dem Kern entfernt werden darf (beispielsweise trotz eines positiven Referenzzählers); O_NONBLOCK legt fest, dass die Operation in jedem Fall nichtblockierend durchgeführt werden muss. Wir werden der Einfachheit halber aber nicht auf die Flags eingehen.

Anschließend muss sichergestellt werden, dass das Modul von keinen anderen Modulen benötigt wird:

```
                                                                        kernel/module.c
    if (!list_empty(&mod->modules_which_use_me)) {
        /* Other modules depend on us: get rid of them first. */
        ret = -EWOULDBLOCK;
        goto out;
}
```

Da bei jeder Symbolreferenzierung durch ein anderes Modul automatisch eine Verknüpfung über das weiter oben beschriebene `modules_which_use_me`-Element hergestellt wird, muss einfach getestet werden, ob die Liste leer ist.

Nachdem sichergestellt wurde, dass der Referenzzähler auf 0 gefallen ist, wird die modulspezifische Cleanup-Funktion aufgerufen und anschließend der von den Moduldaten belegte Speicherplatz mit `free_module` freigegeben.

6.3 Automatisierung und Hotplugging

Module können nicht nur auf Initiative des Benutzers oder eines automatisierten Skripts geladen, sondern auch vom Kern selbst angefordert werden. Dafür gibt es zwei große Anwendungsbereiche:

- Der Kern stellt fest, dass eine Funktionalität nicht vorhanden ist, die benötigt wird. Beispiel: Es soll ein Dateisystem gemountet werden, für das keine Unterstützung im Kern vorhanden ist.

  Der Kernel kann versuchen, das zugehörige Modul nachzuladen, um die Operation anschließend nochmals zu versuchen.

- Auf einem Hotplug-fähigen Bus (USB, FireWire, PCI etc.) wird ein neues Gerät eingefügt. Nachdem der Kern dieses erkannt hat, kann automatisch das Modul mit dem passenden Treiber geladen werden.

Die Implementierung dieser Features ist interessant, da der Kern sich in beiden Fällen auf Hilfsprogramme aus dem Userspace verlässt, die aufgrund seiner Vorgaben das passende Modul finden und es auf dem bekannten Weg in den Kern einfügen.

6.3.1 Automatisches Laden mit kmod

Als Hauptfunktion zum automatischen Laden eines Moduls auf Initiative des Kerns dient `request_module` aus `kernel/kmod.c`, dem der Name eines Moduls (oder ein generischer Platzhalter[22] übergeben wird.

Die Nachfrage nach Modulen muss explizit in den Kern eingebaut werden – logischerweise an Stellen, die versuchen, eine bestimmte Ressource zu belegen, und daran scheitern, dass kein Treiber dafür vorhanden ist. Momentan gibt es rund 60 dieser Punkte im Kern. Der IDE-Treiber versucht beispielsweise, beim Probing der vorhandenen Geräte die benötigten Treiber nachzuladen, wozu der Modulname des gewünschten Treibers direkt angegeben wird:

---

22 Darunter versteht man eine Dienstbezeichnung, die an keine bestimmte Hardware gebunden ist. Beispiel: Der Kern stellt fest, dass ein SCSI-Hostadapter verwendet werden soll, aber keiner in den Kern eingebunden ist. Da nicht bekannt ist, welche Hostadapter sich im Rechner befinden, verwendet der Kern als Modulname `scsi-hostadapter`. Die Datei `/etc/modules.conf` ordnet dieser Bezeichnung je nach System den passenden Modulnamen zu.

```
drivers/       if (!drive->driver) {
ide-probe.c        if (drive->media == ide_disk)
                       (void) request_module("ide-disk");
                   ...
                   if (drive->media == ide_floppy)
                       (void) request_module("ide-floppy");
```

Wenn kein SCSI-Hostadapter vorhanden ist, kann der Kern keinen bestimmten Treiber anfordern, sondern muss auf eine allgemeine Anforderung ausweichen:

```
drivers/scsi/scsi.c    if (scsi_host_get_next(NULL) == NULL)
                           request_module("scsi_hostadapter");
```

Während das automatische Laden von Modulen in früheren Kernversionen (bis 2.0) durch einen separaten Daemon übernommen wurde, der explizit im Userspace gestartet werden musste, ist dies mittlerweile mit Kernmitteln implementiert – allerdings benötigt der Kern immer noch ein Hilfsprogramm im Userspace, das von ihm zum Einfügen eines Moduls verwendet wird. Standardmäßig kommt /sbin/modprobe zum Einsatz, das beim manuellen Einfügen von Modulen angesprochen wurde. Auf die zahlreichen Möglichkeiten und Optionen, mit denen das Tool beim automatischen Einfügen von Modulen gesteuert werden kann, wollen wir nicht eingehen, sondern verweisen auf die umfangreich vorhandene Literatur zur Systemadministration, wo dies ausführlich beschrieben wird.

Abbildung 6.7 zeigt das Codeflussdiagramm von request_module.

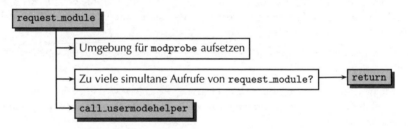

Abbildung 6.7: Codeflussdiagramm für request_module

Zunächst setzt die Funktion eine minimale Umgebung auf, in der der modprobe-Prozess (mit vollen Root-Rechten) ausgeführt wird:

```
kernel/kmod.c   char *argv[] = { modprobe_path, "--", (char*)module_name, NULL };
                static char *envp[] = { "HOME=/",
                                        "TERM=linux",
                                        "PATH=/sbin:/usr/sbin:/bin:/usr/bin",
                                        NULL };
```

modprobe_path ist standardmäßig mit /sbin/modoprobe belegt; der Wert kann aber über das proc-Dateisystem (/proc/sys/kernel/modprobe) bzw. den entsprechenden Sysctl geändert werden. Als Kommandozeilenargument wird der Name des benötigten Moduls übergeben.

Wenn Modprobe selbst auf einem Dienst aufbaut, der in einem Modul implementiert ist,[23] gelangt der Kern in eine rekursive Endlosschleife, da immer wieder modprobe-Instanzen gestartet werden. Um dies zu verhindern, verwendet der Kern die globale Variable kmod_concurrent,

---

23 D.h. modprobe ist von einem Dienst abhängig, der sich in einem Modul findet; der Kern gibt entsprechend eine Anweisung an modprobe, das Modul zu laden – was wiederum dazu führt, dass modprobe den Kern veranlasst, modprobe zu starten, um das Modul zu laden ...

die bei jedem Aufruf von `modprobe` um 1 erhöht wird. Überschreitet sie den kleineren der Werte `MAX_KMOD_CONCURRENT` – standardmäßig auf 50 definiert – oder `max_threads/2`, wird die Operation abgebrochen.

Anschließend wird `call_usermodehelper` aufgerufen, um das Hilfsprogramm im Userspace zu starten. Die Funktion deklariert einen neuen Workqueue-Eintrag (siehe Kapitel 11 („Kernel-Aktivitäten und Zeitfluss")) und fügt diesen in die Workqueue des `keventd`-Daemons ein, der sich um den Start eines neuen Kernelthreads und damit der `modprobe`-Applikation kümmert, die das gewünschte Modul über die weiter oben beschriebene Methode in den Kern einfügt.

6.3.2 Hotplug

Wenn ein neues Gerät an einem Hotplug-fähigen Bus eingesteckt (oder entfernt) wird, kümmert sich der Kern ebenfalls mit Hilfe einer Userspace-Applikation darum, dass der korrekte Treiber in den Kern eingefügt wird. Da im Gegensatz zum normalen Einfügen eines Moduls noch einige zusätzliche Arbeit anfallen kann (beispielsweise müssen der passende Treiber anhand eines Identifikationsstrings des Geräts ausgewählt oder einige Konfigurationsarbeiten durchgeführt werden), wird nicht `modprobe`, sondern ein anderes Tool (meist `/sbin/hotplug`) dazu verwendet.

Im Gegensatz zum Modprobe-Mechanismus implementieren manche Subsysteme einen eigenen Aufruf des Usermode-Helpers.[24] Die Netzwerk-Implementierung verwendet beispielsweise folgende Funktion, um Informationen über Netzwerk-Ereignisse an den Userspace weiterzuleiten:

```
static int net_run_sbin_hotplug(struct net_device *dev, char *action)            net/core/dev.c
{
        char *argv[3], *envp[5], ifname[12 + IFNAMSIZ], action_str[32];
        int i;

        sprintf(ifname, "INTERFACE=%s", dev->name);
        sprintf(action_str, "ACTION=%s", action);

        i = 0;
        argv[i++] = hotplug_path;
        argv[i++] = "net";
        argv[i] = 0;

        i = 0;
        /* minimal command environment */
        envp [i++] = "HOME=/";
        envp [i++] = "PATH=/sbin:/bin:/usr/sbin:/usr/bin";
        envp [i++] = ifname;
        envp [i++] = action_str;
        envp [i] = 0;

        return call_usermodehelper(argv [0], argv, envp, 0);
}
```

Als erstes Argument erwartet `/sbin/hotplug`[25] die Angabe einer Geräteklasse, in diesem Fall `net`. Andere Subsysteme verwenden unterschiedliche Klassen, beispielsweise `usb` für USB-Ereignisse. Die restlichen Parameter sind Subsystem-spezifisch und werden vom Hotplug-Daemon verarbeitet.[26]

---
24 In `lib/kobject.c` werden einige Hilfsroutinen definiert, auf denen die Subsystem-spezifische Implementierung aufbaut.
25 Oder der über `/proc/sys/kernel/hotplug` bzw. dem entsprechenden Sysctl eingestellte Agent.
26 Wir wollen hier nicht im Einzelnen auf die zahlreichen Möglichkeiten eingehen, sondern verweisen auf die entsprechende Literatur zur Systemadministration.

Wenn mit `register_netdevice` ein neues Netzwerk-Interface registriert wird, teilt der Kern dies dem Hotplug-Agenten über folgenden Aufruf mit:

net/core/dev.c
```
net_run_sbin_hotplug(dev, "register");
```

Der Hotplug-Daemon kann beispielsweise so konfiguriert werden, dass nach dieser Meldung (neues Interface vorhanden) beispielsweise automatisch Routen gesetzt, Filterregeln eingerichtet oder Statistikprogramme zur Überwachung des Traffics gestartet werden.

Auch das allgemeine Driver Model bietet Standardroutinen zur Unterstützung Hotplug-fähiger Busse an, auf die wir aber aus Platzgründen nicht detaillierter eingehen wollen.

6.4 Versionskontrolle

Die sich ständig ändernden Kernelquellen bringen einige Konsequenzen für die Treiber- und Modulprogrammierung – speziell im Zusammenhang mit proprietären, Binary-only-Treibern – mit sich, auf die wir in diesem Abschnitt eingehen wollen.

Bei der Implementierung neuer Features oder der Überarbeitung des globalen Designs müssen oft die Schnittstellen zwischen den einzelnen Teilen des Kerns modifiziert und angepasst werden, um die neue Situation besser berücksichtigen zu können und verschiedene Performance-, Leistungs- oder Konzeptionsverbesserungen erst zu ermöglichen. Natürlich sind die Entwickler bestrebt, diese Änderungen wenn immer möglich nur an internen Funktionen vorzunehmen, die von den Treibern nicht direkt verwendet werden, was aber gelegentliche Modifikationen der „öffentlichen" Schnittstellen nicht ausschließen kann. Von solchen Änderungen ist natürlich auch das Modulinterface betroffen.

Wenn Treiber im Sourcecode zur Verfügung gestellt werden, ist dies kein Problem, solange sich ein arbeitswilliger Kernelhacker findet, der den Code auf die neuen Strukturen anpasst – bei den meisten Treibern geschieht dies innerhalb weniger Tage (wenn nicht sogar Stunden), wobei die Änderungen an Interfaces üblicherweise ohnehin nur in Entwicklerkernen durchgeführt werden und Endbenutzer daher nicht betreffen.[27] Die Situation ändert sich bei Treibern, die von manchen Herstellern nur im Binärformat herausgegeben werden. Hier ist man auf die Gnade oder Ungnade des Herstellers angewiesen und muss warten, bis ein neuer Treiber erstellt und freigegeben wurde, der auf die neue Situation angepasst ist. Bei diesem Ansatz treten eine ganze Reihe von Problemen auf, wobei wir uns hier auf die technische Seite[28] beschränken wollen, an der vor allem zwei Punkte interessieren:

- Wenn das Modul auf eine veraltete Schnittstelle zurückgreift, beeinträchtigt das nicht nur seine Funktionsweise, sondern bringt das System mehr oder weniger sicher zum Absturz.

- Da sich die Schnittstellen zwischen SMP- und Einzelprozessorsystemen unterscheiden, müssen zwei unterschiedliche Binärversionen verwendet werden, die das System ebenfalls zum Absturz bringen können, wenn die falsche Variante geladen wird.

Natürlich treffen diese Argumente auch dann zu, wenn Open-Source-Module nur in Binärform verwendet werden, was für technisch weniger erfahrene Benutzer in manchen Fällen die einzige Möglichkeit ist, bis der Distributionshersteller ein entsprechendes Update anbietet.

---

27 Wer Kernelcode aus der unstabilen Development-Serie verwendet, weiß schließlich selbst, dass er sich auf manchmal dünnes Eis begibt.

28 Detaillierte Ausführungen über moralische, ethische und weltanschauliche Fragen finden sich zuhauf im Internet...

6.4 Versionskontrolle

Die Notwendigkeit einer Versionskontrolle für Module ist offensichtlich. Welcher Weg wird dabei beschritten? Die einfachste Lösung wäre die Einführung einer Konstante, die sowohl im verwendeten Kernel wie auch im Modul gespeichert wird und deren Wert jedes Mal erhöht werden muss, wenn sich eine Schnittstelle ändert. Ein Modul darf vom Kern nur genau dann akzeptiert werden, wenn die Schnittstellennummer in Modul und Kernel identisch ist, um die Versionsprobleme zu lösen. Diese Ansatz funktioniert zwar im Prinzip, ist aber nicht sonderlich intelligent: Wenn eine von einem Modul *nicht* verwendete Schnittststelle geändert wird, kann es auch nicht mehr geladen werden, obwohl es einwandfrei arbeiten würde!

Man greift daher auf ein feinkörnigeres Verfahren zurück, das Änderungen in den individuellen Prozeduren des Kerns berücksichtigt. Dabei ist die eigentliche Implementierung von Modul und Kernel nicht von Bedeutung; vielmehr geht es um die Aufrufschnittstelle, die sich nicht verändern darf, wenn ein Modul zwischen unterschiedlichen Kernelversionen funktionieren soll.[29] Das eingesetzte Verfahren besticht durch seine Einfachheit, stellt aber dennoch einen völlig ausreichenden Mechanismus zur Verfügung, um die auftretenden Probleme zu lösen.

6.4.1 Checksummenverfahren

Grundlegende Idee ist die Verwendung einer CRC-Prüfsumme, die anhand der Parameter einer Funktion oder Prozedur gebildet wird. Sie besteht aus einer 8 Byte langen Zahl, die in hexadezimaler Schreibweise angegeben vier Buchstaben benötigt. Ändert sich das Interface der Funktion, so ändert sich auch diese Kennzahl, weshalb der Kern daraus schließen kann, dass die neue Version nicht mehr kompatibel mit der alten Variante ist.

Auch wenn es sich bei der Checksumme um keine mathematische eindeutige Summe handelt (unterschiedliche Prozeduren können potentiell auf dieselbe Checksumme abgebildet werden, da es mehr Kombinationen aus Prozedurparametern (nämlich unendlich viele) als zur Verfügung stehende Checksummen (nämlich 2^{32}) gibt. In der Praxis stellt dies allerdings kein Problem dar, da die Wahrscheinlichkeit verschwindend gering ist, dass ein Funktionsinterface nach Änderung mehrerer seiner Parameter die gleiche Checksumme besitzt.

Generierung der Checksumme

Zur Generierung einer Funktions-Checksumme wird das `genksym`-Tool verwendet, das den Kernelquellen beiliegt und bei der Übersetzung automatisch erzeugt wird. Um seine Arbeitsweise zu demonstrieren, verwenden wir folgende Headerdatei, in der eine exportierte Funktionsdefinition enthalten ist:

```
#include<linux/sched.h>
#include<linux/module.h>
#include<linux/types.h>

int accelerate_task(long speedup, struct task_struct *task);

EXPORT_SYMBOL(accelerate_task);
```

Die Funktionsdefinition enthält eine zusammengesetzte Struktur als Parameter, was die Arbeit für `genksyms` erschwert: Wenn sich die Definition der Struktur ändert, muss sich auch die Checksumme der Funktion ändern! Da zu diesem Zweck offensichtlich der Strukturinhalt zu analysieren ist, muss dieser bekannt sein. Als Eingabe für `genksyms` werden deshalb nur Dateien

---

[29] Dies setzt natürlich voraus, dass der Name eines Funktion geändert wird, wenn sich die Semantik des Codes ändert, die Schnittstellendefinition aber gleich bleibt.

verwendet, die zuvor vom Präprozessor bearbeitet wurden und deshalb die notwendigen Include-Dateien enthalten, in denen sich die betreffenden Definitionen befinden.

Um eine Checksumme der exportieren Funktion zu erzeugen, ist folgender Aufruf nötig:[30]

```
wolfgang@meitner> gcc -E test.h -D__GENKSYMS__ -D__KERNEL__ | genksyms > test.ver
```

In `test.ver` findet sich anschließend folgender Inhalt:

```
wolfgang@meitner> cat test.ver
__crc_accelerate_task = 0x3341f339 ;
```

Ändert sich die Definition von `accelerate_task`, indem als erster Parameter beispielsweise eine Integer-Zahl verwendet wird, ändert sich auch die Checksumme: `genksym` berechnet in diesem Fall `0xbb29f607`.

Wenn mehrere Symbole in einer Datei definiert werden, erzeugt `genksyms` mehrere Checksummen. Die resultierende Datei hat für das `vfat`-Modul beispielsweise folgenden Inhalt:

```
wolfgang@meitner> cat .tmp_vfat.ver
__crc_vfat_create = 0x50fed954 ;
__crc_vfat_unlink = 0xe8acaa66 ;
__crc_vfat_mkdir  = 0x66923cde ;
__crc_vfat_rmdir  = 0xd3bf328b ;
__crc_vfat_rename = 0xc2cd0db3 ;
__crc_vfat_lookup = 0x61b29e32 ;
```

Dabei handelt es sich um ein Skript für den Linker `ld`, dessen Bedeutung im Übersetzungsprozess gleich erläutert wird.

Einbinden in Module und Kernel

Exportierte Funktionen Der Kern muss die von `genksym` gelieferten Informationen im Binärcode eines Moduls unterbringen, um sie später zu nutzen. Wie geht man dabei vor? In Abschnitt 6.2.3 wurde angesprochen, dass `__EXPORT_SYMBOL` intern das Makro `__CRC_SYMBOL` aufruft. Dies ist bei aktivierter Versionskontrolle wie folgt definiert:

<module.h>
```
#define __CRC_SYMBOL(sym, sec)                                  \
        extern void *__crc_##sym __attribute__((weak));         \
        static const unsigned long __kcrctab_##sym              \
        __attribute__((section("__kcrctab" sec), unused))       \
        = (unsigned long) &__crc_##sym;
```

Beim Aufruf von `EXPORT_SYMBOL(vfat_rmdir)` expandiert `__CRC_SYMBOL` wie folgt:

```
extern void *__crc_get_richard __attribute__((weak));
static const unsigned long __kcrctab_get_richard
   __attribute__((section("__kcrctab" ""), unused)) =
      (unsigned long) &__crc_get_richard;
```

---

[30] Die Parameter zum Anpassen der Include-Pfade an die Kernelquellen sind der Übersichtlichkeit halber nicht wiedergegeben; außerdem wird bei einer echten Modulübersetzung beispielsweise noch `-DMODULE` angegeben. Details können Sie der Ausgabe von `make modules` entnehmen.

6.4 Versionskontrolle

Auf diese Weise legt der Kern zwei Objekte in der Binärdatei an:

- Der undefinierte void-Zeiger __crc_*function*). findet sich in der normalen Symboltabelle des Moduls.[31]

- In __kcrctab-Abschnitt der Datei wird unter der Bezeichnung kcrtab_*function* ein Zeiger auf die eben definierte Variable gespeichert.

Beim Linken des Moduls (in der ersten Phase der Modulübersetzung) benutzt der Linker die von genksyms erzeugte .ver-Datei als Skript, wodurch die __crc_*function*-Symbole mit den darin befindlichen Werten belegt werden. Der Kern liest diese später ein: Wenn sich ein anderes Modul auf eines dieser Symbole bezieht, nutzt der Kern die hier gezeigten Informationen, um sicherzustellen, dass sich beide auf die gleiche Version beziehen.

Unaufgelöste Referenzen Natürlich reicht es nicht, nur die Checksummen der exportieren Funktionen eines Moduls zu speichern. Wichtiger ist, auch die Prüfsummen aller *verwendeten* Symbole zu notieren, da diese beim Einfügen des Moduls mit den Versionen verglichen werden müssen, die der Kern zur Verfügung stellt.

Im zweiten Teil der Modul-Übersetzung[32] werden folgende Schritte ausgeführt, um Versionsinformationen für alle referenzierten Symbole eines Moduls in die Modul-Binärdateien einzufügen:

- modpost wird wie folgt aufgerufen:

```
wolfgang@meitner> scripts/modpost vmlinux module1 module2 module3 ... modulen
```

Neben dem Namen des Kernelimages selbst werden die Namen aller bisher erzeugten .o-Modulbinaries angegeben. modpost ist ein Hilfsprogramm, das den Kernelquellen beiliegt. Es stellt zwei Listen zusammen: Eine globale Liste, in der sich alle (gleichgültig, ob vom Kern selbst oder von einem Modul) bereitgestellten Symbole befinden, sowie eine spezifische Liste für jedes Modul mit allen unaufgelösten Referenzen des Moduls.

- Anschließend iteriert modprobe über alle Module und versucht, die unaufgelösten Referenzen in der Liste aller vorhandenen Symbole zu finden – dies gelingt, wenn das Symbol entweder vom Kern selbst oder in einem anderen Modul definiert wird.

Für jedes Modul wird eine neue Datei *module*.mod.c erstellt, deren Inhalt wie folgt aussieht (beispielsweise für das vfat-Modul):

```
wolfgang@meitner> cat vfat.mod.c
#include <linux/module.h>
#include <linux/vermagic.h>
#include <linux/compiler.h>

MODULE_INFO(vermagic, VERMAGIC_STRING);

static const struct modversion_info ____versions[]
__attribute__((section("__versions"))) =
```

---

[31] Das weak-Attribute erstellt eine „weich" (*weak*) gebundene Variable. Wenn sie später mit keinem Wert belegt wird, führt dies – im Gegensatz zu normalen Variablen – zu keinem Fehler, sondern wird ignoriert. Dies ist notwendig, da genksyms für manche Symbole keine Checksumme generiert.

[32] Nachdem im ersten Teil bereits alle Modul-Quelldateien in .o-Objektdateien übersetzt wurden, die aber nur Versionsinformationen über die exportierten, nicht aber die referenzierten Symbole enthalten.

```
            0x5b156db5, "struct_module" ,
            0xac308bbd, "fat__get_entry" ,
            0xc78b2d09, "fat_detach" ,
            0x5152ddeb, "__mark_inode_dirty" ,
...
            0xf9129ed8, "fat_dir_empty" ,
            0xa07a0dc8, "d_instantiate" ,
;

static const char __module_depends[]
__attribute_used__
__attribute__((section(".modinfo"))) =
"depends=fat";
```

In der Datei werden zwei Variablen definiert, die sich in unterschiedlichen Sektionen der Binärdatei befinden:

- Alle vom Modul referenzierten Symbole werden – zusammen mit der Checksumme, die sie benötigen und die aus der Definition des Symbols im Kern oder einem anderen Modul kopiert wurde – im Array `modversions_info` gespeichert, das in der Sektion `__modversions` untergebracht wird. Diese Informationen werden beim Einfügen eines Moduls benutzt, um zu prüfen, ob der laufende Kern die korrekten Versionen der benötigten Symbole bereitstellt.

- Eine Liste aller Module, von denen das bearbeitete Modul abhängt, befindet sich im Array `module_depends`, der in der Sektion `.modinfo` untergebracht wird. Im gezeigten Beispiel hängt das VFAT-Modul vom FAT-Modul ab.

  Die Abhängigkeitsliste kann `modprobe` leicht erstellen: Wenn sich ein Modul A auf ein Symbol bezieht, das nicht im Kern selbst, sondern in einem anderen Modul B definiert ist, wird der Name von B in der Depends-Liste von A vermerkt.

■ Als letzten Schritt muss der Kern die entstandene `.mod.o`-Datei in eine Objektdatei übersetzen und über `ld` mit der bereits vorhandenen `.o`-Objektdatei des Moduls zusammenbinden; die resultierende Datei trägt den Namen *module.ko* und ist das fertige Kernelmodul, das mit `insmod` geladen werden kann.

6.4.2 Funktionen zur Versionskontrolle

Weiter oben wurde bemerkt, dass der Kern die Hilfsfunktion `check_version` verwendet, um festzustellen, ob die von einem Modul benötigten Symbolversionen mit den vom Kern zur Verfügung gestellten Versionen übereinstimmen.

Die Funktion benötigt einige Parameter: einen Zeiger auf die Sektionsheader des Moduls (`sechdrs`), den Index der `__version`-Sektion, den Namen des bearbeiteten Symbols (`symname`), einen Zeiger auf die Moduldatenstruktur (`mod`) sowie einen Zeiger auf die Checksumme (`crc`), die der Kern für das Symbol bereitstellt und die von `__find_symbol` bei der Auflösung des Symbols geliefert wird.

6.4 Versionskontrolle

```
static int check_version(Elf_Shdr *sechdrs,                    kernel/module.c
                          unsigned int versindex,
                          const char *symname,
                          struct module *mod,
                          const unsigned long *crc)
{
        unsigned int i, num_versions;
        struct modversion_info *versions;

        if (!crc)
                return 1;
```

Wenn das Modul (aus dem das aufzulösende Symbol stammt) keine CRC-Informationen bereitstellt, gibt die Funktion unmittelbar 1 zurück, was bedeutet, dass die Versionsprüfung erfolgreich war – wenn keine Informationen vorhanden sind, kann die Prüfung auch nicht fehlschlagen.

Anderenfalls iteriert der Kern über alle Symbole, die vom Modul referenziert werden, sucht den passenden Eintrag und vergleicht die in `versions[i].crc` von Modul gelieferte Checksumme mit der vom Kern gelieferten (`crc`). Stimmen beide überein, gibt der Kern als Ergebnis 1 zurück; anderenfalls wird eine Warnmeldung ausgegeben und die Funktion mit 0 als Resultat beendet:

```
        for (i = 0; i < num_versions; i++) {                   kernel/module.c
                if (strcmp(versions[i].name, symname) != 0)
                        continue;

                if (versions[i].crc == *crc)
                        return 1;
                printk("%s: disagrees about version of symbol %s\n",
                       mod->name, symname);
                return 0;
        }
```

Wenn das Symbol nicht in der Versionstabelle des Moduls zu finden war, werden keine Anforderungen an seine Version gestellt, weshalb die Funktion ebenfalls eine 1 für Erfolg zurückgibt. Allerdings wird die bereits genannte globale `tainted`-Variable mit `TAINT_FORCED_MODULE` belegt, um die Verwendung eines Symbols ohne Versionsinformation für später zu notieren.[33]

```
        if (!(tainted & TAINT_FORCED_MODULE)) {                kernel/module.c
                printk("%s: no version for \"%s\" found: kernel tainted.\n",
                       mod->name, symname);
                tainted |= TAINT_FORCED_MODULE;
        }
        return 1;
}
```

---

[33] Beispielsweise weist der Kern bei einer Panik darauf hin, dass der Kern durch diese Symbole „verunreinigt" wurde, da dies bei der Fehlersuche wichtig sein kann.

7 Das virtuelle Dateisystem

Typischerweise besteht ein komplettes Linux-System aus mehreren Tausend bis hin zu einigen Millionen Dateien, die zum Speichern von Programmen, Daten und allen Arten von Informationen verwendet werden. Bekanntlich werden hierarchische Verzeichnisstrukturen verwendet, um Dateien zu katalogisieren und zu gruppieren. Es gibt verschiedene Ansätze, um die dazu notwendigen Strukturen zusammen mit den Daten permanent zu speichern.

Jedes Betriebssystem verfügt über mindestens ein „Standarddateisystem", das mehr oder weniger durchdachte Funktionalitäten bietet, um die anfallenden Aufgaben effizient und sicher zu erledigen. Auch Linux besitzt mit dem Second/Third Extended Filesystem eine Art Standarddateisystem, das sich in den vergangenen Jahren als sehr robust und alltagstauglich bewährt hat. Dennoch existieren weitere für Linux geschriebene oder darauf portierte Dateisystemvarianten, die allesamt Alternativen zum ext2-Standard bereitstellen. Dies bedeutet aus Programmierersicht natürlich nicht, dass er je nach verwendetem Dateisystem andere Zugriffsmethoden auf Dateien anwenden muss – schließlich würde dies der Vorstellung von einem Betriebssystem als Abstraktionsmechanismus völlig zuwiderlaufen

Um zum einen verschiedene native Dateisysteme zu unterstützen, zum anderen aber auch auf Dateien anderer Betriebssysteme zugreifen zu können, wurde im Linux-Kernel eine Schicht zwischen Benutzerprozessen (bzw. der Standardbibliothek) und den einzelnen Dateisystemimplementierungen eingeführt, die als *Virtual File System* oder kurzerhand als *VFS* bezeichnet wird.[1] Abbildung 7.1 zeigt die Bedeutung der Schicht.

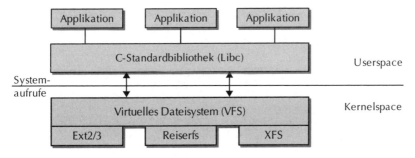

Abbildung 7.1: VFS-Layer zur Abstraktion von Dateisystemen

Die Aufgabe des VFS ist nicht einfach: Zum einen soll es einheitliche Methoden zur Manipulation von Dateien, Verzeichnissen und anderen Objekten bereitstellen; zum anderen muss es mit den spezifischen Implementierungen der unterschiedlichen Ansätze klarkommen, die sich teilweise nicht nur in speziellen Details, sondern in der gesamten Konzeption deutlich voneinander unterscheiden. Der Lohn der Anstrengung ist jedoch nicht gering, da durch das VFS ein bedeutender Flexibilitätsgewinn in den Linux-Kern eingeführt wird.

Der Kernel unterstützt mehr als 40 verschiedene Dateisysteme, die von den unterschiedlichsten Systemen stammen – angefangen vom FAT-Dateisystem aus MS-DOS-Zeiten über UFS von Berkeley Unix und iso9660 für CD-ROMs bis hin zu Netzwerkdateisystemen wie coda und NFS oder virtuellen Varianten wie procfs.

---

1 Gelegentlich findet sich auch die Bezeichnung *virtual filesystem switch*.

7.1 Dateisystemtypen

Dateisysteme lassen sich in drei generelle Kategorien aufteilen:

- *Disk-basierte Dateisysteme* entsprechen der klassischen Vorstellung, nach der Dateien auf nichtflüchtigen Medien gespeichert werden, um ihren Inhalt zwischen verschiedenen Sitzungen nicht zu verlieren. In der Tat entspringen die meisten Filesysteme dieser Kategorie. Bekannte Beispiele dafür sind Ext2/3, Reiserfs, FAT oder iso9660. Alle verwenden block-basierte Medien und müssen sich daher mit der Frage auseinander setzen, wie zum einen der Inhalt der Dateien, zum anderen die Strukturinformationen über die Verzeichnishierarchien festgehalten werden sollen. Nicht interessant ist hier die Frage, wie die Kommunikation mit dem zugrunde liegenden Block-orientierten Gerät durchgeführt werden soll, da durch die entsprechenden Gerätetreiber im Kernel bereits eine einheitliche Schnittstelle zur Verfügung gestellt wird. Für das Dateisystem handelt es sich bei den darunter liegenden Geräten um nichts anderes als eine Liste von Speicherblöcken, für die es ein Aufteilungsschema zu finden gilt.

- *Virtuelle Dateisysteme* werden im Kernel selbst erzeugt und finden Anwendung, um Userspace-Programmen eine einfache Möglichkeit zur Kommunikation mit dem Benutzer zu geben. Das proc-Dateisystem ist das beste Beispiel für diese Kategorie: Es verwendet keinen Speicherplatz auf irgendeinem Hardwaregerät; vielmehr wird vom Kernel eine hierarchische Dateistruktur erzeugt, deren Einträge jeweils Informationen über einen bestimmten Teil des Systems enthalten. Die Datei /proc/version besitzt beispielsweise nominell eine Länge von 0 Bytes, wenn man sie mit dem üblichen ls-Befehl betrachtet:

```
wolfgang@meitner> ls -l /proc/version
-r--r--r--    1 root     root            0 May 27 00:36 /proc/version
```

Gibt man jedoch den Inhalt der Datei mit cat aus, erzeugt der Kernel eine Liste mit Informationen über den verwendeten Prozessor des Systems, die aus den im Kernelspeicher vorhandenen Datenstrukturen extrahiert wird:

```
wolfgang@meitner> cat /proc/version
Linux version 2.6.0-test4 (root@jupiter) (gcc version 3.2.1) #2 Sun Aug 31 22:15:22
```

- *Netzwerkdateisysteme* sind ein Mittelding zwischen Disk-basierten und virtuellen Dateisystemen, die den Zugriff auf Daten eines anderen Computers ermöglichen, der über ein Netzwerk an den lokalen Rechner angebunden ist. Die Daten werden hier zwar auch auf einem Hardware-Gerät gespeichert; dieses befindet sich aber in einer anderen Maschine, weshalb sich der Kernel nicht um die Modalitäten des Zugriffs, der Datenorganisation und der Kommunikation mit der Hardware zu sorgen braucht – schließlich erledigt dies der Kern der Partnermaschine. Sämtliche Operationen, die mit Dateien in diesem Dateisystem durchgeführt werden, sind über eine Netzwerkverbindung zu erledigen: Schreibt ein Prozess Daten in eine Datei, werden diese über ein bestimmtes Protokoll (festgelegt durch das jeweilige Netzwerkdateisystem) an den anderen Rechner geschickt. Dieser kümmert sich um die eigentliche Unterbringung der übermittelten Informationen und informiert die Gegenstelle über Erfolg oder Misserfolg der Operation.

    Der Kernel braucht aber auch bei Netzwerkdateisystemen Informationen über die Größe von Dateien, ihre Position innerhalb der Verzeichnishierarchie und andere wichtige charakteristische Daten. Zudem muss er Funktionen bereitstellen, über die Benutzerprozesse die üblichen dateibezogenen Operationen wie Öffnen, Lesen oder Löschen durchführen können. Durch die VFS-Schicht bemerkt ein Userspace-Prozess keinen Unterschied zwischen einem lokal vorhandenen und einem nur über das Netzwerk zugänglichen Dateisystem.

7.2 Das Common File Model

Das virtuelle Dateisystem VFS stellt nicht nur Methoden und Abstraktionen bereit, die sich auf Dateisysteme beziehen, sondern regelt zudem eine einheitliche Sicht auf die im Dateisystem enthaltenen Objekte: *Dateien*. Auch wenn dieser Begriff intuitiv klar zu sein scheint, gibt es dennoch viele kleine, oftmals subtile Details bei der Arbeit mit Dateien, die auf Unterschiede zwischen den zugrunde liegenden Implementierungen der einzelnen Dateisysteme zurückzuführen sind: Nicht alle unterstützen die selben Funktionen, und bei einigen Objekten – beispielsweise *named Pipes* –, die ebenfalls ins VFS integriert sind, ergeben einige Operationen keinen Sinn, die bei „normalen" Dateien nicht wegzudenken sind.

Nicht jedes Dateisystem unterstützt alle Abstraktionstypen, die sich im VFS befinden: Gerätedateien sind im Design vieler aus anderen Systemen übernommen Dateisysteme (beispielsweise FAT) nicht speicherbar, da solche Objekte dort nicht vorgesehen sind.

Die Definition eines kleinsten gemeinsamen Modells, das nur Funktionen unterstützt, die von *allen* im Kernel vorhandenen Dateisystemen implementiert werden, ist nicht sinnvoll, da dadurch viele essentielle Features verloren gehen würden bzw. nur auf dateisystemspezifischen Wegen erreichbar wären. Dies würde die Vorteile eines virtuellen Abstraktionslayers zunichte machen. Im Gegenteil: Das VFS reagiert mit einem Strukturmodell, das aus Komponenten zusammengesetzt ist, die ein leistungsfähiges Dateisystem nachbilden. Allerdings existiert es nur virtuell und muss über verschiedene Objekte mit Funktionszeigern an die vorhandenen Dateisysteme angepasst werden: Alle Implementierungen müssen Routinen bereitstellen, die sie an die vom VFS vorgegebenen Strukturen anpassen und die zur Translation zwischen beiden Sichtweisen verwendet werden.

Der Aufbau des virtuellen Dateisystems ist natürlich nicht völlig aus der Luft gegriffen, sondern orientiert sich an Strukturen, mit denen ein klassisches Dateisystem beschrieben wird. Außerdem wurde der VFS-Layer so organisiert, dass er eine deutliche Ähnlichkeit zum Ext2-Dateisystem besitzt. Diese Entscheidung erschwert zwar die Arbeit für Dateisysteme, die sich an völlig anderen Konzepten orientieren, als man es von klassischen Ansätzen gewohnt ist (beispielsweise das Reiser-Dateisystem oder XFS), bringt aber einen Geschwindigkeitsvorteil, wenn mit dem Ext2fs gearbeitet wird, da praktisch keine Zeit bei der Konversion zwischen Ext2- und VFS-Strukturen verloren geht.

Die zentralen Objekte bei der Arbeit mit Dateien unterscheiden sich zwischen Kernel- und Userspace. Für Benutzerprogramme wird eine Datei durch einen *Dateideskriptor (file descriptor)* identifzert. Dabei handel es sich um eine Integer-Zahl, die bei allen dateirelevanten Operationen als Parameter verwendet wird, um die gewünschte Datei festzulegen. Der Dateideskriptor wird beim Öffnen einer Datei vom Kernel vergeben und ist nur innerhalb eines Prozesses gültig; es ist also explizit möglich, dass zwei unterschiedliche Prozesse einen numerisch gleichen Dateideskriptor verwenden, der sich aber in beiden Fällen auf eine unterschiedliche Datei bezieht. Die gemeinsame Verwendung von Dateien durch Benutzung derselben Deskriptornummer ist daher nicht möglich.

Für den Kern ist eine *Inode* das zentrale Mittel, um mit Dateien zu arbeiten: Jede Datei (und jedes Verzeichnis) besitzt genau eine Inode, in der neben einigen Metainformationen wie Zugriffsberechtigungen, Modifikationsdatum etc. auch Zeiger auf die in der Datei enthaltenen Daten festgehalten werden. Ein wichtiges Element findet sich allerdings *nicht* in der Inode, was auf den ersten Blick etwas seltsam erscheinen mag: der Dateiname! Normalerweise würde man vermuten, dass der Name einer Datei ein wesentliches Charakteristikum darstellt, das auf jeden Fall in das zentrale Objekt zur Verwaltung mit aufgenommen werden sollte. Warum dies nicht so ist, werden wir gleich zeigen.

7.2.1 Inoden

Wie lassen sich Verzeichnishierarchien durch Datenstrukturen repräsentieren? Wie bereits gesagt, werden Inoden als zentrales Mittel zur Realisierung einer Datei verwendet, finden aber ebenso bei der Implementierung von Verzeichnissen Anwendung. Mit anderen Worten: Verzeichnisse sind lediglich eine spezielle Form von Dateien, die nur richtig interpretiert werden müssen.

Die Elemente einer Inode können in zwei Kategorien eingeordnet werden:

- Metadaten zur Beschreibung des Zustands der Datei, beispielsweise Zugriffsberechtigungen oder das Datum der letzten Modifikation.

- Einen Datenabschnitt (bzw. Zeiger auf die Daten), in dem der eigentliche Dateiinhalt untergebracht wird, bei einer Textdatei also der Text selbst.

Um den Aufbau der Verzeichnishierarchie des Dateisystems durch Inoden zu demonstrieren, soll gezeigt werden, wie der Kern vorgeht, um die Inode der Datei /usr/bin/emacs zu finden.

Ausgangspunkt bei der Suche ist die Root-Inode, die das Wurzelverzeichnis / repräsentiert und dem System immer bekannt sein muss. Das Verzeichnis wird durch eine Inode repräsentiert, in deren Datenzone sich keine regulären Daten, sondern die Einträge des Wurzelverzeichnisses befinden. Dabei kann es sich sowohl um Verzeichnisse als auch um Dateien handeln. Jeder Eintrag setzt sich aus zwei Elementen zusammen:

- die Nummer der Inode, in der sich die Daten des nächsten Eintrags befinden;

- der Datei- oder Verzeichnisname.

Alle Inoden des Systems besitzen eine spezielle Kennzahl, mit der sie eindeutig identifiziert werden können. Die Verbindung zwischen Dateiname und Inode wird über diese Kennzahl hergestellt.

Der erste Schritt des Suchprozesses besteht darin, die Inode des Unterverzeichnisses usr zu finden. Das Datenfeld der Root-Inode wird zu diesem Zweck so lange durchsucht, bis ein Eintrag mit der Bezeichnung usr gefunden wurde (schlägt die Suche fehl, wird ein „Datei nicht vorhanden"-Fehler zurückgeliefert). Anhand der Inodennummer kann die zugehörige Inode lokalisiert werden.

Der Vorgang wiederholt sich anschließend entsprechend. Allerdings wird diesmal ein Dateneintrag mit bin als Name gesucht, um wiederum die zugehörige Inode anhand ihrer Inodennummer identifizieren zu können. Der in ihrem Dateneintrag gesuchte Name ist emacs; dies liefert wiederum die Kennzahl einer Inode, die diesmal allerdings eine Datei statt eines Verzeichnisses repräsentiert. Abbildung 7.2 auf der gegenüberliegenden Seite zeigt die Situation nach Beendigung des Suchprozesses (der durchlaufene Weg ist durch Zeiger zwischen den Objekten markiert).

Der Dateiinhalt der letzten Inode unterscheidet sich von den Inhalten der drei vorhergehenden: Während diese jeweils ein Verzeichnis repräsentieren und daher eine Liste mit allen im Verzeichnis enthaltenen Unterverzeichnissen und Dateien bereitstellen, ist in der zur emacs-Datei gehörenden Inode der Dateiinhalt selbst in den Datenfeldern gespeichert.

7.2 Das Common File Model

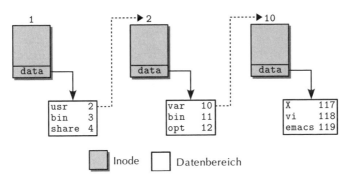

Abbildung 7.2: *Lookup-Operation für* `/usr/bin/emacs`

Auch wenn sich die generelle Idee des schrittweisen Nachschlageprozesses zum Auffinden von Dateien in der tatsächlichen Implementierung des virtuellen Dateisystems nicht ändert, werden wir bei der detaillierteren Besprechung in Abschnitt 7 („Das virtuelle Dateisystem") dennoch einige Unterschiede feststellen: Zum einen existieren Caches, die die Nachschlageoperationen beschleunigen, nachdem das Öffnen von Dateien ein sehr häufiger und damit geschwindigkeitsrelevanter Prozess ist. Zum anderen muss sich der VFS-Layer um die Kommunikation mit den darunter liegenden Dateisystemen kümmern, die die eigentlichen Informationen liefern.

7.2.2 Verknüpfungen

Links (oder *Verknüpfungen*) werden verwendet, um Verbindungen zwischen Dateisystem-Objekten herzustellen, die nicht in das klassische Baummodell passen. Es gibt zwei Arten von Links, die als *symbolisch* und *hart* bezeichnet werden.

Symbolische Links können (zumindest aus Sicht der Benutzerprogramme) als „Wegweiser" betrachtet werden, die das Vorhandensein einer Datei an einer bestimmten Stelle vorgaukeln, die sich eigentlich anderswo befindet, wie jedem Leser bekannt ist.

Anstelle der Bezeichnung symbolischer Link findet sich auch der Name *weicher* Link für Verknüpfungen dieser Art. Dies rührt daher, dass Link und Linkziel nicht sonderlich fest miteinander verbunden sind; man kann sich den Link als Verzeichniseintrag vorstellen, der keine Daten, sondern lediglich einen Dateinamen enthält, auf den verwiesen wird. Wenn die Zieldatei gelöscht wird, bleibt der Link im Dateisystem erhalten. Für jeden symbolischen Link wird eine eigene Inode verwendet, in deren Datenfeld eine Zeichenkette enthalten ist, die den Namen des Linkziels angibt.

Während bei symbolischen Links eindeutig zwischen Originaldatei und Verknüpfung unterschieden werden kann, ist die Situation bei der zweiten Kategorie (harte Links) vollständig symmetrisch: Nach dem Anlegen lässt sich nicht mehr unterscheiden, welcher Dateiname das Original und welcher der harte Link ist. Legt man einen harten Link an, wird ein Verzeichniseintrag erzeugt, dessen asoziierte Inode aber eine bereits bestehende Nummer verwendet.

Während das Löschen eines symbolischen Links keine besonderen Probleme bereitet, ist die Lage bei der harten Variante etwas trickreicher: Ein harter Link B teilt sich zusammen mit der Originaldatei A dieselbe Inode. Nun soll der Benutzer Datei A löschen, was normalerweise die zugehörige Inode mitsamt dem Datenbereich vernichtet, der freigegeben wird und daher überschrieben werden kann. Ein Zugriff auf B ist anschließend nicht mehr möglich, da die entsprechende Inode mit den Dateiinformationen nicht mehr vorhanden ist! Dies kann natürlich nicht die gewollte Verhaltensweise sein.

Dies wird durch einen in der Inode enthaltenen Zähler verhindert, der immer dann erhöht wird, wenn ein harter Link auf die Datei angelegt wird. Wird einer der harten Links (oder die Originaldatei selbst, eine Unterscheidung ist nicht möglich) gelöscht, wird der Zähler um 1 erniedrigt. Erst bei Erreichen des Wertes 0 ist sichergestellt, dass die Inode nicht mehr verwendet wird und daher endgültig aus dem System entfernt werden kann.

7.2.3 Programmierschnittstelle

Die Schnittstelle zwischen Benutzerprozessen und der Kernelimplementierung des virtuellen Dateisystems wird wie üblich durch Systemaufrufe geregelt, von denen sich eine ganze Menge mit der Manipulation von Dateien, Verzeichnissen und Dateisystemen im Allgemeinen beschäftigt. Wir wollen uns hier wie üblich nicht mit den spezifischen Details der Systemprogrammierung beschäftigen, die in anderen Büchern umfassend behandelt werden – beispielsweise [Ste92] oder [Her03].

Da der Kernel mehr als 50 Systemaufrufe für diesen Bereich bereitstellt, werden wir nur die wichtigsten Vertreter herausgreifen, anhand derer sich die zentralen Prinzipien gut darstellen lassen.[2]

Zur Arbeit mit Dateien müssen diese zuerst geöffnet werden. Diese Aussage ist intuitiv klar, doch was passiert eigentlich beim Öffnen einer Datei? Betrachten wir das folgende Beispielprogramm, das die Systemaufrufe open und close (natürlich in Routinen der Standardbibliothek verpackt) verwendet, um zwei Dateien zu öffnen, Daten aus ihnen auszulesen und sie danach wieder zu schließen:

```c
#include<stdio.h>
#include<sys/types.h>
#include<sys/stat.h>
#include<fcntl.h>
#include<unistd.h>

int main() {
    int desc1, desc2, bytes;
    void* ptr;

    /* Dateien oeffnen */
    desc1 = open("test", O_RDWR);
    printf("Dateideskriptor: %u\n", desc1);
    desc2 = open("/proc/cpuinfo", O_RDONLY);
    printf("Dateideskriptor: %u\n", desc2);

    ptr = (void*)malloc(100);

    /* Einlesen der jeweils ersten 50 Bytes */
    bytes = read(desc1, ptr, 50);
    bytes = read(desc2, ptr, 50);

    /* Schliessen der Dateien */
    close(desc1);
    close(desc2);

    return 0;
}
```

---

2 Die Kommunikation mit Dateien kann nicht nur über Dateideskriptoren, sondern auch mit Hilfe so genannter *Streams* erfolgen, die ein komfortableres Interface zur Verfügung stellen, wie dem Leser vielleicht bekannt ist. Die Implementierung erfolgt allerdings in der C-Standardbibliothek und nicht im Kern; intern verwendet sie gewöhnliche Dateideskriptoren.

Wie man sieht, gibt die open-Funktion nach erfolgreichem Öffnen der Datei eine Integer-Zahl zurück (wir prüfen wie üblich nicht, ob Fehler aufgetreten sind). Das Programm schreibt beide Werte in die Standardausgabe, was folgendes Resultat liefert:

```
wolfgang@meitner> ./open
file opened: 3
file opened: 4
```

3 und 4 werden als Dateideskriptoren vergeben, anstelle bei 0 anzufangen, da die ersten drei Dateideskriptoren für alle Prozesse bereits standardmäßig vorbelegt sind, ohne dass explizite Anweisungen auszuführen sind: 0 repräsentiert die Standardausgabe, 1 die Standardeingabe und 2 die Standardfehlerausgabe.

Nach dem Öffnen einer Datei verliert der Dateiname seine Bedeutung, da zur eindeutigen Identifikation der Datei nur mehr der Dateideskriptor Verwendung findet, der allen weiteren Bibliotheksfunktionen (und damit Systemaufrufen) als Parameter übergeben wird. Wir sehen dies am Beispiel von close, das die „Verbindung" mit einer Datei beendet (und den Dateideskriptor zurückgibt, so dass er für künftig geöffnete Dateien verwendet werden kann). Auch read, das zum Einlesen von Daten aus einer Datei verwendet wird, erwartet den Dateideskriptor als ersten Parameter, um die Quelle zu identifizieren, aus der die Daten herausgelesen werden sollen.

Die aktuelle Position innerhalb einer offenen Datei wird durch den *Dateizeiger* (*File Pointer*) festgehalten, der als Ganzzahl das Offset gegenüber dem Dateianfang angibt. Der Wert dieses Zeigers kann für *Random Access Files* beliebig gesetzt werden, solange er in den Grenzen der Datei bleibt: Dies ermöglicht den wahlfreien Zugriff auf die enthaltenen Daten. Andere Dateitypen verbieten dies, beispielsweise named Pipes oder Gerätespezialdateien für Zeichengeräte: Sie können nur von vorne nach hinten gelesen werden.

Beim Öffnen einer Datei werden verschiedene Flags (wie O_RDONLY) angegeben, die den *Zugriffsmodus* festlegen. Nähere Erläuterungen finden sich in allen Werken zur Systemprogrammierung.

7.2.4 Dateien als Universalschnittstelle

Unix orientiert sich an wenigen, dafür umso besser ausgesuchten Paradigmen. Vor allem für die Implementierung der Ein- und Ausgabemechanismen gibt es ein besonders wichtiges „Motto", das sich wie ein roter Faden durch den Kern (und besonders durch das virtuelle Dateisystem) zieht:

Alles ist eine Datei.

Natürlich gibt es auch einige Ausnahmen für diese Regel (beispielsweise Netzwerkgeräte), doch die meisten Funktionalitäten, die der Kernel nach außen exportiert und die von Benutzerprogrammen verwendet werden können, sind über das vom VFS definierte Dateiinterface erreichbar. Unter anderem verwenden folgende Subsysteme des Kerns Dateien als zentrales Kommunikationsmittel:

- Zeichen- und Block-orientierte Geräte.

- Pipes zwischen zwei Prozessen.

- Sockets für alle verfügbaren Netzwerkprotokolle.

- Terminals zur interaktiven Ein- und Ausgabe.

Es ist zu beachten, dass einige der genannten Objekte nicht unbedingt mit einem Eintrag in einem Dateisystem in Verbindung stehen: Pipes werden beispielsweise durch spezielle Systemaufrufe erzeugt und danach vom Kernel in den Datenstrukturen des VFS verwaltet, ohne einen „realen" Dateisystemeintrag zu besitzen, der mit den üblichen Kommandos wie `rm`, `ls` etc. bearbeitet werden könnte.[3]

Besonders interessant (vor allem in Hinblick auf Kapitel 5 („Gerätetreiber")) sind Gerätedateien zur Ansteuerung von Block- und Zeichengeräten. Dabei handelt es sich um reale Dateien, die sich überlicherweise im `/dev`-Verzeichnis finden.[4] Ihr Inhalt wird vom zugehörigen Gerätetreiber dynamisch erzeugt, wenn eine Schreib- oder Leseoperation durchgeführt wird.

7.3 Aufbau des VFS

Nachdem wir uns mit den prinzipiellen Aufgaben des virtuellen Dateisystems und der Schnittstelle zur Benutzerseite hin vertraut gemacht haben, wollen wir die Details der Implementierung untersuchen. Da zur Realisierung der VFS-Schnittstelle eine größere Menge unterschiedlicher und teilweise recht umfangreicher Datenstrukturen verwendet wird, wollen wir uns zuerst einen groben Überblick verschaffen, welche Komponenten vorhanden und wie sie miteinander verknüpft sind.

7.3.1 Strukturüberblick

Der VFS besteht aus zwei Komponenten, die verwaltet und abstrahiert werden wollen: Dateien und Dateisysteme.

Dateirepräsentation

Wie wir bereits weiter oben festgestellt haben, sind Inoden das Mittel der Wahl, um den Inhalt von Dateien sowie die mit ihnen assoziierten Metadaten darzustellen. Theoretisch bräuchte man zur Realisierung dieses Konzepts nur eine einzige, jedoch sehr umfangreiche Datenstruktur, in der alle benötigten Daten untergebracht werden. In der Praxis wird die Last auf eine Reihe kleinerer und übersichtlicherer Strukturen verteilt, deren Zusammenspiel in Abbildung 7.3 auf der gegenüberliegenden Seite verdeutlicht wird.

Um den Zugriff auf die zugrunde liegenden Dateisysteme zu abstrahieren, können keine festen Funktionen verwendet werden. Vielmehr werden Funktionszeiger benötigt, die in zwei Strukturen untergebracht sind, die thematisch ähnliche Funktionen zusammenfassen:

■ Inoden-Operationen werden zum Erzeugen von Links, Umbenennen des Dateinamens, Erzeugen neuer Dateieinträge in einem Verzeichnis oder Löschen von Dateien verwendet.

■ Dateioperationen beziehen sich auf den Dateninhalt einer Datei. Neben den offensichtlichen Operationen wie Lesen und Schreiben finden sich auch Operationen wie Setzen des Dateizeigers oder Einrichten von Memory Mappings.

Neben diesen Objekten werden zusätzliche Strukturen benötigt, um weitere mit einer Inode assoziierte Informationen aufzunehmen. Besonders wichtig ist das mit jeder Inode verknüpfte

---

[3] Wenn es sich um eine Named Pipe handelt, gibt es natürlich einen Eintrag im Dateisystem, der den Zugriff auf die Pipe möglich macht.

[4] Mit `devfs` existiert eine (allerdings nicht sehr häufig verwendete) Kernelerweiterung, die alle Gerätedateien dynamisch erzeugt und reale Dateien dadurch überflüssig macht.

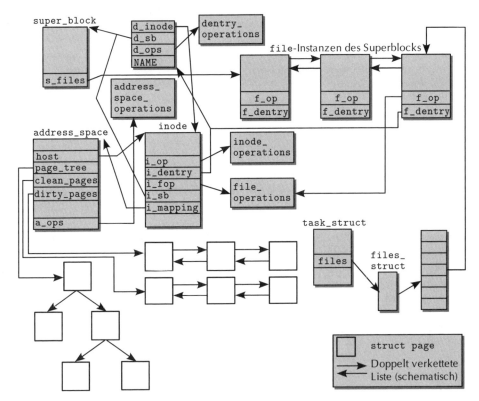

Abbildung 7.3: *Zusammenspiel der VFS-Komponenten*

Datenfeld, in dem entweder der Inhalt einer Datei oder eine Tabelle mit Verzeichniseinträgen gespeichert wird. Weiterhin wird in jeder Inode ein Zeiger auf das Superblockobjekt des zugrunde liegenden Dateisystems festgehalten, über das sich einige Operationen wie die Manipulation von Inoden selbst (die auchebenfalls über Arrays aus Funktionszeigern implementiert sind, wie wir gleich sehen werden) durchführen lassen. Auch können Informationen über Möglichkeiten und Grenzen des Dateisystems selbst herausgefunden werden.

Da sich geöffnete Dateien stets einem spezifischen Prozess des Systems zuordnen lassen, muss der Kernel die entsprechenden Verbindungen in seinen Datenstrukturen festhalten. Wie bereits in Kapitel 2 kurz angesprochen wurde, gibt es in der Taskstruktur ein Element, in dem (über einige Umwege) alle geöffneten Dateien gespeichert werden. Es handelt sich dabei um ein Array, auf das mit dem Dateideskriptor als Index zugegriffen werden kann. Die darin enthaltenen Objekte sind nicht nur mit der Inode der jeweiligen Datei verknüpft, sondern besitzen auch einen Zeiger auf ein Element des *Dentry-Caches*, der zur Beschleunigung von Lookup-Operationen verwendet wird.

Darüber hinaus verfügen die einzelnen Dateisystemimplementierungen über die Möglichkeit, eigene Daten in der VFS-Inode unterzubringen, die vom VFS=-Layer nicht manipuliert werden.

Dateisystem- und Superblockinformationen

Die unterstützten Dateisystemtypen werden anhand eines speziellen Kernelobjekts verknüpft, von dem vorerst nur zu bemerken ist, dass es eine Methode zum Einlesen des *Superblocks* bereitstellt: Darin findet sich – neben zentralen Informationen über das Dateisystem wie Blockgröße, maximale Dateigröße etc. – Funktionszeiger zum Lesen, Schreiben und Manipulieren von Inoden.

Zusätzlich legt der Kern eine Liste an, in der sich die Superblock-Instanzen aller im System aktiven Dateisysteme befinden. Da es in bestimmten Fällen auch möglich ist, einen einzigen Superblock für mehrere Mountpoints zu verwenden,[5] gebrauchen wir den Begriff *aktiv* anstelle von *eingehängt*. Achtung: Während jedes Dateisystem in der `file_system_type` genau einmal enthalten ist, können sich mehrere Instanzen eines Superblocks für den gleichen Dateisystemtyp in der eben genannten Liste befinden, da mehrere Dateisysteme des gleichen Typs in verschiedenen Blockgeräten oder Partitionen gespeichert werden können. Die meisten Systeme besitzen beispielsweise sowohl eine Root- wie eine Homepartition, die sich auf unterschiedlichen Partitionen der Festplatte befinden, aber normalerweise den gleichen Dateisystemtyp verwenden. Während der Dateisystemtyp in `file_system_type` nur einmal aufzutauchen braucht, sind die Superblöcke für beide Mounts unterschiedlich, obwohl in beiden Fällen das gleiche Dateisystem verwendet wird.

Ein wichtiges Element der Superblock-Struktur ist eine Liste, in der sich alle modifizierten Inoden des jeweiligen Dateisystems befinden (der Kernel bezeichnet diese etwas despektierlich als *dreckig* bzw. *dirty*). Über diese Liste kann genau festgestellt werden, welche Dateien bzw. Verzeichnisse modifiziert wurden und deshalb auf das Speichermedium zurückgeschrieben werden müssen. Wegen dieser sehr zeitaufwendigen Operation (Festplatten, Diskettenlaufwerke und andere Medien sind im Vergleich zum restlichen System sehr langsam) muss dies wohl koordiniert werden, darf also nicht zu oft erfolgen. Andererseits ist es natürlich fatal, wenn modifizierte Daten zu selten geschrieben werden, da im Falle eines Systemabsturzes (oder, was bei Linux wahrscheinlicher ist: eines Stromausfalles) mehr Daten verloren gehen, die nicht mehr wiederhergestellt werden können. Der Kernel durchläuft die Liste aller dreckigen Blöcke in periodischen Abständen und überträgt durchgeführte Modifikationen auf die Hardware.[6]

7.3.2 Inoden

Die Inoden-Struktur des virtuellen Dateisystems hat folgenden Aufbau:

```
<fs.h>    struct inode {
              struct hlist_node    i_hash;
              struct list_head     i_list;
              struct list_head     i_dentry;
              unsigned long        i_ino;
              atomic_t             i_count;
              umode_t              i_mode;
              unsigned int         i_nlink;
              uid_t                i_uid;
              gid_t                i_gid;
              kdev_t               i_rdev;
              loff_t               i_size;
              struct timespec      i_atime;
              struct timespec      i_mtime;
              struct timespec      i_ctime;
              unsigned int         i_blkbits;
              unsigned long        i_blksize;
              unsigned long        i_version;
              unsigned long        i_blocks;
              unsigned short       i_bytes;
```

---

[5] Wenn ein Dateisystem eines Blockgeräts an mehreren Stellen in der Verzeichnishierarchie eingehängt ist.

[6] Zwischen der rohen Hardware und dem Kernel befinden sich allerdings noch weitere Caches, wie Kapitel 5 („Gerätetreiber") zeigt.

```
        struct inode_operations  *i_op;
        struct file_operations   *i_fop;  /* former ->i_op->default_file_ops */
        struct super_block       *i_sb;

        struct file_lock         *i_flock;
        struct address_space     *i_mapping;
        struct address_space     i_data;

        struct list_head         i_devices;
        struct pipe_inode_info   *i_pipe;
        struct block_device      *i_bdev;
        struct cdev              *i_cdev;
        int                      i_cindex;

        unsigned long            i_dnotify_mask; /* Directory notify events */
        struct dnotify_struct    *i_dnotify; /* for directory notifications */

        unsigned long            i_state;

        unsigned int             i_flags;
        unsigned char            i_sock;

        atomic_t                 i_writecount;
        void                     *i_security;
        __u32                    i_generation;
        union {
                void             *generic_ip;
        } u;
};
```

Die Struktur wird durch mehrere Listenköpfe eröffnet, mit deren Hilfe jede Inodeninstanz nach verschiedenen Kategorien sortiert verwaltet werden kann. Auf die Bedeutung der einzelnen Listen werden wir gleich näher eingehen.

Bevor wir die Bedeutung der einzelnen Strukturmitglieder beschreiben, wollen wir daran erinnern, dass die hier betrachtete Inoden-Struktur für die Bearbeitung *im Speicher* konstruiert wurde und daher einige Elemente aufweist, die sich *nicht* in den gespeicherten Inoden befinden. Sie werden beim Einlesen der Informationen über das Low-Level-Dateisystem dynamisch konstruiert oder vom Kern selbst erzeugt.

Abgesehen davon gibt es Dateisysteme wie FAT oder ReiserFS, die keine Inoden im klassischen Sinn verwenden und daher die meisten der hier gezeigten Informationen durch Übersetzungen aus ihren eigenen Informationen erzeugen müssen.

Ein Großteil aller Elemente widmet sich der Verwaltung einfacher Statusinformationen: i_atime, i_mtime und t_ctime speichern den Zeitpunkt des letzten Zugriffs (*access*), der letzten Modifikation (*modification*) und der letzten Inoden-Änderung (*change*). Während man unter einer Modifikation die Änderung des Dateninhalts versteht, der mit der Inode assoziiert ist, muss die Inodenstruktur selbst (bzw. ein Attribut der Datei) modifiziert werden, um eine Änderung von i_ctime zu bewirken.

Die Dateilänge wird in i_size gespeichert, wobei Bytes als Einheit verwendet werden; i_blocks gibt den Wert in Blocks an. Bei letzterem Wert handelt es sich mehr um ein Charakteristikum des Dateisystems als der Datei selbst: Beim Anlegen vieler Dateisysteme kann eine Blockgröße gewählt werden, die als minimale Einheit zur Allokation von Speicherplatz auf dem Hardwaremedium verwendet wird (beim Ext2-Dateisystem ist die Standardeinheit 4096 Bytes pro Block, wobei allerdings auch kleinere oder größere Werte verwendet werden können – Kapitel 8 wird genauer darauf eingehen). Die Dateigröße in Blocks könnte also auch berechnet werden, indem Informationen über die Blockgröße des Dateisystems zusammen mit der Dateigröße in Bytes verwendet werden, wird aber aus Komfortgründen mit in die Inodenstruktur aufgenommen.

Jede VFS-Inode kann (für ein gegebenes Dateisystem) durch eine eindeutige Kennzahl identifiziert werden, die sich in i_ino befindet. i_count ist ein Benutzungszähler, der angibt, wie viele Prozesse dieselbe Inodenstruktur verwenden (die simultane Benutzung einer Inode tritt beispielsweise auf, wenn sich ein Prozess mit fork verdoppelt, wie in Kapitel 2 („Prozessverwaltung") gezeigt wird); i_nlink ist der bereits angesprochene Zähler, mit dessen Hilfe die Anzahl aller *harten* Links festgehalten wird, die die Inode verwenden.

Zugriffs- und Eigentümerrechte der Datei finden sich in i_mode (Dateityp und Zugriffsrechte) sowie in i_uid und i_gid (mit der Datei assoziierte Uid und Gid).

i_rdev kommt zum Einsatz, wenn die Inode zur Repräsentation einer Gerätedatei verwendet wird: Mit seiner Hilfe kann das Gerät festgelegt werden, mit welchem die Kommunikation erfolgen soll.

i_bdev zeigt auf eine Struktur, mit der die Charakteristika von Blockgeräten festgehalten werden (siehe Kapitel 5 („Gerätetreiber")). Diese Information wird ebenfalls nur verwendet, wenn die Inode eine Gerätespezialdatei repräsentiert, da sie anderenfalls keinen Sinn ergeben würden. i_pipe enthält relevante Informationen für Inoden, die zur Realisierung von Pipes verwendet werden.

Die restlichen Elemente zeigen überwiegend auf zusammengesetzte Datentypen, deren Bedeutung wir im weiteren Verlauf dieses Kapitels besprechen werden.

Inoden-Operationen

Der Kernel stellt eine umfangreiche Anzahl von Funktionen zur Verfügung, die die Arbeit mit Inoden erlauben. Da die Manipulation der Daten durch die jeweilige Dateisystem-Implementierung erfolgen muss, wird ein Satz an Funktionszeigern definiert, mit denen die Operationen abstrahiert werden: Während die eigentliche Arbeit von implementierungsspezifischen Funktionen übernommen wird, bleibt die Aufrufsschnittstelle immer gleich.

Die Inoden-Struktur besitzt zwei Zeiger (i_op und i_fop) auf Arrays, die die angesprochene Abstraktion implementieren; eines davon bezieht sich auf Inoden-spezifische Operationen, während das andere dateirelevante Methoden bereitstellt. Da ein Verweis auf die Struktur mit Dateioperationen nicht nur in der Inoden-, sondern auch in der Dateistruktur enthalten ist, werden wir sie nicht hier besprechen, sondern die genaue Betrachtung verschieben, bis wir weiter unten die Repräsentation von Dateien im Kern untersucht haben.

Alle Inoden-Operationen sind in folgender Struktur zusammengefasst:

<fs.h>
```
struct inode_operations {
        int (*create) (struct inode *,struct dentry *,int);
        struct dentry * (*lookup) (struct inode *,struct dentry *);
        int (*link) (struct dentry *,struct inode *,struct dentry *);
        int (*unlink) (struct inode *,struct dentry *);
        int (*symlink) (struct inode *,struct dentry *,const char *);
        int (*mkdir) (struct inode *,struct dentry *,int);
        int (*rmdir) (struct inode *,struct dentry *);
        int (*mknod) (struct inode *,struct dentry *,int,dev_t);
        int (*rename) (struct inode *, struct dentry *,
                       struct inode *, struct dentry *);
        int (*readlink) (struct dentry *, char __user *,int);
        int (*follow_link) (struct dentry *, struct nameidata *);
        void (*truncate) (struct inode *);
        int (*permission) (struct inode *, int);
        int (*setattr) (struct dentry *, struct iattr *);
        int (*getattr) (struct vfsmount *mnt, struct dentry *, struct kstat *);
        int (*setxattr) (struct dentry *, const char *,const void *,size_t,int);
        ssize_t (*getxattr) (struct dentry *, const char *, void *, size_t);
```

```
        ssize_t (*listxattr) (struct dentry *, char *, size_t);
        int (*removexattr) (struct dentry *, const char *);
};
```

Die Bedeutung der Elemente ist in den meisten Fällen bereits aus dem Namen des Funktionszeigers ersichtlich. Die starke Orientierung an Bezeichnungen der entsprechenden Systemaufrufe bzw. Userspace-Tools ist durchaus bewusst gewählt: `rmdir` wird beispielsweise zum Löschen eines Verzeichnisses verwendet, `rename` benennt ein Dateisystem-Objekt um etc.

Allerdings können nicht alle Namen auf bekannte Standardkommandos zurückgeführt werden:

- `lookup` wird verwendet, um die Inoden-Instanz eines Dateisystemobjekts anhand seines Namens (als Zeichenkette) zu ermitteln.

- `link` wird aufgerufen, wenn eine Datei gelöscht werden soll. Allerdings wird der Löschvorgang wie weiter oben beschrieben nur dann ausgeführt, wenn der Referenzzähler für harte Links anzeigt, dass die Inode nur noch von einer Datei verwendet wird.

- Die `xattr`-Funktionen werden zum Anlegen, Lesen und Löschen erweiterter Attribute verwendet, die im klassischen Unix-Modell keine Unterstützung bekommen. Sie finden beispielsweise bei der Implementierung von Zugriffskontroll-Listen (ACLs) Anwendung, worauf wir aber nicht genauer eingehen werden.

- `truncate` verändert die Größe der angegebenen Inode. Die Funktion übernimmt nur einen einzigen Parameter, nämlich die Datenstruktur der zu bearbeitenden Inode! Die neue Dateigröße muss vor dem Aufruf der Funktion manuell im `i_size`-Element der Inodenstruktur eingestellt werden.

- `follow_link` verfolgt einen symbolischen Link, indem die Inode der Zieldatei herausgefunden wird. Da ein symbolischer Link über Dateisystemgrenzen hinwegführen kann, ist die Implementierung der Routine normalerweise sehr kurz und gibt die Arbeit bald an allgemeine VFS-Routinen ab, die die Aufgabe zu Ende führen.

In den Funktionsprototypen werden durchgehend `struct dentry`s als Parameter verwendet. Dabei handelt es sich um eine vereinheitlichte Datenstruktur, mit deren Hilfe sowohl ein Dateiname als auch ein Verzeichnis dargestellt werden kann; außerdem wird in der die wichtige Verknüpfung zwischen Name und Inode einer Datei hergestellt. Wir werden weiter unten genauer auf die Struktur eingehen, wenn wir den für die VFS-Implementierung sehr wichtigen Dentry-Cache besprechen. Momentan können wir `dentry`s als nicht weiter definierte Strukturen betrachten, die sowohl Kenntnis über die Inode einer Datei wie auch ihren Namen besitzen.

Inodenlisten

Jede Inode besitzt ein Listenkopfelement `i_list`, das verwendet wird, um die Inode auf genau einer von drei verschiedenen Listen des Kerns zu halten, die folgende Inodenzustände repräsentieren:

- Die Inode ist im Speicher angelegt, aber mit keiner Datei verknüpft und wird nicht mehr aktiv verwendet.

■ Die Inodenstruktur befindet sich im Speicher und wird für eine oder mehrere Aufgaben verwendet, üblicherweise zur Repräsentation einer Datei. Die Zähler `i_count` und `i_nlink` müssen beide größer als 0 sein. Der Dateninhalt sowie die Metadaten der Inode sind identisch mit den Informationen auf dem zugrunde liegenden Blockgerät, d.h. die Inode wurde seit der letzten Synchronisierung mit dem Speichermedium nicht verändert.

■ Die Inode wird aktiv verwendet; ihr Dateninhalt ist gegenüber dem Inhalt des Speichermediums modifiziert. Man bezeichnet Inoden dieser Kategorie als *dreckig*.

Zur Implementierung dieser Listen werden vom Kernel in `fs/inode.c` zwei globale Variablen definiert, die als Listenköpfe dienen: `inode_unused` wird für die gültigen, aber nicht mehr aktiv verwendeten Inoden verwendet (erste Kategorie in obiger Aufzählung), während `inode_in_use` alle verwendeten, aber nicht modifizierten Inoden aufnimmt (zweite Kategorie). Die dreckigen Inoden (dritte Kategorie) werden in einer Superblock-spezifischen Liste gespeichert.

Neben der Zustands-spezifischen Liste befindet sich jede Inode zusätzlich in einer Hashtabelle, die den schnellen Zugriff anhand von Inodennummer und Superblock ermöglicht – diese Kombination ist systemweit eindeutig. Bei der Hashtabelle handelt es sich um ein Array, auf das mit Hilfe der globalen Variablen `inode_hashtable` (ebenfalls aus `fs/inode.c`) zugegriffen werden kann. Die Initialisierung der Tabelle erfolgt beim Booten in der Funktion `inode_init` aus `fs/inode.c`; die entsprechenden Meldungen zeigen die Größe des angelegten Arrays an, die anhand des vorhandenen RAM-Speichers berechnet wird:

```
wolfgang@meitner> dmesg
...
Inode-cache hash table entries: 32768 (order: 5, 131072 bytes)
...
```

Zur Berechnung der Hashsumme wird die Funktion `hash` aus `fs/inode.c` verwendet (auf die genaue Implementierung des Hashverfahrens wollen wir nicht eingehen). Sie kombiniert Inoden-Kennzahl und Adresse des Superblock-Objekts zu einer eindeutigen Zahl, die sich garantiert innerhalb des reservierten Indexbereichs der Hashtabelle befindet.[7] Kollisionen werden wie üblich durch eine Überlaufliste aufgelöst, wobei das Inoden-Element `i_hash` zur Verwaltung der Überlaufelemente verwendet wird.

Allerdings ist nicht jede Inode des Systems mit einem Superblock verbunden; das `i_sb`-Element der Inodenstruktur kann auch `NULL` sein. Man bezeichnet solche Inoden als *anonym*. Sie werden nicht in der normalen Inoden-Hashtabelle, sondern auf einer eigenen Hashkette untergebracht, die von der globalen Variable `anon_hash_chain` angeführt wird. Da normalerweise nicht sehr viele solcher Inoden im System existieren, muss hier kein Hashverfahren angewendet werden, da die Liste nur wenige Elemente enthält und daher schnell durchsucht werden kann. Als Verkettungselement wird ebenfalls `i_hash` aus der Inodenstruktur verwendet.

Eine Inode kann sich auf einer Superblock-spezifischen Liste befinden, die durch das `s_dirty`-Element der Superblock-Struktur aufgespannt wird (Abschnitt 7.4.1 wird genauer auf die Definition von `struct super_block` eingehen). Die Liste hält alle dreckigen, modifizierten Inoden eines Superblocks zusammen, was beim Zurückschreiben der Daten (oft auch als *Synchronisierung* bezeichnet) vermeidet, *alle* Inoden des Systems durchsuchen zu müssen.

---

7 Allerdings gibt es Dateisysteme, bei denen nicht sichergestellt ist, dass eine Inode anhand ihrer Kennzahl und dem zugehörigen Superblock identifiziert werden kann. In diesem Fall müssen zusätzliche Elemente untersucht werden (mit dateisystemspezifischen Methoden), wozu `ilookup5` als Frontend zur Verfügung steht. In den Kernelquellen selbst wird die Funktion momentan allerdings nicht verwendet; externer Code könnte aber darauf zurückgreifen.

7.3.3 Prozessspezifische Informationen

Zur eindeutigen Identifikation geöffneter Dateien innerhalb eines Prozesses werden Filedeskriptoren und damit nichts anderes als einfache Ganzzahlen verwendet. Dies setzt voraus, dass Kern die Zuordnung zwischen im Benutzerprozess verwendeten Deskriptoren und den intern verwendeten Strukturen herstellen kann. Die dazu notwendigen Elemente finden sich in der Taskstruktur jedes Prozesses:

```
struct task_struct {                                              <sched.h>
...
struct task_struct {
/* file system info */
        int link_count, total_link_count;
...
/* filesystem information */
        struct fs_struct *fs;

/* open file information */
        struct files_struct *files;
/* namespace */
        struct namespace *namespace;
...
}
```

Die Integer-Elemente `link_count` und `total_link_count` werden verwendet, um Endlosschleifen beim Nachschlagen zirkulär verketteter Links zu vermeiden, wie Abschnitt 7.4.2 zeigen wird.

`fs` speichert die dateisystembezogenen Daten eines Prozesses. Dazu zählt beispielsweise das aktuelle Arbeitsverzeichnis oder Informationen über `chroot`-Einschränkungen, auf die Abschnitt 7.3.4 genauer eingehen wird.

In `files` finden sich die Dateideskriptoren des Prozesses, die im nächsten Abschnitt untersucht werden.

Assoziierte Dateien

Das `file`-Element der Taskstruktur besitzt den zusammengesetzten Typ `files_struct`:

```
struct files_struct {                                             <sched.h>
        atomic_t count;
        rwlock_t file_lock;
        int max_fds;
        int max_fdset;
        int next_fd;
        struct file ** fd;           /* current fd array */
        fd_set *close_on_exec;
        fd_set *open_fds;
        fd_set close_on_exec_init;
        fd_set open_fds_init;
        struct file * fd_array[NR_OPEN_DEFAULT];
};
```

`max_fds` gibt die maximale Anzahl von Datei-Objekten an, die der Prozess gegenwärtig verwenden kann, während `max_fdset` die höchstmögliche Deskriptornummer festlegt. Dabei handelt es sich um keine prinzipiellen Grenzen, da beide Werte nach Bedarf vergrößert werden können (sofern sie nicht die durch Rlimit gesetzte Grenze überschreiten; aber dies hat nichts mit der Dateistruktur zu tun). Obwohl immer die gleiche Anzahl von Dateiobjekten und Dateideskriptoren verwendet wird, muss der Kern unterschiedliche Höchstzahlen festlegen. Dies ist durch die Art und Weise bedingt, wie die zugehörigen Datenstrukturen verwaltet werden (siehe weiter unten).

Der nächste verfügbare Dateideskriptor wird in `next_fd` festgehalten; sein Wert wird errechnet, indem 1 zur höchsten bisher verwendeten Filedeskriptorennummer addiert wird.

Standardmäßig stellt der Kern jedem Prozess die Möglichkeit bereit, `NR_OPEN_DEFAULT` Dateien zu öffnen; dieser Wert wird in `<sched.h>` definiert und standardmäßig auf `BITS_PER_LONG` gesetzt. Auf 32-Bit-Systemen ist die Initialzahl daher 32, während 64-Bit-Rechner 64 Dateien simultan bearbeiten können. Versucht ein Prozess, mehr Dateien gleichzeitig zu öffnen, muss der Kernel den Speicherplatz für verschiedene Elemente von `files_struct` erhöhen, die zur Verwaltung der Informationen über alle mit dem Prozess verbundenen Dateien verwendet werden:

- `fd` ist ein Array aus Zeigern auf `file`-Strukturen, die zur Verwaltung aller Informationen über eine geöffnete Datei verwendet werden. Der Filedeskriptor des Userspace-Prozesses dient als Index für das Array. Die momentane Größe des Arrays wird durch `max_fds` festgelegt.

- `open_fds` ist ein Bitfeld, das die Deskriptoren aller derzeit geöffneten Dateien verwaltet. Für jeden möglichen Dateideskriptor existiert genau ein Bit; wenn dieses auf 1 gesetzt ist, wird der entsprechende Deskriptor benutzt, ansonsten bleibt er unbenutzt. Die momentane Anzahl verwendbarer Bitpositionen ist durch `max_fdset` gegeben.

- `close_on_exec` ist ebenfalls ein Bitfeld, in dem die Deskriptoren aller Dateien festgehalten werden, die beim Aufruf des `exec`-Systemaufrufs (siehe Kapitel 2 („Prozessverwaltung")) zu schließen sind.

Zusätzlich finden sich drei statische Elemente in der Struktur, die sehr ähnliche Namen wie die eben gezeigten tragen: `close_on_exec_init`, `open_fds_init` und `fd_array`. Die Zeiger `fd`, `open_fds` und `close_on_exec` werden so initialisiert, dass sie auf diese drei in der Struktur enthaltenen Elemente zeigen. Das `fd`-Array enthält dadurch `NR_OPEN_DEFAULT` Einträge, während `close_on_exec` und `open_fds` durch Bitmaps mit 1024 Einträgen dargestellt werden. Dies erreicht der Kern durch den Datentryp `fd_set`, der die Bitmaps aus `unsigned longs` aufbaut.

```
<posix_types.h>   #define __NFDBITS       (8 * sizeof(unsigned long))
                  #define __FD_SETSIZE    1024
                  #define __FDSET_LONGS   (__FD_SETSIZE/__NFDBITS)

                  typedef struct {
                      unsigned long fds_bits [__FDSET_LONGS];
                  } fd_set;
```

Sollte eine dieser Grenzen nicht ausreichen, können die relevanten Elemente vom Kernel vergrößert werden, indem die Zeiger auf entsprechend größere Strukturen gerichtet werden. Da die Arrays in unterschiedlichen Schritten vergrößert werden, erklärt dies auch die Existenz getrennter Maximalwerte für Deskriptornummern und Dateielemente in der Struktur.

`struct file` verwendet man, um die charakteristischen Informationen über eine Datei aus Sicht des Kerns festzuhalten. Sie ist wie folgt definiert:

```
<fs.h>    struct file {
              struct list_head        f_list;
              struct dentry           *f_dentry;
              struct vfsmount         *f_vfsmnt;
              struct file_operations  *f_op;
              atomic_t                f_count;
```

7.3 Aufbau des VFS

```
        unsigned int            f_flags;
        mode_t                  f_mode;
        loff_t                  f_pos;
        struct fown_struct      f_owner;
        unsigned int            f_uid, f_gid;
        struct file_ra_state    f_ra;

        unsigned long           f_version;
};
```

Die Elemente haben folgende Bedeutung:

- `f_uid` und `f_gid` geben die Benutzer- und Gruppenkennzahl des Benutzers an.

- `f_owner` enthält Informationen über den Prozess, von dem die Datei bearbeitet wird (und legt damit fest, an welche PID ein SIGIO-Signal versandt werden soll, das bei der Realisierung asynchroner Ein- und Ausgabe verwendet wird).

- Die Readahead-Charakteristika werden in `f_ra` festgehalten. Dabei handelt es sich um einige Kennzahlen, die angeben, wie und ob Daten der Datei antizipatorisch gelesen werden sollen, bevor sie tatsächlich angefordert werden, um die Leistung des Systems zu erhöhen.

- Der beim Öffnen einer Datei übergebene Modus (hauptsächlich lesender, schreibender oder lesender *und* schreibender Zugriff) wird im `f_mode`-Feld festgehalten.

- `f_flags` dient der Aufnahme der zusätzlichen Flags, die beim `open`-Systemaufruf übergeben werden können.

- Die aktuelle Position des Dateizeigers, die bei aufeinander folgenden Leseoperationen oder beim Auslesen eines bestimmten Dateiabschnitts wichtig ist, wird in der Variablen `f_pos` festgehalten und gibt ein Offset in Bytes bezüglich des Anfangs der Datei an.

- `f_dentry` zeigt auf die Dentry-Struktur, durch die eine Zuordnung zwischen Dateinamen und Inode möglich wird.

- `f_op` legt die für die möglichen Dateioperationen verwendeten Funktionen fest (siehe Abschnitt 7.3.4).

- `f_version` wird von Dateisystemen verwendet, um zu prüfen, ob eine `file`-Instanz noch mit dem Inhalt der zugehörigen Inode kompatibel ist. Dies ist wichtig, um die Konsistenz von gecacheten Objekten zu sichern.

- `vfsmount` gibt Informationen über das Dateisystem an, in dem sich die Datei befindet; Abschnitt 7.4.1 wird sich genauer mit der zugehörigen Struktur befassen.

Jeder Superblock stellt mit dem `s_list`-Element einen Listenkopf bereit, der zur Aufnahme von `file`-Objekten verwendet werden kann – die Verknüpfung erfolgt über `file->f_list`. In der Liste befinden sich alle geöffneten Dateien aus dem vom Superblock repräsentierten Dateisystem. Die Liste wird beispielsweise durchsucht, wenn ein Dateisystem read-only wiedergemountet werden soll, das sich vorher im Read-Write-Modus befand. Damit dies möglich ist, dürfen natürlich keine Dateien im Schreibmodus geöffnet sein, was der Kern mit Hilfe der Liste sicherstellen kann.

`file`-Instanzen können mit `get_empty_filp` reserviert werden, die sich eines eigenen Slab-Caches bedient und die Instanz mit essentiellen Daten vorinitialisiert.

7.3.4 Dateioperationen

Eine Datei muss nicht nur Informationen speichern können, sondern auch Operationen anbieten, mit denen ihr Inhalt manipuliert werden kann. Dies erfolgt aus Benutzersicht, indem die verschiedenen Funktionen der Standardbibliothek verwendet werden. Diese veranlassen den Kernel über Systemaufrufe, die entsprechenden Aktionen durchzuführen. Die Schnittstelle darf sich natürlich nicht zwischen den einzelnen verwendeten Dateisystem-Implementierungen unterscheiden. Der VFSLayer stellt daher abstrahierte Operationen bereit, die allgemeine Dateiobjekte mit Low-Level-Mechanismen des zugrunde liegenden Dateisystems verknüpfen.

Die zur Abstraktion der Dateioperationen verwendete Struktur muss so allgemein wie möglich bzw. nötig gehalten werden, um ein breites Spektrum unterschiedlicher Ziele ansprechen zu können, ohne gleichzeitig zu viele spezialisierte Operationen anzubieten, die nur für einen bestimmten Dateityp Sinn ergeben, für alle anderen hingegen völlig nutzlos sind. Andererseits müssen die Spezialanforderungen der unterschiedlichen Ziele (normale Dateien, Gerätespezialdateien etc.) berücksichtigt werden, um ihre Leistung voll ausnutzen zu können.

In jeder `file`-Instanz gibt es einen Zeiger auf eine Instanz der Struktur `struct file_operations`, in der Funktionszeiger auf alle möglichen Datei-Operationen bereitgehalten werden. Sie ist folgendermaßen definiert:

<fs.h>
```
struct file_operations {
    struct module *owner;
    loff_t (*llseek) (struct file *, loff_t, int);
    ssize_t (*read) (struct file *, char __user *, size_t, loff_t *);
    ssize_t (*aio_read) (struct kiocb *, char __user *, size_t, loff_t);
    ssize_t (*write) (struct file *, const char __user *, size_t, loff_t *);
    ssize_t (*aio_write) (struct kiocb *, const char __user *, size_t, loff_t);
    int (*readdir) (struct file *, void *, filldir_t);
    unsigned int (*poll) (struct file *, struct poll_table_struct *);
    int (*ioctl) (struct inode *, struct file *, unsigned int, unsigned long);
    int (*mmap) (struct file *, struct vm_area_struct *);
    int (*open) (struct inode *, struct file *);
    int (*flush) (struct file *);
    int (*release) (struct inode *, struct file *);
    int (*fsync) (struct file *, struct dentry *, int datasync);
    int (*aio_fsync) (struct kiocb *, int datasync);
    int (*fasync) (int, struct file *, int);
    int (*lock) (struct file *, int, struct file_lock *);
    ssize_t (*readv) (struct file*, const struct iovec*, unsigned long, loff_t*);
    ssize_t (*writev) (struct file*, const struct iovec*, unsigned long, loff_t*);
    ssize_t (*sendfile) (struct file*, loff_t*, size_t, read_actor_t, void*);
    ssize_t (*sendpage) (struct file *, struct page *, int, size_t *, loff_t *, int);
    unsigned long (*get_unmapped_area)(struct file *, unsigned long,
                                       unsigned long, unsigned long,
                                       unsigned long);
}
```

Der `owner`-Eintrag wird nur verwendet, wenn ein Dateisystem nicht fest in den Kernel einkompiliert ist, sondern als Modul geladen wurde. Er zeigt in diesem Fall auf die Datenstruktur, die das Modul im Speicher repräsentiert.

Die meisten Zeigerbezeichnungen verraten bereits durch ihren Namen, welche Aufgabe sie durchführen (zudem existieren viele gleichnamige Systemaufrufe, die die entsprechende Funktion relativ direkt aufrufen):

- **read** und **write** werden verwendet, um – die Bezeichnungen lassen keinen Zweifel daran – Daten zu lesen oder zu schreiben. Neben der Filedeskriptornummer und einem Puffer, in dem sich die zu schreibenden/lesenden Daten befinden, wird ein Offset verwendet, der die

7.3 Aufbau des VFS

Position innerhalb der Datei angibt. Ein weiterer Zähler gibt an, wie viele Bytes gelesen bzw. geschrieben werden sollen.iDateien!Lesen

- `aio_read` wird für asynchrone Leseoperationen benutzt.

- `open` öffnet eine Datei, was der Verbindung eines `file`-Objekts mit einer Inode entspricht.

- `release` wird aufgerufen, wenn der Benutzerzähler eines `file`-Objekts auf 0 gesunken ist, wenn also niemand mehr die Datei verwendet. Sie ermöglicht den Low-level-Implementierungen die Freigabe nicht mehr benötigter Speicher- und Cacheinhalte.

- Ein sehr bequemer Zugriff auf Dateien wird möglich, wenn ihr Inhalt in den virtuellen Adressraum eines Prozesses eingeblendet wird. Dies erledigt `mmap`, deren Funktionsweise in Kapitel 3 („Speicherverwaltung") genauer besprochen wird.

- `readdir` liest den Inhalt einer Verzeichnisdatei aus und ist daher nur bei Objekten dieses Typs verfügbar.

- `ioctl` wird zur Kommunikation mit Hardwaregeräten verwendet, kann also nur auf Gerätespezialdateien, nicht aber auf andere Objekte angewendet werden (dort findet sich ein Nullzeiger). Die Methode wird benutzt, wenn keine Daten (wozu die `write`-Funktion existiert), sondern Steuerkommandos an ein Gerät geschickt werden sollen. Auch wenn die Funktion für alle Zubehörgeräte den gleichen Namen und die gleiche Aufrufsyntax trägt, unterscheiden sich die möglichen Kommandos je nach Hardware-spezifischer Gegebenheit.

- `poll` wird zur Implementierung der `poll`- und `select`-Systemaufrufe verwendet, die bei der Implementierung von synchronem IO-Multiplexing benötigt werden. Was versteht man darunter? Wenn ein Prozess auf Eingabedaten von einem Dateiobjekt wartet, wird die `read`-Funktion verwendet. Wenn noch keine Daten vorhanden sind (was beispielsweise der Fall sein kann, wenn der Prozess von einer externen Schnittstelle einliest), blockiert der Aufruf so lange, bis welche vorhanden sind. Dies kann zu nicht akzeptablen Situationen führen, wenn keine Daten mehr vorhanden sind: Die `read`-Funktion würde in diesem Fall ewig blockieren, weshalb das Programm ist nicht mehr ansprechbar wäre.

  `select` schafft Abhilfe: Die Funktion kann einen Timeout setzen, der eine Leseaktion nach Ablauf einer bestimmten Zeitspanne abbricht, in der keine neuen Daten eintreffen. Auf diese Weise wird sichergestellt, dass der Programmfluss auch dann fortgesetzt wird, wenn keine Daten mehr vorhanden sind.

- `flush` wird beim Schließen eines Dateideskriptors aufgerufen, was mit der Dekrementierung des Benutzungszählers einhergeht – dieser muss (im Gegensatz zu `release`) aber nicht 0 sein. Die Funktion wird von Netzwerkdateisystemen benötigt, um abschließende Übertragungen durchführen zu können.

- `fsync` wird von den Systemaufrufen `fsync` und `fdatasync` verwendet, die die Synchronisation des Dateiinhalts auf einem Speichermedium mit den Daten im Speicher(puffer) veranlassen.

- `fasync` wird beim Ein- und Ausschalten der signalgesteuerten Ein- und Ausgabe benötigt, bei der ein Prozess mit Hilfe von Signalen über Änderungen im Dateiobjekt informiert wird.

- **readv** und **writev** werden bei der Implementierung der gleichnamigen Systemaufrufe verwendet, die zum Schreiben respektive Lesen von Vektoren verwendet werden, bei denen es sich im Wesentlichen um Strukturen handelt, die einen nicht-zusammenhängenden Speicherbereich zur Aufnahme der Ergebnisse bzw. der Ausgangsdaten zur Verfügung stellen. Diese Technik bezeichnet man als *Fast Scatter-Gather*; sie kann verwendet werden, um mehrere hintereinander folgende Aufrufe von **read** und **write** zu vermeiden, die zu Performance-Nachteilen führen würden.

- Zur Implementierung des Sperrens von Dateien steht die Funktion **lock** bereit. Mit diesem Mechanismus kann die konkurrierende Benutzung einer Datei durch mehrere Prozesse synchronisiert werden.

- Netzwerkdateisysteme verwenden **revalidate**, um die Aktualität der Daten nach einem Medienwechsel in der Gegenstelle zu gewährleisten.

- **check_media_change** kann nur mit Gerätespezialdateien verwendet werden und überprüft, ob seit dem letzten Zugriff ein Medienwechsel erfolgt ist. Musterbeispiel hierfür sind die Blockgerätespezialdateien für CD-ROMs oder Floppys, deren Medium vom Benutzer ausgewechselt werden kann (bei Festplatten ist dies normalerweise nicht der Fall).

- **sendfile** wird verwendet, wenn Daten über den **sendfile**-Systemaufruf zwischen zwei Dateideskriptoren ausgetauscht werden sollen. Da auch Sockets (siehe Kapitel 9 („Netzwerke")) durch Dateideskriptoren repräsentiert werden können, ermöglicht die Funktion beispielsweise den effizienten und einfachen Austausch von Daten über das Netzwerk.

Ein Objekt, das die hier gezeigte Struktur als Schnittstelle verwendet, muss nicht notwendigerweise alle Möglichkeiten implementieren. Pipes zwischen zwei Prozessen stellen beispielsweise nur wenige der hier gezeigten Operationen bereit, da einige gar keinen Sinn ergeben – beispielsweise kann aus einer Pipe kein Verzeichnisinhalt gelesen werden, weshalb **readdir** nicht vorhanden ist.

Es gibt zwei Möglichkeiten, um die Nichtverfügbarkeit einer bestimmten Methode festzulegen: Entweder wird der Funktionszeiger mit einem Nullpointer belegt, oder es wird eine Dummyfunktion verwendet, die nichts anderes macht, als einen Fehlerwert zurückzugeben.

Für Blockgeräte (siehe Kapitel 5 („Gerätetreiber")) steht beispielsweise folgende **file_operations**-Instanz zur Verfügung:

fs/block_dev.c
```
struct file_operations def_blk_fops = {
        .open           = blkdev_open,
        .release        = blkdev_close,
        .llseek         = block_llseek,
        .read           = generic_file_read,
        .write          = blkdev_file_write,
        .aio_read       = generic_file_aio_read,
        .aio_write      = blkdev_file_aio_write,
        .mmap           = generic_file_mmap,
        .fsync          = block_fsync,
        .ioctl          = blkdev_ioctl,
        .readv          = generic_file_readv,
        .writev         = generic_file_writev,
        .sendfile       = generic_file_sendfile,
};
```

Das Ext3-Dateisystem verwendet einen anderen Satz an Funktionen:

```
struct file_operations ext3_file_operations = {                fs/ext3/file.c
        .llseek         = generic_file_llseek,
        .read           = do_sync_read,
        .write          = do_sync_write,
        .aio_read       = generic_file_aio_read,
        .aio_write      = ext3_file_write,
        .readv          = generic_file_readv,
        .writev         = generic_file_writev,
        .ioctl          = ext3_ioctl,
        .mmap           = generic_file_mmap,
        .open           = ext3_open_file,
        .release        = ext3_release_file,
        .fsync          = ext3_sync_file,
        .sendfile       = generic_file_sendfile,
};
```

Obwohl beide Objekte mit unterschiedlichen Zeigern belegt sind, bestehen doch einige Gemeinsamkeiten: Funktionen, deren Bezeichnung mit `generic_` beginnt. Hierbei handelt es sich um allgemeine Hilfsfunktionen des VFS-Layers, von denen wir einige in Abschnitt 7.5 besprechen werden.

Verzeichnisinformationen

Neben der Liste aller offenen Dateideskriptoren gibt es noch weitere prozessspezifische Daten, die verwaltet werden wollen. Dazu gibt es in jeder `task_struct`-Instanz einen Zeiger auf eine weitere Struktur vom Typ `fs_struct`:

```
struct fs_struct {                                             <fs_struct.h>
        atomic_t count;
        int umask;
        struct dentry * root, * pwd, * altroot;
        struct vfsmount * rootmnt, * pwdmnt, * altrootmnt;
};
```

`umask` repräsentiert die Standardmaske, die beim Setzen der Rechte für eine neue Datei angewendet wird. Der Wert kann mit dem Kommando `umask` ausgelesen bzw. gesetzt werden. Dazu wird intern der gleichnamige Systemaufruf verwendet, den wir hier allerdings nicht genauer besprechen.

Die `dentry`-Elemente der Struktur verweisen auf den Namen eines Verzeichnisses, während `vfsmount` ein gemountetes Dateisystem repräsentiert (wir werden weiter unten auf die genaue Definition der Datenstrukturen eingehen).

Es gibt sowohl drei Dentry- wie auch drei VFS=Mount-Elemente, die ähnliche Namen tragen. In der Tat sind die Einträge paarweise miteinander verknüpft:

- `root` und `rootmnt` geben sowohl das Wurzelverzeichnis wie auch das dafür verwendete Dateisystem des jeweiligen Prozesses an. Normalerweise handelt es sich dabei um das Verzeichnis / sowie das Root-Dateisystem des Systems. Bei Prozessen, die mit Hilfe von `chroot` (und implizit mit dem gleichnamigen Systemaufruf) in ein bestimmtes Unterverzeichnis eingesperrt worden sind, ändert sich dies natürlich, da anstelle des globalen Root-Verzeichnisses ein Unterverzeichnis eingesetzt wird, das der Prozess als „sein" neues Wurzelverzeichnis sieht.

- `pwd` und `pwdmnt` geben das aktuelle Arbeitsverzeichnis (*present working directory*) sowie die VFS-Mount-Struktur des entsprechenden Dateisystems an. Beide Angaben ändern sich dynamisch, wenn der Prozess sein aktuelles Arbeitsverzeichnis ändert, was bei der Benutzung einer Shell (mit Hilfe des cd-Kommandos) besonders häufig der Fall ist. Während sich der Wert von pwd für jeden Aufruf des chdir-Systemcalls ändert,[8] wird pwdmnt nur dann modifiziert, wenn man in den „Gültigkeitsbereich" eines neuen Mountpoints gelangt. Betrachten wir dazu das Beispiel, in dem das Diskettenlaufwerk unter dem Mountpoint /mnt/floppy ins System eingehängt ist. Ein Benutzer startet mit der Shell im Rootverzeichnis / und wechselt dann mit den nacheinander aufgerufenen Kommandos cd /mnt, cd floppy in das entsprechende Verzeichnis. Beide Kommandos verursachen eine Veränderung der Daten in fs_struct:

- cd /mnt ändert den pwd-Eintrag, lässt aber den pwdmnt-Eintrag auf demselben Wert wie vorher – schließlich befinden wir uns immer noch im Bereich des Rootverzeichnisses.

- cd floppy ändert sowohl den Wert von pwd als auch den Wert von pwdmnt, da wir nicht nur in ein neues Verzeichnis gewechselt sind, sondern uns nun auch im Bereich eines neuen Dateisystems befinden.

■ Die Elemente altroot und altrootmnt werden bei der Implementierung von *Personalities* verwendet, die es ermöglichen, eine Emulationsumgebung für Binärprogramme zu schaffen, die ein anderes Betriebssystem als Linux vorgaukeln. Auf Sparc-Systemen kommt die Methode beispielsweise zum Einsatz, um SunOS nachzuahmen; hierzu werden spezielle Dateien und Bibliotheken in ein Verzeichnis (üblicherweise /usr/gnemul/) installiert, die für die Emulation erforderlich sind. Die Informationen über diesen Pfad werden in den alt-Elementen gespeichert.

Das genannte Verzeichnis wird bei der Suche nach einer Datei immer zuerst durchsucht, um Bibliotheken oder Systemdateien der Emulation vor den Linux-Originalen zu finden (erst anschließend wird nach ihnen gesucht). Dies ermöglicht die parallele Verwendung unterschiedlicher Bibliotheken für verschiedene Binärformate. Da die Technik nicht sehr oft verwendet wird, wollen wir uns hier nicht weiter mit ihr beschäftigen.

Namensräume

Unter einem *Namensraum* versteht man die Menge aller eingehängten Dateisysteme, aus denen sich der Verzeichnisbaum eines Prozesses zusammensetzt. Die meisten Unix-Varianten stellen nur einen einzigen Namensraum zur Verfügung, der für alle Prozesse des Systems gleich ist,[9] wir es auch in früheren Versionen von Linux der Fall war. Während der Entwicklung von Kernel 2.5[10] wurde allerdings die Möglichkeit eingeführt, voneinander unabhängige Namensräume zu schaffen, die auch als *task private namespaces* bezeichnet werden.

Normalerweise erben geforkte bzw. geclonte Prozesse den Namensraum ihres Elternprozesses. Durch Verwendung des Flags CLONE_NEWNS wird allerdings erreicht, dass ein neuer Namensraum angelegt wird. Wird dieser verändert, propagieren die Änderungen nicht an Prozesse, die einem anderen Namensraum angehören. Ebensowenig wirken sich die Änderungen an anderen Namensräumen am neu erzeugten Namensraum aus.

---

8 Die einzige Ausnahme ist ein Wechsel ins .-Verzeichnis.
9 chroot-Umgebungen bilden keine Ausnahme, da sie zwar nicht auf den kompletten Verzeichnisbaum zugreifen können, aber dennoch von Änderungen des Namensraums – beispielsweise Aushängen eines Verzeichnisses – betroffen sind, wenn die Änderungen in ihrem Gültigkeitsbereich liegen.
10 Die Änderungen wurden auch in die stabile Kernelversion 2.4.19 übernommen.

7.3 Aufbau des VFS

Der Kern verwendet folgende Struktur, um einen Namensraum zu verwalten:

```
struct namespace {                                          <fs.h>
    atomic_t            count;
    struct vfsmount *   root;
    struct list_head    list;
};
```

count ist ein Benutzungszähler, der angibt, von wie vielen Prozessen der Namensraum verwendet wird. root zeigt auf die vfsmount-Instanz des Root-Verzeichnisses, während list als Ausgangspunkt für eine doppelt verkettete Liste dient, in der sich alle vfsmount-Instanzen befinden, die über ihr mnt_list-Element verknüpft werden.

Operationen wie mount und umount, die zur Manipulation von Namensräumen verwendet werden, wirken nicht auf eine globale Datenstruktur des Kerns (wie es früher der Fall war), sondern manipulieren die namespace-Instanz des aktuellen Prozesses, die über das gleichnamige Element der Taskstruktur erreichbar ist. Da alle Prozesse eines Namensraums die gleiche namespace-Instanz miteinander teilen, wirkt sich die Änderung automatisch auf alle Mitglieder aus.

7.3.5 Dentry-Cache

Wir haben weiter oben bereits erwähnt, dass es wegen der langsamen Blockmedien relativ lange dauern kann, um die zu einem Dateinamen gehörende Inode zu finden. Selbst wenn sich die Daten des Geräts bereits im Seitencache (siehe Kapitel 12 („Page- und Buffer-Cache")) befinden, ist es unsinnig, die Lookup-Operation bei jeder Gelegenheit komplett zu wiederholen.

Linux verwendet den *Dentry-Cache*, um die Resultate von Lookups schnell verfügbar zu machen, nachdem die Nachschlageoperation einmal komplett durchgeführt wurde (wir werden in Abschnitt 7.4.2 genauer darauf eingehen). Der Cache ist um struct dentry herum aufbaut, deren Name in den vorhergehenden Ausführungen bereits einige Male gefallen ist.

Nachdem die Daten eines Verzeichnis- oder Dateieintrags durch das virtuelle Dateisystem zusammen mit den Dateisystem-Implementierungen eingelesen wurde, wird eine dentry-Instanz zum Cachen der herausgefundenen Daten angelegt.

Dentry-Strukturen

Die Struktur ist wie folgt definiert:

```
struct dentry {                                             <dcache.h>
    atomic_t d_count;
    unsigned long d_vfs_flags;      /* moved here to be on same cacheline */
    spinlock_t d_lock;              /* per dentry lock */
    struct inode  * d_inode;        /* Where the name belongs to - NULL is negative */
    struct list_head d_lru;         /* LRU list */
    struct list_head d_child;       /* child of parent list */
    struct list_head d_subdirs;     /* our children */
    struct list_head d_alias;       /* inode alias list */
    unsigned long d_time;           /* used by d_revalidate */
    struct dentry_operations *d_op;
    struct super_block * d_sb;      /* The root of the dentry tree */
    unsigned int d_flags;
    int d_mounted;
    void * d_fsdata;                /* fs-specific data */
    unsigned long d_move_count;     /* to indicate moved dentry */
    struct qstr * d_qstr;           /* quick str ptr */
    struct dentry * d_parent;       /* parent directory */
```

```
            struct qstr d_name;
            struct hlist_node d_hash;        /* lookup hash list */
            struct hlist_head * d_bucket;    /* lookup hash bucket */
            unsigned char d_iname[DNAME_INLINE_LEN_MIN]; /* small names */
    } ____cacheline_aligned;
```

Die vorhandenen `dentry`-Instanzen bilden ein Netzwerk, das die Struktur des Dateisystems nachbildet: Alle Dateien und Unterverzeichnisse, die zu einer `dentry`-Instanz für ein gegebenes Verzeichnis gehören, werden (ebenfalls als `dentry`-Instanzen) auf der `d_subdirs`-Liste aufgereiht, wozu in den Kindelementen `d_child` zur Verknüpfung verwendet wird.

Die Topologie des Dateisystems wird allerdings nicht vollständig beschrieben, da sich immer nur ein kleiner Ausschnitt davon im Dentry-Cache befindet: Die am häufigsten verwendenten Dateien und Verzeichnisse werden im Speicher vorgehalten. Es wäre zwar prinzipiell möglich, `dentry`-Einträge für *alle* Dateisystemobjekte zu erzeugen, was aber aus RAM- und Performance-Gründen inakzeptabel ist.

Wie bereits mehrfach angesprochen, besteht der Hauptzweck der `dentry`-Struktur darin, die Verbindung zwischen einem Dateinamen und der damit verbundenen Inode herzustellen. Dazu dienen drei Elemente:

- `d_inode` ist ein Zeiger auf die entsprechende Inoden-Instanz. Achtung: Für `d_inode` wird ein Nullzeiger verwendet, wenn ein `dentry`-Objekt für einen nicht existierenden Dateinamen angelegt wird.[11]

- `d_name` gibt den Namen der Datei an. `qstr` ist ein String-Wrapper des Kerns, der neben dem eigentlichen `char*`-String auch dessen Länge und Hashsumme speichert und dadurch angenehmer zu bearbeiten ist.

  Achtung: Es wird kein absoluter Dateiname gespeichert, sondern nur die letzte Komponente, bei `/usr/bin/emacs` also beispielsweise nur `emacs`. Die Verzeichnishierarchie wird schließlich bereits durch die eben beschriebene Listenstruktur nachgebildet.

- Wenn der Dateiname aus nur wenigen Zeichen besteht, wird er nicht in `dname`, sondern in `d_iname` gespeichert, da dies den Zugriff beschleunigt.

  Die *minimale* Länge, bis zu der ein Dateiname als „kurz" angesehen wird, ist durch `DNAME_INLINE_NAME_LEN` gegeben und beträgt (mindestens) 16 Zeichen. Da sich das Element aber am Ende der Struktur befindet und die Cacheline, in der sich die Daten befinden, möglicherweise noch mehr Speicherplatz zur Verfügung stellt (dies hängt von Architektur und Prozessortyp ab), kann der Kern manchmal auch längere Dateinamen unterbringen.

Die anderen Elemente haben folgende Bedeutung:

- `d_parent` ist ein Zeiger auf das übergeordnete Verzeichnis, in dessen `d_subdirs`-Liste sich die `dentry`-Instanz befindet. Lediglich beim Wurzelverzeichnis (für das es kein übergeordnetes Verzeichnis gibt) zeigt `d_parent` auf die eigene `dentry`-Instanz.

- `d_mounted` wird auf 1 gesetzt, wenn das `dentry`-Objekt einen Mountpoint repräsentiert, anderenfalls ist es 0.

---

11 Dies ist sinnvoll, um das Nachschlagen nicht existierender Dateinamen zu beschleunigen, das schließlich genauso lange dauert wie das Nachschlagen einer tatsächlich vorhandenen Datei.

7.3 Aufbau des VFS

- **d_alias** wird verwendet, um die `dentry`-Objekte gleicher Dateien zu verknüpfen. Diese Situation entsteht, wenn Links verwendet werden, die eine Datei unter zwei verschiedenen Namen im Dateisystem verfügbar machen. Die Liste wird von der entsprechenden Inode aus verlinkt, indem ihr `i_dentry`-Element als Listenkopf verwendet wird; die Verknüpfung der einzelnen `dentry`-Objekte erfolgt durch `d_alias`.

- **d_op** zeigt auf eine Struktur mit Funktionszeigern, die verschiedene Operationen für `dentry`-Objekte bereitstellen. Diese müssen von den zugrunde liegenden Dateisystemen implementiert werden. Wir werden weiter unten genauer auf den Inhalt der Struktur eingehen.

- **s_sb** ist ein Zeiger auf die Superblockinstanz des Dateisystems, zu der das `dentry`-Objekt gehört. Der Zeiger ermöglicht die Aufteilung der einzelnen `dentry`-Instanzen auf die im System vorhandenen (und eingehängten) Dateisysteme. Da in jeder Superblockstruktur ein Zeiger auf das `dentry`-Element des Verzeichnisses vorhanden ist, in dem das Dateisystem eingehängt ist, lässt sich der Dentry-Baum in mehrere Teilbäume zerlegen.

Alle im Speicher aktiven Instanzen von `dentry` werden in einer Hashtabelle gehalten, die über die globale Variable `dentry_hashtable` aus `fs/dcache.c` realisiert wird. Zur Auflösung von Hashkollisionen wird eine Überlaufkette verwendet, die mit `d_hash` implementiert wird.

Des Weiteren existiert eine zweite Dentry-Liste im Kernel, die von der globalen Variablen `dentry_unused` angeführt wird (die Variable wird ebenfalls in `fs/dcache.c` initialisiert). Welche Einträge sind auf dieser Liste? Alle Dentry-Instanzen, deren Benutzungszähler `d_count` auf 0 gesunken ist (die also, mit anderen Worten ausgedrückt, von keinem Prozess mehr verwendet werden), geraten automatisch auf diese Liste. Wie diese Liste verwaltet wird, sehen wir im nächsten Abschnitt, in dem der Aufbau des Dentry-Caches beschrieben wird.

Achtung: Dentry-Objekte sind zwar sehr komfortabel, wenn der Kernel Informationen über eine Datei herausfinden muss, stellen aber dennoch nicht das Hauptobjekt dar, mit dem eine Datei und ihr Inhalt repräsentiert wird – dies ist weiterhin die Inode. Es gibt beispielsweise keine Möglichkeit, anhand eines `dentry`-Objekts herauszufinden, ob eine Datei modifiziert wurde oder nicht; dazu muss auf die entsprechende Inoden-Instanz zurückgegriffen werden – diese ist aber mit Hilfe des `dentry`-Objekts sehr leicht zu finden.

Organisation des Caches

Neben der Vereinfachung der Arbeit mit Dateisystemstrukturen sind Dentry-Strukturen vor allem für die Leistung des Systems wichtig: Sie sollen die Arbeit mit dem virtuellen Dateisystem beschleunigen, indem sie die Kommunikation mit den zugrunde liegenden Dateisystemimplementierungen auf ein Minimum beschränken.

Jede Anfrage an das virtuelle Dateisystem, die an die zugrunde liegenden Implementierungen weitergereicht wird, resultiert in einem neuen `dentry`-Objekt, das die Ergebnisse der Untersuchung enthält. Diese Objekte werden in einem Cache vorgehalten, um den nächsten Zugriff zu beschleunigen und die Operation schneller vonstatten gehen zu lassen. Wie ist der Cache organisiert? Er besteht aus zwei Komponenten, um `dentry`-Objekte im Speicher zu organisieren:

- eine Hashtabelle, in der sich alle Dentry-Objekte befinden.

- eine LRU-Liste (*least recently used*), in der nicht mehr verwendete Objekte ihre letzte Gnadenfrist erhalten, bevor sie aus dem Speicher entfernt werden.

Wie bereits erwähnt, wird die Hashtabelle nach klassischem Muster implementiert. d_hash aus fs/dcache.c wird verwendet, um die Hashposition eines dentry-Objekts zu ermitteln.

Die Behandlung der LRU-Liste ist etwas trickreicher. Sie wird von der globalen Variable dentry_unused angeführt; die darin enthaltenen Objekte werden über das d_lru-Element miteinander verbunden.

Der Benutzungszähler jedes Objekts auf der Liste (d_count) ist auf 0 gesunken, was bedeutet, dass er von keiner Applikation mehr aktiv verwendet wird. Frisch hinzugekommene Einträge werden immer am Anfang der Liste eingefügt Ein Eintrag ist also umso älter, je weiter hinten sich befindet – das klassische LRU-Prinzip. Von Zeit zu Zeit wird die Funktion prune_cache verwendet, um alte Objekte zu entfernen und dadurch wieder mehr Speicherplatz verfügbar zu machen.

Da sich Objekte der LRU-Liste auch weiterhin in der Hashtabelle befinden, können sie von Lookup-Operationen aufgefunden werden, die auf der Suche nach dem durch sie repräsentierten Eintrag sind. In diesem Fall wird das Objekt wieder aus der LRU-Liste entfernt, da es nun wieder aktiv verwendet wird. Auch der Benutzungszähler wird inkrementiert.

Dentry-Operationen

Die Struktur dentry_operations wird verwendet, um Funktionszeiger auf verschiedene dateisystemspezifische Operationen zu speichern, die mit dentry-Objekten durchgeführt werden können. Sie ist wie folgt definiert:

<dcache.c>
```
struct dentry_operations {
        int (*d_revalidate)(struct dentry *, int);
        int (*d_hash) (struct dentry *, struct qstr *);
        int (*d_compare) (struct dentry *, struct qstr *, struct qstr *);
        int (*d_delete)(struct dentry *);
        void (*d_release)(struct dentry *);
        void (*d_iput)(struct dentry *, struct inode *);
};
```

- d_iput löst eine Inode von einem nicht mehr verwendeten dentry-Objekt (die Standard-Implementierung besteht in der Dekrementierung des Benutzungszählers und der Entfernung der Inode aus den diversen Verwaltungslisten, falls der Zähler auf 0 zurückgegangen ist).

- d_delete wird nach Entfernung der letzten Referenz (wenn d_count auf 0 gefallen ist) aufgerufen.

- d_release wird vor dem endgültigen Löschen eines dentry-Objekts aufgerufen. Sowohl die Standard-Implementierung für d_release wie auch die für d_delete machen nichts.

- d_hash berechnet Hashwerte, die zum Einreihen des Objekts in die Dentry-Hashtabelle verwendet werden kann.

- d_compare wird zum Vergleich der Dateinamen zweier dentrys verwendet: Während das VFS einen einfachen Stringvergleich durchführt, können Dateisysteme dieses Verhalten ihren Vorgaben gemäß überschreiben, wovon beispielsweise die FAT-Implementierung Gebrauch macht: Da die hier verwendeten Dateinamen nicht case-sensitiv sind, die Verwendung von Klein- oder Großbuchstaben in einer Dateibezeichnung also keinen Unterschied darstellt, würde ein einfacher Stringvergleich hier das falsche Ergebnis liefern, weshalb eine eigene Funktion bereitgestellt werden muss.

- `d_revalidate` ist vor allem für Netzwerkdateisysteme interessant. Sie überprüft, ob die von den einzelnen `dentry`-Objekten im Speicher aufgespannte Struktur noch mit der aktuellen Situation übereinstimmt. Da das zugrunde liegende Dateisystem hier nicht direkt mit dem Kernel/VFS verbunden ist und alle Informationen über eine Netzwerkverbindung eingeholt werden müssen, ist es möglich, dass einige `dentrys` durch in der Gegenstelle durchgeführte Änderungen am Dateisystem nicht mehr gültig sind. Die Verwendung dieser falschen Angaben lässt sich durch die genannte Funktion korrigieren.

  Da lokale Dateisysteme normalerweise nicht in solche Inkonsistenzen geraten können, führt die Standard-Implementierung des VFS keine Aktion durch, wenn `d_revalidate` aufgerufen wird.

Da die genannten Funktionen von den meisten Dateisystemen nicht implementiert werden, gilt die Konvention, dass die Operationen immer durch die VFS-Standard-Implementierung ersetzt werden, wenn sich ein Nullzeiger für eine Funktion findet.

7.4 Arbeiten mit VFS-Objekten

Die bis jetzt vorgestellten Datenstrukturen dienen als Basis für die Arbeit mit dem VFS-Layer, den wir in diesem Abschnitt genauer untersuchen werden. Zunächst werden wir Ein- und Aushängen von Dateisystemen (und das dazu erforderliche Registrieren von Dateisystemen) besprechen; anschließend werden wir die wichtigsten und interessantesten Funktionen vorstellen, die sich mit Dateien und allen anderen Objekten beschäftigen, die über dieselben Schnittstellen repräsentiert werden.

Ausgangspunkt sind meist Systemaufrufe, die von der Standardbibliothek zur Kommunikation mit dem Kern verwendet werden.

7.4.1 Dateisystemoperationen

Während Operationen mit Dateien zum Standardprogramm jeder Applikation gehören, beschränkt sich die Durchführung dateisystemrelevanter Aktionen auf einige wenige Systemprogramme. Hauptsächlich handelt es sich dabei um die Programme `mount` und `umount`,[12] die zum Ein- und Aushängen von Dateisystemen verwendet werden.

Neben dem Ein- und Aushängen von Dateisystemen in die Verzeichnisstruktur gibt es aber noch einen zweiten Punkt, der beachtet werden muss: Dateisysteme sind im Kernel modular implementiert, was bedeutet, dass sie entweder fest einkompiliert, als Modul integriert sind (siehe Kapitel 6 („Module")) oder komplett ignoriert werden können, indem der Kern ohne Unterstützung für eine entsprechende Variante übersetzt wird – bei rund 50 möglichen Dateisystemen würde es auch wenig sinnvoll sein, den Code für alle Varianten immer im Kern zu haben.

Damit Linux einen Überblick zu den vorhandenen Dateisystemen erhält und auch auf die zum Mounten benötigten Funktionen zugreifen kann, muss sich jedes Dateisystem im Kern registrieren, bevor es verwendet werden kann.

Anmelden von Dateisystemen

Für die Registrierung eines Dateisystems im Kernel stellt es keinen Unterschied dar, ob der Code als Modul übersetzt wurde oder fest in den Kern eingebunden ist. Auch wenn sich der Zeitpunkt

---

[12] In frühen Unix-Versionen hieß dieser Befehl – eigentlich logisch – `unmount`; das erste n ist aber irgendwann in der langen Geschichte dieses Betriebsystems verloren gegangen.

der Registrierung für beide Varianten unterscheidet (fest eingebundene Dateisysteme werden automatisch beim Booten registriert, während modulare Dateisysteme sich beim Laden des Moduls beim Kernel anmelden), ist die technische Vorgehensweise in beiden Fällen gleich.

register_filesystem aus fs/super.c wird verwendet, um ein Dateisystem im Kern zu registrieren. Die Funktion ist recht einfach aufgebaut: Alle vorhandenen Dateisysteme sind in einer (einfach) verketteten Liste gespeichert, wobei in jedem darin enthaltenen Objekt der Name des Dateisystems als Zeichenkette enthalten ist. Zum Einfügen eines neuen Dateisystems wird diese Liste einfach Element für Element durchsucht, bis entweder das Listenende erreicht ist oder das gewünschte Dateisystem in der Liste gefunden wurde. In letzterem Fall wird eine entsprechende Fehlermeldung zurückgegeben (ein Dateisystem kann schließlich nicht zweifach registriert werden); anderenfalls wird das beschreibende Objekt für das neue Dateisystem am Ende der Liste angefügt und ist somit im Kernel registriert.

Die zur Beschreibung eines Dateisystems verwendete Struktur ist wie folgt aufgebaut:

<fs.h>
```
struct file_system_type {
        const char *name;
        int fs_flags;
        struct super_block *(*get_sb) (struct file_system_type *, int, char *, void *);
        void (*kill_sb) (struct super_block *);
        struct module *owner;
        struct file_system_type * next;
        struct list_head fs_supers;
};
```

name wird verwendet, um den Namen des Dateisystems als Zeichenkette aufzunehmen (und enthält daher Werte wie reiserfs, ext2 o.ä.). fs_flags dient zur Aufnahme von hier nicht weiter besprochenen Flags, die beispielsweise zum Read-only-Mounten, dem Verbot von Setuid/Setgid-Ausführungen oder anderen Feineinstellungen verwendet werden können. owner ist ein Zeiger auf eine Modulstruktur, die nur dann einen Wert enthält, wenn das Dateisystem als Modul geladen wurde (fest in den Kernel einkompilierte Varianten verwenden hier einen Nullpointer).

Die Verkettung der vorhandenen Dateisysteme erfolgt über das next-Element, das *nicht* von den normalerweise üblichen Listenfunktionen Gebrauch machen kann, da die Liste nur in eine Richtung verlinkt ist.

Die interessanteren Einträge sind fs_supers sowie der Funktionszeiger get_sb. Für jedes eingehängte Dateisystem wird eine Superblock-Struktur im Speicher angelegt, in der relevante Informationen sowohl zum Dateisystem selbst wie auch zum Mountpoint verwaltet werden. Da mehrere Dateisysteme *des gleichen Typs* gemountet werden können (bestes Beispiel hierfür ist die Verwendung des gleichen Dateisystemtyps auf Home- und Root-Partition), existieren mehrere Superblock-Strukturen für einen einzigen Dateisystemtyp, die in einer verketteten Liste zusammengefasst sind. fs_supers wird als Listenkopf für diese Liste verwendet; genauere Details finden sich in den weiter unten folgenden Ausführungen zum Mounten von Dateisystemen.

Ebenfalls von großer Bedeutung für den Mountprozess ist die im get_sb-Feld gespeicherte Funktion zum Einlesen des Superblocks vom zugrunde liegenden Speichermedium, die logischerweise vom jeweiligen Dateisystem abhängt und nicht abstrahiert implementiert werden kann. Die Funktion kann sich auch *nicht* in der weiter oben besprochenen super_operations-Struktur befinden, da das Superblock-Objekt zusammen mit dem entsprechenden Zeiger auf diese Struktur erst durch den Aufruf von get_sb angelegt wird.

kill_super wird aufgerufen, wenn ein Dateisystemtyp nicht mehr benötigt wird. Die Funktion kann zur Durchführung von Säuberungsaufgaben verwendet werden.

7.4 Arbeiten mit VFS-Objekten

Mounten und Unmounten

Das Ein- und Aushängen von Verzeichnisbäumen ist wesentlich umfangreicher und komplexer als das bloße Registrieren von Dateisystemen, da die dafür notwendigen Manipulationen von kernelinternen Datenstrukturen deutlich komplizierter sind, als es beim Einfügen von Objekten in eine einfache verkettete Liste der Fall ist. Bekanntlich wird das Mounten eines Dateisystems durch den mount-Systemaufruf angestoßen. Bevor wir die einzelnen Schritte im Detail besprechen, wollen wir klarmachen, welche Teilaufgaben erforderlich sind, um ein neues Dateisystem in den bereits bestehenden Verzeichnisbaum einzuhängen. Ebenso müssen wir die Datenstruktur besprechen, mit deren Hilfe Mountpunkte charakterisiert werden.

VFS-Mountstrukturen Unix verwendet eine einzige Dateisystemhierarchie, in die neue Dateisysteme integriert werden können, wie Abbildung 7.4 zeigt.

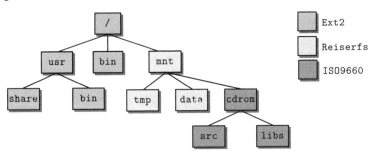

Abbildung 7.4: Dateisystemhierarchie mit verschiedenen Dateisystem-Typen

In der Abbildung sehen Sie drei verschiedene Dateisysteme: Für das globale Wurzelverzeichnis / wird das Ext2-Dateisystem verwendet (siehe Kapitel 8 („Dateisystemimplementierungen")), /mnt ist mit einem ReiserFS belegt und /mnt/cdrom macht von dem auf CD-ROMs verbreiteten ISO9660-Format Gebrauch, wie man mit mount abfragen kann:

```
wolfgang@meitner> mount
/dev/hda7 on / type ext2 (rw)
/dev/hda3 on /mnt type reiserfs (rw)
/dev/hdc on /mnt/cdrom type iso9660 (ro,noexec,nosuid,nodev,user=wolfgang)
```

Die Verzeichnisse /mnt und /mnt/cdrom werden als *Mountpoint* oder Mountpunkt bezeichnet, da hier Dateisysteme eingehängt sind. Jedes der eingehängten Filesystems besitzt ein lokales Wurzelverzeichnis, unter dem sich die im Dateisystem vorhandenen Verzeichnisse befinden (im Fall der CD-ROM sind dies die beiden Ordner source und libs). Beim Einhängen eines Verzeichnisses wird der Inhalt des Mountpoints durch das relative Wurzelverzeichnis des gemounteten Dateisystems ersetzt; die bisher darin enthaltenen Daten verschwinden, bis das neu eingehängte Verzeichnis wieder ausgehängt wird (die Daten auf dem Speichermedium des alten Dateisystems werden davon natürlich nicht beeinflusst, auf sie kann lediglich nicht mehr zugegriffen werden).

Mounts lassen sich untereinander verschachteln, wovon wir auch in unserem Beispiel Gebrauch gemacht haben: Im Verzeichnis /mnt/cdrom ist das CD-ROM eingehängt; das entsprechende relative Wurzelverzeichnis des ISO9660-Dateisystems wird innerhalb eines Reiser-Dateisystems eingehängt und kommt mit dem für das globale Root-Verzeichnis verwendeten Second Extended Filesystem nicht in Berührung. Mounts können ohne Probleme untereinander verschachtelt werden.

Um die Relationen zwischen zwei Dateisystemen besser beschreiben zu können, verwendet man die auch in anderen Teilen des Kernels üblichen Eltern- und Kindbezeichnungen: Das Ext2-FS ist das Elterndateisystem für das ReiserFS in /mnt; in /mnt/cdrom befindet sich das Kinddateisystem von /mnt, die mit dem Ext2-Rootdateisystem (zumindest aus dieser Sicht) nichts zu tun haben.

Grundlage für jedes eingehängte Dateisystem bildet eine Instanz der Struktur vfsmount, die wie folgt definiert ist:

<mount.h>
```
struct vfsmount {
    struct list_head mnt_hash;
    struct vfsmount *mnt_parent;       /* fs we are mounted on */
    struct dentry *mnt_mountpoint;     /* dentry of mountpoint */
    struct dentry *mnt_root;           /* root of the mounted tree */
    struct super_block *mnt_sb;        /* pointer to superblock */
    struct list_head mnt_mounts;       /* list of children, anchored here */
    struct list_head mnt_child;        /* and going through their mnt_child */
    atomic_t mnt_count;
    int mnt_flags;
    char *mnt_devname;                 /* Name of device e.g. /dev/dsk/hda1 */
    struct list_head mnt_list;
};
```

mnt_mntpoint ist die Dentry-Struktur des Mountpunkts *im Elternverzeichnis*, in den das Dateisystem eingehängt wurde, während das relative Wurzelverzeichnis des Dateisystems selbst in mnt_root gespeichert wird. Es existieren zwei Dentry-Instanzen, um das gleiche Verzeichnis zu repräsentieren (nämlich den Mountpoint), was dazu dient, die bisher darin enthaltenen Informationen nicht aus dem Speicher zu löschen und direkt nach dem Aushängen eines Dateisystems den alten Inhalt des Mountpoints wieder zugänglich zu machen. Bei der Besprechung des mount-Systemaufrufs wird die Notwendigkeit zweier Dentry-Einträge offensichtlich werden, auch wenn es an dieser Stelle etwas seltsam erscheinen dürfte.

Um eine Verbindung zum assoziierten Superblock herzustellen (von dem für jedes *eingehängte* Dateisystem genau eine Instanz existiert), wird der Zeiger mnt_sb verwendet; mnt_parent zeigt auf die vfsmount-Struktur des Elterndateisystems.

Die Eltern-Kind-Beziehungen werden durch eine verkettete Liste repräsentiert, zu deren Realisierung zwei Elemente der Struktur verwendet werden: mnt_mounts ist ein Listenkopf, der als Ausgangspunkt für die Liste aller Kinddateisysteme existiert, während zur Verkettung der einzelnen Elemente das Feld mnt_child verwendet wird.

Jede vfsmount-Instanz des Systems kann (neben den Eltern-Kind-Beziehungen) auf zwei weitere Arten im System identifiziert werden: Zum einen finden sich alle eingehängten Dateisysteme eines Namensraums auf einer verketteten Liste, die von namespace->list angeführt wird; die einzelnen Objekte werden über das mnt_list-Element verknüpft. Die Topologie wird hier nicht beachtet, da alle betroffenen Mounts einfach der Reihe nach aufgeführt werden.

Zusätzlich wird eine Hashtabelle verwendet, die die Bezeichnung mount_hashtable trägt und in fs/namespace.c definiert wird; die Überlaufliste wird mit mnt_hash als verkettete Liste realisiert. Zur Berechnung der Hashsumme wird neben der Adresse der vfsmount-Instanz auch die Adresse des zugehörigen dentry-Objekts verwendet.

Superblockverwaltung Die Mountstrukturen selbst sind nicht die einzigen Objekte im Speicher, die beim Einhängen neuer Dateisysteme erzeugt werden. Ausgangspunkt beim Mounten eines Dateisystems ist das Einlesen einer als *Superblock* bezeichneten Struktur, die in den bisherigen Ausführungen zwar einige Male genannt, aber noch nicht präzise definiert wurde. Dies holen wir nun nach.

7.4 Arbeiten mit VFS-Objekten

Der in den `file_system_type`-Objekten gespeicherte Funktionszeiger `read_super` liefert ein Objekt des Typs `super_block` zurück, das einen Superblock im Speicher repräsentiert. Er wird mit Hilfe der Low-level-Implementierung generiert.

Die Strukturdefinition ist sehr umfangreich, weshalb wir eine etwas vereinfachte Version betrachten, die allerdings immer noch nicht gerade schlank ist:

```
struct super_block {                                        <fs.h>
        struct list_head        s_list;         /* Keep this first */
        dev_t                   s_dev;          /* search index; _not_ kdev_t */
        unsigned long           s_blocksize;
        unsigned long           s_old_blocksize;
        unsigned char           s_blocksize_bits;
        unsigned long long      s_maxbytes;     /* Max file size */
        struct file_system_type *s_type;
        struct super_operations *s_op;
        unsigned long           s_flags;
        unsigned long           s_magic;
        struct dentry           *s_root;

        struct list_head        s_dirty;        /* dirty inodes */
        struct list_head        s_io;           /* parked for writeback */
        struct hlist_head       s_anon;         /* anonymous dentries for (nfs) exporting */
        struct list_head        s_files;

        struct block_device     *s_bdev;
        struct list_head        s_instances;

        char s_id[32];                          /* Informational name */

        void                    *s_fs_info;     /* Filesystem private info */
};
```

- `s_blocksize` und `s_blocksize_bits` geben die Blockgröße des jeweiligen Dateisystems an (eine Größe, die vor allem bei der Organisation der Daten auf dem Festspeichermedium von Interesse ist, wie Kapitel 8 („Dateisystemimplementierungen") zeigt); die beiden Variablen repräsentieren prinzipiell dieselbe Information, jedoch wird als Einheit für `s_blocksize` Kilobytes verwendet, während die `_bits`-Variante den Zweierlogarithmus dieser Zahl speichert.[13]

- `s_maxbytes` enthält die maximale Dateigröße, die das Dateisystem verarbeiten kann, und ändert sich zwischen den verschiedenen Implementierungen.

- `s_type` wird verwendet, um die Verbindung mit den allgemeinen Typinformationen des Dateisystems herzustellen. Das Element zeigt auf die in Abschnitt 7.4.1 besprochene `file_system_type`-Instanz.

- `s_root` verbindet den Superblock mit dem Dentry-Eintrag des globalen Root-Verzeichnisses. Achtung: Nur die Superblöcke von normal sichtbaren Dateisystemen zeigen auf die Dentry-Instanz des Rootverzeichnisses `/`; Varianten für Dateisysteme mit Sonderfunktionen, die nicht in der regulären Verzeichnishierarchie erscheinen (beispielsweise PipeFS oder SocketFS) verweisen auf spezielle Einträge, die *nicht* mit den normalen Dateikommandos erreichbar sind.

---

[13] Ein Standard-Ext2-Dateisystem verwendet 1024Kib, weshalb der Wert von `s_blocksize` 1024 und der von `s_blocksize_bits` 10 beträgt, da $2^{10} = 1024$ gilt.

- **s_dev** und **s_bdev** spezifizieren das Blockgerät, auf dem sich die Daten des zugrunde liegenden Dateisystems befinden; erstere Variante verwendet dazu allerdings die interne Kernelkennzahl während letztere ein Zeiger auf die im Speicher vorhandene `block_device`-Struktur ist, mit der Operationen und Fähigkeiten des Gerätes festgelegt werden (Kapitel 5 („Gerätetreiber") beschreibt die beiden Typen genauer).

  Während der **s_dev**-Eintrag immer mit einer Nummer versehen ist (auch bei virtuellen Dateisystemen, die eigentlich kein Blockgerät benötigen), kann der **s_bdev**-Zeiger auch einen Nullpointer enthalten.

- **s_fs_info** ist ein Zeiger auf private Daten der Dateisystem-Implementierung, die vom VFS nicht manipuliert wird.

Man verwendet zwei Listenköpfe, um Inoden und Dateien zusammenzufassen, die mit dem Superblock assoziiert sind:

- **s_dirty** dient als Listenkopf für alle „dreckigen", also modifzierten Inoden. Wir haben die Liste bereits in Abschnitt 7.3.2 kennen gelernt; sie bringt bei der Synchronisierung des Arbeitsspeicherinhalts mit dem zugrunde liegenden Speichermedium entscheidende Geschwindigkeitsvorteile. Um die relevanten Änderungen zurückschreiben zu können, müssen nicht *alle* Inoden im Speicher durchsucht werden, sondern nur diese, die wirklich modifiziert wurden.

- **s_files** ist eine Aufreihung von `file`-Strukturen. Dabei handelt es sich um eine Liste aller geöffneten Dateien des Systems, die ihren Ursprung im durch den Superblock repräsentierten Dateisystem haben. Der Kernel verwendet die Liste beim Aushängen eines Dateisystems: Wenn zum Schreiben geöffnete Dateien darin enthalten sind, wird das Filesystem noch gebraucht, weshalb die Unmount-Operation mit einer entsprechenden Fehlermeldung scheitert.

Ein weiteres Listenelement findet sich als erstes Element der Struktur und trägt die Bezeichnung **s_list**. Es wird verwendet, um alle im System vorhandenen Superblock-Elemente zusammenzufassen. Die Liste wird von der globalen Variable `super_blocks` angeführt, die in `fs/super.c` definiert ist.

Schließlich werden die einzelnen Superblöcke noch über eine weitere Liste verknüpft, die alle Instanzen zusammenfasst, die Dateisysteme *des gleichen Typs* repräsentieren – dabei ist egal, welche zugrunde liegenden Blockgeräte verwendet werden, solange der Dateisystemtyp bei allen Elementen gleich ist. Als Listenkopf dient das `fs_supers`-Element der `file_system_type`-Struktur, die wir in Abschnitt 7.4.1 besprochen haben; **s_instances** wird zum Verknüpfen der Elemente verwendet.

s_op verweist auf eine Struktur mit Funktionszeigern, die in bekannter VFS-Manier ein allgemeines Interface mit Operationen zur Arbeit mit Superblöcken zur Verfügung stellt. Die Implementierung der Operationen muss von den zugrunde liegenden Low-level-Implementierungen bereitgestellt werden.

Die Struktur ist wie folgt definiert:

```
<fs.h>    struct super_operations {
              struct inode *(*alloc_inode)(struct super_block *sb);
              void (*destroy_inode)(struct inode *);

              void (*read_inode) (struct inode *);
```

7.4 Arbeiten mit VFS-Objekten

```
        void  (*dirty_inode) (struct inode *);
        void  (*write_inode) (struct inode *, int);
        void  (*put_inode) (struct inode *);
        void  (*drop_inode) (struct inode *);
        void  (*delete_inode) (struct inode *);
        void  (*put_super) (struct super_block *);
        void  (*write_super) (struct super_block *);
        int   (*sync_fs)(struct super_block *sb, int wait);
        void  (*write_super_lockfs) (struct super_block *);
        void  (*unlockfs) (struct super_block *);
        int   (*statfs) (struct super_block *, struct statfs *);
        int   (*remount_fs) (struct super_block *, int *, char *);
        void  (*clear_inode) (struct inode *);
        void  (*umount_begin) (struct super_block *);

        int   (*show_options)(struct seq_file *, struct vfsmount *);
};
```

Die enthaltenen Operationen beschäftigen sich nicht mit der Veränderung des Inhalts von Inoden, sondern regeln die Art und Weise, wie die Inodendaten beschafft und wieder an die zugrunde liegenden Implementierungen zurückgegeben werden. Des Weiteren finden sich einige weitere Methoden, die relativ umfangreiche Arbeiten wie das Remounten eines Dateisystems erledigen. Da die durchgeführten Aktionen aus den Namen der Funktionszeiger leicht ersichtlich sein sollten, wollen wir uns mit der Beschreibung der einzelnen Funktionen nicht lange aufhalten:

- read_inode wird zum Einlesen von Inodendaten verwendet, verlangt aber seltsamerweise einen Zeiger auf eine Inodenstruktur und sonst keinen Parameter. Wie wird die gewünschte Inode spezifiziert? Die Lösung ist relativ einfach: Das i_ino-Feld der übergebenen Inode ist mit einer Inodenkennzahl belegt, die die gewünschte Inode des entsprechenden Dateisystems eindeutig identifiziert. Die Routinen der Low-level-Implementierung lesen diesen Wert aus, holen die relevanten Daten vom Speichermedium und füllen die restlichen Felder des Inodenobjekts aus.

- dirty_inode markiert die übergebene Inodenstruktur als „dreckig", da ihre Daten verändert wurden.

- delete_inode löscht die Inode sowohl aus dem Speicher als auch vom zugrunde liegenden Speichermedium. Achtung: Wie wir bei der Untersuchung der Dateisystem-Implementierungen sehen werden, entfernt das Löschen einer Inode vom Festspeichermedium zwar die Zeiger auf die zugehörigen Datenblocks, lässt die entsprechenden Dateidaten aber bestehen (und überschreibt sie erst irgendwann in der Zukunft). Ein entsprechendes Wissen über den Aufbau des Dateisystems zusammen mit physikalischem Zugriff auf einen Computer machen es daher möglich, gelöschte Dateien wiederherzustellen, was bei sensiblen Daten durchaus ein Problem darstellen kann.

- put_inode dekrementiert den Benutzungszähler der Inode im Speicher, wenn ein Prozess die Daten nicht mehr verwendet. Achtung: Erst wenn alle Benutzer diese Funktion aufgerufen haben und der Benutzungszähler auf 0 zurückgegangen ist, kann das Objekt auch wirklich aus dem Speicher entfernt werden.

- clear_inode wird intern vom VFS aufgerufen, wenn für eine Inode keine Verwendung mehr besteht; man erwartet von der Funktion, dass alle Speicherseiten freigegeben werden, die noch mit Daten belegt sind. clear_inode wird nicht von allen Dateisystemen implementiert, da diese die Freigabe des Speichers auch anders regeln können.

- `write_super` und `write_super_lockfs` schreiben den Superblock auf das Festspeichermedium, wobei die Unterschiede zwischen beiden Funktionen in der Art und Weise bestehen, wie vom Kernellocking Gebrauch gemacht wird. Je nach Situation muss der Kernel die angemessenere der beiden Varianten wählen. Wir wollen uns hier nicht mit den detaillierten Unterschieden im Code beschäftigen, da beide Alternativen im Endeffekt die gleiche Arbeit verrichten.

- `unlockfs` wird von den Journal-Dateisystemen Ext3 und ReiserFS verwendet, um ein korrektes Zusammenspiel mit dem Logical Volume Manager LVM zu gewährleisten.

- Um ein bereits gemountetes Dateisystem mit veränderten Optionen neu einzuhängen (was beispielsweise beim Booten geschieht, wenn der Schreibzugriff auf das bisher nur read-only eingehängte Root-Dateisystem erlaubt wird), wird die Funktion `remount_fs` verwendet.

- `put_super` entfernt private Informationen des Superblocks aus dem Speicher, wenn man ein Dateisystem unmountet und die entsprechenden Daten daher nicht mehr benötigt werden.

- `statfs` liefert Statusinformationen zum Dateisystem – beispielsweise die Anzahl vorhandener und freier Datenblöcke oder die maximale Länge von Dateinamen. Die Funktion arbeitet Hand in Hand mit dem gleichnamigen Systemaufruf.

- Nur vom NFS wird die Funktion `umount_begin` verwendet, die *vor* dem Beginn des Aushängens die Möglichkeit zur Kommunikation mit der Gegenstelle gibt. Die Funktion wird nur aufgerufen, wenn ein Dateisystem forciert ausgehängt wird, d.h. wenn der Kern mit `MNT_FORCE` gezwungen wird, den `umount`-Vorgang durchzuführen, obwohl eigentlich noch Referenzen auf das Dateisystem bestehen.

- `sync_fs` wird aufgerufen, wenn die Daten des Dateisystems mit dem zugrunde liegenden Blockgerät synchronisiert werden sollen.

- `show_options` wird vom `proc`-Dateisystem verwendet, um die Mount-Optionen des Dateisystems anzuzeigen.

Der Mount-Systemaufruf Einstiegspunkt für den `mount`-Systemaufruf ist die Funktion `sys_mount`, deren Definition sich in `fs/namespace.c` findet. Abbildung 7.5 zeigt das zugehörige Codeflussdiagramm.

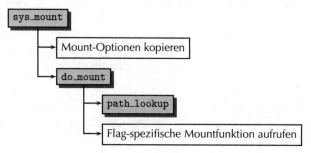

Abbildung 7.5: Codeflussdiagramm für `sys_mount`

Die hier gezeigte Vorgehensweise wird nur dann verwendet, wenn ein neues Dateisystem in ein bereits vorhandenes Root-Dateisystem gemountet werden soll. Zum Mounten des Root-Dateisystems selbst wird eine modifizierte Variante des gezeigten Algorithmus verwendet, die sich

7.4 Arbeiten mit VFS-Objekten

zwar in einigen Details unterscheidet, aber dennoch nicht allzu viele Besonderheiten mit sich bringt, weshalb wir auf eine detailliertere Beschreibung verzichten wollen (der entsprechende Code findet sich in mount_root aus fs/super.c).

Nach dem Kopieren der Mount-Optionen aus dem Userspace (Typ, Gerät und Optionen), was direkt in sys_mount durchgeführt wird, reicht der Kern die Kontrolle an do_mount weiter, wo die übergebenen Informationen analysiert und die relevanten Flags gesetzt werden. Ebenfalls wird hier der dentry-Eintrag des Mountpoints herausgefunden, wozu die weiter unten besprochene Funktion path_lookup eingesetzt wird.

do_mount wirkt als Multiplexer, die die weitere Arbeit je nach Mount-Typ an unterschiedliche Funktionen delegiert:

- do_remount wird verwendet, wenn ein bereits gemountetes Dateisystem mit anderen Optionen versehen werden soll (MS_REMOUNT).

- do_loopback kommt zum Einsatz, wenn ein Dateisystem über die Loopback-Schnittstelle eingehängt werden soll (dazu ist das Flag MS_BIND erforderlich).[14]

- do_move_mount (MS_MOVE) wird zum Verschieben eines bereits eingehängten Dateisystems verwendet.

- Normale Mount-Operationen werden von do_add_mount bearbeitet. Da dies der Standardfall ist, sind keine besonderen Flags erforderlich.

Betrachten wir do_add_mount genauer, da diese am häufigsten verwendet wird. Abbildung 7.6 zeigt ihr Codeflussdiagramm.

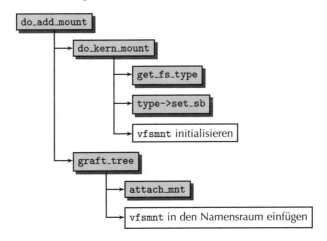

Abbildung 7.6: *Codeflussdiagramm für* do_add_mount

do_add_mount spaltet sich in zwei Teile: do_kern_mount und graft_tree:

- Erste Aufgabe von do_kern_mount ist es, die passende file_system_type-Instanz herauszufinden, wozu get_fs_type verwendet wird. Die Hilfsfunktion durchsucht die weiter oben

---
14 Bei einem Loopback-Mount wird ein Dateisystem eingehängt, dessen Daten sich nicht auf einem normalen Blockgerät befinden, sondern in einer Datei gespeichert werden. Dies ist vor allem zum schnellen Testen neuer Dateisysteme oder zur Überprüfung von CD-ROM-Dateisystemen vor dem Brennen auf CD von Vorteil.

angesprochene verkettete Liste aller registrierten Dateisysteme und liefert den richtigen Eintrag zurück; wenn kein passendes Dateisystem gefunden wurde, versucht die Routine außerdem automatisch, das entsprechende Modul nachzuladen (siehe Kapitel 6 („Module")).

Die dateisystemspezifische Funktion `get_sb` wird anschließend verwendet, um den zugehörigen Superblock einzulesen, der als Instanz von `super_block` zurückgegeben wird.

- `graft_tree` fügt das neu gemountete Dateisystem in den aktuellen Namensraum ein, der über `current->namespace` aus der Taskstruktur des laufenden Prozesses ermittelt werden kann. Die Funktion beruft sich zunächst auf `attach_mnt`:

fs/namespace.c
```
static void attach_mnt(struct vfsmount *mnt, struct nameidata *nd)
{
    mnt->mnt_parent = mntget(nd->mnt);
    mnt->mnt_mountpoint = dget(nd->dentry);
    list_add(&mnt->mnt_hash, mount_hashtable+hash(nd->mnt, nd->dentry));
    list_add_tail(&mnt->mnt_child, &nd->mnt->mnt_mounts);
    nd->dentry->d_mounted++;
}
```

`nameidata` ist eine Struktur, die verwendet, wird, um eine `vfsmnt`- und `dentry`-Instanz zusammenfassen zu können. In diesem Fall finden sich die `dentry`-Instanz des Mountpoints und die `vfsmnt`-Instanz des Dateisystems, in dem sich das Verzeichnis *bisher* befand, darin.

Sowohl das `mnt_parent` wie auch das `mnt_mountpoint`-Element der *neuen* `vfsmnt`-Instanz werden so gesetzt, dass sie auf die alten Elemente zeigen. Dadurch kann der Kern beim Aushängen eines Dateisystems leicht rekonstruieren, was sich vorher an dieser Stelle befand.

Außerdem wird die neue `vfsmnt`-Instanz in die globale Hashtabelle sowie in die Kindliste des bisherigen Eintrags eingefügt, wozu die weiter oben besprochenen Listenelemente verwendet werden.

Der `d_mounted`-Wert der *alten* `dentry`-Instanz wird inkrementiert, damit der Kern später erkennen kann, dass an dieser Stelle ein Dateisystem eingehängt ist.

Anschließend muss `graft_tree` nur mehr die neue `vfsmnt`-Instanz in den aktuellen Namensraum einfügen.

Der Umount-Systemaufruf Das Aushängen eines Dateisystems wird durch den Systemaufruf `umount` erledigt, dessen Einsprungpunkt `sys_umount` aus `fs/namespace.c` ist. Abbildung 7.7 auf der gegenüberliegenden Seite zeigt das zugehörige Codeflussdiagramm.

Zunächst wird `__user_walk` verwendet, um die `vfsmnt`- und `dentry`-Instanz des Mountpoints herauszufinden, die in einer `nameidata`-Struktur verpackt werden[15]

Die eigentliche Arbeit wird an `do_umount` delegiert:

- Wenn `MNT_FORCE` gesetzt ist, wird die superblock-spezifische Funktion `umount_begin` aufgerufen, die Netzwerkdateisystemen vor dem forcierten Aushängen noch die Möglichkeit gibt, die Kommunikation mit der Gegenstelle zu beenden.

- Wenn das eingehängte Dateisystem nicht mehr benötigt wird (was anhand des Benutzungszählers festgestellt werden kann) *oder* wenn `MNT_DETACH` zum gewaltsamen Aushängen

---

15 `__user_walk` verwendet die bereits angesprochene Funktion `path_walk`, nachdem der Pfadname in den Kernelspace kopiert wurde.

7.4 Arbeiten mit VFS-Objekten

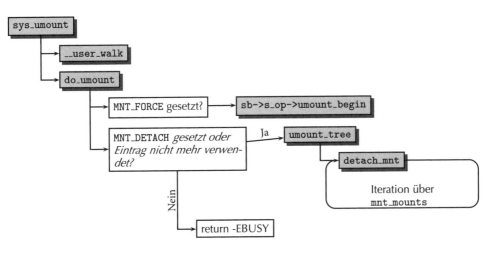

Abbildung 7.7: *Codeflussdiagramm für* sys_umount

des Dateisystems angegeben wurde, wird umount_tree aufgerufen. Die Funktion iteriert über alle vfsmnt-Instanzen, die sich in der mnt_list befinden, und ruft jedes Mal detach_mnt auf, die attach_mnt rückgängig macht und das Dateisystem dementsprechend aushängt (nd_old ist dabei eine frisch referenzierte und noch leere nameidata-Instanz):

```
static void detach_mnt(struct vfsmount *mnt, struct nameidata *old_nd)     fs/namespace.c
{
        old_nd->dentry = mnt->mnt_mountpoint;
        old_nd->mnt = mnt->mnt_parent;
        mnt->mnt_parent = mnt;
        mnt->mnt_mountpoint = mnt->mnt_root;
        list_del_init(&mnt->mnt_child);
        list_del_init(&mnt->mnt_hash);
        old_nd->dentry->d_mounted--;
}
```

Aufgrund der mit attach_mnt in mnt_mountpoint und mnt_parent gespeicherten Daten kann der Mountpoint wieder in den Zustand versetzt werden, in dem er sich vor dem Einhängen des neuen Dateisystems befand. Außerdem werden die Strukturen des bisher eingehängten Dateisystems aus den Listen des Kerns entfernt.

7.4.2 Dateioperationen

Operationen mit kompletten Dateisystemen sind ein wichtiger Punkt der VFS-Schicht, treten aber relativ selten auf – bis auf wenige Ausnahmen werden Dateisysteme beim Systemstart ein- und beim Herunterfahren des Computers ausgehängt. Wesentlich häufiger sind Operationen mit Dateien, die von allen Prozessen des Systems praktisch ständig verwendet werden.

Um den universellen Zugriff auf Dateien unabhängig vom verwendeten Dateisystem zu ermöglichen, stellt das virtuelle Dateisystem Schnittstellenfunktionen zur Dateibearbeitung in Form diverser Systemaufrufe bereit, wie wir in den vorangegangenen Ausführungen des Öfteren bemerkt haben. In diesem Abschnitt werden wir uns daher mit den gebräuchlichsten Operationen beschäftigen, die Prozesse bei der Bearbeitung von Dateien durchführen.

Inoden finden

Eine sehr wichtige Operation, die auch in den vorigen Abschnitten einige Male benötigt wurde, ist das Finden einer Inode anhand eines gegebenen Dateinamens. Deshalb werden wir als Erstes den *Lookup*-Mechanismus besprechen, den man verwendet, um diese Information zu finden.

Zur Übermittlung von Parametern an die Lookup-Funktion und zur Aufnahme des fertigen Resultats wird die Datenstruktur `nameidata` verwendet, die in den vorangegangenen Ausführungen bereits aufgetaucht ist, ohne dabei präzise definiert worden zu sein. Ihr Inhalt lautet wie folgt:

<fs.h>
```
struct nameidata {
        struct dentry    *dentry;
        struct vfsmount  *mnt;
        struct qstr      last;
        unsigned int     flags;
};
```

- `dentry` und `mnt` enthalten nach einem vollendeten Lookup die Daten des gesuchten Dateisystemeintrags.

- `flags` wird zur Aufnahme von Flags verwendet, die einige Feinheiten des Lookup-Vorgangs regeln und auf die wir bei der Beschreibung des Algorithmus zurückkommen werden.

- `last` wird zur Aufnahme des Namens verwendet, der nachgeschlagen werden soll; dabei handelt es sich um einen bereits weiter oben angesprochenen *quick string*, der nicht nur die eigentliche Zeichenkette beinhaltet, sondern auch die Länge des Strings sowie einen Hashwert mit einschließt.

Um einen beliebigen Pfad- oder Dateinamen nachzuschlagen, verwendet der Kern die Funktion `path_lookup`:

fs/namei.c
```
int path_lookup(const char *name, unsigned int flags, struct nameidata *nd)
```

Neben dem nachzuschlagenden Namen `name` und den Lookup-Argumenten `flags` erwartet die Funktion einen Zeiger auf eine `nameidata`-Instanz, die im weiteren Verlauf als „Arbeitsspeicher" für Zwischenergebnisse benutzt wird.

Zunächst verwendet der Kern die `nameidata`-Instanz, um den Ausgangspunkt der Suche festzulegen: Beginnt der Name mit einem /, werden `dentry`- und `vfsmnt`-Instanz des aktuellen Root-Verzeichnisses eingesetzt (wobei ein eventuell aktiver `chroot`-Käfig beachtet werden muss), anderenfalls werden die Daten das aktuellen Arbeitsverzeichnisses verwendet, die aus der Taskstruktur ermittelt werden.

Das Hochhangeln in den Verzeichnisebenen wird in der Funktion `link_path_walk` implementiert. Mit einem Umfang von rund 200 Zeilen gehört die Funktion zu den längsten Teilen des Kerns. Abbildung 7.8 auf der gegenüberliegenden Seite zeigt ihr Codeflussdiagramm, wobei einige unwichtige Fälle außer Acht gelassen wurden, um die Darstellung zu vereinfachen.

Die Funktion besteht aus einer großen Schleife, die einen Datei- oder Pfadnamen komponentenweise abarbeitet. Innerhalb der Schleife wird der Name in seine einzelnen Komponenten zerlegt, die durch einen oder mehrere Slashes voneinander getrennt sind; jede dieser Komponenten stellt einen Verzeichnisnamen dar. Als einzige Ausnahme darf die letzte Komponente einen Dateinamen repräsentieren.

Warum ist die Implementierung der `path_link_walk` so umfangreich? Das Herausfinden der Inode zu einem gegebenen Dateinamen ist leider etwas komplizierter, als man auf den ersten Blick vermuten würde, da die folgenden erschwerenden Tatsachen berücksichtigt werden müssen:

7.4 Arbeiten mit VFS-Objekten

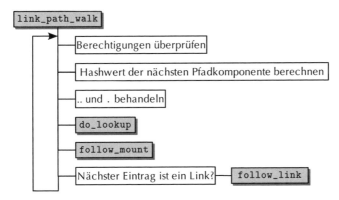

Abbildung 7.8: Codeflussdiagramm für link_path_walk

- Eine Datei kann mit einem symbolischen Link auf eine andere verweisen. Dies muss vom Lookup-Code berücksichtigt werden. Dabei muss sichergestellt werden, dass zyklische Link-Schleifen erkannt und abgebrochen werden.

- Mountpoints müssen erkannt und der Lookup-Vorgang entsprechend umgeleitet werden.

- Die Zugriffsrechte aller Verzeichnisse auf dem Weg zum Zieldateinamen müssen kontrolliert werden; der Prozess muss die entsprechenden Rechte besitzen oder die Operation muss mit einer Fehlermeldung abgebrochen werden.

- Seltsam angegebene, aber dennoch korrekte Namen wie /./usr/bin/../local/././bin//emacs[16] müssen korrekt aufgelöst werden.

Betrachten wir die einzelnen Aktionen, die in jedem Schleifendurchlauf durchgeführt werden, bis der gegebene Datei- oder Verzeichnisname vollständig abgearbeitet und die passende Inode gefunden wurde. Die Werte für mnt und dentry der nameidata-Instanz sind entweder mit den Werten des Root- oder Arbeitsverzeichnisses belegt und bilden den Ausgangspunkt für die weiteren Aktionen. Danach kommt es zur Abarbeitung folgender Schritte:

- Mit Hilfe der Funktion permission wird überprüft, ob der Prozess die benötigten Berechtigungen besitzt, um in das angegebene Verzeichnis wechseln zu dürfen. Dazu wird die in der inode_operations-Struktur gespeicherte Funktion permission oder – wenn ein Dateisystem diese nicht speziell implementiert – der allgemeine VFS-Ersatz vfs_permission verwendet.

- Der Name wird so lange Zeichen für Zeichen durchlaufen, bis der Kernel auf einen (oder mehrere) Slashes (/) stößt. Diese werden übersprungen, da nur der eigentliche Name interessant ist. Lautet der Name der nachzuschlagenden Datei beispielsweise /home/wolfgang/test.txt, sind nur die Komponenten home, wolfgang und test.txt von interesse – die Slashes werden nur verwendet, um diese Komponenten auseinander halten zu können. In jedem Schleifendurchlauf wird eine dieser Komponenten abgearbeitet.

Jedes Zeichen einer Komponente wird zur Berechnung einer inkrementellen Hashsumme verwendet, wozu die Funktion partial_name_hash zur Verfügung steht. Die Hashsumme wird

---

[16] Man hätte auch /usr/local/bin/emacs schreiben können ...

in den endgültigen Hashwert überführt, wenn alle Zeichen einer Pfadkomponente bekannt sind; er wird in einer `qstr`-Instanz gespeichert.

- Ein Punkt . als Pfadkomponente bezeichnet das aktuelle Verzeichnis und kann sehr einfach bearbeitet werden: Der Kernel springt einfach zum nächsten Durchlauf der Lookup-Schleife, da sich seine Position in der Verzeichnishierarchie nicht geändert hat.

- Der doppelte Punkt .. ist etwas schwieriger zu handhaben, weshalb die Aufgabe an die Funktion `follow_dotdot` delegiert wird. Wenn sich die Lookup-Operation im Wurzelverzeichnis des Prozesses befindet, hat die Operation keine Wirkung, da es kein übergeordnetes Verzeichnis mehr gibt, in das man hineinwechseln könnte.

  Anderenfalls bleiben zwei Möglichkeiten: Wenn es sich beim aktuellen Verzeichnis *nicht* um das Wurzelverzeichnis eines Mountpoints handelt, kann der `d_parent`-Eintrag des aktuellen `dentry`-Objekts als neues Verzeichnis verwendet werden, da dieser Wert immer das übergeordnete Verzeichnis repräsentiert. Handelt es sich beim aktuellen Verzeichnis hingegen um das Wurzelverzeichnis eines eingehängten Dateisystems, müssen die in den `mnt_mountpoint` und `mnt_parent` gespeicherten Informationen verwendet werden, um damit das neue `dentry`- und `vfsmount`-Objekt festlegen zu können.

- Wenn ein normaler Name als Verzeichniskomponente verwendet wird, kann der Kernel die dazu passende `dentry`-Instanz (und damit auch die entsprechende Inode) auf zwei Arten herausfinden: Entweder befinden sich die gewünschten Daten im Dentry-Cache und können daher ohne größere Verzögerung ermittelt werden, oder die gewünschten Daten müssen von der Low-Level-Implementierung des jeweiligen Dateisystems herausgefunden und die entsprechenden Datenstrukturen konstruiert werden. Die Unterscheidung zwischen beiden Fällen wird an `do_lookup` delegiert, auf die wir gleich eingehen werden. Sie liefert die gewünschte `dentry`-Instanz zurück.

- Im nächsten Schritt muss der Kernel prüfen, ob in der aktuellen `dentry`-Struktur ein Dateisystem eingehängt ist. Wie in Abschnitt 7.4.1 besprochen wurde, vermerkt der Kern ein gemountetes Dateisystem dadurch, dass das Strukturelement `d_mounted` des betroffenen `dentrys` inkrementiert wird. Damit das Mounten den gewünschten Effekt zeigt, muss der Kernel diesen Umstand beim Durchlaufen der Verzeichnisstruktur berücksichtigen. Dies geschieht durch Aufruf von `follow_mount(&next.mnt, &next.dentry)`, wobei die Implementierung der Funktion erstaunlich einfach ist (`next.mnt` und `next.dentry` sind die `vfsmount`- bzw. `dentry`-Instanzen der eben bearbeiteten Pfadkomponente).[17]

fs/namei.c
```
static int follow_mount(struct vfsmount **mnt, struct dentry **dentry)
{
    int res = 0;
    while (d_mountpoint(*dentry)) {
        struct vfsmount *mounted;
        mounted = lookup_mnt(*mnt, *dentry);
        *dentry = mounted->mnt_root;
        res = 1;
    }
    return res;
}
```

---

17 Allerdings verzichten wir auf die Wiedergabe der nötigen Locking- und Referenzzählungs-Operationen, die den Code wieder unübersichtlicher machen würden.

7.4 Arbeiten mit VFS-Objekten

Wie funktioniert diese Schleife? Zuerst wird geprüft, ob es sich bei der aktuellen `dentry`-Instanz um einen Mountpoint handelt; das Makro `d_mountpoint` muss dafür nur testen, ob der Wert von `d_mounted` größer als 0 ist. Mit `lookup_mount` wird die `vfsmount`-Instanz des gemounteten Dateisystems aus der in Abschnitt 7.4.1 besprochenen Hashtabelle `mount_hashtable` extrahiert. Das `mnt_root`-Feld des gemounteten Dateisystems wird als neuer Wert für die `dentry`-Struktur verwendet, was nichts anderes bedeutet, als dass das Rootverzeichnis des eingehängten Dateisystems für den Mountpoint verwendet wird – durch das Einhängen eines Dateisystems will man schließlich nichts anderes erreichen.

Da mehrere Dateisysteme hintereinander in ein Verzeichnis gemountet werden können, wobei das zuletzt gemountete alle anderen überdeckt, muss eine `while`-Schleife verwendet werden, um diesen Umstand zu berücksichtigen.

■ Als letzter Schritt bei der Bearbeitung einer Pfadkomponente muss der Kernel prüfen, ob es sich dabei um einen symbolischen Link handelt.

Wie kann der Kernel feststellen, ob es sich bei einer `dentry`-Struktur um einen Link handelt? Nur Inoden, die zur Darstellung symbolischer Links verwendet werden,[18] stellen die Funktion `lookup` in den Inodenoperationen zur Verfügung, anderenfalls ist das Feld mit einem Nullzeiger belegt.

`do_follow_link` wird als Frontend des VFS-Layers verwendet, um den Link zu verfolgen, worauf wir gleich genauer eingehen werden.

Die Schleife wird so oft durchlaufen, bis das Ende des angegebenen Dateinamens erreicht wurde – der Kernel erkennt dies, wenn sich kein / mehr im Pfadname befindet. Auch diese letzte Komponente wird mit den hier beschrieben Mitteln in einen `dentry`-Eintrag aufgelöst, der als Ergebnis der `link_path_walk`-Operation zurückgegeben wird.

Implementierung von `do_lookup` `do_lookup` wird verwendet, um – ausgehend von einer Pfadkomponente und der `nameidata`-Instanz mit den Daten des Ausgangsverzeichnisses – die zugehörige Inode zu liefern.

Zunächst versucht der Kern, die Inode im Dentry-Cache zu finden. Dazu verwendet er `__d_lookup`, die den in Abschnitt 7.3.5 beschriebenen Cache durchsucht. Wenn dort ein passendes Element gefunden wird, bedeutet dies allerdings noch nicht, dass es auch aktuell ist – zuerst muss mit `d_revalidate` aus den `dentry_operations` des zugrunde liegenden Dateisystems geprüft werden, ob der Eintrag noch gültig ist. Wenn ja, kann er als Resultat zurückgegeben werden, anderenfalls muss eine Lookup-Operation im Low-level-Dateisystem angestossen werden. Diese wird auch verwendet, wenn kein Eintrag im Cache gefunden wurde.

`real_look` wird verwendet, um die dateisystemspezifische Lookup-Aktion durchzuführen. Neben der Allokation von Datenstrukturen im Speicher (die das Resultat aufnehmen) besteht die Arbeit vor allem darin, die dateisystemspezifische Funktion `lookup` aufzurufen, die über die Inoden-Operationsstruktur `inode_operations` zugänglich ist.

Der Kernel erhält als Resultat eine fertig ausgefüllte `dentry`-Instanz, wenn das gesuchte Verzeichnis existiert; anderenfalls wird ein Nullzeiger zurückgegeben. Kapitel 8 („Dateisystemimplementierungen") geht genauer darauf ein, wie Dateisysteme die Lookup-Prozedur durchführen (wobei die konzeptionellen Unterschiede für Ext2/3 nicht allzu groß sind).

---

[18] Harte Links müssen vom Lookup-Code nicht gesondert berücksichtigt werden, da man sie nicht von normalen Dateien unterscheiden kann.

Implementierung von `follow_link` Beim Verfolgen symbolischer Links muss der Kern beachten, dass Benutzer (absichtlich oder unabsichtlich) zyklische Strukturen aufbauen können, wie folgendes Beispiel zeigt:

```
wolfgang@meitner> ls -l a b c
lrwxrwxrwx   1 wolfgang users           1 Mar  8 22:18 a -> b
lrwxrwxrwx   1 wolfgang users           1 Mar  8 22:18 b -> c
lrwxrwxrwx   1 wolfgang users           1 Mar  8 22:18 c -> a
```

a, b und c bilden eine unendliche Kette. Dies könnte ausgenutzt werden, um das System unbenutzbar zu machen, wenn der Kern keine Vorkehrungen dagegen treffen würde.

In der Tat erkennt der Kern die Situation und bricht die Bearbeitung ab:

```
wolfgang@meitner> cat a
cat: a: Too many levels of symbolic links
```

Ein weiteres Problem bei der Verwendung symbolischer Links ist die Tatsache, dass sich das Linkziel auf einem anderen Dateisystem als der Ausgangspunkt befinden kann. Dies führt zu einer Verknüpfung zwischen dateisystemspezifischem Code und VFS-Funktionen, die normalerweise nicht vorhanden ist: Der Lowlevel-Code bei der Verfolgung von Links beruft sich auf VFS-Funktionen, während normalerweise lediglich die umgekehrte Richtung (das VFS ruft Low-Level-Funktionen der einzelnen Implementierungen auf) möglich ist.

Abbildung 7.9 zeigt das Codeflussdiagramm von `do_follow_link`.

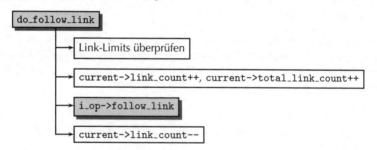

Abbildung 7.9: Codeflussdiagramm für `do_follow_link`

In der Taskstruktur `task_struct` befinden sich zwei Zählervariablen, die bei der Verfolgung von Links verwendet werden:

<sched.h>
```
struct task_struct {
    ...
        int link_count, total_link_count;
    ...
};
```

`link_count` wird zur Vermeidung rekursiver Schleifen eingesetzt, während `total_link_count` dazu dient, die maximale Anzahl von Links in einem Pfadnamen zu begrenzen. Standardmäßig erlaubt der Kernel 5 direkt hintereinander folgende und 40 sukzessive Links.

Am Anfang von `do_follow_link`-Routine prüft der Kern zunächst, ob der Maximalwert einer der Zähler überschritten ist. Wenn dies zutrifft, wird `do_follow_link` mit dem Fehlercode `-ELOOP` abgebrochen.

Anderenfalls werden beide Zähler um 1 erhöht und die dateisystemspezifische Routine `follow_link` aufgerufen, um den aktuellen Link zu verfolgen. Wenn der Link auf keinen weiteren Link verweist (und die Funktion daher einfach den neuen `dentry`-Eintrag zurückgibt), wird der Wert von `link_count` wieder um 1 dekrementiert, wie folgender Codeabschnitt zeigt:

7.4 Arbeiten mit VFS-Objekten

```
static inline int do_follow_link(struct dentry *dentry, struct nameidata *nd)      fs/namei.c
{
   ...
    current->link_count++;
    current->total_link_count++;
    err = dentry->d_inode->i_op->follow_link(dentry, nd);
    current->link_count--;
   ...
}
```

Obwohl `follow_link` eine dateisystemspezifische Funktion ist, greifen die meisten Implementierungen auf die VFS-Hilfsfunktion `vfs_follow_link` zurück, deren Codeflussdiagramm in Abbildung 7.10 zu finden ist.

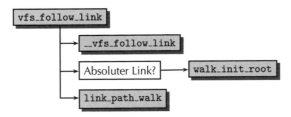

Abbildung 7.10: Codeflussdiagramm für `vfs_follow_link`

Der Funktion wird die `nameidata`-Instanz des Ausgangsverzeichnisses sowie das Linkziel als String übergeben. Wenn das Ziel als absoluter Name angegeben ist, wird mit `walk_init_root` die `nameidata`-Instanz auf das aktuelle Wurzelverzeichnis (unter Beachtung eines eventuellen `chroot`-Käfigs) eingestellt.

Danach wird die Arbeit ganz an die bekannte Funktion `link_path_walk` delegiert, die die zum Linkziel passende Inode herausfindet. Dies führt bei zyklischen Links zu einem rekursiven Aufruf von `do_follow_link`, der durch den `link_count`-Zähler eingedämmt wird.

Wann wird der Wert von `total_link_count` wieder zurückgesetzt? Gar nicht, zumindest während eines Lookup-Vorgangs für eine einzelne Pfadkomponente. Da es sich bei diesem Zähler um einen Mechanismus handelt, mit dem die *Gesamtanzahl* der verwendeten Links beschränkt werden soll (die nicht rekursiv sein müssen, um einen zu hohen Wert zu erreichen), wird der Zähler bei der Initialisierung des Lookups für einen *kompletten* Pfad- oder Dateinamen in `path_lookup` auf 0 zurückgesetzt.[19] Jeder symbolische Link während des Nachschlagevorgangs (und nicht nur direkt aufeinanderfolgende) trägt zu seinem Wert bei!

Dateien öffnen

Bevor eine Datei bearbeitet werden kann, muss sie geöffnet werden, wozu aus Sicht einer Applikation die `open`-Funktion der Standardbibliothek verwendet wird, die einen Dateideskriptor liefert. Die Funktion verwendet den gleichnamigen Systemaufruf `open`, der zur Funktion `sys_open` in `fs/open.c` führt. Das zugehörige Codeflussdiagramm findet sich in Abbildung 7.11 auf der nächsten Seite

Jede geöffnete Datei wird kernelintern durch einen Filedeskriptor repräsentiert, den man als Positionsindex für ein prozessspezifisches Array (`task_struct->files->fd_array`) verwendet. Darin findet sich für jede geöffnete Datei eine Instanz der ebenfalls weiter oben besproche-

---
[19] Der Zähler wird ebenfalls auf 0 gesetzt, wenn `path_walk` verwendet wird. Die Funktion führt dieselbe Aufgabe wie `path_lookup` durch, erwartet als Parameter aber die Parameter in anderer Form.

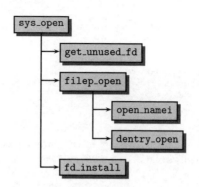

Abbildung 7.11: Codeflussdiagramm für sys_open

nen Struktur file, die alle nötigen Informationen über eine Datei enthält. Deshalb wird zuerst get_unused_fd aufgerufen, um einen noch nicht benutzten Dateideskriptor zu ermitteln.

Da als Parameter des Systemaufrufs eine Zeichenkette mit dem Namen der Datei verwendet wird, liegt das Hauptproblem darin, die dazu passende Inode herauszufinden. Dazu verwendet man das eben besprochene Verfahren.

filp_open wird verwendet, um die Inode der Datei herauszufinden, wobei zwei Hilfsfunktionen verwendet werden:

- open_namei verwendet path_look, um die Inode herauszufinden, und führt einige zusätzliche Prüfungen durch (beispielsweise, ob die Applikation versucht, ein Verzeichnis wie eine reguläre Datei zu öffnen).

- dentry_open initialisiert die ReadaheadDatenstruktur, setzt die neu erzeugte file-Instanz auf die s_files-Liste des Superblocks (siehe Abschnitt 7.4.1 und ruft die open-Funktion aus den file_operations des zugrunde liegenden Dateisystems auf.

fd_install muss anschließend die file-Instanz in files->fd aus der Taskstruktur des Prozesses installieren, bevor die Kontrolle wieder an den Benutzerprozess zurückgegeben wird, der als Resultat den Dateideskriptor erhält.

Lesen und Schreiben

Nachdem eine Datei erfolgreich geöffnet wurde, will ein Prozess die darin enthaltenen Daten entweder auslesen oder verändern, wozu der Kern die Systemaufrufe read und write bereitstellt. Wie üblich besitzen die Einsprungprozeduren die Bezeichnungen sys_read und sys_write; beide sind in fs/read_write.c implementiert.

Read Die read-Funktion verwendet drei Parameter: den Dateideskriptor, einen Puffer zur Aufnahme der Daten und ein Längenargument, das die Anzahl der einzulesenden Zeichen spezifiziert. Diese Parameter werden direkt an den Kernel weitergegeben.

Das Lesen aus einer Datei ist aus Sicht des virtuellen Dateisystems kein sonderlich schwieriger Vorgang, wie Abbildung 7.12 auf der gegenüberliegenden Seite zeigt.

Anhand der Filedeskriptornummer kann der Kernel (über die Funktion fget aus fs/file_table.c) die file-Instanz herausfinden, die mit der Taskstruktur des Prozesses verknüpft ist.

7.5 Standardfunktionen

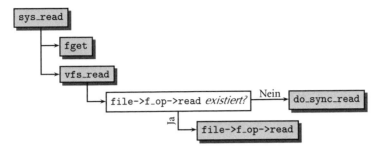

Abbildung 7.12: Codeflussdiagramm für sys_read

Der eigentliche Lesevorgang wird an vfs_read delegiert: Die Routine verwendet entweder die dateispezifische Leseroutine file->f_op->read oder – wenn diese nicht existiert – die allgemeine Hilfsfunktion do_sync_read.

Da das Lesen von Daten über ein ausgeklügeltes System aus Puffern und Caches läuft, die die Leistung des Systems erhöhen, werden wir uns in Kapitel 12 („Page- und Buffer-Cache") ausführlich mit diesem Thema beschäftigen. Kapitel 8 („Dateisystemimplementierungen") geht darauf ein, wie Dateisysteme die Leseroutine implementieren.

Write Auch der write-Systemaufruf ist ähnlich einfach wie die read-Routine aufgebaut. Die beiden Codeflussdiagramme gleichen sich identisch, allerdings werden die Funktionen f_op->write bzw. do_sync_write verwendet.

Formal gesehen verwendet sys_write dieselben Parameter wie sys_read: einen Dateideskriptor, eine Zeigervariable und eine ganzzahlige Längenangabe. Die Bedeutung ist logischerweise etwas anders: Der Zeiger verweist nicht auf einen Pufferbereich, in den die eingelesenen Daten gespeichert werden sollen, sondern zeigt auf die Daten, die zum Schreiben in die Datei bereitstehen. Das Längenargument gibt deren Länge in Bytes an.

Auch Schreiboperationen werden durch das Cache-System des Kerns geleitet, womit sich Kapitel 12 („Page- und Buffer-Cache") ausführlich beschäftigt.

7.5 Standardfunktionen

Ein nützlicher Punkt des VFS-Layers sind verschiedene Standardfunktionen, die zum Lesen und Schreiben von Daten bereitgestellt werden. Diese Operationen sind für alle Dateisysteme im Wesentlichen identisch: Wenn die betroffenen Blöcke, auf denen sich die Daten befinden, bekannt sind, wird zuerst der Page-Cache konsultiert und anschließend – wenn die Daten nicht gecached sind – eine tatsächliche Leseanforderung an das betroffene Blockgerät gestellt. Die Implementierung dieser Aktionen für jedes Dateisystem wäre eine massive Codeduplikation, die unbedingt vermieden werden muss.

Die meisten Dateisysteme tragen die Standardroutinen generic_file_read[20] und generic_file_write in die read- bzw. write-Pointer ihrer file_operations-xInstanz ein.

Die Routinen sind stark mit anderen Subsystemen des Kerns verknüpft (vor allem Blocklayer und Seitencache) und müssen außerdem viele mögliche Flags und Sonderfälle behandeln, weshalb ihre Implementierung nicht immer übersichtlich ist (Kommentar im Kern: this is

---

20 Das Ext3-Dateisystem verwendet do_sync_read anstelle von generic_file_read; beide Routinen sind aber praktisch identisch, weshalb wir auf eine Unterscheidung verzichten und nur Letztere besprechen.

really ugly...). Wir werden daher im Folgenden etwas vereinfachte Versionen betrachten, die sich auf den Hauptpfad konzentrieren, der in den meisten Fällen durchlaufen wird, um nicht den Blick auf die wesentlichen Punkte zu verlieren. Dies verhindert allerdings nicht, dass viele Verweise auf Routinen aus anderen Kapiteln (bzw. aus anderen Subsystemen) nötig sind.

7.5.1 Generische Leseroutine

generic_file_read ist die Bibliotheksroutine zum Lesen von Daten, die von fast allen Dateisystemen verwendet wird. Sie liest die Daten *synchron* ein, d.h. garantiert, dass sich die gewünschten Daten im Speicher befinden, wenn die Funktion zum Aufrufer zurückkehrt. Dies erreicht man, indem die eigentliche Lesearbeit an eine asynchrone Routine delegiert wird, auf deren Ende eventuell gewartet wird:

mm/filemap.c
```
generic_file_read(struct file *filp, char *buf, size_t count, loff_t *ppos)
{
        struct iovec local_iov = { .iov_base = buf, .iov_len = count };
        struct kiocb kiocb;
        ssize_t ret;

        init_sync_kiocb(&kiocb, filp);
        ret = __generic_file_aio_read(&kiocb, &local_iov, 1, ppos);
        if (-EIOCBQUEUED == ret)
                ret = wait_on_sync_kiocb(&kiocb);
        return ret;
}
```

Mit init_sync_kiocb wird eine kiocb-Instanz initialisiert, die zur Kontrolle der asynchronen IO-Operation verwendet wird; ihr Inhalt ist hier nicht weiter interessant.[21] Die eigentliche Arbeit wird an __generic_file_aio_read delegiert, auf die wir gleich genauer eingehen werden. Die Routine führt die Arbeit allerdings asynchron aus, weshalb nicht sichergestellt ist, dass die Daten bereits eingelesen wurden, wenn die Routine zum Aufrufer zurückkehrt.

-EIOCBQUEUED als Rückgabewert signalisiert, dass die Leseaufforderung gequeued wurde. In diesem Fall wird wait_on_sync_kiocb verwendet, um so lange zu warten, bis sich die Daten im Speicher befinden, was die Funktion anhand des vorher initialisierten Kontrollblocks feststellen kann. Während des Wartevorgangs wird der Prozess in den Schlafzustand versetzt, weshalb der Prozessor für andere Aufgaben zur Verfügung steht. Der Einfachheit halber werden wir in der folgenden Beschreibung nicht weiter zwischen einem synchronen und einem asynchronen Ende des Lesevorgangs unterscheiden.

Asynchrones Lesen

generic_file_aio_read aus mm/filemap.c wird zum asynchronen Einlesen von Daten verwendet. Abbildung 7.13 zeigt das zugehörige Codeflussdiagramm.

---

21 Asynchrone IO-Operationen werden verwendet, um eine Schreib- oder Leseanforderung an den Kern zu stellen. Diese wird jedoch nicht unmittelbar ausgeführt, sondern in einer Liste gequeued; der Codefluss kehrt dann unmittelbar zur aufrufenden Funktion zurück (im Gegensatz zu regulären IO-Operationen, wie sie hier implementiert werden: Dort wird das Ergebnis aus Sicht der aufrufenden Funktion direkt zurückgeliefert, da sie die Wartezeit nicht bemerkt, die zur Durchführung der Operation nötig war). Die Daten können zu einem späteren Zeitpunkt abgefragt werden, nachdem die Anforderung asynchron erledigt wurde.
Da asynchrone Operationen nicht mit Filehandles, sondern mit IO-Kontrollblöcken durchgeführt werden, muss mit init_sync_kiocb zuerst eine Instanz des entsprechenden Datentyps erzeugt werden. Da asynchrone E/A momentan nur von sehr wenigen Applikationen verwendet wird (beispielsweise große Datenbanken), wollen wir nicht auf genauere Details eingehen.

7.5 Standardfunktionen

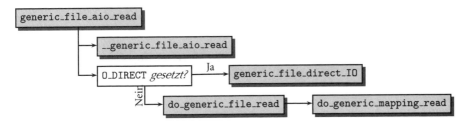

Abbildung 7.13: *Codeflussdiagramm für* generic_file_aio_read

Die Arbeit wird nach Prüfung der Parameter an __generic_file_aio_read delegiert, die zwischen zwei möglichen Lesemodi unterscheidet:

- Die Daten sollen ohne die Beteiligung des Page Caches eingelesen werden, wenn O_DIRECT gesetzt ist. In diesem Fall muss generic_file_direct_IO verwendet werden, worauf wir nicht näher eingehen.

- Anderenfalls wird do_generic_file_read verwendet, die allerdings nur ein Frontend für do_generic_mapping_read ist. Die Leseaufforderung für eine Datei wird dadurch in eine Leseoperation mit einem Mapping umgewandelt, was den Kern vereinheitlicht und auf diese Weise hilft, Code zu sparen.

Lesen aus Mappings

Abbildung 7.14 zeigt das Codeflussdiagramm von do_generic_mapping_read.

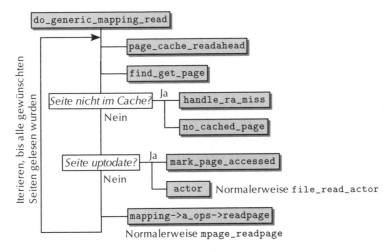

Abbildung 7.14: *Codeflussdiagramm für* do_generic_mapping_read

Die Funktion macht von dem in Kapitel 3 („Speicherverwaltung") beschrieben Mapping-Mechanismus Gebrauch, um den gewünschten Bereich aus der Datei in Speicherseiten abzubilden. Sie besteht aus einer großen Endlosschleife, die so lange Seiten einliest, bis alle Daten aus der Datei in den Speicher transferiert wurden, wenn sie sich noch in keinem Cache befinden.

Jeder Schleifendurchlauf führt folgende Aktionen durch:

- `page_cache_readahead` versucht, einige Seiten im Voraus einzulesen und dadurch das Verhalten des Prozesses vorherzusagen.

- Da sich die gewünschten Daten aufgrund des Readahead-Mechanismus bereits im Cache befinden, wird `find_get_page` verwendet, um die passende Seite anhand des Index der Daten auf dem Blockgerät zu finden.

- Normalerweise findet sich die Seite im Cache. Es kann allerdings sein, dass die Daten nicht mehr auf dem neuesten Stand sind, was mit `Page_Uptodate` geprüft werden kann.

  Wenn die Seite nicht auf dem neuesten Stand ist, muss sie mit `mapping->a_ops->readpage` neu eingelesen werden. Der Funktionszeiger verweist normalerweise auf `mpage_readpage`.

  Anderenfalls muss der Zugriff auf die Seite mit `mark_page_accessed` gekennzeichnet werden, was wichtig ist, um die Aktivität von Seiten bestimmen zu können, wenn Daten aus dem RAM-Speicher ausgelagert werden müssen (Kapitel 14 („Swapping") geht genauer auf die Implementierung des Swappings ein). Die als Parameter übergebene `actor`-Routine (üblicherweise `file_read_actor`) blendet die betroffene Seite in den Userspace-Adressraum ein, worauf wir hier nicht weiter eingehen wollen.[22]

  Wenn der Readahead-Mechanismus die gewünschte Seite nicht bereits vorausgreifend eingelesen hat, muss dies wohl oder übel selbst erledigt werden. Dazu wird `no_cached_page` verwendet, deren Codeflussdiagramm sich in Abbildung 7.15 findet.[23]

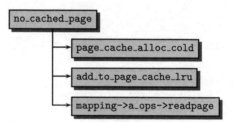

Abbildung 7.15: *Codeflussdiagramm für* `no_cached_page`

Nachdem mit `page_cache_alloc_cold` eine Cache-kalte Seite reserviert wurde, wird sie in die LRU-Liste des Page-Caches eingefügt, wie in Kapitel 12 („Page- und Buffer-Cache") besprochen wird. Zum Einlesen der Daten wird die vom Mapping bereitgestellte Methode `mapping->a_ops->readpage` verwendet. Normalerweise zeigt der Funktionspointer auf `mpage_readpage`, die in Kapitel 12 („Page- und Buffer-Cache") behandelt wird.

7.5.2 Der nopage-Mechanismus

Memory Mappings verwenden üblicherweise die ebenfalls vom VFS zur Verfügung gestellte Standardroutine `filemap_nopage`, um nicht vorhandene Seiten einzulesen. Abbildung 7.16 auf der gegenüberliegenden Seite zeigt das Codeflussdiagramm der Funktion.

Wie das Diagramm zeigt, bestehen bei der Implementierung verschiedene Parallelen zum eben besprochenen `generic_file_read`-Mechanismus.

Zunächst wird versucht, über den Readahead-Mechanismus einige Seiten im Voraus einzulesen. Dabei ist aber zu beachten, dass bei Memory Mappings zwei Strategien möglich sind:

---

[22] Letztendlich wird dazu die in Kapitel 3 besprochenen `copy_to_user`-Routine verwendet.

[23] Eigentlich ist `no_cached_page` keine eigene Routine, sondern nur ein Abschnitt in `do_generic_mapping_read`, der über das gleichnamige Label angesprungen wird, was aber reichlich unübersichtlich ist.

7.5 Standardfunktionen

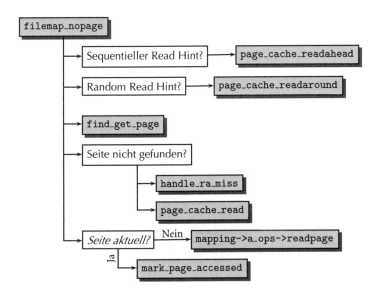

Abbildung 7.16: *Codeflussdiagramm für* filemap_nopage

Wenn erwartet wird, dass auf die Daten in sequentieller Reihenfolge zugegriffen wird, verwendet der Kern die bekannte Funktion page_cache_readahead. Anderenfalls wird page_cache_readaround benutzt, die für Lesepattern optimiert ist, die bei ausführbaren Dateien auftreten. Um der Speicherverwaltung einen „Tipp" zu geben, welches Verhalten auftreten wird, kann der (hier nicht näher besprochene) Systemaufruf madvise verwendet werden.

find_get_page prüft, ob der Readahead-Mechanismus die Seite bereits in den Seitencache transferiert hat. Landet die Funktion einen Treffer, muss sichergestellt werden, dass die Seite uptodate ist; ist dies nicht der Fall, wird sie mit der readpage-Methode des Mappings neu eingelesen. Anderenfalls dient mark_page_accessed dazu, die Seite als aktiv zu markieren.

Wenn find_get_page die Seite nicht finden kann, muss der Readahead-Miss zuerst mit handle_ra_miss notiert werden. page_cache_read wird verwendet, um eine Seite zu reservieren, sie in den Cache einzufügen und mit den entsprechenden Daten zu füllen. Die Funktion ist praktisch äquivalent zu der weiter oben gezeigten Variante no_cached_page, weshalb wir nicht genauer auf sie eingehen.

8 Dateisystem-implementierungen

Das im vorherigen Kapitel besprochene virtuelle Dateisystem steckt durch Struktur und Aufbau der von ihm definierten Schnittstellen und Datenstrukturen einen Rahmen ab, in den sich Dateisystem-Implementierungen einfügen müssen. Dies bedeutet aber lange nicht, dass in jedem Dateisystem identische Ideen, Ansätze und Konzepte verwendet werden, wenn es darum geht, Dateien auf Blockgeräten zu organisieren und ihren Inhalt permanent zu speichern. Ganz im Gegenteil: Linux unterstützt eine Vielfalt unterschiedlicher Ansätze, die von leicht zu implementierenden und nicht sonderlich leistungsstarken, dafür aber einfach zu verstehenden Varianten wie dem Minix-Dateisystem über das bewährte und im Alltagseinsatz millionenfach bewährte Ext2-Dateisystem, speziellen Varianten für RAM- und ROM-basierte Ansätze, hochverfügbare Clusterfilesysteme und moderne, baumbasierte Dateisysteme mit schneller Wiederherstellung der Konsistenz durch Transaktionsjournale reichen – eine Spannbreite, die von kaum einem anderen Betriebssystem zur Verfügung gestellt wird.

Die verwendeten Techniken unterscheiden sich deutlich voneinander, auch wenn dank des virtuellen Dateisystems alle über eine identische Schnittstelle angesprochen werden können – sowohl von Benutzer- wie von Kernelseite. Die große Anzahl der unterstützten Dateisysteme macht es unmöglich, auf jede einzelne Implementierung einzugehen – nicht einmal überblicksweise. Wir werden daher zwei Varianten genauer herauspicken, die nicht nur die wichtigsten Konzepte bei der Entwicklung von Dateisystemen deutlich werden lassen, sondern auch einige Ideen mit sich bringen, die auf den ersten Blick nicht unbedingt mit einem Dateisystem in Verbindung gebracht werden:

- Das *Second Extended Filesystem*, das Linux beinahe von den ersten Anfängen an begleitet hat und heute das Rückgrat vieler Server- und Desktop-Systeme ist, in denen es sehr gute Dienste leistet. Das Design des Ext2fs zeigt eine deutliche Ähnlichkeit mit den im virtuellen Dateisystem verwendeten Strukturen, da es speziell für eine optimierte Zusammenarbeit entworfen wurde (aber auch mit anderen Betriebssystemen verwendet werden kann und wird).

- Das *Proc-Dateisystem*, mit dessen Hilfe der Kernel Informationen über Zustand, Ausstattung und Status des Systems generieren kann, die von Benutzern und Systemprogrammen über normale Dateien ausgelesen werden können, ohne spezielle Tools zur Kommunikation mit dem Kern verwenden zu müssen – im einfachsten Fall genügt ein simples `cat`. Daten können nicht nur ausgelesen, sondern auch in den Kern hineingetragen werden, indem Zeichenketten in eine Datei des `proc`-Dateisystems geschrieben werden. `echo "value" > /proc/file` – es sind kaum einfachere Methoden denkbar, um Informationen vom Userspace an den Kern zu übermitteln.

Bei diesem Ansatz handelt es sich um ein so genanntes *virtuelles* Dateisystem, das die Informationen der Dateien stets „on the fly" generiert, also erst dann, wenn sie über Lese-Operationen angefordert werden. Eine eigene Festplattenpartition oder irgend ein anderes Blockspeichermedium ist für Dateisysteme dieses Typs nicht erforderlich.

Neben dem `proc`-Dateisystem stellt der Kern noch viele weitere virtuelle Dateisysteme bereit, die zu verschiedensten Zwecken eingesetzt werden – beispielsweise zur hierarchischen Verwaltung aller Geräte und Systemressourcen, die in Form von Dateien in hierarchisch verschachtelten Verzeichnissen katalogisiert werden. Aber auch Gerätetreiber können Statusinformationen in virtuellen Dateisystemen bereitstellen, wie es beispielsweise beim USB-Subsystem der Fall ist. Seit Kernel 2.5.7 existiert eine Bibliothek aus Hilfsroutinen in den Kernelquellen, die die Erstellung virtueller (Pseudo-)Dateisysteme für Treiberautoren erleichtert. Aus Platzgründen (und da sich ihre Implementierung nicht wesentlich von den hier vorgestellten Techniken unterscheidet) werden wir aber nicht detaillierter darauf eingehen.

Ebenfalls werden wir kurz auf den Journal-Mechanismus von Ext3 eingehen, das Ext2 um einige interessante Möglichkeiten erweitert, die elementaren Prinzipien des Dateisystems aber unverändert lässt.

Ein Problem taucht nicht nur im Zusammenhang mit der Implementierung von Dateisystemen auf, sondern spielt auch bei der Speicherverwaltung eine Rolle: Fragmentierung. Dieses Phänomen tritt auf, wenn alte Dateien entfernt und neue angelegt werden, wodurch der vorhandene Speicherplatz immer weiter zerstückelt wird – vor allem dann, wenn es sich um viele kleine Dateien handelt. Da sich dies negativ auf die Zugriffsleistung auswirkt, müssen Dateisysteme versuchen, die Entstehung von Fragmentierung so gering wie möglich zu halten[1].

Neben der Vermeidung von Fragmentierung ist eine weitere wichtige Forderung, dass der vorhandene Speicherplatz so gut wie möglich ausgenutzt werden soll. Dazu muss das Dateisystem einen Kompromiss finden: Eine vollständige, lückenlose Ausnutzung des kompletten vorhandenen Speicherplatzes erfordert eine riesige Menge an Verwaltungsdaten, die ebenfalls auf der Platte gespeichert werden müssen und den durch das dichte Hintereinanderpacken der Daten gewonnenen Vorteil wieder zunichte macht oder die Situation gar verschlechtert. Eine zu lose Ausnutzung der Kapazität ist aber ebenfalls nicht gut, da hier zwar Verwaltungsdaten gespart werden, dieser Vorteil aber durch nicht benutzte Bereiche wieder aufgehoben wird. Die einzelnen Dateisystem-Implementierungen gehen dieses Problem auf unterschiedliche Art und Weise an, wobei nicht selten Administrator-konfigurierbare Parameter ins Spiel kommen, die eine Optimierung des Dateisystems aufgrund der erwarteten Nutzung (beispielsweise überwiegend viele große oder kleine Dateien) ermöglichen.

Auch die Wahrung der Konsistenz des Dateisysteminhalts ist ein wesentlicher Punkt, der sowohl bei der Planung wie bei der Implementierung besonders berücksichtigt werden muss. Auch der stabilste Kernel kann die Arbeit gelegentlich unvorbereitet einstellen, wozu nicht nur Softwarefehler der Anlass sein können, sondern auch Stromausfälle, Hardware-Defekte oder ähnliche Umstände die Schuld tragen können. Auch wenn ein derartiges Unglück gelegentlich irreparable Fehler mit sich bringt (beispielsweise gehen Änderungen verloren, die sich vor dem Ausfall im Hauptspeicher befunden haben, aber noch nicht auf die Festplatte zurückgeschrieben wurden), muss sich die Implementierung dennoch bemühen, die Schäden so gut und schnell wie möglich zu korrigieren und in jedem Fall in der Lage zu sein, das Dateisystem wenigstens wieder in einen benutzbaren Zustand zurück zu versetzen.

Zu guter Letzt ist natürlich auch die Geschwindigkeit ein entscheidender Faktor für die Qualität eines Dateisystems. Auch wenn Festplatten im Vergleich zu anderen Systemkomponenten wie Hauptspeicher oder Prozessor äußerst langsam sind, kann eine schlechte Dateisystem-Implementierung durchaus zu einer weiteren wesentlichen Bremse des Systems werden.

---

1 Einige Dateisysteme bieten Tools an, die die vorhandenen Dateien neu ordnen und den Grad der Fragmentierung verringern können.

8.1 Second Extended Filesystem

Auch wenn Linux weder ein Clone noch eine Weiterentwicklung des Lehrbetriebssystems Minix ist, waren viele Teile des Kernels vor allem in der Anfangszeit deutlich davon beeinflusst: Das erste Dateisystem, mit dem der Linux-Kernel umgehen konnte, war eine direkte Adaption der Minix-Variante. Dies hatte vor allem praktische Gründe, da Linux zu Beginn auf einem Minix-System entwickelt wurde, bevor es in der Lage war, sich selbst zu hosten.

Da es sich beim Minix-Dateisystem um vor allem aus pädagogischer Sicht wertvollen Code handelt, ließ nicht nur die Leistung des Filesystems zu wünschen übrig; auch viele Features, die auf kommerziellen Unix-Systemen gängiger Standard waren, wurden vom Minix-Filesystem nicht unterstützt – man denke nur an die Beschränkung des Dateinamens auf maximal 14 Zeichen!

Dieser Umstand war die Motivation für die Entwicklung des *Extended Filesystems*, das zwar bereits eine wesentliche Verbesserung gegenüber dem Minix-FS darstellte, aber immer noch deutliche Nachteile in bezug auf Performance und Funktionsvielfalt gegenüber kommerziellen Dateisystemen aufwies.[2] Erst durch die Entwicklung der zweiten Version dieses Dateisystems, das mit der Bezeichnung *Second Extended Filesystem* oder kurz Ext2 versehen wurde, konnte ein äußerst leistungsfähiges System geschaffen werden, das den Vergleich mit kommerziellen Produkten nicht zu scheuen brauchte und auch heute nicht braucht. Beeinflusst wurde das Design vor allem durch das aus der BSD-Welt stammende *Fast File System* FFS, das in [MBKQ96] ausführlich beschrieben ist.

Neben der Orientierung auf hohe Leistungsfähigkeit war die Entwicklung von Ext2FS von weiteren Zielen geprägt, die die Autoren des Dateisystems in [CTT] beschreiben:

- Unterstützung variabler Blockgrößen, um der erwarteten Auslastung des Dateisystems mit vielen großen oder kleinen Dateien besser gerecht zu werden.

- Schnelle symbolische Links, deren Linkziel in der Inode selbst (und nicht im Datenbereich) gespeichert wird, sofern der Name des Ziels entsprechend kurz ist.

- Mögliche Erweiterungen können in das Design integriert werden, ohne dass die Festplatte für den Wechsel von der alten auf die neue Version formatiert und wiederbespielt werden muss.

- Der Einfluss von Systemabstürzen wird durch eine ausgeklügelte Strategie bei der Manipulation von Daten auf dem Speichermedium so gering wie möglich gemacht: Das Dateisystem kann normalerweise nicht in einen Zustand gebracht werden, der durch die Hilfstools (`fsck`) nicht zumindest so repariert werden kann, dass das Dateisystem wieder benutzbar wird (dies schließt den Verlust von Daten logischerweise nicht aus, ist aber dennoch ein entscheidender Vorteil).

- Dateien können durch spezielle Attribute, die sich nicht in den klassischen Unix-Dateisystemen befinden, als unveränderlich markiert werden, was beispielsweise für wichtige Konfigurationsdateien von Vorteil ist, die durch diese Attribut vor unbeabsichtigten Änderungen – selbst durch den Superuser – geschützt werden können.

---

[2] Ein weiteres Dateisystem dieser Zeit war das heute mehr oder weniger vollständig in Vergessenheit geratene (und vom Kernel auch schon lange nicht mehr unterstützte) XIA-Filesystem, eine Erweiterung des Minix-Dateisystems.

8.1.1 Physikalischer Aufbau

Um die Daten eines Dateisystems herum – die sich aus dem Inhalt von Dateien, einer Repräsentation der Verzeichnishierarchie, den dazugehörigen Verwaltungsdaten wie Zugriffsrechten oder Benutzer- und Gruppenzugehörigkeit und einigen Metadaten zur Verwaltung von dateisysteminternen Informationen zusammensetzen – müssen verschiedene Strukturen definiert werden, die im Kernel als C-Datentypen definiert werden, um vom Blockmedium in den Speicher eingelesen und ausgewertet werden zu können; ebenso finden sich die Strukturen auf der Festplatte, um zwischen zwei Sitzungen des Computers nicht verloren zu gehen und beim nächsten Einschalten vom Kernel wieder verwendet werden zu können. Da sich die Anforderungen zwischen Festplatte und RAM-Speicher voneinander unterscheiden, gibt es in den meisten Fällen zwei unterschiedliche Varianten einer Datenstruktur, die entweder für die persistente Speicherung auf der Platte oder für die Arbeit im Speicher vorgesehen sind.

Wir werden in den folgenden Abschnitten häufiger mit dem Wort „Block" konfrontiert werden, das in zwei verschiedenen Bedeutungen verwendet wird:

- Zum einen befinden sich Dateisysteme auf blockorientierten Geräten, die – wie in Kapitel 5 („Gerätetreiber") festgestellt wurde – keine einzelnen Zeichen, sondern nur ganze Datenblöcke übertragen können.

- Zum anderen handelt es sich beim Second Extended Filesystem um ein *blockbasiertes* Dateisystem, das die Festplatte in viele einzelne Blöcke unterteilt, die allesamt die gleiche Größe aufweisen und sowohl zur Verwaltung der Metadaten als auch der eigentlichen Dateninhalte verwendet werden. Dadurch wird die Struktur des zugrunde liegenden Speichermediums auf die Struktur des Dateisystems übertragen, was selbstverständlich Auswirkungen auf das Design der verwendeten Algorithmen und Datenstrukturen hat, die in diesem Kapitel näher untersucht werden.

Insbesondere eine Tatsache fällt durch die Aufteilung der Platte in einzelne Blöcke fester Größe besonders ins Gewicht: Dateien können nur ganzzahlige Vielfache dieser elementaren Größe auf der Festplatte belegen. Betrachten wir die Auswirkung dieser Situation anhand von Abbildung 8.1, worin der Einfachheit halber eine Blockgröße von 5 Phantasie-Einheiten angenommen wird. Drei Dateien mit den Größen 2, 4 und 11 sollen untergebracht werden.

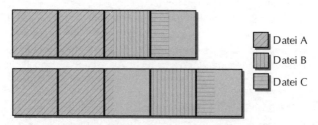

Abbildung 8.1: Dateiverteilung in blockbasierten Dateisystemen

Die offensichtlich effektivere Methode zur Aufteilung des vorhandenen Speicherplatzes findet sich im oberen Teil, wo der Inhalt der einzelnen Dateien so kompakt wie möglich über die vorhandenen Blöcke verteilt wird. Diese Vorgehensweise wird in der Praxis aber nicht verwendet, da sie einen entscheidenden Nachteil hat:[3] Die zur Verwaltung der Dateigrenzen innerhalb

---

3 „Gar nicht verwendet" ist streng genommen nicht richtig, da sich eine abgeschwächte Form dieses Schemas, die

der einzelnen Blöcke notwendigen Informationen wären so umfangreich, dass sie den Vorteil gegenüber der verschwenderisch anmutenden Vergabe von Blöcken im rechten Teil der Abbildung sofort wieder zunichte machen würden. Jede Datei belegt daher nicht nur den Speicherplatz, der für die darin enthaltenen Daten benötigt wird, sondern verbraucht immer den auf das nächste ganzzahlige Vielfache der Blockgröße aufgerundeten Umfang.

Strukturüberblick

Betrachten wir die zur Verwaltung der Daten verwendeten C-Strukturen zuerst aus der Vogelperspektive, um einen Überblick zu Zusammenspiel und Funktion der einzelnen Komponenten zu gewinnen. In Abbildung 8.2 ist der Inhalt einer Blockgruppe des Ext2FS wiedergegeben, bei dem es sich um ein zentrales Element des Dateisystems handelt.

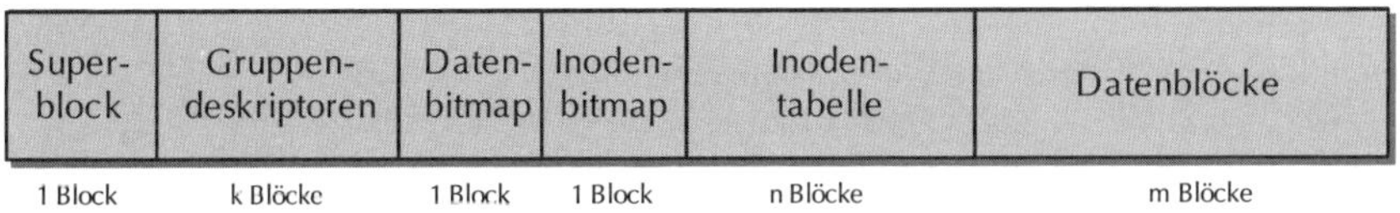

Super-block	Gruppen-deskriptoren	Daten-bitmap	Inoden-bitmap	Inoden-tabelle	Datenblöcke
1 Block	k Blöcke	1 Block	1 Block	n Blöcke	m Blöcke

Abbildung 8.2: Blockgruppe des Second Extended-Dateisystems

Eine Blockgruppe ist das Basiselement, in dem die weiteren Strukturen des Dateisystems untergebracht werden. Jedes Dateisystem besteht aus einer beträchtlichen Anzahl von Blockgruppen, die hintereinander auf der Festplatte angeordnet sind, wie Abbildung 8.3 zeigt.

Boot-block	Blockgruppe 0	Blockgruppe 1	...	Blockgruppe n

Abbildung 8.3: Boot-Sektor und Blockgruppen auf einer Platte

Beim Bootsektor handelt es sich um einen Bereich auf der Festplatte, dessen Inhalt nach dem Einschalten des Systems automatisch vom BIOS geladen und ausgeführt wird; hier findet sich ein Bootloader,[4] der eine Auswahl zwischen verschiedenen auf dem Computer installierten Systemen bietet und sich um die weitere Fortsetzung des Bootvorgangs kümmert. Dieser Bereich darf logischerweise nicht von Dateisystemdaten belegt sein. Bootloader sind nicht auf allen Systemen notwendig. Sie befinden sich üblicherweise am Anfang der Festplatte, weshalb die hinteren Partitionen nicht betroffen sind.

Der restliche Platz auf der Platte wird mit aneinandergehängten Blockgruppen belegt, in denen sowohl die Metadaten des Dateisystems als auch die Nutzdaten der einzelnen Dateien gespeichert werden. Wie aus Abbildung 8.2 deutlich wird, befindet sich eine Menge an Informationen in jeder Blockgruppe, die redundant vorhanden ist. Warum nimmt der Ext2FS diese Verschwendung von Speicherplatz in Kauf? Es gibt zwei Gründe, die den zusätzlichen Platzbedarf rechtfertigen:

---

die Verwendung eines einzigen Blocks zur Aufnahme mehrerer kleiner Dateien zumindest in einem begrenzten Maße erlaubt, in der Entwicklung befindet und vielleicht in zukünftigen Versionen des Ext2/3-Dateisystems standardmäßig enthalten sein wird. Die prinzipielle Infrastruktur für solche *Fragmente* ist zwar bereits im Code enthalten, aber noch nicht implementiert.

[4] LILO auf IA-32, MILO auf Alpha, SILO auf Sparc etc.

- Wenn bei einem Systemabsturz der Superblock zerstört wird, gehen die kompletten Informationen über Struktur und Inhalt des Dateisystems verloren; die darauf befindlichen Daten sind dann nur mehr mit großen Schwierigkeiten (bzw. für die meisten Anwender gar nicht mehr) wiederherstellbar. Durch die Verwendung von redundanten Kopien können die darin enthaltenen Informationen wiederhergestellt werden.

- Durch physikalische Verringerung der Distanz zwischen Datei- und Verwaltungsdaten wird Anzahl und Strecke der Kopfbewegungen minimiert, die der Festplattenkopf ausführen muss, um die darin enthaltenen Informationen einzulesen, was zu einer besseren Performance des Dateisystems führt.

In der Praxis werden die Daten aber nicht in jeder Blockgruppe dupliziert; der Kernel arbeitet außerdem nur mit der ersten Kopie des Superblocks, was im Regelfall völlig ausreicht. Bei einem Dateisystemcheck werden die Daten des ersten Superblocks auf die restlichen Superblöcke verteilt, von wo sie im Notfall wieder eingelesen werden können. Da diese Methode immer noch sehr viel Speicherplatz verbraucht, bedienen sich spätere Versionen von Ext2 der *Sparse Superblock*-Technik: Superblöcke werden dabei nicht mehr in jeder Blockgruppe des Dateisystems gehalten, sondern nur in die Gruppen 0 und 1 geschrieben sowie in alle anderen Gruppen, deren Kennzahl sich als Potenz von 3, 5 und 7 darstellen lässt.

Durch Cachen der Superblock-Daten im Speicher muss der Kern sie nicht immer wieder von der Festplatte einlesen, was auch wesentlich schneller ist. Deshalb hat auch der zweite Punkt keine Bedeutung mehr, da Seeks zwischen den einzelnen Superblock-Einträgen wegfallen.

Obwohl beim Entwurf des Ext2-Dateisystems angenommen wurde, dass die beiden genannten Punkte wesentliche Auswirkung auf Performance und Sicherheit des Dateisystems haben würden, hat sich später herausgestellt, dass dies nicht zutrifft. Deshalb wurden nachträglich die beschriebenen Änderungen vorgenommen.

Wofür werden die einzelnen Strukturen verwendet, die in einer Blockgruppe enthalten sind? Bevor wir auf die genauen Definitionen eingehen, soll ein kurzer Überblick zu ihrer Bedeutung gegeben werden:

- Der Superblock ist die zentrale Struktur, um Metainformationen über das Dateisystem selbst zu speichern. Unter anderem finden sich hier Informationen zur Anzahl freier und belegter Blöcke, verwendeter Blockgröße, dem aktuellen Zustand des Dateisystems (der erforderlich ist, um beim nächsten Hochfahren des Systems einen vorausgegangenen Crash erkennen zu können) und verschiedene Zeitstempel (beispielsweise der Zeitpunkt, zu dem das Dateisystem zum letzten Mal gemountet oder die letzte Schreiboperation durchgeführt wurde). Ebenfalls enthalten ist eine magische Kennzahl, mit deren Hilfe die Mount-Routine sicherstellen kann, dass es sich um ein Dateisystem des korrekten Typs handelt.

Auch wenn sich Superblockobjekte in mehreren Blockgruppen befinden, verwendet der Kernel lediglich den Superblock aus der ersten Blockgruppe, um Metainformationen über das Dateisystem einzulesen.

- Die Gruppendeskriptoren enthalten Informationen, die den Zustand der einzelnen Blockgruppen des Systems wiedergeben; unter anderem befinden sich hier Angaben über die Anzahl freier Blöcke und Inoden einer Gruppe. In *jeder* Blockgruppe befinden sich Gruppendeskriptoren für *alle* vorhandenen Blockgruppen des Dateisystems!

- Datenblock- und Inodenbitmap werden verwendet, um lange Bitketten zu speichern: Für jeden Datenblock und jede Inode existiert genau ein Bit in diesen Strukturen, mit dessen Hilfe festgehalten werden kann, ob der Block/die Inode belegt ist oder nicht.

8.1 Second Extended Filesystem

- Die Inodentabelle nimmt alle Inoden der Blockgruppe auf, in denen die zu den einzelnen Dateien und Verzeichnissen des Dateisystems gehörenden Metadaten gespeichert sind.

- Im Datenblockabschnitt finden sich – wie der Name unzweifelhaft vermuten lässt – die Nutzdaten der auf dem Filesystem vorhandenen Dateien.

Während Inoden- und Blockbitmap immer genau einen kompletten Block belegen, bestehen die restlichen Elemente aus mehreren Blöcken; die genaue Anzahl hängt dabei nicht nur von den beim Anlegen des Dateisystems gewählten Optionen, sondern auch von der Größe des Speichermediums ab.

Die Ähnlichkeit dieser Strukturen mit den Elementen des virtuellen Dateisystems (und dem Konzept eines allgemeinen Unix"Dateisystems, das in Kapitel 7 („Das virtuelle Dateisystem") besprochen wird), ist unverkennbar. Auch wenn durch die Übernahme dieser Struktur bereits viele Probleme wie beispielsweise die Repräsentation von Verzeichnissen gelöst werden können, ist das Ext2-Dateisystem dennoch vor eine Reihe kniffliger Fragen gestellt.

Ein Hauptproblem bei der Implementierung eines Dateisystems ist die Tatsache, dass sich die einzelnen Dateien eines Systems drastisch unterscheiden – sowohl was ihre Größe wie auch den Verwendungszweck betrifft. Während Dateien mit Multimedia-Inhalten wie Filmen oder großen Datenbanken leicht Hunderte von Megabytes bis hin zu einigen Gigabytes belegen können, besitzen kleine Konfigurationsdateien oft nur einen Umfang von wenigen Bytes. Auch die benötigten Metadaten unterscheiden sich hinsichtlich der einzelnen Typen; so muss für eine Gerätespezialdatei ein anderer Satz an Informationen gespeichert werden, als es für ein Verzeichnis, eine reguläre Datei oder eine named Pipe notwendig ist.

Wenn Dateisysteminhalte nur im Speicher manipuliert werden, fallen diese Probleme weniger schwer ins Gewicht als beim Speichern der Daten auf einem langsamen externen Medium: Durch die – im Vergleich zu Festplatten – hohe Geschwindigkeit des RAM-Speichers können die benötigten Strukturen im Handumdrehen aufgebaut, durchsucht und manipuliert werden, was auf der Festplatte bedeutend langsamer und mit wesentlich höherem Aufwand verbunden ist.

Die zum Speichern verwendeten Strukturen müssen so entworfen werden, dass sie alle an ein Dateisystem gestellten Anforderungen möglichst gut erfüllen können; dies ist vor allem im Hinblick auf die Ausnutzung der Festplattenkapazität und die Zugriffsgeschwindigkeit nicht immer einfach. Das Second Extended-Dateisystem muss daher einige Tricks und Kniffe verwenden, die wir im folgenden Abschnitt näher untersuchen.

Indirektion

Auch wenn sich das Ext2-FS in das klassische Unix-Schema einfügt, das Dateien mit Hilfe untereinander verknüpfter Inoden realisiert, müssen weitere Probleme beachtet werden, die in einem abstrakten Konzept nicht ins Gewicht fallen. Bedingt durch die Organisation der Festplatte in Blöcke belegt eine Datei mehrere dieser Einheiten; die genaue Anzahl hängt vor allem vom Umfang des Dateninhalts ab (auch die Blockgröße selbst hat natürlich einen Einfluss darauf, den wir hier aber vorerst vernachlässigen).

Ähnlich wie beim Hauptspeicher des Systems, der aus Sicht des Kerns in Speicherseiten gleicher Größe aufgeteilt ist, die über eindeutige Kennzahlen bzw. Speicherzeiger ansprechbar sind, werden alle auf der Festplatte vorhandenen Blöcke anhand einer charakteristischen Nummer eindeutig identifiziert. Dies ermöglicht die Zuordnung zwischen den Metadaten einer Datei, die in der Inodenstruktur gespeichert sind, und dem eigentlichen Dateninhalt, der sich in den als Datenblöcken gekennzeichneten Abschnitten der Festplatte befindet. Die Zuordnung zwischen beiden wird hergestellt, indem die Adressen der belegten Datenblöcke in der Inode abgespeichert werden. Achtung: Eine Datei belegt nicht nur aufeinander folgende Datenblöcke, auch wenn dies aus Gründen der Performance wünschenswert wäre, sondern kann über die ganze Festplatte verstreut sein.

Betrachtet man dieses Konzept näher, ergibt sich schnell ein Problem: Die maximal verwaltbare Dateigröße ist durch die Anzahl an Blocknummern beschränkt, die in der Inodenstruktur untergebracht werden können! Wird ein zu kleiner Wert gewählt, wird zwar Speicherplatz bei der Verwaltung der Inodenstrukturen gespart, es können aber logischerweise auch nur Dateien mit einem geringen Umfang repräsentiert werden.

Dass eine Erhöhung der Blockanzahl, die in einer Inode untergebracht werden können, das Problem, nicht löst, wird schnell durch eine kleine Rechung klar: Ein Datenblock besitze eine Größe von 4KiB. Um Daten einer Datei mit einem Umfang von 700MiB aufnehmen zu können, benötigt das Dateisystem ungefähr 175.000 – einhundertfünfundsiebzigtausend – Datenblöcke. Wenn ein Datenblock über eine 4-Byte-Zahl eindeutig charakterisiert werden kann, benötigt die Inode daher 175.000 · 4 Bytes, um die Informationen über alle Datenblöcke aufnehmen zu können – ein offensichtlich nicht praktikabler Wert, da nach dieser Methode ein großer Teil des vorhandenen Plattenplatzes zur Speicherung der Inodeninformationen verloren geht. Der größte Teil diese Platzes wird für die meisten Dateien außerdem nicht benötigt, da die durchschnittliche Dateigröße deutlich unter 700MiB liegt.

Das Problem ist natürlich nicht Linux-spezifisch, sondern bereits seit Jahrzehnten bekannt. Glücklicherweise kann das Ext2-Dateisystem auf eine bewährte Lösung zurückgreifen, das unter der Bezeichnung *Indirektion* bekannt ist und in allen klassischen Unix-Dateisystemen Verwendung findet.[5]

Bei diesem Schema werden nur wenige Bytes der Inode verwendet, um Zeiger auf Speicherblöcke aufzunehmen – gerade so viele, dass eine durchschnittliche kleinere Datei damit repräsentiert werden kann. Für größere Dateien werden die Zeiger auf die einzelnen Datenblöcke auf indirektem Wege gespeichert, wie Abbildung 8.4 grafisch verdeutlicht.

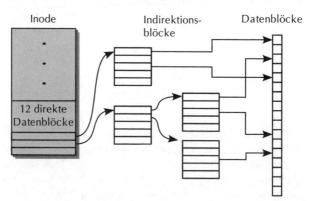

Abbildung 8.4: Einfache und doppelte Indirektion

Das Schema ermöglicht die flexible Speicherung großer und kleiner Dateien, wobei der zur Aufnahme von Datenblockzeigern verwendete Speicherbereich dynamisch variiert werden kann und sich damit an die aktuelle Dateigröße anpasst. Die Inode selbst besitzt immer eine feste Größe; zusätzliche Datenblocks, die zur Indirektion gebraucht werden, werden dynamisch alloziert.

---

5 Selbst das ansonsten eher einfach gestrickte Minix-Dateisystem unterstützt dies.

8.1 Second Extended Filesystem

Betrachten wir zuerst die Situation bei einer kleinen Datei: Hier reichen die direkt in der Inode gespeicherten Zeiger zur Identifizierung aller Datenblöcke aus. Die Inodenstruktur belegt nicht sonderlich viel Platz auf der Festplatte, da nur wenige Zeiger in ihr untergebracht werden müssen.

Wenn sich der Umfang der Datei vergrößert und die primären Zeiger nicht mehr ausreichen, um alle benötigten Blöcke unter einen Hut zu bekommen, wird das Indirektionsverfahren verwendet: Das Dateisystem reserviert sich einen Datenblock auf der Festplatte, den es allerdings nicht zur Speicherung von Dateidaten verwendet, sondern zur Aufnahme von weiteren Blockzeigern. Man bezeichnet diesen Block als *single indirect block*; er kann einige Hundert zusätzlicher Blockzeiger aufnehmen, wobei der tatsächliche Wert je nach verwendeter Blockgröße variiert (Tabelle 8.1 zeigt die für Ext2 möglichen Werte). Um auf den ersten Indirektionsblock zugreifen zu können, muss ein Zeiger auf ihn in der Inode vorhanden sein. In unserem Beispiel befindet er sich unmittelbar nach den direkten Blockzeigern, wie aus Abbildung 8.4 ersichtlich ist. Die Größe der Inode bleibt immer konstant, nur der für den zusätzlichen Zeigerblock benötigte Speicherplatz fällt bei größeren Dateien ins Gewicht, bedeutet für kleine Dateien aber keinen zusätzlichen Overhead.

Tabelle 8.1: *Block- und Dateigrößen im Second Extended-Dateisystem*

Blockgröße	Maximale Dateigröße
1024	16 GiB
2048	256 GiB
4096	2 TiB

Anhand der Abbildung ist die Fortsetzung der Technik offensichtlich: Auch die Vergrößerung des beschreibbaren Speicherplatzes durch Indirektion geht irgendwann einmal zur Neige, wenn immer größere Dateien verwendet werden. Der nächste Schritt des Dateisystems ist die Verwendung einer zweifachen Indirektion: Es wird wiederum ein Block auf der Festplatte reserviert, in dem Zeiger auf Datenblöcke gespeichert werden; allerdings werden diese dadurch markierten Blöcke nicht zur Aufnahme von Nutzdaten verwenden, sondern stellen jeweils wiederum Arrays dar, in denen Zeiger auf weitere Datenblöcke untergebracht sind – die schließlich zur Aufnahme weiterer Nutzdaten der Datei verwendet werden.

Die Verwendung von zweifacher Indirektion vergrößert den pro Datei verwaltbaren Speicherplatz drastisch: Wenn in einem Datenblock Zeiger auf 1000 andere Datenblöcke untergebracht werden, sind durch zweifache Indirektion $1000 \cdot 1000$ Datenblöcke adressierbar. Natürlich hat die Methode auch einen Nachteil, da der Aufwand beim Zugriff auf große Dateien erhöht wird: Das Dateisystem muss zuerst die Adresse des Indirektionsblocks heraussuchen, einen weiteren Indirektionseintrag auslesen, diesen Block suchen und daraus den Zeiger bestimmen, der die Adresse des Datenblocks angibt. Die Möglichkeit zur Behandlung von Dateien flexibler Größe wird daher mit einem Geschwindigkeitsnachteil erkauft, der um so deutlicher hervortritt, je größer der Umfang einer Datei wird.

Wie aus Abbildung 8.4 ersichtlich ist, ist zweifache Indirektion noch nicht das letzte Mittel: Als weitere Möglichkeit zur Darstellung wirklich *riesiger* Dateien bietet der Kernel die Möglichkeit der dreifachen Indirektion, die das bereits bekannte Schema um eine weitere Stufe ausbaut. Da sich das Prinzip gegenüber der ein- und zweifachen Indirektion nicht ändert, werden wir hier nicht weiter darauf eingehen.

Durch die dreifache Indirektion kann die maximal verwaltbare Dateigröße in Höhen gepusht werden, die weitere kernelseitige Probleme aufwerfen, die sich vor allem auf 32-Bit-Architekturen bemerkbar machen: Da die Standardbibliothek `long`-Variablen mit 32 Bit Länge zur Adressierung der Position in einer Datei verwendet, schränkt dies den maximalen Dateiumfang auf 2^{32}

Bit ein, was 2GiB entspricht – und weniger ist, als mit Hilfe der dreifachen Indirektion des Ext2-Dateisystems verwaltet werden kann. Um diesen Missstand zu beseitigen, wurde ein spezielles Schema zum Zugriff auf große Dateien eingeführt, das nicht nur Auswirkungen auf die Routinen der Standardbibliothek hat, sondern auch in den Kernelquellen entsprechend berücksichtigt werden muss.

Fragmentierung

Die Ähnlichkeit mit der Speicherverwaltung, die durch die Blockstruktur einer Festplatte entsteht, bringt ein bekanntes Problem mit sich, das bereits in Kapitel 3 angesprochen wurde: Fragmentierung. Wenn über einen längeren Zeitraum hin mit einem Dateisystem gearbeitet wurde, sind in der Regel viele Dateien an verschiedenen Positionen des Speichermediums gelöscht und neu angelegt worden, was unweigerlich zu einer Zersplitterung des freien Speicherplatzes in Abschnitte unterschiedlicher Größe führt, wie Abbildung 8.5 zeigt.

Abbildung 8.5: Fragmentierung in Dateisystemen

Auch wenn die Situation in der Abbildung natürlich übertrieben ist, demonstriert sie das Problem sehr gut: Auf der Festplatte sind zwar noch 12 Blöcke frei; der größte zusammenhängende Bereich umfasst aber nur 5 Blöcke. Was passiert, wenn ein Benutzerprogramm Daten speichern muss, die insgesamt 7 Blöcke auf der Festplatte belegen? Oder wenn eine bereits vorhandene Datei erweitert werden muss, die Datenblöcke hinter ihr aber bereits von anderen Daten belegt sind?

Die Antwort ist offensichtlich: Die Daten werden über verschiedene Bereiche der Festplatte verteilt gespeichert, also fragmentiert. Der wichtige Punkt ist die Tatsache, dass dies für den Benutzerprozess unsichtbar geschieht: Prozesse, die auf eine Datei zugreifen, sehen diese *immer* als linear zusammenhängende Struktur – unabhängig davon, wie zersplittert die Daten auf der Festplatte sind. Dies erinnert an das vom Prozessor verwendete System zur Präsentation des Arbeitsspeichers gegenüber einem Prozess; der Unterschied besteht darin, dass sich für das Dateisystem keine automatische Hardwareinstanz um die Linearisierung kümmert, sondern der Filesystemcode selbst diese Aufgabe übernehmen muss.

Mit den direkten, ein-, zwei-, und dreifach indirekten Zeigern auf Datenblöcke einer Datei ist dies natürlich keine prinzipielle Schwierigkeit: Die Kennzahlen der Datenblöcke werden durch die darin enthaltenen Informationen immer eindeutig bestimmt; es macht aus dieser Sicht keinen Unterschied, ob sich die Datenblöcke unmittelbar hintereinander befinden oder weit über die gesamte Platte verteilt sind.

Bemerkbar ist der Unterschied allerdings bei der Zugriffsgeschwindigkeit: Wenn sich alle Blöcke einer Datei direkt hintereinander angeordnet auf der Festplatte befinden, was erstrebenswert ist, braucht sich der Plattenkopf beim Einlesen der Daten nur wenig zu bewegen; daraus resultiert ein schneller Datentransfer. Im entgegengesetzten Fall – die Blöcke der Datei sind über einen weiten Bereich der Platte verstreut – müssen neben dem eigentlichen Lesen der Daten viele zeitaufwendige Bewegungen des Plattenkopfes durchgeführt werden, was die Zugriffsleistung entsprechend verschlechtert.

Das Second Extended-Dateisystem bemüht sich daher nicht nur, die Entstehung fragmentierter Daten so gut wie möglich zu vermeiden: Wenn die Fragmentierung unvermeidlich ist, wird wenigstens versucht, die einzelnen Blöcke einer Datei in derselben Blockgruppe zusammenzuhalten.[6] Unterstützt wird das Dateisystem bei dieser Aufgabe übrigens sehr, wenn es nicht bis zum absoluten Maximum gefüllt wird, sondern stets mit etwas Reserve nach oben betrieben wird – die Auswahlmöglichkeiten, eine Datei unterzubringen, nehmen dadurch zu und verringern automatisch die Anfälligkeit zur Fragmentierung.

8.1.2 Datenstukturen

Nachdem die Aufbauprinzipien des Ext2-Dateisystems betrachtet wurden, soll nun ein genauerer Blick auf die Datenstrukturen geworfen werden, die zur Umsetzung und Speicherung dieser Strukturen auf der Festplatte verwendet werden. Wie bereits weiter oben bemerkt wurde, gibt es nicht nur Strukturen auf der Festplatte, sondern auch Gegenstücke im Speicher, die zusätzlich zu den Strukturen des virtuellen Dateisystems verwendet werden, um einerseits die Kommunikation mit dem Dateisystem und die Verwaltung wichtiger Daten einfacher zu machen, zum anderen aber auch zur Pufferung von Metadaten verwendet werden, um die Arbeit mit dem Dateisystem zu beschleunigen.

Superblock

Der Superblock ist die zentrale Struktur, in der alle charakteristischen Daten des Dateisystems enthalten sind. Sein Inhalt ist das Erste, was der Kernel beim Mounten eines Dateisystems sieht; um die Daten einzulesen, wird die Routine `ext2_read_super` aus `fs/ext2/super.c` verwendet, die über den Funktionszeiger `read_super` aus der in Kapitel 7 angesprochenen Struktur `file_system_type` aufgerufen wird. Die von der Routine durchgeführten Aktionen werden uns in Abschnitt 8.1.4 auf Seite 429 genauer beschäftigen; hier geht es vorerst um Aufbau und Struktur des Superblocks auf der Festplatte.

Zur Beschreibung des Superblocks wird die relativ umfangreiche Struktur `ext2_super_block` verwendet, die folgendermaßen definiert ist:

```
struct ext2_super_block {                                     <ext2_fs.h>
        __u32   s_inodes_count;         /* Inodes count */
        __u32   s_blocks_count;         /* Blocks count */
        __u32   s_r_blocks_count;       /* Reserved blocks count */
        __u32   s_free_blocks_count;    /* Free blocks count */
        __u32   s_free_inodes_count;    /* Free inodes count */
        __u32   s_first_data_block;     /* First Data Block */
        __u32   s_log_block_size;       /* Block size */
        __s32   s_log_frag_size;        /* Fragment size */
        __u32   s_blocks_per_group;     /* # Blocks per group */
        __u32   s_frags_per_group;      /* # Fragments per group */
        __u32   s_inodes_per_group;     /* # Inodes per group */
        __u32   s_mtime;                /* Mount time */
        __u32   s_wtime;                /* Write time */
        __u16   s_mnt_count;            /* Mount count */
        __s16   s_max_mnt_count;        /* Maximal mount count */
        __u16   s_magic;                /* Magic signature */
        __u16   s_state;                /* File system state */
        __u16   s_errors;               /* Behaviour when detecting errors */
        __u16   s_minor_rev_level;      /* minor revision level */
```

---

[6] Mit `defrag.ext2` existiert ein Systemtool, das eine Ext2-Partition analysiert und die fragmentierten Daten in einer neuen Reihenfolge anordnet, die die einzelnen Dateien wieder in eine zusammenhängendere Struktur überführt.

```
            __u32   s_lastcheck;                /* time of last check */
            __u32   s_checkinterval;            /* max. time between checks */
            __u32   s_creator_os;               /* OS */
            __u32   s_rev_level;                /* Revision level */
            __u16   s_def_resuid;               /* Default uid for reserved blocks */
            __u16   s_def_resgid;               /* Default gid for reserved blocks */
            /*
             * These fields are for EXT2_DYNAMIC_REV superblocks only.
             *
             * Note: the difference between the compatible feature set and
             * the incompatible feature set is that if there is a bit set
             * in the incompatible feature set that the kernel doesn't
             * know about, it should refuse to mount the filesystem.
             *
             * e2fsck's requirements are more strict; if it doesn't know
             * about a feature in either the compatible or incompatible
             * feature set, it must abort and not try to meddle with
             * things it doesn't understand...
             */
            __u32   s_first_ino;                /* First non-reserved inode */
            __u16   s_inode_size;               /* size of inode structure */
            __u16   s_block_group_nr;           /* block group # of this superblock */
            __u32   s_feature_compat;           /* compatible feature set */
            __u32   s_feature_incompat;         /* incompatible feature set */
            __u32   s_feature_ro_compat;        /* readonly-compatible feature set */
            __u8    s_uuid[16];                 /* 128-bit uuid for volume */
            char    s_volume_name[16];          /* volume name */
            char    s_last_mounted[64];         /* directory where last mounted */
            __u32   s_algorithm_usage_bitmap;   /* For compression */
            /*
             * Performance hints. Directory preallocation should only
             * happen if the EXT2_COMPAT_PREALLOC flag is on.
             */
            __u8    s_prealloc_blocks;          /* Nr of blocks to try to preallocate*/
            __u8    s_prealloc_dir_blocks;      /* Nr to preallocate for dirs */
            __u16   s_padding1;
            /*
             * Journaling support valid if EXT3_FEATURE_COMPAT_HAS_JOURNAL set.
             */
            ...
            __u32   s_reserved[190];            /* Padding to the end of the block */
};
```

Die Elemente am Ende der Struktur wurden nicht wiedergegeben, da sie von Ext2 nicht verwendet werden, sondern erst in Ext3 eine Bedeutung haben, die wir in Kapitel 8.2 klären.

Bevor wir die Bedeutung der einzelnen Felder beschreiben, müssen einige Dinge bezüglich der Datentypen dieser Elemente klargestellt werden. Wie man sieht, besitzen die einzelnen Felder überwiegend Datentypen der Bezeichnung __u32, __s16 etc. Dabei handelt es sich in allen Fällen um Ganzzahlen einer *absolut festgelegten* Bitlänge, die genau dann vorzeichenbehaftet sind, wenn ihr Präfix s ist; anderenfalls (Präfix u) können nur positive Werte ohne Vorzeichen dargestellt werden.

Warum werden keine elementaren C-Typen verwendet? Bekanntlich stellen unterschiedliche Prozessoren die verschiedenen elementaren Typen durch unterschiedliche Bitlängen dar, was bei der Superblockstruktur je nach Prozessortyp zu unterschiedlichen Formaten führt, was zu vermeiden ist: Wenn Wechselmedien von einem Rechnertyp auf einen anderen transportiert werden, müssen die Metadaten des Dateisystems unabhängig vom verwendeten Prozessortyp immer im gleichen Format gespeichert werden.

Da auch in anderen Teilen des Kernels Datentypen einer garantierten Bitlänge benötigt werden, die sich zwischen unterschiedlichen Prozessoren *nicht* ändert, finden sich in den Architektur-spezifischen Dateien include/asm-*arch*/types.h Definitionen für eine Reihe von Typen über __s8 bis hin zu __u64, die die Abbildung auf die korrekten elementaren Datentypen des verwendeten CPU-Typs regeln.

Die Verwendung der korrekten *Länge* eines Datentyps alleine ist allerdings noch nicht ausreichend. Wie in Kapitel 1 („Einführung und Überblick") festgestellt wurde, unterscheidet sich die Anordnung der hoch- und niedrigwertigen Teile eines aus mehreren Bytes bestehenden Datentyps zwischen den einzelnen CPU-Typen – das Problem von Big- und Little-Endianess.

Um die Portabilität des Dateisystems zwischen verschiedenen Systemen zu gewährleisten, haben die Designer des Ext2-Dateisystems die Entscheidung getroffen, alle Zahlenwerte der Superblock-Struktur in Little-Endian-Anordnung auf der Festplatte zu speichern. Beim Einlesen der Daten in den Hauptspeicher muss sich der Kernelcode daher um eine Konvertierung dieses Formats in das native Format der jeweiligen CPU kümmern. Die beiden Dateien <byteorder/big_endian.h> und <byteorder/little_endian.h> stellen Konvertierungsroutinen zwischen den einzelnen CPU-Typen bereit. Da die Daten eines Ext2-Dateisystems standardmäßig im Little-Endian-Format gespeichert werden, muss auf CPU-Typen wie IA32 keine Umwandlung erfolgen, was einen leichten Geschwindigkeitsvorteil gegenüber Systemen wie Sparc mit sich bringt, die die Reihenfolge der Bytes bei Typen mit mehr als 8 Bits vertauschen müssen.[7]

Die Superblock-Struktur selbst besteht aus einer umfangreichen Sammlung von Zahlen, die die generellen Eigenschaften des Dateisystems charakterisieren. Ihr Umfang beträgt immer 1024 Bytes, was durch ein Füllelement (s_reserved) erreicht wird, das am Ende der Struktur angebracht ist.

Da die Bedeutung der meisten Einträge aus dem Elementnamen bzw. dem zugehörigen Kommentar ersichtlich ist, wollen wir uns hier nur auf die interessanten und nicht offensichtlichen Elemente beschränken:

- s_log_block_size ist der binäre Logarithmus der verwendeten Blockgröße, der zusätzlich durch 1024 geteilt wurde. Derzeit sind hierfür die drei verschiedenen Werte 0, 1 und 2 möglich, was zu Blockgrößen von $2^0 \cdot 1024 = 1024$, $2^1 \cdot 1024 = 2048$ und $2^2 \cdot 1024 = 4096$ Bytes führt. Maximale und minimale Blockgrößen sind durch die Kernelkonstanten EXT2_MIN_BLOCK_SIZE und EXT2_MAX_BLOCK_SIZE eingeschränkt, die derzeit auf 1024 bzw. 4096 definiert sind.[8]

  Die gewünschte Blockgröße muss beim Anlegen eines Dateisystems mit mke2fs berücksichtigt werden und kann im laufenden Betrieb nicht mehr geändert werden, da sie eine der fundamentalen Konstanten des Dateisystems darstellt. Je nach Verwendungszweck des Dateisystems muss sich der Systemverwalter hier für einen vernünftigen Wert entscheiden, der der erwarteten Nutzung am besten gerecht wird und die Balance zwischen zu viel verschenktem Speicherplatz und zu hohem Verwaltungsaufwand schafft – kein einfaches Unterfangen.

- s_blocks_per_group und s_inodes_per_group werden verwendet, um die Block- und Inodenzahl pro Blockgruppe festzulegen Auch diese Werte müssen beim Anlegen eines Dateisystems fixiert werden und lassen sich nachträglich nicht mehr modifizieren. Normalerweise

---

[7] Die Endianess einer CPU wirkt sich nicht auf den Dateninhalt einer Datei aus, wenn sie byteweise interpretiert wird, wie es beispielsweise bei Textdaten der Fall ist (Zahlen werden in einer solchen Datei als Textstring gespeichert, was das Endianes-Problem umgeht). Sounddateien müssen hingegen oft mit entsprechenden Tools – beispielsweise sox – zwischen unterschiedlichen Darstellungen konvertiert werden, da hier die Anordnung der Bits von Bedeutung ist, nachdem die Daten binär interpretiert werden.
[8] Allerdings wird die Beschränkung nach oben momentan nirgends überprüft.

sollte man hierfür die von `mke2fs` gewählten Default-Einstellungen verwenden, die in den meisten Fällen passend sind.

- Eine magische Kennzahl wird im Feld `s_magic` gespeichert; mit ihrer Hilfe wird sichergestellt, dass das zu mountende Dateisystem auch wirklich vom Typ Ext2 ist. Die verwendete Zahl findet sich unter der Bezeichnung `EXT2_SUPER_MAGIC` (in `<ext2_fs.h>`), wofür der hexadezimale Wert `0xEF53` verwendet wird. Eine Revisionsnummer findet sich in den Feldern `s_rev_level` und `s_minor_rev_level`, die zur Unterscheidung verschiedener Versionen des Dateisystems dienen können.

  Achtung: Auch wenn ein Second-Extended-Dateisystem durch diese Zahlen eindeutig identifizierbar ist, ist trotzdem noch nicht sichergestellt, dass der Kernel es wirklich im Lese- und Schreibmodus (oder auch nur im Lesemodus) einhängen kann. Da Ext2 eine Reihe von optionalen und/oder inkompatiblen Erweiterungen unterstützt, wie wir gleich sehen werden, müssen vor dem Einhängen neben der magischen Kennzahl noch einige weitere Felder geprüft werden.

- Die Felder `s_def_resuid` und `s_def_resgid` geben die Benutzer- und Gruppenkennzahl eines Sytemusers an, für den eine bestimmte Anzahl von Blöcken zur exklusiven Nutzung reserviert wird; der entsprechende Wert wird in `s_r_blocks_count` gespeichert.

  Kein anderer Benutzer darf diese Blöcke verwenden. Wozu ist diese Maßnahme gut? Standardmäßig werden sowohl `s_def_resuid` als auch `s_ref_gid` auf 0 gesetzt, was dem Superuser root des Systems entspricht. Dieser kann daher auch noch auf Dateisysteme schreiben, die für normale Benutzer bereits vollständig aufgefüllt sind. Den dadurch vorhandenen zusätzlichen Speicherplatz bezeichnet man üblicherweise als *Root-Reserve*.

  Wäre dieser Schutz nicht vorhanden, könnte es beispielsweise vorkommen, dass sich bestimmte Daemonen oder Server, die unter der root-Benutzerkennung laufen, nicht mehr starten lassen und das System daher nicht mehr zu benutzen ist. Man denke nur an einen ssh-Server, der eine Statusdatei anlegen muss, wenn ein Login durchgeführt wird: Wenn die Festplatte vollständig aufgefüllt ist, kann sich kein Benutzer – und damit auch kein Systemverwalter – mehr einloggen, was vor allem bei nicht lokal zugreifbaren Systemen wie Internetservern eine größere Katastrophe ist.

  Die Root-Reserve – standardmäßig werden beim Anlegen eines Dateisystems 5% dafür verwendet – hilft, solche misslichen Situationen zu vermeiden, und stellt dem Superuser (oder einem anderen Benutzer, wenn die UID/GID in den genannten Variablen geändert wird) eine Sicherheitsreserve zur Verfügung, die auf jeden Fall sicherstellt, dass wenigstens Maßnahmen zur Beseitigung der Plattenüberfüllung getroffen werden können.

- Konsistenzüberprüfungen des Dateiystems werden mit Hilfe der drei Variablen `s_state`, `s_lastcheck` und `s_checkinterval` durchgeführt. Das erste Element wird verwendet, um den aktuellen Zustand des Dateisystems anzugeben. Dieser wird nach einem ordentlichen Aushängen einer Partition auf `EXT2_VALID_FS` (aus `<ext2_fs.h>`) gesetzt, was dem mount-Programm mitteilt, dass mit der Partition alles in Ordnung ist. Wurde das Dateisystems hingegen nicht ordentlich ausgehängt (weil der Rechner beispielsweise durch einfaches Ausschalten des Stroms „heruntergefahren" wurde), befindet sich die Variable noch in dem Zustand, auf den sie direkt nach dem Mounten gesetzt wird: `EXT2_ERROR_FS`. In diesem Fall wird automatisch eine Konsistenzüberprüfung mit `e2fsck` anberaumt.

Ein unsauberes Aushängen ist allerdings nicht die einzige Ursache, die eine Konsistenzüberprüfung auslösen kann: Das Datum der letzten Überprüfung wird in `s_lastcheck` festgehalten; wenn diese länger als `s_checkinterval` zurückliegt, wird eine Prüfung erzwungen, auch wenn sich das Dateisystem in einem sauberen Zustand befindet.

Eine dritte Möglichkeit zur Erzwingung einer Konsistenzüberprüfung, die in der Praxis am häufigsten auftritt, wird durch die Zähler `s_max_mnt_count` und `s_mnt_count` realisiert: Während Letzterer zählt, wie oft ein Dateisystem seit der letzten Überprüfung eingehängt wurde, gibt Ersterer die maximale Zahl von Mounts an, die zwischen zwei Überprüfungen durchgeführt werden darf. Wird dieser Wert überschritten, löst dies eine Konsistenzprüfung mittels `e2fsck` aus.

■ Auch das Ext2-Dateisystem war nicht vom ersten Moment an perfekt und wird es (wie jedes andere Softwareprodukt) nie sein; die immer fortschreitende technologische Entwicklung bedingt ständige Änderungen und Anpassungen an Systeme, die aus verständlichen Gründen so gut und leicht wie möglich in bestehende Schemata zu integrieren sein sollen: Wer will schließlich schon alle zwei Wochen sein System komplett umkrempeln, um in den Genuss neuer Funktionen zu kommen? Es wurde daher beim Design des Ext2-Dateisystem darauf geachtet, neue Features so leicht wie möglich in das alte Design integrieren zu können, weshalb sich drei Elemente der Superblockstruktur mit der Beschreibung von Zusatzfeatures beschäftigen: `s_feature_compat`, `s_feature_incompat` und `s_feature_ro_compat`. Wie man aus der Bezeichnung der Variablen erkennen kann, existieren drei unterschiedliche Klassen, mit denen neue Funktionen charakterisiert werden können:

- *Kompatible Features* (`s_feature_compat`) können zwar von neuen Versionen des Dateisystemcodes genutzt werden, bringen aber keinen negativen Einfluss (oder funktionale Beeinträchtigungen) für ältere Varianten. Beispiele für Erweiterungen dieser Art ist das in Ext3 eingeführt Journal, mit dem wir uns in Abschnitt 8.2 noch genauer beschäftigen werden, oder die Bereitstellung von ACLs (*access control lists*), die eine feinkörnigere Vergabe von Rechten ermöglicht, als es mit dem klassischen Unix-Schema read/write/execute für user/group/others möglich ist. Die der jeweiligen Kernelversion vollständig bekannte Liste aller kompatiblen Erweiterungen findet sich in `<ext2_fs.h>` in Form von Präprozessordefinitionen der Bezeichnung EXT2_FEATURE_COMPAT_*FEATURE*.

    Kernel 2.6.0 kennt folgende kompatible Features:

    ```
    #define EXT2_FEATURE_COMPAT_DIR_PREALLOC     0x0001           <ext2_fs.h>
    #define EXT2_FEATURE_COMPAT_IMAGIC_INODES    0x0002
    #define EXT3_FEATURE_COMPAT_HAS_JOURNAL      0x0004
    #define EXT2_FEATURE_COMPAT_EXT_ATTR         0x0008
    #define EXT2_FEATURE_COMPAT_RESIZE_INO       0x0010
    #define EXT2_FEATURE_COMPAT_DIR_INDEX        0x0020
    #define EXT2_FEATURE_COMPAT_ANY              0xffffffff
    ```

    Die `EXT2_FEATURE_COMPAT_ANY`-Konstante kann verwendet werden, um zu testen, ob *irgendein* Feature dieser Kategorie verwendet wird.

- *Read-Only Features* sind Erweiterungen, die den lesenden Zugriff auf ein Dateisystem nicht beeinträchtigen, wenn eine veraltete Revision des Filesystemcodes verwendet wird, bei Schreibzugriffen aber zu Fehlern und Inkonsistenzen im Dateisystem führt. Wenn eines dieser Features über `s_feature_ro_compat` gesetzt ist, kann die Partition deshalb nur im Lesemodus eingehängt werden; Schreibzugriffe sind verboten.

Eine im Nur-Lesen-Modus kompatible Erweiterung ist beispielsweise die *sparse superblock*-Technik, die nicht in jeder Blockgruppe einer Partition einen Superblock ablegt und dadurch Speicherplatz spart. Da der Kernel normalerweise ohnehin nur die (auch weiterhin vorhandene) Superblockkopie in der ersten Blockgruppe verwendet, stellt dies beim lesenden Zugriff keinen Unterschied dar, da beim Aushängen des Dateisystems Modifikationen an den restlichen Superblockkopien vorgenommen würden – die in diesem Fall nicht vorhanden sind – und daher wichtige Daten überschreiben könnten.

Ebenso wie bei den kompatiblen Features befindet sich eine Liste mit allen für die aktuelle Kernelversion bekannten Varianten in <ext2_fs.h>, wobei wiederum Präprozessorvariablen der Bezeichnung EXT2_FEATURE_RO_COMPAT_*FEATURE* definiert werden, die jeder Erweiterung einen eindeutigen Zahlenwert zuweisen:

<ext2_fs.h>
```
#define EXT2_FEATURE_RO_COMPAT_SPARSE_SUPER    0x0001
#define EXT2_FEATURE_RO_COMPAT_LARGE_FILE      0x0002
#define EXT2_FEATURE_RO_COMPAT_BTREE_DIR       0x0004
#define EXT2_FEATURE_RO_COMPAT_ANY             0xffffffff
```

- Zu alten Versionen *inkompatible Features* (s_incompat_features) machen ein Dateisystem völlig nutzlos, wenn alter Code verwendet wird, weshalb das Vorhandensein einer dieser Erweiterungen, die der Kernel nicht versteht, automatisch bedeutet, dass das Dateisystem nicht gemountet werden kann. Die inkompatiblen Features werden durch die Makros EXT2_FEATURE_INCOMPAT_*FEATURE* mit Zahlenwerten belegt. Ein Beispiel für inkompatible Erweiterungen dieser Art ist die „on the fly"-Komprimierung, bei der alle Dateien gepackt abgespeichert werden – ihr Inhalt ergibt daher für Dateisystemcode, der die Daten nicht entpacken kann, weder im lesenden noch im schreibenden Zugriff Sinn.

Andere inkompatible Features sind:

<ext2_fs.h>
```
#define EXT2_FEATURE_INCOMPAT_COMPRESSION    0x0001
#define EXT2_FEATURE_INCOMPAT_FILETYPE       0x0002
#define EXT3_FEATURE_INCOMPAT_RECOVER        0x0004
#define EXT3_FEATURE_INCOMPAT_JOURNAL_DEV    0x0008
#define EXT2_FEATURE_INCOMPAT_META_BG        0x0010
#define EXT2_FEATURE_INCOMPAT_ANY            0xffffffff
```

Bei allen drei Feldelementen handelt es sich um Bitmaps, deren einzelne Bits jeweils für eine bestimmte Kernelerweiterung stehen. Dadurch kann der Kernel (durch einfache Vergleiche mit den vordefinierten Konstanten) einerseits feststellen, welche der ihm bekannten Features auf einem Dateisystem verwendet werden; zum anderen kann er die Einträge auch auf für ihn unbekannte Features durchsuchen (die durch gesetzte Bits an ihm nicht bekannten Positionen markiert werden) und je nach Kategorie entscheiden, wie er mit der Behandlung des Dateisystems fortfährt.

Achtung: Einige Elemente der Struktur werden vom Ext2-Code noch nicht verwendet, da sie für zukünftige Erweiterungen vorgesehen sind, die allerdings schon bei der Planung der Struktur berücksichtigt wurden. Auf diese Weise soll vermieden werden, dass Dateisysteme zur Einführung dieser neuen Features neu formatiert werden müssen, was auf viel beanspruchten Serversystemen einen oftmals nicht durchführbarer Einschnitt darstellt.

Wir werden im weiteren Verlauf der Beschreibung auf einige dieser Felder hinweisen, wenn wir mögliche Erweiterungen der jetzigen Funktionalität besprechen.

Gruppendeskriptor

Wie Abbildung 8.2 gezeigt hat, befindet sich in jeder Blockgruppe eine Sammlung von Gruppendeskriptoren, die direkt nach dem Superblock positioniert sind. Die darin enthaltenen Informationen geben die Belegung jeder Blockgruppe des Dateisystems wieder und beziehen sich daher nicht nur auf die Datenblöcke, die mit der lokalen Blockgruppe verknüpft sind, sondern auch auf Daten- und Inodenblöcke anderer Blockgruppen.

Die zur Definition eines einzelnen Gruppendeskriptors verwendete Datenstruktur ist wesentlich kürzer als die Superblockstruktur, wie folgender Auschnitt aus den Kernelquellen belegt:

```
struct ext2_group_desc                                          <ext2_fs.h>
{
        __u32   bg_block_bitmap;       /* Block number of bitmap block */
        __u32   bg_inode_bitmap;       /* Block number of Inodes bitmap block */
        __u32   bg_inode_table;        /* Inodes table block */
        __u16   bg_free_blocks_count;  /* Free blocks count */
        __u16   bg_free_inodes_count;  /* Free inodes count */
        __u16   bg_used_dirs_count;    /* Directories count */
        __u16   bg_pad;
        __u32   bg_reserved[3];
};
```

Für jede Blockgruppe, die in der Gruppendeskriptorsammlung beschrieben wird, verwendet der Kern eine Kopie dieser Datenstruktur.

Der Inhalt des Gruppendeskriptors besteht – neben Statuseinträgen, die die Anzahl der freien Blöcke (bg_free_blocks_count) und Inoden (bg_free_inodes_count) sowie die Anzahl der belegten Verzeichnisse (bg_used_dirs_count) wiedergeben – vor allem aus zwei Zeigern auf Blöcke, die Bitmaps zur Organisation der belegten und freien Blöcke und Inoden enthalten. Sie tragen die Bezeichnung bg_block_bitmap und bg_inode_bitmap und werden durch eine 32-Bit-Zahl realisiert, die einen Block auf der Festplatte eindeutig beschreibt.

Der Inhalt des Blocks, auf den bg_block_bitmap verweist, wird nicht zum Speichern von Daten verwendet. Jedes in ihm enthaltene Bit steht für einen Datenblock der aktuellen Blockgruppe: Wenn ein Bit gesetzt ist, wird der Block vom Dateisystem verwendet (oder ist, mit andere Worten, belegt); anderenfalls steht er frei zur Verfügung. Da die Position bekannt ist, an der sich der erste Datenblock befindet, und alle Datenblöcke direkt linear aufeinander folgen, kann der Kern leicht zwischen Bitpositionen im Blockbitmap und den zugehörigen Blockpositionen umrechnen.

Die gleiche Methode wird für den Inodenzeiger bg_inode_bitmap verwendet: Auch er verweist auf einen Block, dessen einzelne Bits zur Beschreibung aller Inoden der jeweiligen Blockgruppe verwendet werden. Da auch bekannt ist, in welchen Blöcken sich die Inodenstrukturen befinden und wie groß eine Inodenstruktur ist, kann der Kern zwischen Bitmap-Einträgen und den zugehörigen Positionen auf der Festplatte umrechnen, siehe auch Abbildung 8.2.

Jede Blockgruppe enthält nicht nur eine einzige Gruppendeskriptorstruktur, sondern eine ganze Vielzahl davon: eine Kopie für jede Blockgruppe, die im Dateisystem vorhanden ist. Es ist deshalb möglich, von jeder Blockgruppe des Systems ausgehend folgende Informationen für *jede einzelne* Blockgruppe des Systems zu erfahren:

- Position von Block- und Inodenbitmap
- Position der Inodentabelle
- Anzahl der freien Blöcke und Inoden

Die als Block- und Inodenbitmap verwendeten Blöcke werden allerdings nicht in jeder Blockgruppe für alle anderen Blockgruppen dupliziert, sondern sind jeweils nur ein einziges Mal im System vorhanden: In jeder Blockgruppe gibt es einen *lokalen* Block für das Blockbitmap und einen weiteren für das Inodenbitmap. Dennoch kann man von *jeder* Blockgruppe aus auf alle Daten- und Inodenbitmaps der restlichen Gruppen zugreifen, da die Position mit Hilfe der Einträge im Gruppendeskriptor bekannt ist.

Da die Blockgröße des Dateisystems variabel ist, ändert sich die Anzahl der durch ein Blockbitmap repräsentierbaren Blöcke mit dem jeweiligen Wert: Wenn die Blockgröße auf 2048 Bytes gesetzt ist, stehen in jedem Block genau $2048 \cdot 8 = 16384$ *Bits* zur Verfügung, die zur Beschreibung des Zustands von Datenblöcken verwendet werden können. Eine Blockgröße von 1024 Bytes führt analog zu einer Blockanzahl von 8192, während mit 4096 Bytes Blockgröße genau 32768 Blöcke verwaltet werden können. Tabelle 8.2 fasst die Daten nochmals übersichtlich zusammen.

Tabelle 8.2: *Maximale Größen in einer Blockgruppe*

Blockgröße	Blockanzahl
1024	8192
2048	16384
4096	32768

In unserem Beispiel verwenden wir nur zwei Bytes zur Speicherung des Blockbitmaps, was dazu führt, dass genau 16 Blöcke adressiert werden können. Die Datenblöcke, in denen der eigentliche Inhalt der auf dem Dateisystem gespeicherten Dateien (und den zur Indirektion verwendeten Daten) untergebracht werden, befinden sich am Ende der Blockgruppe.

Die Aufteilung einer Partition in Blockgruppen ist nicht nur aus systematischen Gründen sinnvoll, sondern hat auch handfeste Geschwindigkeitsvorteile: Das Dateisystem versucht, den Inhalt einer Datei immer in einer Blockgruppe unterzubringen, um den Weg für den Festplattenkopf zwischen Inode, Blockbitmap und Datenblöcken so kurz wie möglich zu machen. Auch wenn dieses Ziel im Normalfall erreicht werden kann, ist es natürlich dennoch möglich, dass eine Datei über mehrere Blockgruppen verteilt wird, wenn innerhalb einer Blockgruppe nicht genügend Platz vorhanden ist. Da eine Blockgruppe je nach Blockgröße nur eine bestimmte Anzahl von Datenblöcken aufnehmen kann, ergeben sich maximale Dateigrößen (siehe Tabelle 8.2), ab denen die Aufteilung einer Datei auf mehrere Blockgruppen unvermeidbar wird. Diese Aufteilung muss mit längeren Wegen des Plattenkopfs und damit schlechterer Performance erkauft werden.

Inoden

Neben dem Blockbitmap und den Datenblöcken findet sich in jeder Blockgruppe noch das Inodenbitmap zusammen mit einer lokalen Inodentabelle, die sich über mehrere Blöcke erstrecken kann. Ihr Inhalt bezieht sich auf die lokale Blockgruppe und wird an keiner anderen Stelle des Dateisystems kopiert.

Das Inodenbitmap wird verwendet, um die Übersicht zu den belegten und freien Inoden einer Gruppe zu behalten; jede Inode wird wie üblich durch ein Bit repräsentiert, das nur zwischen „verwendet" und „frei" unterscheiden kann. Die Inodendaten selbst werden in der Inodentabelle gespeichert, wozu viele hintereinander folgende Inodenstrukturen verwendet werden, deren Aufbau auf dem Speichermedium durch folgende (wieder etwas umfangreichere) Struktur festgelegt ist:

```
struct ext2_inode {                                                          <ext2_fs.h>
        __u16   i_mode;           /* File mode */
        __u16   i_uid;            /* Low 16 bits of Owner Uid */
        __u32   i_size;           /* Size in bytes */
        __u32   i_atime;          /* Access time */
        __u32   i_ctime;          /* Creation time */
        __u32   i_mtime;          /* Modification time */
        __u32   i_dtime;          /* Deletion Time */
        __u16   i_gid;            /* Low 16 bits of Group Id */
        __u16   i_links_count;    /* Links count */
        __u32   i_blocks;         /* Blocks count */
        __u32   i_flags;          /* File flags */
        union {
                struct {
                        __u32 l_i_reserved1;
                } linux1;
                struct {
                        ...
                } hurd1;
                struct {
                        ...
                } masix1;
        } osd1;                   /* OS dependent 1 */
        __u32   i_block[EXT2_N_BLOCKS];/* Pointers to blocks */
        __u32   i_generation;     /* File version (for NFS) */
        __u32   i_file_acl;       /* File ACL */
        __u32   i_dir_acl;        /* Directory ACL */
        __u32   i_faddr;          /* Fragment address */
        union {
                struct {
                        __u8    l_i_frag;      /* Fragment number */
                        __u8    l_i_fsize;     /* Fragment size */
                        __u16   i_pad1;
                        __u16   l_i_uid_high;  /* these 2 fields   */
                        __u16   l_i_gid_high;  /* were reserved2[0] */
                        __u32   l_i_reserved2;
                } linux2;
                struct {
                        ...
                } hurd2;
                struct {
                        ...
                } masix2;
        } osd2;                   /* OS dependent 2 */
};
```

Die Struktur enthält drei betriebssystemspezifische unions, die je nach Verwendung unterschiedliche Daten aufnehmen können. Das Ext2-Dateisystem wird nicht nur unter Linux verwendet, sondern findet auch im HURD-Kernel[9] des GNU-Projekts und im Experimentalbetriebssystem Masix Verwendung, an dessen Entwicklung einer der Hauptautoren von Ext2 beteiligt ist. Hier werden nur die linuxspezifischen Elemente wiedergegeben, da die Daten anderer Betriebssysteme in diesem Rahmen nicht von Bedeutung sind.

Der Strukturanfang besteht aus einem ganzen Bündel von Informationen, die Genaueres über die Eigenschaften der Datei aussagen, die durch die Inode charakterisiert wird; viele davon sind bereits aus Kapitel 7 bekannt, wo der Aufbau einer verallgemeinerten Inode des virtuellen Dateisystems besprochen wurde.

---

9 Hurd = Hird of Unix replacing daemons, Hird = Hurd of interfaces representing depth – ein rekursives Akronym
...

- i_mode speichert sowohl die Zugriffsrechte (nach dem Unix-üblichen User, Group, Others-Schema) als auch den Typ der Datei (Verzeichnis, Gerätedatei etc.) ab.

- Verschiedene Zeitstempel werden in ctime, atime, mtime und dtime aufgenommen, die folgende Bedeutung besitzen:

  - atime liefert den Zeitpunkt des letzten Zugriffs auf die Datei.
  - mtime gibt an, wann der Inhalt der Datei zuletzt geändert wurde.
  - ctime zeigt, wann sich die Inode zum letzten Mal geändert hat.
  - dtime gibt den Löschzeitpunkt der Datei an.

  Alle Zeitstempel werden im Unix-üblichen Format gespeichert, das angibt, wie viele Sekunden seit dem 1. Januar 1970 um Mitternacht vergangen sind.

- Die Benutzer- und Gruppenkennzahl besteht aus 32 Bits und wird aus historischen Gründen in zwei Felder aufgespalten: Der niederwertige Teil findet sich in i_uid und i_gid, während sich die höherwertigen Abschnitte in l_i_uid_high und l_i_gid_high befinden.

  Warum wird dieser etwas seltsam anmutende Ansatz anstelle zweier einfacher 32-Bit-Zahlen verwendet? Zum Zeitpunkt der Konzeption des Ext2-Dateisystems waren 16-Bit-Nummern für Benutzer- und Gruppenidentifikationsnummer ausreichend, da dies eine maximale Anzahl von $2^{16} = 65536$ Benutzern zulässt, was auf den ersten Blick mehr als ausreichend erscheint, aber für *sehr* große Systeme (wie beispielsweise kommerzielle Mailserver) nicht ist: Um die Erweiterung auf 32 Bits zu ermöglichen, ohne ein neues Dateisystemformat notwendig zu machen, wurde ein 32-Bit-Eintrag aus dem Linux-spezifischen Feld osd1 in zwei 16-Bit-Teile aufgebrochen, die bis dahin für Erweiterungen reserviert waren. Kombiniert mit den bereits vorhandenen Daten ermöglichen sie die Darstellung einer 32 Bit breiten Benutzer- und Gruppenkennzahl. 32 Bits ermöglichen $2^{32} = 4.294.967.296$ (also über vier Millionen) Benutzer.

- i_size und i_blocks geben die Größe der Datei in Bytes bzw. Blöcken an, wobei zu diesem Zweck immer 512 Bytes als Blockgröße verwendet werden (die Einheit hat nichts mit der verwendeten Low-Level-Blockgröße des Dateisystems zu tun, sondern ist immer konstant). Man könnte auf den ersten Blick vermuten, dass sich i_blocks immer aus i_size ableiten lässt, was aufgrund von Optimierungen des Ext2-Dateisystems aber nicht so ist: Um weniger Speicherplatz für Dateien mit längeren leeren Abschnitten zu verbrauchen, wird die Methode der *file holes* verwendet, die den Platzbedarf eines solchen Loches minimiert und daher die Existenz zweier Felder zum Speichern von Byte- und Blocklänge einer Datei notwendig macht.

- Die Zeiger auf die Datenblöcke einer Datei werden im Array i_block aufgehoben, das aus EXT2_N_BLOCKS besteht. Standardmäßig ist dieser Wert auf 12 + 3 gesetzt, wovon die ersten zwölf Elemente für die direkte Blockadressierung und die letzten drei zur Implementierung von einfach, doppelt und dreifach indirekter Adressierung verwendet werden. Auch wenn dieser Wert zur Compilezeit theoretisch geändert werden kann, ist dies keine sonderlich empfehlenswerte Maßnahme, da dies die Inkompatibilität mit allen anderen Standardformatierungen von Ext2 nach sich zieht.

- i_links_count wird als Zähler verwendet, der die Anzahl von harten Links angibt, die auf eine Inode zeigen.

- `i_file_acl` und `i_dir_acl` sind für die Implementierung von *Access control lists* vorgesehen, die eine feinkörnigere Regulierung der Zugriffsrechte ermöglichen, als es mit dem klassischen Unix-Ansatz möglich ist.

- Einige Elemente der Inode sind zwar bereits definiert, werden aber noch nicht verwendet und sind erst in zukünftigen Erweiterungen nützlich: `i_faddr`, `l_i_fsize` und `l_i_fsize` sind zur Speicherung der Fragmentierungsdaten vorgesehen, mit denen ein einziger Block mit dem Inhalt mehrerer kleiner Dateien belegt werden kann.

Wie viele Inoden befinden sich in jeder Blockgruppe? Die Antwort auf diese Frage hängt von den Einstellungen ab, die beim Anlegen des Dateisystems verwendet wurden: Die Anzahl der Inoden pro Gruppe wird beim Anlegen des Filesystems fixiert, kann dort aber auf einen (innerhalb sinnvoller Grenzen) beliebigen Wert gesetzt werden. Das Feld `s_inodes_per_group` speichert die Inodenanzahl pro Blockgruppe; da die Inodenstruktur eine konstante Größe von 120 Bytes besitzt, kann mit Hilfe dieser Angaben und der verwendeten Blockgröße die mit Inodenstrukturen belegte Blockanzahl festgestellt werden. Als Standardeinstellung werden unabhängig von der verwendeten Blockgröße 128 Inoden per Blockgruppe angelegt, was in den meisten Fällen ein sinnvoller Wert ist.

Verzeichnisse und Dateien

Nachdem die prinzipiellen Fragen der Infrastrukur geklärt sind, soll die Repräsentation von Verzeichnissen besprochen werden, die für die Topologie eines Dateisystems verantwortlich ist. Wie aus Kapitel 7 („Das virtuelle Dateisystem") bekannt ist, handelt es sich bei Verzeichnissen – nach dem Muster klassischer Unix-Dateisysteme – um nichts anderes als Dateien, die Zeiger auf Inoden zusammen mit ihren Namen enthalten, die Dateien und Unterverzeichnisse im aktuellen Verzeichnis repräsentieren. Dies ist auch beim Second-Extended-Dateisystem nicht anders: Jedes Verzeichnis wird durch eine Inode dargestellt, der einige Datenblöcke zugeordnet sind, in denen sich Strukturen zur Beschreibung der Verzeichniseinträge finden. Die dafür notwendige Datenstruktur ist in den Kernelquellen folgendermaßen definiert:

```
struct ext2_dir_entry_2 {                                    <ext2_fs.h>
    __u32   inode;              /* Inode number */
    __u16   rec_len;            /* Directory entry length */
    __u8    name_len;           /* Name length */
    __u8    file_type;
    char    name[EXT2_NAME_LEN]; /* File name */
};

typedef struct ext2_dir_entry_2 ext2_dirent;
```

Durch die `typedef`-Anweisung kann in den Kernelquellen die kürzere Form `ext2_dirent` anstelle von `struct ext2_dir_entry_2` verwendet werden.

Die Bedeutung der einzelnen Felder ist mehr oder weniger selbst erklärend, da sie sich direkt an das in Kapitel 7 vorgestellte Schema halten: `inode` ist ein Zeiger auf die Inode des Verzeichniseintrags; `name_len` ist die Länge der Zeichenkette, die den Namen des Verzeichniseintrags speichert. Der Name selbst wird im Array `names[]` festgehalten und darf maximal `EXT2_NAME_LEN` Zeichen umfassen, was standardmäßig auf 255 definiert ist. Achtung: Da die Länge eines Verzeichniseintrags immer ein Vielfaches von 4 sein muss, können Namen mit bis zu drei Nullbytes aufgefüllt werden, um diese Vorgabe zu erreichen. Wenn die Länge des Namens ohne Rest durch 4 teilbar ist, braucht kein Nullbyte angehängt zu werden.

file_type gibt den Typ des Verzeichniseintrags an. Die Variable kann einen der Werte annehmen, die in folgender enum-Struktur definiert sind:

<ext2_fs.h>
```
enum {
        EXT2_FT_UNKNOWN,
        EXT2_FT_REG_FILE,
        EXT2_FT_DIR,
        EXT2_FT_CHRDEV,
        EXT2_FT_BLKDEV,
        EXT2_FT_FIFO,
        EXT2_FT_SOCK,
        EXT2_FT_SYMLINK,
        EXT2_FT_MAX
};
```

Am häufigsten wird EXT2_FT_REG_FILE verwendet, da es sich dabei um eine normale Datei handelt (der Inhalt ist dabei nicht relevant); ebenso tritt EXT2_FT_DIR zur Repräsentierung von Verzeichnissen häufig auf. Die anderen Konstanten geben Block- und Zeichenspezialgeräte (CHRDEV und BLKDEV), FIFOs (named Pipes) (FIFO), Sockets (SOCK) und symbolische Links (SYMLINK) wieder.

rec_len ist das einzige Feld der Verzeichnisstruktur, dessen Bedeutung etwas trickreicher ist: Es handelt sich dabei um einen Offsetzeiger, der die Byteanzahl angibt, die zwischen dem Ende des rec_len-Felds und dem Ende des *nächsten* rec_len-Felds liegt: Der Kernel kann damit leicht von einem Namen zum nächsten springen und ein Verzeichnis dadurch effizient durchsuchen. Abbildung 8.6 zeigt anhand eines Beispiels, wie verschiedene Einträge eines Verzeichnisses auf der Festplatte dargestellt werden.

inode	rec_len	name_len	file_type	name						
	12	1	2	.	\0	\0	\0			
	12	2	2	.	.	h	\0	\0		
	16	8	4	h	a	r	d	d	i	s	k
	32	5	7	l	i	n	u	x	\0	\0	\0
	16	6	2	d	e	l	d	i	r	\0	\0
	16	6	1	s	a	m	p	l	e	\0	\0
	16	7	2	s	o	u	r	c	e	\0	\0

Abbildung 8.6: *Datei- und Verzeichnisdarstellung im Second Extended-Dateisystem*

ls zeigt den Verzeichnisinhalt folgendermaßen an:

```
wolfgang@meitner> ls -la
total 20
drwxr-xr-x    3 wolfgang users      4096 Feb 14 12:12 .
drwxrwxrwt   13 wolfgang users      8192 Feb 14 12:12 ..
brw-r--r--    1 wolfgang users      3,  0 Feb 14 12:12 harddisk
lrwxrwxrwx    1 wolfgang users        14 Feb 14 12:12 linux -> /usr/src/linux
-rw-r--r--    1 wolfgang users        13 Feb 14 12:12 sample
drwxr-xr-x    2 wolfgang users      4096 Feb 14 12:12 sources
```

Die beiden ersten Einträge haben immer die Bezeichnung . und ..: Sie zeigen sie auf das aktuelle bzw. übergeordnete Verzeichnis. Auch die Bedeutung des rec_len-Felds wird aus der

Abbildung nochmals ersichtlich: Sein Inhalt zählt ausgehend vom Ende des rec_len-Felds die Anzahl an Bytes, die zu überspringen sind, um zum Anfang des nächsten Eintrags – beginnend mit name_len – zu gelangen.

Diese Eigenschaft nutzt der Dateisystemcode aus, wenn Einträge aus einem Verzeichnis gelöscht werden sollen: Um nicht den Inhalt der kompletten Inode verschieben zu müssen, wird rec_len des Eintrags *vor* dem zu löschenden Eintrag auf einen Wert gesetzt, der auf den Eintrag *nach* dem zu löschenden Eintrag zeigt. Wie aus dem gezeigten Verzeichnislisting ersichtlich ist, wird der in Abbildung 8.6 enthaltene Eintrag für das Verzeichnis deldir nicht angezeigt, da dieses Verzeichnis gelöscht wurde. Das rec_len-Feld des Eintrags vor deldir speichert den Wert 32, was den Dateisystemcode beim Durchlaufen des Verzeichnisinhalts direkt zum übernächsten Eintrag (sample) führt. Die genauen Mechanismen beim Löschen einer Datei/Inode werden uns in Abschnitt 8.1.4 auf Seite 437 beschäftigen.

Neben Verzeichnissen müssen natürlich auch Dateien durch Inoden dargestellt werden: Während die Vorgehensweise für reguläre Datendateien klar ist, gibt es einige speziellere Dateitypen, auf die das Dateisystem besondere Rücksicht nehmen muss. Hierzu gehören symbolische Links, Gerätedateien, Named Pipes und Sockets.

Der Typ einer Datei wird nicht in der Inode selbst festgelegt, sondern findet sich im file_type-Feld des übergeordneten Verzeichniseintrags. Dennoch unterscheidet sich der Inhalt einer Inode je nach repräsentiertem Dateityp. Dabei ist zu beachten, dass nur Verzeichnisse und reguläre Dateien[10] Datenblöcke auf der Festplatte belegen; alle anderen Typen können mit den in der Inode enthaltenen Informationen komplett charakterisiert werden.

- *Symbolische Links* werden komplett in der Inode abgespeichert, wenn der Name des Linkziels aus weniger als 60 Zeichen besteht. Da die Inode selbst kein Feld für den Zielnamen eines symbolischen Links enthält (und dies in der Tat auch eine massive Platzverschwendung wäre), verwendet man einen Trick: Die i_block-Struktur, mit deren Hilfe normalerweise die Adressen der Blöcke einer Datei festgehalten werden, besteht aus 15 32-Bit-Einträgen, insgesamt also aus $15 \cdot 4 = 60$ Bytes, die im Fall eines symbolischen Links umfunktioniert und zur Aufnahme des Linkzielnamens verwendet werden.

  Wenn der Zielname aus mehr als 60 Zeichen besteht, alloziert das Dateisystem einen Datenblock, der zur Aufnahme der Zeichenkette verwendet wird.

- Auch *Gerätedateien, Named Pipes* und *persistente Sockets* werden durch die in der Inode enthaltenen Informationen komplett repräsentiert. Im Speicher finden sich die zusätzlich notwendigen Daten in der Inodenstruktur des VFS (i_rdev und i_cdev für Zeichengeräte und i_rdev für Blockgeräte; daraus können alle Informationen rekonstruiert werden). Auf der Festplatte wird das erste Element des Datenzeiger-Arrays i_data[0] verwendet, um die zusätzlichen Angaben zu speichern; dies ist ohne Probleme möglich, da Gerätespezialdateien keine Datenblöcke benötigen – der gleiche Trick, der schon bei symbolischen Links ausgenutzt wurde.

Datenstrukturen im Speicher

Um ein ständiges Einlesen der Verwaltungsstrukturen über die langsame Festplatte zu vermeiden, speichert Linux die wichtigsten der darin enthaltenen Informationen in speziellen Datenstrukturen, die sich permanent im RAM-Speicher befinden, was den Zugriff wesentlich beschleunigt und die Notwendigkeit von Interaktionen mit der Festplatte verringert. Warum werden nicht alle zur

---

10 Ebenso auch Links mit Zielen, die mehr als 60 Zeichen umfassen.

Verwaltung des Dateisystems benötigten Daten im Speicher gehalten und die Änderungen in regelmäßigen Intervallen zurückgeschrieben? Auch wenn dies natürlich theoretisch möglich wäre, scheitert es in der Praxis an den hohen Speicheranforderungen, die durch das Vorhalten aller Block- und Inodenbitmaps einer großen Platte mit mehreren GiB entstehen, die keine Seltenheit mehr sind und in jedem durchschnittlichen Computer anzutreffen sind.

Das virtuelle Dateisystem stellt in den Strukturen struct super_block und struct inode ein Element mit Bezeichnung u zur Verfügung, in dem die verschiedenen Dateisystem-Implementierungen Informationen unterbringen können, die nicht bereits durch den Dateisystem-unabhängigen Inhalt der Struktur abgedeckt werden. Das Second-Extended Dateisystem verwendet hierzu die Strukturen ext2_sb_info und ext2_inode_info. Letzteres stellt gegenüber der Variante auf der Festplatte keine besonders interessanten Informationen bereit, weshalb wir hier nicht weiter auf sie eingehen wollen.

ext2_sb_info ist folgendermaßen definiert:

<ext2_fs_sb.h>
```
struct ext2_sb_info {
        unsigned long s_frag_size;           /* Size of a fragment in bytes */
        unsigned long s_frags_per_block;     /* Number of fragments per block */
        unsigned long s_inodes_per_block;    /* Number of inodes per block */
        unsigned long s_frags_per_group;     /* Number of fragments in a group */
        unsigned long s_blocks_per_group;    /* Number of blocks in a group */
        unsigned long s_inodes_per_group;    /* Number of inodes in a group */
        unsigned long s_itb_per_group;       /* Number of inode table blocks per group */
        unsigned long s_gdb_count;           /* Number of group descriptor blocks */
        unsigned long s_desc_per_block;      /* Number of group descriptors per block */
        unsigned long s_groups_count;        /* Number of groups in the fs */
        struct buffer_head * s_sbh;          /* Buffer containing the super block */
        struct ext2_super_block * s_es;      /* Pointer to the super block in the buffer */
        struct buffer_head ** s_group_desc;
        unsigned long   s_mount_opt;
        uid_t s_resuid;
        gid_t s_resgid;
        unsigned short s_mount_state;
        unsigned short s_pad;
        int s_addr_per_block_bits;
        int s_desc_per_block_bits;
        int s_inode_size;
        int s_first_ino;
        u32 s_next_generation;
        unsigned long s_dir_count;
        u8 *s_debts;
};
```

Interessant an der Definition der Struktur ist die Tatsache, dass maschinenspezifische Datentypen anstelle der Bit-bezogenen Varianten u32 etc. verwendet werden können, da die Speicherdarstellung der Daten nicht zwischen zwei Maschinen austauschbar sein muss. Obwohl die meisten Elemente der Struktur bereits aus dem On-Disk-Superblock bekannt sind, gibt es dennoch einige Dinge, die sich nur in der RAM-Variante finden:

- s_mount_opt hält die Mount-Optionen fest, während in s_mount_state der aktuelle Mount-Zustand gespeichert ist. Folgende Flags stehen für s_mount_opt zur Verfügung:

<ext2_fs.h>
```
#define EXT2_MOUNT_CHECK         0x0001  /* Do mount-time checks */
#define EXT2_MOUNT_OLDALLOC      0x0002  /* Don't use the new Orlov
                                            &process comment(allocator )*/
#define EXT2_MOUNT_GRPID         0x0004  /* Create files with directory's
                                            &process comment(group )*/
#define EXT2_MOUNT_DEBUG         0x0008  /* Some debugging messages */
```

```
#define EXT2_MOUNT_ERRORS_CONT    0x0010    /* Continue on errors */
#define EXT2_MOUNT_ERRORS_RO      0x0020    /* Remount fs ro on errors */
#define EXT2_MOUNT_ERRORS_PANIC   0x0040    /* Panic on errors */
#define EXT2_MOUNT_MINIX_DF       0x0080    /* Mimics the Minix statfs */
#define EXT2_MOUNT_NOBH           0x0100    /* No buffer_heads */
#define EXT2_MOUNT_NO_UID32       0x0200    /* Disable 32-bit UIDs */
#define EXT2_MOUNT_XATTR_USER     0x4000    /* Extended user attributes */
#define EXT2_MOUNT_POSIX_ACL      0x8000    /* POSIX Access Control Lists */
```

- `s_dir_count` gibt die Gesamtanzahl von Verzeichnissen wieder, was für die in Abschnitt 8.1.4 besprochene Implementierung des Orlov-Allokators benötigt wird. Da der Wert nicht in der On-Disk-Struktur gespeichert wird, muss er beim Einhängen eines Dateisystems jedes Mal neu ermittelt werden, wozu der Kern die hier nicht weiter betrachtete Funktion `ext2_count_dirs` zur Verfügung stellt.

- `s_debts` ist ein Zeiger auf ein Array aus 8-Bit-Zahlen (also im Allgemeinen `shorts`), wobei für jede Blockgruppe ein eigener Eintrag existiert. Der Orlov-Allokator verwendet dieses Array, um die Balance zwischen Datei- und Verzeichnisinoden in einer Blockgruppe zu halten, wie ebenfalls in Abschnitt 8.1.4 auf Seite 440 genauer untersucht wird.

In früheren Kernelversionen (bis 2.4) gab es in `ext2_sb_info` noch einige Elemente, die zum Caching der Block- und Inodenbitmaps verwendet wurden. Aufgrund ihrer Größe ist es nicht möglich (bzw. zumindest nicht sinnvoll), alle auf einmal im Speicher zu halten, weshalb ein LRU-Verfahren verwendet wurde, um nur die am häufigsten verwendeten Elemente im RAM aufzubewahren. Diese spezielle Cache-Implementierung ist mittlerweile überflüssig geworden, da Zugriffe auf Blockgeräte nun automatisch vom Kern gecached werden, selbst wenn keine komplette Speicherseite, sondern nur ein einzelner Block eingelesen wird. Kapitel 12 („Page- und Buffer-Cache") geht bei der Behandlung von `__bread` genauer auf die Implementierung des neuen Caching-Schemas ein.

8.1.3 Anlegen des Dateisystems

Das Anlegen eines Dateisystems wird nicht vom Kern selbst übernommen, sondern vom Userspace-Tool `mke2fs` durchgeführt. Nichtsdestotrotz handelt es sich um einen wichtigen Schritt bei der Arbeit mit Dateisystemen, weshalb in diesem Abschnitt kurz darauf eingegangen werden soll. `mk2efs` wird nicht nur verwendet, um den Speicherplatz auf einer vorhandenen Partition zwischen Verwaltungsinformationen und Nutzdaten aufzuteilen, sondern legt zusätzlich eine einfache Verzeichnisstruktur auf dem Datenträger an, damit das Dateisystem gemountet werden kann.

Um welche Informationen handelt es sich dabei? Wenn eine frisch formatierte[11] Ext2-Partition ins System einhängt wird, findet sich darin bereits ein Standardunterverzeichnis mit der Bezeichnung `lost+found`, das zur Aufnahme defekter Blöcke des Datenträgers verwendet wird (und dank der heute üblichen Qualität von Festspeichermedien beinahe immer leer ist). Um dies zu erreichen, müssen folgende Schritte durchgeführt werden:

- Eine Inode und ein Datenblock werden für das Root-Verzeichnis reserviert und initialisiert. Der Datenblock enthält eine Dateiliste mit drei Einträgen: ., .. und `lost+found`. Da es sich

---

[11] Natürlich kann man sich über die feinen Unterschiede zwischen Low-level-Formatierung, Anlegen eines Dateisystems und die Forderung nach einer genauen Trennung beider Begriffe streiten; wir stellen uns hier aber auf einen pragmatischen Standpunkt und verwenden beide Begriffe synonym, wie es auch im Sprachgebrauch der meisten Linux-Nutzer der Fall ist. Eine Verwechslungsgefahr besteht ohnehin nie.

um das Rootverzeichnis handelt, zeigen sowohl . und . . auf die Rootinode zurück, die das
Wurzelverzeichnis repräsentiert.

■ Auch werden eine Inode und ein Datenblock für das `lost+found`-Verzeichnis reserviert, das
allerdings nur zwei Einträge enthält: . . verweist auf die Root-Inode zurück, während . wie
üblich auf die Inode des Verzeichnisses selbst zeigt.

Auch wenn `mke2fs` für die Arbeit mit Blockspezialdateien ausgelegt ist, kann – aufgrund der
„Alles ist eine Datei-Philosophie" von Unix, wegen der die Verarbeitung regulärer Dateien und
von Blockspezialgeräten zumindest aus Sicht des Userspace mit denselben Routinen erfolgt –
auch eine reguläre Datei auf einem Datenträger kann verwendet werden, um ein Dateisystem anzulegen. Da dies ein sehr gutes Mittel ist, um mit Strukturen eines Dateisystems experimentieren
zu können, ohne dabei auf bestehende Filesysteme mit mehr oder weniger wichtigen Daten zuzugreifen zu müssen oder durch langsame Diskettenlaufwerke geärgert zu werden, sollen die dafür
notwendigen Schritte kurz angesprochen werden.

Zuerst muss eine Datei beliebiger Größe erzeugt werden, wozu das Standardutility `dd` verwendet werden kann:

```
wolfgang@meitner> dd if=/dev/zero of=img.1440 bs=1k count=1440
1550+0 records in
1440+0 records out
```

Dadurch wird eine 1.4MB große Datei erzeugt, die die selbe Speicherkapazität wie übliche
3.5"-Disketten besitzt. Ihr Inhalt besteht lediglich aus Nullbytes, die bekanntlich in beliebiger
Menge von `/dev/zero` geliefert werden.

Nun sorgt `mke2fs` dafür, ein Dateisystem darauf zu erzeugen:

```
wolfgang@meitner> /sbin/mke2fs img.1440
mke2fs 1.19, 13-Jul-2000 for EXT2 FS 0.5b, 95/08/09
img.1440 is not a block special device.
Proceed anyway? (y,n) y
Filesystem label=
OS type: Linux
Block size=1024 (log=0)
Fragment size=1024 (log=0)
184 inodes, 1440 blocks
72 blocks (5.00%) reserved for the super user
First data block=1
1 block group
8192 blocks per group, 8192 fragments per group
184 inodes per group

Writing inode tables: done
Writing superblocks and filesystem accounting information: done
```

Die in `img.1440` enthaltenen Daten können nun mit einem Hexeditor betrachtet werden,
um Rückschlüsse über den Aufbau des Dateisystems zu ziehen. `od` oder `hexedit` sind klassische
Beispiele für diese Aufgabe; in jeder Distribution stehen aber noch eine Vielzahl weiterer Alternativen zur Verfügung, die vom spartanischen Textmodustool bis hin zur grafisch ausgefeilten und
zu den meisten Benutzern freundlichen[12] Riesenapplikationen reichen.

Da ein leeres Dateisystem nicht besonders aufregend ist, sollte es auch eine Möglichkeit geben, das Musterdateisystem mit Daten zu füllen. Dies wird durch Mounten über die Loopback-Schnittstelle ermöglicht, wie folgendes Beispiel zeigt:

---

12 Textmodusapplikationen können schließlich ebenso benutzerfreundlich sein, sind aber meistens etwas selektiver in der Auswahl der Benutzer.

```
wolfgang@meitner> mount -t ext2 -o loop=/dev/loop0 img.1440 /mnt
```

Das Dateisystem kann daraufhin so manipuliert werden, dass es den Anschein hat, es würde sich in einer ganz regulären Partition eines Blockgerätes befinden. Alle Änderungen übertragen sich in den Inhalt von `img.1440` und können dort untersucht werden.

8.1.4 Dateisystemaktionen

Wie in Kapitel 7 gezeigt wurde, wird die Verknüpfung zwischen dem virtuellen Dateisystem und den spezifischen Implementierungen im Wesentlichen durch drei Strukturen hergestellt, die eine Reihe von Funktionszeigern beinhalten und von jedem Dateisystem implementiert werden müssen:

- In `file_operations` sind Operationen zur Manipulation des Inhalts einer Datei gespeichert.

- Operationen zur Bearbeitung der Dateiobjekte selbst finden sich in den Inoden-Operationen `inode_operations`

- Operationen mit generalisierten Adressräumen werden in `address_space_operations` gespeichert.

Verschiedene Instanzen von `file_operations` existieren im Ext2-Dateisystem für unterschiedliche Dateitypen. Die am häufigsten verwendete Variante ist natürlich diejenige für reguläre Dateien; sie ist folgendermaßen definiert:

```
                                                                        fs/ext2/file.c
struct file_operations ext2_file_operations = {
        .llseek      = generic_file_llseek,
        .read        = generic_file_read,
        .write       = generic_file_write,
        .aio_read    = generic_file_aio_read,
        .aio_write   = generic_file_aio_write,
        .ioctl       = ext2_ioctl,
        .mmap        = generic_file_mmap,
        .open        = generic_file_open,
        .release     = ext2_release_file,
        .fsync       = ext2_sync_file,
        .readv       = generic_file_readv,
        .writev      = generic_file_writev,
        .sendfile    = generic_file_sendfile,
};
```

Die meisten Einträge sind mit Zeigern belegt, die auf Standardfunktionen des VFS verweisen, die in Kapitel 7 genauer besprochen wurden.

Auch Verzeichnisse besitzen eine eigene Instanz von `file_operations`, die allerdings wesentlich kürzer ausfällt – schließlich ergeben viele Dateioperationen keinen Sinn, wenn sie auf Verzeichnisse angewendet werden:

```
                                                                        fs/ext2/dir.c
struct file_operations ext2_dir_operations = {
        .read        = generic_read_dir,
        .readdir     = ext2_readdir,
        .ioctl       = ext2_ioctl,
        .fsync       = ext2_sync_file,
};
```

Die nicht explizit angegebenen Felder werden vom Compiler automatisch mit Null-Zeigern initialisiert.

Die Inodenoperationen werden für reguläre Dateien folgendermaßen initialisiert:

fs/ext2/file.c
```
struct inode_operations ext2_file_inode_operations = {
    .truncate       = ext2_truncate,
    .setxattr       = ext2_setxattr,
    .getxattr       = ext2_getxattr,
    .listxattr      = ext2_listxattr,
    .removexattr    = ext2_removexattr,
    .setattr        = ext2_setattr,
    .permission     = ext2_permission,
};
```

Für Verzeichnisse stehen mehr Inodenoperationen zur Verfügung:

fs/ext2/namei.c
```
struct inode_operations ext2_dir_inode_operations = {
    .create         = ext2_create,
    .lookup         = ext2_lookup,
    .link           = ext2_link,
    .unlink         = ext2_unlink,
    .symlink        = ext2_symlink,
    .mkdir          = ext2_mkdir,
    .rmdir          = ext2_rmdir,
    .mknod          = ext2_mknod,
    .rename         = ext2_rename,
    .setxattr       = ext2_setxattr,
    .getxattr       = ext2_getxattr,
    .listxattr      = ext2_listxattr,
    .removexattr    = ext2_removexattr,
    .setattr        = ext2_setattr,
    .permission     = ext2_permission,
};
```

Dateisystem und Blocklayer sind durch die aus Kapitel 3 („Speicherverwaltung") bekannten Adressraumoperationen `address_space_operations` miteinander verbunden, die im Fall des Ext2-Dateisystems mit folgenden Einträgen gefüllt werden:[13]

fs/ext2/inode.c
```
struct address_space_operations ext2_aops = {
    .readpage       = ext2_readpage,
    .readpages      = ext2_readpages,
    .writepage      = ext2_writepage,
    .sync_page      = block_sync_page,
    .prepare_write  = ext2_prepare_write,
    .commit_write   = generic_commit_write,
    .bmap           = ext2_bmap,
    .direct_IO      = ext2_direct_IO,
    .writepages     = ext2_writepages,
};
```

Eine vierte Struktur (`super_operations`) dient zur Interaktion mit dem Superblock. Sie wird beim Lesen, Schreiben und Allozieren von Inoden gebraucht. Für das Ext2-Dateisystem ist sie mit folgenden Werten belegt:

---

[13] Unter der Bezeichnung `ext2_aops_nobh` gibt es eine zweite Variante der Adressraumoperationen, die nur Funktionen beinhaltet, in denen der Page Cache ohne `buffer_heads` auskommnt. Sie werden (vor allem auf Maschinen mit gigantischem RAM-Speicher-Ausbau) verwendet, wenn die Mountoption `nobh` angegeben wurde. Wir werden hier nicht näher auf diese selten benutzte Möglichkeit eingehen.

8.1 Second Extended Filesystem

```
static struct super_operations ext2_sops = {                    fs/ext2/super.c
    .alloc_inode    = ext2_alloc_inode,
    .destroy_inode  = ext2_destroy_inode,
    .read_inode     = ext2_read_inode,
    .write_inode    = ext2_write_inode,
    .put_inode      = ext2_put_inode,
    .delete_inode   = ext2_delete_inode,
    .put_super      = ext2_put_super,
    .write_super    = ext2_write_super,
    .statfs         = ext2_statfs,
    .remount_fs     = ext2_remount,
    .clear_inode    = ext2_clear_inode,
};
```

Es ist nicht möglich (und auch nicht sinnvoll), auf alle Details der Funktionen einzugehen, die in den gezeigten Strukturen aufgeführt sind. Stattdessen werden in den folgenden Abschnitten die wichtigsten Vertreter genauer untersucht, die die wichtigsten Mechanismen und Prinzipien der Ext2-Implementierung verdeutlichen. Der Leser ist danach in der Lage, die Definition der restlichen Funktionen in den Kernelquellen ohne Probleme nachzuvollziehen.

Mounten und Unmounten

Wie in Kapitel 7 erörtert, benötigt der Kern zur Arbeit mit Dateisystemen noch eine weitere Struktur, die die notwendigen Informatonen zum Ein- und Aushängen enthält – diese sind in keiner der eben angesprochenen Strukturen enthalten. Es handelt sich dabei um file_system_type, die für das Second Extended-Dateisystem folgendermaßen belegt ist:

```
static struct file_system_type ext2_fs_type = {                 fs/ext2/super.c
    .owner      = THIS_MODULE,
    .name       = "ext2",
    .get_sb     = ext2_get_sb,
    .kill_sb    = kill_block_super,
    .fs_flags   = FS_REQUIRES_DEV,
};
```

Aus Kapitel 7 („Das virtuelle Dateisystem") ist bekannt, dass der mount-Systemaufruf auf die in get_sb gespeicherte Funktion zurückgreift, um den Superblock eines Dateisystems einzulesen. Das Second-Extended-Dateisystem verlässt sich dabei auf eine Standardfunktion des virtuellen Dateisystems (get_sb_bdev).

```
static struct super_block *ext2_get_sb(struct file_system_type *fs_type,    fs/ext2/super.c
        int flags, char *dev_name, void *data)
{
    return get_sb_bdev(fs_type, flags, dev_name, data, ext2_fill_super);
}
```

Als Parameter für get_sb_bdev wird ein Funktionszeiger auf ext2_fill_super übergeben, der ein Superblock-Objekt mit Daten ausfüllt, die von der Festplatte eingelesen werden müssen, wenn sich noch kein passendes Superblockobjekt im Speicher befindet.[14] Es genügt daher, in diesem Abschnitt auf die Funktion ext2_fill_super aus fs/ext2/super.c einzugehen, deren Codeflussdiagramm Abbildung 8.7 zeigt.

ext2_fill_super beginnt seine Arbeit damit, eine initiale Blockgröße zum Einlesen des Superblocks einzustellen. Da noch nicht bekannnt ist, welche Blockgröße *auf dem Dateisystem*

---

[14] Das ist natürlich nur der Fall, wenn das gewünschte Dateisystem bereits im System eingehängt ist und nochmals an einem anderen Ort gemountet werden soll, was normalerweise nur selten vorkommt.

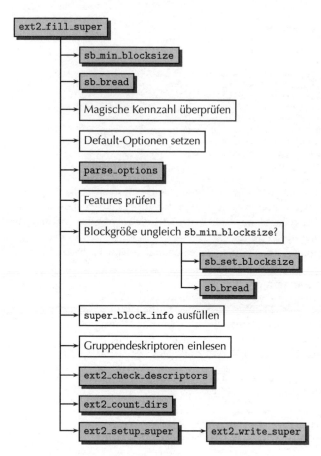

Abbildung 8.7: Codeflussdiagramm für ext2_fill_super

verwendet wird, versucht der Kern zunächst, den minimal möglichen Wert herauszufinden, wozu er auf sb_min_blocksize zurückgreift: Die Funktion stellt als Blockgröße normalerweise 1024 Bytes ein; sollte das verwendete Blockgerät allerdings eine höhere Mindestblockgröße besitzen, wird diese verwendet.

Danach wird durch sb_bread der Datenblock eingelesen, in dem sich der Superblock befindet. Es handelt sich dabei um einen Wrapper für die aus Kapitel 12 besprochene Funktion __bread. Durch einen simplen Typcast werden die von der Funktion zurückgelieferten Rohdaten in eine Instanz des Typs ext2_super_block verwandelt.[15]

Nun wird überprüft, ob die verwendete Partition überhaupt ein Second-Extended-Dateisystem enthält: Die im Superblock gespeicherte magische Kennzahl s_magic gibt Aufschluss darüber: Ihr Wert muss mit der Konstanten EXT2_SUPER_MAGIC übereinstimmen. Schlägt die Überprüfung fehl, hat der Benutzer versucht, ein Dateisystem eines anderen Typs als Ext2 zu mounten, was zu einem Abbruch der Aktion mit einer entsprechenden Fehlermeldung führt.

parse_options analysiert nun die übergebenen Parameter, mit denen Mount-Optionen (wie beispielsweise die Verwendung von Acess-Control-Listen oder erweiterten Attributen) spezifiziert werden können; vorher werden alle Werte auf ihre Voreinstellungen gesetzt.

---

15 Wenn der Superblock nicht an der Grenze eines Hardwaresektors beginnt, muss ein Offset hinzuaddiert werden.

8.1 Second Extended Filesystem

Eine Überprüfung der vom Dateisystem verwendeten Features gibt Aufschluss darüber, ob der Kern in der Lage ist, das Dateisystem im Lese- und Schreibmodus, nur lesend oder überhaupt nicht zu mounten (in Abschnitt 8.1.2 auf Seite 415 wurden die möglichen Erweiterungsfeatures von Ext2 besprochen). Die in s_feature_ro_compat und s_feature_incompat gespeicherten Bitketten werden mit den entsprechenden Konstanten des Kerns (beispielsweise EXT2_FEATURE_COMPAT_EXT_ATTR) verglichen. Sind Bits gesetzt, deren Bedeutung dem Kernel nicht klar ist, wird das Einhängen des Dateisystems verweigert.

Wenn die zur Aufteilung des Dateisystems verwendete Blockgröße (in s_blocksize) nicht mit dem am Anfang gewählten kleinstmöglichen Wert übereinstimmt, wird die Festplatte mit set_blocksize auf diesen Wert umgestellt und der Superblock nochmals eingelesen. Die Verwendung der gleichen Blockgröße auf dem Filesystem und zur Übertragung von Daten erleichtert die weitere Arbeit des Kernelcodes, da Blöcke des Dateisystems in einem Schritt eingelesen werden können.

Metainformationen über das Dateisystem, die sich immer im Speicher befinden sollen, werden in der aus Abschnitt 8.1.2 bekannten Datenstruktur ext2_sb_info gehalten, die nun ausgefüllt wird. Dabei handelt es sich meistens um einfache Wertzuweisungen, die Daten von der Festplatte in die entsprechenden Elemente der Datenstruktur kopieren, weshalb wir hier nicht näher darauf eingehen wollen.

Anschließend werden die Gruppendeskriptoren blockweise eingelesen und mittels ext2_check_descriptors einer Konsistenzprüfung unterzogen.

Der letzte Schritt beim Ausfüllen der Superblockinformationen besteht darin, die vorhandenen Verzeichnisse zu zählen, da der in Abschnitt 8.1.4 besprochene Orlov-Allokator diese Information benötigt. ext2_count_dirs übernimmt diese Arbeit.

Die Kontrolle wird nun an ext2_setup_super abgegeben, wo noch einige abschließende Prüfungen durchgeführt und entsprechende Warnungen ausgegeben werden (beispielsweise wenn ein Dateisystem in einem nicht-konsistenten Zustand eingehängt wird, die maximale Anzahl von Mounts ohne Konsistenzcheck überschritten wurde etc.).

Abschließend wird der Inhalt des Superblocks mit ext2_write_super auf das zugrunde liegende Speichermedium zurückgeschrieben, da im Laufe des Mount-Vorhangs einige Werte des Superblocks geändert wurden (beispielsweise der Mount-Count oder das Datum des letzten Mounts).

Lesen und Erzeugen von Daten- und Indirektionsblöcken

Nach dem Einhängen des Dateisystems können Benutzerprozesse mit den aus Kapitel 7 („Das virtuelle Dateisystem") bekannten Funktionen auf den Inhalt der gespeicherten Dateien zugreifen. Die dazu notwendigen Systemaufrufe werden zunächst an den VFS-Layer weitergeleitet, der je nach Dateityp die entsprechende Routine des zugrunde liegenden Dateisystems aufruft.

Wie am Anfang dieses Abschnitts festgestellt wurde, stehen ziemlich viele Low=level-Funktionen dafür bereit. Wir werden hier nicht alle Varianten im Detail behandeln, sondern beschränken uns auf die zentralen Aktionen, die einen Großteil des Codes in Benutzerapplikationen ausmachen: Erzeugen, Öffnen und Lesen, Schließen und Löschen sind Basisaktionen bei der Arbeit mit Dateien, die auch die Arbeit mit Verzeichnisobjekten einschließen. Dabei werden nicht nur datei-, sondern auch inodenspezifische Operationen verwendet. Oft stellt das virtuelle Dateisystemaktionen Default-Implementierungen (wie beispielsweise generic_file_read oder generic_file_mmap) bereit, die nur wenige elementare Funktionen des Low-Level-Dateisystems verwenden, um eine höher abstrahierte Aufgabe durchzuführen. Hier werden wir uns hier auf die notwendigen Schnittstellen des Ext2-Dateisystems „nach oben" hin zum virtuellen Dateisystem beschränken, wozu vor allem das Einlesen und Schreiben von Datenblöcken gehört, die mit einer bestimmten Position in einer Datei verbunden sind. Aus Sicht des VFS wird ein Dateisystem gerade dazu verwendet, um die Verbindung zwischen dem Inhalt einer Datei und den zugehörigen Blöcken auf dem zugehörigen Speichermedium herzustellen.

Datenblöcke finden `ext2_get_block` ist die zentrale Funktion zur Verbindung der Ext2-Implementierung mit den Defaultfunktionen des virtuellen Dateisystems. Zur Erinnerung: Alle Dateisysteme, die auf die VFS-Standardfunktionen zurückgreifen wollen, müssen eine Funktion des Typs `get_block_t` definieren, die folgende Signatur besitzt:

<fs.h>
```
typedef int (get_block_t)(struct inode *inode, sector_t iblock,
                          struct buffer_head *bh_result, int create);
```

Die dadurch definierte Funktion wird nicht nur zum Lesen von Blöcken verwendet (wie man anhand ihres Namens vermuten könnte), sondern dient auch zum *Schreiben* von Blöcken vom Speicher auf ein Blockmedium, wozu unter Umständen auch neue Blöcke erzeugt werden müssen, wobei das Verhalten über den Parameter `create` geregelt wird.

Das Second-Extended-Dateisystem stellt die Funktion `ext2_get_block` zur Verfügung, die diese wichtige Aufgabe des Findens von Blöcken übernimmt. Ihr Codeflussdiagramm findet sich in Abbildung 8.8, wobei die zur Erzeugung (`create==true`) von Blöcken notwendigen Aktionen vorerst außer Acht gelassen werden.

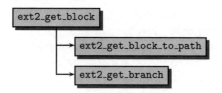

Abbildung 8.8: *Codeflussdiagramm für* `ext2_get_block` *(Lesen eines Blocks)*

Nach bekannter Kernelmanier wird die Aufgabe in viele kleine Unterfunktionen aufgespalten, die sich mit einem leicht verdaulichen und wenig umfangreichen Teilaspekt beschäftigen, um die Länge der einzelnen Codeabschnitte kurz und übersichtlich zu halten.

Die zuerst aufgerufene Hilfsfunktion ist `ext2_block_to_path`, die sich damit beschäftigt, den „Pfad" zu einem Datenblock zu finden, der anhand seiner Position in der Datei charakterisiert werden kann. Wie aus Abschnitt 8.1.1 bekannt ist, verwendet das Ext2FS bis zu drei Indirektionsstufen, um die Datenblöcke einer Datei zu verwalten.

Unter der Bezeichnung *Pfad* versteht man in diesem Zusammenhang daher den Weg durch die Deskriptortabellen, der durchlaufen werden muss, um zum gewünschten Datenblock zu gelangen.

Diese Information kann ohne IO-Interaktion mit dem Blockgerät gewonnen werden: Lediglich die verwendete Blockgröße des Dateisystems, die in der Superblock-Datenstruktur gespeichert ist und nicht mehr extra eingelesen werden muss, wird neben der Position des Blocks in der Datei benötigt.

`ext2_block_to_path` führt schrittweise einige Vergleiche durch: Ist die Kennzahl des Datenblocks kleiner als die Anzahl der direkten Blöcke (`EXT2_NDIR_BLOCKS`), wird die Kennzahl ohne weitere Modifikationen zurückgegeben, da sich der Block auf direktem Wege ansprechen lässt.[16]

---

16 Zur Erinnerung: Die Blöcke einer Datei werden von 0 ausgehend linear durchnummeriert.

Ist dies nicht der Fall, wird – mit Hilfe der verwendeten Blockgröße – berechnet, wie viele Zeiger auf Blöcke in einen einzelnen Block hineinpassen. Zu dieser Zahl wird die Anzahl der direkten Blöcke hinzuaddiert, um die maximal mögliche Blockzahl einer Datei zu erhalten, deren Inhalt mit einfacher Indirektion angesprochen werden kann. Ist die Kennzahl des gesuchten Blocks kleiner als dieser Wert, wird ein Array mit *zwei* Blockkennzahlen zurückgegeben: Der erste Eintrag enthält die Kennzahl des zur einfachen Indirektion verwendeten Blocks, während im zweiten Element die Adresse des Zeigers innerhalb des Indirektionsblocks wiedergegeben wird.

Das Schema wird weiter fortgesetzt, um zwei- und dreifache Indirektion zu berücksichtigen. Für jede weitere Indirektionsstufe wird ein zusätzlicher Eintrag in das zurückgegebene Array hinzugefügt.

Die Anzahl der Array-Einträge, mit denen die Position eines Blocks im Indirektionsnetzwerk beschrieben werden kann, bezeichnet man als *Pfadlänge*. Logischerweise wächst diese mit zunehmendem Indirektionslevel.

Bisher wurde nur von der Blockgröße des Dateisystems Gebrauch gemacht; auf tatsächliche IO-Operationen mit der Festplatte hat das Dateisystem verzichtet. Wenn die absolute Adresse eines Datenblocks herausgefunden werden soll, muss die im Pfadarray festgelegte Kette verfolgt werden, was das Einlesen von Daten von der Festplatte erfordert.

`ext2_get_branch` aus `fs/ext2/inode.c` verfolgt einen bekannten Pfad, um schließlich zu einem Datenblock zu gelangen. Die Aufgabe ist relativ geradlinig: Die Indirektionsblöcke werden der Reihe nach mit `sb_bread` eingelesen; mit den hierin enthaltenen Daten und dem aus dem Pfad bekannten Offset-Wert wird der Zeiger auf den nächsten Indirektionsblock gefunden. Dies wird so lange durchgeführt, bis der Code bei einem Zeiger auf einen Datenblock angelangt ist, der als Resultat der Funktion zurückgegeben wird. Diese absolute Adresse kann von übergeordneten Funktionen wie `block_read_full_page` verwendet werden, um den Inhalt des Blocks einzulesen.

Datenblöcke allozieren Die Situation wird komplizierter, wenn ein Block bearbeitet werden soll, der noch nicht alloziert wurde. Damit dieser Fall auftreten kann, muss ein Prozess in eine Datei schreiben und diese dabei vergrößern, wobei egal ist, ob klassische Systemaufrufe oder ein Memory Mapping dazu verwendet wird. In allen Fällen endet der Code irgendwann beim Aufruf von `ext2_get_block`, das einen Block liefern soll, der noch nicht angelegt wurde.

Das Codeflussdiagramm für `ext2_get_block` wird gegenüber der einfacheren Variante in Abbildung 8.8 etwas komplizierter, da vorher die Möglichkeit außer Acht gelassen wurde, dass sich ein Dateiblock *außerhalb* des bisher verfügbaren Bereichs befindet. Abbildung 8.9 zeigt den Codefluss von `ext2_get_block` bei der Erzeugung eines neuen Blocks.

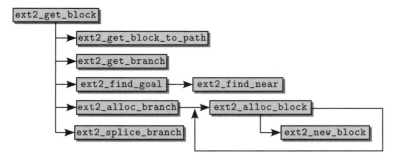

Abbildung 8.9: *Codeflussdiagramm für* `ext2_get_block` *(Erzeugen eines Blocks)*

Das Pfadarray wird nach der bereits bekannten Methode konstruiert, da es keinen Unterschied ausmacht, ob ein Block in einer Datei vorhanden ist oder nicht: Um den Weg zu erstellen, muss lediglich die Position innerhalb der Datei und die Blockgröße des Dateisystems bekannt sein.

Der Unterschied zur bisher behandelten Variante von ext2_get_block tritt nach dem Aufruf der Funktion ext2_get_branch auf: Während diese bisher einen Nullzeiger zurückgeliefert hat, was einem erfolgreichem Suchvorgang entspricht, wird nun die Adresse des letzten Indirektionsblocks zurückgegeben, der als Startpunkt für die Erweiterung des Dateiumfangs dient, wenn sich der gewünschte Datenblock außerhalb des bisher gültigen Bereichs befindet.

Der nächste Schritt besteht darin, die Kette der indirekten Blöcke einzulesen, bis die Adresse des Datenblocks bekannt ist. Diese Vorgehensweise ist bereits aus der vereinfachten Variante von ext2_get_branch bekannt, die weiter oben besprochen wurde. Um die Situation beim Erzeugen eines neuen Blocks verstehen zu können, muss die Arbeitsweise von ext2_get_branch allerdings etwas genauer betrachtet werden, da daran eine neue Datenstruktur eingeführt wird, die bisher noch nicht beachtet wurde:

fs/ext2/inode.c
```
typedef struct {
        u32     *p;
        u32     key;
        struct buffer_head *bh;
} Indirect;
```

Da die Datenstruktur in einer C- statt einer normalen Headerdatei definiert wird, ist sie wie üblich nur zum privaten Gebrauch innerhalb des Ext2-Dateisystems bestimmt, darf (und kann) aber von anderen Teilen des Kernelcodes nicht verwendet werden. Während key die Kennzahl des Blocks wiedergibt, ist p ein Zeiger auf die Stelle im Speicher, an der sich der Schlüssel befindet. Ein Pufferkopf (bh) wird verwendet, um die Daten des Blocks im Speicher zu halten.

Bei einer vollständig ausgefüllten Indirect-Instanz ist die Information über die Blocknummer redundant gespeichert, da sie sich sowohl in key als auch *p befindet. Dies wird nochmals deutlich, wenn man die Hilfsfunktion zum Ausfüllen von Indirect betrachtet:

fs/ext2/inode.c
```
static inline void add_chain(Indirect *p, struct buffer_head *bh, u32 *v)
{
        p->key = *(p->p = v);
        p->bh = bh;
}
```

Wenn ext2_get_branch beim Durchlaufen des Blockpfades bemerkt, dass kein Zeiger auf die nächste Indirektionsstufe (oder einen Datenblock, wenn noch direkte Allokation verwendet wird) mehr vorhanden ist, wird eine unvollständige Indirect-Instanz zurückgegeben: Das p-Element zeigt zwar auf die Stelle im Indirektionsblock, an der sich die Nummer des nächsten Indirektions- bzw. Datenblocks befinden sollte, die Nummer selbst ist aber gleich 0, da der Block noch nicht alloziert wurde.

Abbildung 8.10 macht diesen Tatverhalt grafisch deutlich: Der vierte Datenblock, der über den einfachen Indirektionsblock angesprochen werden soll, ist noch nicht vorhanden, soll aber verwendet werden. In der zurückgegebenen Indirect-Instanz findet sich ein Zeiger auf die Stelle im Indirektionsblock, an die die Blocknummer eingefügt werden muss (nämlich 1003, da der Indirektionsblock an Adresse 1000 beginnt und das vierte Element interessant ist); der Wert des Schlüssels ist aber 0, da der zugehörige Datenblock noch nicht alloziert wurde.

Nachdem klar ist, ab welcher Stelle der Indirektionskette keine Blöcke mehr alloziert sind, muss das Second-Extended-Dateisystem zuerst herausfinden, an welcher Stelle der Partition Platz

8.1 Second Extended Filesystem

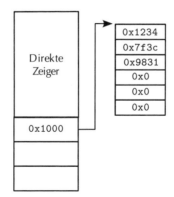

Abbildung 8.10: Rückgabe von ext2_get_branch

für einen oder mehrere neue Blöcke ist, mit denen die Datei erweitert werden kann. Dies ist keine einfache Aufgabe, da sich die Blöcke einer Datei im Optimalfall direkt hintereinander oder, wenn dies nicht durchführbar ist, wenigstens so nah wie möglich zusammen befinden sollten. Die Fragmentierung wird dadurch so gering wie möglich gehalten, was nicht nur zu einer besseren Ausnutzung der Festplattenkapazität verhilft, sondern auch Lesen und Schreiben einer Datei beschleunigt, da die Bewegungsstrecke des Schreibkopfes minimiert wird.

Die Suche nach einem neuen Block verläuft in mehreren Schritten. Zuerst wird ein *goal*-Block gesucht: Darunter versteht man einen Block, der aus Sicht des Dateisystems der optimale Kandidat zur Neuallokation ist. Die Suche orientiert sich nur an allgemeinen Prinzipien, nimmt aber auf die tatsächliche Situation auf dem Dateisystem keine Rücksicht. Die Funktion ext2_find_goal wird zur Suche nach einem optimalen neuen Block verwendet, wobei zwei Fälle unterschieden werden müssen:

- Wenn der zu allozierende Block innerhalb der Datei logisch unmittelbar auf den zuletzt allozierten Block folgt, d.h. wenn zusammenhängende Daten geschrieben werden, versucht das Dateisystem, den nächsten physikalischen Block auf der Festplatte zu belegen. Dies ist offensichtlich: Wenn sich Daten innerhalb einer Datei sequentiell hintereinander befinden, sollten sie aller Möglichkeit nach auch auf der Festplatte in einem kontinuierlichen Bereich gespeichert werden.

- Anderenfalls (d.h. wenn die Position des neuen logischen Blocks nicht unmittelbar auf den zuletzt allozierten Block folgt) wird die Funktion ext2_find_near mit der Bestimmung eines neuen Wunschblocks beauftragt. Sie gibt je nach Situation einen neuen Wunschblock nahe des Indirektionsblocks oder zumindest in derselben Zylindergruppe an, wobei auf Details nicht näher eingegangen werden soll.

Mit beiden bisher ermittelten Informationen (der Stelle in der Indirektionskette, ab der keine Datenblöcke mehr vorhanden sind, und der Wunschadresse des neuen Blocks) macht sich der Kern nun an die Arbeit, einen Block auf der Festplatte zu reservieren. Dabei ist natürlich nicht sichergestellt, dass die optimale Wunschadresse wirklich frei ist, weshalb der Kern gegebenenfalls auf schlechtere Alternativen ausweichen muss, die unvermeidlich mit einer stärkeren Fragmentierung der Daten einhergehen.

Die Aufgabe wird an ext2_alloc_branch übergeben, der als Parameter (unter anderem) die Wunschadresse des neuen Blocks, Informationen über das letzte unvollständige Stück der Indirektionskette und die Anzahl der Indirektionsstufen, die bis zum neuen Datenblock noch fehlen, übergeben werden. Anders ausgedrückt: Die Funktion liefert eine miteinander verbundene Liste von Indirektions- und Datenblocks zurück, die in die bestehende Indirektionsliste des Dateisystems eingebunden werden kann.

Im Fall des Beispiels aus Abbildung 8.10 ist lediglich die Allokation eines Datenblocks und keiner Indirektionsblöcke notwendig, was am häufigsten der Fall ist. Will ein Programm in der gleichen Ausgangssituation aber auf einen Block zugreifen, der nur durch Indirektion erreichbar ist, für die noch nicht alle Indirektionsblöcke vorhanden sind, genügt die Allokation eines Datenblocks nicht; es muss zusätzlich ein Indirektionsblock alloziert werden, in den an der entsprechenden Stelle ein Zeiger auf den Datenblock eingefügt wird.

Die eigentliche Allokation der Blöcke auf der Festplatte ist ein weiterer wichtiger Schritt, für den die Funktion ext2_alloc_block zur Verfügung steht. Sie wird aus ext2_alloc_branch so oft aufgerufen, wie Blöcke alloziert werden sollen. Hier begnügen wir uns mit der Feststellung, dass die Funktion einen Block auf der Festplatte belegt, der entweder die Wunschposition besitzt oder sich so nahe wie möglich daran befindet.

ext2_slice_branch dient zu guter Letzt dazu, die entstandene Hierarchie (oder im einfachsten Fall: den neuen Datenblock) in das bestehende Netzwerk einzufügen und einige weitere Updates an Datenstrukturen des Ext2 durchzuführen, die aber nicht sonderlich wichtig sind.

Präallokation von Blöcken ext2_alloc_block implementiert zusammen mit ext2_new_block ein Feature, das unter dem Namen *Präallokation* bekannt ist und hilft, die Leistung des Dateisystems zu steigern. Bei Anfragen nach einem neuen Block wird dabei nicht nur ein einzelner Block alloziert, sondern gleich eine Reihe aufeinander folgender Blöcke, die bei subsequenten Anfragen sofort vergeben werden können, was Zeit spart und auch zur Vermeidung von Fragmentierung beiträgt.

Zur Implementierung dieses Features sind einige Felder in ext2_inode_info reserviert, wovon eine Instanz für jede Inode des Systems existiert (nur die für die Präallokation relevanten Felder werden gezeigt):

fs/ext2/ext2.h
```
struct ext2_inode_info {
    ...
        __u32    i_prealloc_block;
        __u32    i_prealloc_count;
    ...
};
```

i_prealloc_count ist ein Zähler, der angibt, wie viele voralloziierte Blöcke noch zur Vergabe vorhanden sind, während i_prealloc_block die physikalische Blockadresse des ersten vorreservierten Blocks auf der Festplatte angibt. Da sich voralloziierte Blöcke immer in einer linearen Reihenfolge auf der Platte befinden, können sie durchlaufen werden, indem i_prealloc_block sukzessive um 1 erhöht wird, wobei i_prealloc_count jedes Mal entsprechend um 1 dekrementiert werden muss.

Die Auswahl vorreservierter Blöcke erfolgt in ext2_alloc_block, dessen Ablauf in Abbildung 8.11 gezeigt ist.

Wenn als Wunschblock *nicht* der erste Block aus der vorreservierten Liste ausgewählt wurde, wird die Datei *nicht* linear erweitert. In diesem Fall ergibt die Verwendung voralloziierter Blöcke keinen Sinn, da der nächste Datenblock nicht an den vorhergehenden anschließt. Die Li-

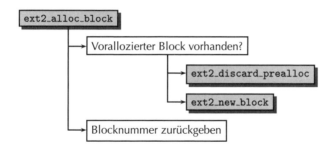

Abbildung 8.11: *Codeflussdiagramm für* ext2_alloc_block

ste mit den vorallozierten Blöcken wird in diesem Fall mittels ext2_discard_prealloc wieder entfernt.

Zur Reservierung eines neuen Blocks auf der Festplatte wird ext2_new_block verwendet, die als Parameter die Kennzahl des vorher ausgesuchten Wunschblocks erhält. Sie reserviert Blöcke nach folgendem Schema:

- Die auf den Wunschblock folgenden Blöcke bis zur nächsten 64er-Grenze[17] werden durchsucht (allerdings mit Halt an der Grenze der Blockgruppe); findet sich hier ein freier Block, wird er in Beschlag genommen.

- Die Blockbitmaps werden eingelesen und der Reihe nach auf ein leeres Byte durchsucht, was acht hintereinander folgenden Nullen oder acht freien Dateiblocks entspricht. Die Suche wird dabei in der Blockgruppe begonnen, in der sich auch der Wunschblock befindet.

  Konnte ein freies Byte gefunden werden, werden die letzten sieben vorhergehenden Bits nach einem freien Bereich durchsucht (mehr freie Bits können sich nicht davor befinden, da es sonst mindestens ein freies Byte gäbe, das der Kern aber im vorhergehenden Schritt gefunden hätte). Der neu allozierte Block wird immer so weit wie möglich nach links verschoben, um den freien Bereich rechts davon so groß wie möglich zu halten.

- Wenn keine acht aufeinander folgenden freien Blöcke gefunden wurden, werden alle Blockbitmaps – wiederum von der Blockgruppe des Wunschblocks aus angefangen – der Reihe nach auf freie Bits durchsucht, was der Suche nach einem einzelnen, isolierten freien Block entspricht und damit natürlich dem ungünstigsten Fall entspricht, der aber leider nicht zu vermeiden ist.

Natürlich kann auch der Fall auftreten, dass auf der gesamten Partition kein freier Platz (evtl. mit Ausnahme der Root-Reserve) mehr vorhanden ist. In diesem Fall ist die Erweiterung einer Datei nicht mehr möglich.

Erzeugen und Löschen von Inoden

Auch Erzeugen und Löschen von Inoden muss von Low-level-Funktionen des Ext2-Dateisystems übernommen werden. Dies ist erforderlich, wenn eine Datei oder ein Verzeichnis erzeugt (bzw. entfernt) wird, wobei sich der Kern des Codes zwischen beiden Varianten nicht wesentlich unterscheidet.

---

17 Achtung: Der Kommentar im Quellcode besagt, dass immer die folgenden 32 Bits durchsucht werden, was aber falsch ist.

Beginnen wir mit der Erzeugung einer Datei bzw. eines Verzeichnisses. Wie aus Kapitel 7 bekannt ist, werden die Systemaufrufe open bzw. mkdir zu diesem Zweck verwendet, die sich über diverse Funktionen des virtuellen Dateisystems schließlich zu den Funktionen create und mkdir durcharbeiten, die jeweils mittels eines Funktionszeigers in der dateisystemspezifischen Instanz von inode_operations festgehalten werden. Für das Ext2-Dateisystem werden die Funktionen ext2_create und ext2_mkdir eingefügt, wie aus Abschnitt 8.1.4 bekannt ist. Beide Funktionen finden sich in in fs/ext2/namei.c. Der Ablauf beider Aktionen wird in den Codeflussdiagrammen in Abbildung 8.12 und 8.13 dargestellt.

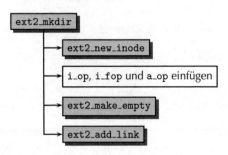

Abbildung 8.12: *Codeflussdiagramm für* ext2_mkdir

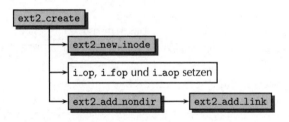

Abbildung 8.13: *Codeflussdiagramm für* ext2_create

Zunächst soll das Anlegen eines neuen Verzeichnisses mit mkdir betrachtet werden; über die VFS-Funktion vfs_mkdir gelangt der Kernel schließlich zur Low-level-Funktion ext2_mkdir, die folgende Signatur besitzt:

fs/ext2/namei.c
```
static int ext2_mkdir(struct inode * dir, struct dentry * dentry, int mode)
```

dir ist das Verzeichnis, in dem das neue Unterverzeichnis angelegt werden soll, während dentry den Pfadnamen des neuen Verzeichnisses wiedergibt. mode regelt, mit welchem Zugriffsmodus das neue Verzeichnis angelegt wird.

Nachdem mit ext2_new_inode eine neue Inode an einem geeigneten Platz auf der Festplatte reserviert wurde (der folgende Abschnitt geht darauf ein, wie der Kern die optimale Position dafür herausfindet), wird sie mit den passenden Datei-, Inoden- und Adressraum-Operationen versehen:

fs/ext2/namei.c
```
inode->i_op = &ext2_dir_inode_operations;
inode->i_fop = &ext2_dir_operations;
if (test_opt(inode->i_sb, NOBH))
        inode->i_mapping->a_ops = &ext2_nobh_aops;
else
        inode->i_mapping->a_ops = &ext2_aops;
```

8.1 Second Extended Filesystem

Mit Hilfe von `ext2_make_empty` wird die Inode mit den Standardeinträgen . und .. gefüllt, indem die entsprechenden Datenstrukturen erzeugt und in den Datenblock geschrieben werden. Danach wird mit `ext2_add_link` das neue Verzeichnis in die bestehenden Verzeichnisdaten der Ausgangsinode eingefügt, wozu das in Abschnitt 8.1.2 beschriebene Format verwendet wird.

Die Erzeugung einer neuen Datei verläuft ähnlich: Der Systemaufruf `sys_open` landet bei `vfs_create`, die wiederum auf die Low-level-Funktion `ext2_create` des Ext2-Dateisystems zurückgreift.

Nachdem dort mit `ext2_new_inode` eine neue Inode auf der Festplatte alloziert wurde, werden die passenden Datei-, Inoden- und Adressraumstrukturen eingefügt, wobei diesmal die Varianten für eine reguläre Datei verwendet werden. Achtung: Wie man den Quellauszügen entnehmen kann, unterscheiden sich die Adressraumoperationen für Verzeichnis- und Datei-Inoden nicht:

```
inode->i_op = &ext2_file_inode_operations;                    fs/ext2/namei.c
inode->i_fop = &ext2_file_operations;
if (test_opt(inode->i_sb, NOBH))
        inode->i_mapping->a_ops = &ext2_nobh_aops;
else
        inode->i_mapping->a_ops = &ext2_aops;
```

Das Einfügen der neuen Datei in die Verzeichnishierarchie wird von `ext2_add_nondir` übernommen, die sich unmittelbar auf die bereits bekannte Funktion `ext2_add_link` beruft.

Registrieren von Inoden

Sowohl bei der Erzeugung von Verzeichnissen wie beim Anlegen neuer Dateien wird die Funktion `ext2_new_inode` verwendet, um eine freie Inode zu finden, die zur Realisierung des neuen Dateisystemeintrags verwendet wird. Die Suchstrategie unterscheidet sich jedoch für verschiedene Fälle, zwischen denen anhand des `mode`-Arguments unterschieden werden kann (beim Anlegen von Verzeichnissen ist `S_IFDIR` gesetzt, bei regulären Dateien nicht).

Die Suche selbst ist nicht allzu Performance-kritisch; allerdings ist es für die Leistung des Dateisystems sehr wichtig, dass die Inode an einer optimalen Stelle alloziert wird, die einen schnellen Zugriff auf die Daten ermöglicht. In diesem Abschnitt soll daher die Strategie des Kerns bei der Inodenverteilung genauer untersucht werden.

Es gibt drei unterschiedliche Strategien, die vom Kern zur Verteilung neuer Inoden verwendet werden:

- Orlov-Allokation für Verzeichnisinoden
- Klassische Allokation für Verzeichnisinoden
- Allokation von Inoden für reguläre Dateien

Die drei Möglichkeiten werden in den folgenden Ausführungen näher untersucht.

Orlov-Allokation Wenn eine Verzeichnisinode gefunden werden soll, wird standardmäßig ein Verfahren verwendet, das von Grigoriy Orlov für den OpenBSD-Kernel vorgeschlagen und implementiert wurde; eine eigenständige Version für Linux wurde später entwickelt. Ziel des Allokators ist, dass Verzeichnisinoden von Kindverzeichnissen sich in derselben Blockgruppe wie das Elternverzeichnis befinden und damit physikalisch näher zusammenliegen, was kostspielige Seek-Operationen der Festplatte vermindert. Zum anderen dürfen natürlich nicht *alle* Verzeichnisinoden in derselben Blockgruppe enden, da sie ansonsten zu weit von den zu ihnen gehörigen Daten entfernt sind.

Das Verfahren unterscheidet zwischen den Situationen, ob ein neues Verzeichnis direkt im (globalen) Root-Verzeichnis oder an irgend einer anderen Stelle des Dateisystems angelegt wird, wie das Codeflussdiagramm für find_group_orlov in Abbildung 8.14 zeigt.

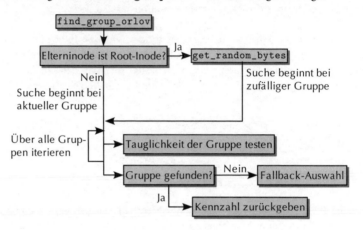

Abbildung 8.14: *Codeflussdiagramm für* find_group_orlov

Zuerst soll der Normalfall untersucht werden, in dem ein neues Unterverzeichnis nicht direkt im Root-Verzeichnis, sondern an irgend einem anderen Punkt des Verzeichnisbaums angelegt wird; dies entspricht dem rechten Ast in Abbildung 8.14. Anfangs muss der Kern einige Variablen berechnen, die als Kriterium verwendet werden, wie gut eine Blockgruppe zur Aufnahme der gewünschten Verzeichnisinode geeignet ist:

fs/ext2/ialloc.c
```
blocks_per_dir = (le32_to_cpu(es->s_blocks_count) -
                  le32_to_cpu(es->s_free_blocks_count)) / ndirs;

max_dirs = ndirs / ngroups + inodes_per_group / 16;
min_inodes = avefreei - inodes_per_group / 4;
min_blocks = avefreeb - EXT2_BLOCKS_PER_GROUP(sb) / 4;

max_debt = EXT2_BLOCKS_PER_GROUP(sb) / max(blocks_per_dir, BLOCK_COST);
if (max_debt * INODE_COST > inodes_per_group)
        max_debt = inodes_per_group / INODE_COST;
if (max_debt > 255)
        max_debt = 255;
if (max_debt == 0)
        max_debt = 1;
```

max_dirs legt die absolute Obergrenze dafür fest, wie viele Verzeichnisinoden sich in einer Blockgruppe befinden dürfen.

min_inodes und min_blocks bestimmen die minimale Anzahl freier Inoden bzw. Blöcke, die in einer Gruppe vorhanden sein müssen, damit ein neues Verzeichnis angelegt werden darf.

debt ist ein Zahlenwert zwischen 0 und 255, der für jede Blockgruppe in der ext2_sb_info-Instanz des Dateisystems gespeichert wird, die das Array s_debts zur Verfügung stellt (die Definition von ext2_sb_info ist in Abschnitt 8.1.2 auf Seite 423 wiedergegeben). Der Wert wird (in ext2_new_inode) jedesmal um 1 erhöht, wenn eine neue Verzeichnisinode angelegt wird, und um 1 erniedrigt, wenn die Inode zu einem anderen Zweck – üblicherweise für eine reguläre

8.1 Second Extended Filesystem

Datei – benötigt wird. Der Wert von `debt` ist deshalb ein Anhaltspunkt für das Verhältnis der Anzahl von Verzeichnissen und Inoden in einer Blockgruppe.

Ausgehend von der Blockgruppe des Elterneintrags iteriert der Kern der Reihe nach über alle Blockgruppen, bis folgende Kriterien erfüllt sind:

- Nicht mehr als `max_dirs` Verzeichnisse sind vorhanden.
- Nicht weniger als `min_inodes` Inoden und `min_blocks` Datenblöcke sind frei.
- Der `debt`-Wert überschreitet `max_debt` nicht, d.h. die Verzeichnisanzahl nimmt nicht überhand.

Sobald nur eines dieser Kriterien *nicht* erfüllt ist, überspringt der Kern die aktuelle Blockgruppe und prüft die darauf folgende:

```
for (i = 0; i < ngroups; i++) {                              fs/ext2/ialloc.c
        group = (parent_group + i) \% ngroups;
        desc = ext2_get_group_desc (sb, group, &bh);
        if (!desc || !desc->bg_free_inodes_count)
                continue;
        if (sbi->s_debts[group] >= max_debt)
                continue;
        if (le16_to_cpu(desc->bg_used_dirs_count) >= max_dirs)
                continue;
        if (le16_to_cpu(desc->bg_free_inodes_count) < min_inodes)
                continue;
        if (le16_to_cpu(desc->bg_free_blocks_count) < min_blocks)
                continue;
        goto found;
}
```

Die Division ohne Rest (%) am Anfang der Schleife stellt sicher, dass die Suche bei der ersten Blockgruppe fortgesetzt wird, wenn die letzte Blockgruppe der Partition erreicht wurde.

Wenn eine passende Gruppe gefunden wurde (die sich automatisch so nahe wie möglich an der Elterngruppe befindet, wenn die Inode nicht gleich dort herausgenommen wurde), muss der Kern nur noch die entsprechenden Statistik-Zähler auf den neuesten Stand bringen und die Gruppennummer zurückgeben. Genügt keine Gruppe den Ansprüchen, wird die Suche mit Hilfe eines „Fallback"-Algorithmus wiederholt, der in seinen Anforderungen etwas genügsamer ist:

```
fallback:                                                    fs/ext2/ialloc.c
for (i = 0; i < ngroups; i++) {
        group = (parent_group + i) \% ngroups;
        desc = ext2_get_group_desc (sb, group, &bh);
        if (!desc || !desc->bg_free_inodes_count)
                continue;
        if (le16_to_cpu(desc->bg_free_inodes_count) >= avefreei)
                goto found;
}
return -1;
```

Die Verzeichnisse werden – wiederum von der Blockgruppe des Elterneintrags aus beginnend – der Reihenfolge nach durchlaufen; allerdings akzeptiert der Kern die erste Gruppe, in der mehr Inoden als im Durchschnitt (gegeben durch `avefreei`) vorhanden sind.

Die Methode wird etwas abgeändert, wenn ein neues Unterverzeichnis direkt im Wurzelverzeichnis des Systems angelegt werden soll; der linke Ast des Codeflussdiagramms in Abbildung 8.14 gibt den Ablauf wieder.

Um die Auslastung mit Verzeichnisinoden möglichst gleichmäßig über das Dateisystem zu verteilen, werden die unmittelbaren Unterverzeichnisse des Root-Verzeichnisses statistisch über die Blockgruppen verteilt. Der Kern wählt mit Hilfe von `get_random_bytes` eine Zufallszahl, die mittels Divison ohne Rest durch `ngroups` auf die maximale Anzahl der vorhandenen Blockgruppen zurechtgestutzt wird. Danach iteriert der Kern wie folgt über die zufällig gewählten und die darauf folgenden Gruppen:

fs/ext2/ialloc.c
```
get_random_bytes(&group, sizeof(group));
parent_group = (unsigned)group \% ngroups;
for (i = 0; i < ngroups; i++) {
        group = (parent_group + i) \% ngroups;
        desc = ext2_get_group_desc (sb, group, &bh);
        if (!desc || !desc->bg_free_inodes_count)
                continue;
        if (le16_to_cpu(desc->bg_used_dirs_count) >= best_ndir)
                continue;
        if (le16_to_cpu(desc->bg_free_inodes_count) < avefreei)
                continue;
        if (le16_to_cpu(desc->bg_free_blocks_count) < avefreeb)
                continue;
        best_group = group;
        best_ndir = le16_to_cpu(desc->bg_used_dirs_count);
        best_desc = desc;
        best_bh = bh;
}
```

Während die minimale Anzahl freier Inoden bzw. Blöcke auch hier nicht die Grenzen unterschreiten darf, die durch `avefreei` und `avefreeb` gesetzt werden, achtet der Kern zusätzlich darauf, dass die Anzahl freier Verzeichnisse nicht größer oder gleich `best_ndir` ist. Der Wert ist anfangs auf den Wert von `inodes_per_group` gesetzt, wird aber stets auf den niedrigsten Wert aktualisiert, dem der Kernel auf seiner Suche begegnet ist. Es gewinnt die Blockgruppe mit den wenigsten Einträgen, bei der zusätzlich die beiden anderen Bedingungen erfüllt sind.

Wird eine passende Gruppe gefunden, bringt der Kern die Statistiken auf den neuesten Stand und gibt die gewählte Gruppennummer zurück; anderenfalls tritt der weiter oben beschriebene Fallback-Mechanismus in Kraft, um eine Blockgruppe mit weniger hohen Anforderungen zu selektieren.

Klassische Verzeichnis-Allokation Kernelversionen bis einschließlich 2.4 haben eine andere Technik als die eben beschriebene Orlov-Allokation verwendet, die wir im Folgenden als „klassische" Allokation bezeichnen wollen. Ext-Dateisysteme können mit der Option `oldalloc` gemountet werden, woraufhin im `s_mount_opt`-Feld des Superblocks das Bit `EXT2_MOUNT_OLDALLOC` gesetzt wird. Der Kern verwendet daraufhin den Orlov-Allokator nicht mehr, sondern greift auf das klassische Schema zurück.[18]

Wie funktioniert das klassische Schema? Die Blockgruppen des Systems werden in einer Vorwärtssuche durchforstet, wobei das Augenmerk auf zwei Bedingungen liegt:

■ In der Blockgruppe soll noch freier Speicherplatz vorhanden sein.

■ Die Blockgruppe soll einen möglichst geringen Anteil von Verzeichnis- gegenüber anderen Inoden besitzen.

---

18 Aus Kompatibilitätssicht mit alten Kernelversionen ist es kein Unterschied, ob Verzeichnisinoden mit dem Orlov-Allokator reserviert werden oder nicht, da sich das Format des Dateisystems nicht ändert.

Verzeichnisinoden werden bei diesem Schema vorzugsweise gleichmäßig über das gesamte Dateisystem verteilt.

Genügt keine Blockgruppe den gestellten Anforderungen, beschränkt der Kernel die Auswahl auf die Gruppen mit überdurchschnittlich hohem freien Speicher und wählt aus diesen wiederum diejenige mit den wenigsten Verzeichnisinoden aus.

Inoden-Allokation für andere Dateien Bei der Suche nach einer Inode für reguläre Dateien, Links und alle anderen Typen außer Verzeichnissen wird ein einfacheres Schema verwendet, das unter der Bezeichnung *quadratic hashing* bekannt ist. Es basiert auf einer Vorwärtssuche, die von der Blockgruppe der Verzeichnisinode des Verzeichnisses aus gestartet wird, in dem die neue Datei angelegt werden soll. Sobald eine Blockgruppe mit einer freien Inode gefunden wurde, wird diese belegt.

Zuerst wird die Blockgruppe durchsucht, in der sich die Verzeichnisinode befindet; ihre Gruppenkennzahl bezeichnen wir mit start. Gibt es darin keine freie Inode, durchsucht der Kernel die Blockgruppe mit Kennzahl $start + 2^0$, danach $start + 2^0 + 2^1$, $start + 2^0 + 2^1 + 2^2$ und so weiter. In jedem Schritt wird eine höhere Potenz von 2 zur Gruppennummer hinzuaddiert, was zur Folge $1, 1+2, 1+2+4, 1+2+4+8, \cdots = 1, 3, 7, 15, \ldots$ führt.

Normalerweise findet sich mit diesem Verfahren schnell eine freie Inode. Tritt auf (beinahe hoffnungslos) überfüllten Dateisystemen dennoch der Fall ein, dass keine freie Inode zurückgeliefert wird, durchsucht der Kernel *alle* Blockgruppen der Reihe nach, um damit sicherzustellen, dass jede Möglichkeit für eine freie Inode berücksichtigt wird. Auch hier wird die erstbeste Gelegenheit (d.h. die erste Blockgruppe mit einer freien Inode) genutzt; existiert wirklich keine freie Inode mehr, wird der Vorgang mit einem entsprechenden Fehlercode abgebrochen.[19]

Löschen von Inoden

Das Löschen von Inoden kann im Zusammenhang mit Verzeichnis- wie auch Dateiinoden erfolgen, wobei beide Fälle aus der Sicht des Dateisystems wesentlich einfacher als die Allokation von Inoden durchzuführen sind.

Zuerst soll das Löschen eines Verzeichnisses behandelt werden. Nach Aufruf des entsprechenden Systemcalls (`rmdir`) schlängelt sich der Code durch den Kernel und landet schließlich auf dem Funktionszeiger rmdir der inode_operations-Struktur, der für das Ext2FS mit ext2_rmdir aus fs/ext2/namei.c belegt ist.

Das Löschen eines Verzeichnisses besteht im Wesentlichen aus zwei Aktionen:

- Löschen des Eintrags aus der Verzeichnisinode des übergeordneten Verzeichnisses;

- Freigeben der belegten Datenblöcke auf der Festplatte (eine Inode und die zugehörigen Datenblöcke mit den Einträgen des Verzeichnisses).

Wie das Codeflussdiagramm in Abbildung 8.15 zeigt, lässt sich dies in wenigen Schritten durchführen.

Um sicherzustellen, dass sich im zu löschenden Verzeichnis keine Dateien mehr befinden, wird der Inhalt seines Datenblocks mit der Funktion `ext2_empty_dir` überprüft: Findet der

---

19 Dieser Fall tritt in der Praxis normalerweise nie auf, da sich eine riesige Anzahl kleiner Dateien auf der Platte befinden muss, was auf einem Standardsystem nicht üblich ist. Wesentlich realistischer (und in der Praxis weitaus häufiger) ist die komplette Belegung aller Datenblöcke, wobei noch eine große Anzahl freier Inoden vorhanden ist.

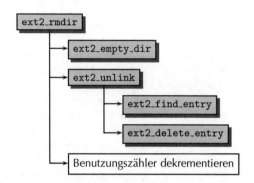

Abbildung 8.15: Codeflussdiagramm für ext2_rmdir

Kernel nur mehr die Einträge für . und .. darin, wird das Verzeichnis zum Löschen freigegeben; anderenfalls wird die Aktion abgebrochen und ein Fehlercode (-ENOTEMPTY) zurückgegeben.

Das Entfernen des Verzeichniseintrags aus dem übergeordneten Verzeichnis wird an die Funktion ext2_unlink delegiert. Zuerst muss der Eintrag in der Verzeichnistabelle gefunden werden, wozu die Funktion ext2_find_entry die einzelnen Elemente des Verzeichnisses der Reihe nach durchsucht (das Schema, nach dem die Einträge gespeichert sind, wurde in Abschnitt 8.1.2 besprochen). Wenn ein passender Eintrag gefunden wurde, gibt die Funktion eine Instanz von ext2_dir_entry_2 zurück, die zur eindeutigen Identifikation dient.

ext2_delete_entry entfernt den Eintrag aus der Verzeichnistabelle. Wie in Abschnitt 8.1.2 beschrieben, werden die Daten allerdings nicht physikalisch aus der Verzeichnistabelle gelöscht; vielmehr wird das rec_len-Feld der ext2_dir_entry_2-Struktur so eingestellt, dass der Eintrag beim Traversieren übersprungen wird. Wie bereits festgestellt wurde, bringt diese Vorgehensweise gegenüber einem tatsächlichen Löschvorgang, bei dem eine größere Datenmenge umgeschrieben werden müsste, einen deutlichen Geschwindigkeitsvorteil.

Dies hat sowohl Vor- wie auch Nachteile: Durch Inspektion der Dateisystemstrukturen auf der Festplatte kann – sofern die entsprechenden Rechte zum Lesen und Schreiben roher Daten auf die Partition vorhanden sind – eine gelöschte Datei wiederhergestellt werden, indem der Verzeichniseintrag durch Neusetzen des rec_len-Felds seines Vorgängers reaktiviert wird – dabei natürlich vorausgesetzt, die belegten Blöcke wurden noch nicht mit anderen Daten überschrieben. Wenn sensible Daten gelöscht werden, kann dieser letzte Rettungsanker natürlich auch zum Stolperstein werden, da mit einigem technischem Wissen weiterhin auf die Daten zugegriffen werden kann, solange die Datenblöcke noch nicht überschrieben wurden.[20]

Der Kernel hat nun zwar den Verzeichniseintrag aus dem Dateisystem entfernt; die Datenblöcke für Inode und Verzeichnisinhalt sind aber weiterhin als belegt markiert. Wann werden sie wieder freigegeben?

Hier ist durch die Struktur von Unix-Dateisystemen Vorsicht geboten, wie aus Kapitel 7 bekannt ist: Durch Verwendung harter Links kann ein Benutzer eine Inode (und die damit assoziierten Datenblöcke) unter mehreren Bezeichnungen im System zugänglich machen. Über den nlink-Zähler in der Inodenstruktur wird allerdings Buch geführt, wie viele harte Links auf eine Inode zeigen.

Jedes Mal, wenn ein Link auf die Inode gelöscht wird, erniedrigt der Dateisystemcode den Wert dieses Zählers um 1. Erreicht dieser schließlich den Wert 0, ist sichergestellt, dass kein harter Link mehr auf die Inode zeigt, weshalb sie endgültig freigegeben werden kann. Allerdings auch

---

20 Explizites Überschreiben der Datei vor dem Löschen mit Nullbytes schafft Abhilfe.

hier zu beachten, dass lediglich das entsprechende Bit im Inodenbitmap auf 0 gesetzt wird, die im Block enthaltenen Daten aber weiterhin bestehen bleiben und potentiell zur Rekonstruktion des Dateiinhalts verwendet werden können.

Achtung: Die mit der Inode verbundenen Datenblöcke sind bisher noch nicht wieder freigegeben worden. Dies geschieht erst, wenn alle Referenzen auf die Datenstruktur der Inode mit iput zurückgegeben wurden.

Wie unterscheidet sich das Löschen einer normalen Datei vom Löschen eines Verzeichnisses? Die meisten der bisher beschriebenen Aktionen beziehen sich mit Ausnahme von ext2_empty_dir nicht spezifisch auf Verzeichnisse, sondern können für allgemeine Inodentypen verwendet werden. In der Tat ist der Ablauf beim Löschen von Nicht-Verzeichnissen dem beschriebenen sehr ähnlich: Vom Systemaufruf unlink ausgehend wird die VFS-Funktion vfs_unlink aufgerufen, die sich auf die dateisystemspezifische Operation inode_operations->unlink beruft. Für das Second-Extended-Dateisystem handelt es sich dabei um ext2_unlink, die aus den vorhergehenden Ausführungen bereits bekannt ist. Alles, was dabei gesagt wurde, gilt ebenso für das Löschen normaler Dateien, Links etc.

Entfernen der Datenblöcke

Bei den bisher gezeigten Löschvorgängen sind die Datenblöcke noch unangetastet geblieben – unter anderem wegen der beschriebenen Hardlink-Problematik. Das Entfernen der Datenblöcke hängt eng mit der Referenzzählung der Inodenobjekte zusammen, da zwei Bedingungen erfüllt sein müssen, bevor die Datenblöcke tatsächlich gelöscht werden können:

- Der Link-Zähler nlink muss gleich Null sein, so dass sichergestellt ist, dass die Daten im Dateisystem nirgends mehr referenziert werden.

- Auch der Benutzungszähler der Inodenstruktur im Speicher (i_count) muss verschwinden.

Der Kern verwendet die Funktion iput, um den Referenzzähler auf das Speicherobjekt zu dekrementieren. Es bietet sich daher an, hier einen Test unterzubringen, ob die Inode noch gebraucht wird oder nicht, und sie im Bedarfsfall zu entfernen. Dabei handelt es sich um eine Standardfunktion des virtuellen Dateisystems, die hier nicht näher besprochen werden soll; interessant ist lediglich, dass der Kernel die Funktion ext2_delete_inode aufruft, die dafür verantwortlich ist, die zur Inode gehörenden Daten auf der Festplatte freizugeben (im Verlauf von iput werden auch Speicherdatenstrukturen und für Daten belegte Speicherseiten zurückgegeben, worauf wir hier aber nicht näher eingehen wollen). Die Funktion stützt sich im Wesentlichen auf zwei weitere Funktionen: ext2_truncate gibt die mit der Inode verbundenen Datenblöcke frei (und ist unabhängig davon, ob die Inode ein Verzeichnis oder eine reguläre Datei repräsentiert), während ext2_free_inode den von der Inode selbst belegten Speicherplatz freigibt. Achtung: Keine der beiden Funktionen löscht den belegten Festplattenplatz oder überschreibt ihn mit Nullbytes, sie geben lediglich die entsprechenden Positionen im Block- bzw. Inodenbitmap frei.

Da beide Funktionen im Wesentlichen die Techniken umkehren, die zum Erzeugen einer Datei verwendet werden, wollen wir hier nicht näher auf ihre Implementierung eingehen.

Adressraumoperationen

In Abschnitt 8.1.4 wurden die mit dem Ext2-Dateisystem gezeigten Adressraumoperationen gezeigt. Die einzelnen Funktionspointer waren dabei größtenteils mit Funktionen belegt, deren Name das Präfix ext2_ trägt. Auf den ersten Blick könnte man daher vermuten, dass es sich samt und sonders um Spezial-Implementierungen für das Second-Extended-Dateisystem handelt.

Dem ist aber nicht so: Die meisten Funktionen greifen auf Standard-Implementierungen des virtuellen Dateisystems zurück, die die in Abschnitt 8.1.4 besprochene Funktion `ext2_get_block` als Schnittstelle zum Low-level-Code nutzen. Die Implementierung von `ext2_readpage` lautet beispielsweise folgendermaßen:

fs/ext2/inode.c
```
static int ext2_readpage(struct file *file, struct page *page)
{
        return mpage_readpage(page, ext2_get_block);
}
```

Es handelt sich nur um ein transparentes Frontend für die in Kapitel 12 („Page- und Buffer-Cache")vorgestellte Standardfuntion `mpage_readpage`, die (neben der zu bearbeitenden Speicherseite) einen Zeiger auf `ext2_get_block` als Parameter erhält.

`ext2_writepage` wird beim Schrieben von Speicherseiten verwendet. Hier bietet sich ein ähnliches Bild:

fs/ext2/inode.c
```
static int ext2_writepage(struct page *page, struct writeback_control *wbc)
{
        return block_write_full_page(page, ext2_get_block, wbc);
}
```

Auch hier wird eine aus Kapitel 12 bekannte Standardfunktion verwendet, die über `ext2_get_block` mit der Low-level-Implementierung des Ext2-Dateisystems verbunden ist.

Die meisten anderen Adressraumfunktionen, die vom Ext2-Dateisystem bereitgestellt werden, sind über ähnliche Frontends realisiert, die `ext2_get_block` als Vermittler nutzen. Es ist daher nicht notwendig, auf zusätzliche Ext2-spezifische Implementierungen einzugehen, da mit den aus Kapitel 7 bekannten Funktionen zusammen mit den Ausführungen aus Abschnitt 8.1.4 über `ext2_get_block` bereits alles bekannt ist, was im Zusammenhang mit Adressraumoperationen von Interesse ist.

8.2 Third Extended Filesystem

Die dritte Erweiterung des Ext-Dateisystems, die konsequenterweise als *Ext3* bezeichnet wird, besitzt ein zusätzliches *Journal*, in dem Aktionen gespeichert werden können, die mit den Daten des Dateisystems durchgeführt werden: Dies hilft, die Laufzeit von `fsck` nach Systemabstürzen erheblich zu verkürzen.[21] Da sich die grundlegenden Dateisystemkonzepte, die nicht auf den neuen Journal-Mechanismus bezogen sind, zwischen zweiter und dritter Variante des Dateisystems nicht ändern, genügt es, hier nur kurz auf die zusätzlichen Fähigkeiten einzugehen, mit denen Ext3 versehen wurde. Allerdings werden wir aus Platzgründen darauf verzichten, allzu detailliert in die technische Umsetzung zu blicken.

Das Transaktionskonzept stammt ursprünglich aus dem Bereich der Datenbanken, wo es eingesetzt wird, um die Konsistenz von Datenbeständen zu gewährleisten, wenn Operationen unterbrochen werden, bevor sie zu Ende geführt werden konnten. Das gleiche Problem stellt sich (nicht nur Ext-spezifisch) auch bei Dateisystemen: Wie kann die Konsistenz und Fehlerfreiheit der Metadaten sichergestellt werden, wenn Dateisystemoperationen unvorhergesehen – beispielsweise durch Stromausfall oder einen Benutzer, der den Rechner einfach ausschaltet, ohne ihn herunterzufahren – unterbrochen werden?

---

21 Konsistenzüberprüfungen benötigen für Dateisysteme mit mehreren hundert GiB je nach Rechnergeschwindigkeit einige Stunden, was für Server eine inakzeptabel hohe Downtime darstellen kann. Aber auch auf Privatrechnern macht sich der Unterschied zwischen einem mehrere Minuten und wenigen Sekunden dauernden Konsistenzcheck sehr positiv bemerkbar.

8.2 Third Extended Filesystem

8.2.1 Konzepte

Grundlegende Idee von Ext3 ist, jede Operation mit den Metadaten des Dateisystems als *Transaktion* aufzufassen, die in einem *Journal* gespeichert wird, bevor sie durchgeführt wird. Nach dem Ende einer Transaktion, d.h. wenn die gewünschten Modifikationen an den Metadaten vorgenommen wurden, können die Informationen darüber aus dem Journal entfernt werden. Tritt nach dem Schreiben der Transaktionsdaten ins Journal – aber vor (oder während der) Durchführung der eigentlichen Operationen – ein Fehler im System auf, können die anstehenden Operationen beim nächsten Einhängen des Dateisystems komplett ausgeführt werden: Das Dateisystem befindet sich dann automatisch in einem konsistenten Zustand. Passiert die Unterbrechung, *bevor* die Transaktion ins Journal geschrieben wurde, geht zwar die Operation an sich verloren, da sich nach dem Neustart keine Informationen mehr darüber im System befinden, zumindest ist aber die Konsistenz des Dateisystems auch in diesem Fall gewahrt.

Wie man allerdings sieht, kann Ext3 keine Wunder vollbringen: Es ist nach wie vor möglich, dass Daten durch Crashs verloren gehen. Allerdings ist in jedem Fall sichergestellt, dass das Dateisystem sehr schnell in einen konsistenten Zustand gebracht werden kann!

Der zusätzliche Aufwand, der zum Logging der Transaktionen verwendet wird, macht sich natürlich in der Performance von Ext3 bemerkbar, die notwendigerweise immer etwas schlechter sein wird als die von Ext2. Um je nach Situation das passende Verhältnis zwischen Sicherheit und Performance zu erreichen, kann der Kern auf drei verschiedene Arten auf Ext3-Dateisysteme zugreifen:

- Im *Writeback*-Modus werden nur Änderungen an den Metadaten im Journal festgehalten; Operationen an den eigentlichen Nutzdaten laufen völlig am Journal vorbei. Dieser Modus erreicht die höchste Performance, aber auch die geringste Datensicherheit.

- Im *Ordered*-Modus werden auch nur Änderungen an den Metadaten im Journal festgehalten; allerdings werden Modifikationen an den Nutzdaten so gruppiert, dass sie immer *vor* Operationen mit den Metadaten ausgeführt werden. Daher ist dieser Modus etwas langsamer als der Writeback-Modus.

- Im *Journal*-Modus werden nicht nur Änderungen an den Metadaten, sondern auch an den Nutzdaten selbst im Journal gespeichert. Dies ermöglicht zwar die größte Datensicherheit, ist aber auch (bis auf wenige pathologische Situationen) der mit Abstand langsamste Modus. Datenverluste werden durch diesen Modus im maximal möglichen Rahmen ausgeschlossen.

Der gewünschte Modus wird durch den `data`-Parameter beim Mounten eines Dateisystems angegeben. Standardmäßig wird `ordered` verwendet.

Wie bereits erwähnt, wurde das Ext3-Dateisystem so konzipiert, dass es vollständig kompatibel mit Ext2 ist – und zwar nicht nur in Abwärts-, sondern auch (soweit möglich) in Aufwärtsrichtung. Das Journal wird daher in einer speziellen Datei untergebracht, für die (wie üblich) eine eigene Inode verwendet wird. Dies ermöglicht es, Ext3-Dateisysteme auch auf Rechnern einzuhängen, die nur Ext2 unterstützen! Auch die Konvertierung einer bestehenden Ext2-Partition auf Ext3 kann dadurch sehr schnell (und vor allem ohne kompliziertes Umkopieren der Daten) durchgeführt werden, was auf Server-Systemen ein wichtiger Punkt ist.

Das Journal kann nicht nur in einer Datei, sondern auch in einer separaten Paritition untergebracht werden, worauf wir hier allerdings nicht näher eingehen wollen.

Um Journale und die damit verbundenen Operationen zu verwalten, existiert im Kern ein Layer mit der Bezeichnung JBD (*Journaling Block Device*), der Dateisystem-übergreifend verwendet werden kann. Allerdings ist Ext3 derzeit das einzige Dateisystem, das davon Gebrauch macht;

alle anderen Journal-Dateisysteme wie ReiserFS, XFS oder JFS besitzen eigene Mechanismen. Wir werden in den folgenden Ausführungen daher JBD und Ext3 als eine Einheit betrachten.

Log Records, Handles und Transaktionen

Transaktionen sind nicht die fundamentale Struktur, die zur Implementierung des Transaktionskonzepts verwendet werden. Bedingt durch die Struktur von Dateisystemen (und auch aus Performancegründen) ist eine weitere Aufteilung notwendig, wie Abbildung 8.16 zeigt.

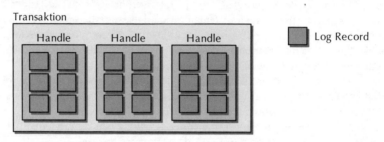

Abbildung 8.16: Zusammenspiel von Transaktionen, Log Records und Handles

- *Log Records* sind die elementarsten Einheiten, die geloggt werden können. Sie beschreiben jeweils ein einzelnes Update an einem Block.

- *(Atomare) Handles* werden verwendet, um mehrere Log Records auf Systemaufrufsebene zu gruppieren. Beispielsweise werden bei einer Schreibanforderung, die über den `write`-Systemaufruf abgesetzt wird, alle Log Records in einem Handle zusammengefasst, die zur Realisierung dieser Operation notwendig sind.

- *Transaktionen* gruppieren mehrere Handles und sorgen dadurch für eine höhere Performance.

8.2.2 Datenstrukturen

Während Transaktionen systemweit gültige Daten beinhalten, ist ein bestimmtes Handle immer mit einem spezifischen Prozess verbunden. Deshalb findet sich in der aus Kapitel 2 („Prozessverwaltung") bekannten Taskstruktur ein Element, das auf das aktuelle Handle des Prozesses verweist:

<sched.h>
```
struct task_struct {
...
/* journalling filesystem info */
        void *journal_info;
...
}
```

Der JBD-Layer kümmert sich automatisch darum, den `void`-Zeiger in einen Zeiger auf `handle_t` umzuwandeln. Die Hilfsfunktion `jounal_current_handle` kann verwendet werden, um das aktive Handle des aktuellen Prozesses auszulesen.

`handle_t` ist ein Typedef auf den Datentyp `struct handle_s`, der zur Definition eines Handles verwendet wird (gezeigt ist eine vereinfachte Version):

8.2 Third Extended Filesystem

```
typedef struct handle_s          handle_t;       /* Atomic operation type */                    <jbd.h>

struct handle_s
{
        /* Which compound transaction is this update a part of? */
        transaction_t            *h_transaction;

        /* Number of remaining buffers we are allowed to dirty: */
        int                      h_buffer_credits;
};
```

Während h_transaction ein Zeiger auf die Transaktionsdatenstruktur ist, mit dem der Handle verbunden ist, gibt h_buffer_credits an, wie viele freie Puffer für Journal-Operationen noch verfügbar sind (wir werden darauf gleich genauer eingehen).

Der Kern stellt die Funktionen journal_start und journal_stop bereit, die paarweise verwendet werden, um ein Codestück zu markieren, dessen Operation aus Sicht des Journal-Layers als atomar betrachtet werden soll:

```
handle_t *handle = journal_start(journal);
/* Operationen durchfuehren, die atomar erscheinen sollen */
journal_stop(journal);
```

Die Funktionen können auch ineinander geschachtelt werden, solange sichergestellt ist, dass journal_stop ebenso oft wie journal_start aufgerufen wird.

Jedes Handle setzt sich aus verschiedenen Log-Operationen zusammen, die jeweils einen eigenen Pufferkopf (siehe Kapitel 12 („Page- und Buffer-Cache")) besitzen, um die Änderung zu speichern – selbst wenn nur ein einziges Bit im zugrunde liegenden Dateisystem modifiziert wird. Diese auf den ersten Blick recht massiv erscheinende Speicherverschwendung wird durch die höhere Performance aufgewogen, da Puffer sehr effizient verarbeitet werden können.

Die Datenstruktur ist (ebenfalls stark vereinfacht) wie folgt definiert:

```
struct journal_head {                                                                           <journal_
        struct buffer_head *b_bh;                                                               head.h>

        transaction_t *b_transaction;
        struct journal_head *b_tnext, *b_tprev;
```

- **b_bh** zeigt auf den Pufferkopf, in dem die Daten der Operation zu finden sind.
- **b_transaction** verweist auf die Transaktion, dem der Log-Eintrag zugeordnet ist.
- **b_tnext** und **b_tprev** werden zur Realisierung einer doppelt verketteten Liste verwendet, auf der alle zu einer atomaren Operation gehörenden Logs aufgereiht werden.

Der JBD-Layer stellt journal_dirty_metdadata bereit, um modifizierte Metadaten in das Journal einzutragen:

```
int journal_dirty_metadata(handle_t *handle, struct buffer_head *bh)                            fs/jbd/transacti-
                                                                                                on.c
```

Die analoge Funktion journal_dirty_data wird verwendet, um Nutzdaten in das Journal einzufügen, was im data-Modus benötigt wird.

Transaktionen werden durch eine eigene Datenstruktur repräsentiert, wobei wir wiederum eine stark vereinfachte Variante zeigen:

```
<jbd.h>    typedef transaction_s transaction_t;

           struct transaction_s
           {
                   journal_t               *t_journal;
                   tid_t                   t_tid;

                   enum {
                           T_RUNNING,
                           T_FLUSH,
                           T_FINISHED
                   }                       t_state;

                   struct journal_head     *t_buffers;
                   unsigned long           t_expires;
                   int t_handle_count;
           };
```

- **t_journal** ist ein Zeiger auf das Journal, in das die Daten der Transaktion geschrieben werden (wir wollen der Einfachheit halber allerdings nicht genauer auf die dazu verwendete Datenstruktur eingehen, da sie mit sehr vielen technischen Details überfrachtet ist).

- Jede Transaktion kann sich in verschiedenen Zuständen befinden, die in **t_state** festgehalten werden:

    - **T_RUNNING** gibt an, dass dem Journal noch neue atomare Handles hinzugefügt werden können.
    - **T_FINISHED** wird verwendet, nachdem alle Log-Einträge auf die Platte geschrieben wurden und dort sicher verwahrt sind.
    - **T_FLUSH** ist der Status, der während des Schreibens von Log-Einträgen aktiv ist.

- **t_buffers** zeigt auf die Puffer, die mit der Transaktion verbunden sind.

- **t_expires** gibt den Zeitpunkt an, bis zu dem die Daten der Transaktion physikalisch ins Journal geschrieben worden sein müssen. Der Kern verwendet dazu einen Timer, der standardmäßig 5 Sekunden nach Erzeugung des Transaktion abläuft.

- **t_handle_count** zeigt, mit wie vielen Handles die Transaktion verbunden ist.

Der Ext3-Code verwendet „Checkpoints", an denen geprüft wird, ob die im Journal stehenden Änderungen bereits auf das Dateisystem übertragen sind. Ist dies der Fall, werden die Daten im Journal nicht mehr benötigt und können daher wieder entfernt werden. Im normalen Betrieb spielt der Inhalt des Journals daher keine aktive Rolle; erst bei einem Systemausfall können die darin enthaltenen Daten verwendet werden, um die Änderungen am Dateisystem nachzuvollziehen und dieses dadurch wieder in einen konsistenten Zustand zu bringen.

Für die Journal-Funktionen wird die Superblock-Datenstruktur gegenüber der Originaldefinition von Ext2 um einige Elemente erweitert:

```
<ext3_fs_sb.h>    struct ext3_sb_info {
                  ...
                          /* Journaling */
                          struct inode * s_journal_inode;
                          struct journal_s * s_journal;
                          unsigned long s_commit_interval;
                          struct block_device *journal_bdev;
                  };
```

Wie bereits angesprochen, kann das Journal sowohl in einer Datei wie auch in einer eigenen Partition untergebracht werden; je nachdem wird s_journal_inode oder journal_bdev verwendet, um auf den Unterbringungsort zu verweisen. s_commit_intervall gibt die Frequenz an, mit der Daten aus dem Speicher ins Journal übertragen werden, und s_journal zeigt auf die Journaldatenstruktur.

8.3 Das proc-Dateisystem

Wie bereits am Anfang des Kapitels erwähnt wurde, handelt es sich beim proc-Dateisystem um ein *virtuelles* Dateisystem, dessen Informationen nicht von einem Blockgerät gelesen werden. Sie werden erst dann dynamisch generiert, wenn der Inhalt einer Datei ausgelesen wird.

Mit Hilfe von procFS ist es zum einen möglich, Informationen über die Subsysteme des Kerns zu erhalten – beispielsweise Speicherauslastung, vorhandene Zubehörgeräte etc. –, zum anderen kann aber auch das Verhalten des Kernels modifiziert werden, ohne eine Neuübersetzung der Quellen, das Laden von Modulen oder gar einen Neustart notwendig zu machen. Eng damit verknüpft ist der System Control-Mechanismus – kurz als *sysctl* bezeichnet –, der in den vorhergehenden Kapiteln bereits einige Male erwähntt wurde. Das proc-Dateisystem stellt eine Schnittstelle zu allen Optionen zur Verfügung, die über diesen Mechanismus exportiert werden, und erlaubt dadurch eine Modifikation der Parameter ohne großen Aufwand: Es brauchen keine speziellen Programme entwickelt zu werden, die die Kommunikation übernehmen; eine Shell zusammen mit den Standardprogrammen cat und echo reicht völlig aus.

Üblicherweise wird das Prozessdatendateisystem – so die lange Bezeichnung – unter /proc eingehängt. Daher stammt auch die (kürzere) Bezeichnung procFS, die üblicherweise verwendet wird. Dennoch sollte bemerkt werden, dass das Dateisystem – wie jedes andere Dateisystem auch – an beliebigen anderen Punkten im Dateibaum eingehängt werden kann, wenn dies auch etwas ungewöhnlich ist.

Der folgende Abschnitt beschreibt Aufbau und Inhalt des proc-Dateisystems, um seine Funktionen und Möglichkeiten klarzumachen, bevor die späteren Ausführungen genauer auf Implementierungsdetails eingehen.

8.3.1 Inhalt von /proc

Obwohl sich der genaue Umfang des proc-Dateisystems von System zu System unterscheidet – je nach Hardware-Konfiguration werden unterschiedliche Daten exportiert, und auch zwischen verschiedenen Architekturen bestehen Differenzen, die sich auf den Inhalt von /proc auswirken –, besteht es immer aus einer Unmenge an Verzeichnissen, Dateien und Links, die tief ineinander verschachtelt sind. Die Informationsflut lässt sich aber in einige größere Kategorien bündeln:

- Speicherverwaltung
- Charakteristische Daten der Prozesse des Systems
- Dateisysteme
- Gerätetreiber
- Systembusse
- Power-Management

- Terminals
- System-Kontrollparameter

Es handelt sich dabei um teilweise sehr verschiedene Bereiche (und die Liste ist noch keineswegs allumfassend!), die keine allzu großen Gemeinsamkeiten aufweisen. Diese Überfrachtung war in den vergangenen Jahren ein latenter, aber immer wieder heftig aufflammender Kritikpunkt an der Konzeption des proc-Dateisystems: Auch wenn es zweifellos nützlich ist, mit Hilfe eines virtuellen Dateisystems Informationen bereitzustellen, könnte man dabei trotzdem *etwas* besser strukturiert vorgehen...

Der Kernentwicklungs-Trend geht mittlerweile in die Richtung, dass neue Informationen nicht mehr über das proc-Dateisystem, sondern über ein problemspezifisches, aber ebenfalls virtuelles Dateisystem exportiert werden. Ein gutes Beispiel dafür ist das USB-Dateisystem, mit dessen Hilfe vielerlei Statusinformationen über das USB-Subsystem in den Userspace exportiert werden können, ohne /proc mit neuen Einträgen zu „vermüllen".

Das Einfügen neuer Einträge in /proc wird auf der Kernel-Mailingliste sehr argwöhnisch betrachtet und kontrovers diskutiert; neuer Code hat viel bessere Chancen, in die Quellen aufgenommen zu werden, wenn er /proc *nicht* verwendet. Dies bedeutet natürlich keinesfalls, dass das proc-Dateisystem allmählich überflüssig wird. Genau das Gegenteil ist der Fall! Nicht nur während der Installation neuer Distributionen, sondern auch zur (automatisierten) Administration des Systems ist /proc heute so wichtig wie eh und je.

Die folgenden Abschnitte geben einen *kurzen* Überblick zu verschiedenen Dateien (und den darin enthaltenen Informationen), die sich in /proc finden. Auch hier erheben wir keinerlei Anspruch auf Vollständigkeit, sondern beschränken uns auf die wichtigsten Elemente, die auf allen unterstützten Architekturen vorhanden sind.

Prozessspezifische Daten

Für jeden Prozess des Systems findet sich – unabhängig vom aktuellen Zustand – ein Unterverzeichnis mit der PID als Name, das verschiedene Informationen über den Prozess bereitstellt. Wie der Name „Prozessdatensystem" andeutet, war genau dies die ursprüngliche Intention des proc-Dateisystems.

Welche Informationen befinden sich in den Prozess-spezifischen Verzeichnissen? Ein simples ls -l liefert einen ersten Überblick:

```
wolfgang@meitner> cd /proc/6516
wolfgang@meitner> ls -l
total 0
-r--r--r--    1 wolfgang users           0 Dec  3 23:58 cmdline
lrwxrwxrwx    1 wolfgang users           0 Dec  3 23:58 cwd -> /home/wolfgang/kbook
-r--------    1 wolfgang users           0 Dec  3 23:58 environ
lrwxrwxrwx    1 wolfgang users           0 Dec  3 23:58 exe -> /usr/bin/emacs
dr-x------    2 wolfgang users           0 Dec  3 23:58 fd
-r--r--r--    1 wolfgang users           0 Dec  3 23:58 maps
-rw-------    1 wolfgang users           0 Dec  3 23:58 mem
-r--r--r--    1 wolfgang users           0 Dec  3 23:58 mounts
lrwxrwxrwx    1 wolfgang users           0 Dec  3 23:58 root -> /
-r--r--r--    1 wolfgang users           0 Dec  3 23:58 stat
-r--r--r--    1 wolfgang users           0 Dec  3 23:58 statm
-r--r--r--    1 wolfgang users           0 Dec  3 23:58 status
```

Das Beispiel zeigt die Daten für einen emacs-Prozess mit PID 6516, der gerade zum Editieren der LaTeX-Quellen des vorliegenden Buches verwendet wird.

8.3 Das proc-Dateisystem

Die Bedeutung der meisten Einträge lässt sich anhand des Dateinamens erraten. Beispielsweise gibt `cmdline` die Kommandozeile wieder, mit der der Prozess gestartet wurde – also den Namen des Programm einschließlich aller Parameter als Zeichenkette. Achtung: Der Kern verwendet keine normalen Leerzeichen, um die einzelnen Elemente voneinander zu trennen, sondern NUL-Bytes, die in C benutzt werden, um das Ende eines Strings zu kennzeichnen:

```
wolfgang@meitner> cat cmdline
emacskernel.tex
```

Das od-Tool kann dazu dienen, die Daten in eine lesbarere Form zu bringen:

```
wolfgang@meitner> od -t a /proc/6516/cmdline
0000000   e   m   a   c   s nul   k   e   r   n   e   l   .   t   e   x
0000020 nul
0000021
```

Die Ausgabe verdeutlicht, dass der Prozess mittels `emacs kernel.tex` aufgerufen wurde. Die anderen Dateien bergen folgende Daten in sich:

- `environ` gibt alle gesetzten Umgebungsvariablen des Programms wieder, wobei ebenfalls NUL-Zeichen anstelle von Leerzeichen als Separator verwendet werden.

- Alle Memory-Mappings auf Bibliotheken (und die Binärdatei selbst), die der Prozess verwendet, finden sich in Textform aufgereiht in `maps`. Ausschnittsweise hat die Datei im Fall von emacs beispielsweise folgenden Inhalt (dabei wird ein reguläres Textformat verwendet, das ohne NUL-Zeichen auskommt):

```
wolfgang@meitner> cat maps
08048000-0817e000 r-xp 00000000 03:07 618614     /usr/bin/emacs
0817e000-08415000 rw-p 00135000 03:07 618614     /usr/bin/emacs
08415000-08821000 rwxp 00000000 00:00 0
40000000-40016000 r-xp 00000000 03:07 847991     /lib/ld-2.2.5.so
40016000-40017000 rw-p 00015000 03:07 847991     /lib/ld-2.2.5.so
40017000-40018000 rw-p 00000000 00:00 0
40018000-40053000 r-xp 00000000 03:07 843925     /usr/X11R6/lib/libXaw3d.so.7.0
40053000-4005a000 rw-p 0003a000 03:07 843925     /usr/X11R6/lib/libXaw3d.so.7.0
4005a000-4006c000 rw-p 00000000 00:00 0
4006c000-4007f000 r-xp 00000000 03:07 843899     /usr/X11R6/lib/libXmu.so.6.2
4007f000-40081000 rw-p 00012000 03:07 843899     /usr/X11R6/lib/libXmu.so.6.2
40081000-400c6000 r-xp 00000000 03:07 843907     /usr/X11R6/lib/libXt.so.6.0
400c6000-400ca000 rw-p 00044000 03:07 843907     /usr/X11R6/lib/libXt.so.6.0
...
40489000-40492000 r-xp 00000000 03:07 847948     /lib/libnss_files-2.2.5.so
40492000-40493000 rw-p 00008000 03:07 847948     /lib/libnss_files-2.2.5.so
404e1000-40504000 rw-p 0009c000 00:00 0
bffc2000-c0000000 rwxp fffc3000 00:00 0
```

- `status` liefert allgemeine Statusinformationen zum Zustand des Prozesses, die in Textform dargestellt werden:

```
wolfgang@meitner> cat status
Name:      emacs
State:     S (sleeping)
Tgid:      6516
Pid:       6516
PPid:      832
TracerPid: 0
```

```
Uid:    500     500     500     500
Gid:    500     500     500     500
FDSize: 256
Groups: 500
VmSize:         12992 kB
VmLck:              0 kB
VmRSS:          10004 kB
VmData:          4408 kB
VmStk:            248 kB
VmExe:           1240 kB
VmLib:           4004 kB
SigPnd: 0000000000000000
SigBlk: 0000000000000000
SigIgn: 8000000000000000
SigCgt: 0000000051817efd
CapInh: 0000000000000000
CapPrm: 0000000000000000
CapEff: 0000000000000000
```

Neben UID/GID und anderen Kennzahlen des Prozesses finden sich Informationen zur Speicheraufteilung, den Capabilities des Prozesses und dem Zustand der einzelnen Signalmasken (pending, blocked etc.).

- stat und statm enthalten – als hintereinander aufgereihte Zahlen – noch mehr Statusinformationen zum Prozess und dessen Speicherverbrauch, auf die wir hier nicht detaillierter eingehen wollen.

Das fd-Unterverzeichnis enthält Dateien mit Nummern als Namen, die die einzelnen File-Deskriptoren des Prozesses repräsentieren. Mit Hilfe eines symbolischen Links zeigen sie auf die Stelle im Dateisystem, die mit dem Dateideskriptor verknüpft ist, sofern es sich um eine Datei im eigentlichen Sinne handelt. Andere Elemente wie beispielsweise Pipes, die ebenfalls über Dateideskriptoren angesprochen werden, erhalten ein Linkziel der Form pipe:[1434].

Symbolische Links werden ebenfalls verwendet, um auf Dateien und Verzeichnisse zu zeigen, die mit dem Prozess verknüpft sind:

- cwd verweist auf das Arbeitsverzeichnis des Prozesses; wenn der Benutzer die passenden Rechte besitzt, kann er mit

```
cd cwd
```

in dieses Verzeichnis wechseln, ohne es vorher kennen zu müssen.

- exe zeigt auf die Binärdatei, in der sich der Code für die Applikation befindet; im Fall des Beispiels handelt es sich um /usr/bin/emacs

- root verweist auf das Root-Verzeichnis des Prozesses. Aufgrund des in Kapitel 7 besprochenen chroot-Mechanismus muss es sich dabei nicht immer um das globale Root-Verzeichnis handeln!

Allgemeine Systeminformationen

Nicht nur die Unterverzeichnisse von /proc enthalten Informationen, sondern auch das Verzeichnis selbst. Generelle Informationen, die keinem speziellen Subsystem des Kerns zugeordnet

8.3 Das proc-Dateisystem

werden können (oder von mehreren verschiedenen gleichermaßen verwendet werden), finden sich direkt in Dateien in /proc.

Einige dieser Dateien sind in den vorhergehenden Kapiteln bereits genannt und verwendet worden: Beispielsweise geben iomem und ioports Aufschluss über Adressen von Speicherbereichen bzw. Ports, die zur Kommunikation mit Geräten verwendet werden, wie in Kapitel 5 („Gerätetreiber") besprochen wird. Beide Dateien enthalten in Textform eine Liste aller vorhandener Bereiche:

```
wolfgang@meitner> cat /proc/iomem
00000000-0009e7ff : System RAM
0009e800-0009ffff : reserved
000a0000-000bffff : Video RAM area
000c0000-000c7fff : Video ROM
000f0000-000fffff : System ROM
00100000-07cefff  : System RAM
  00100000-00362298 : Kernel code
  00362299-004a60ff : Kernel data
07cf0000-07cfefff : ACPI Tables
...
f4104000-f4107fff : Texas Inst TSB43AA22 IEEE-1394 Controller (PHY/Link Integrated)
f8000000-fbffffff : Intel Corp. 82815 CGC [Chipset Graphics Controller]
ff800000-ffbfffff : reserved
fff00000-ffffffff : reserved

wolfgang@meitner> cat /proc/ioports
0000-001f : dma1
0020-003f : pic1
0040-005f : timer
0060-006f : keyboard
0080-008f : dma page reg
00a0-00bf : pic2
...
2000-20ff : Intel Corp. 82801BA/BAM AC'97 Modem
2400-241f : Intel Corp. 82801BA/BAM USB (Hub #2)
  2400-241f : uhci-hcd
3000-303f : Intel Corp. 82801BA/BAM/CA/CAM Ethernet Controller
  3000-303f : e100
```

Ebenfalls finden sich einige Dateien, die einen groben Überblick zum Zustand der Speicherverwaltung des Systems ermöglichen: buddyinfo und slabinfo liefern Daten zur aktuellen Nutzung von Buddy-System und Slab-Allocator, während meminfo eine Übersicht zur generellen Auslastung des Speichers – aufgeteilt in High und Low Memory, freie, belegte und geteilte Bereiche, Swap- und Writeback-Speicher etc. – liefert. vmstat gibt weitere Kenndaten der Speicherverwaltung wieder (unter anderem, wie viele Seiten sich gerade in welchen Teilsystemen der Speicherverwaltung finden), auf die wir hier nicht detaillierter eingehen wollen.

Um Debugging des Kernelcodes zu ermöglichen, existieren die Einträge ksyms und kcore. Erstere Datei enthält eine Tabelle mit den Adressen aller globalen Kernvariablen und Prozeduren samt ihren Adressen im Speicher:

```
wolfgang@meitner> cat /proc/ksyms
...
c0303d10 sock_register
c0303d80 sock_unregister
c0304db0 __lock_sock
c0304ee0 __release_sock
c0307590 memcpy_fromiovec
c0307530 memcpy_tokerneliovec
c0302ac0 sock_create
c0301ba0 sock_alloc
...
```

kcore ist eine dynamische Core-Datei, die alle Daten des laufenden Kerns – also den gesamten Hauptspeicherinhalt – „enthält". Sie unterscheidet sich nicht von normalen Core-Dateien, die beim Core Dump im Fall fataler Fehler von Benutzerapplikationen gespeichert werden, um diese mit einem Debugger bearbeiten zu können. Zusammen mit der Binärdatei des Kerns kann der aktuelle Zustand eines laufenden Systems mit einem Debugger inspiziert werden! Viele Abbildungen in diesem Buch, die das Zusammenspiel der Datenstrukturen des Kerns vermitteln, wurden mit Hilfe dieser Methode erstellt; Anhang B („Arbeiten mit dem Quellcode") geht genauer darauf ein, wie die bereitgestellten Möglichkeiten mit Hilfe des GNU-gdb-Debuggers und der grafischen Oberfläche ddd genutzt werden können.

interrupts speichert die Anzahl der diversen Interrupts, die im bisherigen Betrieb aufgetreten sind (in Kapitel 11 („Kernel-Aktivitäten und Zeitfluss") wird der dahinter stehende Mechanismus genauer besprochen). Auf einem IA-32-Serversystem sieht die Datei nach 104 Tagen ununterbrochenen Betriebs beispielsweise so aus:

```
wolfgang@meitner> cat /proc/interrupts
           CPU0
    0:  900931758     XT-PIC  timer
    1:          2     XT-PIC  keyboard
    2:          0     XT-PIC  cascade
    4:          4     XT-PIC  serial
    9:          0     XT-PIC  acpi
   10:   80843992     XT-PIC  aic7xxx
   11:  136245343     XT-PIC  eth0
   14:   28813618     XT-PIC  ide0
   15:   70506731     XT-PIC  ide1
  NMI:          0
  LOC:  900928177
  ERR:         20
  MIS:          0
```

Zu jeder Interrupt-Nummer wird nicht nur die Anzahl der aufgetretenen Unterbrechungen festgehalten, sondern ein Geräte- oder Treibername geliefert, der für die Bearbeitung der Unterbrechung verantwortlich ist.

Zu guter Letzt sollen loadavg und uptime nicht unerwähnt bleiben, die zum einen die Last des Systems (d.h. die Länge der Runqueue) über die letzten 60 Sekunden, 5 Minuten und 15 Minuten gemittelt wiedergeben bzw. die Uptime des Systems – die Zeitdauer, die seit dem Hochfahren verstrichen ist – anzeigen.

Netzwerkinformationen

Zur Bereitstellung von Daten über die verschiedenen Netzwerkmöglichkeiten des Kerns wird das Unterverzeichnis /proc/net verwendet. Die dort anzutreffende Datensammlung präsentiert ein buntes Sammelsurium an Protokoll- und Gerätedaten. Einge interessante Einträge:

- Statistiken zu UDP- und TCP-Sockets finden sich für IPv4 in udp und tcp; die entsprechenden Daten für IPv6 sind in udp6 und tcp6 vorhanden. Unix-Sockets werden in unix protokolliert.

- Die ARP-Tabelle zur Rückwärtsauflösung von Adressen kann in der Datei arp betrachtet werden.

- dev liefert Statistiken zu den Datenmengen, die über die Netzwerkschnittstellen des Systems (einschließlich des Loopback-Softwareinterfaces) übertragen wurden. Da auch fehlerhaft übertragene, zurückgewiesene Pakete und Kollisionen gemeldet werden, kann mit Hilfe der Datei beispielsweise die Übertragungsqualität des Netzwerks kontrolliert werden.

8.3 Das proc-Dateisystem

Einige Netzwerkartentreiber (beispielsweise für den häufig verwendeten Intel PRO/100-Chipsatz) erzeugen zusätzliche Unterverzeichnisse in `/proc/net`, die Dateien mit genaueren Hardware-spezifischen Informationen bereitstellen.

Systemkontroll-Parameter

Den Löwenanteil aller Einträge im proc-Dateisystem machen die System Control-Parameter aus, die das Verhalten des Kerns dynamisch kontrollieren und modifizieren können. Neben dem Interface im proc-Dateisystem gibt es eine weitere Möglichkeit, die Daten zu manipulieren: den sysctl-Systemaufruf. Die Verwendung dieser Methode ist aufwendiger – schließlich muss erst ein Programm geschrieben werden, das die Kommunikation mit dem Kern über die System Call-Schnittstelle erledigt –, weshalb der numerische Sysctl-Mechanismus während der Entwicklung von 2.5 als überholt markiert wurde (bei jedem Aufruf von sysctl gibt der Kern eine entsprechende Warnmeldung aus) und im nächsten Entwicklungszyklus wohl verschwinden wird.

Da die /proc-Schnittstelle eine konkurrenzlos einfache Möglichkeit zur Manipulation von Kerneldaten bietet, wird der sysctl-Systemaufruf auch nicht wirklich benötigt. Die sysctl-Parameter werden in einem eigenen Unterverzeichnis /proc/sys verwaltet, das gemäß den verschiedenen Subsystemen des Kerns in weitere Unterverzeichnisse zerfällt:

```
wolfgang@meitner> ls -l /proc/sys
total 0
dr-xr-xr-x    2 root     root            0 Dec  4 23:36 abi
dr-xr-xr-x    2 root     root            0 Dec  4 23:36 debug
dr-xr-xr-x    4 root     root            0 Dec  4 23:36 dev
dr-xr-xr-x    3 root     root            0 Dec  4 20:11 fs
dr-xr-xr-x    3 root     root            0 Dec  4 23:36 kernel
dr-xr-xr-x    6 root     root            0 Dec  4 23:36 net
dr-xr-xr-x    2 root     root            0 Dec  4 23:36 proc
dr-xr-xr-x    2 root     root            0 Dec  4 23:36 sunrpc
dr-xr-xr-x    2 root     root            0 Dec  4 23:36 vm
```

Die Unterverzeichnisse enthalten eine Reihe von Dateien, die charakteristische Daten des zugehörigen Kernel-Subsystems wiedergeben. Beispielsweise finden sich in `/proc/sys/vm` folgende Einträge:

```
wolfgang@meitner> ls -l /proc/sys/vm
total 0
-rw-r--r--    1 root     root            0 Dec  4 23:47 dirty_background_ratio
-rw-r--r--    1 root     root            0 Dec  4 23:47 dirty_expire_centisecs
-rw-r--r--    1 root     root            0 Dec  4 23:47 dirty_ratio
-rw-r--r--    1 root     root            0 Dec  4 23:47 dirty_writeback_centisecs
-r--r--r--    1 root     root            0 Dec  4 23:47 nr_pdflush_threads
-rw-r--r--    1 root     root            0 Dec  4 23:47 overcommit_memory
-rw-r--r--    1 root     root            0 Dec  4 23:47 overcommit_ratio
-rw-r--r--    1 root     root            0 Dec  4 23:47 page-cluster
-rw-r--r--    1 root     root            0 Dec  4 23:47 swappiness
```

Im Gegensatz zu den bisher vorgestellten Dateien kann der Inhalt der Elemente dieser Verzeichnisse nicht nur gelesen, sondern über normale Dateioperationen auch mit einem neuen Wert versehen werden. Beispielsweise findet sich im vm-Unterverzeichnis eine Datei `swappiness`, die die „Aggressivität" des Swapping-Algorithmus beim Auslagern von Seiten wiedergibt. Die Standardeinstellung dieses Werts beträgt 60, was man durch Ausgeben des Dateiinhalts mittels `cat` sieht:

```
wolfgang@meitner> cat /proc/sys/vm/swappiness
60
```

Der Wert kann manipuliert werden, wenn (als root) folgendes Kommando eingegeben wird:

```
wolfgang@meitner> echo "80" > /proc/sys/vm/swappiness
wolfgang@meitner> cat /proc/sys/vm/swappiness
80
```

Wie in Kapitel 14 („Swapping") besprochen wirde, resultiert ein höherer Wert in einer vergrößerten Aggressivität des Kerns bei der Auslagerung von Seiten, was bei bestimmten Auslastungen des Systems zu einer besseren Performance führen kann.

Abschnitt 8.3.8 geht genauer auf die Implementierung ein, mit deren Hilfe der Kern die gezeigte Manipulation von Parametern im `proc`-Dateisystem ermöglicht.

8.3.2 Datenstrukturen

Auch bei der Implementierung des Prozessdatendateisystems gibt es einige zentrale Datenstrukturen, um die der restliche Code herum aufgebaut ist. Zum einen wären da natürlich alle Strukturen des virtuellen Dateisystems, die in Kapitel 7 („Das virtuelle Dateisystem") besprochen wurden. Da auch `proc` ein Dateisystem ist, macht es ausgiebig von diesen Strukturen Gebrauch – schließlich muss es als Dateisystem in die VFS-Schicht des Kerns integriert werden.

Zum anderen existieren `proc`-spezifische Datenstrukturen, mit deren Hilfe die Organisation der bereitgestellten Daten im Kern erledigt wird. Auch muss eine Schnittstelle zu den Teilsystemen des Kerns bereitgestellt werden, mit deren Hilfe der Kern die gesuchten Informationen aus seinen Strukturen extrahiert, bevor sie mittels `/proc` dem Userspace zur Verfügung gestellt werden.

Repräsentation von `proc`-Einträgen

Jeder Eintrag im `proc`-Dateisystem wird durch eine Instanz von `proc_dir_entry` charakterisiert, die (etwas verkürzt) wie folgt definiert ist:

<proc_dir_entry.h>
```
struct proc_dir_entry {
    unsigned short low_ino;
    unsigned short namelen;
    const char *name;
    mode_t mode;
    nlink_t nlink;
    uid_t uid;
    gid_t gid;
    unsigned long size;
    struct inode_operations * proc_iops;
    struct file_operations * proc_fops;
    get_info_t *get_info;
    struct module *owner;
    struct proc_dir_entry *next, *parent, *subdir;
    void *data;
    read_proc_t *read_proc;
    write_proc_t *write_proc;
    atomic_t count;          /* use count */
};
```

Da jeder Eintrag des `proc`-Dateisystems mit einem Dateinamen versehen wird, verwendet der Kern zwei Elemente der Struktur, um die entsprechenden Informationen festzuhalten: `name` ist ein Zeiger auf die Zeichenkette, die den Namen speichert, während `namelen` die Länge des

8.3 Das proc-Dateisystem

Namens angibt. Ebenfalls aus dem Konzept klassischer Dateisysteme übernommen ist die Nummerierung aller Inoden mit Zahlen, die hier mittels low_ino durchgeführt wird. Auch die Bedeutung von mode ist identisch mit der Situation in normalen Dateisystemen, da das Element sowohl den Typ des Eintrags (Datei, Verzeichnis etc). wie auch die Verteilung der Zugriffsrechte nach dem klassischen „Eigentümer, Gruppe, Andere"-Schema widerspiegelt, indem die passenden Konstanten aus <stat.h> verwendet werden. Außerdem spezifizieren uid und gid die Benutzer- bzw. Gruppenkennnummer, denen die Datei gehört. Beide Werte sind üblicherweise auf 0 gesetzt, was bedeutet, dass der Root-Benutzer Eigentümer fast aller proc-Dateien ist.

Mit count wird der bei beinahe allen Datenstrukturen übliche Benutzungszähler implementiert, der angibt, an wie vielen Stellen im Kern die Instanz einer Datenstruktur verwendet wird, um sie nicht versehentlich freizugeben.

proc_iops und proc_fops sind Zeiger auf Instanzen der Typen inode_operations bzw. file_operations, die bereits in Kapitel 7 eingeführt wurden. Sie sammeln Operationen, die mit einer Datei bzw. einer Inode durchgeführt werden können, und dienen als Schnittstelle zum virtuellen Dateisystem, das auf das Vorhandensein eben dieser Methoden angewiesen ist. Je nach Dateityp werden unterschiedliche Operationen verwendet, auf die weiter unten genauer eingegangen wird.

Die Größe einer Datei wird im size-Element gespeichert, das den Umfang in Bytes angibt. Da proc-Einträge dynamisch generiert werden, ist es normalerweise nicht möglich, die Länge einer Datei im Voraus zu kennen; in diesen Fällen wird der Wert 0 verwendet.

Wenn ein proc-Eintrag von einem dynamisch ladbaren Modul erzeugt wird, findet sich in module ein Verweis auf die zugehörige Moduldatenstruktur im Speicher (wenn der Eintrag von fest einkompiliertem Code erzeugt wurde, wird module mit einem NULL-Pointer belegt).

Drei Elemente werden bereitgestellt, um den Informationsaustausch zwischen virtuellem Dateisystem (und damit letztendlich dem Userspace) und den diversen proc-Einträgen bzw. den einzelnen Subsystemen des Kerns zu regeln:

- get_info ist ein Funktionszeiger, der auf eine Routine des relevanten Subsystems verweist, die die gewünschten Daten zurückliefert. Wie beim normalen Dateizugriff können Offset und Länge des gewünschten Teilbereichs angegeben werden, um nicht den kompletten Satz angebotener Daten auslesen zu müssen. Dies ist beispielsweise bei der automatisierten Analyse von proc-Einträgen von Vorteil.

- Das Elementepaar read_proc und write_proc verweist auf Funktionen, die zum einen das Auslesen von Daten, zum anderen aber auch das Schreiben von Informationen in den Kern hinein ermöglichen. Parameter und Rückgabewert der beiden Funktionen sind durch folgende Typdefinition festgelegt:

```
typedef int (read_proc_t)(char *page, char **start, off_t off,         <proc.h>
                          int count, int *eof, void *data);
typedef int (write_proc_t)(struct file *file, const char *buffer,
                           unsigned long count, void *data);
```

Während das Auslesen von Daten auf der Basis von Speicherseiten erfolgt (wobei natürlich auch hier ein Offset sowie die Länge der zu lesenden Daten angegeben werden kann), orientiert sich das Schreiben von Informationen an einer file-Instanz. Beide Routinen verfügen über ein zusätzliches data-Argument, das bei der Registrierung eines neuen proc-Eintrags festgelegt und bei jedem Aufruf der Routine als Parameter übergeben wird (das data-Element von proc_dir_entry dient dazu, das Datenargument festzuhalten). Dadurch wird ermöglicht, eine einzige Funktion als Schreib/Leseroutine für *mehrere* proc-Einträge zu registrieren; der Code kann dann anhand des unterschiedlichen data-Arguments zwischen den verschiedenen Fällen unterscheiden (dies ist bei get_info nicht möglich, da hier kein Datenargument übergeben wird). Diese Taktik wurde in den vorhergehenden Kapiteln bereits einige Male angewandt, um unnötige Code-Duplikationen zu vermeiden.

Wie bereits erwähnt, existiert für jeden Eintrag des proc-Dateisystems eine eigene Instanz von proc_dir_entry. Diese werden auch verwendet, um die hierarchische Struktur des Dateisystems zu repräsentieren, wozu der Kern folgende Elemente verwendet:

- nlink gibt die Anzahl der Unterverzeichnisse und symbolischen Links an, die sich in einem Verzeichnis befinden (die Anzahl anderer Dateien im Verzeichnis ist für den Wert nicht relevant).

- parent ist ein Zeiger auf das Verzeichnis, in dem sich eine durch die aktuelle proc_dir_entry-Instanz repräsentierte Datei (oder auch ein Unterverzeichnis) befindet.

- subdir und next ermöglichen die hierarchische Ordnung von Dateien und Verzeichnissen: Während subdir auf den ersten Eintrag eines Verzeichnisses zeigt (der, entgegen dem Namen des Elements, *sowohl* eine Datei *als auch* ein Verzeichnis sein kann), fasst next alle gemeinsamen Einträge eines Verzeichnisses in einer einfach verketteten Liste zusammen.

Abbildung 8.17 auf der gegenüberliegenden Seite zeigt vom Wurzelverzeichnis des proc-Dateisystems ausgehend einige Einträge, um den Zusammenhang zwischen den Instanzen von proc_dir_entry zu veranschaulichen.

In der Abbildung finden sich einige Unterverzeichnisse und Dateien, die über die beschriebenen Elemente miteinander verknüpft sind: Das erste Unterverzeichnis von /proc[22] trägt die Bezeichnung asound, dem gleich darauf ide folgt (vergleicht man diese Reihenfolge mit der Ausgabe von ls -l /proc, so erkennt man, dass die Datenstrukturen *nicht* der alphabetischen Reihenfolge nach sortiert gespeichert werden). Wenn ein Verzeichnis untergeordnete Dateien oder weitere Unterverzeichnisse enthält, verweist der subdir-Zeiger auf eine weitere Instanz von proc_dir_entry, wie es beispielsweise beim ide-Verzeichnis der Fall ist: In diesem Verzeichnis befinden sich unter anderem Dateien namens piix und drivers sowie ein symbolischer Link mit der Bezeichnung hdc.[23]

Da der subdir-Pointer nur auf einen einzigen Eintrag des Verzeichnisses zeigen kann (in diesem Fall auf piix), werden die restlichen Einträge mit Hilfe der next-Elemente untereinander verknüpft (aus Platzgründen sind nicht die Datenstrukturen für alle Einträge des Verzeichnisses wiedergegeben). ls zeigt, wie sich die Situation (erwartungsgemäß) aus Sicht des Userspace präsentiert:

```
wolfgang@meitner> ls -l /proc/ide
total 0
-r--r--r--    1 root     root            0 Dec 16 00:45 drivers
lrwxrwxrwx    1 root     root            8 Dec 16 00:45 hda -> ide0/hda
lrwxrwxrwx    1 root     root            8 Dec 16 00:45 hdc -> ide1/hdc
dr-xr-xr-x    3 root     root            0 Dec 16 00:45 ide0
dr-xr-xr-x    3 root     root            0 Dec 16 00:45 ide1
-r--r--r--    1 root     root            0 Dec 16 00:45 piix
```

---

22 Achtung: Obwohl als Name der Root-Datenstruktur immer /proc verwendet wird, verhindert dies nicht, dass das proc-Dateisystem an anderen Stellen im System eingehängt werden kann. Mehrfaches Mounten verändert die Situation nicht, da die beschriebenen Datenstrukturen dadurch nicht dupliziert werden.

23 Den Unterschied zwischen normalen Dateien und Links demoonstriert die Abbildung insofern, als die proc_dir_entries-Instanz von hdc lediglich einen Eintrag für Inoden-, nicht aber für die Datei-Operationen besitzt.

8.3 Das proc-Dateisystem

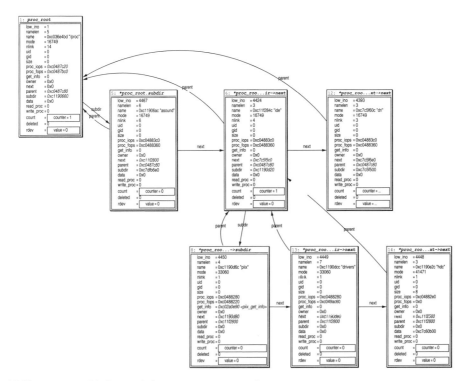

Abbildung 8.17: Verbindung zwischen proc_dir_entry-Instanzen

proc-Inoden

Um eine inodenbetonte Sicht der Dinge auf die Einträge des proc-Dateisystems zu ermöglichen, stellt der Kern eine weitere Datenstruktur bereit, die die Bezeichnung proc_inode trägt. Sie ist folgendermaßen definiert:

```
struct proc_inode {                                                      <proc_fs.h>
    struct task_struct *task;
    int type;
    union {
        int (*proc_get_link)(struct inode *, struct dentry **,
                             struct vfsmount **);
        int (*proc_read)(struct task_struct *task, char *page);
    } op;
    struct proc_dir_entry *pde;
    struct inode vfs_inode;
};
```

Die Struktur dient dazu, die proc-spezifischen Daten mit den Inodendaten des VFS-Layers zu verknüpfen: pde enthält einen Zeiger auf die zum jeweiligen Eintrag gehörige proc_dir_entry-Instanz, deren Bedeutung im vorherigen Abschnitt besprochen wurde. Am Ende der Struktur findet sich eine Instanz von inode. Achtung: Es handelt sich *nicht* um einen Zeiger auf eine Instanz der Struktur, sondern um die Daten selbst!

Dies sind genau dieselben Daten, die auch vom VFS-Layer zur Inodenverwaltung verwendet werden. Anders ausgedrückt: Vor jeder Instanz einer inode-Struktur, die mit dem proc-Dateisystem verknüpft ist, finden sich direkt vorher im Speicher zusätzliche Daten, die über den Container-Mechanismus aus einer gegebenen Instanz von proc_inode extrahiert werden können. Da der Kern häufig auf diese Informationen zugreifen muss, definiert er folgende Hilfsprozedur:

<proc_fs.h>
```
static inline struct proc_inode *PROC_I(const struct inode *inode)
{
        return container_of(inode, struct proc_inode, vfs_inode);
}
```

Diese liefert die inodenspezifischen Daten, die mit einer VFS-Inode verknüpft sind. Abbildung 8.18 verdeutlicht die Situation im Speicher.

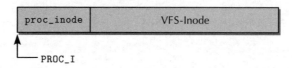

Abbildung 8.18: *Verbindung zwischen* struct proc_inode *und* struct inode

Die restlichen Elemente der Struktur werden nur dann verwendet, wenn die Inode einen prozessspezifischen Eintrag repräsentiert, sich also im Verzeichnis proc/*pid* befindet. Sie haben folgende Bedeutung:

- task ist ein Zeiger auf die task_struct-Instanz eines Prozesses. Da sich dort sehr viele prozessspezifische Informationen befinden (die in Kapitel 2 („Prozessverwaltung") genauer behandelt werden), ist klar, warum eine prozessspezifische Inode direkt mit diesen Daten verbunden sein sollte.

- proc_get_link und proc_read werden verwendet, um prozessspezifische Informationen bereitzustellen oder Verknüpfungen mit prozessspezifischen Daten zu erzeugen, die sich im VFS befinden.

- type dient zur Unterscheidung der verschiedenen Inodentypen.

Abschnitt 8.3.7 wird genauer auf Bedeutung und Verwendung dieser Elemente eingehen.

8.3.3 Initialisierung

Bevor das proc-Dateisystem verwendet werden kann – und dazu zählt selbstverständlich auch das Einhängen mittels mount –, muss der Kern einige Datenstrukturen initialisieren und aufbauen, die die Struktur des Dateisystems im Kernelspeicher beschreiben. Da sich Aussehen und Inhalt von /proc zwischen unterschiedlichen Plattformen und Architekturen leider deutlich verändert, ist der Code mit zahlreichen #ifdef-Präprozessor-Anweisungen versehen, die die passenden Codestücke für die jeweilige Situation auswählen. Obwohl diese Praxis in den Kernelquellen üblicherweise nicht allzu gerne gesehen wird, lässt sie sich hier nur schwer vermeiden.

Da die Unterschiede in der Initialisierung sich hauptsächlich beim Anlegen von Unterverzeichnissen zeigen, die später in /proc erscheinen, hat dieser Umstand auf Abbildung 8.19 auf der gegenüberliegenden Seite wenig Einfluss, in der ein Codeflussdiagramm von proc_root_init aus fs/proc/root.c gezeigt wird.

Als erster Schritt legt proc_root_init mittels proc_init_inodecache einen Slab-Cache für proc_inode-Objekte an, da diese das Rückgrat des proc-Dateisystems darstellen und deshalb häufig erzeugt und vernichtet werden müssen, was natürlich möglichst schnell geschehen

8.3 Das proc-Dateisystem

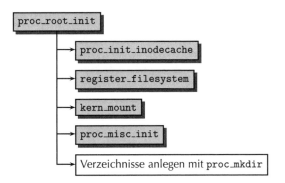

Abbildung 8.19: Codeflussdiagramm für proc_root_init

soll. Anschließend wird das Dateisystem mit der in Kapitel 7 besprochenen Routine register_filesystem beim Kern registriert, um offiziell als Dateisystem bekannt zu sein – es kann daraufhin ganz normal mit mount eingehängt werden.

kern_mount ist eine Wrapper-Funktion für do_kern_mount, die ebenfalls aus Kapitel 7 bekannt ist: Die Funktion gibt einen Zeiger auf eine vfsmount-Instanz zurück, die in der globalen Variablen proc_mnt gespeichert wird, da der Kern die Informationen später noch benötigt.

proc_misc_init erzeugt viele Dateieinträge im proc-Hauptverzeichnis, die jeweils mit einer speziellen Prozedur zum Auslesen verschiedener Informationen aus den Datenstrukturen des Kernels verknüpft werden. Dazu zählen beispielsweise

- loadavg (loadavg_read_proc)
- meminfo (meminfo_read_proc)
- devices (devices_read_proc)
- version (version_read_proc)

Für jeden Namen aus dieser Liste (und für einige weitere mehr, wie man in den Kernelquellen feststellen kann) wird create_proc_read_entry aufgerufen; die Funktion erzeugt eine neue Instanz der bereits bekannten Datenstruktur proc_dir_entry, deren read_proc-Eintrag auf die zum jeweiligen Namen gehörende Prozedur gesetzt wird. Die Implementierungen der einzelnen Prozeduren sind in den meisten Fällen recht simpel, wie das Beispiel von version_read_proc zum Auslesen der Kernelversion zeigt:

```
static int version_read_proc(char *page, char **start, off_t off,         fs/proc/proc_
                             int count, int *eof, void *data)             misc.c
{
        extern char *linux_banner;
        int len;

        strcpy(page, linux_banner);
        len = strlen(page);
        return proc_calc_metrics(page, start, off, count, eof, len);
}
```

Der Kernelstring linux_banner wird in eine Userspace-Seite kopiert; dabei ist proc_calc_metrics eine hier nicht weiter betrachtete Hilfsfunktion, die die Länge der zurückgegebenen Daten ermittelt. Andere proc-Funktionen verwenden anstelle von strcpy die Funktion sprintf, um neue, formatierte Strings mit Informationen in die Userspace-Seite zu schreiben.

Nachdem proc_misc_init abgeschlossen ist, legt der Kern mittels proc_mkdir einige Unterverzeichnisse von /proc an, die später benötigt werden, im Moment aber noch nicht mit Dateien gefüllt sind. Über proc_mkdir genügt es zu wissen, dass die Funktion ein neues Unterverzeichnis registriert und die dabei entstandene proc_dir_entry-Instanz zurückgibt; die Implementierung ist nicht von Interesse. Der Kern speichert diese Instanzen in globalen Variablen, da die Daten später noch benötigt werden, wenn es ans Ausfüllen der Verzeichnisse mit Dateien (und damit ans Bereitstellen der eigentlichen Informationen) geht:

fs/proc_root.c
```
struct proc_dir_entry *proc_net, *proc_bus, *proc_root_fs, *proc_root_driver;

void __init proc_root_init(void)
{
...
        proc_net = proc_mkdir("net", 0);
#ifdef CONFIG_SYSCTL
        proc_sys_root = proc_mkdir("sys", 0);
#endif

        proc_root_fs = proc_mkdir("fs", 0);
        proc_root_driver = proc_mkdir("driver", 0);

        proc_bus = proc_mkdir("bus", 0);
}
```

Die weitere Initialisierung der Verzeichnisse wird nicht mehr von der proc-Schicht selbst, sondern von anderen Teilen des Kerns vorgenommen, in denen die benötigten Informationen bereitgestellt werden. Dies macht klar, warum der Kern globale Variablen verwendet, um die proc_dir_entry-Instanzen dieser Unterverzeichnisse zu speichern. Die Dateien in proc/net werden beispielsweise vom Netzwerklayer ausgefüllt, wobei Dateien an vielen verschiedenen Stellen im Code von Kartentreibern und Protokollen eingefügt werden. Da das Anlegen neuer Dateien bei der Initialisierung neuer Karten bzw. Protokolle erfolgt, kann dies sowohl während des Bootvorgangs (im Falle fest einkompilierter Treiber) wie auch im laufenden System (beim Einfügen eines Moduls) erfolgen, in jedem Fall aber erst, nachdem die Initialisierung des proc-Dateisystems mittels proc_root_init abgeschlossen ist. Würde der Kern keine globalen Variablen verwenden, müsste er Funktionen zur Registrierung Subsystem-spezifischer Einträge bereitstellen, was nicht unbedingt sauberer und eleganter als die Verwendung globaler Variablen ist.

proc_sys_root wird über den System-Controll-Mechanismus mit Dateien gefüllt, die immer dann erzeugt werden, wenn im Kern ein neuer sysctl definiert wird. In den vorhergehenden Kapiteln wurde bereits vielfach auf diese Möglichkeit hingewiesen. Eine genauere Beschreibung des dazugehörigen Mechanismus findet sich in Abschnitt 8.3.8.

8.3.4 Einhängen des Dateisystems

Nachdem alle kernelinternen Daten, die Struktur und Inhalt des proc-Dateisystems beschreiben, initialisiert wurden, besteht der nächste Schritt darin, das proc-Dateisystem in den Verzeichnisbaum einzuhängen.

Aus Sicht des Systemadministrators im Userspace unterscheidet sich das Mounten von /proc nicht wesentlich vom Einhängen eines nicht-virtuellen Dateisystems. Der einzige Unterschied besteht darin, dass keine Gerätespezialdatei als Quelle dient, sondern ein beliebiges Schlüsselwort als Quelle angegeben werden muss, wozu üblicherweise proc oder none gewählt wird:

```
root@meitner # mount -t proc proc /proc
```

8.3 Das proc-Dateisystem

Die VFS-internen Abläufe beim Einhängen eines neuen Dateisystems wurden in Kapitel 7 ausführlich beschrieben. Zur Erinnerung: Der Kern verwendet beim Hinzufügen eines neuen Dateisystems eine verkettete Liste, in der – anhand der Bezeichnung des Dateisystems – eine Instanz von file_system_type gesucht werden muss, die zum jeweiligen Dateisystemtyp gehört. Sie stellt Informationen bereit, wie der Superblock des Dateisystems einzulesen ist. Im Fall von proc ist die Struktur wie folgt initialisiert:

```
static struct file_system_type proc_fs_type = {                    fs/proc/root.c
        .name       = "proc",
        .get_sb     = proc_get_sb,
        .kill_sb    = kill_anon_super,
};
```

Mit Hilfe der dateisystemspezifischen Superblockdaten kann eine vfsmount-Struktur ausgefüllt werden, die die Integration des neuen Dateisystems in den VFS-Baum ermöglicht.

Der Superblock des proc-Dateisystems wird von proc_get_sb geliefert, wie der Quellcodeausschnitt zeigt. Die Funktion stützt sich auf eine weitere Hilfsroutine des Kerns (get_sb_single), die mit Unterstützung von proc_fill_super eine neue Instanz von super_block ausfüllt.

proc_fill_super ist nicht sonderlich komplex, sondern beschränkt sich im Wesentlichen auf das Ausfüllen der super_block-Elemente mit einigen Werten, die immer fest definiert sind und sich nie ändern:

```
int proc_fill_super(struct super_block *s, void *data, int silent)  fs/proc/inode.c
{
        struct inode * root_inode;
...
        s->s_blocksize = 1024;
        s->s_blocksize_bits = 10;
        s->s_magic = PROC_SUPER_MAGIC;
        s->s_op = &proc_sops;

        root_inode = proc_get_inode(s, PROC_ROOT_INO, &proc_root);
        s->s_root = d_alloc_root(root_inode);
...
        return 0;
}
```

Die verwendete Blockgröße kann nicht eingestellt werden und beträgt immer 1024; s_blocksize_bits muss daher notwendigerweise stets den Wert 10 besitzen, da 2^{10} gleich 1024 ist.

Die magische Nummer, mit deren Hilfe das Dateisystem erkannt werden kann (und die bei proc eigentlich nicht notwendig wäre, da sich die Daten nicht auf einem Speichermedium befinden, sondern dynamisch erzeugt werden), ist mit Hilfe des Präprozessors auf 0x9fa0 festgelegt.

Interessanter ist die Zuweisung der Superblock-Operationen proc_sops, die die Funktionen zusammenfassen, die der Kern zur Verwaltung des Dateisystems benötigt:

```
static struct super_operations proc_sops = {                       fs/proc/inode.c
        .alloc_inode    = proc_alloc_inode,
        .destroy_inode  = proc_destroy_inode,
        .read_inode     = proc_read_inode,
        .drop_inode     = generic_delete_inode,
        .delete_inode   = proc_delete_inode,
        .statfs         = simple_statfs,
};
```

Die beiden nächsten Zeilen von proc_fill_super erzeugen eine Inode für das Root-Verzeichnis und wandeln diese mit Hilfe von d_alloc_root in einen dentry um, der der Superblockinstanz zugewiesen wird und dort – wie in Kapitel 7 besprochen – als Ausgangspunkt für Lookup-Operationen im eingehängten Dateisystem dient.

Die zur Erzeugung der Root-Inode verwendete Funktion proc_get_inode besteht im Wesentlichen aus dem Ausfüllen einiger Werte der Inodenstruktur, die beispielsweise Eigentümer und Zugriffsmode festlegen. Interessanter ist die statische proc_dir_entry-Instanz proc_root, da bei ihrer Initialisierung Datenstrukturen mit einigen relevanten Funktionszeigern auftauchen:

fs/proc/root.c
```
struct proc_dir_entry proc_root = {
        .low_ino        = PROC_ROOT_INO,
        .namelen        = 5,
        .name           = "/proc",
        .mode           = S_IFDIR | S_IRUGO | S_IXUGO,
        .nlink          = 2,
        .proc_iops      = &proc_root_inode_operations,
        .proc_fops      = &proc_root_operations,
        .parent         = &proc_root,
}
```

Die Root-Inode unterscheidet sich von allen anderen Inoden des proc-Dateisystems dadurch, dass nicht nur „normale" (wenn auch dynamisch generierte) Dateien und Verzeichnisse in ihr enthalten sind, sondern auch die prozessspezifischen PID-Verzeichnisse verwaltet werden müssen, die detaillierte Informationen über die einzelnen Prozesse des Systems enthalten, wie weiter oben angesprochen wurde. Die Root-Inode verfügt daher eigene Inoden- und Dateioperationen, die folgendermaßen definiert sind:

fs/proc/root.c
```
/*
 * The root /proc directory is special, as it has the
 * <pid> directories. Thus we don't use the generic
 * directory handling functions for that..
 */
static struct file_operations proc_root_operations = {
        .read           = generic_read_dir,
        .readdir        = proc_root_readdir,
};

/*
 * proc root can do almost nothing..
 */
static struct inode_operations proc_root_inode_operations = {
        .lookup         = proc_root_lookup,
}
```

generic_read_dir ist eine Standardfunktion des virtuellen Dateisystems, die lediglich -EISDIR als Fehlercode zurückgibt – schließlich ist es nicht möglich, Verzeichnisse wie normale Dateien zu behandeln, um Daten daraus zu lesen. Abschnitt 8.3.5 beschreibt die Arbeitsweise von proc_root_lookup.

8.3.5 Verwaltung von /proc-Einträgen

Um das proc-Dateisystem sinnvoll zu nutzen, muss es mit Einträgen ausgestattet werden, in denen sich die angebotenen Daten befinden. Um dies den restlichen Kernelteilen möglichst leicht zu machen, werden einige Hilfsroutinen bereitgestellt, die zum Einfügen von Dateien, Anlegen von

8.3 Das proc-Dateisystem

Verzeichnissen etc. verwendet werden können, die weiter unten besprochen werden.[24] Zusätzlich werden wir auf die Methoden eingehen, die der Kern verwendet, um den Baum aller registrierten proc-Einträge zu durchlaufen und die gewünschten Informationen zu finden.

Erzeugen und Registrieren von Einträgen

Das Einfügen eines neuen Eintrags ins proc-Dateisystem verläuft in zwei Schritten: Zuerst muss eine neue Instanz von proc_dir_entry erzeugt werden, die alle zur Charakterisierung des Eintrags benötigten Informationen enthält. Sie wird anschließend in den Datenstrukturen von proc registriert, um nach außen hin sichtbar zu werden. Da die beiden Schritte nie unabhängig voneinander ausgeführt werden, stellt der Kern einige Hilfsfunktionen bereit, die beide Aktionen kombiniert und dadurch das schnelle und unkomplizierte Erzeugen neuer Einträge ermöglichen.

Die am häufigsten verwendete Funktion heißt create_proc_entry und benötigt drei Argumente:

- name legt den Dateinamen fest.
- mode gibt den Zugriffsmodus in der Unix-üblichen User/Group/Others-Notation an.
- parent ist ein Zeiger auf die proc_dir_entry-Instanz des Verzeichnisses, in das die Datei integriert werden soll.

Achtung: Die Funktion füllt nur die nötigsten Elemente der erzeugten proc_dir_entry-Struktur aus, weshalb es erforderlich ist, noch einige kurze „manuelle" Korrekturen an der erzeugten Struktur vorzunehmen. Dies verdeutlicht folgender Beispielcode, der den Eintrag proc/net/hyperCard erzeugt, der Informationen über eine (unglaublich gute) Netzwerkkarte ausgeben soll:

```
struct proc_dir_entry *entry = NULL;

entry = create_proc_entry("hyperCard", S_IFREG|S_IRUGO|S_IWUSR,
                          &proc_net);

if (!entry) {
        printk(KERN_ERR "unable to create /proc/net/hyperCard\n");
        return -EIO;
} else {
        entry->read_proc = hypercard_proc_read;
        entry->write_proc = hypercard_proc_write;
}
```

Die Implementierung von create_proc_entry ist nicht sonderlich kompliziert, weshalb wir kein Codeflussdiagramm verwenden, sondern den Quellcode selbst betrachten:

```
                                                                        fs/proc/generic.c
struct proc_dir_entry *create_proc_entry(const char *name, mode_t mode,
                          struct proc_dir_entry *parent)
{
        struct proc_dir_entry *ent;
...
        ent = proc_create(&parent,name,mode,nlink);
        if (ent) {
                if (S_ISDIR(mode)) {
```

---
[24] Achtung: Die Tatsache, dass neue proc-Einträge leicht erzeugt werden können, sollte nicht darüber hinwegtäuschen, dass man es mittlerweile nicht mehr allzu gerne sieht, wenn sich neuer Code dieser Möglichkeit bedient. Dennoch ist das schlanke und einfache Interface sehr nützlich, wenn man sich ohne großen Aufwand zu Testzwecken einen Kommunikationskanal zwischen Kernel- und Userspace schaffen will.

```
                    ent->proc_fops = &proc_dir_operations;
                    ent->proc_iops = &proc_dir_inode_operations;
            }
            proc_register(parent, ent);
    }
    return ent;
}
```

`proc_create` erzeugt eine neue `proc_dir_entry`-Instanz und füllt diese mit den angegebenen Werten, nachdem sichergestellt wurde, dass alle davon zulässig sind. Wenn es sich bei dem neu angelegten Eintrag um ein Verzeichnis handelt (was anhand der `mode`-Bits erkannt werden kann), setzt der Kern die Datei- und Inodenoperationen noch auf die passenden Strukturen.

Nachdem der Eintrag erzeugt wurde, muss er mit `proc_register` aus `fs/proc/generic.c` beim `proc`-Dateisystem registriert und damit ins System eingebunden werden. Die Aufgabe ist in drei Schritten erledigt:

■ Eine `proc`-interne, eindeutige Kennzahl muss erzeugt werden, um den Eintrag mit einer eigenen Identität zu versehen. Für dynamisch erzeugte Einträge wird `make_inode_number` bereitgestellt, die eine noch nicht (oder nicht mehr) verwendete Kennzahl liefert.

■ Die Elemente `next` und `parent` der `proc_dir_entry`-Instanz müssen passend gesetzt werden, um den neuen Eintrag in die Hierarchie einzugliedern.

■ Je nach Dateityp müssen die Zeiger auf Datei- und Inodenoperationen passend gesetzt werden, wenn sich vorher ein Nullzeiger in den entsprechenden Elementen von `proc_dir_entry` – `proc_iops` und `proc_fops` – befunden hat. Anderenfalls wird der dort eingetragene Wert beibehalten.

Für reguläre Dateien verwendet der Kern `proc_file_operations` und `proc_file_inode_operations`, um die Methoden für Datei- und Inodenoperation festzulegen:

fs/proc/generic.c
```
static struct inode_operations proc_file_inode_operations = {
        .setattr        = proc_notify_change,
};

static struct file_operations proc_file_operations = {
        .llseek         = proc_file_lseek,
        .read           = proc_file_read,
        .write          = proc_file_write,
};
```

Verzeichnisse verwenden folgende Strukturen:

fs/proc/generic.c
```
static struct file_operations proc_dir_operations = {
        .read           = generic_read_dir,
        .readdir        = proc_readdir,
};
```

fs/proc/generic.c
```
/* proc directories can do almost nothing... */
static struct inode_operations proc_dir_inode_operations = {
        .lookup         = proc_lookup,
        .setattr        = proc_notify_change,
};
```

8.3 Das proc-Dateisystem

Symbolische Links benötigen lediglich Inoden-, aber keine Dateioperationen:

```
static struct inode_operations proc_link_inode_operations = {         fs/proc/generic.c
        .readlink     = proc_readlink,
        .follow_link  = proc_follow_link,
};
```

Weiter unten werden wir genauer auf die Implementierung einiger Routinen eingehen, die in den gezeigten Datenstrukturen aufgeführt sind.

Wie funktioniert die dynamische Vergabe von Kennzahlen mit make_inode_number? Um den Überblick über die bereits vergebenen und noch freien Positionen zu behalten, verwendet der Kern ein Bitmap, das in der globalen Variablen proc_alloc_map gespeichert wird:

```
static unsigned long proc_alloc_map[(PROC_NDYNAMIC + BITS_PER_LONG - 1) /     fs/proc/generic.c
        BITS_PER_LONG];
```

PROC_NDYNAMIC gibt die maximal mögliche Anzahl dynamisch generierter proc-Einträge an und ist üblicherweise (mit Hilfe des Präprozessors) auf 16384 definiert. Um ein Bitfeld dieser Länge zu erzeugen, wird ein Array von long-Zahlen ausreichender Länge erzeugt. Da Ganzzahldivision verwendet wird (Gleitkommazahlen sind als Arraygrenzen auch nicht wirklich sinnvoll ...), kann es sein, dass eine Division von PROC_NDYNAMIC durch BITS_PER_LONG nicht aufgeht, wenn Ersteres kein Vielfaches von Letzterem ist.[25] Um sicherzustellen, dass in jedem Fall *mindestens* PROC_NDYNAMIC Bitpositionen vorhanden sind, addiert der Kern BITS_PER_LONG - 1 zu PROC_NDYNAMIC, was eine ausreichende Stellenanzahl garantiert, auch wenn bei der Ganzzahldivision ein eventueller Rest abgeschnitten wird. Zudem wird sichergestellt, dass nicht zu viele Einträge reserviert werden, wenn der Wert von PROC_NDYNAMIC ohnehin schon zur vorhandenen long-Größe passt).

Nachdem das Array angelegt ist, betrachtet der Kern es als eine zusammenhängende Bitkette, bei der jede Position entweder für eine unbelegte (0) oder belegte (1) Kennzahl steht. Eine neue Kennzahl kann mit Hilfe von find_first_zero_bit leicht herausgefunden werden.

Achtung: Die durch die Bitkette repräsentierten Kennzahlen beginnen nicht bei 0 oder 1, sondern besitzen ein Offset, das durch PROC_DYNAMIC_FIRST gegeben ist. Der erste Eintrag der Bitkette steht daher für den Kennzahlwert PROC_DYNAMIC_FIRST, der zweite für PROC_DYNAMIC_FIRST + 1, der dritte für PROC_DYNAMIC_FIRST + 2 usw. Die Kennzahlen zwischen 0 und PROC_DYNAMIC_FIRST sind für statische proc-Einträge reserviert, die nicht dynamisch generiert oder entfernt werden können; mittlerweile macht der Kern von dieser Möglichkeit aber keinen Gebrauch mehr.

Neben create_proc_entry stellt der Kern noch drei weitere Hilfsfunktionen bereit, die zur Erzeugung neuer proc-Einträge verwendet werden können. Bei allen handelt es sich um kurze Wrapper-Routinen für create_proc_entry, die mit folgender Parameterliste definiert sind:

```
static inline struct proc_dir_entry *create_proc_read_entry(const char *name,     <proc_fs.h>
        mode_t mode, struct proc_dir_entry *base,
        read_proc_t *read_proc, void * data)

static inline struct proc_dir_entry *create_proc_info_entry(const char *name,
        mode_t mode, struct proc_dir_entry *base, get_info_t *get_info)
```

---

[25] Da alle bisher unterstützten Plattformen allerdings long-Größen von entweder 32 oder 64 Bits besitzen, geht die Division mit dem für PROC_NDYNAMIC verwendeten Wert von 16384 immer auf. Dies muss natürlich nicht immer der Fall sein, schließlich könnte auch eine neue Architektur mit abweichender long-Größe in den Kern aufgenommen werden.

```
static inline struct proc_dir_entry *proc_net_create(const char *name,
      mode_t mode, get_info_t *get_info)
```

proc_net_create erzeugt eine neue Datei im Verzeichnis /proc/net, indem proc_net als base-Argument von create_proc_entry verwendet wird, die weiteren Argumente aber unverändert weitergereicht werden.

create_proc_read_entry bzw. create_proc_info_entry dienen dazu, einen neuen Leseeintrag zu erzeugen. Da dies auf zwei verschiedene Arten möglich ist, wie in Abschnitt 8.3.2 besprochen wurde, muss es auch zwei Routinen geben: Während create_proc_info_entry einen Prozedurzeiger von Typ get_info_t benötigt, der ins get_info-Element von proc_dir_entry eingefügt wird, erwartet create_proc_info_entry neben einem Prozedurzeiger des Typs read_proc_t einen zusätzlichen Datenzeiger, der es ermöglicht, die gleiche Funktion als Leseroutine für verschiedene proc-Einträge zu verwenden, die anhand des Datenarguments unterschieden werden.

Einige weitere Hilfsfunktionen zur Verwaltung von proc-Einträgen, auf deren Implementierung wir nicht genauer eingehen werden, sind:

- proc_mkdir erzeugt ein neues Verzeichnis

- proc_symlink legt einen symbolischen Link an

- remove_proc_entry löscht einen dynamisch erzeugten Eintrag aus dem proc-Verzeichnis

In den Kernelquellen findet sich unter Documentation/DocBook/procfs_example.c eine Beispieldatei, die die Verwendung der hier vorgestellten Möglichkeiten demonstriert und sehr gut als Vorlage zum Schreiben eigener proc-Routinen geeignet ist. In Abschnitt 8.3.6 finden sich einige Beispielroutinen aus den Kernelquellen, die für die Interaktion zwischen den Schreib/Leseroutinen des proc-Dateisystems und dem jeweiligen Kernsubsystem zuständig sind.

Einträge finden

Userspace-Applikationen greifen auf proc-Dateien wie auf ganz normale Dateien anderer, regulärer Dateisysteme zu, weshalb der Weg beim Suchen von Einträgen über die in Kapitel 7 beschriebenen VFS-Routinen führt. Wie dort besprochen wurde, landet der (beispielsweise vom open-Systemaufruf angestoßene) Lookup-Prozess nach einiger Zeit in real_lookup, die sich wiederum auf die im Funktionszeiger lookup von inode_operations gespeicherte Funktion beruft, um den Dateinamen anhand seiner einzelnen Pfadkomponenten nach und nach aufzulösen. In diesem Abschnitt wollen wir die Schritte des Kerns betrachten, die zum Finden einer Datei im proc-Dateisystem notwendig sind.

Die Suche nach Einträgen beginnt am Mountpoint des proc-Dateisystems, der üblicherweise /proc ist. In Abschnitt 8.3.4 wurde gezeigt, dass der lookup-Zeiger der file_operations-Instanz für das Wurzelverzeichnis des Prozessdateisystems auf die Funktion proc_root_lookup zeigt. Das zugehörige Codeflussdiagramm findet sich in Abbildung 8.20 auf der gegenüberliegenden Seite.

Der Kern verwendet die Routine lediglich, um zwischen zwei unterschiedlichen Typen von proc-Einträgen zu unterscheiden und die eigentliche Arbeit an spezialisiertere Routinen zu delegieren: Zum einen kann es sich um Dateien aus einem prozessspezifischen Verzeichnis handeln,

8.3 Das proc-Dateisystem

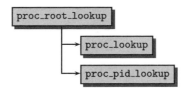

Abbildung 8.20: Codeflussdiagramm für proc_root_lookup

wie es beispielsweise bei /proc/1/maps der Fall ist. Alternativ ist auch eine dynamisch von einem Treiber oder Subsystem registrierte Datei möglich, beispielsweise /proc/cpuinfo oder /proc/net/dev. Beide Typen müssen vom Kernel unterschieden werden.

Zuerst versucht sich der Kern an den regulären Einträgen, wozu er proc_lookup aufruft. Findet die Funktion die gesuchte (dabei werden die einzelnen Komponenten des angegebenen Pfades der Reihe nach durchsucht), ist alles in Ordnung, und die Nachschlageoperation kann beendet werden.

Scheitert proc_lookup, muss der Kern einen zweiten Versuch in der Liste der prozessspezifischen Einträge machen, den er an proc_pid_lookup delegiert.

Wir wollen hier nicht genauer auf die genannten Funktionen eingehen, sondern geben uns damit zufrieden, dass ein entsprechend ausgestatteter Inodentyp zurückgegeben wird (proc_pid_lookup wird nochmals in Abschnitt 8.3.7 Gegenstand der Diskussion sein, wenn wir die Erzeugung und den Aufbau prozessspezifischer Inoden besprechen).

8.3.6 Informationen lesen und schreiben

Wir wir in Abschnitt 8.3.5 festgestellt haben, verwendet der Kern für reguläre proc-Einträge die in proc_file_operations gespeicherten Operationen, um Inhalte zu lesen und zu schreiben. Zur Erinnerung: Die Funktionszeiger der Struktur sind mit folgendem Inhalt belegt:

```
        static struct file_operations proc_file_operations = {                fs/proc/generic.c
                .llseek         = proc_file_lseek,
                .read           = proc_file_read,
                .write          = proc_file_write,
        };
```

Die folgenden Abschnitte untersuchen Lese- und Schreiboperationen, die mit proc_file_read und proc_file_write implementiert werden.

Implementierung von proc_file_read

Das Auslesen von Daten aus einer proc-Datei erfolgt in drei Schritten:

- Allozieren einer Speicherseite im Kern, in die die Daten „hineingeneriert" werden können.

- Aufrufen der dateispezifischen Funktion, die die Speicherseite des Kerns mit Daten füllt.

- Kopieren der Daten vom Kernel- in den Userspace.

Offensichtlich ist der zweite Schritt der wichtigste, da hier die Daten aus den Subsystemen und Datenstrukturen des Kerns in einer geeigneten Form aufbereitet werden müssen, während es sich bei den anderen Schritten um Routineaufgaben handelt. In Abschnitt 8.3.2 wurde festgestellt, dass der Kern zwei Funktionszeiger (get_info und read_proc) in der proc_dir_entry-Struktur bereitstellt, die zum Auslesen von Daten verwendet werden. Der Kern muss den passenden auswählen:

fs/proc/generic.c
```
        if (dp->get_info) {
                n = dp->get_info(page, &start, *ppos, count);
                if (n < count)
                        eof = 1;
        } else if (dp->read_proc) {
                n = dp->read_proc(page, &start, *ppos,
                                        count, &eof, dp->data);
        } else
                break;
```

page ist ein Zeiger auf die im ersten Schritt angelegte Speicherseite, die zur Aufnahme der Daten gedacht ist.

Ein Implementierungsbeispiel für **read_proc** wurde bereits in Abschnitt 8.3.5 vorgeführt, weshalb hier nicht nochmals darauf eingegangen werden soll.

Implementierung von proc_file_write

Auch das Schreiben in **proc**-Dateien ist – zumindest aus Sicht des Dateisystems – nicht weiter schwierig. Der Code von **proc_file_write** ist sehr kompakt, weshalb er direkt wiedergegeben werden kann:

fs/proc/generic.c
```
        proc_file_write(struct file * file, const char * buffer,
                        size_t count, loff_t *ppos)
        {
                struct inode *inode = file->f_dentry->d_inode;
                struct proc_dir_entry * dp;

                dp = PDE(inode);

                if (!dp->write_proc)
                        return -EIO;

                /* FIXME: does this routine need ppos? probably... */
                return dp->write_proc(file, buffer, count, dp->data);
        }
```

Die PDE-Funktion, mit deren Hilfe die benötigte **proc_dir_entry**-Instanz über den Containermechanismus aus der VFS-Inode ermittelt, ist sehr simpel: Sie führt lediglich PROC_I(inode)->pde aus. Zur Erinnerung: Wie in Abschnitt 8.3.2 besprochen wurde, ermittelt PROC_I die zu einer **inode** gehörende **proc_inode**-Instanz, deren Daten sich im Fall von **proc**-Inoden immer direkt vor der VFS-Inode befinden.

Nachdem die **proc_dir_entry**-Instanz herausgefunden wurde, muss nur noch die zum Schreiben registrierte Routine mit den passenden Parametern aufgerufen werden – natürlich vorausgesetzt, es gibt sie überhaupt und sie ist nicht mit einem NULL-Pointer belegt.

Wie kann der Kern eine Schreibroutine für proc-Einträge implementieren? **cpufreq_write** soll als Beispiel dienen. Der Code ist dem CPU-Frequenz-Subsystem entnommen, das die Leistung der CPU dynamisch regelt – bei Laptops kann der Prozessor beispielsweise etwas „herabgedrosselt" werden, um weniger Akku-Leistung zu verbrauchen und dadurch die Batterielaufzeit zu verlängern. Um die aktuelle Vorgabe an den Kern betrachten zu können, existiert die Datei /proc/cpufreq. Diese Vorgabe kann durch Hineincaten eines String geändert werden:

kernel/cpufreq.c
```
        static int cpufreq_proc_write (
                struct file             *file,
                const char              *buffer,
                unsigned long           count,
                void                    *data)
```

8.3 Das proc-Dateisystem

```
{
        int                     result = 0;
        char                    proc_string[42] = {'\0'};
        struct cpufreq_policy   policy;

        if ((count > sizeof(proc_string) - 1))
                return -EINVAL;

        if (copy_from_user(proc_string, buffer, count))
                return -EFAULT;

        proc_string[count] = '\0';

        result = cpufreq_parse_policy(proc_string, &policy);
        if (result)
                return -EFAULT;

        cpufreq_set_policy(&policy);

        return count;
}
```

Die einzelnen Schritte des hier gezeigten Codes sind typisch für eine Implementierung von `proc_write`:

- Zunächst wird eine Zeichenkette (oder generell: ein zusammenhängender Speicherbereich) reserviert, in diesem Fall `proc_string` mit 42 Zeichen. Danach muss sichergestellt werden, dass die Länge des Benutzerinputs (der über den Parameter `count` ermittelt werden kann) nicht länger als der reservierte Bereich ist. Natürlich kann man die Vorgehensweise auch umdrehen und die Speicherreservierung der Länge der Benutzerangabe anpassen – schließlich kann die Länge aus den Userspace-Daten ermittelt werden, bevor der String in den Kernelspace kopiert wird.

- Die Daten werden vom User- in den reservierten Bereich des Kernelspace kopiert.

- Die Informationen werden aus der Zeichenkette extrahiert; in Anlehnung an den Compilerbau bezeichnet man diesen Vorgang als „Parsing". Im vorliegenden Beispiel wird diese Aufgabe an die Funktion `cpufreq_parse_policy` delegiert, auf die hier nicht weiter eingegangen werden soll.

- Abschließend werden Manipulationen am (Sub)system gemäß der vom Benutzer erhaltenen Informationen vorgenommen.

8.3.7 Taskbezogene Informationen

Die Ausgabe detaillierter Informationen über die Prozesse des Systems gehörte zu den ersten Aufgaben, für die das `proc`-Dateisystem konstruiert wurde. Auch heute zählt sie noch zu den wichtigsten Verwendungszwecken. Wie Abschnitt 8.3.7 gezeigt hat, ist `proc_pid_lookup` zuständig, wenn PID-spezifische Dateien aus `/proc/<pid>` geöffnet werden sollen. Das zugehörige Codeflussdiagramm findet sich in Abbildung 8.21 auf der nächsten Seite.

Ziel der Routine ist die Erzeugung einer Inode, die als Ausgangsobjekt für weitere pid-spezifische Operationen dient, da sie das Verzeichnis `/proc/pid` repräsentiert, in dem sich alle Dateien mit prozessspezifischen Informationen befinden. Dabei müssen zwei Fälle unterschieden werden, die wir im Folgenden analysieren.

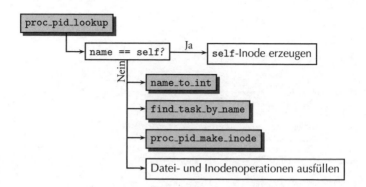

Abbildung 8.21: Codeflussdiagramm für proc_pid_lookup

Das self**-Verzeichnis**

Neben der expliziten Angabe einer PID, mit der ein Prozess ausgewählt werden kann, ist es möglich, auf die Daten des gerade aktiven Prozesses zuzugreifen, ohne seine Prozessidentifikationsnummer zu kennen. Dazu muss das Verzeichnis /proc/self gewählt werden – der Kern ermittelt hier automatisch den gerade laufenden Prozess. Wird beispielsweise der Inhalt von /proc/self/map mittels cat ausgegeben, führt dies zu folgendem Ergebnis:

```
wolfgang@meitner> cat /proc/self/cmdline
cat/proc/self/cmdline
```

Wird ein Perl-Skript verwendet, das die Datei ausliest, erhält man entsprechend folgende Informationen:

```
wolfgang@meitner> perl -e 'open(DAT, "< /proc/self/cmdline"); print(<DAT>); close(DAT);'
perl-eopen(DAT, "< /proc/self/cmdline"); print(<DAT>); close(DAT);
```

Da das Skript dem Perl-Interpreter als Kommandozeilenparameter übergeben wurde, reproduziert es sich hier witzigerweise selbst – beinahe ein selbst druckendes Perl-Skript.[26]

Der self-Fall wird in proc_pid_lookup zuerst behandelt, wie das Codeflussdiagramm in Abbildung 8.21 zeigt.

Nachdem eine neue Inodeninstanz erzeugt wurde, sind nur einige Standardfelder auszufüllen, die uns hier nicht im Detail interessieren. Wichtig ist vor allem die Tatsache, dass statisch definierte Instanz proc_self_inode_operations für die Inodenoperationen eingesetzt wird:

fs/proc/base.c
```
static struct inode_operations proc_self_inode_operations = {
    .readlink     = proc_self_readlink,
    .follow_link  = proc_self_follow_link,
};
```

Das self-Verzeichnis ist als Link auf ein PID-spezifisches Verzeichnis implementiert. Die zugehörige Inode ist daher immer gleich aufgebaut und enthält keine Informationen darüber, auf *welchen* Prozess sie sich bezieht; diese Information wird erst dann dynamisch ermittelt, wenn das Linkziel ausgelesen wird, was sowohl beim Verfolgen wie auch beim Lesen eines Links (zum Beispiel beim Auflisten der Einträge von /proc) benötigt wird. Genau diesen Zweck verfolgen

---

[26] Die Implementierung von Programmen, die sich selbst ausdrucken, ist ein altes Hackervergnügen. Unter http://www.nyx.net/~gthompso/quine.htm findet sich eine Sammlung solcher Programme in den verschiedensten Hochsprachen.

die beiden in `proc_self_inode_operations` enthaltenen Funktionen, deren Implementierung nur wenige Zeilen in Anspruch nimmt:

```
static int proc_self_readlink(struct dentry *dentry, char *buffer, int buflen)         fs/proc/base.c
{
        char tmp[30];
        sprintf(tmp, "\%d", current->pid);
        return vfs_readlink(dentry,buffer,buflen,tmp);
}

static int proc_self_follow_link(struct dentry *dentry, struct nameidata *nd)
{
        char tmp[30];
        sprintf(tmp, "%d", current->pid);
        return vfs_follow_link(nd,tmp);
}
```

In beiden Fällen wird eine Zeichenkette `tmp` erzeugt, in der die PID des gerade laufenden Prozesses eingetragen wird, die über `current->pid` ausgelesen werden kann, wie in Kapitel 2 („Prozessverwaltung") festgestellt wurde. Zur Konvertierung der Integer-Zahl in eine Zeichenkette wird die Funktion `sprintf` verwendet, die aus aus der C-Programmierung von Userspace-Applikationen bekannt ist.

Anschließend wird die restliche Arbeit auf Standardfunktionen des virtuellen Dateisystems delegiert, die die Nachschlageoperation an die richtigen Stellen weiterleiten.

Selektion nach PID

Erzeugen der Verzeichnis-Inode Wird an `proc_pid_lookup` eine PID anstelle von `"self"` übergeben, verläuft die Nachschlageoperation wie im Codeflussdiagramm in Abbildung 8.21 auf der gegenüberliegenden Seite gezeigt.

Da Dateinamen stets in Form von Strings verarbeitet werden, PIDs aber Integer-Zahlen sind, ist zunächst eine ensprechende Umwandlung erforderlich, für die der Kern die Hilfsfunktion `name_to_int` bereitstellt: Sie konvertiert eine aus Ziffern bestehende Zeichenkette in eine Ganzzahl.

Die gewonnene Information wird verwendet, um mit der aus Kapitel 2 („Prozessverwaltung") bekannten Funktion `find_task_by_pid` die `task_struct`-Instanz des gewünschten Prozesses zu finden. Dabei kann der Kern nicht voraussetzen, dass der gewünschte Task auch existiert! Schließlich kann ein Programm auch versuchen, eine nicht existierende PID zu bearbeiten. In diesem Fall wird wie gewohnt ein entsprechender Fehler (`-ENOENT`) zurückgegeben.

Nachdem die gewünschte `task_struct` gefunden wurde, delegiert der Kern die weitere Arbeit an `proc_pid_make_inode`, die in `fs/proc/base.c` implementiert ist. Zuerst wird mit der VFS-Standardfunktion `new_inode` eine neue Inode erzeugt, was aber letztendlich auf die bereits angesprochene proc-spezifische Routine `proc_alloc_inode` hinausläuft, die sich aus einem eigenen SLAB-Cache bedienen kann. Achtung: Die Routine erzeugt nicht nur eine neue `struct inode`-Instanz, sondern reserviert den für `struct proc_inode` benötigten Speicher, in dem eine normale VFS-Inode als „Unterobjekt" enthalten ist, wie in Abschnitt 8.3.2 festgestellt wurde. Anschließend werden die Elemente des erzeugten Objekts mit Standardwerten ausgefüllt, wobei uns vor allem zwei Dinge interessieren:

- Die Inodenkennzahl wird durch die Hilfsfunktion `fake_ino` erzeugt. Sie verschmilzt die PID des Prozesses, auf den sich die Inode bezieht, mit der Kennzahl für den Typ der Proc-Inode zu einer gemeinsamen Zahl, die 32 Bits umfasst. Die höherwertigen 16 Bits davon werden verwendet, um die PID zu speichern (bei der es sich bekanntlich um eine Integer-Zahl mit 16 Bits handelt), während die niedrigwertigen Bits zur Aufnahme des Inodentyps genutzt werden. Die verschiedenen Inodentypen sind dabei durch die Aufzählung pid_directory_inos definiert:

fs/proc/base.c
```
enum pid_directory_inos {
        PROC_PID_INO = 2,
        PROC_PID_STATUS,
        PROC_PID_MEM,
        PROC_PID_CWD,
        PROC_PID_ROOT,
        PROC_PID_EXE,
        PROC_PID_FD,
        PROC_PID_ENVIRON,
        PROC_PID_CMDLINE,
        PROC_PID_STAT,
        PROC_PID_STATM,
        PROC_PID_MAPS,
        PROC_PID_CPU,
        PROC_PID_MOUNTS,
        PROC_PID_FD_DIR = 0x8000,        /* 0x8000-0xffff */
};
```

Die Kombination beider Angaben ermöglicht die Erstellung einer Kennzahl, die die Inode innerhalb des proc-Dateisystems eindeutig ausweist und keinen Überlapp zulässt.

■ Zusätzlich wird der Inodentyp im Element proc_inode->type gespeichert, um später einfach und ohne Bitschiebereien wieder extrahiert werden zu können.

Nach dem Ende von proc_pid_make_inode hat der restliche Code nicht mehr allzu viel zu tun; neben einiger Verwaltungsarbeit bleiben noch zwei wichtige Schritte:

■ Die Inodenoperationen inode->iops werden auf die statische Struktur proc_base_inode_operations gesetzt, deren Inhalt gleich genauer untersucht wird.

■ Um die Verbindung zwischen task_struct und der dentry-Instanz herzustellen, die bereits früher während der Nachschlageoperation hergestellt wurde, setzt der Kern das proc_dentry-Element der zum jeweiligen Prozess gehörenden Instanz von task_struct auf die richtige Speicherstelle.

Zur Erinnerung: struct task_struct wurde in Kapitel 2 vorgestellt; die Definition enthält unter anderem folgendes Element:

<sched.h>
```
struct task_struct {
        ...
        struct dentry *proc_dentry;
        ...
};
```

Bearbeiten von Dateien Wenn eine Datei (oder ein weiteres Verzeichnis) aus dem PID-spezifischen Verzeichnis /proc/*pid* bearbeitet werden soll, führt der Weg über die Inodenoperationen des Verzeichnisses, wie in Kapitel 7 bei der Betrachtung der Mechanismen des virtuellen Dateisystems festgestellt wurde. Als Inodenoperationen einer PID-Inode verwendet der Kern die statisch definierte Struktur proc_base_inode_operations, die wie folgt definiert ist:

8.3 Das proc-Dateisystem

```
static struct inode_operations proc_base_inode_operations = {                    fs/proc/base.c
    .lookup        = proc_base_lookup,
};
```

Das Verzeichnis unterstützt nur eine einzige Inodenoperation: Das Nachschlagen eines Untereintrags.[27]

Aufgabe von `proc_base_lookup` ist es, anhand eines gegebenen Namens (`cmdline`, `maps` etc.) eine Inodeninstanz zurückzugeben, die mit passenden Inodenoperationen ausgestattet sind. In den erweiterten Inodenoperationen (`proc_inode`) muss zusätzlich eine Funktion gespeichert werden, die die gesuchten Daten ausgibt. Abbildung 8.22 zeigt das Codeflussdiagramm, in dem die einzelnen Schritte von `proc_base_lookup` zusammengefasst sind.

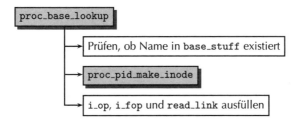

Abbildung 8.22: Codeflussdiagramm für `proc_base_lookup`

Zunächst muss sichergestellt werden, dass der gewünschte Eintrag überhaupt existiert. Da der Inhalt des PID-spezifischen Verzeichnisses immer gleich ist, wird in den Kernelquellen eine statische Liste aller Dateien zusammen mit einigen anderen Informationen definiert, die den Namen `base_stuff` trägt. Mit ihrer Hilfe kann der Kernel leicht feststellen, ob ein gesuchter Verzeichniseintrag existiert oder nicht:

```
#define E(type,name,mode) {(type),sizeof(name)-1,(name),(mode)}        fs/proc/base.c

static struct pid_entry base_stuff[] = {
  E(PROC_PID_FD,         "fd",        S_IFDIR|S_IRUSR|S_IXUSR),
  E(PROC_PID_ENVIRON,    "environ",   S_IFREG|S_IRUSR),
  E(PROC_PID_STATUS,     "status",    S_IFREG|S_IRUGO),
  E(PROC_PID_CMDLINE,    "cmdline",   S_IFREG|S_IRUGO),
  E(PROC_PID_STAT,       "stat",      S_IFREG|S_IRUGO),
  E(PROC_PID_STATM,      "statm",     S_IFREG|S_IRUGO),
#ifdef CONFIG_SMP
  E(PROC_PID_CPU,        "cpu",       S_IFREG|S_IRUGO),
#endif
  E(PROC_PID_MAPS,       "maps",      S_IFREG|S_IRUGO),
  E(PROC_PID_MEM,        "mem",       S_IFREG|S_IRUSR|S_IWUSR),
  E(PROC_PID_CWD,        "cwd",       S_IFLNK|S_IRWXUGO),
  E(PROC_PID_ROOT,       "root",      S_IFLNK|S_IRWXUGO),
  E(PROC_PID_EXE,        "exe",       S_IFLNK|S_IRWXUGO),
  E(PROC_PID_MOUNTS,     "mounts",    S_IFREG|S_IRUGO),
  {0,0,NULL,0}
};
#undef E
```

(E ist ein Makro, das aus Bequemlichkeitsgründen zum Anlegen der `struct` definiert und danach gleich wieder entfernt wird.)

---

[27] Auch ist eine spezielle `readdir`-Methode für die `file_operations` implementiert, mit deren Hilfe eine Liste aller Dateien im Verzeichnis ausgelesen werden kann. Hier soll nicht weiter darauf eingegangen werden, da sich in jedem PID-spezifischen Verzeichnis immer die gleichen Dateien befinden und deswegen stets die gleichen Daten zurückgegeben werden müssen.

Die Struktur charakterisiert jeden Eintrag mit drei Angaben: Typ, Name und Zugriffsrechte. Letztere sind mit den VFS-üblichen Konstanten definiert, die aus Kapitel 7 bekannt sind. Um zu prüfen, ob der gewünschte Name vorhanden ist, braucht der Kern nur über die Array-Elemente zu iterieren und den gesuchten Namen mit den dort gespeicherten zu vergleichen, bis er fündig wird – oder auch nicht.

Als Nächstes erzeugt `proc_base_lookup` eine neue Inode, wozu die bereits bekannte Funktion `proc_pid_make_inode` verwendet wird. Als Typ wird diesmal aber nicht PROC_PID_INO, sondern die mit Hilfe des Dateinamens aus dem `base_stuff`-Array ermittelte Kennzahl (PROC_PID_CPU, PROC_PID_EXE etc.) verwendet.

Die Inodenoperationen und `proc_read` bzw. `proc_get_link` müssen auf passende Werte gesetzt werden, um die gewünschten Informationen zugänglich zu machen. Der Kern macht sich das Leben dabei einfach und verwendet eine nicht sehr effektive, aber simple switch-Anweisung:[28]

```
fs/proc/base.c    switch(p->type) {
                      case PROC_PID_FD:
                              inode->i_nlink = 2;
                              inode->i_op = &proc_fd_inode_operations;
                              inode->i_fop = &proc_fd_operations;
                              break;
                      case PROC_PID_EXE:
                              inode->i_op = &proc_pid_link_inode_operations;
                              ei->op.proc_get_link = proc_exe_link;
                              break;
                      ...
                      case PROC_PID_ENVIRON:
                              inode->i_fop = &proc_info_file_operations;
                              ei->op.proc_read = proc_pid_environ;
                              break;
                      ...
                      case PROC_PID_CWD:
                              inode->i_op = &proc_pid_link_inode_operations;
                              ei->op.proc_get_link = proc_cwd_link;
                              break;
                      ...
                      case PROC_PID_STATUS:
                              inode->i_fop = &proc_info_file_operations;
                              ei->op.proc_read = proc_pid_status;
                              break;
                      ...
                      case PROC_PID_MAPS:
                              inode->i_fop = &proc_maps_operations;
                              break;
                      ...
                      default:
                              printk("procfs: impossible type (%d)",p->type);
                              iput(inode);
                              return ERR_PTR(-EINVAL);
                  }
```

Man kann verschiedene Typen von Einträgen unterscheiden:

- PROC_PID_ENVIRON, PROC_PID_STATUS und andere verwenden eine eigene `read_proc`-Funktion, die die gewünschten Daten liefert, während als `file_operations`-Struktur die Standardinstanz `proc_info_file_operations` benutzt wird. Die darin definierten Methoden stellen die Schnittstelle zum VFS dar, die mittels `read_proc` gelieferte Daten nach oben weiterreichen.

---

28 Da sich in jedem PID-spezifischen Verzeichnis nur eine geringe (und außerdem konstante) Anzahl von Dateien befindet, ist dies kein schwer wiegendes Skalierungsproblem.

8.3 Das proc-Dateisystem   479

- PROC_PID_ENVIRON, PROD_PID_EXE und andere liefern einen symbolischen Link, der auf eine andere Datei des VFS verweist. Während eine typspezifischen Funktion in `proc_get_link` angibt, wohin die Verknüpfung gehen soll, wird `proc_pid_link_inode_operations` verwendet, um die Daten in passender Form an das virtuelle Dateisystem weiterzugeben.

- PROC_PID_MAPS und andere verwenden spezialisierte Inodenoperationen, die sowohl für die Beschaffung der Daten wie auch zur Weiterleitung an die VFS-Schicht zuständig sind. Dies ist notwendig, wenn sich die Datenquelle nicht in den von `proc_info_inode_operations` gesteckten Rahmen pressen lässt.

Ein Sonderfall ist der `fd`-Eintrag, da es sich dabei um ein Unterverzeichnis und nicht um eine Datei bzw. symbolische Verknüfung wie bei allen anderen Einträgen handelt. Die Inode wird mit einem speziellen Satz an Inoden- und Dateioperationen ausgestattet, auf die wir hier nicht näher eingehen wollen; ihr Zweck ist die Erzeugung weiterer Inoden, die pro verwendetem Filedeskriptor des Prozesses einen Link auf die damit verknüpfte Datei generieren.

8.3.8 Der System Control-Mechanismus

Das Verhalten des Kerns zur Laufzeit kann mit Hilfe von *System Controls* modifiziert werden: Parameter können aus dem Userspace in den Kern gebracht werden, ohne diesen neu starten zu müssen. Die klassische Methode zur Manipulation des Kerns nach dieser Art ist der Systemaufruf `sysctl`. Aus verschiedenen Gründen ist dies allerdings nicht immer die eleganteste Variante – unter anderem muss ein mehr oder weniger kompliziertes Programm geschrieben werden, das die Argumente aufbereitet und diese mit `sysctl` an den Kern weiterreicht. Außerdem ist es auf diese Weise nicht möglich, einen schnellen Überblick darüber zu bekommen, welche Möglichkeiten der Kernkontrolle es gibt, da im Gegensatz zu Systemaufrufen kein POSIX- oder anderer Standard existiert, der eine Standardmenge an Sysctls definiert, die von jedem kompatiblen System implementiert werden müssen. Aus diesen Gründen ist die `sysctl`-Implementierung mittlerweile als veraltet markiert und wird über kurz oder lang verschwinden, wie bereits bemerkt wurde.

Linux greift zur Lösung des Problems auf das `proc`-Dateisystem zurück. Es exportiert unter `/proc/sys` eine Verzeichnisstruktur, die nicht nur alle vorhandenen Sysctls hierarchisch geordnet auflistet, sondern das einfache Auslesen und Manipulieren der Parameter mit simplen Userspace-Tools erlaubt – `cat` und `echo` reichen aus, um das Laufzeitverhalten des Kerns beeinflussen zu können.

Dieser Abschnitt wird nicht nur das `proc`-Interface des Sysctl-Mechanismus untersuchen. Auch die Art und Weise, wie Sysctls im Kernel registriert und verwaltet werden, muss besprochen werden, da beide Bereiche eng miteinander verknüpft sind.

Verwenden von Sysctls

Um einen allgemeinen Überblick darüber zu gewinnen, wie Sysctls klassisch benutzt werden und welche Möglichkeiten sie bieten, soll anhand eines kurzen Beispiels klar gemacht werden, wie Userspace-Programme mit dem `sysctl`-Systemaufruf von Sysctls Gebrauch machen können. Nebenbei kann man sehen, wie kompliziert sich die Dinge ohne Hilfe des `proc`-Dateisystem gestalten.

Um die umfangreiche Menge aller Sysctls übersichtlich zu ordnen, die in jedem Unix-Derivat vorhanden sind, wird eine hierarchische Struktur verwendet. Sie empfindet die aus Dateisystemen bekannte Baumstruktur nach – dank dieser Eigenschaft können Sysctl so gut über ein virtuelles Dateisystem exportiert werden.

Im Gegensatz zu Dateisystemen arbeiten Sysctls allerdings nicht mit Zeichenketten, um die verschiedenen Pfadkomponenten zu repräsentieren. Sie verwenden Integer-Zahlen, die in symbolischen Konstanten verpackt sind. Dies ist für den Kern leichter zu parsen als Pfadangaben in Strings.

Der Kern stellt einige „Basiskategorien" zur Verfügung, zu denen unter anderem CTL_DEV (Informationen über die Zubehörgeräte des Systems), CTL_KERN (Informationen über den Kernel selbst) und CTL_VM (Informationen und Parameter der Speicherverwaltung) gehören.

CTL_DEV verfügt über eine Unterkategorie DEV_CDROM, in der Informationen zu dem (oder den) CD-ROM-Laufwerk(en) des Systems bereitgestellt werden; da ein CD-Laufwerk eindeutig ein Zubehörgerät ist, findet sich die Kategorie als Unterkategorie von CTL_DEV.

In CTL_DEV/DEV_CDROM gibt es einige „Endpunkte", die die eigentlichen Sysctls darstellen. Beispielsweise existiert ein Sysctl mit der Bezeichnung DEV_CDROM_INFO, der allgemeine Informationen zu den Fähigkeiten des Laufwerks liefert. Will eine Applikation auf diesen Sysctl zugreifen, ist die Pfadangabe CTL_DEV/DEV_CDROM/DEV_CDROM_INFO erforderlich, um ihn eindeutig zu identifizieren. Die numerischen Werte der Konstanten, die dazu verwendet werden, sind in <sysctl.h> definiert, auf die auch die Standardbibliothek über /usr/include/sys/sysctl.h zurückgreift.

Abbildung 8.23 zeigt einen grafischen Ausschnitt aus der Hierarchie der Sysctls, in dem sich auch der beschriebene Pfad befindet.

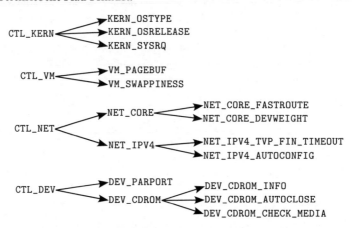

Abbildung 8.23: Hierarchie von Sysctl-Einträgen

Folgender Beispielcode verwendet den beschriebenen Sysctl, um Informationen über das CD-Laufwerk zu erhalten:

```
#include<sys/sysctl.h>
#include<stdio.h>
#include<stdlib.h>

int main() {
    int names[] = { CTL_DEV, DEV_CDROM, DEV_CDROM_INFO };
    char* oldval = (char*)malloc(500*sizeof(char));
    size_t oldlenp = 500;
    int res;

    res = sysctl(names, 3, oldval, &oldlenp, NULL, 0);

    if(res == 0) {
```

8.3 Das proc-Dateisystem

```
        printf("\%s", oldval);
    }

    return 0;
}
```

Das Programm liefert auf einem System mit einem IDE-Cdrom und einem SCSI-Brenner folgende Ausgabe:

```
wolfgang@meitner> ./sysctl
CD-ROM information, Id: cdrom.c 3.12 2000/10/18

drive name:              sr0      hdc
drive speed:             6        32
drive # of slots:        1        1
Can close tray:          1        1
Can open tray:           1        1
Can lock tray:           1        1
Can change speed:        1        1
Can select disk:         0        0
Can read multisession:   1        1
Can read MCN:            1        1
Reports media changed:   1        1
Can play audio:          1        1
Can write CD-R:          1        0
Can write CD-RW:         1        0
Can read DVD:            0        0
Can write DVD-R:         0        0
Can write DVD-RAM:       0        0
```

Kernstück ist die Funktion `sysctl`, die in `/usr/include/sys/sysctl.h` von der C-Standardbibliothek definiert wird:

```
int sysctl (int *names, int nlen, void *oldval,
            size_t *oldlenp, void *newval, size_t newlen)
```

Der Pfad zum gewünschten Sysctl wird als Integer-Array angegeben, wobei jedes Array-Element für eine Pfadkomponente steht. Im Fall des Beispiels wird der Pfad statisch in `names` definiert.

Da dem Kern die Anzahl der Pfadkomponenten nicht bekannt ist, muss sie mit `nlen` explizit angegeben werden; in diesem Fall werden drei Komponenten verwendet.

`oldval` ist ein Zeiger auf einen Speicherbereich, dessen Typ nicht festgelegt ist, während `oldlenp` die Größe des reservierten Bereichs in Bytes angibt. Der Zeiger (`oldval`) wird vom Kern verwendet, um den alten Wert zurückzugeben, der vom Sysctl repräsentiert wurde. Wenn es sich um eine Information handelt, die nicht manipuliert, sondern nur ausgelesen werden kann, bleibt diese vor und nach dem Aufruf des Sysctls gleich. In diesem Fall wird `oldval` verwendet, um den Wert auszulesen. Die Länge der ausgegebenen Daten findet sich nach Bearbeitung des Systemaufrufs in `oldval`, weshalb die Variable auf per reference und nicht per value übergeben werden muss.

`newval` und `newlen` sind ebenfalls ein Paar aus Zeiger und Längenangabe. Sie werden verwendet, wenn ein Sysctl die Modifikation eines Kernparameters ermöglicht. Während der Zeiger auf den Speicherbereich verweist, in dem sich die neuen Angaben im Userspace finden, gibt `newlenp` die Länge dieses Bereichs an. Bei einem Lesezugriff kann ein NULL-Zeiger für `newval` und eine Null für `newlenp` übergeben werden, wie wir im Beispiel zeigen.

Wie funktioniert der Beispielcode? Nachdem alle Parameter für den `sysctl`-Aufruf (Pfadangabe und Speicherplatz zur Rückgabe der gewünschten Informationen) erzeugt wurden, wird `sysctl` aufgerufen, das eine Integer-Zahl als Resultat zurückliefert. 0 bedeutet, dass der Aufruf erfolgreich durchgeführt wurde (die Behandlung eventueller Fehler wird der Einfachheit halber übergangen). Die übermittelten Daten finden sich in `oldval` und lassen sich wie ein normaler C-String mit `printf` ausgeben.

Datenstrukturen

Der Kernel definiert zur Verwaltung von Sysctls einige Datenstrukturen, die wie üblich zuerst vorgestellt werden, bevor die Implementierung untersucht wird. Da Sysctls hierarchisch angeordnet sind (jedes größere Subsystem des Kerns definiert sich eine eigene Sysctl-Liste, die in verschiedene Teilbereiche zerfällt), muss die Datenstruktur nicht nur Informationen über die einzelnen Sysctl an sich zusammen mit Operationen zum Lesen und Schreiben der Daten enthalten. Sie muss auch auch Möglichkeiten bereitstellen, die Hierarchie zwischen den einzelnen Einträgen zu repräsentieren.

Für jeden Sysctl-Eintrag existiert eine Instanz von `ctl_table`:

<sysctl.h>
```
struct ctl_table
{
        int ctl_name;                    /* Binary ID */
        const char *procname;            /* Text ID for /proc/sys, or zero */
        void *data;
        int maxlen;
        mode_t mode;
        ctl_table *child;
        proc_handler *proc_handler;      /* Callback for text formatting */
        ctl_handler *strategy;           /* Callback function for all r/w */
        struct proc_dir_entry *de;       /* /proc control block */
        void *extra1;
        void *extra2;
};
```

Achtung: Der Name des Struktur ist irreführend. Bei einer *Sysctl-Tabelle* handelt es sich um ein Array aus `sysctl`-Strukturen, während eine einzelne Instanz der Struktur als *Sysctl-Eintrag* bezeichnet wird – entgegen der Bezeichnung `table` in ihrem Namen.

Die Elemente der Struktur haben folgende Bedeutung:

- `ctl_name` ist eine Identifikationsnummer, die nicht in der gesamten Tabelle, sondern lediglich in der gegebenen Hierarchiestufe des Eintrags eindeutig sein muss.

In `<sysctl.h>` finden sich unzählige `enums`, die Sysctl-IDs für verschiedene Zwecke definieren. Die IDs für die Basiskategorien werden durch folgende `enum`-Aufzählung festgelegt:

<sysctl.h>
```
enum
{
        CTL_KERN=1,         /* General kernel info and control */
        CTL_VM=2,           /* VM management */
        CTL_NET=3,          /* Networking */
        CTL_PROC=4,         /* Process info */
        CTL_FS=5,           /* Filesystems */
        CTL_DEBUG=6,        /* Debugging */
        CTL_DEV=7,          /* Devices */
        CTL_BUS=8,          /* Busses */
        CTL_ABI=9,          /* Binary emulation */
        CTL_CPU=10          /* CPU stuff (speed scaling, etc) */
};
```

8.3 Das proc-Dateisystem

Unterhalb von CTL_DEV finden sich Einträge für unterschiedliche Gerätetypen:

```
/* CTL_DEV names: */                                          <sysctl.h>
enum {
        DEV_CDROM=1,
        DEV_HWMON=2,
        DEV_PARPORT=3,
        DEV_RAID=4,
        DEV_MAC_HID=5
};
```

Die Konstante 1 (und andere) kommen in den gezeigten Aufzählungen mehrfach vor – sowohl für CTL_KERN wie für DEV_CDROM. Dies stellt aber kein Problem dar, da sich beide Einträge in verschiedenen Hierarchiestufen befinden, wie Abbildung 8.23 auf Seite 480 auf Seite 480 zeigt.

- **procname** ist eine Zeichenkette, die eine für Menschen gedachte Beschreibung des Eintrags enthält, der unter /proc/sys erscheint. Die Bezeichnungen aller Wurzeleinträge befinden als sich Verzeichnisnamen direkt unter /proc/sys:

```
wolfgang@meitner> ls -l /proc/sys
total 0
dr-xr-xr-x    2 root     root            0 Jan 27 23:51 abi
dr-xr-xr-x    2 root     root            0 Jan 27 23:51 debug
dr-xr-xr-x    4 root     root            0 Jan 27 23:51 dev
dr-xr-xr-x    3 root     root            0 Jan 27 09:16 fs
dr-xr-xr-x    3 root     root            0 Jan 27 23:51 kernel
dr-xr-xr-x    6 root     root            0 Jan 27 23:51 net
dr-xr-xr-x    2 root     root            0 Jan 27 23:51 proc
dr-xr-xr-x    2 root     root            0 Jan 27 23:51 sunrpc
dr-xr-xr-x    2 root     root            0 Jan 27 23:51 vm
```

Wenn der Eintrag nicht ins proc-Dateisystem exportiert werden soll (und daher nur über den sysctl-Systemaufruf erreichbar ist), kann procname auch mit einem NULL-Pointer belegt werden, was aber äußerst unüblich ist.

- **data** darf mit einem beliebigem Wert – üblicherweise einem Funktionspointer oder einer Zeichenkette – belegt werden, der von sysctl-spezifischen Funktionen weiterverarbeitet wird. Der generische Code lässt dieses Element unangetastet.

- Die maximale Länge der Daten in Bytes, die von einem Sysctl ausgegeben bzw. akzeptiert werden kann, wird durch **maxlen** spezifiziert.

- **mode** regelt die Zugriffsrechte auf die Daten und legt fest, ob und von wem sie gelesen bzw. geschrieben werden dürfen. Um die Rechte zu spezifizieren, werden die aus Kapitel 7 bekannten Konstanten des virtuellen Dateisystems verwendet.

- **child** ist ein Zeiger auf ein Array weiterer ctl_table-Elemente, die als Kindelemente des aktuellen Elements gesehen werden. Im Fall des Sysctl-Eintrags CTL_KERN zeigt child beispielsweise auf eine Tabelle, die Einträge wie KERN_OSTYPE (Typ des Betriebssystems), KERN_OSRELEASE (Versionsnummer des Kerns) oder KERN_HOSTNAME (Hostname des Rechners, auf dem der Kern läuft) enthält, da diese hierarchisch dem CTL_KERN-Sysctl untergeordnet sind.

Da die Länge der ctl_table-Arrays nirgends explizit festgehalten wird, muss der letzte Eintrag immer eine Instanz von ctl_table sein, deren Einträge aus NULL-Zeigern bestehen.

- proc_readsys wird aufgerufen, wenn Daten über das proc-Interface ausgegeben werden. Die Funktion kann die im Kernel gespeicherten Daten direkt ausgeben, hat aber auch die Möglichkeit, sie in eine etwas besser lesbare Form zu bringen (beispielsweise durch Konvertierung numerischer Konstanten in etwas aussagekräftigere Zeichenketten).

- strategy wird vom Kernel verwendet, um den Wert eines Sysctls über die weiter oben behandelte Systemaufruf-Schnittstelle zu lesen oder zu schreiben (Achtung: proc verwendet hierzu eigene, unterschiedliche Funktionen!). ctl_handler ist ein typedef für einen Funktionszeiger, der folgendermaßen definiert ist:

<sysctl.h>
```
typedef int ctl_handler (ctl_table *table, int *name, int nlen,
                void *oldval, size_t *oldlenp,
                void *newval, size_t newlen,
                void **context);
```

Neben dem kompletten Satz an Argumenten, die beim Aufruf des sysctl-Systemaufrufs verwendet werden, erwartet die Funktion einen Zeiger auf die Instanz von ctl_table, in der sich der aktuelle Sysctl befindet. Ebenso benötigt sie einen kontextabhängigen void*-Pointer, der momentan noch nirgends verwendet wird und daher immer mit einem NULL-Zeiger belegt ist.

- Die Schnittstelle zu den proc-Daten wird über de hergestellt.

- extra1 und extra2 lassen sich mit proc-spezifischen Daten belegen, die vom generischen Sysctl-Code nicht manipuliert werden. Oft werden sie verwendet, um untere und obere Grenzen für Zahlenargumente festzulegen.

Um mehrere Sysctl-Tabellen in einer verketteten Liste halten zu können, die den bekannten Standardfunktionen traversiert und manipuliert werden kann, stellt der Kern die Datenstruktur ctl_table_header zur Verfügung. Sie wird einer Sysctl-Tabelle „aufgesetzt", um die zur Listenverwaltung notwendigen Elemente hinzuzufügen:

<sysctl.h>
```
struct ctl_table_header
{
        ctl_table *ctl_table;
        struct list_head ctl_entry;
};
```

ctl_table ist ein Zeiger auf ein Sysctl-Array (bestehend aus ctl_table-Elementen). ctl_entry nimmt die zur Verwaltung der Liste benötigten Elemente auf. Der Zusammenhang zwischen ctl_table_header und ctl_table wird in Abbildung 8.24 auf der gegenüberliegenden Seite deutlich.[29]

Die hierarchische Ordnung zwischen den verschiedenen Sysctl-Tabellen des Systems wird sowohl durch das child-Element von ctl_table wie auch durch die verkettete Liste hergestellt, die mit Hilfe von ctl_table_header realisiert wird. Die Verknüpfung über child ermöglicht eine direkte Verbindung zwischen den verschiedenen Tabellen, die die Hierarchie der Systctls widerspiegelt.

---

[29] Eigentlich befinden sich die Listenelemente unterhalb der Datenelemente; aus Gründen der leichteren grafischen Darstellbarkeit zeigt die Abbildung jedoch eine „umgedrehte" Version.

8.3 Das proc-Dateisystem

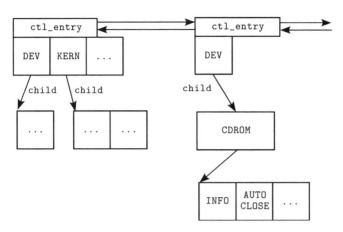

Abbildung 8.24: Zusammenhang zwischen `ctl_table_header` *und* `ctl_table`

Es ist möglich, im Kern verschiedene Hierarchien zu definieren, in denen Sysct-Tabellen über `child`-Zeiger miteinander verknüpft sind. Da es aber nur eine einzige Gesamthierarchie geben darf, müssen die Einzelhierarchien „überlagert" werden, um zu einer Gesamthierarchie zu verschmelzen. Die Situation wird in Abbildung 8.24 verdeutlicht: Es werden zwei Hierarchien gezeigt, die eigentlich unabhängig voneinander sind. Bei einer von ihnen handelt es sich um die Standard-Hierarchie des Kerns, in der Sysctls vorhanden sind, die beispielsweise den Hostnamen oder den Zustand des Netzwerkes abfragen. Des Weiteren wird in dieser Hierarchie ein Container bereitgestellt, der Informationen über Zubehörgeräte des Systems bereitstellt.

Der CD-ROM-Treiber will Sysctls exportieren, die Informationen über das CD-ROM-Laufwerk des Systems ausgeben. Um beispielsweise allgemeine Daten zur Charakterisierung des Laufwerks vorlegen zu können, soll als Kind von `CTL_DEV` ein Sysctl bereitgestellt werden, der im proc-Dateisystem unter `/proc/sys/dev/cdrom/info` erscheint. Wie geht der Treiber vor?

- Zunächst wird mit Hilfe von Sysctl-Tabellen eine Hierarchie erzeugt, die aus vier Stufen aufgebaut ist: `CTL_DEV` ist die Grundstufe, die ein Kind mit der Bezeichnung `DEV_CDROM` besitzt. In diesem sind verschiedene Kindelemente enthalten, von denen eines die Bezeichnung `DEV_CDROM_INFO` trägt.

- Die neue Hierarchie wird mit der bereits vorhandenen Standardhierarchie über eine verkettete Liste verknüpft. Dies hat den Effekt, dass beide Hierarchien „übereinander gelegt" werden. Aus Sicht des Userspace kann man zwischen beiden Hierarchien nicht unterscheiden, da sie nach außen wie eine einzige Gesamthierarchie wirken.

Das weiter oben gezeigte Beispielprogramm hat den beschriebenen Sysctl verwendet, ohne irgendetwas darüber wissen zu müssen, wie die Hierarchie innerhalb des Kern repräsentiert wird: Es braucht nur den Pfad `CTL_DEV->DEV_CDROM->DEVCDROM_INFO` zu kennen, um auf die Informationen zugreifen zu können.

Natürlich wird auch der Inhalt des `/proc/sys`-Verzeichnisses im proc-Dateisystem so konstruiert, dass die interne Zusammensetzung der Hierarchie nicht sichtbar ist.

Statische Sysctl-Tabellen

Für alle Sysctls, die unabhängig von der Konfiguration des Systems vorhanden sind,[30] werden statische Sysctl-Tabellen definiert. Basiselement dafür ist die Tabelle root_table, die als Wurzel der statisch definierten Daten fungiert:

kernel/sysctl.c
```
static ctl_table root_table[];
static struct ctl_table_header root_table_header =
        { root_table, LIST_HEAD_INIT(root_table_header.ctl_entry) };
```

Die Tabelle wird mit einem Kopfelement versehen, um nach der eben beschriebenen Art und Weise zusätzliche Hierarchien in einer verketteten Liste halten zu können, die der durch root_table definierten Hierarchie überlagert werden können. Die root_table-Tabelle legt das Gerüst fest, in das die verschiedenen Sysctls einsortiert werden:

kernel/sysctl.c
```
static ctl_table root_table[] = {
        {CTL_KERN, "kernel", NULL, 0, 0555, kern_table},
        {CTL_VM, "vm", NULL, 0, 0555, vm_table},
#ifdef CONFIG_NET
        {CTL_NET, "net", NULL, 0, 0555, net_table},
#endif
        {CTL_PROC, "proc", NULL, 0, 0555, proc_table},
        {CTL_FS, "fs", NULL, 0, 0555, fs_table},
        {CTL_DEBUG, "debug", NULL, 0, 0555, debug_table},
        {CTL_DEV, "dev", NULL, 0, 0555, dev_table},
        {0}
};
```

Natürlich können durch den in Abschnitt 8.3.8 beschriebenen Überlagerungsmechanismus noch weitere Top-level-Kategorien hinzukommen. Der Kern macht von dieser Möglichkeit auch Gebrauch – beispielsweise bei allen Sysctls, die dem ABI (*application binary interface*) zugerechnet werden und die sich in der Kategorie CTL_ABI befinden.

Die bei der Definition von root_table referenzierten Tabellen – kern_table, net_table etc. – sind ebenfalls als statische Arrays definiert. Da sie eine reichhaltige Anzahl von Sysctls bereitstellen, soll hier nicht detailliert auf ihre umfangreichen Definitionen eingegangen werden, die neben weiteren statischen ctl_table-Instanzen keine besonderen Erkenntnisse mit sich bringen. Ihr Inhalt kann mühelos in den Kernelquellen in Erfahrung gebracht werden; die Definitionen finden sich allesamt in der vielfach genannten Datei kernel/sysctl.c

Registrieren und Entfernen von Sysctls

Neben statisch initialisierten Sysctls bietet der Kern ein Interface zur dynamischen An- und Abmeldung neuer System Control-Funktionen: register_sysctl_table wird zur Registrierung verwendet; das Gegenstück unregister_sysctl_table entfernt Sysctl-Tabellen und wird üblicherweise beim Entfernen von Modulen benutzt.

Die Registrierungsfunktion register_sysctl_table benötigt zwei Parameter: ein Zeiger auf ein Array aus ctl_table-Einträgen, in dem die neue Sysctl-Hierarchie definiert wird, sowie ein Boole'sches Argument, das wie üblich durch eine Integer-Variable realisiert wird und angibt, ob der neue Hierarchiebaum am Anfang oder Ende der root_table_header-Liste eingefügt wird.

---

[30] Auch wenn Sysctls dieser Art auf allen Architekturen implementiert sind, kann sich ihre Wirkung dennoch je nach Architektur unterscheiden.

8.3 Das proc-Dateisystem

Die Funktion umfasst nur wenige Schritte: Zunächst muss ein neuer `ctl_table_header` instantiiert werden, der mit der Sysctl-Tabelle verbunden wird; anschließend wird das dadurch entstandene Konstrukt in die bestehende Liste der Sysctl-Hierarchien eingefügt:

```
                                                                        kernel/sysctl.c
if (insert_at_head)
    list_add(&tmp->ctl_entry, &root_table_header.ctl_entry);
else
    list_add_tail(&tmp->ctl_entry, &root_table_header.ctl_entry);
```

`tmp` ist ein Zeiger auf die neu erzeugte `ctl_table_header`-Instanz.

Zum Abschluss wird `register_proc_table` aufgerufen, um die neuen Sysctls über das proc-Interface verfügbar zu machen. Abbildung 8.25 zeigt ein Codeflussdiagramm der Funktion.

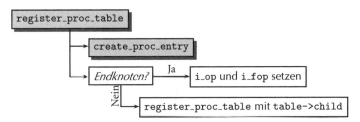

Abbildung 8.25: *Codeflussdiagramm für* `register_proc_table`

Die Funktion benötigt zwei Parameter: einen Zeiger auf die Sysctl-Tabelle, die verarbeitet werden soll, und einen Zeiger auf eine `proc_dir_entry`-Instanz, die das Startverzeichnis innerhalb des proc-Dateisystems angibt, in dem die neuen Einträge eingefügt werden sollen.

Achtung: Normalerweise wird die Funktion immer mit `proc_sys_root` als Basistabelle aufgerufen. Dies ändert sich nur, wenn sich die Funktion selbst (rekursiv) mit anderen Argumenten aufruft, wie wir gleich zeigen werden.

Wie das Codeflussdiagramm zeigt, besteht die Funktion aus einer großen äußeren Schleife, die über alle Elemente der Sysctl-Tabelle iteriert:

```
                                                                        kernel/sysctl.c
static void register_proc_table(ctl_table * table, struct proc_dir_entry *root)
{
    struct proc_dir_entry *de;
    int len;
    mode_t mode;

    for (; table->ctl_name; table++) {
        ...
    }
}
```

In jedem Schleifenschritt wird der Zeiger auf die Sysctl-Tabelle um 1 erhöht, was nichts anderes bedeutet, als dass das nächste Array-Element und damit der nächste Tabelleneintrag ausgewählt wird. Da der letzte Eintrag aus NULL-Elementen bestehen muss, kann die Abbruchbedingung für die Schleife leicht angegeben werden.

Was passiert in der Schleife? Zunächst müssen einige Überprüfungen durchgeführt werden, die sicherstellen, dass der Sysctl-Eintrag für das proc-Dateisystem geeignet ist. Vor allem muss dazu das `procname`-Element von `ctl_table` mit einem passenden Wert belegt sein. Findet sich hier ein NULL-Zeiger, wurde kein Dateiname angegeben, unter dem der Sysctl erscheinen soll. In diesem Fall springt der Kern zur nächsten Schleifeniteration weiter und bearbeitet den nächsten

Eintrag. Der Kern springt ebenfalls zum nächsten Eintrag, wenn keine Handler-Routine vorhanden ist, d.h. `proc_handler` ein NULL-Pointer ist. Es muss sich allerdings zusätzlich um einen Endpunkt handeln, bei dem keine Kindelemente mehr vorhanden sind (`child` ist in diesem Fall ein Nullzeiger).

Danach wird unterschieden, ob ein Verzeichnis oder eine normale Datei anzulegen ist. Wenn das aktuelle `ctl_table`-Element ein terminales Element ist, das einen Sysctl repräsentiert, muss eine reguläre Datei erzeugt werden. Anderenfalls (wenn `proc_handler` nicht gesetzt ist, aber Kindelemente in `child` vorhanden sind) repräsentiert `ctl_table` keinen Endknoten, weshalb ein Verzeichnis angelegt werden muss.

Im Fall einer Datei erzeugt der Kern mittels `create_proc_entry` (siehe Abschnitt 8.3.5) einen neuen Eintrag im `proc`-Dateisystem; außerdem werden Datei- und Inodenoperationen auf die statisch definierten Werte `proc_sys_file_operations` und `proc_sys_inode_operations` festgelegt, die folgendermaßen definiert sind:

kernel/sysctl.c
```
struct file_operations proc_sys_file_operations = {
      .read       = proc_readsys,
      .write      = proc_writesys,
};

static struct inode_operations proc_sys_inode_operations = {
      .permission = proc_sys_permission,
};
```

`proc_sys_permission` stellt sicher, dass je nach Art des Sysctls der Zugriff nur lesend oder mit Lese- und Schreibberechtigung erfolgen darf – auch der Superuser root kann die Sysctl-Dateien nicht beliebig manipulieren, sondern muss sich an die vom Kern auferlegten Beschränkungen halten.

Die Dateioperationen Lesen und Schreiben werden für alle Einträge mit Standardoperationen implementiert, auf die Abschnitt 8.3.8 näher eingehen wird.

Was passiert, wenn ein Verzeichnis angelegt werden muss? Zuerst prüft der Kern, ob das gewünschte Verzeichnis bereits existiert. Anderenfalls muss es mit `create_proc_entry` erzeugt werden (die Inoden- und Dateioperationen des neuen Eintrags werden von `create_proc_entry` automatisch mit den passenden Defaultwerten belegt, wie in Abschnitt 8.3.5 gezeigt wurde).

Anschließend ruft sich die Funktion `register_proc_table` rekursiv selbst auf, wobei der Zeiger auf die Kindelemente des aktuellen Eintrags als Sysctl-Tabelle und das neu angelegte Verzeichnis als Basisverzeichnis verwendet wird:

kernel/sysctl.c
```
register_proc_table(table->child, de);
```

`de` ist ein Zeiger auf die `proc_dir_entry`-Struktur des neu angelegten Verzeichnisses. Die rekursiv aufgerufene Funktion iteriert wie beschrieben über alle Einträge der Kind-Tabelle und registriert die benötigten Einträge im `proc`-Dateisystem, wobei weitere rekursive Aufrufe dazu führen, dass der komplette Sysctl-Baum der neuen Hierarchie abgearbeitet und ins `proc`-Dateisystem übertragen wird.

Die Rekursion ist kein Problem für den eigentlich knapp bemessenen Kernelstack, da zum einen nur zwei Funktionsargumente verwendet werden. Zum anderen weisen Sysctl-Hierarchien nicht allzu viele Schachtelungsebenen auf, was die Rekursionstiefe automatisch beschränkt.

Entfernen Das Entfernen von Sysctl-Listen ist einfacher als die Registrierung: `unregister_sysctl_table` braucht nur das vorher eingefügte Listenelement zu entfernen, wozu eine Standardfunktion des Kerns (`list_del`) verwendet werden kann. Anschließend wird `unregister_`

8.3 Das proc-Dateisystem

proc__table aufgerufen, um die nicht mehr benötigten Einträge aus dem proc-Dateisystem zu entfernen. Auch hier handelt es sich um eine rekursive Funktion, deren Codeflussdiagramm in Abbildung 8.26 gezeigt wird.

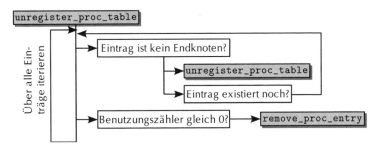

Abbildung 8.26: Codeflussdiagramm für unregister_proc_table

unregister_proc_table benötigt die gleichen Argumente wie das Gegenstück register_proc_table: einen Zeiger auf eine neue Sysctl-Tabelle und ein Basisverzeichnis, das mit Hilfe eines proc_dir_entry-Zeigers angegeben wird. Als Ausgangspunkt wird /proc/sys verwendet, der wie üblich durch proc_sys_root repräsentiert wird.

Die Funktion besteht aus einer großen äußeren Schleife, die über alle Elemente der Sysctl-Tabelle iteriert. In der Schleife wird zuerst getestet, ob der aktuelle Eintrag ein Endknoten oder ein Verzeichnis ist. Im zweiten Fall wird unregister_proc_table rekursiv aufgerufen, um alle Einträge aus diesem Verzeichnis zu entfernen:

    unregister_proc_table(table->child, de);   kernel/sysctl.c

de ist ein Zeiger auf das untergeordnete proc-Verzeichnis, der durch ctl_table->de gewonnen wird.

Nach der Rückkehr aus dem rekursiven Aufruf ist nicht immer sichergestellt, dass wirklich alle Einträge daraus entfernt werden konnten. Sind noch Elemente darin übrig – was festgestellt werden kann, indem geprüft wird, ob de->subdirs ungleich NULL ist –, fährt der Kern mit der nächsten Schleifenoperation fort.

Anderenfalls werden die Codepfade für Verzeichnisse und Dateien wieder zusammengeführt, wie aus dem Codeflussdiagramm ersichtlich ist. Der Kern testet nun, ob der Zugriffszähler auf das bearbeitete Element ungleich Null ist. Trifft dies zu, wird der Eintrag von einem anderen Prozess benötigt und muss im System belassen werden, weshalb der nächste Schleifendurchlauf begonnen wird. Anderenfalls wird der Eintrag mit remove_proc_entry aus der proc-Hierarchie entfernt.

proc-Operationen

Die Dateioperationen von Einträgen aus /proc/sys sind durch die Mitglieder der statisch definierten Struktur proc_sys_file_operations definiert.

Die darin referenzierten Funktionen proc_readsys und proc_writesys sind lediglich Frontends für die Funktion do_rw_proc, die zur Durchführung der Lese- und Schreibaufgaben verwendet wird:

    static ssize_t proc_readsys(struct file * file, char * buf,   kernel/sysctl.c
                    size_t count, loff_t *ppos)
    {
            return do_rw_proc(0, file, buf, count, ppos);

```
}
static ssize_t proc_writesys(struct file * file, const char * buf,
                             size_t count, loff_t *ppos)
{
        return do_rw_proc(1, file, (char *) buf, count, ppos);
}
```

do_rw_proc ist eine recht kurze Funktion, die vor allem sicherstellen soll, dass alle benötigten Elemente der beteiligten Datenstrukturen vorhanden sind. Auch muss gesichert werden, dass der richtige Zugriffsmodus für den jeweiligen Sysctl verwendet wird.

Sind diese Bedingungen erfüllt, wird die Arbeit an proc_handler delegiert:

kernel/sysctl.c
```
error = (*table->proc_handler) (table, write, file, buf, &res);
```

proc_handler wird bei der Definition der Sysctl-Tabellen mit einem Funktionszeiger belegt. Da sich die verschiedenen Sysctls auf einige Standardkategorien verteilen, was ihre verwendeten Rückgabe- und Parameterwerte betrifft, stellt der Kern Standardimplementierungen bereit, die normalerweise anstelle eigener Implementierungen verwendet werden. Die am häufigsten benutzten Funktionen sind:

- proc_dointvec liest ganze Zahlen aus dem Kern aus bzw. schreibt sie hinein (die genaue Anzahl wird durch table->maxlen/sizeof(unsigned int) festgelegt). Es kann sich auch um eine einzelne Ganzzahl (und keinen Vektor) handeln, wenn maxlen die Byteanzahl einer einzigen unsigned int-Variable wiedergibt.

- proc_dointvec_minmax arbeitet ebenso wie proc_dointvec. Zusätzlich wird allerdings beachtet, dass sich jede Zahl zwischen einem Minimal- und einem Maximalwert befindet, die durch table->extra1 (Minimalwert) und table->extra2 (Maximalwert) gegeben sind. Alle Werte, die sich außerhalb des gesteckten Bereichs befinden, werden ignoriert.

- proc_dostring überträgt Strings in beide Richtungen zwischen Kernel- und Userspace. Zeichenketten, die länger als der interne Puffer des jeweiligen Eintrags sind, werden automatisch abgeschnitten. Beim Kopieren der Daten in den Userspace wird automatisch ein *Carriage Return* (\n) angehängt, damit nach der Ausgabe der Informationen (beispielsweise mit cat) eine neue Zeile begonnen wird.

9 Netzwerke

Linux ist ein Kind des Internets, darüber besteht kein Zweifel: Seine Entwicklung hat viele verbreitete Ansichten über Projektmanagement bei weltweiten Programmierergruppen ad absurdum geführt, was vor allem der Kommunikation über das Internet zu verdanken war. Seit die ersten Kernelquellen vor mehr als einem Jahrzehnt auf einem ftp-Server im Internet verfügbar gemacht wurden, waren Netzwerke immer das zentrale Rückgrat, wenn es um Datenaustausch, Entwicklung von Konzepten und Code oder die Beseitigung von Fehlern im Kern ging. Die Kernelmailingliste ist ein lebendiges Beispiel dafür, dass sich an dieser Technik bis heute nichts geändert hat: Jeder kann die Beiträge lesen, sich selbst mit seiner Meinung beteiligen und dadurch zur Entwicklung von Linux beitragen – vorausgesetzt, man hat etwas Vernünftiges zu sagen.

Die Beziehung von Linux zu Netzwerken aller Art ist sehr innig, schließlich ist das Internet der Brutkasten, in dem es groß geworden ist. Linux-Rechner machen einen bedeutenden Anteil aller Server aus, die das Internet bilden, weshalb die Netzwerkimplementierung einer der wichtigsten Bestandteile des Kerns ist, dem bei der Entwicklung immer große Beachtung geschenkt wird. Es gibt kaum eine Netzwerkmöglichkeit, die von Linux nicht unterstützt wird.

Die Implementierung der Netzwerkfunktionalitäten ist einer der komplexesten und umfangreichsten Teile des Kerns: Neben den klassischen Internet-Protokollen wie TCP, UDP und dem assoziierten Transportmechanismus IP unterstützt Linux viele weitere Möglichkeiten, die die Verbindung von Computern ermöglichen, um die größtmögliche Fähigkeit zur Zusammenarbeit mit allen denkbaren Rechner- und Betriebssystemtypen zu ermöglichen. Auch die Unterstützung einer riesigen Zahl von Hardwaremöglichkeiten zur Datenübertragung – angefangen bei Ethernet-Karten über Token-Ring-Adapter bis hin zu ISDN-Karten und Modems – macht die Aufgabe des Kerns nicht gerade einfacher.

Dennoch konnten die Linux-Entwickler ein erstaunlich gut strukturiertes Modell schaffen, mit dem sich die teilweise recht unterschiedlichen Ansätze vereinigen lassen. Auch wenn dieses Kapitel zu den umfangreichsten im Buch gehört, ist es nicht möglich, jedes Detail der Netzwerkimplementierung zu berücksichtigen. Es ist bereits unmöglich, auf alle Treiber und Protokolle grob einzugehen, da so viele Informationen vorhanden sind, die nicht nur eines, sondern gleich mehrere Bücher füllen würden. Die C-Implementierung des Netzwerklayers belegt – ohne Gerätetreiber für Netzwerkkarten! – bereits 7MiB in den Kernelquellen, was gedruckt wesentlich mehr als 2500 Seiten ausmacht und ein beeindruckendes Codemassiv ist. Dennoch finden sich viele *Konzepte*, die hinter diesem Code stehen und das logische Rückgrat des Netzwerksubsystems bilden: Genau diese Punkte werden uns in diesem Kapitel interessieren. Außerdem werden wir uns an der TCP/IP-Implementierung orientieren, da dies die mit Abstand am weitesten verbreiteten Netzwerkprotokolle sind.

Natürlich musste die Entwicklung des Netzwerklayers nicht ganz bei Null beginnen: Standards und Konventionen, die den Datenaustausch zwischen Computern ermöglichen, sind bereits seit Jahrzehnten vorhanden und entsprechend gut bekannt und eingeführt. Linux implementiert diese Standards, um die Verbindung mit anderen Computern aufnehmen zu können.

9.1 Verkettete Computer

Die Kommunikation von Computern untereinander ist ein komplexes Thema, das viele Bereiche umfasst, in denen verschiedenste Fragen gelöst werden müssen. Um nur einige zu nennen:

- Wie wird die Verbindung physikalisch hergestellt? Welche Kabel werden verwendet, welche Beschränkungen und speziellen Anforderungen besitzen die Medien?
- Wie werden Übertragungsfehler behandelt?
- Wie werden individuelle Computer in einem Netzwerk identifiziert?
- Wie können Daten zwischen Computern ausgetauscht werden, die nur indirekt verbunden sind, d.h. über einen oder mehrere andere Computer als Zwischenstationen? Wie kann der günstigste Weg herausgefunden werden?
- Wie werden die Nutzdaten verpackt, um nicht von speziellen Merkmalen einzelner Rechner abhängig zu sein?
- Wie lassen sich mehrere Netzwerkdienste auf einem Rechner identifizieren?

Dieser Katalog lässt sich fast beliebig fortsetzen. Leider ist nicht nur die Anzahl der Fragen, sondern auch die Anzahl der Lösungsmöglichkeiten unbeschränkt, weshalb im Laufe der Zeit sehr viele Vorschläge gemacht wurden, um die Probleme in den Griff zu bekommen. Als „vernünftig" haben sich dabei vor allem jene Systeme herauskristallisiert, die die Probleme in mehrere Kategorien einteilen und auf diese Weise verschiedene Schichten schaffen, die sich mit der Lösung einer klar definierten Fragestellung beschäftigen und mit den über/untergeordneten Schichten nur über genau festgelegte Mechanismen kommunizieren. Dieser Ansatz erleichtert Implementierung, Wartung und vor allem Fehlersuche drastisch.

9.2 ISO/OSI- und TCP/IP-Referenzmodell

Die *International Organization for Standardisation* – besser unter dem Namen ISO bekannt – hat ein Referenzmodell entworfen, das unterschiedliche Schichten definiert, aus denen sich ein Netzwerk zusammensetzt. Es besteht aus sieben Schichten, die in Abbildung 9.1 auf der gegenüberliegenden Seite dargestellt sind, und wird als *Open Systems Interconnection* (OSI)-Modell bezeichnet.

Die Aufteilung in sieben Schichten ist für einige Probleme allerdings meistens zu detailliert, weshalb in der Praxis häufig ein zweites Referenzmodell verwendet wird, das einige Schichten des ISO/OSI-Modells zu neuen Schichten zusammenfasst und dadurch etwas einfacher strukturiert ist, da es sich aus nur 4 Layern zusammensetzt. Man bezeichnet es als *TCP/IP-Referenzmodell*, wobei IP für *Internet Protocol* und TCP für *Transmission Control Protocol* steht: Dieses Referenzmodell bildet die Grundlage für einen Großteil der Kommunikation, die heute über das Internet abgewickelt wird. Abbildung 9.1 auf der gegenüberliegenden Seite zeigt einen Vergleich der Schichten beider Modelle.

Jede Schicht darf nur mit den Schichten kommunizieren, die genau unter oder über ihr liegen. Beispielsweise darf die Transportschicht im TCP/IP-Modell nur mit der Internet- und der Anwendungsschicht kommunizieren, ist aber völlig unabhängig von der Datenübertragungsschicht (und weiß im Idealfall gar nicht, dass eine solche Schicht überhaupt existiert).

9.2 ISO/OSI- und TCP/IP-Referenzmodell

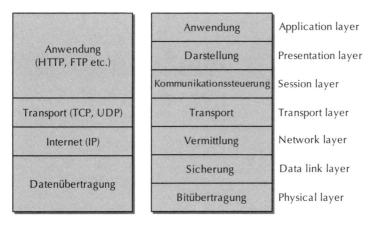

Abbildung 9.1: ISO/OSI- und TCP/IP-Referenzmodell

Die verschiedenen Schichten übernehmen folgende Aufgaben:

- Die Datenübertragungsschicht ist dafür verantwortlich, dass Informationen von einem Computer zu einer Gegenstelle übertragen werden. Diese Schicht beschäftigt sich sowohl mit den physikalischen Eigenschaften des Übertragungsmediums[1] als auch mit der Aufteilung des Datenstroms in *Rahmen* oder *Frames* bestimmter Größe, was beim Auftreten von Übertragungsfehlern die Neuübertragung eines bestimmten Datenabschnitts möglich macht. Wenn sich mehrere Computer auf einer Übertragungsleitung befinden, müssen die Netzwerkadapter eine eindeutige Identifikationsnummer besitzen, die üblicherweise fest in der Hardware verankert ist und als *MAC-Adresse* bezeichnet wird und die durch Übereinkommen zwischen den Herstellern garantiert weltweit eindeutig ist. Ein Beispiel für eine MAC-Adresse ist `08:00:46:2B:FE:E8`.

  Aus Sicht des Kernels wird diese Schicht durch Gerätetreiber für Netzwerkkarten implementiert.

- Die Vermittlungsschicht des OSI-Modells wird im TCP/IP-Modell als Internet-Schicht bezeichnet; beide Begriffe stehen aber prinzipiell für die gleiche Aufgabe: Vermittlung des Datenaustauschs zwischen beliebigen Rechnern eines Netzwerks, die nicht unbedingt direkt miteinander verbunden sein müssen, wie Abbildung 9.2 auf der nächsten Seite zeigt.

  Eine Verbindung zwischen den Rechnern A und B ist nicht direkt möglich, da sie physikalisch nicht miteinander verbunden sind. Aufgabe der Vermittlungsschicht ist es daher, eine Route herauszufinden, über die die Rechner miteinander kommunizieren können, beispielsweise A–E–B oder A–E–C–B.

  Des Weiteren muss sich die Vermittlungsschicht um zusätzliche Verbindungsdetails kümmern, wozu unter anderem die Aufspaltung (Fragmentierung) der transportierten Daten in Pakete bestimmter Größen gehört, da je nach eingeschlagenem Weg verschiedene maximale Größen für Transporteinheiten existieren können, wenn ein Rechner auf dem Weg keine größeren Pakete verwalten kann. Der Datenstrom muss beim Senden entsprechend aufgespalten und beim Empfangen wieder in den Originalzustand zusammengesetzt werden, um die Größe von Dateneinheiten transparent für übergeordnete Protokolle garantieren zu können,

---

[1] Heute kommen überwiegend Koaxial- und Twisted Pair-Kabel wie Glasfaserverbindungen zum Einsatz, wobei sich auch drahtlose Übertragungstechnken immer mehr etablieren.

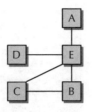

Abbildung 9.2: Über Netzwerk verbundene Computer

die sich nicht mit speziellen Eigenschaften der Internet- bzw. Vermittlungsschicht beschäftigen.

Eine weitere Aufgabe der Vermittlungsschicht ist die Vergabe eindeutiger Adressen innerhalb des Netzwerks (die nicht mit der eben genannten Hardware-Adresse identisch sind, da sich ein Netzwerk üblicherweise aus physikalischen Unternetzen zusammensetzt), damit sich Computer gegenseitig ansprechen können.

Im Internet wird die Vermittlungsschicht durch das Internet Protocol IP realisiert, das in zwei Varianten (v4 und v6) existiert. Während momentan ein Großteil aller Verbindungen über IPv4 abgewickelt wird, wird IPv6 in Zukunft Standard sein.[2] Wenn wir im Folgenden von IP-Verbindungen sprechen, sind immer IPv4-Verbindungen gemeint.

Zur Adressierung von Computern verwendet IP Adressen der Form 192.168.1.8 oder 62.26.212.10, die von offiziellen Registrierungsstellen oder Providern (auch dynamisch) vergeben werden oder (innerhalb vorgegebener privater Bereiche) auch frei wählbar sind.

IP ermöglicht auf der Adressebene eine flexible Aufteilung des Netzwerks in Subnetzwerke (*subnets*), indem verschiedene Adressklassen unterstützt werden, die je nach Anforderung einige 10 bis mehrere Millionen Rechner enthalten können. Im Rahmen dieser Ausführungen wollen wir uns mit dieser Problematik aber nicht weiter beschäftigen, sondern verweisen auf die reichlich vorhandene Literatur zur Netzwerk- und Systemverwaltung, beispielsweise [Ste00] und [Fri02].

■ Die vierte Schicht wird in beiden Modellen als *Transportschicht* oder *transport layer* bezeichnet. Ihre Aufgabe besteht darin, den Transport von Daten zwischen den Applikationen zu regeln, die auf zwei verbundenen Computern laufen. Es genügt nicht, nur die Kommunikation zwischen beiden Computern herzustellen, es muss auch eine Verbindung zwischen Client- und Serverapplikation möglich sein, die natürlich eine bestehende Verbindung zwischen den Computern voraussetzt. Im Internet wird dazu TCP (*Transmission Control Protocol*) oder UDP (*User Datagram Protocol*) verwendet: Jede Anwendung, die an Daten aus der IP-Schicht interessiert ist, verwendet eine eindeutige *Portnummer*, mit der sie auf dem Zielsystem eindeutig identifiziert werden kann. Für Webserver wird üblicherweise Port 80 verwendet; ein Browserclient muss eine Anfrage an diese Adresse schicken, um die gewünschten Daten zu erhalten (natürlich muss auch der Client eine eindeutige Portnummer besitzen, damit der Webserver auf die Anfrage antworten kann, die aber dynamisch generiert wird). Um eine Adresse vollständig festzulegen, wird die Portnummer üblicherweise mit einem Doppelpunkt an die IP-Adresse angehängt, ein Webserver auf dem Computer 192.168.1.8 wird beispielsweise durch die Adresse 192.168.1.8:80 eindeutig beschrieben.

---

[2] Vermutlich. Eigentlich sollte die Umstellung auf IPv6 bereits seit einigen Jahren vollzogen sein, sie läuft aber im universitären und besonders im kommerziellen Bereich noch äußerst träge. Vielleicht wird erst die endgültige Verknappung des IPv4-Adressraums als Motivation zur Umstellung dienen.

Eine weitere Aufgabe dieser Schicht kann (muss aber nicht) die Bereitstellung einer zuverlässigen Verbindung sein, mit der die Übertragung von Daten in einer bestimmten Reihenfolge garantiert wird. Wir werden bei der Besprechung von TCP in Abschnitt 9.8.2 auf diese Features zurückkommen.

■ Die Anwendungsschicht im Internet-Referenzmodell repräsentiert die Schichten 5 bis 7 (Kommunikationssteuerung, Darstellung und Anwendung) des OSI-Modells. Wie der Name erkennen lässt, ist diese Schicht die Sichtweise der Anwendungen auf eine Netzwerkverbindung. Nachdem eine Kommunikationsverbindung zwischen zwei Anwendungen hergestellt wurde, ist es Aufgabe dieser Schicht, für den eigentlichen Inhalt der Kommunikation zu sorgen. Ein Webserver unterhält sich mit seinem Client schließlich anders als ein Mailserver!

Für das Internet sind sehr viele Standard-Protokolle definiert, die üblicherweise in *Request for Comments* (RFC)-Dokumenten festgelegt sind und von Anwendungen implementiert werden müssen, die einen bestimmten Dienst nutzen oder anbieten wollen. Da die meisten Protokolle mit einfachen Textkommandos arbeiten, können sie mit dem `telnet`-Tool getestet werden. Beispielsweise verläuft die Kommunikation zwischen Browser und Webserver wie folgt ab:

```
wolfgang@meitner> telnet 192.168.1.20 80
Trying 192.168.1.20...
Connected to 192.168.1.20.
Escape character is '^]'.

GET /index.html HTTP/1.1
Host: www.sample.org
Connection: close


HTTP/1.1 200 OK
Date: Wed, 09 Jan 2002 15:24:15 GMT
Server: Apache/1.3.22 (Unix)
Content-Location: index.html.en
Vary: negotiate,accept-language,accept-charset
TCN: choice
Last-Modified: Fri, 04 May 2001 00:00:38 GMT
ETag: "83617-5b0-3af1f126;3bf57446"
Accept-Ranges: bytes
Content-Length: 1456
Connection: close
Content-Type: text/html
Content-Language: en

<!DOCTYPE html PUBLIC "-//W3C//DTD XHTML 1.0 Transitional//EN"
    "http://www.w3.org/TR/xhtml1/DTD/xhtml1-transitional.dtd">
<html xmlns="http://www.w3.org/1999/xhtml">
<head>
...
</html>
```

`telnet` wird verwendet, um eine TCP-Verbindung auf Port 80 des Rechners 192.168.1.20 aufzubauen. Alle Eingaben des Benutzers werden über die Netzwerkverbindung an den Prozess weitergeleitet, der mit dieser Adresse verbunden ist (und durch IP- und Portnummer auch eindeutig identifiziert werden kann). Nach Übertragung der Anfrage wird die Antwort geschickt: Neben einem Header mit einigen Informationen zum Dokument und anderen Dingen wird der Inhalt der gewünschten HTML-Seite ausgegeben. Webbrowser verwenden genau die gleiche Vorgehensweise, um an ihre Daten zu gelangen, die für den Benutzer allerdings transparent ist.

Durch die konsequente Unterteilung der Netzwerkfunktionalitäten in verschiedene Layer braucht sich eine Anwendung, die mit anderen Rechnern kommunizieren will, nur um sehr wenige Dinge zu kümmern: Die eigentliche Verbindung zwischen den Rechnern wird durch die tieferen Schichten implementiert, während die Anwendung selbst sich nur mit dem Lesen und Generieren von Textstring beschäftigen muss – unabhängig davon, ob sich die beiden Computer nebeneinander im gleichen Zimmer oder auf verschiedenen Kontinenten befinden.

Diese Schichtstruktur des Netzwerks spiegelt sich auch im Kern wider, in dem die Implementierung der einzelnen Ebenen in getrennte Codeabschnitte gespalten ist, bei denen die einzelnen Ebenen über klar definierte Schnittstellen miteinander kommunizieren, um Daten auszutauschen oder Kommandos weiterzureichen.

9.3 Kommunikation über Sockets

Externe Geräte werden unter Linux (und Unix) aus Programmierersicht normalerweise wie gewöhnliche Dateien betrachtet, auf die mit den üblichen Lese- und Schreiboperationen zugegriffen werden kann, wie Kapitel 7 zeigt. Dies erleichtert den Zugriff auf Ressourcen, da nur eine einzige, universelle Schnittstelle verwendet wird.

Bei Netzwerkkarten ist die Situation etwas komplizierter, da dieses Schema nicht oder nur sehr unpraktisch umsetzbar ist: Die Arbeitsweise von Netzwerkkarten unterscheidet sich grundlegend von der normaler Block- oder Zeichengeräte, was die Unix-typische Sichtweise „Alles ist eine Datei" nicht direkt umsetzbar macht.[3] Ein Grund dafür ist die Tatsache, dass man viele unterschiedliche Protokolle (auf allen Schichtebenen) zur Kommunikation einsetzt, weshalb viele Optionen zur Erzeugung einer Verbindung verlangt werden, die beim einfachen Öffnen einer Gerätedatei nicht spezifizierbar sind. Aus diesem Grund existieren für Netzwerkkarten auch keine Einträge im /dev-Verzeichnis.[4]

Natürlich muss der Kern eine möglichst universelle Schnittstelle zum Zugriff auf seine Netzwerkfunktionalitäten zur Verfügung stellen, Dieses Problem ist nicht Linux-spezifisch, sondern hat bereits in den 80-er Jahren den Programmierern von BSD-Unix Kopfzerbrechen bereitet. Ihre Lösung – spezielle Strukturen, die als *Sockets* bezeichnet und als Schnittstelle zur Netzwerkimplementierung verwendet werden – hat sich mittlerweile zu einem Industriestandard entwickelt, der im Posix-Standard definiert ist und daher auch von Linux implementiert wird.

Über den Umweg eines Sockets, der zur Definition und Einrichtung einer Netzwerkverbindung verwendet wird, kann mit den normalen Mitteln einer Inode (vor allem mit einfachen

---

[3] Allerdings gibt es auch einige Unix-Varianten, die Netzwerkverbindungen direkt über Gerätedateien implementieren, beispielsweise /dev/tcp, siehe [Vah96]. Dies ist aber sowohl aus Sicht des Anwendungsprogrammierers wie auch aus der des Kerns selbst weniger elegant als die Socket-Methode. Da sich die Unterschiede zwischen Netzwerkgeräten und normalen Geräten aber vor allem beim Öffnen einer Verbindung bemerkbar machen, werden Netzwerkoperationen auch in Linux auf einen Dateideskriptor zurückgeführt (der mit normalen Dateimethoden bearbeitet werden kann), nachdem eine Verbindung über den Socket-Mechanismus hergestellt wurde.

[4] Eine Ausnahme bilden der TUN/TAP-Treiber, der eine virtuelle Netzwerkkarte im Userspace simuliert und daher zu Debugging-Zwecken, der Simulation von Netzwerken oder dem Einrichten virtueller Tunnelverbindungen sehr nützlich ist. Da er mit keinem echten Gerät kommuniziert, um Daten zu empfangen oder zu versenden, übernimmt ein Programm diese Aufgabe, das über /dev/tunX bzw. dev/tapX mit dem Kernel kommuniziert.

Lese- und Schreiboperationen) auf eine Netzwerkverbindung zugegriffen werden: Aus Programmiersicht ist das Endergebnis nach dem Anlegen eines Sockets ein Dateideskriptor, der neben allen Standardfunktionen auch einige erweiterte Funktionalitäten bereitstellt. Das zum eigentlichen Austausch von Nutzdaten verwendete Interface ist für alle Protokolle und Adressfamilien gleich!

Neben der Adress- und Protokollfamilie wird beim Anlegen eines Sockets zusätzlich zwischen Stream- und Datagramm-basierter Kommunikation unterschieden; auch ist (bei streamorientierten Sockets) wichtig, ob ein Socket für ein Client- oder ein Serverprogramm erzeugt wird.

Um die Funktion eines Sockets aus Benutzersicht zu verdeutlichen, werden wir ein kleines Beispielprogramm verwenden, das allerdings nur einen sehr kleinen Ausschnitt aus den Möglichkeiten der Netzwerkprogrammierung demonstriert. Eine detaillierte Beschreibung findet sich in zahlreichen spezialisierten Werken, beispielsweise [Ste00].

9.3.1 Anlegen eines Sockets

Da Sockets nicht nur für IP-Verbindungen mit unterschiedlichen Transportprotokollen, sondern auch für alle anderen vom Kern unterstützten Adress- und Protokolltypen (wie beispielsweise IPX, Appletalk, lokale Unix-Sockets, DECNet und viele weitere Typen, die in <socket.h> aufgelistet sind) verwendet werden können, muss die gewünschte Kombination beim Erzeugen eines Sockets angegeben werden. Obwohl prinzipiell die Wahl beliebiger Partner aus Adress- und Protokollfamilie möglich wäre, ist dies nur ein historisches Relikt: Üblicherweise wird für jede Adressfamilie nur eine Protokollfamilie unterstützt, lediglich eine Unterscheidung zwischen Stream- und Datagramm-orientierter Kommunikation ist möglich. Für einen Socket, dem eine Internet-Adresse wie 192.168.1.20 zugewiesen wurde, kann beispielsweise nur TCP (für Streams) oder UDP (für Datagrammdienste) als Transportprotokoll verwendet werden.

Zur Erzeugung eines Sockets wird die Bibliotheksfunktion `socket` verwendet, die über einen in Abschnitt 9.9.3 besprochenen Systemaufruf mit dem Kernel kommuniziert. Neben Adressfamilie und Kommunikationstyp (Stream oder Datagram) könnte mit einem dritten Argument auch ein Protokoll gewählt werden, das sich aber wie bereits bemerkt durch die beiden anderen Parameter eindeutig festlegen lässt. Durch Verwendung des Werts 0 für dieses Argument wird die Funktion veranlasst, den jeweils passenden Standardwert zu verwenden.

Achtung: Nach Aufruf der `socket`-Funktion ist zwar klar, welches Format die Adresse des Sockets besitzen muss (bzw. in welcher Adressfamilie er sich befindet), allerdings ist ihm noch keine lokale Adresse zugewiesen. Dazu wird die Funktion `bind` verwendet, der als Argument eine Struktur `sockaddr_typ` übergeben werden muss, mit deren Hilfe die Adresse dann festgelegt werden kann. Da sich die Adresstypen je nach Adressfamilie unterscheiden, existiert für jede Familie eine eigene Variante dieser Struktur, mit der die unterschiedlichen Anforderungen befriedigt werden. `typ` legt dabei den gewünschten Adresstyp fest.

Eine Internet-Adresse wird durch IP-Nummer und Port eindeutig charakterisiert, weshalb `sockaddr_in` folgendermaßen definiert ist:

```
struct sockaddr_in {                                              <in.h>
    sa_family_t        sin_family;   /* Address family   */
    unsigned short int sin_port;     /* Port number      */
    struct in_addr     sin_addr;     /* Internet address */
}
```

Neben der Adressfamilie (in diesem Fall AF_INET) werden sowohl eine IP-Adresse wie auch eine Portnummer benötigt. Achtung: Die IP-Adresse wird nicht in der üblichen Dotted-Decimal-Notation[5] erwartet, sondern muss als Zahl angegeben werden. Zur Konvertierung zwischen beiden Formaten dient die Bibliotheksfunktion inet_aton, die einen ASCII-String in das vom Kernel (und von der C-Bibliothek) gewünschte Format konvertiert. Die Zahlendarstellung der Adresse 192.168.1.20 ist beispielsweise 335653056. Sie wird erzeugt, indem die ein Byte langen Abschnitte der IP-Adresse hintereinander in einen 4-Byte-Datentyp geschrieben werden, der anschließend als Zahl interpretiert wird. Beide Darstellungen lassen sich dadurch eindeutig ineinander überführen.

Wie in Kapitel 1 festgestellt wurde, gibt es zwei verbreitete Konventionen, die von Prozessoren zum Speichern von Zahlenwerten verwendet werden: Little und Big Endian. Um sicherzustellen, dass Maschinen mit unterschiedlicher Byte-Anordnung problemlos miteinander kommunizieren können, wurde eine explizite *Network Byte Order* festgelegt, die dem Big Endian-Format entspricht. Zahlenwerte, die in Protokollheadern auftauchen, müssen daher immer in diesem Format angegeben werden! Da sowohl die IP-Adresse wie auch die Portnummer nichts anderes als Zahlen sind, muss dies beim Festlegen der Werte in der sockaddr_in-Struktur berücksichtigt werden. In der C-Bibliothek existieren zu diesem Zweck diverse Funktionen, die zur Konvertierung einer Zahl vom nativen Format des Prozessors in die Network Byte Order verwendet werden können (wenn Prozessor und Netzwerk die gleiche Byteorder besitzen, ändern diese Funktionen natürlich nichts an der Byteanordnung). Gute Netzwerkanwendungen verwenden diese Funktionen immer, um ihre Portabilität auf unterschiedliche Maschinentypen zu bewahren.

9.3.2 Verwendung von Sockets

Um deutlich zu machen, wie Sockets als Schnittstelle zum Netzwerklayer des Kerns verwendet werden, sollen zwei minimale Beispielprogramme besprochen werden, die zum einen als Client, zum anderen als Server für Echo-Requests dienen: Ein Textstring wird vom Client an den Server geschickt und dort unmodifiziert wieder zurückgegeben. Als Protokoll wird TCP/IP verwendet.

Echo-Client

Der Quellcode für den Echo-Client lautet wie folgt:[6]

```
#include<stdio.h>
#include<netinet/in.h>
#include<sys/types.h>
#include<string.h>

int main() {
    /* Host und Portnummer des Echo-Servers */
    char* echo_host = "192.168.1.20";
    int echo_port = 7;
    int sockfd;
    struct sockaddr_in *server=
        (struct sockaddr_in*)malloc(sizeof(struct sockaddr_in));

    /* Adresse des zu konnektierenden Servers einstellen */
    server->sin_family = AF_INET;
    server->sin_port = htons(echo_port);        // Netzwerk-Byteorder beachten!
    server->sin_addr.s_addr = inet_addr(echo_host);

    /* Socket erzeugen (Internet-Adressfamilie, Stream-Socket und
       &process`comment(Defaultprotokoll) )*/
```

---

5 Vier durch Punkte voneinander getrennte Zahlen wie 192.168.1.10.

6 Der Einfachheit halber werden alle Fehlerüberprüfungen weggelassen, die bei einem echten, robusten System durchgeführt werden müssten.

9.3 Kommunikation über Sockets

```
    sockfd = socket(AF_INET, SOCK_STREAM, 0);

    /* Verbindung mit dem Server herstellen */
    printf("Verbinden mit %s \n", echo_host);
    printf("Numerisch: %u\n", server->sin_addr);
    connect(sockfd, (struct sockaddr*)server, sizeof(*server));

    /* Versenden einer Nachricht */
    char* msg = "Hallo, Welt";
    printf("\nSenden: '%s'\n", msg);
    write(sockfd, msg, strlen(msg));

    /* ... und Empfang des Ergebnisses */
    char* buf = (char*)malloc(1000); // Empfangspuffer fuer maximal 1000 Zeichen
    int bytes = read(sockfd, (void*)buf, 1000);
    printf("\nBytes empfangen: %u\n", bytes);
    printf("Text: '%s'\n", buf);

    /* Beenden der Kommunikation (d.h. Schliessen des Sockets) */
    close(sockfd);
}
```

Da der Internet-Superdaemon (`inetd`, `xinetd` o.ä.) üblicherweise einen eingebauten Echo-Server verwendet, kann der Quellcode nach dem Übersetzen unmittelbar ausprobiert werden:

```
wolfgang@meitner> ./echo_client
Verbinden mit 192.168.1.20
Numerisch: 335653056

Senden: 'Hallo, Welt'

Bytes empfangen: 11
Text: 'Hallo, Welt'
```

Der Client führt folgende Schritte aus:

- Zunächst wird eine Instanz der Struktur `sockaddr_in` erzeugt, die die Adresse des Servers festlegt, der kontaktiert werden soll. `AF_INET` legt fest, dass es sich um eine Internetadresse handelt, während der Zielserver über IP-Adresse (192.168.1.20) und Port (7) exakt festgelegt ist.

  Zusätzlich werden die Daten von der Host- in die Netzwerk-Byteorder konvertiert: Für die Portnummer wird `htons` verwendet, während die Hilfsfunktion `inet_addr`, die einen Textstring mit einer dotted-decimal-Adresse in eine Zahl konvertiert, die Umwandlung implizit durchführt.

- Mit Hilfe der Funktion `socket`, die (wie weiter unten gezeigt) auf dem `socketcall`-Systemaufruf des Kerns basiert, wird ein Socket im Kern angelegt. Als Resultat wird eine Integer-Zahl zurückgegeben, die als Dateideskriptor interpretiert wird – und deshalb mit allen Funktionen bearbeitet werden kann, die auch für reguläre Dateien verwendet werden, worauf Kapitel 7 („Das virtuelle Dateisystem") eingeht. Neben diesen Operationen gibt es noch zusätzliche, netzwerkspezifische Möglichkeiten, um mit dem Filedeskriptor umzugehen, die vor allem die Feineinstellung verschiedener Übertragungsparameter erlauben. Wir werden hier aber nicht näher darauf eingehen.

- Mit Hilfe des Dateideskriptors und der `server`-Variable, in der die Verbindungsdaten des Servers gespeichert sind, wird über die Funktion `connect` eine Verbindung hergestellt (auch diese Funktion beruht auf dem `socketcall`-Systemaufruf).

- Die eigentliche Kommunikation wird angestoßen, indem mit `write` ein Textstring („Hallo, Welt" – wie sollte es auch anders sein?) an den Server geschickt wird: Das Schreiben von Daten in einen Socket-Dateideskriptor ist äquivalent mit dem Verschicken von Daten. Dieser Schritt ist bereits völlig unabhängig davon, wo sich der Server befindet und mit welchem Protokoll die Verbindung realisiert wird! Die Netzwerk-Implementierung sorgt dafür, dass die Zeichenkette – auf welche Weise auch immer – ihr Ziel erreicht.

- Die Antwort des Servers wir mit `read` ausgelesen: Zuerst muss ein Puffer alloziert werden, der die empfangenen Daten aufnimmt (obwohl wir lediglich die Rückgabe der gesendeten Zeichenkette erwarten, werden vorsorglich 1000 Byte Speicherplatz belegt). `read` blockiert so lange, bis der Server eine Antwort liefert, und gibt anschließend die Anzahl der empfangenen Bytes als Integer-Zahl zurück.[7]

Echo-Server

Der Einsatz von Sockets für Server-Prozesse unterscheidet sich etwas von der Verwendung in Clients, weshalb folgendes Beispielprogramm demonstriert, wie ein simpler Echo-Server implementiert werden kann:

```c
#include<stdio.h>
#include<netinet/in.h>
#include<sys/types.h>
#include<string.h>

int main() {
    char* echo_host = "192.168.1.20";
    int echo_port = 7777;
    int sockfd;
    struct sockaddr_in *server=
        (struct sockaddr_in*)malloc(sizeof(struct sockaddr_in));

    /* Unsere eigene Adresse einstellen */
    server->sin_family = AF_INET;
    server->sin_port = htons(echo_port);       // Netzwerk-Byteorder beachten!
    server->sin_addr.s_addr = inet_addr(echo_host);

    /* Anlegen eines Sockets */
    sockfd = socket(AF_INET, SOCK_STREAM, 0);

    /* Binden an eine Adresse */
    if (bind(sockfd, (struct sockaddr*)server, sizeof(*server))) {
      printf("bind failed\n");
    }

    /* Server-Modus der Sockets aktivieren */
    listen(sockfd, SOMAXCONN);

    /* ...und auf eingehende Daten warten */
    int clientfd;
    struct sockaddr_in* client =
        (struct sockaddr_in*)malloc(sizeof(struct sockaddr_in));
    int client_size = sizeof(*client);
    char* buf = (char*)malloc(1000);
    int bytes;

    printf("Warte auf Verbindung an Port %u\n", echo_port);
```

---

[7] Da Zeichenketten in C immer mit einem Nullbyte terminiert werden, werden 11 Byte empfangen, obwohl die Nachricht selbst nur 10 Byte lang zu sein scheint.

9.3 Kommunikation über Sockets

```
/* Annehmen einer Verbindungsanfrage */
clientfd = accept(sockfd, (struct sockaddr*)client, &client_size);
printf("Verbunden mit %s:%u\n\n", inet_ntoa(client->sin_addr),
                                  ntohs(client->sin_port));
printf("Numerisch: %u\n", ntohl(client->sin_addr.s_addr));

while(1) {   /* Endlosschleife */
  /* Empfangen der uebermittelten Daten */
  bytes = read(clientfd, (void*)buf, 1000);
  if (bytes <= 0) {
    close(clientfd);
    printf("Connection closed.\n");
    exit(0);
  }
  printf("Bytes empfangen: %u\n", bytes);
  printf("Text: '%s'\n", buf);

  /* Senden der Antwort */
  write(clientfd, buf, bytes);
  }
}
```

Der erste Abschnitt unterscheidet sich nicht wesentlich vom Code des Clients: Eine Instanz der Struktur `sockaddr_in` wird angelegt, um die Internetadresse des Servers aufnehmen zu können. Der Zweck ist diesmal allerdings anders: Während im Client-Beispiel die Adresse des Servers angegeben wurde, mit dem der Client eine Verbindung aufbauen sollte, wird in diesem Fall die Adresse festgelegt, die der Server zum Warten auf Verbindungen verwendet. Die Erzeugung des Sockets verläuft genau so wie beim Client.

Im Gegensatz zum Client versucht der Server allerdings nicht aktiv, eine Verbindung zu einem anderen Programm aufzubauen, sondern wartet passiv darauf, dass ihn eine Verbindungsanforderung erreicht. Drei Bibliotheksfunktionen (die wiederum auf dem universellen `socketcall`-Systemaufruf führen) sind notwendig, um eine passive Verbindung aufzubauen:

- `bind` wird verwendet, um den Socket an eine Adresse zu binden (in diesem Fall 192.186. 1.20:7777).[8]

- `listen` veranlasst den Socket, passiv auf eine eingehende Verbindung von einem Client zu warten. Die Funktion richtet eine Warteschlange ein, in der alle verbindungswilligen Prozesse aufgereiht werden, wobei die Länge durch den zweiten Parameter festgelegt wird (`SOMAXCONN` gibt an, dass die systeminterne Maximalzahl verwendet werden soll, um die Maximalzahl der wartenden Prozesse nicht willkürlich zu beschränken).

- Durch `accept` wird der Verbindungswunsch des ersten Clients in der Warteschlange akzeptiert. Wenn die Schlange leer ist, blockiert die Funktion so lange, bis ein verbindungswilliger Client vorhanden ist.

Die eigentliche Kommunikation wird wieder über `read` und `write` durchgeführt, die den von `accept` zurückgegebenen Dateideskriptor verwenden.

Aus informativen Zwecken werden die Verbindungsdaten des Clients ausgegeben, die `accept` liefert und die aus IP-Adresse und Portnummer des Clients bestehen. Während die IP-Adresse des Clients für einen bestimmten Rechner fest ist, wird die Portnummer dynamisch von dessen Kern gewählt, wenn die Verbindung aufgebaut wird.

---

[8] Alle Ports zwischen 1 und 1024 werden unter Linux (und auch unter allen anderen Unix-Varianten) als *reservierte Ports* bezeichnet und können nur von Prozessen verwendet werden, die mit root-Rechten ausgestattet sind. Wir verwenden aus diesem Grund die frei verfügbare hohe Zahl 7777.

Die Funktion des Echo-Servers kann leicht imitiert werden, indem in einer Endlosschleife alle Eingaben des Clients mit `read` gelesen und mit `write` zurückgeschrieben werden. Beendet der Client die Verbindung, liefert `read` einen 0 Byte langen Datenstrom zurück. Daraufhin beendet sich auch der Server.

Client	Server
wolfgang@meitner> `./stream_client` Verbinden mit 192.168.1.20 Numerisch: 335653056 Senden: 'Hallo, Welt' Bytes empfangen: 11 Text: 'Hallo, Welt'	wolfgang@meitner> `./stream_server` Warte auf Verbindung an Port 7777 Client: 192.168.1.10:3505 Numerisch: 3232235786 Bytes empfangen: 11 Text: 'Hallo, Welt' Connection closed.

Änderungen für die reale Welt

Auch wenn die Beispiele prinzipiell die Kommunikation über Sockets demonstrieren, sind sie noch weit von Servern entfernt, wie sie im praktischen Alltag verwendet werden: Der Server beendet sich nach einer einzigen bearbeiteten Verbindung, was alle eventuell in der Warteschlange vorhandenen Anfragen abbricht. Zusätzlich muss er nach jeder Anfrage neu gestartet werden.

Es gibt mehrere Möglichkeiten, um dieses Problem zu lösen; die gebräuchlichste ist, folgende Schritte zu implementieren:

- Direkt nach Annahme einer eingehenden Verbindung (also nach `accept`) verdoppelt sich der Server mit `fork`, wie in Kapitel 2 („Prozessverwaltung") beschrieben wird.

- Der Kindprozess behandelt die eingehende Verbindung, gibt also alle einkommenden Daten unmittelbar und unverändert zurück.

- Der Server kehrt in die Hauptschleife zurück und wartet auf weitere Verbindungsanfragen.

Wir werden nicht genauer auf Implementierungsdetails eingehen, da dies entsprechenden Büchern über Netzwerk- und Systemprogrammierung überlassen werden soll.

Ein Server, der sich nach dieser Vorgehensweise richtet, kann mehrere Anfragen parallel bearbeiten. Da alle Clients die gleiche Serveradresse (`192.168.1.20:7777`) verwenden, stellt sich die Frage, wie der Kern des Servers zwischen allen aktiven Verbindungen unterscheiden kann. Die Antwort: Eine Verbindung wird durch vier Parameter charakterisiert:

- IP-Adresse und Port des Servers.

- IP-Adresse und Port des Clients.

Man verwendet die 4-Tupel-Schreibweise `192.168.1.20:7777`, `192.168.1.10:3506`, um eine Verbindung eindeutig zu charakterisieren: Das erste Element gibt Adresse und Port des lokalen Rechners, das zweite Adresse und Port des Clients an.

Wenn eines der Elemente noch unbestimmt ist, wird ein Asterisk (`*`) dafür verwendet. Ein Serverprozess, der auf einem passiven Socket lauscht, aber noch nicht mit einem Client verbunden ist, wird daher mit `192.168.1.20:7777`, `*.*` notiert.

Wenn sich ein `fork`ender Server verdoppelt hat, um eine Verbindung zu bearbeiten, sind zwei Socket-Paare im Kernel registriert:

Lauschend	Verbunden
192.168.1.20:7777, *.*	192.168.1.20:7777, 192.168.1.10:3506

Obwohl die Sockets beider Server-Prozesse die gleiche IP/Portkombination verwenden, können sie durch das 4-Tupel eindeutig unterschieden werden.

Der Kern muss bei der Verteilung ein- und ausgehender TCP/IP-Pakete deshalb auf alle vier Verbindungsparameter achten, um die richtigen Zuordnungen zu erzeugen. Diese Aufgabe wird als *Multiplexing* bezeichnet.

Um den Status von Verbindungen überprüfen zu können, kann das Tool `netstat` verwendet werden. Es zeigt den aktuellen Zustand aller TCP/IP-Verbindungen des Systems an Wenn zwei Clients mit dem Server verbunden sind, erhält man beispielsweise folgende Ausgabe:

```
wolfgang@meitner> netstat -na
Active Internet connections (servers and established)
Proto Recv-Q Send-Q Local Address      Foreign Address    State
tcp        0      0 192.168.1.20:7777  0.0.0.0:*          LISTEN
tcp        0      0 192.168.1.20:7777  192.168.1.10:3506  ESTABLISHED
tcp        0      0 192.168.1.20:7777  192.168.1.10:3505  ESTABLISHED
```

9.3.3 Datagram-Sockets

UDP ist ein zweites, weit verbreitetes Transportprotokoll, das auf IP-Verbindungen aufsetzt. Die Abkürzung steht für *User Datagram Protocol* und unterscheidet sich in einigen grundlegenden Eigenschaften von TCP:

- UDP ist paketorientiert. Vor dem Versand von Daten ist kein expliziter Verbindungsaufbau notwendig.

- Pakete können während der Übertragung verloren gehen. Es gibt keine Garantie, dass abgeschickte Daten ihren Empfänger wirklich erreichen.

- Die Empfangsreihenfolge von Paketen entspricht nicht unbedingt der Sendereihenfolge.

Ein wichtiger Anwendungsbereich für UDP sind Videokonferenzen, Audioübertragungen oder ähnliche Dienste: Hier ist es egal, ob einige Pakete verloren gehen oder nicht, da sich dies nur in einem kurzen Aussetzen der multimedialen Sequenz bemerkbar macht. Allerdings garantiert UDP (ebenso wie bereits IP), dass der *Inhalt* von Paketen unverändert ist, wenn diese den Empfänger erreichen.

Eine IP-Adresse zusammen mit einer Portnummer kann *gleichzeitig* von einem TCP- und einem UDP-Prozess verwendet werden! Der Kernel stellt beim Multiplexing automatisch sicher, dass nur Pakete des richtigen Transportprotokolls an den jeweiligen Prozess weitergeleitet werden.

Um Vergleiche zwischen TCP und UDP herzustellen, wird als Analogie üblicherweise der Unterschied zwischen Post- und Telefonnetz verwendet. TCP entspricht einer Telefonverbindung: Bevor Informationen übertragen werden, ist eine Verbindung durch einen der Teilnehmer herzustellen, die der Partner akzeptieren muss. Während des Gesprächs wird sichergestellt, dass alle Informationen die Gegenstelle in genau der Reihenfolge erreichen, in der sie abgeschickt wurden.

UDP entspricht der Briefpost: Pakete (diesmal im Sinne einer Pappschachtel) können an einen Empfänger abgeschickt werden, ohne dass dieser vorher kontaktiert werden und dem Aufbau der Verbindung zustimmen muss. Es ist nicht sichergestellt, ob das Paket überhaupt zugestellt wird (auch wenn sich sowohl Post wie Netzwerk redlich darum bemühen werden); ebenso ist keine Reihenfolge beim Versand der Daten sichergestellt: Zwei hintereinander abgeschickte Pakete müssen nicht unbedingt in derselben Reihenfolge beim Empfänger eintreffen.

In den gängigen Lehrbüchern zur Netzwerk- und Systemprogrammierung finden sich viele Beispiele, die die Verwendung von UDP-Sockets demonstrieren, weshalb wir nicht nicht weiter darauf eingehen werden.

9.4 Das Schichtmodell der Netzwerkimplementierung

Der Kern orientiert sich bei der Implementierung des Netzwerklayers nahe am TCP/IP-Schichtmodell, das zu Beginn dieses Kapitels vorgestellt wurde.

Der C-Code ist in Ebenen unterteilt, die eine klar definierte Aufgabe haben und nur durch klar definierte Schnittstellen mit der jeweils über- und untergeordneten Schicht kommunizieren. Dies bringt den Vorteil, dass die Kombination verschiedener Geräte, Übertragungsmechanismen und Protokolle ermöglicht wird: Normale Ethernet-Karten können beispielsweise nicht nur zum Aufbau von Internet (IP)-Verbindungen verwendet werden, sondern übertragen auch andere Protokolle wie Appletalk oder IPX, ohne dass deshalb irgendetwas am Gerätetreiber der Karte modifiziert werden muss.

Abbildung 9.3 veranschaulicht die Implementierung des Schichtmodells im Kern.

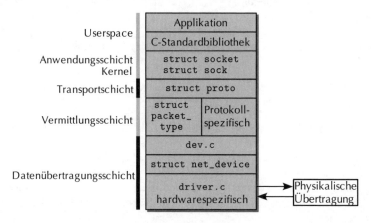

Abbildung 9.3: Implementierung des Schichtmodells im Kernel

Das Netzwerk-Subsystem ist eines der umfangreichsten und anspruchsvollsten Teile des Kerns. Warum? Neben sehr vielen protokollspezifischen Feinheiten und Details, die betrachtet werden müssen, wird der Codepfad durch den Layer normalerweise nicht über direkte Funktionsaufrufe, sondern durch exzessive Verwendung von Funktionszeigern durchlaufen. Dies ist durch die zahlreichen Kombinationsmöglichkeiten der verschiedenen Schichten unumgänglich, macht die Verfolgung des Wegs aber nicht unbedingt einfacher und übersichtlicher. Zusätzlich sind die beteiligten Datenstrukturen meistens tief miteinander verknüpft. Die folgenden Ausführungen werden sich deshalb vor allem auf die Internetprotokolle beziehen, um die Komplexität zu mildern.

Das Schichtmodell spiegelt sich nicht nur im Design des Netzwerklayers wider, sondern auch bei der Datenübertragung selbst (bzw. genauer: bei der Verpackung der Daten, die von den einzelnen Schichten generiert werden und zu übertragen sind). Generell bestehen die Daten jeder Schicht aus einem Header- und einem Nutzdatenabschnitt, wie Abbildung 9.4 zeigt.

9.4 Das Schichtmodell der Netzwerkimplementierung

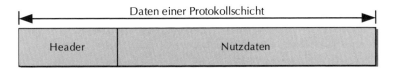

Abbildung 9.4: *Aufteilung zwischen Header und Nutzdaten*

Während im Header Metainformationen über den Datenanteil untergebracht sind (beispielsweise Zieladresse, Länge, transportierter Protokolltyp etc.), werden im Datenanteil selbst die eigentlichen Nutzdaten übertragen.

Basiseinheit der Datenübertragung ist der (Ethernet)-Frame, der von der Netzwerkkarte zur Übermittlung von Daten verwendet wird. Im Header dieses Frames findet sich vor allem die Hardwareadresse des Zielrechners, an den die Daten übermittelt werden soll und die beim Transport über das Kabel benötigt wird.

Die Daten des übergeordneten Protokolls werden im Ethernet-Frame verpackt, indem das von ihm generierte Header- und Datentupel in den Nutzdatenanteil des Frames verpackt wird. Für Internet-Netze sind dies die Daten der IP-Schicht.

Da nicht nur IP-Pakete, sondern beispielsweise auch Appletalk- oder IPX-Pakete über Ethernet transportiert werden können, muss das empfangende System zwischen den einzelnen Typen unterscheiden, um die Daten an die richtigen Routinen zur Weiterverarbeitung übergeben zu können. Da es sehr zeitaufwendig ist, den Nutzdatenanteil zu analysieren, um daraus zu erkennen, welches Vermittlungsprotokoll verwendet wird, ist im Ethernet-Header (und auch in den Headern aller anderen modernen Übertragungsprotokolle) eine Kennzahl gespeichert, die den im Datenanteil transportierten Protokolltyp eindeutig beschreibt. Die Kennzahlen werden (für Ethernet) von einer internationalen Organisation (IEEE) zugewiesen.

Die beschriebene Aufteilung wird für alle Protokolle im Protokollstapel fortgesetzt, weshalb sich am Anfang des übertragenen Frames zuerst eine Reihe von Headern befindet, die ganz am Ende von den relevanten Nutzdaten der Applikationsschicht gefolgt werden, wie Abbildung 9.5 zeigt.[9]

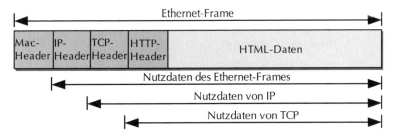

Abbildung 9.5: *Transport von HTTP-Daten über TCP/IP in einem Ethernet-Frame*

Die Abbildung macht deutlich, dass ein gewisser Anteil der Bandbreite unvermeidlich für Kontrollinformationen verloren geht.

---

9 Die Grenze zwischen Header- und Nutzdatenanteil der HTTP-Daten ist gestrichelt eingezeichnet, da die Unterscheidung nicht mehr im Kern, sondern im Userspace erfolgt.

9.5 Socketpuffer

Während bei der Analyse eines Netzwerkpakets im Kern die Daten untergeordneter Protokolle an ihre übergeordneten Schichten weitergegeben werden müssen, ist beim Senden von Daten genau die umgekehrte Reihenfolge erforderlich: Die von den verschiedenen Protkollen generierten Daten (Header und Nutzdaten) werden sukzessive an die untergeordneten Schichten weitergereicht, bis sie schließlich übertragen werden. Da die Geschwindigkeit dieser Operationen eine entscheidende Rolle für die Performance des Netzwerklayers spielt, existiert eine spezielle Datenstruktur, die als *Socketpuffer* oder *socket buffer* bezeichnet wird. Sie ist wie folgt aufgebaut:

```
<skbuff.h>   struct sk_buff {
                 /* These two members must be first. */
                 struct sk_buff         *next;
                 struct sk_buff         *prev;

                 struct sk_buff_head    *list;
                 struct sock            *sk;
                 struct timeval         stamp;
                 struct net_device      *dev;

                 union {                                /* Transport layer header */
                     struct tcphdr      *th;
                     struct udphdr      *uh;
                     struct icmphdr     *icmph;
                     struct igmphdr     *igmph;
                     struct iphdr       *ipiph;
                     unsigned char      *raw;
                 } h;

                 union {                                /* Network layer header */
                     struct iphdr       *iph;
                     struct ipv6hdr     *ipv6h;
                     struct arphdr      *arph;
                     unsigned char      *raw;
                 } nh;

                 union {                                /* Link layer header */
                     struct ethhdr      *ethernet;
                     unsigned char      *raw;
                 } mac;

                 struct dst_entry       *dst;

                 char                   cb[48];

                 unsigned int           len,
                                        data_len,
                                        csum;
                 unsigned char          cloned,
                                        pkt_type,
                                        ip_summed;
                 __u32                  priority;
                 unsigned short         protocol,
                                        security;

                 void                   (*destructor)(struct sk_buff *skb);

                 unsigned char          *head,
                                        *data,
                                        *tail,
                                        *end;
             };
```

9.5 Socketpuffer

Socketpuffer werden verwendet, um Daten zwischen den einzelnen Schichten der Netzwerkimplementierung auszutauschen, ohne die Paketdaten hin- und herkopieren zu müssen, was einen bedeutenden Geschwindigkeitsvorteil mit sich bringt. Die Struktur bildet eines der zentralen Rückgrate des Netzwerklayers, da sie auf allen Ebenen verarbeitet wird, sowohl bei der Analyse wie auch bei der Generierung von Paketen.

9.5.1 Datenverwaltung mit Socketpuffern

Socketpuffer werden über die diversen darin enthaltenen Zeiger mit einem Speicherbereich verknüpft, in dem sich die Daten eines Netzwerkpakets befinden, wie Abbildung 9.6 zeigt.

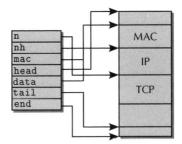

Abbildung 9.6: Verknüpfung eines Socketpuffers mit Daten eines Netzwerkpakets

Die grundlegende Idee eines Socketpuffers besteht darin, Abstreifen und Anfügen von Protokollheadern durch Manipulation von Zeigern zu bewerkstelligen:

- `head` und `end` geben Anfang und Ende des Bereichs im Speicher an, in dem die Protokolldaten eingebettet sind. Achtung: Der Bereich kann größer sein, als es zur Aufnahme der Daten eigentlich notwendig ist, da beispielsweise bei der Synthese von Paketen nicht klar ist, wie groß das Paket letztendlich wird.

- `data` und `tail` markieren Anfang und Ende des Protokolldatenbereichs.

- `mac` zeigt auf den Anfang das MAC-Headers, während `nh` und `h` auf die Headerdaten der Vermittlungs- bzw. Transportschicht zeigen. Durch die Verwendung einer union werden die betroffenen Bereiche je nach Protokolltyp strukturiert, wodurch explizite Typecasts überflüssig werden. Socketpuffer lassen sich dadurch universell für alle Protokolltypen des Kerns einsetzen.

`data` und `tail` ermöglichen die Weitergabe von Daten zwischen verschiedenen Protokollebenen, ohne explizite Kopieroperationen erforderlich zu machen, wie Abbildung 9.7 auf der nächsten Seite zeigt, die die Synthese eines Pakets demonstriert.

Der TCP-Layer alloziert bei der Erzeugung eines neuen Pakets, das verschickt werden soll, zunächst Speicherplatz im Kernelspace, in dem die Daten (Nutzdaten und Header) gespeichert werden. Der reservierte Speicherabschnitt ist größer als der für die Daten benötigte Platz, da weiter unten liegende Schichten zusätzliche Header hinzufügen müssen.

Ein Socketpuffer wird so aufgesetzt, dass `head` und `end` auf Anfang und Ende des reservierten Speicherbereichs zeigen, während `data` und `tail` die TCP-Daten einrahmen.

Wenn der Socketpuffer an die IP-Schicht übergeben wird, muss ein neuer Layer hinzugefügt werden: Dieser kann einfach in den bereits reservierten Speicherplatz geschrieben werden, wobei

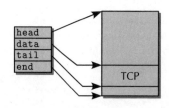 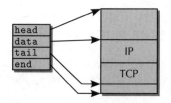

Abbildung 9.7: Manipulation des Socketpuffers beim Übergang zwischen Protokollebenen

alle Zeiger bis auf `data` unverändert bleiben - dieser zeigt nun auf den Anfang des IP-Headers. Der gleiche Vorgang wiederholt sich für die darunter liegenden Schichten, bis schließlich ein fertiges Paket konstruiert wurde, das über das Netzwerk verschickt werden kann.

Die Vorgehensweise bei der Analyse eines Pakets ist ähnlich: Die Paketdaten werden in einen reservierten Speicherbereich des Kerns kopiert und verbleiben dort während der gesamten Analysephase. Der mit dem Paket assoziierte Socketpuffer wird durch die einzelnen Schichten gereicht, wobei die verschiedenen Zeiger der Reihe nach mit den korrekten Werten belegt werden.

Der Kern stellt einige Standardfunktionen zur Manipulation von Socketpuffern bereit, die in Tabelle 9.1 zusammengefasst sind.

Tabelle 9.1: Operationen mit Socketpuffern

Funktion	Bedeutung
`alloc_skb`	Alloziert eine neue `sk_buff`-Instanz
`skb_copy`	Erzeugt eine Kopie des Socketpuffers *und* der assoziierten Daten.
`skb_clone`	Kopiert einen Socketpuffer, verwendet aber für Original und Kopie den selben Datenanteil.
`skb_tailroom`	Gibt die Größe des Bereichs zurück, der am Ende des Datenbereichs noch frei ist.
`skb_headroom`	Liefert die Größe des Bereichs, der am Anfang des Datenbereichs noch frei ist.
`skb_realloc_headroom`	Erzeugt einen neuen Datenbereich, dessen Freiraum am Anfang vergrößert wurde. Die Daten des alten Bereichs werden übernommen.

9.5.2 Verwaltungsdaten eines Socketpuffers

Neben den angesprochenen Zeigern finden sich weitere Elemente in der Socketpuffer-Struktur, die zum Umgang mit den darin enthaltenen Daten, aber auch zur Verwaltung des Socketpuffers selbst eingesetzt werden.

Die weniger gebräuchlichen Elemente werden wir im weiteren Verlauf des Kapitels vorstellen, wenn sie tatsächlich benötigt werden. Die wichtigsten Elemente sind:

- `stamp` speichert die Ankunfszeit des Pakets ab.

- `dev` gibt das Netzwerkgerät, auf dem ein Paket verarbeitet wird.

- `sk` ist eine Verbindung zur `socket`-Instanz (siehe Abschnitt 9.9.1) des Sockets, mit dem das Paket verarbeitet wird.

- `dst` gibt den weiteren Weg des Pakets durch die Netzwerkimplementierung vor, wozu ein spezielles Format verwendet wird, das in Abschnitt 9.7.5 besprochen wird.

- `next` und `prev` werden verwendet, um Socketpuffer auf einer doppelt verketteten Liste halten zu können, wobei hier allerdings *nicht* die Standard-Listenimplementierung des Kerns, sondern eine manuelle Variante verwendet wird.

Um Warteschlangen mit Socketpuffern realisieren zu können, wird ein Listenkopf verwendet, dessen Struktur wie folgt definiert ist:

```
struct sk_buff_head {                                                <skbuff.h>
        struct sk_buff  * next;
        struct sk_buff  * prev;
        __u32           qlen;
};
```

`qlen` gibt die Länge der Queue an, d.h. wie viele Elemente sich in der Warteschlange befinden. `next` und `prev` von `sk_buff_head` und `sk_buff` werden zum Aufbau einer zyklischen, doppelt verketteten Liste eingesetzt, während das `list`-Element des Socketpuffers auf den Listenkopf zurückzeigt, wie Abbildung 9.8 verdeutlicht.

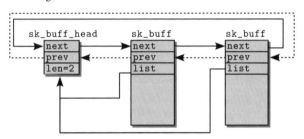

Abbildung 9.8: Verwaltung von Socketpuffern in einer doppelt verketteten Liste

Pakete müssen relativ häufig in Warteschlangen eingegliedert werden, beispielsweise beim Zusammensetzen fragmentierter Pakete aus mehreren kleinen Einzelpaketen oder dem Warten auf ihre Verarbeitung.

9.6 Datenübertragungsschicht

Nach den Vorarbeiten zur Struktur des Netzwerksubsystems im Linux-Kernel kann nun die erste Schicht der Netzwerkimplementierung untersucht werden: die Datenübertragungsschicht. Sie ist für die elementare Übermittlung von Informationen zwischen Computern verantwortlich und arbeitet direkt mit den Gerätetreibern der einzelnen Netzwerkkarten zusammen.

Wir wollen nicht auf die Implementierung der Kartentreiber und die damit verbundenen Probleme eingehen,[10] da sich die dazu verwendeten Techniken nicht wesentlich von den in Kapitel 5 („Gerätetreiber") vorgestellten Methoden unterscheiden. Vielmehr interessiert die *Schnittstelle*, die jeder Kartentreiber zur Verfügung stellen muss. Sie wird vom Netzwerkcode zur Abstraktion der eingesetzten Hardware verwendet.

Am Beispiel von Ethernet-Frames werden wir erläutern, wie Daten „auf dem Kabel" repräsentiert werden und wie die ersten Schritte nach dem Empfangen eines Pakets bis zum Weiterleiten an einen höheren Layer aussehen. Ebenso beschreiben wir die Maßnahmen der umgekehrten Richtung, wenn ein fertig generiertes Paket den Rechner über eine Netzwerkschnittstelle verlassen soll.

---
10 Auch wenn dies gelegentlich ganz interessant sein kann, leider aber meist aus produktpolitischen als aus technischen Gründen.

9.6.1 Repräsentation von Netzwerkgeräten

Jedes Netzwerkgerät wird im Kernel durch eine Instanz der Struktur net_device repräsentiert. Nachdem eine Instanz der Struktur alloziert und ausgefüllt wurde, muss es mit register_netdev aus drivers/net/net_init.c beim Kern registriert werden. Neben einigen Initialisierungsarbeiten aktiviert die Funktion auch den in Kapitel 6 („Module") besprochenen Hotplug-Mechanismus. Alle Netzwerkgeräte werden in einer einfach verketteten Liste gespeichert, die von dev_base als Listenkopf angeführt wird.

Die net_device-Struktur speichert alle nur denkbaren Informationen über das Gerät. Sie gehört mit über 200 Zeilen zu den umfangreichsten Strukturen im Kern und ist mit sehr vielen Details überladen, weshalb wir nur eine stark vereinfachte Version (die allerdings immer noch umfangreich genug ist) wiedergeben:

<netdevice.h>
```
struct net_device
{
        char                    name[IFNAMSIZ];

        /* I/O specific fields */
        unsigned long           mem_end;         /* shared mem end    */
        unsigned long           mem_start;       /* shared mem start  */
        unsigned long           base_addr;       /* device I/O address */
        unsigned int            irq;             /* device IRQ number */

        unsigned long           state;
        struct net_device       *next;
        int                     (*init)(struct net_device *dev);

        /* Interface index. Unique device identifier  */
        int                     ifindex;

        struct net_device_stats* (*get_stats)(struct net_device *dev);

        /* These may be needed for future network-power-down code. */
        unsigned long           trans_start;     /* Time (in jiffies) of last Tx */
        unsigned long           last_rx;         /* Time of last Rx   */

        unsigned short          flags;   /* interface flags (a la BSD) */
        unsigned                mtu;     /* interface MTU value       */
        unsigned short          type;    /* interface hardware type   */
        unsigned short          hard_header_len;       /* hardware hdr length */
        /* Interface address info. */
        unsigned char           broadcast[MAX_ADDR_LEN];  /* hw bcast add */
        unsigned char           dev_addr[MAX_ADDR_LEN];   /* hw address */
        unsigned char           addr_len;     /* hardware address length */

        int                     promiscuity;

        /* Protocol specific pointers */
        void                    *atalk_ptr;    /* AppleTalk link      */
        void                    *ip_ptr;       /* IPv4 specific data  */
        void                    *dn_ptr;       /* DECnet specific data */
        void                    *ip6_ptr;      /* IPv6 specific data  */
        void                    *ec_ptr;       /* Econet specific data */

        /* Called after device is detached from network. */
        void                    (*uninit)(struct net_device *dev);

        /* Pointers to interface service routines.  */
        int                     (*open)(struct net_device *dev);
        int                     (*stop)(struct net_device *dev);
        int                     (*hard_start_xmit) (struct sk_buff *skb,
```

9.6 Datenübertragungsschicht

```
          int              (*hard_header) (struct sk_buff *skb,
                                          struct net_device *dev);
                                          struct net_device *dev,
                                          unsigned short type,
                                          void *daddr,
                                          void *saddr,
                                          unsigned len);
          int              (*rebuild_header)(struct sk_buff *skb);
          int              (*set_mac_address)(struct net_device *dev,
                                          void *addr);
          int              (*do_ioctl)(struct net_device *dev,
                                          struct ifreq *ifr, int cmd);
          int              (*set_config)(struct net_device *dev,
                                          struct ifmap *map);
          int              (*change_mtu)(struct net_device *dev, int new_mtu);

          void             (*tx_timeout) (struct net_device *dev);

          int              (*hard_header_parse)(struct sk_buff *skb,
                                          unsigned char *haddr);
          int              (*neigh_setup)(struct net_device *dev,
                                          struct neigh_parms *);
          int              (*accept_fastpath)(struct net_device *,
                                          struct dst_entry*);

          /* open/release and usage marking */
          struct module *owner;
};
```

Zwei Abkürzungen, die auch in der Struktur auftauchen, werden vom Kern sowohl in Funktions- wie in Variablennamen oder Kommentaren häufig verwendet: *Rx* und *Tx*. Sie stehen für *Empfangen* (*Receive*) bzw. *Senden* (*Transmit*) und werden in den folgenden Abschnitten noch einige Male auftreten.

Der Name des Netzwerkgeräts wird in `name` gespeichert und besteht aus einer Zeichenkette gefolgt von einer Zahl, um mehrere Adapter des gleichen Typs (beispielsweise zwei Ethernet-Karten in einem System) auseinanderhalten zu können. Abbildung 9.2 zeigt die gebräuchlichsten Geräteklassen.

Tabelle 9.2: Bezeichnungen für Netzwerkgeräte

Name	Geräteklasse
ethX	Ethernet-Adapter, unabhängig von Kabeltyp und Übertragungsgeschwindigkeit
pppX	PPP-Verbindung über Modem
isdnX	ISDN-Karten
atmX	*Asynchronous transfer mode*, Schnittstelle zu Hochgeschwindigkeits-Netzwerkkarten
lo	*Loopback*-Device zur Kommunikation mit dem lokalen Rechner

Symbolische Namen für Netzwerkkarten werden beispielsweise dann verwendet, wenn Parameter mit dem `ifconfig`-Tool eingestellt werden.

Kernelintern wird eine Netzwerkkarte mit einer eindeutigen Nummer versehen, die im `ifindex`-Element festgehalten wird. Sie wird bei der Registrierung dynamisch vergeben. Um die `net_device`-Instanz einer Karte anhand ihres Namens oder ihrer Kennzahl ermitteln zu können, stellt der Kern die Funktionen `dev_get_by_name` bzw. `dev_get_by_index` bereit, deren Implementierung nicht genauer besprochen zu werden braucht, die sie lediglich die verkettete Liste aller registrierten Geräte durchsuchen.

Einige Elemente der Struktur definieren Eigenschaften des Geräts, die für die Übertragungs- und Vermittlungsschicht relevant sind:

- **mtu** (*maximum transfer unit*) legt die maximale Länge eines Frames fest, die übertragen werden kann. Protokolle der Vermittlungsschicht müssen diesen Wert berücksichtigen und Pakete eventuell in kleinere Einheiten aufspalten.

- **type** speichert den Hardware-Typ des Geräts, wobei Konstanten aus `<if_arp.h>` verwendet werden. Beispielsweise stehen `ARPHRD_ETHER` und `ARPHDR_IEEE802` für 10-Mbit- bzw. 802.2-Ethernet, `ARPHRD_APPLETLK` für AppleTalk oder `ARPHRD_LOOPBACK` für das Loopback-Device.

- **dev_addr** speichert die Hardware-Adresse des Geräts (bei Ethernet-Karten beispielsweise die MAC-Adresse), wobei `addr_len` die Länge angibt. `broadcast` ist die Broadcast-Adresse, die zum Versand von Nachrichten an alle angeschlossenen Stationen verwendet wird.

- **ip_ptr, ip6_ptr, atalk_ptr** etc. sind Zeiger auf protokollspezifische Daten, die vom generischen Code nicht manipuliert werden. Achtung: Da ein Netzwerkgerät mit mehreren Vermittlungsprotokollen gleichzeitig verwendet werden kann, können auch mehrere dieser Zeiger einen Nicht-NULL-Wert besitzen.

Die meisten Elemente der `net_device`-Struktur sind Funktionszeiger, die zur Durchführung netzwerkkartentypischer Aufgaben verwendet werden. Während sich die Implementierung je nach Adapter ändert, ist die Aufrufsyntax (und auch die durchgeführte Aufgabe) immer gleich, weshalb sie die Abstraktionsschnittstelle zur nächsten Protokollebene bilden: Der Kern kann dank ihrer Hilfe alle Netzwerkkarten über einen einheitlichen Funktionensatz ansteuern, während sich die Low-level-Treiber um die Implementierung der entsprechenden Details kümmern.

- **open** und **stop** werden verwendet, um eine Karte zu initialisieren bzw. deren Betrieb zu beenden (**stop**), was üblicherweise von außerhalb des Kernels durch Aufruf des Kommandos `ifconfig` angestoßen wird. **open** kümmert sich um die Initialisierung der Hardwareregister, das Belegen von Systemressourcen wie Interrupt, DMA, IO-Ports etc; **close** gibt die entsprechenden Ressourcen wieder frei und stellt die Übertragung ein.

- **hard_stat_xmit** wird aufgerufen, wenn sendebereite, fertig konstruierte Pakete die Warteschlange verlassen sollen, um verschickt zu werden.

- **get_stats** dient zum Abfragen der Statistikdaten, die in einer Struktur des Typs `net_device_stats` zurückgegeben werden. Sie besteht aus mehr als 20 Mitgliedern, die allesamt Zahlenwerte sind und Dinge wie Anzahl der übertragenen, empfangenen, fehlerhaften, verworfenen usw. Pakete festhalten (`ifconfig` oder `netstat -i` können von Zahlenliebhabern verwendet werden, um diese Daten abzufragen).

  Da es in der `net_device`-Struktur kein spezifisches Feld zum Speichern des `net_device_stats`-Objekts gibt, muss es von den einzelnen Gerätetreibern in ihrem privaten Datenbereich untergebracht werden.

- **tx_timeout** wird aufgerufen, wenn die Übertragung eines Paketes fehlgeschlagen ist. Die Funktion versucht, dieses Problem zu lösen.

- **do_ioctl** wird verwendet, um gerätespezifische Ioctl-Befehle an die Karte weiterzuleiten.

Einige Funktionen werden üblicherweise nicht durch treiberspezifischen Code implementiert, sondern sind für alle Ethernet-Karten identisch, weshalb der Kern Standardimplementierungen (in `drivers/net/net_init.c`) zur Verfügung stellt:

9.6 Datenübertragungsschicht

- change_mtu wird durch eth_change_mtu implementiert und ändert die *maximum transmission unit*, die maximale Größe einer Übertragungseinheit. Für Ethernet beträgt die Standardeinstellung 1.5Kib, andere Übertragungstechniken verwenden abweichende Werte. In manchen Fällen kann es nützlich sein, diesen Wert zu verkleinern oder vergrößern; viele Kartentreiber erlauben dies aber nicht, sondern unterstützen nur die Standardeinstellung der jeweiligen Hardware.

- hard_header findet in eth_header seine Standardimplementierung. Die Funktion wird verwendet, um den Header der Übertragungsschicht zu generieren, der zu den bereits vorhandenen Paketdaten passt.

- hard_header_parse (normalerweise implementiert von eth_header_parse) wird verwendet, um die Hardware-Adresse des Senders für ein gegebenes Paket zu ermitteln.

Um Modifikationen an der Konfiguration eines Netzwerkgeräts aus dem Userspace vorzunehmen, verwendet man ein Ioctl (siehe Kapitel 7 („Das virtuelle Dateisystem")), das auf den Dateideskriptor eines Sockets angewandt wird. Um festzulegen, *welcher* Teil der Konfiguration verändert werden soll, muss eine der symbolischen Konstanten angegeben werden, die in <sockios.h> definiert sind. Beispielsweise ist SIOCGIFHWADDR dafür zuständig, die Hardwareadresse einer Karte zu setzen, was der Kern letztendlich an die Funktion set_mac_address der net_device-Instanz delegiert. Gerätespezifische Konstanten werden an die do_ioctl-Funktion weitergeleitet. Da die Implementierung aufgrund der vielen Einstellmöglichkeiten recht umfangreich, aber trotzdem nicht besonders interessant ist, wollen wir nicht genauer darauf eingehen.

Netzwerkgeräte können in zwei verschiedenen Richtungen verwendet werden: Senden und Empfangen (oft finden sich auch die Bezeichnungen *down-* und *up-stream*). In den Kernelquellen sind zwei Treiberfragmente (isa-skeleton.c und pci-skeleton.c in drivers/net), enthalten, die man als Vorlage für Netzwerktreiber verwenden kann. Wir werden uns in der folgenden Beschreibung gelegentlich auf diese Treiber beziehen, wenn die konkrete Interaktion mit der Hardware von Interesse ist, um uns nicht auf einen spezifischen Kartentyp eines Herstellers zu beschränken. Interessanter als die Programmierung der Hardware sind allerdings die Schnittstellen, die der Kern zur Kommunikation verwendet, weshalb das Hauptaugenmerk darauf liegen wird.

9.6.2 Empfangen von Paketen

Pakete erreichen den Kern zu beliebigen Zeitpunkten, die aus seiner Sicht nicht vorhergesagt werden können. Um den Kern (bzw. das System) über die Ankunft eines Pakets zu informieren, verwendet jeder moderne Gerätetreiber Interrupts, die in Kapitel 11 („Kernel-Aktivitäten und Zeitfluss") besprochen werden: Der Netzwerktreiber installiert eine Handlerroutine für den gerätespezifischen Interrupt; bei jedem Auftreten des Interrupts – also wenn ein Paket empfangen wurde – ruft der Kernel den installierten Handler auf, der sich um den Transfer der Daten von der Netzwerkkarte in den RAM-Speicher kümmert.[11]

Abbildung 9.9 auf der nächsten Seite zeigt einen Überblick zum Weg, den ein Paket nach der Ankunft am Netzwerkadapter durch den Kernel zurücklegt, bis es an die Funktionen der Vermittlungsschicht übergeben wird.

Da Pakete im Interruptkontext empfangen werden, darf die Handlerroutine nur die notwendigsten Aufgaben durchführen, um das restliche System (bzw. den aktuellen Prozessor) nicht allzu lange von anderen Tätigkeiten abzuhalten.

---
[11] Viele Karten unterstützen den DMA-Modus und können die Daten selbstständig in den Hauptspeicher übermitteln.

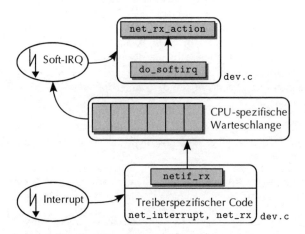

Abbildung 9.9: Weg eines eintreffenden Pakets durch den Kern

Die Behandlung der Daten im Interrupt-Kontext ist auf drei kurze Funktionen[12] mit folgenden Aufgaben verteilt:

- net_interrupt ist der vom Gerätetreiber installierte Interrupt-Handler. Er stellt fest, ob der Interrupt wirklich durch ein ankommendes Paket ausgelöst wurde (alternative Möglichkeiten sind beispielsweise die Signalisierung eines Fehlers oder die Bestätigung einer Übertragung, wie es von manchen Adaptern durchgeführt wird); wenn ja, wird die Kontrolle an net_rx weitergegeben.

- Die ebenfalls kartenspezifische Funktion net_rx legt zuerst einen neuen Socketpuffer an. Danach wird der Inhalt des Pakets von der Netzwerkkarte in den Socketpuffer und damit in den Hauptspeicher übertragen, um anschließend die Headerdaten zu analysieren, wozu je nach verwendetem Übertragungstyp in den Kernelquellen einige Bibliotheksfunktionen bereitstehen. Durch diese Analyse wird das verwendete Protokoll der Vermittlungsschicht herausgefunden, das von den Daten des Pakets verwendet wird – beispielsweise IP.

- Im Gegensatz zu den bisher genannten Methoden ist netif_rx keine netzwerktreiberspezifische Funktion mehr, sondern findet sich in net/core/dev.c. Ihr Aufruf markiert den Übergang zwischen dem kartenspezifischen Teil und dem universellen Interface des Netzwerklayers.

Aufgabe der Funktion ist es, das empfangene Paket in einer Prozessor-spezifischen Warteschlange abzulegen und den Interruptkontext zu verlassen, um den Prozessor für andere Aktivitäten freizugeben.

Zur Verwaltung der Warteschlangen ein- und ausgehender Pakete verwendet der Kernel das global definierte Array softnet_data, das Einträge des Typs softnet_data enthält. Um die Performance auf Mehrprozessorsystemen zu erhöhen, werden die Warteschlangen per CPU angelegt, was die parallele Abarbeitung von Paketen ermöglicht, da sich die einzelnen Prozessoren nicht gegenseitig in ihrer Arbeit behindern können (die Warteschlangen müssen nicht durch explizites Locking gegen konkurrierende Zugriffe geschützt werden, da jede CPU nur ihre eigene

---

[12] net_interrupt und net_rx sind Bezeichnungen, die aus dem Dummy-Treiber isa-skeleton.c übernommen worden. In anderen Treibern heißen sie anders.

9.6 Datenübertragungsschicht

Warteschlange modifiziert). Die weiteren Ausführungen werden den Mehrprozessoraspekt beiseite lassen (wir sprechen dann nur von einer „softnet_data-Warteschlange"), um die Komplexität nicht unnötig zu erhöhen.

Die Einträge der Warteschlange haben – vereinfacht – folgenden Aufbau:

```
struct softnet_data                                           <netdevice.h>
{
        int                     cng_level;
        int                     avg_blog;
        struct sk_buff_head     input_pkt_queue;
} ____cacheline_aligned;
```

- Das interessanteste Feld ist `input_pkt_queue`, das über den weiter oben besprochenen Listenkopf `sk_buff_head` eine verkettete Liste aufbaut, in der alle einkommenden Pakete gespeichert werden.

- `avg_blog` gibt die durchschnittliche Länge des Backlogs an – die Zahl der eingetroffenen, aber noch nicht bearbeiteten Pakete. Aufgrund dieser Aussage kann der Kern feststellen, wie stark ein Interface belastet ist.

- Das „Verstopfungsniveau" (*congestion level*) wird aufgrund des `avg_blog`-Werts berechnet und kann folgende Werte annehmen, die einen zunehmenden Grad der Verstopfung signalisieren:

```
#define NET_RX_SUCCESS     0    /* keep 'em coming, baby */   <netdevice.h>
#define NET_RX_CN_LOW      2    /* storm alert, just in case */
#define NET_RX_CN_MOD      3    /* Storm on its way! */
#define NET_RX_CN_HIGH     4    /* The storm is here */
```

Wenn die Verstopfung zu hoch wird, kann der Kern versuchen, sie über verschiedene Maßnahmen zu lösen (beispielsweise Umschalten des Geräts in einen speziellen Polling-Modus, bei dem Pakete nicht mehr wie üblich im Backlog gespeichert werden, nachdem sie eintreffen, sondern erst nach expliziter Anfrage an die Netzwerkkarte dem Kern übergeben werden), auf die wir aber nicht detaillierter eingehen wollen.

`netif_rx` markiert (wie in Kapitel 11 („Kernel-Aktivitäten und Zeitfluss") beschrieben) den Softinterrupt `NET_RX_SOFTIRQ` zur Ausführung, bevor es seine Arbeit beendet und den Interrupt-Kontext verlässt.

Als Handlerfunktion des SoftIRQs wird `net_rx_action` verwendet, deren Codeflussdiagramm in Abbildung 9.10 auf der nächsten Seite zu finden ist.[13]

Nach einigen Vorarbeiten wird die Arbeit an `process_backlog` abgegeben, die in einer Endlosschleife folgende Schritte ausführt:

---

13 Tatsächlich ist die Funktion etwas komplizierter, wenn die Möglichkeiten berücksichtigt werden, die während der Entwicklung von 2.5 eingeführt wurden. Jedes Netzwerkgerät kann eine `poll`-Methode einführen, die im gleichnamigen Feld seiner `net_device`-Instanz gespeichert wird. Sie ermöglicht dem Kern, eine bestimmte Anzahl an Paketen anzufordern, die sich noch nicht im Backlog des Systems, sondern an einem beliebigen, treiberspezifischen Ort befinden können. Des Weiteren wird in der `softnet_data`-Warteschlange eine weitere Liste eingefügt, in der sich alle Treiber registrieren können, die vom Kern gepollt werden wollen (die automatische Interrupt-Benachrichtigung beim Eintreffen neuer Pakete wird dabei abgeschaltet). `netif_rx` durchläuft daher der Reihe nach die Liste aller registrierten Treiber und verwendet deren Poll-Methode. Da Hochgeschwindigkeits-Adapter jede Menge Interrupts produzieren können, die dem Kern nur das mitteilen, was er ohnehin schon weiß, bringt dies einen Geschwindigkeitsvorteil.
Diese Vorgehensweise wird allerdings nur bei sehr schnellen Netzwerkgeräten benötigt und erfordert außerdem eine Unterstützung durch den Gerätetreiber, die noch nicht bei allzu vielen Geräten vorhanden ist, weshalb wir auf eine genauere Erläuterung der Technik verzichten.

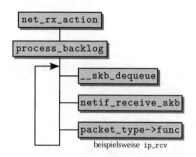

Abbildung 9.10: Codeflussdiagramm für net_rx_action

- Mit __skb_dequeue wird der Warteschlange ein Socketpuffer entnommen, der ein eingetroffenes Paket verwaltet.

- Zur Auslieferung des Pakets an die Empfangsfunktion der Vermittlungsschicht (und insofern zum Übertritt in einen höheren Layer des Netzwerksystems) wird der Typ des Pakets analysiert. Dies übernimmt die Funktion netif_receive_skb, auf die wir gleich eingehen werden.

Alle Funktionen der Vermittlungsschicht, die zum Empfang von Daten aus der darunter liegenden Übertragungsschicht verwendet werden, sind in einer Hashtabelle registriert, die durch das globale Array ptype_base realisiert wird (neue Protokolle werden mit dev_add_pack eingefügt). Die Einträge sind Strukturen des Typs packet_type, dessen Definition folgendermaßen lautet:

```
<netdevice.h>   struct packet_type
                {
                        unsigned short          type;      /* This is really htons(ether_type). */
                        struct net_device       *dev;      /* NULL is wildcarded here */
                        int                     (*func) (struct sk_buff *, struct net_device *,
                                                         struct packet_type *);
                        void                    *data;     /* Private to the packet type   */
                        struct packet_type      *next;     /* Hash overflow */
                };
```

type gibt die Kennzahl des Protokolls an, für das der Handler bestimmt ist. Mit dev kann ein Protokollhandler an eine bestimmte Netzwerkkarte gebunden werden (wird ein Nullzeiger verwendet, gilt der Handler für alle Netzwerkgeräte des Systems).

func ist das zentrale Element der Struktur, da es sich um einen Zeiger auf die Funktion der Vermittlungsschicht handelt, an die ein Paket übergeben wird, wenn es den passenden Typ besitzt. Für IPv4-basierte Protokolle wird ip_rcv verwendet, worauf wir gleich genauer eingehen werden.

netif_receive_skb ermittelt das passende Handlerelement für einen gegebenen Socketpuffer, ruft dessen func-Funktion auf und delegiert die Verantwortung für das Paket daher an die nächsthöhere Stufe der Netzwerkimplementierung, die Vermittlungsschicht.

Das normale Verhalten des Kerns wird durch ein Pseudo-Netzwerkgerät geregelt, das mit der Softnet-Queue verbunden ist; als Poll-Methode wird die Standardfunktion process_backlog aus net/core/dev.c verwendet. Wenn sich keine Netzwerkadapter selbstständig in die Poll-Liste der Queue setzen, findet sich lediglich der Pseudoadapter darauf, weshalb das Verhalten von net_rx_action in diesem Fall (wie im Codeflussdiagramm gezeigt) einem einzigen Aufruf von process_backlog entspricht, bei dem die in der Queue enthaltenen Pakete unabhängig davon bearbeitet werden, von welchem Gerät sie stammen.

9.6.3 Senden von Paketen

Ein fertig konstruiertes Paket wird abgeschickt, indem von einer protokollspezifischen Funktion der Vermittlungsschicht die Anweisung an den Übertragungslayer gegeben wird, ein durch einen Socketpuffer festgelegtes Paket zu verarbeiten.

Welche Dinge müssen beachtet werden, wenn Nachrichten den Rechner verlassen sollen? Neben vollständigen Headern zusammen mit je nach Protokoll benötigten Checksummen, die bereits von den höheren Instanzen erzeugt wurden, ist vor allem der Weg wichtig, den das Paket einschlagen soll (auch dann, wenn sich nur eine Netzwerkkarte im Rechner befindet, da der Kern auch in diesem Fall noch zwischen Paketen für externe Ziele und der Lookback-Verbindung unterscheiden muss).

Da diese Frage nur höhere Protokollinstanzen klären können, (vor allem, wenn verschiedenen Routen möglich sind, die zum gewünschten Ziel führen), verlässt sich der Gerätetreiber darauf, dass die Entscheidung bereits getroffen wurde.

Um das Paket an den richtigen nächsten Rechner zu schicken (der im Normalfall nicht identisch mit dem endgültigen Zielrechner ist, da IP-Pakete dies normalerweise erst über einige Gateways erreichen, wenn keine direkte Hardware-Verbindung besteht), muss die Hardware-Adresse der empfangenden Netzwerkkarte herausgefunden werden. Dies ist ein komplizierter Prozess, den wir in Abschnitt 9.7.5 noch etwas genauer betrachten werden; hier soll vorerst einfach davon ausgegangen werden, dass die MAC-Adresse der Gegenstelle bekannt ist. Die Generierung eines weiteren Headers für die Übertragungsschicht wird normalerweise von protokollspezifischen Funktionen vorgenommen.

Um das fertige Paket in die Warteschlange für ausgehende Pakete einzureihen, wird `dev_queue_xmit` aus `net/core/dev.c` verwendet. Auf die eigentliche Implementierung des gerätespezifischen Queue-Mechanismus wollen wir hier nicht weiter eingehen, da sie für die Funktionsweise des Netzwerklayers nicht allzu interessant ist. Es genügt zu wissen, dass ein Paket nach dem Einreihen in die Warteschlange nach einer bestimmten Zeit übertragen wird, wozu die adapterspezifische Funktion `hard_start_xmit` verwendet wird, die sich als Funktionszeiger in jeder `net_device`-Struktur befindet und von den Hardware-Gerätetreibern implementiert wird.

9.7 Vermittlungsschicht

Die Datenübertragungsschicht ist noch relativ stark von den Eigenschaften des Übertragungsmediums und den Gerätetreibern für die damit assoziierten Adapter beeinflusst. Die Vermittlungsschicht (und damit speziell das Internetprotokoll IP) hat sich beinahe völlig von den Hardwareeigenschaften der Netzwerkadapter gelöst. Warum nur beinahe? Wie sich gleich zeigen wird, ist die Schicht nicht nur für Versand und Empfang von Daten zuständig, sondern auch für Paketweiterleitung und Routing zwischen Systemen, die nicht direkt miteinander verbunden sind. Den besten Weg zu finden und das geeignete Netzwerkgerät zu wählen, über welches das Paket verschickt wird, schließt auch die Handhabung untergeordneter Adressfamilien (wie hardwarespezifischer MAC-Adressen) mit ein, weshalb der Layer zumindest schwach mit Netzwerkkarten verbunden ist. Auch die Zuordnung zwischen Adressen von Übertragungs- und Vermittlungsschicht findet in diesem Layer statt – ein weiterer Grund, warum der IP-Layer noch nicht völlig von den Hardware-Gegebenheiten losgelöst ist.

Auch die Fragmentierung zu großer Datenpakete in kleinere Einheiten kann nicht ohne Beachtung der zugrunde liegenden Hardware durchgeführt werden (bzw. wird erst durch ihre Eigenschaften erforderlich): Da jede Übertragungstechnik eine maximale Größe für versendbare

Dateneinheiten definiert, muss das IP-Protokoll Möglichkeiten finden, Pakete mit größerem Umfang in kleinere Einheiten aufzuteilen, die vom Empfänger – unbemerkt von den darüber liegenden Schichten – wieder zusammengesetzt werden können. Die Größe der zerteilten Pakete richtet sich nach den Fähigkeiten des jeweiligen Übertragungsprotokolls.

IP wurde bereits 1981 formal definiert (RFC 791), besitzt also ein durchaus reifes Alter.[14] Auch wenn sich die tatsächliche Situation nicht mit den üblichen Pressemitteilungen deckt, die jede neue Version einer Tabellenkalkulation als größte Erfindung seit Beginn der Menschheit preisen, sind die beiden letzten Dekaden nicht völlig spurlos an der Technik vorübergegangen: Mängel und unvorhergesehene Probleme, die durch das starke Wachstum des Internets bedingt sind, werden immer deutlicher. Deshalb wurde bereits vor einigen Jahren ein Nachfolger zum heute verwendeten IPv4 definiert, der den Namen IPv6 trägt und den zukünftigen Standard bildet (auch wenn sich die Umstellung durch das Fehlen einer zentralen Kontrollinstanz sehr langsam vollzieht). Wir werden uns in diesem Kapitel vor allem mit der Implementierung der Algorithmen für Version 4 beschäftigen, aber zumindest einen kurzen Überblick zur künftigen Technik und ihrer Implementierung im Linux-Kernel geben, die mittlerweile durchaus praxistauglich ist.

Um die Implementierung im Kern verstehen zu können, ist zunächst ein kurzer Überblick über die Funktionsweise des IP-Protokolls notwendig. Natürlich können wir die relevanten Themen dieses großen Felds nur kurz streifen; detailliertere Beschreibungen finden sich in zahlreichen spezialisierten Büchern, insbesondere [Ste00] oder [Ste94].

9.7.1 IPv4

IP-Pakete verwenden einen Protokollheader, der in Abbildung 9.11 gezeigt wird.

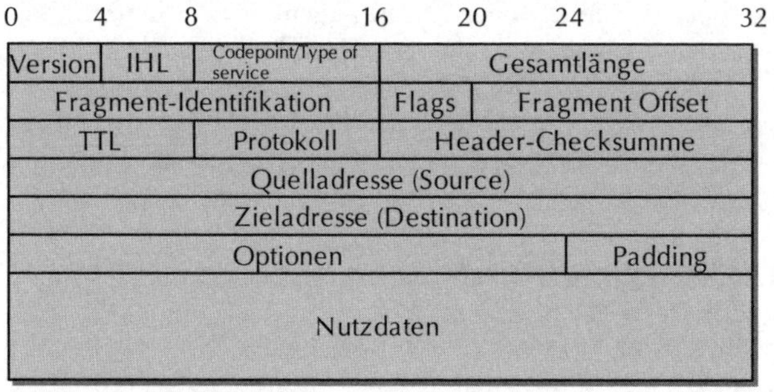

0	4	8	16	20	24	32
Version	IHL	Codepoint/Type of service		Gesamtlänge		
Fragment-Identifikation				Flags	Fragment Offset	
TTL		Protokoll		Header-Checksumme		
Quelladresse (Source)						
Zieladresse (Destination)						
Optionen					Padding	
Nutzdaten						

Abbildung 9.11: Aufbau eines IP-Headers

Die Bestandteile haben folgende Bedeutung:

- **version** gibt die verwendete Version des IP-Protokolls an; momentan kann dieses Feld daher entweder den Wert 4 oder 6 enthalten. Auf Hosts, die beide Varianten des Protokolls unterstützen, erfolgt die Unterscheidung allerdings üblicherweise bereits durch den im vorigen Kapitel angesprochenen Identifikator des Übertragungsprotokolls, der ebenfalls verschiedene Werte für Version 4 und Version 6 von IP verwendet.

- **IHL** legt die Länge des Headers fest, die aufgrund variabler Zusatzoptionen nicht immer gleich ist.

---

[14] Auch wenn die Marketing-Maschinen mancher Hersteller genau das Gegenteil propagieren, ist das Internet älter als die meisten seiner Benutzer...

9.7 Vermittlungsschicht

- **Codepoint** bzw. **Type of Service** wird für komplexere Möglichkeiten des Protokolls benötigt, die uns hier nicht interessieren.

- **Length** gibt die *Gesamtlänge* des Pakets an, also die Länge von Header und transportierten Nutzdaten zusammen.

- Die **Fragment ID** wird verwendet, um einzelne Teile eines in kleinere Abschnitte aufgebrochenen IP-Pakets identifizieren zu können: Das fragmentierende System weist allen Teilen eines Ursprungspakets die *gleiche* Fragment-ID zu, anhand derer sie als Gruppe identifiziert werden. Die relative Anordnung der Teile wird durch das Feld **Fragment-Offset** definiert. Das Offset wird in 64er-Schritten angegeben.

- Drei Status-Bits werden zum Aktivieren und Deaktivieren spezieller Eigenschaften verwenden, wobei nur zwei davon belegt sind:

    - DF steht für *don't fragment*, verbietet also die Aufspaltung des Pakets in kleinere Einheiten.
    - MF zeigt an, dass es sich beim vorliegenden Paket um den Teil eines fragmentierten größeren Pakets handelt, dem noch weitere Teile folgen (das Bit ist bei allen Fragmenten bis auf das letzte gesetzt).

  Das dritte Feld ist für „zukünftige Erweiterungen" vorgesehen, was in Anbetracht von IPv6 wohl nicht mehr vorkommen wird.

- **TTL** steht für *Time to Live* und gibt an, über wie viele Zwischenstationen ein Paket weitergeleitet werden darf.[15]

- **Protocol** enthält eine Kennung, mit der der im IP-Datagramm transportierte Protokolltyp der übergeordneten Schicht (Transportschicht) festgelegt wird. Beispielsweise existieren eindeutige Werte für TCP oder UDP.

- **Checksum** enthält eine Prüfsumme, die aus dem Inhalt von Header und Daten berechnet wird. Wenn die angegebene Checksumme nicht mit der beim Empfang berechneten Variante übereinstimmt, wird das Paket verworfen, da ein Übertragungsfehler aufgetreten ist.

- **dest** und **src** geben die IP-Adresse des Absenders bzw. Empfängers in der weiter oben eingeführten 32-Bit-Notation an.

- **options** wird für erweiterte IP-Optionen verwendet, auf die wir nicht eingehen wollen.

- **data** nimmt den Nutzdateninhalt des Pakets auf.

Alle Zahlenangaben im IP-Header müssen in Netzwerkbyteorder (Big Endian) notiert sein. Die Umsetzung des Headers in den Kernelquellen findet sich in der Datenstruktur `iphdr`:

```
struct iphdr {                                                          <ip.h>
#if defined(__LITTLE_ENDIAN_BITFIELD)
        __u8    ihl:4,
                version:4;
#elif defined (__BIG_ENDIAN_BITFIELD)
        __u8    version:4,
```

---

15 Früher wurde der Wert als maximale Lebensdauer in Sekunden interpretiert.

```
                ihl:4;
#endif
        __u8    tos;
        __u16   tot_len;
        __u16   id;
        __u16   frag_off;
        __u8    ttl;
        __u8    protocol;
        __u16   check;
        __u32   saddr;
        __u32   daddr;
        /*The options start here. */
};
```

Die Funktion `ip_rcv` dient als Einsprungpunkt in die Vermittlungsschicht im Netzwerklayer. Der weitere Weg eines Pakets durch den Kern findet sich in Abbildung 9.12.

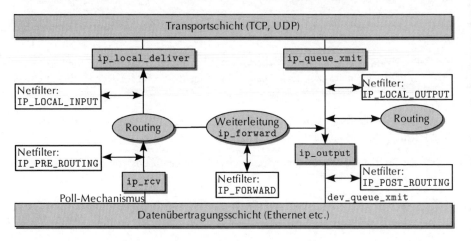

Abbildung 9.12: Weg eines Pakets durch den IP-Layer

Der Programmfluss für den Sende- und Empfangvorgang ist nicht immer getrennt, sondern kann ineinander übergehen, wenn ein Paket den Rechner nur zur Weiterleitung passiert: Es wird nicht an höhere Protokollschichten (oder gar an eine Anwendung) weitergegeben, sondern verlässt den Rechner mit neuem Ziel sofort wieder.

9.7.2 Empfangen von Paketen

Nachdem ein Paket (bzw. der entsprechende Socketpuffer mit passend gesetzen Zeigern) an `ip_rcv` weitergereicht wurde, muss zunächst die Korrektheit der empfangenen Informationen geprüft werden. Hauptsächlich wird getestet, ob die berechnete Prüfsumme mit der im Header gespeicherten Zahl übereinstimmt. Es werden aber auch andere Mechanismen eingesetzt: Beispielsweise wird geprüft, ob der Header mindestens so lang wie die kleinstmögliche vorstellbare Variante ist und es sich auch wirklich um ein IP-Paket der Version 4 handelt (IPv6 verwendet eine eigene Empfangsroutine).

Anschließend fährt der Kernel nicht direkt mit der weiteren Bearbeitung des Pakets fort, sondern bietet durch den Aufruf eines Netfilter-Hooks die Gelegenheit an, die Paketdaten im Userspace manipulieren zu können. Unter einem Netfilter-Hook versteht man einen „Haken", der an verschiedenen, fest definierten Stellen im Kernelcode eingehängt wird, um die Bearbeitung

9.7 Vermittlungsschicht

von Paketen dynamisch manipulierbar zu machen, ohne den Kernelcode verändern zu müssen. Entsprechende Hooks befinden sich an verschiedenen Stellen im Netzwerksubsystem, wobei jeder von ihnen mit einer speziellen Kennnung (*Label*) versehen ist: Der eben aufgefundene Hook trägt beispielsweise die Bezeichnung NF_IP_PRE_ROUTING.

Trifft der Kernel auf einen Hook, werden zuerst die für das entsprechende Label registrierten Routinen im Userspace aufgerufen, anschließend wird die kernelseitige Bearbeitung (mit einem eventuell veränderten Paket) in einer weiteren Kernelfunktion fortgeführt. Abschnitt 9.7.6 wird sich genauer mit der Implementierung des Netfilter-Mechanismus beschäftigen.

Im nächsten Schritt treffen die empfangenen IP-Pakete an eine Kreuzung, an der entschieden wird, ob sie für das lokale System oder einen entfernten Rechner bestimmt sind. Je nachdem müssen sie entweder an einen der höheren Layer gereicht oder in den Ausgabepfad der IP-Ebene transferiert werden (die dritte Möglichkeit, die Zustellung des Pakets an eine Gruppe mehrerer Rechner durch das Multicast-Verfahren, werden wir nicht weiter erörtern).

`ip_route_input` ist für die Wahl des Weges (*Route*) verantwortlich; da es sich um eine relativ komplexe Entscheidung handelt, werden wir in Abschnitt 9.7.5 genauer darauf eingehen. Das Resultat des Routing-Vorgangs: `skb->dst->input` ist auf die zur weiteren Bearbeitung des Pakets relevante Funktion gesetzt. Dazu stehen `ip_local_deliver` und `ip_forward` zur Verfügung, je nachdem ob das Paket an lokale Routinen der nächsthöheren Protokollschicht ausgeliefert oder an einen anderen Rechner im Netzwerk weitergeleitet werden soll.

9.7.3 Lokale Auslieferung an die Transportschicht

Wenn das Paket für den lokalen Rechner bestimmt ist, muss `ip_local_deliver` versuchen, eine passende Funktion der Transportschicht zu finden, an die die Daten weitergereicht werden können. IP-Pakete verwenden üblicherweise TCP oder UDP als Transportschicht.

Defragmentierung

Dies wird dadurch erschwert, dass IP-Pakete fragmentiert sein können. Es ist in diesem Moment also nicht sichergestellt, dass ein vollständiges Paket vorhanden ist! Erste Aufgabe der Funktion ist daher, ein fragmentiertes Paket aus seinen Bestandteilen zusammenzusetzen, wozu `ip_defrag` verwendet wird.[16] Das entsprechende Codeflussdiagramm ist in Abbildung 9.13 zu finden.

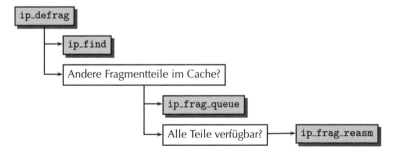

Abbildung 9.13: *Codeflussdiagramm für* `ip_defrag`

---

16 Ein fragmentiertes Paket erkannt der Kern daran, dass entweder das Fragment-Bit gesetzt ist oder das Offset-Feld einen Wert ungleich 0 besitzt. Durch die zweite Bedingung wird das letzte Paket einer fragmentierten Reihe erkannt.

Der Kern verwaltet die Fragmentteile eines ursprünglich zusammengesetzten Pakets in einem eigenen Cache (dem *fragment cache*). Alle zusammengehörenden Fragmentteile werden darin in einer eigenen Warteschlange so lange festgehalten, bis alle Teile verfügbar sind.

Zunächst wird `ip_find` aufgerufen, das anhand eines Hashingverfahrens über Fragment-ID, Ziel- und Quelladresse sowie Protokollkennung des Pakets prüft, ob bereits eine Warteschlange eingerichtet wurde. Ist dies nicht der Fall, wird eine neue Schlange angelegt und das Paket darin gespeichert. Anderenfalls wird die Adresse der bestehenden Warteschlange zurückgegeben, in die das Paket mit `ip_frag_queue` eingefügt wird.[17]

Liegt das fragmentierte Paket vollständig im Cache vor (wenn der erste und letzte Abschnitt vorhanden sind und die Summe der Daten in den Fragmenten gleich der erwarteten Gesamtlänge des Pakets ist), werden die einzelnen Teile durch `ip_frag_reasm` zusammengesetzt. Der erzeugte Socketpuffer wird zurückgegeben und weiter verarbeitet.

Sind noch nicht alle Fragmente eines Paketes eingetroffen, liefert `ip_defrag` einen Nullzeiger, der zum Abbruch der Paketbearbeitung der IP-Schicht führt. Sie wird erst fortgesetzt, wenn alle Teile vorhanden sind.

Übergabe an die Transportschicht

Zurück zu `ip_local_deliver`: Nach der Defragmentierung des Pakets wird der Netfilter-Hook `NET_IP_LOCAL_IN` aufgerufen, um die Bearbeitung anschließend in `ip_local_deliver_finish` fortzusetzen.

Dort wird das Paket an eine Funktion der Transportschicht weitergereicht, die aber erst anhand der Protokollkennung herausgefunden werden muss. Alle Protokolle, die auf dem IP-Layer aufsetzen, verfügen über eine Instanz der Struktur `inet_protocol`, die folgenden Aufbau hat:

```
include/net/      struct inet_protocol
protocol.h        {
                      int         (*handler)(struct sk_buff *skb);
                      void        (*err_handler)(struct sk_buff *skb, u32 info);
                  };
```

- `handler` ist die Routine des Protokolls, der Pakete (in Form von Socketpuffern) zur weiteren Verarbeitung überlassen werden.

- `err_handler` wird aufgerufen, wenn eine ICMP-Fehlernachricht empfangen wurde, die an die höheren Ebenen weitergeleitet werden soll.

Jede Instanz wird mit Hilfe der Standardfunktion `inet_add_protocol` im Array `inet_protos` gespeichert, das die Protokolle durch ein Hashing-Verfahren auf die einzelnen Listenpositionen abbildet (Kollisionen werden wie üblich durch Verkettung über das Feld `next` aufgelöst).

Nachdem der IP-Header mit den üblichen Zeigermanipulationen im Socketpuffer „entfernt" wurde, muss nur noch die entsprechende Empfangsroutine der Übertragungsschicht aufgerufen werden, die im `handler`-Feld von `inet_protocol` gespeichert wurde. Für TCP-Pakete ist dies beispielsweise `tcp_v4_rcv`, während UDP-Pakete mit `udp_rcv` empfangen werden. Abschnitt 9.8 wird genauer auf die Implementierung dieser Funktionen eingehen.

---

17 Der Fragment-Cache verwendet einen Timer-Mechanismus, der Fragmente nach Ablauf einer Frist wieder aus dem Cache entfernt, wenn sie nicht vervollständigt werden können.

9.7.4 Paketweiterleitung

Neben der lokalen Auslieferung kann ein Paket die IP-Schicht auch verlassen, indem es an einen anderen Rechner weitergeleitet wird, ohne lokal mit den höheren Protokollinstanzen in Verbindung getreten zu sein. Dabei gibt es zwei unterschiedliche Kategorien für das Ziel eines Pakets:

- Der Zielrechner befindet sich in einem der lokalen Netzwerke, an das der Rechner angeschlossen ist.

- Das Ziel ist ein weiter entfernter Rechner, der nicht über das lokale Netzwerk, sondern über Gateways zu erreichen ist.

Der zweite Fall ist etwas komplizierter: Es muss die erste Station des verbleibenden Weges gefunden werden, an die das Paket weitergereicht werden soll, um seinem endgültigen Ziel einen Schritt näher zu kommen. Hierfür sind nicht nur Informationen über die Struktur des eigenen Netzwerks, sondern auch über die „angrenzenden" Netzwerkstrukturen und die damit verbundenen Ausgangsmöglichkeiten erforderlich.

Diese Informationen werden durch *Routingtabellen* vermittelt, die der Kernel in Form vielfältiger Datenstrukturen verwaltet, die wir in Abschnitt 9.7.5 besprechen. Die beim Empfang des Pakets aufgerufene Funktion `ip_route_input` dient als Interface zur Routing-Implementierung, da sie nicht nur in der Lage ist zu erkennen, ob ein Paket lokal verwendet oder weitergeleitet werden soll, sondern zusätzlich den Weg zum Ziel herausfindet. Das Ziel wird im `dst`-Feld des Socketpuffers gespeichert.

Dies macht die Arbeit für `ip_forward` sehr einfach, wie das Codeflussdiagramm in Abbildung 9.14 zeigt.

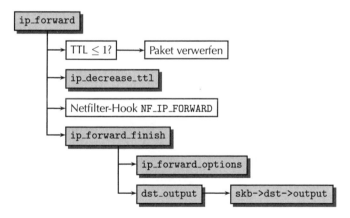

Abbildung 9.14: Codeflussdiagramm für `ip_forward`

Zunächst prüft die Funktion anhand des TTL-Felds, ob das Paket einen weiteren Hop durchlaufen darf. Wenn die TTL kleiner oder gleich 1 ist, wird das Paket verworfen, ansonsten wird der Zähler um 1 erniedrigt. Dazu wird `ip_decrease_ttl` verwendet, da durch die Modifikation des TTL-Felds auch die Checksumme des Pakets verändert werden muss.

Nachdem der Netfilter-Hook `NF_IP_FORWARD` aufgerufen wurde, setzt der Kern die Bearbeitung in `ip_forward_finish` fort. Die Funktion delegiert ihre Arbeit an zwei andere Funktionen:

- Wenn zusätzliche Optionen im Paket enthalten sind, werden diese in `ip_forward_options` bearbeitet. Da dies normalerweise nicht der Fall ist, werden wir nicht weiter darauf eingehen.

- `dst_output` übergibt das Paket an eine während des Routings gewählte Funktion zum Versand, die in `skb->dst->output` gespeichert ist. Normalerweise wird hierfür `ip_output` eingesetzt, die das Paket an den zum Ziel passenden Netzwerkadapter übergibt.[18] `ip_output` ist Teil des Sendevorgangs für IP-Pakete, den wir im folgenden Abschnitt beschreiben.

9.7.5 Pakete senden

Der Kern stellt mehrere Funktionen bereit, die von höheren Protokollschichten verwendet werden kann, um Daten über IP zu versenden. Am häufigsten wird `ip_queue_xmit` verwendet, deren Codeflussdiagramm in Abbildung 9.15 zu finden ist.

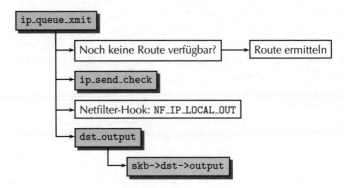

Abbildung 9.15: *Codeflussdiagramm für* `ip_queue_xmit`

Die Aufgabe besteht zunächst darin, eine Route für das Paket zu finden. Der Kern nutzt dabei aus, dass alle Pakete, die von einem Socket abstammen, die gleiche Zieladresse besitzen, weshalb die Route nicht jedes Mal neu ermittelt werden muss: Ein Verweis auf die entsprechende Datenstruktur, die in Abschnitt 9.7.5 besprochen wird, ist mit der Socketdatenstruktur verknüpft. Wenn das erste Paket eines Sockets verschickt wird, muss der Kern eine neue Route suchen, worauf wir später eingehen werden.

Nachdem mit `ip_send_check` die Prüfsumme für das Paket generiert wurde,[19] ruft der Kern den Netfilter-Hook `NF_IP_LOCAL_OUT` auf; anschließend wird `dst_output` aufgerufen, die sich auf die destinationsspezifische Funktion `skb->dst->output` des Socketpuffers stützt, die beim Routing ermittelt wurde. Normalerweise handelt es sich dabei um `ip_output`, die als Zusammenführungspunkt für lokal erzeugte und weitergeleitete Pakete dient.

Übergang in die Übertragungsschicht

Abbildung 9.16 auf der gegenüberliegenden Seite zeigt das Codeflussdiagramm der Funktion `ip_output`, die den weiteren Weg in zwei Teile spaltet, je nachdem, ob ein Paket fragmentiert werden muss oder nicht.

Zunächst soll der Fall betrachtet werden, dass das Paket in die MTU des Übertragungsmediums passt und nicht fragmentiert werden muss, was zum Aufruf von `ip_finish_output` führt.

---

18 Eine andere Ausgaberoutine wird beispielsweise dann verwendet, wenn IP-Pakete in IP-Paketen getunnelt werden, was aber eine sehr spezielle Anwendung ist, die normalerweise nicht benötigt wird.

19 Da die Generierung von IP-Checksummen ein zeitkritischer Vorgang ist, der mit den Mitteln moderner Prozessoren sehr gut optimiert werden kann, bieten die verschiedenen Architekturen eine eigene, schnelle Assembler-Implementierung an.

9.7 Vermittlungsschicht

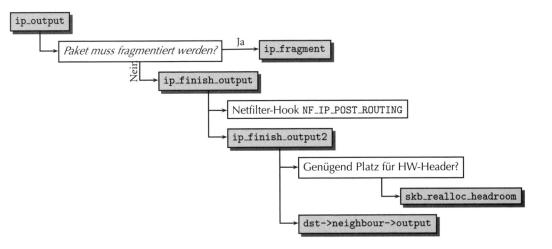

Abbildung 9.16: Codeflussdiagramm für ip_output

Nachdem der Netfilter-Hook NF_IP_POST_ROUTING aufgerufen wurde, prüft der Kern in ip_finish_output2, ob im Socketpuffer noch genügend Speicherplatz für den Hardware-Header zur Verfügung steht, der generiert werden soll; skb_realloc_headroom sorgt notfalls für Vergrößerung. Um den Übergang in die Übertragungsschicht zu besiegeln, wird die vom Routing-Layer gesetzte Funktion dst->neighbour->output aufgerufen, wofür normalerweise dev_queue_xmit eingesetzt wird.[20]

Paketfragmentierung

Die Fragmentierung von IP-Paketen wird von ip_fragment erledigt, die ein Paket in kleinere Teile aufspaltet, wie Abbildung 9.17 zeigt.

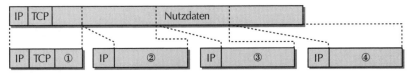

Abbildung 9.17: Fragmentierung eines IP-Pakets

Wenn man von den Feinheiten der IP-Fragmentierung absieht, die in RFC 791 dokumentiert sind, läuft die Zerlegung sehr geradlinig ab: In einer Schleife wird in jedem Schritt ein Datenanteil aus dem Paket extrahiert, der mit der verwendeten MTU kompatibel ist. Zur Aufnahme dieser Daten wird ein neuer Socketpuffer angelegt, für den der alte IP-Header mit einigen Modifikationen wiederverwendet werden kann: Damit die Fragmente im Zielsystem zusammengesetzt werden können, wird allen Teilen eine gemeinsame Fragment-ID verpasst; die relative Reihenfolge kann anhand des Fragmentoffsets ermittelt werden, das ebenfalls entsprechend gesetzt wird. Bei allen Paketteilen muss außerdem das *More Fragments*-Bit aktiviert werden; lediglich im letzten Paket

---

[20] Der Kern verwendet zusätzlich einen *Hard Header*-Cache, in dem sich häufig benötigte Hardware-Header wiederfinden, die bloß an den Anfang eines Pakets kopiert werden müssen. Wenn ein entsprechender Eintrag vorhanden ist, wird eine Ausgabefunktion des Caches verwendet, die etwas schneller als dst->neighbour->output läuft. Wir werden allerdings nicht detaillierter auf diesen Cache eingehen.

der Serie ist das Bit auf 0 gesetzt. Nach Erzeugung einer Checksumme mit Hilfe von `ip_send_check` wird jedes Fragment mit `ip_output` verschickt.[21]

Routing

Routing ist ein wichtiger Bestandteil jeder IP-Implentierung, die nicht nur beim Weiterleiten fremder Pakete, sondern auch beim Versand eigener, lokal im Rechner generierter Daten benötigt wird. Das Problem, den korrekten Weg für Daten aus dem Rechner „heraus" zu finden, stellt sich nicht nur nichtlokalen Adressen, sondern bereits dann, wenn mehrere Netzwerkinterfaces vorhanden sind. Dies ist selbst dann der Fall, wenn nur ein einziger physikalischer Netzwerkadapter vorhanden ist, da virtuelle Schnittstellen wie das Loopback-Device existieren.

Jedes eingetroffene Paket fällt in eine der drei folgenden Kategorien:

1. Es ist für den lokalen Rechner bestimmt.
2. Es ist für einen Rechner bestimmt, der in direkter Verbindung mit dem aktuellen Host steht.
3. Es ist für einen entfernten Rechner bestimmt, der nur über weitere Zwischensysteme erreicht werden kann.

Pakete der ersten Kategorie wurden bereits im vorhergehenden Abschnitt besprochen, sie sind den höheren Protokollschichten zur weiteren Abarbeitung zu übergeben (da alle eintreffenden Pakete an das Routing-Subsystem übergeben werden, müssen wir später nochmals kurz auf diesen Typ zurückkommen). Wenn der Zielrechner eines Pakets direkt mit dem lokalen Rechner verknüpft ist, beschränkt sich das Routing üblicherweise auf das Finden der passenden Netzwerkkarte; anderenfalls muss anhand der Routing-Informationen ein Gateway-Rechner (und die mit dem Gateway verbundene Netzwerkkarte) gefunden werden, um das Paket versenden zu können.

Die Routing-Implementierung ist von Kernelversion zu Kernelversion umfangreicher geworden und nimmt mittlerweile einen grossen Anteil des Netzwerk-Quellcodes ein. Da viele Routingaufgaben zeitkritisch sind, werden Caches und umfangreiche Hashtabellen eingesetzt, um die Arbeit zu beschleunigen. Dies macht sich durch viele Datenstrukturen bemerkbar, die nicht leicht zu überblicken sind. Aus Platzgründen werden wir uns daher nicht damit auseinander setzen, wie die Mechanismen zum Auffinden der korrekten Routen in den Datenstrukturen des Kerns aussehen, sondern betrachten lediglich die Datenstrukturen, die dem Kern zur Übermittlung des Ergebnisses dienen.

Ausgangspunkt des Routings ist die Funktion `ip_route_input`, die bereits einige Male erwähnt wurde. Die Funktion versucht zunächst, die Route im Routing-Cache zu finden, was wir nicht genauer betrachten werden (ebenso überspringen wir den Fall, dass Multicast-Adressen geroutet werden sollen).

`ip_route_input_slow` wird aufgerufen, um eine noch nicht vorhandene Route aus den Datenstrukturen des Kerns zu konstruieren. Die Routine verlässt sich im Wesentlichen auf `fib_lookup`, die als impliziten Rückgabewert (d.h. über einen Zeiger, der als Argument der Funktion verwendet wird) eine Instanz der Struktur `fib_result` liefert, in der die von uns gewünschten Informationen enthalten sind. `fib` steht für *Forwarding Information Base*; sie wird zur Verwaltung der Datenbasis verwendet, die der Kern über das Routing besitzt.

Die Resultate des Routings werden mit einem Socketpuffer über sein Element `dst` verknüpft, das auf eine Instanz der Struktur `dest_entry` zeigt, die während des Lookup ausgefüllt wird. Die Definition der Datenstruktur lautet (sehr vereinfacht) wie folgt:

---

[21] `ip_output` wird über einen Funktionszeiger aufgerufen, der als Parameter an `ip_fragment` übergeben wird, weshalb auch andere Versandfunktionen gewählt werden könnten.

9.7 Vermittlungsschicht

```
struct dst_entry                                              include/net/dst.h
{
        struct net_device       *dev;
        int                     (*input)(struct sk_buff*);
        int                     (*output)(struct sk_buff*);
        struct neighbour        *neighbour;
};
```

- **input** und **output** sind Funktionen, die aufgerufen werden, um eingegangene bzw. ausgehende Pakete zu verarbeiten, wie wir bereits weiter oben gesehen haben.

- **dev** spezifiziert das Netzwerkgerät, das zur Verarbeitung der Pakete verwendet wird.

input und **output** werden je nach Pakettyp mit unterschiedlichen Funktionen belegt:

- Für die lokale Auslieferung wird **input** auf **ip_local_deliver** gesetzt, während **output** den Wert **ip_rt_bug** erhält (letztgenannte Funktion gibt nur eine Fehlermeldung in die Kernellogs aus, da ein Aufruf von **output** für ein lokales Paket einen Fehler im Kernelcode darstellt und nicht vorkommen sollte).

- Bei weiterzuleitenden Paketen wird **input** auf die Funktion **ip_forward** gesetzt, für **output** wird ein Verweis auf die Funktion **ip_output** verwendet.

Das **neighbour**-Element wird verwendet, um die IP- und Hardwareadressen von Rechnern zu speichern, die sich im lokalen Netz befinden und daher direkt über die Datenübertragungsschicht erreicht werden können. Für unsere Zwecke genügt es, nur wenige Elemente der Struktur zu betrachten:

```
struct neighbour                                              include/net/
{                                                             neighbour.h
        struct net_device       *dev;
        unsigned char           ha[MAX_ADDR_LEN];
        int                     (*output)(struct sk_buff *skb);
};
```

Während **dev** die Netzwerkgerät-Datenstruktur und **ha** die Hardwareadresse des betroffenen Geräts festhalten, ist **output** ein Zeiger auf die passende Funktion des Kerns, die aufgerufen werden muss, wenn ein Paket über den Adapter verschickt werden soll. **neighbour**-Instanzen werden vom ARP-Layer der Kerns angelegt, der das *address resolution procotol* implementiert – ein Protokoll, das zur Umwandlung von IP- in Hardwareadressen dient, worauf wir allerdings nicht näher eingehen wollen. Da die **dst_entry**-Struktur über einen Zeiger auf **neighbour**-Instanzen verfügt, kann der Code der Datenübertragungsschicht auf die **output**-Funktion zurückgreifen, wenn ein Paket das System über den Adapter verlassen soll.

9.7.6 Netfilter

Netfilter ist ein Framework des Linux-Kerns, das erlaubt, Pakete nach dynamisch definierbaren Kriterien zu filtern und zu manipulieren, wodurch sich die Netzwerkmöglichkeiten drastisch und sehr flexibel erweitern lassen. Von der einfachen Firewall über detaillierte Analysen des Netzwerkverkehrs bis hin zu komplexen zustandsabhängigen Filtern ist beinahe alles möglich, was nur denkbar ist. Aufgrund des durchdachten Designs von Netfilter sind nur wenige Einschnitte im Netzwerkcode nötig, um die beschriebenen Ziele zu erreichen.

Erweiterung der Netzwerkfunktionalität

Kurz zusammengefasst, erweitert das Netfilter-Framework den Kern um folgende Punkte:

- Paketfilterung für unterschiedliche Flussrichtungen (eingehend, ausgehend, weitergeleitet), die auch von Zustands- und anderen Rahmenbedingungen abhängen kann.

- NAT (*network address translation*) zur Umschreibung von Quell- und Zieladressen nach bestimmten Regeln, was beispielsweise zur Implementierung geteilter Internet-Verbindungen verwendet wird (mehrere nicht direkt ans Internet angeschlossene Rechner teilen sich dabei einen Internetzugang, die Vorgehensweise wird oft auch als *Masquerading* oder *transparenter Proxy* bezeichnet).

- *Packet Mangling* und *Manipulation*, d.h. Aufspaltung und Veränderung von Paketen nach bestimmten Regeln.

Die Netfilter-Funktionalität kann durch Module erweitert werden, die zur Laufzeit in den Kernel geladen werden. Durch die Definition einer Regeltabelle wird dem Kernel mitgeteilt, wann der Code aus den einzelnen Modulen verwendet werden soll. Die Schnittstelle zwischen Kernel und Netfilter ist dabei sehr minimal gehalten, um beide Bereiche so gut wie möglich (und so wenig wie nötig) voneinander zu trennen, was gegenseitige „Interferenzen" bestmöglich ausschließt und die Stabilität des Netzwerkcodes erhöht.

Wie in den vorhergehenden Abschnitten immer wieder erwähnt wurde, finden sich an verschiedenen Stellen im Kern so genannte *Netfilter-Hooks*, die die Abarbeitung von Netfilter-Code ermöglichen. Diese sind nicht nur für IPv4, sondern auch für IPv6 und das DECNET-Protokoll vorhanden; wir beschränken die Beschreibung allerdings wie üblich auf IPv4 (die Konzepte sind bei den anderen Protokollen aber gleich, weshalb ein Großteil des hier Gesagten auch für sie zutrifft).

Die Netfilter-Implementierung teilt sich in zwei Aspekte auf:

- *Hooks* im Kernelcode, die zum Aufruf von Netfilter-Code dienen und sich im Kern der Netzwerkimplementierung befinden.

- Netfilter-Module, deren Code aus den Hooks heraus aufgerufen wird, ansonsten aber vom restlichen Netzwerkcode unabhängig sind. Es existiert ein Satz von Standardmodulen, die häufig benötigte Funktionalitäten bereitstellen; benutzerspezifische Funktionen können in Erweiterungsmodulen angegeben werden.

Achtung: Iptables, denen der Administrator bei der Konfiguration von Firewall-, Paketfilter- und ähnlichen Funktionalitäten begegnet, sind nichts anderes als Module, die auf dem Netfilter-Framework aufbauen und einen wohldefinierten und umfangreichen Satz an Bibliotheksfunktionen bereitstellen, die den Umgang mit Paketen erleichtern. Wir wollen nicht besprechen, wie die Regeln vom Userspace aus aktiviert und verwaltet werden, sondern verweisen dazu auf die zahlreich vorhandene Literatur zur Netzwerkadministration.

Aufruf der Hook-Funktionen

Funktionen des Netzwerklayers werden von Hooks unterbrochen, an denen Netfilter-Code abgearbeitet wird. Ein wesentliches Merkmal von Hooks besteht darin, dass sie eine Funktion in zwei Teile aufspalten: Einer wird vor Aufruf des Netfilter-Codes abgearbeitet, der zweite danach.

9.7 Vermittlungsschicht

Warum werden zwei verschiedene Funktionen verwendet, statt eine spezielle Netfilter-Funktion in der Mitte einer Prozedur aufzurufen, die alle relevanten Netfilter-Module abarbeitet und danach wieder zur aufrufenden Funktion zurückkehrt? Dieser auf den ersten Blick etwas kompliziert erscheinende Ansatz erklärt sich dadurch, dass der Benutzer (bzw. Administrator) entscheiden kann, die Netfilter-Funktionalität nicht in den Kernel einzukompilieren. In diesem Fall möchte man die betroffenen Netzwerkfunktionen ohne Geschwindigkeitsnachteile abarbeiten; ebenfalls soll vermieden werden, die Netzwerkimplementierung mit Präprozessor-Anweisungen zu spicken, die je nach Konfigurationsoption (Netfilter aktiviert oder nicht) die passenden Codestücke zur Übersetzungszeit auswählen.

Ein Netfilter-Hook wird über das Makro NF_HOOK aus <netfilter.h> aufgerufen. Für den Fall, dass die Netfilter-Unterstützung im Kernel aktiviert ist, wird das Makro folgendermaßen definiert:

```
#define NF_HOOK(pf, hook, skb, indev, outdev, okfn)            \              <netfilter.h>
(list_empty(&nf_hooks[(pf)][(hook)])                           \
? (okfn)(skb)                                                  \
: nf_hook_slow((pf), (hook), (skb), (indev), (outdev), (okfn)))
#endif
```

Die Makroargumente haben folgende Bedeutung:

- pf bezieht sich auf die Protokollfamilie, aus welcher der aufzurufende Netfilter-Hook stammen soll. Alle Aufrufe im IPv4-Layer verwenden hierfür den Wert PF_INET.

- hook ist die Kennzahl des Hooks; in <netfilter_ipv4.h> werden mögliche Werte definiert. Für IPv4 besitzen diese Namen wie NF_IP_FORWARD oder NF_IP_LOCAL_OUT, die bereits in den vorhergehenden Abschnitten erwähnt wurden.

- skb ist der gerade bearbeitete Socketpuffer.

- indev und outdev sind Zeiger auf net_device-Instanzen der Netzwerkgeräte, über die das Paket in den Kern gelangt bzw. ihn wieder verlassen soll.

  Da die entsprechende Information nicht bei jedem Hook bekannt ist (beispielsweise weiß der Kern vor der Durchführung des Routings nicht, über welches Gerät ein Paket den Kern verlassen wird), können die Werte auch mit Nullzeigern belegt sein.

- okfn ist ein Zeiger auf eine Funktion mit Prototyp int (*okfn)(struct sk_buff *). Sie wird ausgeführt, nachdem der Netfilter-Hook beendet wurde.

nf_hooks ist eine globale Variable des Kerns, in der alle Netfilter-Hooks in einem zweidimensionalen Array gespeichert werden, unterteilt nach Protokollfamilie und Hook-Kennzahl (auf die genaue Struktur werden wir gleich eingehen). Bei der Abarbeitung von NF_HOOK wird mit dem Test list_empty(&nf_hooks[(pf)][(hook)]) lediglich geprüft, ob ein Netfilter-Hook für die entsprechende Kombination aus Protokollfamilie und Hooknummer vorhanden ist. Sollte dies der Fall sein, wird die Funktion nf_hook_slow aufgerufen, die die gleichen Argumente wie das Makro erhält und die weitere Bearbeitung des Aufrufs übernimmt; anderenfalls wird die Kontrolle an die in okfn spezifizierte Funktion weitergereicht. Ein typischer Aufruf von NF_HOOK Makros findet sich beispielsweise im IP-Forwarding-Code:

net/ipv4/in_
forward.c
```
int ip_forward(struct sk_buff *skb)
{
    ...
        return NF_HOOK(PF_INET, NF_IP_FORWARD, skb, skb->dev, rt->u.dst.dev,
                       ip_forward_finish);
}
```

Als `okfn` wird `ip_forward_finish` angegeben: Wenn keine Netfilter-Hooks für die Kombination `PF_INET` und `NF_IP_FORWARD` registriert sind, gelangt die Kontrolle unmittelbar nach der Überprüfung an diese Funktion; anderenfalls wird der relevante Netfilter-Code ausgeführt und die Kontrolle danach (falls das Paket während dieser Bearbeitung nicht verworfen oder aus der Kernelkontrolle entfernt wurde) an `ip_forward_finish` weitergereicht. Wenn keine Hooks installiert sind, verhält sich der Codefluss also so, wie wenn die Funktionalität von `ip_forward` und `ip_forward_finish` in einer einzigen Prozedur implementiert wäre, die nicht unterbrochen wird.

Um Geschwindigkeitsnachteile zu vermeiden, wenn Netfilter deaktiviert ist, greift der Kern auf die Optimierungsmöglichkeiten des C-Compilers zurück. Zunächst ist wichtig, dass die `okfn` als *Inline*-Funktion definiert ist:

net/ipv4/ip_
forward.c
```
static inline int ip_forward_finish(struct sk_buff *skb) {
    ...
}
```

Dies bedeutet, dass sie wie eine normale Funktion dargestellt wird, ihr Aufruf vom Compiler aber nicht durch einen klassischen Funktionsaufruf (mit Übergeben der Parameter auf den Stack, Setzen des Instruktionszeigers auf den Funktionscode, Einlesen der Argumente etc.) erledigt wird: Der gesamte C-Code der Funktion wird an die Stelle kopiert, an der sie aufgerufen wurde. Dies resultiert (vor allem bei großen Funktionen) zwar in einem umfangreicheren Executable, wird aber durch einen Geschwindigkeitsvorteil belohnt. Der GNU=C=Compiler garantiert, dass `inline`-Funktionen durch diese Vorgehensweise genauso schnell wie Makros sind.

Da bei nicht deaktivierter Netfilter-Konfiguration die Durchsuchung des Arrays `nf_hooks` keinen Sinn ergibt, ist das `NF_HOOK`-Makro in diesem Fall anders definiert:

include/net/
netfilter.h
```
#define NF_HOOK(pf, hook, skb, indev, outdev, okfn) (okfn)(skb)
```

Der Aufruf des Hooks wird hier einfach durch einen Aufruf der in `okfn` definierten Funktion ersetzt, was der Compiler dank des `inline`-Schlüsselwortes durch Kopieren des Codes erledigt: Aus den ursprünglich zwei Funktionen ist eine einzige geworden; ein zusätzlicher Funktionsaufruf in der Mitte ist nicht vorhanden.

Durchsuchen der Hook-Tabelle

`nf_hook_slow` wird aufgerufen, wenn mindestens eine Hook-Funktion registriert ist, die aufgerufen werden muss. Alle Hooks werden im zweidimensionalen Array `nf_hooks` gespeichert:

net/core/
netfilter.c
```
struct list_head nf_hooks[NPROTO][NF_MAX_HOOKS];
```

`NPROTO` gibt an, wie viele Protokollfamilien maximal vom System unterstützt werden (momentan ist die auf 32 definiert). Symbolische Konstanten für die einzelnen Familien lauten `PF_INET` oder `PF_DECnet` und finden sich in <socket.h>. Zu jedem Protokoll gibt es die Möglichkeit, `NF_MAX_HOOKS` verschiedene Listen mit Hooks zu definieren, wobei die Konstante standardmäßig auf 8 gesetzt ist.

Die `list_head`-Elemente der Tabelle werden als Listenkopf für eine doppelt verkettete Liste verwendet, die `nf_hook_ops`-Instanzen aufnimmt:

9.7 Vermittlungsschicht

```
struct nf_hook_ops                                                      <netfilter.h>
{
        struct list_head list;

        nf_hookfn *hook;
        struct module *owner;
        int pf;
        int hooknum;
        int priority;           /* Hooks are ordered in ascending priority. */
};
```

Neben den Standardelementen (`list` zur Verknüpfung der Struktur auf einer doppelt verketteten Liste und `owner` als Zeiger auf die Moduldatenstruktur des Eigentümermoduls, wenn ein Hook modular implementiert wurde) besitzen die Elemente folgende Bedeutung:

- `hook` ist ein Zeiger auf die Hookfunktion, die die gleichen Argumente wie das NF_HOOK-Makro benötigt:

```
typedef unsigned int nf_hookfn(unsigned int hooknum,                    <netfilter.h>
                        struct sk_buff **skb,
                        const struct net_device *in,
                        const struct net_device *out,
                        int (*okfn)(struct sk_buff *));
```

- `pf` und `hooknum` geben Protokollfamilie und Hooknummer an, zu denen der Hook gehört. Diese Angaben könnten auch aus der Position der Hook-Liste in `nf_hooks` rekonstruiert werden.

- Innerhalb einer Hook-Liste werden die einzelnen Hooks nach aufsteigender Priorität sortiert, die durch `priority` gegeben wird. Prinzipiell kann für die Priorität die volle signed int-Spanne ausgenutzt werden, allerdings sind einige Standardwerte definiert, die bevorzugt verwendet werden:

```
enum nf_ip_hook_priorities {                                            <netfilter_
        NF_IP_PRI_FIRST = INT_MIN,                                      ipv4.h>
        NF_IP_PRI_CONNTRACK = -200,
        NF_IP_PRI_MANGLE = -150,
        NF_IP_PRI_NAT_DST = -100,
        NF_IP_PRI_FILTER = 0,
        NF_IP_PRI_NAT_SRC = 100,
        NF_IP_PRI_LAST = INT_MAX,
};
```

Dadurch wird beispielsweise das Umschreiben von Paketdaten (*Mangling*) immer *vor* eventuellen Filteroperationen durchgeführt.

Anhand von Protokollfamilie und Hook-Kennzahl kann die passende Liste aus dem `nf_hook`-Array ausgewählt werden. Anschließend wird die Arbeit an `nf_iterate` delegiert, die die Elemente der Liste traversiert und die `hook`-Funktionen aufruft.

Aktivierung der Hook-Funktionen

Jede hook-Funktion liefert einen der folgenden Rückgabewerte:

- NF_ACCEPT akzeptiert ein Paket. Dies bedeutet, dass die jeweilige Routine keine Veränderung an den Daten vorgenommen hat; der Kern verwendet das Paket unmodifiziert weiter und lässt es durch die restlichen Schichten der Netzwerkimplementierung (bzw. die noch folgenden Hooks) laufen.

- NF_STOLEN gibt an, dass die Hook-Funktion ein Paket „gestohlen" hat und es selbst weiterbearbeitet. Da das Paket den Kern ab diesem Zeitpunkt nichts mehr angeht, müssen die restlichen Hooks nicht mehr aufgerufen werden; auch die weitere Bearbeitung durch andere Protokollschichten muss unterbleiben.

- NF_DROP bestimmt, dass das Paket vom Kern verworfen werden soll. Ebenso wie im NF_STOLEN-Fall werden weitere vorhandene Hooks nicht mehr abgearbeitet und die weitere Bearbeitung im Netzwerklayer unterlassen; zusätzlich wird der vom Socketpuffer (und damit der vom Paket) belegte Speicher freigegeben, da die Daten verworfen werden können. Beispielsweise werden Pakete verworfen, die ein Hook für gefälscht hält.

- NF_QUEUE stellt das Paket in eine hier nicht weiter besprochene Warteschlange, die die Bearbeitung der Daten durch Userspace-Code erlaubt. Andere Hook-Funktionen werden nicht mehr ausgeführt.

- NF_REPEAT wiederholt den eben ausgeführten Hook-Aufruf ein weiteres Mal.

Achtung: Ein Paket wird nur dann weiter im Netzwerklayer verarbeitet, wenn alle Hook-Funktionen letztendlich NF_ACCEPT zurückliefern (NF_REPEAT ist nie der endgültige Resultatwert). Alle anderen Pakete werden entweder verworfen oder vom Netfilter-Subsystem selbst weiterverarbeitet.

Um nicht für jede Kleinigkeit eigene Hook-Funktionen definieren zu müssen, stellt der Kern eine Sammlung von Hookfunktionen bereit, die als *iptables* bezeichnet werden und zur High-level-Bearbeitung von Paketen dienen. Die Konfiguration erfolgt durch das Userspace-Tool iptables, auf das wir hier aber nicht genauer eingehen wollen.

9.7.7 IPv6

Auch wenn das Internet erst seit wenigen Jahren die breiten Massen erobert hat, sind die technischen Grundlagen seit langer Zeit vorhanden: Das heute verwendete Internet-Protokoll wurde 1981 spezifiziert. Obwohl der entsprechende Standard ein sehr durchdachtes und vorausschauendes Dokument war, macht sich das Alter bemerkbar; vor allem die wirklich explosionsartige Ausbreitung des Netzwerks in den letzten Jahren hat ein Problem aufgeworfen, das mit dem (in früherer Zeit beinahe unendlich scheinenden) Adressraum von IPv4 zusammenhängt: 32 Bit lange Adressen können (wenn man Subnetting und dgl. vernachlässigt) maximal 2^{32} Hosts adressieren. Dieser Adressraum ist allerdings in absehbarer Zukunft nicht mehr ausreichend, da immer mehr Geräte – angefangen vom PDA über Laserdrucker bis hin zu Kaffeemaschinen – IP-Adressen benötigen.

Überblick und Neuerungen

1998 wurde ein neuer Standard definiert, der die Bezeichnung IPv6 trägt.[22] Der Linux-Kernel unterstützt IPv6 mittlerweile in Produktionsqualität; eine vollständige Implementierung des Protokolls befindet sich im Verzeichnis `net/ipv6`. Durch die modulare und offene Struktur des Netzwerklayers kann es auf die bestehende, ausgereifte Infrastruktur zurückgreifen. Da IPv6 in vielerlei Hinsicht ähnlich zu IPv4 ist, wollen wir uns an dieser Stelle mit einer kurzen Übersicht begnügen.

Eine wesentliche Änderung, die IPv6 mit sich bringt, ist ein komplett erneuertes Paketformat, das nicht nur 128 Byte lange IP-Adressen verwendet, sondern auch einfacher und somit schneller zu verarbeiten ist. Abbildung 9.18 zeigt den Aufbau eines IPv6-Pakets.

```
| Version | Traffic Class |        Flow Label         |
|         Nutzdatenlänge  | Next Header |  Hop Limit  |
|                                                     |
|              Quelladresse (Source)                  |
|                                                     |
|                                                     |
|              Zieladresse (Destination)              |
|                                                     |
|                   Nutzdaten                         |
```

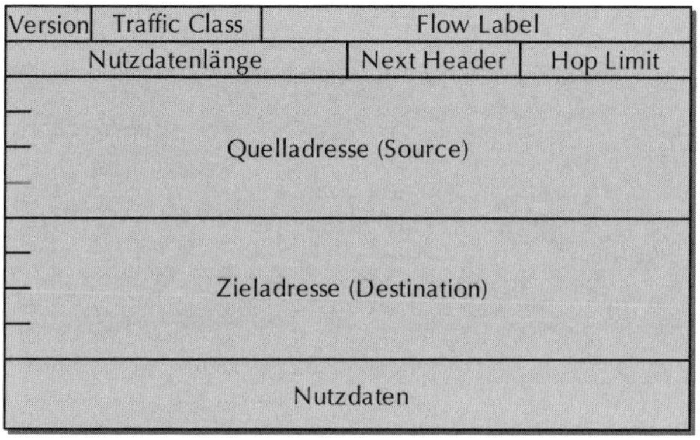

Abbildung 9.18: Aufbau eines IPv6-Pakets

Der Aufbau ist gegenüber IPv4 deutlich vereinfacht: Anstelle von 14 Headerfeldern gibt es nur mehr 8. Auffällig ist besonders das fehlende Fragmentierungsfeld: Obwohl die Aufteilung von Daten in kleinere Abschnitte auch von IPv6 unterstützt wird, werden die relevanten Informationen in einem Zusatzheader untergebracht, auf den das *Next Header*-Feld verweist. Die Unterstützung einer variablen Anzahl von Zusatzheadern erleichtert die Einführung neuer Features.

Durch die Änderungen zwischen IPv4 und IPv6 ändert sich natürlich auch die Schnittstelle, über die Verbindungen programmiert werden können. Obwohl weiterhin Sockets verwendet werden, existieren viele altbekannte Funktionen unter neuem Namen, um die neu hinzugekommenen Möglichkeiten unterstützen zu können. Dies ist allerdings ein Userspace- bzw. C-Standardbibliotheks-Problem, auf das wir nicht weiter eingehen wollen.

Durch die von 32 auf 128 Bits vergrößerte Adresslänge ändert sich die Schreibweise von IP-Adressen. Da die Beibehaltung des bisherigen Systems (Tupel aus Bytes) zu sehr langen Adressen führen würde, bevorzugt man für IPv6 eine hexadezimale Schreibweise, in der Adressen dann beispielsweise `FEDC:BA98:7654:3210:FEDC:BA98:7654:3210` oder `1080:0:0:0:8:800:200C:417A` lauten. Auch eine Mischung zwischen der IPv4- und IPv6-Form, was zu Erzeugnissen wie `0:0:0:0:0:FFFF:129.144.52.38` führt.

---

[22] IPv5 konnte nicht benutzt werden, weil der Name bereits für ein Protokoll namens STP verwendet wurde, das zwar in einem RFC definiert ist, aber nie die breite Öffentlichkeit erreicht hat.

Implementierung

Auf welchem Weg traversiert ein IPv6-Paket den Netzwerklayer? Für die niedrigen Layer ändert sich gegenüber IPv4 nichts, da die eingesetzten Mechanismen hier unabhängig von den höheren Protokollen sind. Erst bei der Übergabe der Daten in die IP-Schicht machen sich Änderungen bemerkbar. Abbildung 9.19 zeigt ein (zumindest grobes) Codefluss-Diagramm des IPv6-Layers.

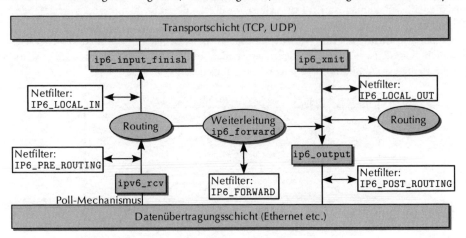

Abbildung 9.19: Codeflussdiagramm der IPv6-Implementierung

Wie das Diagramm zeigt, sind die strukturellen Änderungen zwischen Version 4 und Version 6 nicht allzu groß: Abgesehen von den unterschiedlichen Funktionsnamen fließt der Code im Wesentlichen auf gleichen Wegen durch den Kern. Aus Platzgründen werden wir nicht auf genauere Implementierungsdetails eingehen.

9.8 Transportschicht

Auf Basis von IP werden hauptsächlich zwei Transportprotokolle verwendet: UDP zur Übertragung von Datagrammen, und TCP zum Aufbau gesicherter, verbindungsorientierter Dienste. Während UDP ein einfaches Protokoll ist, das relativ leicht implementiert werden kann, enthält TCP einige gut versteckte, oft aber auch deutlich erkennbare Falltüren und Stolpersticke, die die Implementierung umfangreich und komplex machen.

9.8.1 UDP

Wie im vorigen Abschnitt erläutert, wird `ip_local_deliver` verwendet, um den Transportdateninhalt von IP-Paketen zu verteilen. Im Fall eines UDP-Datagramms muss `udp_rcv` aus `net/ipv4/udp.c` verwendet werden, um ein Paket weiterzuverarbeiten; das zugehörige Codeflussdiagramm findet sich in Abbildung 9.20 auf der gegenüberliegenden Seite.

Wie üblich erhält die Funktion einen Socketpuffer als Eingabeparameter, der weiterverarbeitet werden soll. Nachdem sichergestellt wurde, dass die Daten im Paket intakt sind, muss ein horchender Kernelsocket gefunden werden, an den die Kerneldaten geliefert werden, wobei `udp_v4_lookup` zum Einsatz kommt. Die Verbindungsparameter können aus dem UDP-Header ermittelt werden, dessen Aufbau in Abbildung 9.21 auf der gegenüberliegenden Seite zu finden ist.

9.8 Transportschicht

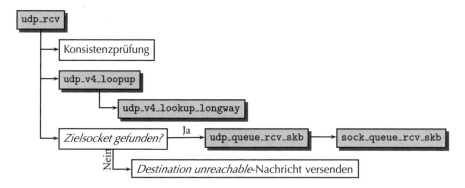

Abbildung 9.20: Codeflussdiagramm für udp_rcv

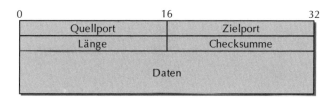

Abbildung 9.21: Aufbau eines UDP-Pakets

source und *dest* geben die verwendete Portnummer von Quell- und Zielrechner an und können Werte von 0 bis 65535 enthalten, da je 16 Bytes verwendet werden.[23] *len* ist die Länge des gesamten Pakets (Header *und* Nutzdaten) in Bytes und *check* trägt eine (optionale) Prüfsumme. Der Header eines UDP-Pakets wird im Kern durch folgende Datenstruktur repräsentiert:

```
struct udphdr {                                                    <udp.h>
        __u16   source;
        __u16   dest;
        __u16   len;
        __u16   check;
};
```

Um einen kernelinternen Socket zu finden, an den das Paket ausgeliefert werden soll, werden udp_v4_lookup und udp_v4_lookup_longway aus net/ipv4/udp.c verwendet, die durch ein Hashingverfahren eine Instanz der Struktur sock aus dem globalen Array udp_hash herausfinden und zurückgeben, wenn sich ein horchender Prozess für das Paket interessiert. Ist dies nicht der Fall, wird eine *Destination Unreachable*-Nachricht an den Ursprungsrechner zurückgeschickt und der Inhalt des Pakets verworfen.

Die Struktur sock wurde bisher noch nicht besprochen, weckt aber unweigerlich Assoziationen zu dem Begriff *Socket*, was durchaus beabsichtigt ist. Da wir uns an der Grenze zur Anwendungsschicht befinden, müssen die Daten irgendwann in den Userspace gereicht werden, wo Sockets verwendet werden, wie die Beispielprogramme am Anfang des Kapitels gezeigt haben.

Allerdings ist zu beachten, dass im Kern zwei Datenstrukturen zur Repräsentation von Sockets verwendet werden: sock ist die Schnittstelle zur Übertragungsschicht, während socket als Verbindung mit dem Userspace verwendet wird. Wir werden die eher umfangreichen Strukturen im nächsten Abschnitt genauer beschreiben, wenn wir den im Kernel verankerten Teil der Anwendungsschicht untersuchen; im Moment interessieren uns nur die Methoden der sock-Struk-

---

[23] Die verwendete IP-Adresse braucht nicht angegeben zu werden, da sie sich im IP-Header findet.

tur, die nötig sind, um Daten in den nächsthöheren Layer weiterzureichen: Zum einen müssen sie ermöglichen, die empfangenen Daten in eine socketspezifische Warteschlange einzureihen, zum anderen muss der empfangende Prozess darüber informiert werden, dass neue Daten angekommen sind. Die sock-Struktur kann momentan auf folgende Kurzvariante reduziert werden:

include/net/sock.h
```
/* Kurzversion */
struct sock {
        wait_queue_head_t       *sleep;
        struct sk_buff_head     receive_queue;

        /* Callback */
        void                    (*data_ready)(struct sock *sk,int bytes);
}
```

Nachdem udp_rcv die passende sock-Instanz gefunden hat, wird die Kontrolle an udp_queue_rcv_skb[24] und unmittelbar danach an sock_queue_rcv_skb weitergegeben. Hier finden zwei wichtige Aktionen statt, die die Übergabe eines Pakets in die Anwendungsschicht komplettieren:

- Prozesse, die auf Daten warten, die über den Socket geliefert werden, schlafen in der Wait-Queue sleep.

- Durch Aufruf von skb_queue_tail aus wird der Socketpuffer mit den Paketdaten ans Ende der receive_queue-Liste eingefügt, deren Kopf in der socketspezifischen sock-Struktur untergebracht ist.

- Die im Funktionszeiger data_ready gespeicherte Funktion wird aufgerufen, um den Socket darüber zu informieren, dass neue Daten eingetroffen sind. Üblicherweise wird hierfür sock_def_readable verwendet, die alle auf sleep schlafenden Prozesse aufweckt, die auf das Eintreffen von Daten warten.

9.8.2 TCP

Da TCP wesentlich mehr Funktionen als UDP bietet, ist die Umsetzung des Standards im Kernel schwieriger und umfangreicher als die eben beschriebene UDP-Implementierung – man könnte ohne Probleme ein Buch schreiben, das sich nur mit den spezifischen Problemen einer TCP-Umsetzung beschäftigt. Das von TCP verwendete Modell der verbindungsorientierten Kommunikation, die die gesicherte Übertragung von Datenströmen ermöglicht, verlangt nicht nur einen höheren Verwaltungsaufwand im Kern, sondern fordert auch weitere Aktionen wie den expliziten Aufbau einer Verbindung, die durch entsprechende Verhandlungen zwischen Rechnern zustande kommt. Auch die Behandlung (und Vermeidung) spezieller Sonderfälle nimmt neben Optimierungen zur Verbesserung der Übertragungsleistung einen weiten Teil der TCP-Implementierung des Kerns ein, weshalb wir uns nicht im Detail mit allen Fein- und Einzelheiten dieses Protokolls beschäftigen können und werden.

Wir betrachten die drei großen Komponenten des TCP-Protokolls (Verbindungsauf- und abbau, Übermittlung eines geordneten Datenstroms), indem wir zunächst die vom Standard geforderte Vorgehensweise beschreiben und anschließend die Implementierung untersuchen.

---

24 Nur von Bedeutung, wenn das Paket eingekapselte IPSec-Daten trägt oder Socketfilterung verwendet wird, was wir hier nicht genauer besprechen wollen.

9.8 Transportschicht

Eine TCP-Verbindung befindet sich immer in einem klar definierten Zustand: Dazu gehören unter anderem die bereits demonstrierten Zustände *Horchen*, *Verbunden* etc. In der Praxis treten noch einige weitere Zustände auf, die sich aber alle nach klar definierten Regeln ineinander überführen lassen. Abbildung 9.22 zeigt die möglichen Übergänge.

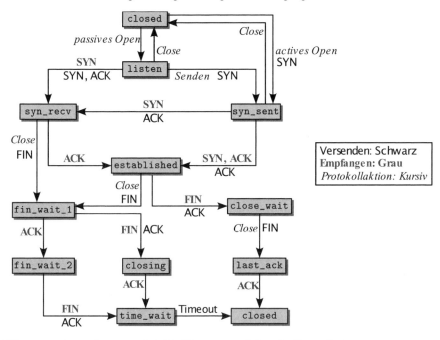

Abbildung 9.22: Zustandsautomat für TCP (Übergänge zwischen den Zuständen)

Das Schema wirkt auf den ersten Blick nicht gerade übersichtlich, sondern hat eher abschreckende Qualitäten. Durch die darin enthaltenen Informationen ist das Verhalten einer TCP-Implementierung aber beinahe vollständig festgelegt: Prinzipiell könnte der Kernel eine große Fallunterscheidung zwischen den einzelnen Zuständen aufbauen und die Übergänge zwischen den einzelnen Fällen dadurch implementieren (man bezeichnet dies als *endlichen Automaten*). Dies ist allerdings weder sonderlich effizient noch schnell, weshalb der Kernel einen anderen Weg geht. Dennoch werden wir bei der Beschreibung der einzelnen TCP-Aktionen immer wieder Teile dieser Skizze herausgreifen und als Basis unserer Untersuchung verwenden.

TCP-Header

TCP-Pakete haben ein Kopfelement, das Statusdaten und weitere Informationen über die Verbindung enthält. Abbildung 9.23 auf der nächsten Seite zeigt seinen Aufbau.

- `source` und `dest` geben die verwendete *Portnummer* an, die wie bei UDP aus zwei Bytes besteht.

- `seq` ist eine Sequenznummer, die zur Positionierung eines TCP-Pakets innerhalb des Datenstroms verwendet wird und bei der Neuübertragung verloren gegangener Daten wichtig ist.

- `ack_seq` enthält eine Sequenznummer, die bei der Empfangsbestätigung von TCP-Paketen verwendet wird.

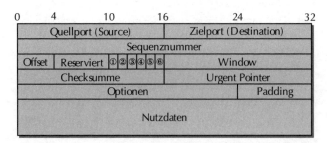

Abbildung 9.23: Aufbau eines TCP-Pakets

- `doff` steht für *data offset* und gibt die Länge der TCP-Headerstruktur an, die durch die variable Natur einiger Optionen nicht immer konstant ist.

- `reserved` ist – reserviert (und sollte daher immer auf 0 gesetzt werden).

- `urg` (*urgent*), `ack` (*acknowledgement*), `psh` (*push*), `rst` (*reset*), `syn` (*synchronize*) und `fin` werden als *Kontrollflags* bezeichnet, die zur Kontrolle bzw. zum Auf- und Abbau von Verbindungen gebraucht werden.

- `window` zeigt dem Verbindungspartner an, wie viele Bytes die Gegenstelle noch in ihren Puffern aufnehmen kann, bevor diese überfüllt sind, und bei der Vermeidung von Staus, wenn schnelle Sender mit langsamen Empfängern kommunizieren.

- `checksum` ist die Prüfsumme des Pakets.

- `options` ist eine Liste variabler Länge, die zur Aufnahme weiterer Verbindungsoptionen verwendet werden kann.

- Die eigentlichen Nutzdaten (`data`) werden nach dem Header untergebracht. Da der Dateneintrag zur leichteren Verarbeitung immer an einer 32-Bit-Position beginnen muss, werden dem `options`-Feld eventuelle Fülldaten in `padding` angehängt.

Der Header ist in der Datenstruktur `tcphdr` umgesetzt, wobei allerdings die Endianess des Systems beachtet werden muss, da ein aufgespaltenes Bytefeld verwendet wird:

<tcp.h>
```
struct tcphdr {
        __u16   source;
        __u16   dest;
        __u32   seq;
        __u32   ack_seq;
#if defined(__LITTLE_ENDIAN_BITFIELD)
        __u16   res1:4, doff:4,
                fin:1, syn:1, rst:1, psh:1,
                ack:1, urg:1, ece:1, cwr:1;
#elif defined(__BIG_ENDIAN_BITFIELD)
        __u16   doff:4, res1:4,
                cwr:1, ece:1, urg:1, ack:1,
                psh:1, rst:1, syn:1, fin:1;
#endif
        __u16   window;
        __u16   check;
        __u16   urg_ptr;
};
```

9.8 Transportschicht

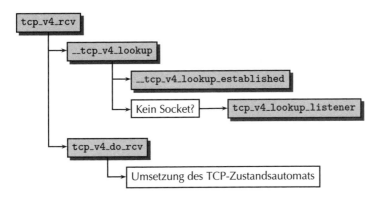

Abbildung 9.24: Codeflussdiagramm für tcp_v4_rcv

Empfangen von TCP-Daten

Alle TCP-Aktionen (Auf- und Abbau von Verbindungen und Übertragung von Daten) erfolgen, indem Datenpakete mit speziellen Eigenschaften und verschiedenen Flags verschickt werden. Bevor wir uns mit den Zustandsübergängen beschäftigen können, müssen wir also zuvor feststellen, wie TCP-Daten in die Transportschicht gelangen und an welcher Stelle die Analyse der im Header enthaltenen Informationen erfolgt.

tcp_v4_rcv wird als Einstiegspunkt in den TCP-Layer verwendet, nachdem das Paket von der IP-Schicht verarbeitet wurde, deren Codeflussdiagramm in Abbildung 9.24 zu finden ist.

Jeder TCP-Socket des Systems ist auf einer von drei Hashtabellen zu finden, die Sockets in folgenden Zuständen aufnehmen:

- Vollständig verbundene Sockets

- Sockets, die auf eine Verbindung warten (im Zustand *Listen*)

- Sockets während der Verbindungsaufnahme (im Drei-Wege-Handshake, den wir weiter unten besprechen).

Nach einigen Überprüfungen der Paketdaten und dem Kopieren von Angaben aus dem Header in den Kontrollblock des Socketpuffers macht sich der Kern – wie auch beim UDP-Layer – auf die Suche nach einem Socket, der auf das Paket wartet, was an die Funktion __tcp_v4_lookup delegiert wird. Deren einzige Aufgabe besteht darin, zwei Funktionen zur Durchsuchung unterschiedlicher Hashtabellen aufzurufen: __tcp_v4_lookup_established bemüht sich, einen bereits verbundenen Socket zurückzugeben; kann keine entsprechenden Struktur gefunden werden, wird die Funktion tcp_v4_lookup_listener versucht, die alle horchenden Sockets überprüft.

In beiden Fällen kombinieren die Funktionen die IP-Adressen von Client und Server, beide Portadressen und den Kernel-internen Index des Netzwerkinterfaces über Hashfunktionen, im eine Instanz des bereits angesprochenen sock-Typs zu ermitteln. Bei der Suche nach einem horchenden Socket wird ein Score-Verfahren verwendet, um unter mehreren mit Wildcards arbeitenden Sockets den besten Kandidaten herauszufinden, worauf wie aber nicht näher eingehen wollen (die Ergebnisse entsprechen üblicherweise dem, was man intuitiv als besten Kandidaten sehen würde).

Nachdem die zur Verbindung passende sock-Struktur gefunden wurde, ist die Arbeit im Gegensatz zu UDP an dieser Stelle nicht beendet, sondern geht erst richtig los: Je nach Status des Verbindungszustands muss ein Zustandsübergang durchgeführt werden, wie er in Abbildung 9.22 eingezeichnet ist. `tcp_v4_do_rcv` dient als Multiplexer, der den Codefluss je nach Status des Sockets in verschiedene Zweige aufspaltet.

Die folgenden Abschnitte beschäftigen sich mit den einzelnen Möglichkeiten und den dabei erforderlichen Maßnahmen, gehen dabei aber nicht auf *alle* der teilweise trickreichen und selten notwendigen Besonderheiten des TCP-Protokolls ein, was spezialisierten Büchern (beispielsweise [WPR+01] oder [Ste94]) überlassen werden soll.

Drei-Wege-Handshake

Bevor eine TCP-Verbindung verwendet werden kann, muss explizit eine Verbindung zwischen Client- und Hostrechner aufgebaut werden. Man unterscheidet dabei zwischen *aktivem* und *passivem* Verbindungsaufbau, wie bereits festgestellt wurde.

Aus Sicht des Kernels (bzw. der Kernel beider an der Verbindung beteiligten Maschinen), ergibt sich unmittelbar vor der Aufnahme des Verbindungsaufbaus folgende Situation: Der Socket des Clientprozesses befindet sich im Status CLOSED, der Socket des Servers in LISTEN.

Der Aufbau einer TCP-Verbindung erfolgt durch ein Verfahren, das auf dem Austausch dreier TCP-Pakete basiert und deshalb als *Drei-Wege-Handshake* bezeichnet wird. Wie das Zustandsdiagramm in Abbildung 9.22 auf Seite 537 zeigt, müssen folgende Aktionen ablaufen:

- Der Client sendet SYN an den Server,[25] um seinen Verbindungswunsch zu signalisieren. Der Socketstatus des Clients ändert sich von CLOSED nach SYN_SENT.

- Der Server empfängt den Verbindungswunsch auf einem horchenden Socket und gibt SYN und ACK zurück.[26] Der Status der Serversockets ändert sich von LISTEN nach SYN_REC.

- Der Clientsocket empfängt das SYN,ACK-Paket und wechselt in den Status ESTABLISHED, was einer hergestellten Verbindung entspricht. Ein ACK-Paket wird an den Server gesandt.

- Der Server empfängt das ACK-Paket und wechselt ebenfalls in den Status ESTABLISHED, womit der Verbindungsaufbau auf beiden Seiten abgeschlossen ist und der Austausch von Daten beginnen kann.

Die Herstellung einer Verbindung könnte zwar prinzipiell auch mit nur einem oder zwei Paketen realisiert werden, was aber das Risiko fehlerhafter Verbindungen mit sich bringt, das sich durch noch vorhandene Pakete alter Verbindungen zwischen den gleichen Adressen (IP und Portnummer) ergibt. Dies soll durch den Drei-Wege-Handshake verhindert werden.

Bereits beim Verbindungsaufbau tritt ein besonderes Merkmal von TCP-Verbindungen hervor: Jedes gesendete Paket ist mit einer Sequenznummer versehen, deren Empfang durch die TCP-Instanz der Gegenstelle bestätigt werden muss. Betrachten wir den „Mitschnitt" einer Verbindungsanfrage an einen Webserver:[27]

```
1 192.168.0.143  192.168.1.10   TCP  1025 > http [SYN]       Seq=2895263889 Ack=0
2 192.168.1.10   192.168.0.143  TCP  http > 1025 [SYN, ACK]  Seq=2882478813 Ack=2895263890
3 192.168.0.143  192.168.1.10   TCP  1025 > http [ACK]       Seq=2895263890 Ack=2882478814
```

---

25 Damit bezeichnet man ein leeres Paket mit gesetztem SYN-Flag.
26 Dieser Schritt kann prinzipiell auch in zwei Aktionen aufgeteilt werden, indem ein Paket mit ACK und ein weiteres mit SYN gesendet wird, was aber in der Praxis nicht vorkommt.
27 Das Abhören von Netzwerkverbindungen ist mit Tools wie `tcpdump` oder `ethereal` möglich.

9.8 Transportschicht

Der Clientrechner generiert für das erste Paket die zufällige Sequenznummer 2895263889, die im SEQ-Feld des TCP-Headers gespeichert wird. Der Server reagiert auf den Empfang dieses Pakets mit einem kombinierten SYN/ACK-Paket, das eine neue Sequenznummer enthält, in diesem Fall 2882478813. Interessant ist hier der Inhalt des SEQ/ACK-Feldes (nicht das Flag-Bit, sondern das Zahlenfeld): Der Server füllt es aus, indem er zur erhaltenen Sequenznummer die Anzahl der empfangenen Bytes + 1 hinzuzählt (wir besprechen das dahinter stehende Prinzip gleich genauer). Zusammen mit dem gesetzten ACK-Flag des Pakets gilt dies für den Client als Empfangsbestätigung des ersten Pakets. Generell gilt, dass zur Bestätigung eines Datenpakets kein Extrapaket generiert werden muss; die Bestätigung kann in jedem Paket enthalten sein, bei dem das ACK-Flag gesetzt und das ack-Feld ausgefüllt ist.

Die zum Verbindungsaufbau gesandten Pakete enthalten keine Daten, lediglich der TCP-Header ist relevant. Die im len-Feld des Headers gespeicherte Länge ist daher 0.

Die hier gezeigten Mechanismen sind nicht spezifisch für den Linux-Kernel, sondern müssen von allen Betriebssystemen implementiert werden, die über TCP kommunizieren wollen. Die folgenden Abschnitte beschäftigen sich genauer mit der kernelspezifischen Implementierung des beschriebenen Vorgangs.

Passiver Verbindungsaufbau

Der aktive Verbindungsaufbau geht nicht vom Kern selbst aus, sondern wird durch den Empfang eines SYN-Pakets angestoßen, das um die Etablierung einer Verbindung bittet. Startpunkt ist daher die Funktion tcp_v4_rcv, die wie weiter oben beschrieben einen horchenden Socket herausfindet und die Kontrolle an tcp_v4_do_rcv weitergibt, deren Codeflussdiagramm (für diesen speziellen Fall) in Abbildung 9.25 zu finden ist.

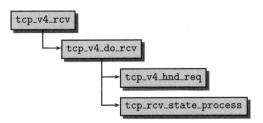

Abbildung 9.25: Codeflussdiagramm für tcp_v4_rcv_passive

tcp_v4_hnd_req wird aufgerufen, um verschiedene Initialisierungsaufgaben im Netzwerklayer durchzuführen, die für die neue Verbindung notwendig sind, worauf wir aber nicht genauer eingehen wollen. Der eigentliche Zustandsübergang wird in tcp_rcv_state_process erledigt, die aus einer großen case-Anweisung besteht, um die möglichen Socket-Zustände voneinander zu unterscheiden und die passende Übergangsfunktion aufzurufen.

Die möglichen Socketzustände werden in einer enum-Aufzählung definiert:

```
enum {                                                              <tcp.h>
  TCP_ESTABLISHED = 1,
  TCP_SYN_SENT,
  TCP_SYN_RECV,
  TCP_FIN_WAIT1,
  TCP_FIN_WAIT2,
  TCP_TIME_WAIT,
  TCP_CLOSE,
  TCP_CLOSE_WAIT,
```

```
    TCP_LAST_ACK,
    TCP_LISTEN,
    TCP_CLOSING,    /* now a valid state */

    TCP_MAX_STATES  /* Leave at the end! */
};
```

Für den Fall des Socketzustands TCP_LISTEN wird tcp_v4_conn_request aufgerufen.[28] Die Funktion beschäftigt sich mit vielen Details und Feinheiten von TCP, auf die wir nicht weiter eingehen. Wichtig ist das am Ende der Funktion versandte Acknowledgement-Paket, das neben dem gesetzten ACK-Flag und der Sequenznummer des empfangenen Pakets eine neu generierte Sequenznummer und ein SYN-Flag enthält, wie es der Drei-Wege-Handshake verlangt. Danach ist die erste Phase des Verbindungsaufbaus abgeschlossen.

Der nächste Schritt für den Client ist der Empfang des ACK-Paketes, das auf bekanntem Weg in die Funktion tcp_rcv_state_process gelangt. Der Socket befindet sich nun im Status TCP_SYN_RECV, was durch einen eigenen Ast der case-Fallunterscheidung bearbeitet wird. Die wesentliche Aufgabe des Kerns ist die Veränderung des Socket-Status auf TCP_ESTABLISHED, was einer vollständig hergestellten Verbindung entspricht.

Aktiver Verbindungsaufbau

Ein aktiver Verbindungsaufbau wird den Aufruf der open-Bibliotheksfunktion durch eine Userspace-Applikation eingeleitet, die über den socketcall-Systemaufruf an die Kernelfunktion tcp_v4_connect gelangt, deren Codeflussdiagramm in der linken Seite von Abbildung 9.26 zu finden ist.

Die Arbeit der Funktion beginnt mit der Suche nach einer IP-Route zum Zielhost, wozu auf das weiter oben beschriebene Framework zurückgegriffen wird. Nach Generierung des TCP-Headers und dem Setzen der relevanten Werte in einem Socketpuffer wird der Socket-Status von CLOSED auf SYN_SENT gesetzt; anschließend schickt tcp_connect ein SYN-Paket in den IP-Layer und daher zum Clientrechnet. Zusätzlich wird ein Timer im Kernel eingerichtet, der den Versand des Pakets wiederholt, wenn nach Verstreichen einer bestimmten Zeitspanne keine Bestätigung eingetroffen ist.

Nun muss der Client auf Acknowledgement des Servers bezüglich des SYN-Pakets sowie ein SYN-Paket zur Bestätigung des Verbindungswunsches warten, das durch die normalen TCP-Mechanismen empfangen wird (rechter Teil von 9.26). Dies führt in den Dispatcher tcp_rcv_state_process, der den Kontrollfluss für diesen Fall an tcp_rcv_synsent_state_process leitet: Nachdem der Socketstatus auf ESTABLISHED gesetzt wurde, wird mit tcp_send_ack noch ein ACK-Paket an den Server zurückgeschickt, um den Verbindungsaufbau zu beenden.

Übertragung von Datenpaketen

Nachdem eine Verbindung wie eben gezeigt hergestellt wurde, können Nutzdaten zwischen den Rechnern übertragen werden. Dieser Prozess ist manchmal durchaus trickreich, da TCP einige Features bereitstellt, die umfangreiche Kontroll- und Sicherungsmaßnahmen zwischen den kommunizierenden Hosts erfordern:

- Ein Bytestrom wird in einer garantierten Reihenfolge übertragen.

---

28 Da der Dispatcher sowohl für IPv4 wie für IPv6 funktioniert, wird ein Funktionszeiger auf einer adressfamilienspezifischen Datenstruktur verwendet, auf die wir nicht weiter eingehen wollen. Da sich die Implementierung des TCP-Zustandsautomats für IPv4 und IPv6 nicht unterscheidet, kann durch diese Vorgehensweise eine Menge Code gespart werden.

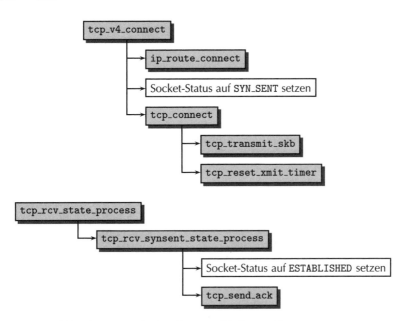

Abbildung 9.26: Codeflussdiagramme für den aktiven Verbindungsaufbau

■ Verloren gegangene Pakete werden durch automatisierte Mechanismen neu übertragen.

■ Der Datenfluss wird in beide Richtungen separat geregelt und an die Geschwindigkeiten der Hosts angepasst.

Auch wenn diese Punkte auf den ersten Blick nicht sonderlich komplex scheinen, benötigt man eine relativ große und schwer zu überblickende Anzahl von Methoden und Tricks, um die gewünschten Effekte zu erreichen. Da TCP-Übertragungen einen großen Anteil aller Verbindungen ausmachen, ist Effizienz und Geschwindigkeit der Implementierung ein entscheidender Faktor, wozu sich der Linux-Kernel einiger Tricks und Optimierungen bedient, die die Implentierung nicht unbedingt verständlicher machen.

Bevor wir auf die Implementierung der Datenübertragung in einer etablierten Verbindung eingehen, müssen einige Prinzipien besprochen werden, die dabei zum Einsatz kommen; vor allem interessieren die beim Verlust von Paketen eingesetzten Mechanismen.

Das Konzept der Paketbestätigung durch Sequenznummern findet auch bei normalen Datenpaketen statt; allerdings kann man mit Hilfe der Sequenznummern einige Informationen mehr über die Datenübertragung herausfinden, als bisher erwähnt wurde. Nach welchem Schema werden Sequenznummern zugeordnet? Beim ersten Aufbau einer Verbindung wird eine zufällige Zahl verwendet (die der Kern durch secure_tcp_sequence_number aus drivers/char/ random.c erzeugt), bei den darauf folgenden Paketen kommt ein System zum Einsatz, das die genaue Bestätigung aller angekommenen Datenpakete ermöglicht.

Jedem Byte einer TCP-Übertragung wird eine eindeutige Sequenznummer zugewiesen, die auf der anfänglich verschickten Zahl aufbaut. Nehmen wir beispielsweise an, dass die initial gewählte Nummer des TCP-Systems 100 ist. Die ersten 16 verschickten Bytes erhalten daher die Sequenznummern 100, 101, ..., 115.

TCP verwendet das Prinzip der *kumulativen Bestätigung*: Dies bedeutet, dass eine Bestätigung zusammenhängende Bytebereiche einschließt. Die im ack-Feld gesendete Nummer bestätigt alle

Bytes eines Datenstroms, die sich zwischen der letzten und der aktuellen ACK-Nummer befinden (wenn noch keine Bestätigung verschickt wurde und daher keine letzte Nummer vorhanden ist, wird die initiale Sequenznummer als Startpunkt verwendet). Die ACK-Nummer bestätigt alle Daten bis einschließlich des Bytes, das um 1 kleiner als die Nummer ist, und gibt dadurch an, welches Byte als Nächstes erwartet wird. Die ACK-Nummer 166 bestätigt beispielsweise alle Bytes bis einschließlich 165 und erwartet im nächsten Paket Bytes ab 166 aufwärts.

Der Mechanismus wird verwendet, um verloren gegangene Pakete aufzuspüren. Dabei ist zu beachten, dass TCP keinen expliziten Wiederanforderungsmechanismus zur Verfügung stellt, was es der empfangenden Instanz unmöglich macht, verloren gegangene Pakete von der Gegenstelle anzufordern. Vielmehr muss der sendende Rechner aufgrund des Ausbleibens einer Empfangsbestätigung nach einer bestimmten Timeout-Dauer das entsprechende Segment automatisch nochmals übertragen.

Wie werden die beschriebenen Vorgehensweisen im Kernel implementiert? Wir setzen voraus, dass die Verbindung nach dem weiter oben beschriebenen Schema eröffnet wurde, weshalb zwei Sockets (auf verschiedenen Rechnern) im ESTABLISHED-Zustand vorhanden sind.

Empfangen von Paketen

Das Codeflussdiagramm in Abbildung 9.27 zeigt, welcher Weg ausgehend von der bereits bekannten Funktion `tcp_v4_do_rcv` beim Empfang von Paketen eingeschlagen wird.

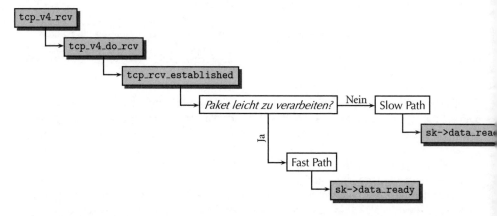

Abbildung 9.27: Paketbestätigung in TCP-Verbindungen

Nachdem die Kontrolle an `tcp_v4_do_rcv` abgegeben wurde, wird im Gegensatz zu anderen Socketzuständen bei einer bereits bestehenden Verbindung allerdings nicht die zentrale Dispatcherfunktion betreten, sondern ein schnellerer Weg gewählt – schließlich macht die Übertragung von Datenpaketen den Löwenanteil jeder TCP-Verbindung aus und sollte daher so schnell wie möglich erledigt werden. Nachdem sichergestellt wurde, dass der Status des Zielsockets TCP_ESTABLISHED ist, wird die Funktion `tcp_rcv_established` aufgerufen, die den Kontrollfluss nochmals aufspaltet: Einfach zu analysierende Pakete werden im *Fast Path* bearbeitet, während solche mit ungewöhnlicheren Optionen in dem als *Slow Path* bezeichneten Pfad bearbeitet werden.

Leicht zu verarbeitende Pakete müssen eines der folgenden Kriterien erfüllen:

- Das Paket transportiert lediglich eine Empfangsbestätigung für die zuletzt gesendeten Daten.

- Das Paket enthält die als Nächstes erwarteten Daten.

9.8 Transportschicht

Zusätzlich muss gelten, dass *keines* der Flags SYN, URG, RST oder FIN gesetzt ist.

Diese Beschreibung des „Idealfalls" für Pakete ist keine Linux-spezifische Erfindung, sondern wird auch in vielen anderen Unix-Varianten verwendet.[29] Beinahe alle Pakete befinden sich in diesen Kategorien,[30] weshalb die Unterscheidung zwischen schnellem und langsamem Pfad sinnvoll ist.

Welche Aktionen werden bei der schnellen Bearbeitung im Fast Path durchgeführt? Nach einigen Paketüberprüfungen, die komplexere Fälle erkennen und die Paketbearbeitung in den langsamen Pfad zurückleiten, wird durch Analyse der Paketlänge bestimmt, ob es sich um ein Bestätigungs- oder Datenpaket handelt. Dies ist leicht festzustellen, da ACK-Pakete keine Daten transportieren und daher genau die Länge eines TCP-Paketkopfs besitzen müssen.

Der Code für den Fast Path hält sich mit der Bearbeitung von ACK-Segmenten nicht weiter auf, sondern delegiert dies an `tcp_ack`. Hier werden zuerst veraltete oder zu früh gesendete Pakete aussortiert, die durch fehlerhafte TCP-Implementierungen der Gegenstelle oder unglückliche Kombinationen von Übertragungsfehlern und Timeouts entstehen können. Neben der Auswertung neuer Informationen über die Verbindung (wie beispielsweise das Empfangsfenster der Gegenstelle) und weiteren Subtilitäten des TCP-Protokolls besteht die wichtigste Aufgabe der Funktion darin, die durch das Acknowledgement bestätigten Daten aus der Retransmissions-Queue zu löschen, auf die wir gleich genauer eingehen werden: In der Queue werden alle gesendeten Pakete vorgehalten und nach Ablauf einer bestimmten Zeitspanne nochmals gesendet, wenn sie nicht durch ein ACK bestätigt wurden.

Da durch die vorangegangene Selektion des Pakets für den Fast Path bereits festgestellt wurde, dass die eingetroffenen Daten unmittelbar auf das vorherige Segment folgen, können sie ohne weitere Prüfungen mit einem ACK an die Gegenstelle quittiert werden. Zuletzt wird der im Socket gespeicherte Funktionszeiger `data_ready` aufgerufen, der dem Benutzerprozess das Vorhandensein neuer Daten anzeigt.

Wie unterscheidet sich der Slow- vom Fast Path? Durch die vielen möglichen TCP-Optionen wird der Code in diesem Pfad etwas umfangreich, weshalb wir hier nicht detaillierter auf die vielen Einzel-, Spezial- und Teilfälle eingehen, da dies weniger ein Problem des Kerns als vielmehr ein allgemeines Problem von TCP-Verbindungen ist (eine genaue Beschreibung befindet sich beispielsweise in [Ste94] oder [WPR+01]).

Die Nutzdaten können in diesem Fall nicht direkt an den Socket weitergegeben werden, da zuerst kompliziertere Prüfungen der Paketoptionen und daraufhin eventuell erforderliche Reaktionen des TCP-Subsystems notwendig sind. Daten, die außerhalb der Reihe eintreffen, müssen in eine spezielle Warteschlange eingereiht werden, wo sie bleiben, bis ein an die bisherigen Daten anschließender Bereich komplettiert wurde, der an den Socket weitergereicht werden kann.

Senden von Paketen

Das Senden von TCP-Paketen beginnt vom TCP-Layer aus gesehen durch Aufruf der Funktion `tcp_sendmsg`, die von höheren Netzwerkinstanzen betätigt wird. Abbildung 9.28 auf der nächsten Seite zeigt das zugehörige Codeflussdiagramm.

---

29 Da die Vorgehensweise von einem Herren namens van Jacobsen erfunden wurde, bezeichnet man sie häufig als *VJ mechanism*.

30 Weil die heute verwendeten Übertragungstechniken so ausgereift sind, dass praktisch keine Fehler vorkommen – was besonders zur Anfangszeit von TCP noch nicht gegeben war. Auf globalen Internet-Verbindungen treten zwar mehr Fehler auf als im lokalen Netzwerk, dennoch können die meisten Pakete aufgrund der geringen Fehlerrate im Fast Path verarbeitet werden.

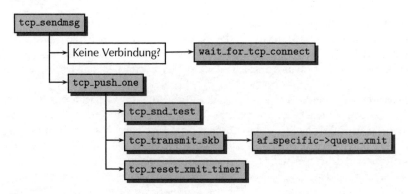

Abbildung 9.28: Codeflussdiagramm für `tcp_sendmsg`

Der verwendete Socket muss sich verständlicherweise im Zustand TCP_ESTABLISHED befinden, bevor Daten übertragbar sind; sollte dies nicht der Fall sein, wartet der Kernel (mit Hilfe von `wait_for_tcp_connect`) so lange, bis die entsprechende Verbindung hergestellt worden ist. Danach werden die Daten auf dem Adressraum des Userspace-Prozesses in den Kern kopiert und zum Aufbau eines TCP-Pakets verwendet. Wir wollen auf diesen komplizierten Vorgang nicht eingehen, da er sich auf eine Vielzahl von Prozeduren erstreckt, die alle zur Erfüllung der komplexen Vorgaben des TCP-Protokolls verwendet werden: Leider beschränkt sich das Versenden eines TCP-Pakets nicht einfach auf die Konstruktion eines entsprechenden Paketheaders und die Übergabe an den IP-Layer; vielmehr müssen (unter anderem!) folgende Vorgaben beachtet werden:

- In der Warteschlange der empfangenden Instanz muss genügend Platz zur Aufnahme der Daten vorhanden sein.

- Der ECN-Mechanismus zur Vermeidung von Überbelastungen der Verbindung muss beachtet werden.

- Unter bestimmten Umständen auftretende Patt-Situationen müssen erkannt werden, da die Kommunikation anderenfalls zum Stillstand gebracht werden kann.

- Der *Slow-Start*-Mechanismus von TCP fordert ein sukzessives Hochfahren der Paketgröße bei den ersten Kommunikationsschritten.

- Versandte, aber nicht bestätigte Pakete müssen nach Ablauf eines bestimmten Timeouts so lange wiederverschickt werden, bis die Gegenstelle ihren Empfang quittiert hat.

Hier soll lediglich die Funktionsweise der Retransmissionsqueue näher betrachtet werden, da dies der zentrale Punkt für die gesicherte Datenübertragung über eine TCP-Verbindung ist. Nach der Konstruktion des Pakets gelangt der Kernel an `tcp_push_one`, die folgende Aufgaben durchführt:

- Mit `tcp_snd_test` wird geprüft, ob die Daten momentan verschickt werden dürfen. Dies kann beispielsweise durch Staus verhindert werden, die durch einen überlasteten Empfänger entstehen.

- `tcp_transmit_skb` gibt die fertigen Daten über die Adressfamilien-spezifische Funktion `af_specific->queue_xmit` an den IP-Layer weiter (für IPv4 wird `ip_queue_xmit` verwendet).

- `tcp_reset_xmit_timer` wird aufgerufen, um den Retransmit-Timer des gesendeten TCP-Segments zu initialisieren.

Der Retransmit-Timer ist die Grundlage zum Wiederversenden nicht bestätigter Datenpakete und bildet das Rückgrat für die TCP-Übertragungsgarantie: Wenn nach einer bestimmten Zeitspanne kein Acknowledgement der Gegenstelle für die abgeschickten Daten eingetroffen ist (was dem Ablaufen des Timers entspricht), werden sie nochmals versandt. Dazu wird ein Kerneltimer verwendet, wie in Kapitel 11 („Kernel-Aktivitäten und Zeitfluss") beschrieben ist. In der zum jeweiligen Socket gehörenden `sock`-Instanz wird eine Liste mit Retransmit-Timern für jedes versandte Paket festgehalten. Als Timeout-Funktion verwendet der Kern `tcp_write_timer`, eine Funktion, die im Fall eines nicht empfangenen ACKs `tcp_retransmit_timer` aufruft. Bei der Neuübertragung des Segments müssen folgende Punkte beachtet werden:

- Die Verbindung kann mittlerweile geschlossen worden sein. In diesem Fall wird das gespeicherte Paket zusammen mit dem Timereintrag aus dem Kernelspeicher gelöscht.

- Wenn mehr Versuche unternommen wurden, als in der Variablen `sysctl_tcp_retries2`[31] festgelegt ist, wird die Übertragung ebenfalls aufgegeben.

Nachdem ein ACK für ein Paket empfangen wurde, wird der Retransmission-Timer wie weiter oben erwähnt gelöscht.

Verbindungsabbau

Nicht nur der Aufbau, sondern auch die Beendigung von Verbindungen wird bei TCP durch einen mehrstufigen Austausch von Datenpaketen durchgeführt, wie in Abbildung 9.22 auf Seite 537 zu sehen ist. Eine Verbindung kann auf zweierlei Arten beendet werden:

- Ein *grateful close* beendet die Verbindung durch expliziten Wunsch eines an der Verbindung beteiligten Rechners (in seltenen Fällen können beide beteiligten Rechner diesen Wunsch auch gleichzeitig äußern).

- Der Abbruch oder *abort* kann durch ein höhergeordnetes Protokoll (beispielsweise abstürzende Programme) verursacht werden.

Da der erste Fall glücklicherweise häufiger vorkommt, werden wir uns an dieser Stelle nur mit ihm beschäftigen und den zwanghaften Abbruch außer Acht lassen.

TCP-Partner müssen *vier* Pakete austauschen, um eine Verbindung höflich und geregelt zu beenden. Die einzelnen Schritte laufen wie folgt ab:

- Durch Aufruf der Standardbibliotheksfunktion `close` in Rechner A wird ein TCP-Paket verschickt, bei dem das FIN-Flag im Header gesetzt ist. Der Socket von A wechselt in den Status FIN_WAIT_1.

- B empfängt das FIN-Paket und bestätigt es durch ein ACK-Paket; sein Socket wechselt von ESTABLISHED in den Zustand CLOSE_WAIT. Dem Socket wird der Empfang des FINs durch ein „End of File" signalisiert.

---

[31] Diese enthält standardmäßig den Wert 15, kann aber über den Sysctl `net/ipv4/tcp_retries2` geändert werden.

- Nach dem Empfang des ACK-Pakets geht der Socket von Rechner A von FIN_WAIT_1 in den Status FIN_WAIT_2 über.

- Die mit dem Socket verbundene Anwendung auf Rechner B führt ebenfalls `close` aus, was den Versand eines FIN-Segments von B nach A veranlasst. Der Socket von Rechner B wechselt daraufhin in den `LAST_ACK`-Status.

- A bestätigt den Empfang des FINs mit einem ACK-Paket und geht zuerst in den TIME_WAIT und nach Ablauf einer bestimmten Zeitspanne automatisch in den CLOSED-Status über.

- Rechner B empfängt das ACK-Paket, was seinen Socket ebenfalls zum Wechsel in den CLOSED-Status veranlasst.

Die Umsetzung der gezeigten Statusübergänge erfolgt sowohl in der zentralen Dispatcherfunktion `tcp_rcv_state_process`, dem Pfad für bestehende Verbindungen (`tcp_rcv_established`) und der bisher noch unbekannten Funktion `tcp_close`.

Letztere wird aufgerufen, wenn sich der Benutzerprozess durch Verwendung der Bibliotheksfunktion `close` zum Schließen einer Verbindung entscheidet. Wenn sich der Socket im LISTEN-Status befindet, also nicht mit einem anderen Rechner verbunden ist, vereinfacht sich die Vorgehensweise, da keine externen Stellen über das Ende der Verbindung informiert werden müssen; dieser Fall wird am Anfang der Prozedur geprüft und mit einem Übergang des Socketstatus auf CLOSED gewürdigt.

Anderenfalls wird durch `tcp_send_fin` das angesprochene FIN-Paket an die Gegenstelle abgesetzt, nachdem der Socketstatus über die Aufrufskette `tcp_close_state` und `tcp_set_state` auf FIN_WAIT_1 gesetzt wurde.[32]

Der Übergang von FIN_WAIT_1 nach FIN_WAIT_2 erfolgt über die zentrale Dispatcherfunktion `tcp_rcv_state_process`, da nun der schnellere Pfad für bestehende Verbindungen nicht mehr eingeschlagen wird. In der bekannten Fallunterscheidung veranlasst ein empfangenes Paket mit gesetzem ACK-Flag den Übergang nach FIN_WAIT_2, der durch `tcp_set_state` durchgeführt wird. Um die TCP-Verbindung in den TIME_WAIT- und danach automatisch in den CLOSED-Status setzen zu können, fehlt jetzt nur mehr ein FIN-Paket der Gegenstelle.

Die Statusübergänge der Gegenstelle, die durch dem Empfang des ersten FIN-Zeichens ein passives Close ausführt, laufen nach einem ähnlichem Schema ab: Da der Empfang des ersten FIN-Pakets im Zustand ESTABLISHED erfolgt, wird die Bearbeitung im Slow Path von `tcp_rcv_established` durchgeführt, die über `tcp_fin` ein ACK an die Gegenstelle schickt und die Änderung des Socket-Status nach TCP_CLOSING veranlasst.

Der nächste Statusübergang (nach LAST_ACK) wird über den Aufruf der Bibliotheksfunktion `close` und dadurch die Kernelfunktion `tcp_close_state` durchgeführt. Nun fehlt lediglich ein weiteres ACK-Paket der Gegenstelle, um die Verbindung beenden zu können: Dessen Verarbeitung erfolgt wieder in der Dispatcherfunktion `tcp_rcv_state_process`, die durch `tcp_done` den Socketzustand nach CLOSED ändert, die vom Socket belegten Speicherplatz zurückgibt und die Verbindung dadurch endgültig beendet.

Achtung: Es wurde nur der Übergang beschrieben, der vom Status FIN_WAIT_1 aus möglich ist. Wie der TCP-Zustandsautomat in Abbildung 9.22 auf Seite 537 zeigt, gibt es zwei weitere

---

32 Diese Vorgehensweise ist nicht hundertprozentig mit dem TCP-Standard kompatibel, da der Socket seinen Status eigentlich erst dann verändern dürfte, *nachdem* das FIN-Paket abgeschickt wurde. Die von Linux verwendete Vorgehensweise ist jedoch angenehmer zu implementieren und bringt in der Praxis keine Probleme mit sich, weshalb die Kernelentwickler diesen Weg gewählt haben, was auch in einem entsprechenden Kommentar in `tcp_close` vermerkt ist.

Möglichkeiten, die vom Kernel implementiert werden, aber wesentlich seltener als der hier beschriebene Pfad auftreten. Sie sollen deshalb nicht genauer erläutert werden.

9.9 Anwendungsschicht

Sockets werden verwendet, um die Unix-üblichen „alles ist eine Datei"-Ansicht auch auf Netzwerkverbindungen anwenden zu können. Die Schnittstelle zwischen Kernel- und Userspace-Sockets sind in der C-Standardbibliothek implementiert, wobei der `socketcall`-Systemaufruf zum Einsatz kommt.

`socketcall` dient als Multiplexer für verschiedene Aufgaben die durch einzelne Prozeduren erledigt werden, beispielsweise Öffnen eines Sockets, Binden oder Senden von Daten.

Um die Kommunikation mit Sockets im Userspace möglichst einfach zu gestalten, verwendet Linux das Konzept der Kernelsockets: Zu jedem von einem Programm verwendeten Socket existiert eine Instanz der Struktur `socket` wie der Struktur `sock`, die als Schnittstelle nach unten (zum Kern) bzw. nach oben (in den Userspace) dienen. Beide Strukturen wurden in den vorhergehenden Abschnitten bereits einige Male verwendet, ohne sie genauer zu definieren, was nun nachgeholt werden soll.

9.9.1 Socket-Datenstrukturen

Die Struktur `socket` ist wie folgt definiert:

```
struct socket {                                        <net.h>
        socket_state        state;
        unsigned long       flags;
        struct proto_ops    *ops;
        struct file         *file;
        struct sock         *sk;
        short               type;
};
```

- `type` gibt die numerische Kennzahl für den verwendeten Protokolltyp an.

- `state` gibt den Verbindungszustands des Sockets an, wobei folgende Werte verwendet werden können (SS steht für *socket status*):

```
typedef enum {                                         <net.h>
  SS_FREE = 0,            /* not allocated           */
  SS_UNCONNECTED,         /* unconnected to any socket */
  SS_CONNECTING,          /* in process of connecting */
  SS_CONNECTED,           /* connected to socket      */
  SS_DISCONNECTING        /* in process of disconnecting */
} socket_state;
```

Die hier gezeigten Werte haben *nichts* mit Statuswerten gemeinsam, die von verschiedenen Protokollen der Transportschicht beim Auf- und Abbau von Verbindungen verwendet werden, sondern beschränken sich nur auf generelle, nach außen (d.h. zum Anwenderprogramm) relevante Zustände.

- `file` ist ein Zeiger auf die `file`-Instanz einer Pseudodatei, die zur Kommunikation mit dem Socket verwendet wird (wie am Anfang besprochen wurde, verwenden Benutzerapplikationen normale Dateideskriptoren, um Netzwerkoperationen durchzuführen).

Die Definition von socket ist nicht an ein bestimmtes Protokoll gebunden, weshalb mit proto_ops ein Zeiger auf eine Datenstruktur vorhanden ist, in der sich Zeiger auf protokollspezifische Funktionen finden, mit denen der Socket manipuliert und bearbeitet werden kann:

```
<net.h>   struct proto_ops {
              int               family;
              struct module     *owner;
              int               (*release)    (struct socket *sock);
              int               (*bind)       (struct socket *sock,
                                               struct sockaddr *umyaddr,
                                               int sockaddr_len);
              int               (*connect)    (struct socket *sock,
                                               struct sockaddr *uservaddr,
                                               int sockaddr_len, int flags);
              int               (*socketpair) (struct socket *sock1,
                                               struct socket *sock2);
              int               (*accept)     (struct socket *sock,
                                               struct socket *newsock, int flags);
              int               (*getname)    (struct socket *sock,
                                               struct sockaddr *uaddr,
                                               int *usockaddr_len, int peer);
              unsigned int      (*poll)       (struct file *file, struct socket *sock,
                                               struct poll_table_struct *wait);
              int               (*ioctl)      (struct socket *sock, unsigned int cmd,
                                               unsigned long arg);
              int               (*listen)     (struct socket *sock, int len);
              int               (*shutdown)   (struct socket *sock, int flags);
              int               (*setsockopt) (struct socket *sock, int level,
                                               int optname, char *optval, int optlen);
              int               (*getsockopt) (struct socket *sock, int level,
                                               int optname, char *optval, int *optlen);
              int               (*sendmsg)    (struct kiocb *iocb, struct socket *sock,
                                               struct msghdr *m, int total_len);
              int               (*recvmsg)    (struct kiocb *iocb, struct socket *sock,
                                               struct msghdr *m, int total_len,
                                               int flags);
              int               (*mmap)       (struct file *file, struct socket *sock,
                                               struct vm_area_struct * vma);
              ssize_t           (*sendpage)   (struct socket *sock, struct page *page,
                                               int offset, size_t size, int flags);
          };
```

Viele Funktionszeiger tragen dieselben Namen wie die entsprechenden Bibliotheksfunktionen der C-Standardbibliothek. Dies ist kein Zufall, da die Funktionen über den socketcall-Systemaufruf auf die in den Zeigern gespeicherten Funktionen gelenkt werden.

Der Zeiger sock, der sich ebenfalls in der Struktur befindet, deutet auf eine weitaus umfangreichere Struktur, in der zusätzliche, für den Kernel wichtige Verwaltungsdaten des Sockets gespeichert werden. Da die Struktur aus einer horrenden Anzahl von Elementen besteht, die für teilweise sehr subtile und selten benötigte Features verwendet werden (die Originaldefinition ist beinahe 200 Zeilen lang!), wollen wir uns hier mit einer stark verkürzten und vereinfachten Variante zufrieden geben:

```
include/net/   struct sock {
    sock.h         volatile unsigned char   state,      /* Connection state

                   /* Main hash linkage for various protocol lookup tables. */
                   struct sock              *next;
                   struct sock              **pprev;
                   struct sock              *bind_next;
                   struct sock              **bind_pprev;
```

9.9 Anwendungsschicht

```
        unsigned short          family;         /* Address family

        struct sk_buff_head     receive_queue;  /* Incoming packets
        struct sk_buff_head     write_queue;    /* Packet sending queue

        struct proto            *prot;

        /* This part is used for the timeout functions. */
        struct timer_list       timer;          /* This is the sock cleanup tim

        /* Callbacks */
        void                    (*data_ready)(struct sock *sk,int bytes);
        ...
};
```

Die `sock`-Strukturen des Systems werden in protokollspezifischen Hashtabellen organisiert, weshalb eine ganze Reihe von Zeigern in der Struktur zur Verkettung in Listen dient, die bei der Auflösung von Hashkollisionen verwendet werden: `next` und `pprev` sowie `bind_next` und `bind_pprev` dienen diesem Ziel.

Das Senden und Empfangen von Daten erfolgt, indem diese in Warteschlangen (`receive_queue` und `write_queue`) eingereiht werden, die Socketpuffer enthalten.

Außerdem ist eine Liste von Callback-Funktionen mit jeder `sock`-Struktur assoziiert, die vom Kernel verwendet wird, um auf besondere Ereignisse aufmerksam zu machen oder Statusänderungen durchzuführen. Wir zeigen in unserer vereinfachten Variante nur einen Funktionszeiger mit der Bezeichnung `data_ready`, da dessen Bedeutung am größten und sein Name in den letzten Kapiteln mehrfach gefallen ist. Die darin gespeicherte Funktion wird aufgerufen, wenn Daten angekommen sind, die vom Benutzerprozess bearbeitet werden können; üblicherweise wird der Zeiger mit `sock_def_readable` belegt.

Eine große Verwechslungsgefahr besteht zwischen dem Element `ops` des Typs `struct proto_ops` aus der `socket`-Struktur einerseits und dem Eintrag `prot` des Typs `struct proto` aus `sock` andererseits, der folgendermaßen aufgebaut ist:

```
struct proto {                                                          include/net/
        void            (*close)(struct sock *sk,                       sock.h
                                 long timeout);
        int             (*connect)(struct sock *sk,
                                struct sockaddr *uaddr,
                                int addr_len);
        int             (*disconnect)(struct sock *sk, int flags);

        struct sock *   (*accept) (struct sock *sk, int flags, int *err);

        int             (*ioctl)(struct sock *sk, int cmd,
                                 unsigned long arg);
        int             (*init)(struct sock *sk);
        int             (*destroy)(struct sock *sk);
        void            (*shutdown)(struct sock *sk, int how);
        int             (*setsockopt)(struct sock *sk, int level,
                                int optname, char *optval, int optlen);
        int             (*getsockopt)(struct sock *sk, int level,
                                int optname, char *optval,
                                int *option);
        int             (*sendmsg)(struct kiocb *iocb, struct sock *sk,
                                struct msghdr *msg, int len);
        int             (*recvmsg)(struct kiocb *iocb, struct sock *sk,
                                struct msghdr *msg,
                                int len, int noblock, int flags,
```

```
            int              *addr_len);
    int              (*sendpage)(struct sock *sk, struct page *page,
                                 int offset, size_t size, int flags);
    int              (*bind)(struct sock *sk,
                             struct sockaddr *uaddr, int addr_len);
};
```

Beide Strukturen besitzen Mitgliedselemente, die ähnliche (und oftmals auch identische) Namen tragen; allerdings stehen sie für unterschiedliche Funktionen. Während die hier gezeigten Operationen verwendet werden, um zwischen (kernelseitiger) Socket- und Transportschicht zu kommunizieren, sind die im Funktionszeigerblock der Struktur `socket` gespeicherten Funktionen dafür bestimmt, mit Systemaufrufen zu kommunizieren. Anders ausgedrückt: sie stellen das Bindeglied zwischen benutzer- und kernelseitigen Sockets dar.

9.9.2 Sockets und Dateien

Userspace-Prozesse greifen nach Herstellung einer Verbindung über normale Dateimethoden auf Sockets zu. Wie wird dies im Kern verwirklicht? Aufgrund des offenen Aufbaus der VFS-Schicht, die in Kapitel 7 („Das virtuelle Dateisystem") besprochen wird, sind dazu erstaunlich wenige Maßnahmen notwendig.

In Kapitel 7 („Das virtuelle Dateisystem") werden VFS-Inoden des virtuellen Dateisystems besprochen. Jedem Socket ist eine solche Inode zugeordnet, die wiederum mit den restlichen Strukturen verbunden ist, die zu einer normalen Datei gehören. Die Funktionen zur Manipulation von Dateien werden in einer gesonderten Zeigertabelle festgehalten:

```
<fs.h>   struct inode {
             ...
             struct file_operations    *i_fop; /* former ->i_op->default_file_ops */
             ...
         }
```

Dateizugriffe auf den Filedeskriptor eines Sockets können dadurch transparent auf den Code des Netzwerklayers umgelenkt werden. Sockets verwenden folgende Dateioperationen:

```
net/socket.c    static struct file_operations socket_file_ops = {
                    .llseek    =    no_llseek,
                    .aio_read  =    sock_aio_read,
                    .aio_write =    sock_aio_write,
                    .poll      =    sock_poll,
                    .ioctl     =    sock_ioctl,
                    .mmap      =    sock_mmap,
                    .open      =    sock_no_open,    /* special open code to disallow open via /proc */
                    .release   =    sock_close,
                    .fasync    =    sock_fasync,
                    .readv     =    sock_readv,
                    .writev    =    sock_writev,
                    .sendpage  =    sock_sendpage
                };
```

Die `sock_`-Funktionen sind simple Wrapper-Routinen, die auf eine Routine der `sock_operations` zurückgreifen, wie das Beispiel von `sock_mmap` zeigt:

```
net/socket.c    static int sock_mmap(struct file * file, struct vm_area_struct * vma)
                {
                    struct socket *sock = SOCKET_I(file->f_dentry->d_inode);

                    return sock->ops->mmap(file, sock, vma);
                }
```

9.9 Anwendungsschicht

Inode und Socket werden miteinander verbunden, indem sie direkt hintereinander im Speicher alloziert werden, wozu folgende Hilfsstruktur dient:

```
struct socket_alloc {
    struct socket socket;
    struct inode vfs_inode;
};
```
include/net/
sock.h

Um von einer Inode auf die zugehörige Socket-Instanz bzw. umgekehrt zu gelangen, stellt der Kern zwei Makros bereit, die die notwendige Zeigerarithmetik vornehmen:

```
static inline struct socket *SOCKET_I(struct inode *inode);
static inline struct inode *SOCK_INODE(struct socket *socket);
```
include/net/
sock.h

9.9.3 Der socketcall-Systemaufruf

Neben den Lese- und Schreiboperationen der Dateifunktionen, die über die Systemaufrufe des virtuellen Dateisystems in den Kern gelangen und dort auf Funktionspointer der socket_file_ops-Struktur umgelenkt werden, müssen andere Arbeiten mit Sockets verrichtet werden, die sich nicht in das Dateischema pressen lassen: Dazu zählt beispielsweise das Anlegen eines Sockets oder die Aufrufe bind oder listen.

Linux stellt zu diesem Zweck den schon öfter erwähnten Systemaufruf socketcall bereit, der in sys_socketcall implementiert wird.

Bemerkenswert ist, dass es für die 17 verschiedenen Socketoperationen nur einen Systemaufruf gibt, was je nach gewünschtem Anliegen zu teilweise recht unterschiedlichen Argumentlisten führt. Der erste Parameter des Systemaufrufs ist daher eine numerische Konstante, mit deren Hilfe der gewünschte Aufruf selektiert werden kann; gültige Werte sind beispielsweise SYS_SOCKET, SYS_BIND, SYS_ACCEPT oder SYS_RECV. Die Routinen der Standardbibliothek verwenden die gleichen Namen, werden intern aber allesamt auf socketcall mit entsprechender Konstante umgelenkt. Die Tatsache, dass nur ein einziger Systemaufruf verwendet wird, hat vor allem historische Gründe.

Die Aufgabe von sys_socketcall ist nicht sonderlich schwierig, da die Funktion lediglich als Dispatcher zur Verteilung des Systemaufrufs auf andere Funktionen dient, die jeweils einen „kleinen" Systemaufruf implementieren, an den die Parameter weitergeleitet werden:

```
asmlinkage long sys_socketcall(int call, unsigned long *args)
{
        unsigned long a[6];
        unsigned long a0,a1;
        int err;

        if(call<1||call>SYS_RECVMSG)
                return -EINVAL;

        /* copy_from_user should be SMP safe. */
        if (copy_from_user(a, args, nargs[call]))
                return -EFAULT;

        a0=a[0];
        a1=a[1];

        switch(call)
        {
                case SYS_SOCKET:
                        err = sys_socket(a0,a1,a[2]);
                        break;
```
net/socket.c

```
            case SYS_BIND:
                err = sys_bind(a0,(struct sockaddr *)a1, a[2]);
                break;
            ...
            case SYS_SENDMSG:
                err = sys_sendmsg(a0, (struct msghdr *) a1, a[2]);
                break;
            case SYS_RECVMSG:
                err = sys_recvmsg(a0, (struct msghdr *) a1, a[2]);
                break;
            default:
                err = -EINVAL;
                break;
    }
    return err;
}
```

Achtung: Auch wenn die einzelnen Zielfunktionen die gleichen Namenskonventionen wie Systemaufrufe tragen, können sie dennoch nur über den `socketcall`-Aufruf und nicht über einen eigenen Systemaufruf aktiviert werden. Tabelle 9.3 zeigt, welche möglichen „Unteraufrufe" von `socketcall` zur Verfügung stehen.

Tabelle 9.3: *Netzwerk-bezogene Systemaufrufe, für die* `sys_socketcall` *als Multiplexer dient*

Funktion	Bedeutung
sys_socket	Erzeugt einen neuen Socket.
sys_bind	Weist einem Socket eine Adresse zu.
sys_connect	Verbindet einen Socket mit einem Server.
sys_listen	Öffnet eine passive Verbindung, um auf dem Socket zu lauschen.
sys_accept	Akzeptiert einen eingehenden Verbindungswunsch.
sys_getsockname	Liefert die Adresse des Sockets.
sys_getpeername	Liefert die Adresse des Kommunikationspartners.
sys_socketpair	Erzeugt ein Socketpaar, das unmittelbar zur bidirektionalen Kommunikation verwendet werden kann (beide Sockets befinden sich auf dem gleichen Rechner).
sys_send	Verschickt Daten über eine bestehende Verbindung.
sys_sendto	Verschickt Daten, wobei die Zieladresse explizit angegeben werden muss (für UDP-Verbindungen).
sys_recv	Empfängt Daten.
sys_recvfrom	Empfängt Daten von einem Datagramm-Socket und liefert gleichzeitig die Adresse der Quelle.
sys_shutdown	Schließt die Verbindung.
sys_setsockopt	Liefert Informationen über die Socket-Einstellungen.
sys_getsockopt	Setzt Socket-Optionen.
sys_sendmsg	Versendet Nachrichten im BSD-Stil.
sys_recvmsg	Empfängt Nachrichten im BSD-Stil.

9.9.4 Sockets erzeugen

`sys_socket` ist der Einsprungpunkt für die Erzeugung eines neuen Sockets. Das zugehörige Codeflussdiagramm findet sich in Abbildung 9.29 auf der gegenüberliegenden Seite.

Zunächst wird eine neue Socket-Datenstruktur angelegt, wozu `sock_create` verwendet wird. Die Reservierung des benötigten Speicherplatzes wird an `sock_alloc` delegiert, die aber nicht nur Raum für eine Instanz von `struct socket` reserviert, sondern unmittelbar darunter auch noch den benötigten Platz für eine Inoden-Instanz alloziert, damit beide Objekte kombiniert werden können, wie weiter oben besprochen wurde.

9.9 Anwendungsschicht

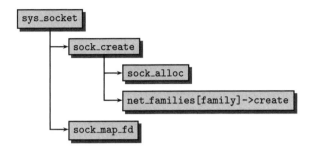

Abbildung 9.29: Codeflussdiagramm für sys_socket

Alle Transportprotokolle des Kerns werden in einem Array aus net/socket.c zusammengefasst: static struct net_proto_family *net_families[NPROTO]. Die einzelnen Mitglieder stellen eine protokollspezifische Initialisierungsfunktion bereit:

```
struct net_proto_family {                                           <net.h>
        int             family;
        int             (*create)(struct socket *sock, int protocol);
        struct module   *owner;
};
```

Genau diese Funktion (create) wird aufgerufen, nachdem der Speicherplatz für den Socket reserviert wurde. Für Internet-Verbindungen (egal ob TCP oder UDP) wird inet_create verwendet, das eine neue Instanz eines kernelinternen Sockets sock erzeugt, diesen so weit wie möglich initialisiert und in die Datenstrukturen des Kerns einfügt.

map_sock_fd wird verwendet, um eine Pseudo-Datei für den Socket zu erzeugen (die Dateioperationen werden durch socket_ops angegeben); außerdem wird ein Dateideskriptor alloziert, der als Resultat des Systemaufrufs zurückgegeben wird.

9.9.5 Daten empfangen

Der Empfang von Daten ist über die Systemaufrufe recvfrom und recv sowie mit den dateibezogenen readv und read möglich; da sich der Code dieser Funktionen nicht wesentlich unterscheidet und ohnehin nach kurzer Zeit zusammenfließt, genügt es hier, sich mit sys_recvfrom zu beschäftigen, deren Codeflussdiagramm in Abbildung 9.30 zu finden ist.

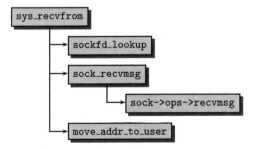

Abbildung 9.30: Codeflussdiagramm für sys_recvfrom

Da dem Systemaufruf ein Filedeskriptor zur Identifikation des gewünschten Sockets übergeben wird, besteht die erste Aufgabe darin, die relevante socket-Instanz herauszufinden, wozu sockfd_lookup verwendet wird. Diese ermittelt zunächst über die Deskriptortabelle der

Taskstruktur die passende `file`-Instanz, aus der die Inode und (mit `SOCK_I`) schließlich der zugehörige Socket ermittelt werden kann.

`sock_recvmsg` dient (nach einigen Vorbereitungen, auf die wir nicht genauer eingehen wollen) dazu, die protokollspezifische Empfangsroutine `sock->ops->recv_msg` aufzurufen; TCP verwendet dazu beispielsweise `tcp_recvmsg`, während für UDP `udp_recvmsg` zum Einsatz kommt. Die Implementierung für UDP ist nicht besonders kompliziert:

- Wenn mindestens ein Paket in der Empfangswarteschlange (die durch das `receive_queue`-Element der `sock`-Struktur realisiert wird) vorhanden ist, wird es daraus entnommen und zurückgegeben.

- Ist die Empfangswarteschlange leer, können logischerweise keine Daten an den Benutzerprozess weitergegeben werden. Der Prozess legt sich in diesem Fall mit `wait_for_packet` so lange schlafen, bis Daten eintreffen.

  Da beim Eintreffen neuer Daten immer die Funktion `data_ready` der `sock`-Struktur aufgerufen wird, kann der Prozess hier wieder aufgeweckt werden.

Die Daten werden mit `move_addr_to_user` vom Kernel- in den Userspace kopiert, wozu die in Kapitel 2 („Prozessverwaltung") besprochenen Funktionen `copy_to_user` verwendet werden.

Die Implementierung für TCP folgt einem ähnlichen Schema, wird aber durch viele Details und Protokollbesonderheiten etwas verkompliziert.

9.9.6 Daten versenden

Auch zum Versenden von Daten gibt es für Benutzerprogramme mehrere Möglichkeiten: Zwei netzwerkbezogene Systemaufrufe (`sendto` und `send`) sowie die Verwendung der `write`- oder `writev`-Funktionen des Dateilayers. Da der Code im Kernel auch hier nach einer gewissen Zeit wieder zusammenfließt, genügt es, sich mit der Implementierung des erstgenannten Aufrufs zu befassen, der in den Kernelquellen in der Prozedur `sys_sendto` implementiert ist. Das zugehörige Codeflussdiagramm findet sich in Abbildung 9.31.

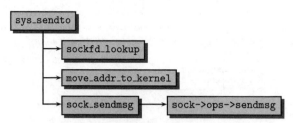

Abbildung 9.31: Codeflussdiagramm für `sys_sendto`

Auch hier wird zunächst mit `sock_fd_lookup` der relevante Socket anhand des Dateideskriptors herausgefunden. Die zu versendenden Daten werden mit `move_addr_to_kernel` vom User- in den Kernelspace kopiert, bevor `sock_sendmsg` die protokollspezifische Versandroutine `sock->ops->sendmsg` aufrufen kann, die ein Paket im jeweils benötigten Format generiert und dies an die darunter liegenden Schichten weiterreicht.

10 Systemaufrufe

Aus der Sicht von Benutzerprogrammen ist der Kern eine transparente Schicht des Systems, dessen Anwesenheit zwar immer klar ist, aber nie direkt wahrgenommen wird: Ein Prozess kann nicht unterscheiden, ob er gerade läuft oder nicht. Er weiß auch nicht, welcher Inhalt seines virtuellen Adressraums sich tatsächlich im RAM befindet und wieviel davon in den Swapping-Bereich ausgelagert ist oder noch gar nicht eingelesen wurde. Dennoch muss er ständig mit dem Kern interagieren, um Ressourcen des Systems belegen zu können, auf Zusatzgeräte zugreifen zu dürfen, mit anderen Prozessen zu kommunizieren, Dateien einzulesen und vieles mehr. Zu diesem Zweck verwendet er Routinen der Standardbibliothek, die wiederum auf Funktionen des Kerns selbst zugreift, der sich um eine faire und vor allem komplikationsfreie Verteilung von Ressourcen und Diensten kümmert.

Eine Anwendung sieht den Kernel daher als große Routinensammlung, die viele verschiedene Funktionen bereitstellt, um sich mit den Gegebenheiten des Systems auseinander setzen zu können; die Standardbibliothek ist eine Zwischenschicht, die die Verwaltung der Kernelroutinen einfach und konsistent macht, auch über verschiedene Architekturen und Systeme hinweg.

Aus Sicht des Kerns ist die Situation natürlich etwas komplizierter, schließlich gibt es einige wichtige Unterschiede zwischen User- und Kernelmode, von denen wir einige bereits in den vorhergehenden Kapiteln angesprochen haben. Vor allem sind die unterschiedlichen virtuellen Adressräume beider Modi zu nennen; auch die Möglichkeiten in Bezug auf die Ausnutzung verschiedener Prozessorfeatures unterscheiden sich zwischen beiden Alternativen. Zusätzlich stellt sich die Frage, wie die Übergabe des Kontrollflusses von der Applikation an den Kern und umgekehrt geregelt werden soll und wie die Übergabe von Parametern bzw. Rückgabewerten funktioniert, womit wir uns in diesem Kapitel beschäftigen.

Wie aus den vorhergehenden Kapiteln bekannt ist, verwendet man *Systemaufrufe*, um Methoden des Kerns von Benutzerapplikationen aus aufzurufen, die auf diese Weise auf die besonderen Fähigkeiten des Kerns zugreifen. Es wurde bereits die Implementierung einiger Systemaufrufe aus den verschiedensten Subsystemen des Kerns betrachtet.

Zunächst gehen wir ein wenig auf die Systemprogrammierung ein, um Klarheit über den Unterschied zwischen Bibliotheksroutinen der Standardbibliothek und den entsprechenden Systemaufrufen zu schaffen. Danach nehmen wir die Kernelquellen genauer unter die Lupe, um den Übergangsmechanismus vom User- in der Kernelspace zu beschreiben; auch werden wir auf die zur Implementierung von Systemaufrufen vorhandene Infrastruktur eingehen und auf Besonderheiten hinweisen, die bei ihrer Implementierung zu beachten sind.

10.1 Grundlagen der Systemprogrammierung

Systemprogrammierung ist im Wesentlichen die Arbeit mit der Standardbibliothek, die Funktionen zu allen möglichen Gebieten bereitstellt, die bei der Erstellung von Applikationen wichtig sind. Egal um welche Art von Programm es sich handelt: Kein Programmierer kommt darum herum, sich irgendwann mit den Grundlagen der Systemprogrammierung zu beschäftigen. Bereits ein einfaches Programm wie das klassische `hello.c`, das einfach „Hello, world!" oder ähnlich geistreiche Texte auf den Bildschirm ausgibt und zu den einfachsten Übungen gehört, macht indirekt von Systemroutinen Gebrauch, wenn die Zeichen auf den Bildschirm bzw. das Terminal ausgegeben werden.

Natürlich ist Systemprogrammierung nicht nur in C möglich; auch andere Programmiersprachen – sei dies C++, Pascal, Java oder gar das schreckliche FORTRAN – unterstützen mehr oder weniger direkt die Verwendung von Routinen aus externen Bibliotheken und können dadurch von den Funktionen Gebrauch machen, die sich in der Standardbibliothek befinden. Dennoch ist es üblich, direkte Systemprogrammierungsarbeiten in C durchzuführen, da dies am besten ins Konzept von Unix passt – schließlich sind alle Unix-Kerne in C geschrieben, und Linux stellt hier bekanntlich keine Ausnahme dar.

Die Standardbibliothek ist nicht nur eine Sammlung von Interfaces, um die Systemaufrufe des Kerns umzusetzen, sondern bietet auch viele weitere Funktionen an, die komplett im Userspace implementiert sind und die Arbeit des Programmierers erleichtern, da er nicht gezwungen ist, das Rad immer wieder neu zu erfinden. Außerdem müssen die rund 100MiB Code der GNU-C-Bibliothek ja zu irgendetwas gut sein ...

Da der allgemeine Trend bei der Entwicklung von Programmiersprachen zu immer höheren Abstraktionsgraden tendiert, scheint die Bedeutung der Systemprogrammierung langsam aber sicher ins Hintertreffen zu geraten: Warum soll man sich mühsam mit den Details eines Systems beschäftigen, wenn Programme spielend einfach mit der Maus zusammengeklickt werden können und ebenso gut funktionieren? Hier ist ein Mittelweg gefragt: Ein kleines Perl-Skript, das eine Textdatei nach einem bestimmten String durchsucht, wird sich kaum Gedanken über die Mechanismen machen wollen, die beim Öffnen und Lesen der Datei ablaufen; hier genügt die pragmatische Einstellung, dass die Daten schon irgendwie aus der Datei herauskommen werden. Andererseits werden sich Datenbanken mit vielen Giga- oder Terrabytes sehr genau mit den zugrunde liegenden Mechanismen des Betriebssystems vertraut machen wollen, die beim Zugriff auf Dateien oder gar rohe Daten verwendet werden, um den Code der Datenbank so gut wie möglich an die Gegebenheiten des Systems anzupassen und dadurch die maximale Leistung zu erreichen. Ein klassisches Beispiel dafür, wie durch Beachtung der internen Strukturen des Systems die Leistung eines Programms deutlich gesteigert werden kann, ist das Ausfüllen einer riesigen Matrix im Speicher mit bestimmten Werten: Wenn sich die Daten der Matrix über mehrere Speicherseiten erstrecken, ist es von essentieller Bedeutung, in welcher Reihenfolge das Ausfüllen erfolgt; je nachdem, wie das Memory-Management-Subsystem den Speicher verwaltet, können dadurch unsinnige Paging-Aktionen vermieden bzw. die Caches und Puffer des Systems besser ausgenutzt werden.

Wir werden uns hier mit Techniken beschäftigen, die nur wenig oder gar nicht von den Funktionen des Kerns abstrahiert sind – schließlich sollen der interne Aufbau des Kerns und die dabei verwendeten architektonischen Prinzipien untersucht werden, was auch die Schnittstellen zur Außenwelt mit einschließt.

10.1.1 Verfolgung von Systemaufrufen

Folgendes Beispiel verdeutlicht, wie Systemaufrufe über die Wrapper-Routinen der Standardbibliothek verwendet werden:

```
#include<stdio.h>
#include<fcntl.h>
#include<unistd.h>

int main() {
  int handle, bytes;
  void* ptr;
```

10.1 Grundlagen der Systemprogrammierung

```
    handle = open("/tmp/test.txt", O_RDONLY);

    ptr = (void*)malloc(150);

    bytes = read(handle, ptr, 150);
    printf("%s", ptr);

    close(handle);
    return 0;
}
```

Das Beispielprogramm öffnet die Datei /tmp/test.txt, liest die ersten 150 Bytes ihres Inhalts ein und schreibt die Daten auf die Standardausgabe – eine sehr simple Variante des Standard-Unix-Tools head.

Wie viele Systemaufrufe werden vom Programm verwendet? Direkt ersichtlich sind nur die Aufrufe von open, read und close, deren Implementierung in Kapitel 7 („Das virtuelle Dateisystem") besprochen wird. Aber auch die Aufrufe von print werden von der Standardbibliothek durch die Verwendung von Systemaufrufen implementiert. Natürlich könnte man die benutzten Systemaufrufe herausfinden, indem man den Quellcode der Standardbibliothek liest, was in den meisten Fällen aber eine etwas mühevolle Aufgabe wäre – es ließe sich leicht ein eigenes Buch mit den Techniken und Ideen füllen, die zur Implementierung der GNU-Standardbibliothek (oder auch anderer Libcs) verwendet werden. Einfacher geht es mit dem Tool strace, das alle von einer Applikation abgesetzten Systemaufrufe protokolliert und für den Programmierer zugänglich macht – eine oft unersetzliche Hilfe beim Debugging. Der Kernel muss die Protokollierung von Systemaufrufen natürlich mit speziellen Mitteln unterstützen, auf die wir in Abschnitt 10.3.3 eingehen (natürlich wird diese Unterstützung in Form eines Systemaufrufs (ptrace) bereitgestellt, hier interessieren uns aber vorerst nur die Ergebnisse).

Folgender Aufruf von strace liefert eine Liste aller ausgeführten Systemaufrufe in die Datei test.syscalls:[1]

```
wolfgang@meitner> strace -o log.txt ./shead
```

Der Inhalt von log.txt ist umfangreicher, als man vermuten würde:

```
execve("./shead", ["./shead"], [/* 27 vars */]) = 0
uname(sys="Linux", node="jupiter", ...) = 0
brk(0)                                  = 0x8049750
old_mmap(NULL, 4096, PROT_READ|PROT_WRITE, ..., -1, 0) = 0x40017000
open("/etc/ld.so.preload", O_RDONLY)    = -1 ENOENT (No such file or directory)
open("/etc/ld.so.cache", O_RDONLY)      = 3
fstat64(3, st_mode=S_IFREG|0644, st_size=85268, ...) = 0
old_mmap(NULL, 85268, PROT_READ, MAP_PRIVATE, 3, 0) = 0x40018000
close(3)                                = 0
open("/lib/i686/libc.so.6", O_RDONLY)   = 3
read(3, "\177ELF\1\1\1\0\0\0\0\0\0\0\0\0\3\0\3\0\1\0\0\0\200\302"..., 1024) = 1024
fstat64(3, st_mode=S_IFREG|0755, st_size=5634864, ...) = 0
old_mmap(NULL, 1242920, PROT_READ|PROT_EXEC, MAP_PRIVATE, 3, 0) = 0x4002d000
mprotect(0x40153000, 38696, PROT_NONE)  = 0
old_mmap(0x40153000, 24576, PROT_READ|PROT_WRITE, ..., 3, 0x125000) = 0x40153000
old_mmap(0x40159000, 14120, PROT_READ|PROT_WRITE, ..., -1, 0) = 0x40159000
close(3)                                = 0
munmap(0x40018000, 85268)               = 0
getpid()                                = 10604
open("/tmp/test.txt", O_RDONLY)         = 3
brk(0)                                  = 0x8049750
```

---

[1] strace besitzt noch einige weitere Optionen, mit deren Hilfe die Art der gespeicherten Daten exakt geregelt werden kann; wie üblich sind sie in der Manual-Page strace(1) dokumentiert.

```
brk(0x8049800)                                = 0x8049800
brk(0x804a000)                                = 0x804a000
read(3, "A black cat crossing your path s"..., 150) = 109
fstat64(1, st_mode=S_IFCHR|0620, st_rdev=makedev(136, 1), ...) = 0
mmap2(NULL, 4096, PROT_READ|PROT_WRITE, MAP_PRIVATE|MAP_ANONYMOUS, -1, 0) = 0x40018000
ioctl(1, TCGETS, B38400 opost isig icanon echo ...) = 0
write(1, "A black cat crossing your path s"..., 77) = 77
write(1, "             -- Groucho Marx\n", 32) = 32
munmap(0x40018000, 4096)                      = 0
_exit(0)                                      = ?
```

Das Trace-Protokoll zeigt, dass die Applikation eine große Anzahl von Systemaufrufen ausführt, die nicht direkt im Quellcode aufgeführt sind! Da die Ausgabe von strace durch die hohe Anzahl von Systemaufrufen nicht unbedingt übersichtlicher wird, wurden alle Zeilen kursiv hervorgehoben, die ein direktes Äquivalent in den C-Sourcen des Beispiels besitzen. Alle anderen Einträge wurden von Code erzeugt, der beim Compilieren des Programms automatisch hinzugefügt wurde.

Die zusätzlichen Systemaufrufe werden durch Code erzeugt, der zum einen als Framework für Start und Ausführung der Applikation benötigt wird – beispielsweise wird die C-Standardbibliothek dynamisch in den Speicherbereich des Prozesses eingeblendet. Andere Aufrufe – old_mmap und unmap – beschäftigen sich mit der Verwaltung des dynamischen Speichers, der von der Applikation verwendet wird.

Die drei direkt verwendeten Systemaufrufe – open, read und close – werden in Aufrufe der entsprechenden Kernfunktionen umgesetzt.[2] Zwei weitere Routinen der Standardbibliothek verwenden intern Systemaufrufe mit anderen Bezeichnungen, um die gewünschte Wirkung zu erzielen:

- malloc ist die Standardfunktion zur Reservierung von Speicherplatz im Heap-Bereich des Prozesses. Wie in Kapitel 3 („Speicherverwaltung") angesprochen, verwendet die malloc-Variante der GNU-Bibliothek eine zusätzliche Speicherverwaltung, um den vom Kern reservierten Speicherplatz gut auszunutzen und effektiv zu belegen.

  Intern verwendet malloc die brk- und malloc-Systemaufrufe, deren Implementierung in Kapitel 3 besprochen wird. Dem Systemaufruf-Protokoll lässt sich entnehmen, dass malloc aufgrund seiner internen Algorithmen den Aufruf dreimal durchführt – natürlich mit unterschiedlichen Argumenten.

- printf verarbeitet zuerst die ihm übergebenen Argumente – in diesem Fall ein dynamischer String – und gibt die Resultate mit Hilfe des write-Systemaufrufs aus.

Ein weiterer Vorteil bei der Verwendung des strace-Tools ist die Tatsache, dass der Quellcode der untersuchten Applikation nicht vorhanden sein muss, um Einsichten in ihren internen Aufbau und ihre Funktionsweise gewinnen zu können.

Bereits anhand unseres kleinen Beispielprogramms sieht man sehr gut, dass starke Abhängigkeiten zwischen Applikation und Kern bestehen, wie die ständige Verwendung von Systemaufrufen zeigt. Selbst wissenschaftliche Programme, die einen großen Teil ihrer Rechenzeit mit numerischen Aufgaben verbringen, die keine Funktionen des Kerns benötigen, kommen nicht ohne Systemaufrufe aus; interaktive Anwendungen wie emacs oder mozilla sind hingegen die ganze Zeit mit der Verwendung von Systemaufrufen beschäftigt. Die Größe der Protokolldatei beträgt

---

2 Die Gnu-Standardbibliothek bietet übrigens auch eine allgemeine Routine an, mit deren Hilfe Systemaufrufe anhand ihrer Kennzahl ausgeführt werden können, wenn noch keine Wrapper-Implementierung dafür vorhanden ist.

im Fall von emacs alleine für den Startvorgang (d.h. bis zur vollständigen Initialisierung des Programms) rund 170KiB!

10.1.2 Unterstützte Standards

Systemaufrufe sind unter allen Unix-Derivaten von besonderer Wichtigkeit; sowohl der zur Verfügung gestellte Umfang wie auch Geschwindigkeit und Effizienz der Implementierung sind wichtige Punkte, nach denen die Leistungsfähigkeit eines Systems beurteilt wird. Die Implementierung von Systemaufrufen ist in Linux sehr effizient, wie Abschnitt 10.3 zeigen wird. Ebenso wichtig sind aber auch Vielfalt und Vollständigkeit der vorhandenen Routinen, die Programmierern – sowohl von Applikationen wie auch der Standardbibliothek – das Leben erleichtern und die Portabilität von Programmen zwischen den verschiedenen Unix-Derivaten auf der Quelltextebene erst möglich machen. Dies hat in der mehr als 25-jährigen Geschichte von Unix dazu geführt, dass immer wieder Standards oder De-facto-Standards entworfen wurden, die eine Vereinheitlichung der Schnittstellen zwischen den verschiedenen Systemen erreicht haben.

Die dominierende Rolle in diesem Bereich übernimmt vor allem der POSIX-Standard, dessen Akronym die Aufgabe vorgibt: *Portable Operating System Interface for Unix*. Auch Linux bemüht sich (zusammen mit der C-Standardbibliothek), diesem Standard gerecht zu werden, weshalb wir hier einige Worte darüber verlieren wollen. Seit der Publikation seiner ersten Vorgängerdokumente, die Ende der 80er Jahre veröffentlicht wurden, hat der Standard nicht nur drastisch an Umfang zugenommen (die aktuelle Version verteilt sich auf vier Bände),[3] sondern ist auch ein wenig unübersichtlich und ausufernd geworden – zumindest sehen das viele Programmierer so.

Der Linux-Kern ist größtenteils zum POSIX-1003.1-Standard kompatibel, wobei aktuelle Entwicklungen im Standard natürlich immer erst einige Zeit brauchen, bis sie in den Kernelcode umgesetzt werden.

Neben POSIX gibt es noch weitere Standards, die nicht der Arbeit eines Komitees entstammen, sondern ihre Wurzeln in der Entwicklung von UNIX und seinen Derivaten selbst finden. In der Geschichte von Unix gibt es zwei Hauptlinien, die voneinander unabhängige und eigenständige Systeme hervorgebracht haben: System V, das direkt aus den Originalquellen von AT&T abstammt, und das an der Universität von Kalifornien entwickelte und heute mit NetBSD, FreeBSD und OpenBSD (sowie den kommerziellen Ablegern BSDI und MacOS X) stark im Markt vertretene BSD.

Linux stellt Systemaufrufe zur Verfügung, die aus allen drei genannten Quellen abstammen – natürlich mit einer eigenen Implementierung. Code aus den „Konkurrenzsystemen" wird alleine aufgrund rechtlicher und lizenztechnischer Fragen nicht verwendet. Beispielsweise sind die drei folgenden wohlbekannten Systemaufrufe aus den drei unterschiedlichen Lagern hervorgegangen:

- flock dient zum Einrichten des File Locks, um parallele Zugriffe mehrerer Prozesse auf eine Datei zu verhindern und dadurch die Dateikonsistenz sicherzustellen. Der Aufruf wird vom POSIX-Standard vorgeschrieben.

- BSD-Unix stellt truncate zur Verfügung, um eine Datei um eine gegebene Bytezahl zu verkürzen; auch Linux implementiert die Funktion unter gleichem Namen.

- sysfs liefert Informationen über die dem Kernel bekannten Dateisysteme und wurde zuerst in System V Release 4 eingeführt; auch Linux hat sich diesen Systemaufruf zu Eigen gemacht.

---

3 Unter http://www.opengroup.org/onlinepubs/007904975/ findet sich der Standard in elektronischer Form.

Manche Systemaufrufe werden nicht nur von einem einzelnen Standard, sondern gleich von allen drei gefordert: `time`, `gettimeofday` und `settimeofday` existieren beispielsweise in identischer Form in System V, POSIX und 4.3BSD – und damit natürlich auch im Linux-Kernel.

Ebenso gibt es Systemaufrufe, die speziell für Linux entwickelt wurden und in unterschiedlichen anderen Derivaten entweder überhaupt nicht oder unter anderem Namen existieren. Dazu zählt beispielsweise der spezielle Systemaufruf `vm86`, der für die Implementierung des DOS-Emulators auf IA-32-Prozessoren von elementarer Bedeutung ist. Aber auch allgemeinere Aufrufe wie `nanosleep` zum Pausieren des Prozesses für sehr kleine Zeitspannen gehören zum Linux-spezifischen Repertoire.

In manchen Fällen werden zwei Systemaufrufe implementiert, die ein identisches Problem auf unterschiedliche Weise lösen können. Paradebeispiel sind die Systemaufrufe `poll` und `select`, von denen Ersterer in System V, Letzterer in 4.3BSD eingeführt wurde. Beide verwendet man, um letztendlich die gleichen Aufgaben zu erledigen.

Abschließend soll noch bemerkt werden, dass alleine die Implementierung des POSIX-Standards trotz des Namens noch lange kein vollständiges Unix-System ausmacht: Es handelt sich dabei um nichts anderes als eine Sammlung von *Schnittstellen*, deren konkrete Implementierung nicht vorgegeben ist und auch nicht unbedingt im Kernel erfolgen muss. Manche Betriebssysteme implementieren den POSIX-Standard daher vollständig in einer normalen Bibliothek, um trotz ihres von Unix abweichenden Designs die Portierung von Unix-Applikationen zu erleichtern.[4]

10.1.3 Restarting system calls

Ein interessantes Problem ergibt sich, wenn Systemaufrufe mit Signalen kollidieren. Wie sollen die Prioritäten verteilt werden, wenn während der Ausführung eines Systemaufrufs eine Situation auftritt, in der ein Signal an den Prozess geschickt werden muss? Soll das Signal warten, bis der Systemaufruf zu Ende geführt wurde, oder soll der Systemaufruf unterbrochen werden, um das Signal so schnell wie möglich abzuliefern? Offensichtlich bereitet die erste Variante weniger Schwierigkeiten und ist die einfachere Methode, um das Problem zu lösen – leider funktioniert sie aber nur dann richtig, wenn sichergestellt ist, dass *alle* Systemaufrufe schnell beendet werden und den Prozess nicht allzu lange warten lassen (wie in Kapitel 4 („Interprozesskommunikation und Locking") besprochen wird), werden Signale immer dann ausgeliefert, wenn der Prozess von der Ausführung eines Systemaufrufs in den Benutzermodus zurückkehrt). Dies ist nicht immer der Fall: Systemaufrufe können nicht nur eine gewisse Zeit für ihre Abarbeitung benötigen, sondern in den schlimmsten Fällen auch einschlafen (wenn beispielsweise für `read` noch keine Daten verfügbar sind), was die Auslieferung eines zwischenzeitlich aufgetretenen Signals sehr lange verzögert – eine Situation, die auf jeden Fall zu vermeiden ist.

Die Unterbrechung eines laufenden Systemaufrufs stellt die Frage nach dem Rückgabewert, der vom Kernel an die Applikation geliefert werden soll. Unter normalen Bedingungen muss lediglich zwischen zwei Situationen unterschieden werden, nämlich einem erfolgreich ausgeführten Aufruf und einem fehlgeschlagenen Versuch, der einen entsprechenden Fehlercode als Rückgabe liefert, mit dessen Hilfe der Benutzerprozess den Grund des Fehlers erkennen und darauf reagieren kann. Nun wird eine zusätzliche dritte Kategorie benötigt, die der Applikation mitteilt, dass der Systemaufruf prinzipiell ohne Fehler gelaufen *wäre*, wenn ihn kein Signal in der Mitte seiner Ausführung unterbrochen *hätte*. Unter Linux (und anderen System V-Derivaten) wird zu diesem Zweck die Konstante `-EINTR` verwendet.

---

4 Beispielsweise stellen neuere Windows-Versionen eine derartige Bibliothek zur Verfügung.

10.1 Grundlagen der Systemprogrammierung

Der Nachteil dieses Verfahrens liegt klar auf der Hand: Die Situation ist für den Kern zwar einfach zu implementieren, zwingt den Programmierer von Userspace-Applikationen aber, den Rückgabewert aller unterbrechbaren Systemaufrufe explizit auf -EINTR zu prüfen und den Aufruf in diesem Fall nochmals zu starten – so lange, bis er nicht mehr von einem Signal unterbrochen wird. Weil der Systemcall in Signalfall neu gestartet wird, bezeichnet man dies als *restarting* des Systemaufrufs, während der Aufruf selbst die Bezeichnung *restartable system call* erhält.

Das beschriebene Verhalten wurde zuerst unter System V-Unix implementiert. Wie üblich ist es aber nicht die einzige Möglichkeit, eine schnelle Auslieferung neuer Signale mit der Unterbrechung von Systemaufrufen zu kombinieren, wie der Ansatz aus der BSD-Welt zeigt. Wie verfährt man hier, wenn ein Systemaufruf durch ein Signal unterbrochen wird?

Der BSD-Kernel bricht die Ausführung des Systemaufrufs ab und wechselt zur Ausführung des Signals in den Benutzermodus. Allerdings liefert der Systemaufruf *keinen* Rückgabewert, sondern wird automatisch vom Kernel neu gestartet, nachdem die Ausführung des Signalhandlers beendet ist. Da dieses Verhalten transparent für die Benutzerapplikation ist und die wiederholte Implementierung von Überprüfungen auf -EINTR als Rückgabewert zusammen mit einer Neuausführung des Aufrufs vermeidet, ist diese Variante unter Programmierern generell wesentlich beliebter als die System V-Variante.

Linux unterstützt die BSD-Variante mit Hilfe des Flags SA_RESTART, das auf einer per-Signal-Basis bei der Installation von Handlerroutinen (siehe Kapitel 4 („Interprozesskommunikation und Locking")) angegeben werden kann. Standardmäßig wird der von System V vorgeschlagene Mechanismus verwendet, da auch der BSD-Mechanismus in manchen Fällen Schwierigkeiten bereiten kann, wie folgendes Beispiel zeigt, das aus [ME02], S. 229 übernommen ist:

```
#include <signal.h>
#include <stdio.h>
#include <unistd.h>

volatile int signaled = 0;

void handler (int signum) {
  printf("signaled called\n");
  signaled = 1;
}

int main() {
  char ch;
  struct sigaction sigact;
  sigact.sa_handler = handler;
  sigact.sa_flags = SA_RESTART;
  sigaction(SIGINT, &sigact, NULL);

  while (read(STDIN_FILENO, &ch, 1) != 1 && !signaled);
}
```

Das kleine C-Programm soll in einer while-Schleife so lange warten, bis der Benutzer entweder ein Zeichen über die Standardeingabe eingibt oder bis es durch das SIGINT-Signal unterbrochen wird (um das Signal zu verschicken, kann entweder kill -INT verwendet oder STRG-C gedrückt werden). Betrachten wir den Codefluss: Wenn der Benutzer eine normale Taste drückt, die nicht zum Versand von SIGINT führt, liefert read einen positiven Rückgabecode, nämlich die Anzahl der gelesenen Zeichen.

Das Argument der while-Schleife muss einen logisch falschen Wert ergeben, um die Ausführung zu beenden. Dies tritt ein, wenn eine der beiden durch && (und) verknüpften logischen Abfragen falsch ist, was genau dann der Fall ist, wenn

- eine einzige Taste gedrückt wurde, da `read` in diesem Fall eine 1 zurückliefert und der Test auf Ungleichheit des Rückgabewerts mit 1 einen logisch falschen Wert ergibt;

- die `signaled`-Variable auf 1 gesetzt ist, da die Negation der Variable (`!signaled`) in diesem Fall ebenfalls einen logisch falschen Wert liefert.

Diese Bedingungen bedeuten nichts anderes, als dass das Programm entweder auf die Eingabe einer Taste oder den Empfang des SIGINT-Signals wartet, um sich selbst zu beenden.

Um System V-Verhalten für den Code zu verwenden, das unter Linux standardmäßig implementiert ist, muss das Setzen des SA_RESTART-Flags unterbunden werden, d.h. die Zeile `sigact.sa_flags = SA_RESTART` muss aus dem Code entfernt oder auskommentiert werden. In diesem Fall läuft das Programm wie beschrieben ab, kann also sowohl durch das Drücken einer Taste wie auch durch Auslösen von SIGINT beendet werden.

Interessanter wird es, wenn `read` vom SIGINT-Signal unterbrochen wird und das BSD-Verhalten mittels SA_RESTART wie im Beispielprogramm aktiviert ist. In diesem Fall wird der Signalhandler ausgerufen, `signaled` auf 1 gesetzt und eine Meldung ausgegeben, dass SIGINT empfangen wurde – aber das Programm nicht beendet. Warum? Nach Ausführung des Handlers hat der BSD-Mechanismus den `read`-Aufruf neu gestartet, um wieder auf ein Zeichen zu warten; die `!signaled`-Bedingung der `while`-Schleife wird deswegen nicht erreicht und ausgewertet. Das Programm kann daher durch Versenden des SIGINT-Signals nicht mehr beendet werden, obwohl der Code dies scheinbar vorspiegelt!

10.2 Vorhandene Systemaufrufe

Bevor wir genauer auf die technischen Details eingehen, die zur Implementierung von Systemaufrufen von Seiten des Kerns (und auch von Seiten der Userspace-Bibliothek) notwendig sind, soll noch ein kurzer Überblick darüber gegeben werden, welche Funktionen der Kernel in Form von Systemaufrufen überhaupt bereitstellt.

Jeder Systemaufruf wird durch eine symbolische Konstante identifiziert, die plattformabhängig in `<asm-arch/unistd.h>` festgelegt ist. Da nicht alle Systemaufrufe auf allen Architekturen unterstützt werden (nicht alle Kombinationen machen Sinn), unterscheidet sich die Anzahl der verfügbaren Aufrufe je nach Plattform – grob gesagt sind es aber immer über 200 Stück, eine ganze Menge! Durch Änderungen, die im Laufe der Zeit an der Kernimplementierung von Systemaufrufen vorgenommen wurden, sind einige alte Aufrufe überflüssig geworden, deren Nummern nicht mehr verwendet werden – vor allem der SPARC-Port (auf 32-Bit-Prozessoren) glänzt mit vielen überflüssig gewordenen Aufrufen, die nun als „Löcher" in der Aufzählung weiterexistieren.

Für Programmierer ist es einfacher, Systemaufrufe nach funktionalen Kategorien zusammenzufassen, wobei die einzelnen Kennnummern nicht interessieren – wichtig ist nur der symbolische Name und die Bedeutung des Aufrufs. Die folgende *kurze* Aufzählung – die keinerlei Anspruch auf Vollständigkeit erhebt – gibt einen Überblick zu den vorhandenen Kategorien und den jeweils wichtigsten Systemaufrufen:

Prozessverwaltung Prozesse bilden den Mittelpunkt des Systems – deshalb überrascht es nicht, wenn sich eine große Menge der verfügbaren Systemaufrufe mit ihrer Verwaltung beschäftigt. Die Palette reicht dabei von der Abfrage simpler Informationen bis hin zum Starten neuer Prozesse.

- `fork` und `vfork` dienen zur Aufspaltung eines Prozesses in zwei neue Prozesse, wie in Kapitel 2 („Prozessverwaltung") besprochen wird. `clone` ist eine erweiterte Variante von `fork`, die unter anderem die Erzeugung von Threads erlaubt.
- `exit` beendet einen Prozess und gibt seine Ressourcen frei.
- Eine ganze Horde von Systemaufrufen existiert zur Abfrage (und zum Setzen) von Prozesseigenschaften wie Pid, Uid etc., die sich meistens auf ein einfaches Ändern bzw. Auslesen eines Feldes der Task-Struktur reduzieren. Ausgelesen werden können Pid, Gid, Ppid Sid, Uid, Euid, Pgid, Egid und Pgrp. Gesetzt werden können Uid, Gid, Reuid, Regid, Sid, Suid und Fsgid.

  Die Benennung der Systemaufrufe erfolgt nach einem logischen Schema, bei dem Bezeichnungen wie `setgid`, `setuid` oder `geteuid` verwendet werden.
- `personality` legt die Ausführungsumgebung einer Applikation fest und wird beispielsweise bei der Implementierung von Binäremulationen verwendet.
- `ptrace` aktiviert die Verfolgung von Systemaufrufen und ist die Grundlage für das weiter oben vorgestellte `strace`-Tool.
- `nice` setzt die Priorität eines normalen Prozesses, wobei Zahlen zwischen −20 und 19 in absteigender Wichtigkeit verwendet werden können. Nur Root-Prozesse (oder solche mit der Berechtigung CAP_SET_NICE) sind berechtigt, negative Werte anzugeben.
- Verschiedene Beschränkungen können einer Applikation mittels `setrlimit` auferlegt werden; beispielsweise die maximale CPU-Zeit oder die maximale Anzahl von Kindprozessen, die erlaubt sind. `getrlimit` dient zur Abfrage der aktuellen Beschränkungen (d.h. der maximal erlaubten Werte), während `getrusage` die momentane Ausnutzung abfragt, um kontrollieren zu können, inwieweit sich der Prozess noch in den gegebenen Grenzen befindet.

Zeitoperationen Zeitoperationen sind nicht nur wichtig, um die aktuelle Systemzeit abzufragen oder zu setzen, sondern geben vor allem Prozessen die Möglichkeit, zeitgesteuerte Operationen durchführen zu können, wie in Kapitel 11 („Kernel-Aktivitäten und Zeitfluss") beschrieben wird.

- `adjtimex` liest und setzt zeitbezogene Variablen des Kerns und regelt dadurch sein Zeitverhalten.
- `alarm` und `setitimer` werden zum Einrichten von Alarmen bzw. Intervall-Timern verwendet, die beim Aufschieben von Aufgaben auf einen späteren Zeitpunkt unverzichtbar sind. `getitimer` wird zum Auslesen der Einstellungen verwendet.
- `gettimeofday` und `settimeofday` setzen bzw. ermitteln die aktuelle Systemzeit, wobei (im Gegensatz zu `times` auch die aktuelle Zeitzone und Sommerzeit berücksichtigt werden.
- `sleep` und `nanosleep` pausieren den Prozess für eine festlegbare Zeitspanne, wobei `nanosleep` für präzisere Verzögerungen verwendet werden kann.
- `time` liefert die Anzahl von Sekunden, die seit Mitternacht des 1. Januar 1970 vergangen sind (dieses Datum ist die klassische Zeitbasis von Unix-Systemen). `stime` setzt den Wert und modifiziert damit das aktuelle Systemdatum.

Signalverarbeitung Signale sind das einfachste (und älteste) Mittel, um in beschränktem Maß Informationen zwischen Prozessen auszutauschen und Interprozesskommunikation durchzuführen. Neben klassischen Signalen, die in allen Unix-Derivaten vorgefunden werden, unterstützt Linux auch Echtzeitsignale nach dem POSIX-Standard. Kapitel 4 („Interprozesskommunikation und Locking") beschäftigt sich mit der Implementierung des Signalmechanismus.

- `signal` installiert Handlerfunktionen für Signale; `sigaction` ist eine modernere, verbesserte Variante, die zusätzliche Optionen und dadurch größere Flexibilität ermöglicht.
- `sigpending` prüft, ob auf den Prozess Signale warten, die ausgeliefert werden sollen, aber momentan noch blockiert sind.
- `sigsuspend` versetzt den Prozess in den Wartezustand, bis ein bestimmtes Signal (aus einem Satz von Signalen) eintrifft.
- Das Blockieren von Signalen wird mit `setmask` aktiviert, während `getmask` eine Liste aller momentan blockierten Signale zurückliefert.
- `kill` wird verwendet, um beliebige Signale an einen Prozess zu versenden.
- Zur Behandlung von Echtzeitsignalen werden dieselben Systemaufrufe bereitgestellt, die zur Bearbeitung normaler Signale verwendet werden; ihre Funktionsnamen sind jedoch mit einem zusätzlichen `rt_` als Präfix versehen. Beispielsweise installiert `rt_sigaction` einen Realtime-Signal-Handler, während `rt_sigsuspend` den Prozess in den Wartezustand versetzt, bis ein bestimmtes Signal aus einem bestimmten Set eingetroffen ist.

Im Gegensatz zu klassischen Signalen können auf allen Architekturen – also auch auf 32-Bit-CPUs – 64 unterschiedliche Echtzeitsignale verarbeitet werden. Mit Echtzeitsignalen lassen sich zusätzliche Informationen verknüpfen, was die Arbeit für (Applikations-)Programmierer etwas leichter macht.

Scheduling Scheduling-bezogene Systemaufrufe könnten klassisch zur Kategorie Prozessverwaltung gerechnet werden, da sie sich logischerweise allesamt auf Tasks des Systems beziehen. Die Vielfalt an Manipulationsmöglichkeiten, die Linux bei der Parametrisierung des Prozessverhaltens bietet, rechtfertigt es aber, von einer eigenen Kategorie an Systemaufrufen zu sprechen.

- `getpriority` und `setpriority` werden verwendet, um die Priorität eines Prozesses zu setzen bzw. auszulesen, und bilden damit das Kernstück der Scheduling-Systemaufrufe.
- Linux unterstützt bekanntlich nicht nur unterschiedliche Prioritäten für Prozesse, sondern stellt auch unterschiedliche Schedulingklassen bereit, die eine Anpassung an das Zeitverhalten und die Zeitbedürfnisse einer Applikation ermöglichen. Zur Manipulation bzw. Abfrage der Schedulingklassen werden `sched_setscheduler` und `sched_setscheduler` bereitgestellt, während `sched_setparam` bzw. `sched_setparam` verwendet werden, um zusätzliche Schedulingparameter eines Prozesses setzen bzw. abfragen zu können (momentan ist allerdings nur die Echtzeitpriorität als einziger Parameter vorhanden).
- `sched_yield` gibt die Kontrolle freiwillig ab, selbst wenn dem Prozess noch Rechenzeit zur Verfügung stünde.

Module Das Einfügen und Entfernen von Modulen in den Kernel wird ebenfalls mit Systemaufrufen erledigt, wie in Kapitel 6 („Module") besprochen wurde.

10.2 Vorhandene Systemaufrufe

- `init_module` fügt ein neues Modul ein.
- `delete_module` deaktiviert ein Modul und entfernt es aus dem Kernel.

Dateisystem Die Systemaufrufe des Dateisystems wirken allesamt auf Routinen des VFS-Layers, der in Kapitel 7 („Das virtuelle Dateisystem") besprochen wird; von dort werden die einzelnen Aufrufe an die Implementierungen der Dateisysteme durchgereicht, die wiederum üblicherweise auf den Blocklayer zugreifen. Systemaufrufe dieser Art zählen zu den aufwendigsten Vertretern ihrer Art, was Ressourcenbedarf und Ausführungsdauer anbelangt.

- Einige Systemaufrufe bilden die direkte Basis für Utilities im Userspace, die unter gleichem Namen verfügbar sind. Sie dienen zum Anlegen und Modifizieren der Verzeichnisstruktur: `chdir`, `mkdir`, `rmdir`, `rename`, `symlink`, `getcwd`, `chroot`, `umask` und `mknod`.
- Attribute von Dateien und Verzeichnissen können mit Hilfe von `chown` und `chmod` modifiziert werden.
- Zur Bearbeitung des Inhalts von Dateien werden folgende Aufrufe zur Verfügung gestellt, die in der Standardbibliothek unter gleichem Namen umgesetzt werden: `open`, `close`, `read`, und `readv`, `write` und `writev`, `truncate` und `llseek`
- Das Auslesen von Verzeichnisstrukturen wird `readdir` und `getdents` durchgeführt.
- `link`, `symlink` und `unlink` erzeugen und löschen Links (bzw. Dateien, wenn es sich um die letzte Instanz eines harten Links handelt), `readlink` verfolgt einen Link und löst den Zieldateinamen auf.
- `mount` und `umount` werden zum Ein- und Aushängen von Dateisystemen verwendet.
- Das Warten auf Ereignisse wird durch `poll` und `select` implementiert.
- `execve` lädt einen neuen Prozess, der den alten ersetzt. Zusammen mit `fork` entsteht die Möglichkeit zum Starten neuer Programme.

Speicherverwaltung Benutzerapplikationen gelangen normalerweise nur selten oder gar nicht mit den Systemaufrufen zur Speicherverwaltung in Berührung, da dieser Bereich vollständig von der Standardbibliothek – im Falle von C durch die Funktionen `malloc`, `balloc` und `calloc` – abgeschirmt wird. Die Implementierung ist üblicherweise programmiersprachenspezifisch, da jede Sprache nicht nur andere Anforderungen an die Verwaltung des dynamischen Speichers stellt, sondern oft auch Features wie Garbage Collection bietet, die bereits im Userspace eine durchdachte Aufteilung des vom Kernel zur Verfügung gestellten Speichers erfordern.

- Der wichtigste Aufruf aus Sicht der dynamischen Speicherverwaltung ist `brk`, der die Größe des Datensegments eines Prozesses ändert. Programme, die `malloc` oder ähnliche Funktionen verwenden (also fast alle nicht-trivialen Codes), sehen zahlreiche Aufrufe dieses Systemcalls.
- Das Einrichten und Löschen von Speicherabbildungen wird durch `mmap`, `munmap` und `mremap` erledigt, während `mprotect` und `madvise` zur Steuerung von Schutz- und sonstigen Eigenschaften bestimmter Abschnitte des virtuellen Speicherraums verwendet werden.
- `swapon` und `swapoff` werden verwendet, um (zusätzliche) Swap-Bereiche auf einem externen Speichermedium zu aktivieren oder zu deaktivieren.

Interprozesskommunikation und Netzwerkfunktionen Auf den ersten Blick würde man annehmen, dass es sich beim Themenbereich „IPC und Netzwerk" um eine komplizierte Materie handelt, die eine reichhaltige Auswahl von Systemaufrufen zur Verfügung stellt. Wie Kapitel 9 („Netzwerke") und 4 („Interprozesskommunikation und Locking") zeigen, trifft genau das Gegenteil zu: Es gibt nur zwei verschiedene Systemaufrufe, die alle anfallenden Aufgaben übernehmen. Dabei kommt eine sehr große Anzahl von Parametern ins Spiel, die von der C-Standardbibliothek und der dort durchgeführten Aufspaltung in viele unterschiedliche Funktionen wieder kompensiert werden.

- `socketcall` ist der Systemaufruf, der für alle Fragen des Netzwerkbereichs verantwortlich ist. Mit seiner Hilfe wird die Socket-Abstraktion implementiert. Der Systemaufruf verwaltet Verbindungen und Protokolle aller Art. Insgesamt implementiert der Systemaufruf 17 verschiedene Funktionen, die durch Konstanten wie SYS_ACCEPT, SYS_SENDTO etc. voneinander unterschieden werden. Die eigentlichen Argumente müssen in Form eines Zeigers übergeben werden, der je nach Funktionstyp auf eine Struktur im Userspace zeigt, die die benötigten Daten enthält.

- `ipc` ist das Gegenstück zu `socketcall` für Verbindungen von Prozessen, die nicht über Netzwerke vermittelt werden, sondern lokal auf dem Rechner bleiben. Da der Systemaufruf „nur" elf verschiedene Funktionen implementieren muss, wird eine feste Zahl an Argumenten – fünf Stück – verwendet, um die notwendigen Daten vom User- in den Kernelspace zu transportieren.

Systeminformationen und -einstellungen Bei vielen Gelegenheiten wird es notwendig, Informationen über den laufenden Kernel, seine Konfiguration und die Ausstattung des Systems abfragen zu können. Ebenso müssen Parameter des Kerns gesetzt und Informationen in System-Logdateien gespeichert werden, wozu der Kernel drei weitere Systemaufrufe bereitstellt.

- `syslog` schreibt eine Nachricht in die Systemlogs, wobei eine Kennzeichnung mit unterschiedlichen Prioritäten möglich ist (Userspace-Tools verteilen die Nachrichten je nach Wichtigkeit entweder in eine permanente Log-Datei oder direkt auf die Konsole, um den Benutzer unmittelbar über eine kritische Situation zu informieren).

- `sysinfo` liefert einige Informationen über den Zustand des Systems zurück, die vor allem die Auslastung der verschiedenen Speicherarten (RAM, Puffer, Swap) betreffen.

- `sysctl` dient zum „Feintuning" von Kernelparametern. Mittlerweile unterstützt der Kern eine kaum mehr zu überblickende Menge an dynamisch konfigurierbaren Optionen, die auch über das `proc`-Dateisystem direkt ausgelesen und modifiziert werden können, wie Kapitel 8 („Dateisystemimplementierungen") zeigt.

Systemsicherheit und Capabilities Das althergebrachte Sicherheitsmodell von Unix – die Verwendung von Benutzern und Gruppen zusammen mit einem zumindest im Rahmen des Systems „allmächtigen" Root-Benutzer – ist für moderne Aufgaben etwas unflexibel, weshalb das Capabilities-System eingeführt wurde, mit dem Nicht-Root-Prozesse nach einem feingestrickten Schema mit zusätzlichen Rechten und Fähigkeiten versehen werden können.

Des Weiteren gibt es mit LSM eine allgemeine Schnittstelle, die die Verwendung von Modulen erlaubt, deren Funktionen an verschiedenen Hook-Stellen des Kerns aufgerufen werden, um sicherheitsrelevante Überprüfungen durchzuführen.

- `capset` und `capget` sind für das Setzen und Auslesen von Capabilities verantwortlich.

- `security` dient als Systemcall-Multiplexor zur Implementierung des LSM (*Linux Security Model*).

10.3 Realisierung von Systemaufrufen

Für die Implementierung von Systemaufrufen ist nicht nur der Code in den Kernelquellen relevant, der die Funktion zur Erfüllung der Aufgabe liefert, sondern auch der Mechanismus, *wie* die Funktion aufgerufen wird – schließlich handelt es sich dabei nicht um einen gewöhnlichen C-Funktionsaufruf, da die Grenze zwischen User- und Kernelmode durchbrochen wird. Dies wirft einige Probleme auf, die mit plattformspezifischem Assemblercode behandelt werden. Dieser soll natürlich so schnell wie möglich einen prozessorunabhängigen Zustand herstellen, um Systemaufrufe dennoch unabhängig von der zugrunde liegenden Architektur implementieren zu können. Außerdem muss das Problem gelöst werden, wie Parameter von User- in den Kernelspace (und auch wieder zurück) übergeben werden.

10.3.1 Struktur von Systemcalls

Der Kernelcode zur Implementierung von Systemaufrufen spaltet sich in zwei Teile, die sich so drastisch wie möglich unterscheiden: Die Durchführung der eigentlichen Aufgabe, die Ziel des Systemaufrufs ist, findet sich in Form einer C-Routine implementiert, die sich durch (beinahe) nichts vom restlichen Kernel-Code unterscheidet; der Mechanismus zum Aufruf dieser Routine ist voller plattformspezifischer Besonderheiten und muss Rücksicht auf viele Details nehmen, was eine Implementierung in Assembler unumgänglich macht.

Implementierung von Handlerfunktionen

Betrachten wir zunächst, was hinter der C-Implementierung der eigentlichen Handlerfunktionen steckt: Ihre Implementierung erfolgt in Form von Funktionen, die über den gesamten Kernel verteilt sind, da sie in die Codeabschnitte eingebettet werden, zu denen die thematisch größte Ähnlichkeit vorhanden ist. Beispielsweise finden sich alle dateibezogenen Systemaufrufe im Unterverzeichnis `fs/` des Kerns, da sie direkt mit dem virtuellen Dateisystem zusammenarbeiten; die Aufrufe zur Speicherverwaltung sind in den diversen Dateien des `mm/`-Unterverzeichnisses zu finden.

Es gibt einige formale Gemeinsamkeiten unter den Handler-Funktionen zur Implementierung von Systemaufrufen:

- Jede Funktion beginnt mit dem Präfix `sys_`, um sie gegenüber dem restlichen Kernelcode eindeutig als Systemaufruf zu kennzeichnen – oder genauer: als Handlerfunktion für einen Systemaufruf. Da die Unterscheidung zwischen Handlerfunktion und Systemaufruf in den meisten Fällen überflüssig ist, werden wir in den folgenden Abschnitten beide Begriffe ohne genauere Unterscheidung verwenden; sollte dies dennoch notwendig sein, weisen wir explizit darauf hin.

- Alle Handlerfunktionen dürfen maximal 5 Parameter empfangen, die wie bei einer normalen C-Funktion in der Parameterliste angegeben werden (der Mechanismus, wie die Werte in die Parameter gelangen, unterscheidet sich allerdings ein wenig von klassischem Code, wie wir gleich sehen werden).

- Alle Systemaufrufe werden im Kernelmodus ausgeführt, woraus sich die aus Kapitel 2 bekannten Einschränkungen ergeben. Die wichtigste davon für Systemaufrufe: Keine direkten Zugriffe auf Speicher des Benutzermodus!

Wenn der Kernel die Kontrolle an eine Handler-Routine übergeben hat, befindet er sich bereits wieder im völlig neutralen Code, der von keiner speziellen CPU oder Architektur abhängig ist – Ausnahmen bilden lediglich einige wenige Handlerfunktionen, die aus verschiedenen Gründen für jede Plattform separat implementiert sind. Auch bei der Rückgabe von Resultaten muss die Handlerfunktion keine besonderen Maßnahmen ergreifen, ein einfaches `return` gefolgt vom jeweiligen Rückgabewert reicht völlig aus. Die Konvertierung zwischen Kernel- und Usermode wird von plattformspezifischem Kernelcode erledigt, mit dem der Handler selbst nicht in Berührung gelangt. Abbildung 10.1 verdeutlicht den zeitlichen Ablauf.

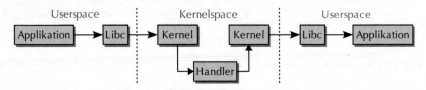

Abbildung 10.1: Zeitlicher Ablauf eines Systemaufrufs

Die genannten Maßnahmen erleichtern das Leben des Programmierers erheblich, da die Implementierung von Handlerfunktionen sich praktisch nicht von der Implementierung normalen Kernelcodes unterscheidet. Einige Systemaufrufe sind in diesem Framework in der Tat so einfach durchzuführen, dass sie durch eine simple Zeile C-Code erledigt werden können. Betrachten wir beispielsweise die Implementierung des `getuid`-Systemaufrufs, der die PID des aktuellen Prozesses liefert:

kernel/timer.c
```
asmlinkage long sys_getuid(void)
{
        /* Only we change this so SMP safe */
        return current->uid;
}
```

`current` ist ein Zeiger auf die aktuelle Instanz von `task_struct`, der automatisch vom Kernel gesetzt wird. Der gezeigte Code gibt das `uid`-Element davon zurück, bei dem es sich um die aktuelle User-ID handelt. Einfacher geht es wirklich nicht!

Natürlich gibt es auch wesentlich kompliziertere Systemaufrufe, von denen einige bereits in den vorangegangenen Kapiteln besprochen wurden. Die Implementierung der Handlerfunktion selbst wird dabei aber immer so kurz und kompakt wie möglich gehalten; üblich ist es, die Kontrolle so schnell wie möglich an eine allgemeinere Hilfsfunktion des Kerns abzugeben, wie es beispielsweise bei `read` der Fall ist:

fs/read_write.c
```
asmlinkage ssize_t sys_read(unsigned int fd, char * buf, size_t count)
{
        struct file *file;
        ssize_t ret = -EBADF;

        file = fget(fd);
        if (file) {
                ret = vfs_read(file, buf, count, &file->f_pos);
                fput(file);
        }
```

10.3 Realisierung von Systemaufrufen

```
        return ret;
}
```

Hier wird die Hauptarbeit von `vfs_read` erledigt, wie in Kapitel 7 besprochen wird.

Ein dritter „Typ" von Systemaufrufen ist als Multiplexer tätig, der den Aufruf anhand verschiedener Konstanten an Funktionen delegiert, die recht unterschiedliche Aufgaben übernehmen. Paradebeispiel hierfür ist der aus Kapitel 9 bekannte Aufruf `socketcall`, der alle netzwerkbezogenen Aufrufe in sich versammelt:

```
asmlinkage long sys_socketcall(int call, unsigned long *args)                    net/socket.c
{
        unsigned long a[6];
...
        switch(call)
        {
                case SYS_SOCKET:
                        err = sys_socket(a0,a1,a[2]);
                        break;
                case SYS_BIND:
                        err = sys_bind(a0,(struct sockaddr *)a1, a[2]);
                        break;
                case SYS_CONNECT:
                        err = sys_connect(a0, (struct sockaddr *)a1, a[2]);
                        break;
                case SYS_LISTEN:
                        err = sys_listen(a0,a1);
                        break;
...
                case SYS_RECVMSG:
                        err = sys_recvmsg(a0, (struct msghdr *) a1, a[2]);
                        break;
                default:
                        err = -EINVAL;
                        break;
        }
        return err;
}
```

Da sich die Anzahl der verfügbaren Argumente für den Systemaufruf je nach Multiplexing-Konstante unterscheidet, wird formal lediglich ein `void`-Zeiger übergeben. Die erste Aufgabe (deren Implementierung im Wesentlichen ein Spiel mit Zeigern und Arrays ist, das hier nicht weiter wiedergegeben wird) besteht daher darin, die benötigte Anzahl von Argumenten festzustellen und die einzelnen Elemente des `a[]`-Arrays zu füllen. Danach wird anhand des `call`-Parameters entschieden, an welche Kernelfunktion die weitere Bearbeitung delegiert werden soll.

Unabhängig von ihrer Komplexität besitzen alle Handlerfunktionen eine Gemeinsamkeit: Alle Funktionsdeklarationen besitzen den zusätzlichen Qualifier `asmlinkage`, bei dem es sich um kein Standardelement der C-Syntax handelt. `asmlinkage` ist ein Assembler-Makro, das in <`linkage.h`> definiert ist. Welche Aufgabe hat es? Die Antwort ist für die meisten Plattformen sehr einfach: Gar keine![5] Lediglich IA-32 und IA-64-Systeme benutzen das Makro, um mit Hilfe der in Anhang C besprochenen GCC-Erweiterung `__attribute__` dem Compiler einen Hinweis auf die besondere Aufrufskonvention der Funktion zu geben, die wir im nächsten Abschnitt betrachten wollen.

---

[5] `asmlinkage` wird lediglich durch `extern C` ersetzt, was die Zusammenarbeit mit C++-Code ermöglicht. Da C++ die Argumente von Funktionen und Prozeduren in umgekehrter C-Reihenfolge plaziert, muss der Compiler durch die `extern`-Deklaration spezifisch angewiesen werden, die Argumente in der „richtigen" Reihenfolge zu plazieren. Da sich dieser Text auf die C-Programmierung beschränkt, interessiert dies allerdings nicht weiter.

Dispatching und Parameterübergabe

Systemaufrufe werden eindeutig durch eine vom Kernel zugewiesene Kennzahl charakterisiert. Dies hat praktische Gründe, die sich vor allem bei der Aktivierung eines Systemaufrufs bemerkbar machen: Alle Aufrufe können von *einem* zentralen Codestück abgehandelt werden, das die Kennzahl verwendet, um anhand einer statischen Tabelle das Dispatching auf die gewollte Funktion durchzuführen. Auch die Behandlung der übergebenen Parameter kann an dieser zentralen Stelle erfolgen und wird daher unabhängig vom eigentlichen Systemaufruf implementiert.

Der Wechsel vom Benutzer- in den Kernmodus – und damit auf Dispatching und Parameterübergabe – ist in Assembler implementiert, da viele plattformspezifischen Eigenheiten beachtet werden müssen. Aufgrund der vielen verschiedenen unterstützten Architekturen können wir in diesem Abschnitt nicht auf jedes Detail eingehen, sondern werden uns bei der genaueren Beschreibung auf die am weitesten verbreiteten IA-32-Architekturen beschränken. Die Richtung der Implementierung bleibt auch auf anderen Prozessoren erhalten, selbst wenn sich die Assembler-Details ändern.

Um den Übergang zwischen Benutzer- und Kernmodus zu ermöglichen, muss der Benutzerprozess mit Hilfe eines speziellen Maschinenbefehls auf sich aufmerksam machen, was die Unterstützung der C-Standardbibliothek erfordert. Seitens des Kerns muss eine Routine bereitgestellt werden, die auf die Nachfrage reagiert und die technischen Details des Wechsels durchführt. Dies kann nicht im Userspace implementiert werden, da hierzu Befehle erforderlich sind, die normale Applikationen nicht ausführen dürfen.

Parameterübergabe Die verschiedenen Plattformen verwenden unterschiedliche Assemblermethoden, um Systemaufrufe durchzuführen.[6] Parameter an Systemaufrufe werden auf allen Plattformen direkt in Registern übergeben, wobei genau festgelegt ist, in welches Register der wievielte Parameter der Handlerfunktion plaziert werden muss. Ein weiteres Register wird benötigt, um die Kennzahl des Systemaufrufs festzulegen, der beim späteren Dispatchen verwendet wird, um die passende Handlerfunktion herauszufinden.

Folgende Übersicht zeigt die Methoden, die von einigen verbreiteten Architekturen zum Ausführen eines Systemaufrufs verwendet werden:

- Durch die Assembler-Anweisung `int $0x80` wird auf IA32-Systemen der 128te Software-Interrupt aktiviert. Dabei handelt es sich um ein *Call Gate*, das mit einer speziellen Funktion belegt ist, die die weitere Abarbeitung des Systemaufrufs durchführt. Zum Übermitteln der Systemaufruf-Kennzahl wird Register `eax` verwendet, während Parameter in den Registern `ebx`, `ecx`, `edx`, `esi` und `edi` übergeben werden.[7]

  Für modernere Prozessoren der IA-32-Serie (ab Pentium II) existieren zwei Assembler-Befehle (`sysenter` und `sysexit`), die verwendet werden können, um schnell in den Kernmodus ein- und auszutreten. Die Art der Parameterüber- und -rückgabe bleibt dabei gleich, allerdings geht der Wechsel zwischen den Privilegstufen schneller vonstatten.

---

6 Die Details können sehr gut aus den Quellen der GNU-Standardbibliothek herausgefunden werden, indem die Datei `sysdeps/unix/sysv/linux/`*arch*`/syscall.S` betrachtet wird. Unter dem Label `syscall` findet sich der für die jeweilige Plattform benötigte Assemblercode, der ein allgemeines Interface zum Aufruf von Systemcalls für den Rest der Bibliothek bereitstellt.

7 Neben dem 0x80-Callgate stellt die Kernelimplementierung auf IA32-Prozessoren noch zwei weitere Möglichkeiten bereit, um in den Kernmodus zu gelangen und Systemaufrufe durchzuführen: die lcall7- und lcall27-Gates. Sie werden verwendet, um die Binäremulation für BSD bzw. Solaris durchführen zu können, da diese Systeme diese Möglichkeit nativ zur Durchführung von Systemaufrufen nutzen. Die Unterschiede zu Standardmethode von Linux halten sich allerdings in Grenzen und bringen keine wesentlichen neuen Erkenntnisse, weshalb wir hier nicht weiter darauf eingehen werden.

10.3 Realisierung von Systemaufrufen

Um die Möglichkeit schneller `sysenter`-Aufrufe nutzen zu können, dabei aber die Abwärtskompatibilität mit alten Prozessoren nicht zu verlieren, blendet der Kern an das obere Ende des Adressraums (genau: `0x0xffffe000`) eine Speicherseite ein, in der sich je nach Prozessortyp entweder der Systemaufrufe-Code mit `int 0x80` oder `sysenter` befindet.

Durch Aufruf des dort gespeicherten Codes (mit `call 0xffffe000`) kann die Standardbibliothek automatisch die für den verwendeten Prozessor passende Methode auswählen.

- Alpha-Prozessoren stellen einen privilegierten Systemmodus (PAL = *privileged architecture level* bereit, in dem verschiedene Routinen des Systemkerns gespeichert werden können. Diesen Mechanismus macht sich der Kernel zunutze, indem er eine Funktion im PAL-Code unterbringt, die zum Ausführen eines Systemaufrufs aktiviert werden muss: `call_pal PAL_callsys` bringt den Kontrollfluss in die gewünschte Routine. Zur Übergabe der Systemcall-Kennzahl wird Register v0 verwendet, während die fünf möglichen Argumente in a0 bis a4 untergebracht werden (wie man sehen kann, wurde die Benennung von Registern bei neueren Architekturen etwas systematischer als bei früheren Entwürfen wie IA-32 durchgeführt ...).

- PowerPC-Prozessoren stellen den eleganten Assembler-Befehl `sc` (SystemCall) bereit, der direkt für die Implementierung von Systemaufrufen vorgesehen ist. Register r3 nimmt die Kennzahl auf; die Parameter finden sich in den Registern r4 bis einschließlich r8.

- Auch die AMD64-Architektur stellt einen eigenen Assembler-Befehl zum Durchführen von Systemaufrufen bereit, der bezeichnendermaßen den Namen `syscall` trägt. Die Systemcall-Nummer wird in Register `rax` gespeichert, Parameter finden sich der Reihe nach in `rdi`, `rsi`, `rdx`, `r10` und `r8`.

Nachdem das Applikationsprogramm mit Hilfe der Standardbibliothek den Wechsel in den Kernmodus durchgeführt hat, findet sich der Kernel vor die Aufgabe gestellt, die passende Handlerfunktion für den gewünschten Systemaufruf zu finden und diese mit den übergebenen Parametern zu versorgen. Um diese Aufgabe zu meistern, wird auf allen (!) Plattformen eine Tabelle mit Bezeichnung `sys_call_table` verwendet, die eine Reihe von Funktionszeigern auf die jeweiligen Handlerroutinen bereitstellt. Da die Tabelle durch Assembler-Anweisungen im Datensegment des Kerns generiert wird, unterscheidet sich ihr Inhalt zwar hinsichtlich der einzelnen Plattformen, das verwendete Prinzip bleibt jedoch in allen Fällen gleich: Mit Hilfe der Kennzahl findet der Kern die passende Position in der Tabelle, an der sich ein Zeiger befindet, der auf die gewünschte Handler-Funktion verweist.

Die Systemaufruf-Tabelle Betrachten wir beispielsweise die `sys_call_table` eines IA-64-Systems, die in `arch/ia64/kernel/entry.S` definiert wird (Systemcall-Tabellen für andere Systeme finden sich in `entry.S` des analogen Verzeichnisses für den verwendeten Prozessortyp):

```
sys_call_table:                                                                  arch/ia64/kernel/
/*0*/   .word sys_nis_syscall, sparc_exit, sys_fork, sys_read, sys_write         entry.S
/*5*/   .word sys_open, sys_close, sys_wait4, sys_creat, sys_link
/*10*/  .word sys_unlink, sunos_execv, sys_chdir, sys_chown, sys_mknod
/*15*/  .word sys_chmod, sys_lchown, sparc_brk, sys_perfctr, sys_lseek
/*20*/  .word sys_getpid, sys_capget, sys_capset, sys_setuid, sys_getuid
/*25*/  .word sys_nis_syscall, sys_ptrace, sys_alarm, sys_sigaltstack, sys_nis_syscall
/*30*/  .word sys_utime, sys_nis_syscall, sys_nis_syscall, sys_access, sys_nice
        .word sys_nis_syscall, sys_sync, sys_kill, sys_newstat, sys_sendfile
/*40*/  .word sys_newlstat, sys_dup, sys_pipe, sys_times, sys_nis_syscall
        .word sys_umount, sys_setgid, sys_getgid, sys_signal, sys_geteuid
```

```
        /*50*/  .word sys_getegid, sys_acct, sys_memory_ordering, sys_nis_syscall, sys_ioctl
                .word sys_reboot, sys_nis_syscall, sys_symlink, sys_readlink, sys_execve
        /*60*/  .word sys_umask, sys_chroot, sys_newfstat, sys_nis_syscall, sys_getpagesize
                .word sys_msync, sys_vfork, sys_pread, sys_pwrite, sys_nis_syscall
        ...
        /*240*/ .word sys_munlockall, sys_sched_setparam, sys_sched_getparam,
                      sys_sched_setscheduler, sys_sched_getscheduler
                .word sys_sched_yield, sys_sched_get_priority_max,
                      sys_sched_get_priority_min, sys_sched_rr_get_interval, sys_nanosleep
        /*250*/ .word sys64_mremap, sys_sysctl, sys_getsid, sys_fdatasync, sys_nfsservctl
                .word sys_aplib
```

sys_nis_syscall wird als Platzhalter für nicht implementierte SPARC-Systemaufrufe verwendet. Die Dummyfunktion gibt lediglich eine Meldung auf, dass unter der gewünschten Kennung kein passender Aufruf verfügbar ist.

Ähnlich sieht die Definition der Tabelle auf IA-32-Prozessoren aus:

arch/i386/kernel/
entry.S
```
        .data
        ENTRY(sys_call_table)
                .long sys_ni_syscall    /* 0 - old "setup()" system call*/
                .long sys_exit
                .long sys_fork
                .long sys_read
                .long sys_write
                .long sys_open          /* 5 */
                .long sys_close
                .long sys_waitpid
        ...
                .long sys_sched_setaffinity
                .long sys_sched_getaffinity
                .long sys_set_thread_area
```

Die .long und .word-Anweisungen werden verwendet, um das Alignment der Tabelleneinträge im Speicher zu regeln.

Die so definierten Tabellen besitzen die Eigenschaften eines C-Arrays, können also durch Zeigerarithmetik bearbeitet werden. sys_call_table ist der Basiszeiger, der auf den Anfang des Arrays verweist, aus Sicht von C also auf den nullten Eintrag. Führt ein Userspace-Programm den open-Systemaufruf aus, wird 5 als Kennzahl übergeben. Die Dispatcherroutine addiert diese Zahl zur Basis sys_call_table und gelangt dadurch auf den fünften Eintrag, der die Adresse von sys_open und damit der prozessorunabhängigen Handlerfunktion enthält. Nachdem die noch in Registern enthaltenen Parameterwerte auf den Stack kopiert wurden, kann der Kernel die Handlerroutine aufrufen, womit er in den prozessorunabhängigen Teil der Systemaufruf-Bearbeitung wechselt.

Achtung: Da Kernel- und Benutzermodus zwei unterschiedliche Stacks verwenden, wie in Kapitel 3 beschrieben wurde, können die Parameter eines Systemaufrufs nicht wie üblich auf dem Stack übergeben werden. Die Umschaltung zwischen den Stacks erfolgt entweder im Architekturspezifischen Assemblercode, der beim Eintritt in den Kernmodus aufgerufen wird, oder wird automatisch vom Prozessor erledigt, wenn das Schutzniveau vom Benutzer- in den Kernmodus wechselt.

Rückkehr in den Benutzermodus

Jeder Systemaufruf muss der Benutzerapplikation anhand seines Return-Codes mitteilen, ob und mit welchem Resultat er erfolgreich ausgeführt wurde. Aus Sicht der Applikation wird dazu eine normale Variable verwendet, die mit den üblichen Mitteln der C-Programmierung ausgelesen

10.3 Realisierung von Systemaufrufen

werden kann. Der Kernel muss zusammen mit der Libc natürlich etwas mehr Aufwand betreiben, um die Situation für den Benutzerprozess so einfach zu machen.

Bedeutung von Rückgabewerten Für die Rückgabewerte von Systemcalls gilt generell: Negative Werte signalisieren einen Fehler, während positive Rückgabewerte (und auch die 0) eine fehlerfreie Ausführung deutlich machen.

Natürlich arbeiten weder Programme noch der Kernel selbst mit rohen Zahlen, sondern mit symbolischen Konstanten, die mit Hilfe des Präprozessors in `include/asm-generic/errno-base.h` und `include/asm-generic/errno.h` definiert werden.[8] Zusätzlich existiert die Datei `<errno.h>`, in der sich einige weitere Fehlercodes befinden, die allerdings kernelspezifisch sind und nie bis zur Benutzerapplikation gelangen. Fehlercodes bis einschließlich 511 sind für allgemeine Fehler reserviert, während die kernelspezifischen Konstanten Werte ab 512 verwenden.

Da die vorhandenen Fehlermöglichkeiten zahlreich sind (was nicht weiter verwundert), sollen nur einige Konstanten gezeigt werden:

```
#define EPERM      1    /* Operation not permitted */     <asm-generic/
#define ENOENT     2    /* No such file or directory */   errno-base.h>
#define ESRCH      3    /* No such process */
#define EINTR      4    /* Interrupted system call */
#define EIO        5    /* I/O error */
#define ENXIO      6    /* No such device or address */
#define E2BIG      7    /* Argument list too long */
#define ENOEXEC    8    /* Exec format error */
#define EBADF      9    /* Bad file number */
#define ECHILD    10    /* No child processes */
...
#define EMLINK    31    /* Too many links */
#define EPIPE     32    /* Broken pipe */
#define EDOM      33    /* Math argument out of domain of func */
#define ERANGE    34    /* Math result not representable */
```

In `errno-base.h` befinden sich die „klassischen" Fehlermeldungen, die bei der Arbeit mit Unix-Systemaufrufen auftreten; `errno.h` stellt die etwas ausgefalleneren und ungewöhnlicheren Codes zur Verfügung, deren Bedeutung auch erfahrenen Programmierern nicht immer unmittelbar geläufig ist. Dass `EOPNOTSUPP` für eine nicht unterstützte Operation am Transportendpunkt steht oder `ELNRNG` „Link number out of range" bedeutet, gehört allerdings nicht wirklich zur Allgemeinbildung.

Obwohl vorher bemerkt wurde, dass Fehlercodes immer mit einer negativen Zahl zurückgegeben werden, sind alle hier gezeigten Codes positiv. Konvention des Kerns ist, die Kennzahlen positiv zu definieren, aber als negativen Wert zurückzugeben, indem sie mit einem Vorzeichen versehen werden. Eine Handlerroutine würde im Falle einer nicht erlaubten Operation also beispielsweise `return -ENOPERM` ausführen, um −1 als Fehlercode zurückgegeben.

Betrachten wir den `open`-Systemaufruf mit besonderem Augenmerk auf seine Rückgabewerte (die Implementierung von `sys_open` wird in Kapitel 7 („Das virtuelle Dateisystem") besprochen). Was kann beim Öffnen einer Datei schief gehen? Auf den ersten Blick nicht allzu viel; dennoch findet der Kernel neun Möglichkeiten, die dies vereiteln können. Wir wollen hier nicht auf jede Fehlerquelle einzeln eingehen, sondern verweisen auf die Dokumentation der Standard-

---
[8] Einige Architekturen – SPARC, Alpha, PA-RISC und MIPS – definieren sich eigene Varianten dieser Dateien, da sie andere numerische Fehlercodes als die restlichen Linux-Ports verwenden. Dies ist durch die Tatsache bedingt, dass Binärspezifikationen für unterschiedliche Plattformen nicht immer die gleichen magischen Konstanten verwenden.

bibliotek (und natürlich auf die Kernelquellen selbst), in denen sich eine genaue Auflistung der möglichen Gründe findet. Die häufigsten Fehlercodes des Systemcalls sind:

- EACCES weist darauf hin, dass eine Bearbeitung der Datei mit dem gewünschten Zugriffsmodus nicht möglich ist – beispielsweise kann eine Datei nicht für den Schreibzugriff geöffnet werden, wenn das Write-Bit in ihrer Zugriffsmatrix nicht gesetzt ist.

- Wenn eine Datei beim Öffnen neu angelegt werden soll, aber bereits existiert, quittiert der Kernel dies mit EEXIST.

- ENOENT bedeutet, dass die gewünschte Datei nicht existiert, aber das Flag zum Anlegen nicht vorhandener Dateien nicht angegeben wurde.

Wenn der Systemaufruf erfolgreich verlaufen ist, wird eine positive Zahl größer als Null zurückgegeben. Wie in Kapitel 7 besprochen, handelt es sich dabei um ein Filehandle, das die Datei in allen folgenden Operationen und in den internen Datenstrukturen des Kerns repräsentiert.

Linux verwendet den Datentyp long, um Ergebnisse vom Kernel- in den Userspace zu reichen; dieser ist entweder 32 oder 64 Bit breit, je nach Prozessortyp. Eines seiner Bits wird als Vorzeichenbit verwendet,[9] was bei den meisten Systemaufrufen zu keinem Problem führt, wie auch im Falle von open: Die zurückgegebenen positiven Werte sind in der Regel so klein, dass sie vollständig in den zur Verfügung gestellten Bereich von long passen.

Die Situation wird leider komplizierter, wenn große Zahlen zurückgegeben werden müssen, die den vollen Zahlenraum von unsigned long beanspruchen. Dies ist beispielsweise bei malloc oder long der Fall, wenn Speicheradressen im oberen Bereich des virtuellen Speicherraums alloziert werden. Den zurückgegebenen Zeiger interpretiert der Kern in diesem Fall als *negative* Zahl, da er den positiven Bereich von signed long übersteigt – weshalb er als Fehler ausgelegt würde, obwohl der Systemcall erfolgreich abgelaufen ist. Wie kann sich der Kern vor solchen Missgeschicken schützen?

Wie wir bereits festgestellt haben, werden die symbolischen Konstanten für Fehlercodes, die in den Userspace gelangen können, nur bis maximal 511 definiert – die zurückgegebenen Codes reichen im Fehlerfall also von −1 bis −511. Dies ermöglicht es, alle *niedrigeren* Fehlercodes auszuschließen und wieder richtig zu interpretieren – nämlich als sehr hohe Rückgabewerte eines erfolgreichen Systemaufrufs.

Bleibt nur noch die Rückkehr vom Kernel- in den Benutzermodus, um die Ausführung des Systemaufrufs erfolgreich abschließen zu können. Die Rückgabe des Resultatwertes erfolgt dabei nach einem Mechanismus, der ähnlich wie in der Gegenrichtung verläuft: Die C-Funktion, in der der Systemcall-Handler implementiert ist, legt den Rückgabecode mittels return auf den Kernel-Stack. Dieser Wert wird in ein bestimmtes Prozessorregister kopiert (bei IA-32-Systemen beispielsweise nach eax, auf Alphas in a3 etc.), wo er von der Standardbibliothek verarbeitet werden kann, die ihn an Benutzerapplikationen weiterreicht.

10.3.2 Zugriffe auf den Userspace

Auch wenn der Kernel versucht, Kernel- und Userspace so gut wie möglich voneinander zu trennen, gibt es Situationen, in denen Code des Kerns auf Speicher zugreifen muss, der sich im virtuellen Speicherbereich einer Benutzerapplikation befindet. Dies ergibt natürlich nur dann einen

---

9 Wobei natürlich die in Anhang C beschriebene Zweierkomplement-Notation verwendet wird, um den Fehler zweier Nullen mit unterschiedlichem Vorzeichen zu vermeiden.

10.3 Realisierung von Systemaufrufen

Sinn, wenn sich der Kern bei der synchronen Ausführung einer Aktion befindet, die von einer Benutzerapplikation initiiert wurde, da Schreib- oder Lesezugriffe im Kontext eines beliebigen Prozesses nicht nur zwecklos sind, sondern auch gefährliche Resultate beim gerade ausgeführten Code hervorrufen können.

Die klassische Situation, in der sich der Kern mit der synchronen Ausführung einer Aufgabe beschäftigt, mit der ihn eine Applikation betraut hat, ist natürlich die Abarbeitung eines Systemaufrufs. Es gibt zwei Gründe, warum der Kern auf den Adressraum der Userspace-Applikation zugreifen muss:

- Wenn ein Systemaufruf mehr als 6 verschiedene Argumente erfordert, können diese nur mit Hilfe von C-Strukturen übergeben werden, die sich im Speicherbereich des Prozesses befinden. Ein Zeiger darauf wird dem Systemaufruf mittels Übergabe in Registern vermittelt.

- Größere Datenmengen, die von einem Systemaufruf als Seiteneffekt generiert werden, können nicht über den normalen Rückgabemechanismus an den Benutzerprozess weitergereicht werden, sondern müssen in definierten Speicherbereichen zum Austausch untergebracht werden. Damit die Benutzerapplikation darauf zugreifen kann, muss sich dieser Bereich notwendigerweise im Userspace befinden.

Während der Kern beim Zugriff auf seinen eigenen Speicherbereich stets sicher sein kann, dass ein Mapping zwischen der virtuellen Adresse und einer physikalischen Speicherseite existiert, ist die Situation im Userspace anders, wie in Kapitel 3 beschrieben wird: Speicherseiten können hier auch ausgelagert bzw. noch gar nicht alloziert sein.

Der Kernel darf Userspace-Pointer daher nicht einfach dereferenzieren, sondern muss durch die Verwendung spezieller Funktionen sicherstellen, dass sich der gewünschte Bereich im RAM-Speicher befindet. Um sicherzustellen, dass sich der Kern auch an diese Konvention hält, werden aus dem Userspace übergebene Zeiger mit dem Attribut __user markiert, wodurch die automatisierte Überprüfung mit C-Checkertools möglich wird.[10]

In Kapitel 3 („Speicherverwaltung") wird besprochen, welche Funktionen zum Kopieren von Daten zwischen User- und Kernelspace vorhanden sind.

10.3.3 Systemcall-Tracing

In Abschnitt 10.1.1 wurde das strace-Tool vorgestellt, das die Systemaufrufe eines Prozesses verfolgen kann. Dies wird durch den ptrace-Systemaufruf ermöglicht.

Die Implementierung der Handlerroutine sys_ptrace ist Architektur-abhängig definiert und findet sich in arch/*arch*/kernel/ptrace.c. Glücklicherweise unterscheidet sich der Code der einzelnen Varianten nicht wesentlich, weshalb wir seine Arbeitsweise anhand einer verallgemeinerten Variante beschreiben können, in der die Architektur-spezifischen Details ausgeblendet werden.

Bevor wir den genauen Ablauf des Systemaufrufs untersuchen, müssen einige Bemerkungen zu seiner Verwendung angebracht werden. Dies ist notwendig, da ptrace nicht direkt zur Verfolgung von Systemaufrufen eingesetzt wird, sondern eigentlich ein Tool zum Auslesen und Manipulieren von Werten im Adressraum eines Prozesses ist. Nur durch Extraktion der gewünschten Informationen an den richtigen Stellen kann ein Verfolgerprozess Rückschlüsse auf die verwendeten Systemaufrufe ziehen. Auch Debugger wie gdb sind auf ptrace angewiesen, um überhaupt

---

10 Von Linus Torvalds selbst gibt es das Hilfsprogramm sparse, das direkte Dereferenzierungen von Userspace-Zeigern im Kern aufspüren kann.

implementiert werden zu können. ptrace bietet viel mehr Möglichkeiten, als es für die reine Verfolgung von Systemaufrufen nötig ist.

ptrace benötigt vier Argumente, wie die Definition in den Kernelquellen zeigt:

arch/arch/kernel/ ptrace.c

```
asmlinkage int sys_ptrace(long request, long pid, long addr, long data)
```

- pid identifiziert den Zielprozess. Auch wenn aufgrund der Handhabung von strace der Eindruck entsteht, dass das Tracing eines Prozesses beim Start aktiviert werden muss, ist dies falsch: Der Verfolgerprozess muss sich an den Zielprozess mit ptrace „anhängen", was auch während der Laufzeit des Prozesses (und nicht nur am Anfang) erfolgen kann.

  strace führt das *Attaching* (die in den Kernelquellen übliche Bezeichnung für den Anhängevorgang) üblicherweise direkt nach dem Start des Zielprogramms mit fork und exec aus.

- addr und data werden verwendet, um eine Speicheradresse sowie zusätzliche Informationen an den Kern zu übergeben. Ihre Bedeutung unterscheidet sich je nach gewählter Operation.

- request wählt mit Hilfe symbolischer Konstanten eine der Operationen, die von ptrace ausgeführt werden soll. Eine genaue Liste aller möglichen Werte findet sich in der Manual-Page ptrace(2) bzw. in den Kernelquellen in <ptrace.h>. Die vorhandenen Möglichkeiten sind im Einzelnen:

  - PTRACE_ATTACH gibt die Aufforderung zum Anhängen an einen Prozess und aktiviert dadurch die Verfolgung, während PTRACE_DETACH die Bindung wieder löst und das Tracing beendet. Ein verfolgter Prozess wird immer dann gestoppt, wenn ein Signal an ihn ausgeliefert werden soll; weiter unten besprochene Optionen von ptrace ermöglichen auch, ihn bei der Ausführung von Systemaufrufen oder nach einem einzelnen Assembler-Befehl zu stoppen.

    Nach dem Anhalten eines verfolgten Prozesses wird der Verfolger mit einem SIGCHLD-Signal informiert, das mit der in Kapitel 2 („Prozessverwaltung") besprochenen wait-Funktion erwartet werden kann.

    Bei der Installation des Tracings wird gleichzeitig das Signal SIGSTOP an den verfolgten Prozess geschickt, was die erste Unterbrechung im Verfolgerprozess verursacht. Dies wird beim Tracing von Systemaufrufen benötigt, wie wir gleich an einem Beispiel demonstrieren werden.

  - PEEKTEXT, PEEKDATA und PEEKUSR werden verwendet, um Informationen aus dem Inhalt des Adressraums des Prozesses zu lesen: PEEKUSR liest die normalen Register der CPU einschließlich eventuell verwendeter Debug-Register[11] (wobei natürlich nicht der komplette Registersatz, sondern der Inhalt eines einzelnen Registers, das mittels einer Kennzahl selektiert wird, ausgelesen wird). PEEKTEXT und PEEKDATA lesen beliebige Words aus dem Text- bzw- Datensegment des Prozesses.

  - POKETEXT, POKEDATA und PEEKUSR werden verwendet, um Werte in die drei genannten Bereiche des beobachteten Prozesses zu schreiben und dadurch den Inhalt seines Adressraums gezielt zu manipulieren, was beim interaktiven Debugging eines Programms zu Testzwecken sehr wichtig sein kann.

---

11 Da bei Aufruf des ptrace-Systemcalls ein anderer Prozess aktiv ist als der untersuchte, finden sich in den physikalischen Registern der CPU natürlich auch die Werte des Überwachers und nicht des getraceten Prozesses. Es werden daher die Daten aus der in Kapitel 11 („Kernel-Aktivitäten und Zeitfluss") besprochenen pt_regs-Instanz verwendet, die bei der nächsten Aktivierung des Prozesses nach einem Taskswitch in den Registersatz kopiert werden. Eine Manipulation der Daten dieser Struktur entspricht daher effektiv einer Manipulation der Register selbst.

10.3 Realisierung von Systemaufrufen

Da durch PTRACE_POKEUSR die Debug-Register der CPU manipuliert werden, ermöglicht diese Option die Verwendung fortgeschrittener Debugging-Techniken wie beispielsweise den Einsatz von Monitor-Events, die die Ausführung des Programms an einer bestimmten Stelle unter Beachtung von Nebenbedingungen anhalten.

- PTRACE_SETREGS und PTRACE_GETREGS setzen bzw. lesen Werte im privilegierten Registersatz der CPU.

- PTRACE_SETFPREGS und PTRACE_GETFPREGS werden verwendet, um die für Gleitkommaberechnungen verwendeten Register auszulesen bzw. zu modifizieren. Auch diese Operationen sind für den interaktiven Test von Applikationen mit Debuggern sehr nützlich.

- PTRACE_SYSCALL ist die Basis für die Verfolgung von Systemaufrufen: Wird ptrace mit dieser Option aktiviert, startet der Kern die Ausführung des Prozesses, bis ein Systemaufruf durchgeführt wird. Nachdem der verfolgte Prozess gestoppt wurde, wird der Tracerprozess mittels wait informiert und hat dann Gelegenheit, mit den bereits gezeigten ptrace-Operationen den Adressraum des Prozesses zu analysieren und die relevanten Fakten über den Systemaufruf zu eruieren. Der verfolgte Prozess wird ein zweites Mal gestoppt, nachdem der Systemaufruf durchgeführt wurde, und gibt dem Verfolgerprozess eine Kontrollmöglichkeit, um den Erfolg des Aufrufs zu besichtigen.

    Da sich der Systemcall-Mechanismus zwischen allen verfügbaren Plattformen unterscheidet, müssen Tracing-Programme wie strace das Auslesen der Daten für jede Architektur separat implementieren, was eine etwas mühevolle Aufgabe ist und den Quellcode für portable Programme sehr schnell unübersichtlich macht (die Sourcen von strace sind an den entsprechenden Stellen mit Präprozessor-Conditionals überhäuft und kein wirklicher Lesegenuss).

- PTRACE_SINGLESTEP setzt den Prozessor bei der Ausführung des verfolgten Prozesses in den Single-Step-Modus, in dem dem Verfolgerprozess nach *jeder* Assembler-Anweisung die Möglichkeit gegeben wird, auf den verfolgten Prozess zuzugreifen. Auch diese Technik wird sehr gerne beim Debugging von Applikationen verwendet, vor allem wenn man Compilerfehlern oder ähnlichen Subtilitäten auf der Spur ist.

    Die Implementierung der Single-Step-Funktion ist zwar stark von der verwendeten CPU abhängig – schließlich bewegt sich der Kernel hier auf einem sehr maschinennahen Niveau –, stellt dem Verfolgerprozess aber dennoch auf allen Plattformen ein einheitliches Interface zur Verfügung: Nach Ausführung einer Assembler-Funktion wird das SIGCHLD-Signal an den Verfolger geschickt, der mit den verschiedenen weiteren Optionen von ptrace genauere Informationen über den Zustand des Prozesses herausfinden kann. Der Zyklus wiederholt sich immer wieder: Die nächste Assembler-Anweisung wird ausgeführt, nachdem ptrace mit dem PTRACE_SINGLESTEP-Argument verwendet wurde, der Prozess wird schlafen gelegt, der Verfolger über SIGCHLD benachrichtigt ...

- PTRACE_KILL schießt den verfolgten Prozess durch Versand eines KILL-Signals ab.

- PTRACE_TRACEME startet das Tracing des *aktuellen* Prozesses. Sein Elternprozess, der automatisch als Verfolger verwendet wird, muss darauf vorbereitet sein, Tracing-Informationen von seinem Kind zu empfangen.

- PTRACE_CONT setzt die Ausführung eines verfolgten Prozesses fort, ohne weitere Spezialbedingungen für das Anhalten zu spezifizieren: die verfolgte Applikation wird nur mehr angehalten, wenn sie ein Signal empfängt.

Systemcall-Tracing Ein kleines Beispielprogramm soll die Verwendung von `ptrace` verdeutlichen: Es hängt sich an einen Prozess an und kontrolliert die Verwendung von Systemaufrufen, ist also ein minimaler Ersatz für `strace`.

```c
/* Einfacher Ersatz fuer strace(1) */

#include<stdio.h>
#include<stdlib.h>
#include<signal.h>
#include<unistd.h>
#include<sys/ptrace.h>
#include<sys/wait.h>
#include<asm/ptrace.h>        /* for ORIG_EAX */

static long pid;

int upeek(int pid, long off, long *res) {
  long val;

  val = ptrace(PTRACE_PEEKUSER, pid, off, 0);

  if (val == -1) {
    return -1;
  }

  *res = val;
  return 0;
}

void trace_syscall() {
  long res;

  res = ptrace(PTRACE_SYSCALL, pid, (char*) 1, 0);
  if (res < 0) {
    printf("Failed to execute until next syscall: %d\n", res);
  }
}

void sigchld_handler (int signum) {
  long scno;
  int res;

  /* Herausfinden des Systemcalls (systemabhaengig)...*/
  if (upeek(pid, 4*ORIG_EAX, &scno) < 0) {
    return;
  }

  /* ... und Ausgeben der Informationen */
  if (scno != 0) {
    printf("System call: %u\n", scno);
  }

  /* Aktivieren der Verfolgung bis zum naechsten Systemaufruf */
  trace_syscall();
}

int main(int argc, char** argv) {
  int res;

  /* Argumentzahl ueberpruefen */
  if (argc != 2) {
    printf("Usage: ptrace <pid>\n");
    exit(-1);
  }
```

10.3 Realisierung von Systemaufrufen

```
/* Die gewuenschte PID aus den Kommandozeilenparametern auslesen */
pid = strtol(argv[1], NULL, 10);
if (pid <= 0) {
  printf("No valid pid specified\n");
  exit(-1);
} else {
  printf("Tracing requested for PID %u\n", pid);
}

/* Handler fuer SIGCHLD installieren */
struct sigaction sigact;
sigact.sa_handler = sigchld_handler;
sigaction(SIGCHLD, &sigact, NULL);

/* An den gewuenschten Prozess anhaengen */
res = ptrace(PTRACE_ATTACH, pid, 0, 0);
if (res < 0) {
  printf("Failed to attach: %d\n", res);
  exit(-1);
} else {
  printf("Attached to %u\n", pid);
}

for (;;) {
  wait(&res);
  if (res == 0) {
    exit(1);
  }
}
}
```

Die Grobstruktur des Programms setzt sich aus folgenden Schritten zusammen:

- Die PID des verfolgten Programms wird von der Kommandozeile eingelesen und den üblichen Korrektheitsprüfungen unterworfen.

- Ein Handler für das CHLD-Signal wird installiert, da der Kernel bei jeder Unterbrechung des beobachteten Programms dieses Signal an den Tracerprozess schickt.

- Mittels des ptrace-Requests PTRACE_ATTACH hängt sich der Beobachterprozess an die Zielapplikation an.

- Der Hauptteil des Verfolgerprogramms besteht aus einer simplen Endlosschleife, die immer wieder den wait-Befehl aufruft, um auf das Eintreffen neuer CHLD-Signale zu warten.

Der grobe Aufbau ist nicht von einem bestimmten Prozessortyp abhängig, sondern kann für alle von Linux unterstützten Systeme verwendet werden. Sehr wohl Architektur-abhängig ist allerdings die Methode, wie die Kennzahl des zuletzt aufgerufenen Systemcalls herausgefunden wird: Die gezeigte Vorgehensweise funktioniert nur auf IA-32-Systemen, die die Kennzahl an einer bestimmten Stelle im gespeicherten Registersatz aufbewahren. Ihr Offset wird durch die in asm/ptrace.h definierte Konstante ORIG_EAX festgehalten. Mittels PTRACE_PEEKUSER kann dieser Wert ausgelesen werden; die Multiplikation mit dem zusätzlichen Faktor 4 ist erforderlich, da die Register auf der genannten Architektur eine Breite von 4 Bytes besitzen.

Auf anderen Architekturen hätte die Implementierung in diesem Punkt natürlich anders erfolgen müssen. Wir gehen allerdings nicht auf Details ein, sondern verweisen auf den Systemcall-relevanten Code in den Kernelquellen bzw. die Quellen des Standard-strace-Tools.

Hier geht es vor allem darum, klarzumachen, wie ptrace-Aufrufe benutzt werden, um den beobachteten Prozess zu kontrollieren. Nachdem die Verfolgung des Prozesses mittels PTRACE_ATTACH eingerichtet ist, fällt die Hauptarbeit auf die Handlerfunktion des CHLD-Signals, die in sigchld_handler implementiert ist. Sie ist für folgende Aufgaben verantwortlich:

- Die Kennzahl des aufgerufenen Systemcalls muss mit plattformabhängigen Mitteln herausgefunden werden.

  Wenn dies auf eine Systemcall-Nummer ungleich 0 führt, werden die gefundenen Informationen ausgegeben. Der spezielle Test auf 0 ist notwendig, um sicherzustellen, dass nur Aufrufe von Systemcalls protokolliert, an den verfolgten Prozess abgeschickte Signale aber ignoriert werden.

- Der Ablauf des Programms muss wieder fortgesetzt werden. Natürlich muss dem Kernel mitgeteilt werden, dass die Ausführung beim nächsten Systemaufruf wieder gestoppt werden soll, wozu der ptrace-Request PTRACE_SYSCALL verwendet wird.

Der Ablauf ist offensichtlich, nachdem der Stein einmal ins Rollen gebracht wurde: Ein Systemaufruf, der vom verfolgten Prozess abgesetzt wird, löst den ptrace-Mechanismus im Kernel aus, der ein CHLD-Signal an den Verfolgerprozess absetzt. Dessen Handler liest die gewünschten Informationen – die Kennzahl des Systemaufrufs – aus, wozu ebenfalls der ptrace-Mechanismus verwendet wird, und gibt die gewonnenen Daten aus. Danach wird die Ausführung des verfolgten Prozesses wieder gestartet und wieder unterbrochen, wenn ein Systemaufruf eintritt.

Wie kommt der Stein aber ins Rollen? Schließlich muss die Handlerfunktion irgendwann ein erstes Mal aufgerufen werden, um die Verfolgung von Systemaufrufen zu protokollieren! Wie weiter oben bemerkt wurde, sendet der Kern auch SIGCHLD-Signale an Verfolgerprozesse, wenn ein Signal an den *verfolgten* Prozess gesendet wurde – und ruft damit genau dieselbe Handlerfunktion auf, die beim Auftreten eines Systemaufrufs aktiviert wird. Da beim Einrichten des Tracings der Kernel automatisch ein STOP-Signal an den verfolgten Prozess schickt, wird garantiert, dass die Handlerfunktion gleich zu Beginn des Tracings aufgerufen wird, auch wenn der Prozess keine anderweitigen Signale empfängt. Die Verfolgung von Systemaufrufen gerät dadurch ins Rollen.

Kernel-seitige Implementierung

Wie üblich findet sich die Handlerfunktion für den ptrace-Systemaufruf unter der Bezeichnung sys_ptrace; der Quellcode ist Architektur-spezifisch in arch/*arch*/kernel/ptrace.c zu finden. Abbildung 10.2 auf der gegenüberliegenden Seite zeigt das Codeflussdiagramm, das auf keine spezielle Architektur bezogen ist, da sich die Implementierung zwischen den einzelnen CPUs in keinen wesentlichen Punkten unterscheidet.

Der ptrace-Systemaufruf wird im Wesentlichen von seinem request-Parameter dominiert, was sich in der Struktur des Codes bemerkbar macht. Zu Beginn werden einige Vorarbeiten durchgeführt, von denen vor allem das Ermitteln der task_struct-Instanz zur übergebenen PID mittels find_task_by_pid von Bedeutung ist. Tracing des init-Prozesses wird verhindert, indem der Kernel die Operation abbricht, wenn für pid der Wert 1[12] übergeben wurde.

Einrichten des Tracings In der Taskstruktur eines Prozesses finden sich einige ptrace-spezifische Elemente, die wir gleich benötigen werden:

---

[12] Oder ein unsinniger Wert kleiner als 1.

10.3 Realisierung von Systemaufrufen

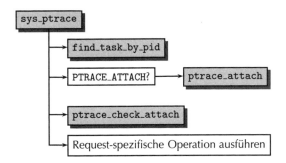

Abbildung 10.2: *Codeflussdiagramm für* sys_ptrace

```
struct task_struct {                                                    <sched.h>
    ...
    struct task_struct *real_parent; /* real parent process (when being debugged) */
    unsigned long ptrace;
    struct list_head ptrace_children;
    struct list_head ptrace_list;
    ...
};
```

Wenn PTRACE_ATTACH gesetzt ist, wird ptrace_attach verwendet, um die Verbindung zwischen Verfolger und Zielprozess herzustellen; dabei wird

- das ptrace-Element des Zielprozesses auf PT_TRACED gesetzt,

- der Verfolgerprozess als Elternprozess des Zieltasks eingesetzt (der richtige Elternprozess findet sich in real_parent),

- der verfolgte Prozess über das Taskstruktur-Element ptrace_list in die ptrace_children-Liste des Verfolgers eingefügt,

- ein STOP-Signal an den verfolgten Prozess geschickt.

Nachdem mit ptrace_check_attach geprüft wurde, ob an den Prozess ein Verfolger angehängt ist, spaltet sich der Code je nach ptrace-Operation auf.

Danach spaltet sich der Codefluss des Handlers je nach gewünschtem request-Typ auf, wozu eine große case-Struktur verwendet wird, die jeden Fall einzeln behandelt. Wir werden nur die wichtigsten Fälle (PTRACE_ATTACH und PTRACE_DETACH, PTRACE_SYSCALL, PTRACE_CONT sowie PTRACE_PEEKDATA und PTRACE_POKEDATA) behandeln; die Implementierung der restlichen Requests folgt einem ähnlichen Schema; wie immer können die entsprechenden Details in den Kernelquellen nachgelesen werden.

Alle weiteren Aktionen, die der Kern für die Verfolgung ausführen muss, finden sich im Code der Signalbehandlung, der in Kapitel 4 („Interprozesskommunikation und Locking") besprochen wird. Bei der Auslieferung jedes Signals prüft der Kernel, ob das PT_TRACED-Flag im ptrace-Feld der task_struct gesetzt ist. Wenn ja, wird (in get_signal_to_deliver aus kernel/signal.c) zuerst der Zustand des Prozesses auf TASK_STOPPED gesetzt, um die Ausführung zu unterbrechen, und anschließend der Verfolgerprozess über notify_parent mit dem CHLD-Signal benachrichtigt (sollte der Verfolgerprozess gerade schlafen, wird er gleichzeitig aufgeweckt). Danach kann der Verfolger mit den restlichen Optionen von ptrace die gewünschten Untersuchungen am Zielprozess vornehmen.

Beenden des Tracings Die Deaktivierung des Tracings wird durch PTRACE_DETACH erledigt, wobei der zentrale ptrace-Handler diese Aufgabe an die Funktion ptrace_detach aus kernel/ptrace.c delegiert. Im Wesentlichen besteht sie aus folgenden Schritten:

- Das ptrace-Element der task_struct-Instanz wird auf 0 zurückgestellt und der Zielprozess aus der ptrace_children-Liste des Verfolgers entfernt.

- Der Elternprozess wird auf den ursprünglichen Task zurückgesetzt, indem task_struct->parent mit dem in real_parent gespeicherten Wert überschrieben wird.

Der ehemals verfolgte Prozess wird noch mit wake_up_prozess aufgeweckt, um seine Arbeit fortsetzen zu können.

Implementierung von PTRACE_CONT und _SYSCALL Um einen überwachten Prozess fortzusetzen, nachdem er aufgrund der Auslieferung eines Signals gestoppt wurde, wird PTRACE_CONT verwendet. Die kernelseitige Implementierung dieser Funktion ist stark mit PTRACE_SYSCALL verknüpft (die den überwachten Prozess nicht nur nach Signalen, sondern auch vor und nach dem Aufruf von Systemcalls anhält).

Beide Fälle werden in einem gemeinsamen Abschnitt behandelt, wobei nur zu Beginn zwischen ihnen unterschieden werden muss:

- Bei PTRACE_SYSCALL wird (mittels set_tsk_thread_flag) das TIF_SYSCALL_TRACE-Flag in der Taskstruktur des verfolgten Prozesses gesetzt.

- Bei PTRACE_CONT wird das Flag mittels clear_tsk_thread_flag entfernt.

Beide Flag-Routinen setzen das entsprechende Bit im flags-Feld der thread_info-Instanz des Prozesses.

Nachdem das Flag gesetzt bzw. gelöscht wurde, bleibt dem Kern nur noch, den getraceten Prozess mittels wake_up_process aufzuwecken und seine normale Arbeit fortzuführen.

Welche Auswirkungen hat das TIF_SYSCALL_TRACE-Flag? Da die Auslieferung von Systemaufrufen eine sehr Hardware-nahe Angelegenheit ist, reichen die Wirkungen der Flags bis in den Assembler-Quellcode von entry.S, wo bei gesetztem Flag die C-Funktion do_syscall_TRACE aufgerufen wird, nachdem ein Systemaufruf beendet wurde – allerdings nur auf IA-32, PPC und PPC64. Andere Architekturen verwenden andere Mechanismen, auf die wir hier nicht detaillierter eingehen wollen.

Die Auswirkungen des Flags sind allerdings auf allen unterstützten Plattformen identisch: Vor und nach der Ausführung eines Systemcalls durch den beobachteten Prozess wird sein Zustand auf TASK_STOPPED gesetzt und der Verfolger mittels CHLD-Signal informiert. Aus dem Inhalt der Register oder spezieller Speicherbereiche können dann benötigte Informationen extrahiert werden.

Manipulation und Auslesen von Daten des Zielprozesses Mit PTRACE_PEEKDATA können Informationen aus dem Datensegment ausgelesen werden.[13] Der ptrace-Aufruf benötigt zwei Parameter für den Request:

- addr gibt die Adresse im Datensegment an, die ausgelesen werden soll,

---

13 Da aus Sicht der Speicherverwaltung kein Unterschied zwischen Text- und Datensegment besteht – beide beginnen zwar an unterschiedlichen Adressen, der Zugriff darauf erfolgt ansonsten aber absolut gleich –, gilt das hier Besprochene unverändert auch für PTRACE_PEEKTEXT.

■ `data` wird verwendet, um das Ergebnis aufzunehmen.

Der Lesevorgang wird an die Funktion `access_process_vm` delegiert, die – anders als ihr Name besagt – nicht Bestandteil der Speicherverwaltung ist, sondern in `kernel/ptrace.c` implementiert wird.

Im Wesentlichen wird mittels `get_user_pages` die Speicherseite im Userspace gefunden, die zur gewünschten Adresse passt; eine temporäre Speicherstelle im Kernel wird verwendet, um die gewünschten Daten zwischenzuspeichern. Nach einigen Aufräumarbeiten kehrt der Kontrollfluss wieder zum `ptrace`-Dispatcher zurück.

Da sich die gesuchten Daten noch im Kernelspace befinden, muss `put_user` verwendet werden, um das Resultat an die durch den `addr`-Parameter festgelegte Stelle im Userspace zu kopieren.

Die Manipulation des getraceten Prozesses mittels `PTRACE_PEEKDATA` (da auch hier wiederum kein Unterschied zwischen den beiden Abschnitten des virtuellen Adressraums besteht, ist `PTRACE_PEEKTEXT` identisch verwendbar) geht ähnlich vor sich: Mittels `access_process_vm` wird die Speicherseite herausgesucht, in der die gewünschte Adresse enthalten ist. Das Ersetzen der Daten mit den neuen Werten, die beim Systemaufruf übergeben wurden, erfolgt direkt in `access_process_vm`.[14]

10.3.4 Systemaufrufe vom Kernel aus

Bisher sind wir implizit davon ausgegangen, dass der Aufruf eines Systemcalls gleichbedeutend mit dem Durchbrechen der Mauer zwischen User- und Kernelspace ist. Dies ist in den meisten Fällen richtig. Es gibt aber auch Fälle, in denen der Kernel selbst Systemaufrufe verwenden muss.

Der Weg vom User- in den Kernelspace verläuft nach einem fest vorgegebenen Programm, das Besonderheiten und Eigenschaften der jeweiligen Plattform beachten muss. Die Handlerroutinen verlangen eine genau definierte Umgebung, in der sie ablaufen und die sie voraussetzen, um korrekt zu funktionieren. Der Kern kann die `sys_`-Routinen daher nicht wie einfache Prozeduren aufrufen. Also muss ein Aufrufmechanismus für Systemaufrufe definiert werden, den der Kern verwenden kann.

Da der Aufruf von Systemcalls vom Userspace aus stark von der verwendeten Plattform abhängt, ist es klar, dass die Situation im Kernel auch nicht allgemein implementiert werden kann, sondern der zugrunde liegenden Architektur angepasst werden muss. Da im Kernel keine C-Standardbibliothek vorhanden ist, müssen entsprechende Routinen selbst bereitgestellt werden.

Um eine möglichst einfache Lösung zu erzielen, die zwar die plattformspezifischen Besonderheiten beim Aufruf von Systemcalls berücksichtigt, gleichermaßen aber aus Geschwindigkeitsgründen einen geringen Overhead besitzt und keine sich ständig wiederholende manuelle Implementierung von Wrapper-Routinen erfordert, greift der Kernel auf ein Mittel zurück, das zwar nicht sonderlich elegant ist (und von stilistisch einigermaßen versierten C-Programmierer normalerweise nicht nur missachtet, sondern mit Füßen getreten würde), seinen Zweck aber in Anbetracht der Tatsachen dennoch gut erfüllt: Makros zur automatischen Generierung von Wrapper-Routinen.

Ziel der Makros ist es, für jeden vom Kernel benutzten Systemaufruf eine Routine bereitzustellen, die wie eine normale Funktion verwendet werden kann. Im Falle des `close`-Systemcalls ist dies beispielsweise eine Funktion der Bezeichnung `close`, die zwei Argumente übernimmt

---

[14] Mit einem Booleschen Parameter kann gewählt werden, ob die Daten nur gelesen (`PTRACE_POKETEXT` bzw. `PTRACE_POKEDATA`) oder gleich „en passant" durch einen neuen Wert ersetzt werden sollen.

und den gleichen Weg im Kernel einschlägt, der auch bei einer Aktivierung des Systemaufrufs vom Userspace aus durchgeführt worden wäre – und schließlich bei `sys_close` landet, wo sich die Implementierung der eigentlichen Funktionalität des Systemcalls befindet.

Die verwendeten Makros besitzen (wie beinahe üblich mit Ausnahme der Sparc und Sparc64-Prozessoren) auf allen Systemen die gleiche Aufrufsyntax, was ihre Parameter betrifft: Neben Rückgabetyp und Name des Systemaufrufs müssen Typ und Name aller formalen Parameter der Handlerroutine angegeben werden, woraus der Kernel ein Codestück generiert, das als Wrapper für den jeweiligen Systemaufruf dient und vom restlichen Kernelcode wie eine normale Funktion verwendet und aufgerufen werden kann.

Zu beachten ist, dass für jede mögliche Parameteranzahl der Handlerfunktion (0 bis 6) ein eigenes Makro bereitgestellt wird, das mit `_syscall0` bis `syscall6` bezeichnet ist.

Die Definition der `close`-Routine im Kernel, die zum Schließen einer Datei mittels ihres Dateideskriptors verwendet wird, erfolgt beispielsweise durch folgende Zeile:

<asm-*arch*/unistd.h>
```
static inline _syscall1(int,close,int,fd)
```

Die Implementierung des Makros selbst ist ein Beispiel für die Verwendung der etwas seltsamen Syntax der Inline-Assembler-Befehle des Gnu-Compilers, wie man an der Variante für IA-32-Systeme sieht:

include/asm-i386/unistd.h
```
#define _syscall1(type,name,type1,arg1) \
type name(type1 arg1) \
{ \
long __res; \
__asm__ volatile ("int $0x80" \
    : "=a" (__res) \
    : "" (__NR_##name),"b" ((long)(arg1))); \
__syscall_return(type,__res); \
}
```

Auf anderen Plattformen sieht das Makro nicht wesentlich schöner aus, weshalb wir nicht detailliert auf die einzelnen Implementierungen eingehen wollen. Wichtiger als das Aussehen des Codes ist das Assembler-Resultat, das nach der Übersetzung durch den C-Compiler entsteht: Durch die Verwendung spezieller Symbole des Gnu-Compilers entsteht Code, der genau dem Schnittstellencode entspricht, der auch von der C-Bibliothek im Userspace verwendet wird: Die Nummer des gewünschten Systemcalls wird in ein bestimmtes Register geschrieben, danach werden die einzelnen Parameter in festgelegte Register verteilt – auf IA-32-Systemen verwendet der Compiler beispielsweise die Reihenfolge `ebx`, `ecx` für zwei Parameter. Die Anweisung `int $0x80` löst schließlich eine Exception der CPU aus, die die Abarbeitung des Systemcalls erzwingt. Auch der für die Verarbeitung der Resultate generierte Code deckt sich mit den Assembler-Anweisungen, die in der Standardbibliothek verwendet werden.

11 Kernel-Aktivitäten und Zeitfluss

In Kapitel 10 („Systemaufrufe") wurde gezeigt, wie die Ausführungszeit des Systems in zwei große, unterschiedliche Teile gespalten werden kann: den Kern- und den Benutzermodus. In diesem Kapitel werden wir die verschiedenen Aktivitätsformen des Kerns untersuchen und sehen, dass eine wesentlich feinere Unterteilung notwendig ist, um der Situation gerecht zu werden.

Systemaufrufe sind nicht die einzige Möglichkeit, um zwischen Benutzer- und Systemmodus wechseln zu können: Wie aus den vorhergehenden Kapiteln bekannt ist, verwenden alle von Linux unterstützten Plattformen das Konzept der Interrupts, um periodische Unterbrechungen für die verschiedensten Zwecke zu realisieren. Dabei müssen zwei Typen unterschieden werden:

- *Interrupts* werden automatisch vom System und den angeschlossenen Zubehörgeräten generiert. Sie dienen zum einen der effizienteren Implementierbarkeit von Gerätetreibern, werden zum anderen aber auch vom Prozessor selbst benötigt, um auf Ausnahmesituationen oder Fehler hinzuweisen, die der Interaktion mit dem Kernelcode bedürfen.

- *SoftIRQs* werden verwendet, um zeitverzögerte Vorgänge im Kernel selbst effektiv zu implementieren.

Im Gegensatz zu anderen Teilen des Kerns enthält der Code zur Behandlung der Interrupt- und Systemaufruf-spezifischen Abschnitte sehr starke Verflechtungen zwischen Assembler- und C-Code, da teilweise subtile Probleme gelöst werden müssen, die sich in C alleine nicht oder nicht vernünftig beherrschen lassen. Dies ist kein Linux-spezifisches Problem: Die meisten Betriebssystementwickler versuchen, unabhängig von ihrem individuellen Ansatz, die Low-level-Behandlung der entsprechenden Punkte so tief wie möglich in den Quellen des Kerns zu verstecken und für den restlichen Code unsichtbar werden zu lassen, was aufgrund der technischen Gegebenheiten nicht in allen Fällen möglich ist.

Auch wenn wir bestrebt sein werden, die folgende Diskussion möglichst losgelöst von einem spezifischen Prozessortyp zu führen, ist es dennoch nicht immer möglich, ganz auf der Architektur-neutralen Seite zu bleiben. Wo immer es sich nicht vermeiden lässt, werden wir uns vor allem an der IA32-Architektur orientieren. Auf Abweichungen bei anderen Prozessortypen gehen wir ein, sofern die Differenzen nicht allzu groß sind.

Häufig benötigt der Kern Mechanismen, die es ihm ermöglichen, Arbeiten auf einen bestimmten Zeitpunkt in der Zukunft zu verschieben oder in einer Warteschlange zu speichern, die nach und nach abgearbeitet wird, wenn Zeit ist. Anwendungen für Mechanismen dieser Art sind in den vorhergehenden Kapiteln bereits einige male aufgetaucht, in diesem Abschnitt werden wir genauer auf ihre Implementierung eingehen.

11.1 Interrupts

Die einzige Gemeinsamkeit bei der Implementierung von Interrupts auf den diversen Plattformen, die vom Linux-Kern unterstützt werden, ist die Tatsache, dass es sie gibt – damit hören die Übereinstimmungen aber auch schon auf. Auch die Nomenklatur unterscheidet sich meist deutlich voneinander. Wir wollen daher zuerst die gebräuchlichen Typen von Systemunterbrechungen vorstellen, um eine definierte Ausgangsbasis zu besitzen, bevor wir genauer auf ihre Funktionsweise und die damit verbundenen Möglichkeiten und Probleme eingehen.

11.1.1 Interrupt-Typen

Man kann die in einem System auftretenden Interrupt-Typen generell in zwei verschiedene Kategorien einteilen:

- *Synchrone Interrupts*, *Ausnahmen* oder *Exceptions* werden von der CPU selbst ausgelöst und sind für das Programm bestimmt, das gerade ausgeführt wird. Exceptions können aus verschiedenen Gründen ausgelöst werden: zum einen kann es sich um einen Programmfehler handeln, der zur Laufzeit aufgetreten ist (klassisches Beispiel: Division durch Null), zum anderen kann – wie der Name schon sagt – eine Ausnahmesituation eingetreten sein, die der Prozessor nicht ohne „externe" Hilfe erledigen kann.

  Im ersten Fall muss der Kernel die Applikation über das Auftreten des Ausnahme informieren, wozu beispielsweise der in Kapitel 4 („Interprozesskommunikation und Locking") vorgestellte Signalmechanismus verwendet werden kann: Die Applikation erhält dadurch die Chance, den Fehler zu korrigieren, eine entsprechende Fehlermeldung auszugeben oder sich einfach zu beenden.

  Eine allgemeine Ausnahmesituation wurde nicht direkt vom Prozess verschuldet, muss aber mit Hilfe des Kerns repariert werden. Ein mögliches Beispiel hierfür ist ein Page Fault, der immer dann auftritt, wenn ein Prozess versucht, auf eine Seite des virtuellen Adressraums zuzugreifen, die nicht im RAM-Speicher enthalten ist. Wie in Kapitel 3 („Speicherverwaltung") besprochen, muss der Kern in diesem Fall im Zusammenspiel mit der CPU dafür sorgen, dass die gewünschten Daten in den RAM-Speicher geholt werden; der Prozess kann danach an derselben Stelle weiterlaufen, an der die Ausnahme aufgetreten ist. Er hat nicht bemerkt, dass ein Seitenfehler aufgetreten ist, da der Kernel die Situation automatisch bereinigt hat.

- *Asynchrone Interrupts* entsprechen dem von Zubehörgeräten bekannten klassischen Interrupt-Typ: Sie treten zu nicht vorhersehbaren Zeitpunkten auf. Im Gegensatz zu synchronen Interrupts sind asynchrone Interrupts nicht an einen bestimmten Prozess gebunden; sie treten unabhängig davon auf, mit welchen Dingen das System gerade beschäftigt ist.[1]

  Netzwerkadapter melden das Eintreffen neuer Pakete, indem der ihnen zugewiesene Interrupt ausgelöst wird. Da die Daten an einem zufälligen Moment ins System gelangen, ist die Wahrscheinlichkeit sehr hoch, dass gerade irgendein Prozess ausgeführt wird, der nichts mit den Daten zu tun hat. Um diesen Prozess nicht zu benachteiligen, muss der Kern dafür sorgen, dass der Interrupt so schnell wie möglich abgearbeitet wird und die Daten irgendwo „zwischengelagert" werden, damit die Rechenzeit wieder an den Prozess zurückgegeben werden kann. Aus diesem Grund benötigt der Kern Mechanismen zum Aufschieben von Arbeit, die wir ebenfalls in diesem Kapitel besprechen werden.

Welche Gemeinsamkeiten bestehen zwischen beiden Interrupt-Typen? Die CPU wird in jedem Fall veranlasst, vom Benutzer- in den Kernelmodus zu wechseln, sofern sie sich nicht ohnehin im Kernmodus befindet. Dort wird eine spezielle Routine ausgeführt, die als *interrupt service*

---

[1] Da Interrupts auch gesperrt werden können, wie wir gleich sehen werden, ist diese Aussage nicht völlig korrekt, da das System zumindest darauf einwirken kann, wann Unterbrechungen *nicht* auftreten.

routine (abgekürzt *ISR*) oder *interrupt handler* bezeichnet wird und dazu dient, mit einer Ausnahmebedingung oder einer wie auch immer veränderten Situation fertig zu werden – schließlich dient eine Unterbrechung genau dazu, den Kernel auf eine Veränderung aufmerksam zu machen, die seine Aufmerksamkeit beansprucht!

Die bloße Unterscheidung zwischen synchronen und asynchronen Interrupts beschreibt deren Eigenschaften noch nicht vollständig, da ein weiterer Punkt zu beachten ist: Viele Interrupts können abgeschaltet werden, während dies bei einigen wenigen nicht möglich ist. Zu letzterer Kategorie zählen beispielsweise Interrupts, die von Hardwarefehlern oder anderen stark systemkritischen Ereignissen ausgelöst werden.

Der Kern versucht zwar, das Abschalten von Interrupts wann immer möglich zu vermeiden, da dies aus offensichtlichen Gründen nicht gut für die Systemleistung ist. Dennoch gibt es Momente, in denen Interrupts abgeschaltet sein *müssen*, wenn sich der Kern nicht selbst in Bedrängnis bringen will: Wie wir bei der genaueren Betrachtung von Interrupt-Handlern sehen werden, können sich größere Probleme im Kernel ergeben, wenn *während* der Behandlung eines Interrupts bestimmte andere Interrupts auftreten. Wenn der Kern mitten in der Abarbeitung von ohnehin kritischem Code gestört wird, kann es zu den in Kapitel 4 („Interprozesskommunikation und Locking") besprochenen Synchronisationsproblemen kommen, was im schlechtesten Fall zu einem Deadlock im Kern führt, der das ganze System unbrauchbar macht.

Gönnt sich der Kern zu viel Zeit beim Abarbeiten einer ISR mit abgeschalteten Interrupts, kann (und wird) es passieren, dass Interrupts verloren gehen, die für den korrekten Betrieb des Systems aber notwendig gewesen wären. Der Kernel löst dieses Problem, indem er die Möglichkeit anbietet, Interrupt-Handler in zwei Teile zu spalten: Eine Performance-kritische obere Hälfte (*top half*), die mit abgeschalteten Interrupts ausgeführt wird, und eine weniger wichtige untere Hälfte (*bottom half*), die zu einem späteren Zeitpunkt zur Durchführung aller weniger wichtigen Aktionen verwendet wird. In früheren Kernelversionen gab es einen gleichnamigen Mechanismus zum Aufschieben von Arbeit auf einen späteren Zeitpunkt, der aber durch effizientere Mechanismen ersetzt wurde, die wir weiter unten vorstellen.

Jeder Interrupt verfügt über eine Kennzahl, über die er sich identifizieren lässt: Weist man einer Netzwerkkarte die Interrupt-Kennzahl n, dem SCSI-Controller $m \neq n$ zu, kann der Kernel zwischen beiden Geräten differenzieren und die passende ISR aufrufen, die eine gerätespezifische Aktion erledigt. Dasselbe Prinzip gilt natürlich auch für Exceptions, wo unterschiedliche Kennzahlen unterschiedliche Ausnahmen bedeuten. Leider ist die Situation durch spezielle (meist historisch bedingte) Design-„Features", bei denen sich die IA-32-Architektur besonders hervortut, nicht immer so einfach, wie eben geschildert wurde: Da nur sehr wenige Kennzahlen für Hardware-Interrupts zur Verfügung gestellt werden, müssen Interrupts unter mehreren Geräten geteilt werden. Auf IA-32-Prozessoren beträgt die maximale Anzahl in den meisten Fällen 15, was nicht gerade üppig ist – vor allem wenn man die Tatsache bedenkt, dass einige Interrupts bereits mit einer festen Aufgabe für die Standardkomponenten des Systems (Tastatur, Timer etc.) betraut sind, die die Auswahl für andere Zubehörgeräte noch weiter einschränken.

Das Teilen von Interrupts wird als *Interrupt sharing* bezeichnet:[2] Um diese Technik einsetzen zu können, ist allerdings nicht nur Unterstützung von Seiten der Hardware, sondern auch vom Kernel selbst notwendig, um identifizieren zu können, von welchem Gerät eine Unterbrechung stammt, worauf wir noch genauer eingehen werden.

---

[2] Bussysteme, die ein durchdachtes *Gesamtdesign* besitzen, benötigen diese Möglichkeit natürlich nicht: Sie können so viele Interrupts für Hardwaregeräte bereitstellen, dass gar keine Notwendigkeit zu teilen besteht.

11.1.2 Hardware-IRQs

Der Begriff „Interrupt" wurde bisher recht sorglos verwendet, um sowohl von der CPU wie auch von externer Hardware ausgehende Unterbrechungen zu beschreiben. Hardware-kundige Leser werden sicherlich bemerkt haben, dass dies nicht ganz korrekt ist: Interrupts können von prozessorfremden Zubehörgeräten eigentlich nicht direkt ausgelöst werden, sondern müssen mit Hilfe eines in jedem System befindlichen Standardbausteins angefordert werden, der als *Interrupt controller* bezeichnet wird.

Von den Zubehörgeräten (bzw. ihren Einsteckslots) führen elektronische Leitungen zu dem Baustein, die verwendet werden, um eine Interrupt-Anforderung an den Interrupt-Controller zu schicken, der diese – nach etwaigen elektrotechnischen Arbeiten, die uns hier nicht weiter interessieren – an die Interrupt-Eingänge der CPU weiterleitet. Da Zusatzgeräte Interrupts nicht direkt erzwingen können, sondern diese erst über den genannten Baustein anfordern müssen, bezeichnet man sie korrekterweise als IRQ – *Interrupt request* bzw. Interruptanforderung.

Da der Unterschied zwischen IRQs und Interrupts softwareseitig gesehen nicht allzu groß ist, werden die beiden Begriffe in der Praxis meist etwas schwammig und austauschbar verwendet. Dies ist kein Problem, solange offensichtlich ist, was gerade gemeint ist.

Dennoch gilt es, einen wichtigen Punkt beachten, der die Nummerierung von IRQs und Interrupts betrifft und auch softwareseitige Auswirkungen hat: Die meisten CPUs stellen aus dem gesamten Spektrum verfügbarer Interrupt-Nummern nur einen Ausschnitt zur Verfügung, der für Hardware-Interrupts verarbeitet werden kann. Dieser Bereich befindet sich üblicherweise mitten in der laufenden Nummerierung, bei IA-32-CPUs sind dafür beispielsweise die Kennzahlen 32 bis 47 – insgesamt 16 Stück – vorgesehen.

Wie jeder Leser weiß, der schon einmal Zubehörkarten in einem IA32-System konfiguriert oder den Inhalt von /proc/interrupts betrachtet hat, beginnt die Nummerierung der IRQs von Erweiterungskarten aber bei 0 und endet bei 15! Dies sind ebenfalls 16 verschiedene Möglichkeiten, aber andere Zahlenwerte. Neben dem elektrischen Handling der IRQ-Signale führt der Interruptcontroller zusätzlich eine „Umschreibung" zwischen IRQ- und Interruptkennzahl durch, wobei dies im Fall von IA-32 einer einfachen Addition mit 32 entspricht: Die Auslösung von IRQ 9 durch ein Gerät resultiert in der Auslösung von Interrupt 41 der CPU, was bei der Installation von Interrupthandlern beachtet werden muss. Auf anderen Architekturen werden andere Abbildungen zwischen Interrupts und IRQs verwendet, die wir nicht im Detail behandeln.

11.1.3 Bearbeiten von Interrupts

Nachdem die CPU über eine Unterbrechung informiert wurde, delegiert sie die weitere Behandlung der Situation an eine Software-Routine, in der ein Fehler behoben, eine Sondersituation behandelt oder ein Benutzerprozess über ein externes Ereignis informiert wird. Da jeder Interrupts und jede Exception mit einer eindeutigen Kennzahl versehen ist, verwendet der Kern ein Array, in dem sich Zeiger auf Handlerfunktionen befinden. Die zugehörige Interruptkennzahl kann anhand der Arrayposition festgestellt werden, wie Abbildung 11.1 auf der gegenüberliegenden Seite zeigt.

Vor- und Nacharbeiten

Wie Abbildung 11.2 auf der gegenüberliegenden Seite zeigt, ist die Behandlung eines Interrupts in drei Teile aufgespalten: Zuerst muss eine passenden Umgebung eingerichtet werden, in der die Handlerfunktion ablaufen kann; danach wird der Handler selbst aufgerufen, und anschließend wird der Zustand des Systems so restauriert, dass er (aus Sicht des laufenden Programms) genau

11.1 Interrupts

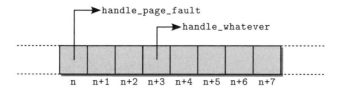

Abbildung 11.1: Verwaltung von Interrupt-Handlern

dem Zustand *vor* dem Auftreten des Interrupts entspricht. Die Abschnitte vor und nach Aufruf des Interrupt-Handlers werden als *entry* und *exit path*, also Ein- und Ausgangspfad bezeichnet.

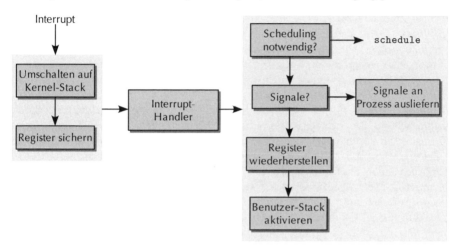

Abbildung 11.2: Abarbeitung eines Interrupts

Die Vor- und Nacharbeiten sind auch dafür verantwortlich, dass der Prozessor vom Benutzer- in den Kernmodus wechselt: Eine zentrale Aufgabe des Eingangspfades ist der Wechsel vom Benutzer- auf den Kernelstack. Dies ist aber nicht genug: Da auch der Kernel bei der Ausführung seines Codes auf die Ressourcen der CPU zurückgreift, muss der Eingangspfad den aktuellen Registerstatus der Benutzerapplikation sichern, um diesen nach Beendigung der Interrupt-Aktivitäten wiederherstellen zu können. Dies ist der gleiche Mechanismus, der auch bei Kontextwechseln beim Scheduling verwendet wird. Beim Eintritt in den Kernelmodus wird nicht der komplette Registersatz gespeichert, sondern nur ein kleiner Teil davon: der Kern verwendet nicht alle Register, die zur Verfügung stehen; da im Kernelcode beispielsweise keine Gleitkomma-Operationen verwendet werden (es wird nur mit Ganzzahl-Arithmetik gerechnet), brauchen die Floating-Point-Register nicht gesichert zu werden:[3] Ihr Wert ändert sich bei der Ausführung von Kernelcode nicht. Um die Unterschiede zwischen den verschiedenen CPUs berücksichtigen zu können, wird die plattformabhängige Datenstruktur pt_regs definiert, die alle im Kernelmodus modifizierten Register aufzählt (Abschnitt 11.1.5 geht genauer darauf ein). In Assembler codierte Low-level-Routinen übernehmen das Ausfüllen der Struktur.

---

[3] Manche Architekturen (wie beispielsweise IA-64) weichen von dieser Regel ab, indem sie einige wenige Register aus dem Gleitkommasatz verwenden und diese bei jedem Eintritt in den Kernelmodus mitsichern. Die große Masse der Gleitkommaregister bleibt allerdings dennoch vom Kern „verschont", und es werden auch keine expliziten Gleitkommaoperationen verwendet.

Im Ausgangspfad prüft der Kern, ob

- Der Scheduler einen neuen Prozess auswählen soll, durch den der alte ersetzt wird.
- Signale vorhanden sind, die an den Prozess ausgeliefert werden müssen.

Erst wenn diese beiden Fragen erledigt sind, kann sich der Kernel seinen Standardaufgaben widmen, die bei der Rückkehr aus einem Interrupt in jedem Fall durchgeführt werden müssen: Wiederherstellen des Registersatzes, Umschalten auf den User-Stack und Wechsel in einen für Benutzerapplikationen angepassten Prozessormodus bzw. Wechsel in einen anderen Protection Ring.[4]

Da ein Zusammenspiel zwischen C- und Assemblercode erforderlich ist, muss besondere Sorgfalt darauf verwendet werden, den Austausch von Daten zwischen Assembler- und C-Ebene korrekt zu gestalten. Der entsprechende Code findet sich in arch/*arch*/kernel/entry.S und macht detailliert Gebrauch von speziellen Eigenschaften der einzelnen Prozessoren. Der Inhalt der Datei wird daher so selten wie möglich – und dann auch nur mit höchster Sorgfalt – modifiziert.

Achtung: Die Arbeit im Ein- und Ausgangspfad eines Interrupts wird zusätzlich durch die Tatsache erschwert, dass sich der Prozessor bei Eintreffen eines Interrupts nicht nur im Benutzer, sondern auch im Kernmodus befinden kann. Dies erfordert einige weitere technische Änderungen, die aus Gründen der Übersichtlichkeit nicht in der Abbildung berücksichtigt wurden (im Wesentlichen entfällt das Umschalten zwischen Kernel- und Userstack und die Tests, ob der Scheduler aufgerufen oder Signale ausgeliefert werden sollen).

Der Begriff „Interrupt-Handler" wird zweideutig verwendet: Zum einen bezeichnet man damit den Aufruf einer ISR durch die CPU, bei der Entry/Exit-Pfad und die ISR zusammengefasst werden. Korrekter wäre es natürlich, nur die Routine anzusprechen, die *zwischen* Entry- und Exit-Path ausgeführt wird und in C implementiert ist.

Interrupt-Handler

Interrupt-Handler werden vor allem durch die Tatsache gestört, dass während ihrer Ausführung weitere Interrupts auftreten können. Dies kann zwar durch Abschalten der Interrupts während der Abarbeitung eines Handlers vermieden werden, was aber andere Probleme wie das Versäumen wichtiger Interrupts mit sich bringt. Die „Maskierung" (wie man die selektive Abschaltung eines oder mehrerer Interrupts auch bezeichnet) kann daher nur über kurze Zeiträume angewandt werden.

ISRs müssen demnach zwei Forderungen erfüllen:

- Die Implementierung (vor allem für die Abschnitte, in denen andere Interrupts deaktiviert sind) muss aus so wenig Code wie möglich bestehen, um zügig abgearbeitet werden zu können.

- Handler-Routinen von Interrupts, die während der Abarbeitung anderer ISRs aufgerufen werden können, dürfen sich gegenseitig nicht beeinflussen.

Während der zweite Punkt durch programmiertechnisches Können und cleveres Design der ISR erfüllt werden kann, ist die Zufriedenstellung der ersten Forderung etwas schwieriger: Je nach

---

4 Manche Prozessoren führen diesen Wechsel automatisch ohne explizite Anforderung durch den Kern aus.

11.1 Interrupts

Interrupt gibt es ein festes Programm, das abgearbeitet werden *muss*, um die Minimalanforderungen zur Klärung der Situation zu erfüllen. Der Code kann daher nicht beliebig klein gemacht werden.

Wie entgeht der Kernel diesem Dilemma? Nicht jeder Teil eines ISR ist gleich wichtig; generell kann jede Handlerroutine in drei Teile aufgespalten werden, die sich in ihrer Brisanz unterscheiden:

- *Kritische* Abschnitte müssen unmittelbar nach Auslösung des Interrupts ausgeführt werden, da ansonsten die Stabilität des Systems bzw. der korrekte Ablauf der weiteren Arbeit des Computers nicht aufrechterhalten werden kann. Andere Interrupts müssen bei der Abarbeitung eines solchen Teils ausgeschaltet sein.

- *Nichtkritische* Teile sollten ebenfalls schnellstmöglich erledigt werden, können aber mit eingeschalteten Interrupts erledigt werden (und dürfen damit von anderen Systemereignissen unterbrochen werden).

- *Verschiebbare* Abschnitte sind nicht besonders wichtig und müssen nicht im Interrupthandler selbst implementiert werden: Der Kernel kann sie „auf die lange Bank" schieben und dann ausführen, wenn er dafür Zeit findet, in der er nichts Besseres zu tun hat.

Um verschiebbare Abschnitte von ISRs zu einem späteren Zeitpunkt auszuführen, stellt der Kern beispielsweise *Tasklets* zur Verfügung, die in Abschnitt `act_tasklets` genauer besprochen werden.

11.1.4 Initialisierung und Reservierung von IRQs

Die technische Seite der Interrupt-Implementierung präsentiert sich mit zwei Gesichtern: Assemblercode, der höchst Prozessor-spezifisch ist und zur Verarbeitung der Low-level-Details eingesetzt wird, die auf der jeweiligen Plattform relevant sind, und eine abstrahierte Schnittstelle, die von Gerätetreibern und anderem Kernelcode benötigt wird, um Handler für IRQs zu installieren und zu verwalten. Wir wollen uns hier vor allem auf den zweiten Punkt konzentrieren: Die zahllosen Detailerläuterungen, die zur Beschreibung der Funktion des Assemblerteils notwendig sind, sind besser in Büchern über Prozessorarchitektur oder den jeweiligen Architekturhandbüchern aufgehoben.

Achtung: Sparc und Sparc64 gehen bei der Verwaltung und Behandlung von Interrupts ihre eigenen Wege, die sich deutlich von den Standardmethoden und vor allem Standarddatenstrukturen unterscheiden, die bei den anderen Plattformen verwendet werden. Natürlich wirkt sich dies nicht auf die Schnittstelle aus, die der Kernel zur Kommunikation mit Gerätetreibern bezüglich Interruptverwaltung und -handling verwendet: Würde sich diese unterscheiden, müssten schließlich alle Gerätetreiber für Sparc neu geschrieben oder zumindest modifiziert werden, was dem Gedanken der größtmöglichen Plattformunabhängigkeit eindeutig zuwiderläuft.

Um auf den IRQ eines Zubehörgerätes reagieren zu können, muss der Kernel eine Funktion für jeden möglichen IRQ bereithalten, die sich dynamisch registrieren und auch wieder entfernen lässt: Da auch Module für Geräte geschrieben werden können, die über Interrupts mit dem restlichen System interagieren, reicht eine statische Organisation der Tabelle nicht aus.

Die zentrale Stelle, an der Informationen über IRQs verwaltet werden, ist ein globales Array, das einen Eintrag für jede IRQ-Kennzahl besitzt. Da Arrayposition und Interruptnummer identisch sind, ist es leicht, den zu einem bestimmten IRQ gehörenden Eintrag zu finden: IRQ 0 ist an

Stelle 0, IRQ 15 an Position 15 u.s.w. – auf welchen Interrupt des Prozessors die IRQs letztendlich abgebildet werden, ist an dieser Stelle nicht von Belang.

Das Array ist wie folgt definiert:

<irq.h>
```
extern irq_desc_t irq_desc [NR_IRQS];
```

Obwohl ein architekturunabhängiger Datentyp für die einzelnen Einträge verwendet wird, ist die Anzahl der maximal möglichen IRQs durch eine plattformabhängige Konstante gegeben: NR_IRQS. Sie wird in der Prozessor-spezifischen Headerdatei include/asm-*arch*/irq.h definiert; ihr Wert schwankt nicht nur stark zwischen den verschiedenen Prozessoren, sondern ändert sich auch innerhalb von Familien je nach verwendetem Hilfschip, der die CPU bei der Verwaltung von IRQs unterstützt. Alpha-Rechner unterstützen von 32 auf den „kleineren" Systemen bis zur sagenhaften Anzahl von 2048 auf Wildfire-Boards, IA-64-Computer sind stets auf 256 festgelegt, IA-32 bietet zusammen mit dem klassischen Controller 8256A nur Support für magere 16 IRQs, eine Erhöhung dieser Anzahl auf 224 ist durch die Verwendung der IO-APIC-Erweiterung möglich, die sich in allen Multiprozessorsystemen findet, aber auch auf UP-Maschinen einsetzbar ist. [5]

Interessanter als die maximale Anzahl von IRQs ist der Datentyp, der für die Arrayeinträge verwendet wird (im Gegensatz zum einfachen Beispiel weiter oben handelt es sich dabei nicht nur um einen simplen Zeiger auf eine Funktion):

<irq.h>
```
typedef struct {
    unsigned int status;           /* IRQ status */
    hw_irq_controller *handler;
    struct irqaction *action;      /* IRQ action list */
    unsigned int depth;            /* nested irq disables */
} ____cacheline_aligned irq_desc_t;
```

Jeder IRQ wird aus Sicht des High-level-Codes im Kernel vollständig durch diese Struktur beschrieben; alle hardwarespezifischen Besonderheiten werden von diesem Interface verborgen.

`depth` erfüllt zwei Aufgaben: Zum einen kann es verwendet werden, um festzustellen, ob eine IRQ-Linie aktiviert oder deaktiviert ist: Ein positiver Wert steht für den letztgenannten Fall, während eine 0 bei einer aktivierten Linie verwendet wird. Warum werden postive Werte für *de*aktivierte IRQs verwendet? Dies ermöglicht dem Kern nicht nur, zwischen aktivierten und deaktivierten Linien zu unterscheiden, sondern erlaubt auch eine mehrfache Abschaltung ein- und desselben Interrupts: Jedes Mal, wenn Code aus dem restlichen Teil des Kerns einen Interrupt abschaltet, wird der Zähler um 1 erhöht, jede erneute Aktivierung führt zu einer entsprechenden Dekrementierung. Erst wenn `depth` auf 0 zurückgefallen ist, darf der IRQ auch hardwaremäßig wieder freigeschaltet werden. Diese Vorgehensweise ermöglicht es, die verschachtelte Deaktivierung von Interrupts korrekt zu behandeln.

Ein IRQ kann seinen Zustand nicht nur bei der Installation eines Handlers, sondern auch im laufenden Betrieb ändern: `status` dient dazu, den gerade aktuellen Zustand festzuhalten. In `<irq.h>` werden diverse Konstanten definiert, die den aktuellen Zustand einer IRQ-Linie beschreiben. Jede Konstante steht für ein gesetztes Bit in einer Bitkette, weshalb auch mehrere Werte gleichzeitig gesetzt werden können, sofern sie sich nicht gegenseitig widersprechen:

- **IRQ_DISABLED** wird bei von einem Gerätetreiber abgeschaltetem IRQ verwendet, was den Kernel anweist, den Handler nicht mehr zu betreten.

---

[5] Allerdings gibt es nur sehr wenige Einzelprozessormaschinen, die dies auch tatsächlich umsetzen.

11.1 Interrupts

- Während der Abarbeitung eines IRQ-Handlers wird der Status auf IRQ_INPROGRESS gesetzt, was dem restlichen Kernelcode wie bei IRQ_DISABLED verbietet, den Handler auszuführen.

- IRQ_PENDING ist aktiv, wenn die CPU einen Interrupt bemerkt, den entsprechenden Handler aber noch nicht ausgeführt hat.

- IRQ_PER_CPU ist gesetzt, wenn ein IRQ nur auf einer einzigen CPU auftreten kann (dies macht auf SMP-Systemen einige Schutzmechanismen gegen konkurrierende Zugriffe überflüssig).

- IRQ_LEVEL wird auf Alpha und PPC verwendet, um Level- von Edge-getriggerten IRQs abzugrenzen.[6]

- IRQ_REPLAY bedeutet, dass der IRQ abgeschaltet wurde, während ein noch nicht abgearbeiteter Interrupt aus der Zeit vorher wartet.

- IRQ_AUTODETECT und IRQ_WAITING dienen der automatischen Erkennung und Konfiguration von IRQs, die bei manchen Bussen erforderlich ist.

Mit Hilfe des aktuellen Inhalts von status kann der Kernel leicht abfragen, in welchem Zustand sich ein spezieller IRQ gerade befindet, ohne auf die hardwarespezifischen Besonderheiten der darunter liegenden Implementierung zurückgreifen zu müssen. Natürlich bringt das alleinige Setzen der entsprechenden Flags nicht den gewünschten Effekt: das Abstellen eines Interrupts durch Setzen von IRQ_DISABLED ist nicht möglich: Auch die zugrunde liegende Hardware muss über den neuen Zustand informiert werden. Die Flags dürfen daher nur von controllerspezifischen Funktionen gesetzt werden, die zugleich die notwendigen Low-level-Einstellungen an der Hardware vornehmen, wozu in vielen Fällen Assemblercode oder das Schreiben von magischen Zahlen an magische Adressen mit Hilfe von out-Befehlen notwendig ist.

Die verbleibenden Elemente von irq_desc_t sind Zeiger auf Instanzen anderer Datenstrukturen, die zur plattformunabhängigen Verwaltung der Handlerfunktionen (action) und zur Handhabung der zugrunde liegenden IRQ-Controller-Hardware (handler) dienen.

Abstraktion von IRQ-Controllern

handler ist eine Instanz des Datentyps hw_irq_controller, der die spezifischen Eigenschaften eines IRQ-Controllers für den architekturunabhängigen Teil des Kerns abstrahiert. Die darin enthaltenen Funktionen werden verwendet, um den Zustand eines IRQs zu ändern, weshalb sie auch das Setzen von flag übernehmen:

```
struct hw_interrupt_type {                                              <irq.h>
        const char * typename;
        unsigned int (*startup)(unsigned int irq);
        void (*shutdown)(unsigned int irq);
        void (*enable)(unsigned int irq);
        void (*disable)(unsigned int irq);
        void (*ack)(unsigned int irq);
        void (*end)(unsigned int irq);
```

---

[6] Edge-Triggerung bedeutet, dass die Hardware am Auftreten eines Potentialunterschieds in der Leitung erkennt, dass ein Interrupt aufgetreten ist. Bei Level-getriggerten Systemen wird ein Interrupt erkannt, wenn sich das Potential auf einem bestimmten Wert befindet, wobei nicht die Potentialänderung das ausschlaggebende Merkmal ist.
Level-Triggerung ist aus Sicht des Kerns komplizierter zu verwenden, da die Leitung nach jedem Interrupt explizit auf das Potential gesetzt werden muss, das für „kein Interrupt" steht.

```
            void (*set_affinity)(unsigned int irq, unsigned long mask);
     };

     typedef struct hw_interrupt_type hw_irq_controller;
```

typename enthält eine kurze Zeichenkette, die den Hardwarecontroller identifiziert. Auf IA32-Rechnern sind die hierfür möglichen Werte „XT-PIC„ und „IO-APIC-edge", während die Werte auf anderen Systemen bunt gemischt sind, da viele verschiedene Controllertypen erhältlich und verbreitet sind.

Die Funktionszeiger haben folgende Bedeutung:

- **startup** verweist auf eine Funktion, die zur erstmaligen Initialisierung eines IRQs verwendet wird. In den meisten Fällen beschränkt sich die Initialisierung auf das Einschalten des IRQs, weshalb die **startup**-Funktion in vielen Fällen lediglich eine Weiterleitung zu **enable** enthält.

- **enable** aktiviert einen IRQ, d.h. sie führt den Wechsel vom aus- in den eingeschalteten Zustand durch, wozu üblicherweise hardwarespezifische Kennzahlen an ebenso hardwarespezifische Stellen im IO-Speicher bzw. den IO-Ports geschrieben werden müssen,

- **disable** ist das Gegenteil von **enable**: Die Funktion wird verwendet, um einen IRQ zu deaktivieren.

- **ack** ist eng mit der Hardware des Interrupt-Controllers verknüpft: Bei manchen Modellen muss das Eintreffen einer IRQ-Anforderung (und damit des entsprechenden Interrupts am Prozessor) explizit bestätigt werden, damit die darauf folgenden Anforderungen verarbeitet werden können. Wenn ein Chipsatz diese Anforderung nicht stellt, kann der Zeiger mit einer Dummy-Funktion oder einem Nullpointer belegt werden.

- **end** wird aufgerufen, wenn ein Interrupt in seiner eigenen Handlerfunktion deaktiviert wurde.

- In Mehrprozessorsystemen kann **set_affinity** verwendet werden, um die Affinität eines IRQ zu einer CPU zu steuern. Auf diese Weise ist es möglich, IRQs gezielt auf bestimmte CPUs zu verteilen (normalerweise werden IRQs auf SMP-Systemen gleichmäßig auf alle Prozessoren verteilt). Die Methode ergibt auf Einprozessorsystemen offensichtlich keinen Sinn, weshalb sie dort mit einem Nullzeiger belegt wird.

Der Typ des verwendeten Interrupt-Controllers kann (zusammen mit der Belegung aller IRQs des Systems) aus /proc/interrupts ausgelesen werden:

```
wolfgang@meitner> cat /proc/interrupts
          CPU0
   0:  35633610         XT-PIC  timer
   1:       124         XT-PIC  i8042
   2:         0         XT-PIC  cascade
   9:    585855         XT-PIC  acpi, uhci-hcd, uhci-hcd, Intel 82801BA-ICH2, eth0
  12:        52         XT-PIC  i8042
  14:     35615         XT-PIC  ide0
  15:    378371         XT-PIC  ide1
 NMI:         0
 LOC:  35635761
 ERR:         0
 MIS:         0
```

Repräsentation von Handlerfunktionen

Für jede Handlerfunktion existiert eine Instanz der Struktur `irqaction`, die wie folgt definiert ist:

```
struct irqaction {                                                    <interrupt.h>
      void (*handler)(int, void *, struct pt_regs *);
      unsigned long flags;
      const char *name;
      void *dev_id;
      struct irqaction *next;
};
```

Das wichtigste Element der Struktur ist die Handlerfunktion selbst, die in Form des Zeigers `handler` an erster Stelle steht: Sie wird vom Kern aufgerufen, wenn ein Gerät über einen IRQ die Unterbrechung des Systems beantragt und der Interrupt-Controller dies durch Auslösen eines Interrupts an den Prozessor weitergeleitet hat. Bei der Registrierung von Handlerfunktionen werden wir genauer auf die Bedeutung der Argumente eingehen.

`name` und `dev_id` dienen zur genauen Identifikation eines Interrupt-Handlers: Während `name` ein kurzer String ist, der als Kennung für das Gerät verwendet wird (beispielsweise ë100¨ ñcr53c8xx¨ etc.), ist `dev_id` ein Zeiger auf eine beliebige Datenstruktur, die das Gerät unter allen Datenstrukturen des Kerns eindeutig identifiziert – beispielsweise die `net_device`-Instanz einer Netzwerkkarte. Diese Angabe wird beim Entfernen einer Handlerfunktion benötigt, wenn sich mehrere Geräte einen IRQ teilen und die IRQ-Kennzahl alleine nicht ausreicht, um ein Gerät zu identifizieren.

`flags` ist eine Flagvariable, die einige Eigenschaften des IRQ (und des damit assoziierten Interrupts) mit Hilfe eines Bitmaps beschreibt, auf dessen einzelne Elemente wie üblich über vordefinierte Konstanten zugegriffen werden kann. Leider gibt es keinen einheitlichen Satz, der für alle Plattformen gültig ist; um den Besonderheiten der einzelnen Architekturen gerecht werden zu können, definiert sich jeder CPU-Typ spezifische Konstanten in `<asm-`*arch*`/signal.h>`[7]

Folgende Konstanten treten auf praktisch allen Architekturen auf:

- **SA_SHIRQ** ist bei *shared irqs* (geteilten IRQs) gesetzt: Dies signalisiert, dass mehr als ein Gerät eine IRQ-Leitung verwenden.

- **SA_SAMPLE_RANDOM** wird gesetzt, wenn der IRQ zum Entropie-Pool der Kerns beiträgt.[8]

- **SA_INTERRUPT** gibt an, dass der IRQ-Handler mit *deaktivierten* Interrupts ausgeführt werden soll.

`next` wird verwendet, um geteilte IRQ-Handler zu realisieren: Mehrere `irqaction`-Instanzen werden in einer einfach verketteten Liste verbunden; alle Elemente einer Kette müssen die gleiche IRQ-Nummer behandeln (Instanzen zu unterschiedlichen Kennzahlen befinden sich im `irq_desc`-Array an verschiedenen Positionen). Wie wir in Abschnitt 11.1.5 besprechen werden, traversiert der Kern die Liste, wenn ein geteilter Interrupt ausgelöst wurde, um herauszufinden,

---

[7] Die verwendeten Konstanten sind nicht in einer Interrupt- oder IRQ-spezifischen Datei deklariert, sondern finden sich in einem Headerfile, das eigentlich für die Signalverarbeitung zuständig ist. Dies unterstreicht die Tatsache, dass Interrupts aus Kernsicht deutliche Analogien zu Signalen aus Benutzersicht aufweisen: In beiden Fällen wird ein laufendes Programm unvorhergesehen von einer höheren Instanz unterbrochen.

[8] Die Informationen werden verwendet, um relativ sichere Zufallszahlen zu generieren, die aus `/dev/random` bzw. `/dev/urandom` ausgelesen werden.

für welches Gerät er eigentlich gedacht war. Vor allem auf Laptops, die viele verschiedene Zubehörgeräte (Netzwerk, USB, FireWire, Soundkarte etc.) auf einem einzigen Chip (mit nur einem Interrupt) integrieren, können solche Handlerketten aus rund fünf Elementen bestehen. Im Normalfall ist für jeden IRQ aber nur ein einziges Gerät registriert.

Abbildung 11.3 zeigt eine Übersicht der besprochenen Datenstrukturen, um ihr Zusammenspiel deutlich werden zu lassen. Da auf einem System üblicherweise nur ein Typ eines Interrupt-Controllers verwendet wird, zeigen die `handler`-Elemente aller `irq_desc`-Einträge auf die gleiche Instanz von `hw_irq_controller`.

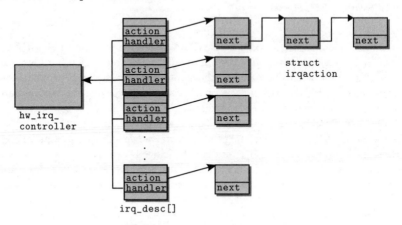

Abbildung 11.3: Datenstrukturen der IRQ-Verwaltung

Registrierung von IRQs

Die dynamische Registrierung einer ISR durch einen Gerätetreiber kann mit Hilfe der vorgestellten Datenstrukturen recht leicht und vor allem hardwareunabhängig erfolgen, was eine unbedingte Voraussetzung für die Programmierung plattformunabhängiger Treiber ist. Auch wenn die dafür zuständige Funktion `request_irq` nicht in den allgemeinen Kernelquellen implementiert wird, sondern von den Prozessor-spezifischen Teilen abgehandelt werden muss, ist sie dennoch überall ziemlich ähnlich aufgebaut. Der Prototyp ist in allen Fällen absolut identisch:

arch/arch/kernel/
irq.c
```
int request_irq(unsigned int irq,
                irqreturn_t (*handler)(int, void *, struct pt_regs *),
                unsigned long irqflags,
                const char * devname,
                void *dev_id)
```

Abbildung 11.4 auf der gegenüberliegenden Seite zeigt das Codeflussdiagramm für eine generalisierte Variante von `request_irq`, die die zentralen Punkte aller Plattformen[9] beschreibt.

Zunächst erzeugt der Kern eine neue Instanz von `irqaction`, die mit den Funktionsparametern ausgefüllt wird. Besonders wichtig ist dabei natürlich die Handlerfunktion `handler`. Die weiteren Arbeiten werden an die Funktion `setup_irq` delegiert, die folgende Schritte ausführt:

■ Wenn `SA_SAMPLE_RANDOM` gesetzt ist, trägt der Interrupt zur Entropiequelle des Kerns bei, die für den Zufallszahlengenerator in `/dev/random` verwendet wird. `rand_initialize_`

---

9 Bis auf Sparc und Sparc64, die ein völlig anderes Konzept zur IRQ-Verwaltung verwenden.

11.1 Interrupts

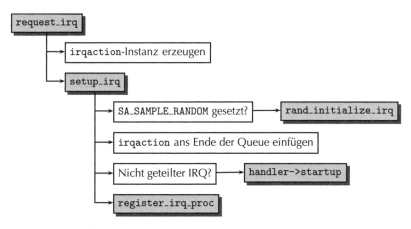

Abbildung 11.4: *Codeflussdiagramm für* request_irq

irq fügt den IRQ in die entsprechenden Datenstrukturen ein, auf die wir aber nicht näher eingehen wollen.

- Die von request_irq erzeugte irqaction-Instanz wird ans Ende der Liste für Routinen einer bestimmten IRQ-Kennzahl eingefügt, die durch irq_desc[NUM]->action angeführt wird. Dadurch stellt der Kern sicher, dass im Fall geteilter Interrupts die Handler in der Reihenfolge ihrer Registrierung aufgerufen werden, wenn ein Interrupt auftritt.

- Wenn der installierte Handler der erste für die jeweilige IRQ-Kennzahl ist, wird die Initialisierungsfunktion handler->startup aufgerufen. Wenn bereits Handler für den IRQ installiert wurden, ist dies nicht notwendig.

- Mit register_irq_proc wird im proc-Dateisystem das Verzeichnis /proc/irq/*NUM* erzeugt, wodurch das System sieht, dass der entsprechende IRQ-Kanal verwendet wird.

Freigeben von IRQs

Die Freigeben von Interrupts verläuft nach dem umgekehrten Schema: Zuerst wird der Interrupt-Controller mittels einer hardwarespezifische Funktion (handler->shutdown) über die Entfernung des IRQs informiert, danach werden die relevanten Einträge aus den allgemeinen Datenstrukturen des Kerns entfernt. Aus Sicht eines Gerätetreibers dient hierzu die plattformspezifische Funktion free_irq, die auf allen Architekturen eine identische Parametersignatur besitzt und auch überall die gleiche Wirkung hat.

Wenn ein IRQ-Handler eines geteilten Interrupts entfernt werden soll, ist die Kennzahl alleine nicht ausreichend, um den IRQ zu charakterisieren: In diesem Fall muss die weiter oben angesprochene Gerätekennzahl dev_id zusätzlich verwendet werden, um Eindeutigkeit zu erzielen: Der Kern durchläuft die Liste aller registrierten Handler so lange, bis ein passendes Element (mit übereinstimmendem dev_id-Element) gefunden wurde. Dann kann der Eintrag entfernt werden.

Registrierung von Interrupts

Die bisher gezeigten Mechanismen sind nur bei Unterbrechungen sinnvoll, die von einem Zubehörgerät des Systems über eine Interruptanfrage ausgelöst werden. Der Kern muss sich aber auch um Interrupts kümmern, die entweder vom Prozessor selbst oder über Softwaremechanismen von einem laufenden Benutzerprogramm ausgelöst werden. Im Gegensatz zu IRQs muss der Kernel für diese Art von Interrupt keine Schnittstelle zur Verfügung stellen, um Handler dynamisch registrieren zu können, da die verwendeten Nummern bereits zur Initialisierungszeit bekannt sind und sich im Laufe der Zeit auch nicht ändern: Die Registrierung von Interrupts, Exceptions und Traps wird zur Initialisierungszeit des Kerns vorgenommen, da sich die Belegung zur Laufzeit nicht ändert.

In den plattformspezifischen Kernelquellen diese Problems gibt es nur wenige Gemeinsamkeiten, was angesichts der teilweise großen technischen Unterschiede nicht verwunderlich ist: Auch wenn sich die verschiedenen Varianten manchmal konzeptionell ähnlich sind, unterscheidet sich die konkrete Implementierung zwischen den einzelnen Plattformen sehr stark, da man sich meist hart an der Grenze zwischen C- und Assemblercode bewegt, um den spezifischen Besonderheiten eines Systems gerecht zu werden.

Die größte Gemeinsamkeit zwischen den verschiedenen Plattformen ist ein Dateiname: In arch/*arch*/kernel/traps.c findet sich die systemspezifische Implementierung zur Registrierung von Interrupt-Handlern.

Das Resultat aller Implementierungen ist, dass beim Auftreten eines Interrupts automatisch eine Handler-Funktion aufgerufen wird. Da es für Systeminterrupts kein Interrupt-Sharing gibt, braucht wirklich nur eine Verbindung zwischen Interruptkennzahl und Funktionszeiger hergestellt werden.

Generell können zwei Arten unterschieden werden, mit denen der Kern auf Interrupts reagiert:

- Ein Signal wird an den aktuellen Benutzerprozess geschickt, um diesen über den Fehler zu informieren. Dies ist auf IA-32-Systemen beispielsweise bei einer Division durch 0 der Fall, die durch Interrupt 0 signalisiert wird. Die in diesem Fall automatisch aufgerufene Assembler-Routine `divide_error` schickt das Signal `SIGPFE` an den Benutzerprozess.

- Der Kern korrigiert die Fehlersituation transparent für den Benutzerprozess. Dies ist auf IA-32-Systemen beispielsweise der Fall, wenn über Interrupt 14 ein Seitenfehler mitgeteilt wird, den der Kern mit den in Kapitel 14 („Swapping") beschriebenen Methoden korrigieren kann.

11.1.5 Abarbeiten von IRQs

Nachdem ein IRQ-Handler registriert wurde, wird die Handlerroutine jedes Mal ausgeführt, wenn ein Interrupt auftritt. Auch hier stellt sich das Problem, die Unterschiede zwischen den verschiedenen Plattformen unter einen Hut zu bringen. Aufgrund der Natur der Dinge beschränken sich die Unterschiede hier allerdings nicht nur auf verschiedene C-Funktionen, die plattformspezifisch implementiert werden müssen, sondern beginnen tief im Reich handoptimierten Assemblercodes, der zur Low-level-Verarbeitung verwendet wird.

Glücklicherweise finden sich dennoch einige strukturelle Ähnlichkeiten zwischen den einzelnen Plattformen: So setzt sich der Ablauf eines Interrupts auf jeder Plattform aus drei Teilen zusammen, wie bereits weiter oben besprochen wurde: Der Entry-Path wechselt vom Benutzer- in den Kernmodus, danach erfolgt die Ausführung der eigentlichen Handlerroutine, und schließlich muss der Kern wieder in den Benutzermodus zurückwechseln. Auch wenn viel Assembler im Spiel ist, finden sich zumindest einige C-Abschnitte, die auf allen Plattformen ähnlich sind und die wir in den folgenden Ausführungen genauer betrachten wollen.

11.1 Interrupts

Wechsel in den Kernmodus

Grundlage des Wechsels in den Kernmodus ist Assemblercode, der vom Prozessor automatisch nach jeder Unterbrechung ausgeführt wird. Die Aufgaben diese Codes haben wir bereits weiter oben erwähnt. Die Implementierung findet sich in arch/*arch*/kernel/entry.S, in der üblicherweise verschiedene Einsprungpunkte definiert werden, an die der Prozessor den Kontrollfluss nach dem Auftreten eines Interrupts setzt.

Nur die nötigsten Aktionen werden direkt im Assemblercode durchgeführt. Der Kernel ist bestrebt, so schnell wie möglich zu regulärem C-Code zurückkehren zu können, da dies wesentlich angenehmer zu handhaben ist. Dazu muss eine Umgebung geschaffen werden, die mit den Erwartungen des C-Compilers verträglich ist.

Funktionen werden in C aufgerufen, indem die benötigten Daten – Rücksprungadresse und Parameter – in einer bestimmten Reihenfolge auf dem Stack abgelegt werden. Beim Wechsel zwischen Benutzer- und Kernmodus müssen zusätzlich die wichtigsten Register auf dem Stack gesichert werden, um diese anschließend wiederherstellen zu können. Diese beiden Aktionen werden vom plattformabhängigen Assemblercode durchgeführt; anschließend wird der Kontrollfluss auf den meisten Plattformen an die C-Funktion do_IRQ weitergegeben,[10] die ebenfalls plattformabhängig implementiert ist, aber die Situation wesentlich vereinfacht. Je nach Plattform erhält die Funktion entweder die Prozessorregister

```
asmlinkage unsigned int do_IRQ(struct pt_regs regs)
```
arch/*arch*/kernel/irq.c

oder die Kennzahl des Interrupts zusammen mit einem Zeiger auf die Prozessorregister

```
unsigned int do_IRQ(unsigned long irq, struct pt_regs *regs)
```
arch/*arch*/kernel/irq.c

als Parameter. pt_regs wird verwendet, um die vom Kern verwendeten Register zu sichern: Die Werte werden (durch Assemblercode) der Reihe nach auf den Stack geschoben und dort belassen, bevor die C-Funktion aufgerufen wird.

pt_regs ist genau so definiert, dass die auf dem Stapel enthaltenen Registereinträge mit den Elementen der Struktur zusammentreffen, weshalb die Werte nicht nur für später gespeichert sind, sondern auch vom C-Code ausgelesen werden können. Abbildung 11.5 verdeutlicht die Situation.

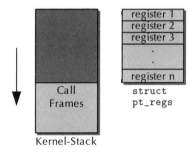

Abbildung 11.5: Stacklayout nach Eintritt in den Kernmodus

Alternativ können die Register auch an eine Position des Adressraum kopiert werden, die nicht mit dem Stack identisch ist. In diesem Fall erhält do_IRQ einen Zeiger auf pt_regs als

---

10 Ausnahmen sind im Wesentlichen Sparc, Sparc64 und Alpha.

Parameter, was nichts an der Tatsache ändert, dass die Registerinhalte gerettet sind und vom C-Code eingesehen werden können.

Die Definition von `struct pt_regs` ist plattformabhängig, da unterschiedliche Prozessoren verschiedene Registersätze zur Verfügung stellen. Der vom Kern benutzte Ausschnitt daraus ist in `pt_regs` enthalten, die nicht darin aufgeführten Register dürfen nur von Usermode-Applikationen verwendet werden. Auf IA-32-Systemen ist `pt_regs` beispielsweise wie folgt definiert:

<small>include/asm-i386/ ptrace.h</small>
```
struct pt_regs {
    long ebx;
    long ecx;
    long edx;
    long esi;
    long edi;
    long ebp;
    long eax;
    int  xds;
    int  xes;
    long orig_eax;
    long eip;
    int  xcs;
    long eflags;
    long esp;
    int  xss;
};
```

PA-Risc-Prozessoren verwenden einen komplett unterschiedlichen Registersatz:

<small>include/ asm-parisc/ ptrace.h</small>
```
struct pt_regs {
    unsigned long gr[32];    /* PSW is in gr[0] */
    __u64 fr[32];
    unsigned long sr[ 8];
    unsigned long ias{2};
    unsigned long iao{2};
    unsigned long cr27;
    unsigned long pad0;      /* available for other uses */
    unsigned long orig_r28;
    unsigned long ksp;
    unsigned long kpc;
    unsigned long sar;       /* CR11 */
    unsigned long iir;       /* CR19 */
    unsigned long isr;       /* CR20 */
    unsigned long ior;       /* CR21 */
    unsigned long ipsw;      /* CR22 */
};
```

Allgemeiner Trend bei 64-Bit-Architekturen sind immer mehr verfügbare Register, weshalb die `pt_regs`-Definitionen immer umfangreicher werden. IA-64 besitzt beispielsweise beinahe 50 Einträge in `pt_regs`, weshalb wir die Definition hier nicht wiedergeben.

Die Kennzahl des aufgetretenen Interrupts wird auf IA-32-Systemen in den höherwertigen 8 Bits von `orig_eax` gespeichert; andere Architekturen finden andere Plätze dafür. Einige Plattformen gehen wie weiter oben erwähnt allerdings den Weg, die Interrupt-Kennzahl als direktes Argument auf den Stack zu legen.

Aufruf der Handlerroutine

Abbildung 11.6 auf der gegenüberliegenden Seite zeigt ein Codeflussdiagramm von `do_IRQ` für eine verallgemeinerte Variante, die bis auf kleine Details äquivalent zu den verschiedenen Architektur-spezifischen Definitionen ist.

11.1 Interrupts

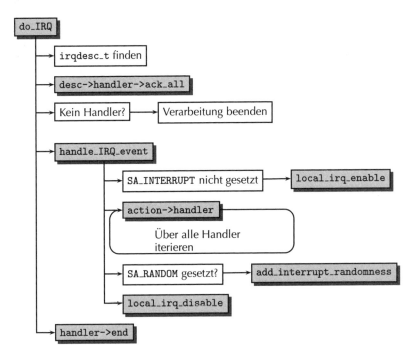

Abbildung 11.6: Codeflussdiagramm für do_IRQ

Als erster Schritt muss der Kern anhand der IRQ-Kennzahl den passende Eintrag aus der irq_desc-Tabelle ausgewählen, indem er anhand der Interrupt-Kennzahl den jeweiligen Array-Eintrag selektiert. Dies liefert die betroffene Instanz von irq_desc_t.

Durch Aufruf von handler->ack wird die controllerspezifische Acknowledgement-Funktion aufgerufen, die das Eintreffen des IRQs bestätigt und weitere Unterbrechungen dieses Typs maskiert, um bei der Abarbeitung nicht gestört zu werden (die anderen Interrupts des Systems sind davon natürlich nicht betroffen).

Wenn kein Handler für den IRQ registriert ist, kann die Funktion beendet werden; anderenfalls wird die weitere Arbeit an handle_IRQ_event delegiert, die zwei Aktionen ausführt:

- Wird SA_INTERRUPT in der ersten Handlerfunktion *nicht* gesetzt wurde, werden die Interrupts (für die aktuelle CPU) mit local_irq_enable aktiviert, d.h. die Handler können durch andere IRQs unterbrochen werden. Der gerade bearbeitete IRQ ist aber in allen Fällen abgeschaltet!

- Die action-Funktion der registrierten IRQ-Handler werden der Reihe nach aufgerufen.

- Wenn SA_RANDOM für den jeweiligen IRQ gesetzt ist, wird add_interrupt_randomness aufgerufen, um den Zeitpunkt des Auftretens als Quelle für den Entropie-Pool zu verwenden (Interrupts sind als Quelle gut geeignet, wenn sie möglichst zufällig auftreten).

- Mit local_irq_disable werden die Interrupts wieder abgeschaltet. Da An- und Abschalten von Interrupts nicht schachtelt, ist es egal, ob sie am Anfang der Bearbeitung aktiviert wurden oder nicht.

Der Kernel hat keine Möglichkeit, herauszufinden, welches Gerät bei einem geteilten IRQ für die Auslösung verantwortlich war. Diese Entscheidung wird vollständig den Handlerroutinen überlassen, die dies anhand gerätespezifischer Register oder anderer Charakteristika der Hardware herausfinden können – die nicht betroffenen Routinen erkennen natürlich ebenfalls, dass die Unterbrechung nicht für sie gedacht war, und geben die Kontrolle so schnell wie möglich wieder an den übergeordneten Code zurück. Ebenso gibt es keine Möglichkeit, mit der eine Handlerroutine an den darüber liegenden Code melden kann, ob die Unterbrechung für sie bestimmt war oder nicht: Der Kern führt immer *alle* Handlerroutinen der Reihe nach aus, unabhängig davon, ob die erste oder die letzte aus der Reihe zum Erfolg führt.

Allerdings kann der Kern prüfen, ob sich *irgendein* Handler für den IRQ verantwortlich gefunden hat. Als Returntyp von Handlerfunktionen ist `irqreturn_t` definiert,[11] die entweder den Wert `IRQ_NONE` oder `IRQ_HANDLED` annehmen kann, je nachdem, ob der IRQ von der Handlerroutine bearbeitet wurde oder nicht.

Während der Abarbeitung aller Handlerroutinen kumuliert der Kern deren Ergebnis über eine Oder-Verknüpfung, weshalb er am Ende feststellen kann, ob der IRQ bearbeitet wurde oder nicht:

arch/arch/kernel/
irq.c
```
do {
    status |= action->flags;
    retval |= action->handler(irq, action->dev_id, regs);
    action = action->next;
} while (action);
```

Wenn `action` anschließend nicht auf `IRQ_HANDLED` steht, wird dies als Fehler gemeldet (normalerweise sollte dies aber nicht vorkommen).

Als letzter Schritt wird (wenn der Kern sich nicht durch die Bearbeitung eines geschachtelten Interrupts noch im Im Interrupt-Modus befindet) noch `do_softirq` aufgerufen, um eventuell anliegende Software-IRQs abarbeiten zu können. Wir werden diesen Mechanismus in Abschnitt 11.2 genauer besprechen.

Implementierung von Handlerroutinen

Bei der Implementierung von Handlerroutinen müssen einige wichtige Punkte beachtet werden, die nicht nur die Geschwindigkeit des Systems betreffen: Auch die Stabilität des Computers hängt wesentlich davon ab.

Einschränkungen Das Hauptproblem bei der Implementierung von ISRs ist, dass diese im sogenannten *Interrupt-Kontext* ablaufen. Kernelcode kann manchmal sowohl im regulären wie auch im Interrupt-Kontext ausgeführt werden. Um zwischen beiden Varianten unterscheiden und den Code entsprechend gestalten zu können, stellt der Kern die Funktion `in_interrupt` zur Verfügung, die angibt, ob gerade ein Interrupt bearbeitet wird oder nicht.

Der Interrupt-Kontext unterscheidet sich in drei wesentlichen Punkten vom normalen Kontext, in dem der Kern sonst ausgeführt wird:

■ Die Ausführung eines Interrupts erfolgt asynchron, kann also zu jeder beliebigen Zeit auftreten. Die Ausführung der Handlerroutine erfolgt daher nicht in einer klar definierten Umgebung, was die Belegung des Userspaces betrifft. Dies verbietet Zugriffe auf den Userspace, vor allem das Kopieren von Speicherinhalten in oder aus dem Benutzer-Adressraum.

---

11 Dabei handelt es sich um einen Typdef auf eine Integer-Variable.

Es ist daher für Netzwerktreiber beispielsweise nicht möglich, eingetroffene Daten direkt an die Applikation weiterzureichen, die auf sie wartet, schließlich ist nicht sichergestellt, dass gerade die Applikation läuft, die auf die Daten wartet (dieser Fall ist sogar äußerst unwahrscheinlich).

- Der Scheduler darf im Interrupt-Kontext nicht aufgerufen werden; es ist daher unmöglich, die Kontrolle freiwillig abzugeben.

- Die Handlerroutine darf nicht in den Schlafzustand übergehen. Schlafzustände können nur aufgelöst werden, wenn durch Auftreten eines externen Ereignisses eine Zustandsänderung eintritt, die den Prozess wieder laufbereit macht. Da Interrupts im Interrupt-Kontext aber nicht erlaubt sind, würde der schlafende Prozess ewig auf die erlösenden Neuigkeiten warten. Da auch der Scheduler nicht aufgerufen werden darf, kann kein anderer Prozess ausgewählt werden, um den aktuell schlafenden zu ersetzen.

Natürlich genügt es nicht, nur den direkten Code einer Handlerroutine frei von möglicherweise schlafenden Anweisungen zu halten. Auch alle aufgerufenen Prozeduren und Funktionen (und natürlich auch alle von diesen wiederum aufgerufenen Funktionen usw.) müssen frei von Ausdrücken sein, die sich schlafen legen können. Vor allem bei Kontrollpfaden, die sich auf vielfältigen Wegen verzweigen, ist diese Überprüfung nicht immer einfach und muss sorgsam durchgeführt werden.

Implementierung von Handlern Alle Handlerroutinen müssen folgenden Prototyp besitzen:

```
irqreturn_t (*handler)(int irq, void *dev_id, struct pt_regs *regs);
```

`irq` gibt die Kennzahl des IRQs an, `dev_id` ist der Identifikationszeiger, der bei der Registrierung des Handlers übergeben wurde, und `regs` ist eine Abbildung des Registerzustands zum Zeitpunkt des Wechsels in den Kernmodus.

Was sind die Aufgaben einer Handlerroutine? Wenn ein geteilter Interrupt behandelt wird, muss die Routine zunächst prüfen, ob der IRQ überhaupt für sie bestimmt war. Wenn es sich um ein Zubehörgerät neueren Designs handelt, bietet die Hardware eine einfache Möglichkeit zur Überprüfung an, die häufig durch ein spezielles Register des Gerätes realisiert wird: Wenn das Gerät eine Unterbrechung verursacht hat, ist der Wert auf 1 gesetzt. In diesem Fall muss die Handlerroutine den Wert auf die Standardeinstellung (üblicherweise 0) zurücksetzen und die normale Bearbeitung des Interrupts aufnehmen; findet es den Wert 0 vor, ist sichergestellt, dass das verwaltete Gerät nicht die Quelle der Unterbrechung war, weshalb die Kontrolle an den übergeordneten Code zurückgegeben werden kann.

Wenn ein Gerät kein Statusregister dieser Art besitzt, bleibt die Möglichkeit des manuellen Pollings: Bei jedem Auftreten des Interrupts muss der Handler überprüfen, ob Daten am Gerät anliegen; ist dies der Fall, werden diese verarbeitet, ansonsten wird die Routine beendet.

Natürlich kann eine Handlerroutine auch für mehrere Geräte gleichzeitig zuständig sein, beispielsweise zwei Netzwerkkarten des gleichen Typs: Bei beiden Karten wird im Fall eines IRQs der identische Code ausgeführt, da beide Handlerfunktionen auf die gleiche Stelle im Kernelcode zeigen. Wenn beide Geräte unterschiedliche IRQ-Nummern verwenden, kann die Handlerroutine beide daran unterscheiden. Teilen sich die Geräte einen gemeinsamen IRQ, steht immer noch das gerätespezifische Feld `dev_id` zur Verfügung, das die vorhandenen Karten eindeutig voneinander abtrennt.

Der dritte Parameter der Handlerfunktion, in dem die vor dem Aufruf gespeicherten Registerwerte enthalten sind, wird von normalen Gerätetreibern nicht verwendet, ist aber beim Debugging von Kernproblemen dennoch in manchen Fällen nützlich.

11.2 Software-Interrupts

Software-Interrupts sind ein Mittel des Kerns, um Arbeiten aufschieben zu können. Da ihre Funktionsweise sich an den eben beschrieben Interrupts orientiert, sie aber vollständig softwaremäßig implementiert werden, bezeichnet der Kern sie dementsprechend als *SoftIRQs* oder Software-Interrupts.

Eine besondere Situation wird dem Kern mitgeteilt, indem ein Software-Interrupt ausgelöst wird; die Bereinigung der Situation erfolgt mit speziellen Handlerroutinen zu einem späteren Zeitpunkt. Wie wir bereits bemerkt haben, arbeitet der Kernel am Ende von do_IRQ alle anstehenden Software-Interrupts ab, so dass für eine regelmäßige Aktivierung gesorgt ist.

Etwas abstrahierter kann man Software-Interrupts daher als Aktivitätsform des Kerns beschreiben, deren Ausführung auf einen späteren Zeitpunkt verlagert wird. Ein hundertprozentiger Vergleich mit Hardware-Interrupts ist trotz der deutlichen Ähnlichkeit allerdings nicht immer ohne weiteres möglich.

Zentrale Komponente des SoftIRQ-Mechanismus ist eine Tabelle mit 32 Einträgen, die Elemente des Typs softirq_action aufnimmt. Der Datentyp ist sehr einfach aufgebaut und besteht aus nur zwei Elementen:

<interrupt.h>
```
struct softirq_action
{
        void    (*action)(struct softirq_action *);
        void    *data;
};
```

Während action ein Zeiger auf die Handlerroutine ist, die beim Auftreten eines Software-Interrupts vom Kernel ausgeführt wird, nimmt data einen nicht weiter spezifizierten Zeiger auf, der auf private Daten der Handlerfunktion verweist.

Die Definition der Datenstruktur ist Architektur-unabhängig, ebenso wie die komplette Implementierung des SoftIRQ-Mechanismus: Bis auf die Aktivierung der Abarbeitung werden keine Prozessor-spezifischen Funktionen oder Besonderheiten verwendet, was ein deutlicher Unterschied zu normalen Interrupts ist.

Software-Interrupts müssen registriert werden, bevor der Kernel sie ausführen kann. Zu diesem Zweck wird die Funktion open_softirq verwendet, die den neuen SoftIRQ nur an die gewünschte Position in der softirq_vec-Tabelle zu schreiben braucht:

```
void open_softirq(int nr, void (*action)(struct softirq_action*), void *data)
{
        softirq_vec[nr].data = data;
        softirq_vec[nr].action = action;
}
```

data wird bei jedem Aufruf des SoftIRQ-Handlers action als Parameter verwendet.

Die Tatsache, dass jeder SoftIRQ mit einer eindeutigen Kennzahl versehen ist, weist bereits darauf hin, dass es sich dabei um eine relativ knappe Ressource handelt, die nicht kreuz und quer von Gerätetreibern und Kernelteilen aller Art verwendet werden sollte, sondern nur wohlüberlegt eingesetzt werden darf. Standardmäßig können nur 32 SoftIRQs auf einem System eingesetzt werden. Diese Beschränkung ist jedoch nicht allzu restriktiv, da SoftIRQs als Basis zur Implementierung anderer Mechanismen eingesetzt werden, die ebenfalls zum Aufschieben von Arbeit verwendet werden und die außerdem besser auf die Bedürfnisse von Gerätetreibern zugeschnitten sind. Wir werden auf die entsprechenden Techniken (Tasklets, Work Queues und Kerneltimer) weiter unten eingehen.

11.2 Software-Interrupts

Nur der zentrale Kernelcode verwendet Software-Interrupts; bisher werden SoftIRQs nur an wenigen Stellen verwendet, die dafür aber um so wichtiger sind:

```
enum                                                                          <interrupt.h>
{
    HI_SOFTIRQ=0,
    TIMER_SOFTIRQ,
    NET_TX_SOFTIRQ,
    NET_RX_SOFTIRQ,
    SCSI_SOFTIRQ,
    TASKLET_SOFTIRQ
};
```

Zwei dienen zur Implementierung von Tasklets (`HI_SOFTIRQ` und `TASKLET_SOFTIRQ`), zwei werden für Sende- und Empfangsvorgänge im Netzwerkbereich verwendet (`NET_TX_SOFTIRQ` und `NET_RX_SOFTIRQ`, der Ursprung des SoftIRQ-Mechanismus und dessen wichtigste Anwendung) und eines davon dient für das SCSI-Subsystem (`SCSI_SOFTIRQ`). Durch Nummerierung der Softirqs wird eine Prioritätsfolge festgelegt, die zwar nicht die Häufigkeit der Ausführung einzelner Handlerroutinen oder deren Priorität gegenüber anderen Aktivitäten des Systems beeinflusst, aber die Reihenfolge festlegt, in der die Routinen ausgeführt werden, wenn mehrere gleichzeitig als aktiv markiert sind.

Um einen Software-Interrupt (ähnlich wie einen normalen Interrupt) auszulösen, wird `raise_softirq(int nr)` verwendet. Die Kennzahl des gewünschten SoftIRQs wird als Parameter übergeben.

Die Funktion setzt das entsprechende Bit in der CPU-spezifischen Variable `irq_stat[smp_processor_id].__softirq_pending`, wodurch der SoftIRQ zwar zur Ausführung markiert, aber noch nicht ausgeführt wird. Durch Verwendung eines Prozessor-spezifischen Bitmaps erreicht der Kern, dass mehrere SoftIRQs – auch identische – auf verschiedenen CPUs gleichzeitig ausgeführt werden können.

Sofern der Aufruf von `cpu_raise_softirq` nicht im Interrupt-Kontext erfolgt ist, wird anschließend mittels `wake_up_softirq` der SoftIRQ-Daemon gestartet, der eine der beiden Alternativen ist, mit denen die Abarbeitung von SoftIRQs angestoßen werden kann. Wir werden in Abschnitt 11.2.2 genauer auf den Daemon eingehen.

11.2.1 Starten der SoftIRQ-Verarbeitung

Es gibt mehrere Wege, auf denen die Abarbeitung von SoftIRQs angestoßen werden kann. Alle laufen aber auf den Aufruf der gleichen Funktion hinaus, die deshalb zuerst genauer untersucht werden soll (genau genommen rufen sich die beiden Funktionen wechselseitig auf). Abbildung 11.7 auf der nächsten Seite zeigt das enstprechende Codeflussdiagramm.

Zuerst stellt die Funktion sicher hat, dass sie sich *nicht* im Interrupt-Kontext (womit natürlich ein Hardware-Interrupt gemeint ist); sollte dies der Fall sein, wird sie sofort beendet. Da SoftIRQs zur Ausführung von weniger zeitkritischen Teilen von ISRs verwendet werden, darf es nicht vorkommen, dass der Code in einem Interrupt-Handler selbst aufgerufen wird.

Mit Hilfe von `local_softirq_pending` wird das Bitmap aller gesetzten SoftIRQs der aktuellen CPU ermittelt und das Originalbitmap auf 0 zurückgesetzt, also alle SoftIRQs gelöscht. Beide Aktionen finden mit (auf dem aktuellen Prozessor) deaktivierten Interrupts statt, um die Modifikation des Bitmaps durch störende andere Prozesse zu verhindern; der nachfolgende Code läuft hingegen wieder mit aktivierten Interrupts ab. Das Originalbitmap kann auf diese Weise während der Abarbeitung der SoftIRQ-Handler jederzeit modifiziert werden!

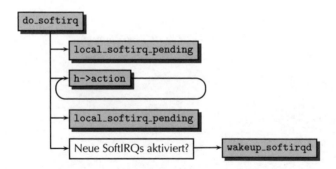

Abbildung 11.7: Codeflussdiagramm für do_softirq

In einer while-Schleife werden die action-Funktionen aus softirq_vec für jeden aktivierten SoftIRQ aufgerufen.

Nachdem alle markierten SoftIRQs abgearbeitet wurden, prüft der Kernel, ob zwischenzeitlich im Originalbitmap neue SoftIRQs markiert worden sind. Dabei muss mindestens ein SoftIRQ darunter sein, der in der vorhergehenden Runde noch nicht bearbeitet wurde! Wenn dies der Fall ist, werden die markierten SoftIRQs wieder der Reihe nach abgearbeitet. Dieser Vorgang wird so lange wiederholt, bis nach der Ausführung aller Handler keine neuen, bisher noch nicht bearbeiteten SoftIRQs mehr aktiviert sind.

Wenn sich am Ende der Funktion noch markierte Elemente im Bitmap befinden (dabei handelt es sich auf jeden Fall um SoftIRQs, die bereits mindestens einmal abgearbeitet wurden), wird wakeup_softirqd aufgerufen, um den SoftIRQ-Daemon zu aktivieren.

11.2.2 Der SoftIRQ-Daemon

Die Aufgabe des SoftIRQ-Daemons besteht darin, SoftIRQs asynchron zum restlichen Kernelcode auszuführen. Dafür steht jedem Prozessor des Systems ein eigener Daemon zur Verfügung, der die Bezeichnung ksoftirqd trägt.

wakeup_softirqd zum Aufwecken des Daemons wird an zwei Stellen des Kerns aufgerufen:

- In do_softirq, wie eben besprochen.

- Am Ende von cpu_raise_softirq (wenn sich der Kern nicht gerade im Interrupt-Modus befindet).

Die Wakeup-Funktion selbst ist in wenigen Zeilen erledigt: Ein Zeiger auf die task_struct des SoftIRQ-Daemons wird mittels einiger Makros aus einer CPU-spezifischen Variable ausgelesen. Wenn der aktuelle Zustand des Tasks nicht ohnehin TASK_RUNNING ist, wird er mittels wake_up_process wieder in die Reihe der ablaufbereiten Prozesse eingegliedert (siehe Kapitel 2 („Prozessverwaltung")). Dadurch wird zwar nicht die sofortige Bearbeitung aller anstehenden Software-Interrupts angestoßen; sobald der Scheduler aber nichts Besseres zu tun hat, wird der Daemon (der mit Priorität 19 läuft) ausgewählt.

Die SoftIRQ-Daemonen des Systems werden kurz nach Aufruf von init beim Systemstart erzeugt, wozu der in Anhang D („Systemstart") beschriebene initcall-Mechanismus verwendet wird. Jeder Daemon führt nach seiner Initialisierung folgende Endlosschleife aus:

```
static int ksoftirqd(void * __bind_cpu)                                kernel/softirq.c
...
        for (;;) {
                if (!local_softirq_pending())
                        schedule();

                __set_current_state(TASK_RUNNING);

                while (local_softirq_pending()) {
                        do_softirq();
                        cond_resched();
                }

                __set_current_state(TASK_INTERRUPTIBLE);
        }
...
}
```

Bei jeder Aktivierung wird zunächst überprüft, ob sich markierte SoftIRQs auf der Warteliste befinden, da ansonsten die Kontrolle durch expliziten Aufruf des Schedulers an einen anderen Prozess übergeben werden kann.

Sind markierte SoftIRQs vorhanden, macht sich der Daemon an deren Abarbeitung: In einer while-Schleife werden die beiden Funktionen do_softirq und cond_resched so lange aufgerufen, bis keine markierten SoftIRQS mehr vorhanden sind. cond_resched stellt sicher, dass der Scheduler aufgerufen wird, wenn das Flag TIF_NEED_RESCHED beim aktuellen Prozess gesetzt wurde (siehe Kapitel 2). Dies ist möglich, da alle Funktionen mit angeschalteten Hardware-Interrupts ablaufen.

11.3 Tasklets und Work Queues

Software-Interrupts sind die leistungsfähigste Möglichkeit, um die Ausführung von Aktivitäten auf einen zukünftigen Zeitpunkt zu verlagern. Dabei handelt es sich aber um den Aufschiebemechanismus, der am kompliziertesten handzuhaben ist: Da die SoftwareIRQs auf mehreren Prozessoren gleichzeitig und unabhängig voneinander abgearbeitet werden können, kann die Handlerroutine desselben SoftIRQs auf mehreren CPUs gleichzeitig laufen. Dies ist ein wesentlicher Vorteil für die Leistungsfähigkeit des Konzepts – vor allem die Netzwerkimplementierung gewinnt auf Mehrprozessorsystemen deutlich –, allerdings müssen die Handlerroutinen aber so ausgelegt werden, dass sie entweder vollständig reentrant und Thread-sicher implementiert sind oder die kritischen Bereiche mit Spinlocks (oder anderen IPC-Mechanismen, siehe Kapitel 4) schützen, was mit viel Überlegungsarbeit verbunden ist.

Tasklets und Workqueues sind Mechanismen zur verzögerten Ausführung von Arbeit, deren Implementierung auf SoftIRQs basiert, die aber leichter zu verwenden und daher besser für Gerätetreiber (oder auch anderen allgemeinen Kernelcode) geeignet sind.

Bevor wir uns an die Beschreibung der technischen Details machen, muss eine Bemerkung zur Nomenklatur angebracht werden: Aus historischen Gründen wird die Bezeichnung *Bottom Half* für zwei unterschiedliche Dinge verwendet. Zum einen ist damit die untere Hälfte des Codes einer ISR gemeint, die keine zeitkritischen Aktionen durchführen muss. Leider wurde der dafür in früheren Kernelversionen verwendete Mechanismus zur verzögerten Ausführung von Aktionen ebenfalls als Bottom Half bezeichnet, weshalb der Begriff in der Literatur häufig zweideutig verwendet wird. Mittlerweile existieren Bottom Halves als Mechanismus der Kerns nicht mehr: Sie wurden während der Entwicklung von 2.5 entfernt, da mit Tasklets ein wesentlich besserer Ersatz geschaffen wurde.

11.3.1 Tasklets

Tasklets sind „kleine Tasks", die eine kurze Aufgabe erfüllen, für die ein vollständiger Prozess zu viel Aufwand wäre.

Erzeugen von Tasklets

Die zentrale Datenstruktur jedes Tasklets trägt den bezeichnenden Namen `tasklet_struct` und ist wie folgt definiert:

<interrupt.h>
```
struct tasklet_struct
{
        struct tasklet_struct *next;
        unsigned long state;
        atomic_t count;
        void (*func)(unsigned long);
        unsigned long data;
};
```

Das aus Sicht eines Gerätetreibers wichtigste Element ist `func`: Der Zeiger verweist auf die Adresse einer Funktion, deren Ausführung aufgeschoben werden soll. `data` wird bei der Ausführung als Parameter an die Funktion übergeben.

`next` ist ein Zeiger zum Aufbau einer einfach verketteten Liste aus `tasklet_struct`-Instanzen. Dies ermöglicht das Queuing mehrerer Tasklets, die auf ihre Ausführung warten.

`state` gibt – ähnlich wie bei einem echten Task – den aktuellen Zustand des Tasklets an. Allerdings gibt es hier nur zwei Möglichkeiten, die durch je ein eigenes Bit in `state` repräsentiert werden, weshalb sie unabhängig voneinander gesetzt und entfernt werden können:

- `TASK_STATE_SCHED` wird gesetzt, wenn das Tasklet im Kern registriert wird.
- Ein Tasklet im Zustand `TASK_STATE_RUNNING` wird gerade ausgeführt.

Der zweite Zustand ist nur auf SMP-Systemen von Bedeutung, da er beim Schutz des Tasklets vor der parallelen Ausführung auf mehreren Prozessoren gleichzeitig verwendet wird.

Der atomare Zähler `count` kann verwendet werden, um bereits geschedulte Tasklets wieder zu deaktivieren: Wenn sein Wert ungleich 0 ist, wird das entsprechende Tasklet bei der nächsten Ausführung aller wartenden Tasklets einfach ignoriert.

Registrieren von Tasklets

`tasklet_schedule` dient dazu, ein Tasklet im System zu registrieren. Funktion `tasklet_schedule`. Wenn das `TASK_STATE_SCHED`-Bit gesetzt ist, wird der Vorgang abgebrochen, da das Tasklet in diesem Fall bereits registriert wurde. Anderenfalls wird das Tasklet an den Anfang einer Liste gesetzt, die von der CPU-spezifischen Variable `tasklet_vec` als Listenkopf angeführt wird und alle registrierten Tasklets enthält, wobei das `next`-Element zur Verknüpfung verwendet wird.

Nachdem ein Tasklet registriert wurde, wird die Tasklet-Liste zur Abarbeitung markiert.

Abarbeitung von Tasklets

Der wichtigste Schritt im Leben eines Tasklets ist die Abarbeitung. Da Tasklets auf Basis von Soft-IRQs implementiert werden, wird die Abarbeitung immer dann durchgeführt, wenn Software-Interrupts abgearbeitet werden.

11.3 Tasklets und Work Queues

Tasklets sind mit dem SoftIRQ `TASKLET_SOFTIRQ` verknüpft. Deshalb genügt der Aufruf von `cpu_raise_softirq(smp_processor_id(), TASKLET_SOFTIRQ)`, um die Tasklets des aktuellen Prozessors bei der nächsten Gelegenheit abzuarbeiten. Als Action-Funktion des SoftIRQs verwendet der Kern `tasklet_action`.

Die Funktion ermittelt zunächst die CPU-spezifische Liste, auf der die zur Ausführung markierten Tasklets verkettet sind, lenkt den Listenkopf auf ein lokales Element um und entfernt dadurch alle Einträge aus der öffentlichen Liste. Anschließend werden sie in folgender Schleife der Reihe nach abgearbeitet:

```
static void tasklet_action(struct softirq_action *a)                    kernel/softirq.c
...
        while (list) {
                struct tasklet_struct *t = list;
                list = list->next;

                if (tasklet_trylock(t)) {
                        if (!atomic_read(&t->count)) {
                                clear_bit(TASKLET_STATE_SCHED, &t->state);
                                t->func(t->data);
                                tasklet_unlock(t);
                                continue;
                        }
                        tasklet_unlock(t);
                }
                ...
        }
...
}
```

Die Abarbeitung von Tasklets in einer `while`-Schleife ähnelt dem Mechanismus, der bei der Verarbeitung von SoftIRQs eingesetzt wurde.

Da ein Tasklet immer nur auf einem Prozessor zugleich ausgeführt werden darf, andere Tasklets aber dennoch parallel laufen dürfen, ist ein Tasklet-spezifisches Locking erforderlich. Als Lockingvariable wird der Zustand `state` verwendet. Bevor die Handler-Funktion eines Tasklets ausgeführt wird, überprüft der Kern mit `tasklet_trylock`, ob der Zustand des Tasklets `TASKLET_STATE_RUN` ist, ob es also bereits auf einem anderen Prozessor des Systems abgearbeitet wird:

```
static inline int tasklet_trylock(struct tasklet_struct *t)             <interrupt.h>
{
        return !test_and_set_bit(TASKLET_STATE_RUN, &(t)->state);
}
```

Wenn das entsprechende Bit noch nicht gesetzt ist, wird dies nun erledigt.

Wenn das `count`-Element ungleich 0 ist, gilt das Tasklet als deaktiviert. Der Code wird in diesem Fall nicht ausgeführt.

Erst wenn beide Prüfungen erfolgreich überstanden sind, führt der Kernel durch Aufruf von `t->func(t->data)` die Handlerfunktion des Tasklets mit dem entsprechenden Funktionsparameter aus. Anschließend wird mit `tasklet_unlock` das `TASKLET_SCHED_RUN`-Bit des Tasklets gelöscht.

Wenn während der Ausführung der Tasklets neue Tasklets für den aktuellen Prozessor gequeued wurden, wird der SoftIRQ `TASKLET_SOFTIRQ` aufgerufen, um diese so bald wie möglich abzuarbeiten (da der dafür notwendige Code nicht sehr interessant ist, haben wir ihn oben nicht wiedergegeben).

Neben den normalen Tasklets verwendet der Kern noch eine zweite Tasklet-Sorte „höherer" Priorität. Ihre Implentierung gleicht der eben vorgestellten bis auf folgende Änderungen Buchstabe für Buchstabe:

- Als SoftIRQ wird HI_SOFTIRQ anstelle von TASKLET_SOFTIRQ verwendet; die zugehörige Action-Funktion ist tasklet_hi_action.

- Die registrierten Tasklets werden in der CPU-spezifischen Variable tasklet_hi_vec gequeued, was mit tasklet_hi_schedule erledigt wird.

„Höhere Priorität" bedeutet in diesem Zusammenhang, dass die Abarbeitung des SoftIRQ-Handlers HI_SOFTIRQ *vor* allen anderen Handlern abläuft – also vor allem vor den Netzwerkhandlern, die die Hauptlast der Software-Interrupt-Tätigkeit ausmachen.

Momentan wird diese Alternative nur von wenigen Soundkartentreibern verwendet, da eine zu lange Verzögerung aufgeschobener Aktionen hier zu schlechterer akustischer Qualität der Audioausgabe führen kann.

11.4 Wait Queues und Completions

Wait Queues werden verwendet, um Prozessen zu ermöglichen, auf das Eintreten eines bestimmten Ereignisses zu warten, ohne dies ständig pollen zu müssen: Sie legen sich während der Wartezeit schlafen und werden vom Kern automatisch aufgeweckt, nachdem das Ereignis eingetroffen ist. Completions sind darauf aufbauende Mechanismen, die der Kern verwendet, um auf das Ende einer Aktion zu warten. Beide Mechanismen werden vor allem von Gerätetreibern häufig verwendet, wie Kapitel 5 („Gerätetreiber") zeigt.

11.4.1 Wait Queues

Datenstrukturen

Jede Wait Queue besitzt ein Kopfelement, das durch folgende Datenstruktur repräsentiert wird:

<wait.h>
```
struct __wait_queue_head {
        spinlock_t lock;
        struct list_head task_list;
};
typedef struct __wait_queue_head wait_queue_head_t;
```

Da Wait Queues auch in Interrupts modifiziert werden können, wird ein Spinlock lock verwendet, das vor Manipulationen der Queue belegt werden muss (siehe Kapitel 4 („Interprozesskommunikation und Locking")). task_list ist eine doppelt verkettete Liste, die zur Realisierung der Queue verwendet wird.

Die Elemente auf der Queue sind Instanzen folgender Datenstruktur:

<wait.h>
```
struct __wait_queue {
        unsigned int flags;
        struct task_struct * task;
        wait_queue_func_t func;
        struct list_head task_list;
};

typedef struct __wait_queue wait_queue_t;
```

11.4 Wait Queues und Completions

- `flags` besitzt entweder den Wert `WQ_FLAG_EXCLUSIVE` oder nicht – andere Flags sind derzeit nicht definiert. Wenn `WQ_FLAG_EXCLUSIVE` gesetzt ist, wird signalisiert, dass der wartende Prozess exklusiv geweckt werden möchte, worauf wir gleich genauer eingehen.
- `task` ist ein Zeiger auf die Taskstruktur des wartenden Prozesses.
- `func` wird aufgerufen, wenn das Element aufgeweckt werden soll. Standardmäßig wird hierfür die Funktion `default_wake_function` verwendet, die den Prozess mit Hilfe der aus Kapitel 2 bekannten Funktion `try_to_wake_up` aufweckt und wieder in den Scheduling-Zyklus einfügt.
- `task_list` wird als Listenelement verwendet, um `wait_queue_t`-Instanzen auf einer Wait Queue aufzureihen.

Die Verwendung von Wait Queues spaltet sich in zwei Teile:

- Um den aktuellen Prozess auf einer Wait Queue schlafen zu legen, muss die Funktion `sleep_on` (oder eines ihrer Äquivalente, die wir gleich besprechen werden) aufgerufen werden. Der Prozess wird dadurch in den Schlafzustand versetzt und die Kontrolle an den Scheduler abgegeben.

  Der Kern ruft diese Funktion beispielsweise auf, nachdem er an ein Blockgerät die Anfrage gestellt hat, Daten zu transferieren. Da der Transfer nicht unmittelbar abläuft, hat er in der Zwischenzeit nichts zu tun und kann sich schlafen legen, um die Rechenzeit anderen Prozessen des Systems zur Verfügung zu stellen.

- An einer anderen Stelle des Kerns – in unserem Beispiel nachdem die Daten des Blockgeräts eingetroffen sind – muss die Funktion `wake_up` (oder eines ihrer Äquivalente, die wir gleich besprechen) aufgerufen werden, um die auf der Wake Queue schlafenden Prozesse wieder aufzuwecken.

Achtung: Wenn Prozesse mit `sleep_on` schlafen gelegt werden, muss der Programmierer immer dafür sorgen, dass sich an anderer Stelle im Kern ein entsprechender `wake_up`-Aufruf befindet.

Schlafenlegen

Um einen Task in eine Wait Queue einzufügen, kann man die Funktion `add_wait_queue` verwenden, die ihre Arbeit nach Belegung des benötigten Spinlocks an `__add_wait_queue` delegiert:

```
static inline void __add_wait_queue(wait_queue_head_t *head, wait_queue_t *new)     <wait.h>
{
        list_add(&new->task_list, &head->task_list);
}
```

Der neue Task muss lediglich mit der Standard-Listenfunktion `list_add` in die Warteliste eingefügt werden, mehr ist nicht notwendig.

Normalerweise wird `add_wait_queue` aber nicht direkt verwendet. Häufiger kommt `sleep_on` zum Einsatz:

```
void sleep_on(wait_queue_head_t *q)                                                 kernel/sched.c
{
        SLEEP_ON_VAR
```

```
            current->state = TASK_UNINTERRUPTIBLE;

            SLEEP_ON_HEAD
            schedule();
            SLEEP_ON_TAIL
    }
```

Da der Kern noch einige weitere `sleep_on_`-Varianten definiert, die alle ähnlich aufgebaut sind, werden Makros zur Implementierung definiert. `SLEEP_ON_VAR` deklariert lokale Variablen und erstellt mit `init_wait_queue_entry` eine neue Instanz von `wait_queue_t`, die den aktuellen Prozess (`current`) repräsentiert:

kernel/sched.c
```
#define SLEEP_ON_VAR                          \
        unsigned long flags;                  \
        wait_queue_t wait;                    \
        init_waitqueue_entry(&wait, current); \
```

`SLEEP_ON_HEAD` belegt das notwendige Spinlock und ruft `__add_wait_queue` auf, um den Prozess in die Wait Queue einzugliedern. Aufgrund der Tatsache, dass der Taskzustand vorher auf `TASK_UNINTERRUPTIBLE` gesetzt wurde und anschließend mit `schedule` der Scheduler aktiviert wird, befindet sich der Prozess nun im Schlafzustand und muss explizit wieder aufgeweckt werden, bevor er weiterläuft.

Nachdem der Prozess aufgeweckt wurde, wird der Code in `SLEEP_ON_TAIL` ausgeführt, der nur dafür verantwortlich ist, den Prozess mit der nicht näher besprochenen Hilfsfunktion `__remove_wait_queue` aus der Wait Queue zu entfernen.

Neben `sleep_on` definiert der Kern einige weitere Funktionen, die verwendet werden, um den aktuellen Prozess auf einer Wait Queue schlafen zu legen. Ihre Implementierung ist beinahe identisch mit `sleep_on`:

- `interruptible_sleep_on` verwendet den Taskzustand `TASK_INTERRUPTIBLE`, weshalb der schlafende Prozess durch Signale unterbrochen werden kann.

- `sleep_on_timeout` ruft `schedule_timeout` anstelle von `schedule` auf. Die Funktion definiert vor Aufruf des Schedulers einen Kerneltimer, der den Prozess nach einer gegebenen Zeitspanne wieder aufweckt, wenn dies noch nicht erfolgt ist. Dadurch wird verhindert, dass der Prozess ewig schläft.

- `interruptible_sleep_on_timeout` legt den Prozess so schlafen, dass er durch Signale aufgeweckt werden kann, und registriert zusätzlich einen Timeout.

`add_wait_queue_exclusive` arbeitet ebenso wie `add_wait_queue`, fügt den Prozess aber ans Ende der Queue ein und setzt zusätzlich sein Flag auf `WQ_EXCLUSIVE`, dessen Bedeutung gleich klar werden wird.

Aufwecken

Der Kern definiert eine Reihe von Makros, die zum Aufwecken von Prozessen in einer Wait Queue verwendet werden können. Sie basieren alle auf der gleichen Funktion:

<wait.h>
```
#define wake_up(x)              __wake_up((x),TASK_UNINTERRUPTIBLE |
                                          TASK_INTERRUPTIBLE, 1)
#define wake_up_nr(x, nr)       __wake_up((x),TASK_UNINTERRUPTIBLE |
                                          TASK_INTERRUPTIBLE, nr)
```

11.4 Wait Queues und Completions

```
#define wake_up_all(x)              __wake_up((x),TASK_UNINTERRUPTIBLE |
                                              TASK_INTERRUPTIBLE, 0)
#define wake_up_interruptible(x)    __wake_up((x),TASK_INTERRUPTIBLE, 1)
#define wake_up_interruptible_nr(x, nr) __wake_up((x),TASK_INTERRUPTIBLE, nr)
#define wake_up_interruptible_all(x) __wake_up((x),TASK_INTERRUPTIBLE, 0)
```

`__wait_queue` delegiert die Arbeit nach Belegung des benötigten Locks an `__wake_up_common`:

```
static void __wake_up_common(wait_queue_head_t *q, unsigned int mode,          kernel/sched.c
                             int nr_exclusive, int sync)
{
        struct list_head *tmp, *next;
```

q selektiert die gewünschte Wait Queue, während `mode` angibt, welche Zustände Prozesse besitzen dürfen, um aufgeweckt zu werden. `nr_exclusive` gibt an, wie viele Tasks mit gesetztem `WQ_FLAG_EXCLUSIVE` aufgeweckt werden sollen.

Anschließend iteriert der Kern über die schlafenden Tasks und ruft ihre Wakeup-Funktion `func` auf:

```
        list_for_each_safe(tmp, next, &q->task_list) {                         kernel/sched.c
                wait_queue_t *curr;
                unsigned flags;
                curr = list_entry(tmp, wait_queue_t, task_list);
                flags = curr->flags;
                if (curr->func(curr, mode, sync) &&
                    (flags & WQ_FLAG_EXCLUSIVE) &&
                    !--nr_exclusive)
                        break;
        }
}
```

Die Liste wird so lange traversiert, bis entweder keine Tasks mehr vorhanden sind oder die durch `nr_exclusive` gegebene Anzahl exklusiver Tasks aufgeweckt wurde. Die Beschränkung wird verwendet, um das so genannte *Thundering Herd*-Problem zu vermeiden: Wenn mehrere Prozesse auf eine Ressource warten, die nur von einem Benutzer gleichzeitig verwendet werden kann, ist es wenig sinnvoll, alle wartenden Prozesse aufzuwecken, da sich alle bis auf einen ohnehin gleich wieder schlafen legen müssen. `nr_exclusive` generalisiert diese Beschränkung.

Die am häufigsten verwendete Funktion `wake_up` setzt `nr_exclusive` gleich 1 und stellt auf diese Weise sicher, dass nur ein exklusiver Task aufgeweckt wird.

`WQ_FLAG_EXCLUSIVE`-Tasks werden ans Ende der Wait Queue eingefügt, wie weiter oben erwähnt wurde. Die Implementierung stellt dadurch sicher, dass auf gemischten Queues zunächst alle normalen Tasks aufgeweckt werden und anschließend die Beschränkung für exklusive Tasks beachtet wird.

Es ist sinnvoll, alle Prozesse einer Wait Queue aufzuwecken, wenn diese beispielsweise auf das Ende eines Datentransfers warten, da die Daten von mehreren Prozessen gleichzeitig gelesen werden können, ohne sich gegenseitig zu behindern.

11.4.2 Completions

Completions ähneln den in Kapitel 4 besprochenen Semaphoren, werden allerdings auf der Basis von Wait Queues implementiert. Wir wollen nur auf ihr Interface eingehen.

`init_completion` wird verwendet, um eine neue Completion-Liste zu erzeugen. Prozesse können sich mit `wait_for_completion` in die Liste eintragen und warten dort (im exklusiven Schlafzustand) so lange, bis ihre Anforderung von irgendeinem Teil des Kerns bearbeitet wurde.

Nachdem die Anforderung von einem anderen Teil des Kerns bearbeitet wurde, muss dort `complete` aufgerufen werden, um die wartenden Prozesse wieder aufzuwecken. Da bei jedem Aufruf nur ein Prozess von der Complete-Liste entfernt wird, muss die Funktion für *n* wartende Prozesse genau *n* mal aufgerufen werden.

11.4.3 Work Queues

Work Queues sind ein weiteres Mittel, um Aktionen auf einen späteren Zeitpunkt zu verschieben. Da sie mit Hilfe von Daemonen im Benutzerkontext ausgeführt werden, dürfen die Funktionen beliebig lange schlafen. Während der Entwicklung von 2.5 wurden Wait Queues als Ersatz für den bisher verwendeten `keventd`-Mechanismus entwickelt.

Für jede Workqueue existiert ein Array mit so vielen Einträgen, wie Prozessoren im System vorhanden sind. In jedem Eintrag werden Arbeiten aufgereiht, die später abgearbeitet werden sollen.

Der Kern erzeugt für jede Workqueue einen neuen Kerneldaemon, in dessen Kontext die aufgeschobenen Arbeiten erledigt werden. Dazu verwendet der Daemon den eben besprochenen Wait Queue-Mechanismus.

Eine neue Wait-Queue wird erzeugt, indem

```
struct workqueue_struct *create_workqueue(const char *name)
```
kernel/workqueue.c

aufgerufen wird. Das `name`-Argument gibt an, unter welchem Namen der erzeugte Daemon in der Prozessliste sichtbar ist.

Sämtliche Arbeiten, die auf Wait Queues aufgeschoben werden, müssen in Instanzen der Struktur `work_struct` verpackt werden, in der aus Sicht des Workqueue-Benutzers folgende Elemente wichtig sind:

```
struct work_struct {
    struct list_head entry;
    void (*func)(void *);
    void *data;
};
```
<workqueue.h>

`entry` wird wie üblich verwendet, um mehrere `work_struct`-Instanzen in einer verketteten Liste zusammenfassen zu können. `func` ist ein Zeiger auf die Funktion, die aufgeschoben werden soll; sie wird mit `data` als Argument versorgt. Um das Ausfüllen dieser Struktur zu vereinfachen, stellt der Kern das Makro `INIT_WORK` zur Verfügung, das eine bereits bestehende Instanz von `work_struct` mit Funktions- und Datenargument ausfüllt:

```
#define INIT_WORK(struct work_struct _work, void (*func)(void*)_func, void *_data)
```
<workqueue.h>

Es gibt zwei Möglichkeiten, um eine `work_queue`-Instanz in eine Work Queue einzugliedern.

```
int queue_work(struct workqueue_struct *wq, struct work_struct *work)
```
kernel/workqueue.c

fügt `work` in die Work-Queue `wq` ein, wobei die Arbeit zu einem nicht genauer definierten Zeitpunkt (wenn der Scheduler den Daemon auswählt) ausgeführt wird.

Um sicherzustellen, dass *mindestens* eine durch `delay` (in Jiffies) angegebene Zeitspanne verstreicht, bevor die aufgeschobene Arbeit ausgeführt wird, kann `queue_delayed_work` verwendet werden:

```
int queue_delayed_work(struct workqueue_struct *wq,
                       struct work_struct *work, unsigned long delay)
```
kernel/workqueue.c

Die Funktion erzeugt zunächst einen Kerneltimer, dessen Timeout in `delayed` Jiffies auftritt. Die zugehörigen Handlerfunktion verwendet anschließend `queue_work`, um die Arbeit ganz normal in die Workqueue einzufügen.

Der Kern erzeugt eine Standard-Waitqueue, die die Bezeichnung `events` trägt. Sie kann von allen Teilen des Kerns verwendet werden, für die es sich nicht lohnt, eine eigene Work-Queue zu erstellen. Um neue Arbeiten auf diese Standard-Queue zu legen, müssen die beiden folgenden Funktionen verwendet werden, auf deren Implementierung wir nicht näher eingehen wollen:

```
int schedule_work(struct work_struct *work)
int schedule_delayed_work(struct work_struct *work, unsigned long delay)
```
kernel/workqueue.c

11.5 Kerneltimer

Alle bisher behandelten Möglichkeiten zum Aufschieben von Arbeit auf einen späteren Zeitpunkt decken einen Bereich nicht ab: das *zeitgesteuerte* Verschieben von Aufgaben. Natürlich machen die verschiedenen Varianten Angaben über den Zeitpunkt, zu dem ein aufgeschobener Task ausgeführt werden wird (beispielsweise Tasklets bei der Abarbeitung von SoftIRQs), es ist aber nicht möglich, einen genauen Zeitpunkt bzw. ein Zeitintervall anzugeben, nach dessen Ablauf eine aufgeschobene Tätigkeit vom Kernel aufgenommen wird. Die einfachste Anwendung dafür ist offensichtlich die Realisierung von Timeouts, bei denen der Kernel eine bestimmte Zeitspanne lang auf das Eintreffen eines Ereignisses wartet – beispielsweise 10 Sekunden auf den Tastendruck des Benutzers, um eine letzte Möglichkeit zum Abbruch zu bieten, bevor irgendeine schwer wiegende Operation durchgeführt wird. Weitere Anwendungen in Benutzerapplikationen sind breit gestreut; wie üblich werden Systemaufrufe verwendet, um von den entsprechenden Fähigkeiten des Kerns Gebrauch machen zu können. Aber auch der Kernel selbst verwendet Timer für verschiedene Aufgaben; als Beispiel sei nur die Kommunikation eines Gerätes mit seiner anvertrauten Hardware genannt, die in vielen Fällen nach einem zeitlich genau festgelegten Protokoll stattfinden muss. In der TCP-Implementierung kommen sehr viele Timer zum Einsatz, die Auszeiten beim Warten auf Daten vorgeben.

11.5.1 Einsatz von Timern

Bevor wir auf die kernelseitige Implementierung von Timern eingehen wollen, werden wir uns kurz mit der Schnittstelle beschäftigen, die der Kern im Bereich des Zeitmanagements in Form von Systemaufrufen zur Verfügung stellt. Nach Aktivierung eines Timers legen sich Prozesse entweder schlafen oder widmen sich anderen Tätigkeiten; durch Versenden eines Signals, wie in Kapitel 4 besprochen, weist der Kern den Benutzerprozess auf das Eintreten des Timeouts hin. In vielen Fällen werden Timer nicht direkt verwendet, sondern in diversen Routinen der Standardbibliothek eingekapselt und für den Anwendungsprogrammierer dadurch transparent gemacht. Auch ist es möglich, nicht nur einmalige Timer zu definieren, sondern auch das periodische Senden von Signalen in bestimmten Abständen anzufordern.

Mit `setitimer` und `alarm` stellt der Kernel zwei Systemaufrufe zur Verfügung, die zur Installation periodischer bzw. einmaliger Timer verwendet werden. `sleep` und `nanosleep` sind die Systemaufrufe, die einen Prozess für eine bestimmte Zeitspanne in den Schlafzustand versetzen; während `sleep` für den Sekundenbereich verwendet wird, kann `nanosleep` Unterbrechungen im Bereich von bis zu 10 Millisekunden durchzuführen – angesichts der Bezeichnung des Systemaufrufs eine etwas verwirrende Tatsache, da man auf den ersten Blick wohl Nanosekundenpräzision erwartet hätte (es ist allerdings bereits möglich, Zeitintervalle im Nanosekundenbereich beim Aufruf des System-Calls zu spezifizieren).

Folgendes Beispiel installiert einen `alarm`-Timer, der nach 5 Sekunden abläuft und den Prozess über das Signal `SIGALRM` über das Ablaufen des Timers informiert. Unmittelbar nach Installation des Alarm-Timer wird der Kern durch Aufruf von `sleep` in einen 30-sekündigen Schlafzustand versetzt, der durch den Timeout des Alarm-Timers unterbrochen wird:

```
#include<unistd.h>
#include<stdio.h>
#include<signal.h>

void do_alarm(int sig) {
  printf("Alarm!\n");
}

void install_handler() {
  struct sigaction sa, oldsa;
  sa.sa_handler = do_alarm;
  sigemptyset(&sa.sa_mask);
  sa.sa_flags = 0;
  if (sigaction(SIGALRM, &sa, &oldsa) < 0) {
    printf("Handler not installed\n");
  }
}

int main() {
  install_handler();
  alarm(5);
  sleep(30);
  return 0;
}
```

Die Ausführung der Applikation führt zu folgender Interaktion in der Shell:

```
wolfgang@meitner> ./alarm
[5 Sekunden warten]
Alarm!
```

Wie erwartet wird der durch `sleep` initiierte 30-Sekunden-Schlaf des Prozesses bereits nach 5 Sekunden durch den Timeout des Alarms unterbrochen. Die Handlerfunktion `do_alarm` quittiert dies mit der Ausgabe von `Alarm!`, danach wird der Prozess beendet.

Nach Ablauf des Timers hat der Kernel automatisch das `SIGALRM`-Bit im Signalbitmap der Taskstruktur des jeweiligen Prozesses gesetzt; beim nächsten Scheduling des Prozesses wird das Signal ausgeliefert und der installierte Handler `do_alarm` ausgeführt. Die Zeitspanne, nach der der Timeout erfolgen soll, wird beim Aufruf des `alarm`-Systemaufrufs (bzw. der entsprechenden Kapselungsroutine der C-Bibliothek) als Argument in Sekunden festgelegt.

Die Verwendung von Intervall-Timern gestaltet sich ähnlich, weshalb wir hier nicht weiter darauf eingehen wollen, sondern auf die entsprechende Literatur zur Systemprogrammierung verweisen.

11.5.2 Zeitdomänen

Bei der Verwendung von Timern gibt es drei Möglichkeiten, die unterscheiden, wie die abgelaufene Zeit gezählt werden soll bzw. in welcher Zeitbasis[12] sich ein Timer befindet. Der Kernel stellt folgende Varianten zur Verfügung, die sich nach Ablauf des Timeouts durch verschiedene Signale bemerkbar machen.

---

12 Oft auch als Zeitdomäne bzw. *time domain* bezeichnet.

11.5 Kerneltimer

- **ITIMER_REAL** misst die verstrichene Echtzeit, um von der Aktivierung des Timers bis zum Timeout und zur Auslösung des Signals zu gelangen. Die Timerzeit tickt in diesem Fall immer, egal ob sich der Rechner im Kernel- oder Benutzermodus befindet bzw. ob die Applikation, die den Timer verwendet, gerade ausgeführt wird oder nicht. Wie aus obigem Beispiel ersichtlich ist, wird beim Timeout ein Signal des Typs **SIGALRM** gesendet.

- **ITIMER_VIRTUAL** läuft nur während der Zeit ab, in der der Eigentümerprozess des Timers im Benutzermodus ausgeführt wird. Systemzeit, die im Kernel verbracht wird (oder wenn der Prozessor mit einer anderen Applikation beschäftigt ist), wird in diesem Fall ignoriert. Das Erreichen des Timeouts wird über **SIGVTALRM**-Signal mitgeteilt.

- **ITIMER_PROF** rechnet die Dauer des Prozesses, in der er sich entweder im Benutzer- oder Systemmodus befindet – die Zeit läuft also auch weiter, wenn ein Systemaufruf im Auftrag des Tasks ausgeführt wird. Andere Prozesse des Systems werden ignoriert. Das beim Timeout ausgelöste Signal ist **SIGPROF**.

  Wie bereits aus dem Namen des Timers ersichtlich wird, liegt sein vorrangiger Anwendungszweck im *Profiling* von Applikationen, bei dem die rechenintensivsten Teile eines Programms gesucht werden, um entsprechend optimiert werden zu können, was vor allem bei wissenschaftlichen oder betriebssystemnahen Applikationen ein wichtiger Punkt ist.

Der Typ des Timers muss – neben der Periodenlänge – bei der Installation des Intervalltimers angegeben werden; in obigem Beispiel wurde **TIMER_REAL** für einen Echtzeittimer gewählt.

Das Verhalten eines Alarm-Timers kann mit Intervall-Timern simuliert werden, indem **ITIMER_REAL** als Timertyp gewählt und der Timer nach Auftreten des ersten Timeouts deinstalliert wird. Intervall-Timer sind daher eine verallgemeinerte Form von Alarm-Timern.

11.5.3 Der Timer-Interrupt

Als Zeitbasis für Timer verwendet der Kern den Timer-Interrupt des Prozessors, der in regelmäßigen Abständen auftritt – genau HZ mal pro Sekunde. HZ ist ein Architektur-abhängig definiertes Präprozessorsymbol, das in <asm-*arch*/param.h> zu finden ist. Tabelle 11.1 fasst die Werte zusammen, die auf einzelnen Plattformen verwendet werden. Auf den meisten Prozessoren wird HZ=100 verwendet.

Tabelle 11.1: HZ-Werte der unterstützten Plattformen

HZ	Architektur
100	SuperH, Mips64, Cris, Sparc, Sparc64, H8300, S390, Mips, PA-Risc, M68k, PPC
1000	IA-32, PA-Risc (PA-20), PPC64, AMD64
1024	Alpha (Rawhide), IA-64
1200	Alpha

Bei jedem „Tick" des Timer-Interrupts wird automatisch die Funktion do_timer aufgerufen, deren Codeflussdiagramm in Abbildung 11.8 auf der nächsten Seite zu sehen ist.

Zunächst wird die globale Variable jiffies_64, bei der es sich auf allen Architekturen um eine Ganzzahl-Variable mit 64 Bits handelt,[13] um 1 erhöht. Dies bedeutet nichts anderes, als dass jiffies_64 die exakte Anzahl an Timer-Interrupts angibt, die seit dem Start des Systems vergangen sind. Ihr Wert wird mit konstanter Regelmäßigkeit erhöht.

---

[13] Auf 32-Bit-Prozessoren wird dies erreicht, indem zwei 32 Bit breite Variablen zusammengesetzt werden.

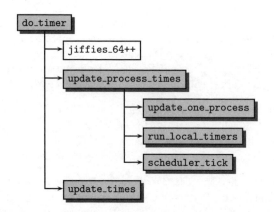

Abbildung 11.8: Codeflussdiagramm für do_timer

Aus historischen Gründen gibt es in den Kernelquellen aber eine andere Zeitbasis: jiffies ist eine Variable des Typs unsigned long und daher auf 32-Bit-Prozessoren nur 4 Bytes breit, was 32 und nicht 64 Bit entspricht. Dabei tritt ein Problem auf: Nach einer längeren Uptime des Systems erreicht der Zähler seinen Maximalwert und muss wieder auf 0 zurückgesetzt werden; diese Situation tritt bei einer Timer-Frequenz von 100 Hz nach etwas weniger als 500 Tagen auf.[14] Bei Verwendung eines 64-Bit-Datentyps tritt das Problem nie auf, denn Uptimes von 10^{12} Tagen sind selbst für einen sehr stabilen Kernel wie Linux etwas utopisch.

Um Effizienzverluste bei der Konvertierung zwischen beiden Zeitbasen zu vermeiden, bedient sich der Kernel eines Tricks: jiffies und jiffies_64 stimmen in den niederwertigen Teilen überein, zeigen also auf dieselbe Speicherstelle bzw. das gleiche Register! Um dies zu erreichen, werden beide Variablen zwar separat voneinander deklariert; das zum Zusammenbinden des fertigen Kerns verwendete Linkerskript bestimmt aber, dass jiffies aus den niederwertigen 4 Bytes von jiffies_64 besteht, wobei je nach Byteordnung des Prozessortyps entweder die ersten oder letzten 4 Bytes verwendet werden müssen. Auf 64-Bit-Maschinen sind beiden Variablen Synonyme für einander.

Die restlichen Aktionen, die bei jedem Timer-Interrupt ausgeführt werden müssen, sind auf zwei Funktionen verteilt:

■ update_times bringt die Laststatistik des Systems auf den aktuellen Stand, die beispielsweise durch das Kommando w ausgegeben wird. Außerdem kümmert sie sich um die Fälle, wenn Timer-Interrupts „verloren" gehen, was hier aber nicht detaillierter behandelt werden soll.

■ update_process_times wird verwendet, um die Zeitverwaltung des gerade laufenden Prozesses auf den aktuellen Stand zu bringen, die bei der Implementierung von Timern verwendet wird, die wir im nächsten Abschnitt besprechen. Außerdem ruft sie die aus Kapitel 2 („Prozessverwaltung") bekannte Funktion scheduler_tick auf, die vom Scheduler zur periodischen Kontrolle verwendet wird, ob der aktuelle Prozess sein erlaubtes Zeitquantum überschritten hat.

---

14 Die meisten Computer laufen natürlich nicht so lange ohne Unterbrechung, weshalb das Problem auf den ersten Blick etwas marginal erscheint. Dennoch gibt es einige Anwendungen – beispielsweise Server in eingebetteten Systemen –, bei denen Uptimes dieser Größenordnung durchaus erreicht werden können. Für diese Fälle muss sichergestellt werden, dass die Zeitbasis auch hier zuverlässig arbeitet.
Während der Entwicklung von 2.5 wurde ein Patch integriert, der den Jiffies-Wert direkt nach Systemstart so setzt, dass ein Wrap nach 5 Minuten Uptime auftritt. Mögliche Probleme können dadurch schnell gefunden werden, ohne jahrelang auf den Wrap warten zu müssen ...

11.5.4 Datenstrukturen

Einige Datenstrukturen bilden den Kern der Timer-Verwaltung. Da Intervall-Timer und Alarme sehr ähnlich sind, brauchen keine unterschiedlichen Strukturen definiert zu werden, beide kommen mit den gleichen Elementen aus. Auch die Implementierung überschneidet sich gegenseitig, wie wir gleich sehen werden.

Zunächst soll betrachtet werden, wie eine Timer-Liste definiert ist:

```
struct timer_list {                                            <timer.h>
        struct list_head entry;
        unsigned long expires;

        void (*function)(unsigned long);
        unsigned long data;

        struct tvec_t_base_s *base;
};
```

Um registrierte Timer miteinander verknüpfen zu können, wird wie üblich eine doppelt verkettete Liste verwendet, deren Listenelement durch `entry` gegeben ist. Die anderen Einträge haben folgende Bedeutung:

- `function` speichert einen Zeiger auf die Callback-Funktion, die nach Ablauf des Timeouts aufgerufen wird.

- `data` wird als Argument für die Callback-Funktion verwendet.

- `expires` bestimmt den Zeitpunkt in Jiffies, zu dem der Timer abläuft.

- `base` ist ein Zeiger auf ein Basiselement, in dem die Timer nach ihrer Ablaufzeit sortiert gespeichert werden (wir gehen gleich genauer darauf ein). Für jeden Prozessor des Systems existiert ein Basiselement, weshalb über `base` die CPU ermittelt werden kann, auf der der Timer abläuft.

Zeiten werden im Kernel in zwei Formaten angegeben, die sich beide auf `jiffies` als Zeitbasis beziehen: entweder als Offset oder als Absolutwert. Während Offsets bei der Installation eines neuen Timers genutzt werden, verwenden alle Datenstrukturen des Kerns Absolutwerte, da diese leicht mit der aktuellen `jiffies`-Zeit verglichen werden können. Auch das `expires`-Element von `timer_list` verwendet eine absolute Zeitangabe und keinen Offset.

Da Programmierer eher in Sekunden als in HZ-Einheiten denken, um Zeitabstände festzulegen, stellt der Kernel eine entsprechende Datenstruktur samt Möglichkeit zur Konvertierung in `jiffies` (und natürlich auch in die andere Richtung) zur Verfügung:

```
struct timeval {                                               <timer.h>
        time_t       tv_sec;           /* seconds */
        suseconds_t  tv_usec;          /* microseconds */
};
```

Die Elemente sind selbsterklärend; die gesamte Zeitspanne wird durch Addition der angegebenen Sekunden- und Mikrosekundenwerte gebildet. Zum Hin- und Herkonvertieren zwischen dieser Darstellung und einem `jiffies`-Wert werden die Funktionen `timespec_to_jiffies` und `jiffies_to_timespec` verwendet, die in `<timer.h>` implementiert sind.

Die Angaben in `timer_list` reichen noch nicht aus, um einen Intervalltimer vollständig zu charakterisieren. In der Taskstruktur jedes Prozesses existieren daher einige Elemente, in denen die fehlenden Informationen untergebracht werden:

<sched.h>
```
struct task_struct {
   ...
        unsigned long it_real_value, it_prof_value, it_virt_value;
        unsigned long it_real_incr, it_prof_incr, it_virt_incr;
        struct timer_list real_timer;
        struct list_head posix_timers;  /* POSIX.1b Interval Timers */...
}
```

Für jeden Timertyp sind zwei Felder vorbehalten:

- Der Zeitpunkt, zu dem der nächste Timeout erfolgen soll (`it_real_value`, `it_prof_value` und `it_virt_value`)

- Die Periode, mit der der Timer aufgerufen wird. (`it_real_incr`, `it_virt_prof_incr` und `it_virt_incr`).

`real_timer` ist eine Instanz von `timer_list` (*kein* Zeiger darauf), die in die anderen Datenstrukturen des Kerns eingefügt und für die Implementierung von Echtzeit-Timern verwendet wird. Die beiden anderen Timertypen (virtuell und profiling) kommen ohne einen solchen Eintrag aus.

Es ist also nur möglich, genau 3 verschiedene Timer mit *unterschiedlichen* Sorten per Prozess zu besitzen – mehr kann der Kern mit den vorhandenen Datenstrukturen nicht verwalten. Ein Prozess kann beispielsweise einen virtuellen und einen Echtzeit-Timer gleichzeitig laufen lassen, nicht aber zwei Echtzeit-Timer.

11.5.5 Dynamische Timer

Der Kern braucht Datenstrukturen, um *alle* im System registrierten Timer verwalten zu können (die sowohl einem Prozess wie auch dem Kern selbst zugewiesen sein können). Die Strukturen müssen eine schnelle und effiziente Kontrolle auf abgelaufene Timer ermöglichen, um nicht zu viel Rechenzeit in Anspruch zu nehmen, da dies bei jedem Timerinterrupt geprüft werden muss.

Funktionsweise

Bevor wir die vorhandenen Datenstrukturen im Detail betrachten und auf die Implementierung der Algorithmen eingehen, wollen wir das Prinzip der Timerverwaltung zuerst an einem vereinfachten Beispiel klarmachen, da der vom Kernel verwendete Algorithmus komplizierter ist, als man auf den ersten Blick erwarten würde (die Komplexität wird aber mit einer entsprechenden Leistungsfähigkeit belohnt, die mit einfacheren Algorithmen und Strukturen nicht zu erreichen ist). Abbildung 11.9 auf der gegenüberliegenden Seite zeigt, wie Timer vom Kern verwaltet werden, während Tabelle 11.2 die Intervalle der einzelnen Kategorien angibt.

Tabelle 11.2: *Intervalllängen für Timer*

Kategorie	Intervall
tv1	$0 - 255$
tv2	$256 - 2^{14} - 1$
tv3	$2^{14} - 2^{20} - 1$
tv4	$2^{20} - 2^{26} - 1$
tv5	$2^{26} - 2^{32} - 1$

Zum einen muss die Datenstruktur alle Informationen enthalten, die zur Verwaltung von Timern notwendig sind (von den Zusatzdaten, die für prozessspezifische Intervall-Timer gebraucht

11.5 Kerneltimer

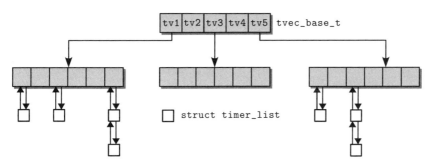

Abbildung 11.9: Datenstrukturen zur Verwaltung von Timern

werden, sehen wir hier vorerst ab); zum anderen muss sie leicht in periodischen Abständen durchsuchbar sein, damit die abgelaufenen Timer ausgeführt und entfernt werden können.

Die hauptsächliche Schwierigkeit besteht darin, die Liste nach Timern zu durchsuchen, die gerade ablaufen oder vor kurzem abgelaufen sind. Da die simple Aneinanderreihung aller timer_list-Instanzen nicht zufrieden stellend ist, erstellt der Kern unterschiedliche Kategorien, in die die Timer je nach Ablaufzeit einsortiert werden. Die Grundlage bildet das Hauptarray mit fünf Einträgen, dessen Elemente wiederum aus Arrays bestehen. Die fünf Positionen des Hauptarrays sortieren die vorhandenen Timer grob nach ihren Ablaufzeiten: In der ersten Sparte werden alle Timer gesammelt, deren verbleibende Wartezeit bis zum Timeout noch 0 bis 255 (bzw. 2^8) Ticks beträgt; die zweite Sparte sammelt alle Timer mit einer verbleibenden Zeit zwischen 256 und $2^{8+6} - 1 = 2^{14} - 1$ Ticks; das Intervall für die dritte Spalte umfasst den Bereich zwischen 2^{14} und $2^{8+2*6} - 1$ und so weiter. Die Einträge der Haupttabelle werden als *Grobkategorien* bezeichnet.

Jede Grobkategorie besteht wiederum aus einem Array, in dem die Timer nochmals sortiert werden. Das Array der ersten Grobkategorie besteht aus 256 Elementen, von denen jede Position für einen möglichen expires--Wert zwischen 0 und 256 steht. Existieren im System Timer, die den gleichen expires-Wert besitzen, werden sie über eine doppelt verkettete Standardliste (und das entry-Element von timer_list) miteinander verknüpft.

Auch die restlichen Grobkategorien bestehen aus Arrays, die allerdings etwas weniger Einträge besitzen, nämlich 64 Stück. Die Array-Einträge nehmen ebenfalls timer_list-Instanzen auf, die auf einer doppelt verketteten Liste verknüpft sind. Allerdings ist pro Array-Eintrag nicht mehr nur ein möglicher Wert von expires zugelassen, sondern ein ganzes Intervall. Die Länge des Intervalls hängt von der Grobkategorie ab: Während in der zweiten Kategorie $256 = 2^8$ aufeinander folgende Timerwerte pro Array-Element zugelassen sind, sind es in der dritten Kategorie 2^{14}, in der vierten 2^{20}, in der vierten 2^{26} und in der fünften und letzten schließlich 2^{32}. Warum die Wahl dieser Intervallgrößen sinnvoll ist, wird deutlich, wenn wir die sukzessive Abarbeitung der vorhandenen Timer im Laufe der Zeit und die damit verbundene Änderung der Datenstruktur betrachten.

Wie geht die Abarbeitung vor sich? Vorrangig muss sich der Kern um die erste Grobkategorie kümmern, da sich darin alle Timer befinden, die in Kürze ablaufen werden. Der Einfachheit halber nehmen wir vorerst an, dass in jeder Grobkategorie ein Zähler vorhanden ist, der die Kennzahl einer Array-Position speichern kann (die tatsächliche Implementierung des Kerns ist funktional gleichwertig, doch wesentlich unanschaulicher, wie wir weiter unten sehen werden).

Der Indexeintrag der ersten Grobkategorie verweist auf das Array-Element, in dem sich die timer_list-Instanzen der Timer befinden, die gerade abgearbeitet werden müssen. Bei jedem Aufruf des Timer-Interrupts durchläuft der Kern diese Liste, führt alle Timerfunktionen aus und erhöht die Indexposition um 1. Die eben ausgeführten Timer werden aus der Datenstruktur entfernt. Beim nächsten Auftreten des Timer-Interrupts werden die Timer an der neuen Arrayposition ausgeführt, aus der Datenstruktur gelöscht und der Index wieder um 1 erhöht, usw. Wenn alle Einträge abgearbeitet wurden, hat der Index den Wert 255 erreicht. Da die Addition modulo 256 erfolgt, springt der Index wieder in die Ausgangslage (an Position 0) zurück.

Da der Inhalt der ersten Grobkategorie nach spätestens 256 Ticks erschöpft ist, müssen Timer aus den Grobkategorien höherer Ordnung sukzessive nach vorne verschoben werden, um die erste Kategorie wieder aufzufüllen. Nachdem die Indexposition der ersten Grobkategorie auf die Anfangsposition zurückgegangen ist, wird die Kategorie mit allen Timern *eines* Array-Eintrags der zweiten Grobkategorie wieder aufgefüllt. Dies macht die Wahl der Intervallgrößen in den einzelnen Grobkategorien verständlich: Da in der zweiten Grobkategorie 256 verschiedene Zeiten pro Array-Element möglich sind, genügen die Daten aus *einem* Eintrag der zweiten Grobkategorie, um das komplette Array der ersten Grobkategorie auffüllen zu können. Das Gleiche gilt für höhere Ordnungen: Die Daten aus einem Array-Element der dritten Grobkategorie genügen, um die komplette zweite Grobkategorie aufzufüllen, ein Element der vierten reicht für die komplette dritte und ein Element der fünften reicht für die komplette vierte Grobkategorie.

Natürlich werden die Array-Positionen der Grobkategorien höherer Ordnung nicht zufällig ausgewählt; auch hier kommt der besagte Indexeintrag ins Spiel. Sein Wert wird nun allerdings nicht mehr bei jedem Timer-Tick um 1 erhöht, sondern nur bei jedem 256^{i-1}-ten Tick, wobei i für die Nummer der Grobkategorie steht.

Betrachten wir die Vorgehensweise an einem konkreten Beispiel, das damit beginnt, dass 256 Jiffies abgelaufen sind, nachdem die Abarbeitung der ersten Grobkategorie gestartet wurde, weshalb der Index daraufhin wieder auf 0 zurückgesetzt wird. Zugleich wird der Inhalt des ersten Array-Elements der zweiten Grobkategorie verwendet, um den Datenbestand der ersten Grobkategorie wieder aufzufüllen. Nehmen wir an, dass der `jiffies`-Systemtimer zum Zeitpunkt der Umstellung den Wert 10000 besitzt. Im ersten Element der zweite Grobkategorie finden sich in einer verketteten Liste Timer, die zu den Zeitpunkten 10001, 10015, 10015 und 10254 ablaufen. Diese werden auf die Array-Positionen 1, 15 und 254 der ersten Grobkategorie verteilt, wobei an Position 15 eine verkettete Liste aus zwei Zeigern eingerichtet wird – schließlich laufen beide zum gleichen Zeitpunkt ab. Nachdem das Umkopieren erledigt ist, wird die Indexposition der zweiten Grobkategorie um 1 erhöht.

Der Zyklus beginnt danach wieder von vorne: Die Timer der ersten Grobkategorie werden der Reihe nach abgearbeitet, bis Indexposition 255 erreicht ist. Alle Timer im zweiten Array-Elements der zweiten Grobkategorie werden verwendet, um die erste Grobkategorie wieder aufzufüllen. Wenn die Indexposition der *zweiten* Grobkategorie 63 erreicht hat (die Grobkategorien besitzen ab der zweiten Ordnung schließlich nur mehr 64 Einträge), wird der Inhalt des ersten Elements der *dritten* Grobkategorie verwendet, um den Datenbestand der zweiten Grobkategorie zu erneuern. Wenn schließlich der Index des dritten Kategorie seinen Maximalwert erreicht hat, werden Daten aus der vierten Kategorie geholt; ebenso überträgt sich die Vorgehensweise auf den Transfer zwischen fünfter und vierter Kategorie.

Um die abgelaufenen Timer ermitteln zu können, muss der Kernel keine riesige Liste mit Timern durchlaufen, sondern kann sich auf die Überprüfung *einer* Array-Position der ersten Grobkategorie beschränken. Da diese meistens leer oder mit nur einem einzigen Timer belegt ist, lässt sich dies schnell durchgeführen. Auch das gelegentliche Umkopieren von Timern aus den Grobkategorien höherer Ordnung verbraucht nur wenig Rechenzeit, da es durch Zeigermanipulationen effizient durchgeführt werden kann (der Kern braucht keine Speicherblöcke zu kopieren, sondern nur Zeiger mit neuen Werten zu belegen, wie es bei allen Standard-Listenfunktionen üblich ist).

Datenstrukturen

Der Inhalt der Grobkategorien wird durch zwei einfache Datenstrukturen erzeugt, die sich nur minimal voneinander unterscheiden:

```
typedef struct tvec_s {                                             kernel/timer.c
        struct list_head vec[TVN_SIZE];
} tvec_t;

typedef struct tvec_root_s {
        struct list_head vec[TVR_SIZE];
} tvec_root_t;
```

Während `timer_vec_root` der ersten Grobkategorie entspricht, repräsentiert `timer_vec` die Grobkategorien höherer Ordnung. Beide Strukturen unterscheiden sich lediglich hinsichtlich der Größe der Array-Elemente, die für die erste Kategorie TVR_SIZE beträgt, das auf 256 definiert ist. Alle anderen Kategorien verwenden TVN_SIZE Einträge, standardmäßig 64 Stück.

Jeder Prozessor des Systems verfügt über eigene Datenstrukturen zur Verwaltung der Timer, die auf ihm ablaufen. Als Wurzelelement wird eine CPU-spezifische Instanz folgender Datenstruktur verwendet:

```
struct tvec_t_base_s {                                              kernel/timer.c
        unsigned long timer_jiffies;
        tvec_root_t tv1;
        tvec_t tv2;
        tvec_t tv3;
        tvec_t tv4;
        tvec_t tv5;
} ____cacheline_aligned_in_smp;
```

Die Elemente `tv1` bis `tv5` stellen die einzelnen Grobkategorien dar, ihre Funktion sollte aus obiger Beschreibung hervorgehen. Interessant ist das Element `timer_jiffies`: Es hält den (in Jiffies gemessenen) Zeitpunkt fest, bis zu dem alle Timer der Struktur ausgeführt wurden. Besitzt die Variable beispielsweise den Wert 10500, weiß der Kern, dass alle Timer bis zum Jiffies-Wert 10499 abgearbeitet wurden. Normalerweise ist `timer_jiffies` gleich groß oder um 1 kleiner als `jiffies`; die Differenz kann aber (unter sehr hoher Last) auch etwas größer werden, wenn der Kern einige Zeit nicht zur Abarbeitung der Timer kommt.

Implementierung der Timerverarbeitung

Die Abarbeitung aller Timer wird in `do_timer` angestoßen, indem die Funktion `run_local_timers` aufgerufen wird. Diese beschränkt sich darauf, mit `raise_softirq(TIMER_SOFTIRQ)` den SoftIRQ zur Timer-Verwaltung zu aktivieren, der bei nächster Gelegenheit ausgeführt wird.[15] Als Handlerfunktion des SoftIRQs wird `run_timer_softirq` verwendet, die die CPU-spezifische Instanz von `tvec_t_base_s` auswählt und `__run_timers` aufruft.

`__run_timers` implementiert den weiter oben beschriebenen Algorithmus. Allerdings findet sich in den gezeigten Datenstrukturen nirgends die dringend benötigte Indexposition für die einzelnen Grobkategorien! Der Kern benötigt dazu keine explizite Variable, da alle notwendigen Informationen im `timer_jiffies`-Mitglied von `base` enthalten sind. Dazu werden zunächst folgende Makros definiert:

---

15 Da SoftIRQs nicht unmittelbar bearbeitet werden, kann es vorkommen, dass der Kern einige Jiffies lang keine Timerverarbeitung durchführt. Timer können also gelegentlich etwas zu spät ausgelöst, aber nie zu früh aktiviert werden.

kernel/timer.c
```
#define TVN_BITS 6
#define TVR_BITS 8
#define TVN_SIZE (1 << TVN_BITS)
#define TVR_SIZE (1 << TVR_BITS)
#define TVN_MASK (TVN_SIZE - 1)
#define TVR_MASK (TVR_SIZE - 1)
#define INDEX(N) (base->timer_jiffies >> (TVR_BITS + N * TVN_BITS)) & TVN_MASK
```

Die Indexposition der ersten Grobkategorie kann berechnet werden, indem der Wert von base->timer_jiffies mit TVR_MASK markiert wird:[16]

```
int index = base->timer_jiffies & TVR_MASK;
```

Allgemein kann folgendes Makro verwendet werden, um die aktuelle Indexposition in der Grobkategorie N zu berechnen:

```
#define INDEX(N) (base->timer_jiffies >> (TVR_BITS + N * TVN_BITS)) & TVN_MASK
```

Ungläubige können sich auch hier leicht mit einem kurzen Perl-Skript schnell von der Korrektheit der Bitoperationen überzeugen.

Die Implementierung vollzieht genau das, was weiter oben beschrieben wurde. Dazu wird folgender Code verwendet:

kernel/timer.c
```
while (time_after_eq(jiffies, base->timer_jiffies)) {
        struct list_head work_list = LIST_HEAD_INIT(work_list);
        struct list_head *head = &work_list;
        int index = base->timer_jiffies & TVR_MASK;
```

Falls der Kern in der Vergangenheit einige Timer verschlafen hat, wird dies nachgeholt, indem alle Zeiger abgearbeitet werden, die zwischen dem letzten Ausführungszeitpunkt (base->timer_jiffies) und der aktuellen Zeit (jiffies) abgelaufen sind.

kernel/timer.c
```
        if (!index &&
            (!cascade(base, &base->tv2, INDEX(0))) &&
                (!cascade(base, &base->tv3, INDEX(1))) &&
                    !cascade(base, &base->tv4, INDEX(2)))
            cascade(base, &base->tv5, INDEX(3));
```

Die Funktion cascade wird verwendet, um die Timerlisten mit Timern aus höheren Grobkategorien auszufüllen, wobei wir hier nicht detailliert auf ihre Implementierung eingehen wollen (sie hält sich aber an den weiter oben beschriebenen Mechanismus).

kernel/timer.c
```
        ++base->timer_jiffies;
        list_splice_init(base->tv1.vec + index, &work_list);
```

Alle Timer, die sich in der ersten Grobkategorie an der passenden Position für den jeweiligen timer_jiffies-Wert befinden (der für den nächsten Durchlauf um 1 erhöht wird), werden in eine temporäre Liste umkopiert und dadurch aus den Originaldatenstrukturen gelöscht.

Anschließend müssen nur noch die einzelnen Handlerroutinen ausgeführt werden:

kernel/timer.c
```
    repeat:
        if (!list_empty(head)) {
            void (*fn)(unsigned long);
```

---

[16] Leser, die mit den notwendigen Bitoperationen nicht vertraut sind, finden in Anhang C („Anmerkungen zu C") einige Hinweise dazu. Das gewünschte Verhalten der Rechnung kann man sich aber leicht durch ein kleines Perl-Programm klarmachen:

```
$TVR_MASK = (1 <<8)-1;
foreach $count (1..100) { print "count, idx: $count " . ($count & $TVR_MASK) . "\n"; };
```

```
                unsigned long data;

                timer = list_entry(head->next,struct timer_list,entry);
                fn = timer->function;
                data = timer->data;

                list_del(&timer->entry);
                timer->base = NULL;
                fn(data);
                goto repeat;
        }
}
```

11.5.6 Aktivierung neuer Timer

Bei der Installation neuer Timer muss unterschieden werden, ob sie vom Kernel selbst oder von Applikationen aus dem Userspace benötigt werden. Zunächst soll der Mechanismus für Kerneltimer besprochen werden, da Usertimer darauf aufbauen.

add_timer wird verwendet, um eine fertig ausgefüllte Instanz von timer_list in die eben beschriebenen Strukturen einzufügen. Nach Überprüfung einiger Sicherheitsbedingungen (beispielsweise darf derselbe Timer nicht zweimal eingefügt werden) wird die Arbeit an die Funktion internal_add_timer delegiert, deren Aufgabe darin besteht, den neuen Timer an die richtige Stelle der Datenstrukturen einzuordnen.

Der Kernel muss zuerst berechnen, nach wie vielen Ticks der Timeout des neuen Timers erreicht wird, da in der Datenstruktur neuer Treiber ein Absolutwert für den Timeout angegeben wird. Um eventuell versäumte Aufrufe der Timerbearbeitung zu kompensieren, wird expires - base->timer_jiffies zur Berechnung des Offsets verwendet.

Anhand dieses Werts können Grobkategorie und Zielposition innerhalb der Kategorie herausgefunden werden; der neue Timer muss nur mehr in die verkettete Liste eingefügt werden. Da er an den *Schluss* der Liste gesetzt wird, die Abarbeitung in run_timer_list aber vom Beginn aus erfolgt, wird ein first in, first out-Mechanismus realisiert.

11.5.7 Implementierung der timerbezogenen Systemaufrufe

Ausgangspunkt der Systemaufrufe alarm und timer sind wie üblich die beiden Funktionen sys_alarm und sys_setitimer. alarm installiert Timer des Typs ITIMER_REAL (Echtzeittimer), während setitimer neben der Installation von Echtzeittimern auch für virtuelle und Profiling-Timer verwendet werden kann. do_setitimer unterscheidet zwischen diesen drei Typen.

Bei der Installation von Echtzeittimern muss zuerst mittels del_timer_sync ein eventuell bereits vorhandener Timer des Prozesses aus der Timerliste entfernt werden; die Installation eines Timers „überschreibt" deshalb die bisher gültigen Werte. Anschließend werden die Elemente it_real_value und it_real_sync der Taskstruktur mit den neuen Werten für Ablaufzeit und Intervall versehen, die aus dem Userspace übergeben wurden. Mit add_timer wird der neue Timer in die allgemeinen Datenstrukturen des Kerns eingefügt. Nun bleibt nur noch die Frage, wie der Kern die Periodizität des Timers erreicht.

Wie wir in den Beispielen am Anfang diese Kapitels gesehen haben, wird bei Ablauf eines dynamischen Timers keine Handler-Routine im Userspace ausgeführt, sondern lediglich ein Signal erzeugt, was zum Aufruf eines Signalhandlers und damit indirekt zum Aufruf einer Callback-Funktion führt.

Der Kernel hingegen verwendet für alle Userspace-Echtzeit-Timer eine Callback-Funktion: it_real_fn. Sie ist für zwei Dinge verantwortlich:

- Das Signal `SIGALRM` wird an den Prozess geschickt, der den Timer installiert hat.

- Um den Timer periodisch zu machen (wenn das `it_real_incr`-Feld der Taskstruktur ungleich 0 ist), wird der Timer neu installiert, wozu eine entsprechend erhöhte `expires`-Zeit verwendet wird.

Da der `alarm`-Systemaufruf periodische Timer mit Periodenlänge 0 erzeugt, werden sie (wie erwartet) nur ein einziges Mal ausgeführt.

Die Timertypen `ITIMER_REAL` und `ITIMER_VIRTUAL` benötigen keinen internen Kernel-Timer, sondern können durch einfache Manipulation der Taskstruktur des Prozesses installiert werden: Es müssen lediglich `it_virt_value` und `it_virt_incr` bzw. `it_prof_value` und `it_prof_incr` mit den Daten der Funktionsparameter gefüllt werden Die Abarbeitung dieser Timertypen erfolgt direkt im Timer-Interrupt.

11.5.8 Verwaltung der Prozesszeiten

`update_one_process` wird verwendet, um die prozess-spezifischen Zeitelemente zu verwalten. Sie wird bei jedem Timer-Interrupt direkt aufgerufen.[17]

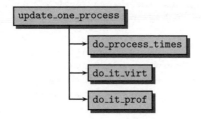

Abbildung 11.10: *Codeflussdiagramm für* `update_one_process`

Wie das Codeflussdiagramm in Abbildung 11.10 zeigt, müssen drei Dinge erledigt werden:

- `do_process_times` bringt die Werte für die verbrauchte User- und Systemrechenzeit in der Taskstruktur (`utime` und `stime`) auf den aktuellen Stand. Außerdem wird das Signal `SIGXCPU` im Sekundenrhythmus verschickt, wenn der Prozess seine durch Rlimit auferlegten Rechenzeitgrenzen überschritten hat.

- `do_it_virt` dekrementiert den Wert des `it_virt_value`-Elements in der Taskstruktur um die Anzahl der im Benutzermodus verstrichenen Ticks. Wenn der Zähler 0 erreicht hat, wird das Signal `SIGVTALRM` verschickt, um den Prozess über den Timeout zu informieren.

- `do_it_prof` dekrementiert das Element `it_prof_value` der Taskstruktur um 1. Da der Timer-Interrupt unabhängig vom Kernel- oder Benutzermodus auftritt, wird durch diese Vorgehensweise die Laufzeit des Prozesses in beiden Modi erfasst, wie es beim Profiling erwünscht ist. Wenn der Zähler auf 0 gefallen ist, wird das Signal `SIGPROF` zur Meldung des Timeouts versandt.

Die beiden letzten Aktionen machen explizite Kerneltimer zur Implementierung von virtuellen und Profiling-Timern überflüssig.

---

17 Auf Mehrprozessorsystemen wird die Funktion nicht aus dem globalen Timer-Interrupt-Handler des Systems heraus aufgerufen; vielmehr wird eine Variante des Timer-Interrupts verwendet, die per CPU aufgerufen wird. Auf IA-32-Systemen wird dies als IO-APIC-Timer bezeichnet; andere Architekturen verwenden andere Bezeichnungen, worauf wir aber nicht detaillierter eingehen wollen.

12 Page- und Buffer-Cache

Performance und Leistung des Kerns sind wichtige Faktoren, denen bei der Entwicklung große Beachtung geschenkt wird. Neben einem durchdachten Gesamtkonzept, das das Zusammenspiel der einzelnen Komponenten regelt, verwendet der Kern ein umfangreiches Framework aus Puffern und Caches, das eingesetzt wird, um die Geschwindigkeit des Systems zu erhöhen.

Buffering und Caching verwenden Teile des RAM-Speichers des Systems, um die wichtigsten und am häufigsten verwendeten Daten der langsamen Blockgeräte nicht direkt an ihrem Ursprungsort zu manipulieren, sondern im Hauptspeicher zu bearbeiten. Vor allem wird der RAM-Speicher auch verwendet, um einmal eingelesene Daten vorzuhalten und sie bei der nächsten Gelegenheit, wenn diese Daten benötigt werden, direkt aus dem schnellen RAM lesen zu können.

Dies geschieht natürlich transparent für Anwendungen, die keinen Unterschied merken und bemerken können, wo sie ihre Daten herbekommen.

Da Zurückschreiben von Daten erfolgt nicht nach jeder Änderung, sondern erst nach Ablauf einer gewissen Zeitspanne, die von verschiedenen Faktoren – freie Kapazität des RAM-Speichers, Benutzungshäufigkeit der im Speicher gehaltenen Daten etc. – abhängt. Schreibvorgänge werden dadurch gebündelt, weshalb sie schneller ablaufen. Die Verzögerung von Schreibvorgängen führt dadurch zu einer Beschleunigung des gesamten Systems!

Caching bietet allerdings nicht nur Vorteile und muss vom Kernel deshalb wohlüberlegt eingesetzt werden:

- RAM-Speicher ist üblicherweise in wesentlich geringerer Kapazität als Blockgerätespeicher vorhanden, weshalb nur selektive Ausschnitte gecached werden können.

- Die zum Caching verwendeten Speicherbereiche stehen nicht mehr für „normale" Daten von Benutzerapplikationen zur Verfügung und schränken daher den effektiv verfügbaren RAM-Speicher ein.

- Bei unvorhergesehen Abstürzen des Systems, die im einfachsten Fall durch einen Stromausfall erzeugt werden, kann es passieren, dass sich Daten in den Caches befinden, die noch nicht auf das zugrunde liegende Blockgerät zurückgeschrieben wurden. Diese sind verloren und können nicht wiederhergestellt werden.

Trotz dieser Nachteile überwiegen die positiven Effekte des Cachings, weshalb die entsprechenden Mechanismen fest in die Struktur des Kern integriert sind.

Caching ist in etwa die „umgekehrte" Operation zu Swapping bzw. Paging, die in Kapitel 14 behandelt werden. Während für das Caching schneller RAM-Speicher geopfert wird, um die Operation langsamer Blockgeräte zu beschleunigen, wird zur Implementierung von Swapping RAM-Speicher virtuell durch langsame Blockgeräte ersetzt. Der Kernel muss sich daher darum kümmern, die beiden Mechanismen so gut wie möglich unter einem Dach zu vereinigen und zu versuchen, die Vorteile der einen Methode nicht durch Nachteile der anderen zunichte zu machen, was keine leichte Aufgabe ist.

In den vorhergehenden Kapiteln haben wir bereits einige Möglichkeiten kennen gelernt, die der Kern zum Caching spezieller Strukturen bereitstellt: Der Slab-Cache ist ein Speicher-Speicher-Cache, dessen Ziel nicht die Beschleunigung von Operationen auf langsameren Geräten, sondern die effektivere und einfachere Ausnutzung vorhandener Ressourcen ist; der Dentry-Cache wird zwar auch verwendet, um Zugriffe auf langsame Blockgeräte zu vermeiden, ist aber nur auf die Verwaltung eines einzigen Datentyps spezialisiert und daher nicht allgemein verwendbar.

Der Kernel bietet zwei Möglichkeiten des allgemeinen Cachings für Blockgeräte an, die im Laufe der Entwicklung allerdings immer besser miteinander kombiniert und verschmolzen wurden:

- Der *Page Cache* (Seitencache) ist für alle Operationen gedacht, die in seitenweisen Einheiten – bezogen auf die Größe einer Speicherseite der jeweiligen Architektur – agieren. Musterbeispiel für diese Kategorie ist die in vielen anderen Kapiteln immer wieder angesprochene Memory-Mapping-Technik; da auch andere Arten des Dateizugriffs kernelintern auf der Grundlage dieser Technik implementiert werden, erledigt der Seitencache die Hauptarbeit beim Caching für Blockgeräte.

- Der *Buffer Cache* (Puffercache) ist ein blockweise operierender Cache, der für I/O-Operationen verwendet wird, die auf einzelnen Blöcken eines Geräts agieren und nicht komplette Speicherseiten als Zugriffseinheit verwenden. Während die Seitengröße für alle Dateisysteme konstant ist, ändert sich die Blockgröße je nach verwendetem Dateisystem bzw. dessen Einstellungen, weshalb auch der Puffercache mit unterschiedlichen Blockgrößen umgehen können muss.

Page- und Buffercache werden in vielen Fällen kombiniert verwendet; so wird eine gecachete Seite bei Schreibvorgängen in verschiedene Puffer unterteilt, um die modifizierten Bereiche der Seite in einem feineren Raster unterscheiden zu können. Dies bringt Vorteile beim späteren Zurückschreiben der Daten, da nicht die komplette Seite, sondern nur der modifizierte Abschnitt auf das zugrunde liegende Blockgerät übertragen werden muss.

12.1 Struktur des Page-Caches

Wie aus seinem Namen ersichtlich ist, bezieht sich der *Page Cache* (*Seitencache*) auf Speicherseiten, die den virtuellen Speicherbereich sowie den vorhandenen RAM-Speicher des Systems in kleine Abschnitte aufteilen und den großen Adressraum für den Kernel nicht nur leichter manipulierbar machen, sondern auch eine ganze Reihe anderer Funktionalitäten wie Paging, Demand Loading, Memory Mapping und anderes ermöglichen. Aufgabe des Page Caches ist es, einen Teil der verfügbaren physikalischen Page Frames abzuzwacken, um Operationen, die mit Blockgeräten auf Seitenbasis durchgeführt werden, zu beschleunigen. Natürlich verhält sich der Page Cache aus Sicht einer Benutzerapplikation transparent, da diese nicht bemerkt, ob sie direkt mit dem Blockgerät interagiert oder nur mit einer Kopie der Daten im Speicher arbeitet, da die entsprechenden Lese- und Schreib-Systemaufrufe in allen Fällen absolut identische Ergebnisse liefern.

Die Situation ist für den Kernel natürlich anders: Um die Verwendung von gecacheten Seiten zu ermöglichen, müssen an verschiedenen Stellen im Code Ankerstellen angebracht werden, die mit dem Page Cache interagieren. Die vom Benutzerprozess gewünschte Operation muss auf jeden Fall durchgeführt werden, unabhängig davon, ob sich die gesuchte Seite im Cache befindet oder nicht: Während die Aktion bei einem Cache-Hit entsprechend schnell vor sich geht (was schließlich der Sinn eines Caches ist), muss die gesuchte Seite bei einem Cache Miss erst vom zugrunde liegenden Blockgerät eingelesen werden, was entsprechend länger dauert. Nach dem

Einlesen wird die Seite in den Cache integriert und ist daher für die folgenden Zugriffe schnell verfügbar.

Um Cache Misses so billig wie möglich zu machen, muss die Zeit minimiert werden, die bei der Suche nach einer Seite im Page Cache aufgewendet wird – im Falle eines Misserfolges wurde die dazu verwendete Rechenzeit schließlich (mehr oder weniger) verschwendet. Die effiziente Organisation der gecacheten Seiten ist daher ein zentraler Punkt im Design des Seitencaches.

12.1.1 Verwalten und Finden gecacheter Seiten

Das Problem der schnellen Beschaffung einzelner Elemente (Seiten) aus einem größeren Datenbestand (Seitencache) ist kein spezifisches Problem des Linux-Kerns, sondern in allen Teilen der Informatik seit langem bekannt, weshalb eine Vielzahl gut durchdachter und untersuchter Datenstrukturen zur Verfügung steht, die sich in der Praxis bewährt haben. Baumdatenstrukturen sind in diesem Bereich in unterschiedlichen Variationen stark verbreitet, und auch Linux verwendet eine Baumdatenstruktur, um die in Page-Cache vorhandenen Seiten zu verwalten: Root-Radix-Trees.

In Anhang C findet sich eine genauere Beschreibung allgemeiner Eigenschaften sowie von Vor- und Nachteilen dieser Datenstruktur; hier wollen wir uns nur einen kurzen Überblick verschaffen, wie die einzelnen Seiten darin organisiert sind.

Abbildung 12.1 zeigt einen Root-Radix-Tree, in dem verschiedene Instanzen einer Datenstruktur (durch Kreise dargestellt) miteinander verknüpft sind.

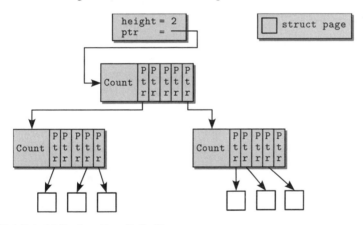

Abbildung 12.1: Beispiel für einen Root-Radix-Tree

Die Struktur entspricht nicht den üblichen binären oder ternären Suchbäumen, die meistens verwendet werden, wenn Baumstrukturen im Spiel sind; ebenso sind Root-Radix-Trees nicht balanciert, dürfen also beliebige Höhenunterschiede zwischen den vorhandenen Ästen besitzen. Der Baum selbst besteht aus zwei verschiedenen Datenstrukturen, eine weitere Datenstruktur wird zur Repräsentation der Blätter verwendet und transportiert die eigentlichen Nutzdaten. Da Speicherseiten geordnet werden sollen, sind die Blätter in diesem Fall Instanzen der page-Struktur, wobei dies für die Implementierung des Baums nicht weiter wichtig ist (die Kernelquellen legen sich auf keinen bestimmten Datentyp fest, sondern verwenden void-Pointer, weshalb Radix-Trees prinzipiell auch für andere Aufgaben verwendet werden könnten, was aber momentan nicht der Fall ist).

Die Wurzel des Baums bildet eine einfache Datenstruktur, die vor allem zwei Dinge festhält: die Höhe des Baums, d. h. die maximale Anzahl an Ebenen, die zur Unterbringung der Knotenelemente verwendet werden, sowie einen Zeiger auf die erste Nodendatenstruktur, aus denen sich der Baum zusammensetzt.

Die Noden selbst sind im Wesentlichen Arrays, die hier der Einfachheit halber aus 4 Elementen zusammengesetzt sind, um die Darstellung übersichtlicher zu gestalten, in den Kernelquellen aber tatsächlich $2^{\text{RADIX\_TREE\_MAP\_SHIFT}}$ Einträge besitzen. Da RADIX_TREE_MAP_SHIFT normalerweise auf 6 definiert ist, enthält jedes Array also 64 Elemente – wesentlich mehr als in unserer Beispielabbildung, was aber nicht leicht darzustellen wäre.

Die im Baum organisierten Elemente werden über einen eindeutigen Schlüssel adressiert, der aus einer einfachen ganzen Zahl besteht. Wir wollen hier nicht im Detail auf den Algorithmus eingehen, der zum Suchen von Elementen anhand ihres Schlüssels verwendet wird; in Anhang C findet sich eine eingehende Beschreibung des relevanten Codes.

Auch Vergrößern des Baums und Löschen von Elementen sind Operationen, die der Kern mit wenig Aufwand durchführen kann, was einen nur geringen Zeitverlust durch Operationen garantiert, die zur Verwaltung des Caches benötigt werden. Die Implementierung der genannten Operationen wird ebenfalls in Anhang C („Anmerkungen zu C") genauer beschrieben.

12.1.2 Zurückschreiben modifizierter Daten

Schreiboperationen werden danke des Seitencaches nicht direkt an das zugrunde liegende Blockgerät weitergegeben, sondern erst im Speicher durchgeführt, von wo aus die modifizierten Daten zu einem späteren Zeitpunkt gesammelt an die untergeordnete Schicht des Kerns weitergereicht werden, wo sie – wie in Kapitel 5 („Gerätetreiber") besprochen wurde – noch weiter optimiert werden können, um die spezifischen Fähigkeiten der einzelnen Geräte voll auszunutzen. Hier interessiert uns die Situation allerdings nur aus Sicht des Seiten-Caches, für den sich vor allem eine Frage stellt: *Zu welchem Zeitpunkt* soll das Zurückschreiben von Daten erfolgen? Dies schließt automatisch die Frage mit ein, *wie oft* zurückgeschrieben werden soll.

Verständlicherweise gibt es keine allgemeingültige Lösung für dieses Problem, da auch die Verwendung der Maschine zusammen mit der aktuellen Auslastung deutlich unterschiedliche Szenarien aufwirft: Bei einem Servercomputer, der über Nacht zwar läuft, aber wenig Anfragen zu beantworten hat, muss der Kern nur selten eingreifen, da kaum Daten modifiziert werden, ebenso ist dies bei einem Arbeitsplatzrechner der Fall, den der Benutzer gerade in Ruhe lässt, um eine Denkpause zu machen. Die Situation kann sich aber schlagartig ändern, wenn beispielsweise beim Serverrechner ein großer FTP-Transfer beginnt oder der Benutzer des Arbeitsplatzrechners seine Denkpause beendet hat, um einen umfangreichen Compilerlauf zu starten, der größere Mengen an Dateien verarbeitet und entsprechende Datenmengen produziert: Die Caches müssen in beiden Fällen zuerst nur sehr selten zurückgeschrieben, dann aber von einem Moment auf den anderen häufig mit dem zugrunde liegenden Speichermedium synchronisiert werden.

Der Kern bietet aus diesen Gründen mehrere Möglichkeiten zur Synchronisation an, die parallel bereitgestellt werden:

- Ein spezieller Kerneldaemon mit Bezeichnung pdflush läuft im Hintergrund und wird – unabhängig von der aktuellen Situation im Seitencache – periodisch aktiviert. Er durchläuft die im Page Cache vorhandenen Seiten und schreibt Daten zurück, die zu lange nicht mit dem zugrunde liegenden Blockgerät synchronisiert wurden.

Da in früheren Kernelversionen ein Userspace-Daemon namens kudpated für diese Aufgabe verantwortlich war, ist dieser Name für den beschrieben Mechanismus bis heute gebräuchlich.

- Ein zweiter Betriebsmodus von pdflush wird vom Kern aktiviert, wenn die Anzahl der modifizierten Daten in einem Cache innerhalb eines kurzen Zeitraums stark zugenommen hat.

- Über Systemaufrufe kann der Benutzer bzw. eine Applikation dem Kern manuell befehlen, alle noch nicht synchronisierten Daten zurückzuschreiben. Die bekannteste Variante ist der sync-Aufruf, da auch ein Userspace-Tool gleichen Namens existiert, das auf dem entsprechenden Systemcall aufsetzt.

Kapitel 13 („Datensynchronisation") wird genauer auf die verschiedenen Mechanismen eingehen, die zum Zurückschreiben dreckiger Daten aus den Caches verwendet werden.

Um die unterschiedlichen Zielobjekte zu verwalten, die mittels ganzer Seiten bearbeitet und gecached werden können, verwendet der Kern die Abstraktion des „Adressraums", die Seiten im Speicher mit einem bestimmten Blockgerät (oder irgendeiner andern Einheit des Systems bzw. einem Ausschnitt aus dieser Einheit) verbindet. Achtung: Diese Art von Adressraum darf nicht mit den virtuellen und physikalischen Adressräumen verwechselt werden, die das System bzw. der Prozessor bereitstellen. Es handelt sich um eine eigene Abstraktion des Linux-Kerns, die unglücklicherweise den gleichen Namen trägt. Vorerst interessiert nur ein Punkt: Jeder Adressraum besitzt einen „Host", von dem seine Daten bezogen werden. Dies sind in den meisten Fällen Inoden, die genau eine Datei repräsentieren.[1] Da alle vorhandenen Inoden mit dem Superblock verlinkt sind, wie in Kapitel 7 („Das virtuelle Dateisystem") besprochen wird, braucht der Kern lediglich die Liste aller Superblöcke zu durchforsten und ihre assoziierten Inoden zu verfolgen, um zu einer Liste (fast) aller gecacheten Seiten zu gelangen.

Normalerweise verändern Modifikationen an Dateien oder anderen Objekte, die seitenweise gecached werden, den Inhalt nicht vollständig, d.h. nur ein kleiner Ausschnitt der kompletten Seite verfügt nach der Modifikation über einen andern Inhalt als vorher, während die restlichen Bereiche unverändert bleiben. Dies führt bei der Synchronisation der Daten zu einem Problem, da es unsinnig wäre, die komplette Seite auf das Blockgerät zurückzuschreiben – schließlich stimmen die meisten Daten zwischen Speicher und Blockgerät noch überein. Um diesen Zeitverlust zu vermeiden, teilt der Kern jede Page Cache-Seite bei Schreiboperationen in nochmals kleinere Einheiten auf, die als *Buffer* oder *Puffer* bezeichnet werden: Beim Zurückschreiben kann sich der Kern auf kleinere Einheiten beschränken, die wirklich modifiziert wurden, ohne die ansonsten günstige Idee des seitenweisen Cachings aufzugeben.

12.2 Der Buffer-Cache

Nicht immer wurde im Linux-Kernel ein seitenorientiertes Verfahren verwendet, um die Hauptlast des Cachings aufzunehmen: In früheren Versionen war einzig und alleine der Puffercache vorhanden, um Dateioperationen zu beschleunigen und die Performance des Systems zu verbessern. Diese Tatsache war ein Erbe aus anderen Unix-Derivaten, die nach derselben Struktur aufgebaut sind: Blöcke aus den zugrunde liegenden Blockgeräten wurden in Puffern des Hauptspeichers vorgehalten, um Lese- und Schreiboperationen zu beschleunigen.

---
[1] Es sind auch andere Host-Objekte möglich, wie wir weiter unten sehen werden. Da die überwiegende Zahl aller gecacheten Seiten allerdings aus Dateizugriffen hervorgeht, machen Inoden die größte Zahl aller Host-Objekte aus.

Im Gegensatz zu Speicherseiten sind Blöcke nicht nur (meistens) kleiner, sondern weisen die Eigenschaft auf, dass sich ihre Größe je nach verwendetem Blockgerät (oder auch Dateisystem, wie Kapitel 8 zeigt) ändern kann.

Durch die immer stärkere Verschiebung hin zu generischen Zugriffsmethoden auf Dateien, die mittels seitenbezogener Operationen implementiert werden, hat der Puffercache zunehmend an Bedeutung als zentraler Cache des Systems verloren und ist mittlerweile nur noch von sekundärer Bedeutung, während die Hauptlast ganz klar auf dem Page Cache liegt. Dennoch sind Puffer alles andere als unwichtig! Vor allem im *Zusammenspiel* mit dem Seitencache lässt sich die Leistung des Systems weiter steigern, was mit einer reinen Seitencache-Lösung nicht zu erreichen wäre.

Der Puffer-Cache besteht strukturell aus zwei Einheiten:

- Ein Pufferkopf (*buffer head*) wird verwendet, um alle Verwaltungsdaten zu speichern, die den Zustand des Puffers betreffen, wozu unter anderem sein Zustand, Informationen über Blocknummer und -größe, ein Zugiffszähler und andere Dinge gehören, auf die wir weiter unten genauer eingehen. Die gespeicherten Daten finden sich *nicht* direkt unterhalb des Pufferkopfs, sondern in einem gesonderten Bereich des RAM-Speichers, auf den ein entsprechender Zeiger in der Pufferkopf-Struktur verweist.

- Die Nutzdaten selbst werden in eigens dafür reservierten Speicherseiten festgehalten, die sich auch im Page Cache befinden können. Dadurch wird der Seitencache weiter unterteilt, wie Abbildung 12.2 verdeutlicht: Die Seite wird in 4 Abschnitte geteilt, die durch je einen eigenen Pufferkopf beschrieben werden Die Pufferköpfe sind dabei in Speicherbereichen untergebracht, die nichts mit dem Speicherbereich der Nutzdaten zu tun haben!

Die Seite kann dadurch direkt in kleinere Abschnitte unterteilt werden, da keine Lücken durch den Pufferdaten vorangestellte Kopfdaten entstehen.

Wird einer der Puffer modifiziert, wirkt sich dies unmittelbar auf den Inhalt der Seite aus (und umgekehrt), so dass ein explizites Management zur Synchronisation der beiden Caches entfällt – schließlich verwenden beide eine gemeinsame, identische Datenbasis.

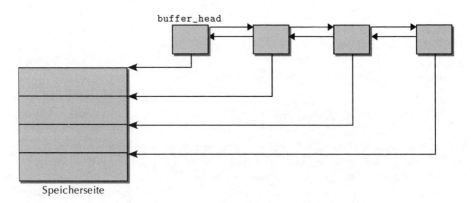

Abbildung 12.2: Verbindung zwischen Seiten und Puffern

Natürlich gibt es auch Anwendungen für Zugriffe auf Blockgeräte, die nicht in einem seitenbezogenen Rahmen durchgeführt werden, sondern Daten wirklich blockweise einlesen – beispielsweise, wenn der Superblock eines Dateisystems gelesen wird. Um auch solche Zugriffe durch

Caching zu beschleunigen, gibt es einen separaten Buffer-Cache, der unabhängig vom Seitencache funktioniert und nicht nur als Ergänzung des Ersteren dient. Dazu werden Pufferköpfe – die Datenstruktur ist in allen Fällen identisch – in einem Array konstanter Größe zusammengefasst, dessen einzelne Einträge nach dem Least Recent Used-Schema verwaltet werden: Nachdem ein Element benutzt wurde, wird es an Position 0 gesetzt und die bisherigen Einträge entsprechend nach unten verschoben, wodurch sich die am häufigsten verwendeten Elemente automatisch am Anfang des Arrays finden, während weniger frequentierte Einträge nach unten gedrückt werden und schließlich aus dem Array „herausfallen", wenn sie über einen längeren Zeitraum nicht verwendet werden.

Da die Größe des Arrays und damit die Anzahl der Einträge in der LRU-Liste auf einen festen Wert beschränkt sind, der sich zur Laufzeit des Kerns nicht ändert, braucht sich der Kern nicht durch gesonderte Threads darum kümmern, die Cachegröße auf vernünftige Werte zu trimmen, sondern muss lediglich beim Herausfallen eines Elements aus dem Cache den assoziierten Puffer wieder freigeben, um den davon belegten Speicherplatz für andere Dinge zur Verfügung zu stellen.

In Abschnitt 12.4 werden wir uns genauer mit den technischen Details der Implementierung von Puffern beschäftigen. Zuvor muss aber das Konzept von Adressräumen genauer besprochen werden, da dies für die Implementierung der Cache-Funktionalitäten von zentraler Bedeutung ist.

12.3 Adressräume

Nicht nur die Art des Caches hat sich im Lauf der Linux-Entwicklung von der reinen Pufferorientierung hin zum seitenweisen Cachen entwickelt; auch die Art und Weise, wie die gecacheten Daten mit ihren Quellen verbunden sind, wurde gegenüber früheren Linux-Versionen durch ein allgemeineres Schema ersetzt. Während in der Anfangszeit (nicht nur von Linux, sondern auch von anderen Unix-Derivaten) Inoden die einzigen Objekte waren, die als Ausgangspunkt zur Datenbeschaffung von Cache-Inhalten dienen konnten, verwendet der Kernel heute wesentlich allgemeinere *Adressräume*, die das Bindeglied zwischen gecacheten Daten und den zu ihrer Beschaffung nötigen Objekten bzw. Geräten bilden. Obwohl natürlich auch heute Dateinhalte noch einen wesentlichen Bestandteil der Caches ausmachen, sind die Schnittstellen so allgemein gehalten, dass auch Inhalte anderer Quellen zur Beschleunigung im Speicher vorgehalten werden können.

Wie reihen sich Adressräume in die Strukturen des Seitencaches ein? Sie implementieren einen Übersetzungsmechanismus zwischen zwei Einheiten:

- Jedem Adressraum sind Seiten im Hauptspeicher zugeordnet, deren Inhalt mit verschiedenen Methoden von Benutzerprozessen oder vom Kern selbst manipuliert werden kann.
  Diese Daten stellen den Inhalt des Caches dar.

- Der *Backing Store* legt die Quellen fest, aus denen die Seiten des Adressraums gefüllt werden. Adressräume beziehen sich auf den virtuellen Adressraum des Prozessors und geben eine Abbildung zwischen dem von ihnen verwalteten Ausschnitt im virtuellen Speicher und den korrespondierenden Positionen auf einer Quelle (üblicherweise einem Blockgerät) vor.
  Erfolgt ein Zugriff auf eine Position des virtuellen Speichers, die nicht mit einer physikalischen Speicherseite verknüpft ist, kann der Kern mit Hilfe der Adressraumstruktur herausfinden, von wo her die Daten eingelesen werden müssen.

Um den Transfer zu ermöglichen, stellt jeder Adressraum einen Satz an Operationen (in Form von Funktionszeigern) bereit, die die Interaktion zwischen beiden Seiten des Adressraumes ermöglichen – beispielsweise das Einlesen einer Seite von einem Blockgerät bzw. Dateisystem oder das Zurückschreiben einer modifizierten Seite. Im folgenden Abschnitt werden wir die dazu verwendeten Datenstrukturen genauer betrachten, um danach auf die Implementierung von Adressraumoperationen einzugehen,

12.3.1 Datenstrukturen

Grundlage eines Adressraums ist, wie bereits erwähnt, die `address_space`-Struktur. Sie ist folgendermaßen aufgebaut:

```
<fs.h>    struct address_space {
              struct inode             *host;           /* owner: inode, block_device */
              struct radix_tree_root   page_tree;       /* radix tree of all pages */
              struct list_head         clean_pages;     /* list of clean pages */
              struct list_head         dirty_pages;     /* list of dirty pages */
              struct list_head         locked_pages;    /* list of locked pages */
              struct list_head         io_pages;        /* being prepared for I/O */
              unsigned long            nrpages;         /* number of total pages */
              struct address_space_operations *a_ops;   /* methods */
              struct list_head         i_mmap;          /* list of private mappings */
              struct list_head         i_mmap_shared;   /* list of shared mappings */
              unsigned long            dirtied_when;    /* jiffies of first page dirtying */
              int                      gfp_mask;        /* how to allocate the pages */
              struct backing_dev_info  *backing_dev_info; /* device readahead, etc */
              struct list_head         private_list;    /* ditto */
              struct address_space     *assoc_mapping;  /* ditto */
          };
```

- Um die Verbindung mit den Bereichen herzustellen, die ein Adressraum verwaltet, gibt es sowohl einen Zeiger auf eine Inoden-Instanz (vom Typ `struct inode`), die den Backing Store angibt, sowie einen Root-Radix-Tree (`page_tree`) mit einer Liste aller physikalischen Speicherseiten, die sich im Adressraum befinden.

- Die Seiten eines Adressraums können in feinere Kategorien unterteilt werden, wozu vier verschiedene doppelt verkettete Listen verwendet werden, die mit den bekannten Standardoperationen des Kerns bearbeitet werden können:

  `clean_pages` und `dirty_pages` nehmen die unmodifizierten bzw. modifizierten Speicherseiten eines Adressraums auf.[2] Wenn alle geänderten Daten auf das zugrunde liegende Blockgerät zurückgeschrieben werden sollen, kann der entsprechende Mechanismus von diesen Listen Gebrauch machen, um nicht den kompletten Seitenbaum durchsuchen zu müssen; die betroffenen Seiten können dadurch wesentlich schneller selektiert werden.

  `locked_pages` ist eine temporäre Liste, die gesperrte Seiten aufnimmt, die vor dem Zugriff von anderen Codepfaden aus geschützt werden sollen. Auf `io_pages` finden sich alle Seiten, die gerade auf ihr Ursprungsgerät zurückgeschrieben werden, sich also mitten in einer I/O-Operation befinden.

  Alle genannten Listen verknüpfen Instanzen des Typs `page` miteinander, deren `list`-Element als Listenelement verwendet wird.

---

2 Die Listenverwaltung ist allerdings nicht absichtlich absolut genau, weshalb auch der Fall eintreten kann, dass sich eine modifizierte Seite auf der Liste der unmodifizierten Seiten befindet, da dies eine effizientere Implementierung einiger Algorithmen ermöglicht, aber keinen Schaden anrichtet. Sehr kurzfristig kann sich eine dreckige Seite auch in der Liste der sauberen Seiten aufhalten.

12.3 Adressräume

Während sich im Root-Radix-Tree *alle* Seiten (dirty, clean, ...) unabhängig von ihrem Zustand befinden, die zum betrachteten Adressraum zählen, werden die eben beschrieben Listen verwendet, um eine Unterteilung in zustandsabhängige Kategorien zu schaffen.

- Die Gesamtzahl aller gecacheten Seiten wird mit Hilfe der Zählervariable `nrpages` festgehalten, wie ihr Name bereits andeutet.

- `address_space_operations` stellt einen Zeiger auf eine Struktur bereit, in der sich eine Liste von Funktionszeigern befindet, die auf spezifische Operationen zur Bearbeitung von Adressräumen verweisen. Wir werden gleich genauer auf ihre Definition eingehen.

- Drei weitere Elemente beschäftigen sich mit der Verwaltung von Memory Mappings: `i_mmap` ist eine doppelt verkettete Liste, in der alle normalen (d.h. nicht mit einem anderen Prozess geteilten) Speicherabbildungen der Inode festgehalten werden, während `i_mmap_shared` eine Liste aller Mappings bereitstellt, die mit gesetztem `VM_SHARED`-Attribut angelegt wurden und daher von mehreren Verbrauchern gleichzeitig verwendet werden können.

- `backing_dev_info` ist ein Zeiger auf eine weitere Struktur, die Informationen über den zugeordneten *backing store* bereitstellt.

  Als Backing Store wird das Zubehörgerät bezeichnet, das als „Rückgrat" für die Informationen dient, die sich im Adressraum befinden (üblicherweise ein Blockgerät). Die Struktur besteht aus nur drei Elementen, die angeben, wie viele Seiten maximal im Voraus eingelesen werden sollen (`ra_pages`, siehe weiter unten), den Zustand des Backing Stores (`state`) sowie eine Boolesche Variable, die angibt, ob es sich beim Backing Store um ein richtiges Blockgerät handelt oder ob er speicherbasiert (wie beispielsweise bei RAM-Disks) ist (`memory_backed`).

```
struct backing_dev_info {                                                <backing-
    unsigned long ra_pages;    /* max readahead in PAGE_CACHE_SIZE units */  dev.h>
    unsigned long state;       /* Always use atomic bitops on this */
    int memory_backed;         /* Cannot clean pages with writepage */
};
```

- `private_list` wird verwendet, um Instanzen von `buffer_head`s miteinander zu verknüpfen, die Metadaten des Dateisystems aufnehmen, normalerweise Indirektionsblöcke. `assoc_mapping` ist ein Zeiger auf den dazugehörigen Adressraum.

- Die restlichen Elemente dienen zum einen zur Festlegung, in welcher Speicherzone sich die Seiten befinden (`gfp_mask`), während `dirtied_when` den ersten Zeitpunkt (in `jiffies`) speichert, zu dem die erste Seite des Adressraums als „dirty" markiert wurde. Der Wert wird beim Zurückschreiben von Daten als Vergleichsbasis verwendet.

12.3.2 Seitenbäume

Der Kern verwendet Root-Radix-Trees, um alle zu einem Adressraum gehörigen Seiten mit möglichst geringem Aufwand zu verwalten. Nachdem weiter oben bereits ein allgemeiner Überblick zu Bäumen dieser Art gegeben wurde, sollen nun die entsprechenden Datenstrukturen des Kerns genauer untersucht werden.

Wie aus dem Aufbau von `address_space` ersichtlich ist, bildet die Struktur `radix_tree_root` das Wurzelelement jedes Radix-Trees:

```
                    struct radix_tree_root {
<radix_tree_              unsigned int         height;
   root.h>                int                  gfp_mask;
                          struct radix_tree_node *rnode;
                    };
```

- **height** gibt die Höhe des Baums, also die Anzahl von Ebenen unterhalb der Wurzel an. Kombiniert mit der Anzahl von Einträgen pro Knoten kann der Kern durch diese Angabe schnell die maximale Elementzahl in einem gegebenen Baum berechnen und diesen entsprechend erweitern, wenn die Kapazität für die Aufnahme neuer Daten nicht mehr ausreicht.

- **gfp_mask** gibt wie üblich die Zone an, aus der Speicher alloziert werden soll.

- **rnode** ist ein Zeiger auf das erste Noden-Element des Baums. Als Datentyp wird `radix_tree_node` verwendet, den wir gleich besprechen werden.

Implementierung

Der Knoten eines Radix-Trees wird durch folgende Datenstruktur repräsentiert:

```
lib/radix_tree.c    #define RADIX_TREE_MAP_SHIFT    6
                    #define RADIX_TREE_MAP_SIZE     (1UL << RADIX_TREE_MAP_SHIFT)

                    struct radix_tree_node {
                          unsigned int  count;
                          void          *slots[RADIX_TREE_MAP_SIZE];
                    };
```

Auch diese Datenstruktur ist sehr einfach aufgebaut: `slots` ist ein Array aus `void`-Zeigern, die – je nach Ebene, in der sich der Knoten befindet – auf Datenelemente oder weitere Knoten verweisen, während `count` die Anzahl der belegten Array-Einträge des Knotens festhält. Das Array wird dabei von oben beginnend aufgefüllt; die nicht verwendeten Einträge sind mit Nullzeigern belegt.

Jeder Baumknoten kann auf 64 weitere Knoten (oder Blätter) verweisen, wie man der Definition des `slot`-Arrays in `radix_tree_node` entnehmen kann. Als unmittelbare Folge dieser Festlegung ergibt sich, dass jeder Knoten nur Arraygrößen besitzen kann, die aus einer Zweierpotenz hervorgehen. Auch kann die Größe *aller* Radix-Elemente nur zur Übersetzungszeit festgelegt werden (die maximale Elementanzahl in einem Baum kann sich natürlich dennoch zur Laufzeit ändern!), was durch Geschwindigkeitsvorteile belohnt wird.

Folgende Funktionen werden vom Kern zur Verarbeitung von Root-Radix-Trees bereitgestellt (sie werden alle in `lib/radix_tree.c` implementiert):

- `radix_tree_insert` fügt ein neues Element – mittels eines `void`-Pointers – in einen Radix-Baum ein. Wenn die Kapazität des Baums nicht ausreicht, wird sie automatisch vergrößert.

- `radix_tree_lookup` findet ein Element in einem Radix-Baum, dessen Schlüssel – eine Ganzzahl – als Argument an die Funktion übergeben wurde. Als Rückgabewert erhält man einen `void`-Zeiger, der durch Typumwandlung auf den entsprechenden Zieldatentyp transformiert werden muss.

- `radix_tree_delete` löscht ein Element des Baumes, wobei der Ganzzahlschlüssel verwendet wird, um das gewünschte Element zu selektieren.

12.3 Adressräume

Die Implementierung dieser Funktionen beruht zu einem großen Teil auf dem Hin- und Hershiften von Zahlen und wird in Anhang C genauer beschrieben.

Um die Manipulation von Radix-Bäumen besonders schnell zu machen, verwendet der Kernel einen eigenen Slab-Cache, in dem Instanzen von `radix_tree_node` zur schnellen Allozierung auf Vorrat gehalten werden. Achtung: Der Slab-Cache speichert lediglich die zum Aufbau des Baumes benötigten Datenstrukturen. Der für die gecacheten Seiten verwendete Speicherplatz hat damit nichts zu tun und wird völlig unabhängig davon alloziert und verwaltet.

Zu jedem Radix-Tree existiert außerdem ein Prozessor-spezifischer Pool von vorallozierten Nodenelementen, was das Einfügen neuer Elemente in den Baum weiter beschleunigt. `radix_tree_preload` stellt sicher, dass mindestens ein Element in diesem Cache enthalten ist. Die Funktion wird immer aufgerufen, bevor ein einzelnes Element mittels `radix_tree_insert` in einen Radix-Tree eingefügt wird, was wir in den folgenden Abschnitten nicht explizit berücksichtigen.[3]

Verbindung zum Page Cache

Neben der Implementierung von Radix-Bäumen und den zugehörigen Hilfsfunktionen stellt der Kern noch einen weiteren Satz an Funktionen bereit, die zur Verbindung der Page Cache-Implementierung mit dem Radix-Tree-Mechanismus dienen.

`page_cache_alloc` aus <pagemap.h> wird verwendet, um die Datenstruktur einer neuen Seite zu reservieren, die in den Page Cache aufgenommen werden soll. Vorerst wird der Radix-Tree dazu noch nicht berührt, da die Arbeit an `alloc_pages` delegiert wird, die über `__alloc_pages` zu einem Page Frame des Buddy-Systems führt, wie in Kapitel 3 („Speicherverwaltung") beschrieben wird.

Etwas komplizierter ist das Einfügen der neuen Seite in den Seitencache, wofür `add_to_page_cache` aus `mm/filemap.c` verantwortlich zeichnet. Allerdings reichen zwei Aktionen aus, wie das Codeflussdiagramm in Abbildung 12.3 zeigt.

Abbildung 12.3: Codeflussdiagramm für `add_to_page_cache`

Mittels `radix_tree_insert` wird die zur Speicherseite gehörige `page`-Instanz in den Radix-Tree des betroffenen Adressraums eingefügt.

Nachdem die Basisdatenstruktur im Baum verankert ist, stehen einige organisatorische Dinge an, die durch `__add_to_page_cache` erledigt werden:

```
static inline void ___add_to_page_cache(struct page *page,            <pagemap.h>
            struct address_space *mapping, unsigned long index)
{
        list_add(&page->list, &mapping->clean_pages);
        page->mapping = mapping;
        page->index = index;

        mapping->nrpages++;
}
```

---

[3] Genau genommen finden sich die Einfügeoperationen in einer `radix_tree_preload`...`radix_tree_preload_end`-Zange, da aufgrund der Verwendung CPU-spezifischer Variablen zusätzlich die Kern-Präemption (siehe Kapitel 2 („Prozessverwaltung")) deaktiviert bzw. nach Ende der Operation wieder aktiviert werden muss, was momentan die einzige Aufgabe von `radix_tree_preload_end` ist.

Der Index im Pagecache sowie der Zeiger auf den Adressraum der Seite werden in den entsprechenden Elementen von `struct page` festgehalten (`mapping` und `index`); zusätzlich wird die Seite in die Liste der sauberen Seiten des Adressraums aufgenommen. Auch der Seitenzähler des Adressraums (`nrpages`) wird um 1 erhöht, da sich eine Seite mehr im Cache befindet.

Als Alternative existiert die Funktion `add_to_page_cache_lru`, die eine Seite zunächst mit `add_to_page_cache` in den adressraumspezifischen Seitencache, anschließend zusätzlich aber mit der aus Kapitel 3 („Speicherverwaltung") bekannten Funktion `lru_cache_add` in den LRU-Cache des Systems einfügt.

12.3.3 Operationen auf Adressräumen

Adressräume verbinden Backing Stores mit Speicherabschnitten, wie wir bereits bemerkt haben. Natürlich braucht man dazu nicht nur Datenstrukturen, sondern auch Funktionen, die verschiedene Transferaufgaben zwischen beiden Bereichen durchführen. Da Adressräume in verschiedenen Kombinationen eingesetzt werden können, sind die benötigten Funktionen nicht statisch festgelegt, sondern müssen je nach Mapping mit Hilfe einer speziellen Struktur ermittelt werden, die Funktionszeiger auf die passende Implementierung bereithält.

Wie wir bei der Besprechung von `struct address_space` festgestellt haben, enthält jeder Adressraum einen Zeiger auf eine Instanz von `address_space_operations`, die die genannte Funktionsliste bereitstellt:

<fs.h>
```
struct address_space_operations {
          int (*writepage)(struct page *page, struct writeback_control *wbc);
          int (*readpage)(struct file *, struct page *);
          int (*sync_page)(struct page *);

          /* Write back some dirty pages from this mapping. */
          int (*writepages)(struct address_space *, struct writeback_control *);

          int (*set_page_dirty)(struct page *page);  /* Set a page dirty */

          int (*readpages)(struct file *filp, struct address_space *mapping,
                          struct list_head *pages, unsigned nr_pages);

          int (*prepare_write)(struct file *, struct page *, unsigned, unsigned);
          int (*commit_write)(struct file *, struct page *, unsigned, unsigned);
          int (*direct_IO)(int, struct kiocb *, const struct iovec *iov,
                          loff_t offset, unsigned long nr_segs);
};
```

- `writepage` und `writepages` schreiben eine bzw. mehrere Seiten des Adressraums auf das zugrunde liegende Blockgerät zurück. Dies wird durch Delegation eines entsprechenden Auftrags an den Blocklayer erledigt.

  Der Kern stellt zu diesem Zweck einige Standardfunktionen (`block_write_full_page` sowie `mpage_readpage(s)`) bereit, die üblicherweise anstelle einer manuellen Implementierung verwendet werden.

- `readpage` und `readpages` lesen eine bzw. mehrere hintereinander folgende Seiten aus dem Backing Store in einen Page Frame ein. Achtung: Das `file`-Argument der Funktion wird in den meisten Fällen nicht verwendet (beispielsweise bei Ext2/Ext3 und Reiserfs), da die zur gewünschten Seite gehörende Inode über `page->mapping->host` festgestellt werden kann.

  Auch `readpage` und `readpages` werden üblicherweise nicht manuell implementiert, sondern mittels Standardfunktionen des Kerns (`block_map_full_page`, `mpage_readpage` und `mpage_readpage`) durchgeführt, die für die allermeisten Zwecke verwendet werden können.

12.3 Adressräume

- **sync_page** führt – normalerweise unabhängig vom übergebenen page-Argument – eine Synchronisation noch nicht zurückgeschriebener Daten mit dem Backing Store durch. Im Gegensatz zu writepage arbeitet die Funktion auf der Ebene des Blocklayers und versucht, die noch nicht abgearbeiteten Schreibrequests durchzuführen, die sich bisher noch in Puffern dieser Schicht befinden. Im Unterschied dazu wirkt writepage auf den Adressraumlayer und reicht die Daten nur an den Blocklayer weiter, ohne sich dort um aktive Pufferung zu kümmern.

  Normalerweise wird dieses Feld mit einer Funktion belegt, die mehr oder weniger direkt auf blk_run_queues führt.

- **set_page_dirty** erlaubt einem Adressraum, eine spezifische Methode bereitzustellen, mit der eine Speicherseite als dreckig markiert werden kann. Allerdings wird davon nur selten Gebrauch gemacht; der Kernel verwendet in diesem Fall __set_page_dirty_buffers, um die Seite auf Pufferebene als dreckig zu markieren und gleichzeitig in die dirty_pages-Liste des aktuellen Mappings zu setzen.

- **prepare_write** und **commit_write** werden zur Durchführung von Schreiboperationen verwendet, die vom write=Systemaufruf ausgelöst werden. Um den Besonderheiten von Dateisystemen mit Journal gerecht zu werden, muss der Vorgang in zwei Teile aufgespalten werden: prepare_write speichert die Transaktionsdaten im Journal, während commit_write den eigentlichen Schreibvorgang durchführt, in dem die entsprechenden Kommandos an den Blocklayer gesandt werden.

  Beim Schreiben von Daten muss der Kern sicherstellen, dass beide Funktionen stets nur paarweise und in der richtigen Reihenfolge aufgerufen werden, da der Journal-Mechanismus ansonsten nutzlos ist.

  Auch journallose Dateisysteme wie das klassische Second Extended Filesystem spalten das Schreiben von Daten mittlerweile in zwei Abschnitte.

  Achtung: Im Gegensatz zu writepage werden prepare_ und commit_write nicht verwendet, um direkte IO-Operationen einzuleiten (d.h. entsprechende Befehle an den Blocklayer weiterzuleiten), sondern begnügen sich in der Standardimplementierung damit, ganze Seiten oder Teile davon als dreckig zu markieren, wobei der Schreibvorgang selbst von einem der dafür vorhandenen Kerneldaemonen eingeleitet wird, die die vorhandenen Seiten periodisch kontrollieren.

- **direct_IO** wird zur Implementierung direkter Schreib- und Lesezugriffe verwendet, die die Pufferung des Blocklayers umgehen und einer Applikation ermöglichen, sehr direkt mit einem Blockgerät zu kommunizieren. Große Datenbanken machen gerne von diesem Feature Gebrauch, da sie künftige Ein- und Ausgaben besser als generische Mechanismen des Kerns vorhersagen können und mit der Implementierung eigener Caching-Mechanismen daher bessere Resultate erzielen.

Die meisten Adressräume implementieren nicht alle Funktionen, sondern belegen einige davon mit Nullzeigern. In vielen Fällen gibt es Defaultroutinen des Kerns, die dann anstelle spezieller Implementierungen der einzelnen Adressräume verwendet werden. Betrachten wir einige address_space_operations, wie sie im Kernel auftreten, um einen Überblick zu den vorhandenen Möglichkeiten zu erhalten.

Das Second Extended-Dateisystem definiert die globale Variable ext2_aops, die eine ausgefüllte Instanz von address_space_operations ist:

fs/etx2/inode.c
```
struct address_space_operations ext2_aops = {
        readpage:           ext2_readpage,
        readpages:          ext2_readpages,
        writepage:          ext2_writepage,
        sync_page:          block_sync_page,
        prepare_write:      ext2_prepare_write,
        commit_write:       generic_commit_write,
        direct_IO:          ext2_direct_IO,
        writepages:         ext2_writepages,
};
```

Die nicht explizit belegten Zeiger werden vom Compiler automatisch mit NULL initialisiert.

Auf den ersten Blick scheint Ext2 ziemlich viele Funktionszeiger mit eigenen Implementierungen zu belegen. Dies wird jedoch schnell widerlegt, wenn man die Definitionen von `ext2_...` in den Kernelquellen betrachtet. Viele Funktionen bestehen nur aus wenigen Zeilen, die die Arbeit an allgemeine Hilfsfunktionen des Kerns delegieren:

Funktion	Standardimplementierung
ext2_readpage	mpage_readpage
ext2_readpages	mpage_readpages
ext2_writepage	block_write_full_page
ext2_writepages	mpage_writepages
ext2_prepare_write	generic_prepare_write
ext2_direct_IO	generic_direct_IO

Da die Funktionen der `address_space_operations`-Struktur und die generischen Helfer des Kerns andere Argumente verwenden, ist eine kurze Wrapperfunktion erforderlich, die zur Parameterkonversion verwendet wird. Anderenfalls könnten die Zeiger in den meisten Fällen direkt auf die genannten Hilfsfunktionen verweisen.

Auch andere Dateisysteme verwenden Belegungen ihrer `address_space_operations`-Instanzen, die direkt oder indirekt von Standardfunktionen des Kerns Gebrauch machen.

Besonders einfach ist die `address_space_operations`-Instanz des Shared Memory-Dateisystems aufgebaut, da hier nur zwei Felder mit nicht-NULL-Zeigern belegt werden müssen:

mm/shmem.c
```
static struct address_space_operations shmem_aops = {
        writepage:          shmem_writepage,
        set_page_dirty:     __set_page_dirty_nobuffers,
};
```

Lediglich das Dreckig-Markieren der Seite und das Zurückschreiben müssen implementiert werden, die anderen Operationen werden zur Bereitstellung von Shared Memory nicht verwendet. Mit welchem Backing Store arbeitet der Kern hier? Der Speicherplatz aus dem Shared-Memory-Dateisystem ist völlig unabhängig von einem bestimmtem Blockgerät, da sämtliche Dateien in diesem Dateisystem dynamisch erzeugt werden (indem beispielsweise der Inhalt einer Datei eines anderen Dateisystems hineinkopiert wird oder errechnete Daten in eine neue Datei geschrieben werden) und auf keinem Ursprungsblockgerät festgehalten sind.

Natürlich kann Speicherknappheit auch Seiten betreffen, die zu diesem Dateisystem gehören – und die daher auf den Backing Store zurückgeschrieben werden müssen. Da logischerweise kein Backing Store im eigentlichen Sinne vorhanden ist, wird der Swap-Bereich als solcher verwendet: Während normale Dateien in ihr Dateisystem auf der Festplatte (oder einem anderen Blockgerät) zurückgeschrieben werden können, um den belegten Page Frame freizubekommen, müssen Dateien des Shared-Memory-Dateisystems im Swapbereich gelagert werden.

12.4 Implementierung des Puffer-Caches

Da der Zugriff auf Blockgeräte nicht immer über Dateisysteme erfolgen muss, sondern auch komplette, rohe Geräte betreffen kann, gibt es Adressraumoperationen für die direkte Manipulation des Inhalts von Blockgeräten (diese Art des Zugriffs ist beispielsweise beim Anlegen von Dateisystemen vom Userspace aus erforderlich):

```
struct address_space_operations def_blk_aops = {                    fs/block_dev.c
        .readpage       = blkdev_readpage,
        .writepage      = blkdev_writepage,
        .sync_page      = block_sync_page,
        .prepare_write  = blkdev_prepare_write,
        .commit_write   = blkdev_commit_write,
        .writepages     = generic_writepages,
        .direct_IO      = blkdev_direct_IO,
};
```

Auch hier werden offenbar viele spezielle Funktionen zur Implementierung der Anforderungen verwenden, die aber sehr schnell in die Standardmethoden des Kernels münden:

Blocklayer	Standardfunktion
blkdev_readpage	block_read_full_page
blkdev_writepage	block_write_full_page
blkdev_direct_IO	generic_direct_IO
blkdev_prepare_write	block_prepare_write
blkdev_commit_write	block__commit_write

Die Implementierung der Adressraumoperationen für Dateisysteme und der rohe Zugriff auf Blockgeräte findet im Kern viele Gemeinsamkeiten, da in beiden Fällen gemeinsame Hilfsfunktionen verwendet werden.

12.4 Implementierung des Puffer-Caches

Der Puffer-Cache wird zum einen als Zusatz zum Seitencache, zum anderen aber auch als eigenständiger Cache verwendet, der für Objekte dient, die nicht auf Seitenbasis, sondern in Blockgranularität verarbeitet werden.

12.4.1 Datenstrukturen

Glücklicherweise sind die Datenstrukturen für beide Varianten – den eigenständigen Puffer-Cache und die zur Unterstützung des Seitencaches verwendeten Elemente – miteinander identisch, was die Implementierung deutlich vereinfacht. Grundlegendes Element des Puffercaches sind Buffer Heads, deren grundlegende Eigenschaften wir weiter oben bereits besprochen haben. Die Definition in den Kernelquellen lautet wie folgt:

```
struct buffer_head {                                                <buffer_head.h>
        unsigned long b_state;       /* buffer state bitmap (see above) */
        atomic_t b_count;            /* users using this block */
        struct buffer_head *b_this_page;/* circular list of page's buffers */
        struct page *b_page;         /* the page this bh is mapped to */

        sector_t b_blocknr;          /* block number */
        u32 b_size;                  /* block size */
        char *b_data;                /* pointer to data block */
```

```
            struct block_device *b_bdev;
            bh_end_io_t *b_end_io;       /* I/O completion */
            void *b_private;             /* reserved for b_end_io */
    };
```

Puffer können sich wie Seiten in verschiedenen Zuständen befinden; der aktuelle Status eines Pufferkopfes wird im Element `b_state` festgehalten, das unter anderem folgende Werte annehmen kann (die komplette Liste findet sich als `enum`-Aufzählung mit der Bezeichnung `bh_state_bits` in `<buffer_heads.h>`):

- Wenn sich aktuelle Daten im Puffer befinden, die mit den Daten im Backing Store übereinstimmen, ist sein Zustand `BH_Uptodate`.

- Dreckige Puffer, bei denen die Daten im Speicher gegenüber den Daten im Backing Store modifiziert wurden, werden durch `BH_Dirty` gekennzeichnet.

- `BH_Lock` zeigt an, dass der Puffer gegenüber weiteren Zugriffen gesperrt ist. Explizites Sperren eines Buffers wird bei der Durchführung von I/O-Operationen verwendet, um zu verhindern, dass mehrere Kernelthreads gleichzeitig einen Puffer bearbeiten und sich dabei in die Quere kommen.

- `BH_Mapped` bedeutet, dass ein Mapping des Bufferinhalts auf einem Sekundärspeichergerät existiert, wie es bei allen Puffern der Fall ist, die von Dateisystemen bzw. direkten Zugriffen auf Blockgeräte stammen.

- Zur Kennzeichnung neu erzeugter Puffer wird `BH_New` verwendet.

Achtung: `b_state` wird als Bitmap interpretiert: Jede mögliche Konstante steht für eine Position in der Bitliste, weshalb – wie an vielen anderen Stellen im Kernel auch – mehrere Werte gleichzeitig aktiv sein können, beispielsweise `BK_Lock` und `BH_Mapped`.

Achtung: Auch `BH_Uptodate` und `BH_Dirty` können *gleichzeitig* aktiv sein! Dies ist sogar sehr häufig der Fall: Während `BH_Uptodate` gesetzt wird, nachdem der Inhalt eines Puffers mit Daten des Blockgeräts gefüllt wurde, verwendet der Kern `BH_Dirty`, um zu signalisieren, dass die Daten im Speicher modifiziert, jedoch noch nicht wieder zurückgeschrieben wurden. Dies wirkt auf den ersten Blick etwas verwirrend, muss aber in Hinblick auf die weiteren Betrachtungen unbedingt beachtet werden.

Neben den gezeigten Konstanten gibt es einige zusätzliche Werte, die in `enum bh_state_bits` definiert werden; diese werden aber entweder für unwichtige Details eingesetzt oder – was ebenfalls vorkommt – gar nicht mehr verwendet, weshalb wir sie hier außer Acht lassen. Sie finden sich nur mehr aus historischen Gründen in den Kernelquellen und werden über kurz oder lang verschwinden.

Der Kern definiert für jedes Statusbit die Funktionen `set_buffer_foo` und `get_buffer_foo`, um das entsprechende Bit zu setzen oder zu lesen.

Neben dem Statusbitmap besitzt die `buffer_head`-Struktur noch einige weitere Elemente, deren Bedeutung folgende ist:

- `b_count` realisiert den üblichen Zugriffszähler, der den Kernel davor bewahrt, sich von Pufferköpfen zu trennen, die noch aktiv verwendet werden.

- `b_page` nimmt einen Zeiger auf eine `page`-Instanz auf, mit der der Pufferkopf verbunden ist, wenn er zur Zusammenarbeit mit den Seitencache eingesetzt wird. Handelt es sich um einen eigenständigen Puffer, findet sich hier ein Nullzeiger.

12.4 Implementierung des Puffer-Caches

- Wie wir weiter oben besprochen haben, werden mehrere Puffer verwendet, um den Dateninhalt einer Seite in kleinere Abschnitte aufzuteilen. Alle Pufferköpfe, die zu den entsprechenden Teilen gehören, werden mittels b_this_page in einer einfach verketteten, zirkulären Liste miteinander verbunden (der Eintrag des letzten Puffers zeigt auf den ersten Puffer, weshalb eine ringförmige Stuktur entsteht).

- Die Kennzahlen des Blocks auf dem zugrunde liegenden Backing Store werden mittels b_blocknr – der Blocknummer – und b_size – der Größe des Blocks – festgehalten. b_bdev ist ein Zeiger auf die block_device-Instanz des Blockgerätes. Durch diese Angaben kann die Herkunft der Daten eindeutig rekonstruiert werden.

- Der Zeiger auf die Daten im Speicher wird in b_data festgehalten (die Endposition kann über b_size errechnet werden, weshalb ein expliziter Zeiger auf die Endposition, wie er in der weiter oben gezeigten Schemaabbildung der Einfachheit halber verwendet wurde, nicht notwendig ist).

- b_end_io verweist auf eine Routine, die vom Kernel automatisch aufgerufen wird, wenn eine I/O-Operation beendet wurde, in die der Puffer eingebunden war (sie wird von den in Kapitel 5 („Gerätetreiber") beschriebenen BIO-Routinen benötigt). Dies ermöglicht dem Kern, die weitere Bearbeitung eines Puffers so lange zu verschieben, bis eine gewünschte Ein- oder Ausgabeoperation tatsächlich durchgeführt wurde.

- b_private ist ein Zeiger, der zur privaten Verwendung durch b_end_io reserviert ist und vor allem von Journal-Dateisystemen verwendet wird, während er anderenfalls üblicherweise auf NULL gesetzt ist.

12.4.2 Operationen

Der Kernel muss einen Satz an Operationen bereitstellen, mit denen der restliche Code zum einen bequem, zum anderen aber auch effizient auf die Funktionalität von Puffern zurückgreifen kann. In diesem Abschnitt sollen die Mechanismen beschrieben werden, die zur Erzeugung und Verwaltung neuer Pufferköpfe verwendet werden. Achtung: Diese dienen lediglich zur Verwaltung von Puffern, tragen aber noch nichts zu ihrem eigentlichen Einsatzzweck bei, dem Cachen von Daten im Speicher, worauf wir weiter unten eingehen werden.

Bevor Puffer verwendet werden können, muss der Kern zuerst eine Instanz der besprochenen Datenstruktur buffer_head erzeugen, mit der die restlichen Funktionen arbeiten können. Da die Erzeugung neuer Pufferköpfe eine sehr häufig durchgeführte Aufgabe ist, sollte sie möglichst schnell ablaufen. Dies ist ein klassischer Fall für die Verwendung eines Slab-Caches, wie er in Kapitel 3 („Speicherverwaltung") beschrieben wurde. Achtung: Durch den Slab wird nur der Speicherplatz für den Kopfelemente belegt, die eigentlichen Daten müssen an anderer Stelle untergebracht werden und werden bei der Erzeugung eines Pufferkopfes nicht berücksichtigt.

Natürlich stellen die Kernelquellen auch Funktionen zur Verfügung, die als Frontend zur Erzeugung und Vernichtung von Buffer Heads verwendet werden können: alloc_buffer_head wird zur Erzeugung eines neuen Kopfes verwendet, während free_buffer_head zur Vernichtung desselben benutzt werden kann. Beide Funktionen werden in fs/buffer.c definiert; da sie erwartungsgemäß allerdings nur aus einfachen Aufrufen der zugrunde liegenden Speicherverwaltungs-Funktionen bestehen, erübrigt sich hier eine weitere Erörterung ihrer Funktion.

12.4.3 Zusammenspiel von Page und Buffer Cache

Richtig interessant werden Pufferköpfe erst, wenn sie zusammen mit den Nutzdaten verwendet werden, die sie im Speicher vorhalten sollen. In diesem Abschnitt soll die Verbindung zwischen Seiten und Pufferköpfen untersucht werden.

Einrichten der Verknüpfung

Wie werden Puffer und Seiten miteinander verknüpft? Die Vorgehensweise wurde weiter oben bereits kurz angesprochen: Während die Seite in mehrere Datenabschnitte unterteilt wird (die konkrete Anzahl schwankt zwischen den verwendeten Architekturen mit Seiten- und Blockgröße) stehen die Pufferköpfe in einem eigenen Speicherbereich, der nichts mit den eigentlichen Daten zu tun hat. Der Inhalt der Seite wird durch das Zusammenspiel mit Puffern *nicht* modifiziert; die Puffer bereiten lediglich eine neue Sichtweise auf die Daten in der Seite.

Beim Zusammenspiel einer Seite mit Puffern ist das `private`-Element von `struct page` notwendig, das den Typ `unsigned long` besitzt und daher als Zeiger auf beliebige Positionen des virtuellen Adressraums verwendet werden kann (die genaue Definition von `page` findet sich in Kapitel 3):

```
<mm.h>    struct page {
              ...
              unsigned long private;       /* mapping-private opaque data */
              ...
          }
```

Wie der Kommentar besagt, kann die Variable für verschiedene Zwecke verwendet werden, die je nach Nutzung der Seite nicht mit Puffern zusammenhängen muss; die Verknüpfung von Puffern und Seiten durch `private` ist aber die häufigste Anwendung. `private` zeigt in diesem Fall auf den ersten Pufferkopf, der zur Unterteilung der Seite in kleinere Abschnitte verwendet wird; die verschiedenen Pufferköpfe werden untereinander über `b_this_page` in einer zyklischen Liste verknüpft, in der der Zeiger auf den jeweils nächsten Puffer verweist und das `b_this_page`-Element des letzten Pufferkopfs wieder auf den ersten zeigt. Über diese Verknüpfungen kann der Kern von der `page`-Struktur ausgehend leicht alle `buffer_head`-Instanzen durchlaufen, die mit der Seite verknüpft sind.

Wie wird der Zusammenhang zwischen den `page`- und `buffer_head`-Strukturen hergestellt? Der Kern stellt zu diesem Zweck die Funktionen `create_empty_buffers` und `link_dev_buffers` zur Verfügung, die beide in `fs/buffer.c` implementiert sind. Während Letztere dazu dient, einen bereits bestehenden Satz von Pufferköpfen mit einer Seite zu verbinden, wird `create_empty_buffers` verwendet, um einen komplett neuen Satz an Puffern zu erzeugen, die mit der Seite verbunden werden. `create_empty_buffers` wird beispielsweise beim Lesen und Schreiben kompletter Seiten mit `block_read_full_page` und `_block_write_full_page` verwendet.

`create_empty_buffers` verwendet zunächst `create_buffers`, um die benötigte Anzahl von Pufferköpfen zu erzeugen, die ja nach Seiten- und Blockgröße variiert. Die Funktion gibt einen Zeiger auf das erste Element einer einfach verketteten Liste zurück, deren `b_this_page`-Elemente jeweils auf den Nachfolgepuffer zeigen. Einzige Ausnahme ist der letzte Puffer, bei dem sich in `b_this_page` ein Nullzeiger findet:

12.4 Implementierung des Puffer-Caches

```
void create_empty_buffers(struct page *page,                              fs/buffer.c
                          unsigned long blocksize, unsigned long b_state)
{
        struct buffer_head *bh, *head, *tail;

        head = create_buffers(page, blocksize, 1);
```

Anschließend iteriert die Funktion über alle Pufferköpfe, um ihren Status zu setzen, und erzeugt dabei eine zyklische Liste:

```
        bh = head;                                                        fs/buffer.c
        do {
                bh->b_state |= b_state;
                tail = bh;
                bh = bh->b_this_page;
        } while (bh);
        tail->b_this_page = head;
```

Der Zustand der Puffer richtet sich nach dem Zustand der Daten in der Speicherseite:

```
        if (PageUptodate(page) || PageDirty(page)) {                      fs/buffer.c
                bh = head;
                do {
                        if (PageDirty(page))
                                set_buffer_dirty(bh);
                        if (PageUptodate(page))
                                set_buffer_uptodate(bh);
                        bh = bh->b_this_page;
                } while (bh != head);
        }
        __set_page_buffers(page, head);
}
```

`set_buffer_dirty` bzw. `set_buffer_uptodate` werden verwendet, um die entsprechende Flags im Buffer Head zu setzen.

Der abschließende Aufruf von `__set_page_buffers` bewirkt, dass die Puffer mit der Seite verbunden werden. Dies erfordert zwei Schritte:

- Das `PG_private`-Bit in den Seitenflags wird gesetzt, um dem restlichen Kernelcode mitzuteilen, dass das `private`-Element der `page`-Instanz belegt ist.

- Mit `page->private = (unsigned long)head` wird das `private`-Element mit einem Zeiger auf den ersten Pufferkopf der zyklischen Liste verbunden.

Das Setzen des `PG_Private`-Flags scheint nur eine kleine Aktion zu sein, besitzt aber dennoch eine große Bedeutung, da es die einzige Möglichkeit des Kerns ist, mit der erkannt werden kann, ob eine Seite zugeordnete Puffer besitzt oder nicht. Bevor der Kern irgendwelche Aktionen startet, die zu einer Seite gehörige Puffer modifizieren oder bearbeiten, muss stets geprüft werden, ob überhaupt welche vorhanden sind – schließlich kann genausogut das Gegenteil der Fall sein! Zu diesem Zweck stellt der Kern die Funktion `page_has_buffers` zur Verfügung, die prüft, ob das Flag gesetzt ist; ihr Aufruf findet sich an sehr vielen Stellen in den Kernelquellen, weshalb sie hier nicht unerwähnt bleiben darf.

Zusammenspiel

Das Einrichten einer Verknüpfung zwischen Seiten und Puffern nützt nicht viel, wenn sich daraus keine Vorteile für andere Stellen im Kern ergeben. Wie wir bereits angesprochen haben, müssen einige Transferoperationen von und zu Blockgeräten manchmal in Abschnitten, deren Größe der Blockgröße des Geräts entspricht, durchgeführt werden, während viele Teile des Kerns I/O-Operationen bevorzugt mit Seitengranularität betrachten, da dies viele Dinge – vor allem im Zusammenhang mit der Speicherverwaltung – beträchtlich vereinfacht.[4] Puffer sind in diesem Fall der Vermittler zwischen beiden Welten.

Pufferweises Lesen ganzer Seiten   Betrachten wir zuerst die Vorgehensweise, die der Kern beim Einlesen ganzer Seiten von einem Blockgerät verwendet, wie es beispielsweise in `block_read_full_page` der Fall ist. Wir wollen hier die Abschnitte besprechen, die aus Sicht der Buffer-Implementierung interessant sind. Abbildung 12.4 zeigt die bufferbezogenen Funktionsaufrufe, aus denen sich `block_read_full_page` zusammensetzt.

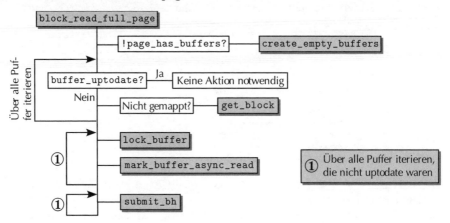

Abbildung 12.4: *Codeflussdiagramm für die pufferbezogenen Operationen von* `block_read_full_page`

Das Einlesen einer kompletten Seite mit `block_read_full_page` besteht aus drei Stufen:

- Einrichten der Puffer und Überprüfen ihres Status.
- Locking der Puffer, um Störeffekte von anderen Kernelthreads im nächsten Schritt auszuschließen.
- Durchführen der Datenübertragung.

Zu Beginn der Funktion müssen einige Integritätsüberprüfungen durchgeführt werden, mit denen sichergestellt werden kann, dass sämtliche Anfangsbedingungen erfüllt sind – beispielsweise, dass die Seite nicht gesperrt oder ohnehin aktuell ist, da in solchen Fällen ein komplettes Einlesen nur wenig sinnvoll wäre.

Als erster Schritt zur eigentlichen Bearbeitung der Seite wird überprüft, ob der Seite bereits Puffer zugewiesen wurden, was nicht immer der Fall sein muss. Sind noch keine vorhanden, werden sie mit der vor wenigen Absätzen besprochenen Funktion `create_empty_buffers` angelegt.

---

[4] I/O-Operationen können üblicherweise auch effizienter durchgeführt werden, wenn Daten seitenweise eingelesen oder geschrieben werden. Dies war auch die Hauptmotivation für die Einführung der BIO-Schicht, die das alte, auf Pufferköpfen basierende Konzept abgelöst hat.

12.4 Implementierung des Puffer-Caches

Danach werden die Puffer – ob erst angelegt oder bereits vorhanden – mit `page_buffers` ermittelt, um im Folgenden weiterverarbeitet werden zu können.

Die Hauptarbeit des Kerns besteht darin, herauszufinden, welche Puffer aktuell sind (d.h. ihr Inhalt stimmt mit den Daten auf dem Blockgerät überein oder ist sogar noch aktueller) und daher nicht gelesen werden müssen, und in welchen Puffern keine gültigen Daten enthalten sind. Dazu macht der Kern von den Statusbits `BH_Mapping` und `BH_Uptodate` Gebrauch, die beide entweder gesetzt sein können oder nicht.

Er iteriert dazu über alle Puffer, die mit der Seite verknüpft sind, und führt folgende Tests durch:

- Wenn der Pufferinhalt Uptodate ist, was mit `buffer_uptodate` überprüft werden kann, fährt der Kern mit der Bearbeitung des nächsten Puffers fort. Die Daten stimmen in diesem Fall zwischen Speichercache und Blockgerät überein; ein zusätzlicher Lesevorgang ist nicht erforderlich.

- Wenn *kein* Mapping existiert, d.h. `BH_Mapping` nicht gesetzt ist, wird `get_block` aufgerufen, um die Position des Blocks auf dem Blockspeichermedium herauszufinden.

  Beim Ext2-Dateisystem wird zu diesem Zweck beispielsweise `ext2_get_block` verwendet, während das ReiserFS `reiserfs_get_block` benutzt. Allen Varianten ist gemeinsam, dass die `buffer_head`-Struktur so modifiziert wird, dass mit ihrer Hilfe der Ort des gesuchten Blocks im Dateisystem eindeutig festgestellt werden kann. Achtung: Das eigentliche Einlesen der Daten vom Blockgerät in wird *nicht* durch `get_block` ausgeführt, sondern erfolgt erst später im Verlauf von `block_read_full_page`.

  Nach dem Aufruf von `get_block` ist der Zustand des Puffers nun BH_Mapped, aber nicht BH_Uptodate.[5]

- Ein dritter Fall ist ebenfalls möglich: Der Buffer ist bereits von Anfang an mit einem Mapping versehen, aber nicht Uptodate. In diesem Fall muss der Kern keine weiteren Aktionen durchführen.

- Nachdem die Unterscheidung zwischen den einzelnen Kombinationen von `BH_Uptodate` und `BH_Mapped` durchgeführt wurde, wird der bearbeitete Puffer in ein temporäres Array eingefügt, wenn er ein Mapping besitzt, aber nicht Uptodate ist. Danach wird mit der Verarbeitung des nächsten Puffers der Seite fortgefahren, bis keine weiteren Puffer mehr vorhanden sind.

Falls *alle* Puffer der Seite Uptodate sind, kann die komplette Seite auf diesen Status gesetzt werden, was mittels `SetPageUptodate` durchgeführt wird. In diesem Fall ist die Funktion beendet, da sich die Daten der kompletten Seite bereits im Speicher befinden.

Normalerweise gibt es aber noch Buffer, die zwar ein Mapping besitzen, aber noch nicht den aktuellen Inhalt des Blockgeräts widerspiegeln. Wie wir eben bemerkt haben, werden Puffer dieses Typs in einem Array gesammelt, das für die zweite und dritte Phase von `block_read_full_page` verwendet wird.

Die zweite Phase führt das Locking für alle Puffer durch, die eingelesen werden müssen, wozu `lock_buffer` verwendet wird. Dadurch wird verhindert, dass zwei Kernelthreads gleichzeitig

---
[5] Genau genommen ist noch ein weiterer Zustand möglich, in dem ein Puffer zwar Uptodate, aber nicht gemappt ist. Dies tritt auf, wenn eine Datei mit Löchern betrachtet wird, wie es beispielsweise im Second Extended-Filesystem möglich ist. In diesem Fall wird der Puffer mit Nullbytes gefüllt, worauf wir hier aber nicht näher eingehen wollen.

denselben Puffer einlesen und sich dabei gegenseitig stören. Auch wird `mark_buffer_async_read` aufgerufen, die `end_buffer_async_read` für `b_end_io` einsetzt – die Funktion wird automatisch aufgerufen, nachdem der Datentransfer beendet ist.

Der eigentliche I/O wird in der dritten Phase eingeleitet, in der alle einzulesenden Puffer mittels `submit_bh` an den Block- bzw. BIO-Layer weitergereicht werden, in dem der Lesevorgang gestartet wird. Wenn der Lesevorgang abgeschlossen ist, wird die in `b_end_io` gespeicherte Funktion aufgerufen, in diesem Fall `end_buffer_async_read`. Sie iteriert über alle Puffer der Seite, prüft ihren Status und setzt den Status der Gesamtseite auf Uptodate, wenn *alle* Puffer diesen Status besitzen.

Wie man sieht, ist der Vorteil von `block_read_full_page`, dass nur jene Teile der Seite eingelesen werden müssen, die nicht auf dem neuesten Stand sind. Wenn sichergestellt ist, dass eine komplette Seite nicht Uptodate ist, ist allerdings `mpage_readpage` die bessere Wahl, da sie den Overhead der Puffer nicht benötigt, der in diesem Fall überflüssig ist.

Pufferweises Schreiben ganzer Seiten   Nicht nur das Lesen, sondern auch das Schreiben kompletter Seiten kann aufgeteilt in kleine Puffersektionen durchgeführt werden: Nur die tatsächlich modifizierten Bereiche einer Seite und nicht der komplette Inhalt müssen zurückgeschrieben werden. Leider ist die Implementierung des Schreibvorgangs aus Puffersicht wesentlich komplizierter als das eben beschriebene Lesen; um die wesentlichen Punkte herauszuarbeiten und nicht in unnötigen Details verloren zu gehen, werden wir hier eine etwas vereinfachte Version der Aktionen des Kerns betrachten, die durchgeführt werden müssen.

Abbildung 12.5 zeigt das Codeflussdiagramm für den fehlerfreien Pfad von `__block_write_full_page`, das sich auf die pufferbezogenen Operationen beim Zurückschreiben dreckiger Seiten bezieht.

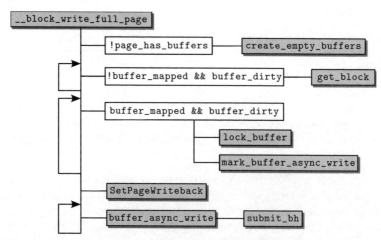

Abbildung 12.5: Codeflussdiagramm für pufferbezogene Operationen von `__block_write_full_page`

Der Zurückschreibeprozess gliedert sich in mehrere Abschnitte, die immer wieder über die einfach verkettete Liste aller Puffer iterieren, die mit einer Seite verknüpft sind.

Zunächst muss wie üblich sichergestellt werden, dass die Seite auch wirklich Puffer besitzt – dies ist nicht selbstverständlich. Wie beim Lesen einer Seite wird mit `page_has_buffers` getestet, ob Puffer vorhanden sind; im Misserfolgsfall werden diese durch `create_empty_buffers` erzeugt.

Anschließend iteriert der Kern insgesamt dreimal über die komplette Liste aller Buffer, wie aus dem Codeflussdiagramm ersichtlich ist:

- Die erste Iteration dient dazu, für alle nicht gemappten, aber dreckigen Puffer ein Mapping herzustellen, das Puffer und Blockgerät verbindet. Dazu wird die im Funktionszeiger `get_block` gespeicherte Funktion aufgerufen, die den passenden Block des Blockgeräts für den Puffer findet.

- Nun werden alle Puffer aussortiert, die dreckig sind, was durch `buffer_dirty` überprüft werden kann.[6] Die einzelnen `buffer_head`-Instanzen werden durch `lock_buffer` für anderweitige Zugriffe gesperrt, damit sich verschiedene Kernelthreads nicht in die Quere kommen. `mark_buffer_async_write` setzt das BH_Async_Write-Statusbit und weist `end_buffer_async_write` als den BIO-Completion-Handler an `b_end_io` zu.
  Am Ende dieses Durchlaufs kann mit `SetPageWriteback` das PG_writeback-Flag der kompletten Seite gesetzt werden.

- In der dritten und letzten Iteration werden schließlich alle Puffer, die im vorherigen Durchgang mit BH_Async_Write markiert wurden, an den Block-Layer weitergereicht, der den eigentlichen Schreibvorgang durchführt, wozu `submit_bh` verwendet wird, die (über BIOs, siehe Kapitel 5) eine entsprechende Anfrage an den Blocklayer stellt.

Wenn der Schreibvorgang für einen Puffer beendet ist, wird automatisch `end_buffer_async_write` aufgerufen, die prüft, ob dies auch für alle anderen Puffer der Seite der Fall ist. In diesem Fall werden alle Prozesse aufgeweckt, die auf der mit der Seite verknüpften Warteschlange schlafen und auf genau dieses Ereignis warten.

12.4.4 Eigenständige Puffer

Puffer werden nicht nur im Zusammenhang mit Seiten verwendet, wie wir schon öfter bemerkt haben. In früheren Versionen des Linux-Kernels wurde das Caching sogar vollständig mit Puffern organisiert, ohne auf seitenweises Caching zurückzugreifen. Die Wichtigkeit dieses Ansatzes wurde von Version zu Version zurückgedrängt und die Bedeutung kompletter Seiten in den Vordergrund gestellt. Es gibt aber noch immer einige Situationen, in denen der Zugriff auf Blockgeräte-Daten auch aus der Sicht von Code höheren Niveaus auf Block- und nicht auf Seitenebene erfolgt. Um auch diese Operationen zu beschleunigen, stellt der Kern einen weiteren Cache bereit, der als *LRU-Buffer-Cache* bezeichnet wird und den wir in diesem Abschnitt besprechen.

Völlig unabhängig vom Seitencache ist der Cache für eigenständige Puffer allerdings doch nicht: Da RAM-Speicher letztendlich immer seitenweise verwaltet wird, müssen auch gepufferte Blöcke in Speicherseiten untergebracht werden, was einige Berührungspunkte mit dem Seitencache bringt, die nicht aus der Welt geschafft werden können – und auch nicht aus der Welt geschafft werden sollen: schließlich ist der Zugriff auf einzelne Blöcke über den Puffercache immer noch möglich, ohne sich um die Organisation der Blöcke in Speicherseiten Gedanken machen zu müssen.

---

[6] Der Kernel muss an dieser Stelle zusätzlich mit `buffer_mapped` sicherstellen, ob ein Mapping für den Puffer existiert. Dies ist bei Löchern in Dateien nicht der Fall, wobei dann aber auch nichts zurückgeschrieben werden muss.

Funktionsweise

Warum LRU? Bekanntlich steht diese Abkürzung für *least recently used* und verweist auf eine allgemeine Technik, mit der die am häufigsten benutzten Elemente einer Menge besonders effektiv verwaltet werden können: Wenn auf ein Element häufig zugegriffen wird, findet es sich nach diesem Schema mit hoher Wahrscheinlichkeit im RAM-Speicher (und ist damit gecached), während die weniger häufig oder selten benutzten Elemente mit der Zeit automatisch aus dem Cache herausfallen, ohne dass dazu weitere Maßnahmen nötig sind.

Um Nachfrageoperationen schneller erledigen zu können, durchsucht der Kern bei jeder Anfrage nach einem eigenständigen Puffer zuerst den Cache, wobei dessen Einträge von oben nach unten gemustert werden. Besitzt ein Element die gewünschten Daten, kann die Instanz aus dem Cache verwendet werden; anderenfalls muss der Kernel eine Low-level-Anfrage an das Blockgerät stellen, um die benötigten Informationen zu erhalten.

Das zuletzt verwendete Element wird vom Kern automatisch an die erste Position gesetzt. Wenn es sich bereits im Cache befunden hat, ändert dies nur die Positionen der einzelnen Elemente darin; wurde es vom Blockgerät eingelesen, „fällt" das letzte Element des Arrays aus dem Cache heraus und kann daher aus dem Speicher entfernt werden.

Der Algorithmus ist sehr einfach, aber dennoch wirkungsvoll: Die Nachschlagezeit für häufig gebrauchte Elemente wird reduziert, da sich diese automatisch an einer der oberen Array-Positionen finden, während wenig gebrauchte Elemente automatisch aus dem Cache herausfallen, wenn eine Zeit lang nicht mehr auf sie zugegriffen wird. Einziger Nachteil dieser Vorgehensweise ist die Tatsache, dass nach jedem Nachschlagevorgang der beinahe komplette Array-Inhalt verschoben werden muss, was etwas aufwendig ist und daher nur bei kleinen Cache-Größen realisiert werden kann. Dementsprechend ist die Kapazität des Puffer-Caches entsprechend gering.

Implementierung

Betrachten wir, wie der Kernel den beschriebenen Algorithmus für den LRU-Cache umsetzt.

Datenstrukturen Da der Algorithmus nicht besonders kompliziert ist, werden nur relativ einfache Datenstrukturen benötigt. Ausgangspunkt der Implementierung ist die Funktion `struct bh_lru`, die folgendermaßen definiert ist:

```
fs/buffer.c
#define BH_LRU_SIZE     8

struct bh_lru {
        struct buffer_head *bhs[BH_LRU_SIZE];
};

static DEFINE_PER_CPU(struct bh_lru, bh_lrus) = {{0}};
```

Die Struktur ist in einer C- und nicht in einer Headerdatei definiert – wie üblich ein Hinweis für den restlichen Kernelcode, dass die Datenstrukturen des Caches nicht direkt, sondern lediglich über die eigens dafür definierten Hilfsfunktionen angesprochen werden soll, auf die wir gleich genauer eingehen werden.

`bhs` ist ein Array aus Zeigern auf Pufferköpfe, das als Basis für die Realisierung des LRU-Algorithmus verwendet wird (wie die Präprozessordefinition zeigt, werden acht Einträge verwendet). Mit Hilfe von `DEFINE_PER_CPU` instantiiert der Kern eine Instanz für jeden Prozessor des Systems, um die CPU-Caches besser auszunutzen.

12.4 Implementierung des Puffer-Caches

Verwaltung und Benutzung des Caches erfolgt durch zwei Funktionen, die der Kern öffentlich bereitstellt: `lookup_bh_lru` überprüft, ob ein gesuchter Eintrag im Cache vorhanden ist, während `bh_lru_install` neue Pufferköpfe in den Cache einträgt.

Die Implementierung beider Funktionen birgt keine besonderen Überraschungen in sich, sie implementieren den eben beschriebenen Algorithmus. Sie müssen lediglich am Anfang der Aktion mit

```
lru = &per_cpu(bh_lrus, smp_processor_id());
```
fs/buffer.c

das für die aktuelle CPU passende Array auswählen.

Achtung: Wenn `look_bh_lru` fehlschlägt, wird der gewünschte Puffer nicht automatisch vom Blockgerät eingelesen. Dies erfolgt über die nun vorgestellten Schnittstellenfunktionen.

Interfacefunktionen Gewöhnlicher Kernelcode kommt normalerweise weder mit `bh_lookup_lru` noch `bh_lru_install` in Berührung, da diese Funktionen weiter gekapselt werden. Der Kern stellt allgemeine Routinen zum Zugriff auf einzelne Blöcke zur Verfügung, die den Buffercache automatisch berücksichtigen und explizite Interaktionen mit dem Cache überflüssig machen. Dabei handelt es sich (unter anderen) um `__getblk` und `__bread`, die in `fs/buffer.c` implementiert sind.

Bevor wir ihre Implementierung beschreiben, wollen wir zuerst Unterschiede und Gemeinsamkeiten zwischen beiden Funktionen herausarbeiten. Die benötigten Parameter sind für beide identisch:

```
struct buffer_head *__getblk(struct block_device *bdev, sector_t block, int size)
struct buffer_head *__bread(struct block_device *bdev, sector_t block, int size)
```
<buffer_head.h>

Mit Hilfe der `block_device`-Instanz des gewünschten Blockgeräts, der Sektornummer (vom Typ `sector_t`) und der Blockgröße wird ein Datenblock eindeutig charakterisiert.

Die Unterschiede liegen in der Zielsetzung beider Funktionen: `__bread` *garantiert*, dass ein Puffer im Uptodate-Zustand zurückgeliefert wird, wozu unter Umständen ein Lesezugriff auf das zugrunde liegende Blockgerät notwendig ist.

Aufrufe von `__getblk` liefert in jedem Fall einen nicht-NULL-Zeiger als Ergebnis, also immer einen Pufferkopf. Wenn sich die Daten des gesuchten Puffers bereits im Speicher befinden, werden diese zurückgegeben, wobei allerdings keinerlei Garantie für den Zustand der Daten übernommen wird – vor allem müssen diese nicht Uptodate sein, im Gegensatz zu `__bread`. Im zweiten möglichen Szenario existiert der Puffer noch nicht im Speicher; `__getblk` sorgt in diesem Fall dafür, dass der für die Daten benötigte Speicherplatz reserviert und der Pufferkopf in die Cache-LRU eingetragen wird. Achtung: Da `__getblk` *immer* einen Pufferkopf zurückgibt, werden auch unsinnige Anforderungen – beispielsweise für nicht-existente Sektoradressen – bearbeitet.

__getblk Abbildung 12.6 auf der nächsten Seite zeigt das Codeflussdiagramm von `__getblk` (wir besprechen die Funktion zuerst, da `__bread` darauf zurückgreift).

Der Ablauf von `__getblk` teilt sich in zwei Möglichkeiten, wie das Diagramm zeigt: Zuerst wird `__find_get_block` aufgerufen, die den gewünschten Puffer nach einer gleich genauer beschriebenen Methode sucht. Ist diese erfolgreich, wird eine `buffer_head`-Instanz zurückgegeben; anderenfalls wird die Arbeit an `__getblk_slow` delegiert. Wie der Name andeutet, liefert `__getblk_slow` den gesuchten Puffer langsamer zurück, als es bei `__find_get_block` der Fall gewesen wäre – dafür kann die Funktion garantieren, dass auf jeden Fall eine passende `buffer_head`-Instanz zurückgegeben und der für die Daten benötigte Speicherplatz reserviert wird. Achtung: Wie bereits bemerkt, bedeutet die Rückgabe eines Pufferkopfes in diesem Fall allerdings

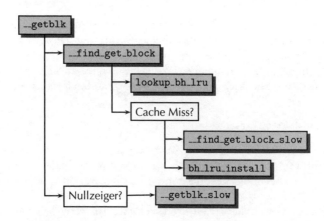

Abbildung 12.6: Codeflussdiagramm für __getblk

nicht, dass der Datenbereich mit dem korrektem Inhalt gefüllt ist. Da der Pufferkopf dennoch korrekt ist, wird er am Ende der Funktion mit bh_lru_install in den Puffercache eingetragen.

Die zentrale Frage besteht offensichtlich im Unterschied zwischen __find_get_block und __getblk_slow, wo Hauptarbeit von __getblk verpackt ist.

Den Anfang von __find_get_block macht der Aufruf der bereits bekannten Funktion lookup_bh_lru, die überprüft, ob der gesuchte Block im LRU-Cache vorhanden ist.

Befindet sich der Puffer nicht im Cache, muss die Suche mit anderen Mitteln fortgesetzt werden: __find_get_block_slow versucht, die Daten im Seitencache zu finden, was zu zwei unterschiedlichen Resultaten führen kann:

- Ein Nullzeiger wird zurückgegeben, wenn sie die Daten im Seitencache finden, die Seite aber *keine* assoziierten Puffer besitzt, oder wenn sich die Daten *nicht* im Seitencache befinden.

- Der Zeiger auf den gewünschten Pufferkopf wird geliefert, wenn sich die Daten im Seitencache befinden und die Seite zusätzlich assoziierte Puffer besitzt.

Wenn ein Pufferkopf gefunden wurde, verwendet __find_get_block die Funktion bh_lru_install, um ihn im Cache zu installieren; anschließend kehrt der Codefluss zu __getblk zurück.

Wenn von __find_get_block ein Nullzeiger geliefert wurde, muss der zweite Codepfad betreten werden, der in __getblk_slow implementiert ist. Er garantiert, dass zumindest der benötigte Speicherplatz für Pufferkopf und Datenelement reserviert wird. Ihre Implementierung ist relativ kurz:

fs/buffer.c
```
struct buffer_head *
__getblk_slow(struct block_device *bdev, sector_t block, int size)
{
        for (;;) {
                struct buffer_head * bh;

                bh = __find_get_block(bdev, block, size);
                if (bh)
                        return bh;

                if (!grow_buffers(bdev, block, size))
                        free_more_memory();
        }
}
```

12.4 Implementierung des Puffer-Caches

Erstaunlicherweise ruft __getblk_slow als erste Aktion die eben gescheiterte Funktion __find_get_block auf! Wenn ein Pufferkopf gefunden wurde, wird dieser als Resultat der Funktion zurückgegeben. Natürlich ist der Aufruf nur erfolgreich, wenn in der Zwischenzeit ein anderer Prozessor den gewünschten Puffer eingelesen und die entsprechenden Datenstrukturen im Speicher erzeugt hat, was zugegebenermaßen nicht besonders wahrscheinlicher ist.

Die etwas seltsam scheinende Vorgehensweise wird verständlich, wenn man den genauen Verlauf der Funktion betrachtet: Es handelt sich um eine Endlosschleife, die immer wieder versucht, den Puffer mittels __find_get_block einzulesen. Natürlich ist der Code nach fehlgeschlagenen Aufrufen aber nicht tatenlos: Mittels grow_buffers versucht der Kern, Speicherplatz für Pufferkopf und Pufferdaten zu reservieren und in die Kerneldatenstrukturen einzutragen, was im Erfolgsfall einen erfolgreichen Aufruf von __find_get_block und damit die ebenso erfolgreiche Rückgabe des gesuchten buffer_heads nach sich zieht. Aus diesem Grund sind die beschriebenen Routinen in eine Endlosschleife verpackt: Der Kern versucht einfach so lange, die Datenstrukturen im Speicher zu erzeugen, bis er damit Erfolg hat.[7]

Was passiert, wenn auch grow_buffers versagt, da nicht genügend freier Speicherplatz vorhanden ist, um die gewünschten Strukturen anzulegen? In diesem Fall wird free_more_memory aufgerufen, die für mehr freien RAM-Speicher sorgt, wie in Kapitel 13 („Datensynchronisation") und 14 („Swapping") beschrieben wird.

Die Implementierung von grow_buffers ist nicht besonders umfangreich: Nach einigen Korrektheitsüberprüfungen wird die Arbeit an grow_dev_page delegiert, deren Codeflussdiagramm sich in Abbildung 12.7 findet.

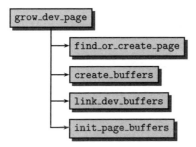

Abbildung 12.7: Codeflussdiagramm für grow_dev_page

Zunächst muss die Funktion eine passende Seite finden oder neu erzeugen, um die Daten des Puffers unterbringen zu können, wozu find_or_create_page verwendet wird. Achtung: Natürlich können diese und weitere Allokationsoperationen scheitern, wenn nicht genügend Speicherplatz zur Verfügung steht. In diesem Fall gibt die Funktion einen Nullzeiger zurück, was zur Wiederholung des kompletten Zyklus in __getblk_slow führt, bis genügend Speicher vorhanden ist. Dies ist auch bei den anderen aufgerufenen Funktionen der Fall, was wir aber nicht jedes Mal explizit erwähnen.

create_page_buffers erzeugt einen neuen Puffersatz, der mit den bekannten Funktionen link_dev_buffers mit der Seite verbunden werden. init_page_buffers wird verwendet, um den Status (b_status) und die Verwaltungsdaten (b_bdev, b_blocknr) der Pufferköpfe auszufüllen.

---

[7] __getblk_slow hat allerdings einen Nachteil und ist von Kernelprogrammierern deshalb mit Vorsicht zu genießen: Da keine Interaktion mit dem Blocklayer erfolgt, um die zugehörigen Daten wirklich einzulesen, kann die Routine auch Pufferköpfe für Blöcke erzeugen, die physikalisch überhaupt nicht existieren! – schließlich wird nur eine buffer_head-Instanz mit den vom Benutzer übergebenen Kenndaten erzeugt und der für die Pufferdaten benötigte Speicherplatz reserviert, weitergehende Überprüfungen gibt es nicht.

__bread Im Gegensatz zur eben beschriebenen Methode stellt **__bread** sicher, dass ein Puffer im Uptodate-Zustand zurückgegeben wird. Die Funktion ist nicht schwierig zu implementieren, da sie sich auf das Framework von **__getblk** stützen kann:

fs/buffer.c
```
struct buffer_head *
__bread(struct block_device *bdev, sector_t block, int size)
{
        struct buffer_head *bh = __getblk(bdev, block, size);

        if (!buffer_uptodate(bh))
                bh = __bread_slow(bh);
        return bh;
}
```

Als erste Aktion wird die eben beschriebene Routine **__getblk** aufgerufen, die sicherstellt, dass Speicherplatz für Pufferkopf und Dateninhalt vorhanden ist. Wenn der Zustand des Puffers bereits hier Uptodate ist, kann ein Zeiger darauf zurückgegeben werden:

Wenn die Daten des Puffers nicht uptodate sind, wird die weitere Arbeit an **__bread_slow** delegiert – den langsamen Pfad, wie der Name erkennen lässt. Mittels **submit_bh** wird eine Anforderung zum physikalischen Lesen der Daten an den Blocklayer gestellt.

Da das Einlesen eines Puffers im Gegensatz zu den meisten anderen Leseaufforderungen synchron erfolgen muss, wird **wait_on_buffer** verwendet, um auf das Ende der Leseoperation zu warten. Danach kann der nun garantiert gefüllte und aktuelle Puffer zurückgegeben werden.

Das Aufheben des Lockings erfolgt übrigens durch den BIO-Layer, wenn die **b_end_io**-Funktion aufgerufen wird. Der Funktionspointer zeigt in diesem Fall auf **end_buffer_io_sync** aus **fs/buffer.c**, die nicht nur das Locking mittels **unlock_buffer** wieder aufhebt, sondern seinen Zustand auch gleich noch auf **BH_Uptodate** setzt.

Verwendung im Dateisystem Wann wird das Lesen einzelner Blöcke überhaupt benötigt? Es gibt zwar nicht allzu viele Stellen im Kern, diese haben aber dennoch eine große Bedeutung: Vor allem Dateisysteme machen beim Einlesen von Super- oder Verwaltungsblocks Gebrauch von den eben vorgestellten Routinen.

Der Einfachheit halber definiert sich der Kernel zwei Routinen, um die Arbeit mit Einzelblöcken für Dateisysteme zu vereinfachen:

<buffer_head.h>
```
static inline struct buffer_head *
sb_bread(struct super_block *sb, sector_t block)
{
        return __bread(sb->s_bdev, block, sb->s_blocksize);
}

static inline struct buffer_head *
sb_getblk(struct super_block *sb, sector_t block)
{
        return __getblk(sb->s_bdev, block, sb->s_blocksize);
}
```

Wie man dem Code entnehmen kann, werden die Routinen verwendet, um – anhand eines Superblocks sowie Blocknummer und -größe – bestimmte Blocks des Dateisystems einzulesen. Beim Second Extended-Dateisystem finden beide Varianten Verwendung: **sb_getblk** wird beispielsweise verwendet, um Inoden im Voraus zu lesen (**ext2_preread_inode**) aus **fs/ext2/ialloc.c**), während **sb_bread** die Funktion der Wahl zum Einlesen von Inodenbitmaps ist (**read_inode_bitmap** aus **fs/ext2/ialloc.c**).

12.4.5 Operationen mit ganzen Seiten

Moderne Blockgeräte können nicht nur einzelne Blöcke, sondern wesentlich größere Datenmengen auf einen Schlag übertragen, wodurch die Leistung des Systems zunimmt. Dies wird durch die starke Ausrichtung des Kerns hin zu Algorithmen und Strukturen reflektiert, die Speicherseiten als elementare Einheiten für Transfers zwischen Blockgeräten und Speicher verwenden. Die pufferweise Datenübertragung ist eine wesentliche Performance-Bremse, wenn komplette Seiten bearbeitet werden. Im Zuge der Neuorientierung des Blocklayers (wie in Kapitel 5 („Gerätetreiber") besprochen wird, wurden während der Entwicklung von 2.5 BIOs als Ersatz für Buffer Heads eingeführt, um Transfers mit Blockgeräten abzuwickeln) hat der Kern deshalb vier neue Funktionen eingeführt, die zum Lesen oder Schreiben einer oder mehrerer Seiten verwendet werden:

```
int mpage_readpage(struct page *page, get_block_t get_block)                fs/mpage.c
int mpage_readpages(struct address_space *mapping, struct list_head *pages,
            unsigned nr_pages, get_block_t get_block)

static struct bio *
mpage_writepage(struct bio *bio, struct page *page, get_block_t get_block,
            sector_t *last_block_in_bio, int *ret, struct writeback_control *wbc)
int mpage_writepages(struct address_space *mapping,
            struct writeback_control *wbc, get_block_t get_block)
```

Die Bedeutung der Parameter lässt sich leicht aus den vorhergehenden Abschnitten erkennen, lediglich `writeback_control` wurde noch nicht eingeführt: Wie wir in Kapitel 13 („Datensynchronisation") besprechen werden, handelt es sich dabei um Möglichkeit zur präzisen Steuerung des Zurückschreibevorgangs.

Da die Implementierung der vier Funktionen relativ viel Gemeinsamkeiten besitzt (Ziel ist immer die Konstruktion einer passenden `bio`-Instanz, die an den Blocklayer übermittelt werden kann), wollen wir uns stellvertretend mit `mpage_readpages` genauer beschäftigen. Die Funktion erwartet `nr_pages` `page`-Instanzen als Parameter, die in einer verketteten Liste übergeben werden. `mapping` ist der zugehörige Adressraum, während `get_block` wie üblich verwendet wird, um die passenden Blockadressen zu ermitteln.

Die Funktion iteriert in einer Schleife über alle `page`-Instanzen:

```
int mpage_readpages(struct address_space *mapping, struct list_head *pages,   fs/mpage.c
            unsigned nr_pages, get_block_t get_block)
{
    struct bio *bio = NULL;
    unsigned page_idx;
    sector_t last_block_in_bio = 0;
    struct pagevec lru_pvec;

    pagevec_init(&lru_pvec, 0);
    for (page_idx = 0; page_idx < nr_pages; page_idx++) {
        struct page *page = list_entry(pages->prev, struct page, list);
```

Jeder Schleifendurchlauf fügt die Seite zunächst in den Adressraum-spezifischen Cache ein, bevor ein `bio`-Auftrag zum Lesen der gewünschten Daten für den Blocklayer konstruiert wird:

```
        list_del(&page->list);                                                fs/mpage.c
        if (!add_to_page_cache(page, mapping,
                        page->index, GFP_KERNEL)) {
            bio = do_mpage_readpage(bio, page,
                            nr_pages - page_idx,
                            &last_block_in_bio, get_block);
```

```
                        if (!pagevec_add(&lru_pvec, page))
                                __pagevec_lru_add(&lru_pvec);
                } else {
                        page_cache_release(page);
                }
        }
        pagevec_lru_add(&lru_pvec);
```

Zur Installation der Seiten in die LRU-Liste des Kerns wird ein Seitenvektor verwendet. Diese Technik ist aus Kapitel 3 („Speicherverwaltung") bekannt und ermöglicht das batchweise Einfügen der **page**-Instanzen, was Performance-Vorteile bringt.

Bei der Konstruktion des **bio**-Auftrags durch **do_mpage_readpage** werden die BIO-Daten der vorhergehenden Seiten berücksichtigt, was die Konstruktion eines kombinierten Requests ermöglicht: Wenn mehrere hintereinander folgende Seiten eingelesen werden, kann dies vom Blockgerät in einer einzigen Anfrage durchgeführt werden, ohne für jede Seite einen Extraauftrag versenden zu müssen. Wenn nicht zusammenhängende Daten eingelesen werden sollen, schickt **do_mpage_readpage** den bisherigen Auftrag an den Blocklayer und alloziert einen neuen Request.

Wenn zum Abschluss der Schleife noch ein BIO-Request übrig bleibt, der von **do_mpage_readpage** nicht verarbeitet wurde, wird dieser nun abgeschickt:

fs/mpage.c
```
        if (bio)
                mpage_bio_submit(READ, bio);
        return 0;
}
```

13 Datensynchronisation

RAM-Speicher und Festplattenplatz können wechselseitig als Ersatz für einander verwendet werden: Wenn viel RAM frei ist, verwendet der Kern einen Teil davon zur Pufferung von Blockgerätedaten, während Plattenplatz zum Auslagern von Daten auf dem Speicher verwendet wird, wenn zu wenig RAM vorhanden ist. Eines ändert sich aber in beiden Fällen nicht: Die Daten werden immer zuerst im RAM-Speicher manipuliert und müssen anschließend irgendwann auf das Blockgerät zurückgeschrieben werden, um die Änderung persistent zu machen. Blockspeichergeräte werden daher als *Backing Store* für den RAM-Speicher bezeichnet.

Linux stellt verschiedene Caching-Methoden zur Verfügung, wie Kapitel 12 ausführlich gezeigt hat. Allerdings wurde die Frage noch nicht behandelt, wie Daten zurückgeschrieben werden. Der Kern bietet hierfür ebenfalls mehrere Möglichkeiten an, die sich in zwei Kategorien teilen lassen:

- Hintergrundthreads, die den Speicherzustand des Systems immer wieder kontrollieren und das Zurückschreiben der Daten in periodischen Abständen durchführen.

- Explizites Zurückschreiben der Daten, wenn sich zu viele dreckige Seiten in den Puffern des Systems befinden und der Kern frische Speicherseiten benötigt.

Zwischen *Flushing* (Zurückschreiben von Daten), *Swapping* (Auslagern von Speicherseiten) und dem Freimachen von Seiten besteht ein deutlicher Zusammenhang: Nicht nur der Zustand der Speicherseiten, sondern auch die Größe des verfügbaren Speichers muss regelmäßig kontrolliert werden, wobei nicht oder nur selten genutzte Seiten automatisch ausgelagert werden, wobei die Daten aber vorher mit dem Backing Store synchronisiert sein müssen, damit keine Daten verloren gehen: Für dynamisch erzeugte Seiten sind die Swap-Bereiche des Systems die Backing Stores, während dies für aus Dateien eingeblendete Seiten die entsprechenden Abschnitte in den zugrunde liegenden Dateisystemen sind. Bei akuter Speicherknappheit muss das Zurückschreiben dreckiger Daten deshalb forciert werden, da dies die Grundlage für die Beschaffung frischen Speichers ist.

Die Synchronisation zwischen Speicher/Cache und Backing Store kann in zwei konzeptionell unterschiedliche Teile aufgetrennt werden:

- *Policy*-Routinen steuern, *wann* der Austausch von Daten durchgeführt wird. Durch verschiedene Parameter, die vom Administrator eingestellt werden, wird der Kern bei dieser Entscheidung unterstützt, da er die Belastung des Systems dadurch genauer einschätzen kann.

- Die Implementierung des technischen Teils kümmert sich um die hardwarenahen Dinge, die bei der Zusammenarbeit zwischen Cache und Backing Store anfallen: Sie sind „guns for hire", die ihre Arbeit nach den genauen Anweisungen der Policy-Routinen erledigen und für den eigentlichen Transfer der Daten zwischen RAM und Platte sorgen.

Achtung: „Synchronisation" und „Swapping" dürfen nicht miteinander verwechselt werden: Während bei der Synchronisation lediglich die Daten zwischen RAM-Speicher und Backing Store abgeglichen werden, löschen Swapping-Aktivitäten Daten aus dem RAM-Speicher, um mehr freien Platz für andere Dinge zu erhalten, denen der Kern im Moment eine größere Priorität einräumt. Bevor die Daten aus dem Speicher entfernt werden, müssen sie mit ihrem jeweiligen Backing Store synchronisiert sein.

Die beiden Mechanismen zum Zuruckschreiben von Daten werden aus unterschiedlichen Anlässen ausgelöst:

- Periodische Kernelthreads durchlaufen die Listen dreckiger Speicherbereiche, wovon Teilbereiche in kleinen Abschnitten zurückgeschrieben werden. Wenn das System durch nicht allzuviele Schreibvorgänge belastet ist, resultiert dies in einem guten Verhältnis zwischen dreckigen Seiten und Auslastung des Systems durch Festplattenzugriffe, die zum Zurückschreiben notwendig sind.

- Wenn sich – beispielsweise aufgrund eines massiven Schreibvorgangs, den ein Prozess eingeleitet hat – zu viele dreckige Seiten im System befinden, startet der Kernel „unter Druck" weitere Mechanismen, die so lange mit dem Backing Store synchronisieren, bis der Anteil dreckiger Seiten wieder auf ein erträgliches Maß zurückgegangen ist. Interessant ist dabei vor allem die Definition von „zu viele dreckige Seiten" und „erträgliches Maß", die nicht immer einfach ist und mit der wir uns gleich beschäftigen werden.

Als Basis für die Implementierung beider Mechanismen wird ein Kernelthread mit der Bezeichnung `pdflush` verwendet, in dem der Synchronisationscode ausgeführt wird. Wir werden uns daher zunächst mit diesem Thread beschäftigen.

13.1 pdflush

Die Implementierung des `pdflush`-Mechanismus findet sich in einer einzigen Datei: `mm/pdflush.c`. Die in früheren Versionen etwas zersplitterte Implementierung der Synchronisationsmechanismen findet dadurch eine übersichtliche Basis.

`pdflush` wird mit den üblichen Mechanismen für Kernelthreads gestartet:

mm/pdflush.c
```
static void start_one_pdflush_thread(void)
{
        kernel_thread(pdflush, NULL, CLONE_KERNEL);
}
```

`start_one_pdflush` startet nur einen einzigen `pdflush`-Thread – der Kern kann aber auch mehrere Threads gleichzeitig verwenden, wie wir später sehen werden. Dabei ist zu beachten, dass ein bestimmter `pdflush`-Thread *nicht* immer für das gleiche Laufwerk zuständig ist! Die Zuordnung kann sich mit der Zeit ändern, unter anderem auch, weil die Anzahl der Threads nicht konstant ist, sondern je nach Auslastung des Systems variiert.

In der Tat startet der Kernel bei der Initialisierung des pdflush-Subsystems eine bestimmte Anzahl von Threads, die in `MIN_PDFLUSH_THREADS` festgelegt ist – ihr Wert beträgt normalerweise 2, weshalb sich auf einem normal belasteten System meistens 2 aktive Instanzen von `pdflush` finden, die in der Taskliste erscheinen und mit Hilfe von `ps` sichtbar gemacht werden können:

```
wolfgang@meitner> ps fax | grep pdflush
    5 ?        SW     0:00 [pdflush]
    6 ?        SW     0:00 [pdflush]
```

Die Anzahl der vorhandenen Threads ist nicht nur nach unten, sondern auch nach oben begrenzt: `MAX_PDFLUSH_THREADS` gibt die Schranke vor, die dem Kernel ein Limit bei der Erzeugung neuer Instanzen von `pdflush` setzt. Üblicherweise ist sie auf 8 gesetzt. Dies Anzahl der momentan laufenden Threads wird in der globalen Variable `nr_pdflush_threads` festgehalten. Sie unterscheidet allerdings nicht, ob diese gerade aktiv sind oder schlafen.

13.2 Starten eines neuen Threads

Der Kern des `pdflush`-Mechanismus setzt sich aus zwei Teilen zusammen: einer Datenstruktur, mit deren Hilfe die Arbeit eines Threads charakterisiert werden kann, und einer Strategieroutine, die zur Abarbeitung eben dieser Arbeit verwendet wird.

Die Datenstruktur ist folgendermaßen definiert:

```
struct pdflush_work {                                         mm/pdflush.c
    struct task_struct *who;    /* The thread */
    void (*fn)(unsigned long);  /* A callback function */
    unsigned long arg0;         /* An argument to the callback */
    struct list_head list;      /* On pdflush_list, when idle */
    unsigned long when_i_went_to_sleep;
};
```

Wie üblich ist die Definition der Datenstruktur in einer C- anstelle einer Headerdatei ein Hinweis des Kerns, dass sie nur von internem Code verwendet werden soll; generischer Code greift über andere Mechanismen auf die Synchronisationsfähigkeiten des Kerns zurück, die wir weiter unten untersuchen werden.

- `who` ist ein Zeiger auf die `task_struct`-Instanz des Kernel-Threads, mit dem die jeweilige `pdflush`-Instanz in der Prozesstabelle repräsentiert wird.

- Über den Listenkopf `list` können mehrere Instanzen von `pdflush_work` mit Hilfe einer doppelt verketteten Standardliste zusammengefasst werden. `pdflush_list` wird vom Kern als globale Variable verwendet, um noch zu erledigende Arbeiten „auffädeln" zu können.

- Das Element mit der ungewöhnlich langen Bezeichnung `when_i_went_to_sleep` speichert den Zeitpunkt in Jiffies, zu dem sich der Thread das letzte Mal schlafen gelegt hat. Der Wert wird verwendet, um überflüssige `pdflush`-Threads aus dem System zu entfernen, die zwar noch im Speicher existieren, aber über einen längeren Zeitraum hin nichts mehr zu tun hatten.

- Der Funktionszeiger `fn` bildet zusammen mit `arg0` das Rückgrat der Struktur, da mit ihrer Hilfe die Funktion festgehalten wird, in der die eigentliche Arbeit implementiert ist. `arg0` wird als Argument beim Aufruf der Funktion übergeben.

Durch Verwendung unterschiedlicher Funktionszeiger für `fn` kann der Kern unterschiedliche Routinen zur Synchronisation im `pdflush`-Framework unterbringen, die je nach Einsatzzweck verwendet werden.

13.3 Thread-Initialisierung

Die Prozedur `pdflush` wird als Arbeitsprozedur für Kernelthreads verwendet. `pdflush`-Threads legen sich nach ihrer Erzeugung schlafen und warten darauf, bis sie von anderen Teilen des Kerns mit einer Aufgabe betraut werden, die durch pdflush_work genauer spezifiziert wird. Die Anzahl der vorhandenen pdflush-Threads muss daher nicht mit der Anzahl der noch zu erledigenden Arbeiten übereinstimmen! Die gestarteten Threads stehen als abrufbereite Arbeiter zur Verfügung und warten darauf, vom Kern mit einer Aufgabe betreut zu werden.

Das Codeflussdiagramm in Abbildung 13.1 zeigt die Funktionsweise von pdflush.

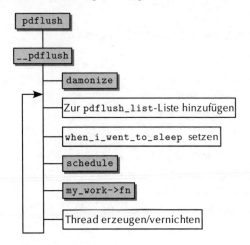

Abbildung 13.1: Codeflussdiagramm für pdflush

Die Startroutine bei der Erzeugung eines neuen pdflush-Threads ist pdflush, der Kontrollfluss wird aber unmittelbar an __pdflush weitergeleitet.[1]

Nachdem der Thread durch Aufruf von daemonize wie üblich in einen Daemon verwandelt wurde, werden Arbeitsfunktion und Argument der pdflush_work-Instanz auf NULL gesetzt, da der Thread noch mit keiner speziellen Arbeit betraut wurde. Auch muss der globale Zähler nr_pdflush_threads um 1 erhöht werden, da sich nun ein neuer pdflush-Thread im System befindet.

Anschließend führt der Thread eine Endlosschleife aus, in der folgende Aktionen ausgeführt werden:

- Die pdflush_work-Instanz des Threads wird in die globale Liste pdflush_list eingefügt (zur Erinnerung: Über das who-Element kann der Kern davon auf den Thread zurückschließen).

- Der Wert von when_i_went_to_sleep wird auf die aktuelle Systemzeit in Jiffies gesetzt.

- Der wichtigste Punkt im Ablauf ist der Aufruf von schedule: Da der Status des Threads zuvor auf TASK_INTERRUPTIBLE gesetzt wurde, schläft der Thread nun ein und wartet, bis er durch ein externes Ereignis aufgeweckt wird.

Benötigt der Kern einen Arbeiterthread, setzt er die Arbeitsfunktion einer pdflush_work-Instanz, die sich auf der globalen Liste befindet, und weckt den entsprechenden Thread auf, der die Abarbeitung direkt nach schedule fortsetzt – nun allerdings mit gesetzter Arbeiterfunktion fn.

---

[1] In pdflush wird lediglich eine Instanz von pdflush_work erzeugt; ein Zeiger darauf wird an __pdflush_work als Parameter übergeben. Diese Vorgehensweise soll den Compiler daran hindern, unglückliche Optimierungen an dieser Variablen vorzunehmen.

- Konsequent wird im nächsten Schritt die Arbeiterfunktion zusammen mit dem gespeicherten Argument aufgerufen, um die eigentliche Nutzarbeit zu erledigen.

- Nach Beendigung der Arbeiterfunktion testet der Kern, ob eventuell zu viele oder zu wenige Arbeiterthreads vorhanden sind: Wenn mehr als eine Sekunde lang kein freier Workerthread vorhanden war,[2] wird mit `start_one_pdflush_thread` ein neuer Thread erzeugt; wenn der am längsten inaktive Thread (der sich am Ende der `pdflush_list`-Liste befindet) länger als eine Sekunde geschlafen hat, wird der *aktuelle* Thread aus dem System entfernt, indem die Endlosschleife verlassen wird (als Aufräumaktion ist in diesem Fall praktisch nur das Dekrementieren von `nr_pdflush_threads` erforderlich).

13.4 Durchführen der Arbeit

`pdflush_operation` wird verwendet, um einen `pdflush`-Thread mit einer Arbeiterfunktion zu versehen und ihn aufzuwecken. Wenn kein Thread vorhanden ist, wird −1 als Resultat zurückgegeben; anderenfalls wird ein Thread auf der Liste entfernt und aufgeweckt:

```
                                                                    mm/pdflush.c
int pdflush_operation(void (*fn)(unsigned long), unsigned long arg0)
{
...
        struct pdflush_work *pdf;

        pdf = list_entry(pdflush_list.next, struct pdflush_work, list);
        list_del_init(&pdf->list);
        if (list_empty(&pdflush_list))
                last_empty_jifs = jiffies;
        pdf->fn = fn;
        pdf->arg0 = arg0;
        wake_up_process(pdf->who);
        return 0;
...
}
```

`pdflush_operation` übernimmt zwei Argumente, die die Arbeiterfunktion und deren Argument angeben.

Wenn sich eine schlafende `pdflush`-Instanz in der Warteliste befindet, wird sie daraus entfernt, wodurch sie von keinem anderen Teil des Kerns mehr verwendet werden kann. Anschließend werden die Werte für Arbeitsfunktion und Argument an die entsprechenden Felder von `pdflush_work` zugewiesen, um unmittelbar darauf den Thread mit `wake_up_process` aufzuwecken: Dank des `who`-Elements in `pdflush_work` weiß der Kern, um welchen Prozess er sich dabei kümmern muss.

Um sicherzustellen, dass immer eine ausreichende Anzahl an Arbeiterthreads vorhanden ist, überprüft der Kern *vor* dem Aufwecken des Threads noch, ob die `pdflush_list`-Liste leer ist. Sollte dies der Fall sein, wird `last_empty_jifs` auf die aktuelle Systemzeit gesetzt; mit Hilfe dieser Information ist der Kernel bei der Beendigung eines Threads in der Lage, die Zeitspanne zu überprüfen, in der keine überschüssigen Threads vorhanden waren – und kann einen neuen starten, wie weiter oben beschrieben wurde.

---

[2] Der Zeitpunkt, zu dem die `pdflush_list`-Liste das letzte Mal leer war, wird in der globalen Variable `last_empty_jifs` festgehalten.

13.5 Periodisches Zurückschreiben

Nachdem das auf den ersten Blick etwas umfangreiche Framework des `pdflush`-Mechanismus vorgestellt wurde, können wir zur Beschreibung der Routinen übergehen, die die tatsächliche Synchronisation des Cache-Inhalts mit dem assoziierten Backing Store ermöglichen. Wie wir bereits erwähnt haben, gibt es zwei Möglichkeiten (periodisch und unter Druck); wir wollen damit beginnen, die Implementierung des periodischen Zurückschreibens zu untersuchen.

In früheren Versionen des Kerns wurde zur Durchführung der periodischen Schreibvorgänge eine Usermode-Applikation verwendet, die bei der Initialisierung des Kerns automatisch gestartet wurde und in regelmäßigen Abständen einen Systemaufruf durchführte, der das Zurückschreiben dreckiger Seiten veranlasste. Mittlerweile wurde dieses nicht sonderlich elegante Verfahren durch eine modernere Variante ersetzt, die nicht mehr den Umweg über den Benutzermodus gehen muss und daher nicht nur leistungsfähiger, sondern auch wesentlich ästhetischer geworden ist.

Von der früheren Methode übrig geblieben ist vor allem die Bezeichnung *kupdated*, die sich zwar nicht mehr in den Kernelquellen findet, aber an vielen anderen Stellen gerne zur Beschreibung des entsprechenden Mechanismus verwendet wird.

Zwei Dinge sind für das periodische Zurückschreiben dreckiger Cache-Daten nötig: die Arbeitsfunktion, die mit Hilfe des `pdflush`-Mechanismus ausgeführt wird, und Code zur periodischen Aktivierung des Mechanismus.

13.6 Assoziierte Datenstrukturen

`wb_kupdate` aus `mm/page-writeback.c` übernimmt den technischen Teil des Flushings. Die Funktion orientiert sich am Adressraum-Konzept, das in Kapitel 3 („Speicherverwaltung") besprochen wird und das den Zusammenhang zwischen RAM-Speicher, Dateien bzw. Inoden und den zugrunde liegenden Blockgeräten herstellt.

13.6.1 Seitenstatus

`wb_kupdate` basiert auf einigen Datenstrukturen, die seine Funktion regeln. Eine davon ist `struct page_state`, mit deren Hilfe der Status aller Speicherseiten des Systems abgefragt werden kann. Ihre Definition lautet wie folgt:

<page-flags.h>
```
struct page_state {
        unsigned long nr_dirty;           /* Dirty writeable pages */
        unsigned long nr_writeback;       /* Pages under writeback */
        unsigned long nr_page_table_pages; /* Pages used for pagetables */
        unsigned long nr_mapped;          /* mapped into pagetables */
        unsigned long nr_slab;            /* In slab */

        /* Unterer Teil: Weitere statistische Informationen */
```

Die Datenstruktur ist eine Sammlung zahlreicher statistischer Informationen, die den Zustand der Speicherseiten *pro CPU* beschreibt, weshalb eine Instanz der Datenstruktur für jede CPU des Systems existiert. Ein Array wird zur Zusammenfassung der einzelnen Instanzen verwendet, um den Zugriff darauf einfacher zu machen. Achtung: Bei den einzelnen Elementen der Struktur handelt es sich lediglich um einfache, elementare Zahlen, weshalb nur Informationen darüber festgehalten werden, *wie viele* Seiten sich in welchem Zustand befinden. Um *welche* Seiten es sich dabei handelt, muss mit anderen Mitteln herausgefunden werden, auf die wir weiter unten eingehen werden.

13.6 Assoziierte Datenstrukturen

Die Bedeutung der Einträge lässt sich relativ einfach anhand ihrer Namen ableiten: `nr_dirty` gibt ab, wie viele dreckige Seiten vorhanden sind, `nr_writeback` hält fest, wie viele gerade zurückgeschrieben werden. `nr_page_tables` speichert, wie viele Seiten zur Aufnahme der Seitentabellen verwendet werden, während `nr_mapped` angibt, wie viele Seiten über den Seitentabellenmechanismus eingeblendet sind (dies sind nicht alle, schließlich können beispielsweise auch direkte Kernelmappings verwendet werden). `nr_slab` hält schließlich fest, wie viele Seiten für den in Kapitel 3 („Speicherverwaltung") beschriebenen Slab-Cache verwendet werden.

Im unteren Teil der Struktur, der hier nicht wiedergegeben ist, werden weitere statistische Informationen gespeichert, die aber für das Zurückschreiben von Daten nicht relevant sind, sondern nur Aufschlüsse über die Auslastung des Systems liefern (beispielsweise wird die Anzahl von Page Faults festgehalten).

Es ist Aufgabe der Speicherverwaltung, die Felder auf dem aktuellen Stand zu halten. An dieser Stelle ist vor allem interessant, wie die Informationen verwertet werden können. Um den Überblick über den gesamten Status des Systems zu behalten, müssen die Informationen aus den einzelnen Array-Einträgen kombiniert werden, um nicht nur CPU-spezifische Daten, sondern die Daten des kompletten Systems zu erhalten. Der Kern stellt zwei Funktionen bereit, um über alle CPUs des Systems zu iterieren, die Werte ihrer `page_state`-Instanzen zusammenzuzählen und diese in einer Hilfsinstanz der Struktur zu speichern:

- `get_page_state` addiert die Werte des oberen Teils.
- `get_full_page_state` berücksichtigt alle Einträge der Struktur (oberer und unterer Teil).

Achtung: Da das `page_states`-Array und seine einzelnen Einträge durch keine Locking-Vorrichtung geschützt sind, kann es sein, dass sich die Daten während des Ablaufs von `get_page_state` bzw. `get_full_page_state` ändern, weshalb das zurückgegebene Ergebnis nicht exakt, sondern nur eine gute Näherung ist! Dies ist aber kein Problem, da die herausgefundenen Zahlen nur als Anhaltspunkte zur effektiven Verteilung der Arbeit verwendet werden; geringe Schwankungen zwischen Daten und Wirklichkeit können ohne weiteres toleriert werden.

13.6.2 Writeback-Kontrolle

Eine zweite Datenstruktur befasst sich mit verschiedenen Parametern, die das Zurückschreiben dreckiger Seiten regeln. Sie ist wie folgt definiert:

```
/*                                                        <writeback.h>
 * A control structure which tells the writeback code what to do
 */
struct writeback_control {
        struct backing_dev_info *bdi;   /* If !NULL, only write back this queue */
        unsigned long *older_than_this; /* If !NULL, only write back inodes older than this */
        long nr_to_write;               /* Write this many pages, and decrement
                                           &process'comment(this for each page written )*/
        int nonblocking;                /* Don't get stuck on request queues */
        int encountered_congestion;     /* An output: a queue is full */
        int for_kupdate;                /* A kupdate writeback */
};
```

Die einzelnen Elemente der Struktur haben folgende Bedeutung:

- `bdi` verweist auf eine Struktur des Typs `backing_dev_info`, die einige Informationen über das zugrunde liegende Speichermedium zusammenfasst. Wir sind bereits in Kapitel 12 („Page- und Buffer-Cache") kurz auf die Struktur eingegangen; hier interessieren uns vor allem zwei

Dinge: Zum einen wird eine Statusvariable bereitgestellt, mit deren Hilfe der Zustand der jeweiligen Rückschreibe-Queue festgehalten werden kann (beispielsweise ist damit die Signalisierung von Verstopfungen möglich, wenn zu viele Schreibanforderungen abgesetzt werden), zum anderen stellt die Struktur auch die Möglichkeit bereit, RAM-basierte Dateisysteme zu kennzeichnen, die keinen Backing Store in Form eines Blockgeräts besitzen und bei denen Rückschreiboperationen daher sinnlos sind.

- Der Kern muss beim Zurückschreiben von Daten die Entscheidung treffen, welche dreckigen Cachedaten tatsächlich mit dem Backing Store synchronisiert werden sollen. Er verwendet dazu die Elemente `older_than_this` und `nr_to_write`: Wenn Daten über ein längeres Zeitintervall drecking sind, als es durch `older_than_this` vorgegeben wird, werden diese zurückgeschrieben; `nr_to_write` gibt die Anzahl der Seiten an, die zurückgeschrieben werden sollen, bevor die Operation abgebrochen wird.

    Achtung: Auch wenn `older_than_this` als Zeigertyp definiert wurde, ist der numerische Wert des Elements interessant, der durch entsprechendes Dereferenzieren gewonnen werden kann.

- `nonblocking` ist ein Flag, das angibt, ob Rückschreibe-Queues bei einer Schreibverstopfung – wenn zu viele Schreiboperationen anstehen, um effektiv erfüllt zu werden – blockieren sollen oder nicht. Im blockierenden Fall wartet der Kern so lange, bis die Queue wieder frei ist, während der Kontrollfluss im nichtblockierenden Fall abgegeben wird; die Schreiboperation wird dann später wieder aufgenommen.

- `encountered_congestion` ist ebenfalls ein Flag, mit dessen Hilfe signalisiert wird, dass beim Schreiben von Daten eine Verstopfung aufgetreten ist. Das Element wird als Boolesche Variable verwendet, die die Werte 1 oder 0 annehmen kann.

- `for_kupdated` wird auf 1 gesetzt, wenn die Schreibanforderung über den periodischen Mechanismus abgesetzt wurde; anderenfalls trägt es den Wert 0.

13.6.3 Anpassbare Parameter

Der Kern ermöglicht es, die Synchronisations-Implementierung durch einige Parameter zu tunen, die vom Administrator eingestellt werden können, um den Kern bei der Bewertung von Last und Verwendung des Systems zu unterstützen. Dazu wird der in Kapitel 8 („Dateisystemimplementierungen") beschriebene `sysctl`-Mechanismus verwendet, weshalb auch das `proc`-Dateisystem zu ihrer Manipulation verwendet werden kann. Vier Parameter, die allesamt in `mm/page-writeback.c` definiert werden, lassen sich einstellen:

- `dirty_background_ratio` gibt den prozentualen Anteil dreckiger Seiten an, ab dem das periodische Zurückschreiben im Hintergrund mittels `pdflush` begonnen wird. Standardmäßig ist der Wert auf 10 gesetzt, weshalb der Update-Mechanismus einsetzt, wenn mehr als 10 Prozent der vorhandenen Seiten gegenüber dem Backing Store modifizierte Inhalte besitzen.

- `dirty_async_ratio` legt fest, ab welchem Prozentsatz dreckiger Seiten mit dem asynchronen Zurückschreiben von Daten begonnen wird. Defaultmäßig ist dieser Wert auf 40 Prozent gesetzt.[3]

---

[3] Die Ergebnisse asynchroner Schreib- und Leseoperationen werden nicht direkt an die aufrufende Funktion mitgeteilt: Nachdem der Auftrag übermittelt wurde, kehren die Operationen unmittelbar zur aufrufenden Funktion

- Das Intervall zwischen zwei Aufrufen der Routinen zum periodischen Zurückschreiben wird von `dirty_writeback_centisecs` festgelegt, wobei die Zeitspanne in hundertstel Sekunden (in den Quellen auch als *centiseconds* bezeichnet) festgelegt wird. Standardmäßig wird 500 als Wert verwendet, was zu einem Aufrufintervall von 5 Sekunden führt.
Bei Systemen, auf denen sehr viele Schreiboperationen durchgeführt zu werden, kann eine Erniedrigung dieses Werts durchaus positiv sein, während eine höhere Einstellung auch auf Systemen mit sehr wenigen Schreibvorgängen nur kleine Performance-Gewinne liefert.

- Das maximale Zeitintervall, über das hinweg eine Seite dreckig bleiben darf, wird durch `dirty_expire_centisecs` vorgegeben; auch hier werden hundertstel Sekunden als Zeiteinheit verwendet. Standardmäßig beträgt der Wert 3000, weshalb eine Seite für maximal 30 Sekunden dreckig bleiben darf, bevor sie bei der nächsten Gelegenheit auf jeden Fall zurückgeschrieben wird.

Achtung: Wenn die Maschine, auf der der Kernel läuft, ein zu großes Verhältnis zwischen High- und Low-Memory-Bereichen enthält (auf 32-Bit-Prozessoren also mit deutlich mehr als 4 GiB Hauptspeicher ausgestattet ist), werden die Standardeinstellungen für `dirty_background_ratio` und `dirty_async_ratio` bei der Initialisierung des Rückschreibemechanismus in `page_writeback_init` aus `mm/page-writeback.c` etwas zurückskaliert, da die Beibehaltung der normalen Werte eine zu große Menge an `buffer_head`-Instanzen erforderlich machen würde, die im wertvollen Lowmem-Bereich untergebracht werden müssen. Wir werden hier nicht auf die genauen Details der Skalierung eingehen; der interessierte Leser kann die (nicht sonderlich komplizierte) Berechnung aber in der genannten Funktion nachlesen.

13.7 Zentrale Steuerung

Zentrale Anlaufstelle für das periodische Zurückschreiben von Daten ist die Prozedur `wb_kupdate`, die in `mm/page-writeback.c` definiert wird. Sie ist für das Dispatching der tiefer liegenden Routinen verantwortlich, die zum einen die zurückzuschreibenden Speicherseiten herausfinden und zum anderen die tatsächliche Synchronisation mit dem zugrunde liegenden Blockgerät durchführen. Wie üblich orientieren wir die Beschreibung an einem Codeflussdiagramm, das sich in Abbildung 13.2 auf der nächsten Seite findet.
  Gleich zu Beginn der Funktion wird die Synchronisation der Superblöcke durchgeführt, da dies von besonders großer Bedeutung für die Integrität der Dateisysteme des Rechners ist: Fehlerhafte Daten im Superblock ziehen Konsistenzfehler für das gesamte Dateisystem nach sich, was in vielen Fällen mit einem zumindest partiellen Datenverlust gleichzusetzen ist. `sync_supers` wird daher zuerst aufgerufen; Abschnitt 13.8 beschreibt ihre Aufgabe genauer.
  Anschließend beginnt das Zurückschreiben der „normalen" dreckigen Daten aus dem Page Cache. Um einen Überblick zum Zustand des Systems zu erhalten, verwendet der Kernel die bereits erwähnte Funktion `get_page_state`, um aktuelle Statusinformationen über alle Seite des Systems in einer `page_state`-Instanz zu erhalten. Die Anzahl der dreckigen Seiten, die im `nr_dirty`-Element zu finden ist, liefert die wichtigste Information.
  Nun führt die Funktion eine Schleife aus, deren Code so lange wiederholt wird, bis sich keine dreckigen Seiten mehr im System befinden. Nachdem eine `writeback_control`-Instanz aufge-

---

zurück und liefern lediglich die Nachricht, dass der Auftrag gequeued wurde. Das fertige Resultat wird erst später geliefert, wenn die Operation tatsächlich ausgeführt wurde – eben asynchron. Da dieses Feature des Kerns praktisch aber noch nicht verwendet wird (außer in großen Datenbanken), wollen wir nicht genauer darauf eingehen.

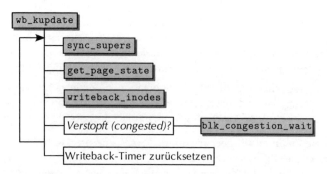

Abbildung 13.2: Codeflussdiagramm für `wb_kupdate`

setzt wurde, die das nicht-blockierende Schreiben von `MAX_WRITEBACK_PAGES` Seiten (normalerweise 1024) veranlasst, bewirkt `writeback_inodes` das Zurückschreiben der Daten, die durch die Inoden erreicht werden können. Da es sich dabei um eine relativ umfangreiche Funktion handelt, werden wir sie in Abschnitt 13.9 genauer besprechen; dennoch sind bereits hier einige Punkte anzumerken:

- Es werden nicht *alle* dreckigen Speicherseiten des Systems zurückgeschrieben, sondern die Zahl wird auf `MAX_WRITEBACK_PAGES` begrenzt. Da Inoden während des Zurückschreibens von Daten gesperrt sind, verhindert die Verarbeitung kleiner Einheiten, dass eine Inode zu lange blockiert bleibt, was die Leistungsfähigkeit des Systems negativ beeinflusst.

- Die Anzahl der tatsächlich geschriebenen Seiten wird zwischen `wb_kupdate` und `writeback_inodes` ausgetauscht, indem das `nr_dirty_page`-Element der `writeback_control`-Instanz nach jedem Aufruf von `writeback_inodes` um die Anzahl der zurückgeschriebenen – und damit nicht mehr dreckigen – Seiten verringert wird.

Nach Beendigung von `writeback_inodes` beginnt der Kern die Schleife normalerweise von vorne, wie aus dem Codeflussdiagramm ersichtlich ist; der beschriebene Zyklus wird so lange durchgeführt, bis keine dreckigen Seiten mehr im System vorhanden sind.

Wenn eine Verstopfung der Queue aufgetreten ist, was der Kern anhand des gesetzten `encountered_congestion`-Elements der Writebackinstanz feststellen kann, wird die Funktion `blk_congestion_wait` aufgerufen: Die Funktion wartet, bis die Verstopfung aufgelöst ist, um die Schleife anschließend wieder normal fortzusetzen. In Abschnitt 13.9 werden wir genauer darauf eingehen, wie der Kern eine Verstopfung definiert.

Nachdem die Schleife abgearbeitet wurde, muss `wb_kupdate` dafür sorgen, dass der Kern sie nach dem durch `dirty_writeback_centisecs` definierten Intervall wieder aufruft, um so die Periodizität des Zurückschreibens von Seiten im Hintergrund zu gewährleisten. Dazu werden die in Kapitel 11 („Kernel-Aktivitäten und Zeitfluss") besprochenen Kerntimer eingesetzt; in diesem Fall wird die globale Variable `wb_timer` verwendet,[4] um den Timer zu realisieren.

Normalerweise beträgt das Intervall zwischen den einzelnen Aufrufen von `wb_kupdate` den in `dirty_writeback_centisecs` angegebenen Wert. Ein Sonderfall tritt allerdings ein, wenn der Ablauf von `wb_kupdate` *länger* als die durch `dirty_writeback_centisecs` spezifizierte Zeitspanne gedauert hat: In diesem Fall wird der Zeitpunkt des nächsten Aufrufs von `wb_kupdate` auf eine Sekunde nach *Ende* des aktuellen `wb_kupdate`-Aufrufs gelegt. Dies unterscheidet sich auch dadurch vom Normalfall, dass das Intervall nicht zwischen den Anfängen der auf-

---

[4] Die in `mm/page_writeback.c` als statische Instanz von `struct timer_list` definiert ist.

einanderfolgenden Prozeduraufrufe, sondern zwischen dem Ende des aktuellen und Anfang des nächsten berechnet wird.

Ins Rollen gebracht wird der Ball bei der Initialisierung des Sychronisationslayers, die in `page_writeback_init` durchgeführt wird. Der Kern setzt hier die `wb_timer`-Variable mit passenden Werten auf; dies ist im Wesentlichen die Callback-Funktion, die beim Ablauf des Timers aufgerufen wird: Es handelt sich um `wb_timer_fn`. Die Ablaufzeit des Timers, die sich logischerweise mit der Zeit ändert, wird am Ende jedes Aufrufs von `wb_kupdate` neu gesetzt, wir wir eben beschrieben haben.

Die periodisch aufgerufene Funktion `wb_timer_fn` ist sehr einfach aufgebaut, da sie lediglich aus einem Aufruf von `pdflush_operation` mit `wb_kupdate` als durchzuführende Prozedur besteht. Die Neuinitialisierung des Timers braucht an dieser Stelle *nicht* durchgeführt werden, da dies wie beschrieben in `wb_kupdate` erledigt wird. Lediglich ein Sonderfall erfordert dies: Wenn gerade kein `pdflush`-Thread verfügbar ist, wird der nächste Aufruf von `wb_timer_fn` durch die Funktion selbst auf eine Sekunde später verschoben. Dadurch wird sichergestellt, dass auch bei hoher Auslastung des `pdflush`-Subsystems ein regelmäßiger Aufruf von `wb_kupdate` und damit ein Synchronisieren der Daten im Speicher mit den Blockgeräten garantiert wird.

13.8 Superblock-Synchronisation

Zur Synchronisation der Superblockdaten wird eine eigene Funktion verwendet, die das Zurückschreiben dieser wichtigen Daten aus der normalen Synchronisationsarbeit heraushebt: `sync_supers`. Sie ist zusammen mit anderen Superblock-relevanten Funktionen in `fs/super.c` definiert; ihr Codeflussdiagramm findet sich in Abbildung 13.3.

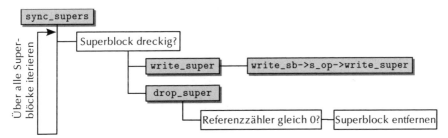

Abbildung 13.3: Codeflussdiagramm von `sync_supers`

Wie in Kapitel 7 („Das virtuelle Dateisystem") besprochen, stellt der Kern mit `super_blocks` eine globale Liste bereit, in der sich die `super_block`-Instanzen aller eingehängten Dateisysteme befinden. Wie aus dem Codeflussdiagramm ersichtlich ist, besteht die Aufgabe von `sync_supers` daher zunächst darin, über alle Superblöcke zu iterieren. Bei jedem wird getestet, ob er dreckig ist, wozu das `s_dirt` der Superblockstruktur verwendet wird; ist dies der Fall, wird sein Dateninhalt mittels `write_super` auf den Datenträger geschrieben.

Um die eigentliche Schreibarbeit durchzuführen, wird eine Methode aus der Superblockspezifischen `super_operations`-Struktur aufgerufen: nämlich `write_super`. Wenn der Zeiger nicht gesetzt ist, bedeutet dies, dass das Dateisystem generell keine Synchronisation des Superblocks benötigt, so wie dies bei virtuellen oder RAM-basierten Varianten der Fall ist: Das Prozessdateisystem `proc` verwendet beispielsweise einen Nullzeiger. Normale Dateisysteme auf Blockgeräten wie Ext2 oder Reiserfs stellen natürlich entsprechende Methoden bereit (beispielsweise `ext2_write_super`), die mit dem Blocklayer kommunizieren und die relevanten Daten zurückschreiben.

Nachdem die Superblockdaten zurückgeschrieben wurden, ruft der Kern `drop_super` auf: Wenn der Referenzzähler des Superblocks auf 0 gefallen ist, gibt die Funktion den von ihm belegten Speicherplatz wieder an die Speicherverwaltung zurück. Da dies erst *nach* dem Zurückschreiben der Superblockdaten erfolgt, wird sichergestellt, dass kein Superblock mit assoziierten dreckigen Daten aus dem System entfernt wird.

13.9 Inoden-Synchronisation

`writeback_inodes` schreibt installierte Mappings zurück, indem die Inoden des Systems durchlaufen werden (wir werden dies im Folgenden der Einfachheit halber als „Zurückschreiben der Inode" bezeichnen, meinen aber präziser, dass die mit der Inode assoziierten dreckigen Daten zurückgeschrieben werden). Die Funktion übernimmt die Hauptarbeit der Synchronisation, da die meisten Daten des Systems in Form von Adressraum-Mappings verfügbar gemacht werden, die wiederum auf Inoden zurückgreifen. Abbildung 13.4 zeigt das Codeflussdiagramm von `writeback_inodes`.

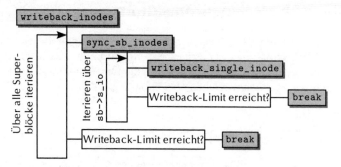

Abbildung 13.4: *Codeflussdiagramm von* `writeback_inodes`

Die Funktion greift auf die in Kapitel 7 („Das virtuelle Dateisystem") besprochenen Datenstrukturen zurück, um eine Verknüpfung zwischen Superblöcken, Inoden und den damit assoziierten Daten herzustellen.

Durchlaufen der Superblöcke

Auch beim inodenweisen Zurückschreiben von Mappings führt der Weg zunächst über alle im System vorhandenen Superblockinstanzen, die die eingehängten Dateisysteme repräsentieren. Für jede Instanz wird `sync_sb_inodes` aufgerufen, die die Daten der Inoden des Superblocks zurückschreibt, wie aus dem Codeflussdiagramm ersichtlich ist. Das Durchlaufen der Superblock-Liste kann durch zwei unterschiedliche Bedingungen beendet werden:

- Alle Superblock-Instanzen wurden der Reihe nach durchlaufen; der Kern ist am Ende der Liste angelangt und damit am Ende seiner Arbeit angekommen.

- Die Synchronisation kann auch beendet werden, wenn die Anzahl der maximal zurückzuschreibenden Seiten erreicht wurde, die durch die `writeback_control`-Instanz vorgegeben wird. Dies ist notwendig, damit das weiter oben beschriebene abschnittsweise Zurückschreiben realisierbar ist.

13.9 Inoden-Synchronisation

Untersuchung der Superblockinoden

Nachdem mit Hilfe der Superblockstruktur festgestellt wurde, dass sich Inoden mit dreckigen Daten im Dateisystem befinden, delegiert der Kern die weitere Arbeit an `sync_sb_inodes`, die sich um die Synchronisation der dreckigen Inoden eines Superblocks kümmert.

Wenn der Kern jedes Mal die *komplette* Liste aller Inoden eines Dateisystems durchlaufen müsste, um dreckige von sauberen Inoden zu unterscheiden, wäre diese Aufgabe nur unter sehr großem Aufwand durchzuführen. Allerdings realisiert der Kern eine wesentlich weniger kostspielige Möglichkeit, wie in Kapitel 7 („Das virtuelle Dateisystem") beschrieben wurde, wozu wir uns die Definition der `super_block`-Struktur ins Gedächtnis zurückrufen:

```
struct super_block {                                                    <fs.h>
...
       struct list_head      s_dirty;        /* dirty inodes */
       struct list_head      s_io;           /* parked for writeback */
...
```

Auf der `s_dirty`-Liste werden alle dreckigen Inoden des Superblocks aufgereiht – und dadurch dem Synchronisationsmechanismus auf einem goldenen Tablett serviert! Die Liste wird vom relevanten Code des VFS-Layers automatisch auf dem neuesten Stand gehalten.

`sync_sb_inodes` braucht daher im Prinzip nur über eben diese Liste zu iterieren und die darin enthaltenen Inoden zurückzuschreiben, um das zugrunde liegende Blockgerät wieder mit den Daten im Speicher zu synchronisieren. Allerdings ist die Praxis etwas komplizierter.

Zuerst durchläuft der Kern nicht direkt die Elemente der `s_dirty`-Liste, sondern kopiert die Daten auf das zweite gezeigte Listenelement von `super_block`: `s_io`. Dies ist notwendig, um unerwünschte Seiteneffekte zu verhindern, die beim Einfügen neuer Inoden in die `s_dirty`-Liste durch parallele Kernelthreads entstehen könnten.

Nachdem der Listeninhalt umkopiert wurde, beginnt der Kern, über die einzelnen Elemente von `s_io` zu iterieren – also alle dreckigen Inoden des Superblocks. Vor dem eigentlichen Zurückschreiben mittels `__writeback_single_inodes` sind einige Tests erforderlich, mit denen festgestellt wird, ob die Daten der Inode sich wirklich dazu eignen, synchronisiert zu werden:

- Wenn die zur Synchronisation verwendete Queue verstopft ist (das `BDI_write_congested`-Bit im Status-Feld der jeweiligen `backing_dev_info`-Instanz ist gesetzt) und nicht-blockierendes Zurückschreiben in der `writeback_control` gewählt wurde, wird das `encountered_congestion`-Feld der `writeback_control`-Instanz auf 1 gesetzt, um die Verstopfung nach oben weiterzumelden. Anschließend wird `sync_sb_inodes` abgebrochen.

- Am Anfang von `sync_sb_inodes` wird die aktuelle Jiffies-Systemzeit in einer lokalen Variable festgehalten. Nun überprüft der Kern, ob der Zeitpunkt, zu dem die gerade bearbeitete Inode als dreckig markiert wurde, hinter dem Startzeitpunkt von `sync_sb_inodes` liegt. Sollte dies der Fall sein, wird die Synchronisation komplett abgebrochen. Die noch nicht verarbeiteten Inoden verbleiben dabei auf der `s_io`-Liste und werden beim nächsten Aufruf von `sync_sb_inodes` verarbeitet.

- Das Synchronisieren der Inoden wird ebenfalls komplett abgebrochen, wenn eine Inode entdeckt wird, die vor zu kurzer Zeit als dreckig markiert wurde. Anders ausgedrückt: Nur Inoden, die seit einer bestimmten Mindestzeit dreckig markiert sind, werden vom Synchronisationsprozess tatsächlich erfasst.

  Zu diesem Zweck verwendet der Kern das `older_than_this`-Element von `writeback_control`: Wenn der darin festgehaltene Zeitpunkt *vor* dem Zeitpunkt liegt, der im `dirtied_` when-Element des Mappings festgehalten wurde, ist die gestellte Bedingung nicht erfüllt, was den Kern zum Abbruch von sync_sb_inodes veranlasst.

- Eine weitere Möglichkeit führt zum Abbruch von sync_sb_inodes: Wenn bereits ein anderer pdflush-Thread die bearbeitete Queue zurückschreibt, was über das BDI_pdflush-Bit des status-Elements von backing_dev_info festgestellt werden kann, überlässt der aktuelle Thread dem bereits laufenden pdflush die Queue zur alleinigen Bearbeitung.

Erst nachdem der Kern sichergestellt hat, dass diese Bedingungen erfüllt sind, darf das Zurückschreiben der Inode initiiert werden. Wie das Codeflussdiagramm zeigt, wird dazu __writeback_single_inode verwendet, auf die wir gleich genauer eingehen.

Nachdem die Inode zurückgeschrieben wurde, beginnt der besprochene Prozess so lange von vorne, bis eine der beiden folgenden Bedingungen zutrifft:

- Alle dreckigen Inoden des Superblocks wurden zurückgeschrieben.

- Die maximale Zahl erlaubter Seitensynchronisationen (in nr_to_write) wurde erreicht. Dies ist nötig, um die weiter oben beschriebene schubweise Synchronisation zu ermöglichen.

Die in s_io übrig gebliebenen Inoden werden beim nächsten Aufruf von sync_sb_inodes verarbeitet.

Zurückschreiben einzelner Inoden

Wie wir eben bemerkt haben, delegiert der Kern die Synchronisation der mit einer Inode verbundenen Daten an __writeback_single_inode. Das zugehörige Codeflussdiagramm findet sich in Abbildung 13.5.

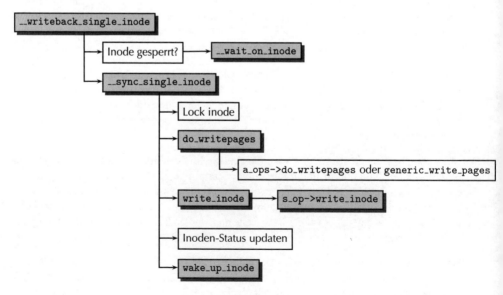

Abbildung 13.5: *Codeflussdiagramm von* __writeback_single_inode

13.9 Inoden-Synchronisation

Wenn das I_LOCK-Bit im `state`-Element der Inodendatenstruktur gesetzt ist, wird sie bereits von einem anderen Teil des Kerns bearbeitet – und darf daher momentan nicht modifiziert werden. Der Kern überspringt die Inode in diesem Fall allerdings *nicht*, sondern richtet mit `__wait_on_inode` eine Wait Queue (siehe Kapitel 11 („Kernel-Aktivitäten und Zeitfluss")) ein, die darauf wartet, bis die Inode wieder verfügbar ist.

Anschließend wird `__sync_single_inode` aufgerufen. Die umfangreiche Funktion schreibt sowohl die mit der Inode assoziierten Daten wie auch die Metadaten der Inode selbst zurück:

- Zuerst wird das I_LOCK=Bit im Statusfeld der Inodenstruktur gesetzt, um andere Kernelthreads von der Bearbeitung der Inode abzuhalten.

- Der eigentliche Schreibvorgang für die assoziierten Daten wird in `do_writepages` angestoßen; die Funktion ruft entweder die `writepage`-Methode der entsprechenden `address_space_operations`-Struktur auf, sofern die Methode existiert und nicht mit einem Nullzeiger belegt ist. Für das Ext2-Dateisystem ist dies beispielsweise `ext2_writepages`.

  Anderenfalls verwendet der Kern die Funktion `generic_writepages`, die auf `mpage_writepages` zurückführt, die alle dreckigen Seiten des Mappings ermittelt und diese der Reihe nach mit der `writepage`-Methode (Achtung: fehlendes „s" am Schluss im Gegensatz zur vorher verwendeten Methode `writepages`) der Adressraumoperationen oder (falls diese nicht existiert) `mpage_writepage` zurückschreibt.

- `write_inode` schreibt die Metadaten zurück, die zur Verwaltung der Inode selbst benötigt werden. Die Funktion ist nicht kompliziert, da sie lediglich überprüft, ob die zur Inodeninstanz gehörigen Superblock-Operationen die Methode `write_inode` besitzen (RAM-basierte Dateisysteme benötigen diese beispielsweise nicht). Wenn sie existiert, wird sie aufgerufen, um die relevanten Daten ausfindig zu machen und über den Blocklayer zurückzuschreiben.

Die Synchronisation der Inode ist mit den beschriebenen Schritten zumindest aus Sicht des Dateisystemlayers vollständig durchgeführt (natürlich verbleibt noch einiges an Arbeit für den Blocklayer, aber dies ist dank des Schichtaufbaus des Kerns hier nicht weiter relevant). Nun muss die Inode noch in die richtige Liste zurückgesetzt werden; außerdem muss der Kern den Status der Inode auf den aktuellen Stand bringen, wenn sich diese durch die Synchronisation verändert hat.

Es gibt drei verschiedene Möglichkeiten, in welche Liste die Inode eingefügt werden kann:

- Wenn die Daten der Inode in der Zwischenzeit wieder dreckig gemacht wurden, d.h. wenn das I_DIRTY--it im Statuselement gesetzt ist, wird sie in die `s_dirty`-Liste des Superblocks eingefügt.

  Sie gelangt ebenfalls wieder auf die `s_dirty`-Liste, wenn nicht alle dreckigen Daten des Mappings zurückgeschrieben wurden – zum Beispiel, weil die durch die Writeback-Kontrolle vorgegebene Seitenzahl nicht ausgereicht hat, um alle dreckigen Seiten der Inode zu bearbeiten. In diesem Fall wird der Inodenstatus allerdings auf I_DIRTY_PAGES gesetzt, was beim nächsten Aufruf von `__sync_single_inode` dazu führt, dass die Synchronisation der Metadaten übersprungen wird – diese wurden schließlich gerade zurückgeschrieben und sind immer noch intakt.

- Wenn der Zugriffszähler der Inode (`i_count`) einen Wert größer 1 besitzt, stellt der Kern sie in die globale `inode_in_use`-Liste, da die Inode aktiv verwendet wird. Außerdem wird das `dirtied_when`-Element der Inodenstruktur auf 0 gesetzt, da die Daten nun völlig sauber sind.

- Ist der Zugriffszähler auf 0 gesunken, kann die Inode auf die (ebenfalls globale) Liste aller nicht mehr verwendeten Inodeninstanzen (`inode_unused`) gestellt werden. `dirtied_when` wird ebenfalls auf 0 zurückgesetzt.

In allen Fällen wird das `i_list`-Element der Inode als Listenelement verwendet.

Als letzter Schritt wird `wake_up_inode` aufgerufen: Die Funktion weckt Prozesse auf, die sich auf der weiter oben erwähnten Warteschlange befinden, auf die Inoden gestellt werden, wenn sie zurückgeschrieben werden sollen, aber ihr I_LOCK-Bit gesetzt ist. Da die Inode vom aktuellen Thread nicht mehr benötigt wird (und daher auch nicht mehr gesperrt ist), wird der Scheduler einen dieser Prozesse auswählen, der die Inode bearbeiten darf. Wenn die Daten bereits vollständig synchronisiert wurden, braucht dieser Prozess nichts mehr zu machen, anderenfalls werden die noch vorhandenen dreckigen Seiten synchronisiert.

13.10 Verstopfungen

Wir haben den Begriff „Verstopfung" in den bisherigen Ausführungen einige Male verwendet, ohne ihn präzise zu definieren. Intuitiv ist die Definition nicht weiter schwierig: Wenn eine Blockgerätequeue des Kerns zu stark belastet ist – sei es durch Schreib- oder durch Lesezugriffe –, ist es wenig sinnvoll, weitere Aufträge zur Kommunikation mit dem Blockgerät an sie zu übermitteln. Erst wenn eine gewisse Menge an Aufträgen abgearbeitet wurde und die Queue einigermaßen entlastet ist, lassen sich neue Aufgaben sinnvollerweise delegieren.

Wie der Kern die Umsetzung dieser Definition technisch realisiert, untersuchen wir in diesem Abschnitt.

Datenstrukturen

Zur Implementierung des *congestion*-Verfahrens ist eine neue Datenstruktur notwendig, die allerdings in einer C- und nicht in einer Headerdatei definiert wird. Wie üblich erreicht der Kern durch diese Vorgehensweise, dass ein Großteil des Codes nur über ein definiertes Interface auf die entsprechenden Funktionalitäten zugreifen kann, die eigentliche Implementierung aber in eine „black box" abgetrennt ist.

Zwei Warteschlangen sind notwendig, um Verstopfungen zu verwalten:

drivers/block/ll_rw_blk.c
```
static wait_queue_head_t congestion_wqh[2];
```

Der Kernel unterscheidet zwischen zwei unterschiedlichen Queues, einmal für die Ein- und einmal für die Ausgabe. Zwei Präprozessorkonstanten (`READ` und `WRITE`) werden in `<fs.h>` definiert, um auf die Array-Elemente zugreifen zu können und dabei sauber zwischen beiden Queues zu unterscheiden, ohne Zahlen direkt zu verwenden.

Achtung: Der Kern unterscheidet zwischen den *Richtungen*, in die die Daten nach einer Anforderung an die Queue transportiert werden, also zwischen Ein- und Ausgabe. Eine Unterscheidung zwischen verschiedenen Geräten des Systems gibt es in dieser Datenstruktur *nicht*. Wie wir gleich sehen werden, ist die queuespezifische Information über eine eventuelle Verstopfung in den Datenstrukturen des Blocklayers enthalten.

Grenzwerte

Wann betrachtet der Kern eine Queue als verstopft, und wann kann wieder „Entwarnung" gegeben werden? Das System ist erstaunlich einfach, da lediglich geprüft wird, ob bestimmte Grenzwerte für Anforderungen in einer spezifischen Queue unter- oder überschritten werden.

13.10 Verstopfungen

Der Kern verwendet dafür *keine* festen Konstanten, sondern definiert die Grenzwerte abhängig von der Ausstattung des Rechners in Bezug auf die Größe des Hauptspeichers, da die Anzahl der Block-`requests` nach dieser Größe skaliert wird.

Das Element `nr_requests` aus `struct request` (siehe Kapitel 5 („Gerätetreiber")) wird verwendet, um die Anzahl der Request-Strukturen festzulegen, die pro Queue bereitgestellt werden. Normalerweise wird es auf `BLKDEV_MAX_RQ` gesetzt, was dem numerischen Wert 128 entspricht, der jedoch über sysfs geändert werden kann.

Der Code zur Berechnung der Verstopfungsgrenzen baut auf diesem Wert auf. Dazu werden zwei Funktionen vom Kern zur Verfügung gestellt:

- `queue_congestion_on_threshold` berechnet den Grenzwert, ab dem der eine Queue als verstopft betrachtet wird. Um in diesen Zustand zu treten, müssen weniger freie `request`-Strukturen vorhanden sein, als der Wert angibt.

- `queue_congestion_off_threshold` (man beachte das „off" anstelle von „on") gibt ebenfalls einen Grenzwert wieder, ab dem eine Queue als *nicht mehr* verstopft gilt: Wenn wieder mehr freie `requests` als diese Zahl vorhanden sind, betrachtet der Kern eine Queue als durchgängig bzw. frei.

Beide Funktionen liefern leicht unterschiedliche Werte zurück. Dieser kleine Unterschied (in den Kernelquellen in Anlehnung an die Physik als *Hysterese* bezeichnet) verhindert, dass eine Queue ständig zwischen beiden Zuständen hin- und herwechselt.

Setzen und Auflösen des Verstopfungszustands

Um eine Queue in den Verstopfungszustand zu setzen oder diesen Zustand aufzulösen, bietet der Kern zwei Standardfunktionen an, die beide in `drivers/block/ll_rw_block.c` implementiert sind. Um die Zustandsänderung zu erreichen, ist die Manipulation zweier Datenstrukturen notwendig: Zum einen muss die Request Queue des jeweiligen Blockgerätes verändert werden (die dazugehörige Datenstruktur `request_queue_t` ist aus Kapitel 5 („Gerätetreiber") bekannt), zum anderen muss auch das globale Verstopfungsarray `congestion_wqh` beachtet werden.

`set_queue_congested` wird verwendet, um eine Queue als verstopft zu markieren. Bemerkenswerterweise wird sie nur an einer einzigen Stelle im Kern aufgerufen, nämlich von `get_request` aus. `get_request` wurde bereits in Kapitel 5 besprochen und dient dazu, eine `request`-Instanz für eine Queue zu allozieren bzw. aus dem entsprechenden Cache zu holen. Dies ist der optimale Ort, um auf Verstopfung zu prüfen: Wenn die Anzahl der noch vorhandenen `request`-Instanzen unter den eben besprochenen Schwellenwert sinkt, wird `set_queue_congested` verwendet, um den restlichen Code auf die Verstopfung hinzuweisen.

Die Implementierung von `set_queue_congested` ist recht einfach, da nur ein Bit – allerdings je nach Verstopfungsrichtung ein unterschiedliches! – in der Request-Queue gesetzt werden muss:

drivers/block/ll_rw_blk.c
```
static void set_queue_congested(request_queue_t *q, int rw)
{
        enum bdi_state bit;

        bit = (rw == WRITE) ? BDI_write_congested : BDI_read_congested;
        set_bit(bit, &q->backing_dev_info.state);
}
```

Der Kern muss sich allerdings noch darum kümmern, dass Prozesse in die weiter oben angesprochene Warteschlange eingefügt werden, die auf eine verstopfte Queue warten. Den dazu notwendigen Mechanismus werden wir gleich beschreiben.

Auch die Funktion zum Aufheben der Verstopfung einer bestimmten Queue, die den Namen clear_queue_congested trägt, ist nicht wesentlich komplizierter. Bemerkenswert ist auch hier, dass sie nur von einer einzigen Stelle im Kern (blk_put_request) aufgerufen wird: blk_put_request dient zur Rückgabe einer nicht mehr benötigten request-Instanz in die Caches des Kerns; es ist an dieser Stelle leicht, nach der Rückgabe einer Instanz zu testen, ob die vorhandene Anzahl freier requests den weiter oben besprochenen Grenzwert zur Aufhebung der Verstopfung übersteigt.

Nachdem das Verstopft-Bit der gewünschten Richtung gelöscht wurde, muss ein Prozess aus der Warteschlange aufgeweckt werden, der auf der congestion_wqh-Queue schläft und darauf wartet, I/O-Operationen durchführen zu dürfen, wozu die aus Kapitel 11 bekannte Funktion wake_up verwendet wird:

drivers/block/ll_rw_blk.c
```
static void clear_queue_congested(request_queue_t *q, int rw)
{
        enum bdi_state bit;
        wait_queue_head_t *wqh = &congestion_wqh[rw];

        bit = (rw == WRITE) ? BDI_write_congested : BDI_read_congested;
        clear_bit(bit, &q->backing_dev_info.state);
        if (waitqueue_active(wqh))
                wake_up(wqh);
}
```

Warten auf verstopfte Queues

Natürlich nützt es nicht, Queues nur als verstopft zu markieren und diese Markierung wieder aufzuheben, wenn sich der Zustand gebessert hat – der Kern muss auch in der Lage sein, zu warten, bis eine Queue wieder frei wird.

Um einen Prozess in die Warteschlange aus congestion_wqh einzureihen, wenn eine Verstopfung aufgetreten ist, verwendet der Kern die Funktion blk_congestion_wait, die zwei Parameter benötigt: Neben der Datenflussrichtung (Lese- oder Schreiboperation) muss ein Timeout angegeben werden, nach dem der Prozess auf jeden Fall wieder aufgeweckt wird, auch wenn die Queue immer noch verstopft ist. Der Timeout wird verwendet, um übermäßig lange Inaktivitätszeiten zu vermeiden – schließlich kann eine Queue auch über einen längeren Zeitraum hin verstopft sein.

drivers/block/ll_rw_blk.c
```
void blk_congestion_wait(int rw, long timeout)
{
        DEFINE_WAIT(wait);
        wait_queue_head_t *wqh = &congestion_wqh[rw];

        blk_run_queues();
        prepare_to_wait(wqh, &wait, TASK_UNINTERRUPTIBLE);
        io_schedule_timeout(timeout);
        finish_wait(wqh, &wait);
}
```

blk_congestion_wait ruft nach Initialisierung der benötigten Datenstrukturen einige andere Funktionen auf:

- blk_run_queues entfernt die „Plugs" aus allen Queues des Systems, falls diese vorhanden sein sollten (Kapitel 5 („Gerätetreiber") beschreibt den zugrunde liegenden Mechanismus genauer). Da dadurch wartende I/O-Operationen verarbeitet werden, hilft dies, die Ursache der Verstopfung zu beseitigen.

- Um das Warten auf die Entstopfung einer Queue zusammen mit einem Timeout zu realisieren, wird zunächst `prepare_to_wait` verwendet, die den Prozess in den Zustand TASK_UNINTERRUPTIBLE versetzt und ihn in die passende Warteschlange einfügt.

- `io_schedule_timeout` realisiert mit den aus Kapitel 11 („Kernel-Aktivitäten und Zeitfluss") bekannten Mitteln den gewünschten Timeout, währenddessen die Kontrolle an andere Prozesses des Systems abgegeben wird.

Nach Ablauf des Timeouts (für die Hintergrundsynchronisation wird eine Sekunde verwendet) oder einem expliziten Aufwecken des Prozesses beim Wechsel der Queuezustands von „Verstopft" nach „nicht Verstopft" muss noch `finish_wait` aufgerufen werden, um den Prozess wieder aus der Warteschlange zu entfernen und anschließend die Arbeit fortzusetzen.

13.11 Zurückschreiben unter Druck

Die bisher vorgestellten Mechanismen zum Zurückschreiben von Seiten als Hintergrundaktivität funktionieren sehr gut, wenn keine allzu große Belastung des Systems vorhanden ist; der Kernel erreicht, dass die Anzahl der dreckigen Seiten nie überhand nimmt und ein ausreichender Fluss zwischen gepufferten Daten aus dem RAM-Speicher und den zugrunde liegenden Blockgeräten vorhanden ist. Die Situation ändert sich allerdings, wenn ein oder mehrere Prozesse vorhanden sind, die ihre gecacheten Daten sehr schnell dreckig machen und daher eine große Menge von Synchronisationsoperationen erfordern. denen mit den normalen Methoden nicht mehr nachzukommen ist.

Wenn der Kern in einer solchen Situation auf einen dringenden Speicherrequest stößt, den er aufgrund der hohen Zahl an dreckigen Seiten nicht mehr erfüllen kann, muss er versuchen, den Inhalt der Seiten so schnell wie möglich auf das Blockmedium zu bringen, um den Platz im RAM für andere Dinge verwenden zu können. Dazu werden die normalen Methoden verwendet, die auch beim Zurückschreiben von Daten im Hintergrund zum Einsatz kommen; allerdings wird die Synchronisation nicht durch periodische Prozesse aktiviert, sondern explizit vom Kern eingeleitet. Daher die Bezeichnung „Zurückschreiben unter Druck".

Die Aufforderung zur unmittelbaren Synchronisation kann nicht nur vom Kernel selbst kommen, sondern kann auch vom Userspace ausgelöst werden: Über das bekannte `sync`-Kommando (und den entsprechenden `sync`-Systemaufruf) wird der Kern veranlasst, alle dreckigen Daten auf die Blockgeräte zurückzuschreiben. Abschnitt 13.12 wird auf einige weitere Systemcalls eingehen, die der Kernel in diesem Bereich zur Verfügung stellt.

Grundlage der Synchronisation auf explizite Anforderung ist `wakeup_bdflush`, die in `mm/page-writeback.c` implementiert ist. Als Parameter wird ihr die Anzahl der zurückzuschreibenden Seiten übergeben:

```
int wakeup_bdflush(long nr_pages)
{
        if (nr_pages == 0) {
                struct page_state ps;

                get_page_state(&ps);
                nr_pages = ps.nr_dirty;
        }
        return pdflush_operation(background_writeout, nr_pages);
}
```

mm/page-writeback.c

Wenn die Anzahl zurückzuschreibender Seiten nicht explizit beschränkt wird, indem 0 als Parameter übergeben wird, ermittelt der Kern zunächst mit `get_page_state` die Anzahl *aller* dreckigen Seiten des Systems. Anschließend wird ein `pdflush`-Thread aktiviert, wobei diesmal allerdings *nicht* `wb_kupdate`, sondern `background_writeout` verwendet wird (anders als ihr Namen nahe legt, wird die Funktion *nicht* verwendet, um die Hintergrundsynchronisation durchzuführen; dies erledigt bekanntlich `wb_kupdate`).

Wie bereits erwähnt, ist es für die *technische* Seite der Synchronisierung praktisch egal, ob sie im Hintergrund oder auf explizite Anweisung durchgeführt wird; entscheidend sind die Stellen im Kern, von denen aus das Zurückschreiben eingeleitet wurde. `background_writepages` unterscheidet sich daher nur in einigen Details von `wb_kupdate`, weshalb wir an dieser Stelle nur auf die Unterschiede zwischen beiden Varianten eingehen wollen:

- `background_writepages` stellt keine Anforderungen an den Mindestzeitraum, über den hinweg die Seiten dreckig gewesen sein müssen, um zurückgeschrieben zu werden. Technisch gesehen: Für das `older_than_this`-Element der Writeback-Kontrolle wird `NULL` eingesetzt.

- Die Superblöcke werden in `background_writepages` nicht synchronisiert, es fehlt also den entsprechende Aufruf von `sync_supers`.

- Es wird kein Timer gesetzt, der den Rückschreibe-Mechanismus periodisch neu startet.

Interessanterweise wird `wakeup_bdflush` nur an zwei Stellen in den Kernelquellen mit einem Argument ungleich 0 aufgerufen:

- In `free_more_memory`, die immer dann verwendet wird, wenn der Speicher zur Erzeugung von Puffern für Speicherseiten nicht mehr ausreicht. Hier wird als Argument der feste Wert 1024 verwendet.

- Der in Kapitel 14 („Swapping") besprochene *Page Reclaim* verwendet in `try_to_free_pages` die `wakeup_bdflush`-Methode, um dreckige Daten zurückzuschreiben, die sich in Seiten befinden, die beim Scannen der Caches als überflüssig erachtet wurden.

Alle anderen Aufrufe schreiben alle dreckigen Seiten zurück und beschränken die maximale Seitenzahl nicht.

Verständlicherweise ist das Zurückschreiben aller vorhandenen dreckigen Seiten eine sehr kostspielige und zeitaufwendige Aktion, die daher nur mit äußerster Vorsicht und an entsprechend wenigen Stellen im Kern eingesetzt wird:

- Wenn ein Memory-Pool (die Notfall-Caches des Systems) zu weniger als 50 Prozent gefüllt ist.

- Wenn die Synchronisierung der dreckigen Daten explizit über den `sync`-Systemaufruf angefordert wurde.

- Wenn über den magischen System-Request-Key eine Notsynchronisierung oder ein Notfall-Remount angefordert wurde.

13.12 Systemaufrufe zur Synchronisationskontrolle

Die Synchronisationsmechanismen des Kerns können über einige Systemaufrufe vom Userspace aus aktiviert werden, um die völlige oder teilweise Integrität der Daten zwischen Hauptspeicher und Blockgeräten sicherzustellen. Dafür gibt es prinzipiell zwei Möglichkeiten:

- Über den sync-Systemaufruf kann der *gesamte* Cacheinhalt zurückgeschrieben werden, was in manchen Fällen eine durchaus zeitaufwendige Operation darstellt.

- Der Inhalt einzelner Dateien (und auch die zugehörigen Metadaten der Inode) kann gezielt auf das zugrunde liegende Blockgerät gebracht werden; hierzu stellt der Kern die Systemaufrufe fsync und fdatasync bereit. Während sync üblicherweise mit Hilfe des sync-Systemtools verwendet wird, auf das wir bereits weiter oben hingewiesen haben, sind fsync und fdatasync einzelnen Applikationen vorbehalten, da die Auswahl der zurückzuschreibenden Datei hier über Prozess-spezifische Filedeskriptoren läuft, die in Kapitel 7 eingeführt wurde. Allgemeine Userspace-Tools zum Zurückschreiben einer spezifischen Datei sind daher nicht möglich.

- msync wird zur Synchronisierung eines Memory Mappings verwendet.

13.13 Vollständige Synchronisierung

Wie üblich wird der sync-Systemaufruf in einer Routine implementiert, die die Bezeichnung sys_sync trägt. Ihr Quellcode findet sich in fs/buffer.c; das zugehörige Codeflussdiagramm ist in Abbildung 13.6 wiedergegeben.

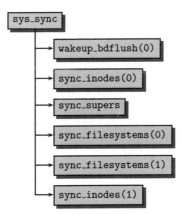

Abbildung 13.6: Codeflussdiagramm von sys_sync

Die Routine ist sehr einfach aufgebaut und besteht aus einer Kette von Funktionsaufrufen. Den Anfang macht wakeup_bdflush, das mit 0 als Parameter aufgerufen wird. Wie weiter oben besprochen wurde, löst dies ein umfangreiches Zurückschreiben *aller* dreckigen Seiten des Systems aus.

Als nächster Schritt folgt die Synchronisation der Inoden-Metadaten, was mittels sync_inodes durchgeführt wird. Diese Prozedur ist bisher noch nicht aufgetreten; wir werden sie gleich näher untersuchen. Sie stellt sicher, dass wirklich alle Inoden zurückgeschrieben werden.

sync_filesystems synchronisiert die Superblöcke, indem über die super_blocks-Liste iteriert und für jeden Superblock die Routine sync_fs der Superblockoperationen aufgerufen wird. Da sync_filesystems recht einfach aufgebaut ist, brauchen wir nicht genauer auf sie einzugehen.

Wie das Codeflussdiagramm zeigt, werden sync_inodes und sync_filesystems *zweimal* aufgerufen: zuerst mit 0 und dann mit 1 als Parameter. Der Parameter gibt an, ob die Funktionen darauf warten sollen, bis die Schreiboperationen durchgeführt sind (1) oder ob die Operation asynchron durchgeführt werden soll (0). Durch die Aufspaltung in zwei Durchläufe werden zuerst die Schreibvorgänge angestoßen; erst im zweiten Durchgang wartet der Kern explizit darauf, bis diese beendet wurden, was Performance-mäßig günstiger ist. Der Warteparameter wird in beiden Fällen an die dateisystemspezifischen Low-level-Routinen weitergegeben.

13.13.1 Synchronisieren der Inoden

sync_inodes wird verwendet, um alle dreckigen Inoden zu synchronisieren. Ihr Codeflussdiagramm findet sich in Abbildung 13.7.

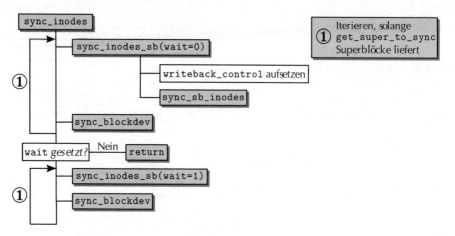

Abbildung 13.7: *Codeflussdiagramm für* sync_inodes

Die Funktion iteriert über alle Superblöcke und ruft für jeden davon zwei Methoden auf:

- sync_inodes_sb synchronisiert alle dreckigen Inoden, die mit dem Superblock assoziiert sind. Nachdem der aktuelle Seitenstatus mit get_page_state abgefragt wurde, setzt die Funktion eine writeback_control-Instanz auf: Dort wird für nr_to_write (die maximal zu schreibende Seitenzahl) der Wert ps.nr_dirty + ps.nr_dirty / 4 eingesetzt, also 25% mehr als die Gesamtanzahl aller dreckigen Seiten des Systems. Dies stellt sicher, dass wirklich alle dreckigen Daten der Inode zurückgeschrieben werden. Anschließend wird die bereits bekannte Funktion sync_sb_inodes aufgerufen, die die Low-level-Synchronisationsroutinen der verschiedenen Dateisysteme aufruft.

- Da die Low-level-Synchronisationsroutinen der meisten Dateisysteme nur Puffer oder Seiten als dreckig markieren, aber noch keine eigentliche Schreibarbeit durchführen, ruft der Kern als zweiten Schritt noch sync_blockdev auf, die alle Mappings des Blockgeräts, auf dem sich das Dateisystems befindet (der Kern ist in diesem Schritt *nicht* auf ein spezifisches Dateisystem eingeschränkt) synchronisiert, auf dem sich das Dateisystem befindet. Auf diese Weise wird sichergestellt, dass die Daten tatsächlich geschrieben werden.

`sync_inodes` teilt sich in zwei Schleifen, die prinzipiell identisch sind, wie das Codeflussdiagramm zeigt: In beiden Schleifen werden die oben beschriebenen Schritte durchgeführt. Während die erste Schleife immer aufgerufen wird, wird die zweite allerdings nur dann ausgeführt, wenn der `wait`-Parameter von `sync_inodes` auf 1 gesetzt ist. In diesem Fall werden die Low-level-Routinen ebenfalls angewiesen, das Ende des von ihnen ausgelösten Schreibvorgangs abzuwarten.

Die zusätzliche Rechenzeit, die durch den redundanten Aufruf einiger Funktionen während der Durchführung des `sync`-Systemaufrufs verbraucht wird, ist gegenüber der Zeit irrelevant, die für die langsamen I/O-Operationen benötigt wird und kann daher bedenkenlos geopfert werden.

13.14 Synchronisieren einzelner Dateien

Nicht nur die kompletten Daten des Systems können synchronisiert werden, sondern auch der Inhalt einzelner Dateien. Diese Möglichkeit wird von Applikationen genutzt, die sicherstellen wollen, dass modifizierte Daten im Speicher auf ihre Anweisung hin auf jeden Fall auf das Blockgerät zurückgeschrieben werden. Da normale Schreibzugriffe üblicherweise zuerst im Cache landen, bietet diese Möglichkeit zusätzliche Sicherheit, wenn wirklich wichtige Daten behandelt werden (hier wäre natürlich auch die Verwendung direkter I/O-Operationen möglich, die den Cache nicht nutzen).

Wie wir bereits festgestellt haben, gibt es zu diesem Zweck zwei unterschiedliche Systemaufrufe:

- `fsync` synchronisiert den Inhalt einer Datei und schreibt zusätzlich die mit ihrer Inode assoziierten Metadaten auf das Blockgerät zurück.

- `fdatasync` schreibt lediglich den Dateninhalt zurück, kümmert sich aber nicht um die Metadaten.

Die Implementierung beider Varianten unterscheidet sich bemerkenswerterweise an einer einzigen Stelle (genauer gesagt: einem einzigen Zeichen), weshalb nur ein Codeflussdiagramm für beide Varianten benötigt wird. Es ist in Abbildung 13.8 zu finden.

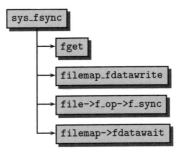

Abbildung 13.8: Codeflussdiagramm von `sys_sync` *bzw.* `sys_fdatasync`

Auch die Synchronisation einer einzelnen Datei ist relativ geradlinig aufgebaut: Nachdem mit `fget` die passende `file`-Instanz anhand des Dateideskriptors ermittelt wurde, wird die Arbeit an drei Funktionen delegiert:

- `filemap_fdatawrite` erzeugt zunächst eine `writeback_control`-Instanz, deren `nr_to_write`-Wert (die Anzahl der maximal zu schreibenden Seiten) auf die doppelte Seitenzahl des Mappings gesetzt wird, um sicherzustellen, dass wirklich alle Seiten zurückgeschrieben werden. `filemap_fdatawrite` verwendet die bereits bekannte Methode `do_writepages`, um die Low-level-Schreibroutinen des Dateisystems aufzurufen, in dem sich die Datei befindet.

- Anschließend wird die dateisystemabhängige Funktion `fsync` aufgerufen, die über die `file_operations`-Struktur der Datei ermittelt wird. Die Funktion dient dazu, die Pufferdaten einer Datei zurückzuschreiben. An dieser Stelle findet sich der Unterschied zwischen `fsync` und `fdatasync`: `fsync` besitzt einen Parameter, der bestimmt, ob nicht nur die regulären Puffer, sondern auch die der Metadaten zurückgeschrieben werden sollen. Während der Parameter für `fsync` auf 1 gesetzt ist, trägt er für `fdatasync` den Wert 0.

- Abgeschlossen wird die Dateisynchronisation durch Aufruf von `filemap_fdatawait`, die auf das Ende der in `filemap_fdatawrite` initiierten Schreiboperationen wartet. Dadurch wird erreicht, dass die eigentlich asynchronen Schreibvorgänge aus Sicht der Benutzerapplikation synchron durchgeführt werden, da der Systemaufruf erst dann die Kontrolle an den Userspace zurückgibt, wenn das Zurückschreiben der gewünschten Daten auch aus Sicht des Blocklayers (und nicht nur der Dateisystemschicht!) wirklich beendet ist.

Die meisten Dateisysteme stellen für die `fsync`-Methode relativ ähnliche Methoden zur Verfügung; Abbildung 13.9 zeigt das Codeflussdiagramm für eine verallgemeinerte Variante.

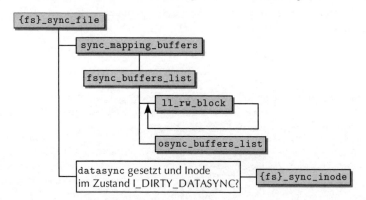

Abbildung 13.9: *Codeflussdiagramm für* `f_op->fsync`

Der Code führt zwei Aufgaben durch:

- `sync_mapping_buffers` wird verwendet, um die privaten Puffer einer Inode zurückzuschreiben. Dabei handelt es sich um alle Puffer, die sich in der `private_list` der `mapping`-Instanz befinden; hier befinden sich normalerweise Indirektionsblöcke oder andere interne Dateisystemdaten, die *nicht* zu den direkten Verwaltungsdaten der Inode zählen, sondern zur Verwaltung der Daten benötigt werden.

13.15 Synchronisieren von Memory Mappings

Die Funktion delegiert die Arbeit an `fsync_mapping_buffers`, die über alle Puffer iteriert. Ihre Daten werden mit der aus Kapitel 5 bekannten Funktion `ll_rw_block` in den Blocklayer geschrieben; mit Hilfe von `osync_buffers_list` wartet der Kern anschließend auf die Durchführung der Schreibarbeit (schließlich puffert auch der Blocklayer die Schreibzugriffe) und sorgt dafür, dass die Synchronisation der assoziierten Metadaten außerhalb von `sync_buffers_list` als synchrone Operation erscheint.

- `fs_sync_inode` schreibt die Verwaltungsdaten der Inode zurück, d.h. die Daten, die direkt in der dateisystemspezifischen Inodenstruktur enthalten sind. Damit die Methode aufgerufen wird, muss allerdings das `datasync`-Argument von `fsync` auf (0) gesetzt sein! Genau darin unterscheiden sich (wie bereits erwähnt) die Systemaufrufe `fdatasync` und `fsync`.

Da das Zurückschreiben der Inoden-Verwaltungsdaten dateisystemspezifisch ist, gehen wir hier nicht weiter auf die verwendeten Mechanismen ein, sondern verweisen auf Kapitel 8 („Dateisystemimplementierungen").

13.15 Synchronisieren von Memory Mappings

Zur Synchronisation von (Teilbereichen eines) Memory Mappings stellt der Kern den Systemaufruf `msync` bereit, der in `sys_msync` implementiert wird:

```
asmlinkage long sys_msync(unsigned long start, size_t len, int flags)
```
mm/msync.c

Durch `start` und `len` kann ein Ausschnitt aus dem Benutzeradressraum des Prozesses gewählt werden, dessen eingeblendete Daten mit der zugrunde liegenden Datei synchronisiert werden sollen. Abbildung 13.10 zeigt das Codeflussdiagramm von `sys_msync`.

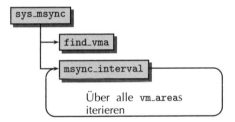

Abbildung 13.10: Codeflussdiagramm für `sys_msync`

Die Implementierung des Systemaufrufs ist erstaunlich einfach: Nachdem mittels `find_vma` die erste `vm_area`-Instanz gefunden wurde, die im selektierten Bereich liegt, muss für dieses und alle folgenden Intervalle, die noch im gewünschten Bereich liegen (und die über `vm_area->next` miteinander verknüpft sind, wie in Kapitel 3 („Speicherverwaltung") besprochen wird) `msync_interval` aufgerufen werden, um die Daten zu synchronisieren.

`msync_interval` hangelt sich anhand der Seitentabellen, mit denen das Mapping beschrieben wird, zu den betroffenen Speicherseiten hoch und markiert sie als dreckig. Für das eigentliche Zurückschreiben wird derselbe Mechanismus verwendet, der bereits bei der Synchronisation von Dateien zum Einsatz gekommen ist, indem die Funktionen `filemap_fdatawrite`, `file->f_op->fsync` und `filemap_fdatawait` aufgerufen werden – sie schreiben die Daten der Seiten zurück, die von `msync_interval` als dreckig markiert wurden. Die Verwendung dateispezifischer Methoden bei der Synchronisation eines Mappings ist möglich, da in `vm_area->vm_file` ein Zeiger auf die betroffene `file`-Instanz festgehalten wird, aus dem die eingeblendeten Daten stammen, wie in Kapitel 3 besprochen wird.

14 Swapping

Der verfügbare RAM-Speicher in einem Computer ist nie groß genug, um den Anforderungen des Nutzers bzw. immer speicherhungrigeren Anwendungen zu genügen. Der Kern ermöglicht daher, nur selten verwendete Teile des Speichers auf Blockgeräte auszulagern und so für effektiv mehr Arbeitsspeicher zu sorgen. Der im Allgemeinen als *Swapping* bzw. *Paging* bezeichnete Mechanismus wird vom Kern transparent für Anwendungsprozesse implementiert, die automatisch davon profitieren.

14.1 Überblick

Die im vorhergehenden Kapitel behandelte Synchronisierung von Daten mit dem zugrunde liegenden Blockgerät kann die Situation für den Kern erleichtern, wenn dieser an die Grenze des verfügbaren RAM-Speichers gelangt ist: Durch Zurückschreiben gecacheter Daten können manche Speicherseiten freigegeben werden, um dadurch RAM für wichtigere Dinge bereitzustellen. Da ihre Daten bei Bedarf wieder vom Blockgerät eingelesen werden können, kostet dies zwar Zeit, doch gehen keine Informationen verloren.

Natürlich hat diese Vorgehensweise ihre Grenzen: Irgendwann wird der Punkt erreicht, an dem die Caches und Puffer nicht weiter verkleinert werden können. Zudem funktioniert sie nicht für dynamisch erzeugte Seiten, die über keinen Backing Store verfügen.

Da in typischen Systemen (bis auf einige Embedded- oder Handheld-PCs) üblicherweise wesentlich mehr Festplatten- als RAM-Speicherplatz vorhanden ist, kann der Kern – zusammen mit der Fähigkeit des Prozessors, virtuelle Adressräume zu verwalten, die größer als der vorhandene RAM-Speicher sind – Teile der Platte „abzwacken", um diese als Speichererweiterung zu verwenden. Da Festplatten wesentlich langsamer als RAM-Speicher sind, ist Swapping nur eine absolute Notlösung, die das System zwar am Laufen hält, aber auch einen deutlichen Geschwindigkeitsnachteil mit sich bringt.

Unter dem Begriff „Swapping" versteht man ursprünglich *nicht* das seitenweise, selektive Auslagern der Daten eines Prozesses auf eine sekundäre Erweiterung des RAM-Speichers, sondern eine Auslagerung des kompletten Prozesses – also mitsamt all seiner Daten, des kompletten Programmcodes und was sonst noch dazugehört. Während diese Strategie in *sehr* frühen Versionen von Unix verwendet wurde und dort vielleicht noch teilweise angemessen war, ist ein solches Verhalten mittlerweile undenkbar: Die daraus resultierenden Latenzzeiten bei Kontextwechseln würden das interaktive Arbeiten nicht nur moderat teigig, sondern wirklich intolerabel langsam machen. Allerdings werden wir in den folgenden Ausführungen *nicht* zwischen Swapping und Paging unterscheiden; beide Begriffe stehen für die feinkörnige Auslagerung von Prozessdaten. Diese Verwendung der Terminologie hat sich nicht nur in der Fachwelt, sondern (vor allem) auch in den Kernelquellen eingebürgert.

Zwei Fragen prägen die Swapping-Implementierung des Kerns:

- Nach welchem Schema sollen die Seiten ausgelagert werden, d.h. wie kann der Kern erkennen, welche Seiten er auslagern soll, um den größtmöglichen Nutzen bzw. den geringstmöglichen Schaden anzurichten?

- Wie sind die ausgelagerten Seiten im Swap-Bereich organisiert, und wie kann der Kern Speicherseiten hineinschreiben oder wieder auslesen?

Vor allem die Frage, welche Speicherseiten ausgelagert werden sollen und welche im RAM bleiben dürfen, ist für die Leistungsfähigkeit des Systems ein entscheidender Entschluss: Wählt der Kern häufig benutzte Seiten, wird zwar für einen kurzen Zeitabschnitt eine Speicherseite für andere Zwecke frei; weil die ausgelagerten Daten aber bald wieder gebraucht werden, muss eine andere Seite ausgelagert werden, um eine freie Speicherseite zu schaffen, in der die eben ausgelagerten, aber schon wieder benötigten Daten eingelesen werden können. Dies ist offensichtlich nicht sonderlich effektiv und muss daher unbedingt vermieden werden.

Achtung: Speicherseiten, die einen permanenten Backing Store besitzen, werden *nicht* ausgelagert, sondern können einfach aus dem RAM-Speicher entfernt werden. Dies ist beispielsweise beim Binärcode von Programmen der Fall, der sich in einer normalen Datei befindet: Wenn Speicher knapp wird, können selten benutzte Teile des Codes ersatzlos aus dem Speicher entfernt werden. Wenn sie wieder gebraucht werden, kann der Kern sie wieder aus der zugrunde liegenden Datei einlesen.

14.1.1 Auslagerbare Seiten

Es gibt nur wenige Seitensorten, die in den Swap-Bereich ausgelagert werden dürfen – alle anderen besitzen einen alternativen Backing Store auf einem Blockgerät, der stattdessen benutzt wird:

- Seiten, die zur Kategorie MAP_ANONYMOUS gehören, d.h. die nicht mit einer Datei verbunden (bzw. ein Mapping von /dev/zero) sind. Dabei handelt es sich beispielsweise um den Stack eines Prozesses oder einen Speicherbereich, der mittels mmap anonym eingeblendet wurde (das Referenzhandbuch zur GNU-C-Standardbibliothek oder die üblichen Standardwerke zur Systemprogrammierung liefern weitere Informationen zu solchen Mappings).

- Private Mappings des Prozesses, die zur Einblendung von Dateien verwendet werden, bei denen Änderungen *nicht* wie üblich auf das zugrunde liegende Blockgerät übertragen werden. Da die Datei in diesem Fall nicht mehr als Backing Store zur Verfügung steht, müssen die Seiten in den Swap-Bereich ausgelagert werden, wenn der RAM-Speicher knapp werden sollte, da ihr Inhalt nicht mehr aus dem Inhalt der Datei wiederhergestellt werden kann. Der Kern (und daher auch die C-Standardbibliothek) verwendet das Flag MAP_PRIVATE, um Mappings dieser Art anzulegen.

- Alle Seiten, die zum Heap des Prozesses gehören und mittels malloc (und damit des brk-Systemaufrufs bzw. letztendlich eines anonymen Mappings reserviert wurden, siehe Kapitel 3 („Speicherverwaltung")).

- Seiten, die zur Realisierung eines der Interprozess-Kommunikationsmechanismen verwendet werden. Dazu zählen beispielsweise Shared-Memory-Seiten, die zum Austausch von Daten zwischen Prozessen verwendet werden.

Speicherseiten, die der Kern selbst verwendet, werden *nie* ausgelagert. Dies hat offensichtliche Gründe: Die Komplexität des Kernelcodes – und vor allem die Zahl der Race Conditions – würde sich in einem solchen System drastisch erhöhen. Da der Kern im Vergleich zu Benutzerapplikationen nicht besonders viel Speicher benötigt, ist der mögliche Gewinn zu gering, als dass sich der drastische zusätzliche Aufwand lohnen würde.

Natürlich können auch Seiten, die zum Einblenden von Zubehörgeräten in den Speicherraum verwendet wurden, nicht ausgelagert werden. Welchen Sinn sollte dies auch haben, zumal die Seiten ja nur als Mittel zur Kommunikation zwischen Anwendung und Gerät und nicht zum Speichern von Daten im eigentlichen Sinn verwendet werden?

Achtung: Auch wenn nicht alle Seitentypen in den Swap-Bereich ausgelagert werden können, müssen sich die Swapping-Algorithmen des Kerns nicht nur um diese Typen kümmern, sondern auch alle anderen Seitenarten berücksichtigen, die auf anderen Backing Stores basieren. Der häufigste Fall für Seiten dieser Art sind Daten aus Dateien, die über Memory Mappings in den Speicher abgebildet werden. Im Endeffekt ist es egal, welche Seiten *welcher* Kategorie aus dem RAM-Speicher in ihren Backing Store geschrieben werden, da der Effekt in allen Fällen der gleiche ist: Ein Page Frame wird befreit, um wichtigeren Daten, die unbedingt im RAM vorhanden sein müssen, Platz zu machen.

14.1.2 Page Thrashing

Ein weiteres Problem, das bei der Durchführung von Swapping-Operationen auftreten kann, wird als *Page Thrashing* oder „Seitenflattern" bezeichnet. Wie der Begriff andeutet, handelt es sich dabei um eine schnelle, starke Bewegung zwischen Swap- und RAM-Speicher, was nichts anderes bedeutet, als dass verschiedene Seiten immer wieder ein- und ausgelagert werden. Die Tendenz für dieses Phänomen nimmt zu, je mehr Prozesse sich auf einem System befinden. Wie wir bereits weiter oben bemerkt haben, tritt dieses Phänomen auf, wenn wichtige Daten ausgelagert werden, die sehr bald nach dem Auslagern wieder benötigt werden.

Das Hauptproblem des Kerns bei der Vermeidung des Seitenflatterns besteht darin, das *working set* eines Prozesses (also genau diejenigen Seiten, die am häufigsten gebraucht werden) so genau wie möglich zu bestimmen, um daher die am wenigsten wichtigen Seiten in den Swap-Bereich oder einen anderen Backing Store auszulagern: Die wirklich wichtigen Daten werden im Speicher behalten.

Für die Entscheidung, welche Seiten ausgelagert werden sollen und welche nicht, braucht der Kern einen vernünftigen Algorithmus, der die Wichtigkeit von Seiten für das gesamte System bewertet. Dabei ist einerseits Fairness gefordert, d.h. die Seiten sollen möglichst gerecht bewertet werden, um nicht bestimmte Prozesse zu bevorzugen oder zu benachteiligen; andererseits muss der Algorithmus einfach und effizient zu implementieren sein, damit nicht zu viel Rechenzeit für die Selektion der Seiten verbraucht wird. Die unterschiedlichen Prozessortypen stellen unterschiedlich raffinierte Methoden bereit, um den Kern bei dieser Aufgabe zu unterstützen; allerdings kann Linux nicht von allen Varianten Gebrauch machen, wenn sie sich auf einfacheren CPUs nicht finden und auch nur schwer emulieren lassen. Wie üblich muss ein kleinstes gemeinsames Vielfaches gefunden werden, auf das der Kern seine Hardware-unabhängigen Schichten aufbauen kann.

14.1.3 Algorithmen zur Seitenersetzung

Im Laufe der letzten Jahrzehnte wurde eine Vielzahl von Algorithmen zur Seitenersetzung erfunden, die alle ihre spezifischen Vor- und Nachteile haben. In der allgemeinen Literatur zur Betriebssystemtechnik finden sich detaillierte Erläuterungen und Analysen, auf uns hier nicht weiter interessieren. Wir beschreiben lediglich die beiden Techniken, auf denen die Swapping-Implementierung von Linux aufbaut.

Zweite Chance

„Zweite Chance" oder *second chance* ist ein sehr einfach zu implementierender Algorithmus, bei dem es sich um die geringfügige Modifikation eines klassischen FIFO-Algorithmus handelt: Die Seiten des Systems werden auf einer verketteten Liste verwaltet; wenn ein Seitenfehler auftritt, wird die neu belegte Seite an den Anfang der Liste gestellt, was die bereits vorhandenen Seiten automatisch eine Position nach hinten verschiebt. Da in der FIFO-Queue nur eine endliche Anzahl von Plätzen bereitsteht, erreicht das System irgendwann einmal seine Kapazitätsgrenze, an der Seiten am hinteren Ende „herausfallen". Diese Seiten werden ausgelagert. Wenn sie wieder benötigt werden, löst der Prozessor einen Seitenfehler aus, der den Kern dazu veranlasst, die Daten wieder einzulesen und an den Anfang der Liste zu stellen.

Aus leicht ersichtlichen Gründen ist diese Vorgehensweise nicht sonderlich intelligent: Das Auslagern der vorhandenen Seiten berücksichtigt überhaupt nicht, ob eine Seite viel oder wenig benutzt wird; nach einer festen Anzahl von Seitenfehlern (die sich danach richtet, wie viele Plätze in der Queue vorhanden sind) wird die Seite in den Swap-Bereich geschrieben. Wenn sie häufig benötigt wird, führt dies unmittelbar zum Wiedereinlesen, was der Leistung des Systems nicht zuträglich ist.

Eine Verbesserung kann erreicht werden, indem einer Seite vor dem Auslagern eine zweite Chance eingeräumt wird. Jede Speicherseite wird dabei mit einem speziellen Feld belegt, in dem sich ein Bit befindet, das von der Hardware kontrolliert wird: Wenn ein Speicherzugriff auf die Seite erfolgt, wird es automatisch auf 1 gesetzt. Das Löschen des Bit erfolgt softwareseitig, also durch den Kernel.

Wenn eine Seite das Ende der Liste erreicht hat, lagert der Kern sie nicht unmittelbar aus, sondern prüft zuerst, ob das genannte Bit gesetzt ist: Sollte dies der Fall sein, wird es gelöscht und die Seite wieder an den Anfang der FIFO zurückversetzt, also wie eine neue ins System eingeführte Seite behandelt. Wenn das Bit nicht gesetzt ist, wird die Seite ausgelagert.

Dank dieser Erweiterung berücksichtigt der Algorithmus zwar schon minimal, ob Seiten häufig benutzt werden oder nicht, bietet aber alleine noch nicht die Leistung, die man von einer modernen Speicherverwaltung erwartet. Dennoch ist der 2nd Chance-Algorithmus eine gute Ausgangsbasis, wenn er mit anderen Techniken kombiniert wird.

LRU-Algorithmus

LRU ist die Bezeichnung für *least recently used* und steht für verschiedene Algorithmen, die nach einem ähnlichen Schema versuchen, die am wenigsten benutzten Seiten zu finden. Durch diesen umgedrehten Ansatz lässt sich die schwierigere Suche nach den am häufigsten benutzten Seiten umgehen.

Offensichtlich werden Seiten, die in einem kurzen Zeitintervall der aktuellen Vergangenheit häufig benutzt wurden, auch in der (näheren) Zukunft gebraucht. Der LRU-Algorithmus macht sich die entgegengesetzte Erkenntnis zu Nutze: Seiten, die in letzter Zeit nicht verwendet wurden, wird man wohl auch in nächster Zukunft nicht allzu häufig benötigen. Dementsprechend handelt es sich um gute Kandidaten, die bei Speicherknappheit ausgelagert werden.

Die grundlegende Idee von LRU ist simpel; wesentlich schwieriger ist es aber, eine passende Implementierung zu finden. Wie kann der Kern die Seiten möglichst einfach markieren oder sortieren, um die Zugriffshäufigkeit einschätzen zu können, ohne dabei einen übermäßigen Zeitaufwand für die Organisation der Datenstrukturen zu benötigen? Die einfachste Variante von LRU verwendet eine (doppelt) verkettete Liste, auf der sich alle Seiten des Systems befinden. Bei jedem Speicherzugriff wird die Liste umsortiert: Die betreffende Seite wird gesucht und an die erste Position geschoben; im Laufe der Zeit stellt sich dadurch ein „Gleichgewicht" ein, in dem sich die häufig gebrauchten Seiten am Anfang der Liste, die wenig verwendeten jedoch ganz am Schluss befinden (ein ähnlicher Algorithmus wurde bei der Verwaltung der Puffer-Caches verwendet, die in Kapitel 12 besprochen wird).

Der Algorithmus funktioniert zwar wunderschön, ist aber nur für eine kleine Anzahl von Elementen effektiv zu implementieren. Dies macht ihn in seiner Reinform für die Speicherverwaltung völlig unbrauchbar, da er viel zu viel Systemleistung kosten würde. Gefragt sind daher einfachere Umsetzungen der beschriebenen Idee, die mit weniger Rechenzeit auskommen.

Mit spezieller Unterstützung durch den Prozessor (die allerdings nur auf den wenigsten Architekturen vorhanden ist und von Linux nicht eingesetzt werden kann, schließlich soll die Speicherverwaltung ja systemunabhängig funktionieren und nicht auf einen speziellen Prozessortyp zugeschnitten sein) wird die Implementierung des LRU-Algorithmus deutlich weniger kostspielig: Ein Zähler muss in jeder CPU-Periode um 1 erhöht werden. Nach jedem Seitenzugriff wird ein weiteres Zählerfeld der betroffenen Seite auf den aktuellen Wert des Systemzählers gesetzt. Um mit entsprechender Geschwindigkeit zu arbeiten, muss diese Aktion vom Prozessor selbst durchgeführt werden. Wenn ein Seitenfehler auftritt, weil eine benötigte Seite nicht vorhanden ist, braucht das Betriebssystem lediglich die Zählerwerte aller Seiten miteinander zu vergleichen, um die Seite zu finden, deren letzter Zugriff am längsten zurückliegt. Diese Technik erfordert zwar immer noch das Durchsuchen der Liste aller Speicherseiten im Falle eines Page Faults, benötigt aber keine langwierigen Listenoperationen nach jedem Speicherzugriff.

14.2 Swapping im Linux-Kernel

In diesem Abschnitt sollen die Design-Entscheidungen zusammengefasst werden, die für die Implementierung des Swapping-Subsystems von Linux getroffen wurden, bevor wir uns anschließend mit der technischen Seite der Implementierung beschäftigen und untersuchen, wie die Vorgaben umgesetzt werden.

Das Auslagern von Seiten und alle damit assoziierten Aktionen scheinen nicht sonderlich kompliziert zu sein, wenn man die Situation von einem höheren Standpunkt aus betrachtet, der Entwicklungsdetails größtenteils außer Acht lässt. Leider ist genau das Gegenteil der Fall: Kaum ein Teil des Kerns ist mit so vielen technischen Schwierigkeiten behaftet wie das VM-Subsystem, zu dem auch die Implementierung des Swappings gehört. Nicht nur viele kleine Hardwaredetails, sondern vor allem zahlreiche Race Conditions müssen beachtet werden, wenn eine funktionierende Implementierung erreicht werden soll. Und auch die Geschwindigkeit spielt in diesem Bereich eine entscheidende Rolle, da die Leistung eines Computersystems nicht zuletzt von der Leistung der Speicherverwaltung abhängt. Nicht umsonst ist das Memory Management einer der heißesten Punkte der Kernelentwicklung, um die sich zahllose Diskussionen, Flamewars und konkurrierende Implementierungen scharen.

Wenn man vom Design des Swapping-Subsystems spricht, sind davon verschiedene Aspekte betroffen, die durch folgende Fragen charakterisiert werden können:

- Wie sollen Swap-Bereiche auf Blockspeichermedien organisiert werden, damit nicht nur eine eindeutige Identifikation ausgelagerter Seiten möglich ist, sondern der Speicherplatz auch möglichst effektiv verwendet wird, um Lese- und Schreiboperationen so schnell wie möglich vonstatten gehen zu lassen?

- Mit welchen Methoden kann der Kern überprüfen, wann die Auslagerung von Seiten notwendig ist und wie viele Seiten ausgelagert werden sollen, um ein möglichst optimales Gleichgewicht zwischen der Bereitstellung freier Page Frames für die nächste Zeit und möglichst kurzer Swap-Operationen zu finden?

- Nach welchen Kriterien sollen die Seiten ausgewählt werden, die als Nächstes ausgelagert werden, d.h. welcher Algorithmus zur Seitenersetzung kommt zum Einsatz?

- Wie werden Page Faults möglichst effektiv und schnell behandelt bzw. wie werden die Seiten aus einem Swap-Bereich wieder in den RAM-Speicher des Systems gebracht?

- Welche Daten können *ohne* Backing Store aus den verschiedenen Caches des Systems entfernt werden (beispielsweise dem Inoden- oder dem Dentry-Cache), da sie zwar nicht direkt, aber indirekt rekonstruierbar sind? Diese Frage ist zwar eigentlich nicht unmittelbar mit der Durchführung von Swapping-Operationen verknüpft, sondern steht zwischen Cache- und Swap-Subsystem. Da die Verkleinerung von Caches aber vom Swap-Subsystem aus eingeleitet wird, müssen wir in diesem Kapitel darauf eingehen.

Für das Swap-Subsystem sind also nicht nur die technischen Details von großer Bedeutung, um zu einer effektiven und leistungsfähigen Implementierung zu gelangen; auch das Design des Gesamtsystems muss auf ein möglichst erfolgreiches Zusammenspiel der einzelnen Komponenten getrimmt sein, um einen harmonischen Ablauf der Aktionen zu gewährleisten und ein reibungsarmes Zusammenspiel zu ermöglichen.

14.2.1 Organisation des Swap-Bereichs

Ausgelagerte Seiten werden entweder auf einer eigens dafür eingerichteten Partition ohne Dateisystem oder einer Datei fester Größe in einem bestehenden Dateisystem untergebracht. Wie jeder Systemadministrator weiß, können mehrere solcher Bereiche parallel verwendet werden, wobei es zusätzlich möglich ist, je nach Geschwindigkeit der einzelnen Bereiche unterschiedliche Prioritäten zu vergeben, die dem Kern eine Rangfolge für die Benutzung der Swap-Möglichkeiten vorgeben.

Jeder Swap-Bereich wird in eine Reihe kontinuierlicher *Slots* unterteilt, von denen jeder genau die Größe eines einzelnen Page Frames des Systems besitzt. Auf den meisten Prozessoren ist dies nach wie vor 4 KiB. Auf neueren Systemen kommen aber verstärkt umfangreichere Seiten zum Einsatz.

Prinzipiell kann jede Speicherseite des Systems in jedem Slot eines Swap-Bereichs untergebracht werden; der Kern verwendet aber zusätzlich ein als *Clustering* bezeichnetes Strukturierungsverfahren, um Zugriffe auf Swap-Bereiche so schnell wie möglich durchführen zu können: Aufeinander folgende Seiten im Speicherbereich eines Prozesses (oder zumindest Seiten, die hintereinander ausgelagert werden) werden dabei hintereinander folgend auf die Festplatte geschrieben, wobei Cluster einer bestimmten Größe – normalerweise 256 Seiten – verwendet werden. Erst wenn im Swap-Bereich kein Speicherplatz mehr für Cluster dieser Größe vorhanden ist, plaziert der Kern die Seiten an beliebigen Positionen, die gerade nicht belegt sind.

Wenn mehrere Swap-Bereiche mit gleicher Priorität verwendet werden, benutzt der Kern ein Round-Robin-Verfahren, um die einzelnen Bereiche zu durchlaufen und möglichst gleichmäßig auszunutzen. Bei verschiedenen Bereichen mit mehreren Prioritäten werden zuerst die schnelleren aufgefüllt, bevor der Kern nach und nach auf die Verwendung der langsameren Bereiche zurückgreift.

Um den Überblick zu behalten, welche Seiten sich wo in welcher Swap-Partition befinden, muss der Kern einige Datenstrukturen im Speicher halten, die die entsprechenden Informationen liefern. Wichtigstes Element ist dabei ein Bitmap, mit dessen Hilfe der Status belegter und freier Slots eines Swap-Bereichs verfolgt werden kann; andere Elemente liefern Daten, die die Auswahl des als Nächstes verwendeten Slots ermöglichen bzw. die Implementierung des Clusterings unterstützen.

Zum Anlegen und Aktivieren von Swap-Bereichen müssen zwei Userspace-Tools verwendet werden, die die Bezeichnungen `mkswap` (zum „Formatieren" einer Swap-Partition/Datei) bzw. `swapon` (zum Aktivieren eines Swap-Bereichs) tragen. Da diese Programme unverzichtbar sind, um das Swap-Subsystem zum Funktionieren zu bringen, werden wir weiter unten genauer auf sie (bzw. den für `swapon` zugrunde liegenden Systemaufruf) eingehen.

14.2.2 Überprüfen der Speicherauslastung

Bevor Seiten ausgelagert werden, muss der Kernel die Auslastung des Speichers überprüfen und feststellen, dass die Situation knapp zu werden beginnt. Wie schon bei der Synchronisation von Speicherseiten verwendet der Kern zwei kombinierte Mechanismen:

- Ein periodischer Daemon (`kswapd`) läuft im Hintergrund und überprüft immer wieder die aktuelle Speicherauslastung, um ab einem bestimmten Schwellenwert die Auslagerung von Seiten zu initiieren. Mit dieser Methode soll sichergestellt werden, dass keine Swap-Stürme losbrechen, in denen eine sehr große Anzahl von Seiten urplötzlich ausgelagert werden muss, was lange Wartezeiten nach sich zieht, die im interaktiven Betrieb unbedingt vermieden werden müssen.

   Die periodische Auslagerung wird als *page reclaim* bezeichnet.

- Dennoch muss der Kern auch damit rechnen, dass akute Speicherknappheit festgestellt wird, beispielsweise bei der Allokation eines großen Speicherbereichs im Buddy-System oder bei der Erzeugung von Puffern: Wenn nicht mehr genügend RAM vorhanden ist, um die Anfrage zu erfüllen, muss der Kern versuchen, so schnell wie möglich durch Auslagern von Seiten Platz zu schaffen. Dieses Auslagern unter akuter Not bezeichnet man auch als „direkten Reclaim".

Wenn es auch durch Auslagern von Seiten nicht mehr möglich ist, eine Speicheranforderung des Kerns zu erfüllen, bleibt dem VM-Subsystem nur mehr eine Möglichkeit: Das gezielte Abschießen eines Prozesses durch den OOM-Killer.[1] Auch wenn dies manchmal ein herber Verlust sein kann, ist es immer noch besser als ein kompletter Systemabsturz, der anderenfalls die Folge wäre.

14.2.3 Auswahl auszulagernder Seiten

Das zentrale Herzstück des Swapping-Subsystems ist und bleibt die Frage, welche Seiten aufgelagert werden sollen, um dem System den größtmöglichen Nutzen bei gleichzeitig geringstmöglichem Schaden zu bringen. Der Kern verwendet eine Mischung der weiter oben vorgestellten Ideen und implementiert ein grobkörniges LRU-Verfahren, das von nur einem Feature der Hardware – dem Setzen eines Accessed-Bits der Speicherseite nach einem Speicherzugriff – Gebrauch macht, da diese Funktion auf allen unterstützten Architekturen direkt vorhanden ist oder ohne allzugroßen Aufwand emuliert werden kann.

Im Gegensatz zu den allgemeinen Algorithmen baut die LRU-Implementierung des Kerns auf *zwei* verketteten Listen auf, die als *active* und *inactive*-Liste bezeichnet werden. Wie die beiden

---

[1] OOM = „out of memory"

Namen verraten, werden auf der einen Liste alle aktiv benutzten Seiten gesammelt, während sich auf der anderen alle inaktiven Seiten aufreihen, die zwar durchaus noch in einen oder mehrere Prozesse eingeblendet sein können, aber nicht allzu häufig benutzt werden. Um die Seiten auf die Listen zu verteilen, führt der Kern ein regelmäßiges Balancierungsverfahren durch, das – unter anderem mit Hilfe des eben erwähnten Accessed-Bits – entscheidet, ob eine Seite als aktiv oder inaktiv betrachtet wird, ob die Anwendungen des Systems also häufig auf sie zugreifen oder nicht. Die Bewegung ist in beide Richtungen möglich: Seiten können sowohl von aktiv nach inaktiv als auch umgekehrt übertragen werden. Allerdings erfolgt die Übertragung *nicht* nach jedem Seitenzugriff, sondern in größeren zeitlichen Abständen!

Mit der Zeit sammeln sich die am wenigsten benutzten Seiten am Ende der *inactive*-Liste an; wenn Speicherknappheit herrscht, wählt der Kern eben diese Seiten aus, um sie auszulagern. Da die Seiten bisher wenig benutzt worden sind, sollte dies gemäß dem LRU-Prinzip den Ablauf des Systems am wenigsten stören.

14.2.4 Behandlung von Page Faults

Alle von Linux unterstützten Architekturen unterstützen des Konzept der Page Faults (oder Seitenfehler), die ausgelöst werden, wenn auf eine Seite des virtuellen Adressraums zugegriffen wird, die nicht im physikalischen Speicher vorhanden ist. Der Kern wird dadurch instruiert, die entsprechenden Daten aus dem Swap-Speicher bzw. einem anderen Backing Store zu holen und einzulesen, wobei eventuell zuerst andere Speicherseiten entfernt werden müssen, um Platz für die neuen Daten zu haben.

Die Behandlung eines Seitenfehlers teilt sich in zwei Abschnitte: Zum einen muss stark Prozessor-abhängiger (Assembler-)Code verwendet werden, um den Page Fault abzufangen und die zugehörigen Daten zu erfragen, zum anderen muss ein systemunabhängiger Teil sich um die weitere Behandlung der Situation kümmern. Aufgrund einiger Optimierungen, die der Kern bei der Verwaltung von Prozessen verwendet, genügt es nicht, einfach die betreffende Seite im Backing Store zu suchen und in den RAM-Speicher zu laden, da der Seitenfehler auch aus anderen Gründen ausgelöst worden sein kann (siehe Kapitel 3 („Speicherverwaltung")). Unter anderem handelt es sich dabei um Copy-on-Write-Seiten, die erst bei Durchführung eines Schreibzugriffs nach dem forken eines Prozesses kopiert werden; ebenso treten Seitenfehler beim Demand Paging auf, wo Speicherseiten eines Mappings erst nach und nach geladen werden, wenn sie wirklich benötigt werden. Wir werden diese Probleme hier allerdings außer Acht lassen und uns lediglich auf den Fall konzentrieren, in dem eine ausgelagerte Seite wieder in den Speicher zurückgeladen werden muss.

Aber auch in diesem Fall gibt es mehr zu tun, als nur die Seite im Swap wiederzufinden: Da Zugriffe auf Festplatten noch langsamer als sonst sind, wenn ihr Lesekopf an eine neue Stelle bewegt werden muss (Disk-Seek), versucht der Kern, durch einen Readahead-Mechanismus zu erraten, welche Seiten als Nächstes gebraucht werden, und liest diese gleich mit ein, da sich der Plattenkopf dank des oben erwähnten Swap-Clusterings im Idealfall nur vorwärts bewegen und zwischen dem Einlesen einzelner aufeinander folgender Seiten keine Sprünge machen muss.

14.2.5 Verkleinern von Kernelcaches

Die Auslagerung von zu Userspace-Applikationen gehörenden Speicherseiten ist nicht die einzige Möglichkeit des Kerns, um Speicher zu gewinnen. Auch eine Verkleinerung der zahlreichen Caches bringt oft drastische Gewinne. Natürlich muss der Kern auch hier zwischen Nutzen und Schaden abwägen, indem er sich entscheidet, welche Daten aus Caches entfernt werden bzw. wie stark der dafür zur Verfügung stehende Speicherplatz geschrumpft werden darf, ohne die Leistung des Systems zu sehr zu beeinträchtigen. Da sich Caches üblicherweise positiv auf die Systemgeschwindigkeit auswirken, beginnt der Kern ihre Verkleinerung auch erst als letztes Mittel.

Wie wir in den vorangegangenen Kapiteln ausführten, stellt der Kern viele verschiedene Caches in den unterschiedlichsten Bereichen zur Verfügung. Dies macht es schwierig, ein generelles Schema zu finden, nach dem Caches verkleinert werden können, da die Wichtigkeit der darin enthaltenen Daten schwierig abzuschätzen ist. Aus diesem Grund gab es in früheren Kernversionen zahlreiche Cache-spezifische Funktionen, die diese Aufgabe für die einzelnen Caches übernommen haben.

Die Methoden zur Verkleinerung der einzelnen Caches sind auch heute noch separat implementiert, da sich die Strukturen der einzelnen Varianten zu stark voneinander unterscheiden, als dass ein allgemeingültiger Algorithmus zu ihrer Verkleinerung gefunden werden könnte. Allerdings existiert mittlerweile ein allgemeines Framework, mit dem Methoden zum Schrumpfen von Caches verwaltet werden können. Funktionen, die zur Verkleinerung von Caches geschrieben wurden, werden im Kern als *shrinker* bezeichnet und können dynamisch registriert werden; wenn Speicherknappheit auftritt, ruft der Kern alle registrierten Shrinker auf, um für frischen Speicherplatz zu sorgen.

14.3 Verwaltung von Swap-Bereichen

Linux ist bei der Unterstützung von Swap-Bereichen relativ flexibel: Wie wir bereits erläutert haben, können mehrere Bereiche mit unterschiedlichen relativen Prioritäten verwaltet werden, die sich sowohl auf eigenen Partitionen wie in Dateien mit vorgegebener Größe befinden dürfen. Auch das dynamische Hinzufügen und Entfernen von Swap-Partitionen ist in einem laufenden System möglich, ohne einen Neustart erforderlich zu machen.

Die technischen Unterschiede zwischen den einzelnen Ansätzen werden gegenüber dem Userspace so transparent wie möglich gemacht. Aber auch die modulare Struktur des Kerns bewirkt, dass die Swapping-relevanten Algorithmen universell gestaltet werden können und sich nur in den niedrigeren technischen Regionen um die Unterschiede zwischen den einzelnen Ansätzen zu kümmern brauchen.

14.3.1 Datenstrukturen

Wir beginnen unsere Beschreibung wie üblich mit einer Vorstellung der zentralen Datenstrukturen, die das Rückgrat der Implementierung bilden und alle für den Kern notwendigen Angaben und Daten repräsentieren. Herzstück der Verwaltung von Swap-Bereichen ist das in `mm/swap-info.c` definierte Array `swap_info`, das in seinen Einträgen Informationen über die einzelnen Swap-Bereiche des Systems festhält:

```
struct swap_info_struct swap_info[MAX_SWAPFILES];
```
mm/swapfile.c

Die Anzahl der Elemente wird zur Übersetzungszeit statisch auf `MAX_SWAPFILES` festgelegt; die Konstante ist üblicherweise auf $2^5 = 32$ festgelegt. Achtung: Der Kern bezeichnet sowohl Swap-Partitionen wie auch Swap-Dateien als Swapfile, das Array wird daher gemeinsam für beide Typen verwendet. Da im Regelfall nur eine einzige Swap-Datei verwendet wird, ist die Beschränkung auf eine fixierte Anzahl nicht weiter relevant; auch für numerische Berechnungen oder andere sehr speicherintensive Programme, die extreme Speicheranforderungen aufweisen, ist die feste

Anzahl keine wirkliche Einschränkung mehr, da Swap-Bereiche mittlerweile (je nach Architektur) Größen im GiB-Bereich besitzen dürfen; die aus älteren Versionen bekannte Beschränkung auf 128MiB ist nicht mehr gültig.

Charakterisierung der Swap-Bereiche

`struct swap_info_struct` beschreibt einen Swap-Bereich und ist wie folgt definiert:

```
<swap.h>    struct swap_info_struct {
                unsigned int flags;
                struct file *swap_file;
                struct block_device *bdev;
                struct list_head extent_list;
                int nr_extents;
                struct swap_extent *curr_swap_extent;
                unsigned short * swap_map;
                unsigned int lowest_bit;
                unsigned int highest_bit;
                unsigned int cluster_next;
                unsigned int cluster_nr;
                int prio;                       /* swap priority */
                int pages;
                unsigned long max;
                unsigned long inuse_pages;
                int next;                       /* next entry on swap list */
            };
```

Mit Hilfe des `proc`-Dateisystems können die wichtigsten Daten des Swap-Zustandes schnell abgefragt werden:

```
wolfgang@meitner> cat /proc/swaps
Filename               Type          Size      Used      Priority
/dev/hda5              partition     136512    96164     1
/mnt/swap1             file          65556     6432      0
/tmp/swap2             file          65556     6432      0
```

Eine dedizierte Partition und zwei Dateien werden verwendet, um die Swap-Bereiche unterzubringen. Die Swap-Partition hat die höchste Priorität und wird daher vom Kern bevorzugt verwendet; beide Dateien haben die gleiche Priorität 0 und werden deshalb nach einem Round-Robin-Verfahren beansprucht, wenn in der Partition mit Priorität 0 kein Platz mehr vorhanden ist (wir werden weiter unten erläutern, wie es dennoch dazu kommen kann, dass Daten in den Swap-Dateien vorhanden sind, obwohl die Swap-Partition nicht vollständig gefüllt ist, wie die proc-Ausgabe zeigt).

Welche Bedeutung besitzen die einzelnen Elemente der `swap_info_struct`-Struktur? Die ersten Einträge dienen zur Aufnahme klassischer Verwaltungsdaten, die für Swap-Bereiche benötigt werden:

- Der Zustand des Swap-Bereichs kann mit verschiedenen Flags beschrieben werden, die im `flags`-Element gespeichert sind. `SWP_USED` gibt an, dass der Eintrag im Swap-Array belegt ist (da das Array ansonsten mit Nullen gefüllt ist, können belegte von nichtbelegten Elementen unterschieden werden); `SWP_WRITEOK` gibt an, dass in den Swap-Bereich geschrieben werden darf. Nachdem ein Swap-Bereich in den Kern eingefügt wurde, sind beide Flags gesetzt, wofür der Kern die Abkürzung `SWP_ACTIVE` definiert.

- `swap_file` verweist auf die `file`-Struktur, die mit dem Swap-Bereich assoziiert ist (Aufbau und Inhalt der Struktur wurden in Kapitel 7 („Das virtuelle Dateisystem") besprochen).

14.3 Verwaltung von Swap-Bereichen

Bei Swap-Partitionen findet sich ein Verweis auf die Gerätedatei der Partition des jeweiligen Blockgerätes (in unserem Beispiel /dev/hda5); für Swap-Dateien ist es die file-Instanz der jeweiligen Datei, im vorhergehenden Beispiel also /mnt/swap1 bzw. /tmp/swap2.

- bdev verweist auf die block_device-Struktur des zugrunde liegenden Blockgeräts. Achtung: Auch wenn sich alle Swap-Bereiche unseres Beispiels auf demselben Blockgerät (/dev/hda) befinden, zeigen alle drei Einträge auf unterschiedliche Instanzen der Datenstruktur. Dies liegt daran, dass sich die beiden Dateien in unterschiedlichen Partitionen der Festplatte befinden (und die Swap-Partition ohnehin eine eigene Partition ist). Da Partitionen vom Kernel strukturell wie eigenständige Blockgeräte verwaltet werden, resultiert dies in drei unterschiedlichen Zeigern für die drei verwendeten Swap-Bereiche, obwohl sich alle auf der gleichen Platte befinden.

- Die relative Priorität einer Swap-Area wird im prio-Element festgehalten. Da es sich um einen vorzeichenbehafteten Datentyp handelt, sind sowohl positive wie auch negative Prioritäten möglich. Wie bereits bemerkt, ist eine Swap-Partition umso wichtiger, je höher ihre Priorität ist.

- Die Gesamtzahl der benutzbaren Page Slots, die je eine komplette Speicherseite aufnehmen können, wird mittels pages festgehalten. Die Swap-Partition unserer Beispielabbildung bietet beispielsweise Platz für 34128 Seiten, was bei einer Seitengröße von 4KiB des für die Abbildung verwendeten IA-32-Systems einem Speichervolumen von rund 128MiB entspricht.

- max liefert die Gesamtzahl der Page Slots, die der Swap-Bereich umfasst. Im Gegensatz zu pages werden hier nicht nur die wirklich verwendbaren, sondern tatsächlich *alle* Seiten gezählt – d.h. auch solche, die (beispielsweise aufgrund von Fehlern des Blockgeräts) defekt sind oder zur Verwaltung verwendet werden. Da defekte Blocks auf modernen Festplatten sehr selten sind (und Swap-Partitionen ja auch nicht unbedingt in einem solchen Bereich angelegt werden brauchen), ist max üblicherweise nur um 1 größer als pages, wie es auch bei allen drei Swap-Bereichen des obigen Beispiels der Fall ist. Die Differenz von einer Seite ergibt sich aus der Tatsache, dass die allererste Seite eines Swap-Bereichs zum einen zur Identifikation für den Kern verwendet wird (es sollen schließlich nicht wildfremde Teile der Platte mit Swap-Daten überschrieben werden); zum anderen speichert der Kern im ersten Slot auch Statusinformationen wie Größe des Bereichs oder eine Liste defekter Abschnitte, die persistent erhalten bleiben müssen.

- swap_map ist ein Zeiger auf ein Array aus kurzen Integer-Zahlen (aka short int), das genauso viele Elemente enthält, wie sich Page Slots im Swap-Bereich befinden. Es dient als Zugriffszähler für die einzelnen Slots, mit dessen Hilfe festgehalten werden kann, wie viele Prozesse sich die ausgelagerte Seite teilen. Wir werden weiter unten noch genauer auf diesen Mechanismus zurückkommen.

- Um die einzelnen Elemente der Swap-Liste nach ihrer Priorität sortiert miteinander verketten zu können, geht der Kern einen etwas ungewöhnlichen Weg: Da die Daten der einzelnen Bereiche in den Elementen eines linearen Array angeordnet werden, wird die Variable next definiert, um trotz der festen Array-Positionen eine relative Ordnung zwischen den Bereichen erstellen zu können: next wird als Index für swap_info[] verwendet. Der Kern kann dadurch die einzelnen Einträge ihrer Priorität nach verfolgen.

Wie kann aber der *erste* Swap-Bereich erkannt werden, der verwendet werden soll? Da sich dieser nicht immer notwendigerweise an der ersten Array-Position befindet, definiert der

Kern zusätzlich in `<swapfile.c>` die globale Variable `swap_list`, die eine Instanz des eigens zu diesem Zweck definierten Datentyps `swap_list_t` ist:

<swap.h>
```
struct swap_list_t {
    int head;    /* head of priority-ordered swapfile list */
    int next;    /* swapfile to be used next */
};
```

`head` dient als Index in das `swap_info[]`-Array und wird verwendet, um den Swap-Bereich mit der höchsten Priorität auszuwählen; mit Hilfe der `next`-Elemente kann sich der Kern weiter durch die Liste zu Swap-Bereichen mit niedrigerer Priorität hangeln. `next` wird verwendet, um ein Round-Robin-Verfahren zu implementieren, wenn mehrere Swap-Bereiche mit gleicher Priorität vorhanden sind, die gleichmäßig mit Seiten gefüllt werden müssen. Wir werden weiter unten nochmals auf diese Variable zurückkommen, wenn wir untersuchen, wie der Kern Swap-Seiten auswählt.

Machen wir uns die Funktionsweise des Systems am obigen Beispiel deutlich: Als Einsprungpunkt wird hier der erste Array-Eintrag verwendet, in dem sich der Swap-Bereich mit der höchsten Priorität befindet. Der Wert von `head` beträgt in diesem Fall daher 0.

`next` gibt an, welcher Swap-Bereich als Nächstes verwendet wird. Dies muss nicht immer derjenige mit der höchsten Priorität sein; wenn dieser bereits voll ist, zeigt `next` auf einen anderen.

- Um die Suchzeiten zu verringern, wenn der komplette Swap-Bereich nach einem freien Slot durchforstet wird, verwaltet der Kern die unterste und oberste Grenze der Suchzone mit Hilfe der Elemente `lowest_bit` und `highest_bit`: Unter- bzw. überhalb dieser Positionen finden sich keine freien Seiten, weshalb eine Suche in dieser Region sinnlos wäre und daher gleich unterbleiben kann.

  Achtung: Obwohl die Bezeichnungen der beiden Variablen auf `_bit` enden, handelt es sich dabei *nicht* um Bitfelder, sondern um völlig normale Ganzzahlen, die als Index bezüglich der linear angeordneten Seiten eines Swap-Bereichs interpretiert werden.

- Zur Implementierung der bereits kurz angesprochenen Cluster-Technik stellt der Kern ebenfalls zwei Elemente bereit: `cluster_next` und `cluster_nr`. Während ersteres angibt, welcher Slot in einem gerade bestehenden Cluster des Swap-Bereichs als Nächstes verwendet wird, zeigt `cluster_nr` die noch verbliebenen Seiten im aktuellen Cluster an, die belegt werden können, bevor ein neuer Cluster gestartet oder (wenn nicht mehr genügend freie Seiten für einen neuen Cluster vorhanden sind) auf feinkörnige Allokation zurückgegriffen wird.

Extents zur Implementierung nicht-kontinuierlicher Swap-Bereiche

Mit Hilfe der Elemente `nr_extents`, `extent_list` und `curr_swap_extent` implementiert der Kern *Extents*, die eine Abbildung zwischen den als kontinuierlich angenommenen Swap-Slots und den Plattenblöcken der Swap-Datei herstellen. Wenn Partitionen als Basis für den Swap-Space verwendet werden, ist dies nicht erforderlich, da sich der Kern hier darauf verlassen kann, dass die Blöcke auf der Platte linear hintereinander angeordnet sind. Die Abbildung zwischen Page Slots und Blöcken auf der Platte wird daher sehr einfach: Ausgehend von der Position des ersten Blocks muss lediglich ein konstanter Offset mit der gewünschten Seitennummer multipliziert werden, um die gewünschte Adresse zu erhalten, wie Abbildung 14.1 auf der gegenüberliegenden Seite verdeutlicht. In diesem Fall ist nur eine einzige `swap_extent`-Instanz notwendig

14.3 Verwaltung von Swap-Bereichen

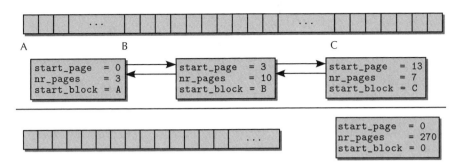

Abbildung 14.1: Extents zur Verwaltung nichtkontinuierlicher Swap-Bereiche

(eigentlich könnte man auch ganz ohne auskommen, ihr Vorhandensein erleichtert aber dem Kern das Leben, da die Unterschiede zwischen Partitions- und Datei-Swap-Bereichen verringert werden). `nr_extents`, die die Anzahl der Extents pro Swap-Bereich wiedergibt, trägt deshalb in obigem Beispiel für den Swap-Partition den Wert 1.

Komplizierter wird die Situation, wenn Dateien als Basis für Swapspeicher verwendet werden, da in diesem Fall nicht sichergestellt ist, dass sich alle Blöcke der Datei hintereinander angeordnet auf der Platte befinden. Die Abbildung zwischen Page Slots und Plattenblöcken wird daher komplizierter; Abbildung 14.1 veranschaulicht die Situation anhand eines Beispiels.

Eine Datei besteht aus mehreren Sektionen, die sich irgendwo auf dem Blockgerät befinden (je geringer die Fragmentierung des Laufwerks, desto kleiner wird diese Anzahl – schließlich ist es auch für Dateien von Vorteil, wenn sich ihre Daten so eng wie möglich zusammen befinden, wie in Kapitel 8 („Dateisystemimplementierungen") besprochen wurde). Aufgabe der `extent_list`-Liste ist es, die Zuordnung zwischen den verstreuten Blöcken der Datei und den linearen Page Slots herzustellen, wobei zum einen möglichst wenig Speicherplatz verbraucht, zum anderen aber auch die Suchzeit minimiert werden soll.

Die Zuordnung zwischen Page Slot und Blocknummer braucht nicht für *jeden* Page Slot hergestellt zu werden: Es genügt, die Zuordnung zwischen dem jeweils ersten Block einer zusammenhängenden Blockgruppe mit dem entsprechenden Page Slot herzustellen und zusätzlich die Anzahl der Blöcke zu notieren, die sich linear hinter dem ersten Block befinden, wodurch die Struktur der Datei sehr kompakt wiedergegeben werden kann.

Verdeutlichen wir die Vorgehensweise an obigem Beispiel: Wie aus der Abbildung ersichtlich ist, bestehen die ersten drei zusammenhängenden Blockgrüppchen aus 3, 10 und 7 Blocks. Was passiert, wenn der Kern die Daten des sechsten Page Slots auslesen will? Sie befinden sich nicht in der ersten Blockgruppe, da dort nur die Slots 0 bis 2 enthalten sind. Erfolgreich endet die Suche bei der zweiten Gruppe: Da sie die Slots 3 bis 12 enthält, befindet sich auch Slot 6 darunter. Der Kern muss daher (mit Hilfe der Extent-Liste) den Startblock der zweiten Gruppe ermitteln; das dritte Mitglied der Gruppe (das dem Eintrag für den sechsten Page Slot entspricht) kann leicht ermittelt werden, indem zweimal die verwendete Seitengröße zur Startadresse als Offset hinzuaddiert wird.

Die Extent-Struktur `struct extent_list` ist so definiert, dass sie genau diesem Zweck entspricht:

```
struct swap_extent {                                              <swap.h>
        struct list_head list;
        pgoff_t start_page;
        pgoff_t nr_pages;
        sector_t start_block;
};
```

list wird verwendet, um die Mitglieder der Extent-Liste auf einer doppelt verketteten Standardliste zu verwalten Die weiteren Mitglieder beschreiben die Daten einer einzelnen, zusammenhängenden Blockgruppe:

- Die Kennzahl des ersten Page Slots eines Blockgrüppchens wird in start_page festgehalten.
- nr_pages gibt die Anzahl der Seiten an, die in das Blockgrüppchen passen.
- start_block ist die Blocknummer des ersten Blocks der Gruppe auf der Festplatte.

Diese Listen können recht umfangreich werden: Die beiden Beispiel-Swap-Bereiche in Dateien, die aus je rund 16.000 Seiten bestehen, setzen sich aus beispielsweise 37 bzw. sogar 76 Blockgrüppchen zusammen. Die zweite Anforderung an den Extent-Mechanismus – schnelle Suchgeschwindigkeit – ist mit einer doppelt verketteten Liste deshalb nicht immer erfüllt, da sich die Listen schnell aus Hunderten von Einträgen zusammensetzen können. Natürlich ist es eine sehr zeitaufwendige Aktion, eine solche Liste bei jedem Zugriff auf den Swap-Bereich zu durchlaufen.

Die Lösung ist verhältnismäßig einfach: Mit Hilfe eines zusätzlichen Elements in swap_info_struct, das die Bezeichnung curr_swap_extent trägt, wird ein Zeiger auf das zuletzt aufgesuchte Element der Extent-Liste festgehalten. Jede neue Suche startet ausgehend von diesem Element: Da sehr oft auf hintereinander folgende Page Slots zugegriffen wird, findet sich der gesuchte Block in den meisten Fällen in diesem oder zumindest dem nächsten Extent-Element.[2]

Wird der Kern nicht auf Anhieb fündig, muss die komplette Extent-Liste ganz normal Element für Element durchsucht werden, bis der Eintrag für den gewünschten Block gefunden ist.

14.3.2 Anlegen

Neue Swap-Partitionen werden nicht direkt vom Kern selbst angelegt; diese Aufgabe wird an ein Userspace-Tool mkswap delegiert, dessen Quellen sich in der Util-Linux-Toolsammlung finden. Da das Anlegen eines Bereichs ein essentieller Schritt ist, der durchzuführen ist, bevor Swap-Speicher verwendet werden kann, wollen wir hier kurz die Funktionsweise des Programms analysieren.

Der Kern braucht keine neuen Systemaufrufe bereitzustellen, die das Anlegen von Swap-Bereichen unterstützen: Die vorhandenen Varianten zur direkten Kommunikation mit einem Blockgerät (bzw. im Falle einer Swap-Datei mit einer Datei auf einem Blockgerät) reichen völlig aus, um den Bereich nach den Vorstellungen des Kerns zu organisieren.

mkswap ist sehr stark automatisiert und benötigt als einziges Argument lediglich den Namen der Gerätespezialdatei der Partition bzw. der Datei, in der der Swap-Bereich angelegt werden soll.[3] Folgende Aktionen müssen ausgeführt werden:

---

[2] Messungen im Kernel haben ergeben, dass in der Tat durchschnittlich nur 0,3 Listenoperationen notwendig sind, um ein Mapping zwischen Page Slot und Blocknummer herzustellen.

[3] Es ist zwar möglich, andere Parameter wie beispielsweise die explizite Größe des Swap-Bereichs oder der Seitengröße anzugeben; in den meisten Fällen ist dies aber sinnlos, weil die Daten automatisch und sicher berechnet werden können. Die Autoren von mkswap haben keine allzu hohe Meinung von Benutzern, die solche expliziten Angaben machen, wie der Quellcode beweist:

```
if (block_count) {
/* this silly user specified the number of blocks explicitly */
...
}
```

14.3 Verwaltung von Swap-Bereichen

- Die Größe des gewünschten Bereichs wird durch die auf der jeweiligen Maschine verwendete Seitengröße geteilt, um festzustellen wie viele Page Frames untergebracht werden können.

- Die Blöcke des Swap-Bereichs werden einzeln auf Lese- oder Schreibfehler getestet, um defekte Bereiche zu entdecken. Da für Swap-Bereiche die Seitengröße der Maschine als Blockgröße verwendet wird, bedeutet ein defekter Block immer eine Kapazitätsverringerung des Swap-Bereichs um eine Seite.

- Eine Liste mit den Adressen aller defekten Blöcke wird in die erste Seite des Swap-Bereichs geschrieben.

- Um den Swap-Bereich für den Kern eindeutig als solchen erkennbar zu machen (es könnte sich schließlich auch um eine ganz normale Partition mit Dateisystemdaten handeln, die natürlich nicht versehentlich überschrieben werden dürfen, wenn der Administrator einen ungültigen Swap-Bereich verwendet), wird die Kennzeichnung SWAPSPACE2 ans Ende der ersten Seite gesetzt.[4]

- Auch die Anzahl der verfügbaren Seiten wird im Header des Swap-Bereichs festgehalten; sie wird berechnet, indem von der Gesamtzahl der verfügbaren Seiten die Anzahl der defekten abgezogen wird; zusätzlich muss 1 von dieser Zahl subtrahiert werden, da die erste Seite für Statusinformationen und die Liste der defekten Blöcke verwendet wird.

Achtung: Auch wenn die Behandlung defekter Blöcke bei der Erstellung eines Swap-Bereichs sehr wichtig zu sein scheint, kann sie völlig übergangen werden: `mkswap` überprüft den Datenbereich in diesem Fall nicht auf Fehler und schreibt dementsprechend auch keine Daten in die Liste der defekten Blöcke. Da es dank der heutigen Hardware-Qualität ohnehin sehr wenig Fehler auf Blockgeräten gibt, ist eine explizite Prüfung normalerweise nicht nötig.

14.3.3 Aktivieren eines Swap-Bereichs

Um dem Kern mitzuteilen, dass ein mit `mkswap` initialisierter Bereich als RAM-Erweiterung verwendet werden soll, ist wiederum eine Interaktion mit dem Userspace notwendig, wozu der Kern den Systemaufruf `swapon` bereitstellt. Er wird (wie üblich) in `sys_swapon` implementiert, deren Code sich in `mm/swapfile.c` findet.

Obwohl `sys_swapon` zu den längeren Funktionen des Kerns gehört, ist sie nicht besonders komplex. Sie muss folgende Aktionen durchführen:

- Als ersten Schritt sucht der Kern nach einem freien Element im `swap_info`-Array; anschließend wird der Eintrag mit den Anfangswerten belegt.

- Nachdem die Swap-Datei (oder -Partition) geöffnet wurde, wird die erste Seite eingelesen, in der sich Informationen über schlechte Blöcke und den Bereichsumfang befinden.

- Mit `setup_swap_extents` wird die Extent-Liste initialisiert; wir werden gleich genauer auf die Funktion eingehen.

---

[4] In früheren Versionen des Kerns wurde ein anderes Format für den Swap-Bereich verwendet, das SWAP-SPACE als Kennzeichnung verwendet hat. Aufgrund einiger Nachteile – vor allem die Beschränkung auf maximale Größen von 128 bzw. 512MiB, je nach verwendetem CPU-Typ – wird diese Variante nicht mehr vom Kernel unterstützt.

- Als letzter Schritt wird der neue Bereich gemäß seiner Priorität in die Swap-Liste eingefügt, die wie weiter oben beschrieben über die `next`-Elemente der `swap_map`-Einträge aufgebaut wird. Außerdem werden zwei globale Variablen auf den aktuellen Stand gebracht:

  - `nr_swap_pages` gibt die Gesamtzahl der momentan verfügbaren Swap-Seiten an und wird um die entsprechende Seitenanzahl erhöht, die vom neu aktivierten Swap-Bereich bereitgestellt wird, da die neuen Seiten noch komplett unbenutzt und nicht mit Daten belegt sind.

  - `nr_total_pages` meldet die *totale* Anzahl Swap-Seiten, wobei nicht berücksichtigt wird, wie viele davon belegt sind und wie viele nicht. Auch dieser Wert wird um die Anzahl der Swap-Seiten im neuen Auslagerungsbereich erhöht.

Wenn beim Aufruf des Systemcalls keine explizite Priorität für den neuen Bereich angegeben wurde, benutzt der Kern die bisher niedrigste Priorität minus 1: Neue Swap-Bereiche werden deshalb nach diesem Schema mit monoton absteigender Priorität einsortiert, wenn der Administrator dies nicht durch manuelles Einwirken verhindert.

Einlesen der Swap-Bereichs-Charakteristika

Die Kenndaten eines Swap-Bereichs werden in seinem ersten Page Slot untergebracht; zur Interpretation der Daten verwendet der Kern folgende Struktur:

```
<swap.h>    union swap_header {
                struct
                {
                    char     reserved[PAGE_SIZE - 10];
                    char     magic[10];            /* SWAP-SPACE or SWAPSPACE2 */
                } magic;
                struct
                {
                    char            bootbits[1024];   /* Space for disklabel etc. */
                    unsigned int    version;
                    unsigned int    last_page;
                    unsigned int    nr_badpages;
                    unsigned int    padding[125];
                    unsigned int    badpages[1];
                } info;
            };
```

Die `union` erlaubt, *gleiche* Daten auf unterschiedliche Arten zu interpretieren, wie Abbildung 14.2 auf der gegenüberliegenden Seite zeigt:

- Die ersten 1024 Bytes werden freigelassen, um Raum für Bootloader zu schaffen, die sich auf manchen Architekturen an genau definierten Stellen der Festplatte befinden müssen. Auf diese Weise wird es möglich, Swap-Bereiche auf solchen Architekturen direkt an den Anfang einer Platte zu stellen, obwohl sich dort auch Code des Bootloaders befindet.

- Danach findet man Angaben über die Version des Swap-Bereichs, (`version`), die Kennzahl der letzten Seite (`nr_lastpage`) sowie die Anzahl der unbrauchbaren Seiten (`nr_badpages`). Nach 125 Integer-Fülleinträgen, die in eventuellen neuen Versionen des Swap-Formats für zusätzliche Informationen verwendet werden können, findet sich eine Liste mit Kennzahlen unbrauchbarer Blöcke. Auch wenn sie in der Datenstruktur formal nur ein einziges Element besitzt, hat sie natürlich in der Realität `nr_badpages` Mitglieder.

14.3 Verwaltung von Swap-Bereichen

■ Ganz am Ende der Seite – in den letzten 10 Zeichen – findet sich die Signatur des Swap-Bereichs, die diesen eindeutig ausweist. Gegenwärtig darf sich hier nur der String SWAPSPACE2 befinden.

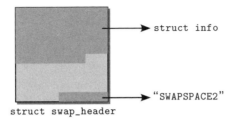

Abbildung 14.2: Aufbau des Swap-Headers

Der Grund für die Verwendung zweier Datenstrukturen zur Analyse dieser Informationen ist teilweise historisch begründet (die neuen Informationen werden nur in Bereichen angelegt, die im alten Format nicht verwendet wurden – also zwischen den 1024 reservierten Bytes am Anfang und der Signatur am Ende der Partition), liegt aber auch daran, dass der Kern mit unterschiedlichen Seitengrößen umgehen muss, was durch die Verwendung getrennter Strukturen vereinfacht wird. Da sich Informationen am Anfang *und* am Ende der ersten Swap-Seite befinden, muss der entstehende Zwischenraum mit einer passenden Anzahl leerer Füllelemente aufgefüllt werden – zumindest aus Sicht der Datenstruktur. Der Zugriff auf die Swap-Signatur am unteren Ende der Seite wird aber einfacher, wenn der benötigte Füllraum berechnet wird, indem von der Seitengröße – die auf jeder Architektur durch PAGE_SIZE gegeben ist – einfach die Länge der Signatur (10 Buchstaben) abgezogen wird; dies führt schnell und einfach zur gewünschten Position. Beim Zugriff auf die oberen Elemente braucht lediglich die passende Definition für den oberen Teil angegeben zu werden; die danach folgenden Dateninhalte sind aus Sicht der Datenstruktur nicht mehr interessant, da sie nur die Liste der defekten Blöcke enthält, deren Array-Positionsadressen sehr leicht berechnet werden können.

Erstellen der Extent-Liste

setup_swap_extents wird verwendet, um die Extent-Liste zu erstellen. Das zugehörige Codeflussdiagramm findet sich in Abbildung 14.3 auf der nächsten Seite.

Die Aufgabe der Prozedur ist einfach, wenn eine Swap-Partition und keine Swap-Datei verwendet wird: In diesem Fall ist garantiert, dass sich alle Sektoren in einer zusammenhängenden Liste befinden, weshalb nur ein einziger Eintrag in der Extent-Liste benötigt wird, der mittels add_swap_extent erstellt wird und alle Blöcke der Partition umfasst.

Handelt es sich beim Swap-Bereich um eine Datei, wird vom Kern etwas mehr Arbeit verlangt, da die Blöcke der Datei in diesem Fall einzeln durchlaufen werden müssen, um die Zuordnung zwischen Blöcken und Sektoren herauszufinden. Dazu dient die Funktion bmap, die Teil des virtuellen Dateisystems ist und verwendet wird, um die bmap-Funktion der Adressraum-Operationen des spezifischen Dateisystems aufzurufen Die diversen dateisystemspezifischen Implementierungen interessieren uns an dieser Stelle nicht, da alle das gleiche Resultat liefern: Zu einer gegebenen Blocknummer wird eine Sektornummer zurückgeliefert, die die Position des Blocks auf der Festplatte angibt. Während die logischen Blöcke einer Datei vom restlichen Kern als kontinuierlich betrachtet werden können, ist dies für die zugehörigen Abschnitte auf der Platte nicht der Fall, wie in Kapitel 8 („Dateisystemimplementierungen") besprochen wird.

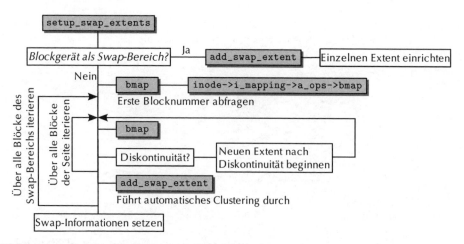

Abbildung 14.3: Codeflussdiagramm von setup_swap_extents

Der Algorithmus zur Erstellung der Abbildungsliste ist nicht besonders kompliziert; da Swap-Bereiche nur sehr selten aktiviert werden, braucht sich der Kern nicht um Fragen der Geschwindigkeit zu kümmern, was zu einer sehr geradlinigen Implementierung führt. Als erster Schritt wird die Sektoradresse des ersten Blocks des Swap-Bereichs mit bmap ermittelt; diese Adresse dient als Ausgangspunkt für die weitere Untersuchung des Bereichs.

Der Kern muss anschließend die Sektoradressen *aller* Blöcke des Bereichs ermitteln und vergleichen, ob diese unmittelbar aufeinander folgen; sollte dies nicht der Fall sein, wurde eine Diskontinuität festgestellt. Der Kern führt die Operation zunächst für die Anzahl von Blöcken aus, aus denen sich eine Seite zusammensetzt: Wenn ihre Sektoradressen konsekutiv sind, wurde ein linearer Bereich vom Umfang einer Seite auf der Platte gefunden. add_swap_extent wird verwendet, um die Information in die Extent-Datenstruktur einzutragen.

Nun beginnt der Kreislauf von vorne, wobei als Startadresse diesmal die Adresse des nächsten Dateiblocks verwendet wird, dessen Sektoradresse noch nicht überprüft wurde. Nachdem der Kern festgestellt hat, dass sich auch die Sektoren der Blöcke dieser Seite direkt hintereinander auf der Platte befinden, wird mit add_swap_extent wiederum die Information zur Extent-Liste hinzugefügt.

Würde add_swap_extent der Extent-Liste für jeden Aufruf ein neues Listenelement hinzufügen, wäre es nicht möglich, kontinuierliche Bereiche zusammenzufassen, die einen Umfang von mehr als einer einzigen Seite besitzen. Deshalb versucht add_swap_extent automatisch, die entstehende Liste so kompakt wir möglich zu gestalten: Wenn ein neuer Eintrag eingefügt wird, dessen Startsektor unmittelbar mit dem Endsektor des letzten Eintrags zusammenfällt (oder, anders gesagt: Wenn die Elemente start_block und nr_pages des letzten swap_extent-Elements zusammengezählt gleich dem Startsektor des neuen Eintrags sind), wird automatisch *ein* kombinierter Eintrag erstellt, der die Daten beider Elemente zusammenfasst. Auf diese Weise kommt die Liste mit so wenig Einträgen wie möglich aus.

Was passiert aber, wenn der Kern auf eine Diskontinuität trifft? Da setup_swap_extents lediglich Bereiche überprüft, die die Größe einer Seite besitzen, kann der aktuelle Bereich völlig verworfen werden. Er ist nutzlos, da die kleinste Einheit beim Swapping eine komplette Seite umfasst. Nachdem eine Unstetigkeit in den Sektoren festgestellt wurde, beginnt der Kern die Suche von Neuem, wobei die Sektoradresse des nächsten Dateiblocks als Startadresse verwendet wird. Dieser Zyklus wird so lange wiederholt, bis die nächste Seite gefunden wurde, die zusammenhängend auf die Festplatte abgebildet wird. Wenn anschließend mit `add_swap_extent` ein neuer Eintrag in die Extent-Liste eingefügt wird, stimmen Endadresse des alten und Startadresse des neuen Sektors nicht mehr überein, weshalb die beiden Einträge nicht mehr kombiniert werden können; der Kern muss ein neues Listenelement anlegen.

Der beschriebene Vorgang wird so lange wiederholt, bis alle Blöcke des Swap-Bereichs abgearbeitet wurden. Nachdem dies erreicht ist, muss als letzter Schritt nur noch die Anzahl der tatsächlich nutzbaren Seiten in das entsprechende `swap_info`-Element eingetragen werden.

14.4 Der Swap-Cache

Nachdem der Aufbau des Swap-Subsystems anhand seiner Datenstrukturen beschrieben wurde, können sich die folgenden Abschnitte genauer mit den Techniken beschäftigen, die der Kern verwendet, um Seiten aus dem Speicher in einen Auslagerungsbereich zu schreiben bzw. um Seiten in der umgekehrten Richtung in den Speicher zurückzuholen.

Als Bindeglied zwischen der Entscheidung, welche Seiten ausgelagert werden sollen, und dem Mechanismus, der die Auslagerung durchführt, verwendet der Kern einen weiteren Cache, der als *Swap-Cache* bezeichnet wird. Dies wirkt auf den ersten Blick etwas seltsam: Wozu soll im Zusammenhang mit Swapping ein weiterer Cache von Nutzen sein bzw. *was* soll überhaupt gecached werden? Dieser Abschnitt wird sich mit der Beantwortung dieser Frage beschäftigen.

Abbildung 14.4 zeigt das Zusammenspiel des Swap-Caches mit den anderen Komponenten des Swap-Subsystems.

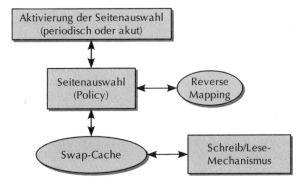

Abbildung 14.4: Verbindung des Swap-Caches mit den anderen Komponenten des Swap-Subsystems

Der Swap-Cache fungiert als Dreh- und Angelpunkt zwischen der Seitenauswahl-Policy und dem Mechanismus zum Datentransfer zwischen Speicher und Swap-Bereichen: Beide Teile arbeiten nicht direkt miteinander zusammen, sondern interagieren – dem modularen Prinzip des Kerns folgend – mit dem Swap-Cache, der aufgrund der Eingaben eines Teilbereichs entsprechende Aktionen des anderen Teils auslöst.

Welche Daten werden im Swap-Cache vorgehalten? Da es sich dabei um nichts anderes als einen weiteren Page Cache handelt, der mit Hilfe der in Kapitel 3 besprochenen Strukturen aufgebaut ist, ist die Antwort einfach: Speicherseiten! Im Gegensatz zu allen anderen Seitencaches des Systems hat er allerdings nicht die Aufgabe, Seiten aus Performance-Gründen im RAM zu halten, obwohl die zugehörigen Daten auch immer wieder von einem Blockspeichermedium besorgt werden könnten (was dem Prinzip des Swapping auch aufs Ärgste zuwiderlaufen würde), sondern wird ja nach „Richtung" der Swapping-Anforderung (Lesen oder Schreiben) zu folgenden Dingen verwendet:

- Beim Auslagern von Seiten wird durch die Selektionslogik zuerst ein geeigneter Page Frame ausgewählt, der nur selten verwendet wird. Dieser wird im Page Cache zwischengelagert, von wo aus er in den Seitencache überführt wird.

- Wird eine Seite, die von mehreren Prozessen gleichzeitig verwendet wird, ausgelagert, muss der Kern den Eintrag dieser Seite in den Seitenverzeichnissen der Prozesse so setzen, dass er auf den entsprechenden Platz in der Auslagerungsdatei zeigt. Wenn einer dieser Prozesse auf die Daten der Seite zugreifen muss, wird sie wieder eingelagert und der Page Table-Eintrag für *diesen einen* Prozess auf den aktuellen Bereich im Speicher gesetzt, an den die Seite wieder eingefügt wurde. Dabei ergibt sich ein Problem: Die Einträge aller anderen Prozesse zeigen immer noch auf den Eintrag in der Auslagerungsdatei, da zwar die Anzahl der Prozesse, die sich eine Seite teilen, festgestellt werden kann, nicht aber, um *welche* Prozesse es sich dabei handelt.

Geteilte Seiten werden nach dem Einlagern deshalb so lange im Swap-Cache aufbewahrt, bis *alle* Prozesse die Seite wieder aus dem Swap-Bereich angefordert haben und daher über ihre neue Lage im Speicher Bescheid wissen. Dies wird in Abbildung 14.5 verdeutlicht.

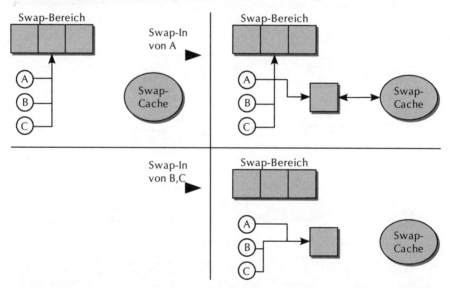

Abbildung 14.5: Einlagern einer Seite über den Swap-Cache

Ohne Hilfe des Swap-Caches kann der Kern nicht feststellen, ob eine geteilte Speicherseite bereits zurückgeswappt wurde oder nicht, was unweigerlich zu einem mehrfachen redundanten Zurücklesen der Daten führen würde.

Die Bedeutung des Swap-Caches ist nicht in beide Richtungen gleich groß; seine Existenz ist beim Einlagern von Seiten wesentlich wichtiger als beim Auslagern. Diese Asymmetrie ist erst während der Entwicklung von 2.5 entstanden, als das in Kapitel 3 beschriebene „Reverse Map-

14.4 Der Swap-Cache

ping"-Schema integriert wurde (der Rmap-Mechanismus ermöglicht, alle Prozesse herauszufinden, die einen Page Frames miteinander teilen).[5]

Rmap ermöglicht, beim Auslagern einer geteilten Seite alle Prozesse herauszufinden, die die darin enthaltenen Daten referenzieren. Daher lassen sich die entsprechenden Page-Table-Einträge *aller* referenzierenden Prozesse auf den neuen Platz im Swap-Bereich aktualisieren und die Daten der Seite unmittelbar auslagern, ohne sie über einen längeren Zeitraum im Swap-Cache halten zu müssen.

14.4.1 Identifikation ausgelagerter Seiten

Wie in Kapitel 3 besprochen wurde, erfolgt die Identifikation einer Speicherseite ausgehend von einer virtuellen Adresse über ein System von Seitentabellen, mit deren Hilfe die Adresse des zugehörigen Page Frames im RAM festgestellt wird. Diese Zuordnung klappt nur, wenn sich die Daten tatsächlich im Speicher befinden, anderenfalls ist kein Seitentabelleneintrag vorhanden. Auch ausgelagerte Seiten müssen korrekt identifiziert werden können, d.h. es muss möglich sein, anhand einer gegebenen virtuellen Adresse die Adresse der Speicherseite in einem Swap-Bereich ausfindig zu machen, wenn diese ausgelagert wurde.

Ausgelagerte Seiten werden mit Hilfe eines speziellen Eintrags in der Seitentabelle markiert, dessen Format von der jeweils verwendeten Prozessorarchitektur abhängt; jedes System verwendet eine mehr oder weniger spezielle Codierung, die den jeweiligen Anforderungen gerecht wird.

Der gemeinsame Faktor auf allen CPUs ist, dass folgende Informationen im Page-Table-Eintrag einer ausgelagerten Seite festzuhalten sind:

- Ein Kennzeichen, das angibt, dass die Seite ausgelagert ist.

- Die *Kennzahl des Swap-Bereichs*, in dem sich die Seite befindet.

- Um die Seite innerhalb des Swap-Bereichs lokalisieren zu können, ist ein zusätzliches *Offset* notwendig, das den betreffenden Page Slot angibt.

Der Kern definiert ein Architektur-unabhängiges Format, das (vom Prozessor-spezifischen Code) aus den Architektur-abhängigen Daten abgeleitet werden kann und verwendet wird, um Seiten im Swap-Bereich zu identifizieren. Der Vorteil dieser Vorgehensweise ist offensichtlich, da alle Swapping-bezogenen Algorithmen unabhängig von der verwendeten Hardware implementiert werden können und nicht für jeden Prozessortyp neu geschrieben werden brauchen. Einzige Schnittstelle zur tatsächlich vorhandenen Hardware sind die Funktionen zur Konvertierung zwischen Architektur-spezifischer und unabhängiger Darstellung.

Auch bei der Architektur-unabhängigen Darstellung muss der Kern sowohl die Kennzeichnung (auch als *Typ* bezeichnet) der Swap-Partition als auch ein Offset innerhalb dieses Bereichs speichern, um eine Seite eindeutig identifizieren zu können. Die Daten werden in einem speziellen Datentyp festgehalten, der die Bezeichnung `swap_entry_t` trägt und folgendermaßen definiert ist:

```
typedef struct {                                                    <swap.h>
        unsigned long val;
} swp_entry_t;
```

---
[5] In früheren Varianten war das Auslagern geteilter Speicherseiten nur mit Hilfe des Swap-Caches möglich: Nachdem die Seite auf den Seitentabellen *eines* Prozesses entfernt wurde, musste der Kern mit der Entfernung der Daten aus dem Speicher so lange warten, bis die Seite auch aus den Seitentabellen aller anderen Prozesse entfernt war, was nur durch systematisches Durchlaufen aller Seitentabellen des Systems möglich war. In der Zwischenzeit wurden die Seiten im Swap-Cache aufbewahrt.

Obwohl zwei verschiedene Angaben gespeichert werden müssen, wird nur eine Variable verwendet, deren Bestandteile durch Selektion verschiedener Bereiche herausgefiltert werden können, wie Abbildung 14.6 zeigt.

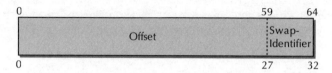

Abbildung 14.6: Zusammensetzung eines Architektur-unabhängigen Swap-Identifiers

Warum wird nur eine einzelne unsigned long-Variable verwendet, um beide Angaben zu speichern? Zum einen liegt dies daran, dass alle bisher unterstützten Systeme mit der dadurch zur Verfügung gestellten Datenmenge auskommen. Zum anderen wird der darin enthaltene Wert auch als Suchschlüssel für den Radix-Tree verwendet, in dem alle Seiten des Swap-Caches aufgereiht werden. Da der Swap-Cache nichts anderes als ein Seiten-Cache ist, der longs als Schlüssel verwendet, kann eine ausgelagerte Seite dadurch eindeutig identifiziert werden.

Da dies nicht immer so bleiben muss, wird der unsigned long-Wert nicht direkt verwendet, sondern in einer Struktur versteckt; da nur über spezielle Funktionen auf den Inhalt eines swap_entry_t-Werts zugegriffen werden darf, kann die interne Darstellung in kommenden Versionen modifiziert werden, ohne bedeutende Teile der Swap-Implementierung neu schreiben zu müssen.

Um auf beide Inhaltsteile von swap_entry_t zugreifen zu können, definiert der Kern zwei Konstanten, die die in Abbildung 14.6 gezeigte bitweise Aufteilung regeln:

<swapops.h>
```
#define SWP_TYPE_SHIFT(e)      (sizeof(e.val) * 8 - MAX_SWAPFILES_SHIFT)
#define SWP_OFFSET_MASK(e)     ((1UL << SWP_TYPE_SHIFT(e)) - 1)
```

MAX_SWAPFILES_SHIFT ist plattformunabhängig auf den Wert 5 definiert; die Länge von unsigned long beträgt auf 32-Bit-Architekturen 4 und auf 64-Bit-Plattformen 8 Bytes.

Die spezielle Aufteilung ist für den restlichen Kernelcode relativ uninteressant; wesentlich wichtiger sind die Funktionen, die die einzelnen Komponenten aus der Struktur extrahieren:

<swapops.h>
```
static inline unsigned swp_type(swp_entry_t entry)
{
        return (entry.val >> SWP_TYPE_SHIFT(entry)) &
                        ((1 << MAX_SWAPFILES_SHIFT) - 1);
}

static inline pgoff_t swp_offset(swp_entry_t entry)
{
        return entry.val & SWP_OFFSET_MASK(entry);
}
```

Da swap_entry_t-Instanzen nie direkt manipuliert werden dürfen, muss der Kern eine Funktion bereitstellen, die aus einem gegebenen Typ/Offset-Paar einen swap_entry_t erzeugt:

<swapops.h>
```
static inline swp_entry_t swp_entry(unsigned type, pgoff_t offset)
{
        swp_entry_t ret;

        ret.val = ((unsigned long)type << SWP_TYPE_SHIFT(ret)) |
                        (offset & SWP_OFFSET_MASK(ret));
        return ret;
}
```

14.4 Der Swap-Cache

Die Parameter werden mit einigen Bitoperationen in einer unsigned long-Variable verpackt, die als Inhalt eines neuen swap_entry_ts zurückgegeben wird.

Nun fehlt dem Kern noch die Möglichkeit, zwischen der Architektur-*ab*hängigen und der Architektur-*un*abhängigen Darstellung wechseln zu können. Dies erfolgt mit Hilfe der Funktion pte_to_swp_entry, die ebenfalls recht kurz ist:

```
                                                                            <swapops.h>
static inline swp_entry_t pte_to_swp_entry(pte_t pte)
{
        swp_entry_t arch_entry;

        arch_entry = __pte_to_swp_entry(pte);
        return swp_entry(__swp_type(arch_entry), __swp_offset(arch_entry));
}
```

Die Konvertierung erfolgt dabei in zwei Schritten. Ausgehend von einem Page-Table-Eintrag, der – wie in Kapitel 3 erläutert wurde – durch eine Instanz des Datentyps pte_t repräsentiert wird, erfolgt die Umwandlung der darin enthaltenen Daten in einen Architektur-*ab*hängigen swap_entry_t. Achtung: Auch wenn für die Prozessor-spezifische Darstellung der selbe Datentyp wie im Architektur-*un*abhängigen Speichermodell verwendet wird, ist die Verteilung der Bits in beiden Varianten im Allgemeinen unterschiedlich!

__pte_to_swp_entry ist eine Architektur-abhängige Funktion, die in der CPU-spezifischen Include-Datei <asm-*arch*/pgtable.h> definiert wird. Sie gibt dem Kern Gelegenheit, die Prozessor-spezifischen Informationen der Seitentabelle zu extrahieren, was auf vielen Architekturen durch einen einfachen Typecast erledigt werden kann, der den Inhalt des Page Table-Eintrags nicht ändert – selbst die ansonsten in dieser Hinsicht etwas exzentrischen Sparc-Prozessoren braten sich hier ausnahmsweise keine Extrawurst...

Im zweiten Schritt werden die in der neu entstandenen swap_entry_t-Instanz enthaltenen Informationen in das Architektur-unabhängige Format umgewandelt, wobei der Kern wieder auf die Mithilfe des Prozessor-spezifischen Codes angewiesen ist. Alle Systeme müssen die beiden Funktionen __swp_type und __swp_offset (man beachte die führenden Unterstriche im Vergleich zu den Architektur-unabhängigen Varianten!) bereitstellen, die Typ und Offset aus dem maschinenspezifischen Format extrahieren und im Allgemeinen Format zurückgeben, das mit Hilfe von swp_entry unmittelbar zu einer neuen swap_entry_t-Instanz zusammengesetzt wird.

14.4.2 Aufbau des Caches

Der Swap-Cache ist von den Datenstrukturen her betrachtet nichts anderes als ein Page Cache, wie er in Kapitel 3 eingeführt wurde. Rückgrat seiner Implementierung ist das swapper_space-Objekt, in dem die zum Cache gehörigen internen Funktionen und Listenstrukturen zusammengefasst sind:

```
                                                                          mm/swap_state.c
struct address_space swapper_space = {
        .page_tree         = RADIX_TREE_INIT(GFP_ATOMIC),
        .clean_pages       = LIST_HEAD_INIT(swapper_space.clean_pages),
        .dirty_pages       = LIST_HEAD_INIT(swapper_space.dirty_pages),
        .io_pages          = LIST_HEAD_INIT(swapper_space.io_pages),
        .locked_pages      = LIST_HEAD_INIT(swapper_space.locked_pages),
        .host              = &swapper_inode,
        .a_ops             = &swap_aops,
        .backing_dev_info  = &swap_backing_dev_info,
        .i_mmap            = LIST_HEAD_INIT(swapper_space.i_mmap),
        .i_mmap_shared     = LIST_HEAD_INIT(swapper_space.i_mmap_shared),
        .private_list      = LIST_HEAD_INIT(swapper_space.private_list),
};
```

Achtung: Obwohl jedes System mehrere Swap-Bereiche besitzen kann, existiert nur eine einzige Variable, über die der restliche Kernelcode auf den Swap-Cache zugreift! Die Aufteilung der Seiten in verschiedene Bereiche erfolgt erst, wenn die Daten tatsächlich zurückgeschrieben werden; aus Sicht desjenigen Kernelteils, der die auszulagernden Seiten bestimmt, existiert lediglich *ein* Swap-Cache, an den die enstprechenden Instruktionen weitergeleitet werden müssen und der durch das eben gezeigte `swapper_space`-Objekt repräsentiert wird.

Da es sich bei den meisten Feldern um Listen handelt, werden diese mit entsprechenden Makros auf ihre (leeren) Grundeinstellungen initialisiert; die Bedeutung der Einträge wurde in Kapitel 3 besprochen.

Die mit dem Adressraum assoziierte Inode ist in diesem Fall nur ein Dummy-Objekt, bei dem nur ein einziges Element – nämlich der Rückzeiger auf die Adressraumstruktur – implementiert ist:

mm/swap_state.c
```
static struct inode swapper_inode = {
        .i_mapping     = &swapper_space,
};
```

Während in früheren Kernversionen eine spezielle Inode verwendet wurde, um die Seiten des Swap-Caches zu verwalten, ist dies aufgrund des Adressraum-Konzepts mittlerweile überflüssig geworden. `swapper_inode` existiert nur, um andere allgemeine Codeabschnitte der Adressraum-Implementierung verwenden zu können, ohne dort den speziellen Fall des Swap-Caches berücksichtigen zu müssen. Ansonsten ist die Inode ohne weitere Bedeutung.

Für Zugriffe auf den Swap-Cache stellt der Kern einen Satz von Funktionen zur Verfügung, die von beliebigem, mit der Speicherverwaltung beschäftigtem Kernelcode verwendet werden können und beispielsweise das Einfügen oder Suchen einer Seite im Swap-Cache erlauben. Diese Funktionen bilden die Schnittstelle zwischen Swap-Cache und Seitenersetzungslogik, werden also verwendet, um Kommandos zum Einlesen oder Auslagern von Seiten zu geben, ohne sich weiter um die technischen Details der daraufhin initiierten Transfers kümmern zu müssen.

Zum anderen existiert ein Satz von Funktionen, die sich mit dem vom Swap-Cache zur Verfügung gestellten Adressraum beschäftigen; diese sind – wie bei Adressräumen und daher bei Page Caches üblich – in einer `address_space_operations`-Instanz zusammengefasst, die über das `aops`-Element mit `swapper_space` verknüpft ist. Die Funktionen stellen die Schnittstelle des Swapper-Caches „nach unten" dar, also zur Implementierung des Datentransfers zwischen Swap-Bereichen und RAM-Speicher des Systems. Im Gegensatz zur vorhin genannten Kategorie an Funktionen kümmern sich diese Routinen nicht darum, welche Seiten wann aus- oder eingelagert werden sollen, sondern müssen die technische Seite des Datentransfers für gegebene Seiten ausführen.

`swap_aops` ist wie folgt definiert:

mm/page_io.c
```
struct address_space_operations swap_aops = {
        .writepage      = swap_writepage,
        .readpage       = swap_readpage,
        .sync_page      = block_sync_page,
        .set_page_dirty = __set_page_dirty_nobuffers,
};
```

Wir werden Bedeutung und Implementierung dieser Funktionen weiter unten genauer besprechen. Vorerst genügt eine kurze Charakterisierung ihrer Aufgaben:

- `swap_writepage` wird verwendet, um dreckige Seiten mit dem Blockgerät zu synchronisieren. Im Fall des Swap-Caches wird diese Aktion allerdings nicht zur Wahrung der Konsistenz

14.4 Der Swap-Cache

zwischen RAM-Speicher und Blockgerät durchgeführt, wie es bei allen anderen Seitencaches üblich ist; vielmehr dient sie dazu, Seiten aus dem Swap-Cache zu *entfernen* und ihre Daten in einem Swap-Bereich unterzubringen. Die Funktion ist daher für die Implementierung des Datentransfers zwischen RAM-Speicher und Swap-Bereich auf der Platte verantwortlich.

- `swap_readpage` wird in der klassischen Bedeutung verwendet, indem Daten des Backing Stores – also einem der Swap-Bereiche – in den RAM-Speicher eingelesen werden. In anderen Worten: `readpage` ist für das Page-In von Seiten verantwortlich.

- Das Markieren einer Seite als „dreckig" muss im Swap-Cache so durchgeführt werden, dass kein neuer Speicherplatz alloziert wird – dieser ist ohnehin schon knapp, wenn Auslagerungsmechanismen zum Einsatz kommen. Wie in Kapitel 3 besprochen wurde, besteht die normale Vorgehensweise darin, beim Dreckigsetzen einer Seite Puffer anzulegen, die ein abschnittsweises Zurückschreiben der Daten ermöglichen; hier ist allerdings zusätzlicher Speicher zur Aufnahme der `buffer_head`-Instanzen erforderlich, in denen die notwendigen Verwaltungsdaten gespeichert werden. Da im Swap-Cache ohnehin nur komplette Seiten zurückgeschrieben werden, ergibt dies keinen Sinn; um eine Seite als dreckig zu markieren, wird deshalb die Funktion `__set_page_dirty_nobuffers` verwendet, die zwar das `PG_dirty`-Flag setzt, aber keine Puffer anlegt.

- Zur Synchronisation von Seiten des Swap-Caches wird – wie bei den meisten andern Seitencaches – auf die `block_sync_page`-Standardimplementierung des Kerns zurückgegriffen, die nichts anderes macht, als alle Block-Queues durch `blk_run_queues` ablaufen zu lassen. Für den Swap-Cache bedeutet dies, dass alle an den Blocklayer weitergereichten Aufforderungen zum Datentransfer tatsächlich ausgeführt werden.

14.4.3 Einfügen neuer Seiten

Das Einfügen neuer Seiten in den Swap-Cache verläuft recht einfach, da der entsprechende Page Cache-Mechanismus verwendet wird. Die Standardmethoden des Seiten-Caches reduzieren den Aufwand auf den Aufruf der aus Kapitel 12 bekannten Funktion `add_to_page_cache`, die die Datenstruktur einer gegebenen Seite in die entsprechenden Listen und Bäume des `swapper_space`-Adressraums aufnimmt.

Damit ist die Aufgabe noch nicht vollständig erledigt: Die Seite muss nicht nur in den Swap-Cache eingefügt werden, sondern benötigt auch noch einen Platz in einem der Swap-Bereiche: Auch wenn die Daten zu diesem Zeitpunkt noch nicht auf die Festplatte kopiert werden, muss sich der Kern dennoch Gedanken machen, welchen Bereich er für die Seite auswählt und in welchen Slot des Bereichs sie eingefügt wird. Diese Entscheidung muss in den Datenstrukturen des Swap-Caches festgehalten werden.

Zwei Methoden des Kerns fügen Seiten in den Swap-Cache ein, dienen aber unterschiedlichen Zwecken:

- `add_to_swap` wird aufgerufen, wenn der Kern eine Seite *aktiv* auslagern will, d.h. wenn der Policy-Algorithmus festgestellt hat, dass zu wenig Speicher vorhanden ist. Die Routine fügt die Seite nicht nur in den Swap-Cache ein (wo sie verbleibt, bis ihre Daten auf Platte geschrieben wurden), sondern reserviert auch einen Slot in einem der Swap-Bereiche.

- Wenn eine Seite aus dem Swap-Bereich eingelesen wird, die von mehreren Prozessen verwendet wird (was aufgrund des Benutzungszählers im Swap-Bereich festgestellt werden kann), wird die Seite so lange gleichzeitig im Swap-Bereich auf der Festplatte und im Swap-Cache gehalten, bis sie entweder wieder ausgelagert oder von allen referenzierenden Prozessen eingelagert wurde. Der Kern implementiert dies mit Hilfe der Funktion add_to_swap_cache, die eine Seite zum Swap-Cache hinzufügt, *ohne* Operationen mit den Swap-Bereichen selbst durchzuführen.

Reservieren von Page Slots

Bevor wir uns näher mit der Implementierung dieser beiden Funktionen beschäftigen, muss untersucht werden, wie Page Slots in den vorhandenen Swap-Bereichen reserviert werden. Der Kern delegiert diese Aufgabe an get_swap_page, die – ohne Parameter aufgerufen – die Kennung desjenigen Page Slots zurückliefert, der als nächster verwendet werden soll.

Die Funktion muss zunächst sicherstellen, dass das System überhaupt Swap-Bereiche besitzt – swap_list.next muss dafür einen Wert größer als 0 besitzen – und dass mindestens ein Page Slot frei ist, was mit Hilfe des Zählers nr_of_swap_pages festgestellt werden kann.

swap_list.next liefert immer die Kennzahl des Swap-Bereichs, der momentan verwendet wird (wenn es nur einen Swap-Bereich gibt, findet sich hier natürlich stets die gleiche Zahl). Konsequenterweise beginnt der Kern die Suche nach einem freien Page Slot bei diesem Bereich; scan_swap_map durchforstet dazu das Seitenbitmap, wobei auf das Prinzip des Swap Clusterings Rücksicht genommen wird (wir werden die genaue Arbeitsweise der Funktion gleich besprechen).

Wenn im aktuellen Swap-Bereich *kein* freier Slot gefunden werden konnte, muss der Kern die alternativen Slots überprüfen. Wie das Codeflussdiagramm zeigt, durchläuft er dazu so lange die Liste aller Swap-Bereiche, bis eine freie Seite gefunden wurde; natürlich erfolgt die Suche in der Reihenfolge der relativen Prioritäten der einzelnen Bereiche, wozu das next-Element jedes swap_info[]-Eintrags verwendet wird. Wenn der Bereich mit der kleinsten Priorität erreicht ist, beginnt der Kern die Suche von vorne (d.h. beim Bereich mit der höchstmöglichen Priorität); nach einem kompletten Durchlauf über *alle* vorhandenen Swap-Bereiche des Systems wird die Suche abgebrochen, wenn kein freier Eintrag gefunden werden konnte – der Kern ist in diesem Fall einfach nicht in der Lage, die Seite auszulagern, was durch Rückgabe der Seitennummer 0 an den aufrufenden Code weitergemeldet wird.

Wie werden die Slotbitmaps der einzelnen Swap-Bereiche durchsucht? Leere Einträge sind dadurch charakterisiert, dass ihr Benutzungszähler gleich 0 ist. scan_swap_map muss daher das swap_map-Array der jeweiligen Swap-Partition nach solchen Einträgen durchsuchen, was allerdings durch das Swap-Clustering etwas erschwert wird:

mm/swapfile.c
```
static inline int scan_swap_map(struct swap_info_struct *si)
{
        unsigned long offset;

        if (si->cluster_nr) {
                while (si->cluster_next <= si->highest_bit) {
                        offset = si->cluster_next++;
                        if (si->swap_map[offset])
                                continue;
                        si->cluster_nr--;
                        goto got_page;
                }
        }
}
```

Zuerst versucht der Kern, einen Slot im aktuellen Cluster zu allozieren – wenn ein Cluster existiert. Dies lässt sich feststellen, indem der Kern testet, ob das cluster_nr-Element der aktuellen swap_info_struct-Instanz größer als 1 ist (zur Erinnerung: cluster_nr gibt die Anzahl freier

14.4 Der Swap-Cache

Slots im aktuellen Cluster an). Trifft dies zu, durchsucht der Kern die Liste der Slots so lange, bis er auf einen freien Slot trifft (d.h. `swap_map[offset]` gleich 0 ist). Ein anderes Abbruchkriterium ist gegeben, wenn die aktuelle Position den momentan maximal möglichen Index erreicht hat, der durch `highest_bit` gegeben ist – alle Slots oberhalb dieser Markierung sind belegt und brauchen nicht durchsucht zu werden. Wenn ein Slot gefunden wurde, springt der Kern zum Label `got_page`, das wir weiter unten beschreiben werden.

Ist kein aktueller Cluster vorhanden, versucht der Kern, einen neuen zu eröffnen. Dazu muss ein leerer Abschnitt im Swap-Bereich vorhanden sein, der aus mindestens SWAPFILE_CLUSTER leeren Slots besteht. Da Cluster nicht an eine bestimmte Ausrichtung ihrer Anfangsposition gebunden sind, startet der Kern die Suche danach von der untersten Position aus, ab der nicht belegte Einträge vorhanden sind und die durch `lowest_bit` festgelegt ist:

mm/swapfile.c
```
        si->cluster_nr = SWAPFILE_CLUSTER;

        /* try to find an empty (even not aligned) cluster. */
        offset = si->lowest_bit;
check_next_cluster:
        if (offset+SWAPFILE_CLUSTER-1 <= si->highest_bit)
        {
                int nr;
                for (nr = offset; nr < offset+SWAPFILE_CLUSTER; nr++)
                        if (si->swap_map[nr])
                        {
                                offset = nr+1;
                                goto check_next_cluster;
                        }
                /* We found a completly empty cluster, so start
                 * using it.
                 */
                goto got_page;
        }
```

Als ersten Schritt muss der Kern überprüfen, ob der neue Cluster überhaupt in den aktuellen Bereich passt, in dem sich freie Slots befinden. Dies ist der Fall, wenn die letzte Position des Clusters noch vor der durch `highest_bit` festgelegten oberen Grenze liegt; andernfalls kann die Suche abgebrochen werden, da prinzipiell zu wenig Einträge für einen neuen Cluster zur Verfügung stehen.

Von der aktuellen Position ausgehend überprüft der Kern, ob alle darauf folgenden Slots – SWAPFILE_CLUSTER an der Zahl – frei sind, was durch die `for`-Schleife innerhalb der `if`-Abfrage erledigt wird. Trifft er dabei auf einen belegten Eintrag dessen `swap_map`-Eintrag größer als 0 ist, wird die Suche nach einem freien Cluster an der darauf folgenden Slotposition neu gestartet; dies wird so lange wiederholt, bis schließlich eine Position erreicht wurde, von der aus nicht mehr genügend Raum für die Erstellung eines Clusters vorhanden ist.

War der Kern bei der Suche nach einem neuen Cluster erfolgreich, springt er wie zuvor zum Label `got_page`. Andernfalls muss er versuchen, den Swap-Bereich nach einzelnen freien Slots zu durchsuchen:

mm/swapfile.c
```
        for (offset = si->lowest_bit; offset <= si->highest_bit ; offset++) {
                if (si->swap_map[offset])
                        continue;
                si->lowest_bit = offset+1;
got_page:
                if (offset == si->lowest_bit)
                        si->lowest_bit++;
                if (offset == si->highest_bit)
                        si->highest_bit--;
```

```
            if (si->lowest_bit > si->highest_bit) {
                    si->lowest_bit = si->max;
                    si->highest_bit = 0;
            }
            si->swap_map[offset] = 1;
            nr_swap_pages--;
            si->cluster_next = offset+1;
            return offset;
    }
```

Die for-Schleife durchläuft dabei alle Swap-Positionen ausgehend von der niedrigsten unbelegten Position bis hin zum höchsten Index. Wenn der Slot belegt ist, wird der nächste Schleifendurchlauf unmittelbar durch continue eingeleitet.

Sollte der Slot *nicht* belegt sein, wird das lowest_bit-Element auf Position offset+1 gesetzt; da die Suche ganz am Anfang des Swap-Bereichs aufgenommen wurde und alle vorhergehenden Positionen besetzt waren, handelt es sich dabei um die neue niedrigste Position, ab der freie Einträge zu erwarten sind. Der Kern muss sich daher noch kurz darum kümmern, die Einträge für die höchste bzw. niedrigste verfügbare Position je nach Wert von offset anzupassen – wenn die Codestelle von der for-Schleife aus erreicht wurde, bleibt hier nichts zu tun.[6]

Wenn eine Seite gefunden wurde, muss der Kern zuerst den entsprechenden Slot als belegt markieren, indem der Benutzungszähler mit dem Wert 1 belegt wird; auch muss die Anzahl der verfügbaren Swap-Seiten des Systems um 1 erniedrigt werden. Die Position des nächsten Eintrags im Cluster wird auf offset + 1 aktualisiert; wenn ein Cluster vorhanden ist, beginnt der Kern die nächste Suche an dieser Stelle. Danach wird die Kennzahl des gefundenen Eintrags zurückgegeben.

Für den Fall, dass keine freie Seite gefunden wurde, muss der Kern noch ein paar kleine Aufräumarbeiten erledigen:

mm/swapfile.c
```
            si->lowest_bit = si->max;
            si->highest_bit = 0;
            return 0;
    }
```

Durch Rückgabe einer 0 signalisiert der Kern dem aufrufenden Code, dass kein freier Slot im untersuchten Swap-Bereich gefunden wurde.

Seiten auslagern mit add_to_swap

Nachdem die Policy-Routine entschieden hat, dass eine bestimmte Speicherseite ausgelagert werden muss, tritt add_to_swap aus mm/filemap.c in Aktion: Die Funktion nimmt eine struct page-Instanz als Parameter und kümmert sich darum, die Auslagerungsaufforderung an den technischen Teil der Swapping-Implementierung weiterzuleiten.

Wie das Codeflussdiagramm in Abbildung 14.7 auf der gegenüberliegenden Seite zeigt, ist dies keine besonders schwierige Aufgabe, die im Wesentlichen aus zwei Schritten besteht: Nachdem mit der eben besprochenen Routine get_swap_page ein Page Slot in einem der Swap-Bereiche reserviert wurde, genügt es, die Seite in den Swap-Cache zu schieben. Dazu ist nicht einmal eine spezielle Swap-orientierte Funktion notwendig, es wird vielmehr die aus Kapitel 12 bekannte Standardfunktion add_to_page_cache verwendet, die eine page-Instanz in einem Seitencache unterbringt. Der genaue Aufruf lautet in diesem Fall:

mm/filemap.c   `add_to_page_cache(page, &swapper_space, entry.val, GFP_ATOMIC);`

---

[6] Es sei denn, der letzte Slot wurde belegt. In diesem Fall ist offset gleich highest_bit und lowest_bit gleich offset + 1, was der Kern entsprechend korrigieren muss.

14.4 Der Swap-Cache

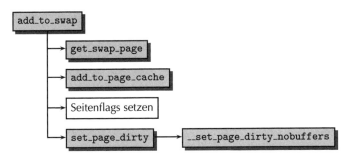

Abbildung 14.7: Codeflussdiagramm für add_to_swap

entry ist eine Instanz von swp_entry_t, die die genauen Daten des Swap-Slots festlegt; die beiden anderen Parameter sind die bearbeitete Seite sowie die Hauptdatenstruktur des Swap-Caches und brauchen daher nicht weiter besprochen zu werden.

Anschließend wird die Seite noch als dreckig markiert, indem die Standardmethode set_page_dirty angewendet wird. Diese ruft die adressraumspezifische Methode mapping->a_ops->set_page_dirty auf, die im Falle einer Swapseite auf __set_page_dirty_nobuffers zeigt, wie in Abschnitt 14.4.2 besprochen wurde. Die Methode setzt das PG_dirty-Flag; außerdem wird die Seite – was wesentlich wichtiger ist – auf die dirty_pages-Liste des Swap-Adressraums verschoben, wobei zu beachten ist, dass die Liste im Fall des Swap-Adressraums für Seiten gedacht ist, die so bald wie möglich ausgelagert werden sollen, und nicht für solche, bei denen Unterschiede zwischen Speicher- und Backing-Store-Inhalt vorhanden sind, die abgeglichen werden müssen.[7]

Das war alles. Mehr ist von Seiten der Policy-Routinen nicht notwendig, um eine Speicherseite auszulagern! Der restliche Teil der Arbeit – vor allem den Transfer der Daten vom Speicher in den Swap-Bereich – wird von den adressraumspezifischen Operationen durchgeführt, die mit swapper_space verknüpft sind. Die Implementierung der Routinen werden wir weiter unten besprechen – für den Policy-Teil genügt die Gewissheit, dass der Kern die Daten auch tatsächlich in den Swap-Bereich schreiben und damit eine Speicherseite freigeben wird, nachdem add_to_swap aufgerufen wurde.

Swap-Seiten cachen

Im Gegensatz zu add_to_swap führt add_to_swap_cache eine Seite in den Swap-Cache ein, *ohne* den Kern zu veranlassen, die Daten wirklich in einen Page-Slot zu schreiben. Die Methode wird nicht zum Auslagern von Seiten verwendet, da es in diesem Fall *immer* notwendig ist, die Seite nicht nur in den Swap-Cache zu schreiben, sondern auch tatsächlich im Swap-Bereich unterzubringen.

Dies trifft auf das *Einlagern* von Seiten nicht zu: Hier ist es bei geteilten Speicherseiten erforderlich, die Daten nach dem ersten Page-In so lange im Cache zu halten, bis *alle* Prozesse der Reihe nach die Seite zurückgefordert haben; erst dann können ihre Daten auch aus dem Swap-Cache entfernt werden, da alle Benutzerprozesse über ihre neue Lage im Speicher informiert sind.

---

[7] Der abschließende Aufruf von __mark_inode_dirty in set_page_dirty ist für die Swap-Implementierung nur ein Dummy, der keine Arbeit übernimmt. Der Aufruf wird lediglich durchgeführt, da es sich bei set_page_dirty_nobuffers um eine allgemeine Funktion handelt, die auch mit anderen Seitentypen zusammenarbeiten muss. Um für Swap-Seiten keine Sonderbehandlung erforderlich zu machen (bei der beinahe identischer Code mehrfach im Kern auftreten müsste), wurde ein Inoden-Dummy-Objekt eingeführt, um Aufrufe dieser Art erfolgreich, doch ohne Auswirkungen durchführen zu können.

Doch auch beim Readahead von Swap-Seiten wird der Swap-Cache auf diese Weise verwendet, indem Seiten eingelesen werden, die noch nicht durch einen Page Fault angefordert wurden, dies wohl aber in kurzer Zeit werden.

Abbildung 14.8 zeigt das Codeflussdiagramm für `add_to_swap_cache`.

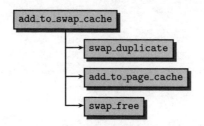

Abbildung 14.8: Codeflussdiagramm für `add_to_swap_cache`

Die prinzipielle Aufgabe besteht wiederum im Aufruf von `add_to_page_cache`, der die Seiten in den Swap-Cache einfügt, wie wir bereits bei `add_to_swap` gesehen haben. Allerdings müssen noch einige Zusatzaktionen durchgeführt werden:

- Zu Beginn der Funktion muss geprüft werden, ob sich die Seite wirklich in einem Page-Slot befindet, ansonsten muss `add_to_swap_cache` die angebotene Seite ablehnen. Dies wird mit Hilfe von `swap_duplicate` erledigt: Die Funktion überprüft anhand der zur Speicherseite gehörigen `swp_entry_t`-Instanz, ob sich die Seite wirklich im Swap-Bereich befindet; dazu ist lediglich ein Test notwendig, der prüft, ob der Benutzungszähler des Seitenslots größer als 0 ist.

  Da `swap_duplicate` – wie der Name schon andeutet – eigentlich dafür gedacht ist, um die Benutzung einer ausgelagerten Seite zu „duplizieren", wenn sie von mehreren Prozessen gleichzeitig verwendet wird, wird der Benutzungszähler nicht nur getestet, sondern auch gleich um 1 erhöht. Diese Erhöhung ist bei den hier beschriebenen Einsatzgebieten von `add_to_swap_cache` nicht notwendig, da die Anzahl der Prozesse, mit denen die ausgelagerte Seite assoziiert ist, nicht erhöht wird! Die Inkrementierung des Benutzungszählers garantiert dem Kern in diesem Fall aber, dass die Seite während der Bearbeitung nicht durch einen anderen Kernel-Thread aus dem Swap-Bereich entfernt werden kann.

- Nachdem die Seite mit `add_to_page_cache` erfolgreich in den Seitencache eingefügt wurde, kann der inkrementierte Swap-Counter mittels `swap_free` wieder um 1 heruntergezählt werden.

14.4.4 Suchen einer Seite

`lookup_swap_cache` wird verwendet, um zu testen, ob sich eine Seite im Swap-Cache befindet. Die Implementierung benötigt nur wenige Zeilen:[8]

---

[8] Die Originalfunktion in den Kernelquellen enthält – ebenso wie viele andere Swapping-bezogene Funktionen, die wir in diesem Kapitel besprochen haben – noch einige kurze Aufrufe zur Aktualisierung von Statistiken, die Eckdaten des Swapping-Subsystems wiedergeben. Da diese lediglich verfügbar sind, wenn Unterstützung für den Magic System Request Key in den Kern eingebaut ist, haben wir diese bisher nicht beachtet und werden sie auch weiterhin nicht beachten, da die Daten im Wesentlichen zur Leistungsevaluierung für die Entwickler des Subsystems gedacht sind.

```
struct page * lookup_swap_cache(swp_entry_t entry)                    mm/swap_state.c
{
        struct page *found;
        found = find_get_page(&swapper_space, entry.val);

        return found;
}
```

Die Funktion liefert die gesuchte Seite anhand einer `swp_entry_t`-Instanz, indem sie den `swapper_space`-Adressraum anhand der aus Kapitel 12 bekannten Funktion `find_get_page` durchsucht. Achtung: Wenn die Seite nicht gefunden wurde, liefert der Code einen Null-Pointer als Resultat zurück; der Kernel muss sich die Daten in diesem Fall von der Festplatte besorgen.

14.5 Zurückschreiben der Daten

Ein weiterer Teil der Swapping-Implementierung ist die Schnittstelle „nach unten", die Daten einer Speicherseite in die dafür ausgewählte und reservierte Position im Swap-Bereich schreibt (bzw., um genau zu sein, den entsprechenden Auftrag an den Blocklayer erteilt). Wie wir gesehen haben, wird dies vom Swap-Cache aus über die Adressraumoperation `writepage` durchgeführt, die auf `swap_writepage` verweist. Abbildung 14.9 zeigt das Codeflussdiagramm der in `mm/page_io.c` definierten Funktion.

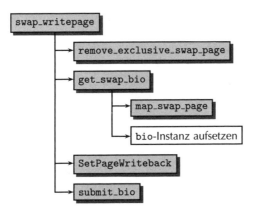

Abbildung 14.9: Codeflussdiagramm für `swap_writepage`

Da der größte Teil der Arbeit in den bisher besprochenen Mechanismen geleistet wurde, bleibt in `swap_writepage` nicht besonders viel zu tun. Gleich zu Beginn prüft der Kernel mit `remove_exclusive_swap_page`, ob die betreffende Seite nur mehr vom Swap-Cache, aber nicht mehr von anderen Teilen des Kerns verwendet wird; in diesem Fall wird sie nicht mehr benötigt und kann aus dem Speicher entfernt werden.

Um die Daten der Seite schreiben zu können, benötigt der Kern – wie in Kapitel 5 („Gerätetreiber") besprochen – eine korrekt ausgefüllte Instanz von `struct bio`, die alle notwendigen Parameter für den Blocklayer bereitstellt. Diese Aufgabe wird an `get_swap_bio` delegiert, die eine fertige `bio`-Instanz zurückliefert.

Beim Ausfüllen der `bio`-Struktur ist (neben dem Ziel-Blockgerät und der Länge der zurück zu schreibenden Daten) vor allem die Sektornummer erforderlich, ab der der ausgesuchte Slot beginnt. Wie weiter oben in Abschnitt 14.3.1 besprochen wurde, ist nicht immer sichergestellt, dass ein Swap-Bereich in einem zusammenhängenden Bereich der Platte untergebracht ist, weshalb Extents verwendet werden, um eine Abbildung zwischen den Seitenslots und den zur Verfügung stehenden Blöcken zu erhalten. Diese Extent-Liste muss nun durchsucht werden:

mm/page_io.c
```
sector_t map_swap_page(struct swap_info_struct *sis, pgoff_t offset)
{
        struct swap_extent *se = sis->curr_swap_extent;
        struct swap_extent *start_se = se;

        for ( ; ; ) {
                struct list_head *lh;

                if (se->start_page <= offset &&
                                offset < (se->start_page + se->nr_pages)) {
                        return se->start_block + (offset - se->start_page);
                }
                lh = se->list.prev;
                if (lh == &sis->extent_list)
                        lh = lh->prev;
                se = list_entry(lh, struct swap_extent, list);
                sis->curr_swap_extent = se;
        }
}
```

Die Suche beginnt nicht am Anfang der Liste, sondern am zuletzt benutzten Listenelement, das in `curr_swap_extent` gespeichert ist, da in den meisten Fällen auf direkt hintereinander liegende oder wenigstens nahe beieinander liegende Slots zugegriffen wird, deren Adresse mit Hilfe des selben Extent-Listenelements berechnet werden kann.

Ein Page Slot ist in einem Listenelement enthalten, wenn die `offset`-Kennzahl – d.h. die Nummer des gesuchten Page Slots – größer bzw. gleich `se->start_page`, aber kleiner als `se->start_page + se->nr_pages` ist. Trifft diese Bedingung nicht zu, wird die Liste so lange der Reihe nach durchlaufen, bis das passende Element gefunden ist. Da ein passendes Element existieren *muss*, kann die Suche in einer Endlosschleife durchgeführt werden, die durch Rückgabe der Sektornummer beendet wird.

Nachdem die `bio`-Instanz mit den passenden Daten gefüllt wurde, muss die Seite nur mehr mittels `SetPageWriteback` mit dem Flag `PG_writeback` versehen werden, bevor der Schreibauftrag mit Hilfe von `bio_submit` an den Blocklayer weitergereicht wird.

Nachdem der Schreibauftrag durchgeführt wurde, ruft der Blocklayer abschließend noch die Funktion `end_swap_bio_write` auf, die sich auf die Standardfunktion `end_page_writeback` stützt, um das `PG_writeback`-Flag von der Seitenstruktur zu entfernen.

14.6 Seitenauswahl – Swap Policy

Nachdem die Implementierung der technischen Seite des Zurückschreibens von Speicherseiten erläutert wurde, wollen wir uns genauer mit der Durchführung des zweiten großen Gebietes des Swapping-Subsystems beschäftigen: Die Seitenauswahl oder Swap-Policy, mit deren Hilfe diejenigen Seiten bestimmt werden, die aus dem RAM-Speicher ausgelagert werden können, ohne dem Kern einen größeren Leistungsschaden zuzufügen.

Achtung: Im Gegensatz zu den vorhergehenden Abschnitten, die sich mit Seiten des Swap-Adressraums befasst haben, beschäftigt sich dieser Abschnitt wieder mit Seiten beliebiger Adressräume. Die Prinzipien der Seitenauswahl sind für alle Seiten gleich, egal ob deren Daten aus einer Datei eingelesen wurden oder ob es sich dabei um dynamisch erzeugte Inhalte handelt, die über keinen Backing Store verfügen. Der einzige Unterschied besteht darin, an welchen Ort die Daten

14.6 Seitenauswahl – Swap Policy

ausgelagert werden, wenn der Kern entscheidet, dass sie aus dem Speicher entfernt werden sollen: die Entscheidung, ob eine Seite ausgelagert wird oder nicht, bleibt von dieser Frage unberührt.

Die Implementierung des Policy-Algorithmus zur Seitenauswahl gehört zu den komplexeren Teilen des Kernels, was nicht nur durch die latente Frage nach maximaler Geschwindigkeit bedingt ist, sondern vor allem durch die vielen Sonder- und Spezialfälle verursacht wird, die zu behandeln sind. Wir werden uns daher in den folgenden Beispielen vor allem auf die häufigsten Fälle konzentrieren, die den überwiegenden Anteil der Arbeit des Swapping-Subsystems ausmachen; selten auftretende Phänomene, die vor allem bedingt sind durch Interaktionen der verschiedenen Prozessoren auf SMP-Systemen oder unglückliche Zufälle auf Einprozessormaschinen, werden wir hier nicht weiter verfolgen, um die Ausführungen übersichtlich zu halten. Der Überblick zum Zusammenspiel der einzelnen Komponenten beim Swapping ist wesentlich wichtiger (und alleine schon kompliziert genug!) als genaue Details über jeden noch so unwichtigen Schritt, der unternommen wird.

14.6.1 Überblick

Die grobe Vorgehensweise bei der Implementierung der Selektionsalgorithmen wurde bereits weiter oben besprochen; hier wollen wir kurz auf das Zusammenspiel der Funktionen und Prozeduren zur Seitenselektion eingehen, deren Implementierung wir im Detail in den folgenden Abschnitten untersuchen. Abbildung 14.10 zeigt ein Codeflussdiagramm, in dem die essentiellen Methoden und ihre Verbindungen untereinander zusammengefasst sind.

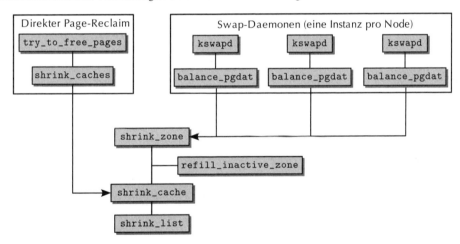

Abbildung 14.10: „Big Picture" der Seitenselektion

Der *Page reclaim* – Auslagern von Seiten in den zugehörigen Backing Store – wird von zwei Stellen aus initiiert, wie die Abbildung zeigt:

- Bei akuter Speicherknappheit, d.h. wenn der Kern während einer Operation feststellt, dass nicht mehr genügend Speicher zur Verfügung steht, wird try_to_free_pages aufgerufen, die alle Seiten der aktuellen Speicherzone prüft und die am seltensten benötigten Elemente befreit.

- Ein im Hintergrund laufender Daemon mit der Bezeichnung *kswapd* überprüft die Speicherauslastung in regelmäßigen Abständen und erkennt, ob die Verknappung von Speicher droht.

Mit seiner Hilfe ist es möglich, Seiten bereits präventiv auszulagern, bevor der Kern bei einer anderen Operation entdeckt, dass nicht mehr genügend Speicher zur Verfügung steht.

Achtung: Auf NUMA-Maschinen, die ihren Gesamtspeicher nicht gleichwertig an alle Prozessoren verteilen, wie in Kapitel 3 („Speicherverwaltung") beschrieben wurde, gibt es für jede NUMA-Zone einen eigenen `kswapd`-Daemon. Jeder Daemon kümmert sich innerhalb einer NUMA-Zone um alle darin enthaltenen Speicherzonen.

Auf nicht-NUMA-Systemen existiert nur eine Instanz von `kswapd`, die sich um alle Zonen (*nicht* NUMA-Zonen) des Hauptspeichers kümmert. Auf IA32-Systemen existieren bekanntlich drei Zonen: ISA-DMA, normaler Speicher und High Memory.

Die Wege beider Varianten treffen sehr schnell zusammen und finden sich in der Funktion `shrink_zone`; der restliche Code des Seitenauswahl-Subsystems ist für beide Einstiegsmöglichkeiten identisch.

Nachdem die Anzahl der auszulagernden Seiten bestimmt wurde, um dem System wieder frischen Speicher zu beschaffen – hierzu werden Algorithmen verwendet, die der Behandlung akuter Speicherknappheit in `try_to_free_pages` bzw. der regulären Überprüfung der Speicherauslastung im `kswap`-Daemon angepasst sind –, muss der Kern noch auswählen, um welche Seiten es sich dabei handelt – und diese schlussendlich vom Policy-Teil an die Routinen der Kerns übergeben, die die Seiten in ihren Backing Store zurückschreiben. Diese Aufgaben werden auf folgende Schritte verteilt:

- `shrink_zone` ist der Einstiegspunkt für die Entfernung selten genutzter Seiten aus dem Speicher, der vom periodischen kswap-Mechanismus aus aufgerufen wird. Die Methode ist für zwei Bereiche zuständig: Zum einen versucht sie, die Balance zwischen der Anzahl aktiver und inaktiver Seiten einer Zone zu halten, indem (mittels `refill_inactive_zone`) Seiten von der einen auf die andere Liste geschoben werden; zum andern steuert sie die Befreiung einer wählbaren Anzahl von Seiten mittels `shrink_cache`. `shrink_zone` dient als Vermittler zwischen der Logik, die festlegt, *wie viele* Seiten einer Zone ausgelagert werden sollen, und der Entscheidung, *welche* Seiten davon betroffen sind.

- `refill_inactive_zone` ist eine umfangreiche Hilfsfunktion, die der Kern verwendet, um Transfers zwischen der Liste aktiver und nicht aktiver Seiten vorzunehmen. Die Funktion erhält als Vorgabe, wie viele Seiten von der einen in die andere Liste zu bringen sind, und versucht, die am wenigsten benutzten aktiven Seiten auszuwählen.

  In `refill_inactive_zone` fällt daher die Entscheidung des Kerns, welche Seiten später von der Auslagerung betroffen sind und welche nicht. Mit anderen Worten: Der Policy-Teil der Seitenselektion ist hier implementiert.

- `shrink_cache` entfernt eine wählbare Anzahl inaktiver Seiten aus der `inactive`-Liste einer gegebenen Zone und übergibt diese an `shrink_list`, die die endgültige Auslagerung der ausgewählten Daten vornimmt, d.h. Aufträge an die diversen Backing Stores verteilt, die Daten zurückzuschreiben, um ihren Speicherplatz im RAM danach freigeben zu können.

  Wenn Seiten aus irgendwelchen Gründen (beispielsweise weil ihre Auslagerung explizit vom Programm gesperrt wurde) nicht zurückgeschrieben werden können, müssen sie von `shrink_cache` wieder auf die Liste aktiver bzw. inaktiver Seiten verteilt werden.

14.6.2 Datenstrukturen

Bevor wir eine genauere Analyse der genannten Funktionen durchführen, müssen noch einige Datenstrukturen besprochen werden, die der Kern verwendet. Zum einen handelt es sich um Seitenvektoren, die – mit Hilfe eines Arrays – eine bestimmte Anzahl von Seiten aufnehmen können, die allesamt derselben Operation unterzogen werden sollen, was im „Batch-Betrieb" schneller realisierbar ist, als wenn die Operation für jede Seite einzeln durchgeführt wird. Zum anderen gehen wir auf den LRU-Cache ein, mit dessen Hilfe Seiten auf die `active`- bzw. `inactive`-Liste einer Zone verteilt werden.

Seitenvektoren

Um mehrere Seiten in einem kleinen Array zusammenfassen zu können, definiert sich der Kern folgende Struktur:

```
struct pagevec {                                              <pagevec.h>
        unsigned nr;
        int cold;
        struct page *pages[PAGEVEC_SIZE];
};
```

Es handelt sich dabei um nichts anderes als um ein Array mit Zeigern auf `page`-Instanzen mit der zusätzlichen Eigenschaft, die es ermöglicht, die Anzahl der darin enthaltenen Elemente stets über das `nr`-Element abzufragen. Das `page`-Array selbst bietet Platz für `PAGEVEC_SIZE` Elemente; standardmäßig ist dieser Wert auf 16 definiert.

Das `cold`-Element ist eine Erweiterung, die benötigt wird, um dem Kern bei der Unterscheidung zwischen „heißen" und „kalten" Seiten zu helfen, worunter man Seiten versteht, deren Daten sich in einem der CPU-Caches befinden (und als *hot* bezeichnet werden, weil Zugriffe darauf sehr schnell vonstatten gehen), während nicht im Cache enthaltene Seiten entsprechend *cold* sind. Wir werden diese Eigenschaft von Speicherseiten der Einfachheit halber in den folgenden Ausführungen nicht verwenden.

Ein Seitenvektor ermöglicht es, Operationen über eine ganze Liste mit `page`-Strukturen durchzuführen, was in manchen Fällen der schnellere Weg ist, als die Operation mit Einzelseiten auszuführen. Bisher stellt der Kern vor allem Funktionen zur Verfügung, die sich mit der Freigabe von Seiten befassen:

- `pagevec_release` erniedrigt zum einen den Referenzzähler aller im Vektor enthaltenen Seiten. Seiten, für die dieser Wert daraufhin auf 0 gefallen ist – die also nicht mehr verwendet werden –, werden automatisch an das Buddy-System zurückgegeben. Wenn sich die Seite auf einer LRU-Liste des Systems befunden hat, wird sie – unabhängig von ihrem Benutzungszähler – daraus entfernt.

- `pagevec_free` gibt den Speicherplatz einer Sammlung von Seiten an das Buddy-System zurück. Der Aufrufer muss selbst sicherstellen, dass der Benutzungszähler gleich 0 ist – die Seiten also nirgends mehr gebraucht werden – und dass sie sich auf keiner LRU-Liste befinden.

- `pagevec_release_nonlru` ist eine weitere Variante zur Freigabe von Seiten, die den Benutzungszähler aller Seiten einer gegebenen Sammlung um 1 erniedrigt. Wenn dieser auf 0 gefallen ist, wird der Speicherplatz der Seite an das Buddy-System zurückgegeben. Im Gegensatz zu `pagevec_release` geht diese Funktion davon aus, dass sich alle im Vektor enthaltenen Seiten auf keiner LRU-Liste des Systems mehr befinden.

Alle genannten Funktionen erwarten eine `pagevec`-Struktur als Parameter, in dem die zu bearbeitenden Seiten enthalten sind. Sollte der Vektor leer sein, kehren alle unmittelbar zum Aufrufer zurück.

Die Funktionen existieren auch in einer Variante mit zwei vorangestellten Unterstrichen, beispielsweise `__pagevec_release`, die *nicht* testen, ob im übergebenen Vektor Seiten enthalten sind oder nicht.

Wir wollen hier nicht detaillierter auf die Implementierung der einzelnen Methoden eingehen, da diese in allen Fällen sehr geradlinig durchgeführt wird und keine besonderen Erkenntnisse bringt.

Der LRU-Cache

Um das Hinzufügen von Seiten zu einer der LRU-Listen des Systems zu beschleunigen, stellt der Kern einen weiteren Cache bereit, der als *LRU-Cache* bezeichnet wird. Er verwendet Seitenvektoren, um `page`-Instanzen zu sammeln und blockweise auf die `active`- und `inactive`-Listen des Systems zu verteilen.

Jede CPU des Systems verfügt über einen eigenen LRU-Cache, wie die folgende Definition in den Kernquellen zeigt:

mm/swap.c
```
static DEFINE_PER_CPU(struct pagevec, lru_add_pvecs) = { 0, };
```

Diese Schnittstelle, über die der restliche Kern auf das Array zugreifen darf, ist `lru_cache_add`. Mit ihrer Hilfe wird eine neue Seite in die LRU-Listen eingegliedert:

mm/swap.c
```
void lru_cache_add(struct page *page)
{
        struct pagevec *pvec = &lru_add_pvecs[get_cpu()];

        page_cache_get(page);
        if (!pagevec_add(pvec, page))
                __pagevec_lru_add(pvec);
        put_cpu();
}
```

Da die Funktion auf eine CPU-spezifische Datenstruktur zugreift, muss sie verhindern, dass der Kern die Ausführung mittendrin unterbricht und später auf einer anderen CPU fortsetzt. Der Schutz wird implizit durch den Aufruf von `get_cpu` aktiviert, der nicht nur die Kennzahl der aktuellen CPU zurückliefert, sondern auch die Kernpräemption deaktiviert (wenn der Kernel ohne Präemptionsunterstützung kompiliert wurde, wird dies nicht durchgeführt und ist auch nicht notwendig). `put_cpu` aktiviert die Präemption anschließend wieder.

In `lru_cache_add` wird der Benutzungszähler `count` der `page`-Instanz zunächst erhöht, da sich die Seite nun im Seitencache befindet, was auch als Benutzung zählt. Danach wird sie mit `pagevec_add` in den CPU-spezifischen Seitenvektor eingefügt.

`pagevec_add` gibt die Anzahl der Elemente zurück, die *nach* Eingliederung der neuen Seite noch frei sind. Es müssen zwei Fälle unterschieden werden:

- Es sind noch freie Elemente vorhanden, die Funktion liefert also eine Zahl größer oder gleich 1 als Resultat zurück. Die `page`-Instanz befindet sich nun zwar im Seitenvektor, *nicht* aber in einer der LRU-Listen des Systems.

- Wenn eine Null zurückgegeben wird, der Seitenvektor nach Einfügen des letzten Elements also komplett gefüllt ist, wird `__pagevec_lru_add` aufgerufen. Die Funktion dient dazu, alle

14.6 Seitenauswahl – Swap Policy

im Seitenvektor enthaltenen Seiten auf die `inactive`-Listen der Zone zu verteilen, zu denen die einzelnen Seiten gehören (die Seiten können dabei alle mit verschiedenen Zonen verbunden sein).

Danach wird der Inhalt des Seitenvektors gelöscht, um Platz für neue Seiten im Cache zu schaffen.

`lru_cache_add` implementiert auf diese Weise eine Möglichkeit zum verzögerten Einfügen von Seiten in die LRU-Listen des Systems, die ab einer bestimmten Seitenzahl – `PAGEVEC_SIZE` – ausgelöst wird.

`lru_cache_add_active` arbeitet ebenso wie `lru_add_cache`, wird aber für aktive und nicht für inaktive Seiten verwendet. Sie benutzt `lru_add_pvecs_active` als Zwischenlager.

`lru_cache_add` wird lediglich in `add_to_page_cache_lru` aus `mm/filemap.c` benötigt, die eine Seite sowohl in den Seitencache selbst als auch in den LRU-Cache einfügt.

Folgende Prozeduren rufen `lru_cache_add_active` auf, um Seiten in die `active`-Liste der Zone zu bringen:

- `put_dirty_page` aus `fs/exec.c`, die beim Anlegen eines neuen Stacks in `execve` benötigt wird.

- `read_swap_cache_async` aus `mm/swap_state.c`, die Seiten aus dem Swap-Cache einliest.

- Die Page-Fault-Handler `do_anonymous_page`, `do_wp_page` und `do_no_page`, implementiert in `mm/memory.c`.

Bestimmen der Seitenaktivität

Neben das Tatsache, ob eine Seite überhaupt von einem oder mehreren Prozessen verwendet wird, muss der Kern auch Buch darüber führen, *wie häufig* auf eine Seite zugegriffen wird, um ihre Wichtigkeit einschätzen zu können. Da nur die wenigsten Architekturen einen direkten Zugriffszähler für Speicherseiten unterstützen, muss der Kern auf eine andere Methode zurückgreifen: Pro Seite werden zwei Flags eingeführt, nämlich „referenziert" und „aktiv".

Aufgrund dieser beiden Flags ermittelt der Kern, ob sich eine Seite auf der aktiven oder auf der inaktiven Liste befindet. Technisch ist dafür die Funktion `mark_page_accessed` aus `mm/swap.c` zuständig. Ihre Implementierung ist nicht besonders interessant; wichtiger sind die Zustandsübergänge, die die Funktion durchführt: Sie sind in Tabelle 14.1 wiedergegeben.

Tabelle 14.1: Zustände von Swap-Seiten

Ausgangszustand	Zielzustand
inaktiv, unreferenziert	inaktiv, *referenziert*
inaktiv, referenziert	aktiv, *unreferenziert*
aktiv, unreferenziert	aktiv, *referenziert*

Auch die weiter unten behandelte Funktion `refill_inactive_zone` trägt dazu bei, dass der Zustand von Seiten modifiziert wird.

14.6.3 Verkleinern von Zonen

Die Routinen zur Verkleinerung von Zonen werden von den restlichen Kernelteilen mit folgenden Informationen versorgt:

- dem NUMA-Abschnitt und die darin enthaltenen, zu bearbeitenden Speicherzonen.

- der Anzahl von Seiten, die ausgelagert werden sollen.

- der Anzahl von Seiten, die maximal auf Tauglichkeit zur Auslagerung untersucht werden dürfen, bevor der Vorgang abgebrochen wird.

- der Priorität, die dem Versuch zur Befreiung von Speicherseiten zukommt (damit ist keine Prozesspriorität im klassischen Unix-Sinn gemeint – diese würde im Kernelmodus ohnehin wenig sinnvoll sein –, sondern eine Ganzzahl, die angibt, wie dringend der Kern frischen Speicher benötigt. Wenn Speicherseiten im Hintergrund präventiv ausgelagert werden, ist die Notwendigkeit beispielsweise geringer, als wenn der Kern akuten Speichermangel festgestellt hat und dringend frischen Speicher braucht, um eine Aktion durchführen oder vollenden zu können.

Die Seitenselektion beginnt in shrink_zone, die wie folgt implementiert ist:

mm/vmscan.c
```
static /* inline */ int
shrink_zone(struct zone *zone, int max_scan, unsigned int gfp_mask,
        const int nr_pages, int *nr_mapped, struct page_state *ps,
        int priority)
{
    unsigned long ratio;

    ratio = (unsigned long)nr_pages * zone->nr_active /
                ((zone->nr_inactive | 1) * 2);
    atomic_add(ratio+1, &zone->refill_counter);
    if (atomic_read(&zone->refill_counter) > SWAP_CLUSTER_MAX) {
        int count;

        count = atomic_read(&zone->refill_counter);
        if (count > SWAP_CLUSTER_MAX * 4)
            count = SWAP_CLUSTER_MAX * 4;
        atomic_sub(count, &zone->refill_counter);
        refill_inactive_zone(zone, count, ps, priority);
    }
    return shrink_cache(nr_pages, zone, gfp_mask,
                    max_scan, nr_mapped);
}
```

Der erste Abschnitt der Funktion muss entscheiden, ob die Liste inaktiver Seiten mit neuen Elementen gefüllt werden soll oder nicht. Dazu berechnet die Funktion eine Kenngröße, die sich (ungefähr) nach folgender Formel richtet:[9]

$$\mathtt{ratio} = \mathtt{nr\_pages} \cdot \frac{\mathtt{nr\_active}}{2 \cdot \mathtt{nr\_inactive}}$$

Der Verhältnis zwischen der Anzahl aktiver und der doppelten Anzahl nicht aktiver Seiten wird mit nr_pages gewichtet; nr_pages ist dabei die Seitenanzahl, die befreit werden soll. Die errechnete Größe wird deshalb um so größer, je

- ... mehr aktive im Vergleich zu inaktiven Seiten vorhanden sind.

- ... je mehr Seiten befreit werden sollen, d.h. je größer der Speicherhunger des Systems ist.

---

9 Das erste Bit von nr_inactive wird gesetzt, was zusammen mit der Multiplikation mit 2 den Effekt hat, dass die Zahl im Nenner lediglich in Viererschritten wachsen kann, weshalb die Werte 2, 6, 10, 14, 18, 22, ... erreicht werden.

14.6 Seitenauswahl – Swap Policy

Die errechnete Größe wird zum bisherigen Wert des Speicherzonen-spezifischen Feldes zone->refill_counter addiert. Sein Wert vergrößert sich daher mit jedem Aufruf von shrink_zone[10]; wenn er den Wert von SWAP_CLUSTER_MAX überschreitet. Der Wert gibt an, wie viele Seiten sich in einem Swap Cluster befinden.

Wenn der Schwellenwert überschritten wurde, muss shrink_zones entscheiden, wie viele Seiten draufhin untersucht werden, ob sie von der active- auf die inactive-Liste der Zone verlegt werden sollen. Normalerweise verwendet der Kern hierfür der Wert von refill_count; wenn er größer als 4*SWAP_CLUSTER_MAX ist, wird er auf diesen Wert herunterskaliert – schließlich sollen nicht zu viele Seiten auf einmal untersucht werden, was das System lange in Anspruch nimmt und daher für die interaktive Performance schlecht ist. Bevor refill_inactive_zone aufgerufen wird, subtrahiert der Kern vorher noch die Anzahl der untersuchten Seiten von refill_counter, was diesen normalerweise auf Null oder (wenn die Zahl der untersuchten Seiten zurückskaliert wurde) zumindest auf einen kleinen Wert zurücksetzt.

Unabhängig davon, ob Seiten von der Liste der aktiven auf die Liste der inaktiven Seiten überführt wurden oder nicht, delegiert der Kern die weitere Arbeit an shrink_cache, die versucht, die gewünschte Anzahl auszulagernder Seiten aus der inactive-Liste aufzunehmen und diese tatsächlich auszulagern. Bevor wir die Funktion genauer beschreiben, müssen wir aber noch refill_inactive_zone genauer unter die Lupe nehmen.

14.6.4 Auffüllen der inactive-Liste

Seiten von der inactive- auf die active-Liste zu verschieben, ist die zentrale Aktion bei der Implementierung des Policy-Algorithmus zur Seitenersetzung, da hier die Wichtigkeit der verschiedenen Seiten des Systems (genauer: der jeweiligen Zone) bewertet werden muss. Es erstaunt daher nicht weiter, dass refill_inactive_zone eine der umfangreichsten Funktionen der Kerns ist. Folgende Schritte müssen im Wesentlichen durchgeführt werden:

- Die gewünschte Anzahl von Seiten, die durch nr_pages festgelegt ist, muss von der active-Liste auf eine temporäre Liste kopiert werden.
- Die Seiten werden auf die aktive bzw. inaktive Liste verteilt.
- Unwichtige Seiten werden bündelweise befreit.

Abbildung 14.11 zeigt das Codeflussdiagramm für den ersten Schritt von refill_inactive_zone.

Die unmittelbar zu Beginn aufgerufene Prozedur lru_add_drain dient dazu, die momentan im LRU-Cache festgehaltenen Daten auf die LRU-Listen des Systems zu verteilen:

```
void lru_add_drain(void)                                         mm/swap.c
{
        int cpu = get_cpu();
        struct pagevec *pvec = &per_cpu(lru_add_pvecs, cpu);

        if (pagevec_count(pvec))
                __pagevec_lru_add(pvec);
        pvec = &per_cpu(lru_add_active_pvecs, cpu);
```

---
[10] Da immer ratio + 1 zu refill_counter hinzuaddiert wird, ist sichergestellt, dass der Zähler auch wächst, wenn die Berechnung von ratio über längere Zeit hinweg 0 ergibt, was bei bestimmten Lastsituationen mit vielen inaktiven und wenig aktiven Seiten der Fall sein kann. Durch die Addition von 1 wird sichergestellt, dass auch in dieser Situation die Liste aller aktiven Seiten durchsucht wird und weniger aktive Elemente auf die inactive-Liste befördert werden.

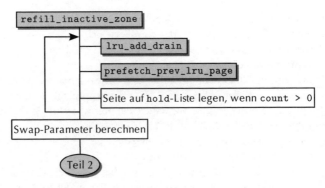

Abbildung 14.11: Codeflussdiagramm für `refill_zone_inactive` *(Teil 1)*

```
     if (pagevec_count(pvec))
          __pagevec_lru_add_active(pvec);
     put_cpu();
}
```

Im Gegensatz zu `lru_cache_add` erfolgt das Umkopieren nicht erst, wenn die temporären Caches voll sind, sondern wenn sich mindestens ein Element darin befindet.

Im Endeffekt ist die Aufgabe von `refill_inactive_zone` die Verteilung einer bestimmten Seitenanzahl der Liste aller aktiven Seiten einer Zone zurück auf die Liste der aktiven oder inaktiven Seiten einer Zone. Um die Seiten untersuchen zu können, werden drei lokale Listen angelegt, auf denen `page`-Instanzen zwischengelagert werden können:

- `l_active` und `l_inactive` nehmen Seiten auf, die am Ende der Funktion auf die Liste der aktiven bzw. inaktiven Seiten der Zone zurückgelegt werden sollen.

- `l_hold` nimmt Seiten auf, die noch untersucht werden müssen, bevor entschieden werden kann, auf welche Liste sie zurückgelegt werden sollen.

Der nächste Schritt – Umkopieren der Daten von der `zone->active_list`-Liste auf eine temporäre Liste – ist notwendig, um die Selektion auch auf Mehrprozessorsystemen effektiv zu machen: Da die `zone->active_list`-Liste gegen parallele Zugriffe mehrerer CPUs geschützt werden muss, müsste der Kern sehr lange unter einem Spinlock arbeiten, das andere Prozessoren am Zugriff auf die Struktur hindert, was natürlich die Leistung des Systems bremst. Wenn die Daten in eine separate Liste umkopiert werden, können die anderen Prozesse anschließend wie üblich mit der `zone->active_list`-Liste arbeiten, da diese von den folgenden Operationen nicht mehr betroffen ist.

Die Elemente der Liste aktiver Seiten werden Seite für Seite *von hinten* in die temporäre Liste kopiert; die am seltensten benutzten Seiten finden sich daher von vorne nach hinten aufgereiht. Der Benutzungszähler jeder kopierten Seite wird mittels `page_cache_get` um 1 erhöht, um zu verhindern, dass die Seite hinterrücks aus dem System entfernt wird.

Dies ist ein essentieller Punkt bei der Implementierung des LRU-Algorithmus zur Seitenersetzung: Wie wir weiter oben festgestellt haben, wandern die wenig benutzten Seiten auf der `active`-Liste automatisch nach hinten, weshalb der Kern auf diese Weise sehr einfach die am wenigsten benutzten Seiten des Systems vorrangig untersucht, da sich diese nun am Anfang der `l_hold`-Liste befinden.

Die Verwendung von `prefetchw_prev_lru_page` ist eine Performance-Optimierung, die verwendet wird, um später benötigte Daten der `page`-Instanz explizit in den Prozessorcache zu

14.6 Seitenauswahl – Swap Policy

laden, was den Zugriff darauf beschleunigt.[11] Das Makro ist so implementiert, dass das erste Feld der `page`-Struktur angegeben werden muss, ab dem die Daten in den Cache geladen werden; dabei ist aber Prozessor-abhängig (bzw. abhängig von der Größe der verwendeten Cache-Lines), *wie viele* Bytes tatsächlich in den Cache gelangen. Da sich die am häufigsten benutzten Element der Struktur wie üblich am Anfang befinden, werden diese aber auf jeden Fall in den Cache geladen, was den größten Effekt bringt.

Die Elemente der `zone->active_list`-Liste werden so lange Stück für Stück in die temporäre Liste `l_hold` kopiert, bis entweder die gewünschte Anzahl (gegeben durch den Prozedurparameter `nr_pages`) erreicht wurde oder die Liste leer ist, weil nicht genügend Seiten darauf vorhanden sind.

Nach dem Umkopieren der `page`-Instanzen berechnet der Kern einige Parameter, die Aggressivität und Verhalten des Selektionsalgorithmus festlegen:

```
distress = 100 >> zone->prev_priority;                    mm/vmscan.c
mapped_ratio = (ps->nr_mapped * 100) / total_memory;
swap_tendency = mapped_ratio / 2 + distress + vm_swappiness;
if (swap_tendency >= 100)
    reclaim_mapped = 1;
```

Es werden vier Größen mit folgenden Bedeutungen berechnet:[12]

- `distress` ist die Hauptkennzahl dafür, wie dringend der Kern frischen Speicher benötigt. Er wird berechnet, indem der `prev_priority`-Wert zum Rechtsshiften des festen Werts 100 verwendet wird. `prev_priority` gibt dabei die Priorität an, mit der die Zone beim letzten Lauf von `try_to_free_pages`, d.h. bei der Befreiung von Speicherseiten, durchsucht werden musste, bis die gewünschte Seitenanzahl befreit werden konnte. Achtung: Die Priorität ist umso höher, je kleiner `prev_priority` ist! Durch die Verschiebeoperation ergeben sich folgende `distress`--Werte für verschiedene Prioritäten:

priority	distress
7	0
6	1
5	3
4	6
3	12
2	25
1	50
0	100

`priority`-Werte größer als 7 liefern allesamt einen `distress`-Faktor von 0.

- Ein Maß für das Verhältnis von eingeblendeten Speicherseiten (die nicht nur zum Cachen von Daten verwendet werden, sondern von Prozessen explizit zum Lagern von Daten angefordert wurden) zum total verfügbaren Speicher wird durch `mapped_ratio` angegeben. Das Verhältnis wird berechnet, indem der aktuelle `nr_mapped`-Wert der `page_state`-Informationen durch die Gesamtzahl der Seiten geteilt wird, die beim Systemstart für den Page-Cache zur Verfügung standen. Das Ergebnis wird durch Multiplikation mit 100 skaliert.

---

11 Nicht alle unterstützten Systeme stellen eine entsprechende Möglichkeit bereit, weshalb die Funktion hier zu einer Nulloperation wird, die der Compiler wegoptimiert.

12 Die einzelnen Formeln wurden heuristisch gefunden und sollen eine möglichst optimale Leistung in vielen unterschiedlichen Situationen garantieren.

- Momentan wird `mapped_ratio` lediglich zur Berechnung eines weiteren Wertes verwendet, der die Bezeichnung `swap_tendency` trägt und – wie sein Name suggeriert – die Tendenz des Systems wiedergibt, Swap-Auslagerungen durchzuführen. Die beiden ersten Variablen, die zur Berechnung verwendet werden, sind bereits bekannt; `vm_swappiness` ist ein zusätzlicher Parameter des Kerns, der über den Sysctl-Mechanismus[13] eingestellt werden kann, um so die Aggressivität des Swappings zu beeinflussen (standardmäßig beträgt er 60).

- Die gesamten bisher berechneten Informationen werden nun vom Kern auf einen Wahrheitswert reduziert, der die Antwort auf folgende Frage gibt: Sollen eingeblendete Seiten ausgelagert werden oder nicht?

  Wenn `swap_tendency` größer oder gleich 100 ist, werden auch eingeblendete Seiten ausgelagert, weshalb `reclaim_mapped` auf 1 gesetzt wird. Ansonsten behält die Variable ihren Standardwert 0, was dazu führt, dass nur Seiten aus dem Page Cache ausgelagert werden.

  Da `vm_swappiness` zu `swap_tendency` addiert wird, kann der Administrator die Auslagerung von gemappten Seiten unabhängig von den anderen System-Parametern jederzeit aktivieren, indem der Variablen der Wert 100 zugewiesen wird.

Nachdem die Parameter berechnet wurden, beginnt der zweite Abschnitt von `refill_inactive_list`, in dem die einzelnen Seiten auf die `l_active`- und `l_inactive`-Liste der Zone verteilt werden. Abbildung 14.12 zeigt das zugehörige Codeflussdiagramm.

Der Code beginnt nun komplexer zu werden, da wir ins Herz des Page Reclaims gelangen. Die Grundaktion besteht aus einer Schleife, die über alle Elemente der `l_hold`-Liste iteriert, die im vorigen Abschnitt mit einer Anzahl bisher als aktiv geltender Seiten aufgefüllt wurde. Nun müssen die Seiten neu klassifiziert und auf die `l_active`- und `l_inactive`-Liste verteilt werden.

Als erster Schritt bei der Bearbeitung der einzelnen Seiten wird mittels `page_mapped` geprüft, ob die Seite in die Seitentabellen irgendeines Prozesses eingebettet ist oder nicht. Dies ist mit Hilfe der Reverse Mapping-Datenstrukturen leicht möglich: Wie aus Kapitel 3 bekannt ist, wird zu jeder `page`-Instanz eine Kette gespeichert, mit deren Hilfe der Kern verfolgen kann, welche Prozesse mit der Seite verbunden sind. Es muss deshalb nur getestet werden, ob das `direkt`-Element der PTE-Chain ungleich Null ist (in diesem Fall existiert mindestens ein Mapping) oder nicht (in diesem Fall existiert *kein* Mapping).

Der Code teilt sich anschließend in zwei Äste auf, die je nach Resultat der Abfrage durchlaufen werden. Wenn kein Mapping vorhanden ist, wird die Seite normalerweise sofort auf die Liste der inaktiven Seiten gesetzt. Allerdings tritt ein Sonderfall ein, wenn folgende drei Bedingungen *gleichzeitig* zutreffen:

- `total_swap_pages` ist gleich 0, d.h. es ist überhaupt kein Swap-Bereich vorhanden (was *nicht* gleichwertig mit der Situation ist, dass Swap-Bereiche vorhanden, aber alle Seiten belegt sind!)

- Das `mapping`-Element der Seite ist NULL, d.h. es handelt sich um Daten, die keinen Backing Store wie beispielsweise eine Datei besitzen, sondern dynamisch erzeugt wurden.

- Das `PG_private`-Attribut der Seite darf nicht gesetzt sein, d.h. die Seite darf über keine mit ihr verknüpften Puffer oder andere privaten Daten verfügen.

---

13 ... und daher auch im `proc`-Dateisystem: `/proc/sys/vm/swappiness` wird verwendet, um den Wert zu lesen oder zu setzen.

14.6 Seitenauswahl – Swap Policy

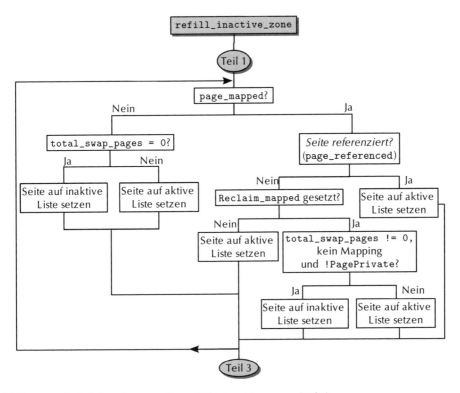

Abbildung 14.12: *Codeflussdiagramm für* `refill_inactive_zone` *(Teil 2)*

In diesem Fall wird die Seite auf der l_active-Liste plaziert.

Der zweite Ast wird abgearbeitet, wenn `page_mapped` einen wahren Wert zurückliefert, die Seite also mit mindestens einem Prozess verknüpft wird. In diesem Fall ist es schwieriger zu überprüfen, ob die Seite für das System wichtig ist oder nicht.

Wie aus Kapitel 3 bekannt ist, stellt der Reverse Mapping-Mechanismus die Funktion `page_referenced` bereit, die überprüft, von wie vielen Prozessen eine Seite seit der letzten Überprüfung verwendet wurde, wozu entsprechende Statusbits der Hardware verwendet werden, die sich in den einzelnen Seitentabelleneinträgen finden. Obwohl die Funktion die Anzahl der Prozesse zurückliefert, die die Seite verwendet haben, ist lediglich die Information erforderlich, ob mindestens ein Prozess darauf zugegriffen hat oder nicht, d.h. ob der Rückgabewert größer als 0 ist oder nicht.

Wurde die Seite verwendet, wird sie wieder an den Anfang der l_active-Liste gesetzt.

Wenn die Seite *nicht* verwendet wurde, hängt das Verhalten des Kerns vom Wert der einige Schritte weiter oben berechneten Parametervariablen `reclaim_mapped` ab: Ist diese nicht gesetzt, wird die Seite auf die l_active-Liste zurückgelegt, obwohl sie nicht verwendet wurde.

Ist `reclaim_mapped` gleich 1, verlieren gemappte Seiten ihre Sonderstellung und werden auf die l_inactive-Liste gesetzt. Achtung: Wie das Codeflussdiagramm zeigt, gilt auch hier die Ausnahmeregelung, dass einzig die drei eben genannten Bedingungen noch verhindern können, dass die Seite auf die l_inactive-Liste gelangt.

Nachdem die beschriebenen Überprüfungen für alle Seiten durchgeführt wurden und die aus der alten active-Liste herausgenommenen Seiten auf die l_active- und l_inactive-Liste umverteilt wurden, tritt der Kern in die dritte und letzte Phase von `refill_inactive_zone` ein. Da diese nicht mehr besonders kompliziert ist, ist ein eigenes Codeflussdiagramm nicht erforderlich.

Die Aufgabe des letzten Schritts ist zum einen das Umkopieren der Daten der temporären Listen `l_active` und `l_inactive` auf die entsprechenden Seitenlisten der bearbeiteten Zone. Zum anderen muss noch überprüft werden, ob Seiten vorhanden sind, die nicht mehr benutzt werden (deren Benutzungszähler daher gleich 0 ist) und damit an das Buddy-System zurückgegeben werden können.

Der Kern iteriert dazu hintereinander über alle Seiten, die sich in den lokalen Listen `l_active` und `l_inactive` angesammelt haben. Die Behandlung der einzelnen Seiten ist dabei identisch:

- Zuerst wird die Seite an den Anfang der `zone->active_list` bzw. `inactive_list` kopiert, wobei die Daten der `page`-Instanz mittels `prefetchw_prev_lru_page` in den Prozessorcache geladen werden, um die Abarbeitung zu beschleunigen.

- Die `page`-Instanz wird in einen Seitenvektor eingefügt. Wenn dieser voll ist, werden alle darin enthaltenen Seiten kollektiv an `_pagevec_release` übergeben, die zuerst den Benutzungszähler um 1 erniedrigt und dann den Speicherplatz an das Buddy-System zurückgibt, wenn der Zähler auf 0 gefallen ist.

Zur Erinnerung: Da der Benutzungszähler der Seite am Anfang von `refill_inactive_zone` um 1 erhöht wurde, muss er am Ende wieder um 1 erniedrigt werden.

Nachdem die bearbeiteten Seiten auf die zonenspezifischen Listen zurückverteilt wurden, bleibt dem Kern nur mehr die Aufgabe, einige Variablen zur Statistik der Speicherverwaltung auf den aktuellen Stand zu bringen.

14.6.5 Auslagern inaktiver Seiten

Bisher wurden die Seiten einer Zone lediglich umverteilt, um gute Kandidaten für die Auslagerung zu erkennen. Speicher wurde noch nicht freigegeben. Dieser letzte Schritt wird von zwei Prozeduren vorgenommen: `shrink_cache` und `shrink_list`. Beide arbeiten Hand in Hand: `shrink_cache` fasst Seiten aus `zone->inactive_list` in Häppchen zusammen, die der Swap-Clusterung entgegenkommen, während `shrink_list` die Mitglieder der entstandenen Liste weiter nach unten reicht und die Auslagerung auf den jeweiligen Backing Store veranlasst. Diese scheinbar leichte Aufgabe ist allerdings mit einigen Problemen verbunden, wie sich gleich zeigen wird.

Da `shrink_cache` lediglich für das häppchenweise Abtrennen von Seiten aus der `zone->inactive_list`-Liste verantwortlich ist, ist die Implementierung nicht sonderlich kompliziert, wie auch das Codeflussdiagramm in Abbildung 14.13 auf der gegenüberliegenden Seite zeigt.

Als erster Schritt wird mit der bereits bekannten Funktion `lru_add_drain` der aktuelle Inhalt des LRU-Caches auf die Listen aktiver und inaktiver Seiten der einzelnen Zonen verteilt; dies ist notwendig, um wirklich *alle* inaktiven Seiten zu berücksichtigen, die zum aktuellen Zeitpunkt im System vorhanden sind.

Danach werden zwei ineinander geschachtelte Schleifen ausgeführt:

- Die äußere Schleife läuft so lange ab, bis entweder die maximale erlaubte Anzahl von Seiten durchsucht oder die gewünschte Anzahl zurückgeschrieben wurde. Beide Vorgaben werden der Prozedur als Parameter überreicht.

14.6 Seitenauswahl – Swap Policy

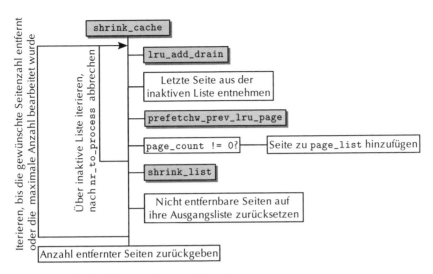

Abbildung 14.13: Codeflussdiagramm für `shrink_cache`

- Die innere Schleife kopiert `page`-Instanzen so lange aus der Zonenliste inaktiver Seiten auf eine temporäre Liste, bis entweder die gewünschte Häppchengröße für Swapcluster erreicht wurde oder keine Seiten mehr vorhanden sind.

Die innere Schleife arbeitet die `zone->inactive_list`-Liste wie üblich von hinten ab, um die inaktivsten Seiten bevorzugt auszulagern. Nachdem eine temporäre Liste inaktiver Seiten konstruiert wurde, übergibt der Kern sie an `shrink_list`, die die Auslagerung der darin enthaltenen Seiten anstößt.

Achtung: Es ist nicht sicher, dass alle auszulagernden Seiten auch wirklich ausgelagert werden können! `shrink_list` belässt solche Seiten auf der übergebenen Liste und gibt die Anzahl an Seiten zurück, die tatsächlich ausgelagert werden konnten. Diese muss zur Gesamtzahl ausgelagerter Seiten addiert werden, um feststellen zu können, wann die Arbeit beendet werden darf. Die zurückgegebenen Seiten müssen an den Anfang der `zone->inactive_list`-Liste plaziert werden (wenn zwischenzeitlich das `PG_active`-Bit der Seite gesetzt wurde, stellt der Kern die Seite an den Anfang der `zone->active_list` zurück). Auch hier muss der Benutzungszähler der einzelnen Seiten um 1 erniedrigt werden, da er am Anfang der Prozedur entsprechend erhöht wurde. Um dies so schnell wie möglich durchzuführen, kommen auch hier die bereits bekannten Seitenvektoren zum Einsatz, um die Verarbeitung blockweise durchzuführen.

`shrink_list` nimmt eine Liste inaktiver Seiten als Parameter und versucht, die darin enthaltenen Seiten auf den passenden Backing Store auszulagern. Dies ist der letzte Schritt, den der Policy-Algorithmus durchführen muss – alles Weitere wird vom technischen Teil der Auslagerung übernommen. Die Funktion bildet die Schnittstelle zwischen beiden Subsystemen des Kerns. Abbildung 14.14 zeigt das zugehörige Codeflussdiagramm.

Das Grundgerüst der Funktion ist auch hier eine Schleife, die über die einzelnen Elemente der Seitenliste iteriert, bis keine mehr vorhanden sind. Da die Seiten entweder permanent an die unteren Schichten des Swapping-Subsystems übergeben oder auf einer zweiten Liste gespeichert werden, wenn ihre Daten nicht aus dem Speicher entfernt werden können, ist garantiert, dass die Schleife auf jeden Fall irgendwann abbricht und nicht endlos weiterläuft.

Als erster Schritt in der Schleife wird ein Element der Liste entfernt. Dabei kann es sich um alle möglichen Typen von Seiten handeln; vor allem ist *nicht* sichergestellt, dass die Seite einen as-

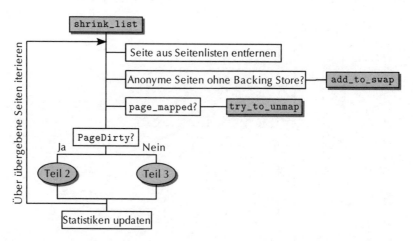

Abbildung 14.14: Codeflussdiagramm für shrink_list *(Teil 1)*

soziierten Backing Store besitzt, was dann der Fall ist, wenn die Seite anonym von einem Prozess erzeugt wurde. Seiten dieses Typs müssen in einem Swap-Bereich untergebracht werden, weshalb mit add_to_swap ein Slot reserviert und die Daten in den Swap-Cache eingefügt werden; dabei wird die betroffene page-Instanz gleichzeitig mit den aus Abschnitt 14.4.2 bekannten swapper_space als Mapping versehen, wodurch sie im Folgenden genauso wie alle anderen Seiten behandelt werden kann, die bereits von Haus aus ein Mapping besitzen.

Wenn die Seiten in den Adressraum eines oder mehrerer Prozesse gemappt ist, was mit Hilfe von page_mapped überprüft werden kann, muss der Verweis auf die Seite aus den Seitentabellen *aller* Prozesse entfernt werden, die sie referenzieren. Das Rmap-Subsystem stellt dazu die Funktion try_to_unmap bereit, die eine Seite aus *allen* Prozessen ausblendet, von denen sie verwendet wird (da die Implementierung nicht besonders interessant ist, wollen wir nicht weiter auf die Funktion eingehen). Zusätzlich werden die Architektur-spezifischen Seitentabellen-Einträge durch einen Hinweis darauf ersetzt, wo die Daten nun gefunden werden können; die dazu notwendigen Informationen werden aus der Adressraum-Struktur der Seite ermittelt, in der sich alle Daten des Backing Stores befinden.

Nun beginnt ein Tanz durch verschiedene Abfragen, die je nach Status der Seite alle notwendigen Operationen einleiten, die zum Auslagern der Daten (bzw. zum Weiterreichen der Daten an die niedrigeren Schichten des Kerns) erforderlich sind.

Als Erstes wird (mittels PageDirty) getestet, ob die Seite dreckig ist und zuerst noch mit dem zugrunde liegenden Speichermedium synchronisiert werden muss. Achtung: Anonyme Seiten, die ohne initialen Backing Store in die Prozedur geliefert wurden und in einem der vorhergehenden Schritte erst mit einem Slot im Swap-Bereich versehen werden mussten, besitzen auch den Status „dreckig", da ihre Informationen bisher nur im RAM-Speicher, nicht aber auf einem Blockspeichermedium vorhanden sind. Teil 2 besteht nur aus wenigen Aktionen, weshalb wir auf ein Codeflussdiagramm verzichten können:

- Durch Aufruf der Adressraum-Routine writepage sorgt der Kern dafür, dass die Daten zurückgeschrieben werden. Bei Daten, die aus einer Datei des Dateisystems eingeblendet werden, bedeutet dies, dass eine dateisystemspezifische Routine die entsprechende Synchronisation vornimmt, während Swap-Seiten über swap_writepage in ihren zugewiesenen Page-Slot eingegliedert werden.

14.6 Seitenauswahl – Swap Policy

- Da die Daten der Speicherseite nicht synchron zurückgeschrieben werden – schließlich führt der Blocklayer Schreibanforderungen immer in Gruppen aus, um den Durchsatz zu erhöhen, wie aus Kapitel 5 („Gerätetreiber") bekannt ist –, kann die Seite in diesem Durchgang von shrink_list nicht aus dem Speicher entfernt werden. Sie wird daher in die ret_pages-Liste eingefügt, auf der alle Seiten gesammelt werden, die nicht befreit werden konnten; am Ende von shrink_list wird die Liste zurückgegeben, um von der übergeordneten Prozedur wieder in die normalen Listen des Systems eingegliedert werden zu können.

Wenn der Schreibvorgang durchgeführt wurde, ist der Seiteninhalt mit dem Backing Store synchronisiert, weshalb die Seite beim nächsten Aufruf von shrink_list nicht mehr dreckig ist und ausgelagert werden kann.

Abbildung 14.15 zeigt das Codeflussdiagramm für den Fall, dass die auszulagernde Seite *nicht* dreckig ist.

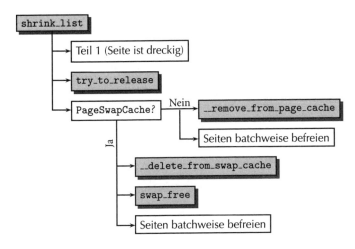

Abbildung 14.15: Codeflussdiagramm für shrink_list (Teil 3)

- Wenn die Seite über private Daten verfügt, d.h. wenn Puffer mit ihr verknüpft sind (was hier üblicherweise bei Seiten der Fall ist, die Metadaten des Dateisystems enthalten), wird try_to_release aufgerufen. Die Funktion versucht, die Seite entweder mit Hilfe der releasepage-Operation der Adressraumstruktur oder, wenn kein Mapping vorhanden ist, die Daten mittels try_to_free_buffers zu befreien. Danach geht der Kern zur Abfrage über, ob sich die Seite im Page-Cache befindet; besaß die Seiten keine privaten Daten, springt der Kern direkt zu dieser Abfrage, wie aus dem Codeflussdiagramm ersichtlich ist.

- Wenn sich die Seite im Swap-Cache befindet – was natürlich nur für Seiten der Fall ist, die den Swap-Bereich als Backing-Store verwenden –, ist sichergestellt, dass die Daten mittlerweile sowohl in der Swap-Partition wie auch im Swap-Cache vorhanden sind, da alle Swap-Seiten vorher aussortiert wurden, wenn sie erst mit einem frischen Page Slot versehen wurden und daher noch nicht zurückgeschrieben waren.

In diesem Fall wird die Funktion __delete_from_swap_cache aufgerufen, die die Seite aus dem Radix-Tree des Swap-Caches entfernt.

Anschließend verwendet der Kern `swap_free`, die zusammen mit `swap_entry_free` den Benutzungszähler der Seite im Swap-Bereich verringert. Dies ist notwendig, um zu berücksichtigen, dass im Swap-Cache nun keine Referenz auf die Seite mehr vorhanden ist.

- Befindet sich die Seite *nicht* im Swap-Cache, wird sie mittels `__remove_from_page_cache` aus dem allgemeinen Seitencache entfernt.

Ab diesem Zeitpunkt ist sichergestellt, dass sich die bearbeitete Seite nicht mehr in den Datenstrukturen des Kerns befindet. Die Hauptsache fehlt allerdings noch: Der von ihr belegte RAM-Speicher ist noch nicht freigegeben. Der Kern erledigt dies bulkweise über Seitenvektoren: Die zu befreiende Seite wird mit `pagevec_add` in den `freed_pvec`-Seitenvektor eingefügt; wenn dieser voll ist, werden alle darin enthaltenen Elemente kollektiv über `__pagevec_release_nonlru` freigegeben. Wie in Abschnitt 14.6.2 besprochen wurde, gibt die Funktion den von den Seiten belegten Speicherplatz an das Buddy-System zurück. Der dadurch gewonnene Speicher kann für wichtigere Zwecke verwendet werden – und genau das war schließlich der Sinn des Swappings.

Nachdem `shrink_list` über alle übergebenen Seiten iteriert ist, bleiben nur mehr einige Kleinigkeiten zu erledigen:

- Die mittlerweile leere Liste der zu befreienden Seiten wird durch die Liste der nicht befreibaren Seiten ersetzt, die sich bei der Abarbeitung angesammelt haben. Dadurch werden diese Seiten an die aufrufende Funktion weitergereicht.

- Die Statistiken des Kerns bezüglich des Swappings werden auf den aktuellsten Stand gebracht.

- Die Anzahl der befreiten Seiten wird als Integer-Resultat zurückgegeben.

14.7 Behandlung von Page Faults

Während die Auslagerung von Seiten aus dem RAM-Speicher ein relativ kompliziertes Unterfangen darstellt, ist die Einlagerung wesentlich einfacher. Wie in Kapitel 3 besprochen wurde, löst der Prozessor einen Seitenfehler aus, wenn auf eine Seite zugegriffen werden soll, die zwar im virtuellen Adressraum des Prozesses verzeichnet, aber momentan nicht in den RAM-Speicher eingeblendet ist. Dies bedeutet nicht immer, dass es sich um einen Zugriff auf eine ausgelagerte Seite handelt; auch ist es beispielsweise möglich, dass eine Applikation auf eine Adresse zugegriffen hat, die nicht für sie reserviert ist. Der Kern hat daher zunächst sicherzustellen, ob es überhaupt notwendig ist, eine Seite einzulagern, wozu die Prozessor-spezifische Funktion `do_page_fault`[14] vorhanden ist, die die Entscheidung anhand der Datenstukturen der Speicherverwaltung fällt.

Achtung: Obwohl der Kern alle Seiten unabhängig von ihrem Backing Store auf dem gleichen Wege *auslagert*, gilt dies nicht für das Swap-In von Seiten: Die hier beschriebene Methode ist nur für Daten gültig, die tatsächlich aus einem der Swap-Bereiche des Systems eingelesen werden. Daten aus Datei-Mappings werden über den nopage-Mechanismus behandelt, der in Kapitel 7 („Das virtuelle Dateisystem") besprochen wird.

14.7.1 Einlagern der Seite

Aus Kapitel 3 ist bekannt, dass Page Faults, die vom Zugriff auf eine ausgelagerte Seite verursacht wurden, durch `do_swap_page` aus `mm/memory.c` bearbeitet werden. Wie ihr Codeflussdiagramm

---

14 Zumindest heißt die Funktion für die meisten Prozessoren so, einige (Sparc ...) halten sich natürlich nicht an diese Konvention.

14.7 Behandlung von Page Faults

in Abbildung 14.16 zeigt, ist das Zurücklesen einer Seite zwar wesentlich einfacher als das Auslagern, dennoch steckt aber mehr als ein einfacher Lesevorgang dahinter.

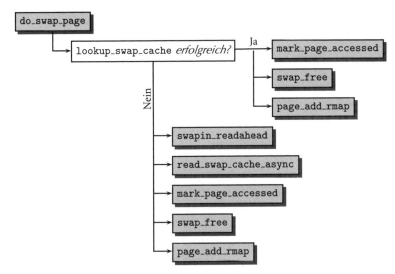

Abbildung 14.16: Codeflussdiagramm für `do_swap_page`

Der Kern muss zum einen untersuchen, ob sich die angeforderte Seite noch oder bereits im Swap-Cache befindet; zum anderen wird ein simples Read-Ahead-Verfahren verwendet, das mehrere Seiten auf einmal aus dem Swap-Bereich einliest, um nachfolgenden Seitenfehlern vorzugreifen.

Wie in Abschnitt 14.4.1 besprochen wurde, werden Swap-Bereich und Slot einer ausgelagerten Seite im Page-Table-Eintrag gespeichert, wobei sich die konkrete Darstellung je nach Maschine unterscheidet. Um allgemeine Werte zu bekommen, verwendet der Kern zunächst die bereits bekannte Funktion `pte_to_swp_entry`, die eine `swp_entry_t`-Instanz mit maschinenunabhängigen Werten füllt, die die Seite eindeutig identifizieren.

Anhand dieser Daten untersucht `lookup_swap_cache`, ob sich die gewünschte Seite im Swap-Cache befindet. Dies ist dann der Fall, wenn die Daten entweder noch nicht geschrieben wurden oder es sich um geteilte Daten handelt, die zuvor bereits von einem anderen Prozess eingelesen wurden.

Wenn sich die Seite nicht im Swap-Cache befindet, muss der Kern nicht nur das Einlesen der Seite veranlassen, sondern zusätzlich noch einige Seiten vorauslesen (*Readahead*):

- Es wird nicht nur die aktuell angeforderte Seite eingelesen, sondern auch noch einige Seiten aus unmittelbar darauf folgenden Slots. Dies ist mit relativ wenig Aufwand machbar, bringt aber deutliche Zeitgewinne, da Prozesse ihre Daten sehr oft in sequentieller Reihenfolge aus dem Speicher lesen – und diese aufgrund des Readahead-Mechanismus bereits eingelagert sind.

- Mit `read_swap_cache_async` wird die gewünschte Seite in den Speicher geladen.

Wir werden die Implementierung beider Aktionen gleich genauer betrachten.

Einige Arbeiten sind für Erfolgs- und Nichterfolgsfall identisch: Zuerst wird die Seite mit `mark_page_accessed` markiert, so dass sie für den Kern als zugegriffen zählt. Danach wird geprüft, ob der Slot im Swap-Bereich freigegeben werden kann, wozu die bereits bekannte Funktion `swap_free` verwendet wird; dies sorgt gleichzeitig dafür, dass der Benutzungszähler in der Swap-Datenstruktur um 1 erniedrigt wird. Wenn der Slot nicht mehr gebraucht wird, passt die Routine die `lowest_bit` bzw. `highest_bit`-Felder der `swap_info`-Instanz an, sofern sich die Swap-Seite an einem der beiden Enden befand.

Der letzte Schritt gilt dem Reverse Mapping-Mechanismus, in den die Seite mittels `page_add_rmap` eingegliedert wird, wie in Kapitel 3 besprochen wurde.

14.7.2 Lesen der Daten

Das Einlesen der Daten vom Swap-Speicher in den RAM-Speicher des Systems wird von zwei Funktionen übernommen: `read_swap_cache_async` stellt die nötigen Rahmenbedingungen bereit und erledigt zusätzliche Verwaltungsaufgaben, während `swap_readpage` für den eigentlichen Datentransfer verantwortlich ist. Mit Ausnahme des Software-Suspend-Mechanismus (auf den wir aber nicht weiter eingehen wollen) verwendet der Kern letztgenannte Funktion nie direkt, sondern liest Daten aus Page Slots immer mit Hilfe von `read_swap_cache_async` ein. Die Funktion ist in `mm/swap_state.c` definiert; Abbildung 14.17 zeigt das zugehörige Codeflussdiagramm.

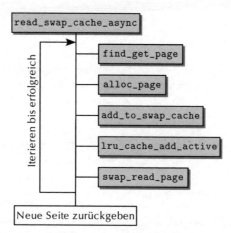

Abbildung 14.17: Codeflussdiagramm für `read_swap_cache_async`

Als erster Schritt wird `find_get_page` aufgerufen. um (nochmals) zu prüfen, ob sich die Seite im Swap-Cache befindet. Da `read_swap_cache_async` üblicherweise nach einer missglückten Anwendung von `lookup_swap_cache` verwendet wird, ist die Wahrscheinlichkeit nicht besonders hoch, die gewünschten Daten dort zu finden; es ist allerdings nicht völlig ausgeschlossen, dass ein anderer Kernelthread sie mittlerweile dort deponiert hat.

Wenn die Seite nicht gefunden wurde, muss mit `page_alloc` eine frische Speicherseite alloziert werden, um die Daten aus dem Swap-Bereich aufzunehmen. Speicheranforderungen mit `alloc_page` besitzen große Priorität; beispielsweise versucht der Kern, andere Seiten auszulagern, um frischen Speicher für die gewünschte Reservierung zu schaffen, wenn nicht genügend freier Platz vorhanden ist. Ein Scheitern der Funktion – das durch Rückgabe eines Nullzeigers mitgeteilt wird – ist eine *sehr* schlechte Situation, die zum sofortigen Abbruch des Swap-Ins führt. Der übergeordnete Code ordnet in diesem Fall mit Hilfe des OOM-Killers das Abschießen des unwichtigsten Prozesses des Systems mit vergleichsweise vielen Speicherseiten an, um wieder freien Speicher zu erhalten.

14.7 Behandlung von Page Faults

Wenn die Reservierung der Seite erfolgreich durchgeführt werden kann, wie es in den meisten Fällen passiert (nur die wenigsten Benutzer schaffen es, ihr System unabsichtlich so stark auszunutzen, dass der OOM-Killer in Aktion treten muss), fügt der Kern die page-Instanz mit add_to_swap_cache in den Swap-Cache und mit lru_cache_add_active in den LRUCache (der aktiven Seiten) ein. Danach werden die Daten der Seite mit Hilfe von swap_readpage vom Swap-Bereich in den RAM-Speicher transferiert.

Wie das Codeflussdiagramm zeigt, werden die beschriebenen Aktionen in einer Schleife durchgeführt. Warum? In read_swap_cache_async gibt es zwei Punkte, an denen Fehler auftreten können, weil nicht genügend Speicher vorhanden ist. Wie wir gesehen haben, führt dies beim Aufruf von alloc_pages zum Abbruch der Funktion. Der zweite Punkt, an dem die Funktion scheitern kann, ist der Aufruf von add_to_swap_cache, wofür es folgende Gründe gibt:

- ENOENT wird durch Race-Conditions ausgelöst, die beim Einfügen in den Swap-Cache entstehen, wenn der allozierte Platz durch andere Teile des Kerns ungültig gemacht wurde.

- ENOMEM – der wesentlich plausiblere Fall – meldet, dass beim Einfügen der Seiten in den Radix-Tree des Swap-Caches kein Speicherplatz für das Baumelement reserviert werden konnte.

In beiden Fällen werden alle bisher beschriebenen Aktionen so lange durchgeführt, bis die genannten Fehler nicht mehr auftreten und die Seite erfolgreich in den Swap-Cache eingefügt werden konnte. Achtung: Die bereits allozierte Seite wird beibehalten und nicht in jedem Durchgang neu reserviert.

swap_readpage initiiert den Datentransfer von der Festplatte in den RAM-Speicher, nachdem die notwendigen Rahmenbedingungen dafür geschaffen wurden. Dies geht in zwei kurzen Schritten vor sich: Mit get_swap_bio wird eine passende BIO-Anforderung an den Blocklayer erzeugt, und mit submit_bio wird sie abgeschickt.

14.7.3 Swap-Readahead

Wie beim Lesezugriff auf Dateien verwendet der Kern auch bei Lesezugriffen auf Swap-Bereiche einen Readahead-Mechanismus, der bald benötigte Daten im Voraus liest, um zukünftige Page-In-Anforderungen schneller bearbeiten zu können und damit die Leistung des Systems zu erhöhen. Im Gegensatz zum relativ komplizierten Datei-Readahead ist der Mechanismus des Swapping-Subsystems relativ simpel gehalten, wie folgender Code zeigt:

```
void swapin_readahead(swp_entry_t entry)                              mm/memory.c
{
        int i, num;
        struct page *new_page;
        unsigned long offset;

        /*
         * Get the number of handles we should do readahead io to.
         */
        num = valid_swaphandles(entry, &offset);
        for (i = 0; i < num; offset++, i++) {
                /* Ok, do the async read-ahead now */
                new_page = read_swap_cache_async(swp_entry(swp_type(entry),
                                                offset));
                if (!new_page)
                        break;
                page_cache_release(new_page);
        }
        lru_add_drain();        /* Push any new pages onto the LRU now */
}
```

Die Anzahl der Seiten, die im Voraus eingelesen werden, berechnet der Kern mit Hilfe von `valid_swaphandles`. Normalerweise werden $2^{\texttt{page\_cluster}}$ Seiten eingelesen, wobei `page_cluster` eine globale Variable ist, die für Systeme mit weniger als 16MiB Speicher auf 2 und für alle anderen auf 3 gesetzt ist, woraus ein Readahead-Fenster von 4 bzw. 8 Seiten folgt (über den sysctl-Mechanismus ist es möglich, die Variable vom Userspace aus zu tunen und den Readahead auch ganz abzuschalten). Der berechnete Wert muss in `valid_swaphandles` allerdings in einigen Fällen verkleinert werden:

- Wenn sich die angeforderte Seite nahe am Ende des Swap-Bereichs befindet, muss die Anzahl der Readahead-Seiten verringert werden, um ein Lesen über den Bereich hinaus zu verhindern.

- Wenn sich im Readahead-Fenster freie oder nicht belegte Seiten befinden, liest der Kern nur *vorher* liegende, gültige Daten ein.

Mit Hilfe von `read_swap_cache_async` wird die ermittelte Seitenanzahl der Reihe nach eingelesen. Wenn die Funktion einen Nullzeiger zurückliefert, da keine Speicherseite alloziert werden konnte, bricht der Kern das Einlesen ab, da offenbar kein Speicher für weitere Seiten zur Verfügung steht und der Readahead-Mechanismus in diesem Fall weniger wichtig als die im System vorherrschende Speicherknappheit ist.

Achtung: Beim Readahead werden nicht nur Daten *hinter* der angeforderten Seite, sondern auch die angeforderte Seite selbst eingelesen. Wieso wird in `do_swap_page` nach Aufruf von `swap_in_readahead` nochmals `read_swap_page_cache_async` aufgerufen? Dies geschieht, um sicherzustellen, dass entweder *sicher* eine Speicherseite für die gewünschten Daten bereitgestellt oder der OOM-Killer aktiviert wird: Da ein zurückgegebener Nullzeiger in `swap_in_readahead` lediglich zum Abbruch des Readaheads führt, wird erst durch den zweiten Aufruf von `read_swap_cache_async` und der Rückgabe des Fehlers `VM_FAULT_OOM` an den darüber liegenden Code der OOM-Mechanismus zum gewaltsamen Befreien von Speicher in Kraft gesetzt.

14.8 Auslösen des Swappings

Im Überblick zur Swapping-Implementierung am Anfang dieses Kapitels haben wir gezeigt, dass die bisher besprochenen Routinen zur Seitenselektion und -auslagerung von einer weiteren Schicht kontrolliert werden, die bestimmt, *wann* und *wie viele* Seiten auszulagern sind. Die Entscheidung wird auf zwei Stellen verlagert: Zum einen existiert der `kswapd`-Daemon, der versucht, die Speicherbalance des Systems so gut wie möglich im Griff zu behalten, wenn keine allzu speicherhungrigen Applikationen am Werk sind; zum anderen gibt es einen Notfall-Mechanismus, der immer dann in Aktion tritt, wenn sich der Kern nahe am Rand der absoluten Speicherknappheit wähnt.

14.8.1 Periodisches Auslagern mit `kswapd`

`kswapd` ist ein Kerneldaemon, der von `kswap_init` bei jedem Start des Systems aktiviert wird und über die komplette Laufzeit der Maschine hinweg seine Arbeit verrichtet:

mm/vmscan.c
```
static int __init kswapd_init(void)
{
    pg_data_t *pgdat;
    printk("Starting kswapd\n");
```

14.8 Auslösen des Swappings

```
        swap_setup();
        for_each_pgdat(pgdat)
                kernel_thread(kswapd, pgdat, CLONE_KERNEL);
        total_memory = nr_free_pagecache_pages();
        return 0;
}
```

Der Code zeigt, dass für jede NUMA-Zone eine eigene Instanz von `kswapd` aktiviert wird. Dies dient auf entsprechenden Maschinen der Performance-Steigerung des Systems, da unterschiedliche Geschwindigkeiten beim Zugriff auf verschiedene Speicherbereiche kompensiert werden. Neben dem Start der `kswapd`-Kernelthreads wird mit Hilfe von `swap_setup` auch noch die globale `page_cluster`-Variable für den Swap-Readahead (siehe Abschnitt 14.7.3) gesetzt; außerdem wird der ebenfalls globalen Variablen `total_memory` die Größe des insgesamt verfügbaren RAM-Speichers zugewiesen. Beide Aktionen sind zwar eigentlich nicht direkt mit `kswapd` verbunden, werden aber mangels einer besseren Gelegenheit an dieser Stelle ausgeführt.

Interessanter ist der Ablauf des `kswapd`-Daemons selbst, der in `kswapd` aus `mm/vmscan.c` implementiert wird. Nachdem der Thread zu Beginn mit `demonize` in einen Daemon verwandelt und die notwendigen Initialisierungsarbeiten vorgenommen wurden,[15] wird folgende Endlosschleife ausgeführt:

```                                                                mm/vmscan.c
int kswapd(void *p)
{
        pg_data_t *pgdat = (pg_data_t*)p;
        struct task_struct *tsk = current;
        DEFINE_WAIT(wait);
...
        for ( ; ; ) {
                struct page_state ps;

                prepare_to_wait(&pgdat->kswapd_wait, &wait, TASK_INTERRUPTIBLE);
                schedule();
                finish_wait(&pgdat->kswapd_wait, &wait);
                get_page_state(&ps);
                balance_pgdat(pgdat, 0, &ps);
        }
}
```

- `prepare_wait` legt den Task auf eine NUMA-Zonen-spezifische Wait Queue, die als Parameter an den Daemon übergeben wird; danach gibt `schedule` die Kontrolle an einen anderen Prozess des Systems ab. Wenn der Kern entscheidet, dass der Daemon außer der Reihe aufgerufen werden muss, kann er dies mit Hilfe von `wake_up_interruptible` bewerkstelligen.

  `finish_wait` ist wie in Kapitel 11 („Kernel-Aktivitäten und Zeitfluss") beschrieben erforderlich, um die notwendigen Aufräumarbeiten nach dem Aufwecken des Tasks durchzuführen.

- `get_page_state` aktualisiert die Statusinformationen über die Speicherseiten des Systems.

- `balance_pgdat` übernimmt die eigentliche Arbeit, nämlich das Balancieren der Speicherseiten der bearbeiteten Zone, worauf wir gleich genauer eingehen werden.

- `blk_run_queues` stößt die Abarbeitung der Blockgeräte-Queues an, wie in Kapitel 5 besprochen wird. Dies ist notwendig, um die Schreiboperationen durchzuführen, die beim Auslagern von Seiten in `balance_pgdat` und den Folgefunktionen angefallen sind.

---

[15] Auf Numa-Systemen wird die Ausführung des Daemons mit `set_cpus_allowed` auf diejenigen Prozessoren beschränkt, die mit der Speicherzone verbunden sind.

Abbildung 14.18 zeigt das Codeflussdiagramm für `balance_pgdat`, die in `mm/vmscan.c` definiert wird. In der Funktion fällt der Kern die Entscheidung, wie viele Speicherseiten befreit werden sollen, und gibt die ermittelte Anzahl an die weiter oben besprochene Funktion `shrink_zone` weiter.

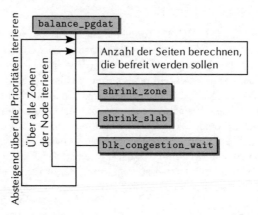

Abbildung 14.18: Codeflussdiagramm für `balance_pgdat`

`balance_pgdat` besteht aus zwei ineinander geschachtelten Schleifen. Die äußere durchläuft die Integer-Variable `priority` rückwärts beginnend bei `DEF_PRIORITY` (in `mm/vmscan.c` üblicherweise auf 12 definiert). Dadurch wird eine Priorität für `shrink_zone` vorgegeben. Eine *größere* Zahl entspricht einer *kleineren* Priorität; in `refill_inactive_zone` hat dies entsprechende Auswirkungen auf die Berechnung des Seitenselektionsverhaltens. Durch Verwendung absteigender Prioritäten versucht der Kern, sein Ziel mit der geringstmöglichen Anstrengung (und daher dem kleinstmöglichen Schaden für das System) zu erreichen.

Die innere Schleife iteriert über alle Zonen der NUMA-Node. Zunächst muss überprüft werden, ob das gewünschte Ziel bereits erreicht ist, was der Kern folgendermaßen formuliert:

mm/vmscan.c
```
to_reclaim = zone->pages_high - zone->free_pages;
if (to_reclaim <= 0)
    continue;
```

`zone` ist die `struct zone`-Instanz, die die charakteristischen Daten der Speicherzone beschreibt. Aufbau und Bedeutung der Struktur wurden in Kapitel 3 („Speicherverwaltung") besprochen. Die hier benötigten Elemente haben folgende Bedeutung:

- `zone->pages_high` ist der anvisierte Wert für die Anzahl freier Seiten, die im bestmöglichen Fall mindestens frei sein sollen (mittelmäßige und schlechte Fälle werden durch `pages_low` bzw. `pages_min` beschrieben).

- `zone->free_pages` gibt die Anzahl freier Speicherseiten in der Zone wieder.

Der Kern bestimmt die Anzahl der Seiten, die befreit werden sollen, aufgrund der Differenz zwischen `pages_high` und `free_pages`. Wenn ohnehin mehr Seiten frei sind, als von `pages_high` gefordert werden, ergibt sich eine negative Differenz, was den Kern dazu veranlasst, die aktuell bearbeitete Zone zu überspringen und mittels `continue` mit der nächsten Zone fortzufahren. Wenn für *alle* Zonen der NUMA-Node erreicht wurde, dass mehr als `pages_high` Seiten

14.8 Auslösen des Swappings

frei sind, bricht der Kern auch die äußere Schleife über die Prioritäten ab und hat seine Arbeit erfolgreich beendet.

Kommt der Kern zu dem Schluss, dass Seiten der Zone befreit werden sollen, muss die maximale Anzahl von Seiten berechnet werden, die zu durchsuchen sind, da der Wert als zusätzlicher Parameter für shrink_zone benötigt wird.

```
max_scan = zone->nr_inactive >> priority;                              mm/vmscan.c

if (max_scan < to_reclaim * 2)
        max_scan = to_reclaim * 2;
if (max_scan < SWAP_CLUSTER_MAX)
        max_scan = SWAP_CLUSTER_MAX;

shrink_zone(zone, max_scan, GFP_KSWAPD, to_reclaim, &nr_mapped, ps, priority);
```

Zuerst wird max_scan auf $nr\_inactive/2^{priority}$ gesetzt, was durch eine Integer-Shift-Aktion leicht berechnet werden kann; allerdings gibt es zwei Korrekturen: Wenn der Wert kleiner als die doppelte Anzahl der Seiten ist, die befreit werden soll, wird er auf to_reclaim * 2 gesetzt. Auch wird verhindert, dass der Wert kleiner als SWAP_CLUSTER_MAX ist.

Nachdem nun alle nötigen Parameter berechnet sind, wird die Kontrolle an shrink_zone übergeben, die den in Abschnitt 14.6.3 besprochenen Mechanismus zur Selektion und Auslagerung von RAM-Seiten in Gang setzt.

Um Caches für verschiedene Datenstrukturen zu verkleinern, die mit Hilfe des Slab-Systems alloziert wurden, verwendet der Kern shrink_slab, auf die wir in Abschnitt 14.9 eingehen. Obwohl der Page-Cache den Löwenanteil an der Speicherausnutzung ausmacht, kann die Verkleinerung anderer Caches – wie beispielsweise der Dentry- oder Inoden-Caches – ebenfalls sichtbare Effekte erzielen.

Als letzter Schritt wird die aus Kapitel 13 („Datensynchronisation") bekannte Funktion blk_congestion_wait aufgerufen, die eine „Verstopfung" des Blocklayers, die durch allzuviele Anforderungen verursacht werden kann, verhindern soll.

14.8.2 Auslagern bei akuter Speicherknappheit

Zur schnellen, außerplanmäßigen Beschaffung von Speicher wird die Routine try_to_free_pages verwendet. Sie garantiert, dass entweder Speicher befreit wird (unter Umständen auch mit Hilfe des OOM-Killers) oder eine Kernelpanik ausgelöst wird. Abbildung 14.19 auf der nächsten Seite zeigt das Codeflussdiagramm der Funktion.

Auch try_to_free_pages besteht aus einer großen Schleife, die Prioritäten von DEF_PRIORITY bis 0 durchläuft. Am Anfang jedes Schleifendurchlaufs wird der aktuelle Speicherzustand mit Hilfe von get_page_state abgefragt; das dadurch erzeugte Zahlenmaterial wird an die untergeordneten Funktionen weitergegeben und dient dort als Entscheidungsbasis.

Die Entscheidung, *wie viele* Seiten freigemacht werden sollen, wird an shrink_caches delegiert, die in mm/vmscan.c implementiert ist.[16] Wie beim kswapd-Mechanismus iteriert shrink_caches über verschiedene Noden der aktuellen NUMA-Zone. Im Gegensatz zu kswapd läuft der Kern hier aber nicht über alle Zonen, die im node_zones-Array gespeichert sind, sondern verwendet eine etwas andere Logik, die man sich am besten anhand der Kernelquellen selbst klarmacht:

---

[16] Achtung: Die hier behandelte Funktion shrink_caches ist nicht mit der weiter oben behandelten shrink_cache identisch – man beachte das „s" am Schluss.

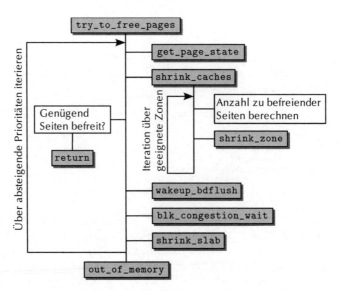

Abbildung 14.19: Codeflussdiagramm für try_to_free_pages

mm/vmscan.c
```
shrink_caches(struct zone *classzone, int priority, int *total_scanned,
              int gfp_mask, const int nr_pages, int order,
              struct page_state *ps)
{
...
        first_classzone = classzone->zone_pgdat->node_zones;
        for (zone = classzone; zone >= first_classzone; zone--) {
            ...
        }
...
}
```

Der Code wird verständlich, wenn wir die relevanten Definitionsteile der beteiligten Datenstrukturen betrachten, die in Kapitel 3 genauer behandelt wurden:

<mm.h>
```
typedef struct pglist_data {
...
        struct zone node_zones[MAX_NR_ZONES];
...
} pg_data_t;

struct zone {
...
        struct pglist_data    *zone_pgdat;
...
}
```

classzone ist die Zone, innerhalb der der Kern die Speicherreservierung vornehmen soll. Wie in Kapitel 3 angesprochen, sind alle Speicherzonen einer NUMA-Node im Array-Element node_zones der NUMA-spezifischen pglist_data-Instanz zusammengefasst, also auch die angesprochene classzone. Mittels der Verbindung zwischen den einzelnen Speicherzonen und der pg_data_t der zugehörigen NUMA-Zone, die durch den pglist_data-Zeiger in den verschiedenen zone-Instanzen gegeben ist, kann die erste Speicherzone der NUMA-Zone festgestellt werden. Von der aktuellen Zone ausgehend bewegt sich der Kern so lange in der Zonenliste nach oben, bis er die oberste Zone erreicht hat.

14.9 Verkleinern anderer Caches

Die Aktionen in den Schleifendurchläufen unterscheiden sich nicht wesentlich von dem, was bereits von `balance_pgdat` bekannt ist. Die Berechnung, wie viele Seiten befreit und wie viele durchsucht werden sollen, wird wie folgt durchgeführt:

```
int max_scan;
int to_reclaim = max(nr_pages, SWAP_CLUSTER_MAX);

max_scan = zone->nr_inactive >> priority;
if (max_scan < to_reclaim * 2)
        max_scan = to_reclaim * 2;
```
mm/vmscan.c

Anschließend wird `shrink_zone` aufgerufen, um anhand des vorgegebenen Planziels die auszulagernden Seiten zu selektieren.

Gehen wir zurück zu `try_to_free_pages`, wo `shrink_caches` mit zunehmenden Prioritäten[17] in einer Schleife aufgerufen wird. Das Codeflussdiagramm in Abbildung 14.19 auf der gegenüberliegenden Seite zeigt, dass nach jedem Schleifendurchlauf `wakeup_bdflush` aufgerufen wird, um Schreiboperationen in den Blockgeräten durchzuführen, die beim Auslagern von Seiten angefallen sind (mit `blk_congestion_wait` wird wie üblich eine Verstopfung der Blockgeräte verhindert). Außerdem versucht der Kern nach jedem Durchlauf, andere Caches zu verkleinern, wozu die weiter unten besprochene Funktion `shrink_slab` verwendet wird.

`try_to_free_pages` kann auf zwei verschiedene Arten enden:

- Wenn während der Prioritätenschleife festgestellt wird, dass genügend Seiten befreit wurden, gibt der Kern einen wahren Wert an die übergeordnete Funktion zurück. Auf diese Weise wird die Schleife natürlich automatisch abgebrochen.

- Wenn selbst nach Durchlauf *aller* zur Verfügung stehenden Prioritäten nicht genügend Seiten befreit werden konnten, greift der Kern zum letzten Mittel, das ihm zur Verfügung steht: dem OOM-Killer. Der Aufruf von `out_of_memory` aktiviert den Mechanismus.

Die Priorität, mit der der Durchlauf erfolgreich war, wird im `prev_priority`-Element der Zonendatenstruktur festgehalten, da `refill_inactive_zone` diesen zur Berechnung des Swap-Drucks verwendet.

14.9 Verkleinern anderer Caches

Neben dem Seitencache verwaltet der Kern noch einige andere Caches, die üblicherweise auf dem in Kapitel 3 („Speicherverwaltung") besprochenen Slab-Mechanismus aufbauen.

Zur Erinnerung: Slabs werden verwendet, um häufig verwendete Datenstrukturen so verwalten zu können, dass zum einen der vom Buddy-System seitenweise verwaltete Speicher effizient genutzt werden kann und dass Instanzen der Datentypen durch Caching schnell und unkompliziert allozierbar sind.

Subsysteme des Kerns, die eigene Caches dieser Art verwenden, können *Shrinker*-Funktionen dynamisch beim Kern registrieren, die bei Speicherknappheit aufgerufen werden, um den belegten Speicher teilweise wieder freizugeben (technisch gesehen besteht keine feste Verbindung zwischen Slabs und Shrinker-Funktionen, aber momentan gibt es keine anderen Cache-Typen, für die Shrinker verwendet werden).

---

17 Achtung: Zunehmende Prioritäten werden durch abnehmende Werte des `priority`-Parameters an `shrink_caches` realisiert!

Neben Routinen zum Registrieren und Entfernen von Shrinker-Funktionen muss der Kern auch Methoden bereitstellen, die die Verkleinerung der Caches in Gang setzen. Wir werden diese in den folgenden Abschnitten genauer unter die Lupe nehmen.

14.9.1 Datenstrukturen

Der Kern definiert eine eigene Datenstruktur, um die Eigenschaften von Shrinker-Funktionen beschreiben zu können:

mm/vmscan.c
```
struct shrinker {
        shrinker_t          shrinker;
        struct list_head    list;
        int                 seeks;  /* seeks to recreate an obj */
        long                nr;     /* objs pending delete */
};
```

- **shrinker** ist ein Zeiger auf die Funktion, die zum Verkleinern eines Caches verwendet wird. Die Shrinker-Funktionen müssen folgenden Prototyp besitzen:

<mm.h>
```
typedef int (*shrinker_t)(int nr_to_scan, unsigned int gfp_mask);
```

Jede Shrinker-Funktion muss zwei Parameter akzeptieren – die Anzahl der zu untersuchenden Speicherseiten und die Speicherkategorie – und eine Integer-Zahl zurückgeben, die feststellt, *wie viele* Objekte sich noch im Cache befinden. (Achtung: Dies unterscheidet sich von der sonstigen Gepflogenheit des Kerns, die Anzahl der freigegebenen Objekte/Seiten als Rückgabewert zu liefern!)

- Alle registrierten Shrinker werden auf einer doppelt verketteten Standardliste gehalten; **list** dient als Listenelement (als Kopf wird die globale Variable **shrinker_list** verwendet; neue Shrinker werden mit **set_shrinker** installiert).

- **seeks** ist ein Faktor, mit dem die Gewichtung der Caches gegenüber dem Seitencache geregelt werden kann. Wie werden gleich genauer darauf eingehen, wenn wir die Durchführung der Cache-Verkleinerung besprechen.

  Üblicherweise wird der Wert, der in <mm.h> auf 2 definiert ist, mit **DEFAULT_SEEKS** initialisiert (und dann nicht mehr verändert).

- **nr** ist die Anzahl von Elementen, die die Shrinker-Funktion befreien soll. Der Kern nutzt diesen Wert, um (aus Performancegründen) die Batchverarbeitung von Objekten zu ermöglichen, wie wir gleich sehen werden.

14.9.2 Registrieren und Entfernen von Shrinkern

set_shrinker wird verwendet, um einen neuen Shrinker zu registrieren:

mm/vmscan.c
```
struct shrinker *set_shrinker(int seeks, shrinker_t theshrinker)
```

Anhand der übergebenen **seek**-Einstellung und der eigentlichen Shrinker-Funktion generiert **set_shrinker** eine Instanz von **shrinker**, die in die globale Liste **shrinker_list** eingefügt wird.

14.9 Verkleinern anderer Caches

Momentan sind folgende Shrinker im Kernel definiert:

- `shrink_icache_memory` dient zur Verkleinerung des Inoden-Caches, der in Kapitel 7 („Das virtuelle Dateisystem") vorgestellt wurde und zur Verwaltung von `struct Inode`-Objekten dient.

- `shrink_dcache_memory` kümmert sich um den `dentry`-Cache, der ebenfalls in Kapitel 7 besprochen wurde.

- `shrink_dqcache_memory` verkleinert den Cache für `dquot`-Objekte, die bei der Verwendung von Disk-Quotas eingesetzt werden. Wenn ein System keine Quotas benutzt, ist dieser Cache nicht vorhanden.

- `mb_cache_shrink_fn` verkleinert einen allgemeinen Cache für Dateisystem-Metainformationen, der momentan allerdings bei der Implementierung erweiterter Attribute bei Ext2 und Ext3 zum Einsatz kommt.

Zum Entfernen von Shrinkern wird die Kernfunktion `remove_shrinker` verwendet, die einen Shrinker anhand seiner `shrinker`-Instanz aus der globalen Liste entfernt:

```
void remove_shrinker(struct shrinker *shrinker)
```
mm/vmscan.c

14.9.3 Cache-Verkleinerung

`shrink_slab` wird aufgerufen, um alle als verkleinerbar registrierten Caches zu schrumpfen. Neben der Allokationsmaske, die den benötigten Speichertyp angibt, wird dieser Funktion die Anzahl der beim Page Reclaim durchsuchten Seiten übergeben. Sie iteriert über alle Shrinker, die sich in `shrinker_list` befinden:

```
static int shrink_slab(long scanned, unsigned int gfp_mask)           mm/vmscan.c
{
        struct shrinker *shrinker;
        long pages;

        pages = nr_used_zone_pages();
        list_for_each_entry(shrinker, &shrinker_list, list) {
```

Um ein gleichmäßiges Verhältnis zwischen der Verkleinerung des Seitencaches und den Shrinker-Caches zu erreichen, wird die Anzahl der zu entfernenden Cache-Elemente aufgrund des `scanned`-Werts berechnet, der mit dem `seek`-Faktor des Caches gewichtet wird:

```
                long long delta;                                       mm/vmscan.c

                delta = scanned * shrinker->seeks;
                delta *= (*shrinker->shrinker)(0, gfp_mask);
                do_div(delta, pages + 1);
                shrinker->nr += delta;
```

Der Aufruf der Shrinker-Funktion mit 0 als Argument liefert die Anzahl der Objekte zurück, die im Cache enthalten sind. Die berechnete Anzahl, wie viele Objekte befreit werden sollen, wird in `shrinker->nr` kumuliert. Wenn dieser Wert den Grenzwert `SHRINK_BATCH` überschreitet (normalerweise auf 128 definiert), wird die eigentliche Verkleinerung angestoßen:

mm/vmscan.c

```
            if (shrinker->nr > SHRINK_BATCH) {
                long nr_to_scan = shrinker->nr;

                shrinker->nr = 0;
                while (nr_to_scan) {
                    long this_scan = nr_to_scan;

                    if (this_scan > 128)
                        this_scan = 128;
                    (*shrinker->shrinker)(this_scan, gfp_mask);
                    nr_to_scan -= this_scan;
                    cond_resched();
                }
            }
        }
        return 0;
    }
```

Die Objektbefreiung wird in Abschnitten zu je 128 Stück durchgeführt, um das System nicht zu lange zu blockieren. Zwischen jedem Aufruf der Shrinker-Funktion wird dem Kern mit cond_resched die Möglichkeit zum Scheduling gegeben, um die Latenzzeiten während der Cache-Verkleinerung nicht zu groß werden zu lassen.

Literaturverzeichnis

[BBD+01] Beck, Michael, Harald Böhme, Mirko Dziadzka, Ulrich Kunitz, Robert Magnus, und Dirk Verworrner: *Linux-Kernelprogrammierung*. Addison-Wesley, 2001.

[BC03] Bovet, Daniel P., and Marco Cesati: *Understanding the Linux Kernel*. O'Reilly, 2nd edition, 2003.

[BH01] Beierlein, Thomas, und Olaf Hagenbruch (Herausgeber): *Taschenbuch Mikroprozessortechnik*. Fachbuchverlag Leipzig, 2001.

[Bon94] Bonwick, Jeff: *The Slab Allocator: An Object-Caching Kernel Memory Allocator*. Usenix proceedings, 1994. Elektronisches Dokument, verfügbar unter www.usenix.org/publications/library/proceedings/bos94/full_papers/bonwick.ps.

[Cox96] Cox, Alan: *Network buffers and memory management*. Linux Journal, 1996. Verfügbar unter www.linuxjournal.com/article.php?sid=1312.

[CTT] Card, Rémy, Theodore Ts'o, and Stephen Tweedie: *Design and Implementation of the Second Extended Filesystem*. Elektronisches Dokument, verfügbar unter e2fsprogs.sourceforge.net/ext2intro.html.

[Fri02] Frisch, Æleen: *Essential System Administration*. O'Reilly, 2002.

[GWS94] Garfinkel, Simson, Daniel Weise, and Steven Strassmann (editors): *The Unix-Haters Handbook*. IDG Books, Programmers Press, 1994. Verfügbar unter research.microsoft.com/~daniel/unix-haters.html.

[Her03] Herold, Helmut: *Linux-Unix-Systemprogrammierung*. Addison-Wesley, 2003.

[HPGA02] Hennessy, John L., David A. Patterson, David Goldberg, and Krste Asanovic: *Computer Architecture*. Morgan Kaufmann, 3rd edition, 2002.

[Knu97] Knuth, Donald E.: *Fundamental Algorithms*. Addison-Wesley, 3rd edition, 1997.

[KR90] Kernighan, Brian W., und Dennis M. Ritchie: *Programmieren in C*. Hanser, 2. Auflage, 1990.

[LSM+01] Loosemore, Sandra, Richard M. Stallman, Roland McGrath, Andrew Oram, and Ulrich Drepper: *The GNU C Library Reference Manual*. GNU Project, 2001.

[MBKQ96] McKusick, Marshall Kirk, Keith Bostic, Michael J. Karels, and John S. Quarterman: *The Design and Implementation of the 4.4 BSD Operating System*. Addison-Wesley, 1996.

[MD03] Messmer, Hans-Peter, und Klaus Dembowski: *PC Hardwarebuch*. Addison-Wesley, 2003.

[ME02] Mosberger, David, and Stephane Eranian: *IA-64 Linux Kernel*. Prentice Hall, 2002.

[Mil]   Miller, David S.: *Cache and TLB Flushing under Linux.* Elektronisches Dokument, verfügbar in den Kernelquellen als `Documentation/cachetlb.txt`.

[Moca]   Mochel, Patrick: *The kobject Infrastructure.* Elektronisches Dokument, verfügbar in den Kernelquellen als `Documentation/kobject.txt`.

[Mocb]   Mochel, Patrick: *The Linux Kernel Device Model.* Elektronisches Dokument, verfügbar in den Kernelquellen unter `Documentation/driver-model`.

[Nut01]   Nutt, Gary J.: *Operating Systems: A Modern Perspective.* Addison-Wesley, 2001.

[RC01]   Rubini, Alessandro, and Jonathan Corbet: *Linux Device Drivers.* O'Reilly, 2nd edition, 2001.

[SG98]   Silberschatz, Abraham, and Peter Bear Galvin: *Operating System Concepts.* John Wiley & Sons, 1998.

[Sta99]   Stallings, William: *Computer Organization and Architecture.* Prentice Hall, 1999.

[Ste92]   Stevens, W. Richard: *Advanced Programming in the UNIX Environment.* Addison-Wesley, 1992.

[Ste94]   Stevens, W. Richard: *TCP/IP Illustrated I. The Protocols.* Addison-Wesley, 1994.

[Ste00]   Stevens, W. Richard: *Programmieren von UNIX- Netzwerken.* Hanser, 2000.

[Tan02a]   Tanenbaum, Andrew S.: *Computer Networks.* Prentice Hall, 2002.

[Tan02b]   Tanenbaum, Andrew S.: *Moderne Betriebssysteme.* Prentice Hall, 2002.

[TW92]   Tanenbaum, Andrew S., and Albert S. Woodhull: *Operating Systems: Design and Implementation.* Prentice Hall, 1992.

[Vah96]   Vahalia, Uresh: *Unix Internals.* Prentice Hall, 1996.

[WPR^{+}01] Wehrle, Klaus, Frank Pählke, Hartmut Ritter, Daniel Müller, und Marc Bechler: *Linux Netzwerkarchitektur.* Addison-Wesley, 2001.

Index

4.3BSD 562
802.2 512

a.out 51
Abhängigkeiten
   Module 317
Access Rights *siehe* Zugriffsberechtigungen
Address resolution protocol 527
Address space *siehe* Adressraum
Adressauflösung 527
Adressräume 183, **635**
Adressraum
   Abschnitt 636
   Aufteilung 100
   Datenstruktur 636
   Operationen 183
   Prozesse 170
   Prozessor 71
Advanced programmable interrupt controller *siehe* IO-APIC
Änderungszeitpunkt 361, 420
Aktive Liste 78
Alignment 153
Allgemeine Caches 168
Allgemeines Dateimodell 353
Allgemeines Driver Model 290
Allokation
   Objekte 162
   Ressourcen 283
   Speicher 169
Allokationsmasken 119
Alpha 6, 182, 316, 573, 601, 619
AMD64 6, 182
Anticipatory IO-Scheduler 277
Anwendungsschicht 496, 549
AppleTalk 512
ARM 117
ARP (address resolution protocol) 527
Asynchrone Interrupts 588
Asynchrones Lesen 396
Asynchronous transfer mode 511
ATM 511
Atomare Operationen 220
Aufschiebbare Funktionen 609
   Kerneltimer 617
   Tasklets 610
   Wait Queues 612
   Work Queues 616
Ausführbare Datei 50, 51
Ausnahme *siehe* Exception
Ausnahmetabelle 208
Ausrichtung 153

Backing Store 173, 635, 659, 686

Benutzermodus 7, 23, 572
Big Kernel Lock (BKL) 224
Binärformat 50, 51
BIO 274
   Datenstruktur 275
BIOS 99
BKL 224
Blockgeräte 253, **265**
   BIO 274
   Dateioperationen 370
   Generische Harddisk 269
   Öffnen 268
   Queue Plugging 278
   Registrierung 258
   Repräsentation 266
   Requests 272
   Request Queues 270
   Standardoperationen 262
   Treiberoperationen 265
   Unterschied zu Zeichengeräten 265
Blockgruppe 405
Blocknummer 434, 634, 645, 701
Bootmemory-Allokator 111
Bootsektor 405
Bottom Halves 589, 609
BSD-Lizenz 332
BSD-Sockets **549**
Buddy-System 117
   API 118
   Funktionsprinzip 11
   Implementierung 117
Buffer 629
Buffer Cache **633**, *siehe* Puffercache
Bulk Transfer 306
Busse 248
   FireWire 249
   ISA 249
   PCI 248, **294**
   SBus 249
   SCSI 249
   USB 249, **303**

Caches 15
   Allgemeine 168
   Dentry 373
   Flushen 212
   Generelle 169
   Kernelcaches verkleinern 692
   L1 160–162
   L2 109
   Prozessor 210
   Puffercache 630, 651
   Seitencache 630
   Swap-Cache 703
   Swap-Seiten 713

Verkleinern 741
Cachesteuerung 210
Capabilities 27, 454, 568
cat 352, 401, 451, 457, 472, 474, 479, 490
cd 372
cdrecord 252
Character Devices *siehe* Zeichengeräte
Checker-Tool 210
Checkpoints 450
Checksumme 345
chroot 371
Cluster 696
Clustering 690
Common File Model 353
Completions 40, 612, **615**
Context switch *siehe* Kontextwechsel
Copy on Write *siehe* COW
Core Dump 242, 456
COW 37, **205**
Cris 619
Critical Sections 217
current-Makro 42

Dateien **357**
   Assoziierte 365
   Größe 361
   Lesen **394**, 396
   Named Pipes 353
   Öffnen 369, **393**
   Schreiben 369, **395**
   Sockets 552
   Synchronisieren 681
Dateideskriptoren 356, 365, 393
Dateioperationen 387
   Blockgeräte 370
Dateisysteme
   Anlegen 425
   Anmelden 377
   Ext2 403
   Ext3 446
   Journal 446
   Mounten 384
   ProcFS 451
   Typen **352**
   Unmounten 386
Dateisystemimplementierung 401
Dateisystemoperationen 377
Daten kopieren 209
Datenblock 407
Datentypen 17
Datenübertragungsschicht 493, 509
dd 426
ddd 456
Defragmentierung 521

Demand Paging **203**
Dentry 373
 Operationen 376
Dentry-Cache 373
 Organisation 375
`depmod` 318
`devfs` 259
`devfs` 358
Device Filesystem 259
device model 290
Diskbasierte Dateisysteme 352
Doppelt verkettete Liste 16
Dreckige Puffer 644
Drei-Wege-Handshake 540
Driver Model 290
Dynamischer Speicher 195
Dynamische Timer 617

`e2fsck` 414, 415
`echo` 451, 479
Echo-Server 500
Echtzeitprozesse 65
Echtzeittimer 627
Elevator *siehe* I-Scheduler 270
ELF 51, 315
 Modulsektionen 328
`emacs` 452, 453, 560, 561
Endpunkt 305
Environment 49, 51
`ethereal` 540
Ethernet 505, 511
`events` 617
Exception Fixup 207
Exception Table 208
Exec 29, 49
Executable and linkable format *siehe* ELF
Ext2 403–446
 Blockbitmap 407
 Blockgruppe 405
 Dateisystem anlegen 425
 Dateisystemaktionen 427
 Datenblock 407
 Datenstrukturen 411
 Fragmentierung 410
 Gruppendeskriptor 406, 417
 Indirektion 407, 431
 Inkompatible Features 416
 Inode 418
 Inodentabelle 407
 Kompatible Features 415
 Mounten 429
 Mountoptionen 424
 Orlov-Allokator 439
 Präallokation 436
 Read-Only-Features 415
 Speicherdatenstrukturen 423
 Superblock 406, **411**, 424
 Verzeichnisse 421
Ext3 446
Extents 696, 701

Externer Slab-Kopf 153

FIB *siehe* Forwarding Information Base
`file` 315
Filedeskriptoren *siehe* Dateideskriptoren
FireWire 249
First in, First out 66
Flushing 13, 659–683
 Implementierung 659
 Inoden 672
 Periodisches Zurückschreiben 664
 Policy 659, **667**
 Seitenstatus 664
 Superblöcke 669
 Systemaufrufe 679
 Unter Druck 677
 Verstopfung 674
 Writeback-Kontrolle 665
Fork 29, 35
Forken 36
Forwarding Information Base 526
Fragmentierung
 Dateisysteme 410
 Speicherverwaltung 140
`fsck` 403, 446
Futex 223

`gcc` 336
`gdb` 52, 456
Gegenseitiger Ausschluss 217, 222
Generelle Caches 169
Generische Harddisk 269
`genksym` 346
`genksyms` 345–347
Gerätedateisystem 259
Gerätespezialdateien 253
Gerätetreiber
 Blockgeräte 265
 Device Filesystem 259
 Gerätespezialdateien 253
 Inodenelemente 259
 Ioctls 255
 Netzwerkkarten 256
 Treiberregistrierung 257
 Verbindung mit VFS 259
 Zeichengeräte **263**
Geschwister 284
Gleitkommaregister 65, 579
GNU 1, 321
 GPL 321
GNU/Linux 1
GPL 321, 332
Grateful Close 547
Group Leader 30
Großes Kernel-Lock 224
Gruppendeskriptor 417
Gruppenführer 30

H8300 619

Handle 448
Handlerfunktion 597
Handlerroutine 602
 Implementierung 604
Hardware-IRQs 590
Harte Links 356
Hauptscheduler 62
`head` 559
Heap 195
`hexedit` 426
Hook-Funktion 528, 532
Hook-Tabelle 530
Hotplugging 341, **343**
Hurd 419
Hypertrichter 115

I/O-Memory 286
I/O Memory Mapping 251
I/O-Ports 250, 288
I/O-Scheduler 280
IA-32 619
IA-64 6, 38, 64, 591, 619
IEEE 505
IEEE1394 *siehe* FireWire
`ifconfig` 511, 512
Inaktive Liste 78, 723, 729
Indirektion 407, 431
`inetd` 499
`init` 4, 49, 116, 239, 582, 608
Inkrementelles Minimum 125
Inoden 418
 Erzeugen 437
 Finden 388
 Listen 363
 Löschen 437
Inoden-Operationen 362
Inodentabelle 407
`insmod` 314, 318, 348
Internet Protocol *siehe* IP
Interrupts 251, 587
 Bearbeiten 590
 Handler 592
 Handlerfunktion 597
 Handlerroutine 602
 Hardware-IRQs 590
 IRQ-Controller 595
 ISR 589
 Kritische Abschnitte 593
 Registrieren 599
 SoftIRQ-Daemon 608
 Software-Interrupts 606
 Tasklets 610
 Timer-Interrupt 619
 Typen 588
 Wechsel in den Kernmodus 601
Interrupt Request *siehe* IRQ
Interrupt-Transfer 306
IO-APIC 594
IO-Scheduler 277
Ioctls 255, 282

Index

IP 494, 518
  Adresse 499
  Defragmentierung 521
  Netfilter 527
  Paketauslieferung 522
  Paketempfang 520
  Paketfragmentierung 525
  Paketversand 524
  Paketweiterleitung 523
  Routing 526
  Version 4 518
  Version 6 532
IPC 215–246
  Semaphoren 218
  System V-IPC 225
IPC-Mechanismen
  Message Queues 233
  Pipes 245
  Semaphoren 226
  Shared Memory 237
  Signale 238
  Sockets 245, 496–504
iptables 532
IRQs 593
  Abarbeiten 600
  Freigeben 599
  Registrieren 598
IRQ-Controller 595
ISA 249
ISDN 511
Isochroner Transfer 306
ISR 589

JBD-Layer 448
Jiffies 4
Journal 446
Journal-Modus 447

Kernel
  Module 15, 313
  Oops 208, 323
  Standarddatentypen 17
  Typen 2
Kernelallokation 169
Kernelmappings 142
  Persistente 142
  Temporäre 145
Kernel-Präemption 68
Kernelstack 40
Kernel-Threads 47
Kerneltimer siehe Timer
Kernmodus 7, 23, 572, 601
keventd 343, 616
kill 33, 238, 240
kmod 319
Kobject-Mechanismus 290
Kompatible Features 415
Kontextwechsel 64
Kontrolltransfer 306
Kritische Abschnitte 217, 593
ksoftirqd 608

kswap 718
kswapd 736
kswapd 78, 126, 691, 718, 736, 737, 739
kudpated 633

LANANA 259
Lastumverteilung 68
Lazy FPU 65
ld 314, 315, 346, 348
Leichtgewichtige Prozesse siehe Threads
Links 355, 423
  Verfolgen 392
Listenverwaltung 16
Locking 215–246
  Atomare Operationen 220
  BKL (Big Kernel Lock) 224
  Crtitical Sections 217
  Kernmechanismen 219
  Reader-Writer-Locks 224
  Reader/Writer-Locks 220
  Sempahoren 222
  Spinlocks 219, 221
Löschzeitpunkt 420
Log Record 448
Lookup 391
Loopback 511
LRU-Swapping 688
ls 422, 460

M68k 6, 619
MAC-Adresse 493
Major Number 253, 261
  Repräsentation 261
Mappings 184–188
  anonyme 185
  Erzeugen 185
  geteilte 185
  Lesen 397
  Nichtlineare 189, 206
  Zugriffsberechtigungen 185
Masix 419
Massentransfer 306
Medienwechsel 258
Memory Context 64
Memory Mappings 184–188, 397
  Seiten einlesen 398
  Synchronisieren 683
Memory Regions siehe Speicherregionen
Merging 277
Metadaten 404, 407, 412
Mikrokerne 2
Minix-Dateisystem 403
Minor Number 253, 261
  Repräsentation 261
Mips 619
mk2efs 425
mke2fs 413, 414, 425, 426
mknod 254

mkswap 691, 698, 699
Modifikationszeitpunkt 361, 420
modinfo 320, 328
modpost 347
modprobe 314, 318, 319, 321, 326, 342, 343, 347, 348
Module 15, 313–349
  Abfragen von Eigenschaften 320
  Abhängigkeiten 317, 325
  Automatisches Laden 319
  Checksumme 345
  Einfügen 314, 333
  Entfernen 340
  Hotplugging 341
  Informationen 331
  Initialisierung 329
  Referenzen 337, 339
  Repräsentation 322
  Sektionsadressen 335–336
  Symbolexport 330
  Versionskontrolle 344, 348
Modulobjekte 329
modutils 314, 318, 320
Monolithische Kerne 2
mount 319, 377, 379, 414, 462, 463
Mounten 384, 429
Mountpoint 379
mozilla 560
Mozilla-Lizenz 332
MTU (Maximum Transmission Unit) 512
Multiplexer 233, 385, 540, 569
Multiprozessorsysteme siehe SMP
Multitasking 21, **23**
Mutex 222
Mutual Exclusion 217, 222

Named Pipes 353, 423
Namensräume 372
Netfilter 527
  Hook-Funktion 528
  Hook-Tabelle 530
netstat 503
Netzwerke 491–556
  Anwendungsschicht 549
  Byteorder 498
  Datenübertragungsschicht 509
  Geräte 510
  IP-Adresse 499
  Netfilter 527
  Pakettyp 516
  Routing 526
  Sockets 549
  Socket-Puffer 506
  Systemaufrufe 553
  TCP 536
  Transportschicht 534
  UDP 534
  Vermittlungsschicht 517
Netzwerkbyteorder 498
Netzwerkdateisysteme 353

Netzwerkgeräte 510
nice 54
Nichtlineare Mappings 206
nm 316–318
nobh 428
Noden
    Red-Black-Trees 174
    Speicher 75
Nodeninitialisierung 92
nopage-Mechanismus 398
NUMA
    Zonen 92, 93

Objektdateien 315, 329
od 426, 453
oldalloc 442
Oops 208, 323
Ordered-Modus 447
Orlov-Allokator 439
OSI-Referenzmodell 492

PA-Risc 182, 619
PAE 72
Page Cache siehe Seitencache
    Zusammenspiel mit Puffercache 646
Page Directory siehe Seitenverzeichnis
Page Fault 13, 692, 732
    Kernel 207
Page Frames 71
    Datenstruktur 80
    Reservieren 124
    Zurückgeben 134
Page reclaim 717
Page Slots 695, 697, 710
Page Thrashing 687
Paging siehe Swapping
Pakete
    Fragmentierung 525
Pakettyp 516
Paketweiterleitung 523
PAL 573
Parallele Schnittstelle 249
PCI 248
    Adressräume 295
    Aufbau 295
    Busse 298
    Datenstrukturen 298
    Funktionsklassen 297
    Geräteverwaltung 300
    Implementierung 297
    Konfigurationsraum 296
    Treiber registrieren 302
    Treiberfunktionen 301
pdflush 632, 633, 660–664, 678
pdflush-Thread 660
Pentium 572
Per-CPU-Cache 164
Periodischer Scheduler 60
Persistente Mappings 102, **142**

Personalities 372
PGID 31
Physical Address Extension 72
Physikalische Speicherseiten siehe Page Frames
PID 31
Pid-Allokator 31
PIDs 30
    Datenstruktur 31
    Erzeugen 34
    Verwalten 30
Pidtypen 31
Plugging 272, 278
Polling 251
POSIX 13, 65, 561
PowerPC 573
PPC 6, 619
PPP 511
Präallokation 436
Präemption 68
Präemptives Multitasking 21, 23
proc 401
proc-Dateisystem 451–490
Proprietäre Lizenzen 332
Protected Mode 90, 96
Prozesse
    Adressraum 71
    Echtzeit 65
    Echtzeitprozesse 20
    Identifikationsnummern 30
    Kontextwechsel 64
    Lebenszyklus 22
    Limits 28
    Namensraum 372
    Personalities 372
    Rechenzeitverteilung 21
    Repräsentation 25
    Tasknetzwerk 35
    Taskstruktur 25
    Typen 29
    Zombie 23
    Zustände 27
Prozessgruppe 30, 242, 244
Prozessorcache 211
Prozessspeicher 170
Prozessverwaltung 19–52
Prozesszeiten 628
ps 23, 49, 660
pstree 4
Puffer 629
    Dreckige 644
    Eigenständige 651
Puffercache 630, 633, **643**
    Datenstrukturen 643
    Operationen 645
    Zusammenspiel mit Page Cache 646
Pufferseiten 646

Quantum siehe Zeitquantum
Queue Plugging 278

Race Conditions 216–217
Readahead 367, 394, 398, 692, 714, 733, 735
Readahead-Fenster 736
readelf 116
Reader/Writer-Locks 224
Real Time Processes siehe Echtzeitprozesse
Red-Black-Trees 174
Register
    Alpha 573
    AMD64 573
    cr0 96
    cr3 106
    Gleitkomma 579
    IA-32 573
    PowerPC 573
Registrieren
    Dateisysteme 377
    Interrupts 599
    IRQs 598
    PCI-Treiber 302
    Ressourcen 283
    Tasklets 610
Registrierung
    Gerätetreiber 257
    Netzwerkgeräte 510
Requests 276
    Aufbau 272
    Ausführen 279
    Erzeugen 277
    Merging 277
Request Queues 266, 270
Reservierung
    Speicher 195
Ressourcen
    Anfordern 285
    Baum-Datenstrukturen 283
    Freigeben 285
    Reservieren 283
Ressourcen-Limits 28
Revalidierung 258
Root-Radix-Tree 637
Rot-Schwarz-Baum 174
Round Robin 66
Routing 526
Runqueue 55, 62, 67, 456

S390 619
SBus 249
Scheduling 3, 52–70
    Echtzeitprozesse 65
    First in, First out 66
    Hauptscheduler 62
    I/O Scheduling 280
    Kern-Präemption 68
    Periodischer Scheduler 60
    Round Robin 66
    SMP-Scheduling 67
Schichtmodell 504

Index

SCSI 249
Second Extended Dateisystem *siehe* Ext2
Seitenauswahl 716
Seitenbäume 637
Seitencache 630
Seitenfehler *siehe* Page Fault
Seitenflattern 687
Seitenstatus 664
Seitentabellen 86
Seitenverzeichnis 9, 85
Semaphoren 218
   Kernel 222
   System V 226
Serielle Schnittstelle 249
Session 30
`set` 49
Shared Memory 237
Shrinker 742
Sibling 284
SID 31
Signale 238
   CHLD 581–584
   Echtzeit 240
   Handler 27, 239
   Implementierung 241, 243
   KILL 579
   POSIX 240
   SIGABRT 242
   SIGALRM 242, 618
   SIGBUS 201, 242
   SIGCHLD 39, 242, 578, 579, 582
   SIGFPE 242
   SIGGIOT 242
   SIGHUP 242
   SIGILL 242
   SIGINT 242, 563, 564
   SIGIO 242, 367
   SIGKILL 23, 209, 238, 239, 242
   SIGNIT 564
   SIGPFE 600
   SIGPOLL 242
   SIGPROF 242
   SIGPWR 242
   SIGQUIT 242
   SIGSEGV 242
   SIGSTOP 40, 242, 578
   SIGSYS 242
   SIGTERM 23, 239, 240, 242
   SIGTRAP 242
   SIGTSTP 242
   SIGTTIN 242
   SIGTTOU 242
   SIGUNUSED 242
   SIGURG 242
   SIGVTALRM 242
   SIGWINCH 242
   SIGXCPU 242
   SIGXFSZ 242
   STOP 582, 583
   Versenden 244

Signalhandler 239
Slab 147
Slab-Allokator 147–170
SMP
   Per-CPU-Seiten 79
   Scheduling 67
SMP-Scheduling 67
Sockets 496, **549**, 552, 553
   Anlegen 497
   Datagramme 503
   Datenempfang 555
   Datenstrukturen 549
   Datenversand 556
   Erzeugen 554
   Socketpuffer 506
   Systemaufruf 553
Socket-Dateien 423
Socketpuffer 506
SoftIRQs 587
   Daemon 608
Software-Interrupts *siehe* SoftIRQs, 606
SOM 51
`sox` 413
Sparc 6, 64, 182, 593, 598, 601, 619
`sparse` 577
Sparse Superblock-Technik 406
Speicher
   Allokation
      Permanente Mappings 142
      Temporäre Mappings 145
      Unzusammenhängende Bereiche 135
   Verteilung des Kernels 96
   Verwaltung
      während des Bootens 111
      Buddy-System 117
      Slabs 148
Speicherabbildungen *siehe* Memory Mappings
Speicherabzug *siehe* Coredump
Speicherknappheit 717
Speicherkontext 64
Speichernoden 75
Speicherregionen 171
   Darstellung 175
   Datenstrukturen 174
   Einfügen 180
   Erzeugen 181
   Operationen 176, 177
   Verschmelzen 179
Speicherverwaltung 71–213
Speicherzonen 76
Spezialdateien *siehe* Gerätespezialdateien
Spinlocks 221
Stack 28, 29, 38, 39, 51
   Kernel 40, 43
   Pointer 43
Standardliste 16
`strace` 559, 560, 565, 577–581

Superblock **380**, 406, 411, 424, 669
SuperH 619
Swap-Bereich 690
   Aktivieren 699
   Anlegen 698
Swap-Cache 703, 713
Swap-In 202
`swapon` 691
Swapping 12, 685–744
   Akute Speicherknappheit 739
   Auslagerbare Seiten 686
   Auslösen 736
   Backing Store 686
   Bereiche verwalten 693
   Daten zurückschreiben 715
   Einlagern 732
   Extents 696
   LRU-Cache 720
   Page Thrashing 687
   Periodisch 736
   Policy 716
   Readahead 735
   Seiten auslagern 712
   Seiten cachen 709
   Seiten suchen 714
   Seitenauswahl 691, 716
   Swap-Bereiche 690
   Swap-Cache 703, 707, 713
   Swap-Identifier 706
Symbolische Links 355
Symmetric Multiprocessing *siehe* SMP
`sync` 677, 679
Synchonisierung 364
Synchrone Interrupts 588
Systemaufrufe 13, 557–586
   adjtimex 565
   alarm 565, 627, 628
   brk 195, 196, 560, 567, 686
   capget 568
   capset 568
   chdir 372, 567
   chmod 567
   chown 567
   chroot 365, 372, 388, 393, 454, 567
   clone 6, 29, 30, 34, 36, 38, 46, 241, 565
   close 560, 567, 585
   delete_module 321, 567
   dup 246
   exec 29, 36, 37, 40, 49, 246, 283, 366, 578
   execve 36, 40, 49, 567, 721
   exit 52, 54
   fdatasync 369, 679, 681–683
   flock 561
   fork 6, 29, 30, 34, 36, 38, 40, 48, 54, 177, 362, 565, 567, 578, 692
   fsync 369, 679, 681–683
   getcwd 567

getdents 567
geteuid 565
getitimer 565
getmask 566
getpriority 566
getrlimit 565
getrlimits 28
getrusage 565
gettimeofday 562, 565
getuid 570
Handlerfunktionen 569
init_module 315, 321, 333, 567
ioctl 256, 282
ipc 233, 236, 568
Kategorien 564
kill 244, 566
link 567
llseek 567
madvise 399, 567
malloc 560
mkdir 438, 567
mknod 567
mlockall 186
mmap 184, 185, 567
mount 319, 373, 379, 380, 384, 429, 567
mprotect 567
mremap 177, 567
msync 679, 683
munmap 185, 188, 567
nanosleep 562, 565
nice 54, 565
old_mmap 560
open 367, 393, 438, 470, 560, 567, 574–576
personality 565
pipe 246
poll 369, 562, 567
ptrace 559, 565, 577–580, 582, 583
read 268, 370, 394, 395, 560, 562, 567, 570
readdir 567
readlink 567
readv 567
Realisierung 569
rename 567
Restarting 562
rmdir 443, 567
rt_sigaction 566
rt_sigsuspend 566
Rückgabewerte 575
sched_yield 566
sched_setaffinity 54
sched_setparam 566
sched_setscheduler 66, 566
security 569
select 369, 562, 567
semctl 232
sendfile 370
setgid 565

setitimer 565, 627
setmask 566
setpgrp 30
setpriority 54, 566
setrlimit 28, 565
setsid 30
settimeofday 562, 565
setuid 565
sigaction 239, 240, 566
sigaltstack 241
signal 566
sigpending 244, 566
sigprocmask 244
sigreturn 245
sigsuspend 244, 566
sleep 565
socketcall 257, 499, 501, 542, 549, 553, 554, 568, 571
Standards 561
stime 565
swapoff 567
swapon 567, 699
symlink 567
sync 633, 677–679, 681
sysctl 457, 479, 483, 484, 568
sysfs 561
sysinfo 568
syslog 568
time 562, 565
timer 627
times 565
tkill 244
truncate 561
umask 567
umount 373, 384, 386, 567
unlink 445, 567
unmap 560
Verfolgung 558, 577, **580**
vfork 36, 38, 40, 565
Vom Kernel aus 585
wait 23, 579
write 268, 370, 394, 395, 448, 560, 567, 641
writev 567
Systemprogrammierung 557
System V-Interprozesskommunikation 225

Tasklets 593, 610
  Abarbeitung 610
  Registrierung 610
Tasknetzwerk 35
Taskstruktur **25**, 241, 365, 392, 582, 621
TCP 495, 536
  Aktiver Verbindungsaufbau 542
  Drei-Wege-Handshake 540
  Header 537
  Paketempfang 539, 544
  Paketversand 542, 545

  Passiver Verbindungsaufbau 541
  Verbindungsabbau 547
TCP/IP 492
tcpdump 540
telnet 495
Temporäre Kernelmappings 145
Textsegment 51
TGID 30, 31
Third Extended Filesystem 446
Threads
  Erzeugen 46
  Informationen 27
  Kernel-Threads 47
Thread Group ID 30
Threadgruppe 30
Timer 617
  Aktivierung 627
  Dynamische Timer 622
  Echtzeittimer 627
  Implementierung 625
  Prozesszeiten 628
  Realzeittimer 628
  Systemaufrufe 627
  Virtuelle Timer 628
  Zeitdomänen 618
Time Slice *siehe* Zeitscheibe
TLB 211
  Flushen 212
top 23
Top Half 589
Topologie
  USB 304
Transaktion 447, 448
Translation Lookside Buffer *siehe* TLB
Transmission Control Protocol *siehe* TCP
Transportschicht 495, 534
Treiberregistrierung 257

UDP 534
umask 371
Umgebung 49
umount 377
Universal Serial Bus *siehe* USB
unmount 377
Unmounten 386
Unterbrechung *siehe* Interrupt
USB 249, **303**
  Features 303
  Gerätebaum 309
  Topologie 304
  Transfertypen 306
User-Pointer 18, 210
Userspace
  Daten kopieren 209

Verbindungsabbau 547
Verkettete Liste 16
Verknüpfungen *siehe* Links
Vermittlungsschicht 494, 517

Index

Versionskontrolle 344, 348
Verstopfung 674
Verzeichnisse 371
   Ext2 421
   Inoden 354
VFS 351–399
   Aufbau 358
   Dateien öffnen 393
   Dateioperationen 368, 387
   Dateisystemoperationen 377
   Lookup 391
   Mountstrukturen 379
   Namensräume 372
   Objekte 377
   Programmierschnittstelle 356
   Prozessspezifische Informationen 365
   Standardfunktionen 395
   Superblock 380

Verzeichnisinformationen 371
Virtuelle Adresse 9
Virtuelles Dateisystem *siehe* VFS
Virtuelle Dateisysteme 352
Virtueller Prozessspeicher 170
vmalloc 136

w 620
Wait Queues **612**
Warteschlangen **612**
Wettbewerbsbedingungen *siehe* Race Conditions
wine 51
Writeback-Kontrolle 665
Writeback-Modus 447
Writer-Locks 224

xinetd 499

Zeichengeräte
   Registrierung 258
   Standardoperationen 262
   Treiberoperationen 263
Zeitdomänen 618
Zeitmessung 4
Zeitquantum 54, 55, 59, 60, 64
Zeitscheibe 21, 55, 60–62, 64, 66
Zombie 23
Zonen
   Verkleinern 721
Zoneninitialisierung 92
Zugriffsberechtigungen
   Dateien 362
   Mappings 185
   Region 176
Zugriffszeitpunkt 361, 420
Zurückschreiben *siehe* Flushing
Zweite Chance 688

Symbole

_CACHE 154
_NSIG 241, 242
_NSIG_BPW 242
_PAGE_DIRTY 88, 89
_PAGE_FILE 202
_PAGE_GLOBAL 106
_PAGE_PRESENT 88
_PAGE_READ 88
_PAGE_REFERENCED 194
_PAGE_WRITE 88
_PAGE_ACCESS 89
_PAGE_ACCESSED 88, 89, 194
_PAGE_USER 88
_PRESENT 87
_SYSCALL 584
__CRC_SYMBOL 331, 346
__EXPORT_SYMBOL 346
__GFP_COLD 121
__GFP_DMA 120, 122
__GFP_FS 121
__GFP_HIGH 121, 127
__GFP_HIGHMEM 120, 121
__GFP_IO 121
__GFP_NOFAIL 121, 129
__GFP_NORETRY 129
__GFP_NOWARN 121, 129
__GFP_REPEAT 121
__GFP_WAIT 121, 122, 125, 128
__PAGE_OFFSET 105
__REQ_RW 273
__ZONE_NORMAL 120
__block_write_full_page 646, 650
__bread 425, 430, 653, 656
__bread_slow 656
__cache_free 166, 170
__cache_alloc 163, 170
__cacheline_maxaligned_in_smp 77
__change_bit 132
__clear_user 210
__copy_from_user 209
__copy_to_user 209
__d_lookup 391
__delete_from_swap_cache 731
__elv_add_request_pos 278
__end_exception_table 208
__end_of_fixed_adresses 104
__exit 330
__find_get_block 653–655
__find_get_block_slow 654
__find_symbol 339, 340, 348
__fix_to_virt 104
__flush_all_tlb 106
__free_block 167
__free_bootmem_core 114

__free_page 142
__free_pages 115, 123, 134, 135
__free_pages_bulk 135
__free_pages_ok 135
__generic_file_aio_read 396, 397
__generic_unplug_device 279
__get_free_page 122
__get_free_pages 122, 165
__get_user 209
__getblk 653, 654, 656
__getblk_slow 653–655
__init 115, 330
__init_begin 116
__init_end 116
__initcall 115
__initdata 115
__kmalloc 169
__make_request 277–279
__mark_inode_dirty 713
__pa 114
__pagevec_lru_add 720
__pagevec_release 720, 728
__pagevec_release_nonlru 732
__pdflush 662
__pdflush_work 662
__pgd 87
__pgprot 87, 88
__pmd 87
__pte 87
__pte_to_swp_entry 707
__put_user 209
__release_region 286
__remove_from_page_cache 732
__remove_wait_queue 614
__request_region 285
__request_resource 286
__rmqueue 130, 131, 133
__run_timers 625
__this_fixmap_does_not_exist 104
__this_module 330
__vm_unlink 180
__vma_link 181
__vma_link_file 181
__vma_link_list 181
__vma_link_rb 181
__vmalloc 139, 140
__vunmap 141, 142
__wait_queue 615
__wait_on_inode 673
__wake_up_common 615
__writeback_single_inode 672
__writeback_single_inodes 671
__activate_task 59, 67
__add_to_page_cache 639

__add_wait_queue 613, 614
__alloc_bootmem 113, 114
__alloc_bootmem_core 113, 114
__alloc_bootmem_node 113
__alloc_pages 124, 128, 639
__attribute__ 116, 571
__section__ 116
__set_page_buffers 647
__set_page_dirty_buffers 641
__set_page_dirty_nobuffers 709, 713
__skb_dequeue 516
__start___ksymtab_gpl 339
__start_exception_table 208
__stop___kysmtab_gpl 339
__strlen_user 210
__strncopy_from_user 209
__strnlen_user 210
__swp_type 707
__swp_offset 707
__sync_single_inode 673
__user 18, 210, 577
__user_walk 386
_bit 696
_bits 381
_edata 97
_end 97, 111
_etext 97
_irq 224
_irqsave 224
_node 113
_pages 113
_text 97
_trylock 224
_sifield 243
_sigfault 243

ac_data 163
ac_entry 164
accelerate_task 346
accept 501, 502
access_process_vm 585
access_user 210
ack 538, 541, 543, 596
ack_seq 537
act_tasklets 593
active_list 78
actor 398
add 294
add_disk 258, 268
add_interrupt_randomness 603
add_request 278
add_timer 627
add_to_page_cache 639, 640, 709, 712, 714
add_to_page_cache_lru 640, 721

add_to_swap 709, 712–714, 730
add_to_swap_cache 710, 713, 714, 735
add_wait_queue 613, 614
add_wait_queue_exclusive 614
add_swap_extent 701–703
addr_len 512
addr_limit 42
address 86, 199, 200, 212
address_space 173, 181, 183, 184, 204, 636, 637
address_space_operations 427, 428, 637, 640–642, 673, 708
adjtimex 565
AF_INET 497, 499
aio_read 369
all_unreclaimable 78
alloc_bootmem_low 113
alloc_bootmem_low_pages 113
alloc_bootmem_pages 113
alloc_buffer_head 645
alloc_page 122, 734
alloc_pages 122, 123, 639, 735
alloc_pages_node 122, 124
alloc_percpu 149
alloc_pidmap 43
alloc_skb 508
alloc_slabmgmt 165
already_uses 327
altroot 372
altrootmnt 372
anon_hash_chain 364
aout_format 51
apply_relocate 338
apply_relocate_add 338
arch_get_unmapped_area 182
arg_end 51
arg_start 51
arp 456
ARPHRD_ETHER 512
ARPHRD_LOOPBACK 512
ARPHRD_APPLETLK 512
array_cache 155, 156, 162–164
arraycache_init 158
arrays 57
as_iosched 282
as_merge 277
asmlinkage 571
assoc_mapping 637
atalk_ptr 512
atime 420
atomic_inc 33
ATOMIC_INIT 220
atomic_t 220, 221
attach_mnt 386, 387
attach_pid 33, 34
attribute 329
avail 156
avg_blog 515

b_bdev 645, 655
b_bh 449
b_blocknr 645, 655
b_count 644
b_data 645
b_end_io 645, 650, 651, 656
b_page 644
b_private 645
b_this_page 645, 646
b_tnext 449
b_tprev 449
b_transaction 449
b_size 645
b_state 644
b_status 655
back_merge_fn 271
background_writeout 678
background_writepages 678
backing_dev_info 637, 665, 671, 672
bad_area 200, 201
balance_pgdat 737, 738, 741
balloc 567
base_stuff 477, 478
bd_block_size 260
bd_dev 260
bd_disk 260
bd_inode 260
bdev_get_queue 277
bdev_hashtable 260
bdev_map 258
bdget 260
BDI_pdflush 672
BDI_write_congested 671
best_ndir 442
bg_block_bitmap 417
bg_free_blocks_count 417
bg_free_inodes_count 417
bg_inode_bitmap 417
bg_used_dirs_count 417
BH_Dirty 644
BH_Lock 644
bh_lookup_lru 653
bh_lru_install 653, 654
BH_Mapped 644, 649
BH_Mapping 649
BH_New 644
BH_Async_Write 651
bh_state_bits 644
BH_uptodate 644
BH_Uptodate 644, 649, 656
bi_bdev 275
bi_destructor 276
bi_end_io 276, 280
bi_hw_segments 275
bi_io_vec 275
bi_next 275
bi_phys_segments 275
bi_private 276
bi_vcnt 275
bi_sector 275
bi_size 275
bind 497, 501, 553
bind_next 551
bind_pprev 551
bio_submit 716
biotail 274
BITMAP_SIZE 57
BITS_PER_LONG 85, 366, 469
BK_Lock 644
blk_congestion_wait 129, 668, 676, 739, 741
blk_dev 267
blk_dev_init 279
blk_devs 267
blk_fops 262
blk_fs_request 280
blk_partition_remap 277
blk_plug_device 279
blk_plug_list 279
blk_put_request 676
blk_queue_plugged 279
blk_register_region 258
blk_run_queues 641, 676, 709, 737
blkdec_ioctl 283
BLKDEV 422
blkdev_commit_write 643
blkdev_direct_IO 643
blkdev_ioctl 283
BLKDEV_MAX_RQ 675
blkdev_prepare_write 643
blkdev_readpage 643
blkdev_writepage 643
blkdev_open 268
block__commit_write 643
block_device 260, 382, 645, 653, 695
block_device_operations 257, 262, 268
block_major_name 258
block_map_full_page 640
block_prepare_write 643
block_read_full_page 433, 643, 646, 648–650
block_write_full_page 640, 642, 643
block_sync_page 709
blocked 242
bmap 701, 702
bootmem_data 111
bootmem_t 112
break 94
break_cow 206
brk 51, 195, 196, 560, 567, 686
broadcast 512
buddyinfo 455
BUFCTL_END 153, 166
buffer_dirty 651
buffer_head 637, 644–646, 649, 651, 653, 655, 667, 709
buffer_heads 428
buffer_mapped 651
buffer_uptodate 649
buffered_rmqueue 125, 129, 130
build_zonelist_node 94
build_zonelists 92–95

Symbole

build_zonelists_node 95
build_all_zonelists 92
bus_id 292
bus_list 300, 310
bus_name 310
bv_page 276
bv_offset 276
BYTES_PER_WORD 152

cache_cache 158, 168
cache_chain 162
cache_estimate 160, 161
cache_flusharray 167
cache_grow 164, 165
cache_init_objs 166
cache_alloc_listfixup 164
cache_alloc_refill 164
cache_alloc_tail 164
cache_alloc_one_tail 164
cache_sizes 169
calc_vm_flags 186
calculate_zone_bitmap 110
calculate_zone_totalpages 107
call_usermodehelper 343
can_vma_merge_after 180
CAP_SET_NICE 565
capget 568
capset 568
cbio 274
cdev_map 258
CDROMEJECT 256
CFLGS_OFF_SLAB 156, 160, 161
cgid 229
change_mtu 513
char_device_struct 258
chdir 372, 567
check_kill_permission 244
check_media_change 257, 258, 370
check_version 340, 348
checksum 538
Checksum 519
child 483–485, 488
child_tidptr 38, 39, 46
children 35, 43, 45, 292, 299, 300, 310
CHLD 581–584
chmod 567
chown 567
CHRDEV 422
chrdev_open 262, 263
chrdevs 264
chroot 365, 372, 388, 393, 454, 567
class 305
class_mask 302
classzone 125, 740
clean_pages 636
cleanup 329
clear_child_tid 46
clear_inode 383
clear_page 122

clear_queue_congested 676
clear_tsk_thread_flag 584
ClearPageLocked 82
clone 6, 29, 30, 34, 36, 38, 46, 241, 246, 565
CLONE 43–45, 48
CLONE_CHILD_CLEARTID 46, 47
CLONE_CHILD_SETTID 46, 47
CLONE_FILES 43
clone_flags 38
CLONE_FS 44
CLONE_KERNEL 48
CLONE_NEWNS 44, 372
CLONE_PARENT 45
CLONE_PARENT_SET 46
CLONE_PARENT_SETTID 47
CLONE_SIGHAND 44
CLONE_THREAD 30, 44, 47
CLONE_VFORK 39, 40
CLONE_VM 39
close 176, 356, 357, 512, 547, 548, 559, 560, 567, 585, 586
close_on_exec 366
close_on_exec_init 366
CLOSED 542
cluster_next 696
cluster_nr 696, 710
cmdline 453, 477
Codepoint 519
cold 125, 719
colour 157
colour_next 157
colour_off 157
colouroff 165
commit_write 641
complete 616
cond_resched 609, 744
CONFIG_DEBUG_SLAB 149, 154
CONFIG_DISCONTIGMEM 106
CONFIG_LARGE_ALLOCS 169
congestion_wqh 675, 676
connect 499
context_switch 64
contig_bootmem_data 112
contig_page_data 91, 100, 107, 112
continue 712, 738
copy_cow_page 206
copy_files 43
copy_from_user 207, 335
copy_fs 44
copy_mm 44
COPY_MM 44
copy_namespace 44
copy_process 40, 41, 43, 46
COPY_SYSVSEM 43
copy_thread 44
copy_to_user 398, 556
copy_semundo 43
copy_sighand 44
copy_signal 44
copy_user_highpage 204, 206

core 29, 305
core_dump 52
core_size 324, 336
counter 216, 217
cpu_raise_softirq 607, 608
cpucache_init 159
cpufreq_parse_policy 473
cpufreq_write 472
cpus_allowed 54, 67
crc 324, 348, 349
crcindex 338
crcs 324
create_buffers 646
create_empty_buffers 646, 648, 650
create_page_buffers 655
create_proc_entry 467, 469, 470, 488
create_proc_info_entry 470
create_proc_read_entry 463, 470
ctime 420
CTL_DEV 480, 483, 485
ctl_entry 484
ctl_handler 484
CTL_KERN 480, 483
ctl_name 482
ctl_table 482–488
ctl_table_header 484, 485, 487
CTL_VM 480
CTL_ABI 486
ctor 157, 159
cuid 229
curr 56
curr_swap_extent 696, 698, 716
current 42, 43, 570, 614
current_nr_sectors 274
current_thread_info 42, 43
cwd 454

d_child 374
d_compare 376
d_count 375, 376
d_delete 376
d_hash 375, 376
d_iname 374
d_inode 374
d_iput 376
d_lru 376
d_mounted 374, 386, 390, 391
d_mountpoint 391
d_name 374
d_parent 374, 390
d_release 376
d_revalidate 377, 391
d_alias 375
d_alloc_root 466
d_op 375
d_subdirs 374
daemonize 48, 662
data_ready 536, 545, 551, 556
datasync 683

Symbole

deactivate_task 63, 67
deallocate_pages 141, 142
debt 440, 441
dec_ 69
dec_preempt_count 69
DECLARE_MUTEX 223
def_blk_fops 260
def_chr_fops 260
def_flags 186
DEF_PRIORITY 738, 739
DEFAULT_SEEKS 742
default_wake_function 613
DEFINE_PER_CPU 652
del_timer_sync 627
delayed 617
delete_inode 383
delete_module 321, 567
demonize 737
dentry 291, 310, 363, 371, 373–377, 380, 385, 386, 388–392, 438, 466, 476, 743
dentry_hashtable 375
dentry_open 394
dentry_operations 376, 391
dentry_unused 375, 376
dequeue_task 66
descriptor 309
dest_entry 526
detach_mnt 387
detach_vmas_to_be_unmapped 189
dev_base 510
DEV_CDROM 480, 483, 485
DEV_CDROM_INFO 480, 485
dev_get_by_index 511
dev_get_by_name 511
dev_id 597, 599, 605
dev_queue_xmit 517, 525
dev_t 261, 262
dev_add_pack 516
dev_addr 512
devfn 300
devfs_register 259
device 292, 293, 299
device_get 292
device_put 292
device_register 292
devices 293, 299
devices_read_proc 463
devmap 310
devnum 309
devpath 309
DF 519
dflags 157
die 209
dir 438
direct_IO 641
dirtied_when 637, 672–674
dirty_background_ratio 666, 667
dirty_expire_centisecs 667
dirty_inode 383

dirty_pages 636, 641, 713
dirty_writeback_centisecs 667, 668
dirty_async_ratio 666, 667
disable 596
disconnect 308
DISCONTIG 73
DISCONTIGMEM 106
disk_name 269
distress 725
divide_error 600
dma_ressource 301
dname 374
DNAME_INLINE_NAME_LEN 374
do_*_page 203
do_brk 196, 197
do_clone 47
do_exec 52
do_execve 49, 50
do_file_page 202, 206
do_follow_link 391–393
do_fork 38–40, 46, 48
do_generic_file_read 397
do_generic_mapping_read 397, 398
do_ioctl 512, 513
do_IRQ 601–603, 606
do_it_prof 628
do_it_virt 628
do_kern_mount 385, 463
do_lookup 390, 391
do_loopback 385
do_mmap_pgoff 185, 186, 188, 197
do_mount 385
do_move_mount 385
do_mpage_readpage 658
do_munmap 187, 188, 196
do_no_page 203, 207, 721
do_page_fault 198, 208, 732
do_process_times 628
do_remount 385
do_rw_proc 489, 490
do_timer 619, 620, 625
do_tune_cpucache 162
do_wp_page 203, 205, 721
do_writepages 673, 682
do_add_mount 385
do_alarm 618
do_anonymous_page 203, 205, 721
do_open 268
do_setitimer 627
do_signal 245
do_softirq 604, 608, 609
do_sparc_fault 198
do_swap_page 203, 732, 733, 736
do_sync_read 395
do_sync_write 395
do_syscall_TRACE 584
do_umount 386
down 218, 219, 223, 227, 228
down_interruptible 223
down_read 224

down_trylock 223
down_write 224
dquot 743
driver 292, 301, 308
driver_data 292
driver_list 292
driver_register 293, 302
drivers 293, 460
drop_super 670
dst 288, 508, 523, 526
dst_entry 527
dst_output 524
dtime 420
dup 246
dup_task_struct 40, 42

e_shnum 335
EACCES 576
EEXIST 576
effective_prio 57, 65
elevator 270, 277
ELEVATOR_BACK_MERGE 277, 278
elevator_exit_fn 281
elevator_former_req_fn 281
ELEVATOR_FRONT_MERGE 277
elevator_init_fn 281
elevator_latter_req_fn 281
elevator_merge_fn 277, 281
elevator_merge_req_fn 281
elevator_merged_fn 281
elevator_next_req_fn 281
ELEVATOR_NO_MERGE 278
elevator_noop 282
elevator_put_req_fn 281
elevator_queue_empty_fn 281
elevator_remove_req_fn 281
elevator_add_req_fn 278, 281
elevator_set_req_fn 281
elf_format 51
ELNRNG 575
elv_merge 277
elv_next_request 280
emacs 354
enable_cpucache 162
encountered_congestion 666, 668, 671
end 180, 211–213, 284, 507, 596
end_buffer_io_sync 656
end_buffer_async_read 650
end_buffer_async_write 651
end_code 51
end_data 51
end_page_writeback 716
end_request 280
end_addr 179
end_swap_bio_write 716
ENOENT 576, 735
ENOMEM 735
enqueue_task 59, 66
entries 229, 231, 232, 238
entry 202, 291, 616, 621, 623, 713
env_end 51

Symbole

env_start 51
environ 453
EOPNOTSUPP 575
err_handler 522
error_code 198
eth_change_mtu 513
eth_header 513
eth_header_parse 513
exec 5, 29, 36, 37, 40, 49, 171, 246, 283, 366, 578
exec_domain 42
execve 36, 40, 49, 567, 721
exit 52, 54, 325, 565
exit_module 330
expand 132, 134
expand_stack 200
expired 57
EXPIRED_STARVING 61
expired_timestamp 56, 61
expires 621, 623, 628
EXPORT_SYMBOL 330
EXPORT_SYMBOL_GPL 330
extable 324
extent_list 696, 697
extern 571

f_dentry 367
f_flags 367
f_gid 367
f_mode 367
f_pos 367
f_ra 367
f_version 367
f_op 260, 367
f_owner 367
f_uid 367
fake_ino 475
false 221
fasync 369
fat_add_entries 317
fat_attach 317
fd_install 394
fd_array 366
fd_set 366
fdatasync 369, 679, 681–683
fget 394, 682
fib 526
fib_lookup 526
fib_result 526
FIFO 422
FIGETBSZ 283
file_ioctl 283
file_read_actor 398
file_type 422, 423
file_operations 257, 260, 262–265, 268, 283, 370, 394, 395, 427, 459, 470, 477, 478, 682
file_system_type 360, 381, 382, 385, 411, 429, 465
filemap_fdatawait 682, 683
filemap_fdatawrite 682, 683

filemap_nopage 184, 187, 204, 398, 399
filemap_populate 184
filename 49
files_struct 365, 366
filp_open 394
fin 538
find_busiest_queue 67, 68
find_first_zero_bit 469
find_get_page 398, 399, 715, 734
find_group_orlov 440
find_max_low_pfn 102
find_module 340
find_pid 33
find_task_by_pid 244, 475, 582
find_vma 178, 179, 188, 200, 683
find_vma_intersection 179, 196
find_vma_prepare 181, 187
find_vma_prev 188
find_or_create_page 655
find_sec 335
finish_task_switch 64
finish_wait 677, 737
first_minor 269
first_time_slice 54, 61
FIX_KMAP_BEGIN 146
FIX_KMAP_END 146
fix_to_virt 104
FIXADDR_START 142
fixed_addresses 104, 146
fixup 208
fixup_exception 199, 208
flat_format 51
flock 561
flush 369
flush_cache_ 212
flush_cache_mm 211, 212
flush_cache_all 140, 145, 211
flush_dcache_... 212
flush_dcache_page 212
flush_icache_... 212
flush_icache_page 204
flush_icache_range 213
flush_tlb_ 212
flush_tlb_mm 211, 212
flush_tlb_all 211
flush_all_zero_pkmaps 144, 145
follow_dotdot 390
follow_link 363, 392, 393
fops 269
for_kupdated 666
fork 5, 6, 29, 30, 34–40, 48, 54, 171, 177, 212, 225, 246, 362, 502, 565, 567, 578, 692
formats 52
free 132, 151, 164, 168
free_bootmem 114, 115
free_bootmem_node 114
free_buffer_head 645
free_hot_cold_page 135
free_hot_page 135
free_initmem 116

free_irq 599
free_limit 156
free_list 117, 129
free_module 341
free_more_memory 655, 678
free_pages 77, 108, 123, 135, 738
free_pages_bulk 135
free_percpu 149
free_touched 157
free_all_bootmem 115
free_all_bootmem_node 115
free_area 78, 117, 133–135
free_area_init 107
free_area_init_core 108, 110
free_area_init_node 107, 110
free_objects 156
freed_pvec 732
from 209
front_merge_fn 271
fs_flags 378
fs_struct 44, 371, 372
fs_supers 378, 382
fs_sync_inode 683
fsync 369, 679, 681–683
fsync_mapping_buffers 683
full 151, 164
FULL 158, 159

g_cpucache_up 158, 159
gdb 577
gendisk 258, 260, 268, 270, 274, 277, 283
generic_ 371
generic_direct_IO 642, 643
generic_file_direct_IO 397
generic_file_mmap 187, 431
generic_file_read 315, 395, 396, 398, 431
generic_file_vm_ops 187
generic_file_write 315, 395
generic_file_aio_read 396, 397
generic_make_request 277
generic_prepare_write 642
generic_read_dir 466
generic_read_file 268
generic_write_file 268
generic_writepages 673
genhd 267
genksym 345
get_block 649, 651, 657
get_block_t 432
get_buffer_foo 644
get_chrfops 263
get_cpu 720
get_dma_pages 122
get_empty_filp 367
get_fs_type 385
get_full_page_state 665
get_gendisk 268
get_info 459, 460, 470, 471
get_info_t 470
GET_PAGE_SLAB 154

get_page_state 665, 667, 678, 680, 737, 739
get_pgd_slow 89
get_random_bytes 442
get_request 675
GET_STATUS 306
get_thread_info 43
get_vm_area 138, 139
get_zeroed_page 122
get_sb 378, 386, 429
get_sb_bdev 429
get_sb_single 465
get_signal_to_deliver 245, 583
get_stats 512
get_swap_bio 715, 735
get_swap_page 710, 712
get_unmapped_area 181, 186
get_unused_fd 394
get_user_pages 585
getcwd 567
getdents 567
geteuid 565
getitimer 565
getmask 566
getpriority 566
getrlimit 565
getrlimits 28
getrusage 565
gettimeofday 562, 565
getuid 570
GFP_ 148, 163
GFP_DMA 122, 148
GFP_HIGHUSER 122
GFP_KERNEL 122
gfp_mask 140, 637, 638
GFP_NOFS 122
GFP_NOIO 122
GFP_ATOMIC 121
gfp_order 160, 161
GFP_USER 122
gfporder 157
gid 229, 459
global_list 300
goal 113, 114
good_area 200
got_page 711
gpl_crcs 324
gpl_syms 324
gplok 339
graft_tree 385, 386
group_leader 30
grow_buffers 655
grow_dev_page 655

h_buffer_credits 449
h_cpucache_up 158
h_transaction 449
handle_IRQ_event 603
handle_mm_fault 201, 202, 210
handle_pte_fault 202
handle_ra_miss 399
handle_t 448

handle_signal 245
handler 240, 522, 595, 597, 598
hard_cur_sectors 274
hard_header 513
hard_header_parse 513
hard_nr_sectors 274
hard_sector 274
hard_start_xmit 517
hard_stat_xmit 512
hardsect_size 272
hash 364
hash_chain 32
HAVE_ARCH_UNMAPPED_AREA 182
hd_struct 269
HI_SOFTIRQ 607, 612
high_memory 101, 102
highend_pfn 107
highest_bit 696, 711, 712, 734
HIGHMEM 73
hook 529, 531, 532
hooknum 531
hotplug 294
htons 499
hw_irq_controller 595, 598
HZ 4, 58, 60, 70, 619, 621

i_bdev 260, 362
i_block 420, 423
i_blocks 361, 420
i_cdev 260, 423
i_count 362, 364, 445, 673
i_ctime 361
i_dentry 375
i_dir_acl 421
I_DIRTY 673
I_DIRTY_PAGES 673
i_faddr 421
i_file_acl 421
i_fop 260, 362
i_gid 362, 420
i_hash 364
i_ino 362, 383
i_links_count 420
i_list 363, 674
I_LOCK 673, 674
i_mmap 637
i_mmap_shared 637
i_mode 260, 362, 420
i_mtime 361
i_nlink 362, 364
i_pipe 362
i_prealloc_block 436
i_prealloc_count 436
i_rdev 260, 362, 423
i_atime 361
i_op 362
i_sb 364
i_size 361, 363, 420
i_uid 362, 420
id_table 308
idle 56
idVendor 308

ifindex 511
IHL 518
image 305
in_interrupt 604
in_use 229
inactive 78, 718–721, 723
inactive_list 78, 728
inb 251
inc_preemp_count 69
inc_preempt_count 69
indev 529
index 81, 132–134, 640
Indirect 434
inet_create 555
inet_protocol 522
inet_protos 522
inet_add_protocol 522
inet_addr 499
inet_aton 498
init 199, 324, 325, 329
init_bootmem 112
init_bootmem_core 112
init_completion 615
init_module 315, 321, 330, 333, 567
init_new_context 50
init_page_buffers 655
init_wait_queue_entry 614
INIT_WORK 616
INIT_OFFSET_MASK 336
init_size 324, 336
init_special_inode 261
init_sync_kiocb 396
initarray_cache 158
initcall 608
inline 104, 530
inode 421, 461, 472
inode_hashtable 364
inode_in_use 364, 673
inode_init 364
inode_operations 389, 391, 427, 438, 443, 459, 470
inode_unused 364, 674
inodes_per_group 442
input 305, 527
input_pkt_queue 515
insert_vm 181
insert_vm_struct 180
insn 208
internal_add_timer 627
interruptible_sleep_on 614
interruptible_sleep_on_timeout 614
interrupts 456
inuse 165
io_pages 636
io_schedule_timeout 677
ioctl 256, 257, 282, 283, 369
iomem 286, 455
iomem_resource 287
ioport_resource 288
ioports 288, 455

Symbole

ioremap 137, 141, 251, 287
iosched_deadline 282
iounmap 251, 287
ip_conntrack 326, 327
ip_conntrack_ftp 326, 327
ip_decrease_ttl 523
ip_defrag 521, 522
ip_find 522
ip_finish_output 524
ip_forward 521, 523, 527, 530
ip_forward_finish 523, 530
ip_forward_options 523
ip_frag_queue 522
ip_frag_reasm 522
ip_fragment 525, 526
ip_local_deliver 521, 522, 527, 534
ip_local_deliver_finish 522
ip_nat_ftp 326, 327
ip_ptr 512
ip_queue_xmit 524, 546
ip_rcv 516, 520
ip_route_input 521, 523, 526
ip_route_input_slow 526
ip_rt_bug 527
ip_tables 326, 327
ip_output 524–527
ip_send_check 524, 526
ipc 233, 236, 568
IPC_CREAT 227
ipc_id 229
ipc_perm 234
iphdr 519
iptable_nat 326, 327
iput 445
irix_format 51
irq_desc 597, 598, 603
irq_desc_t 595, 603
IRQ_DISABLED 594, 595
IRQ_HANDLED 604
IRQ_INPROGRESS 595
IRQ_LEVEL 595
IRQ_NONE 604
IRQ_PENDING 595
IRQ_PER_CPU 595
IRQ_REPLAY 595
IRQ_WAITING 595
IRQ_AUTODETECT 595
irqaction 597–599
irqreturn_t 604
irqs_disabled 69
IS_ERR 39
it_prof_incr 628
it_prof_value 622, 628
it_real_fn 627
it_real_incr 622, 628
it_real_value 622, 627
it_real_sync 627
it_virt_incr 622, 628
it_virt_prof_incr 622
it_virt_value 622, 628
ITIMER_PROF 619

ITIMER_REAL 619, 627, 628
ITIMER_VIRTUAL 619, 628

jiffies 4, 620, 621, 624–626, 637
jiffies_to_timespec 621
jounal_current_handle 448
journal_bdev 451
journal_dirty_data 449
journal_dirty_metdadata 449
journal_start 449
journal_stop 449

k_sigaction 241
KALLSYMS 323
KBUILD_MODNAME 330
kcore 455, 456
kdev_t 260–262
kdev_t_to_nr 261
KERN_HOSTNAME 483
kern_ipc_perm 229, 231, 232, 238
kern_mount 463
kern_table 486
KERN_OSRELEASE 483
KERN_OSTYPE 483
kernel_param 333, 339
kernel_physical_mapping_init 106
kernel_thread 48
kernel_symbol 324, 331
key 229, 434
kfree 12, 166, 168, 170
kill 244, 566
KILL 579
kill_super 378
kiocb 396
km_type 146
KM_TYPE_NR 146
kmalloc 12, 119, 149, 150, 153, 158, 159, 161, 163, 165, 168, 169, 315
kmap 72, 142, 144, 145
kmap_high 144
kmap_init 106
kmap_pte 106
kmap_atomic 145, 146
kmem_bufctl 164, 166
kmem_bufctl_t 161
kmem_cache_create 149, 159, 160
kmem_cache_destroy 168
kmem_cache_free 149, 166
kmem_cache_init 158
kmem_cache_t 163, 167
kmem_cache_alloc 149, 162, 163, 165
kmem_cache_s 154, 156–159, 162
kmem_cache_sizes_init 158, 169
kmem_dev_s 156
kmem_getpages 165
kmod_concurrent 342
kobj_type 291
kobject 290–293
kobject_cleanup 291
kobject_get 291

kobject_init 291
kobject_put 291
kobject_register 291
kobject_unregister 291
kobjects 291
kset 291
kswap_init 736
kswapd 736, 737
kswapd_wait 76
ksyms 455
kunmap 72, 145
kunmap_high 145
kunmap_atomic 146

l_hold 724–726
l_i_fsize 421
l_i_gid_high 420
l_i_uid_high 420
l_inactive 724, 726–728
l_active 724, 726–728
last_empty_jifs 663
LAST_PKMAP 103, 142
last_pkmap_nr 144
last_pos 112
last_run 54, 62
LAST_ACK 548
last_offset 112
last_success 112
layout_sections 336
left_over 162
license_gplok 324
limit 155, 156
link 33, 363, 567
link_count 365, 392, 393
link_dev_buffers 646, 655
link_path_walk 388, 389, 391, 393
link_pid 33
linux_banner 463
linux_binfmt 50, 52
linux_binprm 50
list_del 488
list_entry 17
list_head 16, 17, 31, 298, 530
list_add 613
list_add_tail 33, 59
listen 501, 553
ll_rw_block 683
llseek 567
load_balance 67, 68
load_binary 52
load_module 333, 334, 339
load_shlib 52
loadavg 456
loadavg_read_proc 463
local_irq_disable 603
local_irq_enable 603
local_t 221
local_softirq_pending 607
lock 222, 370, 612
lock_buffer 649, 651
lock_kernel 224
locked_pages 636

look_bh_lru 653
lookup 363, 391, 470
lookup_bh_lru 653, 654
lookup_mount 391
lookup_swap_cache 714, 733, 734
low_ino 459
lowest_bit 696, 711, 712, 734
lru_cache_add 640, 720, 721, 724
lru_cache_add_active 204, 721, 735
lru_add_cache 721
lru_add_drain 723, 728
lru_add_pvecs_active 721
ls 352, 358

m_list 235
m_ts 235
m_type 235
mac 507
madvise 399, 567
major 269
MAJOR 261
make_inode_number 468, 469
make_pages_present 187
make_request_fn 271, 276, 277
malloc 118, 147, 168, 185, 195, 560, 567, 576, 686
malloc_sizes 169
map 117
MAP_ 186
MAP_FIXED 182, 185
map_new_virtual 144, 145
MAP_NORESERVE 187
MAP_POPULATE 176
MAP_PRIVATE 185, 686
MAP_SHARED 185, 186
map_vm_area 140
MAP_ANONYMOUS 185, 686
map_sock_fd 555
mapped_ratio 725, 726
mapping 81, 640, 657, 682, 726
maps 453, 477
mark_buffer_async_read 650
mark_buffer_async_write 651
mark_page_accessed 398, 399, 721, 733
MARK_ACCESSED 132
MARK_USED 132, 133
mask 110, 119
match 294
match_flags 308
max 695
max_debt 441
max_dirs 440, 441
MAX_DMA_ADDRESS 107, 114
max_fds 365, 366
max_fdset 365, 366
max_hw_segments 272
max_id 229
MAX_KMOD_CONCURRENT 343
max_load 68
max_low_pfn 102, 107, 112

MAX_NR_ZONES 74
MAX_PDFLUSH_THREADS 661
max_pfn 112
max_phys_segments 272
MAX_PROBE_HASH 258
MAX_RT_PRIO 54
MAX_SLEEP_AVG 59
MAX_SWAPFILES 693
MAX_SWAPFILES_SHIFT 706
max_threads 28
MAX_WRITEBACK_PAGES 668
MAX_ORDER 117
max_scan 739
max_sectors 272
max_segment_size 272
maxchild 310
maxlen 483, 490
mb_cache_shrink_fn 743
mem_init 92, 115
mem_map 143, 144, 154
meminfo 455
meminfo_read_proc 463
memory_backed 637
memory_open 264
memset 94
merge_requests_fn 271
min_blocks 440, 441
min_inodes 440, 441
MIN_PDFLUSH_THREADS 660
MINOR 261
minors 269
misc_format 51
mk_pte 89, 205
mkdir 438, 567
mknod 567
mlockall 186, 187
mm 48, 180, 211, 212
mm_rb 174
mm_release 47
mm_alloc 50
mm_struct 44, 50, 174, 175, 178, 181, 186, 195, 199
mmap 47, 184, 185, 369, 567, 686
mmap_cache 174, 179
mnt 388, 389
mnt_child 380
MNT_DETACH 386
MNT_FORCE 384, 386
mnt_hash 380
mnt_list 373, 380, 387
mnt_mntpoint 380
mnt_mountpoint 386, 387, 390
mnt_mounts 380
mnt_parent 380, 386, 387, 390
mnt_root 380, 391
mnt_sb 380
mod_frob_arch_sections 336
mod_page_state 131
modprobe_path 342
module 308, 322, 325–327, 329, 333, 340, 459
module_core 324

module_depends 348
module_exit 330
module_finalize 338
MODULE_FORCE_UNLOAD 323
MODULE_INFO 331
module_init 324, 330
MODULE_LICENSE 332
module_put 325
module_ref 324
MODULE_STATE_COMING 323
MODULE_STATE_GOING 323
MODULE_STATE_LIVE 323
MODULE_SYMBOL_PREFIX 331
module_which_use 326
module_which_uses 325, 327, 328
module_alloc 336
module_state 323
MODULE_UNLOAD 323
module_use 325, 326, 328
modules_which_use_me 325–327, 341
MODVERSIONS 323, 339
modversions_info 348
mount 319, 373, 379, 380, 384, 429, 567
mount_hashtable 380, 391
mount_root 385
move_addr_to_kernel 556
move_addr_to_user 556
mpage_readpage 398, 446, 640, 642, 650
mpage_readpages 642, 657
mpage_writepage 673
mpage_writepages 642, 673
mprotect 567
mremap 177, 567
MS_BIND 385
MS_MOVE 385
MS_REMOUNT 385
msg_ids 234
msg_msg 235, 236
msg_msgseq 236
msg_queue 236
msync 679, 683
msync_interval 683
mtime 420
mtu 512
munmap 185, 188, 567

name_len 421, 423
name_to_int 475
nameidata 386–389, 391, 393
namelen 458
namespace 373
nanosleep 562, 565, 617
nd_old 387
neighbour 527
net 305
net_device 510–513, 515, 517, 529, 597
net_device_stats 512
net_interrupt 514

Symbole

NET_IP_LOCAL_IN 522
net_rx 514
NET_RX_SOFTIRQ 515, 607
net_rx_action 515, 516
net_table 486
NET_TX_SOFTIRQ 607
netif_receive_skb 516
netif_rx 514, 515
new_inode 475
new_page 204
newlen 481
newlenp 481
newsp 39
newval 481
next_fd 366
next_reap 157
next_and_idx 191, 193
NF_DROP 532
nf_hook 531
NF_HOOK 529–531
nf_hook_ops 530
nf_hook_slow 529, 530
nf_hooks 529–531
NF_IP_FORWARD 523, 529, 530
NF_IP_LOCAL_OUT 524, 529
NF_IP_POST_ROUTING 525
NF_IP_PRE_ROUTING 521
nf_iterate 531
NF_MAX_HOOKS 530
NF_QUEUE 532
NF_REPEAT 532
NF_STOLEN 532
NF_ACCEPT 532
ngroups 442
nh 507
nice 54, 565
nlen 481
nlink 444, 445, 460
no_cached_page 398, 399
no_context 199
node_boot_start 111
node_bootmem_map 111
node_data 90
NODE_DATA 90, 91
node_id 76
node_low_pfn 111
node_mem_map 75
node_zonelists 75, 93, 94
node_zones 75, 739, 740
node_size 76
node_start_pfn 75, 76
nonblocking 666
NONE 158
nopage 127, 176
notify_parent 583
NPROTO 530
nr_badpages 700
nr_cbio_sectors 274
nr_cbio_segments 274
NR_CPUS 79
nr_dirty 665, 667
nr_dirty_page 668

nr_exclusive 615
nr_extents 696, 697
nr_hw_segments 274
nr_inactive 78, 722, 739
NR_IRQS 594
nr_lastpage 700
nr_mapped 665, 725
nr_page_tables 665
nr_pages 137, 657, 698, 702, 722, 723, 725
nr_pdflush_threads 661–663
nr_phys_segments 274
nr_requests 272, 675
nr_running 56, 67, 68
nr_to_write 666, 672, 680, 682
nr_total_pages 700
nr_writeback 665
nr_zones 75
nr_active 57, 78, 722
nr_of_swap_pages 710
NR_OPEN_DEFAULT 366
nr_sectors 274
nr_sects 269
nr_slab 665
nr_swap_pages 700
nrpages 637, 640
NRPTE 191
null_fops 264
num 156, 160, 161, 288, 289
num_exentries 324
num_gpl_syms 324
num_syms 324, 338
num_symtab 325
numnodes 91, 92

O_DIRECT 397
O_NONBLOCK 340
O_RDONLY 357
O_TRUNC 340
obj 291
off 184, 185
offset 86, 159, 162, 712, 716
offslab_limit 161
old_mmap 560
older_than_this 666, 671, 678
oldlenp 481
open 176, 257, 263, 264, 268, 356, 357, 367, 369, 393, 394, 438, 470, 512, 542, 559, 560, 567, 574–576
open_fds 366
open_fds_init 366
open_namei 394
open_softirq 606
orig_eax 602
ORIG_EAX 581
osync_buffers_list 683
out 193, 595
out_of_memory 741
outb 251
outdev 529
output 527
outw 251

owner 258, 307, 340, 368, 378, 531

packet_type 516
padding 538
paddr 101
page 75, 78–81, 83, 87, 89, 119, 123, 131, 133, 134, 137, 141–145, 154, 166, 190, 192–194, 205, 206, 212, 274, 276, 472, 631, 636, 639, 641, 644, 646, 647, 657, 658, 712, 719, 720, 724–726, 728–730, 735
page_buffers 649
page_cache_get 724
page_cache_read 399
page_cache_readahead 398, 399
page_cache_readaround 399
page_cache_release 204
page_cache_alloc 123, 639
page_cache_alloc_cold 123, 398
page_cluster 736, 737
page_has_buffers 647, 650
page_mapped 726, 727, 730
page_none 202
page_referenced 194, 727
PAGE_SHIFT 85, 107
PAGE_SIZE 114, 162, 176, 185, 212, 701
page_tree 636
page_writeback_init 667, 669
page_add_rmap 192, 193, 205, 734
page_address 123, 144
page_address_htable 143
page_address_init 92
PAGE_ALIGN 86
page_alloc 206, 734
page_alloc_init 92
PAGE_OFFSET 85, 106
page_slot 143
page_state 665, 667, 725
page_states 665
Page_Uptodate 398
PageDirty 730
PageLocked 82
pages 137, 695
pages_high 77, 738
pages_low 77, 738
pages_min 77, 738
pages_scanned 78
pageset 79, 80
pagetable_init 106
pagevec 720
pagevec_free 719
pagevec_release 719
pagevec_release_nonlru 719
PAGEVEC_SIZE 719, 721
pagevec_add 720, 732
paging_init 100, 105
parent 291, 292, 299, 300, 309, 460, 467, 468
parent_tidptr 38, 39, 46
parse_cmdline_early 99
parse_args 339

parse_options 430
partial 151, 164
PARTIAL 158
partial_name_hash 389
path_link_walk 388
path_look 394
path_lookup 385, 388, 393
path_walk 386, 393
PCI_BASE_CLASS_NETWORK 297
PCI_BASE_CLASS_STORAGE 297
PCI_BASE_CLASS_SYSTEM 297
PCI_BASE_NETWORK_ETHERNET 297
PCI_BASE_NETWORK_FDDI 297
pci_bus 298, 300
PCI_CLASS_STORAGE_IDE 297
PCI_CLASS_STORAGE_RAID 297
PCI_CLASS_STORAGE_SCSI 297
PCI_CLASS_SYSTEM_DMA 297
PCI_CLASS_SYSTEM_RTC 297
pci_dev 298, 299, 301, 303
pci_device 302, 303
pci_device_id 302, 303
pci_devices 298, 300
pci_driver 298, 301
pci_match_device 303
pci_module_init 302
pci_register_driver 302
pci_root_buses 298
PCI_VENDOR_ID_INTEL 303
PCI_ANY_ID 302, 303
PDE 472
pdflush 48, 660–664, 666, 669, 672
pdflush_list 661–663
pdflush_work 661–663
pdflush_operation 663, 669
pdg_t 87
pdg_val 87
PEEKDATA 578
PEEKTEXT 578
PEEKUSR 578
pending 43, 242
per_cpu_pages 80
per_cpu_pageset 79
perform_sample_transfer 280
permission 389
personality 565
PF_DECnet 530
PF_INET 529, 530
PF_MEMALLOC 127, 128
PF_MEMDIE 127
pfn_to_pte 206
pg_data_t 73, 75, 740
PG_direct 83, 191–193
PG_dirty 83, 709, 713
PG_error 83
PG_highmem 83
pg_list_data 78
PG_locked 82
PG_lru 83
PG_private 83, 647, 726
PG_Private 647
PG_referenced 83

PG_writeback 83, 651, 716
PG_active 83, 729
PG_slab 83, 166
pg_swapper_dir 106
PG_uptodate 83
pgd_bad 87
pgd_clear 87
pgd_free 89
pgd_index 87
pgd_none 87
pgd_present 87
pgd_t 86
pgd_val 87
pgd_alloc 89
pgdat 100
pgdat_next 76
pgdat_t 90, 92
pgdata_t 90, 91, 93
PGDIR_SHIFT 85
pglist_data 740
pgoff 180, 189
pgprot_val 87
pgrp 30, 244
phys_addr 137
pid 30–34, 45, 230, 244, 578, 582
pid_chain 32
pid_directory_inos 476
pid_hash 31–33
pid_link 32, 33
pid_t 17
PIDTYPE_MAX 31
PIDTYPE_PID 33, 34
pipe 246
pkmap 145
PKMAP 145
PKMAP_BASE 103, 142
pkmap_count 142, 144, 145
plug_list 279
pmd_bad 87
pmd_clear 87
pmd_free 89
pmd_index 87
pmd_none 87
pmd_page 87
pmd_present 87
PMD_SHIFT 85
pmd_t 86
pmd_val 87
pmd_alloc 89
pmd_alloc_one 89
pmd_offset 86
POKEDATA 578
POKETEXT 578
poll 369, 515, 562, 567
populate 176, 202, 207
port 289
preempt_check_resched 70
preempt_count 42, 69
preempt_disable 222
preempt_enable 222
PREEMPT_ENABLE 70
PREEMPT_ACTIVE 69

preempt_schedule 69, 70
prefetchw_prev_lru_page 724, 728
prep_compound_page 130
prep_new_page 131
prep_rq_fn 271
prepare_ 641
prepare_binprm 50
prepare_to_wait 677
prepare_wait 737
prepare_write 641
prepare_arch_switch 64
present_pages 79
prev_cpu_load 67
prev_priority 78, 725, 741
print_memory_map 99
prio 53, 695
priority 531, 725, 738, 741
private 81, 83, 646, 647
private_data 269
private_list 637, 682
probe 268, 293, 301, 308, 309
proc 126, 187, 284, 286–288, 299, 300, 316, 342, 351, 352, 384, 451, 452, 457–473, 475, 476, 479, 483–485, 487–489, 568, 599, 666, 669, 694, 726
proc_base_inode_operations 476
proc_base_lookup 477, 478
proc_calc_metrics 463
proc_create 468
proc_dentry 476
proc_dir_entries 460
proc_dir_entry 458–461, 463, 464, 466–468, 470–472, 487–489
proc_dointvec 490
proc_dointvec_minmax 490
proc_dostring 490
PROC_DYNAMIC_FIRST 469
proc_file_inode_operations 468
proc_file_read 471
proc_file_write 471, 472
proc_file_operations 468, 471
proc_fill_super 465, 466
proc_fops 459, 468
proc_get_inode 466
proc_get_link 462, 478, 479
proc_get_sb 465
proc_handler 488, 490
PROC_I 472
proc_info_file_operations 478
proc_info_inode_operations 479
proc_init_inodecache 462
proc_inode 461, 462, 472, 477
proc_iops 459, 468
proc_lookup 471
proc_misc_init 463, 464
proc_mkdir 464, 470
proc_mnt 463

Symbole

PROC_NDYNAMIC 469
proc_net 470
proc_net_create 470
PROC_PID_CPU 478
PROC_PID_ENVIRON 478, 479
PROC_PID_EXE 478
PROC_PID_INO 478
proc_pid_link_inode_operations 479
proc_pid_lookup 471, 473–475
proc_pid_make_inode 475, 476, 478
PROC_PID_MAPS 479
PROC_PID_STATUS 478
proc_read 462, 478
proc_readsys 484, 489
proc_register 468
proc_root 466
proc_root_init 462–464
proc_root_lookup 466, 470, 471
proc_write 473
proc_writesys 489
proc_alloc_inode 475
proc_alloc_map 469
proc_self_inode_operations 474, 475
proc_sops 465
proc_string 473
proc_symlink 470
proc_sys_file_operations 488, 489
proc_sys_inode_operations 488
proc_sys_permission 488
proc_sys_root 464, 487, 489
procdir 299
procentry 300
process_backlog 515, 516
procname 483, 487
PROD_PID_EXE 479
prot 184, 185, 551
PROT_ 186
PROT_EXEC 185
PROT_NONE 185
PROT_READ 185
PROT_WRITE 185
proto_ops 550
Protocol 519
prune_cache 376
psh 538
pt_regs 48, 578, 591, 601, 602
PT_TRACED 583
pte 81, 193, 212
pte_chain 190–194
pte_chain_cache 191
pte_chain_encode 193
pte_chain_free 191
pte_chain_alloc 191
pte_clear 87
pte_dirty 89
pte_exec 89
pte_exprotect 89
pte_file 202
pte_free 89
pte_index 87
pte_mkclean 89
pte_mkdirty 89
pte_mkexec 89
pte_mkold 89
pte_mkread 89
pte_mkwrite 89, 205
pte_mkyoung 89
pte_modify 88
pte_none 87
pte_page 87, 89
pte_pfn 206
pte_present 87
pte_rdprotect 89
pte_read 89
pte_t 86–88, 191, 202, 707
pte_to_pgoff 207
pte_to_swp_entry 707, 733
pte_val 87
pte_write 89
pte_wrprotect 89
pte_young 89
pte_addr_t 191
pte_alloc 89
pte_alloc_one 89
ptep_test_and_clear_young 194
ptes 193
ptrace 559, 565, 577–585
ptrace_check_attach 583
ptrace_children 583, 584
PTRACE_CONT 579, 583, 584
ptrace_detach 584
PTRACE_DETACH 578, 583, 584
PTRACE_GETFPREGS 579
PTRACE_GETREGS 579
PTRACE_KILL 579
ptrace_list 583
PTRACE_PEEKDATA 583–585
PTRACE_PEEKTEXT 584, 585
PTRACE_PEEKUSER 581
PTRACE_POKEDATA 583, 585
PTRACE_POKETEXT 585
PTRACE_POKEUSR 579
PTRACE_SETFPREGS 579
PTRACE_SETREGS 579
PTRACE_SINGLESTEP 579
PTRACE_SYSCALL 579, 582–584
PTRACE_TRACEME 579
ptrace_attach 583
PTRACE_ATTACH 578, 581–583
PTRS_PER_PGD 85
PTRS_PER_PMD 85
PTRS_PER_PTE 85
ptype_base 516
pull_queue 68
put_cpu 720
put_dirty_page 721
put_inode 383
put_super 384
put_user 47, 585
pwd 371, 372

pwdmnt 371, 372
q_cbytes 235
q_ctime 234
q_lrpid 235
q_lspid 235
q_messages 235
q_num 235
q_qbytes 235
q_receivers 235, 236
q_rtime 234
q_senders 235, 236
q_stime 234
qlen 509
qstr 374, 390
queue_congestion_off_threshold 675
queue_congestion_on_threshold 675
queue_delayed_work 616
queue_flags 272
queue_head 270
queue_list 274
queue_wait 272
queue_work 617

r_msgtype 236
ra_pages 637
radix_tree_delete 638
radix_tree_insert 638, 639
radix_tree_lookup 638
RADIX_TREE_MAP_SHIFT 632
radix_tree_node 638, 639
radix_tree_preload 639
radix_tree_preload_end 639
radix_tree_root 637
rand_initialize_irq 599
random_fops 264
ratio 722, 723
rb_entry 179
rb_node 179
rb_parent 180
read 255, 265, 268, 357, 368–370, 394, 395, 500–502, 555, 559, 560, 562–564, 567, 570
READ 674
read_inode 383
read_inode_bitmap 656
read_lock 224
read_null 265
read_proc 459, 463, 471, 472, 478
read_proc_t 470
read_super 381, 411
read_swap_cache_async 721, 733–736
read_swap_cache_aync 736
read_swap_page_cache_async 736
readdir 369, 370, 477, 567
readlink 567
readpage 184, 204, 399, 640, 709
readpages 184, 640

readv 370, 555, 567
real_look 391
real_lookup 470
real_parent 583, 584
real_timer 622
realsize 110
rebalance 129
rebalance_tick 67
rec_len 422, 423, 444
receive_queue 536, 551, 556
reclaim_mapped 726, 727
recv 555
recvfrom 555
refcount 291
refill_count 723
refill_counter 78, 723
refill_inactive_list 726
refill_inactive_zone 718, 721, 723, 724, 727, 728, 738, 741
refill_zone_inactive 724
register_binfmt 52
register_blkdev 258
register_blkdev_range 268
register_bootmem_low_pages 113
register_filesystem 315, 378, 463
register_irq_proc 599
register_memory 100
register_netdev 510
register_netdevice 344
register_proc_table 487–489
register_sysctl_table 486
regs 38, 605
reiserfs_get_block 649
release 257, 292, 369
releasepage 731
remap_file_pages 189
remount_fs 384
remove 293, 301, 309
remove_exclusive_swap_page 715
remove_proc_entry 470, 489
remove_vm_area 139, 141
remove_shrinker 743
rename 363, 567
request 270, 271, 277, 279, 286, 578, 582, 583, 675, 676
request_fn 271, 276, 279
request_irq 598, 599
request_list 272
request_module 319, 322, 341, 342
request_queue_t 675
reserve_bootmem 113
reserved 538
resolve_symbol 337–339
resource 284, 286
ressource 299, 301
restart_block 42
resume 293, 294
ret_pages 731
return 208, 570, 576

revalidate 258, 370
rl 274
rlim 28
rlim_cur 28
RLIM_INFINITY 28
rlim_max 28
RLIMIT_CORE 29
RLIMIT_CPU 29
RLIMIT_DATA 29
RLIMIT_FSIZE 29
RLIMIT_LOCKS 29
RLIMIT_MEMLOCK 29
RLIMIT_NOFILE 28, 29
RLIMIT_NPROC 28, 29
RLIMIT_RSS 29
RLIMIT_STACK 28, 29
RLIMIT_AS 29
rm 358
rmdir 363, 443, 567
rmqueue_bulk 130
rnode 638
rom_base_reg 300
root 371, 373, 454
root_buses 299
root_hub 310
root_table 486
root_table_header 486
rootmnt 371
rq 271, 279
rq_disk 274
rst 538
rt_ 566
rt_task 65
rt_sigaction 566
rt_sigsuspend 566
run_list 43, 53
run_local_timers 625
run_timer_list 627
run_timer_softirq 625
runqueue 67
runqueues 57
rwlock_t 224

s_bdev 382
s_blocks_per_group 413
s_blocksize 381, 431
s_blocksize_bits 381, 465
s_checkinterval 414, 415
s_commit_intervall 451
s_debts 425, 440
s_def_resgid 414
s_def_resuid 414
s_dev 382
s_dir_count 425
s_dirt 669
s_dirty 364, 382, 671, 673
s_feature_compat 415
s_feature_incompat 415, 431
s_feature_ro_compat 415, 431
s_files 382, 394
s_fs_info 382
S_IFDIR 439

s_incompat_features 416
s_inodes_per_group 413, 421
s_instances 382
s_io 671, 672
s_journal 451
s_journal_inode 451
s_lastcheck 414, 415
s_list 367, 382
s_log_block_size 413
s_magic 414, 430
s_max_mnt_count 415
s_maxbytes 381
s_mem 165
s_minor_rev_level 414
s_mnt_count 415
s_mount_opt 424, 442
s_mount_state 424
s_r_blocks_count 414
s_ref_gid 414
s_reserved 413
s_rev_level 414
s_root 381
s_type 381
s_op 382
s_sb 375
s_state 414
sa_flags 240
sa_handler 240
SA_INTERRUPT 597, 603
sa_mask 240
SA_RANDOM 603
SA_RESTART 563, 564
SA_SAMPLE_RANDOM 597, 598
SA_SHIRQ 597
SA_ONSTACK 241
sample_request 279
sas_ss_size 241
sas_ss_sp 241
sb_bread 430, 433, 656
sb_getblk 656
sb_min_blocksize 430
scan_swap_map 710
scanned 743
sched_balance_exec 49
SCHED_FIFO 54, 66
sched_find_first_bit 63
SCHED_NORMAL 54
SCHED_RR 54, 66
sched_yield 566
sched_setaffinity 54, 67
sched_setparam 566
sched_setscheduler 66, 566
schedule 53, 62, 65, 68, 69, 614, 662, 737
schedule_tail 46
schedule_timeout 614
scheduler_tick 60–62, 66, 67, 620
script_format 51
SCSI_SOFTIRQ 607
search_binary_handler 50
search_exception_table 208
search_exception_tables 208

Symbole

sechdrs 335, 348
secstring 335
sector 274
sector_t 17, 653
secure_tcp_sequence_number 543
security 569
seek 742, 743
seeks 742
seg_boundary_mask 272
select 369, 562, 567
self 299, 474
sem 229
sem_base 231
sem_ctime 231
sem_flg 233
sem_ids 228, 232
sem_nsems 231
sem_num 233
sem_pending 231
sem_pending_last 231
sem_perm 231
sem_queue 230–232
sem_array 231, 232
sem_op 233
sem_ops 232
sem_otime 231
sembuf 227
semctl 227, 232
SEMCTL 233
semget 227
SEMGET 233
semid 227
SEMKEY 227
semop 227
SEMOP 233
SEMTIMEOP 233
send 556
send_signal 245
sendfile 370
sendto 556
seq 229, 537
server 499
session 30
set_blocksize 431
set_buffer_dirty 647
set_buffer_foo 644
set_buffer_uptodate 647
set_cpus_allowed 737
set_fixmap 105
set_fixmap_nocache 105
SET_INTERFACE 306
set_license 337
set_mac_address 513
set_need_resched 40
SET_PAGE_CACHE 166
set_page_dirty 184, 641, 713
set_page_dirty_nobuffers 713
SET_PAGE_SLAB 154, 166
set_page_address 144
set_pgd 89
set_pmd 89

set_pte 89
set_queue_congested 675
set_tsk_thread_flag 584
set_affinity 596
set_shrinker 742
setgid 565
setitimer 565, 617, 627
setmask 566
SetPageLocked 82
SetPageUptodate 649
SetPageWriteback 651, 716
setpgrp 30
setpriority 54, 566
setrlimit 28, 565
setsid 30
settimeofday 562, 565
setuid 565
setup_irq 598
setup_memory 99, 112, 115
setup_memory_region 99
setup_arch 91, 98, 100, 112
setup_swap_extents 699, 701, 702
sh_entsize 336
sh_addr 335, 337
sh_offset 335
shared 176
SHF_ALLOC 336
shm_file 238
shmid_kernel 238
short 425
show_options 384
SHRINK_BATCH 743
shrink_cache 718, 723, 728, 729, 739
shrink_caches 739, 741
shrink_dcache_memory 743
shrink_dqcache_memory 743
shrink_icache_memory 743
shrink_list 718, 728–732
shrink_zone 718, 722, 723, 738, 739, 741
shrink_zones 723
shrink_slab 739, 741, 743
shrinker 742, 743
shrinker_list 742, 743
SHT_REL 338
SHT_RELA 338
SHT_SYMTAB 335
shutdown 293
si_code 243
si_errno 243
SI_KERNEL 243
si_signo 243
SI_USER 243
sibling 36, 43
siblings 35
SIG_DFLT 242
sig_ignored 245
SIGABRT 242
sigaction 239–241, 566
SIGALRM 242, 618, 619, 628
sigaltstack 241

SIGBUS 201, 242
SIGCHLD 39, 242, 578, 579, 582
sigchld_handler 582
SIGFPE 242
SIGGIOT 242
sighand 241
SIGHUP 242
SIGILL 242
siginfo_t 243
SIGINT 242, 563, 564
SIGIO 242, 367
SIGKILL 23, 209, 238, 239, 242
signal 242, 566
signal_pending 62
signal_wake_up 245
signaled 564
SIGNIT 564
sigpending 244, 566
SIGPFE 600
SIGPOLL 242
sigprocmask 244
SIGPROF 242, 619, 628
SIGPWR 242
sigqueue 242, 245
sigqueue_cachep 245
SIGQUIT 242
sigreturn 245
SIGSEGV 242
sigset_t 242
SIGSTOP 40, 242, 578
sigsuspend 240, 244, 566
SIGSYS 242
SIGTERM 23, 239, 240, 242
SIGTRAP 242
SIGTSTP 242
SIGTTIN 242
SIGTTOU 242
SIGUNUSED 242
SIGURG 242
SIGVTALRM 242, 619, 628
SIGWINCH 242
SIGXCPU 242, 628
SIGXFSZ 242
simplify_symbols 337
SIOCGIFHWADDR 513
sk_buff 508, 509
sk_buff_head 509, 515
skb 529
skb_clone 508
skb_copy 508
skb_headroom 508
skb_queue_tail 536
skb_realloc_headroom 508, 525
skb_tailroom 508
SLAB_ 163
slab_break_gfp_order 161
slab_bufctl 164
slab_destroy 168
SLAB_HWCACHE_ALIGN 160, 162
SLAB_NO_GROW 163, 165
SLAB_ATOMIC 163
slabinfo 455

slabp_cache 157
slabs_free 156, 164, 166, 168
slabs_full 164
slabs_partial 156, 164, 168
sleep 536, 565, 617, 618
sleep_avg 54, 58, 59
sleep_on 613, 614
sleep_on_ 614
SLEEP_ON_HEAD 614
SLEEP_ON_TAIL 614
sleep_on_timeout 614
SLEEP_ON_VAR 614
slot_name 301
sma 231
smd_ids 238
SMP_CACHE_BYTES 114
sock 535, 536, 539, 547, 549–551, 555, 556
SOCK 422
sock_ 552
sock_create 554
sock_def_readable 536, 551
sock_fd_lookup 556
SOCK_I 556
sock_mmap 552
sock_queue_rcv_skb 536
sock_recvmsg 556
sock_alloc 554
sock_operations 552
sock_sendmsg 556
sockaddr_in 497–499, 501
socket 497, 499, 508, 535, 549–552, 555
socket_file_ops 553
socket_ops 555
socketcall 257, 499, 501, 542, 549, 550, 553, 554, 568, 571
sockfd_lookup 555
softirq_vec 606, 608
softirq_action 606
softnet_data 514, 515
som_format 51
SOMAXCONN 501
spanned_pages 79
sparc_do_fork 38
specific_send_sig_info 245
spin_lock 221, 222
spin_lock_bh 221
spin_lock_irqsave 221
SPIN_LOCK_UNLOCKED 221
spin_unlock 221, 222
spin_unlock_bh 221
spin_unlock_irqsave 221
spinlock_t 221
split_vma 189
sprintf 463, 475
src_pgd 86
SS 549
ssv_sem 230
stack_size 38
stamp 508
start 189, 211–213, 284, 683

start_block 698, 702
start_brk 51, 195
start_code 51
start_data 51
start_kernel 90, 91, 98
start_page 698
start_addr 179
start_one_pdflush 660
start_one_pdflush_thread 663
start_sect 269
start_stack 38, 51
startup 596
stat 454
statfs 384
static_prio 53, 58, 65
statm 454
status 453, 594, 595, 672
stime 565, 628
STOP 582, 583
strace 560
strategy 484
strcpy 463
strong_try_module_get 328
strtab 325
subdir 460
submit_bh 650, 651, 656
submit_bio 277, 735
submit_urb 311
super_block 381, 386, 465, 669, 671
super_blocks 382, 669, 680
super_operations 378, 428, 669
suspend 293, 294
SWAP_CLUSTER_MAX 723, 739
swap_duplicate 714
swap_entry_free 732
swap_entry_t 705–707
swap_extent 696, 702
swap_file 694
swap_free 714, 732, 734
swap_in_readahead 736
swap_info 693, 699, 703, 734
swap_info_struct 694, 698, 710
swap_list 696
swap_list_t 696
swap_map 695, 700, 710, 711
swap_readpage 709, 734, 735
swap_tendency 726
swap_writepage 708, 715, 730
swap_aops 708
swap_setup 737
SWAPFILE_CLUSTER 711
swapoff 567
swapon 567, 699
swapper_inode 708
swapper_pg_dir 106
swapper_space 707–709, 713, 715, 730
swappiness 457
switch_mm 64
switch_tasks 63
switch_to 64

swp_entry 707
swp_entry_t 713–715, 733
SWP_WRITEOK 694
SWP_ACTIVE 694
SWP_USED 694
symlink 567
SYMLINK 422
symname 348
syms 324, 338
symtab 325
symversion 339
syn 538
SYN_SENT 542
sync 633, 677–679, 681
sync_blockdev 680
sync_buffers_list 683
sync_filesystems 680
sync_fs 384, 680
sync_inodes 679–681
sync_inodes_sb 680
sync_mapping_buffers 682
sync_page 641
sync_sb_inodes 670–672, 680
sync_supers 667, 669, 678
sys_ 569, 585
sys_bind 554
SYS_BIND 553
sys_brk 195, 196
sys_call_table 573, 574
sys_clone 38, 39
sys_close 586
sys_connect 554
sys_delete_module 340
sys_exec 52
sys_execve 49
sys_fdatasync 681
sys_fork 38, 39
sys_futex 47
sys_getpeername 554
sys_getsockname 554
sys_getsockopt 554
sys_init_module 333, 334
sys_ioctl 256, 282, 283
sys_kill 244
sys_listen 554
sys_mount 384, 385
sys_msgsnd 236
sys_msync 683
sys_nis_syscall 574
sys_ptrace 577, 582, 583
sys_read 394, 395
sys_recv 554
SYS_RECV 553
sys_recvfrom 554, 555
sys_recvmsg 554
SYS_SENDTO 568
SYS_SOCKET 553
sys_tkill 244
sys_vfork 38, 39
sys_write 394, 395
sys_accept 554
SYS_ACCEPT 553, 568